中国石油天然气集团公司年鉴

2014

中国石油天然气集团公司　编

石　油　工　业　出　版　社

图书在版编目（CIP）数据

中国石油天然气集团公司年鉴 . 2014 / 中国石油天然气集团公司编 . 北京：石油工业出版社，2015.3
ISBN 978-7-5183-0612-1

Ⅰ . 中…
Ⅱ . 中…
Ⅲ . 中国石油天然气集团公司 – 2014 – 年鉴
Ⅳ . F426.22–54

中国版本图书馆 CIP 数据核字（2015）第 001361 号

中国石油天然气集团公司年鉴
2014/ 中国石油天然气集团公司编

出版发行：石油工业出版社
（北京安定门外安华里 2 区 1 号 100011）
网　址：www.petropub.com
发行部：(010) 64523590
编辑部：(010) 64523594　64523586　64523591
经　销：全国新华书店
印　刷：北京中石油彩色印刷有限责任公司

2015 年 3 月第 1 版　2015 年 3 月第 1 次印刷
787×1092 毫米　开本：1/16　印张：46.5　插页：53
字数：1540 千字　印数：1—5000 册

定价：258.00 元
（如出现印装质量问题，请与编辑部联系）

《中国石油天然气集团公司年鉴》
编　辑　部

主　　任：张　镇

副 主 任：王宇芬

责任编辑：王宇芬　赵冬梅　付　红　杨天龙

封面设计：施　云

正文设计：姚京燕

责任校对：王　颜　黄京萍

责任排版：张晓军

彩页制作：石油彩印中心

编　辑　说　明

一、《中国石油天然气集团公司年鉴》（以下简称《年鉴》）是中国石油天然气集团公司主办的专业性年鉴，是全面记录中国石油天然气集团公司主要发展情况的编年书，是具有权威性的大型资料性工具书。书中全面、系统、真实地记述了中国石油天然气集团公司的发展状况，向广大读者展示了中国石油天然气集团公司努力实现有质量、有效益、可持续发展，为全面建成世界水平综合性国际能源公司所作出的努力和取得的成就。

二、《年鉴》采用“板块式”结构，分类编纂，点面结合，综合记述和条目记述相结合，力求全面反映所记事项。全书分为篇目、栏目、条目三个层次，以文字叙述为主，辅以必要的图表。内容包括：总述，油气勘探开发生产，炼油与化工，成品油销售，天然气与管道，工程技术、工程建设与装备制造，国际业务，科技与信息，安全环保与质量节能，企业管理与监督，党建、思想政治工作与企业文化建设，机构与人物，企事业单位概览，中国石油天然气集团公司大事纪要，统计数据，附录。

三、本卷《年鉴》所引用的各种数字和资料，截至2013年底。所收资料虽经过反复核实，但由于统计重点不同，来源渠道有别，时间也有差异，因此，难免存在收集不全、照顾不周，甚至相互不一致的地方。书中除特别指明者外，一般指中国石油天然气集团公司统计数字。

四、《年鉴》稿件、资料主要由中国石油天然气集团公司机关和中国石油天然气股份有限公司机关各部门及各专业分公司的有关领导与专家，各企事业单位办公室或史志办公室及年鉴办公室的同志提供，各单位的领导对稿件进行了审阅。

五、为行文简洁，《年鉴》中对机构名称一般采取以下处理方法：在首次出现时用全称，随后出现时用简称。例如，“中国石油天然气集团公司”简称为“集团公司”，“中国石油天然气股份有限公司”简称为“股份公司”等。

六、遵照年鉴编辑的有关规范，编辑部对撰稿人提供的稿件进行必要的编辑加工。主要是依据编写大纲与撰稿要求，统一全书的体例，规范专业名词术语，删除明显的重复，补充部分资料，理顺语言文字，力求做到文字顺畅、资料翔实、叙述简洁、数据准确。尽管如此，由于编辑水平有限，疏漏和欠妥之处在所难免，恳请读者提出批评意见。

七、在本卷《年鉴》的编辑和出版过程中，承蒙集团公司机关和股份公司机关各部门、各专业分公司及各企事业单位领导和同志们的大力支持与帮助，在此，谨向为《年鉴》提供稿件和资料、审查稿件，以及提供各种帮助的同志们，致以诚挚的谢意。

《中国石油天然气集团公司年鉴》编辑部

2014年12月

序

2013年是中国石油发展史上极具挑战、极不寻常的一年。面对错综复杂的国内国际经济环境和重特大自然灾害的冲击，我们认真贯彻党中央、国务院的决策部署，牢牢把握稳中求进的工作总基调，实施“有质量有效益可持续”发展方针，统筹国内外两种资源两个市场，集中发展油气主营业务，大力强化安全环保和管理提升，确保了主要生产指标稳定增长、效益指标稳定向好、油气市场稳定供应。集团公司营业收入、实现利润保持稳定增长，经营业绩好于预期；油气勘探开发取得一系列重要成果，在四川盆地发现目前我国最大的单体整装天然气田，大庆油田保持原油持续稳产，西部大庆高质量高水平如期建成；炼化生产优化运行，车用汽油全部达到国Ⅳ标准，四川石化炼油装置投运成功；成品油销售实现提质增销，天然气销售有效保障市场平稳供应；国际业务克服严峻的地缘政治和安全风险取得一批战略新突破；工程技术服务等业务保障能力和市场竞争力持续增强。科技创新实现新进步，对发展的驱动作用更加明显；管理提升深入推进，工效挂钩等经营运行机制不断完善和强化。党的群众路线教育实践活动扎实开展，党员、干部作风明显转变，正风肃纪见到成效，党组织的凝聚力、战斗力进一步增强。

2014年是全面贯彻落实党的十八届三中全会精神的第一年，也是完成“十二五”规划目标任务的关键之年。面对新形势新挑战和改革发展的新任务，我们要深入学习贯彻党的十八大、十八届三中全会和习近平总书记系列重要讲话精神，坚定“一个目标”，做到“四个坚持”，实施“有质量有效益可持续”发展方针，进一步解放思想、开拓创新，全面深化改革，增强动力活力，瞄准世界水平加快赶超步伐。调整优化结构，着力培育重点领域竞争优势；强化创新驱动，着力提升核心竞争力；实施人才强企，着力提高队伍整体素质；全面加强管理，着力改善运营质量效率；大力推进安全环保、和谐稳定和反腐倡廉基础性工程，夯实发展根基，大力加强党的建设和企业文化建设，为保障国家能源安全促进经济社会持续健康发展作出新贡献。

周吉平

2014年7月

2013年，中国石油天然气集团公司沉着应对内外部风险与挑战，坚持实施资源、市场、国际化战略，统筹国内国外两种资源、两个市场，集中发展油气主营业务，注重提升发展质量和效益，实现生产经营稳定向好。全年实现营业收入2.76万亿元，利润总额1880亿元，应缴税费4078亿元，同比分别增长2.8%、2.2%和3.8%。图为大庆油田晚霞映油城景象

2013年，中国石油天然气集团公司全年国内新增探明石油地质储量6.7亿吨、天然气地质储量4923亿立方米，新增探明油气储量当量连续第七年超过10亿吨，油气储量接替率保持大于1。全年国内生产原油11260万吨，生产天然气888亿立方米。图为中国石油在四川盆地磨溪龙王庙组发现目前国内最大单体整装天然气藏的钻探现场景象

2003—2013 年，大庆油田连续 11 年保持原油年产 4000 万吨以上。图为大庆油田钻井作业现场

2013 年，长庆油田油气当量产量达到 5195 万吨，是目前中国陆上油气产量最高的油气田。图为长庆安塞油田联合站远眺

2013 年，中国石油天然气集团公司炼油业务根据市场走势，统筹资源配置，优化工艺路线和产品结构。全年国内加工原油 14602 万吨，生产成品油 9790 万吨；新增清洁汽油生产能力 1405 万吨，车用汽油全部达到国Ⅳ标准。图为中国石油四川石化厂区

2013 年，中国石油天然气集团公司化工业务优化生产方案，加强生产和销售环节衔接，化工产品销售量同比增长 7.8%。乙烯产量达到 398 万吨，同比增长 7.9%。图为中国石油抚顺石化大型乙烯装置

2013 年，中国石油天然气集团公司成品油销售业务以提升盈利能力为目标，突出重点市场营销网络开发和零售业务。全年国内销售成品油 11833 万吨，同比增长 1.5%，实现零售量 8730 万吨，高标号汽油销售量同比增长 30%。图为中国石油四川销售公司迎宾加油站

2013 年，中国石油天然气集团公司天然气销售业务面对旺盛的市场需求，统筹自产、进口和煤制天然气等多种资源，充分发挥 LNG 接收站、储气库和管存调节能力，有效保障了市场稳定供应。全年国内销售天然气 1106 亿立方米，同比增长 13.6%。图为中国石油大连 LNG 接收站储罐设施

2013年，中国石油天然气集团公司国内运营油气管道总里程达到72878千米，其中，原油管道17640千米，约占全国的70%；天然气管道45704千米，约占全国的80%；成品油管道9534千米，约占全国的47%。图为中国石油天然气管道局负责施工的西气东输三线西段三标段管道下沟场景

2013年，中国石油天然气集团公司在境外运营的油气管道总里程达到13257千米，其中，原油管道6671千米，天然气管道6586千米。全年输送原油2856.8万吨、天然气310.1亿立方米。中哈原油管道、中俄原油管道、中亚天然气管道等长输油气管道保持安全平稳运营。图为2013年7月15日在缅甸曼德勒举行中缅天然气管道投产通气仪式，中缅天然气管道开始向国内供气

2013 年，中国石油天然气集团公司加快实施国际化战略，海外油气业务结构持续优化，成果丰硕。全年海外油气作业当量产量达到 1.23 亿吨，权益当量产量达到 5920 万吨。图为中国—土库曼斯坦能源合作重要气源地——复兴气田

2013 年，中国石油天然气集团公司国际贸易以亚洲、欧洲、美洲三个油气运营中心和全球营销网络为依托，贸易规模和效益稳步提升。全年实现贸易量 3.5 亿吨，同比增长 15.6%；实现贸易额 2648 亿美元，贸易范围遍及 80 多个国家和地区，基本覆盖全球主要油气资源地和消费市场。图为 2013 年 12 月 10 日投入运营的唐山 LNG 接收站

2013 年，中国石油天然气集团公司加快工程技术、工程建设和装备制造业务的转型升级，不断优化业务结构，技术水平和服务保障能力持续提升。图为中国石油川庆钻探公司物探队员作业场景

2013 年，中国石油天然气集团公司持续完善科技创新体系，深化科技交流与合作，特别是针对制约主营业务发展的关键技术，加大实施项目攻关和现场试验力度，在常规和非常规油气资源勘探开发、炼油化工、工程技术、油气储运以及前沿技术研究等领域取得多项进展，有力支撑了公司主营业务的持续发展。图为安岳气田磨溪区块龙王庙组气藏的首口大斜度开发井——磨溪 009–X1 井，测试日产量 260 万立方米，为同一区块直井产量的 2—3 倍

2013 年 9 月 22 日，中国石油天然气集团公司董事长周吉平在北京拜会委内瑞拉玻利瓦尔共和国总统尼古拉斯 · 马杜罗 · 莫罗斯，就进一步深化油气领域合作交换意见

2013 年 9 月 3 日当地时间下午 5 时，在中国国家主席习近平和土库曼斯坦总统别尔德穆哈梅多夫的共同见证下，中国石油天然气集团公司董事长周吉平与土库曼斯坦天然气康采恩总裁阿卜杜拉耶夫，在土库曼斯坦首都阿什哈巴德总统府签署《中国石油天然气集团公司与土库曼斯坦天然气康采恩关于土库曼斯坦加尔金内什气田 300 亿米 ^{3}/ 年商品气产能建设工程设计、采购、施工（EPC）交钥匙合同》和《中国石油天然气集团公司与土库曼斯坦天然气康采恩关于土库曼斯坦增供 250 亿米 ^{3}/ 年天然气的购销协议》

2013 年 12 月 9 日，中国石油天然气集团公司副总经理、中国石油天然气股份有限公司总裁汪东进在北京会见斯伦贝谢公司首席执行官纪康博。双方签署《全球战略合作框架协议》，进一步加强油气勘探开发、工程技术服务及技术管理人员交流等合作

2013 年，中国石油天然气集团公司深入推进安全、绿色、节约发展，以风险管控为核心，持续推进 HSE 体系建设，加大隐患治理，严格控制污染物排放，安全环保形势保持总体稳定。图为塔里木油田轮南储运站

要　　目

目　　录

第一篇　总　　述

综　述

专　文

专　稿

股份公司法人治理

第二篇　油气勘探开发生产

综　述

油气勘探

勘探工程技术

油田开发

天然气开发

矿权管理

油藏评价

采油工程

地面工程

海洋工程

新能源

储气库

技术项目

市场管理

第三篇　炼油与化工

综　述

装置及产品

重点工程

化工产品销售

专业管理

第四篇　成品油销售

成品油业务

投资管理与网络建设

非油品业务

润滑油和炼油小产品销售

专业管理

第五篇　天然气与管道

综　述

油气储运

天然气销售与利用

储运设施建设

储运设施管理

基础管理工作

管道节能与计量

第六篇　工程技术、工程建设与装备制造

工程技术服务

工程建设

装备制造

第七篇　国际业务

海外油气业务

国内油气勘探开发国际合作

人事管理

资本运营

法律工作

物资采购

纪检监察

审计监督

内部控制与风险管理

矿区服务

维稳信访与综治保卫

离退休职工管理

档案管理

第十一篇　党建、思想政治工作与企业文化建设

党建工作

思想政治工作

企业文化建设

基层建设

群团工作

中国石油社会公益工作

光荣榜

第十二篇　机构与人物

第十三篇　企事业单位概览

第十四篇　中国石油天然气集团公司大事纪要

第十五篇　统计数据

第十六篇　附　　录

附表

附图

CONTENTS

Chapter 1 Overview

Chapter 2 Oil and Gas Exploration, Development and Production

Oil Field Development

Natural Gas Development

Royalty Management

Oil Reservoir Assessment

Oil Production Engineering

Surface Engineering

Chapter 6 Engineering Technology, Engineering Construction and Manufacture of Equipment

Engineering Construction

Manufacture of Equipment

Chapter 7 International Business

Overseas Oil and Gas Business

International Cooperation for Domestic Oil and Gas Exploration and Development

International Trade

Foreign Exchange and Cooperation

Chapter 8 Technology and Information

Technological Development

Informatization

Chapter 9 Safety, Environmental Protection, Quality and Energy Saving

Occupational Health

Fund for Safety

Quality Control and Supervision

Standardization Work

Measurement

Chapter 10 Corporate Management and Supervision

Planning

Financial Assets

Personnel Management

Capital Operation

Legal Work

Procurement of Goods

Disciplinary Inspection and Supervision Work

Chapter 11 Construction of Spiritual Civilization

Chapter 12 Organizations and People

Chapter 13 Overview of Enterprises and Institutions

Chapter 14 Main Events of CNPC

Chapter 15 Statistical Data

Chapter 16 Appendixes

Appended Tables

Appended Figures

第一篇

总　　述

综 述

2013年中国石油天然气集团公司工作情况概述

2013年是中国石油天然气集团公司经受重大考验的一年。面对错综复杂的内外部环境、洪涝地震等自然灾害，以及个别领导人员涉嫌严重违纪接受组织调查等困难和挑战，集团公司广大干部员工认真贯彻落实党中央、国务院的决策部署，牢牢把握稳中求进的工作总基调，实施“有质量、有效益、可持续”发展方针，统筹国内外两种资源两个市场，集中发展油气主营业务，全力打好保增长、保效益攻坚战，大力强化安全环保和管理提升，扎实开展党的群众路线教育实践活动，确保生产经营稳定向好、油气市场稳定供应、企业大局稳定和谐。集团公司整体经营业绩好于预期，国内外油气当量产量达到30655万吨、同比增长10.2%，加工原油18855万吨、同比略降，销售成品油17099万吨、天然气1144亿立方米，同比分别增长4.5%和13.1%；实现营业收入2.76万亿元、利润总额1880亿元，同比分别增长2.8%和2.2%；实现税费4078亿元，同比增长3.8%。

（1）国内勘探与生产势头良好。持续推进储量增长高峰期工程，突出重点盆地和目标区带，强化预探和整体评价，加快非常规资源探索，取得一批重要成果。四川盆地高石梯—磨溪寒武系龙王庙组部署探井13口，其中8口井试气获日产百万立方米以上高产气流，一次提交探明储量4404亿立方米，是目前中国最大的单体整装气藏；震旦系灯影组12口井新获工业气流，最高单井试气日产达到105万立方米，展现良好的勘探前景。鄂尔多斯盆地姬塬地区新增探明石油地质储量21397万吨，长7致密油新增控制储量3.8亿吨，进一步巩固了“西部大庆”建设的资源基础。塔里木盆地克深8号和克深9号构造含气面积进一步扩大，新增天然气三级储量4026亿立方米。准噶尔盆地玛湖斜坡带、柴达木盆地阿尔金山前、渤海湾盆地辽河西部坳陷等油气勘探也都获得重要发现。全年新增探明石油地质储量6.7亿吨、天然气地质储量4923亿立方米，油气新增探明储量连续7年超过10亿吨油当量。

面对部分主力油气田遭受特大洪涝灾害、天然气资源供应压力增大的困难局面，各油气田企业努力挖掘生产潜力，加快新建产能投产，深入开展注水专项治理，大力推进二次开发、重大开发试验，稳步实施页岩气和致密油“工厂化”开发试验，油田开发水平不断提高。全年生产原油11260万吨、天然气888亿立方米，原油增产连续4年超200万吨，天然气保持两位数快速增长。大庆油田连续11年保持原油4000万吨稳产，长庆油田油气当量产量达到5195万吨、高质量高水平建成“西部大庆”，“新疆大庆”和川渝气区建设按计划推进。国内对外合作油气当量产量达828万吨，同比增长10.8%。

（2）炼化业务保持优化运行。坚持市场导向和效益原则，统筹资源配置和加工计划，加大资源向效益好的企业倾斜力度，调减亏损企业加工负荷和海外原油进口，扩大来料加工业务和成品油出口；根据市场走势优化加工路线和产品结构，及时调整柴汽比和化工装置“开大关小”，增产高标号汽油、航空煤油和芳烃等产品，努力减少亏损、提质提效。国内加工原油14602万吨，生产成品油9790万吨、主要化工产品商品量2200万吨，16项技术经济指标创历史最好水平。化工销售抓住价格阶段性上涨时机，积极推价降库，销量同比增长7.8%。炼化重点工程建设有序推进，四川石化炼油装置投产，云南石化、广东石化建设稳步实施，14个汽油质量升级项目全面完成，车用汽油全部达到国Ⅳ标准。

（3）油气销售实现提质提量。成品油销售积极适应市场需求增速放缓等变化，科学配置自产和外采资源，突出零售、强化终端、拓展直销，优化销售结构和库存运行，推进低效站改造挖潜和承包经营，抓住成品油价格改革和优质优价的有利时机，努力扩销增效。加大营销网络开发力度，新投运加油加气站550座，运营加油站数量突破2万座。国内销售成品油11833万吨、增长1.5%，零售8730万吨，高标号汽油销量增幅达到30%，燃料油、沥青等业务国内市场份额进一步巩固。

天然气销售面对淡季不淡、旺季更旺的形势，以保供增效为重点，统筹自产气、进口气和煤制气等多种资源，充分发挥LNG接收站、储气库和管存调节能力，优化市场资源流向，突出重点地区和高端市场，加强需求侧管理，有效保障冬夏季高峰期的安全平稳供应。全年销售天然气1106亿立方米、同比增长13.6%。认真落实国家天然气价格改革方案，在大部分省、自治区、直辖市推价到位，减轻进口气亏损压力，促进经营业绩改善。

重点管道建设稳步推进，中缅天然气管道、西气东输三线霍尔果斯—连木沁段、中贵联络线、唐山LNG以及兰成原油管道、兰郑长成品油管道长江以南段等建成投产，中亚天然气C线、中哈天然气二期、西气东输三线东段以及中缅原油管道、锦郑成品油管道按计划推进。全年建成管道7400多千米，组织投运22个项目共6082千米，均创历史最好水平。截至2013年底，中国石油在国内运营的油气管道总里程达到72878千米。

（4）海外业务取得重要战略突破。海外战略发展成果丰硕，新项目开发在东非、中东、拉美等地区获得重大进展，收购莫桑比克海上4区块20%权益，与壳牌、中国海油等公司联合中标全球最大海上盐下油田——巴西里贝拉油田项目，成功入股伊拉克西古尔奈-1巨型项目，完成阿联酋阿布扎比陆海项目交割，收购巴西能源秘鲁公司全部股份。与俄罗斯签署原油增供、东线天然气、上游合作、天津东方石化等协议，收购亚马尔LNG一体化项目；与哈萨克斯坦石油公司签署战略合作协议，收购卡莎甘项目8.33%股权、实质性参与里海油气富集区资源开发；中国—乌兹别克斯坦、中国—土库曼斯坦油气合作继续扩大；中亚天然气D线前期工作取得重要进展。

海外油气勘探充分借鉴国内经验，坚持整体研究、整体部署，重点探区成果进一步扩大。乍得邦戈盆地基岩潜山发现厚油层、展现良好的勘探前景，尼日尔阿加德姆项目新发现亿吨级石油规模储量区，阿姆河右岸和苏丹、PK、安第斯等项目油气勘探均获新进展，全年新增油气可采当量储量1.4亿吨。油气开发深入实施注水、水平井和提高采收率三大工程，推动实现南苏丹复产、鲁迈拉油田上产，加快哈法亚、阿姆河、阿克纠宾等项目产能建设。全年实现油气作业当量产量1.23亿吨、权益产量5920万吨，同比分别增长18.1%和12.9%。

国际贸易保持快速发展，原油贸易规模进一步扩大，成品油进出口量效齐增，天然气资源组织到位，三大油气运营中心建设稳步推进。全年完成贸易量3.5亿吨、贸易额2648亿美元，分别增长15.4%和10.9%。

（5）服务保障业务能力和水平持续提升。工程技术服务业务优化生产组织和现场管理，规模推进水平井、欠平衡井、带压作业和储层改造，新研发形成15项工程技术利器，着力拓展提速新途径，积极推行数字化加可控震源的高效绿色物探和钻井工厂化作业模式，全面完成工作目标，营业收入同比增长8.5%；启动实施海外油田总承包和带资服务，积极开拓高端市场，新签合同额60亿美元。

工程建设业务强化设计、采办、施工等各环节有机衔接，大力应用新技术、新工艺、新材料提高工程质量和效率，组织承包商管理专项检查，整治违法转包、违规分包和违规选商，保障国内外重点项目建设顺利推进；积极开拓外部市场，突出高端高效和战略新兴市场，加强与国外工程公司战略合作，国内外部市场和海外市场收入占总收入的43%。

装备制造业务在需求低迷、出口难度加大的情况下，调整优化产品结构，突出产品质量和优质服务，加快海外建厂和市场开拓步伐，推进特深井钻机、连续管等产品产业化应用，完成营业收入709亿元，出口签约额达到53亿美元。

矿区服务业务稳妥实施民用水、电、气、暖供应和物业服务市场化社会化改革，积极完善社区、医疗和养老服务保障体系，突出加强和创新矿区社会管理，因地制宜帮助解决职工住房问题，服务质量和水平有了新提升。

金融支持业务坚持产融结合、以融促产，完善结算和融资平台功能，在巩固资金结算通道、提供低成本信贷、推动合资合作等方面发挥重要作用。

（6）科技创新的驱动作用得到增强。国家、集团公司重大科技专项和现场试验项目攻关取得重要阶段成果，三元复合驱油技术进一步创新完善，将成为支撑大庆油田持续稳产的三次采油主体技术；水平井钻完井与大规模体积压裂工厂化作业技术获得突破，为长庆超低渗透油气田效益开发提供有力技术支撑；页岩气工厂化现场试验在四川长宁取得成功，加快国家级页岩气示范区建设；巨型碳酸盐岩油田整体优化部署和注水开发等核心技术逐步完善，加快伊拉克三大项目稳产上产；加氢裂化、聚烯烃等一批新催化剂工业试验成功，千万吨级大型炼厂成套技术取得重大进展，利用自主技术完成汽油质量升级；油气管道和天然气液化装备国产化取得长足进步。加强基础和超前储备技术研究，取得连续型油气聚集理论、纳米智能驱油、高硅 NaY 分子筛等重大突破。完善科技成果转化配套政策和措施，完成 32 项技术利器有形化，一批成熟技术和装备得到推广应用。深化与国际大石油公司的科技交流与合作，开展非常规油气开发关键技术合作研究，并与壳牌公司成立页岩油联合研发中心。

强化信息化与生产经营管理的有机融合，ERP 应用集成系统完成总体方案设计，可扩展的物联网系统平台进入建设阶段，昌平和吉林数据中心基本建成，移动应用平台、海外炼油与化工运行、工程项目管理等系统投入使用，对提升管理水平、提高质量效益发挥了重要支持作用。持续实施信息安全整体解决方案，加强互联网访问集中管理，拓展身份管理和认证系统应用范围，提高了网络和信息系统的安全防护水平。

（7）经营管理方式进一步转变。按照国务院国有资产监督管理委员会（简称国务院国资委）关于开展管理提升活动的部署安排，认真对标、自我诊断，深入查找管理短板和瓶颈问题，重点组织开展战略与基础管理、国际化经营、信息化建设等 6 个方面的专项提升，有序推进一个平台、一个体系的基础建设试点，初步建立专项领域持续改进的长效机制。

调整优化总部机关职能和管理流程，成立生产经营管理部，整合优化总部财务系统，完善大监督格局，积极推进大销售管理体制试点和天然气终端业务重组。严格投资管理和投资回报，不断优化投资结构，合理调整项目建设节奏，投资总量得到有效控制。建立涵盖上下游产业链各环节的资源整体优化模型，统筹制订增供俄罗斯原油（简称俄油）资源配置、调整柴汽比、冬季天然气保供等优化方案，生产运行水平进一步提升。完善工效挂钩机制，实行高中层管理人员薪酬与企业效益联动考核，变年度考核为季度考核，加大奖惩力度，促进业绩指标完成和经济效益提升。加强重大专项审计，狠抓问题整改落实，审计监督质量和效率进一步提高。

合资合作取得重大进展，西气东输一线和二线西段纳入管道合资平台，国新公司成功为海外业务发展融资超过 50 亿美元，未动用储量合作开发试点和页岩气对外合作初见成效，中油勘探和炼化合资平台建设稳步推进。

（8）安全环保节能减排不断强化。牢牢把握安全环保处于严格监管阶段的特征，深刻汲取大连石化“6·2”储罐爆炸着火等事故教训，认真开展“12·23”10 周年警示月活动，完善制度体系，严格责任落实，推进安全环保升级管理和风险防控体系建设，组织全覆盖的 HSE 体系审核，全面开展安全生产大检查和以油气管道为重点的生产安全公共安全专项整治，加大隐患治理力度，安全环保形势继续保持总体稳定态势。推进 61 项重点节能和 20 项重点减排项目实施，规范在线监测运行，加强企业监督考核，完成国务院国资委下达的年度节能减排目标。

（9）班子队伍建设进一步加强。深入推进“四好”班子建设，强化各级班子和领导干部政治意识、大局意识和责任意识，着力提升素质能力，着力转变领导作风，改进领导班子考评方式，推进干部交流和竞争上岗，领导班子的整体功能更好发挥。以完善惩治和预防腐败体系为重点，加大监督检查、党内巡视和案件查处力度，开展“三重一大”决策制度执行情况专项检查，强化“制度 + 科技”防控廉洁风险，反腐倡廉建设进一步深入。制定《中国石油企业文化建设工作条例》，持续开展“石油魂——大庆精神铁人精神巡回宣讲”活动，推出全国重大典型“大庆新铁人”李新民，广泛开展“双十”全员读书活动，员工队伍整体素质和执行力持续提升。

（10）党的群众路线教育实践活动扎实有效。根据中央及国务院国资委党委的统一部署，按照“照镜子、正衣冠、洗洗澡、治治病”的总要求，以贯彻落实中央“八项规定”精神为切入点，扎实开展以“为民务实清廉”为主要内容的党的群众路线教育实践活动，突出“四风”问题，聚焦作风建设，精心制订活动方案，集中开展学习教育，广泛征求职工群众意见建议；深入查摆突出问题，以整风精神开展批评和自我批评，高质量召开专题民主生活会；认真制定整改措施，逐条逐项抓好落实，着力解决基层和职工群众反映强烈的突出问题，严肃查处一批顶风违纪行为，修订完善各类制度，进一步构建转变作风的长效机制。通过教育实践活动，党员干部思想认识进一步提高、作风明显转变，党群干群关系更加密切，党组织的凝聚力、战斗力显著增强，全面实现活动的目标要求。

（王柏苍）

专　文

深入贯彻落实党的十八大精神
为全面建成小康社会作出新贡献

——在集团公司2013年工作会议上的报告（摘要）

（2013年1月23日）

这次会议的主要任务是，深入贯彻落实党的十八大及中央经济工作会议精神，高举中国特色社会主义伟大旗帜，总结过去五年工作和集团公司成立以来的发展经验，明确今后一个时期的目标任务，部署今年重点工作，动员广大干部员工解放思想，改革创新，脚踏实地，埋头苦干，全面建成综合性国际能源公司，为保障国家能源安全和全面建成小康社会作出新贡献。

一、过去五年和重组改制以来的工作回顾

党的十七大以来的5年，是我们在建设综合性国际能源公司道路上奋勇前进的5年，是我们经受住国际金融危机等困难和考验、改革发展取得重大成就的5年。5年来，我们坚持以科学发展观为指导，统筹国际国内两个大局，大力实施资源、市场、国际化战略，突出做好发展、转变、和谐三件大事，迎难而上，顽强拼搏，实现了持续有效较快协调发展。

整体实力显著增强，战略性结构调整取得重大突破，国际业务跨越式发展，综合一体化优势充分发挥，自主创新能力明显提升，管理基础进一步夯实，职工群众生产生活条件持续改善，企业党的建设全面加强。

过去5年的工作，是重组改制以来集团公司改革发展实践的重要组成部分。15年来，实现了以上游业务为主向上下游、国内外、生产销售贸易一体化企业的转变，实现了以国内业务为主的石油公司向跨国经营的国际能源公司的转变，实现了以计划调控和行政命令为主要管理方式的国有企业向市场化管理、国际规范运营的现代企业的转变，业绩和实力得到国际国内及业界同行普遍认可，管理和运营更为稳健成熟，对未来发展充满战略自信、体制自信、文化自信。

回顾总结这些年来的发展历程和经验教训，我们积累形成了在复杂环境中实现又好又快发展的有益启示：一定要始终牢记国有重要骨干企业责任使命，将企业发展与国家民族命运、经济社会发展和人民群众利益紧密结合，努力实现经济、政治和社会责任的有机统一；一定要突出集中发展油气主营业务，推动上下游、国内外、上市未上市、油气与服务保障业务整体协调发展，提升综合实力和可持续发展能力；一定要坚定不移加快走出去，在更高层次、更广领域参与国际油气合作与竞争，增强国际竞争力和能源供应保障能力；一定要持续深化改革，大力推进技术、管理和制度创新，坚持人才强企，更加注重把发展的立足点建立在质量效益上；一定要着力加强安全环保，把

注：此文为蒋洁敏在集团公司2013年工作会议上的报告。蒋洁敏涉嫌严重违纪，于2013年9月接受组织调查。2014年6月30日中央纪委监察部网站发布：依据《中国共产党纪律处分条例》等有关规定，经中央纪委常委会议研究并报中共中央政治局会议审议，决定给予蒋洁敏开除党籍处分，待召开中央委员会全体会议时予以追认；由监察部报请国务院批准给予其行政开除处分；将其涉嫌犯罪问题及线索移送司法机关依法处理。2014年10月23日新华社发布：中国共产党第十八届中央委员会第四次全体会议审议并通过中共中央纪律检查委员会关于蒋洁敏严重违纪问题的审查报告，确认中央政治局之前作出的给予蒋洁敏开除党籍的处分。

发展创新成果惠及全体员工和广大人民群众，妥善处理各方面关系，全力保障和谐稳定大局；一定要始终坚持党的领导，继承弘扬大庆精神铁人精神，积极践行“我为祖国献石油”的核心价值观，将政治文化优势转化为企业核心竞争力。

二、全面建成综合性国际能源公司的新要求

当前和今后一个时期，集团公司发展仍处于重要战略机遇期，在实现全面建成小康社会、国内生产总值和城乡居民人均收入“两个翻番”目标的进程中，必须肩负起保障国家能源安全、保证油气稳定供应的重大责任和历史使命。

党组明确提出，到2015年基本建成综合性国际能源公司，国际业务努力达到“半壁江山”，全面实现“十二五”规划目标；2020年全面建成世界水平的综合性国际能源公司，实现“三个60%、两个倍增”，规模总量、质量效益、技术管理、生产效率和价值品牌等全面进入国际大石油公司前列，企业活力、控制力、影响力和带动力显著增强。

今后一个时期，集团公司发展的总体思路是：深入贯彻落实党的十八大精神，紧紧围绕全面建成综合性国际能源公司目标，坚持资源、市场、国际化三大战略、突出提升质量效益，坚持集中发展油气业务、推进整体协调发展，坚持改革开放创新、加快转变发展方式，坚持加强科学管理、夯实安全环保根基，坚持以人为本、注重保障和改善民生，打造绿色、国际、可持续的中石油，建设忠诚、放心、受尊重的中石油，不断增强国际竞争力和可持续发展能力。

主要目标要求是：保障能力和综合实力持续增强，集团公司国内外油气作业产量达到全国油气需求量的60%，国内油气产量占全国总产量的60%，海外油气作业产量占公司总产量的60%。业务结构更加合理，科技和信息化水平大幅提升，管理更加科学规范，绿色低碳发展取得重大进展，和谐稳定局面更加巩固。

实现上述目标，要大力实施四项重大举措，形成推动发展的新活力、新动力、新优势。一是创新驱动，二是开放合作，三是人才强企，四是管理提升。

三、巩固发展国内主营业务

国内主营业务是集团公司发展的立足点和基础，必须着力做强做优，为推进国际化经营和保障国家能源安全提供坚强后盾。

突出重点规模油气区发展建设，继续保持上游业务优势地位。推进大型炼化基地建设，持续提升规模实力和盈利水平。强化营销网络及储运设施建设，努力保障油气市场稳定供应。注重服务保障业务能力建设，形成更为突出的综合一体化优势。

四、着力提升国际化经营能力和水平

大力实施国际化战略、加快海外业务发展是全面建成世界水平的综合性国际能源公司的重中之重。必须牢固树立全球视野和战略思维，以海外油气合作区建设为龙头，加快整体走出去步伐，全方位参与国际能源合作与竞争，推动国际化经营实现新的跨越。

加快拓展海外5个油气合作区，加快建设战略通道和国际油气运营中心，加快提升国际化经营能力。

五、继续深化改革开放

按照中央关于深化国有企业改革的决策部署，进一步解放思想，深化改革开放，更加尊重市场规律，更加注重改革的系统性、整体性、协同性，着力完善体制机制，全方位开展务实合作，充分激发各方面积极性，努力建设充满生机活力的开放型中石油。

进一步完善管控模式，完善经营机制，完善人事用工分配机制，加大合资合作力度。

六、加快转变发展方式

实现持续健康发展，必须大力强化创新驱动，更多依靠科技进步、劳动者素质提高和管理提升，加快形成新的发展方式。

推进科技进步，充分发挥战略支撑作用。推进实施信息化三大标志性项目，提升劳动生产、资源配置和财务效率。加强科学管理，深入开展管理提升活动，大力推行精细化管理。坚定不移走人才强企之路，建设高素质人才队伍。推进绿色发展、循环发展、低碳发展，努力为生态文明建设作贡献。

七、努力构建和谐发展新局面

牢固树立环保优先、安全第一、质量至上、以人为本的理念，着力提高安全环保业绩，着力加强矿区社会管理，着力发展完善企业文化，建设平安稳定、规范有序、文明和谐的石油石化矿区。

筑牢安全环保基础，提高本质安全水平。坚持重实效、保基本、可持续的思路，提高矿区管理和服务水平。健全完善维稳长效机制，确保企业大局稳定。加强企业文化建设，持续抓好大庆精神铁人精神再学习再教育再深入，使“我为祖国献石油”的核心价值观进一步深入人心。

八、全面提高企业党建科学化水平

要以改革创新精神不断加强和改进企业党建工作，努力建设学习型、服务型、创新型领导班子和领导机关，为科学发展提供强有力的思想和组织保证。

着力加强基层党组织建设，推动创先争优常态化长效化，发挥广大党员先锋模范作用。着力转变工作

作风，从党组自身做起，从领导干部做起，从总部机关做起。扎实开展以为民务实清廉为主要内容的党的群众路线教育实践活动，形成转变工作作风、密切联系群众的长效机制。着力推进反腐倡廉建设。

实现集团公司持续健康发展、全面建成综合性国际能源公司目标明确，任务艰巨。我们要紧密团结在以习近平同志为总书记的党中央周围，深入贯彻落实党的十八大精神，团结一心，砥砺奋进，努力创造更加优异的业绩，为夺取中国特色社会主义新胜利、实现中华民族伟大复兴作出新的更大贡献。

坚持稳中求进　大力开拓创新
确保企业持续健康发展与和谐稳定

——周吉平在集团公司2013年工作会议上的报告（摘要）

（2013年1月23日）

根据党组研究的意见，我主要总结集团公司2012年工作成果，部署2013年重点任务。

一、2012年主要工作成果

去年，面对复杂严峻的内外部形势，集团公司上下牢牢把握稳中求进的工作总基调，坚持油气发展不动摇、履行保障责任不懈怠、加强基础建设不折腾，迎难而上，扎实工作，实现了生产较快增长、效益总体稳定。国内外油气当量产量达到2.78亿吨，同比增长2.8%；加工原油1.91亿吨，增长6.6%；销售成品油1.63亿吨、天然气1012亿立方米，分别增长6.2%和17.8%。各方面工作都取得一系列新成果、新突破。

国内油气储量保持高峰增长，原油产量创近年来最大增幅；炼化生产“五个优化”成效突出，布局结构调整取得新突破；油品销售结构进一步改善，市场应对能力明显增强；天然气销量快速增长，全力确保了重点时段和重点城市的稳定供应，多条重点油气管道建成投产；海外业务在复杂局面下稳定增长，国际油气合作巩固发展；服务保障业务协调发展，市场竞争能力稳步提升；科技创新取得新进展，“水平井钻完井多段压裂增产关键技术及规模化应用”获国家科技进步一等奖，管理提升活动深入推进；HSE业绩优良，节能减排持续强化；党建、班子建设和企业文化建设不断加强，民生得到切实改善。

二、面临的形势和任务

今年是全面贯彻落实党的十八大精神的开局之年，是实施“十二五”规划承前启后的关键一年。集团公司发展仍处于重要战略机遇期，我们要密切跟踪、深入研判，趋利避害、灵活应对，坚持稳中求进的工作总基调。“稳”，就是确保大局和谐稳定，油气市场供应平稳有序，生产经营稳定增长；“进”，就是质量效益要有新提高，创新驱动要有新进展，改革开放要有新突破，改善民生要有新成效。

今年工作总的要求是：认真贯彻落实党的十八大和中央经济工作会议精神，围绕全面建成世界水平的综合性国际能源公司目标，坚持资源、市场、国际化战略，突出集中发展油气主业，优化生产组织运行，着力增强自主创新能力，着力扩大开放合作，着力深化管理提升，着力强化安全环保，着力保障和改善民生，确保生产稳定增长、效益稳定向好、矿区稳定和谐，实现良好起步、扎实开局。

三、2013年重点工作部署

我们要积极适应形势变化，善于运用“底线思维”方法，加强谋划，灵活应对，始终把握工作主动权，重点做好以下几项工作。

扎实推进HSE体系落实和执行力建设，有效提升本质安全水平。持续改进集中统一的HSE管理体系，坚持重大隐患治理挂牌督办，严格控制“未批先建、未批先投”，严格执行“六条禁令”，强化安全生产合同和全员绩效考核管理。加强节能新技术推广应用，加快建立合同能源管理市场化机制。

发挥政治文化优势，确保大局和谐稳定。要充分发挥党组织推动发展、服务群众、凝聚人心、促进和谐的作用，要充分发挥企业文化对促进和谐稳定的教育引导作用，要把保障和改善民生作为确保和谐稳定的基础，要把综合治理、化解矛盾作为确保和谐稳定的重要手段。

加快发展国内油气主营业务，夯实发展基础。坚持资源战略不动摇，巩固上游业务国内主导地位；突出市场导向和效益原则，平稳均衡组织炼化生产；积极适应市场变化，推进成品油销售业务健康发展；加大天然气市场开发力度，保证安全平稳有序供应。

进一步扩大海外油气合作，提升国际化水平。坚持油气并举、海陆并重、兼顾非常规，推进重点地区新项目开发，突出抓好大型油气项目的获取。加强与国际大石油公司和国家石油公司的深度战略合作，持续深化投资与成本“双控”工作，健全完善风险防控体系，加强国际化人才队伍建设。国际贸易要落实和优化进出口计划，有效调节国内资源需求和市场供应。

提升工程技术等业务服务保障能力，促进综合一体化优势的发挥。工程技术服务业务按照“六精”要求，坚持差异化、特色化、高端化的方向，调整优化业务结构。工程建设业务要努力提升监理水平和PMC能力，装备制造业务要继续推进结构调整与转型升级。工程技术、工程建设、装备制造等业务要全面加大走出去力度，大力开拓国际市场特别是高端市场，提高海外业务比重。金融支持业务要在控制风险的前提下，不断拓展融资渠道，提供低成本和优质可靠的筹资服务。

大力推进科技进步，增强自主创新能力。集中攻克一批关键瓶颈技术，重大科技专项要坚持一体化组织、一体化设计、一体化实施，实现理论技术创新、生产应用实效和创新能力提升三个目标有机统一。加大有形化核心技术和自主创新产品推广应用力度。全面开展以ERP为核心的信息系统应用集成，推进已建信息系统应用。

深化管理提升和内部改革，加大开放合作力度。组织好管理提升活动后两个阶段的工作，按照市场化方向完善经营机制，把投资、预算、业绩指标和考核更好地结合，构建规范管理平台。要以控制投资和成本为核心，继续推进开源节流降本增效工作。要以开放包容的心态、灵活务实的措施，全面加强与民间资本、金融资本和国外资本的合作。

大力改进工作作风，提高机关服务和水平。一要全心全意服务基层，二要彻底摒弃文山会海，三要努力提高服务效率，四要大力压缩五项费用和非生产性支出，五要全面提升综合素质。

做好今年工作责任重大、意义深远。我们要深入贯彻党的十八大精神，按照集团公司党组的统一部署，以昂扬的斗志和扎实的作风，全面完成各项工作任务，为保障国家能源安全、促进国民经济持续健康发展作出新的贡献。

坚持战略发展 突出质量效益 努力建设世界水平的综合性国际能源公司

——周吉平在集团公司2013年领导干部会议上的报告（摘要）

（2013年7月29日）

这次领导干部会议的主要任务是，以党的十八大精神为指导，学习贯彻中央领导同志重要指示和中央企业负责人会议精神，深入分析面临的形势，进一步明确当前和今后一个时期集团公司发展的重点部署和重大举措，总结上半年生产经营成果，安排下半年主要工作，动员广大干部员工统一思想，凝聚力量，坚持战略发展，突出质量效益，全面完成今年各项任务目标，努力建设世界水平的综合性国际能源公司，为保障国家能源安全和全面建成小康社会作出新贡献。

一、充分认清面临的形势和肩负的责任使命

今年以来，集团公司上下认真贯彻落实党中央、国务院的决策和部署，牢牢把握稳中求进的工作总基调，迎难而上，真抓实干，各方面工作都取得了新成绩新进展。当前及今后一个时期，集团公司的发展仍处于重要战略机遇期，但战略机遇期的内涵和条件发生了新变化；集团公司仍处于发展的上升周期，也处于从注重规模发展向更加注重质量效益发展转型的关键时期。集团公司发展思路和战略目标清晰明确，综合性国际能源公司总体架构已经形成；油气储量、产量在国际大石油公司中位居前列，规模实力和社会影响力不断增强；油气主营业务突出，综合一体化优势独具特色；大庆精神铁人精神深入人心，政治文化优

势正在成为企业核心竞争力的重要组成部分。但也要清醒地看到，与国际大石油公司相比，我们在经营理念、创新能力、管理水平、队伍素质、效率效益、品牌价值等方面都存在较大差距，安全环保稳定基础还不牢固，特别是发展中速度规模与质量效益不同步的问题尤为突出。

党的十八大强调，要毫不动摇巩固和发展公有制经济；推动能源生产和消费革命，确保国家能源安全；加快走出去步伐，增强企业国际化经营能力，培育一批世界水平的跨国公司。今年以来中央领导同志多次对国有企业的重要地位和作用作出一系列精辟论述，要求国有企业要发挥好“四个作用”。这些都为我们指明了前进方向。

集团公司新一届党组班子从肩负的责任使命出发，对面临的机遇和挑战进行认真的研判分析，在事关今后一个时期发展的重大问题上统一了思想、达成了共识。总体上就是要坚定“一个目标”，做到“四个坚持”，实施“有质量、有效益、可持续”的发展方针。

“一个目标”：就是到2020年全面建成世界水平的综合性国际能源公司，实现“三个60%、两个倍增”。“世界水平”的主要标志是，规模总量、经营业绩、技术水平、管理能力、价值品牌和员工素质等进入国际大石油公司前列。

“四个坚持”：就是要保持总体发展思路的连续性稳定性。坚持走中国特色社会主义国有企业发展道路，坚持战略发展，坚持质量效益发展，坚持弘扬大庆精神铁人精神。

实施“有质量、有效益、可持续”的发展方针，是党组遵循经济规律和企业发展规律、推进集团公司持续健康发展作出的又一重大决策，是对综合性国际能源公司发展思路和战略体系的进一步丰富完善。有质量，就是整体价值优。油气主业优势突出，布局结构科学合理，生产要素优化配置，资产质量和工程、产品、服务质量优良，品牌美誉度高，公司价值持续提升。有效益，就是盈利能力强。以经济效益为中心的经营理念牢固树立，投资规模适度，投入产出比高，经营利润稳定增长，国有资产保值增值，长期效益与近期效益、经济效益与社会效益有机统一。可持续，就是发展后劲足。规模速度适宜适当，体制机制顺畅高效，自主创新能力强，各类风险有效防控，发展基础坚实，企业发展与资源环境社会及员工全面发展相协调。

二、进一步优化主营业务发展的战略部署

根据形势变化和公司战略发展需要，按照“有质量、有效益、可持续”的发展方针，必须进一步明确主营业务发展定位，调整优化布局结构，完善重点工作部署，确保油气主业持续快速健康发展，形成更为突出的综合一体化优势。

优先发展国内上游业务。要优先加强资源勘探，优先安排重点产能建设，优先保障资金、技术和装备等要素配置，优先向效益好的勘探开发项目倾斜。

加快发展天然气业务。要加大资源保障力度，加快推进西气东输、陕京输气系统等重点骨干管道建设，加强市场开发。

规模优质发展海外业务。加快建成五大油气合作区，继续加快四大战略通道建设，全面建成三大油气运营中心，着力提升国际化经营水平。

适度有效发展炼化业务。必须按照做精做优的方向，统筹资源配置，优化运行组织，稳步推进布局结构战略性调整，增强规模实力和盈利能力。

稳步有序发展销售业务。充分发挥实施市场战略的主力军作用，以市场为导向、客户为中心、效益为目标，创新营销模式，完善网络布局，提高服务质量，不断提升市场应对能力、供应保障能力和盈利创效能力。

协调配套发展服务保障业务。必须按照做专做特的方向，坚持专业化、集约化发展，积极引入市场机制和社会资源，推进市场开放，加快转型升级，提升技术质量水平、服务保障能力和高端市场开拓能力，坚定不移走出去，实现与油气主业协调发展。

三、持续加大提升质量效益的措施力度

坚持以提高发展质量和效益为中心，是中央关于做好经济工作的明确要求，也是集团公司应对当前复杂严峻形势、破解发展难题、实现持续健康发展的迫切需要。要下更大的决心，采取更加有力的措施，加快形成新的发展方式，进一步提升质量效益。

坚持创新驱动，增强发展新动力。强化科技成果对生产发展和效益提升的支撑作用，强化科研攻关对打造竞争优势的引领作用，强化创新体系建设对科技发展的保障作用，强化信息化与生产经营管理的有机融合。

深化管理提升，推动科学管理上水平。优化公司管控模式，严格投资管理，从严从紧控制成本，完善工效挂钩机制，持续夯实管理基础，强化风险防控。

实施人才强企，激发队伍新活力。大力培养人才，大胆使用人才，优化人才结构，优化人才发展环境。

推进开放合作，培育发展新模式。全面加强与社会资本、民间资本和国外资本等各类投资主体的合资合作，积极推进六个平台建设，扩大国内对外合作，努力建设充满生机活力的开放型中石油。

强化安全环保和节能减排，开创安全清洁节约发展新局面。进一步完善制度、强化责任、加强管理、严格监督，推动HSE管理体系规范运行、持续改进，提高本质安全水平，坚决杜绝重特大事故发生。

四、形成推动持续健康发展的强大合力

实现集团公司有质量、有效益、可持续发展，必须紧紧依靠百万石油员工的共同努力。要进一步加强和改进企业党的领导，充分发挥党员领导干部和机关部门的示范带头作用，尊重职工群众的首创精神，大力弘扬大庆精神铁人精神，把我们的政治文化优势转化为凝聚人心、团结奋进的强大力量。

按照中央统一部署，扎实开展党的群众路线教育实践活动。实现党员、干部思想进一步提高，作风进一步转变，党群干群关系进一步密切，为民务实清廉形象进一步树立。

持续推进“三型”党组织、领导班子和机关建设，进一步增强凝聚力和战斗力。

切实保障和改善民生，确保矿区和谐稳定。坚持重实效、保基本、可持续的思路，在实现企业持续健康发展的同时，努力让职工群众过上更好的生活。

坚持用大庆精神铁人精神铸魂育人，建设先进文化，激发奋斗力量。激励广大干部员工胸怀报国之志、恪尽兴油之责，立足岗位敬业奉献。

今年是全面贯彻落实党的十八大精神的开局之年，也是集团公司新一届党组班子带领全体干部员工向建设世界水平的综合性国际能源公司迈进的重要一年，全面实现今年各项任务目标意义重大。我们要牢牢把握稳中求进的工作总基调，坚定信心、沉着应对，全力打赢“保增长、保效益”攻坚战，推进集团公司持续健康发展，为促进经济社会发展、实现中华民族伟大复兴的中国梦作出新贡献。

坚定信心 攻坚克难
全力完成保增长保效益目标任务

——在集团公司2013年领导干部会议上的报告（摘要）

（2013年7月29日）

按照党组研究讨论的意见，我主要报告上半年生产经营情况和下半年重点工作安排。

一、上半年生产经营主要成果

今年以来，面对错综复杂的外部环境，集团公司广大干部员工认真贯彻党的十八大精神和中央一系列决策部署，牢牢把握稳中求进的工作总基调，积极有效应对各种困难和挑战，加强产运销储贸综合平衡，加快重点工程和战略项目建设，深入推进管理提升，强化安全环保稳定，保持了生产经营平稳受控运行，主要生产指标持续增长，经营业绩符合预期。各方面工作都取得新进展新成果。

国内油气储量产量继续稳定增长，炼油化工保持均衡优化运行，油气销售市场供应和开拓能力进一步增强，国际化经营保持良好势头，服务保障业务实现新的发展，合资合作取得重大进展，以质量效益为中心的理念和措施得到强化，和谐矿区建设取得新成效。

二、下半年重点工作部署

当前我们面临的宏观经济形势依然错综复杂。在下半年生产经营工作中，我们要认真贯彻党中央、国务院的决策部署及中央企业负责人会议精神，按照“有质量、有效益、可持续”的发展方针，继续坚持三大战略，实施四大举措，在决策部署、生产建设、经营管理、组织执行等方面全面落实“优化、简化、强化、细化”的要求，坚决打赢“双保”攻坚战，确保主要生产经营指标稳定增长、技术效益指标稳定向好、安全环保业绩稳定好转，全力完成各项生产经营目标任务，为国民经济“稳增长”和国有经济“保增

注：此文为廖永远在集团公司2013年领导干部会议上的报告。2015年3月16日中央纪委监察部网站发布：中国石油天然气集团公司总经理廖永远涉嫌严重违纪违法，目前正接受组织调查。

长”作出积极贡献。

毫不松懈地抓好安全环保，坚决遏制事故反弹势头。一是把深入开展安全大检查作为当前安全生产的首要任务，将安全防线建立在基层一线。二是抓紧发布实施《集团公司生产安全风险防控管理办法》，建立起责任分层、风险分级、层层负责的安全环保风险防控机制。三是切实加强承包商管理，认真执行“谁发包、谁负责”“谁主管、谁负责”以及属地管理的要求。四是深入开展“12·23”事故十周年警示活动，深刻吸取事故教训，保持安全生产的高压态势。五是积极做好防洪防汛以及应对各种极端气候的安全环保工作，加强国内外重点地区的防恐反恐，确保生产经营正常运行和员工人身安全。

切实优化国内油气生产经营，努力增产增销增效。始终坚持资源第一战略，突出抓好储量增长高峰期工程等重点工作，力争多增产多创效。炼化业务坚持以平稳安全为前提，不断提高运行水平、竞争能力和创效能力。成品油销售强化产销衔接，突出零售、拓展直销，着力增销高附加值产品，努力增加销售效益。天然气销售积极推进资源与市场合理配置，努力做到保障市场稳定供应与提升销售效益并重。

继续加大海外油气合作力度，巩固扩大国际化经营成果。强化重点探区风险勘探，持续加大滚动勘探和精细勘探，加快海上勘探，推进页岩气和油砂等非常规项目资源升级，力争规模增储。加强油气生产运行协调，努力实现年度作业产量目标。推进重点地区重点领域新项目开发。国际贸易要围绕国内市场需求和公司生产经营需要，优化落实油气战略通道资源及海上进出口计划，发挥好调节保供作用。在海外业务中，要坚持资源为王、项目为本、效益为要、避险为重，做到油气并举、常“非”并重，发挥集团公司整体优势，持续提升国际化经营水平。

着力做专做特，进一步增强工程技术服务等业务的保障能力和竞争能力。工程技术服务业务要强力推进主体和特色技术规模化应用、产业化发展，创新生产组织模式，打造技术利器，优化队伍结构，推进工程技术总承包，努力打造“六精”企业。工程建设业务要加强资源有效整合与市场整体规划，推动施工组织方式变革，着力提升大型项目运作水平。装备制造业务要坚持规模化、高端化、技术化发展路线，努力打造石油装备过硬品牌和竞争优势。金融支持业务要加快多元化国际化条件下的金融创新和实践，提升自身可持续发展能力和助力主业能力。

有序有力做好重点项目建设投产工作，不断提高工程质量和管理水平。要加强项目全过程监督管理和风险控制，优化配置施工资源，注重配套工程统一协调，确保各项工程有序推进、如期建成。坚持质量至上，着重抓好设计、施工、采购等关键环节的质量控制，加强隐蔽工程质量监督，实行工程质量终身责任制，加大质量问责力度，努力建设精品工程。

强化生产组织协调和企业管理，持续提升运营效率和经济效益。加强生产运行协调和统筹平衡，确保生产计划、运行方案和调控措施得到有效执行。深入推进管理提升活动，针对突出问题持续抓好专项提升，研究深化重点领域对标管理，认真做好管理诊断下基层工作，建立推动管理水平提高的长效机制。深化投资管理，牢固树立过紧日子思想，紧紧扭住成本控制的“牛鼻子”，确保各项成本费用控制在预算之内。坚持市场化方向，规范现有合资合作项目运作，健全商务运作模式，完善机制，为进一步扩大开放合作积累经验。

深入推进科技进步和信息化建设，更好地发挥创新驱动作用。围绕集团公司主营业务发展需求和效益提升，抓好国家和集团公司重大科技专项攻关，确保取得新突破新成果；认真开展重大技术现场试验，着力解决生产发展中的技术难题；加强超前储备技术研究，力争在新兴业务领域占领科技制高点；持续加大有形化核心技术和自主创新产品推广应用力度，确保科技成果及时应用于生产发展实践。继续推进信息化建设。探索联合监督信息系统建设。

持续完善政策机制，充分调动各方面积极性。深入推行工效挂钩机制，完善配套政策，加强分类指导，适度合理授权，建立季度预算考核和发布制度。健全公司内部价格结算机制，提高整体效益。深化市场化政策机制，增强发展活力。探索新型劳动用工机制，提高劳动生产率。充分利用国家政策推动发展、提升效益，为集团公司发展营造良好政策环境。坚持把发展成果惠及广大职工群众。

下半年生产经营形势依然严峻复杂，实现“双保”目标任务十分艰巨。我们要深入贯彻党的十八大精神，认真落实集团公司党组的安排部署，坚定信心、团结一致，改进作风、真抓实干，全面完成各项生产经营指标，为保障国家能源安全、促进国民经济平稳较快发展作出新的贡献。

专 稿

中国石油天然气集团公司2013年工作会议在河北廊坊召开

中国石油天然气集团公司2013年工作会议于1月23—25日在河北廊坊召开。会议的主要任务是，深入贯彻落实党的十八大及中央经济工作会议精神，高举中国特色社会主义伟大旗帜，总结过去5年工作和集团公司成立以来的发展经验，明确今后一个时期的目标任务，部署今年重点工作，动员广大干部员工解放思想，改革创新，脚踏实地，埋头苦干，全面建成综合性国际能源公司，为保障国家能源安全和全面建成小康社会作出新贡献。

会议回顾党的十七大以来的5年和重组改制以来的工作。5年来，集团公司坚持以科学发展观为指导，统筹国际国内两个大局，大力实施资源、市场、国际化战略，突出做好发展、转变、和谐三件大事，迎难而上，顽强拼搏，实现持续有效较快协调发展。整体实力显著增强，战略性结构调整取得重大突破，国际业务跨越式发展，综合一体化优势充分发挥，自主创新能力明显提升，管理基础进一步夯实，职工群众生产生活条件持续改善，企业党的建设全面加强。15年来，集团公司实现以上游业务为主向上下游、国内外、生产销售贸易一体化企业的转变，实现以国内业务为主的石油公司向跨国经营的国际能源公司的转变，实现以计划调控和行政命令为主要管理方式的国有企业向市场化管理、国际规范运营的现代企业的转变，业绩和实力得到国际国内及业界同行普遍认可，管理和运营更为稳健成熟，对未来发展充满战略自信、体制自信、文化自信。

集团公司党组明确提出，到2015年基本建成综合性国际能源公司，国际业务努力达到“半壁江山”，全面实现“十二五”规划目标；2020年全面建成世界水平的综合性国际能源公司，实现“三个60%、两个倍增”，规模总量、质量效益、技术管理、生产效率和价值品牌等全面进入国际大石油公司前列，企业活力、控制力、影响力和带动力显著增强。

今后一个时期，集团公司发展的总体思路是：深入贯彻落实党的十八大精神，紧紧围绕全面建成综合性国际能源公司目标，坚持资源、市场、国际化三大战略、突出提升质量效益，坚持集中发展油气业务、推进整体协调发展，坚持改革开放创新、加快转变发展方式，坚持加强科学管理、夯实安全环保根基，坚持以人为本、注重保障和改善民生，打造绿色、国际、可持续的中石油，建设忠诚、放心、受尊重的中石油，不断增强国际竞争力和可持续发展能力。

主要目标要求是：保障能力和综合实力持续增强，集团公司国内外油气作业产量达到全国油气需求量的60%，国内油气产量占全国总产量的60%，海外油气作业产量占公司总产量的60%。业务结构更加合理，科技和信息化水平大幅提升，管理更加科学规范，绿色低碳发展取得重大进展，和谐稳定局面更加巩固。实现这些目标，要大力实施创新驱动、开放合作、人才强企、管理提升四项重大举措，形成推动发展的新活力、新动力、新优势。

集团公司总经理周吉平作题为《坚持稳中求进，大力开拓创新，确保企业持续健康发展与和谐稳定》的工作报告。副总经理沈殿成通报安全环保情况。副总经理李新华作会议总结。

国家有关部委相关负责同志应邀出席会议。国有重点大型企业监事会负责同志，集团公司党组成员，原石油部、总公司和集团公司老领导，集团公司总经理助理、股份公司管理层成员、集团公司副总师出席会议。集团公司各企事业单位党政主要负责人、总部机关各部门和专业公司主要负责人参加会议。

张高丽考察中国石油乌鲁木齐石化公司

2013年4月9日，中共中央政治局常委、国务院副总理张高丽来到中国石油乌鲁木齐石化公司考察，看望基层干部员工，了解企业发展状况。

上午10时，张高丽在中共中央政治局委员、新疆维吾尔自治区党委书记张春贤，自治区主席努尔·白克力等陪同下，首先来到乌鲁木齐石化公司炼油厂第一联合控制室，看望一线员工，表达亲切问候。乌鲁木齐石化公司总经理郝新刚简要汇报乌鲁木齐石化的发展历程、生产经营、产业结构转型升级等情况。张高丽认真倾听，对石化行业非常关心的他接连提问："你们加工的油是哪里的？""油的比重是多少？""轻质油收率是多少？""重油沥青都可以变成轻质油吗？"……

张高丽还了解乌鲁木齐石化公司大炼油基地建设和大芳烃装置生产等情况。当得知乌鲁木齐石化公司100万吨/年芳烃联合装置是世界上单系列规模最大的芳烃装置时，他非常高兴，连连称赞。考察中，张高丽仔细地询问员工交接班、劳动保护用品配备等方面的情况。

张高丽对乌鲁木齐石化公司各项工作取得的成绩给予充分肯定。他要求，企业要立足科技创新，做到"吃干榨净"，努力提高轻质油收率；要大力发展循环经济，落实节能减排，推进清洁生产，实现可持续发展。

随后，张高丽在乌鲁木齐石化公司主持召开新疆维吾尔自治区党委、政府和新疆生产建设兵团，以及部分新疆企业负责人参加的工作汇报会。乌鲁木齐石化公司、新疆油田公司在会上作工作汇报。

李源潮考察中委石油合作项目

2013年5月15日，正在委内瑞拉进行正式访问的国家副主席李源潮来到中国石油与委内瑞拉国家石油公司合资的MPE3项目毛里恰油田现场考察，看望一线员工，了解生产和合作情况。

在毛里恰机场会议室，委内瑞拉能矿部长拉米雷斯向李源潮介绍委内瑞拉石油工业概况、发展规划、奥里诺科重油带石油资源和MPE3项目的情况。随后，李源潮来到毛里恰油田3号采油平台，亲自在井口接取超重油油样，并登上钻井操作平台仔细考察。李源潮对现场的中方和委方员工说："今天，我代表中国政府和人民来看望大家。刚才接了你们生产出来的油样，我将带回中国。双方合作非常成功，你们支持了中委两国的经济发展。"

在临时搭建的会议棚里，委方重油带负责人向李源潮介绍在重油带上委内瑞拉国家石油公司与7个外国公司的合作概况、MPE3项目生产和融资情况，以及胡宁4项目情况。李源潮充分肯定中委能源合作取得的巨大成果。他强调，委内瑞拉具有丰富的石油资源，中委合作可以实现优势互补，希望把双方的合作项目做好、做大、做强，建立上中下游一体化合作，支持中委两国的经济发展。

在3号采油平台召开的记者会上，李源潮指出，在双方的艰苦奋斗和辛勤劳动下，中委合作已结出丰硕成果，也使委内瑞拉实现了石油出口多元化，同时，委内瑞拉国家石油公司为委内瑞拉积累了数十亿美元的资产。这些资产将不断产生效益。委内瑞拉石油资源丰富，中委合作前景广阔。中国政府和金融机构支持进一步扩大双方石油领域的合作，并将探讨在其他区块的合作，造福两国人民。

中俄签署增供原油长期贸易合同

为落实中国国家主席习近平2013年3月访问俄罗斯期间两国达成的重要合作共识和协议，2013年6月21日，在俄罗斯总统普京和中国国务院副总理张高丽共同出席的第十七届圣彼得堡国际经济论坛能源圆桌会议上，中国石油天然气集团公司董事长周吉平和俄罗斯石油公司总裁谢钦签署俄向中国增供原油长期贸易合同，与俄第二大天然气生产商诺瓦泰克公司签署收购亚马尔LNG项目20%股份框架协议。

根据增供合同，俄罗斯将在目前中俄原油管道（东线）1500万吨/年输油量的基础上逐年向华增供原油，到2018年达到3000万吨/年，增供合同期25年，可延长5年；通过中哈原油管道（西线）于2014年1月1日开始增供原油700万吨/年，合同期5年，可延长5年。俄罗斯还承诺在中俄合资天津炼厂建成投运后，每年向其供应910万吨原油。未来中国石油进口俄罗斯原油量将达到4610万吨/年。这份增供合同是中国对外原油贸易中最大单笔合同，对保障国家能源安全、促进国民经济发展将发挥重要作用。

亚马尔LNG项目位于俄罗斯亚马尔—涅涅茨自治区，已探明天然气储量超过1万亿立方米，拟建设LNG产能1650万吨/年。协议签署后，中国石油将与合作伙伴开展上下游一体化合作。中国石油参与该项目对进入北极地区油气资源勘探开发，开辟北极航道具有重要意义。

在圣彼得堡期间，张高丽听取周吉平关于中俄油气合作情况、四大油气战略通道建设情况等工作汇报，并对集团公司下一步发展提出具体要求。张高丽先后会见俄罗斯第一副总理舒瓦洛夫、副总理兼中俄能源合作委员会俄方主席德沃尔科维奇、总统能源发展战略和生态安全委员会秘书长兼俄罗斯石油公司总裁谢钦，就全面落实中俄两国元首达成的共识和决定、深化并扩大双方能源合作等进行深入会谈。

中国石油天然气集团公司 2013年领导干部会议 在北京召开

2013年7月29—31日，中国石油天然气集团公司2013年领导干部会议在北京召开。会议的主要任务是，以党的十八大精神为指导，学习贯彻中央领导同志重要指示和国务院国资委有关会议精神，进一步明确当前和今后一个时期集团公司发展的重点部署和重大举措，总结上半年生产经营成果，安排下半年主要工作，动员广大干部员工统一思想，凝聚力量，坚持战略发展，突出质量效益，全面完成今年各项任务目标，努力建设世界水平的综合性国际能源公司，为保障国家能源安全和全面建成小康社会作出新贡献。

集团公司董事长、党组书记周吉平代表党组作《坚持战略发展，突出质量效益，努力建设世界水平的综合性国际能源公司》的主题报告。

周吉平指出，集团公司新一届党组班子从肩负的责任使命出发，对面临的机遇和挑战进行认真的研判分析，在事关今后一个时期发展的重大问题上统一了思想、达成了共识。总体上就是要坚定“一个目标”，做到“四个坚持”，实施“有质量、有效益、可持续”的发展方针。

“一个目标”：就是到2020年全面建成世界水平的综合性国际能源公司，实现“三个60%、两个倍增”。“世界水平”的主要标志是，规模总量、经营业绩、技术水平、管理能力、价值品牌和员工素质等进入国际大石油公司前列。

“四个坚持”：就是要保持总体发展思路的连续性稳定性。坚持走中国特色社会主义国有企业发展道路，坚持战略发展，坚持质量效益发展，坚持弘扬大庆精神铁人精神。

实施“有质量、有效益、可持续”的发展方针，是党组遵循经济规律和企业发展规律、推进集团公司持续健康发展作出的又一重大决策，是对综合性国际能源公司发展思路和战略体系的进一步丰富完善。有质量，就是整体价值优。油气主业优势突出，布局结构科学合理，生产要素优化配置，资产质量和工程、产品、服务质量优良，品牌美誉度高，公司价值持续提升。有效益，就是盈利能力强。以经济效益为中心的经营理念牢固树立，投资规模适度，投入产出比高，经营利润稳定增长，国有资产保值增值，长期效益与近期效益、经济效益与社会效益有机统一。可持续，就是发展后劲足。规模速度适宜适当，体制机制顺畅高效，自主创新能力强，各类风险有效防控，发展基础坚实，企业发展与资源环境社会及员工全面发展相协调。

国有重点大型企业监事会主席季晓南，中央党的群众路线教育实践活动第三十九督导组成员、国务院国资委巡视组副局级巡视员靳建平，集团公司党组成员、集团公司总经理助理、股份公司管理层成员、集团公司副总师，所属企事业单位、地区公司党政主要负责人，总部各部门、各专业公司主要负责人参加会议。国有企业监事会第十四办事处负责同志等参加会议。

习近平出席中国石油承建的复兴气田南约洛坦100亿米³/年产能建设项目竣工投产仪式

2013年9月4日11时10分，中国国家主席习近平和土库曼斯坦总统别尔德穆哈梅多夫来到位于土库曼斯坦马雷州境内的复兴气田第一天然气处理厂，共同参加中国石油承建的复兴气田南约洛坦100亿米³/年产能建设项目竣工投产仪式。习近平主席称赞南约洛坦项目是中土能源互利合作的又一成功典范，将为中土能源合作注入新的强大动力；强调中土能源合作完全符合两国和两国人民的根本利益，拥有巨大潜力和广阔前景；期望通过双方的真诚合作，中土能源合作百尺竿头更进一步，更好地造福两国人民。

位于卡拉库姆大沙漠腹地的复兴气田是世界第二大单体气田，也是中土能源合作重要气源地。由中国石油承建的复兴气田第一天然气处理厂是目前亚洲最大的天然气处理厂，是中土能源合作取得的新的重要成果。

两国元首乘坐电瓶车前往主会场门厅的天然气处理厂模型区，听取介绍。在沙盘模型展厅前，中国石油天然气集团公司董事长周吉平和土库曼斯坦天然气康采恩专家向两位元首介绍处理厂的工艺流程、建设过程和处理能力，并详细回答两位元首的询问。随后，习近平主席和别尔德穆哈梅多夫总统一起步入庆典会场，参加复兴气田第一天然气处理厂竣工投产仪式。

别尔德穆哈梅多夫在致辞中表示，土中能源合作潜力巨大、富有成效，是两国战略伙伴关系的重要组成部分，也带动了中亚地区经济发展。复兴气田项目是两国能源合作的又一成功例证。土库曼斯坦愿同中方继续加强在天然气开采和运输、国际能源安全等领域的合作，实现共同发展与繁荣。

习近平在致辞中指出，复兴气田南约洛坦项目是中土能源互利合作的又一成功典范。在项目建设期间，两国建设者冒着酷暑和严寒，克服常人难以想象的困难，以饱满的热情和昂扬的斗志，优质高效完成了任务。复兴气田承载着两国人民以合作促发展的真诚愿望。这个项目竣工投产，将为中土能源合作注入新的强大动力。

习近平强调，从中国—中亚天然气管道建成运营，到阿姆河右岸气田产能不断增大，再到复兴气田南约洛坦项目成功投产，短短几年内，中土能源合作实现了跨越式发展，取得令世人瞩目的辉煌成就，再次有力证明，中土能源合作完全符合两国和两国人民的根本利益，拥有巨大潜力和广阔前景。

习近平表示，我和别尔德穆哈梅多夫总统共同宣布中土建立战略伙伴关系，这为双方深化能源合作提供了新机遇。我相信，通过双方的真诚合作，中土能源合作必将百尺竿头更进一步，更好地造福两国人民。复兴意味着新的生机和活力。衷心祝愿中土关系和两国发展振兴事业，能像复兴的美好寓意一样，蒸蒸日上，枝繁叶茂，不断取得新的成就。

两国元首依次触摸代表中土两国的两个水晶球，为处理厂通气点火。大屏幕上两国地图闪烁，连接两个水晶球的白色导管逐渐变蓝，象征着中土又一条重要天然气管道正式通气。会场外面，熊熊的火炬燃烧起来，天然气处理厂正式投产。

习近平主席和别尔德穆哈梅多夫总统还共同前往第二、第三天然气处理厂，出席投产仪式。

习近平出席中哈天然气管道二期第一阶段工程投产仪式

2013年9月7日下午5时，中哈天然气管道二期第一阶段（巴佐伊—奇姆肯特段）竣工通气仪式在哈萨克斯坦首都阿斯塔纳举行。正在哈萨克斯坦访问的中国国家主席习近平和哈萨克斯坦总统纳扎尔巴耶夫出席投产仪式。

“管道第一阶段工程按期顺利建成，现已做好进气准备，请首长们共同发布进气指令。”中亚天然气管道有限公司党委书记曹亚明、哈萨克天然气运输公司总经理苏坦格力在施工现场通过视频连线分别向习近平主席和纳扎尔巴耶夫总统汇报，请求允许开启阀门。两国元首随即共同按下按钮，通过大屏幕向现场下达了允许通气命令。现场天然气管道进气阀门缓缓开启，数秒后天然气点燃火炬，管线正式竣工通气。

在此前举行的中哈企业家委员会成立大会上，两国元首发表讲话，对两国油气合作给予充分肯定。习近平主席指出，中哈两国之间的务实合作硕果累累，创造了多个“第一”。中国是哈萨克斯坦第一大贸易合作伙伴，哈萨克斯坦是中国在独联体地区第一大投资对象。中哈原油管道是中国第一条陆上跨国原油管道，两国成功合作的范例不胜枚举。这些合作成果不仅为中哈两国人民带来了实实在在的好处，也为两国全面战略伙伴关系持续发展提供了不懈动力。纳扎尔巴耶夫总统在讲话中指出，哈中油气合作，尤其是哈中原油管道和哈中天然气管道是“丝绸之路经济带”的具体体现，是两国元首共同见证的成果。

中哈天然气管道二期工程即哈萨克斯坦境内别伊涅乌—巴佐伊—奇姆肯特天然气管道，管道起点位于哈萨克斯坦西部里海地区曼格斯套州的别伊涅乌，途经阿克纠宾州的巴佐伊，终点抵达南哈萨克斯坦州奇姆肯特，在此与中亚天然气管道（中哈天然气管道一期）相连，线路总长1454千米，设计年输气能力100亿立方米。该管线分两个阶段建设，第一阶段为巴佐伊至奇姆肯特段，线路长度1143千米，2012年7月现场开工，现已全面具备通气条件。这条管道经过哈萨克斯坦南部14个城市，建成投产后可以满足南部地区居民用气需求，未来输气量增加后还可以通过中亚天然气管道输送到中国。管道由中哈双方共同出资、共同建设、共同运营，将更好地造福两国人民、促进两国经济社会共同发展。

管线通气仪式前，在中哈两国元首见证下，中国石油天然气集团公司董事长周吉平与哈萨克斯坦国家油气公司总裁门巴耶夫共同签署《中国石油天然气集团公司与哈萨克斯坦国家油气公司关于全面战略合作规划协议》和《中国石油天然气集团公司与哈萨克斯坦国家油气公司关于卡莎甘项目购股确认协议》。

中缅天然气管道干线建成投产

2013年10月20日11时许，来自孟加拉湾的天然气在中国广西贵港点燃，标志着中缅天然气管道干线建成投产。今后，每年将有120亿立方米天然气造福缅甸和中国西南地区，上亿民众受益，每年可替代煤炭3072万吨，减少二氧化碳等排放5283多万吨。工程建设带动沿线直接投资超过1000亿元，成为深化中缅两国人民传统友谊新的桥梁和纽带。

中缅油气管道是中国第四条油气能源进口战略通道，为国家“十二五”重点工程。这项工程对保障国家能源安全、推进西南地区经济结构调整和增长方式转变，以及加快经济社会发展和民族地区发展具有重要意义。同时，中缅油气管道作为“四国六方”合资项目，工程建成投产后，缅甸每年下载200万吨原油和20亿立方米天然气，为缅甸企业带来巨大商机。缅甸、韩国和印度公司在未来30年将获得丰厚的投资分红，实现多赢。

中缅天然气管道干线全长2520千米，缅甸段793千米，国内段1726.8千米。管道沿线断裂带密布，地震活动频繁，地形破碎，地质灾害频发，是目前世界管道建设史上难度和风险最大的一项工程。面对风险和挑战，中国石油发挥整体优势，在全球范围内调动各种建设资源，汇聚中国公路以及中铁系统等一流专业队伍，科学设计，精心施工，确保工程优质安全环保推进，没有发生一起质量安全环保和地质灾害事故，创造了世界管道建设史上的奇迹。工程建设还创造了卡拉巴海沟穿越工程世界管道穿越最深等60多项纪录。

工程建设过程也是深化胞波友谊的过程。施工高峰期缅甸当地用工6000多人，当地用工累计超过290万人次，220多个缅甸企业参与其中。同时，中国石油各参建企业大力推进在缅甸社会公益事业，投资建设45所中小学校、24个医院和医疗分站，为缅甸1.9万多名学生和80万老百姓改善教学条件和医疗环境。

中贵联络线工程建成投产

2013年10月25日9时，中贵联络线工程建成投产，来自缅甸的天然气在重庆铜梁点燃。孟加拉湾天然气与中亚天然气在铜梁会师，标志着中国天然气统一调度格局基本形成，保障能力大幅提升。

中贵线作为构建全国油气骨干管网的国家重点工程，北接西气东输及陕京系统，中联川渝管网，南接中缅天然气管道，共同组成不同层次的大型环状管网，对增强中国管网调配灵活性和供气保障安全性意义重大。

中贵线北起宁夏中卫，途经宁夏、甘肃、陕西、四川、重庆和贵州6省（区、市），南止贵州贵阳，管道全长1613千米，设计年输气量150亿立方米，总投资193亿元。工程2011年3月10日开工。

中贵线的建成投产，实现中亚和缅甸天然气的南北互通，将中国天然气管道联成一张网络，联网里程达到4万千米，初步实现天然气在全国范围统一调度、合理配置和扩大市场覆盖面。同时，中缅与川渝天然气管网也因此与全国干线管道连接，融入国家天然气干线网络。中国西南和西北地区既可以用上中亚天然气，也可以用上缅甸天然气，形成多气源保障局面，供气可靠性和安全性得到大幅度提高，沿线1.2亿人口受益。

兰郑长成品油管道干线建成投产

2013年11月1日，兰州—郑州—长沙成品油管道工程（简称兰郑长成品油管道）阳逻—长沙末站干支线试运投产顺利完成。至此，兰郑长成品油管道干线全线建成投产。兰郑长成品油管道全长2737.8千米，其中干线全长2080千米，支线全长657.8千米。干线起于甘肃省兰州市，途经甘肃、陕西、河南、湖北和湖南5省69个县市，止于湖南省长沙市。兰郑长原油管道年最大输送量1500万吨，设计压力8兆帕至14兆帕。

近年来，随着中亚管道、西部管道的运营，以及西部地区炼化企业加工能力的提高，大量外运成品油集聚兰州，外输压力加大。加之中原及两湖地区经济发展，每年需从各地调入大量成品油满足市场需求。兰郑长成品油管道干线建成投产，解决了兰州成品油外运问题，降低了运输成本，保障油品安全、平稳、高效运输，并对加快构建“北油南调”、“西油东送”成品油管道干线，以干线带动支线发展，逐步向区域市场拓展，最终形成经济合理、调运灵活的成品油管网具有重要的现实意义。

兰郑长成品油管道作为国内一次性建成最长、口径最大的成品油管道工程，是中国石油按照建管分离体制建设的第一个项目，采取“一级管理、两个主体、三方责任、四个统一”的业主+EPC管理模式。

〔档案处（史志办公室）〕

股份公司法人治理

【概述】

1. 股份公司治理的完善情况

2013年，中国石油天然气股份有限公司能够按照境内外监管规定，规范运作。依据《中国石油天然气股份有限公司章程》（以下简称《股份公司章程》）、相关法律、法规和公司上市地证券监管规则等规定并结合股份公司实际情况，不断制定、完善和执行董事会及所属各专业委员会的各项工作制度和相关工作流程。《股份公司信息披露管理规定》和《股份公司内幕知情人登记办法》等明确规定了披露年度报告重大差错责任追究制度，加大对年报信息披露责任人的问责力度，强化股份公司年报信息正式对外披露前等内幕信息的保密工作。报告期内，上述制度得到股份公司管理层的有效执行，未发现内幕信息知情人违规买卖股份公司股票的情况，也未发生年报重大差错的情况。2012年中国证监会和北京证监局分别发布《关于进一步落实上市公司现金分红有关事项的通知》和《关于进一步完善上市公司现金分红有关事项的通知》，要求上市公司对《股份公司章程》现金分红条款做出必要的修订，根据该要求，股份公司于2013年5月召开的2012年年度大会上通过《股份公司章程》修改议案。2013年股份公司为改善企业管治，提升董事会构成的科学性，董事会审议通过《股份公司收购项目授权管理》、《董事会多元化政策》。另外，根据最新修订的监管规则完善股份公司网站的内容，并根据香港联交所的要求，在上交所和香港联交所网站发布《股份公司章程》等股份公司治理制度。股份公司通过股东大会、董事会以及相应的专门委员会、监事会和总裁负责的管理层协调运转，有效制衡，进一步规范股份公司内部管理运作。

2. 内部控制制度的完善情况

股份公司十分重视内部控制及风险管理，遵照不同上市地的监管要求，建立并有效运行内部控制体系。

2013年，股份公司不断完善内控与风险管理工作，全面推行风险报告制度，加强重大风险管理与监督；持续开展流程梳理与规范工作，进一步强化业务流程执行力；精心组织内控测试，切实提升内控监督实效，各项工作都取得了良好进展。

股份公司根据财务管理情况，实施财务管理业务流程规范，进一步规范相关流程和关键控制的设计，提高流程效率与执行效果；进一步加强实施信息披露管理制度、重大事项的判定标准和报告程序、披露事项的收集、汇总和披露程序；进一步强化内部控制测试，并积极与新任外部审计师沟通，加强内控监督骨干队伍的培养，落实整改责任，加大整改监督力度。

股份公司内控与风险管理部负责组织和协调内、外部的内部的控制测试，并督促改进，组织内部控制体系运行考核。审计委员会全年5次听取内控与风险管理工作汇报，认为股份公司的内控工作无论是深度还是广度都有所拓展，对及时发现和化解风险发挥了重要作用。特别是个别前高管接受调查以来，股份公司调整工作内容、改进工作方法、扩大测试范围，取得积极进展。审计委员会建议股份公司要对容易发生问题的领域进行有针对性的研究，要建立健全规章制度，并加强制度的执行力度，充分发挥各种监督的作用，确保规范运作。

董事会对建立和维护充分的财务报告相关内部控制制度负责。董事会按照监管要求对内部控制进行评价，并认为其在2013年12月31日之前有效。股份公司单独披露内控报告和内控审计报告。股份公司聘请的毕马威华振会计师事务所（特殊普通合伙）已对公司财务报告相关内部控制的有效性进行审计，出具标准无保留审计意见的审计报告。

股份公司按照《企业内部控制基本规范》及其配套指引要求，积极组织，认真分析和研究，持续做好完善工作。

3. 独立董事履行职责的情况

2013年，股份公司独立董事严格按照境内外有关法律、法规及《股份公司章程》规定，认真、勤勉地履行职责。在报告期内，独立董事认真审阅公司提交的各项议案及相关文件，积极参加股东大会、董事会会议及专业委员会会议，独立及客观地发表意见，维护全体股东、尤其是广大中小股东的合法权益，在董事会进行决策时起着制衡作用。独立董事能够认真审阅公司定期报告，在审计师进场审计前后、董事会召开前与审计师进行多次定期或不定期的沟通，督促股份公司按照相关法律、法规和股份公司信息披露管理制度的有关规定进行信息披露，保证股份公司信息披露的真实、准确、及时、完整。报告期内，股份公司独立董事未对股份公司本年度的董事会议案及其他事项提出异议。另外，股份公司独立董事能够不断加强自身学习，认真学习相关法律、法规和各项监管规定，深入到股份公司基层单位进行现场考察调研，增强决策的针对性和有效性。

4. 股东与股东大会

为保障股份公司所有股东享有平等地位并有效地行使股东权利，股份公司根据《股份公司章程》的规定于2013年5月23日在北京汉华国际饭店召开2012年年度股东大会。

5. 董事会的运作

股份公司董事会由股东大会选举产生，并向股东大会负责，其基本责任是对股份公司进行战略性指导和对管理人员实行有效监督，确保股份公司的利益并对股东负责。董事会和管理层的职权已在《股份公司章程》中进行明确规定，以确保为良好的股份公司管治和内部控制提供充分的平衡和制约机制。根据《股份公司章程》或股东大会授权，若干重大事项由董事会作出决定，包括：年度经营计划和投资方案；年度股份公司执行机构成员的业绩考核指标和年度薪酬计划方案；中期利润分配方案；机构调整等重大事宜。股份公司董事及董事会认真负责地开展股份公司的治理工作，全体董事能够以认真负责的态度出席董事会，认真、勤勉地履行董事职责，确定股份公司重大决策，任免和监督股份公司执行机构成员。股份公司管理层在股份公司总裁的领导下，负责执行董事会作出的各项决议，组织股份公司的日常经营管理。

股份公司建立独立董事制度，董事会成员中有5名独立非执行董事，符合监管有关独立非执行董事人数的最低要求。股份公司已经收到5名独立非执行董事根据《联交所上市规则》第3.13条规定给予的独立性确认函，并认为5名独立非执行董事完全独立于股份公司及主要股东及关联人士，完全符合《联交所上市规则》对独立非执行董事的要求。股份公司独立非执行董事刘鸿儒和崔俊慧具备适当的会计及财务管理专长，均符合《联交所上市规则》中第3.10条的要求。

5名独立非执行董事并没有在股份公司担任任何职务。独立董事按照《股份公司公司章程》及有关法律、法规的要求，认真履行职责。

股份公司董事会下设审计委员会、投资与发展委员会、考核与薪酬委员会和健康安全与环保委员会。

上述委员会的主要职责是为董事会决策提供支持。参加专门委员会的董事按分工侧重研究某一方面的问题，为股份公司管理水平的改善和提高提出建议。

（曲　鹏）

6. 股份公司监事会运作

2013 年度，股份公司监事会按照《中华人民共和国公司法》、《中国石油天然气股份有限公司章程》等有关规定，认真履行职责。

（佟魁杰）

【股份公司股东大会、董事会决议】

1. 股份公司 2013 年股东大会

2013 年 5 月 23 日，股份公司在北京汉华国际饭店召开 2012 年年度股东大会，形成以下 10 项决议：

普通决议 7 项：

（1）关于股份公司 2012 年度董事会报告的决议；

（2）关于股份公司 2012 年度监事会报告的决议；

（3）关于股份公司 2012 年度财务报告的决议；

（4）关于股份公司 2012 年度利润分配方案的决议；

（5）关于授权董事会决定股份公司 2013 年中期利润分配方案的决议；

（6）关于更换股份公司外部审计师的决议；

（7）关于选举李庆毅先生和范福春先生分别为股份公司监事和独立监事的决议。

特别决议 3 项：

（1）关于修改股份公司章程的决议；

（2）关于给予董事会发行债务融资工具一般性授权的决议；

（3）关于给予董事会发行股票一般授权的决议。

2. 股份公司 2013 年董事会例会、董事会临时会议

（1）第五届董事会第八次会议于 2013 年 3 月 20 日及 21 日在北京市东城区东直门北大街 9 号中国石油大厦昆仑厅召开。会议由股份公司副董事长周吉平先生主持，会议审议通过 10 项决议：

①关于股份公司 2012 年度财务报告的决议；

②关于股份公司 2012 年度利润分配预案的决议；

③关于股份公司 2012 年度报告及业绩公布的决议；

④关于股份公司 2012 年度总裁工作报告的决议；

⑤关于总裁班子 2012 年度经营业绩考核及总裁 2013 年度业绩合同制订情况的决议；

⑥关于提请股东大会授权董事会决定股份公司 2013 年中期利润分配方案的决议；

⑦关于提请股东大会给予董事会股票发行一般授权事宜的决议；

⑧关于股份公司内部控制工作报告的决议；

⑨关于可持续发展报告的决议；

⑩关于召开 2012 年度股东年会的决议。

（2）第五届董事会第九次会议于 2013 年 6 月 27 日在北京市东城区东直门北大街 9 号中国石油大厦昆仑厅召开，会议由股份公司董事长周吉平主持。

会议审议通过关于申请修订金融服务持续性关联交易上限的决议。

（3）第五届董事会第十次会议于 2013 年 8 月 21 日及 22 日在北京市东城区东直门北大街 9 号中国石油大厦昆仑厅召开，会议由股份公司董事长周吉平主持。

会议审议通过 3 项决议：

①关于股份公司 2013 年中期财务报告的决议；

②关于股份公司 2013 年中期利润分配方案的决议；

③关于股份公司 2013 年半年度报告及中期业绩报告的决议。

（4）第五届董事会第十一次会议于 2013 年 11 月 28 日在北京市东城区东直门北大街 9 号中国石油大厦昆仑厅召开，会议由股份公司董事长周吉平主持。

会议审议通过 5 项决议：

①关于股份公司 2014 年度投资计划的决议；

②关于股份公司 2014 年度预算报告的决议；

③关于聘任吴恩来先生为公司董事会秘书的决议；

④关于股份公司收购项目授权管理的决议；

⑤关于制定董事会成员多元化政策的决议。

（5）第一次临时董事会会议于 2013 年 3 月 14 日以书面传签形式召开，会议审议通过关于聘任于毅波先生为公司财务总监的决议。

（6）第二次临时董事会会议于 2013 年 4 月 25 日以书面传签形式召开，会议通过 3 项决议：

①关于选举周吉平先生为股份公司董事长的决议；

②关于股份公司 2013 年第一季度报告的决议；

③关于股份公司 2012 年度 20-F 年报的决议。

（7）第三次临时董事会会议于 2013 年 6 月 13 日以书面传签形式召开，会议通过关于以西部管道资产出资设立合资公司的决议。

（8）第四次临时董事会会议于 2013 年 7 月 28 日

以书面传签形式召开，会议通过关于聘任汪东进先生为股份公司总裁的决议。

（9）第五次临时董事会会议于2013年10月29日以书面传签形式召开，会议通过关于股份公司2013年第三季度报告的决议。

（10）第六次临时董事会会议于2013年11月11日以书面传签形式召开，会议通过关于收购巴西国家石油公司秘鲁油气资产的决议。

【股份公司2012年度业绩路演】 2013年3月21日，股份公司在香港召开2012年度业绩新闻发布会和分析师大会，22日在香港进行业绩路演。股份公司副总裁孙龙德、刘宏斌，财务总监于毅波，董事会秘书出席业绩发布和路演活动，向境内外媒体、基金经理和分析师回顾分析股份公司2012年业绩，介绍股份公司展望，回答有关提问。股份公司业绩发布后，副总裁孙龙德应邀参加瑞士信贷银行的投资会议，副总裁刘宏斌、财务总监于毅波和董事会秘书分别率3个路演组会见在港股份公司重要股东和机构投资者。

【股份公司2013年中期业绩发布路演】 2013年8月22日，股份公司在香港召开新闻发布会和投资分析师大会，公布股份公司2013年中期业绩，并于23日在香港进行了业绩路演。股份公司总裁汪东进、副总裁孙龙德、刘宏斌，财务总监于毅波参加业绩发布和路演活动。股份公司业绩发布后，副总裁孙龙德、财务总监于毅波和董事会高级助理秘书毛泽锋分别率3个路演组会见在港股份公司重要股东和机构投资者。

【投资者关系和媒体关系】 2013年，面对世界经济复苏缓慢，地缘政治风险加大，国际油价高位震荡，国内经济低速运行，石油石化市场需求持续低迷，给投资者关系和新闻媒体工作带来很多新的挑战。投资者关系和媒体关系工作是加强与资本市场沟通、促进投资者和新闻媒体对股份公司的了解，提升股份公司与投资者和新闻媒体关系的主要工作。利用股份公司对外网站宣传，方便股份公司与股东和投资者及社会各界双向沟通交流，对投资者和公众提出的各类问题及时回复和解释，主动介绍股份公司生产经营现状和发展战略，正面引导投资者和公众对股份公司建立正确认识和坚定股东和投资者对公众的信心。通过开展“走出去”主动会见分析员和基金经理，充分接触与利用投资者沟通平台。把投资者“请进来”，邀请国内外投资者和新闻媒体对股份公司生产经营场地和设施进行反向路演，展示股份公司的实力和健康的基本面。使投资者和新闻媒体更加深入全面地了解股份公司的经营状况和发展战略，使他们亲身体验股份公司的发展成果和光明前景，进一步增强投资中国石油的信心。

【股份公司H股股价月度表现】 图1为2013年中国石油H股与恒生指数走势图。

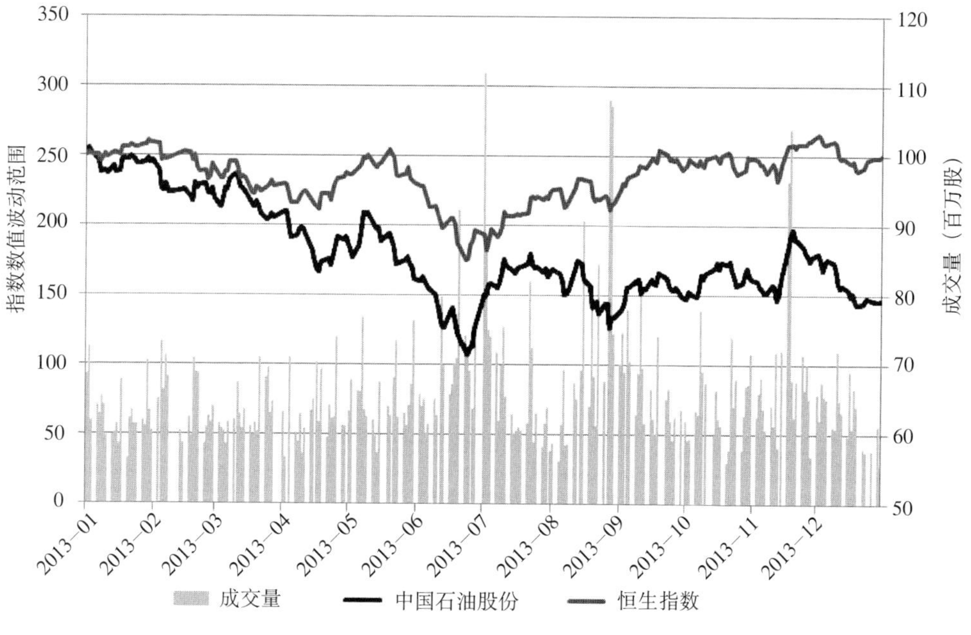

图1 2013年中国石油H股与恒生指数走势图

1月，中国石油股价走势震荡靠稳。上旬，市场观望美国企业业绩和欧洲央行议息结果，之后，受国内出口数据远胜预期刺激以及美国公布业绩的公司业绩符合预期所带动，港股开始回升。下旬，在日本央行宣布推出无限量购买资产计划及制定2%通胀目标后，港股收市再创19个月新高，并在之后保持小幅上升势头。中国石油股价开盘11.04港元，报收于11.06港元，月涨幅为0.18%。全月最高为1月3日的11.3港元，最低为1月11日的10.88港元。

2月，中国石油股价震荡下挫后回稳。上旬，港股走势反复波动，国内股市持续强势，但意大利及西班牙政局动荡导致欧美股市急跌，港股在外围不稳定的情况下有涨有跌。下旬，国内公布2月制造业采购经理指数（PMI）低于市场预期，消息被消化后，港股跌幅收窄。中国石油股价开盘10.96港元，报收于10.66港元，月跌幅为2.74%。全月最高为2月1日的11.1港元，最低为2月19日的10.44港元。

3月，中国石油股价持续下行。上半月，港股走势反复波动，国务院总理温家宝发表任内最后一份政府工作报告，经济增长目标维持7.5%，通胀目标控制在3.5%，符合市场预期，带动国内以及香港股市上扬。下半月，中国人民银行连续两日在货币市场进行正回购，拉高市场息率，触发投资者对国内抽紧银根的疑虑，港股持续下跌。中国石油股价开盘10.54港元，报收于10.18港元，月跌幅为3.42%。全月最高为3月11日的10.88港元，最低为3月25日的10.14港元。

4月，中国石油股价跟随大市，先跌后回稳。上旬，港股一度下跌610.59点，跌幅达到2.73%，为最近8个多月的最大单日跌幅。禽流感、朝鲜局势和国内楼市调控都对股市造成影响，之后，国内最新CPI数据下跌，以及李嘉诚入市增持两家公司的股份，对大市是利好消息，港股终于由跌转升，并且连升3日。月末，四川雅安发生7级大地震，过万人受震灾影响，投资界预计灾情对港股影响不大。中国石油股价开盘10.24港元，报收于9.87港元，月跌幅为3.61%。全月最高为4月2日的10.28港元，最低为4月18日的9.31港元。

5月，中国石油股价反弹后下跌。上旬，受美国数据利好，以及中国人民银行出台的人民币合格境外机构投资者相关实施细则带动，港股造好。月末，市场忧虑包括美联储在内的央行退市，加上汇丰5月中国制造业采购经理指数（PMI）初值跌至49.6，为7个月以来新低，市场情绪急转直下，日经指数23日单日跌幅一度扩大至逾900点，跌幅近6%，一度拖低港股。中国石油股价开盘9.7港元，报收于9.04港元，月跌幅为6.80%。全月最高为5月8日及10日的10.08港元，最低为5月31日的9.04港元。

6月，中国石油股价延续上一个月跌势。上旬，多项外围因素受压，港股走势每况愈下，更曾经创出当年新低。下旬，中国人民银行在出现“钱荒”之后终于“出手相救”，令国内银行的资金供应转趋稳定，恒生指数反弹约600点，但高低波幅却超过1300点，反映大市波动的风险很大。中国石油股价开盘9港元，报收于8.25港元，月跌幅为8.33%。全月最高为6月4日的9.07港元，最低为6月25日的7.86港元。

7月，中国石油股价止跌回稳。月初，美国数据良好，欧央行暂不退市，刺激港股造好。月末，市场憧憬中央将有微调经济措施出台，减轻市场对国内经济放缓忧虑，加上欧洲股市全面回升，恒生指数上扬。中国石油股价开盘8.78港元，报收于9.07港元，月涨幅为3.30%。全月最高为7月23日的9.45港元，最低为7月2及3日的8.8港元。

8月，中国石油股价震荡后向下调整。月初，市场缺乏利好消息，投资者忧虑美联储提早退市，拖累恒生指数下跌。随后国内股市急跌打击市场信心，市场观望情绪浓厚。加上亚太新兴市场股汇市场大幅波动，美国或对叙利亚政府采取军事行动，股市继续波动。中国石油股价开盘9.16港元，报收于8.44港元，月跌幅为7.86%。全月最高为8月13日的9.33港元，最低为8月28日的8.27港元。

9月，中国石油股价跟随大市反复后靠稳。月初，市场对于叙利亚局势忧虑略为纾缓，美股显著造好，受其带动，港股开始上升。月末，受投资者担心美国政府债务上限问题、美股表现不佳等因素影响，港股表现反复。中国石油股价开盘8.43港元，报收于8.56港元，月涨幅为1.54%。全月最高为9月19日的8.93港元，最低为9月2日的8.34港元。

10月，中国石油股价震荡回升。月初，美国政府局部停止运作，但市场预料美联储退市步伐减慢，国内公布PMI升至高位，反而带动港股向好。随后，美国债限问题见曙光，刺激港股向好。月末，中国人民银行停止逆回购，市场忧虑国内收紧货币政策，导致港股下行。临近月尾，美股创新高，加上中国人民银行进行逆回购，带动港股向好，使整月保持升幅。中国石油公司股价开盘8.65港元，报收于8.88港元，月涨幅为2.66%。全月最高为10月22日的9.10元，最低为 10 月 2 日的 8.52 元。

11 月，中国石油股价持续上扬。月初，受市场忧虑美联储停止货币宽松政策影响，港股向下调整。月末，港交所场外结算首日运作，中国人民银行行长周小川表示中国要进一步扩大 QDII 和 QFII 的主体资格，增加投资额度，令市场憧憬国内流入香港股市资金将会增加，带动港股持续在高位徘徊。中国石油股价开盘 8.8 港元，报收于 9.17 港元，月涨幅为 4.20%。全月最高为 11 月 20 日的 9.59 港元，最低为 11 月 13 日的 8.5 港元。

12 月，中国石油股价跟随大市震荡下行。月初，受国内首次公开招股重启影响，港股自 2011 年 4 月以来首度收市超过 24000 点。市场关注中央经济工作会议是否会降低中国 2014 年的经济增长目标，恒生指数于 11 日创下本月最大日跌幅。中国人民银行透过短期流动性调节工具向市场注资，累计向市场注入约 3000 亿元。下旬，踏入年尾，市场观望气氛浓厚，港股在 23 日及 27 日全日的平均成交额仅约 413 亿元。中国石油股价开盘 9.17 港元，报收于 8.5 港元，月跌幅为 7.31%。全月最高为 12 月 2 日的 9.21 港元，最低为 12 月 20 日的 8.44 港元。

【股份公司在资本市场获奖项目】 2013 年股份公司在资本市场的获奖项目见表 1。

表 1　2013 年中国石油在资本市场获得的奖项

年度	财经期刊名称	评选结果
2013	福布斯	2013 年全球 2000 企业排行榜第九位
	投资者关系杂志	全球最佳投资者关系公司 50 强
	机构投资者	中国区最佳企业位列第六位 卖方基金经理人投票选出的亚洲区最佳投资者关系第三位（能源行业）
	亚洲金融	2013 年亚洲最佳 100 强企业排名第五位 2012/2013 年亚洲企业 100 强 以过去 3 年累计净利润排名：第三位 市值：第一位 区域排名（中国区）：第三位 信用评级：第三位 亚洲最佳管理公司 / 最佳企业社会责任：第八位 亚洲最佳管理公司 / 最坚定的股息政策：第十位 亚洲最佳管理公司 / 自然资源行业：第一位
	亚洲周刊	全球华商一千排行榜：最绩优企业大奖 全球华商一千排行榜：最大石油及能源企业大奖
	BrandZ	最具价值品牌 100 强第六十五位 全球十大石油和天然气品牌第三位 中国最具价值品牌 50 强第十一位
	亚洲企业管治	亚洲最具潜力企业管治公司
	财富	2013 年财富世界 500 强排行榜第五位（中国石油集团）
	财富（中文版）	2013 年财富中国 500 强排行榜第二位
	金融时报	2013 年全球 500 强企业第四位

【股份公司 A 股股价月度表现】 图 2 为 2013 年中国石油 A 股与上证综指走势图。

1 月，中国石油股价横盘整理。创业板解禁潮；前证监会主席郭树清表示 QFII、RQFII 额度可增加 10 倍；2012 年四季度国内生产总值数据小幅超出预期；融资融券标的大幅扩容；IPO 重启传闻、QFII 股指期货开户等多空消息交织，使市场维持震荡整理的格局，中国石油股价跟随大市震荡。中国石油股价开盘 9.04 元，报收于 9.26 元，月涨幅为 2.43%。全月最高为 1 月 30 日及 1 月 31 日的 9.36 元，最低为 1 月 14

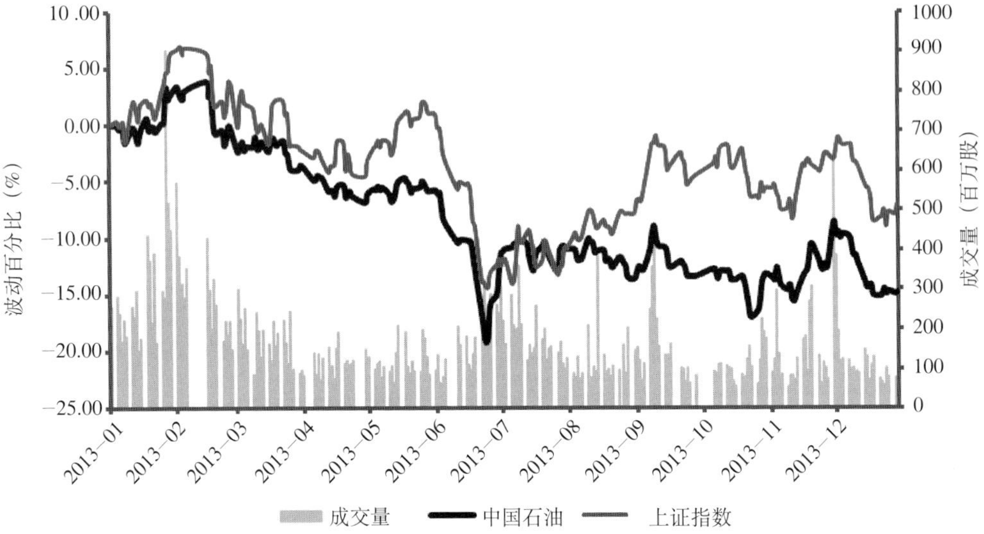

图 2　2013 年中国石油 A 股与上证综合指数走势图

日的 8.86 元。

2 月，中国石油股价先扬后抑。上旬，上证综指在宏观基本面、政策面与市场资金面偏暖的有利环境支撑下，不断创出反弹新高，中国石油股价随之上扬。春节后，国务院出台房地产调控措施、美联储 QE 规模或将有所调整以及中国人民银行在公开市场大幅回笼资金等多重利空消息打压 A 股市场大幅回落，中国石油股价受此拖累大幅回调。中国石油股价开盘 9.24 元，报收于 9.05 元，月跌幅为 2.27%。全月最高为 2 月 4 日的 9.50 元，最低为 2 月 26 日的 8.87 元。

3 月，中国石油股价震荡下跌。上旬，受国务院出台房地产调控“国五条”细则超预期严厉、中国人民银行连续回笼资金、弱复苏下经济数据都不及预期等多重不利因素影响，A 股市场整体呈现缩量震荡走低态势。下旬，金融和地产等权重板块大幅下挫拖累 A 股市场大跌，中国石油股价跟随下跌，临近月末国家发展和改革委员会（简称国家发改委）出台新的成品油定价机制对中国石油股价有一定提振。中国石油股价开盘 9.05 元，报收于 8.69 元，月跌幅为 3.98%。全月最高为 3 月 22 日的 7.72 元，最低为 3 月 4 日的 7.14 元。

4 月，中国石油股价继续震荡下跌。上半月，受银监会出台新规清理理财产品、禽流感缓慢扩散以及一季度经济数据不及预期影响，两市缩量弱势震荡下跌。下半月，雅安发生地震、4 月汇丰 PMI 初值创 2 个月新低、西方大机构做空中国等重大利空，冲击股指不断下跌。中国石油股价开盘 8.66 元，报收于 8.48 元，月跌幅为 2.42%。全月最高为 4 月 2 日、3 日及 10 日的 8.77 元，最低为 4 月 24 日的 8.45 元。

5 月，中国石油股价横盘整理。上旬，受全球降息潮、RQFII 额度审批开闸及中国人民银行连续净投放的宽松政策提振，A 股开始反弹行情。中旬，受到 4 月经济数据不及预期以及对 IPO 重启消息担忧的影响，股指出现弱势调整。下旬，尽管 5 月汇丰中国 PMI 初值明显低于市场预期，但 IPO 短期内不会重启的消息也纾缓了市场忧虑情绪，股指依旧小幅震荡上行。中国石油股价跟随大市横盘整理，开盘 8.46 元，报收于 8.52 元，月涨幅为 0.47%。全月最高为 5 月 20 日的 8.66 元，最低为 5 月 2 日的 8.38 元。

6 月，中国石油股价大幅下跌。上半月，5 月份经济数据显示经济复苏低于预期，短期利率飙升又引发流动性恐慌，同时 IPO 重启预期增强，股指大幅下跌。下半月，6 月汇丰 PMI 预览值创 9 个月最低水平、上海银行间同业拆借隔夜品种利率创近年新高、IPO 开闸预期增强等利空消息加速股指下跌。上证综指创下 2009 年 9 月以来最大月跌幅，中国石油股价亦跟随大势创出历史新低。中国石油股价开盘 8.50 元，报收于 7.61 元，月跌幅为 10.68%。全月最高为 6 月 3 日及 4 日的 8.55 元，最低为 6 月 25 日的 7.08 元。

7 月，中国石油股价大幅上涨后横盘整理。上半月，中国人民银行保持在公开市场“零操作”，市场流动性紧张情况得以缓解，而国家发改委决定于 7 月 10 日起，上调非居民用气中存量气门站价格以及增量气门站价格的确定方式后，中国石油股价大幅上涨。下半月，市场对IPO开闸的担心、下半年经济增速不乐观、流动性偏紧等消极因素仍旧给市场带来压力，中国石油股价震荡徘徊。中国石油股价开盘7.48元，报收于8.08元，月涨幅为6.18%。全月最高为7月11日的8.21元，最低为7月1日的7.44元。

8月，中国石油股价震荡企稳，之后略微下跌。上旬及中旬，受国务院召开会议部署加强城市基础设施建设、7月经济数据超预期等利好因素影响，中国石油股价表现平稳。进入下旬后，股份公司2013年中期业绩显示，剔除非经常性收益后股份公司盈利同比下滑；以及连发的公司高管人事动荡事件，导致中国石油股价持续下滑。中国石油股价开盘8.10元，报收于7.83元，月跌幅为3.09%。全月最高为8月16日的8.83元，最低为8月23日的7.78元。

9月，中国石油股价先扬后抑。上半月，8月汇丰PMI和中国官方PMI指数均创出新高，显示国内经济形势正在好转，市场乐观情绪渐浓，中国石油股价跟随大市上扬。下半月，市场流动性紧张程度急剧上升，股份公司高管事件引发的关于管道资产独立的讨论给股份公司未来盈利带来不确定性，油品质量升级加速对股份公司短期盈利贡献有限并且利好程度小于中国石化，中国石油股价连续下跌。中国石油股价开盘7.80元，报收于7.84元，月涨幅为0.13%。全月最高为9月9日的8.48元，最低为9月2日的7.77元。

10月，中国石油股价震荡明显。上半月，美国政府财政谈判出现积极迹象；中国经济继续保持企稳反弹格局，中国人民银行表示2013年GDP增速将超7.5%，中国石油股价平稳。下半月开始，中国人民银行暂停逆回购操作引发市场对流动性紧张再现的担忧，中国石油股价跟随大盘连续下跌，及月末，股份公司等权重板块活跃度持续增强，推动上证综指略有回升。中国石油股价开盘7.83元，报收于7.84元，月涨跌幅为0。全月最高为10月8日的7.93元，最低为10月25日的7.50元。

11月，中国石油股价宽幅震荡。月初，党的十八届三中全会召开在即，市场观望情绪浓厚，股价表现疲弱。月中，党的十八届三中全会审议通过《中共中央关于全面深化改革若干重大问题的决定》，对改革提出纲领性意见，尤其关于推进石油和天然气价格的改革，利好中国石油股价连续上涨。月末，资金面趋紧让投资者有所担忧，股价回落。中国石油股价开盘7.84元，报收于7.91元，月涨幅为0.89%。全月最高为11月22日的8.11元，最低为11月15日的7.60元。

12月，中国石油股价冲高后大幅回落。本月开始，大盘蓝筹股集体冲高，但随后，中央经济工作会议未达预期、A股IPO将重启、新三板扩容、美国启动QE退出机制、流动性持续紧张等致使股市出现较大幅度的持续下跌。进入下旬，由于临近年终岁末，同时市场考虑到1月可能开启的IPO以及市值配置政策的影响，投资者交投清淡。中国石油股价开盘7.91元，报收于7.71元，月跌幅为2.53%。全月最高为12月3日的8.29元，最低为12月23日的7.62元。

（曲 鹏）

【监事会意见】 监事会认为，2013年，面对复杂经营形势，股份公司坚持注重规模发展向注重质量效益发展转型不动摇，积极推进管理创新和机制转变，提升股份公司精细化管理水平和核心竞争力，以油气业务发展为“龙头”，加强产运销储贸协调发展，国内勘探与生产保持良好势头，炼化业务保持优化运行，油气销售质量实现提升，海外业务取得重要战略突破，服务保障能力和水平持续提升，全年主要经营业绩目标完成较好。监事会对股份公司取得的成绩表示满意。

1. 监事会对股份公司依法规范运作情况的意见

2013年，股份公司认真按照国家法律、法规、上市地监管规则和公司章程的规定，扎实有效开展工作。股东大会和董事会的会议程序、表决方式及会议决议合法有效，会议所形成的决定得到较好落实。虽然出现个别管理层人员涉嫌严重违纪接受组织调查的情况，但股份公司依法经营、规范运作整体趋势没有变化。

2. 监事会对检查股份公司财务情况的意见

2013年，股份公司资产规模、权益规模继续保持增长，资本负债率、资产负债率增幅趋缓，自由现金流同比大幅改善。

股份公司年度财务报告分别按照中国企业会计准则及国际财务报告准则编制。经毕马威华振会计师事务所和毕马威会计师事务所审计过的公司财务报表，真实地反映了股份公司的财务状况、经营成果和现金流量。其出具的标准无保留意见审计报告是客观公正的。

3. 监事会对股份公司收购、出售资产情况的意见

股份公司收购、出售资产总体交易程序规范、价格合理，同时应进一步强化前期准备工作，降低交易

风险。

4. 监事会对股份公司关联交易情况的意见

股份公司关联交易总体运作规范，符合上市公司规则要求，有关信息披露完整，所有各类关联交易均未超过获得批准的上限额度。

5. 监事会对股份公司内控体系运行情况及股份公司内部控制自我评价报告的意见

股份公司内部控制体系持续完善，全面风险管理进一步深化，风险管控能力得到提高。股份公司内部控制评价报告客观，未发现有虚假记载、误导性陈述或重大遗漏的情形。

6. 监事会对报告期内监督事项的意见

股份公司出现的个别高管被调查事件，表明股份公司在治理监督某些方面还需进一步改进完善。股份公司应以此次事件为契机，深刻反思、总结现实工作中不足，从体制机制上研究强化监督的措施方法，确保股份公司规范持续健康发展。

7. 监事会对股份公司可持续发展情况的意见

2013年，股份公司以“奉献能源，创造和谐”为宗旨，努力创建资源节约型、环境友好型和安全生产型企业，致力于提高发展的质量和效益，努力用发展成果回报利益相关者。监事会同意股份公司年度可持续发展报告。

【监事会会议】 监事会2013年度召开4次会议。

（1）3月19日，股份公司第五届监事会第九次会议在北京召开。会议审议通过《股份公司2012年度财务报告》、《股份公司2012年度利润分配预案》、《股份公司总裁2012年度经营业绩考核及2013年度业绩合同制订情况报告》、《关于更换股份公司外部审计师的议案》、《股份公司2012年度监事会报告》、《关于选举股份公司监事的议案》、《监事会2012年度工作总结和2013年度工作计划》、《股份公司2012年度可持续发展报告》和《股份公司2012年度报告及摘要》9个议案。

（2）4月25日，股份公司以书面传签的方式召开第五届监事会第十次会议，审阅通过股份公司2013年第一季度报告。

（3）8月20日，股份公司第五届监事会第十一次会议在北京召开。会议审议通过《股份公司2013年度中期财务报告》、《股份公司2013年度中期利润分配方案》和《股份公司2013年半年度报告及摘要》。

（4）10月29日，股份公司监事会以书面传签方式召开第五届第十二次会议，审阅通过《股份公司2013年第三季度报告》。

【监事会列席董事会会议】 监事会先后列席4次董事会会议，发表相关意见。

（1）3月20日列席股份公司第五届董事会第八次会议。列席监事听取董事会审议股份公司2012年度总裁工作报告、财务报告、利润分配预案、年度报告及摘要等12个议案。会上宣读《监事会关于股份公司2012年度财务报告审查意见书》、《监事会关于股份公司2012年度利润分配预案审查意见书》和《监事会关于股份公司总裁2012年度经营业绩考核意见书》，向股份公司提出“采取措施，解决检查过程中出现的屡查屡犯问题”、“进一步关注股份公司的质量和效益”和“坚持效益原则，规范经营行为”等建议。

（2）6月27日列席股份公司第五届董事会第九次会议。列席监事听取董事会审议《关于申请修订金融服务持续性关联交易上限的议案》和《股份公司2012年度储量评估特别报告》2个议案。

（3）8月21日列席股份公司第五届董事会第十次会议。列席监事听取董事会审议股份公司2013年中期财务报告、利润分配方案、半年度报告及业绩公告。会上宣读《监事会关于股份公司2013年中期财务报告审查意见书》和《监事会关于股份公司2013年中期利润分配方案审查意见书》，向股份公司提出“进一步加强投资计划管理考核”、“规范关联交易”、“关注股份公司管理水平与规模扩张不相适应的问题”等工作建议。

（4）11月28日列席股份公司第五届董事会第十一次会议。列席监事听取董事会审议《股份公司2014年度投资计划议案》、《股份公司2014年度预算报告》、《关于聘任吴恩来先生为股份公司董事会秘书的议案》、《关于股份公司收购项目授权管理的议案》、《关于制订董事会成员多元化政策的议案》、《关于落实独立董事工作建议的报告》和《关于应对在美集团诉讼工作的报告》等事项。

【监事会参加股东大会】 5月23日参加股份公司2012年度股东年会。向大会提交《股份公司2012年度监事会报告》、《关于更换股份公司外部审计师的议案》和《关于选举股份公司监事的议案》，保证了相关信息披露、外部审计师更换和监事会机构完善等工作。

【监事会监督检查工作】 监事会通过召开听证会、监事巡视、财务抽样调查和专项自查等形式，加大监事会的监督力度，提高监督效果。

1. 召开2次听证会

在听证会上，听取财务总监、财务部、预算管理部、内控与风险管理部、审计部、监察部和人事部等部门以及普华永道、毕马威会计师事务所的报告，并质询相关问题。

（1）3月19日，在股份公司第五届监事会第九次会议上。听取财务总监于毅波先生关于《股份公司2012年度财务报告》、财务部总经理柴守平先生关于《股份公司2012年度利润分配预案》和《关于股份公司2012年年度报告及业绩公告的说明》、预算管理部副总经理郭铁栋先生关于《股份公司2012年度持续性关联交易情况报告》、内控与风险管理部副总经理于广纯先生关于《股份公司2012年度内部控制工作报告》、审计部副总经理刘毅先生关于《股份公司2011年度审计工作报告》、监察部总经理马自勤先生关于《对股份公司高级管理人员2012年度遵章守纪情况的报告》、人事部副总经理任一村先生关于《股份公司总裁2012年度经营业绩考核及2013年度业绩合同制订情况报告》和监事会办公室主任毛泽锋先生关于《监事会2012年度财务抽样调查报告》，以及普华永道会计师事务所有限公司叶德强先生作《普华永道关于对中国石油2012年度执业情况的报告》。

（2）8月20日，在股份公司第五届监事会第十一次会议上，听取财务总监于毅波先生关于《股份公司2013年中期财务报告》、财务部总经理柴守平先生关于《股份公司2013年度中期利润分配方案》和关于《股份公司2013年半年度报告及中期业绩公告的说明》、预算管理部副总经理王育山先生关于《股份公司2013年中期持续性关联交易情况报告》、内控与风险管理部副总经理于广纯先生关于《股份公司2013年中期内部控制工作报告》、审计部副总经理刘毅先生关于《股份公司2013年中期审计工作报告》和监事会办公室主任毛泽锋先生关于《股份公司2013年上半年财务抽样调查报告》，以及毕马威华振会计师事务所冯育勤先生关于《毕马威关于中国石油2013年中期执业情况报告》。

2. 开展2次财务抽样调查活动

全年开展2次财务抽样调查，聘请8家外部审计机构，组织8个审计调查组，对股份公司8个下属企业进行了财务抽样调查。

（1）2月19日至3月5日，监事会委托中介机构对青海油田分公司、华北石化分公司、云南销售分公司和西北化工销售分公司2012年财务进行抽样调查。本次调查围绕财务信息的真实性、完整性和合规性展开，重点对重大投资项目、物资采购、资产管理和成本费用支出等进行了重点关注。经过半个月的现场工作，调查组总结地区公司取得的成绩，对存在的问题和不足进行客观反映，并提出改进建议。调查结束后，监事会办公室对发现的有关问题与调查组及各相关方面进行沟通和确认，起草《股份公司2012年财务抽样调查报告》。

（2）7月8日至22日，监事会委托中介机构对长庆油田分公司、锦西石化分公司、中石油燃料油有限责任公司和天津销售分公司2013年中期财务进行抽样调查。在半个月的现场工作中，各调查组认真按照监事会委托要求，严格执行审计规范，扎实有效地开展工作，按期完成本次财务抽样调查任务。调查结束后，监事会办公室对发现的有关问题与调查组及各相关方面进行沟通和确认，起草《股份公司2013年中期财务抽样调查报告》。

【监事选举和会计师更换工作】 为保证选举股份公司监事和更换股份公司外部审计师议案顺利提交本次监事会会议和股东大会审议，监事会办公室事先与股份公司有关部门和股份公司境内外审计师进行多次沟通交流，并最终达成一致意见。特别是为保证新任监事在年度股东大会上的选举，监事会办公室及早进行准备，提前呈送书面材料。新的人选确定后，在第一时间进行沟通联系。由于准备工作充分，新任监事在股东大会当选之日同步完成了有关信息确认工作，相关工作得到圆满顺利完成。

【监事会完成上级工作】 由于出色完成国务院国资委监事会工作局和国有企业监事会办公室交办的任务，工作得到肯定。

（1）由于优质高效完成国务院国资委监事会工作局委托课题研究任务，2013年1月28日国务院国资委监事会工作局给中国石油天然气集团公司专门发来《感谢函》，并对监事会办公室人员的工作给予较高的评价。

（2）由于积极参加国有企业监事会办公室开展的“庆祝国有企业外派监事会制度建立15周年系列主题宣传活动”，2013年 1月31日，集团公司收到国有企业监事会办公室的表彰通报。

（3）2013年5月，协助完成国有企业监事会办公室要求报送的中央企业监事会工作开展情况报告，并提出的“加强对上市公司监事会运行体制改进工作研究，提高监督工作的独立性”和“建立国有企业监事会横向监督工作机制，减少和预防国有资产流失”两条建议得到好评，并被采纳上报上级单位。

【危机应对】 2013年8月以来，股份公司先后有多名高管接受调查，为主动应对这一突发事件，主要做了以下几个方面工作：一是梳理责任风险。对照《中华人民共和国公司法》、《股份公司章程》和《监事会组织和议事规则》规定的监事会职责，应对股份公司部分高管被调查带来的监督风险及可能涉及的对监事会诉由进行梳理，并拟订《针对股份公司部分高管被调查事件公司监事会可能面临的责任及应对措施》，分析可能由此承担的责任，并提出相应的应对措施。二是表达独立建议。针对股份公司部分高管被调查事件，股份公司独立监事范福春先生十分关注，专门给股份公司监事会主席发来专函，并建议在问题查清之后召开一次监事会专题会议，从体制机制上研究强化监督的措施方法。该建议已经转送股份公司董事长、总裁。三是及时听取情况。10月17日，独立监事王道成与部分在京独立董事听取股份公司部分高管被调查的情况汇报。

【外部监管配合】 先后2次完成外部监管安排工作任务：一是配合股份公司相关部门完成中国证监会北京监管局组织开展的《上市公司治理情况调查问卷》工作。二是配合信息披露部门完成香港联交所对股份公司2012年度报告股份公司监管规定及日常监督工作开展情况质询的回复工作。

【监管建议】 积极为股份公司管理提升进言献策。

（1）剖析“屡查屡犯”问题根本原因，提出改进措施与建议。对工作中由于“现行考核规定可行度和政策缺陷”和“制度规定执行不足和执行过度”等导致“屡查屡犯”问题的原因进行深刻剖析。同时，利用联合监督平台，从“标准”制定和执行两个方面提出加强监督的建议。

（2）利用集团公司征求全面深化改革意见建议的机会，从“建立制度运行保障机制”、“建立高质量的制度体系”、“强化制度执行”和“发挥股份公司内外监督作用”方面，建议股份公司实现用制度管权管事管人。

【机构建设】 为了理顺内部机构设置，提高工作专业化水平，推进监事会日常办事机构的处室建设，2013年3月8日成立监事会事务处。

（佟魁杰）

第二篇

油气勘探开发生产

综 述

【概述】 中国石油天然气股份有限公司勘探与生产分公司是股份公司直属专业分公司（以下简称勘探与生产分公司，也称勘探与生产板块）。2013 年新增储气库建设管理机构，原合作开发管理处变更为合作开发与储气库处。截至 2013 年底共有员工 125 人。勘探与生产分公司主要从事国内油气勘探与生产上游业务及新能源业务，负责管理大庆、辽河、长庆、塔里木、新疆、西南、吉林、大港、青海、华北、吐哈、冀东、玉门、浙江、南方勘探开发、煤层气 16 个油气田的石油、天然气及煤层气等新能源的勘探开发生产。勘探与生产分公司持续实施油气储量增长高峰期工程，努力发现更多的规模储量和优质储量，科学组织原油生产，不断巩固上游业务国内主导地位。油气田开发继续以稳定并提高单井日产量为主线，夯实老油田稳产基础，优化新油田开发方式，平稳均衡组织生产，确保原油产量稳中有升。突出天然气勘探，高度重视致密气、页岩气、煤层气等非常规资源勘探，不断扩大资源规模。2013 年坚持“有质量、有效益、可持续”发展方针，突出“三个大庆”建设，持续推进技术创新和管理提升，圆满完成各项生产经营任务。油气勘探共取得 24 项主要成果，新增探明石油地质储量 6.7 亿吨、天然气地质储量 4923 亿立方米。生产原油 11260 万吨，生产天然气 888 亿立方米，油气当量达到 18338 万吨。

（黄照富）

【主要生产经营指标】

1. 勘探开发工作量

2013 年油气勘探完成二维地震 27089 千米，三维地震 12477 平方千米，完成钻井 1746 口，进尺 485.8 万米；原油开发完成钻井 14231 口，进尺 2534.4 万米；天然气开发完成钻井 2375 口，进尺 624.2 万米（不含对外合作）；完钻水平井 1620 口。

2. 油气储量

新增探明石油地质储量 6.7 亿吨、天然气地质储量 4923 亿立方米，探明油气当量超 10 亿吨，SEC 口径油气储量替换率大于 1。

3. 油气产量

生产原油 11260 万吨，同比增产 227 万吨，连续 4 年保持净增 200 万吨以上规模，创历史新高；生产天然气 888 亿立方米，同比增长 90 亿立方米，增幅 11%，产量持续快速增长；油气当量达到 18338 万吨，同比增加 942 万吨，增幅 5.4%，占国内油气生产总量的 60% 以上。

4. 经济效益指标

实现销售收入 5596 亿元，税前利润 1600 亿元，净现金流 686.1 亿元，投资资本回报率 17.8%。

5. 安全环保

安全环保形势基本保持稳定，污染物排放同比下降，节能节水均完成年度计划指标。

【主要成果】

1. 油气勘探取得一批重要发现和进展

天然气勘探在四川盆地磨溪—高石梯初步落实寒武系、震旦系万亿立方米天然气规模高效富集区，其中磨溪龙王庙组新增探明地质储量 4404 亿立方米，是我国已发现单体规模最大的气藏，并已建成 15 亿立方米配套产能，实现快速勘探和建产；塔里木盆地库车坳陷克深 8、深 5、深 9 构造新增三级地质储量 4061 亿立方米；鄂尔多斯盆地苏里格落实基本探明储量 6868 亿立方米。石油勘探在鄂尔多斯盆地姬塬、陇东，塔里木盆地新垦—热瓦普，准噶尔盆地玛湖北斜坡，吐哈盆地玉北等地区落实一批整装规模储量区；致密油勘探在鄂尔多斯盆地长 7、松辽盆地扶余油层、柴达木盆地扎哈泉等地区见到较好效果，并在三塘湖、渤海湾等盆地见到好苗头。新区新领域风险勘探在塔里木盆地阿瓦 3 井，准噶尔盆地玛湖 1 井，四川盆地中台 1、邛崃 1、荷深 1 井，华北束鹿凹陷束探 1 井等 9 口井试气获工业气流，为油气预探和评价准备了新的接替领域。

2. 原油产量再创历史新高

原油开发面对资源品质变差、特大洪涝灾害侵袭等诸多困难，科学组织生产运行，实现原油产量的稳定增长。大庆油田连续 11 年实现 4000 万吨以上稳产；长庆油田生产原油 2432 万吨，油气当量达到 5195 万吨，按期高质量、高水平建成“西部大庆”；新疆 3 家油田共增产原油 82 万吨，油气当量突破 4000 万吨。全年新建原油生产能力 1376 万吨，其中，大庆萨中东区、长庆姬塬及华庆、吐哈鲁克沁、塔里木哈6等24个重点产能建设项目推行全生命周期项目管理，各项工作进展顺利。老油田开发狠抓以精细注水为核心的基础工作，主要技术指标持续向好，自然递减率、综合递减率连续4年保持下降，含水上升率连续4年控制在0.5%以内，注水"三率"进一步提高。"二次开发"年产油规模达到913万吨，长庆超低渗透、辽河稠油齐40块蒸汽驱、杜84块SAGD等重大开发试验应用项目已形成千万吨原油生产能力。

3. 天然气业务保持快速发展

持续抓好长庆、塔里木、西南等重点气区产能建设和老气田稳产，科学组织生产运行，实现按计划安全平稳供气。新建天然气配套产能193.6亿立方米（不含煤层气及风险合作），其中长庆苏里格等6个重点项目新建配套产能133亿立方米，西南磨溪区块龙王庙组建成配套产能15亿立方米，塔里木克深气田新建配套产能20亿立方米。长庆、塔里木、西南、青海四大气区共产气764亿立方米，同比增产85亿立方米，占股份公司总产量的86%。煤层气立足沁水、鄂东，全年新建产能10.2亿立方米，完成商品气量8.7亿立方米，同比增加2.7亿立方米，呈持续上升态势。页岩气在长宁—威远和昭通完钻16口井，5口井获气，其中威204H井压裂后获日初产16万立方米，证实具有商业开发潜力。储气库建设进展顺利，新疆呼图壁、华北苏桥、西南相国寺3座储气库实现投产注气，全年累计注气14.7亿立方米，形成工作气能力5.4亿立方米。

4. 持续推进工程技术进步效果显著

在低渗透、致密油、煤层气、页岩气勘探开发及储气库等领域规模应用水平井1620口，水平井储层改造完成1068口，其中5段以上压裂915口，压裂后稳定产量是直井的3.5倍以上。自主研发的压裂工具及工艺技术基本成熟，可钻桥塞以及多簇射孔技术已成功开展20多井次、200多个层段的现场试验。欠平衡钻井完成606口，在低渗透油气层发现、低压易漏地层减少事故复杂、高研磨地层提速等方面发挥重要作用。带压作业完成4034口，同比增长30%，增油12463吨，增产天然气59万立方米。"工厂化"作业在长庆苏53区块提速提效明显，钻完井周期比计划提前30天，实现水平井钻井周期不超35天。勘探工程技术攻关在山前高陡构造、碳酸盐岩、致密油气、复杂碎屑岩等领域取得新进步。

5. 安全环保管理逐步完善

先后开展2次HSE管理体系审核，查出各类问题1134个并全部按期整改。进一步加强HSE管理体系建设，集中设立4个区域性的HSE工作站，完成53名咨询师的选拔和培训。推动安全环保责任体系建设，层层签订《安全环保责任书》，逐级落实责任。强化应急管理体系建设，修订完善突发事件处置预案482个，举办应急管理培训班67期，组织开展厂级应急预案演练225次。深入开展油田设施安全现状评价、站场HAZOP分析、油罐检测、评价等安全环保隐患排查和治理，并对重大隐患治理项目挂牌督办，完成治理项目348个。安排污染减排工程43项，上游业务减排指标顺利完成，全年二氧化硫、氮氧化物、COD、氨氮排放量均比2012年减少。

6. 管理提升取得新进展

油气田地面建设标准化工作步入常态化，全年推广一体化集成装置1389套，减少定员8773人，并节约投资和占地面积；大型、中型和小型站场标准化设计覆盖率，分别达到65.1%、90.6%和95.3%，规模化采购、工厂预制化率超过80%，油气田新井时率显著提高。积极开展降本增效，压缩管理费用和销售费用、降低财务费用和人工成本总额达10.5亿元。制定和完善钻井设计、试油压裂、带压作业、安全环保、水平井生产管理等标准规范、制度50余份，有效提升了专业管理水平。

（董新国　范文科）

油气勘探

【概述】 2013年度股份公司分层次设置油气预探项目49个（天然气项目12个）和风险勘探项目，其中重点勘探项目14个。油气勘探共取得24项主要成果。

【重点工作】 油气勘探工作立足大盆地和富油气凹陷，突出战略重点，加强石油预探和天然气勘探，积极推进风险勘探和致密油勘探，转变发展方式，依靠科技和管理驱动，大力开展工程技术攻关，不断提升勘探管理水平，持续推进储量增长高峰期工程。突出14个重点预探项目（区带），确保全年油气储量任务的完成。14个重点项目：长庆石油预探、大庆长垣—齐家石油预探、吉林长岭凹陷石油预探、大港歧口凹陷石油预探、辽河西部凹陷石油预探、华北饶阳凹陷石油预探、塔里木塔北石油预探、新疆准噶尔环玛湖石油预探、青海柴西南石油预探、长庆天然气勘探、苏里格天然气勘探、四川川中古隆起天然气勘探、塔里木库车天然气勘探、青海阿尔金山前天然气勘探。

【勘探任务完成情况】 二维地震和三维地震分别完成年度计划的67.1%和94.3%。探井井数和进尺分别完成年度计划的93.1%和82.11%。421口井获工业油气流。综合探井成功率50.17%。2013年新增探明石油地质储量67013.4万吨，新增探明天然气地质储量4923.2亿立方米。

2013年度新增油气储量总体上具有以下5个特点：

（1）新增油、气储量区块整装、规模较大。特别是四川盆地磨溪区块龙王庙组气藏，整体新增探明天然气地质储量4404亿立方米，是中国目前发现的单体最大的海相碳酸盐岩气藏。

（2）探明储量中已开发储量占比高。石油探明储量中已开发储量占48.8%，天然气探明储量磨溪区块10亿立方米试采工程已经建成投产。

（3）新增石油储量以中浅—中深层为主，天然气储量以中深—超深层为主。石油探明储量中，中浅—中深层储量占76%；天然气探明储量中，中深—超深层储量占99%。

（4）新增油气储量以低渗透—特低渗透为主。石油、天然气探明储量中，低渗透+特低渗透分别占总储量的61%和99%。

（5）新增油气储量仍以岩性油藏为主。石油、天然气探明储量中岩性油气藏类储量分别占总储量的85%和89%。

【渤海湾盆地勘探成果】

1. 辽河东部潜山勘探取得新进展

勘探面积340平方千米，勘探程度低。2012年茨110井在太古宇潜山获日产19.7立方米工业油流，发现太古宇潜山内幕油藏。2013年在该区部署实施的探井茨111井和茨113井，在太古宇潜山分别试获日产17.3立方米和7.12立方米工业油流，东部凹陷潜山勘探取得新进展。

2. 辽河西部凹陷岩性勘探取得新发现

勘探面积2560平方千米，以沙一段、沙二段为主要目的层累计探明石油地质储量16.3亿吨、天然气地质储量1204亿立方米；近两年加强岩性油藏勘探整体研究，认为南部坡洼过渡带沙二段、东部陡坡带沙三段、沙四段是岩性油气藏形成的有利地区。2013年在南部坡洼过渡带实施的锦325井获日产133立方米高产油流，东部陡坡带实施的冷189、冷190井分别日产油29立方米和32.6立方米，西部凹陷岩性勘探取得新发现。

3. 华北饶阳中部石油勘探取得新进展

勘探面积1000平方千米。近年来，东营组、沙一段按照岩性油藏勘探思路，在赵皇庄、留西、肃宁等洼槽周缘不断深化获得新发现。2013年针对斜坡低部位构造—岩性圈闭部署探井9口，新获工业油气流井5口，其中宁90x井获日产96.9立方米高产油流，饶阳中部石油勘探取得新进展。

4. 大港南皮斜坡勘探取得新进展

勘探面积400平方千米。近两年，按照致密油勘探思路，针对斜坡区孔店组优质烃源岩发育区整体研究、整体勘探，部署探井13口，完钻8口，完试6口，新获工业油气流4口，其中孔南17、官东4井分别日产油9.2立方米和9.8立方米，南皮斜坡致密油勘探取得新进展。

【松辽盆地勘探成果】

1. 松辽盆地北部致密油勘探取得新成果

勘探面积2万平方千米。近两年，以扶余、高台子油层致密油资源为主要勘探对象，预探评价一体化，设立3个致密油勘探开发试验区。2013年预探部署水平井8口，完钻7口，新获工业油流井5口；试验区部署水平井30口，完钻22口；砂岩、油层钻遇率分别为90%和83%，效果较好。其中垣平1井区扶余油层累计6口水平井获高产，垣平1井试采超1万立方米，新增探明石油地质储量2664万吨。

2. 松辽盆地南部鳞字井—大遐字井致密油勘探进展顺利

致密油勘探面积5000平方千米。2013年主攻斜坡区鳞字井、凹陷区大遐字井区致密油，部署预探水平井4口，完钻3口，新获工业油流井3口，其中查平1井、让平4井分别日产油30立方米和50立方米，且所有水平井试采产量稳定，整体勘探进展顺利。

【鄂尔多斯盆地勘探成果】

1. 姬塬地区多层系勘探获得重大成果

勘探面积1.46万平方千米。2013年继续坚持多层系立体勘探，部署探井、评价井200口，获工业油流井145口。在侏罗系延安组和三叠系延长组长4+5油层组新增探明石油地质储量21397万吨，使姬塬地区探明石油地质储量达11亿吨，该区多层系勘探取得重大成果。

2. 延长组7油层组致密油勘探取得新进展

有利勘探面积8545平方千米。2013年继续按照致密油勘探思路，持续推进盆地长7油层组石油勘探，盆地共有89口井在长7油层组新获工业油流，落实12个含油富集区。近年，针对长7油层组致密油设立水平井实验区3个，累计完钻水平井128口，投产82口，平均单井日产油11.9吨，已建产能39万吨。

3. 苏里格天然气勘探获新进展

勘探面积6万平方千米。2013年加大苏里格南部勘探力度，积极甩开勘探，部署探井70口，完试63口，25口井获工业气流。其中在南一区获气井16口，累计72口井获工业气流；在南二区获气井8口，累计71口井获工业气流，南区勘探整体取得新进展；同时外围部署的李3井、李4井均获工业气流，外围勘探取得新发现。

4. 盆地东部天然气勘探取得重要进展

勘探面积2万平方千米，具有多层系复合含气特征。2013年整体部署探井53口，完试41口，获工业气流井17口。其中，神木地区完试探井16口，获工业气井10口；绥德地区完试19口，获工业气流井6口，盆地东部天然气勘探取得重要进展。同时风险勘探吉探1、吉探2、吉探4井试气分获2.2万立方米、2.7万立方米、2.1万立方米工业气流，发现新的含气区带。

【四川盆地勘探成果】

1. 磨溪区块寒武系龙王庙组天然气获重大勘探成果

2012年磨溪8井龙王庙组获百万立方米高产，2013年勘探按照“整体探明龙王庙组，整体控制震旦系”开展工作，整体部署探井37口，在龙王庙组完试17口，16口获工业气流，新增探明天然气地质储量4404亿立方米，成为我国目前发现的单体最大的海相碳酸盐岩气藏。同时甩开勘探在龙女寺、高石梯地区龙王庙组也取得新发现。

2. 磨溪—高石梯地区震旦系天然气勘探取得新进展

2011年风险探井高石1井取得重大突破后，2012—2013年共在该区部署震旦系探井29口，到2013年底共完试15口，在震旦系均获得工业气流，发现震旦系灯二段、灯四段下亚段、灯四段上亚段气藏。其中高石1、高石3、高石6和磨溪22井试气日产量均在百万立方米以上，震旦系勘探取得新进展。

3. 川西须家河组风险勘探获得新发现

以探索须家河组一段、三段、五段烃源岩内砂体致密气为目标，部署在川西地区的风险探井中台1井和邛崃1井，在须家河组试气均获高产气流。且中台1井投入试采，平均日产气16万立方米、凝析油1.29吨，产量稳定、效果好，为开发建产提供优质储量区块，进一步证实逼近烃源灶具备富集高产的条件，坚定了在川西地区寻找高效规模储量的信心。

【准噶尔盆地勘探成果】

1. 玛湖凹陷北斜坡石油勘探取得新进展

玛北油田发现于1993年，限于当时低渗透砂砾岩储层改造技术，未能有效开发。随着储层改造技术进步，2010年重上玛北，玛13井、玛131井先后获突破。2013年按“直井控面、水平井提产”思路，部署探井9口，获工业油流9口，其中玛132H井测试最高日产油40.45立方米，控压试采日产油34.57立方米，当年累计产油1599.22立方米，玛北斜坡致密油勘探取得新进展。

2. 中拐凸起石油勘探取得新进展

中拐凸起面积1500平方千米，多层系含油、多期成藏，勘探工作始于20世纪50年代，勘探程度低。2009年克021井石炭系获高产后，部署金龙6、金龙10井均获成功，发现石炭系油藏。2013年针对石炭系部署探井6口均完钻，获工业油流4口，日产油10—20吨，新增探明石油地质储量6981万吨。

3. 玛湖南斜坡风险勘探玛湖1井获重要发现

为整体探索环玛湖坡折带发育的百口泉组扇体群、三叠系百口泉组、二叠系岩性油气藏的含油气性，在玛湖南斜坡部署风险探井玛湖1井，2013年完井测试在三叠系获日产48.3立方米高产油流，开辟了玛南斜坡岩性油气藏勘探新领域。

【塔里木盆地勘探成果】

1. 克深区带天然气勘探取得重要进展

有利勘探面积2000平方千米。2013年积极甩开预探，精细评价克深区块，完试探井11口，获工业气流井7口。其中克深9井试获日产45.6万立方米高产气流，发现新的含气构造；精细评价克深5、克深8气藏，有5口井获得工业气流，整体形成新的规模储量区块。

2. 塔北碳酸盐岩油气勘探取得新进展

勘探面积5000平方千米。2013年甩开预探金跃、其格地区，评价勘探新垦—热瓦普地区，完钻探井23口，完试19口，15口井新获工业油气流。金跃—其格区块9口井获高产工业油气流，发现2个新区块，哈拉哈塘油田含油气范围持续扩大；新垦—热瓦普区块累计获工业油气流井47口，新增探明石油地质储量5670万吨。

3. 库车坳陷阿瓦特风险勘探取得新发现

阿瓦特区块位于库车坳陷西部地区，通过新的二维宽线采集处理，优选埋深适中、保存条件好的阿瓦3圈闭，部署实施风险探井阿瓦3井，2013年完井测试在白垩系获日产气15.7万立方米、油2.66立方米的工业油气流，发现1个新的含气区带，实现库车山前带勘探的整体突破。

【吐哈盆地勘探成果】

1. 鲁克沁稠油勘探取得新进展

勘探面积900平方千米。1996年玉东1井发现鲁克沁三叠系油田，2012年玉北1新发现二叠系梧桐沟组油藏。2013年整体评价古近系—新近系、甩开预探梧桐沟组，完钻探井10口，获工业油流7口。在中西区古近系—新近系新增探明石油地质储量1182万吨，同时北一区、北二区梧桐沟组含油规模进一步扩大。

2. 三塘湖盆地致密油勘探取得新进展

条湖组有利勘探面积490平方千米。2012年芦1井在条湖组发现油气层，2013年按照致密油勘探的思路，完钻探井5口，获工业油流4口。其中强化致密油水平井体积压裂技术攻关，水平井马57H、马58H井均获高产油流，同时结合老井复查，整体控制了致密油含油规模。

【柴达木盆地勘探成果】

1. 阿尔金山前天然气勘探取得新进展

有利勘探面积5000平方千米。2011年、2012年相继在东坪和牛东获新发现，2013年主攻东坪，扩展牛东，完钻探井16口，完成试井18口，12口井新获工业气流。其中东坪地区有9口井新获工业气流，新增探明天然气地质储量519亿立方米；牛东地区3口井获工业气流，含气面积进一步扩大，阿尔金山前天然气勘探整体取得新进展。

2. 扎哈泉致密油勘探取得新进展

勘探面积1000平方千米。2012年按致密油勘探思路，部署扎2井、扎3井均获高产。2013年重点评价扎哈泉，部署探井6口，完试6口，5口井获工业油流，平均单井日产油5.75吨；甩开探索绿草滩，风险探井扎探1井解释油层13层59.4米，低部位扎7井获高产，证实扎哈泉地区致密油大面积分布，有望形成新的勘探接替区。

【北部湾盆地勘探成果】 福山凹陷岩性油气藏勘探取得新进展。勘探面积1404平方千米。2013年主攻永安—花场流沙港组一段岩性油气藏，加快白莲和美台—红光流二段、流三段勘探，完钻探井20口，完试15口，9口井获工业油气流。在永安—花场流一段地区，有6口井新获工业油气流，正待试5口井解释有油层，证实永安—花场流一段地区岩性油气藏具有叠加连片含油特征，具有较大勘探潜力。

（金武弟　何海清）

勘探工程技术

【概述】 地震攻关持续在高陡构造、碳酸盐岩、致密油、岩性四大领域展开并取得突破进展，及时指导勘探生产。地震采集加大可控震源技术应用力度，优化技术与管理，推广应用现场质量实时监控和自动评价系统，在生产中见到了突出成效。钻井方面全年共完成水平井1620口，完成欠平衡钻井606口；应用垂直钻井70口122井次；共实施气体钻井46口；在重点探井中推广应用成像测井技术589口井。

【物探技术攻关】 在高陡构造、碳酸盐岩、致密油、岩性四大领域共设物探技术攻关项目17个，共18个课题。通过强化静校正、保幅、去噪、速度分析、岩石地球物理等处理解释前期基础工作，加强点线面体关键环节质量监控，建立完善7个阶段的过程控制，强化地质、物探、工程一体化攻关，取得一系列重要地质成果。

一是川中碳酸盐岩储层定量描述技术不断完善，

有力支撑高石梯—磨溪地区龙王庙组和灯影组气藏的井位部署、储量申报和开发方案编制。2013 年，股份公司在磨溪和高石梯地区分别组织川庆钻探物探分公司、东方物探公司、勘探开发研究院（北京、廊坊）开展针对龙王庙组和震旦系的储层定量描述技术攻关。通过开展微测井约束层析静校正、各向异性叠前深度偏移、OVT 域处理以及岩石物理建模、叠前弹性参数反演、不同尺度裂缝检测等处理解释技术攻关，龙王庙组及灯影组储层预测成果符合率均达到 90% 以上，支撑井位目标优选，配合油田完成磨溪区块龙王庙组气藏天然气探明储量的申报，为中国陆上最大的单体海相碳酸盐岩气藏的发现提供重要的技术支持。

二是大港歧南—歧北低斜坡岩性油气藏地震技术攻关为老区岩性勘探探索了一条新的思路。针对该研究区涵盖海、陆、滩，激发接收参数差异大，干扰波复杂，去噪及一致性处理难度大等困难，项目组设立 28 个质量控制点，统一的点线面体的质控显示要求，以保真保幅处理为核心，开展提高信噪比及分辨率的配套处理技术攻关；建立渤海湾—大港和歧北低斜坡三维地质模型，开展速度建模及各向异性叠前深度偏移技术攻关；基于岩石物理分析和三维地质模型正演探索开展基于多尺度的相控储层预测、地震裂缝预测和烃类检测等方法的攻关，建立高品质地震数据体，目的层有效频带拓宽 15 赫兹以上。利用新资料进行的储层预测，较合理地解释了储层油水关系，及时支撑井位部署，提供建议井位 5 口。

三是致密油气地震预测技术流程进一步完善，“甜点”预测符合率不断提高。准噶尔盆地乌夏地区二叠系致密油气储层预测项目通过开展基于保护低频的高保真叠前去噪、井约束速度建模和叠前偏移技术等有针对性的处理攻关，新资料在振幅相对保持的前提下，成像质量有了明显的提高。项目通过系统地分析本区风城组“甜点”的各种特征，建立“甜点”定量划分标准和相应的岩石物理图版，结合叠前反演，预测致密油“甜点”的分布，并通过综合分析裂缝发育特征和地应力等研究成果，部署 2 口直井（风南 14 井和风南 15 井）和 1 口水平井（风南 7-H 井）。

【地震采集技术】

1.“两宽一高”采集提高资料空间分辨率

在渤海湾、吐哈、柴达木、塔里木、西南等探区继续推动以“两宽一高”（宽频、宽方位、高密度）为理念的地震采集新方法的试验与应用，取得显著的效果。2013 年，塔里木油田在神木—阿瓦特三维项目中，为确保山地高陡构造叠前深度偏移效果，采用较宽方位以及较高炮道密度的三维观测系统，覆盖次数达到 256 次，道密度 40 万道。处理成果显示，新采集的资料主要目的层信噪比、波组特征较好，叠前深度偏移资料断点更加清晰。川庆钻探物探分公司引进西方地球物理公司 UniQ 技术在四川、塔里木、新疆等地区开展高密度地震采集试验，该技术利用高密度观测、单点接收、处理解释一体化等特色技术大幅度提高资料的空间分辨率。四川公山庙 UniQ 三维攻关项目满覆盖面积 51.60 平方千米，面元 5 米 ×5 米，覆盖次数 324 次，成像道密度达到千万道。完成的叠前时间偏移成果断裂系统更加清晰，储层特征明显，地震方差体的低值异常网络特征与随钻测井解释具有良好的一致性。

2. 可控震源技术的推广应用提高施工效率和资料品质

自 2008 年来，针对井炮震源成本高、施工效率低、安全环保风险大等问题，股份公司组织评估可控震源技术的适用条件和技术可行性，在西部沙漠、戈壁及东部平原等地形条件许可的地区，规模推广应用可控震源地震采集技术。2008—2013 年，勘探与生产分公司共实施可控震源三维地震采集项目满覆盖面积 10601 平方千米，占公司三维地震总工作量的 13.4%，其中 2013 年达到 19%。可控震源技术的应用不仅减少了对生态环境的损坏，施工效率较井炮平均提高 3 倍以上，成为高密度、绿色地震采集的重要技术手段。2013 年在准噶尔盆地沙漠区玛 131 三维地震项目中首次应用 DSSS（同步滑动扫描）技术，创造三维地震采集最高日效 12316 炮、平均日效 7269 炮的国内生产日效新纪录。该项目与井炮激发采集相比，施工效率提高近 10 倍。

【地震处理技术】 针对复杂构造和碳酸盐岩重点地区，在塔里木博孜、青海英西、西南磨溪、新疆环玛湖地区、大港孔南、大庆塔东古城、辽河东部凹陷、华北牛东及海南福山等重点难点地区确定 9 个逆时偏移处理项目，共计满覆盖面积 4650 平方千米。依托物探科研项目，加强全方位各向异性叠前深度偏移及基于起伏地表全速度建模等核心技术的方法研究，推动复杂地区成像精度的进一步提高。

英西三维地震叠前深度偏移处理解释项目通过加强复杂山地静校正、叠前组合去噪、基于地表圆滑面的叠前深度偏移技术应用，探索开展 OVT 域高密度宽方位处理技术、TTI 各向异性叠前深度偏移（TTI 逆时偏移处理）、基于地表地质信息解译的构造建模、基于断层相关褶皱理论与盐构造理论的多信息综合构造建模与解析技术以及 OVT 域裂缝预测技术等地震处理解释技术攻关，资料层次清晰、信噪比高。利用新资料进一步明确了英西地质结构及盐构造模式，提出四大勘探领域，落实圈闭 14 个，单层圈闭总面积达 97.76 平方千米，提供 8 个钻探目标。

【地震解释技术】 通过推广应用新疆油田致密油气“八性”预测工作流程，致密油气储层预测工作在松辽、鄂尔多斯、四川及渤海湾等盆地均取得突出进展，推动了致密油气勘探领域的不断扩大，为水平井部署和压裂改造方案的确定提供了重要技术支持。

在鄂尔多斯盆地西南部致密油气储层地震叠前预测技术攻关中，针对黄土塬区非纵二维采用近道约束层析三维静校正、井控保幅处理、非纵拟三维内插处理技术、随机域和三步法干扰压制、共反射面元叠加与非刚性匹配联合一致性处理等技术，黄土塬二维地震资料品质大幅度提升，可用于叠前储层预测的资料达到 60% 以上。在岩石物理分析优选储层敏感参数的基础上，采用多域砂体厚度预测、叠前弹性反演及高亮体等属性分析、岩石力学脆性指数等参数预测等技术，申报并形成一批有形化技术，有效地提升了地震勘探技术的应用效果，初步解决地震资料信噪比低、致密油四性评价的难题，形成解决致密油气预测的关键技术，提高了黄土塬区致密油气勘探开发成效。

【油气藏开发地球物理技术】 为加强大庆长垣油田第三轮精细油藏描述基础，提高剩余油描述精度，指导油田开发调整，股份公司设立“老油田井震结合精细油藏描述技术研究”项目。经过 3 年的研究，项目在目标处理、构造描述、储层描述方面取得良好进展，研究成果在精细调整挖潜应用中见到明显效果。一是建立基于密井网沉积模式的地震处理技术。创造性地提出在密井网区，以开发地质研究成果为指导，处理解释一体化的研究方法，确保了地震资料的成像质量，为后期解释奠定了坚实的资料基础。二是发展井震结合精细构造描述技术。通过综合利用井震层位自动匹配标定、“井断点引导”多属性三维可视化断层综合解释技术、三维空间实时互动构造建模技术，实现了断层空间位置的准确定位，使断点组合率达到 94.3%，提高 10 个百分点以上，有效提高了构造描述精度。三是编制《大庆长垣精细开发地震构造解释技术规范》，促进了技术成果规范化、标准化、规模化推广应用，实现长垣油田构造描述技术推广覆盖率 100%。四是在地震储层预测理论分析基础上，发展地震相位分析与校正、地震属性体融合及断层约束地震反演技术，建立“地震宏观整体控制和趋势引导、重点目标砂体精细追踪和刻画、不同类型砂体区别对待”的储层精细刻画技术，初步解决一类油层废弃河道预测组合多解、二类油层单一河道识别和组合难度大、三类油层窄河道砂体边界及走向不确定的问题，实现不同类型河道砂体精细刻画，厚度 3 米以上河道砂体预测符合率达到 80% 以上。

【水平井钻井技术】 2013 年，国内上游全年共完成水平井 1620 口，圆满完成年度计划 1500 口的 106.7%，再创历史新高。其亮点包括：一是水平井应用规模创历史新高，开发效果明显优于直井。2013 年，集团公司完成水平井 2030 口，其中国内完成水平井 1620 口，同比增加 269 口，增幅 19.9%。长庆油田完成 800 口，连续 3 年成为当年完成水平井最多油田，其中 2013 年投产原油水平井 554 口，较 2009 年原油水平井数量（21 口）增长 20 多倍，水平井产油贡献率占到新井总产量的 30%，已成为长庆油田原油上产的重要力量。辽河、新疆等油田通过水平井的规模应用，通过钻完井技术的进步不断拓宽应用领域，实现难动用储量的有效开发，为老油田的持续增储上产发挥关键作用。二是低渗透油气藏成为水平井应用主战场，致密油、页岩气等新领域获得突破。随着水平井工艺技术的完善配套以及工厂化示范工程的推进，低渗透油气藏水平井大幅增加，致密油、页岩气等新领域水平井攻关获得重大突破，其中长庆西 233 井区长 7 的 10 口致密油水平井投产一年多，单井累计产量超过 4000 吨，目前单井平均日产 8.47 吨，产能稳定。四川地区已投产页岩气水平井有多口井稳定产量均在 10 万立方米以上，获得突破。三是水平井钻井技术日趋成熟，水平段钻井指标稳步提高。2013 年，水平井平均水平段长首次超过 700 米，特别是苏里格气田的苏 5-15-17AH 完钻井深 6706 米，水平段长 3056 米，创造了中国石油水平段长度新纪录。在平均井深同比增加 95 米、平均水平段长同比增加将近 100 米情况下，平均完井周期同比缩短 8.7%。完成井深超 7000 米的水平井 17 口，其中最深水平井中古 5-H2 井完钻井深 7810 米（垂深 6305.49 米），水平段长 1348 米，垂深最深水平井新垦 9002H 完钻井深 7161 米（垂深 6910.81 米）。

【欠平衡钻井技术】 2013 年共完成欠平衡钻井 606 口，同比增长 20%，完成年度工作目标的 101%，同比增长 20%。

1. 提高油气发现水平

塔里木迪北 104 井成功实施氮气钻完井技术获高

产，用10毫米油嘴测试，油压55兆帕、日产天然气72.6万立方米、油51.4立方米，首次实现氮气钻井+氮气完井。西南油气田在安岳、蓬莱等区块大川中须家河组勘探开发中规模应用液相欠平衡钻井32井次，及时发现油气层289个，效果十分明显。新疆的环玛湖凹陷斜坡区、辽河的曙光潜山、青海的东坪、塔东的寒武—奥陶系及吉林的天然气勘探中采用欠平衡钻井均取得良好发现。

2. 降低恶性井漏，提升工程保障能力

新疆油田玛2井区应用欠平衡钻井配合控压钻进和优质钻井液，井身结构由三层优化为二层，钻井液密度下降0.07—0.17克/厘米^3，完钻的6口井全部实现不下技术套管，平均钻井周期33.5天，比前期开发井缩短了62%，钻井成本得以有效降低。塔里木油田2013年应用高温凝胶隔离技术11井次，有效降低了塔中碳酸盐岩储层的井控风险和钻井漏失，平均每井次节约钻井周期2天，同比单井降低钻井液漏失量260立方米。相储16井通过控硫措施，成功实施了低含硫情况下（H_2S含量46毫克/升）的氮气钻井堵漏试验。

3. 控压钻井技术应用快速增加，国产技术获得重大进展

2013年，相继在塔里木、冀东、西南、新疆、华北等油田应用控压钻井技术21口，在解决裂缝性地层窄密度窗口、延长水平段长、减少事故复杂等方面起到重要作用，特别是国产精细控压钻井应用13口，已具备规模推广应用条件。其中，中国石油集团钻井工程技术研究院研制的PCDS-I国产精细控压系统在塔中721-8H井控压钻井创造了塔里木油田复杂深井单日进尺150米、水平段长1561米两项新纪录，在中古5-H2井6297—7810米目的层应用控压钻进，创控压钻井应用最深纪录。

【垂直钻井技术】 2013年，共在塔里木、玉门等油田应用垂直钻井70口122井次，进尺22.8万米，其中Power-V应用89井次、贝克休斯ATK应用11井次、渤海钻探公司VDT5000应用15井次、西部钻探公司应用6井次。

塔里木油田公司在大北、克深等库车山前深层天然气井，应用垂直钻井技术64口116井次，进尺221.4千米，同比增长113%，应用规模再创新高。大北、克深等山前地区规模应用垂直钻井技术86井次，进尺18.04万米，平均钻速3.4米/小时，垂直钻井完钻进尺占山前井总进尺的70.49%，共有18口井垂直钻井应用井深超6000米，其中克深801井服务井深达6858米，有力地促进了克深、大北地区提速。国产的垂直钻井系统在2013年也取得长足的进步。其中渤海钻探公司研制的垂直钻井系统VDT5000共应用10口井，应用进尺1.8万米，平均机械钻速6.11米/小时，正常钻进井段井斜小于0.5度，防斜提速效果明显。西部钻探公司自主研发的自动垂直钻井系统在玉门应用6口井，其中鸭K1-1H井连续钻进1985米，全井段井斜控制在0.5度以内，井下连续工作时间347小时，平均机械钻速达到6.33米/小时，与同区块同井段平均机械钻速相比提高87.28%，节约周期13.5天。

【气体钻井技术】 各油田针对研磨性地层钻井提速和恶性漏失等难题共实施气体钻井46口，在四川、塔里木、松辽深层、长庆子洲等地区提速取得显著的效果。西南油气田2013年在龙岗、相国寺、明月峡、温泉井、杨家坪5个构造应用气体钻井12井/20井次，总进尺17542.35米，平均机械钻速9.06米/小时，为相同条件下钻井液钻井的1.6倍以上，有效解决了相国寺储气库、明月峡构造上部、温泉井、杨家坪浅层钻井液钻井井漏难题，在治漏提速方面继续发挥重要作用。其中月005-H1井在311.2毫米井眼采用充气钻井技术，用时12天顺利钻至目的井深，同比邻井月5井节约钻井41天、减少钻井液漏失1.1万立方米。塔里木在博孜101、博孜102井开展“预弯钻具防斜、连续循环、连续管干井固井”3项空气钻井提速技术试验，大幅度提高巨厚砾石层的钻井速度。其中博孜101井空气钻井进尺2150米，平均机械钻速4.34米/小时，比邻井博孜1井同井段提高5倍、节约钻头29只、节约钻井周期119天，首次成功应用连续油管干井固井，创国内干井眼下套管最深（3601米）、悬重最重（572吨）纪录。

【高精度成像测井技术】 成像测井技术精度高、信息量大，是复杂油气藏测井评价非常重要的资料。2013年，中国石油所属油气田在重点探井中推广应用成像测井技术589口井，应用覆盖率达34.7%，其中，电成像、阵列声波、核磁共振、MDT/CHDT、ECS和MSCT的作业井次分别为328口、410口、108口、43口、109口和34口井。成像测井应用效果体现在以下3个方面：

一是磨溪—高石梯龙王庙组碳酸盐岩储层有效性评价与产能级别预测。以电成像和阵列声波为基础开展储层有效性评价，进而建立包括孔隙度、有效厚度、斯通利波能量衰减和孔洞缝参数等因素的产能级别预测模型，对比于试气结果，符合率达91%。

二是致密油气储层精细评价。致密油气储层低孔低渗透、含油饱和度较高，导 T_2 谱的信噪比低、受油气影响较大，影响物性与孔隙结构评价的精度。为此，提出提高信噪比的小波域自适应变换方法、以校正油气影响的核磁共振回波串流体替换方法，提升核磁共振测井的资料质量。结合核磁共振的孔隙结构分析以及毛细管压力曲线的特征参数，明确不同类型储层的下限值。

三是山前裂缝孔隙型储层评价。基于电成像和核磁共振，建立测井岩相、成岩相、裂缝相和孔隙结构相的量化描述及其分类方法，明确这些不同岩石物理相对库车深层储层品质和产能的主控因素，由此赋予其不同的权系数建立储层品质和产能分级的评价参数，实现储层分类与产能级别划分，为压裂选层等提供重要的技术支撑。

【油基钻井液声电成像测井技术】 塔里木库车山前深层为裂缝孔隙型储层，上覆高压塑性膏盐岩层。水基钻井液体系下，易产生井漏、卡钻、井壁垮塌和裂缝性井漏等复杂情况，为此，进入膏盐岩层前采用油基钻井液钻进至井底。

目的层的裂缝与层理评价是储层有效性评价和压裂方案设计至关重要的参数，须采用电成像测井，但储层的低角度层理和高角度裂缝特征给油基电成像测井带来重大挑战。2013 年，不断探索优选油基电成像测井技术，先后应用了斯伦贝谢油基电成像 OBMI 与高清电成像 FMI-HD 以及贝克休斯电成像 EI，共 22 口井 27 井次。

对比水基电成像资料：OBMI 的层理特征清晰，但裂缝几乎反映不出来；而 FMI-HD 的层理特征差，裂缝特征清晰；EI 能够较好地反映层理与裂缝特征，可对比性达 65%。因此，库车深层主要应用 EI 油基电成像解决层理识别与裂缝评价，如果配套应用贝克休斯超声成像测井仪 UXPL，地质效果更佳。

【岩性扫描测井技术】 近几年来，复杂岩性储层越来越普遍，岩性识别及其组分计算难度大，常规测井信息量不够、解决此难题的能力差。为此，2013 年，分别在大庆、长庆、西南、青海和玉门等油气田开展岩性扫描测井（LithoScanner）现场试验 5 井次，应用领域为复杂岩性致密油气储层和磨溪龙王庙组碳酸盐岩储层。现场试验表明，岩性扫描测井可以较好地确定泥质、砂质、灰质、云质和黄铁矿等，与元素俘获测井相比，计算的准确性明显提高；岩性扫描测井还可计算致密油气储层中的总有机质碳含量和龙王庙组储层中的沥青含量。

【页岩气测井评价技术】 以蜀南页岩气区块为目标，通过 3 年的持续攻关，中国石油页岩气测井处理解释方法与技术已配套形成且基本成熟，研发出相应处理软件并推广应用。在掌握测井响应特征与岩电规律的基础上，形成的方法技术主要包括：岩相识别与复杂矿物组分计算、海相页岩 TOC 计算方法、吸附气赋存机理及其计算、地应力与脆性指数计算以及储层品质评价与射孔井段优选。截至 2013 年底，共处理近 50 口井（含 4 口水平井），涉及威远—长宁、昭通和渝东南等地区。

【测井软件统一更新升级】 自 2012 年中开始，对各油气田研究院和勘探开发研究院的测井软件应用现状进行系统摸底，发现在用软件种类繁多、参差不齐，总体上版本老旧、功能落后并缺乏新技术处理功能，难以适应以致密油气为代表的复杂油气藏评价，难以满足水平井和压裂改造对测井技术的需求，制约着测井技术作用的充分发挥。

为了尽快解决上述问题，本着“继承性、适用性、先进性、经济性和互补性”的原则，历经现状摸底、需求分析、立项请示、主流软件调研、软件集中测试、商务洽谈、采购报批、合同统一签订、软件安装与现场培训等阶段，统一采购 Forward.NET 27 套装配 15 个单位、Geolog7.1 22 套装配 13 个单位以及 Techlog2013 27 套装配 15 个单位。经过这次更新升级，可系统解决测井软件老旧多杂的问题，提高成像测井深化处理水平，提升非常规油气评价和水平井解释水平，拓宽拓深油气藏测井精细评价。

（王喜双　曾　忠　刘国强　叶新群）

油田开发

【概述】 截至 2013 年底，采油井总井数 213012 口，开井 163523 口，平均单井日产 1.9 吨；注水井总井数 79611 口，开井 62913 口，平均单井日注水 48.58 立方米。

【原油生产】 2013 年生产原油工业产量 11260 万吨，同比增产 227 万吨。其中自营区（含风险作业）生产原油 10314 万吨，同比增加 164 万吨；合作区生产原油 946 万吨，同比增加 63 万吨。完成原油商品量 11034 万吨，同比增长 2.1%。自 2010 年以来，股份公司原油产量实现连续 4 年净增 200 万吨以上，再创历史最高水平。

"三个大庆"建设整体工作进展顺利。大庆油田在 5000 万吨稳产 27 年和 10 年稳产 4000 万吨的基础上，2013 年继续实现 4000 万吨稳产，占股份公司总产量的 35.5%，奠定了股份公司原油产量稳定增长的基础。长庆油田油气当量达到 5195 万吨，其中原油完成 2432 万吨，同比增产 171 万吨，占股份公司总增产量的 77.5%，是股份公司上产的主要支柱，高质量、高水平建成了"西部大庆"，油气当量已经第二年居国内第一。新疆油田完成 1160 万吨，同比增产 57 万吨；塔里木油田完成 590 万吨，增产 10 万吨；吐哈油田完成 171 万吨，增产 15 万吨；3 个油田合计完成 1921 万吨，合计增产 82 万吨，为"新疆大庆"建设奠定良好的基础。

其他油田原油生产情况。青海油田完成 215 万吨，增产 10 万吨；南方公司完成 26.5 万吨，增产 7.4 万吨；冀东油田完成 170 万吨，增产 5 万吨；西南油气田完成 20 万吨，增产 5 万吨；华北油田完成 421 万吨，增产 2 万吨；辽河油田稳产 1000 万吨；玉门油田稳产 51 万吨；浙江公司稳产 5 万吨；大港油田完成 470 万吨，其中合作区减产 8 万吨；吉林油田完成原油调整计划 527 万吨，同比减少 48 万吨。

【油田开发基础年】 2013 年是股份公司"油田开发基础年"活动与"注水专项治理"工作步入常态化管理的第一年，各油田按照勘探与生产分公司的要求相继在油田注水的规章制度、组织管理、检查考评、技术培训等方面建立起长效机制保障体系。建立长效机制以来，油田开发秩序逐渐趋于正常，原油生产总体处于"平稳、均衡、受控、效率、协调"运行，应对自然灾害的能力大大加强，超投资、堆工作量的情况杜绝，极大地促进了精细研究、技术进步和管理创新，带动了"三基"工作在油田开发系统的不断深化。目前，精细注水理念深入人心，精细管理落实到位，分注技术升级换代，队伍素质不断提升，油田开发工作基础得到全面加强。油田开发层系更加合理，注采井网进一步完善，水质合格率、分注率、测试合格率、注水合格率等技术指标进一步提高，自然递减率和含水上升率得到有效控制，极大地夯实了油田可持续发展的基础。股份公司"油田开发精细注水管理"项目荣获"第二十六届全国石油石化企业管理现代化创新优秀成果一等奖"。

2013 年共完成注水井主干工作量 18462 井次，其中，注水井更新 358 口、新增分注井 4637 口，注水井大修 880 口，检管重配 12587 口。股份公司分注率 60.3%，注水合格率 87.2%，井口水质合格率 82.7%，同比分别提高了 1.1 个百分点、0.7 个百分点和 4.4 个百分点。股份公司老井自然递减率下降到 10.42%，同比下降 0.39 个百分点。股份公司 12 个重点项目覆盖地质储量 7.8 亿吨，通过治理，注水"三率"进一步提高，自然递减率从 2009 年的 18.37% 下降到 2013 年的 9.9%，含水上升率从 2.8% 下降到 1.0%；分注率、分注合格率、井口水质合格率分别达到 66.2%、88.6%、89.9%，分别提高 4 个百分点、0.9 个百分点和 1.5 个百分点，年产油达到 489 万吨。

【原油产能建设】 2013 年，自营区全年完成钻井 13671 口，进尺 2403 万米，建成原油产能 1375.6 万吨。合作区全年完成钻井 3894 口，进尺 426 万米，建成原油产能 230.8 万吨。

全年新投采油井 16544 口，12 月开井 14737 口，日产油 40052 吨，平均单井日产油 2.7 吨，含水 74.8%，年产油 679.9 万吨；新投、转注井 6265 口，年注水 2276 万立方米。其中，自营区新投采油井 14232 口，12 月开井 12761 口，日产油 36319 吨，平均单井日产油 2.8 吨，含水 75.9%，年产油 603.1 万吨；新投、转注井 5833 口，年注水 2162 万立方米。合作区新投采油井 2312 口，开井 1976 口，12 月日产油 3735 吨，平均单井日产油 1.9 吨，含水 52.4%，年产油 76.8 万吨；新投转注水井 432 口，年注水 114.2 万立方米。

【二次开发】 2013 年，二次开发工程继续在"三重"理念的指导下，按照"整体部署、分步实施、试点先行"的工作思路，在地下认识体系描述技术不断发展的基础上，进一步完善注采精细调控和油藏精细动态分析及调整优化技术，目前已形成了多油层砂岩油藏、砾岩油藏、稠油油藏转换开发方式、低渗透油藏、复杂断块油藏等不同类型油藏提高采收率的二次开发模式，使二次开发工程不断深化，实施效果日臻显现。全年完钻新井 1919 口，新建生产能力 113 万吨，年产油规模达到 1008 万吨。

大庆长垣 11 个二次开发区块年产油达到 324 万

吨，占长垣水驱产量的16.75%。已累计增油867万吨，阶段提高采出程度2.05个百分点。新疆砾岩油藏20个区块二次开发建产能254.6万吨，区块平均单井日产油量由实施前的2.25吨升至4.35吨，年产油量由实施前的159.8万吨升至185.4万吨，含水由83.0%下降至68.0%，自然递减率由12.9%降至2.7%，水驱控制程度由实施前的35%提高到84%。辽河油田二次开发实施54个区块，平均单井日产油由2.8吨上升到3.4吨，年产油规模达到313.4万吨。

二次开发深部调驱加强关键技术攻关研究，有序扩大试验规模，确保试验取得预期效果。在大庆葡北、新疆砾岩、辽河静安堡和曙光、吉林扶余、大港小集、冀东柳中柳北等19个区块开展现场试验，预计提高采收率3—5个百分点。19个已投注的项目累计注剂341万立方米，年增油10.27万吨，累计增油20.86万吨。其中：新疆六中区克下组、七中区克下组2个试验区完成现场施工，累计增油5.4万吨，提高阶段采收率5.1%；辽河静67-59井区已累计注剂44.58万立方米，完成设计量的78.3%，试验区日产油翻一番，核实累计增油16753.9吨；大港小集油田官979试验区实施调驱后断块日产油水平逐渐上升，由调驱前的48吨/日，最高上升至83.11吨/日。

【重大开发试验】 重大开发试验积极推动成熟技术的工业化推广，已形成千万吨级原油生产能力。长庆超低渗透（0.3毫达西）油藏重大开发试验于2008年开始工业化推广，已累计建产能1280万吨以上，2013年产油量达到772万吨。新疆克拉玛依砾岩油藏聚合物驱2013年7月完成全部209口新井的钻井工作量，空白水驱后，2014年下半年正式注入聚合物，预计可提高采收率11.7个百分点。辽河齐40块蒸汽驱已实施150个井组，日产油从转驱前的1365吨增加到1624吨，年产油60万吨；杜84块SAGD已转驱48个井组，日产油由1685吨增加到2400吨，2013年年产油81.1万吨；杜66火驱试验，阶段采出程度12.3个百分点，平均采油速度是吞吐的3倍左右，工业化推广以来，各单元高峰采油速度平均为2.9%，预计提高采收率14个百分点。吉林油田CO_2驱继续在大情字井油田实施50万吨CO_2驱开发建设，已完成注气井135口，采油井683口，循环注入站3座，建成长岭净化厂至黑59长输管线，黑46注入站2013年底可实现CO_2投注。

重大开发试验持续推进战略接替技术攻关，大庆油田三元驱、辽河油田二元驱和新疆油田红浅火驱基本具备工业化推广的条件。大庆油田3个三元复合驱现场试验，覆盖地质储量587万吨，已完成全部试验任务，提高采收率幅度都达到20个百分点以上，2015年三元复合驱原油产量将达到300万吨以上。辽河油田锦16二元驱已完成0.37PV化学驱段塞的注入，完成总注入量的50%，试验区日产油从63吨上升到350吨，采油速度达到3.9%，综合含水下降13.1个百分点，累计产油16.4万吨，阶段采出程度6%。新疆油田红浅在对火线推进动态描述的基础上，对红浅火驱试验进行调整，新增6口点火井，总体形成13口点火井线性火驱的格局，生产井开井26口，日产油31.3吨，含水71.5%，累计增油4.65万吨，阶段采出程度达到10.7%。

组织实施以气体为注入介质的现场试验，力争形成重大接替技术。面对中高渗透油藏开发程度的加深，低渗透和致密油储量的持续增长，以气体为注入介质的开发技术将成为今后提高采收率技术的主要发展方向。重点开展三类注气提高采收率试验。一是CO_2驱试验。重点在吉林油田和大庆油田开展，利用松辽盆地采出的天然气中富含的CO_2气体回注油藏驱油，建成CO_2的捕集、驱油、埋存一体化系统。2013年吉林油田已率先开展年产油50万吨规模的CO_2驱工业化推广，大庆油田也将于2014年在外围和海拉尔各开展年产油10万吨规模的CO_2驱工业性试验。二是减氧空气泡沫驱试验。重点在长庆油田和大庆油田的低渗透油藏以及大港油田复杂断块油藏中开展，现场试验表明，此项技术可以显著提高低渗透油藏的注入能力，封堵水流优势通道，建立起有效的驱替压力梯度。三是天然气驱试验。重点在塔里木东河塘油田开展，探索超深、高温、高盐油藏提高采收率的新途径，采用顶部注天然气辅助重力驱的开发方式，动用石油地质储量604万吨，预计提高采收率17.6个百分点。

【精细油藏描述】 随着精细油藏描述工作的规模开展和不断深入，描述技术不断发展，研究工作不断细化，地质认识不断深化，潜力得到进一步落实，为老油田挖潜奠定坚实的基础。

2013年，全年共完成精细油藏描述项目91个，覆盖地质储量19.3亿吨。三维地震处理2722平方千米，解释4553平方千米，测井解释22124口井，地层划分25677口井，地质建模储量15.6亿吨，数值模拟历史拟合17414口井。各项工作均超额完成年初计划安排。预计采取相应的配套调整挖潜措施后可增加可采储量5316万吨，提高采收率2.76个百分点。

【水平井工程】 以低渗透油田水平井规模应用示范区为契机，水平井钻井数量再创历史新高。随着压裂改造技术的进步，低渗透油田水平井展示巨大的潜力和广阔的应用前景。2012年开辟的5个示范区继续扩大应用规模，部署总井数490口，其中水平井250口。已完钻水平井208口，平均水平段长807米；投产89口，平均单井日产油6.9吨，是同区块直井的3倍以上。全年原油完钻水平井1267口，同比净增加346口，再创水平井应用数量新高。其中：长庆油田519口、新疆油田235口、吉林油田155口、辽河油田120口、大庆油田110口、吐哈油田30口、大港油田28口、塔里木油田25口、华北油田20口、青海油田13口、玉门油田9口、冀东油田3口。

【油藏动态监测】 2013年地层压力测试完成42564井次，其中，采油井完成29317井次、注水井13247井次。生产测井完成49840井次，其中，产出剖面5692井次、注入剖面29196井次、工程测井13493井次。饱和度测井完成963井次，其中，碳氧比414井次、中子寿命315井次、过套管电阻率50井次。井间监测全年完成874个井组，其中，干扰试井37个井组、井间示踪620个井组。地层压力测试和注入剖面测试随着基础工作的不断加强，完成工作量大幅增加。

（胡海燕　曹　晨）

天然气开发

【概述】 天然气开发突出产量运行、产能建设和前期评价三大关键环节，加强工程与地质的结合，积极推进重点气田水平井的规模应用，圆满完成各项工作任务。

【天然气产量】 生产天然气888亿立方米，同比增加90亿立方米，增幅11%。其中，气层气产量825亿立方米，溶解气产量63亿立方米。完成天然气商品量781.2亿立方米，同比增加77.0亿立方米，增幅10.9%。

【天然气产能建设】 完钻井1682口，进尺621.7万米，新建产能212.9亿立方米。其中，苏里格气田新建产能86.1亿立方米，克深区块新建产能21.0亿立方米，磨溪区块龙王庙组气藏新建产能17.7亿立方米，东坪—牛东区块新建产能9.0亿立方米。

【前期评价】 完钻评价井14口，完成二维地震采集处理700千米，三维地震采集处理1389平方千米，试采气井45井次，完成方案编制8项。经评价和研究，优选评价天然气地质储量约6000亿立方米，落实苏里格气田南区、磨溪区块龙王庙组气藏、克拉苏气田克深和大北区块、东坪—牛东区块等4个重点产能建设区块。

【长庆气区生产状况】 完成天然气工业产气量346.8亿立方米（其中，气层气344.2亿立方米、溶解气2.6亿立方米），同比增加56.5亿立方米，增幅19.5%；完成天然气商品量318.6亿立方米，同比增加52.1亿立方米，增幅19.6%。完钻井1306口，进尺491.6万米，新建产能108.3亿立方米。

气层气井口年产量340.5亿立方米、累计产量1939.4亿立方米，已开发气层气剩余可采储量采气速度3.9%、采出程度18.0%、储采比25.9。

【塔里木气区生产状况】 完成天然气工业产量222.8亿立方米（其中，气层气217.9亿立方米、溶解气4.9亿立方米），同比增加29.7亿立方米，增幅15.4%；完成天然气商品量208.5亿立方米，同比增加26.5亿立方米，增幅14.6%。完钻井63口，进尺39.1万米，新建产能36.9亿立方米。

气层气井口年产量222.6亿立方米、累计产量1633.6亿立方米，已开发气层气剩余可采储量采气速度7.2%、采出程度34.2%、储采比13.9。

【西南气区生产状况】 完成天然气工业产量126.1亿立方米（其中，气层气125.4亿立方米、溶解气0.7亿立方米），同比降低5.4亿立方米，降幅4.1%；完成天然气商品量120.0亿立方米，同比减少5.2亿立方米，降幅4.1%。完钻井83口，进尺23.4万米，新建产能31.0亿立方米。

气层气井口年产量127.3亿立方米、累计产量3553.9亿立方米，已开发气层气剩余可采储量采气速度6.5%、采出程度64.5%、储采比15.3。

【青海气区生产状况】 完成天然气工业产量68.1亿立方米（其中，气层气67.2亿立方米，溶解气0.9亿立方米），同比增加4.6亿立方米，增幅7.2%；完成天然气商品量60.3亿立方米，同比增加4.1亿立方米，增幅 7.2%。完钻井 46 口，进尺 9.8 万米，新建产能 12.0 亿立方米。

气层气井口年产量 70.4 亿立方米、累计产量 459.7 亿立方米，已开发气层气剩余可采储量采气速度 6.3%、采出程度 29.2%、储采比 15.8。

【大庆油区生产状况】 完成天然气工业产量 34.4 亿立方米，（其中，气层气 12.4 亿立方米，溶解气 22.0 亿立方米），同比增长 0.7 亿立方米，增幅 2.2%；完成天然气商品量 22.4 亿立方米，同比增加 0.4 亿立方米，增幅 1.6%。完钻井 4 口，进尺 1.1 万米，新建产能 4.6 亿立方米。

气层气井口年产量 13.8 亿立方米、累计产量 114.7 亿立方米，已开发气层气剩余可采储量采气速度 4.8%、采出程度 28.5%、储采比 21.0。

【新疆油区生产状况】 完成天然气工业产量 30.5 亿立方米（其中，气层气 20.1 亿立方米，溶解气 10.4 亿立方米），同比减少 0.5 亿立方米，降幅 1.7%；完成天然气商品量 5.6 亿立方米，同比减少 3.2 亿立方米，降幅 36.2%。完钻井 14 口，进尺 4.7 万米，新建产能 2.5 亿立方米。

气层气井口年产量 20.3 亿立方米、累计产量 312.7 亿立方米，已开发气层气剩余可采储量采气速度 3.4%、采出程度 34.4%、储采比 29.3。

【吉林油区生产状况】 完成天然气工业产量 18.2 亿立方米（其中，气层气 16.5 亿立方米，溶解气 1.7 亿立方米），同比增加 0.5 亿立方米，增幅 3.1%；完成天然气商品量 14.0 亿立方米，同比增加 0.1 亿立方米，增幅 1.1%。完钻井 51 口，进尺 19.4 万米，新建产能 8.4 亿立方米。

气层气井口年产量 20.2 亿立方米、累计产气 105.3 亿立方米，已开发气层气剩余可采储量采气速度 7.1%、采出程度 27.0%、储采比 14.0。

【吐哈油区生产状况】 完成天然气工业产量 10.5 亿立方米（其中，气层气 7.9 亿立方米，溶解气 2.6 亿立方米），同比减少 0.1 亿立方米，降幅 0.5%；完成天然气商品量 8.9 亿立方米，同比减少 0.6 亿立方米，降幅 6.5%。完钻井 43 口，进尺 12.9 万米，新建产能 2.4 亿立方米。

气层气井口年产量 8.5 亿立方米、累计产量 101.6 亿立方米，已开发气层气剩余可采储量采气速度 4.2%、采出程度 33.5%、储采比 23.8。

（宋文宁 任 东）

矿权管理

【概述】 在塔里木矿权延续登记、渤海湾变更扩大海域矿权、四川盆地增列页岩气等方面取得重要进展，同时较为圆满地完成了矿权年检、缴费、减免、探矿权竞争出让、矿业秩序维护等各项工作，继续保持股份公司矿权资源的优势地位。

【全国矿权登记状况】 2013 年，全国石油天然气（含煤层气）矿业权统计见表 1。

表 1 2013 年全国石油天然气（含煤层气）矿业权统计表

矿权人	探矿权		采矿权		合计	
	数量（个）	面积（平方千米）	数量（个）	面积（平方千米）	数量（个）	面积（平方千米）
中国石油	409	1601495.894	396	105806.724	805	1707302.618
中国石化	293	983680.855	195	22563.236	488	1006244.091
中海石油	247	1419817.123	68	5788.195	315	1425605.318
中联煤	24	18018.622	2	193.29	26	18211.912

续表

矿权人	探矿权		采矿权		合计	
	数量（个）	面积（平方千米）	数量（个）	面积（平方千米）	数量（个）	面积（平方千米）
延长油矿	39	79926.742	5	443.97	44	80370.712
其　他	56	28151.646	9	627.247	65	28778.893
总计	1068	4131098.882	675	135422.622	1743	4266513.544

注：数据来自国土资源部地质勘查司，统计截至 2013 年 12 月 31 日。

【主要工作成果】

1. 加强矿权登记管理，积极拓展新的有利矿权领域

矿权申报登记是矿权管理的基础工作。面对年度大量而纷繁复杂的申报工作，严格执行两级预警、三道把关的管理程序，以进一步巩固资源型企业生存与发展基础为核心加强矿权登记管理，强化竞争新的有利矿权领域。2013 年共申请办理新立、延续、变更和注销探矿权、采矿权及试采批准书等 237 个区块，获得探矿权、采矿权许可证及试采批准书 187 个。其中，在变更扩大和新立探矿权拓展油气勘探领域，以及增列页岩气矿种上取得一定进展。具体情况如下：

一是变更扩大渤海湾盆地唐山油气勘查海域面积 2380 平方千米获得批准。标志着冀东油田公司有效勘探面积扩展一倍以上，极大地增强了油田公司发展的后劲，奠定了雄厚的资源基础。

二是围绕股份公司新能源业务发展战略，以进一步夯实发展资源基础为目标，西南油气田公司立足油气探矿权，增列 9 个评价有利的油气探矿权页岩气矿种，为公司拓展页岩气能源提供了保障，涉及探矿权面积 5.65 万平方千米。

三是南黄海油气矿权招标胜出。在 2013 年 3 月国土资源部油气矿权首轮招标中，组织辽河油田认真准备投标文件和汇报多媒体，通过竞标取得南黄海北部凹陷带矿权，面积 4451 平方千米，拓展了公司海域油气矿权。

2. 认真开展年检缴费工作，依法制止侵权事件

2013 年度参检探矿权 384 个、面积 141 万平方千米，统计用于矿权区块勘探投入的资金共 391 亿元，与年度勘探投资财务决算比增加 30 亿元。完成法定投入面积 100 万平方千米，未完成法定投入面积 41 万平方千米。

2013 年度应缴纳探矿权、采矿权使用费 8.66 亿元，实际缴纳 7.17 亿元，减免 1.49 亿元。

联合集团公司维稳办公室以集团公司文件分别发函公安部、国土资源部，督促陕西、山西、内蒙古三省区现场执法，依法制止三起地方企业侵权事件。其中，陕西省延长石油集团在鄂东大宁—吉县（黄河以西）油气勘查区块侵权钻井 27 口，其中 22 口井已安装井口采气树。陕西国土厅现场执法，再未发现新的侵权钻井。

晋城集团蓝焰公司在鄂东石楼北煤层气对外合作区大面积侵权钻井 100 多口。山西省公安厅、国土主管部门现场联合执法，基本制止其侵权钻井活动。

长春万域市政投资公司在乌兰察布市察右后旗政府招商引资中，在二连盆地大庙—乌兰花凹陷实施侵权钻井 2 口。经油田现场维权及公安部、国土资源部下文催办，省、市两级公安、国土主管部门现场联合执法，查封其侵权井。

（王玉山　曾少华）

油藏评价

【概述】 2013 年，安排油藏评价项目 45 个，在长庆姬塬、西峰、黄陵，新疆风城，吐哈鲁克沁，大庆敖

包塔、葡萄花，吉林长春岭、大情字井，塔里木哈拉哈塘、轮古，玉门酒东长沙岭等探明一批规模整装储量，新增探明石油地质储量6.7亿吨；新区产能建设安排产建区块90个，全年新建产能770万吨。

【评价工作量】 完成三维地震采集1520平方千米，完钻评价井726口，进尺182.34万米，全年试油交井660口，新获工业油流井509口，评价井综合成功率72.2%。

【新增探明储量】 新增探明石油地质储量6.7亿吨。新增储量仍以低渗透和低丰度油藏为主。

【油藏评价成果】（1）长庆姬塬地区储量规模继续快速增长，完钻评价井132口，完试井145口，获工业油流井119口，新增探明石油地质储量21397万吨，可采储量4017.6万吨。

（2）长庆陇东地区多层系评价成果丰硕，完钻井87口，完试井67口，获工业油流井56口，长3及侏罗系新增探明石油地质储量6534万吨，可采储量1300.5万吨。

（3）大庆长垣南地区葡萄花油层试油24口，18口获工业油流，平均单井日产油8.64吨；扶余油层试油4口，均获得工业油流，平均单井日产油4.02吨。垣平1水平井开发试验区，实施水平井8口，投产4口，单井日产油15.5—45.0吨。探明石油地质储量5314万吨，可采储量1093.7万吨。

（4）吉林大情字井地区规模应用水平井，实现黑帝庙油层有效开发。2013年评价开发一体化部署，共完钻评价井12口，其中水平井7口，直井5口，试油8口，均获工业油流，新增探明石油地质储量1370万吨。

（5）新疆风城油田增储上产一体化，重18井区和重22断块实施评价井9口、控制井133口，试油试采井20口，均获油流。重18井区完钻SAGD井组20个，已建成产能18万吨；重45井区完钻SAGD井组4个。新增探明石油地质储量6076万吨。

（6）塔里木新垦—热瓦普落实3个富油气缝洞带，完钻探井、评价井52口，开发井23口，获工业油气流井56口，投产总井数51口，平均单井日产油20.7吨。应用缝洞雕刻容积法计算新增探明石油地质储量5705万吨。

（7）华北、大港深化富油气区带精细评价，提交效益储量，新增探明储量分别为948万吨、2353万吨。

（8）吐哈鲁克沁稠油中西区玉110—玉东401块完钻开发井56口，投产井44口，平均单井日产油5吨，克拉玛依组新增探明石油地质储量1124万吨。

（9）玉门鸭儿峡白垩系油藏完钻开发井29口，投产油井29口，平均单井日产油6.5吨，建成原油生产能力13.35万吨。经储量复算，探明含油面积由3.27平方千米扩大到5.24平方千米，新增石油地质储量1085万吨，可采储量195万吨。

【油藏评价管理】（1）严格部署审查。通过优化调整部署，提高项目落实程度，集中审查12家油田的油藏评价部署方案。三维地震采集区块从19块优化到10块，采集面积从2261平方千米优化到1943平方千米。设立油藏评价重点项目9个，重点项目新增探明储量5.65亿吨，占年度新增储量的78.7%。

（2）深入开展富油区带整体再评价，挖掘老油区增储建产潜力。3个富油区带整体再评价项目通过验收。华北岔河集项目共实施评价井20口，新增储量2000万吨以上；辽河大民屯项目共新钻评价井42口，新增探明储量5371万吨，盘活未动用储量1053万吨；大港枣园完钻评价井20口，形成了千万吨级的增储建产目标区。组织召开“整体再评价工作经验交流视频会”，15家油田公司300余人参加会议。

（3）夯实基础工作，提升管理水平。组织编写《油藏评价十年工作回顾报告》，从管理、技术和成果3个方面对油藏评价十年来的工作进行总结和回顾；强化管理，提升水平，组织制定并下发《水平井开发方案编制指导意见》、《进一步加强原油产能建设项目管理工作指导意见》、《油藏评价项目部署方案编写要求》；组织召开“油藏评价十年三维地震应用效果交流会”，对十年来油藏评价三维地震采集技术和做法进行总结。

【新区原油产能建设】 完钻开发井7758口，进尺1551.5万米，投产油井5595口，投转注水井1910口，平均单井日产油4.7吨，建成产能769.54万吨。其中，水平井完成1002口，平均单井水平段长度659米，投产油井809口，平均单井日产油8.2吨。

【重点项目实施效果】（1）长庆姬塬油田完钻开发井1882口，投产油井1349口，平均单井日产油3.1吨，投转注水井524口，建成原油生产能力124.4万吨。

（2）华庆油田完钻开发井468口，投产油井204口，平均单井日产油4.6吨，投用注水井267口，建成原油生产能力28.0万吨。其中，长6_3油藏完钻水平井85口，投产井82口，平均单井日产油5.9吨。

（3）大庆古龙南茂15-1水平井规模应用开发示范区完钻新井162口，其中水平井42口，投产油井

78口（含水平井5口，平均单井日产油11.4吨），平均单井日产油6.0吨，建成原油生产能力14.08万吨。

（4）吉林水平井规模应用开发示范区进一步扩大。红90-1示范区完钻水平井59口，投产45口，初期平均单井日产油9.2吨，建产能12.39万吨。大情字井黑帝庙油藏示范区完钻水平井69口，投产55口，初期平均单井日产油7.7吨，投转注水井1口，新建产能12.65万吨。

（5）冀东南堡油田新钻开发井41口，投产油井30口，投转注水井11口，初期平均单井日产油22.5吨，新建产能20.06万吨。

（6）新疆风城油田超稠油完钻井1245口，其中，直井1065口，水平井180口；投产井1055口，投产注汽井50口。直井平均单井日产油3.5吨，水平井平均单井日产油5.0吨，SAGD井组平均单井日产油30吨，新建产能125.03万吨。

（7）塔里木哈拉哈塘油田勘探开发一体化新建产能39万吨。哈6区块完钻井29口，投产20口，平均单井日产油30吨，新建原油产能17.7万吨。外围新井完钻24口，投产井19口，平均单井日产油37吨，新建产能21.3万吨。

（8）青海英东油田完钻开发井218口，投产油井158口，投转注水井60口，平均单井日产油7吨，建成产能33.18万吨。

（10）吐哈鲁克沁油田中西区三叠系油藏完钻新井95口（水平井9口），投产油井84口，投转注水井11口，直井平均单井日产油5.7吨，水平井平均单井日产油10吨，建成原油生产能力17.0万吨。

【新区原油产能建设管理】（1）加强油田开发方案审查和管理，不断提升方案设计水平。组织完成“长庆合水油田”、“吐哈鲁克沁深层稠油”、“青海英东油田一号构造上盘”和“新疆昌吉油田致密油先导试验”4个开发方案的审查。完成4个委托项目审查，90个产建项目的备案工作。

（2）水平井规模开发快速推进。低渗透油藏水平井开发规模应用示范区共完钻井441口，其中水平井208口，投产89口，平均单井日产油6.9吨，是同区块直井的3倍以上，投注井131口。全年原油区块完钻水平井1267口，同比净增加346口，再创水平井应用数量新高。

（3）精心打造全生命周期产能建设示范工程，提高综合效益达到预期目标。2013年设立5个新区产能建设全生命周期管理示范工程，共完钻井2120口，建成产能238.3万吨。组织召开“原油产能建设全生命周期项目管理推进会”，15家油田公司及勘探开发研究院共计450余人参加会议，系统交流两年来项目管理的主要做法和取得的成果。

（4）开展开发先导试验，探索致密油有效开发主体技术。长庆西233、安83、庄183井区3个致密油开发试验区共完钻水平井110口，投产水平井62口，平均单井日产油11.9吨。大庆针对扶杨、高台子致密油藏开辟龙26、齐平2和垣平1试验区，完钻水平井22口，投产水平井6口，平均单井日产油26.1吨。新疆昌吉油田二叠系芦草沟组致密油规模有效开发先导试验完钻水平井7口，4口井压裂投产，初期平均单井日产油7.2立方米。组织西南油气田公司、勘探开发研究院共同开展川中侏罗系致密油先导试验研究。

（5）水平井立体开发井网有效提高储量动用程度。长庆油田针对多油层叠合区和厚油层采用水平井立体开发井网，完钻水平井43口，平均单井日产油9.9吨，大幅度提高了储量动用程度。大庆油田针对扶余油层发育多层位、横向不连续，在垣平1试验区采用组段优化整体动用方式，分5个单元进行布井，形成多层位立体水平井开发井网，实现多套储层的有效动用，储量动用率70%以上。完钻水平井8口，新井压裂4口，平均单井日产油28.7吨。

（邢厚松）

采油工程

【概述】 采油采气工程系统紧密围绕勘探开发核心业务，以稳定并提高单井产量为抓手，大力推广先进实用技术，强化“三基”工作，努力促进节能减排与安全生产，积极推进水平井分段改造和带压作业等技术规模应用，各项工作都取得了重要进展，重点工作超额完成任务指标。

【井下作业】

1. 工作量完成情况

井下作业总工作量233521井次，其中维护作业145342井次，增产增注措施65532井次，大修4618口，其他18029井次。井下作业主要指标与2012年对比见表2。

2. 成熟技术推广应用

（1）带压作业技术。

表2　2013年井下作业主要指标与2012年对比表

年度	总工作量（井次）	单井年作业次数（井次/口）	维护工作量（井次）	年维护次数（井次/口）	油水井措施（井次）	大修（口）	其他（井次）
2012	216186	0.84	127638	0.50	64718	4081	19749
2013	233521	0.85	145342	0.53	65532	4618	18029
对比	+17335	+0.01	+17704	+0.03	+814	+537	−1720

2013年共动用带压作业队伍161支，完成带压作业工作量4034口井，完成年度计划的100.9%，其中油井1095口，气井95口，注水井2844口，累计减少注入水排放263.4万立方米，提前恢复注水99万立方米，增产原油12463吨，增产天然气59万立方米。

（2）套损井大修技术。

完成油水井大修4618口井，其中侧钻井193口；修复油井2471口，成功率92%；修复油井恢复产能70.5万吨，恢复注水井1685口，修复成功率96.6%，累计恢复注水量910万立方米。

（3）井下作业管理系统。

在大庆、辽河等10家油田公司开展井下作业管理系统推广试点，为实现股份公司井下作业标准化设计、规范化管理提供了技术平台。完成各类设计97116井次，设计效率提高30%以上，审核审批效率提高50%以上，平均单井节约5小时以上，措施有效率提高近1个百分点。

【机械采油】 抽油井系统效率达到24.02%，同比提高0.05个百分点。抽油机、螺杆泵、潜油电泵井平均检泵周期分别为749天、736天和1002天，同比基本持平。抽油机井系统效率优化设计技术全面推广，系统效率测试及评价手段配备到最基层，系统效率管理考核体系不断建立和完善，2013年实施系统效率综合测试107190井次，优化设计32583井次，实施调整27575井次，调整井系统效率平均提高2.33个百分点，年节电10096万千瓦时。

【分层注水】 分层注水技术不断提高，2013年分注井数为46923口，年分注率达到63.8%，同比分注率提高3.8%。细分程度进一步提高，四段以上细分注水井数达到17149口井。

大庆油田针对特高含水期剩余储量挖潜发展了七级以上精细分层注水技术，卡距达到0.7米，隔层厚度0.5米，在测调方面形成小卡距双导向电动测调工艺，可准确判断配水器、封隔器位置实现小卡距条件下准确对接测调等。截至2013年，细分注水技术已在大庆油田累计应用6462口井，其中7段以上井1544口；全油田共升级组建高效测调班组414个，月均测试能力达到7.67口井，最高可达10口井；高效测调班较常规测调班层段测调效率增幅60.2%，7段井一次测调时间由常规7天缩短到4天，全面实现了油田注水井测调周期由6个月缩短到4个月，检配合格率提高近10个百分点。

长庆油田围绕提高定向井分注工艺适应性、提高小水量测调效率和精度，研制形成定向井分层注水及测调工艺技术系列，发展具有定向井小水量桥式偏心分层注水工艺及电缆高效测调技术，2013年推广应用1064口井，全油田累计应用4055口井，助推全油田分注率由2012年32.8%大幅提升到2013年38.1%；电缆高效测调技术应用3897井次，平均单井测调时间由1—2天降到8小时。研究形成新一代桥式同心分层注水工艺技术，具有免投捞作业、测调效率高、小水量测调精度高等优势，2013年扩大试验413口井，累计应用623口井，最大井深2975米，最大井斜48.5度，最多分注层数6层，最小卡距1.7米，测调成功率由以往的68%提升到87%以上，平均单井测调时间由1天缩短到6小时；该工艺的成功应用有效提高了试验区精细水驱开发效果，水驱储量动用程度提高7.9%，自然递减减缓1.9%，压力保持水平提升6.5%，含水上升率下降1.8%。

【储层改造】

1. 水平井分段改造和直井分层压裂技术推广

完成水平井分段压裂1068口，占水平井钻井工作量的 65.9%，完成年计划的 121.4%。自主攻关技术实施 955 口井，占 89.4%。5 段以上水平井压裂实施 915 口井，占水平井压裂总井数的 85.7%，10 段以上水平井压裂实施 307 口井。

完成各类直井 5 层以上压裂 512 口井，同比增加 304 口井，增长 146%，增产是同区块 2-3 层分压井的 1.5 倍以上。其中大庆完成井数最多，5 层以上直井压裂达到 412 口井，占股份公司总量的 80.5%；长庆油田完成 93 口井，占股份公司总量的 18.2%。

2. 低渗透油气藏储层改造技术进步

一是技术指标再创新高。水平井分段压裂最高达到 22 段；直井分层压裂最多达到 12 层；最大液量 27295.6 立方米；最大加砂量 1905.36 立方米；水平井改造最大长度 2525 米。

二是区块整体应用效果显著。水平井区块整体应用示范区实施效果良好，长庆在马岭长 8、华庆长 6 超低渗透油层水平井规模示范区共完试水平井 55 口，试排平均日产油 34.6 立方米，投产水平井 30 口，平均日产油 6.4 吨。

三是非常规油气藏改造攻关取得重要成果，主体分段改造及配套技术基本成熟，2013 年累计开展各类现场试验 847 口，其中关键工具试验 152 口，均达到了预期效果。

四是积极推进致密油水平井大井组“工厂化作业”示范工作。主要在长庆安 83 长 7、新疆吉木萨尔、西南安岳及长宁页岩气区块开展“工厂化作业”现场试验，采取专业化施工、模块化组织、自动化控制、流水线作业，实现多井批量化复制，试验大井丛“七个一”作业模式，应用高效多层多段压裂技术大幅度提高压裂效率，液体重复利用技术提高备水效率，降低环保压力。

【试油】 完成试油井 1361 口，获工业油气流井 850 口。其中预探井试油 733 口，获工业油气流井 390 口，综合探井成功率 46%；评价井试油 630 口，获工业油气流井 460 口，综合评价井成功率 70%。试油技术攻关形成 10 项技术，这些成果在塔里木库车、川中震旦系和寒武系、准噶尔盆地 160 口井 239 层试油中得到应用，确保了塔里木库车、四川川中、准噶尔、松辽盆地北部试油工作的顺利进行。

【管理工作】

1. 建章立制完善标准规范

修订 2 项企业标准：《薄隔层压裂设计、施工与验收规范》、《套管滑套分层压裂工艺技术规范》。制修订带压作业方法、井下作业管柱图例等行业标准 10 余项。

编写 2 部培训教材：《井下作业工程师手册》、《井下作业监督教材》。

2. 加强重点入井材料质量管理

进一步加强压裂支撑剂网络规范管理，持续完善和维护射孔器材技术质量评价体，对保证入井材料质量，提高作业效果起到了重要作用。

3. 做好技术交流与培训

组织技术交流 6 次：带压作业技术交流会、水平井改造技术交流、页岩气压裂技术交流、多层气藏提高单井产量技术研讨、三高气井完井投产技术交流视频会、井下作业管理系统推广视频会。

组织软件培训 2 次：STIMPLAN 水平井压裂软件培训、FRACPRO-PT 压裂设计软件培训。

组织井下作业监督培训班 2 期，非常规体积压裂培训班 1 期，井下作业管理系统技术讲座 1 次。

4. 积极推进小修作业承包管理

积极推进小修维护性作业联产承包试点，提高井下作业效益，实现了采油作业互利双赢。大港油田在总井数和开井数逐年增加的基础上，实现了维护性工作量连续 3 年下降，2013 年工作量比合同工作量降低 14.2%。辽河油田承包后维护性作业工作量和费用明显降低，2013 年工作量比计划降低 14.6%。

（赵捍军）

地 面 工 程

【概述】 截至 2013 年底，各油田累计建成采油井 195353 口，计量站 8153 座，接转站 1587 座，注水站 1286 座，污水处理站 583 座，集中处理站（原油联合站）305 座，各类管线 219485 千米。各气田累计建成采气井15307口，集（输）气站1703座，清管站493座，增压站191座，污水处理站116座，天然气净化厂（处理厂）58座，各类管线279442千米。

2013年，油气田地面建设共完成原油产能地面建设1750万吨，天然气产能地面建设225.8亿立方米，地面建设投资412.2亿元。建成新疆风城2号稠油，塔里木哈6区块，长庆环三联、姬十联，华北阿尔油田5座联合站。建成长庆靖边第四净化厂（30亿米³/年）、苏里格第六处理厂（50亿米³/年），塔里木和田河净化厂（500万米³/日），大庆徐深气田净化厂（200万米³/日），西南合川天然气处理厂（100万米³/日）、龙王庙300万米³/日试采装置，新增天然气处理能力118亿米³/年。新疆呼图壁、西南相国寺、华北苏桥、辽河双6、大港板桥等储气库地面工程主体工程完工，呼图壁储气库已全部投产，相国寺、苏桥注气系统已顺利投产。建成塔里木南疆利民工程、哈拉哈塘外输管线、克轮复线、华北阿尔油田外输管线、青海柴北缘管道等一批管道项目，总长为3139千米。

【地面建设管理】 2013年，在推行标准化设计工作常态化的同时，突出抓好重点项目建设，不断完善基础管理工作，全年地面建设各项任务顺利完成，工程质量稳步提高，建设投资得到有效控制，基础工作进一步加强，整体工作顺利。

油气田地面工程质量管理采取了“四位一体”的工作做法，即：油气田公司组织自查、勘探与生产分公司组织重点工程中间检查与专项检查、安全要害重点工程投产前检查、年度工程质量总体检查的方式，有针对性地对工程管理、实体质量、工程技术、工程资料、施工组织及投产前生产准备与安全应急预案等专业进行检查。全年共发现工程管理、工艺技术、工程质量、工程安全等各类问题共1981项，提出工作建议76条，下发勘探与生产分公司建设工程检查整改通知单16份，油气田公司都按时整改并回复。

为进一步推进油气田地面工程质量管理工作，2013年9月，组织开展“股份公司2013年度油气田地面工程建设工程质量大检查”，现场检查组对12个油气田的20个在建工程项目进行现场检查，共查出问题522项，现场实测工程实体质量点数4108个，合格点数3992个，点合格率97.2%，其中，工艺安装专业检测2223点，合格2190点；电气仪表专业检测358点，合格346点；土建专业检测876点，合格846点；无损检测专业核片651张，合格629张。通过开展自查自检和总体检查评比活动，各单位认真组织自查自改，不同程度地消除了质量问题和安全隐患，为下步工程安全施工、安全投产打下了基础。通过总结现场管理亮点、发现质量管理问题、协调现场问题等一系列工作，发现并纠正建设过程存在的工程质量及管理问题，稳步提升参建各方的建设和管理水平，促进了现场质量、安全、进度等建设目标有效受控。

2013年，油气田新建、改建、扩建工程建设通过严格落实建设项目监理制、工程质量监督制和第三方检测制，强化行为质量和实体质量的控制，现场实测点合格率达97.2%，工程建设质量逐步提高并稳定在较高的水平，所有工程一次投产成功，生产运行正常。

【重点工程】 2013年，安排股份公司重点项目48项，总投资244.793亿元。重点地面项目有序推进，确保按期投产。

油田产能建设重点项目22项：大庆萨中开发区东区二类油层上返及三类油层加密产能工程，大庆南四区东部弱碱三元复合驱产能工程，大庆萨北开发区北二区东部西块二类油层弱碱三元复合驱产能工程，大庆杏三—四区东部三元复合驱产能工程，长庆马岭油田产能建设工程，长庆姬塬油田产能建设工程，长庆安塞油田产能建设工程，长庆姬塬油田产能建设工程（超低渗透），长庆华庆油田产能建设工程（超低渗透），长庆西峰—合水油田产能建设工程（超低渗透），长庆镇北油田产能建设工程（超低渗透），长庆安塞油田产能建设工程（超低渗透），辽河曙光油田产能建设工程，新疆风城重18产能建设工程，新疆风城重1产能建设工程，新疆七东一区30万吨聚驱产能建设工程，青海昆北油田切6、切12井区产能地面建设工程，吐哈鲁克沁产能建设工程，塔里木哈拉哈塘6区块产能建设工程，塔里木哈得逊油田产能建设工程，吉林大安油田原油产能建设工程，吉林大情字井油田原油产能建设工程。

天然气产能建设项目10项：长庆苏里格气田产能建设工程，西南安乐气田龙王庙组气藏产能建设工程，长庆神木气田产能建设工程（含处理厂），长庆靖边南气田产能建设工程，塔里木大北气田产能建设工程，塔里木克深气田产能建设工程，塔里木塔中1号凝析气田中古8—中古43区块产能建设工程，安岳气田须二气藏产能建设工程，安岳气田磨溪区块龙王庙组气藏试采产能建设工程，长岭气田登娄库组气藏地面建设工程。

老油气田调整改造1项：吉林新木油田老区整体改造工程。

油气管道项目5项：哈拉哈塘至轮南输油管道工程，南疆天然气利民工程，阿尔—乌里雅斯太油田原油外输系统及配套工程，长宁页岩气试采干线工程，冀东永唐秦至高迁管线联络线工程。

其他油气管道、联合站、天然气处理厂等重点工程11项。

【项目前期管理】 2013年，审查的项目种类多、技术难度大。涵盖地面工程的油、气、水、电、路、信、自控、机械、土建、总图、造价等十几个专业，技术要求高，审批工作量大。

根据“有质量，有效益，可持续”的发展方针，认真贯彻执行“减少占地、降低能耗、减少站场数量、控制新增定员”以及“从源头上抓好投资控制”的原则，认真做好重点项目可行性研究和初步设计审查，细化项目技术方案，确保工程本质安全。2013年共完成项目审查批复42项，全年累计审查设计文件483册（其中文字30343页、图纸4257标准张），提出审查修改意见2139条、约5.7万字。

2013年全年报审总投资249.82亿元，批复212.21亿元，核减投资37.61亿元，核减率为15.1%。减少工程占地33.3万平方米，总能耗指标降低42557吨标准煤/年。

【标准化设计】 为提高一体化集成装置工作水平，落实“三提、两降、一统筹”的工作要求，2013年1月9日，组织召开“标准化设计2012年工作总结及2013年重点工作部署视频会”，对2013年应用1000套一体化集成装置等有关工作进行安排。

2013年5月，对第一批一体化集成装置进行鉴定，筛选评价并形成第二批10种一体化集成装置。其中，替代小型站场的一体化集成装置共5种，替代中型站场的一体化集成装置共1种，替代大中型站场生产单元的一体化集成装置共4种。同时，组织相关单位开展“30万吨/年联合站一体化集成装置研究”和“300万米^3/日的天然气净化一体化集成装置”等50项一体化集成装置的研发课题。

2013年8月20—21日，在长庆油田采油一厂组织召开“中国石油油气田地面建设标准化设计工作第五次推进会”，勘探与生产分公司有关处室及16家油气田公司、规划总院、工程设计公司、管道局、川庆钻探公司等单位代表共116人参加会议。会议全面总结标准化设计工作第四次推进会以来的经验和成果，安排部署了下一步重点工作，强调要继续大力推广一体化集成装置，持续推进标准化设计工作，全面提升油气田地面建设与管理水平。

2013年，标准化设计各项指标稳定提高。油气田地面建设大型、中型、小型站场标准化设计覆盖率分别达到65.1%、90.6%、95.3%（2012年为61.8%、88.9%、94.3%），规模化采购率达86.9%（2012年为86.4%），预制化率达79.6%（2012年为78.2%）。与常规相比，设计工期缩短44.8%，施工工期缩短21.9%（2012年为40.3%、20.1%）。油田新井时率提高6.9个百分点、气田新井时率提高8.5个百分点，新井当年多生产原油71.1万吨、天然气13.2亿立方米。

【储气库建设】 2013年5月，组织进行苏桥储气库群地面建设工程注气系统、新疆呼图壁储气库地面建设工程注气系统投产前现场检查；2013年8月，组织进行辽河双6储气库地面建设工程注气系统投产前现场检查。检查的主要内容是工程建设进度、工艺技术、工程质量、投产准备、投产方案及应急预案落实情况，通过检查共发现各类问题255项，提出工作建议32条，通过认真整改，为储气库一次投产运行成功奠定了基础。

【工艺技术】 一是加强已建系统的管网与站场现状和技术状况的分析，认真做好老油气田地面系统的改造，确保老油气田安全稳定生产。二是按照油田开发基础年“注好水、注够水、精细注水和有效注水”的要求，为使注水开发油田水处理和注水地面生产管理工作有章可循，认真执行《中国石油天然气股份有限公司注水开发油田水处理和注水系统地面生产管理规定》，进一步加强和规范股份公司注水开发油田水处理和注水系统地面生产管理工作，满足油田开发的需要；2013年股份公司采出水处理站水质达标率为94.1%，注水单耗为5.97千瓦·时/米^3，注水系统效率为52.49%。三是编制印发《油气田地面工程一体化集成装置研发推广导则》、《天然气处理厂投产条件技术手册》、《油气生产物联网系统建设规范》、《注水开发油田水处理及注水系统地面生产管理规定》、《煤层气地面集输工程设计指导意见》。四是做好天然气净化厂SO_2排放治理工作，为使天然气净化厂尾气SO_2排放达到即将颁发的新标准要求，组织长庆油田公司、西南油气田公司、工程设计公司西南分公司等单位进行天然气净化厂尾气SO_2排放治理技术方案研究，进一步明确新建净化厂的硫黄回收和尾气处理工艺。五是结合重大开发试验，持续推进地面技术攻关，积极配合做好SAGD燃煤注汽锅炉、二元驱、二氧化碳驱等重大开发试验及地面配套技术的研究工作，为重大开发试验顺利开展创造了条件。

【放空天然气回收治理】 针对各油气田存在的边远零散井、厂站冒漏、评价井试采等天然气放空问题，经认真的论证、审核与优化，依据低成本、效益优先及一体化集成装置的治理思路，组织2013年度回收治理的工作，截至2013年底，各油气田自行回收142.3万米^3/日。2013年股份公司对各油气田放空治理投资5045万元，回收放空气60万米^3/日。

【A11项目建设】 全力推进油气生产物联网系统建设工作，主要在制定统一的技术标准规定、开展示范工程实施和系统平台建设等方面加强工作。确定A11与其他系统的数据关系，完成数据架构与技术方案的设计，编制并印发《油气生产物联网系统建设规范》，基本完成生产管理子系统开发工作，开展数据集成与监控子系统开发。

【工程建设承包商管理】 根据《中国石油天然气集团公司工程建设承包商管理办法》及集团公司工程建设承包商领导小组的统一安排，2013年1月初，组织完成592家二类承包商培训及准入证书核准发放工作。2013年4月，组织16家油气田公司共657家一类、二类工程建设承包商的年度业绩与资格考评、公示与反馈工作，依据考核与公示结果，淘汰不合格承包商49家，增补准入32家。2013年11月，组织16家油气田公司一类、二类油气田工程建设承包商的HSE现场检查与考核评价工作，总结表扬有效做法与管理经验，提出存在的不足，并对部分不合格单位提出批评。为规范建筑市场持续与承包商管理，保证工程施工本质安全奠定了重要基础。

（汤　林　苗新康）

海洋工程

【概述】 辽河、大港、冀东3个滩海自营油田共生产原油136.6万吨，天然气6.05亿立方米。其中冀东海上生产原油100万吨，天然气5.3亿立方米；大港海上生产原油25.5万吨，天然气6400万立方米；辽河海上生产原油11.1万吨，天然气1100万立方米。共开油井679口，其中，冀东开油井551口，大港开油井45口，辽河开油井83口。海上对外合作区块油田产油99万吨，其中月东产油4万吨，赵东产油95万吨、天然气5300万立方米。

截至2013年底，中国石油环渤海滩浅海自营油田共建人工岛（井场）22座（大港油田5座，冀东油田5座，辽河油田12座）、固定钢平台2座（冀东油田）、海底管道45.38千米（大港油田12.7千米，冀东油田26.35千米，辽河油田6.33千米）、海底电缆25.17千米（冀东油田）、海底光缆4.8千米（大港油田）。

【重点工程】 工程建设重点是冀东、大港、辽河滩浅海油气田已建工程及其配套工程的检测、维修加固及隐患治理工程。冀东油田组织对海管和人工岛周边进行检测，6月对南堡作业区的7条海管、6条海缆以及2个人工岛和2个导管架平台进行检测，海管海缆大部分呈回淤趋势，局部存在轻微冲刷现象。人工岛护坡局部存在冲刷现象，岛面局部不均匀沉降。9月组织对NP1-5/1-29平台钢结构进行检测，清理钢结构水下附着海生物，检测桩腿壁厚和阳极块尺寸。11月组织利用超声波、电磁等技术对NP1-3D气举管线的防腐层完整性、管线腐蚀情况等进行检测。完成南堡3号构造油气地面集输系统配套工程、完善NP1-3D气举扩容工程SIS系统、完善NP1-2D海管自动化紧急关断设施、完成NP1-3D直升机停机坪建设施工。大港油田埕海二区产能建设地面配套工程项目荣获中国石油工程建设协会颁发的“优质工程金质奖”（部级）和国家工程建设质量奖审定委员会颁发的“国家优质工程奖”（国家级）。对埕海一区、二区路岛结构进行稳定性监测、对埕海1-1人工岛挡浪墙护栏进行维修加固。辽河油田完成海南8海底管线悬空加固、浅海海滩6千伏线路整改、笔架岭作业区道路建设及其他生产和辅助配套工程建设。

【管理工作】 重点做好海洋工程建设基础管理工作，使海洋工程建设规范化、标准化，积极开展新技术研究与应用，不断提高海洋工程建设管理水平。

1. 规范化、标准化建设

（1）组织完成2项集团公司企业标准：《海底管道保温技术规范》和《海上油气生产设施弃置预备方

案编制规范》。

（2）继续完善海洋工程规章制度，推进管理规范化。组织编制完成《海上油气生产设施弃置方案编制规定》、《海上油气田工程建设项目管理规定》和《海上油气田工程建设项目竣工验收管理手册》。

3. 组织开展海管内检测工作

组织中油管道检测技术公司 、ROSEN、TDW、RUSSELL 4家检测技术服务公司进行技术交流；成立内检测7人技术专家组；组织到冀东、大港、辽河海上油田海管现场进行调研、勘察。规划院牵头，组织制定招标文件，6月26日发标，7月19日公开招标，确定中标单位。制定海管内检测计划，计划于2014年开始实施海管内检测工作。

4. 滩海工程新技术研究与应用

从生产实际出发，针对中国石油滩海油田生产中出现的技术难题和安全隐患，以“为生产服务、为油田服务、保障安全”为目标，组织开展冀东南堡油田管缆防护技术研究和海底管道内检测技术研究2项海工专项课题研究。

5. 加强海上工程冰期安全管理工作

对冬季冰情进行实时跟踪，加强冬季设施巡视和冰情数据上报工作，做好相应的冬季安全生产保障工作。

（苏春梅　沙　秋）

新　能　源

【概述】 工作重点是围绕至“十二五”末实现煤层气商品气量40亿立方米和页岩气15亿立方米的目标，煤层气业务加强新区产能建设，组织好开发生产，积极开展外围地区煤层气勘查。页岩气业务是对已明确的核心区四川蜀南地区，加强科技攻关，形成符合我国地质条件的“工厂化”作业与管理模式，为“十三五”页岩气跨越式发展奠定基础。

【煤层气】（1）新增煤层气探明地质储量419亿立方米。在沁水煤层气田，樊庄区块通过205千米的二维地震和53口井的试采，按照储量规范要求，15号煤层探明储量面积128.5平方千米，上报煤层气地质储量114亿立方米。马必合作区块北部通过完钻评价井30口，试采24口，3号+15号煤层探明储量面积278平方千米，上报煤层气地质储量305亿立方米。2013年新增探明储量419亿立方米（通过股份公司审查），累计探明储量加基本探明储量为4733亿立方米。

（2）新建井口产能6.7亿立方米。沁水煤层气田新增产能3亿立方米，其中沁南—夏店区块新增井口产能2.5亿立方米，基本完成年产3亿立方米的产能建设。樊庄2亿立方米扩建完成0.5亿立方米。鄂东煤层气田在保6井区新增井口产能3亿立方米。蜀南筠连地区开始年产2亿立方米高煤阶煤层气勘探开发一体化实验，新增井口产能0.7亿立方米。

（3）实现煤层气商品气量10.2亿立方米。沁水煤层气田累计排采2410口，日产气227万立方米，年产量8.2亿立方米，年商品量8.1亿立方米。鄂东煤层气田累计排采2150口，日产气112万立方米，年产量2.7亿立方米，年商品量2.1亿立方米。

（4）煤层气勘探开发的3点成果。一是樊庄区块2006年规模开发以来，达产率从2007年的19%到2013年的89%，实现了稳定达产；二是保德区块2013年完成北部5亿立方米的产能建设，日产气量由年初13万立方米上升到年底60万立方米；三是蜀南筠连地区开始年产2亿立方米高煤阶煤层气勘探开发一体化实验，2013年底钻井158口，排采151口，58口产气，日产气3.5万立方米，呈现良好的开发潜力。

【页岩气】（1）勘探开发进展。截至2013年底，四川威远—长宁和云南昭通2个国家级产业化示范区完成二维地震6000千米，三维地震360平方千米，完钻井34口，压裂井试气17口，获得工业性气流井12口。

（2）开展“工厂化”作业试验。在长宁H2、长宁H3两个水平井平台，启动“工厂化”试验，已完钻井6口，平均钻井周期由148天降为65天。

（3）锁定“甜点”区。威远区块通过6口井的压裂获气，锁定1000平方千米的“甜点”区。黄金坝区块通过5口井的压裂试气，特别是YS108井测试日产量为11.6万立方米，确定150平方千米建产区。

（4）实现页岩气商业化开采。2013年新投入试采3口井，累计投入试采井8口，实现销售商品气8000万立方米。

【致密气】 临汾地区煤系地层致密气勘探评价，钻井5口，压裂1口并试气，日产气1.2万立方米，为进一步开展工作提供有价值的资料。

（崔光珍）

储气库

【概述】 储气库建设工作认真贯彻落实集团公司党组和股份公司管理层的总体要求，围绕现场施工、工程质量控制、投产运行等关键环节开展大量工作，第一批储气库中3座投产试运行，储气库建设取得了阶段性成果。

【工程建设】 截至2013年底，辽河、华北、大港、新疆、西南、长庆6家油田储气库已完钻注采井65口、正钻10口，待实施16口；完钻监测井及回注井5口，待实施9口；完成老井处理111口，正实施2口，待实施17口。新疆呼图壁、西南相国寺、华北苏桥储气库地面注气系统配套建成，辽河双6、大港板南、长庆陕224注气系统工程基本完成地面建设。

【生产运行】 2013年6月，新疆呼图壁、华北苏桥、西南相国寺储气库陆续注气投产，注气期内累计开井21口，累计注气14.7亿立方米，其中新疆呼图壁储气库注气12.5亿立方米，华北苏桥储气库注气0.6亿立方米，西南相国寺储气库注气1.6亿立方米。

（李　彬）

技术项目

【概述】 2013年，科技工作围绕解决制约生产发展的关键问题及“十二五”油气业务发展的总目标安排项目。油气勘探技术以四大盆地为重点，突出重大领域、有规模区带和有突破远景目标的研究和优选，推动发现规模型储量增长点，注重致密油气评价研究，推动储量持续增长。油气田开发技术一是突出“三个大庆”和重点领域，推进注水技术、二次开发、SAGD、低品位储量规模动用等技术研发与升级，为老油田稳产、新油田上产服务；二是围绕老气田稳产，低渗透、深层、“三高”气田规模建产，发展整体治水、水平井开发等关键技术，为天然气快速发展提供有力技术保障。工程技术以开展水平井工厂化、钻完井、压裂、复杂地震成像、试油试采等专项实用技术研究为重点，为油气发现和实现低品位储量大规模有效动用、提高单井产量提供技术支撑。

【油气勘探技术成果】

1. 注重研究成果有形化，编制一批工业化图件，直接服务于生产

2013年各课题在大量综合研究基础上，注重研究成果有形化，强化石油地质基础图件编制，新编和修编各类工业化图件达1120幅，大部分图件可直接应用于勘探部署和风险目标准备。

2. 注重研究成果应用成效，提出一批有利风险勘探区带和目标，为油气发现和储量目标完成提供有力支持

通过一年的研究，地质研究类课题共提出有利风险领域78个，风险区带95个，有利风险目标114个，当年采纳的目标达10个，占当年部署目标近一半，为2014年准备的区带和目标40个。这些为本年度油气发现和储量目标完成及来年风险勘探部署准备

提供了有力支撑。

3. 注重综合研究，取得一批创新性认识，有效指导风险勘探的发现和突破

（1）在长期坚持研究四川古隆起获得突破后，依据气藏的认识，将研究方向转向斜坡区，并发现乐山—龙女寺斜坡区震旦—寒武系同样大面积分布风化壳岩溶储层，登三段发育优质烃源岩，成藏条件优越，仍然是油气富集区。这些认识有效指导了荷深1井的部署并获高产工业气流，大大拓展了乐山—龙女寺古隆起的勘探领域。

（2）四川盆地须家河组一段、三段、五段源储共生，具备有利的成藏条件，关键是有利砂体和储层预测。通过几年来对该领域坚持不懈的研究，在须家河组一段发现川西北和川西南2个有利扇体，认为是致密气形成的有利区，并优选部署中台1和邛崃1风险井，获高产工业气流，展示了川西须家河组致密气具备规模勘探前景。

（3）准噶尔盆地环玛湖二台阶坡折带控制着二叠系和三叠系沉积和地层剥蚀，大型扇体和地层圈闭发育，并处于富油气凹陷迎烃面，具备形成大型岩性地层油气藏的条件。该领域一直是科技研究重点，近年来通过对二台阶坡折带的整体刻画和沉积相精细研究，部署玛湖1井并获高产工业油气流，有效地推动了玛湖二台阶斜坡区油气勘探重大突破和亿吨级储量新区的形成。

（4）鄂尔多斯盆地东南部上古生界是一个勘探程度低且没有突破的潜在重要领域。通过这几年的持续研究，对石炭系本溪组—二叠系石盒子组沉积体系和沉积相精细刻画，认为宜川—吉县地区该领域沿岸沙坝和砂体发育、储集性好，并与煤系烃源岩互层，成藏条件优越。这些认识有效指导了吉探风险井组的部署并获工业气流，发现东南部上古生界多层系规模含气新区。

（5）鄂尔多斯盆地西缘冲断带一直是科技重点关注的研究领域，该领域发育宽缓向斜及大型鼻隆，是岩性及构造—岩性成藏的有利目标。通过近几年的攻关研究，优选落实了吴忠—马家滩有利区带和目标，并部署了忠探1井，在上下古生界多层系均有较好显示和发现，该领域有望获得突破。

（6）鄂尔多斯盆地东部盐下是久攻不克的领域，通过近几年对盐下奥陶系沉积相和成藏条件的系统研究，认为盐下马五6-9不仅发育鲕粒滩白云岩，而且在盐凹边缘潮坪相可以发育较好的海相泥灰岩烃源岩，具备岩性地层成藏条件有利，这些认识有效指导了靳探1井的部署并见到重要苗头和发现，揭示了该领域具有很大的勘探潜力。

（7）对塔里木盆地东秋构造带构造精细解释和成藏条件研究，认为该区深层发育完整的大型构造圈闭，资源基础雄厚、砂体储层优越、盖层条件完好，是塔里木盆地近期值得探索的较为现实的风险勘探领域。

【油气开发技术成果】

1. 老油田精细挖潜技术不断升级，为控递减提供支撑

（1）二次开发技术体系已基本形成。构建五类单砂体内部构型地质知识库，配套建模技术，细分七大类13种剩余油；量化层系井网重构技术参数，完善了深部调驱技术。上述技术系列已得到规模应用。

（2）已经完成精细分层注水由3段到7段的技术升级配套，并形成统一的技术规范和标准。应用1500多口井，使递减率和含水上升率呈“负增长”，为注水开发油田控制自然递减提供强力支撑。

2. 推进西部主体技术进步，在上产中发挥作用

（1）Ⅱ类超稠油SAGD开发技术基本成熟配套。包括：明确影响SAGD生产效果的主控因素及其排序；汽腔调控技术及操作参数组合；高温大排量举升、动态监测、地面集输等配套工艺技术。应用效果：45%以上水平段动用程度达到70%以上；自主研制的动态监测工艺已稳定工作2年以上；自主研制SAGD有杆泵举升工艺，最长运行已达1000余天；实现了净化水（100%）回用过热蒸汽锅炉等。试验区目前产量和汽油比均比试验初期提高近1倍。

（2）碳酸盐岩开发技术在不断提升。深化岩溶储层地质认识，明确5种类型的油气富集特征，分别发现相应的油气富集区及油水分布规律，确定缝洞型储层孔渗饱等关键参数，指导不同方案的编制，使开发井成功率提高到80%以上。

3. 发展特低渗透、致密油稳产上产技术，服务“可持续”

（1）在特低渗透油田加密稳产技术方面，发现特低渗透油藏中高含水期剩余油沿“动态裂缝”侧向分布的特殊规律，形成4种不同缝网与井网匹配的加密调整技术，构建专用优化软件，预计可使水驱采收率提高5%—8%。

（2）发现长7油藏脆性指数和三维应力与缝网之间的关系，指导了选区选层；自主研发并形成新一代水力喷砂分段多簇体积压裂工艺技术，已累计实施120余井次、1000多段次，其中，西233先导试验

10口井平均单井日产油10吨以上。

4．拓展气田挖潜技术，为老区稳产作出贡献

（1）针对西南老气田，基本搞清平面、纵向动用状况及各区块剩余储量分布，形成一套有针对性的水平井挖潜技术，预计可提高采收率4.33%，延长稳产年限2.1年，已实施井成功率达100%，支撑了老气藏可持续开发。

（2）研发苏里格低产见水井集约式整体治水技术。形成6种气井积液综合判识技术，确定排水采气主体技术，搭建智能化排水采气管理平台，实现对产水气井的智能管理，应用1000余口井，成功率达70%以上，2013年增产气量3.53亿立方米。

5. 攻关复杂气田开发技术，支撑新区建产

（1）针对苏里格气田整体水平井开发，建立该气田水平井整体部署的3种模式、形成“六图一表”的设计规范、确定水平井及其改造的关键技术参数，成果已用于产能建设，3个水平井整体开发区初具规模，井均日产气4.5万立方米，达直井3倍以上。

（2）发展大北—克深深层低渗透裂缝性气藏高效开发与合理配产技术。依据试验，修正该类气藏的状态方程、参数图版，编制软件；考虑裂缝和应力敏感因素，改进了产能方程和产量预测方法，确定了科学的采气速度。成果已用于同类气藏的开发调整，效果明显改善。

（3）针对磨溪龙王庙组气藏有效开发，建立该气藏孔渗饱计算模型，形成缝洞发育优质储层预测技术，明确单井产能主控因素，成果已用于试采方案，优选出3个有利区块，4个开发井位。

6. 井筒完整性技术取得长足进步，已有效用于三高气田

攻克“三高”气井井筒完整性技术。研制出5项新产品，形成5种完井工艺管柱，形成风险识别、压力监测技术，实现分类管理；分别制定塔里木、西南、大庆等油田公司级的井筒完整性相关技术规范，使问题井数比例由36.84%降为14.52%，新井投产一次完井成功率达83.33%，保持了良好的井筒完整性。

【技术项目管理工作】

1. 主抓科技计划，形成顶层设计

围绕计划大表编制，主抓了以下几项工作。

（1）超前准备，有序工作。为了推动研究工作早启动、早下计划，一年之内能形成适用有效研究成果，从2012年11月开始着手编制计划大表、按计划步步推进。

（2）分析问题，抓住关键。通过项目执行情况分析、成果总结，以及通过与项目承担单位、专业处室沟通，分析梳理当前生产中急需解决的关键问题。

（3）围绕生产，突出重点。勘探上突出重点盆地的风险领域、区带和目标研究，以及为储量增长提供技术支持的关键技术。油田开发上突出分层注水、二次开发和SAGD等提高单井产量技术。气田开发上突出主力气区上产、滚动挖潜、“三高”气田安全生产等技术。

（4）上下沟通，统一思想。为了统一认识、平衡专业、达成共识，把有限经费用于解决制约生产发展的关键问题，与油田公司、各研究单位、专业处室等广泛沟通与征求意见，落实计划大表内容。

（5）有效衔接，规避重复。在项目安排中充分考虑国家和集团的重大专项、各攻关专项和生产应用研究等项目的立项情况，尽可能做到有效衔接、避免重复，形成互补关系。

（6）顶层设计，明确任务。根据问题分析和沟通结果，明确每个盆地每个领域的研究方向、要解决的关键问题和预期成果、目标，并突出强调有形化和有限化。

（7）保持稳定，积累成果。2013年是执行“十二五”计划的第三年，为了科研成果的有效积累和成长性，在项目安排上基本延续了2012年的研究方向，只是根据生产的发展，部分作了适当调整。

2. 开展重点目标落实和推进工作

为了尽早启动项目研究，在正式计划下达前，分研究院和油田两个层面超前开展重点目标落实和推进工作。

（1）推进研究院重点课题目标落实工作。勘探开发研究院是关注的重点，科委会后，即组织勘探开发研究院及其下属的廊坊分院、西北分院和杭州分院紧紧围绕生产需求，开展年度重点目标落实的推进工作。①油气勘探以四大盆地为重点，开展风险勘探重大领域、有规模区带和有突破远景目标的优选落实和推进工作。落实盆地应该重点关注的重大风险领域，落实相关课题应该重点关注的研究问题，落实和优选重大风险目标，落实应做的有形化工业图件。例如四川盆地围绕震旦系—下古生界、台缘礁滩体、须家河组以及海相新层系等风险领域，重点开展震旦—寒武系古构造背景、古隆起演化改造和沉积相带展布以及三大古隆起控储、控藏作用等研究，推动风险目标评价优选和落实。②油气田开发突出“三个大庆”、“三大气区”，紧密结合生产，着眼影响上产、稳产的关键技术需求，进行重点推进和落实。落实重点油气

区重点开发对象，落实影响上产、稳产、效益、安全的关键技术问题，落实技术路线、考核指标、研究进度、依托工程、实物工作量，落实有形化成果（硬件、软件、产品、操作规程、经济评价、技术规范）。

（2）推进油田公司重点目标落实工作。油田项目研究紧密结合生产需求，在生产目标论证和审查过程中，及时安排和落实重点研究任务。

3. 推进成果有形化和生产转化

（1）通过顶层设计，突出重点，明确预期成果形式和数量。每个课题要做到“四个落实”，即“目标落实、任务落实、工作量落实、考核指标落实”，最终明确要形成的成果形式和数量。

（2）项目直接纳入生产管理体系，成为生产的一部分。一是在立项和顶层设计过程中，与油田沟通，保证服务于生产；二是在项目执行过程中，各项目直接纳入生产管理体系，使其成为生产的一部分；三是在研究生产过程中，各项目直接参与生产论证。例如，在风险目标研讨和论证过程中，与其相关的项目要直接汇报研究成果，论证风险目标。

4. 推进信息化建设的主要工作

按照集团公司“十二五”信息系统建设总体规划部署的要求，坚持“建得优、管得好、用得熟”的工作思路，精细组织勘探与生产调度指挥系统（A8）、油气生产物联网系统（A11）、采油与地面工程运行管理系统（A5）、勘探与生产（含油田服务）ERP系统和勘探与生产技术数据管理系统等项目的建设与应用工作，并得益于各处室的大力支持和配合，各项工作均取得了实质性的进展，为“十二五”末集团公司信息化工作目标的实现奠定基础。

（1）勘探与生产调度指挥系统（A8）。

截至2013年底，已完成30间交互工作环境会议室建设，并将交互工作环境与油气田应急通信音频、视频系统进行集成，实现总部与油气田应急现场之间的远程可视化。已完成油气田需求分析、数据库设计、系统开发等工作，并于2013年7月在华北油田和煤层气2家公司上线试运行。总部A8系统注册用户152人，全年入库数据70多万条记录。完成油气田运维人员技术培训2次、交互工作环境应急演练2次。制定《B1210交互工作环境会议室交互（视频）会议服务操作规程》、《A8项目运维人员工作规范》、《A8系统管理员职责》等规章制度。截至2013年底共使用交互（视频）会议室81次，共有7724人次参会，效益非常显著。

（2）油气生产物联网系统（A11）。

该系统自2013年1月启动建设以来，在方案设计、建设规范修订、生产管理和数据采集与监控子系统研发、试点油田实施、软硬件招标各项工作中取得显著进展。编制完成系统的需求分析和详细设计方案、建设规范试行稿，并通过集团公司信标委专家评审，下发到各油气田公司。完成生产管理子系统油气田功能版开发，并在西南油气田公司、南方石油勘探开发公司进行测试。完成油气水井监控、计量监控分析、实时报警监控、历史报表管理、物联设备监控的主要功能开发。先后完成大庆、塔里木等7家试点油气田现场实施方案的编写与审查，基本完成前端实施方案的设计工作，并不同程度地开展实施工作。完成软件工具招标工作。

（3）采油与地面工程运行管理系统（A5）。

该系统2013年项目在方案设计、系统研发测试、数据标准、软硬件招标各项工作中取得进展。完成系统详细设计方案、原型开发（报表34套、分析应用指标79个），实现指标曲线自定义、报表穿透查询、流程自定义、数据导入、批量导入、数据自动提取等功能。梳理数据模型共288个，数据项4119个。初步完成历史数据导入模板开发（415个）。完成工具软件招标采购。

（4）勘探与生产技术数据管理系统（A1）与油气水井生产数据管理系统（A2）。

A1和A2系统2013年在1.0版基础上启动2.0版建设。保障2个系统的稳定运行；完成A1系统2.0版可行性研究报告并启动建设；完成A2系统2.0版详细设计方案、软硬件招投标及系统开发工作，并完成油气田（除大庆油田之外）上线试运行。

（5）油气田应用集成系统项目（D13）。

该系统于2013年9月启动建设，目前进入蓝图设计阶段，完成勘探与生产分公司和5家油气田企业的需求调研及分析工作，编写完成需求分析报告并着手蓝图设计。

（6）勘探与生产（含油田服务）ERP系统（D2、D10）。

勘探与生产（含油田服务）ERP系统，已按期完成。2013年主要完成工作：16家地区公司50余家二级单位的组织机构调整及业务升级工作，其中，调整主数据21321条、系统测试报告631个、开发程序112个、调整权限1432个，投入顾问891人（天）。对15家油气田公司的巡讲工作，对遇到的重点、难点问题进行调研，提交问题共4949个，解决率为98.18%；通过邮件、电话、QQ等通信工具沟通并处理问题共 21236 个，解决率 100%。系统性能升级及应急演练工作各 2 次。与物采系统接口建设及物资编码清理工作，其中，清理供应商数据 311 条、物料编码 162731 条。开展长庆油田物资模块的界面优化试点工作，梳理流程 20 余个，搭建分类向导、可待办提醒等功能界面。新增并完成西南油气田业务流程监控系统建设，实现了业务流程端到端监控、主动报警以及邮箱提示等相关功能。

5. 其他科技管理工作

（1）组织开展第十三次李四光地质科学奖申报和推荐工作。专门发文（油勘函〔2013〕32 号）组织各单位申报，在此基础上，组织专家评审，优选出赵贤正、付锁堂、张水昌 3 名有较强竞争实力的候选人，报李四光奖基金委。

（2）组织开展由中共中央组织部组织的百千万人才计划候选人的申报和推荐工作，推荐胡素云、李建忠和江同文 3 位候选人报集团公司科技管理部。胡素云、江同文 2 位同志入百千万人才计划。

（3）按集团公司人事部的要求，组织开展 2013 年油气勘探和开发高级技术专家增补设岗项目立项审核工作。

（4）组织集团公司科技进步奖（油气勘探专业）评审。组织有关专家对 26 个油气勘探项目进行评审，评出特等奖 1 项，一等奖 3 项，二等奖 4 项，三等奖 8 项。其中，“克拉苏深层盐下大气区的发现与理论技术创新”被评为特等奖，“海外高效勘探配套理论技术与油气重大发现”、“非常规油气地质理论及应用”、“歧口富油气凹陷大油气田勘探及综合配套技术研究”被评为一等奖。

（范土芝）

市场管理

【概述】 完善运行机制，加强基础建设，优化工作流程，提高管理水平，有效开展工作，圆满地完成股份公司交给的各项工作任务。

【市场准入】 办理市场准入申请 1222 份，比 2012 年的 824 份增长 48.3%。其中一次性为长城钻探工程有限公司办理了 11 个专业共 541 份的市场准入申请；办理中国石油集团测井有限公司 2 个专业 234 支队伍的准入申请。

【市场开放】 2013 年，市场准入范围继续保持有序开放的进程。主要表现为：一是为斯伦贝谢中国公司办理 2 份测井专业的市场准入，开创外国石油技术公司进入中国油气勘探开发领域的新举措，也为探索国际石油公司之间互利互惠、合作发展开辟了新路径。二是为西南油气田分公司的 24 支民营队伍办理市场准入，从而打开了四川盆地低端油气领域的勘探开发市场，为加快四川盆地的勘探开发建设创造了有利条件。

【资质检查】 集团公司资质管理办公室会同监察部、审计部、勘探与生产分公司联合组成的检查组，于 2013 年 10 月对 15 个油田企业和 6 个工程技术企业进行资质检查。

此次检查的重点是：无资质队伍施工问题；超资质范围施工问题；人员、设备等方面情况与资质级别符合情况。

此次检查发现的问题主要有：无资质队伍施工现象依然存在；资质套牌现象依然存在；超资质范围施工的现象依然存在。

【队伍管理】 勘探与生产分公司、各油气田公司 2013 年动用队伍数量见表 3 和表 4。

2013 年与 2012 年工程技术服务队伍数量分类对比见表 5。

表 3　勘探与生产分公司 2013 年动用队伍数量统计表

序号	专业	数量（支）	序号	专业	数量（支）
1	井下作业	3448	3	录　井	1588
2	钻　井	1824	4	测　井	789

续表

序号	专业	数量（支）	序号	专业	数量（支）
5	测　试	227	8	固井队	118
6	酸化压裂	157	9	侧钻	84
7	带压作业	143	10	物探	62
合计			8440		

表 4　各油气田公司 2013 年动用队伍数量统计表

序号	单位	数量（支）	序号	单位	数量（支）
1	长庆油田公司	3516	9	西南油气田公司	255
2	大庆油田公司	1181	10	大港油田公司	229
3	新疆油田公司	642	11	吐哈油田公司	217
4	吉林油田公司	567	12	冀东油田公司	203
5	塔里木油田公司	477	13	玉门油田公司	92
6	辽河油田公司	471	14	浙江油田公司	37
7	青海油田公司	263	15	南方油田公司	32
8	华北油田公司	258	合计		8440

表 5　2013 年与 2012 年工程技术服务队伍数量分类对比表

专业名称	2013 年				2012 年				队伍增减（+/–）%
	动用队伍总数（支）	集团公司内部队伍（支）	中国石化队伍（支）	地方（含改制）队伍（支）	动用队伍总数（支）	集团公司内部队伍（支）	中国石化队伍（支）	地方（含改制）队伍（支）	
物探	62	61		1	93	92		1	–33.3
钻井	1824	790	75	959	1730	778	62	890	5.3
侧钻	84	83		1	105	102		3	–18.4
测井	789	708	20	61	813	721	26	66	–3.3
录井	1588	971	54	563	1550	1037	33	480	2.3
井下作业	3448	1704	69	1675	3194	1618	62	1514	7.8
带压作业	143	98		45	113	79		34	23.3
酸化压裂	157	91	7	59	152	85	6	61	3.3
测试	227	169	7	51	233	172	9	52	–8.8
固井	118	81	7	30	113	86	7	20	4.4
合计	8440	4756	239	3445	8096	4770	205	3121	3.9

【管控模式优化】 根据集团公司管理提升活动的总体部署，为进一步理顺内部管理关系，充分调动各方面积极性，按照集团公司领导要求，正式启动集团公司管控模式优化工作。勘探与生产分公司选派市场处负责具体工作，按照妥善处理集权与分权的关系，分级授权管理完善授权管理办法，充分发挥专业分公司、地区公司的积极性；简化审批程序，完善激励机制，有效驱动业绩增长和发展质量效益提升。

（赵　刚　张晓宁）

第三篇

炼油与化工

综　述

【概述】 炼化业务是中国石油产业链承上启下、增加价值、提高利润的中心环节，是提高中国石油天然气集团公司竞争力的重要领域。中国石油天然气股份有限公司炼油与化工分公司（简称炼油与化工分公司，也称炼化板块）主要负责中国石油的炼油、化工生产和化工产品销售业务的管理，是国内主要的炼油、化工产品生产供应商之一。炼油产品主要有汽油、柴油、航空煤油、润滑油、沥青和石蜡等，化工产品主要有合成树脂、合成橡胶、合成纤维及原料、尿素、基本有机化工原料和无机化工六大类。2013年，中国石油炼油占国内炼油总产能的27.6%，乙烯占国内乙烯总产能的29%。已形成大连、抚顺、大连西太、吉林、辽阳、兰州、独山子、广西、四川九大千万吨级炼油基地和兰州、大庆、抚顺、独山子、吉林、四川六大乙烯生产基地和一批特色炼化企业。

中国石油采用国际先进技术与装备，产品遵循国际通用技术标准和安全、环保规范，实行炼油、化工一体化生产和管理。2008年，随着11家炼化企业上市、未上市企业的重组整合，公司实现对上市、未上市炼化业务的统一管理。2009年，收购未上市炼化企业与主业关联度高的资产，突出主营业务，减少重复建设，降低管理成本。同年，大庆油田化工有限公司等油田所属炼化业务纳入炼油与化工分公司统一管理，炼化业务实现在同一管理模式下的集中发展和专业化管理。公司机关下设12个处室，归口管理24家炼化企业、6家化工销售公司、1家炼化工程建设项目部以及7家油田所属炼化企业。

【经营业绩】 2013年，以市场和效益为导向，科学安排装置负荷，持续优化资源配置和产品结构，装置运行水平和业务盈利能力进一步提升。

（1）原油加工量、产品产量。国内原油加工量1.46亿吨；汽油、煤油、柴油产量9790万吨，同比增长1.6%，其中汽油3297万吨、煤油606万吨、柴油5887万吨。乙烯产量398万吨，同比增长7.9%，尿素377万吨。

（2）主要技术经济指标。28项主要技术经济指标中有19项指标好于2012年，轻油收率、双烯收率继续保持国内领先水平；炼油吨油能耗下降0.12千克标准油，乙烯能耗下降18.25千克标准油，综合商品率、加工损失率等10项指标缩小与先进水平的差距。23家企业全部完成节能节水任务，节能55万吨标准煤，节水1203万立方米，分别为年计划的125%和120%。高标号汽油、航空煤油等8类高效产品比例同比提高1.8个百分点。高标号汽油比例同比提高13.2个百分点，航空煤油产量增长27.2%；开发55个新牌号化工产品，产量67万吨。

（3）专项整治。256个装置、722个泵房通过标准化验收。高危泵改造完成95%，液下泵完成70%。33台储罐机械密封完成改造，占总数的54%。电气隐患治理、双电源改造、焦化底盖机更换、腐蚀监测等工作正按计划有序开展。催化裂化、化肥长周期攻关深度推进，非计划停车同比分别下降45%和43%。

（4）升级减排。14家炼化企业汽油质量项目建成投运，新增汽油加氢能力1405万吨，为国Ⅳ汽油保供打下坚实基础。满足地方成品油质量升级要求，累计生产京Ⅴ油品139.5万吨。17个国家考核的减排工程在2013年底前全部建成投用，7个集团公司考核项目按时投运。

（5）炼化布局。四川石化炼油开车平稳起步，常减压、柴油加氢装置产品已经合格，重整、顺丁橡胶装置投料，其他装置气密油运，公用工程运行稳定。云南石化完成土建基础施工；广西含硫油配套工程主体装置建设收尾；广东石化完成主干道路和地管施工。

（汪晓东）

装置及产品

【装置概况】 2013年，四川石化炼油项目、乌鲁木齐石化改扩建项目建成投产，新增加工能力1150万吨/年。截至2013年底，中国石油共26家炼厂，千万吨以上炼厂9家，500万吨/年以上的有13家，大连石化规模超过2000万吨/年。共有乙烯生产企业7家，共11套乙烯装置。

随着原料劣质化和国内市场对油品质量要求的不断提高，炼油装置深加工、精加工能力继续加强。2013年，中国石油天然气股份有限公司共有常减压装置40套，总加工量14508万吨。催化裂化装置共有40套，总加工量5033万吨。加氢裂化装置共有18套，总加工量1713万吨。延迟焦化装置共有19套，总加工量1617万吨。连续重整装置共有20套，总加工量1472万吨。

（焦丽菲）

【炼油产品】 股份公司炼油产品主要有汽油、柴油、煤油、润滑油、石蜡、沥青、石油焦、液化气等。

汽油分为车用汽油（国Ⅳ标准、国Ⅴ标准）、车用乙醇汽油（国Ⅳ标准）、地方标准汽油、出口汽油和航空汽油，牌号有92号、93号、95号、97号和98号等。

柴油分为轻柴油、城市车用柴油（国Ⅲ）、军用柴油、地方标准柴油（北京地标、上海地标等）和出口柴油，牌号有5号、0号、-10号、-20号、-35号和-50号等。

煤油主要包括灯用煤油和航空3号喷气燃料油，执行相应的国家标准技术要求，3号喷气燃料油标准参照美国JetA-1、JP-8、英国DERD2494和国际航运协会（IATA）煤油型航空涡轮燃料质量标准制定。

润滑油分为车用润滑油、工业润滑油、合成润滑油脂、金属加工油等，产品广泛应用于航空、航天、核工业、电子、兵器、船舶、汽车、机械加工、冶金、炼油化工和仪器仪表等领域。

石油沥青分为重交通道路石油沥青、改性沥青、道路石油沥青、乳化沥青、管道防腐沥青、电缆沥青、防水防潮石油沥青、橡胶沥青、油漆石油沥青、绝缘沥青等。克拉玛依石化公司、辽河石化公司生产的沥青具有优良的热安定性、低温延伸度、黏结性，较低的蜡含量，良好的高低温特性，产品质量优于行业内同类产品。

石蜡产品包括半精炼石蜡、全精炼石蜡、粗石蜡、医药凡士林、食品用石蜡和电器凡士林等产品。抚顺石化公司加工的大庆原油和沈北原油是高含蜡原油，具有资源性优势，可生产食品级石蜡和高熔点石蜡产品。

（焦丽菲）

【有机原料】 股份公司生产的有机原料主要品种有：乙烯、丙烯、1-丁烯、丁二烯、苯、甲苯、二甲苯（混合二甲苯、邻二甲苯、对二甲苯）、甲醇、丁醇、辛醇、环氧乙烷、乙醛、醋酸、醋酐、苯乙烯、苯酚、丙酮等。其中，三烯（乙烯、丙烯、丁二烯）和三苯（苯、甲苯、二甲苯）为基础有机原料，其余为主要中间原料。

1. 乙烯

乙烯是石油化工生产中最重要的原料之一，其化学性质活泼，能生成许多衍生物，如聚乙烯、聚氯乙烯、苯乙烯、乙醇、环氧乙烷等。乙烯的产量及技术经济水平常作为衡量一个国家石油化学工业发展水平的标志。

乙烯的来源主要是通过乙烯裂解装置热裂解生产而得，也有极少部分通过炼油的催化干气回收而来。截至2013年底，股份公司共有11套乙烯裂解装置（四川石化乙烯未投产），产能达到511万吨，与2012年持平。2013年，乙烯产量398.2万吨，同比增加29.3万吨，占国内乙烯总产量1622.5万吨的24.5%。

2. 苯/甲苯/二甲苯

三苯（苯、甲苯、二甲苯）既是重要的有机化工原料，可生成一系列的衍生物，又是重要的工业溶剂。三苯可从乙烯裂解装置的产物或炼油装置的产物中经芳烃抽提、重整等加工手段获得。2013年，苯的产量为168.88万吨。

3. 甲醇

甲醇是一种重要的基础化工原料和有机溶剂，在医药、农药等化学品的合成中应用十分广泛。股份公司现有甲醇装置5套，2013年共生产甲醇52.29万吨。

4. 丁醇／辛醇

丁醇和辛醇常以丙烯为原料制得，主要用于制造增塑剂、石油添加剂、涂料及作为溶剂。丁醇和辛醇的合成路线接近，通常以1套装置同时生产两者。股份公司现有3套生产装置，2013年生产丁醇21.43万吨，辛醇15.14万吨。

5. 环氧乙烷

环氧乙烷主要用于制造乙二醇、合成洗涤剂、非离子表面活性剂、增塑剂和润滑剂等，在医学上还用作消毒剂。环氧乙烷生产装置常联产乙二醇。2013年，生产环氧乙烷32.42万吨。

6. 苯酚／丙酮

苯酚又名石炭酸，最主要的制备方法是丙烯经苯烃化合成异丙苯然后经过氧化分解为苯酚和丙酮。苯酚主要用于制造苯胺、酚醛树脂和双酚A等；丙酮是优良的溶剂和化工原料。股份公司仅有1套采用异丙苯法工艺的生产装置，2013年生产苯酚7.64万吨，丙酮4.77万吨。

7. 苯乙烯

苯乙烯主要用于生产苯乙烯系列树脂（如聚苯乙烯、SAN树脂等）、丁苯橡胶、ABS树脂和涂料等。股份公司现有12套生产装置，2013年共生产苯乙烯88.16万吨。

【合成树脂】 2013年，股份公司合成树脂产量666.13万吨／年。涉及聚乙烯（PE）、聚丙烯（PP）、ABS树脂、聚苯乙烯（PS）、SAN树脂五大类。

1. 聚乙烯（PE）

股份公司共有聚乙烯装置21套。按可生产的聚乙烯产品类型分，聚乙烯生产装置可分为高压低密度聚乙烯（HP-LDPE）装置、低压高密度聚乙烯（LP-HDPE）装置、线性低密度聚乙烯（LLDPE）装置和全密度聚乙烯（FDPE）装置。其中，FDPE装置的产品范围可覆盖从低密度的LLDPE到高密度的HDPE整个密度范围的产品。2013年，聚乙烯（PE）产量338.23万吨。

（1）LDPE。股份公司共有3套HP-LDPE装置生产LDPE产品，2013年总产量为43.50万吨。

（2）HDPE。股份公司共有LP-HDPE装置8套，另有4套FDPE装置全部或部分生产HDPE产品。2013年总产量为142.31万吨。

（3）LLDPE。股份公司共有LLDPE装置10套，另有4套FDPE装置部分生产LLDPE产品。2013年总产量为152.41万吨。

2. 聚丙烯（PP）

股份公司现有聚丙烯装置31套。可以生产均聚、无规共聚以及嵌段共聚的聚丙烯产品，产品适用于拉丝、薄膜、注塑、管材、纤维等各个应用领域。其中，PPR管材料PA14D、高速BOPP专用树脂T28FE等产品拥有良好的市场口碑。2013年，聚丙烯总产量为266.72万吨。

3. ABS树脂

股份公司现有ABS树脂装置5套，2013年总产量为39.25万吨。通过对引进生产技术的消化吸收，中国石油在ABS新产品开发方面拥有自主知识产权，开发出高抗冲和高刚性、高流动性、耐热型、高耐热型、阻燃型、挤出型、金属电镀型、抗静电型、超高光泽型9个品级共25个牌号的ABS树脂，广泛应用于电子电器、汽车、IT产品、通信、小型家电等制造领域。已经与格力、美的、海尔等知名家电企业建立长期稳定的合作伙伴关系。

4. 聚苯乙烯（PS）

股份公司现有聚苯乙烯（PS）装置1套，2013年生产11.03万吨。

5. SAN树脂

股份公司现有3套SAN树脂装置，2013年产量为7.47万吨。

【合成纤维】 股份公司合成纤维业务包括合成纤维单体、合成纤维聚合物和合成纤维3个方面。

1. 合成纤维单体

股份公司生产的合成纤维单体有精对苯二甲酸（PTA）、丙烯腈（AN）和乙二醇（EG）等。2013年生产PTA 16.66万吨，AN 56.54万吨和EG 26.97万吨。

2. 合成纤维聚合物

股份公司生产的合成纤维聚合物产品主要有聚对苯二甲酸乙二酯（PET）。共有3套PET生产装置，2013年产量为6.70万吨。

3. 合成纤维

股份公司生产的合成纤维品种有涤纶、腈纶和丙纶。涤纶生产装置有2套，腈纶生产装置有2套，丙纶生产装置有1套，2013年合成纤维总产量为6.95万吨。

【合成橡胶】 股份公司现可生产顺丁橡胶、丁苯橡胶、丁腈橡胶、乙丙橡胶和氯磺化聚乙烯五大类橡胶产品。2013年，产量为66.47万吨。环保型丁苯橡胶系列产品已通过欧盟权威的环保机构认证，完全满足对欧盟的出口要求。溶聚丁苯橡胶已在中策轮胎、三角轮胎、风神轮胎以及山东金宇轮胎等国内大型轮胎企业得到工业化应用。自主开发的 5 万吨 / 年丁腈橡胶装置，可以生产高、中、低不同丙烯腈含量的丁腈橡胶产品，可满足各种领域的耐油橡胶制品的生产要求。

【化肥】 股份公司化肥生产包括合成氨、尿素、复合肥及丙烯腈装置副产的硫铵。

1. 合成氨

截至 2013 年底，股份公司有合成氨装置 10 套，2013 年生产合成氨 257.66 万吨，同比减少 39.56 万吨。

2. 尿素

截至 2013 年底，股份公司有尿素装置 9 套，2013 年生产尿素 377.11 万吨，同比减少 74.11 万吨。

【精细化工】 股份公司的精细化工品主要集中在催化剂（包括助催化剂）、石油添加剂、油田化学品、橡胶助剂、表面活性剂等方面，最主要的是催化剂和表面活性剂。

1. 催化剂

催化剂技术是石油化工的核心技术之一。兰州石化催化剂厂是国内主要的炼油催化剂生产基地，辽阳石化烷基铝厂则是国内主要的烷基铝助催化剂生产企业。

2013 年，兰州石化催化剂厂生产催化裂化催化剂生产 4.61 万吨，同比减少 0.32 万吨。辽阳石化烷基铝厂生产三乙基铝 238 吨，同比减少 208 吨。

2. 表面活性剂

烷基苯是洗涤剂和农药乳化剂的重要中间体，重烷基苯还是重要的油田助剂。2013 年生产烷基苯 18.98 万吨，重烷基苯 2.17 万吨。

（董　政）

重点工程

【概述】 2013 年，全力推进 14 家炼化企业汽油质量升级项目，确保年底汽油达标出厂；积极推进国家督办的 10 家炼化企业 12 个减排项目实施，实现年底全部投入运行的承诺；有序推进广西石化含硫原油加工配套、云南炼油工程等重点炼化项目建设，实现预期进度；深入开展工程质量年活动，有力保障炼化项目安全质量总体受控；继续加快竣工验收工作，创优质工程取得很好成绩。

【工程项目】（1）汽油质量升级项目。大连石化汽油加氢项目 2013 年 4 月 25 日工程中交；庆阳石化汽油加氢项目 6 月 15 日工程中交；宁夏石化汽油加氢项目 8 月 10 日工程中交；哈尔滨石化汽油加氢项目 8 月 30 日工程中交；辽河石化汽油加氢项目 8 月 30 日工程中交；华北石化 S Zorb 项目 9 月 10 日工程中交；大庆石化汽油加氢项目 9 月 20 日工程中交；长庆石化汽油加氢项目 9 月 25 日工程中交；玉门炼厂汽油加氢项目 9 月 28 日工程中交；独山子石化汽油加氢项目 9 月 30 日工程中交；抚顺石化汽油加氢项目 10 月 8 日工程中交；呼和浩特石化汽油加氢项目 10 月 8 日工程中交；大庆炼化汽油加氢项目 10 月 13 日工程中交；格尔木炼厂汽油加氢项目 10 月 30 日工程中交。

（2）国家考核减排项目。大庆炼化 ARGG 装置、锦西石化催化装置、大连石化催化装置、宁夏石化重油催化装置、兰州石化重油催化装置、长庆石化催化裂化装置、哈尔滨石化二催化装置、乌鲁木齐石化蜡油催化装置等 8 套催化装置烟气脱硫项目按期建成投用。兰州石化化工雨排综合整治项目、克拉玛依石化污水处理场改造项目、乌鲁木齐石化污水处理场改造、玉门炼厂污水深度处理回用改造等 6 个污水治理项目按期建成投用。

（3）重点炼化建设项目。乌鲁木齐石化集中加工劣质原油改造项目按期投产；广西石化含硫原油加工配套项目年底基本实现机械完工，部分装置投产。

【投资控制】 2013 年，公司继续将初步设计审查重点放在设计优化和对标管理上，全年完成 80 个项目的初步设计批复，批复初步设计概算比上报概算投资节约 12%。

【质量安全管理】 2013 年，根据往年检查结果及经验，炼化板块建设项目安全质量检查更加突出针对性、规范性和高效性。（1）首次采用量化评分考核办法，对云南石化、广西石化、锦西石化、宁夏石化、华北石化、辽河石化6家炼化企业进行现场检查，通过量化综合排序树典型、促中间、抓落后，收到良好效果；（2）结合当前集中建设汽油加氢装置的现状，本次安全质量检查重点放在查焊接质量，有效促进提高特殊钢种焊接质量；（3）将评分标准细则、检查方案及检查结果及时下发，并要求各炼化企业自查自改，举一反三，达到事半功倍的效果。

【竣工验收】 2013年，要求炼化企业及时办理投产备案审批手续，重视消防验收、安全、职业病防护设施、环保等专项验收工作，不断提高档案归档质量、加快竣工结算审计，组织并完成15个项目的竣工验收，包括独山子石化国家石油储备基地工程、原油商业储备库，大连石化原油商业储备等国家及股份公司重点项目。

【工程创优】 2013年，庆阳石化炼油搬迁改造集中加工项目、独山子石化原油商业储备库荣获国家优质工程奖，独山子石化改扩建炼油及新建乙烯工程、宁夏石化炼油改扩建工程、大庆石化加氢精制装置及配套工程、兰州石化常减压装置荣获石油优质工程金奖。

（张　璞）

化工产品销售

【概述】 炼化业务以效益为中心，坚持以销定产、以产促销的经营模式，积极应对市场挑战，确保低库存运行，完成各项KPI考核指标。2013年销售化工产品2598万吨，同比增长7.8%，化工产品购销率达100%；化工产品直销率达到67%，调运计划兑现率102%。

【统销业务】 2013年，继续加大统销管理力度，全年统销量1542万吨，同比增长1.3%。对哈尔滨石化、大庆炼化、锦西石化、大连石化4家企业丙烯产品实行统一销售管理。建立以指标管理为龙头、以对标管理为手段的考核机制。强化生产计划和配置计划执行的严肃性，每月在经济活动分析中公布对比分析结果，确保“以销定产，以产促销”目标的实现。根据新投产装置生产情况，优化资源配置比例，动态跟踪市场价格趋势，全年向高效益市场增加配置23.7万吨，同比增加3.7万吨。下半年在化工销售企业开展以“扭亏损、争效益、稳增长”为主题的劳动竞赛活动，积极应对化工市场持续低迷的影响，确保全年经营指标的实现。坚持市场化定价原则，不断完善价格管理制度，合理制定各类价格。加强对炼油小产品的管理和监督，通过总部统一协调，实现小产品销售的计划管理，杜绝低价自销和相互竞争，提高炼油小产品的盈利水平。

组织召开四川石化、吉林石化ABS等新产品推介会，按照新开工装置工艺特点，提前进行产品定位，确定开工牌号；邀请国内知名下游加工企业现场交流，了解新产品的性能和加工特点，签订战略合作协议，确保企业后路。发挥集团优势，拓展内部市场，实现内部战略合作。开发推广独山子石化的管材料及混配料，成功地把白料用于生产埋地钢管包覆料，把混配料应用于燃气管生产，继续推进独山子石化SBS产品在中国石油内部企业的应用。

【化工物流】 面对长距离运输产品增长快、运输费用硬性上涨多，运输困难常态化形势，加强物流精细化管理，围绕调运计划完成率和调运计划执行均衡率，充分发挥化工销售调度指挥系统作用，为产品销售和生产后路畅通提供保障；持续优化运输结构，进一步提高高效运输方式比例，2013年，实现产品外运647万吨，铁路运输比例同比上升4个百分点。打通四川石化新建80万吨/年乙烯开车后产品物流各环节，为产品外运做好准备。启动重庆仓储中心建设项目。分区域对独山子石化、兰州石化、乌石化、辽阳石化苯类自备车进行集中统一管理，提高铁路自备车运行效率。加强危化品运输、仓储管理，严把资质审批关，开展安全大检查，确保运输仓储安全。

（范学民）

【市场回顾】 （1）原油市场回顾。2013年，国际油价总体呈两轮“升—降”走势，年底出现翘尾，WTI和布伦特油价走势出现分化，WTI油价略有回升，布伦特油价小幅回落。2013年WTI现货均价为98.0美元/桶[1]，同比上升3.8美元/桶，布伦特现货均价为108.7美元/桶，同比下降3.0美元/桶。1—2月

[1] 1桶=158.98升。

上旬，在欧佩克减产、投资者对全球经济信心增加等因素的影响下，国际油价总体走高，涨幅为4.9%。2月中旬至3月底，受欧美经济数据出现反复、沙特增产、美元升值、投机者获利回吐等一系列利空因素影响，以布伦特原油为代表的大部分基准油价格持续回落，3月末，布伦特油价降至107.4美元/桶。4月，欧美经济数据疲软、美国原油库存创历史新高，尤其是新一轮六方会谈倡议利用外交手段解决伊核问题，减弱人们对伊朗局势恶化的担忧，加之南苏丹准备复产，国际油价大幅回落。4月中旬至6月底，国际油价波澜不惊，小幅震荡。7—8月，国际原油价格进入强势上升阶段。8月底WTI原油和布伦特原油期货价格分别升至110.1美元/桶和116.61美元/桶。9—11月，国际油价持续回落。11月底WTI原油期货价格降至92.3美元/桶，而布伦特原油期货价格升至111.31美元/桶。12月上旬，因美国经济数据表现强劲、美国原油库存大幅减少、欧佩克决定维持目前产量限额，国际油价震荡上升。中旬，美联储宣布小幅缩减购债规模对市场影响不大，相反美国原油库存持续下降，利比亚国内骚乱导致产量进一步减少，促使国际原油价格受到支撑。主要油种价格变化情况见表1。

表1　2013年主要油种价格变化情况　　美元/桶

油种	年平均价格	最高价格	最低价格	价格变化
WTI	98.0	110.5	86.8	23.7
布伦特	108.7	119.0	96.8	22.2
迪拜	105.5	113.7	96.7	17.0
米纳斯	107.4	121.6	95.3	26.3

（2）化工市场回顾。2013年上半年，在国家拉动内需的相关政策带动下，国内化工产品消费市场保持平稳增长。因品种间供需差异较大，市场走势出现明显分化，其中合成橡胶市场供需严重失衡，价格大幅下跌至5年来的新低，苯乙烯因近几年扩能少而需求稳步增长，市场表现较好，价格连续上涨，创今年新高。其他品种价格基本维持窄幅震荡的局面，市场总体供大于求的格局持续，行业固定资产投资增速继续下滑，全行业景气度依旧较低。下半年，国家宏观政策总体上延续“宽财政、稳货币”的思路，随着宏观政策引导资金支持实体经济的实施到位，下半年实体经济的经营环境有所改善，化工市场消费保持平稳增长的态势，下游企业适度回补库存。其中合成树脂市场一路震荡上扬，大多品种价格创近几年的新高，其中LDPE 涨幅超过了3000元/吨，主要是国内石化企业总体开工率不高，检修和推迟开工的装置较多，市场供应出现阶段性短缺。合成橡胶市场下行趋势受到遏制，但在其产能和主要原料丁二烯过剩的打压之下，价格呈现低位震荡的走势。主要化工产品价格变化情况见表2。

表2　2013年主要化工产品价格变化情况　　元/吨（含税）

产品	年平均价格	最高价格	最低价格	价格变化
LDPE	12100	14550	10600	3950
HDPE（拉丝）	11660	12350	11210	1140
HDPE（注塑）	11080	11650	10500	1150
LLDPE	11150	12150	10300	1850
PP（拉丝）	11070	12100	10350	1750
ABS	14450	15150	13950	1200
聚酯切片（纤维级）	9640	10950	9100	1850

续表

产品	年平均价格	最高价格	最低价格	价格变化
腈纶短纤（3D）	17120	17400	16200	1200
顺丁橡胶	13800	17450	10850	6600
丁苯橡胶	13750	17850	10720	7130
PTA	7830	8710	7300	1410
精己二酸	11020	12220	10330	1890
苯乙烯	12650	14150	12050	2100
丁醇	9900	11690	8510	3180
辛醇	10880	12190	9980	2210
甲苯	8700	10120	8050	2070
溶剂级二甲苯	8830	9850	8130	1720
丙烯腈	13060	13880	12130	1750
醋酸	2880	3580	2630	950
苯酚	10580	11670	9950	1720
乙二醇	7810	9100	6900	2200
苯	9550	10800	9020	1780
环氧乙烷	10990	12750	10200	2550
尿素	1850	2150	1620	530

（王　梅）

专业管理

【规划计划管理】（1）炼化业务“十二五”规划优化方案及“十三五”框架规划。按照集团公司2013年工作会提出的“三个60%，两个倍增”奋斗目标和总体要求，形成《炼化业务“十二五”规划优化方案及“十三五”框架规划》，参与完成《中国石油炼油化工规划调整优化方案》编制工作。

（2）油品质量升级。按照国务院《大气污染防治行动计划》要求，为保障在2015年向京津冀、长三角、珠三角等区域重点城市供应国V汽油、柴油，在规划计划部的组织下，炼油与化工分公司与销售分公司、规划总院共同完成《京津冀、长三角和珠三角供油企业国V汽柴油质量升级方案研究》，并形成《关于六家炼化企业提前实施国V车用汽柴油质量升级方案的报告》。

（3）项目前期管理。对于炼油与化工分公司负责的第三类项目，制定加快项目前期工作5项措施，加快组织项目可行性研究报告阶段各环节工作，优先安排重大安全隐患治理项目和国家环境保护部、地方环保局、集团公司2013年限期完成、考核的环保项目；将部分项目可行性研究报告评估审查批复工作授权给地区公司完成，2013 年授权地区公司完成项目可行性研究报告审批合计 11 项，为确保按期完成项目建设争取时间、创造条件。

强化项目可行性研究报告评估管理，指导地区公司做好各类别项目可行性研究报告方案比选优化、节省投资、提高投资效益等工作。重点工程、质量升级等项目主要从工艺技术方案、产品结构等方面优化，确保项目内部收益率达到 12% 以上。安全、环保、节能等专项项目通过优化、完善治理方案保证项目实施效果。对炼化公司负责的第三类安全、环保、节能等专项项目组织好方案论证，邀请行业专家团队力量深入细致评估审查项目可行性研究报告，优化方案，核减投资。2013 年组织评估审查各类别项目共计 68 项，评估审查投资核减率达到 12.57%。

（4）投资计划。严格执行集团公司加强投资控制有关规定，加强超前预知管理，科学合理安排各批次计划，及时下达投资计划，优先保证重点工程及安全、环保、油品质量升级、节能各专项项目按计划实施，及时提供项目建设资金保障。全年转发下达 6 批股份公司投资计划，包括重点工程、油品质量升级、节能、技改、物流仓储等各类别项目投资。下达 5 批安全隐患和环保隐患治理专项治理计划，3 年安全环保专项累计完成进度 66%，其中，安全专项进度 76%，环保专项累计进度 51%。下达 4 个信息化项目。

（高长锋）

【资源优化】 按照“效益优先”原则，结合装置、资源、市场等实际情况，在生产计划执行过程中适时调整装置负荷，将原油资源向效益好的企业倾斜，同时降低效益差的企业的加工负荷。加大与中联油的协调力度，积极组织进口原油资源，加强对进口油价格、品质监控，适时组织原油进厂，合理安排轻质油、含硫油、重质油、劣质油的配比。沿海加工进口油企业继续控制负荷。2013 年，受成品油需求增速放缓的影响，原油加工总量同比减少 76 万吨，大部分企业加工量低于预算和 2012 年同期。

持续优化化工原料资源互供。积极协调油田轻烃、液化气等优质裂解原料供应，优化炼化企业间的石脑油、拔头油、抽余油、饱和液化气、丙烯、丁二烯、苯等化工原料互供，保证效益好的装置开满开足，对效益差装置根据物料平衡或降低负荷，或安排阶段性停工。2013 年，油田轻烃供应量同比增加 18.6 万吨，厂际互供石脑油同比减少 7.3 万吨，重整拔头油互供同比增加 1.9 万吨，化工产品互供同比增加 27 万吨。

【生产管理】 按照“协调各专业、指挥各企业、掌握全平衡”的职能要求，狠抓调度管理制度落实，完善生产运行管理和计划管理制度，加强原料和产品结构优化，提升装置运行质量和生产运行管理水平。

对资源配置、生产平衡、装置负荷和开停车等统筹安排，合理布局，确保生产决策的科学性；不断优化生产工艺，强化规范操作，确保装置稳定运行；实施技术创新和改造提高装置运行安全可靠度，对已出现的非计划停车原因深入分析，总结经验教训，举一反三；开展催化、化肥等装置长周期运行攻关，从原料组成、关键技术指标等着手，对暴露出的问题重点研究解决措施；做好应急预案并强化演练，应对突发情况对正常生产的影响。2013 年，装置平稳率 99.25%，非计划停车同比减少 2 次。

为确保四川石化“安全、环保、低排放”高水平开车一次成功，多次赴现场调研、协调工作，共同研究开工方案，充分做好生产准备；组织系统内相关单位由企业副总经理挂帅、各专业专家和开工、保运人员近 400 人，为四川石化一次开车成功作出了突出贡献。

完善生产运行管理系统（MES）和先进计划优化系统（APS），利用信息化手段加强生产管理。利用 MES 管理平台及时掌握生产运行动态，确保生产信息通畅和生产调度指令的落实；利用 APS 优化生产方案，实现原油和化工原料资源的优化配置以及产品结构的优化，力争效益最大化。抓好 MES2.0、APS2.0 等系统建设工作，积极推进项目的开发和实施。

（楼　森）

【产品结构优化】 炼油方面，以效益为中心，优化炼油产品结构，增加高标号汽油、低凝柴油、航空煤油、沥青等高效厚利产品产量，同时大力减少效益差的黑色产品和其他副产品。2013 年，高效产品比例同比提高 1.8 个百分点，高标号汽油比例同比提高 13.2 个百分点，航空煤油产量增长 27.2%。根据国家和有关地方政府的新标准新要求，加大投入，加大技改力度，14 家炼化企业汽油质量项目建成投运，新增汽油加氢能力 1405 万吨，为国Ⅳ汽油保供打下坚实基础。

化工方面，强化产销研密切衔接，协同配合，对适销对路的高附加值产品重点攻关，全年高附加值品牌化产品比例达到 47%，成功完成了 IBC 桶专用料、汽车油箱专用料、稀土顺丁橡胶、医用聚烯烃专用料等新产品的开发和试生产，部分产品已大规模投放市场。共推广新开发产品 18 个，分别是 IBC 桶专用料 DMDB-4506、汽车油箱料 DMDA-6045、100-

150 升容器桶料 DMDA-6150/6152、LDPE 医用料 LD26D、通信电缆专用料 L4200、PP 医用料 RP260、三元共聚 CPP EPB08F、IBC 桶专用料 HM4560UA、燃气管材料 TUB121N3000B、低熔垂燃气管材料 TUB121N3000LS、高速 BOPP T36FD、HP500P 注塑料、LHF40P 高融指聚丙烯纤维专用料、1763N 环保充油丁苯橡胶、BR9100 稀土顺丁橡胶、RC2557TH 溶聚充油丁苯橡胶、ST-157ABS 板材料、RF-800DABS 阻燃料等。

（楼　森　范学民）

【质量与标准】 节能节水方面。开展"国际水平、国内先进、行业平均"3 个层次的新一轮炼化专业和装置达标工作，完成 26 家炼厂专业达标考核，核定达标炼厂 5 家；完成 223 套炼化装置达标考核，核定达标装置 45 套。实现节能量 55 万吨标准煤、节水量 1203 万立方米，分别完成年度目标的 125% 和 120%。列入国家"万家企业节能低碳行动"的 22 家企业累计节能 197.4 万吨标准煤，完成五年总目标的 98%；22 家企业均完成 60% 的均衡进度任务。重点治理炼油和乙烯能耗偏高问题以及新建企业节能工作。2012 年炼油综合能耗超 70 千克标准油 / 吨的 2 家企业降至 70 千克标准油 / 吨以下。吉林石化、兰州石化大乙烯能耗连续数月在 600 千克标准油 / 吨以下。改革节能专项投资项目管理方式，签订投资回报责任状，取得成效。2013 年安排节能专项 57 个。

催化裂化装置长周期攻关进展顺利。继续推进催化长周期攻关 10 项工作，组织专家组赴企业现场诊断，解决实际问题；强化操作平稳率管理，开展工艺卡片修订，加强检修方案审查，严格落实设备管理技术导则。2013 年催化装置非计划停车同比减少 2 次。

质量管理方面。2013 年，炼化板块分 4 个评审组，对 6 家化工销售公司及广西石化公司、四川石化公司开展质量体系推进评审。通过推进评审，提高技术服务水平，提高质量保证能力。2013 年炼化产品质量抽检全部合格。2013 年取得石化名牌的产品有：抚顺石化公司工业直链烷基苯、大庆炼化公司薄膜类聚丙烯、吉林石化公司薄膜类聚乙烯、塔里木油田塔西南勘探开发公司尿素。26 家单位 893 项石化产品获得昆仑品牌使用许可。庆阳石化公司、呼和浩特石化公司通过中国国产航空油料鉴定委员会认证。送样到权威部门检测，共 11 家地区公司 12 种产品 154 项品种取得化工产品质量认证。

标准化工作方面。新批准发布炼化产品和方法标准 707 项，复审炼化产品和方法标准 249 项。集团公司炼油与化工专业标准化技术委员会和各炼化企业先后开展标准宣贯和培训 108 次，培训人员超过 4000 人，先后宣贯了《车用汽油》、《车用柴油》、《车用汽油（沪Ⅴ）》、《车用汽油（京Ⅴ）》、《化工产品包装规范》、《聚丙烯树脂》等 20 余项重要标准。牵头修订国际标准《塑料　苯乙烯—丙烯腈（SAN）模塑和挤出材料　第一部分：命名系统和分类基础》。协助国家标准化管理委员会成功举办 ISO/TC61 第 62 届年会。制定《碳五加氢石油树脂》等 3 项双语版标准。

（林　炯）

【科技与信息管理】 2013 年，炼化科技与信息管理工作围绕炼化业务发展需求，开展清洁油田质量升级、新产品、节能减排等技术攻关，稳步推进信息系统深化应用，提升炼化业务核心竞争力和生产经营管理水平，有效支撑炼化业务快速发展。

支撑油品质量升级按期完成。总结哈尔滨石化公司与石油化工研究院共同完成的汽油预加氢工业化试验经验，指导国产技术投产开车；对 2013 年投产的 DSO、GARDES 和 S-ZORB 等装置通过 MES 系统实现运行动态监测，保证出厂汽油达到国Ⅳ质量标准。国Ⅴ柴油自主技术于 2013 年 9 月在辽阳石化柴油加氢装置一次开车成功，生产出满足国Ⅴ柴油标准的清洁柴油组分。

新产品开发和四新技术推广创效。2013 年，共开发化工新产品 55 个牌号，产量达 67 万吨。其中大庆炼化和独山子石化首次安排生产 16 个新牌号，产量约 7 万吨，吨产品增效超过 300 元。医用料、燃气管线料等开发顺利。大庆石化工业装置开发千吨汽车油箱专用料，进入试验用户；新型醚化技术等 11 项四新技术应用于呼和浩特石化和宁夏石化等企业。

支撑节能减排完成任务。建立 21 套节能装置模型，提出 6 项优化方案，举办 2 次培训班，发布能量系统优化管理办法。引进烟气脱硫处理技术在锦西石化工业装置顺利投产，消化吸收技术用于宁夏石化烟气脱硫装置建设，实现一次开车成功。

重大专项进展顺利。大型乙烯成套自主技术在大庆石化成功成功，中国石油自主开发的乙烯裂解炉等经过标定已经达标；大型氮肥成套技术已应用于宁夏石化建设；炼油催化剂项目中的催化裂化、汽柴油加氢、加氢裂化、渣油加氢催化剂按计划进行，渣油加氢课题顺利通过验收；千万吨级炼油成套技术均通过年度检查，部分催化剂、单项技术和成套工艺包的成果已用于新建的炼化项目中。

重点科技攻关取得成效。环保型充油丁苯橡胶新产品工业化实验生产SBR1763N优级品564吨。兰州石化和吉林石化的碳五分离工业化成套技术开发工艺包通过集团公司验收。聚异丁烯胺（汽油清净剂）应用研究、万吨级聚异丁烯胺工艺设计包通过集团公司科技管理部项目验收。

稳步推进信息化建设。建立炼化板块信息化组织机构，定期召开炼化信息化工作协调会，不定期召开信息化推进工作视频会和炼化专家中心内部专家研讨会，稳步推进信息系统深化应用。通过MES系统掌握实时生产动态，提高精细化管理水平，减少生产波动；通过APS系统，加大对炼化业务决策支持力度；通过ERP系统，集中制订解决方案，持续提升系统应用效果。严格指纹门禁和APS等炼化主导项目管理程序，严格外部合作管理，强化总体组织协调和专家业务把关。截至2013年底，炼化应用集成、MES2.0、APS2.0、APC、流程模拟与仿真培训系统5个项目已完成批复立项，油品调和项目、炼化物联网系统已完成可行性研究评估。ERP应用集成在大庆石化等4个企业召开启动会，完成企业需求确认，进入详细设计阶段。

（王桂轮）

【设备管理】 2013年，进一步开展设备“制度化、标准化、专业化、精细化”管理，不断加强设备管理体系建设，强化技术管理和基础管理，为炼化装置安全平稳长周期运行提供可靠的基础保障。

（1）管理体系建设。推进炼化设备管理顶层设计，开展设备标准体系建设工作，完成设备标准分类体系建设和标准管理系统开发，并对系统进行了测试。截至2013年底，标准体系框架已经建立，正在进行上线试运行、标准录入、新旧标准核对以及使用人员培训工作。持续做好设备信息化应用工作。组织完成设备管理系统总体规划及各项相关工作；完成大连石化、大庆石化、乌鲁木齐石化、辽河石化等单位的应用提升工作；进行设备信息化系统与ERP系统的接口试点建设，已完成两种类型工单接口的写入、校验、测试；开展大机组状态监测、腐蚀监测、RBI\RCM分析评价系统与兰州设备管理信息化系统的接口功能开发；完成埃克森美孚设备分类法对照转化与评审工作，并将美孚分类法的故障编码的先进理念应用于中国石油设备管理系统，已完成功能的设计和开发工作，实现故障查询、统计和分析。

（2）专业技术服务。结合企业实际，在状态监测、定点测厚、腐蚀监控等方面继续深化落实。特别是在腐蚀监测方面加大实施力度，10家企业新增在线监测点数量184点。兰州石化、独山子石化开展管道在线定点测厚工作，为预防突发泄漏事故将起到重要作用。组织成立兰州石化腐蚀与防护工作室，开展炼油装置缓蚀剂选用标准规范的研究与编制；组织开展炼化装置停工大修腐蚀检查，2013年共有8家企业36套装置进行了腐蚀检查；举办NACE炼化腐蚀控制培训，为提高炼化企业腐蚀与防护工作整体水平奠定基础。

（3）开展化肥装置长周期攻关。为整治化肥装置非计划停车次数较多的问题，开展化肥装置长周期攻关活动。炼油与化工分公司下发《化肥装置2013年长周期运行攻关工作计划》。2013年5月8—9日在宁夏石化召开《化肥装置长周期运行攻关技术研讨会》，修改完善《化肥生产装置长周期运行管理办法》。对各企业攻关项目的内容和整改措施进行深入研讨，并确立A、B、C三级攻关项目。A（重点）级项目炼油与化工分公司将挂牌督办。2013年，化肥装置非计划停车同比减少4次。

（4）检维修现场管理。2013年共有20家企业装置检修。自广西石化3月1日开始，至锦西石化11月23日检修结束交付生产，历时9个月，大部分企业检修后一次开车成功，运行平稳。广西石化实现首次开工运行3年的运行周期。大庆炼化、辽阳石化和锦西石化实现全厂停工大检修，使运行多年的公用工程系统彻底进行检修，为装置长周期平稳运行打下基础。企业检修期间，炼油与化工分公司派人深入检修现场，组织其他企业专家审查方案、考察现场，严抓“停工交检修”和“检修交生产”两个界面交接，从方案制订、材料准备、费用控制、现场施工到结束验收等各个环节严格把关。针对存在问题，进一步加强检维修作业规程管理，加强检维修施工过程的安全监督，把检维修作业的安全监督纳入到统一的安全管理体系之中；严格控制节假日和夜间检维修作业；加强检维修承包商管理，严把检维修施工队伍准入关，真正做到检维修受控。

（5）隐患治理。按照集团公司3年隐患治理要求，继续开展好高危泵密封改造、液下泵改造、电气隐患治理、罐区隐患治理和腐蚀监控5个短板治理。截至2013年底，95%的高危泵已改造完成，液下泵已改造完成70%，其余计划2014年底全部完成；75%储罐完成整改，54%原油储罐浮盘机械密封完成整改。按3年隐患治理计划，各企业双电源改造项目已确定，各企业按《电气运行导则》要求，加大装置抗晃电设施投入，抗晃电能力得到加强。

（6）设备现场标准化。按照开展设备现场“六个标准化”管理要求，各企业结合实际，制订工作计划，对设备设施的基础管理、运行管理和现场管理工作进行量化考评，及时发现设备管理工作中的不足，弥补管理漏洞，取得显著效果。2013 年推广“标准化”亮点，带动全员参与整治低标准问题，促进现场设备长周期安稳运行和完好备用，使“现场标准化”水平得到整体提升。

（王　平）

【安全环保】 2013 年，认真贯彻落实集团公司关于安全生产的要求，强化红线意识，树立底线思维，以审核为抓手，持续推进 HSE 体系建设，继续开展好安全环保隐患治理，严格落实环保目标责任，强化环境保护管理，扎实推进污染减排，严格控制环境风险，安全环保形势明显好转。

（1）安全生产。炼油与化工分公司领导带队、从各企业抽调技术专家 230 人次，对归口管理的 36 家炼化企业和油田单位进行 2 次 HSE 体系现场审核。按照“全覆盖、零容忍、严执法、重实效”的标准，对 21 家企业进行安全生产大检查，对炼化装置、储罐区、油气装卸栈台和码头进行现场安全专项检查。

加强企业动火等危险作业频次的控制，对在运装置和罐区动火实行集中限时管理措施。努力减少装置和罐区动火的频次，建立对检修质量和工艺操作等工作的考核机制，从源头减少危险作业数量。对于运行装置、罐区以及其他存有易燃易爆物料的系统和设备，禁止在节假日、双休日、中午和夜间安排现场施工作业。确因生产急需，则全面实行升级管理。

安全隐患坚持治理和管理双管齐下，按轻重缓急自主安排项目及实施计划，突出整体计划安排，突出重点隐患治理，突出实施效果评价。所有隐患项目落实责任，分级管理，挂牌督办。2012—2013 年，累计下达安全隐患治理项目 328 项，集中在电气、罐区、长输管道、生产装置、气柜、装卸设备及安全消防设施隐患治理等方面。组织安全环保技术研究院初步建立炼化企业安全隐患治理系统，覆盖 21 家企业。

（2）环保减排。2013 年，国家和集团公司考核的 24 个减排项目，全部开工建设按期投产；计划 2014 年国家和集团公司考核的 30 个项目，已经提前完成 4 个。“十二五”期间责任书考核的项目已完成 30 项。减排技术选择以地区公司为主，炼油与化工分公司总体把关。催化烟气脱硫、锅炉脱硫脱硝以集团公司自主技术为主，择优比选，确保成熟可靠适用。下发《关于进一步加强建设项目环境影响评价和环境保护“三同时”管理的通知》，对近 10 年的建设项目“三同时”管理进行排查，确保合法合规。在体系审核中重点检查在线监测设施的运行情况，强化在线监测数据的考核。加强环保基础管理。加强无组织排放气体的监控管理；在吉林石化和大港石化试点推广设备泄漏监测与维护技术；组织大庆炼化、辽河石化、长庆石化、大港石化作为试点开展环境安全风险评估。宣贯学习并严格执行国家最高人民法院及最高人民检察院颁布的《关于办理环境污染刑事案件适用法律若干问题的解释》，对照国家环保部发布实施的《石油炼制企业污染物排放标准》，提出企业达标解决方案。

（宁绪成）

【专业技术培训】 2013 年，组织炼化专业技术骨干培训 11 期 835 人次，组织开展 500 万吨级炼化企业班组长及重整装置操作工、机泵维修钳工 2 项技能竞赛活动，参赛选手 129 人。

500 万吨级炼化企业班组长及催化重整装置操作工技能竞赛，共有 10 家炼化企业 50 名选手参赛，其中包括 10 名班长。首次将班组长纳入同台竞技范围，命题项目及思路突出团队协作意识和能力考核，分为理论知识笔试、实际操作技能笔试、DCS 仿真操作、综合技能考核、班组长综合素质考核和气防接力赛等 6 个项目。哈尔滨石化、辽河石化和克拉玛依石化获得团体成绩前 3 名。仪表维修工技能竞赛，共有 22 家炼化企业 79 名选手参赛，其中三分之一选手通过抽签产生，扩大企业赛前培训人数。竞赛设置理论知识考试和测绘、锉配、识图、离心泵基础知识、同心度等 5 项实际技能操作考试。辽河石化、锦州石化、大连石化、辽阳石化和兰州石化获得团体成绩前 5 名。

围绕炼化安全平稳生产需要，组织炼化装置长周期运行设备保障、炼化企业电气继电保护、炼化企业仪表工程师高级技术、炼化生产运行优化、炼化能量系统优化技术、炼化企业安全环保技术等专业技术培训。做好四川石化开工人员培训督查，确保人员配置和技能水平基本满足开工要求。加强炼化企业冬季培训工作管理，明确生产运行、生产技术、设备、建设项目和安全环保等培训内容，要求企业开展针对性冬季培训。推进培训信息化建设，组织完善仿真培训信息化建设的需求分析和实施协调工作，实现通用的仿真、课件、题库资源共享。针对企业培训需求盲目、培训主体不明确、培训方式单一、缺乏科学培训评估等存在问题，起草《中国石油炼化企业培训需求矩阵指导书》。组织编写《炼化企业班组长培训教材》和《炼化企业施工作业现场监护人员培训手册》。

（钟艳阳）

第四篇

成品油销售

成品油业务

【概述】 中国石油天然气股份有限公司销售分公司（简称销售分公司，也称销售板块）是股份公司直属专业分公司之一，负责成品油、燃料油、润滑油、沥青以及其他炼油小产品的销售和成品油进出口业务的组织管理工作。2013年是销售业务充满挑战的一年。面对成品油资源供大于求、油价频繁调整、企业库存高企等不利形势，销售企业认真贯彻中国石油天然气集团公司的工作部署，以转变发展方式、提升发展质量为主线，以营销创效、降本增效、管理提效为抓手，努力扩大销售规模，提高销售质量，深入推进精细化管理，强化基础建设，做了大量艰苦而富有成效的工作。

（江书程）

【经营业绩】 2013年，销售分公司继续深化市场分析研究，提升整体运作水平。坚持每周日的市场和营销研讨会和每周一的视频会，及时分析研判市场，整体部署营销策略。在国家成品油价格新机制实施以来调价频繁；国内油品质量升级步伐加快；车用汽油、柴油全部达到国Ⅲ标准；“营改增”政策全面实施；集团公司推行工效挂钩机制的情况下，有效把握国家调价时机，坚持量价并举，细化营销方案，分段细化部署工作方案。通过发挥研究优势，预判市场走向，准确制定营销策略；在销售运行中，根据市场实际情况，利用视频会动态调整营销策略，及时调整营销计划，保证了市场、策略和计划的统一性，做到掌控有序、运行平稳。通过与炼化板块和用户三方的定期会商机制，加大航空煤油营销力度。各销售企业克服国内外经济环境较为复杂，国际油价高位震荡，国内需求增长乏力等不利因素，认真落实销售分公司的部署要求，千方百计扩销增效，较好地完成了销售任务。

2013年努力提升资源运作水平，满足销售业务不断增长的需要。针对不同时期的资源和市场情况，及时调整资源平衡方案，有效实施淡储旺销策略。加强直属炼厂资源的产销衔接，加大直炼资源接卸力度和降低自有库存，坚持低库存运行，有效防范风险。平衡好外采与配置资源的关系，坚持“多销多采，欠销不采”的策略，严格控制外采，尤其是加强对客存较高单位的督导。继续深化同业合作，与中国石化、中国海油开展资源串换，有效节约运费。

全年销售成品油12253万吨，其中国内销售11833万吨，资产型零售量8730万吨，国内市场份额43%。

（杨景娟）

【资源调运】 2013年度成品油运输总量达到22078万吨，同比增加920万吨，其中一次、二次运输量分别为15062万吨和7016万吨，同比分别增加780万吨和140万吨，达到历史最高水平。

（1）总体运行平稳有序。继续按照“两保一降”的总体工作要求，克服市场整体需求不旺、产需矛盾突出、均衡组织难度大、自然灾害频发等困难，统筹安排，密切协调，精心组织，优化运行，全年直属炼厂国内产调率达到101.2%，配置计划兑现率98%，保障了产运销总体平稳运行。

（2）突出做好特殊时期、重点区域的资源调运工作。一是在部分储运设施未同步投用、冬季销售需求下降、大雪封路等诸多不利因素影响下，仍保持呼和浩特石化稳定生产。二是在克服千米桥油库改造、南疆管线停输导致铁路、下海调出完全停止的不利影响，千方百计保障大港石化正常生产。三是在全年19家炼化企业集中检修，炼油装置非计划停车近百次的情况下，灵活调整调出方案，保证市场供应。四是面对渤海冰冻、东北暴雪、雅安地震、四川洪水、华东高温以及“菲特”、“天兔”等14个强台风过境等自然灾害，加强应急调运组织，实现应急常态化，保证特殊时期安全有序运行。五是在铁路运力紧张、运输方向受限以及炼厂生产调整不同步的情况下，统筹资源和储运安排，保障川渝、西南、华中等难点地区资源供应，完成汽油、柴油升级置换工作。

（3）全方位开展物流优化，降低运行成本。2013年吨油运费177.72元，比预算低8.26元，按可比口径节约运费10亿元以上。一是突出管道运行，持续改善一次运输结构，首次实现西部管道-35号柴油进线及港枣线12月输送0号柴油，促进兰郑长管道全线贯通，管输比例同比上升1.9%，四条主要长输管道输量同比增加78万吨。二是持续流向优化，区内直炼资源配置比例增加2.1%，远距离一次运量减少56万吨，河南等11家单位平均公路运距同比降低8千米。三是深入推进公路运输优化工作，31家单位、95%的加油站实行地罐交接，库站作业时间平均减少20分钟，简化计量交接环节，促进库站优化用工，公路标准配送次数达到2.17次，同比提高0.34次，北京等11家单位的车辆全部安装视频监控，公路配送环节综合差量降至0.19%以内，降幅达到55%以上，使用中油运输公司公路罐车9447辆，同比减少419辆。四是全面建立海上及江运船舶的勘验、准入、备案体系，备案船舶778艘/446万载重吨，对使用年限、船体结构不符合规范要求的船舶全部进行了清退。

（刘　矢　赵天诚）

【零售管理】 2013年零售管理处围绕效率、效益、品牌，推进精细化工作，落实低销低效站治理，推进以零售为核心的机制创新；坚持以量效齐升作为零售的中心任务和检验的主要标尺，不断提升加油站的品牌影响力和客户满意度，增强加油站的竞争能力和盈利能力，实现零售指标上台阶，管理工作上水平。

截至2013年底，实现零售量同比增加0.2%，零售市场份额同比增加0.1个百分点，汽油同比增长11.2%，3000吨级以上站增加355座。

1. 突出纯枪，提高单站销售能力

一是加强对标分析，紧盯竞争对手，加大竞争对手数据采集和策略研究，建立快速反应机制；二是加大对高销、高效站的关注力度，要紧盯现场效率提升，进一步挖掘销售潜力；三是重点针对高标汽油销售能力的提升，要求各单位结合区域和客户消费习惯开展主题促销工作，落实促销上量措施和激励机制。截至2013年底纯枪销量完成7603万吨，同比提升3.9%，单站日销量达到11吨。

2. 加快推进低销量低效益加油站治理工作

围绕低销量低效益加油站（简称“双低站”）的治理，召开两次“双低站”治理推进视频会，安排“双低站”治理工作，明确治理目标及措施。开展“双低站”治理工作普查，建立“双低站”治理档案。细化研究“双低站”治理单站优化具体措施，加大对“双低站”的政策帮扶力度。以小站目标责任制作为重要抓手，将小站经营目标责任制工作进度和质量纳入到劳动竞赛考核指标，持续监督、持续改进。截至2013年底，有8256座“双低站”得到治理，日销量同比增加0.32吨，增幅7.9%。

3. 全面部署全流程诊断与优化工作

2013年上半年在北京销售公司试点的基础上，深入北京北苑、安燕、新景都市站3座加油站，查摆问题，完善全流程诊断与优化体系的研究，量化分析全流程标准时间、拥堵指数、加油高峰期指数、现有服务能力、加油枪效率、潜在销售能力等关键指标，并在全系统开展加油站全流程诊断与优化工作。下发《全流程诊断与优化工作指导意见》，推进各单位对照落实。截至2013年底，完成每省至少试点10座站，全国超过300座站的目标。

4. 全面研究以零售为核心的体制机制建设

结合云南地市公司工作会议筹备安排，开展“以零售为核心的体制机制建设”的专项研究。配套出台《关于有序有效推进自助加油的指导意见》、《优化加油站经营管理指导意见》和《关于推进加油站经理人队伍建设的指导意见》3个征求意见稿。

进一步完善《加油站管理规范》，提出《加油机胶管设置建议》和《加油站现场用扩音设备实施方案》。

（谢　伟　冯　欣）

【成品油市场特点与变化】 世界石油供需基本面相对宽松，国际油价高位窄幅震荡，略有回落。2013年受国内宏观经济增速放缓影响，交通运输、工业生产等主要用油行业增速放缓，国内石油需求增速随之放缓，石油消费接近5亿吨，但增速为新世纪来最低。2013年我国石油表观消费量5.00亿吨（国家统计局，下同），同比增长2.2%，增速较2012年低2.8个百分点；国内原油表观消费量4.89亿吨，同比增长3.2%，增速较2012年降1.8个百分点；成品油（汽油、煤油、柴油）表观消费量2.86亿吨左右，同比增长2.9%，增速较2012年降2.3个百分点。全年成品油市场供需较为宽松。

1. 供需基本面连续第二年宽松，国际油价高位窄幅震荡

2013年，世界石油供需基本面相对宽松，国际油价高位窄幅震荡，略有回落，WTI与其他基准油价差总体收窄。布伦特原油现货年均价为108.66美元/桶，同比下降2.92美元/桶，WTI原油现货年均价为97.89美元/桶，同比上升3.73美元/桶。

（1）供需基本面连续第二年宽松。2013年，世界石油供应富余48万桶/日，低于2012年96万桶/日的水平。全球石油需求为9117万桶/日，同比增长120万桶/日，增幅与2012年基本持平。非OECD国家仍是世界石油需求增长的主要动力，同比增长125万桶/日；发达国家石油需求下降5万桶/日。值得关注的是，自2011年以来一直在下滑的美国石

油需求2013年转而增长20万桶/日。全球石油供应量为9165万桶/日，同比增长70万桶/日，增量远低于2012年220万桶/日的水平。其中，欧佩克石油供应较2012年下降70万桶/日，非欧佩克石油供应较2012年大幅增长140万桶/日。

（2）国际油价高位小幅回落。2013年的市场环境与2012年较为相似，基本面使油价承压，但受伊朗、叙利亚、埃及、利比亚、尼日利亚、苏丹及南苏丹等国家和地区的局势动荡，发达国家持续宽松的货币政策，投机资本的炒作等非基本面因素的影响，国际油价仍然维持高位。布伦特、迪拜现货价格在100—120美元/桶和95—115美元/桶之间波动，全年均价分别为108.66美元/桶和105.52美元/桶，下降2.92美元/桶和3.55美元/桶。WTI与国际主要基准油价下跌走势不同，受美国经济复苏好于预期、石油需求结束连续数年下降势头、库欣地区原油运输瓶颈略有缓解等因素影响，现货均价同比上升3.73美元/桶，达到97.89美元/桶，与布伦特的价差由2012年的17.42美元/桶缩减至10.77美元/桶。

（3）美国原油产量增长迅猛，石油自给率大幅提升。随着美国页岩油气革命的爆发，2009年美国原油产量持续回升，扭转1985年以来一直下降的局面。2013年，美国原油产量大增15%，由2012年的649万桶/日上升至750万桶/日，其中，11月美国原油产量达770万桶/日，创下25年来同期最高纪录。美国原油产量的提高主要得益于页岩油的开采，2013年美国页岩油产量增长80万桶/日，达到250万桶/日，占原油总产量的1/3。供应的增加直接影响美国原油的进口。2013年美国原油进口量下降5%，至760万桶/日。其中，10月美国原油产量自1995年以来首次超过进口量。石油自给率由2005年的39.7%升至2013年65.4%。

2. 全年国内石油消费达到5亿吨，但增速为新世纪最低

2013年受国内经济转型、内需增长不快、全球经济复苏缓慢等一系列因素的共同影响，中国经济增长区间下移，全年增长7.7%。受经济下行拖累，交通运输业、工业、电力行业较为低迷。2013年石油消费增速继续放缓，全年石油表观消费量5.00亿吨，同比增长2.2%，增速较2012年低2.8个百分点，为新世纪以来石油消费最低增速，甚至低于2009年增速（3.3%）。由于国内石油需求不振，2013年国内原油消费增速也呈放缓态势，全年原油表观消费量4.89亿吨，同比增3.2%，增速较2012年降1.8个百分点，比当年石油表观消费量增速高1.0个百分点。

3. 国内原油产量稳步增长，石油对外依存度小幅上升

2013年我国油田开发形势稳定，开发程度不断加深，主力油田稳产、上产形势良好。全国原油产量稳步增长，达到2.08亿吨，同比增长1.65%。塔里木、鄂尔多斯和四川等西部盆地和海上油田在我国油气储产量增长中的作用越来越明显。大庆油田在创造27年稳产5000万吨后，又实现连续11年稳产4000万吨。长庆油田实现油气当量产量5000万吨目标，建成“西部大庆”。

石油进口继续增长但增速回落，2013年石油净进口量2.92亿吨，同比增长2.6%，增速比2012年降低4.7个百分点。2013年我国原油净进口量达到2.81亿吨，同比增长4.4%，增速比2012年下降3.0个百分点。全年石油和原油对外依存度分别为58.4%和57.4%，比2012年小幅上升0.3和0.6个百分点。

4. 我国成品油需求增速放缓，三大油品增长迥异，柴汽比降至低位

2013年国内宏观经济增长放缓、工业生产低迷，物流景气度低，导致成品油消费增速放缓，2013年全年成品油表观消费量2.86亿吨左右，同比增长2.9%，增速较2012年下降2.3个百分点。受乘用车市场向好、旅游出行增多、调和油减少等因素带动，汽油消费保持较快增长态势，全年表观消费量达到9364万吨，同比增长7.8%；受经济增长放缓和结构调整、转型升级双重抑制，柴油消费低迷，全年表观消费量达到1.70亿吨，比2012年小幅下降0.6%。航空运输增长支撑煤油需求，全年表观消费量2261万吨，同比增长11.3%。自2012年以来成品油消费增长开始由柴油拉动转为汽油拉动，2013年柴汽比降至1.82，创新世纪以来最低水平。

5. 炼油能力突破6亿吨/年，市场供需宽松，净出口大幅增加

2013年我国原油一次加工能力整体保持增长，全年新增3310万吨，同比增长5.6%，其中地方炼厂占三分之二。炼油能力首次突破6亿吨/年，达6.27亿吨/年。全年原油加工量4.84亿吨，同比增长3.8%，较2012年下降2个百分点。受国内需求影响，全国炼厂平均开工率由2012年的85%降至83%，连续两年下滑。全国平均炼油毛利明显改善，由负转正。全年成品油产量2.96亿吨，同比增长4.4%，增速较2012年略有减缓。其中：汽油产量9833万吨，同比增长9.5%；煤油产量达到2510万吨，同比

大幅增长16.4%；柴油产量1.73亿吨，同比仅增长0.3%。

炼油能力增速快于油品需求增速，成品油近三年来供过于求，且供需富余程度不断扩大。2013年全年成品油供大于求969万吨，比2012年增加362万吨。特别是在以往易发生油荒的第三季度首现资源富余状况。由于国内成品油市场供需宽松，三大油品继续全面净出口，且同比增幅显著。全年成品油净出口969万吨，同比增长90.9%。

6. 价格机制进一步完善，调价频率加快，炼厂毛利明显改善

2013年3月26日国家发改委出台《关于进一步完善成品油价格形成机制的通知》，新机制对调价周期、挂靠油种及4%限制均做了修改。新机制实施以来，国家调价频率明显加快，年内成品油调价15次，七下八上。新定价机制使得炼厂的整体炼油毛利持续呈上升趋势，国内主营炼厂逐步扭亏为盈。四季度随着国际油价的下滑，炼油毛利将进一步上升，炼厂效益的变化将促使炼厂调整原油加工量和各产品的收率比例。同时，新机制使国内投机需求被削弱。

7. 成品油销售景气指数前降后升，批发市场尤为低迷

为了反映国内成品油市场景气程度，把握市场需求的变化趋势，通过对全国671家销售分公司销售部门进行问卷调查，构建了成品油销售景气指数系统（MBI，Market Boom Index）。从景气指数走势看，年初受春节和国际油价高位震荡带动，国内成品油市场购销气氛较旺，景气指数位于50以上。二季度成品油消费整体上较为平淡，销售景气指数持续回落，并跌至荣枯线下方。三季度以来，受经济逐步企稳、工业生产加速、柴油消费步入旺季、国家上调成品油价格等因素带动，成品油市场呈现好转迹象，销售景气指数明显上升，持续处于荣枯线上方。从分项指数看，2013年以来，由于国内市场供大于求，市场购销气氛不旺，批发销量指数大部分时间处于荣枯线下方，年初以来均值为43，反映机构用户需求低迷，批发销售压力仍较大。受终端刚性需求支撑，零售情况好于批发，零售销量指数年初以来均值为51，好于批发销量指数。年初以来汽油价格指数均值为50，柴油价格指数均值为49。

（董　海）

投资管理与网络建设

【概述】 2013年，围绕建设国际水准销售企业的总体目标，突出经济效益和投资质量，不断提高工作效率，促进销售业务盈利能力和市场竞争能力的提高。

【投资管理】 2013年，继续将规划研究作为日常工作的重要组成部分，以专项研究指导专业领域发展。根据集团公司总体要求，组织完成《销售业务"十二五"计划及"十三五"远景发展规划》的修订，形成集团公司销售业务发展纲要。组织开展成品油库深度优化方案研究，经过与地区公司充分对接，形成2014年油库关停退租方案。

围绕销售业务战略目标，销售投资按照业务驱动的原则，投资向有效益项目倾斜，严格控制投资成本，全年实现吨油投资与2012年相比不增长。组织完成年度投资计划和安全环保隐患治理计划的编制下达工作，较好地满足了业务发展的需要。

继续加强基础管理工作，不断完善规划计划制度和管理流程建设。组织开展《销售业务投资管理手册》的修订工作，进一步规范和加强管理基础。组织开展两期360余人次的投资项目管理系统培训班，加快试点推行投资项目管理系统，实现与投资计划管理系统的对接，进入双轨并行阶段，为2014年全年实行单轨运行创造条件。

围绕主营业务发展需要，积极开展对外合作工作。组织完成中铁工合资公司和中国供销石油有限公司的组建工作，进一步扩大合资合作，强化终端渠道建设；组织完成与延长集团重组延长中立公司的框架协议签署准备工作。组织有效推进对外合资合作前期工作。完成与塞拉尼斯公司谅解备忘录的签署准备工作，并在签署后牵头组织开展合成燃料乙醇产品市场研究工作。

继续大力推进科技管理工作。一是组织完成周边地区成品油市场研究等13项科研项目的开题。二是组织完成硬质道路沥青工业化生产及应用研究等8个科研项目的验收。三是按照销售板块战略领导小组的要求，形成8个课题、19个专题项目的任务分解，并组织规划总院、经济技术研究院等单位开展课题和专题研究，建立战略领导小组工作机制。

（闫金泉　陈　倩）

【工程建设】 2013年，工程建设有序推进，按照精细化管理要求，紧紧围绕“效率、效益和品牌”，细化设计，严格审查，强化建设过程管理。全年成品油库施工项目27项，完工11项，分别是：长沙、乌海、彭州、八拜、忻州、银川、石嘴山、玉树、东方、伊犁、溪洞油库，新增库容124.1万立方米。加油站施工项目2041项，其中，续建613项，新建415项，改造1013项。完工1156项，其中，续建303项，新建148项，改造705项。

（1）初步设计审查力度持续加强。对油库项目坚决执行“五不审查”的原则，即“项目预审不完善、预审意见主管领导不签字不审查，安评、环评、消防等手续无批复意见不审查，现场未考察不审查，铁路、码头等方案不落实不审查，水、电、暖、信、路等接口条件不具备不审查”，杜绝油库项目建成不能投用情况的发生。

（2）建设过程检查和监控力度继续扩大。全年共检查13座油库和20余座加油站施工现场。现场召开柳州、久长、彭州、石楼及千米桥等项目开工协调会，充分了解工程建设现场情况，加大工程月报的准确性和及时性，及时协调、解决工程现场问题。

（3）入围承包商考评。按照集团公司承包商管理领导小组工作部署，监督指导各销售企业对入围的成品油库、加油站工程建设承包商单位进行评价和考核，共评价1173个项目，未出现不合格承包商。

（4）二级物资技术标准编制。紧密依托技术支撑单位，组织各销售企业进行实地考察，在开展二级物资准入工作的同时，编制成品油库和加油站阀门、鹤管、液位仪、视频监控系统、便利店门窗、铝塑板、铝扣板、复合管、双层罐等二级物资的技术要求。

（5）信息系统建设情况。联合中国石油规划总院多次讨论、完善销售分公司投资项目管理系统工程内容，分5次到地区公司开展试点工作，目前系统工程部分已经完成培训并开始上线运行。

（6）完善建设标准。发布成品油库和加油站建设标准的补充修订部分。深入研究成品油库汽车发油系统、消防系统等专项技术课题，完善加油站快餐标准及提高加油效率等方案。对加油站造价进行系统分析，同时组织编制《成品油库、加油站设计管理规范》两项集团公司企业标准，并通过专业标准委员会的审查。

（郭　春　周金明）

非油品业务

【概述】 2013年，非油品业务牢牢把握稳中求进的总基调，以深化精细化管理为抓手，在非油品业务中努力做大规模、做精质量、做优效益，营销网络持续扩大，专业能力稳步提高，规模效益实现新跨越。

【经营业绩】 2013年，实现非油品销售收入104.8亿元，同比增长30%；利润9.1亿元，同比增长33%；便利店数量超过1.4万座。

【业务拓展】（1）营销工作持续优化。以效益最大化为目标，紧贴市场变化和客户需求，不断创新营销模式。一是促销模式更加成熟。元旦、春节、国际劳动节、端午节、中秋节、国庆节等重大节假日全国统一促销、油卡非联动，推动非油品业务整体上量增效。二是服务区业务快速发展。强化高速公路服务区标准的执行，地区公司尝试联营、外包等经营模式，打造一批现代化高速公路服务区，形成非油品业务新的效益增长点。三是便民服务更加丰富。开通50余项便利支付业务，搭建优惠券兑换、银行卡消费等服务平台，一线、二线主要城市便利服务网点更加完善。四是积分商品管理进一步优化。为满足加油卡积分清零前的首个兑换高峰需求，畅通“客户沟通、预测数量、备足货品、兑换反馈”的流程，满足优质忠诚客户的需求，提高顾客忠诚度。

（2）专业管理能力不断提高。一是商品结构持续优化。出台重点品类核心商品目录，主数据数量下降50%以上，商品选择更加精准，客户服务的针对性进一步增强。二是供应商管理进一步完善。优化供应商管理办法，强化合作伙伴的动态管理，规范管理中深化互利合作。成功召开第四届贵阳商洽会，形成战略、全国、区域三级供应商管理体系。三是物流管理得以加强。半数以上公司实现中央仓集中配送，实现运费降、库存成本降、商品周转率提高、配送效率提高、保障能力提高的“两降三提高”目标。四是信息系统应用持续深化。结合业务需求实际，依托专业力量支撑，持续完善信息系统的功能，深化系统数据分析，强化信息系统应用，业务科学发展的工具更加完善。

（3）品牌影响力稳步提升。按照销售分公司出台的非油品业务运作手册、培训实务和便利店、汽车服务标准，各销售企业坚持顶层设计、标准化设计、模块化建设、规范化管理，培育了“uSmile 昆仑好客”、“carCare 咔咔”品牌，并成为中国石油品牌体系的重要组成部分。

（牛　磊　亓敏霞）

润滑油和炼油小产品销售

【概述】 2013 年国内经济增速放缓，原油需求下降，油品市场复杂多变、市场竞争更加激烈，燃料油、润滑油业务加强营销组织，强化网络建设，深化精细管理，销量质量明显提升，专业化经营优势突显。润滑油公司及燃料油公司润滑油和炼油小产品销售 2527 万吨，同比增幅 0.5%，沥青、燃料油等炼油小产品总体运行平稳；润滑油销售结构持续改善，效益明显提升。

【润滑油销售】 润滑油公司提高资源优化配置能力、强化销售渠道建设，加快技术进步，全年销售润滑油（脂）186.3 万吨，其中，车用油 41.4 万吨，工业油 44.2 万吨，特种油 50.3 万吨；实现营业收入 177.5 亿元；利润总额 2165 万元，同比增长 2.2 亿元。

有序推进车用油、工业油产品线优化，围绕提升渠道控制能力，修订销售管理办法。车用油强调终端销售，创新促销策略，建立有效的市场价格体系；工业油加强直供，发挥技术营销优势改善产品结构；特种油用户分类管理，减少中间环节，让利终端用户，实现销量稳定增长。持续优化 VIC/OEM 的开发和维护，以重要 OEM 和行业领军企业为主，开展行业用油调研。系统内用油进行管家式服务，探索一揽子润滑解决方案，38 家 VIC 客户销售 18.7 万吨，其中高档汽油机油 3.2 万吨，同比增长 10.4%。海外业务实现销售 1.7 万吨。润滑油（液）1.26 万吨。

【燃料油、沥青等小产品销售】 燃料油公司持续拓展完善产业链条，进一步统筹集成专业体系。2013 年销售各类油品 2342 万吨，同比增加 49 万吨，增幅 2.14%，通过技术改造建成库尔勒、乌鲁木齐 2 套改性沥青装置，改性沥青技术升级成果显著，公司 6 套改性沥青装置均实现工业化订单式批量供应，年产能达到百万吨以上；桥面专用沥青等高端产品在重点、亮点工程中应用，船用燃料油标准产品的生产技术准备基本就绪。全年沥青销售 724 万吨，市场份额 28%，其中改性沥青销售 16.4 万吨，同比增长 22.3%；燃料油销售 197 万吨，市场份额 17%；馏分油、溶剂油等统销产品销售 121.1 万吨。

（王彬婷）

专 业 管 理

【HSE 建设与管理】 建立并运行安全总监 4 项工作机制；3 个层级（国家部委、集团公司、专业公司）开展 4 类 7 次安全专项督查行动；按计划开展春、秋两季 HSE 体系审核；针对承包商亡人事故开展系列纠防行动；推动隐患治理项目按计划实施。

利用集团公司远程教育平台，分季度开展作业许可审批人随机测评和资格认证，全年4次考评851人一次通过（一次通过率97.1%）。编制加油站经理安全基础知识网络考试题库，12月20日组织网络同步考评，314人全部通过。

及时预警，从容应对四川暴雨泥石流、黑龙江洪汛、东北暴雪等97起灾害事件，已获理赔资金4381万元。

组织推动利用视频监控系统开展非现场巡查工作，销售分公司各部门坚持定期联合巡查。

（陶　辉）

【财务管理】 2013年，销售分公司财务处按照集团公司领导干部会议精神和销售板块整体工作安排，围绕“保稳定、保发展、保安全”，以效益为目标，以客户为中心，以零售为核心，以降本增效为抓手，创新管理思路，夯实基础工作，提升服务标准，深入推进财务管理精细化，增强决策支持和价值管理能力，实现工作平稳受控运行。

（1）改进预算编制方式，突出预算引领作用。细化年度预算编制，落实工效挂钩机制和季度预算制度，引导企业提高销售质量、控制成本、提升效益；全面及时掌握企业信息，持续改进预算方法，与相关处室一起，初步完成日毛利监测工作，提高预报准确性；牵头研究建立开放式、透明化的年度预算编制体系。按照“有质量、有效益、可持续”发展要求，牵头组织相关处室共同完成板块2014年预算编制工作。

（2）坚持以效益为核心的经营活动分析，突出量、本、利关键控制点，为生产经营决策提供可靠支撑。以毛利分析为切入点和桥梁，优化分析模板，初步形成业务、财务相融合的分析框架；针对内外部环境以及公司经营形势变化，强化专题分析，对库存、资产效率、石化对标、销量分布、燃料油、润滑油和非油品业务等进行重点分析，提出控制存货规模降低跌价风险、加大资产优化力度提高资产使用效率、加强润滑油公司科研经费及促销费控制、加大区内市场掌控力度等方面的建议。

（3）围绕年度目标任务，多措施、多部门齐抓共管开展降本增效，控费效果明显。与业务处室一道研究降低库存的具体措施，坚持低库存运作，成品油库存由年初910万吨降低到年末775万吨，减轻跌价损失风险，降低财务费用；配合低销量低效益加油站治理工作，提高纯枪销量和加油站资产的创效能力；配合清理租赁油库和加油站，坚决清退低效无效的油库、加油站及非生产性资产，降低资产租赁成本，减轻企业经营负担；进一步压缩非生产性支出，严格控制管理性费用，全年五项费用同比降低2.26亿元，降幅17%。

（4）围绕国家价格机制调整和资源流向效益，实施灵活、公平的内部调拨价格政策。研究新成品油价格机制对公司的影响及应对措施，提出加强市场研判、建立灵活的汽油柴油内部调拨价格管理机制等建议；完善成品油送货制，提高管输设施的利用效率；积极协调财务部和炼化板块，不断完善成品油出厂价格机制。2013年国家共调整成品油价格15次，销售板块内部调拨价调整18次。协调财务部与炼化板块降低小产品出厂价格，大幅提升小产品毛利水平。

（5）精细核算管理，统一加油站、油库和地市公司效益核算和评价体系。按照客观、公平、真实、可比的原则和有利于加油站网络开发、有利于加油站效益提升的总体目标，研究制订单站核算和效益评价方案；为统一地市公司核算内容和方法，公平、真实反映盈利能力，实现效益评价指标横向可比，研究制订地市公司效益核算规范方案；为促进油库节约管理成本，提升专业化管理水平，研究制订成品油单库核算实施方案。单站、单库和地市效益核算3个方案，在反复征求地区公司意见基础上，经集团公司财务部同意后，自2014年1月1日起正式施行，以解决以往信息不对称、核算标准不统一问题，为客观、公平评价各级机构效益提供基础支撑。

（6）继续开展税收政策研究，注重新政策、新法规利用，合理降低成本支出。按照集团公司部署，积极研究“营改增”新政策对销售板块的影响，做好应对准备和实施工作，采取积极措施，降低企业成本费用；配合相关部门，对加油卡积分业务、加油卡跨区发票开具及网上充值业务、加气业务、加油站拆迁补偿等业务的会计处理进一步规范；密切关注国家财税政策，收集地区公司在降低税负方面好的做法，采取有力措施争取税费减免政策，降低税费支出。

（7）以价值管理为导向，开展存量资产优化、盘活工作。牵头成立资产清理、处置领导小组，明确各处室、各单位职责，下发《关于加快推进低效无效资产清理处置的通知》，按计划统筹开展清理处置工作。按照统筹优化、利于物流运行、降低费用的原则有序清退布局重复、效率不佳的租赁油库（库容）。按照零售市场份额不降、纯枪销量提升和效益提升的原则有序清退通过治理扭亏无望的租赁加油站；积极推进低销量低效益加油站治理工作。对长期未能带来效益且缺乏战略安排的资产、长期没有回报的股权投资、长期闲置且不能利用的资产进行清理和处置，盘活闲置资产，提高资产回报和经济效益。

（8）重点强化以总会计师队伍建设为重点的队伍建设，强化课题研究成果应用。2013年已组织召开3次总会计师工作例会，分析经营管理中存在的问题，安排部署下一步重点工作，同时加强业务培训和交流，取得显著效果。加速财务管理专家课题研究成果在经营管理实践中的应用。将前期研究成果汇编成册发至各销售企业学习实践，同时配套制定推广计划，并先行试点，检验课题应用效果。

（陈运华）

【油库管理】 截至2013年底，销售分公司共有成品油库512座，库容1935万立方米，其中，汽油726万立方米，柴油1160万立方米，包括全资、控参股和租赁油库，当年完成周转量（出库）11383万吨，累计周转次数9.43次；同比增加7座油库、139万立方米库容，增加499万吨周转量。2013年兰郑长成品油输油管线终点站湖南长沙油库建成投产，湖南岳阳分输油库、湖北咸宁分输油库相继投产，一批新建油库，如内蒙古八油库、广东中山油库等顺利投产。

为适应国家成品油价格政策变化，销售分公司完成并下发《成品油储运设施深度优化方案》，实施低库存营销策略，关停或退租低效油库，与2012年相比，在用油库关停退租22座，其中东北公司低库存运行，年内退租锦州碧海、蓬莱安帮、南通嘉民、舟山建桥和舟山世纪5座油库、涉及库容95万立方米；继续组织实施3年隐患治理和达标改造计划，重点项目天津千米桥油库技术改造已于9月动工、到南疆油库的管线已于11月停产进行改造、甘肃天水油库改造方案已批准并计划于2014年初动工；编制完成成品油库水体污染三级防控改造方案，对销售企业水环境高度敏感的123座油库进行达标评价，其中40多座列入当年专项治理计划；完成重庆公司长江沿线6个码头趸船升级改造方案审查、江苏和四川地区油库油气回收改造方案审查等。

2013年全面完成油库管理信息系统建设，实现业务运行全覆盖，同时推广应用液位仪、差压变送器等系统自动计量功能，推进下装改造和配送“一卡通”实施，完成三江口油库、长沙油库等跨区配送“一卡通”；完善报表内容和定置化，通过系统自动生成油库月度生产报表。2013年11月开始，重点进行库外管道占压、盗孔、穿跨越段的隐患排查和治理研究，按国家要求督促落实整改方案和治理效果。

（韩聿波）

【计量管理】 精细化管控运输损耗，铁路、下海油的运输损耗稳步降低，铁路运输损耗0.108%，下海油运输损耗0.240%。建立损耗月度通报机制，定期召开专题会议研讨损耗控制措施。开展下海油运输损耗的全程跟踪计量。

【节能节水管理工作】 重点督办燃料油公司4个生产厂的节能指标完成情况，专题研讨生产厂的节能指标落实情况，并及时向安全环保与节能部汇报，每季度核准过程指标，敦促各厂及时与驻地政府协调。

各地区公司全面完成节能节水指标，响应国家的节能宣传周工作安排，节能新产品的推广使用稳步推进。

评选确定20家节能先进基层单位、20个节能先进个人向集团公司申报。

【质量与标准化管理工作】 针对外采油品、代储油品管理风险，全方位开展质量监督。参与《车用汽油》（国Ⅴ）、《车用柴油》（国Ⅴ）两项国家标准与《润滑油轴承磨损性能的试验——FE8法》、《自动传动液氧化安定性测定法》、《发动机油氧化安定性的测定——ROBO试验法》、《在用油100℃运动黏度测定法》、《绝缘油中元素的测定——电感耦合等离子体原子发射光谱法》、《柴油机油性能的评定——滚子磨损法》、《变速箱同步器耐久性能的评定——FZG SSP-180法》、《内燃机油节能性能的评定——程序VID法》、《自动传动液氧化安定性的测定——人工老化法》、《润滑油抗磨损性能的测定——四球法》10项行业标准的起草。

承担《销售企业加油站设计管理规范》、《销售企业成品油库设计管理规范》、《汽油胶质含量的快速测定法》等7项集团公司企业标准制修订。

按照集团公司统一要求，结合HSE体系审核，制定质量管理体系推进评审计划并组织实施。

组织销售企业汽柴油标准及汽柴油清净剂标准宣贯会。

（李金国　顾惠明）

【信息化管理】 2013年全面推进销售业务信息系统建设工作，系统应用和运行维护又有长足的进步和提升。坚持信息化例会和销售业务信息系统应用量化考核制度，推进系统建设，深化系统应用，有效落实运维首问负责制，开展销售信息安全体系建设，确保信息系统安全和稳定运行。销售ERP、加油站管理、二次物流和油库管理信息系统项目通过竣工验收。完成销售应用集成项目现状与需求调研，开展系统详细方案设计准备工作。加油站管理系统 2.0 提升项目和销售物流管理系统 2.0 提升项目获得了集团公司立项批复。(1)销售 ERP 系统持续推进 BW 报表应用，全年共计调整板块层面报表 25 张，地区公司报表 45 张。新增板块层面报表 12 张，地区公司报表 49 张，调整和优化价格和小额配送管理等系统功能。根据润滑油和燃料油公司的专业化管理要求，研究和实施润滑油、车用油销售业务管理模式变化的系统调整方案，建立润滑油产品利润测算体系，优化提升润滑油、燃料油业务需求功能 135 项。(2)加油站管理系统完成 1313 座资产型加油站实施，累计完成 18748 座。根据零售业务发展需求，完成 51 项系统新功能的调整和优化；开展卡系统性能优化、安全复测、网上充值安全评估等工作。与业务部门共同推进加油站未经系统控制问题的整改工作，从管理和技术两个方面入手，确定目标和措施，加大未经系统控制问题解决力度，完成销售板块下达的任务。(3)油库系统完成 9 座新增油库实施、231 套自动化系统集成和 145 座油库双机热备部署。累计完成 466 座油库系统实施、1720 套自动化系统集成和 295 座油库双机热备部署。(4)物流系统开展 IMOS 模块功能测试、接口开发、数据准备、现场实施等工作，完成东北、西北公司现场实施。完善报表和执行计划管理功能，完成与销售 ERP、油库管理系统的集成接口设计、开发及测试工作，实现一次物流业务优化信息化管理。二次配送系统新增 15 个系统补丁，开展云南、湖北、湖南、重庆和山东等公司二次配送优化模型分析调优工作。配送一卡通完成 223 座油库和 9632 座加油站实施。(5)营销管理指挥中心完成销售分公司及地区公司营销管理指挥中心建设及销售综合信息应用平台系统实施与升级。(6)管理层工作管理平台完成平台需求分析、方案设计、功能开发测试，并在内蒙古公司完成试点实施工作，开展东北、西北、燃料油、润滑油、四川、河北、山东、江苏、河南、云南等 10 家单位系统推广实施工作。(7)销售应用集成系统收集业务需求 1800 项，完成《销售应用集成项目现状与需求分析报告》，开展系统详细方案设计。(8)管理评价系统完成内蒙古公司营销、调运、行政、加油站和油库 5 条专业线 28 项制度、56 个流程、184 个考核点的自动考核。在此基础上，完成云南公司机关、昆明市公司及下属主要油库和加油站 5 条业务专业线自动考核。在内蒙古精细化和云南地市经理人会议上进行了应用成果的全面展示。

(李鸿学 刘航宇)

【股权管理】 按照“合法、清理、规范、发展、服务”的工作思路，以提升股权投资价值为目标，以规范运作为核心，不断提升股权管理水平。

落实“总部经济”网络开发合资合作指导意见，与中国供销集团有限公司成立合资公司，实现强强联合，互利共赢，成品油营销网络得到加强。截至 2013 年底，销售企业股权投资项目 661 家(含存续企业 21 家)，全年新增 30 家股权企业。积极落实《中国石油天然气股份有限公司股权管理办法》股利分配政策，2013 年全年分红实际到账 12.4 亿元，占板块总利润的 39%，为完成全年利润指标作出积极贡献。全年清理处置股权企业 5 家，实现投资收益 11 亿元。

(杨秋存)

【培训工作】 全年组织重点培训项目 17 期，培训 1.13 万人次。继续开展销售企业业务骨干赴中油碧辟对口培训项目 4 期培训班，培训 94 人；启动业务骨干和管理专家出国培训，共组织 8 个出国项目；继续推进中国石油远程培训学院销售分院建设，建立 20 个学习中心，网络培训 1 万余人次；组织完成加油站经理初级资格认证，首批 9046 人认证合格；启动油库主任资格认证工作。

【技能鉴定】 全年鉴定 3.6 万人次，有 2.2 万人获得证书，其中，中级、高级 1.2 万人，队伍技能结构进一步优化；组织 3 期考评人员和一期质量督导员内审员培训班，新增考评人员 788 人、质量督导员 147 人；持续推进鉴定机构质量管理体系建设和认证工作，组织东北、北京、江西、湖南、贵州 5 家鉴定站参加国家认证，均获通过。

【劳动竞赛】 完成 2013 年度劳动竞赛先进单位、先进集体和先进个人的表彰工作。组织开展 2013 年劳动竞赛，主题调整为“调结构、提质量、增效益”，竞赛项目和指标由 2012 年的 13 类 64 个指标调整为 8 大类 14 个指标，进一步突出结构调整，更加聚焦质量和效益，常态化的劳动竞赛已成为销售企业提高经管管理水平的重要抓手。

(杨峰亭 江 宁)

【未上市销售业务管理】 规范存续企业财务管理，确保存续企业平稳运行。持续推进和完善预算管理。2013 年预算离退休员工安置资金支出 2.22 亿元，实际支付 2.12 亿元，控制在预算以内。加强资金集中管理，专款专用，按月审核拨付，年终决算审计后进行资金清算。盘活、处置实物资产，实现资产租赁和物业收入 2784 万元。组织完成日常会计核算和编报会计月、季、年度财务决算。按照集团公司财务部要求，委托立信会计师事务所进行决算审计，事务所出具标准无保留意见的审计报告。年末资产总额 6.98 亿元；离退休人数 2.27 万人。落实内退和离退休人员相关待遇。争取 13 家企业离休人员医药费财政补贴资金 1168 万元；落实离退休人员政治和生活待遇，促进企业和谐发展。

（陈运华）

第五篇

天然气与管道

综 述

【概述】 中国石油天然气股份有限公司天然气与管道分公司（简称天然气与管道分公司，也称天然气与管道板块）是股份公司的专业公司之一，在股份公司授权范围内，主要负责中国石油的油气调运、天然气销售、项目建设、资产完整性管理四大核心业务及其他相关业务。为适应管道联网运行需要，中国石油天然气集团公司决定按区域化管理原则进一步调整理顺管道运营管理体制，成立西南管道公司，整体形成以管道公司、西气东输公司、北京管道公司、西部管道公司、西南管道公司5个综合性运营公司为主、西南油气田为补充的“5+1”国内管道运营管理体系，重新划分管理界面，坚持输销一体化管理。天然气与管道分公司下设总经理（党委）办公室、计划处、财务处、油气调运处、天然气销售处、项目前期管理处、建设项目管理处、质量安全环保处、科技信息处、管道管理处、合作与股权管理处、储气库管理处共12个处室。

天然气与管道分公司业务关联单位包括北京油气调控中心、管道建设项目经理部、管道（销售）公司、西气东输管道（销售）公司、北京天然气管道有限公司、西部管道（销售）公司、西南管道（销售）公司、昆仑燃气有限公司、昆仑天然气利用有限公司、华北天然气销售公司、京唐液化天然气有限公司（新建液化天然气项目部）、大连液化天然气有限公司、江苏液化天然气有限公司。负责大庆、辽河、西南、华北、大港、长庆、青海7家油气田企业的天然气销售业务管理。

【主要业绩】 2013年，天然气与管道业务各单位认真贯彻落实集团公司工作会议和领导干部会议精神，按照保增长、保效益工作目标，着力加强生产优化、市场营销、项目管理、风险管控，全面完成各项生产经营任务。天然气与管道分公司全年完成营业收入2226.93亿元，同比增长16.9%；实现账面利润333.81亿元，剔除管道资产整合一次性收益后为85.59亿元，同比增加166.31亿元；业务总资产4579.71亿元，同比增长12.90%；全年实现天然气销售1105.6亿立方米，同比增加132.6亿立方米，其中长输管道实现758.4亿立方米，同比增加105.6亿立方米。进口中亚气292.3亿立方米、LNG71.8亿立方米。全年完成原油调运量14284万吨，同比增加24万吨；原油管输量8167万吨，同比增加279万吨；成品油管输量1592.7万吨，同比增加100.3万吨；天然气长输管道管输量920.1亿立方米。单位现金成本实现有效管控；中缅天然气管道、兰成原油管道、唐山LNG接收站、西气东输三线西段、日东原油管道、伊霍线、大唐煤制气管道、兰郑长成品油管道长江以南段干线及支线管道投入运行。全年完成节能考核指标，建立涵盖天然气与管道分公司、调控中心和地区公司的三级能耗预测和评价体系。

【油品调运】 2013年，统筹国内国际两种资源，加强产、运、销、储各环节沟通衔接，发挥集中调控管理优势，优化产运销资源配置，确保油气管网安全平稳高效运行。

在原油调运方面，针对进口哈萨克斯坦原油资源不足、东北管网安全运行风险日益严峻等情况，采取加剂运行和掺混输送、暂缓国家储备油收储安排等方式，确保原油调运统筹优化运行；积极做好与油田、炼厂等单位的沟通协调，确保油田上产及炼厂安全生产需求。

在成品油调运方面，以努力提高管输量为重点，积极做好与销售板块的工作衔接，合理安排成品油输送批次，优化运行方案，提高整体输送能力。西部成品油管道、兰成渝管道实现小品种油品常态化输送，西部成品油管道、兰成渝管道和港枣线管道输量创历史新高。

在天然气调运方面，严格执行“月计划、周平衡、日指定”的天然气运销工作机制，突出加强跨国管道生产协调和管网关键节点互调转供，多方筹措资源，充分利用管网、储气库和LNG接收站应急调峰能力，圆满完成迎峰度夏、党的十八大等重要时期平稳供气。针对去冬今春天然气供需矛盾突出等情况，以制订并落实三级保供预案为重点，积极协调国内主力油气田满负荷生产，紧急采购现货LNG，强化需求侧管理，确保重点地区和城市居民平稳供气。

【重点项目建设】 2013年是实现“十二五”规划的关键一年，按照天然气与管道分公司的工作部署，以确保油气战略通道实施进度、提升管道建设质量，深入推进“三化”设计、建设全生命周期数据库为工作重点，持续完善管理手段和方法，认真研究管理和技术创新措施，建设项目管理的规范化、精细化、科学化、信息化水平逐步提升。

2013年，西气东输三线西段、中缅线国内段、中贵线等天然气管道按期建成投产，实现西北、西南和华南地区天然气骨干管网连通；中亚气顺利实现向呼图壁储气库、相国寺储气库分输注气；大唐煤制气管道北京段、唐山LNG及外输管道项目按期建成，为顺利完成2013年华北地区冬季保供任务奠定基础；兰成线、日东线等原油管道建成投产，呼包鄂、宁夏石化外输等成品油管道具备投产条件，使中国石油原油、成品油管网进一步拓展延伸。

2013年重点项目新开工27项，续建53项，累计焊接7074千米。完工并投产22项，共6082千米。完工待投产7项，共1330千米。全年累计完工管道7412千米，创中国石油完工管道的历史最高纪录。

【天然气销售】 2013年股份公司销售天然气1105.6亿立方米，同比增加132.6亿立方米，其中长输管道实现758.4亿立方米，同比增加105.6亿立方米。进口中亚气292.3亿立方米、LNG 71.8亿立方米，同比分别增加52.4亿立方米、19.3亿立方米，有力保障天然气储运设施投资效益。

针对全年供需矛盾突出问题，统筹销售效益和供气安全，按照高效市场用好增量气、低效市场保安全供气原则，持续优化供气结构；与国家发改委、能源局建立协调高峰用气工作机制，实现冬季高峰用气“压而不乱”；首次实现由用户直接采购进口LNG进行串供代输，销售气量1.9亿立方米，缓解中国石油保供压力同时，为调峰价格实施作出有益探索；积极组织煤制气购销协议谈判工作，新疆庆华、大唐克旗煤制气顺利进入管道销售。

推动天然气价改成效显著。按照国家发改委要求，在前期积极做好与各省存量气、增量气、居民用气等指标核定基础上，全面推进价改落地工作，大部分省、自治区、直辖市实现推价到位。

有序控制天然气市场开发节奏。根据资源变化情况，通过开展天然气购销合同专项提升活动，调整已签订合同119项，调减合同气量50.7亿立方米；签订西气东输三线、陕京四线、中缅线及中贵线等销售意向书，意向气量95亿立方米，将有限资源增量导向重点新建管道及高效市场；积极培育下游利用支柱项目，有序安排下游用户投产，全年新投产用户67家，实现销售12.4亿立方米。

【资产完整性管理】 管道线路完整性管理应用持续深化，积极推进管道内检测工作，不断完善站场完整性管理，先后完成十大类油气站场设备设施完整性程序文件和作业文件编制及审查，充分结合各地区公司对同类油气站场设备设施管理特色和差异，形成统一的站场设备设施完整性管理方法、流程和表单。确定天然气与管道分公司站场完整性管理流程和实施细则大纲，明确管理要素，组织完成天然气与管道分公司管理程序初稿的编制，组织站场完整性管理关键技术研究和试用。不断提升管道泄漏监测技术和管理水平，以防泄漏、治污染为重点，切实提升油品管道环境风险管控及应急抢险能力的要求。组织完成管道完整性管理规范修订工作，在技术研究基础上，与各地区公司充分合作完成相关标准修订工作，使标准更具科学性、适用性和可操作性。

（杜书成）

油气储运

【概述】 2013年，统筹国内国际两种资源，加强产、运、销、储各环节沟通衔接，发挥集中调控管理优势，优化产、运、销资源配置，确保油气管网安全平稳高效运行。

【储运能力】 截至2013年底，天然气与管道分公司管理运营的主要油气长输管道约58130千米，同比增加5930千米，其中原油管道约9351千米，同比增加758千米；天然气管道约40593千米，同比增加4664千米；成品油管道8186千米，同比增加508千米；共有500立方米以上原油、成品油储油罐363座，总罐容1276万立方米。

【天然气储运】

1. 主要输气管线运行情况

主要输气管线运行情况见表1。

表 1　2013 年主要输气管线运行情况　　亿标准立方米

管线名称	年输气计划	实际输气量	比计划增减
西气东输一线（西段）	176.8	179.1	2.3
西气东输二线	284.9	279.6	-5.3
陕京系统	228.7	250.7	32
忠武线	45	43.2	-1.8
涩宁兰	36	40.1	4.1

2. 储气库运行情况

2013 年注气完成 25.4 亿立方米，与计划基本持平；采气 18.9 亿立方米，比计划减少 5.1 亿立方米。

（郭　凯）

【原油资源配置】 2013 年，股份公司原油调运量完成 14313.4 万吨。其中供股份公司炼厂原油 12777.86 万吨，供中国石油化工股份有限公司炼厂原油 449.33 万吨，供地方炼厂原油 609.28 万吨，出口原油 52.42 万吨，其他 424.51 万吨。

【原油储运】 2013 年，股份公司自产原油国内总运量完成 11692.35 万吨。其中管道运输完成 10056.16 万吨，铁路运输完成 713.66 万吨，水路运输完成 430.27 万吨，公路运输完成 492.25 万吨。

（谷海威）

【成品油运行】 2013 年，通过采取有效措施，管输成品油 1592.7 万吨。积极与销售板块协调，增加管输资源。2013 年成品油管网整体负荷为 44.8%，其中兰成渝、西部管道、港枣线和兰郑长负荷分别是 97.8%、51.6%、43.5% 和 15.9%。针对管输整体负荷偏低的实际情况，与调控中心一起研究优化管道运行方案，合理安排输送批次，优化维检修作业时间，与上、下游积极协调衔接，努力增加管输资源，全年兰成渝、西部管道和港枣线管输量完成 686 万吨、517 万吨和 133 万吨，再创历史新高。积极推进小品种油品输送。根据销售需求，安排 97 号汽油等小品种油品进入西部管道和兰成渝管道输送，使小品种油品输送常态化，累计完成输送 50 余万吨。同时，研究安排西部管道输送 35 号柴油、港枣线输送 5 号柴油，进一步增加输送品种，增加管输量，西部管道和港枣线输量分别输送 35 号柴油 5.2 万吨、5 号柴油 6.3 万吨。

（管维均）

【成品油管输】 2013 年累计完成成品油管输 1592.7 万吨，为年计划 1550 万吨的 102.8%，比计划增加 42.7 万吨（表 2）。

表 2　2013 年各成品油管输完成情况　　万吨

管道名称	年计划	完成	完成率（%）	超欠	2012 年同期	同比（%）
合计	1550	1592.7	102.8	42.7	1492.4	100.3
兰成渝	630	686.0	108.9	56.0	608.8	77.2
西部成品油	520	517.8	99.6	-2.2	497.2	20.6
港枣线	100	133.1	133.1	33.1	116.7	16.4
兰郑长	300	255.8	85.3	-44.2	269.7	-13.9

（管维均）

天然气销售与利用

【概述】 2013年，天然气与管道分公司按照中国石油总体安排，针对全年供需矛盾突出，统筹销售效益和供气安全，按照高效市场用好增量气、低效市场保安全供气原则，持续优化供气结构；与国家发改委、能源局建立协调高峰用气工作机制，实现冬季高峰用气“压而不乱”；首次实现由用户直接采购进口LNG进行串供代输，销售气量1.9亿立方米，缓解中国石油保供压力，为调峰价格实施做出有益探索；积极组织煤制气购销协议谈判工作，新疆庆华、大唐克旗煤制气顺利进入管道销售。

【天然气产量】 2013年，全国天然气产量完成1178.2亿立方米（不包括省市地方的零星天然气产量），其中，中国石油天然气集团公司888.4亿立方米，中国石油化工集团公司187亿立方米，中国海洋石油总公司102.9亿立方米。2013年全国产量同比增加101.4亿立方米，增幅9.4%，与2012年相比增幅有所提高。其中，中国石油天然气集团公司同比增加89.8亿立方米，增幅11.2%；中国石油化工集团公司同比增加17.6亿立方米，增幅10.4%；中国海洋石油总公司同比减少5.9亿立方米，降幅5.4%。中国石油天然气集团公司天然气产量占全国的比例为75.4%，同比增加1.3个百分点。

【天然气产销平衡】 2013年，股份公司天然气工业产量888.4亿立方米，扣除企业生产自用和损耗气量107.2亿立方米，国内气田形成的天然气商品气量为781.2亿立方米，同比增长77亿立方米，增幅10.9%。

【天然气销售增长情况】 2013年，在国内气田、进口中亚气和海上LNG多资源的情况下，股份公司销售天然气1105.6亿立方米，同比增加132.6亿立方米，增幅13.6%。2013年受天然气可供销售资源有限影响，下游市场销售增速放缓，同比增幅下降4.3%。塔里木周边同比增加11.1亿立方米，增幅43.9%；西南周边同比减少5.5亿立方米，降幅4.3%；长庆周边同比增加19.7亿立方米，增幅24.6%；青海周边增加1.9亿立方米，增幅10.3%；陕京系统销售量同比增加33.6亿立方米，达到72.5亿立方米，增幅14.1%；西气东输系统销售量同比增加28.6亿立方米，达到279.7亿立方米，增幅11.4%；涩宁兰销售量（青海、甘肃）同比增加0.4亿立方米，达到38.5亿立方米，增幅1%；长宁线销售量（宁夏）同比增加1.9亿立方米，达到24.8亿立方米，增幅8.5%；忠武线销售量同比增加2.8亿立方米，达到44.8亿立方米，增幅6.7%；西气东输二线西段销售量同比增加16.6亿立方米，达到47.5亿立方米，增幅53.8%；中贵线转供西南油气田销售量同比增加29.9亿立方米，达到46.9亿立方米，增幅176.6%。

【天然气销售流向及结构】 2013年，股份公司天然气销售已涉入全国30个省、直辖市、自治区（包括南方石油勘探开发有限责任公司供应海南省），天然气销售重心仍旧集中在华东、川渝和华北地区。按省市划分，外销量排名位于前六位的省市分别是江苏省、四川省、北京市、新疆维吾尔自治区、重庆市、河北省。由于2013年乌鲁木齐、石家庄、太原等城市为提高空气质量加大燃煤锅炉改燃气锅炉以及新上燃气锅炉的力度，冬季采暖需求旺盛。与往年相比，天然气主要销售区域不仅集中在大型气田周边及长输管道沿线经济发达省市，还包括西北、华北等天然气采暖需求旺盛的地区。

除煤层气公司、南方石油勘探开发有限责任公司、华北煤层气公司和玉门油田以外，2013年股份公司油气田自用、油气田周边用户和长输管道用户实际销售天然气1100.1亿立方米，按照用途进行分类，结构为：民用757.1亿立方米，比重为68.8%，比2012年（63.9%）提高4.9个百分点；工业用气中化肥用气81.9亿立方米，占总销量比重为7.4%，比2012年（8.4%）降低1个百分点；化工行业用气量72亿立方米，占总销量比重为6.5%，比2012年（6.9%）降低0.4个百分点；天然气发电用气量为42.1亿立方米，占总销量比重为3.8%，比2012年（5.4%）降低1.6个百分点；工业燃料用气量为147亿立方米，占总销量比重为13.4%，比2012年（15.4%）降低2个百分点（表3）。

表 3　股份公司 2013 年天然气销售量流向表

销售类别	工业				民用	合计
	化肥	化工	发电	工业燃料		
股份公司合计（亿立方米）	81.9	72.0	42.1	147.0	757.1	1100.1
比例（%）	7.4	6.5	3.8	13.4	68.8	99.9

【天然气销售价格】 按照国家发改委要求，在前期积极做好与各省存量气、增量气、居民用气等指标核定基础上，全面推进价改落地工作。大部分省（区、市）实现推价到位，股份公司综合门站价格水平达到 1.96 元 / 米 ^{3}，比调价前上涨 0.27 元 / 米 ^{3}。

【天然气利用】 股份公司天然气利用业务经过 5 年的经营实践，初步实现延伸产业链、天然气二次增值的目的。2013 年，股份公司天然气利用业务实现天然气销售 187 亿立方米。

（张津铭）

储运设施建设

【概述】 2013 年，天然气与管道分公司按照中国石油总体安排组织开展项目前期 113 项，批复可研 62 项，批复初步设计 60 项，31 个项目获国家及省、自治区核准；新开工项目 27 项，续建项目 53 项，完成管道施工 7074 千米；中缅天然气管道、兰成原油管道、中贵线南部—贵阳段、西气东输三线霍尔果斯—连木沁段、大唐煤制气、唐山 LNG 接收站等 22 个项目顺利投产，宁夏外输等 7 个项目完工待投产，总计完工管道 7412 千米，创历史新高。

【项目前期】 2013 年，天然气与管道分公司围绕油气长输管道、储气库等工程开展前期工作，主要项目前期工作进展如下。

1. 天然气业务

1 月，股份公司批复香港支线（调整版）可行性研究报告，天然气与管道分公司批复金坛溧阳输气管道可行性研究报告。2 月，股份公司批复西气东输四线先期工程可行性研究报告技术方案，天然气与管道分公司批复中卫压气站增加计量装置改扩建工程可行性研究报告。3 月，股份公司批复西气东输四线（西段）项目控制性工程伴行道路及隧道工程可行性研究报告。4 月，股份公司批复哈尔滨—沈阳输气管道工程（哈尔滨—长春段）、西集分输站一期工程、陕京四线控制性工程可行性研究报告，天然气与管道分公司批复兰成渝康县县城穿越隐患治理项目、江西管网二期大城—高安段工程可行性研究报告。5 月，股份公司批复西气东输三线中段（中卫—吉安）、轮南—吐鲁番支干线增输工程可行性研究报告，天然气与管道分公司批复永泰联络线（南段）、广西天然气管网玉林专供管道工程、沈阳油田供气支线工程可行性研究报告。6 月，股份公司批复陕京四线输气管道工程、西气东输三线中卫—靖边联络线工程可行性研究报告，天然气与管道分公司批复贵州天然气管网燕楼—孟关支线、贵州天然气管网遵义—高坪支线、兰银线甘塘站增加计量装置改扩建工程可行性研究报告。7 月，股份公司批复西气东输四线先期工程、泰兴—芙蓉输气管道（调整版）可行性研究报告，天然气与管道分公司批复淮武线 12 号阀室扩建为红安分输站、广西天然气管网梧州专供管道（调整版）可行性研究报告。8 月，股份公司批复唐山 LNG 外输管道扩能改造工程可行性研究报告，天然气与管道分公司批复贵州天然气管网桐梓分输站、贵州天然气管网遵义南—和平支线可行性研究报告。9 月，天然气与管道分公司批复大港油田城区燃气系统隐患治理、兰成渝管道陇西县城改线工程、安徽省怀远县、五河县输气支线管道工程可行性研究报告。10 月，天然气与管道分公司批复西气东输二线 92 号阀室扩建为华阴分输站工程、云南天然气支线管道工程施甸支线可行性研究报告。12 月，股份公司批复云南天然气支线管道工程腾冲支线可行性研究报告。

2. 原油业务

2月，股份公司批复天津港—华北石化原油管道工程、铁抚线改造工程可行性研究报告技术方案，天然气与管道分公司批复王家沟油库供配电系统改造工程可行性研究报告。3月，天然气与管道分公司批复王家沟油库消防系统安全隐患治理完善工程可行性研究报告。4月，股份公司批复漠大线增输工程、铁大线安全改造工程（铁岭—鞍山段）、庆铁线改造工程、铁岭—锦西原油管道复线工程可行性研究报告，天然气与管道分公司批复王家沟油库安防及工业电视系统完善工程可行性研究报告。5月，股份公司批复铁抚线改造工程可行性研究报告。8月，股份公司批复天津港—华北石化原油管道工程可行性研究报告。9月，天然气与管道分公司批复漠大线漠河首站增输扩容工程可行性研究报告。11月，天然气与管道分公司批复乌鄯支干线原油增输工程可行性研究报告。

3. 成品油业务

4月，股份公司批复抚顺—锦州成品油管道工程可行性研究报告。9月，天然气与管道分公司批复王家沟公路发油设施改造工程可行性研究报告。

4. 储气库业务

2月，股份公司批复淮安储气库先导性试验、金坛储气库二期（一阶段）、金坛储气库二期可行性研究报告。

5. 城市燃气和 CNG 业务

5月，天然气与管道分公司批复云南省芒市天然气利用项目可行性研究报告。6月，天然气与管道分公司批复禄丰县燃气项目可行性研究报告。7月，天然气与管道分公司批复湘潭九华示范区天然气利用工程、清远市天然气利用项目（调整版）、深圳求雨岭天然气加气母站项目可行性研究报告。8月，天然气与管道分公司批复云南省液化天然气储配（应急）站工程、安徽省怀远县、五河县天然气配气工程、甘肃省金昌市 CNG 加气母站工程可行性研究报告。10月，天然气与管道分公司批复岳阳市 CNG 加气站工程、大理市天然气利用项目可行性研究报告。12月，天然气与管道分公司批复云南省保山市天然气利用项目、河北鹿泉 CNG 加气母站改扩建项目可行性研究报告。

6. LNG 业务

8月，股份公司批复唐山 LNG 增建 4 号储罐工程可行性研究报告。

（王小强）

【天然气管道工程】

1. 西气东输二线管道工程（续建）

西气东输二线管道西起新疆霍尔果斯，东至上海、浙江，南至广东、广西，途经 14 个省（区、市），线路总长约 8600 千米（含支线），年设计输量 300 亿立方米。西气东输二线管道系统现包括 1 条干线、15 条支（干线）线、2 条联络线，西气东输管道干线以中卫为界分为西、东两段，其中西段干线全长 2746 千米，东段干线全长 2477 千米。

西气东输二线东西段干线、支干线及部分支线已于 2012 年前投产。2013 年西气东输二线未建完支线进展情况如下：贵港—玉林支线（97 千米），截至 2013 年底已焊接 93 千米；南宁—白色支线（300 千米），截至 2013 年底已焊接 282 千米；苍梧—贺州支线（212 千米），截至 2013 年底已焊接 210 千米；西气东输二线与川气东送管道互联支线（1.0 千米），已建成。

2. 西气东输三线西段管道工程（续建）

管道起自新疆霍尔果斯，终止宁夏中卫，全长 2445 千米，其中霍尔果斯—乌鲁木齐段 670 千米，乌鲁木齐—中卫段 1789 千米（乌鲁木齐—连木沁段 205 千米；连木沁—中卫段 1584 千米）。

管道管径 1219 毫米，设计压力 12 兆帕，设计年输量 300 亿立方米。全线设 17 座工艺站场，69 座阀室，16 座阴极保护站。

2012 年 6 月，西气东输三线（乌鲁木齐—中卫段）工程西段试验段开工建设，标志着西气东输三线工程项目全面启动。

西气东输三线霍尔果斯—乌鲁木齐段于 2013 年 6 月底建成，7 月 23 日投产；西气东输三线乌鲁木齐—连木沁段于 2013 年 11 月底建成，12 月 11 日乌鲁木齐—连木沁段投产；西气东输三线连木沁—中卫段到 2013 年 12 月底已焊接约 1582 千米，剩余 2 千米。

3. 西气东输三线东段管道（吉安—福州段）工程（续建）

西气东输三线天然气管道东段（吉安—福州段）干线起自西气东输二线吉安联络站，途经江西省吉安市、瑞金市，福建省龙岩市、厦门市、福清市，止于闽侯县的福州末站。线路总长 817 千米，设计年输量 150 亿立方米，设计压力 10 兆帕，其中吉安—漳州段线路长 509 千米，管径 1219 毫米，采用 API5L X80 等级螺旋缝和直缝埋弧焊钢管；漳州—福州段长 316 千米，管径 1016 毫米，采用 API5L X70

等级螺旋缝和直缝埋弧焊钢管。管道全线设线路截断阀室36座，其中A类监控阀室4座，B类监控阀室8座，其余均为监视阀室。扩建西气东输二线吉安分输清管站为吉安联络站；新建于都分输站、瑞金分输清管站2座工艺站场。吉安联络站和瑞金分输清管站实施增压工程后，吉安—漳州段管道年输气能力达到220亿立方米。

西气东输三线工程东段试验段工程于2012年10月12日开工建设。截至2013年底，已焊接396千米。

4. 中缅天然气管道工程国内段（续建）

中缅天然气管道工程（国内段）是进口缅甸天然气的重要通道，在贵阳与中卫—贵阳联络线连接，在贵港与西气东输二线南宁支干线连接。工程包括1条干线和丽江（201千米）、玉溪（103千米）、都匀（34千米）、河池（24千米）、桂林（202千米）、钦州（141千米）、北海（75千米）、防城港（65千米）8条支线。

中缅天然气管道干线起自云南省瑞丽市，经云南省、贵州省、广西壮族自治区，止于广西壮族自治区贵港市，管道干线全长1730千米（瑞丽—禄丰606千米、禄丰—贵阳—贵港1124千米），其中与中缅原油管道并行1101千米；10条支线共长992千米。干线管径1016毫米，设计压力10兆帕，设计年输量瑞丽—贵阳段100亿立方米、贵阳—贵港段130亿立方米。采用X80和X70级钢管。

干线设置17座工艺站场，其中瑞丽首站、芒市分输站、保山压气站、弥渡分输站、禄丰分输站与中缅原油管道站场合建；贵阳压气站与中卫—贵阳联络线贵阳分输站合建；贵港压气站与西气东输二线贵港分输站合建。

2012年3月6日，天然气与管道分公司同意中缅油气管道试验段提前开工，2012年4月10日，中缅油气管道正式开工建设。2013年10月13日中缅天然气干线管道已建成投产。

截至2013年底，中缅天然气管道支线工程进展为：钦州支线（141千米），已焊接109千米；防城港支线（65千米），已焊接50千米；都匀支线（34千米），已焊接25千米；河池支线（24千米），已全部焊接完成；桂林支线（202千米），已全部焊接完成；丽江支线（201千米），已全部焊接完成；玉溪支线（103千米），已建成投产；昆明西支线（39千米），已建成投产；昆明东支线（98千米），已焊接69千米。

5. 中卫—贵阳联络线工程（续建）

中卫—贵阳联络线工程含“一干三支”。干线起自宁夏中卫枢纽站，经甘肃、陕西、四川、重庆，止于贵州贵阳，与中缅天然气管道相连，干线全长1561千米，其中中卫—南部段867千米，南部—铜梁段160千米，铜梁—贵阳段534千米。设计年输气能力150亿立方米，设计压力10兆帕，管径1016毫米，材质为X80，管内壁采用减阻内涂层。全线共设14座工艺站场。陇西支线位于甘肃省境内，向陇西县供气，全长142千米，设计年输气能力1.5亿立方米，设计压力6.3兆帕，管径219.1毫米。陇南支线位于甘肃省境内，向陇南市区供气，全长85千米，设计年输气能力2.0亿立方米，设计压力6.3兆帕，管径219.1毫米。天水支线位于甘肃省境内，向天水市区供气，全长46.1千米，设计年输气能力5.0亿立方米，设计压力6.3兆帕，管径273.1毫米。

工程于2011年3月15日开工建设，2012年底中贵线中卫—南部段、南部—铜梁段建成；2013年10月23日，中贵线铜梁—贵阳段建成投产，标志着中贵线干线全部建成投产。截至2013年底，陇西支线、天水支线、陇南支线均已建成待投产。

6. 秦皇岛—沈阳输气管道工程（续建）

包括秦皇岛—沈阳干线和葫芦岛（7.7千米）、盘锦（26.3千米）、沈阳（23千米）、锦西石化（11千米）、锦州石化（30千米）、朝阳（164千米）6条支线。管道总长度为683千米，其中干线长度421千米、支线长度共262千米，干线管径1016毫米，设计压力10兆帕，设计年输量90亿立方米，共设站场8座，阀室20座。

该工程于2009年5月28日开工，2011年底秦沈线干线建成投产，截至2013年底，朝阳支线焊接162千米、锦州石化支线焊接29千米，其余4条支线均已建成。

7. 山东天然气管网工程（续建）

山东天然气管网包括泰安—青岛—威海干线和淄博、莱钢、招远、寿光、乳山、日照6条供气支线。干线长度584千米，其中泰安—青岛干线长度355千米，青岛—威海干线长度229千米。管径1016毫米，设计压力10兆帕，设计年输量86亿立方米。

该工程于2009年9月28日开工，2011年4月泰安—青岛段干线建成投产。截至2013年底，青岛—威海段焊接228千米，剩余1千米；淄博支线（99千米）建成投产、日照支线（169千米）已完工待投产。

8. 大连—沈阳天然气管道工程（续建）

大连—沈阳天然气管道包括1条干线和大连、抚顺、辽阳、鞍山4条支线。干线起自大连市保税区大连液化天然气接收站内新港首站，止于新民市境内的秦皇岛—沈阳天然气管道沈阳分输清管站，全长442.68千米，设计压力10兆帕，管径711毫米，设计年输量84亿立方米，采用L485直缝埋弧焊钢管和螺旋缝埋弧焊钢管。管道全线共设置7座站场和22座线路截断阀室，其中监控阀室9座，监视阀室13座。

大连—沈阳天然气管道干线已于2011年11月建成投产，目前各条支线建设进展如下。

大连支线起自大连市经济技术开发区松岚分输清管站，止于大连市甘井子区大连末站。管道全长21.2千米，设计压力6.3兆帕，管径610毫米，设计年输量16亿立方米。截至2013年底，管道已焊接20.9千米。

抚顺支线起自灯塔市境内沈抚分输站，止于抚顺市抚顺县境内抚顺末站。管道全长106千米，设计压力6.3兆帕，管径457毫米，设计年输量8亿立方米。截至2013年底，管道已建成待投产。

辽阳支线起自大沈线辽鞍分输站，止于辽阳石化末站，线路全长70千米，其中辽鞍分输站至一号阀室全长47千米，管径457毫米，设计压力6.3兆帕，设计年输量3.5亿立方米；一号阀室至辽阳石化末站全长23千米，管径273毫米，设计压力6.3兆帕，设计年输量1.4亿立方米。截至2013年底，管道已焊接59.6千米。

鞍山支线起自大沈线辽鞍分输站，线路长12.2千米，管径273毫米，设计压力6.3兆帕，设计年输量4.8亿立方米。截至2013年底，管道已建成待投产。

9. 韩城—渭南—西安煤层气管道工程一期干线部分（续建）

韩城—渭南—西安煤层气管道一期工程包括韩城—渭南—西安干线、蒲城白水支线和临渭潼关支线。干线起自韩城市韩城首站，止于西安市高陵县西安末站，全长191.6千米，管径559毫米，设计压力4.0兆帕，采用L360螺旋缝埋弧焊钢管和直缝埋弧焊钢管，设计年输量14.6亿立方米。管道全线共有7座站场，共设置6座线路截断阀室，其中监控阀室3座、监视阀室1座，其余均为普通阀室。工程概算总投资59843万元。

2013年4月13日，韩城—渭南—西安煤层气管道韩城—渭南段145千米投产，渭南—西安段未开工。

10. 济宁市西部五县天然气支线管道工程（续建）

济宁市西部五县天然气支线管道一期汶上—嘉祥段全长37千米，管径323.9毫米，设计压力6.3兆帕，设计年输量4.1亿立方米。设置线路截断阀室1座。新建汶上分输站和嘉祥分输站共2座工艺站场。汶上分输站与西气东输二线平顶山—泰安支干线济宁分输站毗邻建设。济宁市西部五县天然气支线管道二期全长152.5千米。

截至2013年底，济宁市西部五县天然气支线管道一期工程建成投产，二期工程已焊接106千米。

11. 广西天然气管网供气支线（续建）

广西天然气管网供气支线共包括南宁天然气专供管道（20.5千米）、贵港天然气专供管道（9千米）、梧州天然气专供管道（13.5千米）、百色天然气专供管道（5.6千米）、玉林天然气专供管道（32.5千米）、贺州天然气专供管道（18.3千米）、防城港天然气专供管道（21.5千米）。

截至2013年底，各供气支线工程进展如下：贵港天然气专供管道已建成投产；南宁天然气专供管道已建成待投产；梧州天然气专供管道已建成待投产；玉林天然气专供管道已焊接29.8千米；贺州天然气专供管道已焊接17.2千米；百色天然气专供管道未开工；防城港天然气专供管道未开工。

12. 临沂—团林输气管道工程（续建）

临沂—团林输气管道起自冀宁联络线滕州—临沂支线临沂分输站，止于临沂市临港区团林分输站站外4千米处。管道全长124.1千米，管径406.4毫米，设计压力6.3兆帕，设计年输量7.0亿立方米，采用L360钢级高频直缝电阻焊钢管。全线共设置1座B类监控阀室、4座监视阀室。截至2013年底，已焊接管道82千米。

13. 团林—东港输气管道工程（续建）

团林—东港输气管道工程起自临沂市临港区团林分输站站外4千米处，止于日照市东港末站。管道全长60.4千米，管径406.4毫米，设计压力6.3兆帕，设计年输量4.0亿立方米。全线共设置3座监视阀室。截至2013年底，已焊接管道38千米。

14. 高阳—保定—徐水天然气输配管道工程（续建）

高阳—保定—徐水天然气输配管道工程干线起自陕京三线高阳分输站，止于徐水门站，全长76.4千米，设计压力 4 兆帕、管径 355.6 毫米、设计年输量 4.95 亿立方米。另外配套的支线、次高压、中压管道共长 86.7 千米。

截至 2013 年底，高阳—保定—徐水天然气输配管道工程干线及配套管道共焊接 96 千米。

15. 石家庄市三环及东部三市天然气管网工程（续建）

石家庄市三环及东部三市天然气管网工程包括供气支干线、三环供气支线及环线、东部三市供气支线，主要为石家庄市及藁城市、晋州市、辛集市东部三市供气。

供气支干线起自陕京二线、三线石家庄分输压气站，止于藁城分输站，线路长 26.1 千米，设计压力 6.3 兆帕，管径 508 毫米，设计年输量 18.6 亿立方米；设置监视阀室 1 座（预留分输口）。

三环供气支线及环线南部半环线路长度 55.8 千米，设计压力 4 兆帕，管径 508 毫米，设计年输量 14.1 亿立方米。

东部三市供气支线起自藁城分输站，止于辛集末站，线路长 44.7 千米，设计压力 6.3 兆帕，管径 323.9 毫米，设计年输量 4.5 亿立方米；设置监视阀室 1 座（预留分输口）。截至 2013 年底，共焊接管道 45 千米。

16. 哈尔滨—沈阳输气管道（长春—沈阳段，新建）

哈尔滨—沈阳输气管道工程（长春—沈阳段）起自长长吉输气管道长春分输清管站，途经吉林省长春市、公主岭市、四平市，辽宁省铁岭市、沈阳市，终止于秦沈输气管道沈阳联络站。管道全长 364.7 千米，管径 1016 毫米，设计压力 10 兆帕，设计年输气量 100 亿立方米，采用 L485 螺旋缝埋弧焊钢管和直缝埋弧焊钢管。全线设 12 座线路截断阀室，其中 A 类监控阀室 1 座，其余均为监视阀室。

哈沈输气管道工程于 2013 年 3 月开工，截至 2013 年底，已焊接管道 244 千米。

17. 四平—白山供气支线管道工程（新建）

本工程起自哈尔滨—沈阳输气管道四平分输清管站外 2 米，途经吉林省四平市，止于吉林省白山市白山末站，管道全长 350 千米，设计压力 6.3 兆帕，设计年输气量 13.6 亿立方米。其中，四平分输清管站—通化分输清管站段线路长度 300.7 千米，管径 508 毫米，采用 L415 螺旋缝埋弧焊钢管和直缝埋弧焊钢管；通化分输清管站—白山末站线路长度 49.3 千米，管径 323.9 毫米，采用 L360 直缝高频电阻焊钢管。全线设 14 座线路截断阀室，其中 A 类监控阀室 1 座，B 类监控阀室 1 座，其余均为监视阀室。

四平—白山供气支线管道工程于 2013 年 6 月 28 日开工建设，截至 2013 年底，已焊接管道 140 千米。

18. 港清三线输气管道工程（新建）

港清三线输气管道起自河北省永清市永清首站，止于大港末站。干线全长 166.5 千米，管径 1016 毫米，设计压力 10 兆帕，设计年输量 90.5 亿立方米。采用 L485 螺旋缝埋弧焊钢管和直缝埋弧焊钢管。共设置 5 座线路截断阀室（1 号、2 号、4 号和 5 号阀室预留分输功能），均为监视阀室。

2013 年 2 月 23 日，港清三线开工建设，截至 2013 年底，已焊接管道 123 千米。

19. 兰州—定西输气管道工程（新建）

管道起自兰州市西固区柳泉乡兰州首站，与涩宁兰输气管道相接，止于定西市安定区定西末站。管道全长 139.8 千米，设计压力 4.0 兆帕，设计年输量 7.66 亿立方米。其中，兰州首站—和平清管分输站段管道全长 46.7 千米，管径 508 毫米；和平清管分输站—定西末站段管道全长 93.1 千米，管径 273 毫米。全线设 6 座监视阀室。

本工程于 2013 年 8 月 28 日开工建设，截至 2013 年底，已焊接管道 52 千米。

20. 江津—纳西集输气管道工程（新建）

工程包括新建江津—纳溪集输气管道、纳溪西站进站阀组区—纳溪西站连接管道、纳溪西站—南干线西段复线连接管道。

（1）江津—纳溪集输气管道起自南干线东段夹滩站，止于泸州市纳溪区的纳溪西站。管道全长 132.6 千米，管径 813 毫米，设计压力 6.3 兆帕，设计年输气量 40 亿立方米。采用 L485 螺旋埋弧焊钢管和直缝埋弧焊钢管。设置线路截断阀室 6 座，其中监视阀室 3 座。

（2）纳溪西站进站阀组区—纳溪西站建 2 条连接管道，起自南干线西段复线已废弃的长江南阀室，止于纳溪西站。2 条管道长度均为 400 米，管径分别为 711 毫米和 508 毫米，设计压力 6.3 兆帕。

（3）纳溪西站—南干线西段复线连接管道长 200 米，管径 711 毫米，设计压力 6.3 兆帕。采用 L485 螺旋埋弧焊钢管。

工程于 2013 年 8 月 22 日开工建设，截至 2013 年底，已焊接管道 26 千米。

21. 川渝地区天然气管网调整改造北外环集输气管道工程（龙岗—渡口河段，新建）

管道起自达州市宣汉县南坝镇渡口河站，由东向西经过达州市宣汉县、通川区、巴中市平昌县，止于南充市仪陇县立山镇龙岗站。管道全长160千米，管径813毫米，设计压力8.0兆帕，设计年输气量40亿立方米。采用L485螺旋埋弧焊钢管和直缝埋弧焊钢管。设置线路截断阀室7座，其中监视阀室3座，监控阀室4座。

该工程于2013年8月26日开工建设，截至2013年底，已焊接管道32千米。

22. 重庆两江新区龙石先进制造功能区集输气干线整体改造工程（新建）

对卧渝线、卧两线、渡两线、渡两复线4条输气干线，以及铜6井集气支线、铜4井集气支线进行改线，改线全长98.35千米。卧渝线、卧两线采用L360钢级直缝埋弧焊钢管，渡两线和渡两复线分别采用L360钢级、L415钢级螺旋缝埋弧焊钢管和直缝埋弧焊钢管；卧渝线、卧两线、渡两线、渡两复线设置杨家坡、战旗、杨柳坝3座监视阀室。铜6井集气支线、铜4井集气支线采用L245钢级无缝钢管。

改造工程于2013年10月5日开工，截至2013年底，共焊接管道52千米。

23. 贵州天然气支线管网燕楼—孟关支线管道工程（新建）

管道起自与中卫—贵阳联络线贵阳末站合建的燕楼分输站围墙外2米，止于孟关末站，线路全长29.5千米，管径273毫米，设计压力6.3兆帕，设计年输量4.9亿立方米。

改造工程于2013年9月16日开工，截至2013年底，共焊接管道7千米。

24. 营口地区天然气支线管网工程（鲅鱼圈支线、信义支线，新建）

营口地区天然气支线管网工程总长度约44千米，由于下游市场原因，部分支线尚未开工。

营口地区天然气支线管网工程鲅鱼圈支线起自大连—沈阳天然气管道13号分输阀室，止于鲅鱼圈分输站，线路全长470米，管径219.1毫米，设计压力10兆帕，设计年输量3.78亿立方米，采用L245无缝钢管。信义支线起自鲅鱼圈分输站，止于信义分输阀室，线路全长7.12千米，管径323.9毫米，设计压力2.5兆帕，设计年输量3.78亿立方米，采用L245高频直缝电阻焊钢管；设置分输阀井1座。等级公路穿越2处；莫河定向钻穿越1处，穿越段水平长度237米。截至2013年底，已焊接管道6千米。

25. 朝阳市天然气管网（龙城支线，新建）

龙城支线起自秦皇岛—沈阳输气管道朝阳供气支线5号阀室，止于龙城分输站，全长14千米，管径273毫米，涉及压力6.3兆帕，设计年输量2.02亿立方米。截至2013年底，已焊接管道6千米。

26. 陕京三线输气管道工程良乡—西沙屯段（续建完工）

良乡—西沙屯段是陕京三线的延伸，管道起自良乡分输站，止于西沙屯末站，全长91.5千米，管径1016毫米，设计压力10兆帕，设计年输量150亿立方米，采用X70螺旋缝埋弧焊钢管和直缝埋弧焊钢管。管道全线共设置2座站场、7座线路截断阀室，其中监控阀室5座，其余均为监视阀室。截至2013年底，管道已建成待投产。

27. 营口—盘锦供气管道（续建完工）

营口—盘锦联络线（辽河双六储气库配套管道）起自大连—沈阳天然气管道营口分输清管站，途经大石桥市、盘锦市大洼县，止于双6联络站。管道全长76千米，管径711毫米，设计压力10兆帕，管道任务日输量为77.5万—820万立方米，采用L485螺旋缝埋弧焊钢管和直缝埋弧焊钢管。管道设置4座线路截断阀室，其中监控阀室2座，监视阀室2座（4号阀室具备分输功能）。

2012年5月，营盘线开工建设，截至2013年底，管道已建成待投产。

28. 江都—如东天然气管道工程（续建完工）

该管道为江苏LNG接收站的外输管道，管径1016毫米，设计压力10兆帕，设计年输量135亿立方米。线路全长279.4千米，其中，一期江都—南通段长度162.1千米，二期南通—如东段长度56千米，三期泰兴—芙蓉段长度55千米。全线共设站场13座，阀室8座。

工程于2009年5月17日开工，2011年底江都—如东输气管道工程一期、二期江都—南通—如东段建成。截至2013年底，江都—如东天然气管道工程三期泰兴—芙蓉段建成待投产。

29. 大唐煤制天然气管道项目北京古北口—高丽营段（续建完工）

大唐煤制天然气管道北京段（古北口—高丽营）工程起自古北口长城穿越点，止于高丽营末站。线路全长115千米，设计年输量60亿立方米，其中古北口—密云段线路长62千米，管径914毫米，设计压力7.8兆帕；密云—高丽营段线路长53 千米，管径

1016毫米，设计压力10兆帕。管道采用X70钢级钢管。全线共设置8座线路截断阀室，其中监控阀室6座、监视阀室2座。

该工程于2012年7月开工建设，2013年12月17日大唐煤制天然气管道北京段（古北口—高丽营）建成投产。

30. 唐山液化天然气外输管道（续建完工）

唐山液化天然气外输管道包括1条干线和1条支线。

干线起自唐山液化天然气接收站围墙外2米，止于唐山市永唐秦输气管道唐山清管分输站。管道全长127.2千米，管径1016毫米，设计压力10兆帕，设计年输量84亿立方米，采用L485螺旋缝埋弧焊钢管和直缝埋弧焊钢管。管道共设置5座线路截断阀室，其中监控阀室3座，其余均为监视阀室。

宁河支线起自输气干线丰南分输站，止于南堡—唐山输气管道1号阀室，管道全长7.2千米，管径610毫米，设计压力4.0兆帕，设计年输量16亿立方米。2013年11月16日，唐山液化天然气外输管道建成投产。

31. 乐山地区天然气输气管道工程（新建部分完工）

乐山地区天然气输气管道工程分两期建设，一期工程建设汪洋—井研—甘霖—嘉农段、甘霖—黄土段、蔡金—高新段、甘霖连接线管道，全长143千米。二期工程建设井研—金山段管道，全长31.5千米。

（1）汪洋—井研段管道起自南干线西段复线汪洋站，止于井研县三教乡井研站。管道全长47.8千米，管径660毫米，设计压力4.0兆帕，设计规模700万米^3/日。设置线路截断阀室2座。

（2）井研—甘霖段管道起自井研站，止于夹江县甘霖镇的甘霖站。管道全长39.0千米，管径610毫米，设计压力4.0兆帕，设计规模450万米^3/日。设置线路截断阀室2座。

（3）甘霖—嘉农段管道起自甘霖站，止于嘉农站。管道全长33.8千米，管径406.4毫米，设计压力4.0兆帕，设计规模220万米^3/日。设置线路截断阀室2座，其中监视阀室1座。

（4）甘霖—黄土段管道起自甘霖站，止于乐山市夹江县黄土站。管道全长8.5千米，管径406.4毫米，设计压力2.5兆帕，设计规模180万米^3/日。

（5）蔡金—高新段管道起自金山—沙湾管道的蔡金阀室，止于乐山市市中区安谷镇高新配气站。管道全长10.6千米，管径219.1毫米，管道设计压力2.5兆帕，设计规模70万米^3/日。

（6）甘霖连接线起于甘霖输气站，在乐山市夹江县甘霖镇与彭乐线甘霖—黄土段管道连接。管道全长3.2千米，管径323.9毫米，设计压力2.5兆帕，设计规模120万米^3/日。

二期井研—金山段起自井研站，止于金山站。管道全长31.5千米，管径508毫米，设计压力4.0兆帕，设计年规模2.75亿立方米。设置线路截断阀室1座，为监视阀室。

至2013年底，一期工程143千米已建成待投产，二期工程已焊接19千米。

【原油管道工程】

1. 中缅原油管道工程（国内段）一期工程（续建）

中缅原油管道工程（国内段）一期工程包括瑞丽—禄丰段干线、安宁支线、禄丰—重庆段干线。

瑞丽—禄丰段干线起自云南省瑞丽市，止于云南省昆明市，管道全长605.9千米，管径813毫米，设计压力8—15兆帕，设计年输量1000万吨。采用X70级螺旋缝埋弧焊和直缝埋弧焊钢管。

安宁支线起自禄丰分输站，止于安宁末站，管道全长42.8千米，管径610毫米，设计压力8—10.5兆帕，设计年输量1000万吨。采用X65级螺旋缝埋弧焊和直缝埋弧焊钢管。

禄丰—重庆段干线起自禄丰分输站，止于重庆末站，管道全长1025.2千米，管径610毫米和559毫米，设计压力9—14.6兆帕，设计年输量1000万吨。采用X70级螺旋缝埋弧焊和直缝埋弧焊钢管。禄丰—重庆段干线与中缅天然气管道（国内段）、云南成品油管道并行289千米；与中缅天然气管道（国内段）并行206千米；与中卫—贵阳联络线并行243千米。

瑞丽—禄丰段干线设置瑞丽首站、芒市泵站、保山泵站、弥渡泵站、禄丰分输站5座工艺站场，均与中缅天然气管道（国内段）站场合建。安宁支线新建安宁末站，与中缅天然气管道玉溪支线昆明西分输站合建。

中缅原油管道于2012年4月开工建设，截至2013年底，累计焊接管道661千米。7座站场（除安宁首站外，其余6座站场与天然气合建）已全部开工，进行土建施工及工艺安装。116条三穿已完成35条。

2. 庆铁线改造工程（庆铁四线，续建）

管道起自黑龙江省大庆市林源首站，止于辽宁省铁岭市铁岭末站，管道全长580千米，其中新建567

千米，利用已建嫩江穿越和四平市管道13千米，新建部分大庆—新庙段127千米、新庙—垂杨段204千米、垂杨—铁岭段232千米。管径711毫米，设计压力6.3兆帕，采用常温密闭输送工艺，设计年输量1500万吨，并预留年增输2200万吨的能力。采用L450级螺旋缝埋弧焊和直缝埋弧焊钢管。共设置线路截断阀室22座，其中监控阀室12座、手动阀室10座。

2013年10月30日，庆铁四线垂杨—铁岭段进油投产，截至2013年底，庆铁四线大庆—垂杨段共焊接214千米。

3. 漠大原油管线适应性改造工程（续建，投产）

漠大线适应性改造工程对漠河首站、加格达奇泵站2座站场进行扩建和改造，改造后管道年输送能力达到1690万吨。工程主要是在漠河首站西侧新建4座5万立方米地上钢制内浮顶原油储罐，主要储存俄罗斯进口原油。储罐主要具备旁接输送、开式输送、倒罐等功能；新建给油泵2台、减阻剂注入设施1套。加格达奇泵站新建减阻剂注入设施1套。2013年7月9日，新建的4座5万立方米油罐投用。

4. 兰州—成都原油管道工程（续建，投产）

兰州—成都原油管道起自甘肃省兰州市西固区兰州首站，途经甘肃省、陕西省，止于四川省彭州末站。管道全长879千米，设计压力8—13.4兆帕，管径610毫米，设计年输量1000万吨，采用L450螺旋缝埋弧焊钢管和直缝埋弧焊钢管。管道全线共设置8座工艺站场，44座线路截断阀室，其中监控阀室18座、高点监测阀室6座、单向阀室12座、手动阀室8座。管道工程概算总投资471940万元。

工程于2011年3月30日开工建设，2013年3月19日管道建成并具备投产条件，11月26日进油投产。

5. 日照—东明原油管道工程（续建，投产）

管道起于日照首站，止于菏泽市东明末站，长度462千米，管径711/610毫米，设计压力8兆帕，设计年输量为1000万吨。

工程于2009年11月28日开工，于2013年1月8日进油投产。为满足日东线掺混输送委内瑞拉原油的要求，从2013年7月开始对日照首站、平邑清管站、兖州分输站、东明末站和日照港中转油库进行改造。其中首站更换泵叶轮，增加混合器、计量设施等，利用首站油库和日照港中转油库存储掺混，其余站场进行工艺管道保温伴热改造；日照港中转油库增加稠油泵、改造工艺、消防管网和自控系统。

6. 铁岭—锦西原油管道复线工程（新建）

铁岭—锦西原油管道复线工程包括铁岭—锦西干线和锦州港支线。

干线起自辽宁省铁岭市铁岭首站，止于辽宁省葫芦岛末站，管道全长421千米。其中，铁岭末站—松山分输热泵站段长361千米，管径508毫米，设计压力8.0兆帕，铁岭—兴沈段设计年输量1000万吨，兴沈—松山段设计年输量900万吨，采用L450钢级螺旋缝埋弧焊和直缝埋弧焊钢管；松山分输热泵站—葫芦岛末站段60千米，管径355.6毫米，设计压力8.0兆帕，设计年输量350万吨，采用L415钢级高频直缝电阻焊钢管。全线采用加热密闭输送工艺。干线设置线路截断阀室22座，其中监控阀室8座，单向阀室8座，手动阀室6座。支线起自干线松山分输热泵，止于锦州港末站，管道全长38千米，管径273毫米，设计压力8.0兆帕，设计年输量268万吨，采用L415钢级高频直缝电阻焊钢管。支线管道在兴海区内架空敷设2千米。设置1座手动线路截断阀室。该工程于2013年1月20日开工建设，截至2013年底已焊接管道335千米。

7. 铁大线安全改造工程（铁岭—鞍山段，新建）

管道起自辽宁省铁岭市铁岭首站，止于辽宁省鞍山市鞍山分输泵站，全长229千米，管径711毫米，设计压力8.0兆帕，采用L450级螺旋缝埋弧焊和直缝埋弧焊钢管，设计年输量1500万吨。采用常温密闭输送工艺。共设置线路截断阀室16座，其中监控阀室12座，手动阀室4座。该工程于2013年1月20日开工建设，截至2013年底共焊接管道197千米。

【成品油管道工程】

1. 锦州—郑州成品油管道（续建）

锦州—郑州成品油工程包括1条干线，锦西和华北2条输入支线，秦皇岛、唐山、武清、大厂、石楼、邢台和邯郸7条分输支线。

干线起自辽宁省锦州市锦州首站，途经辽宁省、河北省、天津市和河南省，止于河南省郑州市郑州末站，全长1320.8千米。其中锦州首站—固安分输泵站段管道设计年输量1300万吨，管径660毫米，设计压力8—10兆帕，线路长度597.3千米；固安分输泵站—保定输入泵站段管道设计年输量800万吨，管径559毫米，设计压力8兆帕，线路长度100.4千米；保定输入泵站—邯郸分输泵站段管道设计年输量1100万吨，管径610毫米，设计压力8—10兆帕，线路长度340千米；邯郸分输泵站—郑州分输泵站段管道设计年输量800万吨，管径559毫米，设计压力8兆帕，线路长度282.8千米。全线采用L450钢级螺旋缝埋弧焊钢管和直缝埋弧焊钢管；共设置线路截断阀室54座。

输入支线共长66.8千米，其中锦西输入支线起自辽宁省葫芦岛市锦西首站，止于干线4号注入阀室，线路全长8.9千米（三管敷设），设计年输量600万吨，管径406.4毫米，设计压力10兆帕，采用L360钢级高频直缝电阻焊钢管。华北输入支线起自河北省任丘市华北首站，止于干线保定市输入泵站，线路全长57.9千米，设计年输量510万吨，管径457毫米，设计压力5兆帕，采用L360钢级螺旋缝埋弧焊钢管和直缝埋弧焊钢管。

7条支线共长248.6千米，其中秦皇岛分输支线起自干线秦皇岛分输泵站，止于华奥油库分输计量站，线路全长10.9千米（双管敷设），设计年输量130万吨，管径323.9毫米，设计压力2兆帕。唐山分输支线起自干线唐山分输泵站，止于豆各庄油库分输计量站，线路全长45.1千米（双管敷设），设计年输量130万吨，管径323.9毫米，设计压力6兆帕。武清分输支线起自干线24号分输阀室，止于武清油库分输计量站，线路全长24.6千米（双管敷设），设计年输量70万吨，管径323.9毫米，设计压力8兆帕。大厂分输支线起自干线24号分输阀室，止于大厂油库分输计量站，线路全长65.8千米（单管敷设），设计年输量185万吨，管径406.4毫米，设计压力8兆帕。石楼分输支线起自干线固安分输泵站，止于石楼油库分输计量站，线路全长54.7千米（单管敷设），设计年输量130万吨，管径323.9毫米，设计压力5兆帕。邢台分输支线起自干线41号分输阀室，止于官庄油库分输计量站，线路全长19.5千米（双管敷设），设计年输量65万吨，管径273.1毫米，设计压力8兆帕。邯郸分输支线起自干线邯郸分输泵站，止于杏园油库分输计量站，线路全长28千米（双管敷设），设计年输量50万吨，管径273.1毫米，设计压力3兆帕。支线管道除大厂分输支线采用L360钢级直缝电阻焊钢管外，其余均采用L245钢级直缝电阻焊钢管。

锦郑成品油管道于2012年8月18日开工，截至2013年底累计焊接860千米。

2. 吉林—长春成品油管道工程（续建完工）

吉林—长春成品油管道工程起自吉林省吉林市吉林首站，止于吉林省长春市长春末站，线路全长168千米，设计年输量245万吨，管径355.6毫米，管道设计压力6.8兆帕，管道采用L360钢级钢管，钢管材质选用高频直缝电阻焊管。管道采用常温密闭顺序输送工艺。管道全线共设置2座站场、8座线路截断阀室，其中监控阀室2座。工程概算总投资50978万元。工程于2011年5月30日开工，截至2013年底管道已完工待投产。

3. 宁夏石化成品油外输管道（续建完工）

宁夏石化成品油外输管道工程包括1条干线和1条支线。干线起自宁夏回族自治区银川首站，止于内蒙古巴彦淖尔的临河末站，线路全长373.6千米。银川首站—石嘴山分输阀室段管道设计年输量191万吨，管径273毫米，设计压力10兆帕，线路长度103.7千米，采用L360钢级高频直缝电阻焊钢管；石嘴山分输阀室—乌海分输站段管道设计年输量130万吨，管径273毫米，设计压力6.3兆帕，线路长度91.2千米，采用L360钢级高频直缝电阻焊钢管；乌海分输站—临河末站段管道设计年输量59万吨，管径219毫米，设计压力4兆帕，线路长度178.7千米，采用L245钢级高频直缝电阻焊钢管。全线设置银川首站、乌海分输站、临河末站3座工艺站场和13座线路截断阀室。银川首站与中银原油管道末站合建，所需储罐依托宁夏石化公司。管道全线采用常温密闭顺序输送工艺，顺序输送93号汽油、0号柴油、-10号柴油及-20号柴油。

支线起自石嘴山分输阀室，止于石嘴山分输计量站，线路全长13.2千米（双管敷设），设计年输量61万吨，管径168毫米，设计压力10兆帕，采用L360钢级高频直缝电阻焊钢管。

该管道于2011年10月开工建设，截至2013年底工程已完工待投产。

4. 呼和浩特—包头—鄂尔多斯成品油管道（续建完工）

呼和浩特—包头—鄂尔多斯成品油管道工程包括1条干线、1条支线。干线起自内蒙古呼和浩特首站，止于鄂尔多斯末站，线路全长286千米，管径355.6毫米，设计压力10兆帕，采用L415钢级高频直缝电阻焊钢管，其中呼和浩特首站—土右分输泵站设计年输量300万吨，土右分输泵站—鄂尔多斯末站设计年输量200万吨。支线起自土右分输泵站，止于包头末站，线路全长30.5千米，设计年输量150万吨，管径273.1毫米，设计压力4.0兆帕，采用L245钢级高频直缝电阻焊钢管。

管道干线设置呼和浩特首站、土右分输泵站、鄂尔多斯末站3座工艺站场；支线设置包头末站。呼和浩特首站与长庆油田—呼和浩特石化原油管道末站、保定—呼和浩特成品油管道末站合建；所需储罐依托呼和浩特石化公司。管道全线共设置10座线路截断阀室，其中监控阀室4座、单向阀室1座、手动阀室5座。

呼包鄂成品油管道于2012年6月开工建设，截至2013年底管道工程已完工待投产。

5. 云南成品油管道工程（新建）

云南成品油管道工程包括安宁—保山、安宁—蒙自、安宁—曲靖成品油管道3项管道工程。

安宁—保山成品油管道起自云南省昆明市安宁首站，止于保山市保山末站，线路全长395.5千米。安宁首站—楚雄分输泵站段管道管径406.4毫米，设计压力10兆帕；楚雄分输泵站—大理分输泵站管径323.9毫米，其中楚雄分输泵站出站62—67千米段设计压力11兆帕，其余段管道设计压力10兆帕；大理分输泵站—保山末站管径219.1毫米，全线除管径406.4毫米管道采用L415钢级高频直缝电阻焊钢管外，其余管道采用L360钢级高频直缝电阻焊钢管。

安宁—曲靖成品油管道包括安宁—曲靖干线及昆明支线。安宁—曲靖干线起自云南省昆明市安宁首站，止于曲靖市曲靖末站，线路全长233.3千米，管径406.4毫米，其中安宁首站出站0—30千米及昆明中间泵站出站0—10千米管道设计压力11兆帕，昆明分输站—曲靖末站段管道设计压力8兆帕，其余段管道设计压力10兆帕。昆明支线起自昆明市寻甸县昆明分输站，止于昆明市官渡区昆明末站，线路全长70.8千米，管径406.4毫米，设计压力8兆帕。全线采用L415钢级高频直缝电阻焊钢管。

安宁—蒙自成品油管道起自云南省昆明市安宁首站，止于蒙自县蒙自末站，线路全长251.2千米。安宁首站—玉溪分输站段管道管径323.9毫米；玉溪分输站—蒙自末站段管道管径273.1毫米。全线设计压力8兆帕，采用L360钢级高频直缝电阻焊钢管。

截至2013年底，云南成品油管道安宁—曲靖段焊接管道90千米、安宁—蒙自段焊接管道105千米、安宁宝山段焊接管道78千米。

6. 成都—乐山成品油管道工程（新建）

成都—乐山成品油管道工程包括1条干线和注入兰成渝支线、双流支线2条支线。

干线起自四川省成都市彭州首站，止于夹江末站，全长249.5千米，设计年输量300万吨，设计压力9.5兆帕，其中彭州首站—双流分输泵站段管径355.6毫米，采用L415钢级高频直缝电阻焊钢管；双流分输泵站—夹江末站段管径273.1毫米，采用L360钢级高频直缝电阻焊钢管。

注入兰成渝支线起自干线彭州首站，止于兰成渝彭州分输站。线路全长19.5千米，设计年输量100万吨，管径273.1毫米，设计压力6.5兆帕。采用双管与干线管道同沟敷设方式，采用L245钢级高频直缝电阻焊钢管。

双流支线起自干线双流分输泵站，止于双流支线末站。线路全长25千米，设计年输量100万吨，管径273.1毫米，设计压力5.0兆帕。采用双管同沟敷设方式。钢管采用L245钢级高频直缝电阻焊钢管。

管道全线共设置13座线路截断阀室，其中监控阀室5座、单向阀室4座、手动阀室3座、高点放空阀室1座。

截至2013年底，成乐成品油管道干线已焊接21千米、兰成渝支线已完工待投产、双流支线未开工。

【储气库工程】

1. 金坛地下储气库工程（续建）

西气东输金坛地下储气库工程主要包括改造6口老腔，新建57口溶腔、镇江分输站至金坛地下储气库的输气干线、2座注采气站、集输系统等。金坛地下储气库总库容26.38亿立方米，有效工作气量17.14亿立方米，日注气规模900万立方米，日采气规模1500万立方米。其中，金坛地下储气库一期工程主要内容包括输气干线、东西注采气站、地面配套公用工程设施的建设，6口老腔改造和15口新腔的钻井溶腔以及地面配套部分的建设，一期工程完工后，库容量为7.98亿立方米，有效工作气量为5.08亿立方米。金坛地下储气库二期工程包括新增9口造腔井钻井工程，新增9口溶腔位于江苏省常州市金坛盐矿内，9口溶腔单腔体积32万立方米，有效腔体体积25万立方米。9口溶腔单腔最大工作气量2870万立方米，垫底气量1511万立方米，正常采气条件下的工作气量2550万立方米，运行压力7—17兆帕。

截至2013年底，一期工程累计完成99.9%。年累计造腔334761立方米，二期工程累计完成99.7%。年累计造腔865565立方米。14口井造腔地面配套工程与东站连头。

2. 板876、板808储气库加快达容工程（新建）

加快达容工程的主要工程量是板876储气库在已建井场南侧新钻4口注采井（均为定向井），储气库运行5个周期后工作气量达到1.5亿立方米。板808储气库在已建井场新钻1口注采井、2口监测井，储气库运行5个周期后，其板2油组工作气量达到2.86

亿立方米。

新建注采井单井日注气能力均为25万立方米，日采气能力均为50万立方米。新建各新钻注采井井口至注采阀组单井注采管线，对已建注采阀及其他相关配套设施进行扩建或改造。

截至2013年底，板808储气库已完工待投产。板876储气库已完成综合进度78%。

【液化天然气接收站工程】

1. 唐山液化天然气接收站项目（续建）

唐山液化天然气项目位于河北省唐山港曹妃甸港区，包括接收站工程及码头工程两部分，分三期实施。

接收站一期工程设计年规模为350万吨，二期工程设计年规模为650万吨，远期年规模达到1000万吨。接收站设施主要包括4台16英寸[1]卸料臂和1台16英寸气相返回臂，一期建3座有效容积为16万立方米的全包容式混凝土顶液化天然气（LNG）储罐，一套槽车装车设施。

码头一期工程建设1个泊位，年接卸液化天然气能力为650万吨，远期增建1个泊位。码头及栈桥设计接卸船型为27万立方米LNG运输船，兼顾12.5万—27万立方米LNG运输船。工作船码头泊位布置在接收站东南侧护岸外，码头长50米、宽8米。

截至2013年底，码头工程、一期接收站工程已建成完工，LNG储罐已具备接气条件。第一船LNG已于2013年11月15日到港卸货。

2. 大连液化天然气项目二期工程

大连液化天然气项目二期工程在一期工程基础上扩建，工程实施后，接收站规模达到600万吨/年，天然气最大日外输量约2700万立方米（约112万米^3/小时）。

在已建3座LNG储罐罐内各新安装1台设计排量为460米^3/小时的低压输送泵。外输系统新建2台设计排量为435米^3/小时的高压输出泵，增购1台设计排量为435米^3/小时的中压泵芯。新建2台设计排量为200吨/小时的开架式汽化器，2台设计排量为200吨/小时的浸没燃烧式汽化器。

装船系统新建1条20英寸装船管线，并对一期工程卸船码头及工艺系统进行改造。装船系统设计能力为4000米^3/小时。扩建海水系统、燃料气系统、自控系统和电气系统等，2013年开展前期基础工作。

【标准化、模块化、信息化（“三化”）设计工作】 2013年按照“深入标准化、加快模块化、启动信息化”的工作思路，以CDP文件为载体加强和完善天然气与管道业务的知识管理，充分发挥“三化”工作机制的协同优势，着力解决项目建设过程中的突出问题。2013年组织78个CDP文件的审查，发布CDP文件51个（其中升版16个），CDP有效文件共计334个。

此外，2013年还组织8次CDP宣贯会，共有32个单位、1566人次参加。CDP（油气储运项目设计）文件主笔人在宣贯中逐条讲解文件内容，以及讲解条款的制定背景、工程实际案例，避免在今后工程项目的设计环节中重复历史错误。

（黄松源）

储运设施管理

【概述】 2013年，天然气与管道分公司全面推动完整性管理方法在管道设施风险管理中的应用，深入开展风险评估，优化维修维护资源，建立效能评价机制，将管道高后果区风险控制率和应急资源保障能力作为重要管控目标。

【完整性管理】 截至2013年底，天然气与管道分公司共有长输油气管道里程58130千米。各类油气管道工艺站场1532座，线路截断阀室2001座。

完整性管理基础进一步夯实。天然气与管道分公司完成资产完整性管理程序、完整性管理审核、考核与效能评价、油气管道基本信息统计管理办法等体系文件的修订和制定；完成站内工艺管线、储罐、压缩

[1] 1英寸=2.54厘米。

机等十大类油气站场设备设施完整性程序文件和作业文件的编制及审查，形成统一的站场设备设施完整性管理方法、流程和表单，将试点应用后全面推广；结合应用实践，完成集团公司企业标准《管道完整性管理规范》（Q/SY1180）中高后果区识别、管道风险评价、管道线路完整性数据采集等部分的修订工作，使标准更具科学性、适用性和可操作性。

管道线路完整性管理应用持续深化。2013年，各管道地区公司继续开展高后果区识别、风险评价和管道内检测工作，高后果区识别率达到98.6%、风险评估覆盖率达到100%，全年完成管道内检测8957千米，对已识别高后果区高风险点采取工程治理、维修或采取加强管理手段等风险治理或控制措施，有效消减管道泄漏失效风险。

【维抢修管理】 继续落实管道维抢修体系规划，截至2013年底，已建成20个维抢修中心、1个封堵中心、36个维抢修队、21个维修队，共配置维抢修人员2400余人。

新建的中缅管道昆明维抢修中心、贵阳维抢修中心、保山维抢修队、柳州维抢修队、瑞丽维修队及呼包鄂管道的呼和浩特维抢修中心的维抢修人员、设备基本到位；依托西气东输三线已完成吉安维抢修队、厦门维抢修队、福州维修队维抢修设备配置计划。

【管道保护管理】 2013年，组织各管道企业按照程序文件要求，认真开展自然与地质灾害风险排查及治理，积极开展防汛准备工作自查自改，汛前共排查出自然与地质灾害风险943处，要求各单位本着“防大汛、抗大灾”的原则，切实做好防汛各项准备工作。

不断完善管道保护标准规范。为进一步规范管道建设期和运行期的巡护管理，确保尽早发现管道安全隐患，编制完成《管道巡护管理办法》，从管道巡护方案、巡护管理、巡护考核等多个方面提出明确要求，有效提升管道巡护管理水平。为进一步做好直升机管理工作，修订《管道保护租用直升机管理办法》，明确各方管理职责，规范日常管理要求。2013年，直升机基地累计飞行1208.5小时，飞行计划完成率82.8%，较往年明显提高。

【设备管理】 截至2013年底，天然气与管道分公司长输天然气管道有在用压气站60座、压缩机组174套，在用储气库9座、压缩机组30套，总计在用压缩机组204套，同比增加10.3%，总装机功率达到3968兆瓦，同比增加13%。全年机组实际利用率33.3%、可用率97.5%、可靠性99.8%。

（贺克奋）

基础管理工作

【概述】 2013年，天然气与管道分公司认真贯彻落实集团公司工作会议和领导干部会议精神，按照保增长、保效益工作目标，着力加强生产优化，着力加强市场营销，着力加强项目管理，着力加强风险管控，全面完成了各项生产经营任务。

【规划管理】 按照天然气与管道分公司规划体系，结合资源及市场变化情况，滚动编制相关规划。天然气与管道分公司层面重点是加强天然气产、运、销、储分析，尤其是未来三年的分月产、运、销、储分析，结合国内天然气生产、国外资源引进、市场需求变化和储运设施建设情况，滚动编制天然气业务发展规划；结合国内油田产能建设、国外原油资源引进、炼厂建设安排、成品油市场需求变化和原油、成品油管道建设情况，滚动编制原油、成品油管道规划；通过规划滚动编制，提前安排2015—2020年天然气销售方案和油气储运设施建设。组织地区公司做好适应性改造和分省天然气业务发展规划，提出2015—2020年分省、分用户天然气销售方案和油气站场改造、天然气支线、城市燃气、CNG等项目的建设安排。

【投资管理】 2013年，按照天然气与管道分公司天然气与管道业务发展规划的总体要求，天然气与管道分公司加强投资控制、把握投资方向，重视投资效益分析，将有限的资金安排在重点油气储运设施建设和在役油气管道安全隐患治理上，为确保油气管道安全运行、保证工程建设进度提供了有力的保障。

1. 2013年总体投资情况

2013年天然气与管道业务年度投资计划为5264460万元，从业务类型看，原油业务投资463435万元，占8.8%；成品油业务投资297304万元，占5.6%；天然气业务投资1972386万元，占37.5%；储气库业务投资 11215 万元，占 0.2%；LNG 业务投资 75327 万元，占 1.4%；城市燃气和 CNG 业务投资 130952 万元，占 2.5%；其他业务投资（非安设备、科研规划、安全环保、节能）4377 万元，占 0.1%。各地区公司 2013 年实际完成投资 4962714 万元，占下达计划的 94.3%。

2. 2013 年投资管理工作重点及效果

（1）把握投资方向，优化投资结构。

结合业务发展规划，天然气与管道分公司 2013 年把握投资方向，优化投资结构，在满足项目资金需求的同时，保障投资效益，优化投资结构。投资安排原则：保证在役管网平稳运行，安全隐患治理项目严格开展风险评价，依据评估风险的大小合理安排投资；夯实业务发展基础，保证重点油气战略通道、联络线、配套储气库及 LNG 等项目投资需求，重点项目按照要求开展经济评价；优化适应性改造、支线和天然气下游利用项目投资安排，要求项目符合股份公司投资回报要求；更新改造项目严格按照资产完整性管理要求、后评价成果进行优选排序；压缩非生产性投资，如非安设备购置等一般性支出。

（2）加强全过程投资控制，明确分阶段责任主体。

天然气与管道分公司加强全过程投资控制，重点开展以下一些工作：规划阶段结合上、下游资源情况，合理安排项目建设节奏，优化投资安排；可行性研究阶段加强现场踏勘，反复论证线路路由、控制性工程，优化设计方案；初设和施工阶段注意投资节约，细化工艺方案，优化站场布局和主要设备选型；后评价阶段加强经验教训总结，将投资控制的理念反馈到项目建设各阶段中。通过滚动规划产、运、销平衡，将西气东输三线中段、西气东输四线、陕京四线的工期推后，从而使年投资规模大幅度降低。

（3）重视效益分析，完善经济评价方法。

围绕效益目标和规划产、运、销平衡，组织开展天然气管网运销规划优化模型和价值评估模型研究，为未来的投资效益测算打下基础。针对部分项目经济评价方法还不完善的现状，组织开展经济评价方法研究，包括按新定价机制完善单个项目效益经济评价、按有无对比法分析单项目对系统效益影响，对存量资产、联络线、适应性改造项目进行经济效益评价分析工作。组织开展地区公司和重点项目经济效益分析，目前已组织开展陕京一线、京二线、涩宁兰管道及复线、忠武线、秦沈线的效益分析。

（罗文君）

【预算管理】 持续开展内部对标，完善成本分析数据库，建立标杆成本预算体系；以全面推动年度分月滚动预算为抓手，强化经营预算与生产计划、天然气推价的深度融合，及时优化油气调运及天然气销售流向，有效提升经营效益。

（1）紧紧围绕“保增长、保效益”中心目标，编制完成 2014 年财务预算及分月经营预算。结合 2013 年管道业务的新变化，根据 2014 年产、运、销计划和生产运行方案，按老管线成本原则不增、新管线按内部对标标准核定的原则，坚持效益导向、战略规划、计划管控，深化对标管理、强化成本控制、薪酬成本配比，顺利完成天然气与管道分公司 2014 年预算编制与对接分解工作。8 月初启动天然气与管道分公司 2014 年财务预算编制工作，9 月向预算管理部提出框架目标预算建议，10 月按照天然气与管道分公司生产经营参数进行测算，与预算部进行 8 次对接，专题汇报 3 次。11 月进行地区公司年度财务预算分解，召开预算对接会 1 次，进行 4 次预算对接，贯彻落实“有质量、有效益、可持续”发展方针，将预算指标及效益目标分解落实到每个单位。12 月完成年度预算下达和分月经营预算编制工作。

（2）根据折旧年限调整、合资公司成立等会计政策及业务重组变化情况，进行预算指标调整。4 月，根据股份公司关于长输管道折旧年限由 14 年调整到 30 年的政策，测算各单位折旧调整影响，相应调整专业公司和地区公司利润预算指标。6 月，根据西部管道联合公司（合资公司不并表）情况，调整天然气与管道分公司和西部管道公司相应预算，并对预算信息系统进行相应调整，以满足天然气与管道分公司、合资公司以及原口径预算分析需求。

（3）结合构建预算管理信息平台，深化经营预算分析。推进天然气与管道分公司层面月度预算管理信息系统运行，利用系统进行分月经营预算的编制与分析，完成全年分月经营预算的编制，通过月度预算偏差分析，为下一步经营计划反馈相关经营信息，根据折旧年限调整、成立西部管道联合公司后的会计政策调整等，修正预算信息系统，及时完成分析材料，为集团公司、天然气与管道分公司经营决策以及地方政府、投资方、税务部门提供参考信息。

（4）以经济效益为中心，推进季度预算编制和考核。落实集团公司季度预算管理要求，以年度均衡预算为基础，并结合实际生产经营情况，确定季度预算编制方法、季度预算考核原则，组织季度预算编制、汇总与考核。结合合资公司设立，在季度预算中体现合资公司对天然气与管道分公司损益的影响。先后组织所属24家地区公司进行季度预算编制、汇总与考核。在编制三季度预算的同时，补充编制一季度、二季度预算，完成四季度预算匡算，对全年预算利润指标完成情况进行预估；完成上半年、三季度预算考核，并将结果上报集团公司考核信息系统。

（5）坚持低成本战略，建立常用指标数据库，为经营分析决策和内部对标奠定基础。在历年成本分析数据库构建的基础上，设计完善更新相关数据表，启动并开展成本分析数据库2012年相关资料整理及收集工作，重新设置需求数据，组织各地区公司财务人员就2006年以来相关分业务资产指标数据进行收集整理，对相关数据进行核实与修订，确保分析基础数据准确无误，口径合理。在原有基础上完成天然气与管道企业成本分析数据库基础数据收集表209张、油气田单位成本分析数据库基础数据收集表12张，完成新增管线常用指标表十大类47张数据统计表（对专业公司常用指标按汇总、分地区公司、分线、分业务进行统计），编制完成2006—2012年长输管道对标分析报告PPT版，在此基础上形成对标专题报告在天然气与管道分公司2012年发展年会上进行交流。

（何小斌　王　丹）

【财务管理】 组织开展门站价格改革后天然气结算方案调整，确定国家储备天然气收储和新气源结算方案，加强合资公司财务建设，配合组织中国海油串供结算、中国石化代输结算、营改增实施政策申请等工作的实施，开展天然气销售商务模式、管理会计体系优化等研究工作，适应业务快速发展对财务工作精细化管理要求。

（1）结合门站价格改革和生产经营实际，理顺天然气销输及管输结算模式，完善财务会计报表。超前参与设计新投产管线价格与结算方案，结合管线建设进度和投产安排配合财务部完成唐山LNG、进口LNG液来气走顺价销售、陕京供气系统内部管输价格及管网结算与投产方案设计，有力地保障新投产项目运行管理。协同推进天然气门站价格政策实施，配合财务部推进非试点省份价格改革调整，国家发改委于2013年7月10日下达《关于调整天然气价格的通知》，天然气价格由出厂环节调整为门站环节，区分存量气和增量气，天然气价改为集团公司增收96亿元，效益全部转移上游板块；积极配合研究进口LNG液来气走销售方案，保障集团公司效益提升及天然气业务持续发展。制定专业公司内部结算价格及完善价格体系，下发天然气销售公司转供油气田公司天然气内部结算价格、天然气销输内部结算有关事项、调整西南管道（销售）公司内部结算价格、忠武线转供西南油气田天然气结算等内部定价文件，提出与上游板块的内部结算价格方案并上报集团公司，为天然气与管道分公司天然气销售提供价格结算保障和依据。前瞻性开展天然气销售模式与管输结算方案设计，根据天然气价格改革情况，会同天然气结算中心，通过对现有天然气销售结算模式的梳理，分线、分气源、分区域的管网情况逐线细化结算方案，完成天然气门站价格下结算调整方案，根据进口气不同管线不同流向，研究设计国家商业储备库结算方案及系统改造方案，有力保证天然气销售及结算顺利平稳实施。结合会计核算情况变化，天然气与管道分公司会同财务部，梳理报表内部抵消事项，重新修订天然气主营业务表，提出新天然气主营业务表改造方案、报表格式以及取数依据，对信息系统（FMIS、ERP、PPS等）需要深度改造提供财务支持，设计增加天然气分省销售表，解决主营表中管输量抵消存在问题，及时保障了财务报表完成，为生产经营分析提供有力支撑。

（2）完成管理会计优化活动，通过对业务的逐层分析，加深业务与财务的融合度，同时提出相关会计科目规范建议。利用前阶段油气调运及资产完整性对标的初步成果，明确输油输气业务对标指标，通过业务标准的设定，初步明确对标指标43个；启动优化输油输气业务会计科目，规范会计科目设置及核算内容，初步优化一级会计科目23项、二级跨级科目61项、三级会计科目100个。

（3）进行天然气销售商务模式研究，为理顺天然气销售机制奠定基础。通过对现有天然气销售商务模式的梳理，分析近几年中国石油天然气销售业务发展和未来销售规划情况，根据天然气销售业务发展态势的需求，设计中国石油天然气销售业务商务模式，同时对上游出厂价格调整机制提出建议，形成新的销售机制，完善天然气销售价格管理。主要研究内容为在5+N天然气销售商务模式调整的基础上，合理划分上、下游天然气产业链利润，明确国产天然气买断价格定价公式，由天然气销售公司制定对各地区销售公司的内部天然气销售价格，通过价格调整使天然气盈亏由“5+N”共同承担。

（4）配合财务部展开长输管道标准费率研究，把握未来政策导向，保障公司管输效益。针对若实施标准费率存在的无法体现管道项目个性差异、上下游管道效益不均衡、结算困难、对现有管线投资回收及后续投资产生消极影响、未明确储气库定价等问题，提出对新建管道采取标准费率、提高标准费率水平、制定储气库定价方法、对非跨省天然气管道统一价格管理等相关建议。

（5）夯实会计基础，优化财务管理。结合业务变化和工作内容调整对 HSE 体系文件财务部分进行修订，使程序文件和作业文件与专业公司财务管理实际工作紧密结合，确保财务管理工作高效合规有序。其中对建设项目资金申报管理程序、财务预算管理程序、路演信息披露工作管理程序进行修订，编制新增安全生产费用资金申报管理程序。

（6）推进合资公司财务建设，多措并举力保利润完成。采用股份公司财务核算系统进行账务建设，根据公司具体情况对财务报表进行增减，保留财务报表 103 张，每月 7 日上报财务快报，12 日进行财务简报分析；建立主要财务制度 8 个，建立岗位责任制 20 个，梳理业务流程 20 个；加强合资公司资金管理，富余资金以 3.3% 年利率通过财务公司循环委贷给股份公司，闲置资金以 4.47% 利率、5 年期定期的方式委贷给股份公司，使资金存款年利率提高 1.17 个百分点，2013 年通过资金运作带来效益 2.3 亿元；以预算指标作为成本控制的切入点，每月进行对比分析，找出差异分析原因，并采取针对性措施，确保 2013 年度利润分配和分红回报完全实现；加强与税务沟通保证税企信息畅通；与相关人员沟通争取相关有利政策；借助外部审计力量加强公司内部管理工作，合资公司聘请毕马威华振会计事务所进行公司 2013 年度财务决算审计，其出具无保留意见的审计报告书。截至 2013 年底，中石油管道联合有限公司资产总额为 829.84 亿元，负债为 25.27 亿元，所有者权益为 804.57 亿元，资产负债率 3%；共输送原油 1146.52 万吨，输送成品油 297.54 万吨，输送天然气 287.60 亿立方米；实现营业收入 103.26 亿元，实现利润总额 54.28 亿元，进行股利分配 39 亿元。

（7）配合外部审计，提升内控管理。按集团公司迎审总体部署，天然气与管道分公司精心组织各处室落实国家审计署的各项要求，提供 2012 年天然气生产经营年报、东北原油管网隐患治理及投资情况、2010—2012 年事故统计情况、目前国内各省天然气管网公司有关情况、超 1 亿元投资项目补充表等 21 份审计资料；组织进行天然气销售趋势情况、天然气销售管理、管网安全隐患治理等 5 次涉及 7 个处室专题访谈，高质量地完成迎审工作。

（何小斌　孙忠镭　袁童玲）

【合作与股权管理】 2013 年西气东输三线合资公司完成第二期注资，完成西气东输三线在建工程资产审计评估和收购，完成委托运营协议的签署，实现霍乌段投产等工作。完成管道合资平台设立工作，开展福建省管网、福建 LNG 接收站、中贵和兰成等管道项目合资合作前期工作。2013 年针对突出问题，开展专项工作。

1. 西气东输三线

（1）完成在建工程审计、评估及收购工作。

与合资方确定前期投入形成的资产、负债范围，按照各方认可的方法出具审计、评估报告。西气东输三线合资工作组集中审查审计、评估报告中有关内容，合资各方在工作层面对审计、评估报告结论达成了一致。合资公司成立前中国石油先期投入形成的资产、负债评估值为 130.99 亿元，评估增值 2.36 亿元，合资公司已完成相关资产的收购。

（2）委托运营协议签订工作。

经过与股东方数轮谈判，修改完善委托运营协议，重点解决费用分摊、公用设施租赁等问题，各方就委托运营协议在工作层面达成一致。运营协议已通过董事会的审查。

（3）组织召开第二次股东会、董事会、监事会会议。

6 月 14 日，组织召开中石油西北联合管道公司第二次股东会、董事会、监事会，审议通过委托运营协议，前期投资资产费用审计、评估结论以及 2013 年度投资计划、财务费用预算等事宜。

（4）组织完成第二期资本金注入工作。

根据合资合同约定，组织各方股东按照约定向西气东输三线合资公司注入第二期资本金 250 亿元。

（5）霍乌段投产，公司实现盈利。

9 月起始霍乌段与西气东输二线联合运行，截至 2013 年底煤制气尚未产出合格天然气，9—10 月西气东输三线联运管输量为 3.19 亿立方米，实现管输收入 4884 万元。截至 10 月，累计实现税前利润 88542 万元（主要是利息收入 10.91 亿元）。2013 年预计实现利润总额 97190 万元，可分配利润为 74350 万元。

通过上述工作，解决前期遗留下来的问题，合资公司的设立工作圆满完成，并为下一步开展建设和运营工作创造了基础和条件。

2. 管道合资平台建设

为落实《国务院关于鼓励和引导民间投资健康发展的若干意见》，引入社会资本共同参与管道储运等基础设施的建设和运营管理，探索保险、银行以及信托资金等金融资本多元化投资渠道，中国石油以其下属的西部管道分公司管理的除西气东输三线外的全部资产（不包括销售公司业务及资产），以及在管道项目经理部核算的、已建成的西气东输二线部分资产及相关负债（以下简称合资管线资产）与泰康资产、国联基金共同设立一家合资公司。

合资公司于2013年6月完成注册，正式运营。注册资本为400亿元，其中股份公司以西部管道公司经审计后净资产评估值543.64亿元（增值96.38亿元）、配置往来负债343.64亿元，净资产200亿元作为出资，认缴公司注册资本200亿元；泰康资产以人民币现金出资360亿元，认缴公司注册资本120亿元；国联基金以人民币现金出资240亿元，认缴公司注册资本80亿元。资本金以外部分投资计入公司资本公积，享受股东权益。

3. 其他合资合作项目

（1）湖北省管网项目。

落实集团公司与湖北省战略协议和高层会谈纪要，明确由西气东输公司代表股份公司作为湖北管网业务主体。形成初步框架协议：合资方由湖北省天然气发展公司变更为其母公司湖北能源集团。合资公司注册资本暂定3亿元，我方出资1.2亿元，参股40%。经营范围为湖北省内从西气东输二线、西气东输三线等接入气源管线所覆盖下游市场的部分管道建设、运营和销售业务，湖北天然气公司现有从中国石油气源接入的管线和接收站由合资公司收购。经营模式主要为代输，同时调配销售西气东输二线、西气东输三线入鄂气量的20%用于调节市场和应急保障。

（2）福建LNG接受站项目。

2013年12月3日，为推进福建LNG接收站项目的合资合作，天然气与管道分公司组织规划计划部、新建LNG项目经理部、壳牌中国有限公司就福建LNG接收站合资合作模式进行研究，拟于近期就合资框架协议达成一致并完成签署，拟定的合作框架原则如下：中国石油持股51%以上，壳牌中国持股30%—49%，可以引入第三方股东。合资公司经营范围包括LNG资源采购、LNG接收站及其附属设施运营、天然气销售等业务。合资公司可在优先满足中国石油资源调配计划的基础上，自行开展天然气销售业务。

4. 专项工作

（1）股权企业管控治理督查。

自查范围内的207个控参股公司共计设置股东代表506名、董事1021名、监事513名，召开股东大会291次、董事会247次、监事会101次。未召开股东会和董事会的有21个，多数公司按照《中华人民共和国公司法》简化监事行权程序而未设立监事会。

多数单位都建立了所投资公司“三会”工作细则、董监事及合资公司绩效考核评价和经理层述职制度，依法合规委派治理层人员，按法定程序和内部决策要求行权履职，并通过法人治理贯彻股份公司管理意志，建立合资公司制度规范体系，对控股公司具有实质控制力，参股公司能够有效行使股东权利。各单位结合实际细化制定履职评价细则、股东会对董监事会授权内容、“三会”召开规则等管理规定。

（2）长期亏损项目优化处置。

按照股份公司《关于清理和处置低效、无效资产的通知》要求，天然气与管道分公司于2013年11月7日下发《关于加强长期无回报股权项目扭亏处置工作的通知》，对昆仑燃气公司自2011年至2013年9月三年无投资回报的51家项目公司进行全面梳理，深入了解各项目公司的现状、目标区域的市场情况以及当地政府的政策和未来的发展规划，要求所属企业提出明确的扭亏处置方案。

（3）昆仑利用公司重组工作。

63个项目于2013年6月30日完成资本层面收购工作，项目收购已向股份公司上报增资请示，资本运营部正在按照增资程序办理。

除上海捷仁运输公司、贵州销售公司、南昌新奥利用公司正在开展审计、评估及备案、云南利用公司正在办理法律强制注销外，其余18个移交项目资本层面转让已经完成。

29个风险项目中15个项目已经完成处置工作、山西利用项目批复、6个项目股权处置方案上报集团公司待批。7个项目涉及法律诉讼或情况复杂需要强制清算，其中邳州（侵吞公款）、宜诚（合同纠纷）、湖南中油管道（破产清算）、临沂中孚投资（吸收合并中涉及注册资金抽逃）4个项目已经进入法律办理程序，兰州、南通（股东不同意清算）正在按强制清算程序准备相关法律立案手续。

按照有关文件应纳入CNG移交范围的15个项目，10月集团公司人事部已明确不再移交，由昆仑燃气公司二次收购或在昆仑利用公司处置。

深圳置业、深圳华油实业项目在昆仑利用公司平台上管理，待集团公司明确重组去向后进行处理；柳州分公司目前由广西筹备组管理。

待风险项目处置完成、昆仑利用公司账内有关事项清理完成后，清算注销昆仑利用公司。

（范超嫣）

【资产管理】 截至2013年底，天然气与管道分公司固定资产原值2830.65亿元，净值2067.76亿元。其中2013年增加固定资产原值899.09亿元，净值881.89亿元；报废资产原值3.01亿元，净值3.94亿元；计提折旧109.13亿元。

2013年，管道建设项目经理部向地区公司共移交资产账面价值264.58亿元。其中，2013年12月30日完成向西部管道公司移交西气东输二线西段线路新疆段、甘肃段，移交的账面价值58.76亿元；2013年6月30日完成向西气东输分公司移交西气东输二线广南支干线广东段，移交的账面价值35.31亿元；2012年12月31日完成向西气东输分公司移交求大段，移交的账面价值10.01亿元；2013年10月30日完成向西气东输分公司移交西气东输二线东段南昌、洛宁、武穴站压缩机，移交的账面价值8.49亿元；2013年4月30日完成向西气东输分公司移交大铲岛压缩机，移交的账面价值1.55亿元；2013年12月30日向西气东输分公司移交高陵站、鲁山站压缩机，移交的账面价值1.62亿元。2013年10月30日完成向管道分公司移交兰郑长江南段及长沙支线，移交的账面价值20亿元；2013年10月30日向管道分公司移交岳阳支线和湘潭支线，移交的账面价值1.46亿元。2013年11月30日，完成向西南管道分公司移交中贵线南部—铜梁段，移交的账面价值14.91亿元。2013年4月30日完成向西南管道分公司移交西气东输二线广南支干线广西段，移交的账面价值26.03亿元；2013年11月30日，完成向西南管道分公司移交中贵线铜梁—贵阳段，移交的账面价值41.60亿元，2013年11月30日，完成向西南管道分公司移交兰成线，移交的账面价值44.84亿元。

（袁童玲）

【员工培训】 2013年，按照集团公司培训工作统一部署，天然气与管道分公司紧密结合油气储运、天然气销售与利用、油气储运设施建设、资产完整性管理等核心业务，不断加大培训工作力度，完善培训机制和培训管理制度，努力提高天然气与管道从业人员的业务素质。抓好培训项目计划落实。2013年，组织开展天然气市场营销、油气长输管道维抢修管理及现场处置技术、管道完整性管理系统深化应用、完整性管理、长输油气管道调度员执业资格取证等培训班14期，来自管道地区公司、油气田单位近1100人参加培训学习。按照《专业技术人才知识更新工作2013年高级研修项目计划》（人社厅函〔2013〕137号）和集团公司人事部相关要求，首次承办国家人力资源和社会保障部专业技术人才知识更新工程，培训中国石化、中国海油、中国中化集团压缩机组运行和维护的技术专家、学科带头人24人。结合业务快速发展实际，精心设计培训计划，组织开展“处室长讲业务”活动，公司领导和全体员工参加，主要领导带头讲技术、谈体会。各处室结合业务实际，采取多种形式开展HSE管理体系、公文写作知识、科技信息等知识宣贯，不断提高员工的整体素质。开展全员培训工作。各管道储运企业按照集团公司机关和天然气与管道分公司的培训计划，认真协助组织开展业务培训和专业技术培训，积极开展岗前培训、取证培训等，扎实推进岗位练兵和职业技能鉴定培训。完善培训工作相关制度，健全培训工作管理网络，加强与地区公司的沟通协调，推进天然气与管道分公司培训工作上台阶。

（刘克举）

管道节能与计量

【节能与计量管理】 2013年，天然气与管道分公司认真贯彻落实节能降耗的各项方针政策和重要指示精神，积极推动资源节约型企业建设，进一步加强节能管理，科学分解节能量、设定单耗基准值；开展节能与计量专项提升，进一步夯实节能与计量管理基础，提升管理水平；西气东输二线霍尔果斯首站燃气轮机余热利用合同能源管理项目建成投产，LNG接收站冷能利用工程顺利推进；充分发挥集中调控优势，进一步优化管道运行方案，使管道始终处于高效经济运行状态。全年实现节能量4.7万吨标准煤，输油气综合单耗均有所下降。另外，编制了2014—2020年节能规划，首次编制2014—2020年计量规划，有效指导天然气与管道业务节能降耗和计量管理工作。

（管维均）

【节能量】 全年累计完成节能量 4.7 万吨标准煤，为年计划 3.09 万吨标准煤的 150.5%（表 4）。

表 4　2013 年各单位节能量完成情况　　万吨标准煤

单 位	考核指标	完成
管道分公司	0.60	1.05
西气东输管道分公司	0.70	1.02
北京天然气管道有限公司	0.30	0.50
西部管道分公司	0.90	1.39
西南管道分公司	0.50	0.55
昆仑燃气有限公司	0.05	0.08
江苏液化天然气有限公司	0.02	0.03
大连液化天然气有限公司	0.02	0.03
合计	3.09	4.65

（管维均）

【管道安全】 2013 年，天然气与管道分公司积极贯彻“环保优先、安全第一、质量至上、以人为本”的理念，以 HSE 管理体系规范运行和持续改进为主线，以风险管理为核心，积极开展管理提升活动，持续开展隐患治理，切实加强体系审核，夯实安全环保基础，保证油气长输管道安全平稳运行。

1. 进一步夯实安全环保基础，持续提升管道本质安全

（1）严格落实集团公司会议要求和领导指示。2013 年天然气与管道分公司先后成功召开 2 次安全生产（QHSE）委员会会议。

（2）持续推进 QHSE 体系建设完善。根据天然气与管道分公司业务发展，及时开展体系升版工作，新版体系文件与 2010 年版相比，重点是统一建立两级管理职责、统一体系构架和工作流程、统一编码、建立统一的验证方法等 5 个方面内容，管理手册于 2013 年 10 月 1 日起实施，完成制修订程序文件和作业文件 40 个。剩余文件 2014 年 3 月全部分批发布。编制并印发《关于天然气与管道业务 2013 年 HSE 信息系统应用情况通报》，针对地区公司应用中存在问题，将系统考核纳入 HSE 绩效管理，自 2010 年一季度以来，管道企业 HSE 信息系统考核均为优秀。

（3）有序开展体系审核工作。按照集团公司 HSE 管理体系审核工作总体安排，本着“从严从细从实的要求，扎实开展 HSE 管理体系审核，做到审核有深度、整改有力度、预防有强度，进一步提升安全环保管理水平”的原则，完成对北京油气调控中心等 11 家天然气与管道企业 HSE 管理体系审核工作，形成完善的体系审核专家库，制定发布具有管道特色的体系审核工作管理办法和实施工作指南，做到审核单位全覆盖、审核要素全覆盖，确保审核工作达到集团公司要求。总结梳理管道企业风险管理、精细管理和先进技术应用等方面的典型的经验和做法，在天然气与管道系统内全面推广应用；针对审核发现的 336 个问题，正式印发整改工作通知，组织各单位“举一反三、查找根源”，利用集团公司 HSE 信息系统进行全过程跟踪督办，整改情况纳入年终安全生产、环境保护先进单位评选的重要依据。

（4）强化安全环保工作的监督检查力度，违章行为得到控制。2013 年 1 月编制并印刷了《2012 年天然气与管道分公司安全环保专项检查汇编》，对检查发现的问题进行跟踪督办，整改落实。2013 年，按照国家和集团公司要求，天然气与管道分公司先后组织开展安全生产专项检查工作，取得较好效果。正式印发问题整改工作通知，组织各单位“举一反三、查找根源”，利用集团公司 HSE 信息系统进行全过程跟踪督办，整改情况纳入年终安全生产、环境保护先进单位评选的重要依据。

（5）积极开展HSE培训，提高员工安全意识。2013年，天然气与管道分公司举办一期集团公司油气长输管道安全环保技能培训班，共计培训学员115名，总计达5354课时。

2. 强化风险和应急管理

2013年以来，天然气与管道分公司牢固树立以风险管理为核心的理念，积极推进应急管理，把风险和应急管理融入安全生产和环保管理全过程。

（1）持续开展环境风险排查工作。开展天然气与管道业务安全专项排查整治工作，采用集中办公方式，专题研究提出排查方案、确定排查标准，分专业分工组织风险排查、提出整改措施。以“12·23”井喷事故警示月活动为契机，开展全系统安全环保风险管控排查，从可能造成重大安全环保事故的风险、建设项目合法合规的风险、高风险作业的风险、城市燃气和LNG业务的风险四大类，在全系统专门开展一次风险大排查活动，形成《天然气与管道业务安全环境风险目录》（2013版），共1383项，制作责任分解大表，落实整改责任和人，以及对应详细的工作计划。针对忠武线“11·7”阀室泄漏着火事件，开展输气管道阀室及站场安全专项风险排查，经排查共发现法兰渗漏、防雷接地不规范、阀室数据未上传等605项风险。

（2）开展应急预案体系建设。全面梳理集团公司、天然气与管道分公司、地区公司应急预案，构建“天然气与管道专项应急预案+销售、调运、液体管道调控、气体管道调控专项预案+地区公司总体应急预案”模式，即天然气与管道业务“1+4+12”应急框架体系。完善《集团公司天然气与管道业务突发事件专项应急预案》，修改应急工作流程图，增补条文19条。针对“11·11”庆铁二线泄漏污染事件处置工程中暴露出的应急预案不健全的问题，组织“一河一案”建设工作，组织编制预案模板，经专家审查后在管道企业使用，定期督办预案编制进度。管道分公司、西部管道分公司和西南管道分公司完成“一河一案”预案798项。组织管道分公司在辽宁铁岭的凡河、西部管道分公司在甘肃张掖的黑河、西南管道分公司在四川广元青白江，分别开展油品泄漏污染事件应急演练。天然气与管道分公司组织管道、城市燃气企业将现有应急预案与问题逐一对照，梳理缺项问题，制订并落实整改方案。天然气与管道分公司组织应急管理、应急响应专家编制《应急预案修订工作指南》，对应急预案启动和报告条件、应急响应、应急预案日常管理、相关科研工作等排查及提升提出了明确要求。

3. 强化安全环保隐患治理，提高管道本质安全

先后组织召开4次隐患治理项目协调推进会，检查隐患治理计划执行情况、督办重点隐患治理项目。采用月报动态跟踪项目进展，全年共计收到5家单位月报55期。为提高督办效率，开发隐患治理管理模块，实现隐患治理“平台共享、分级督办、统一管理”。涩宁兰输气管道绝缘接头漏气治理，4月15日启动整改，2013年10月已全部整改完成。

4. 强化合规性管理，确保建设项目实现“三同时”

按照国家及行业相关法律法规要求，天然气与管道分公司更新编制并印刷了《油气储运设施建设项目安全环保“三同时”法律法规汇编》（安评卷、环评卷，共2卷）。强化安全环保“三同时”信息管理。针对管道业务管理实际，组织集团公司安全环保研究院优化集团公司HSE信息系统天然气与管道业务安全环保“三同时”管理模块，统一安全环保“三同时”工作计划、进度信息管理平台。坚持安全环保“三同时”定期统计、专项预警管理制度。通过各方努力，2013年共通过13项安全环保专项审查批复。其中，4个项目环评获得国家环保部批复、1个项目（大连LNG接收站工程）通过国家环保部验收；5个项目安全预评价报告获得国家安全生产监督管理总局备案、2个项目获得安全试生产许可或延期许可、1个项目（江苏LNG接收站工程）安全设施专项验收通过江苏省安监局验收。

（郑贤斌）

【标准化管理工作】 严格标准制修订管理，深入开展标准一体化建设和标准体系完善工作，标准信息化建设逐步完善，标准技术水平和管理水平持续提高，对主营业务发展的技术支撑作用稳步提升，取得较好成效。

1. 健全机构、完善机制

天然气与管道专业标准化委员会（以下简称专标委）重新进行委员确认和调整工作。调整后专标委由2007年成立之初的24个单位55名委员，扩充为28个单位66名委员，委员成员单位涵盖集团公司天然气与管道业务中涉及的中国石油相关职能部门、专业公司、地区公司、上市企业和未上市企业以及科研院所。组建天然气与管道业务标准专家组，目前专家组成员80人。

2. 严格标准制修订管理，较好地完成集团公司企业标准制修订任务

2007—2013 年共组织制修订 173 项集团公司企业标准，年均 24 项。其中，2013 年制修订标准 30 项。天然气与管道专标委是 2013 年度集团公司 18 个专标委标准制修订数量最多的专标委，也是集团公司 2013 年企业标准制修订工作考核全部优良的 4 个专标委之一，标准制修订工作取得较好成绩。

3. 加强标准信息化建设

天然气与管道标准信息管理系统建设自 2009 年启动以来，经过近 4 年时间的研究和应用，基本实现标准化工作的网络化集成管理，提高标准化管理工作效率及管理水平。其中，标准查询及全文在线浏览系统共收录 3112 个标准；标准内容揭示系统基本完成油气管道主要标准技术指标分解和精确检索功能，并能对不同标准的同一技术指标进行对比，共形成包括 924 个标准、46275 项条目的数据库；标准化管理系统实现集团公司企业标准立项、起草、征求意见、发文等标准管理工作信息化、流程化。

4. 开展标准一体化研究

按照“综合成套、先进适用、协调统一、国际接轨”的原则，构建涵盖 18 个专业的一体化标准手册架构，2013 年完成 105 项一体化文件编制工作。

5. 开展标准基础工作

加强标准化工作顶层设计，2013 年继续开展天然气与管道业务标准体系研究和标准规划研究，并纳入天然气与管道分公司整体业务发展规划中。组织一次重点标准实施宣贯培训和一次重点标准实施情况专项检查。

（郑贤斌）

【管道科技】

1. 科技计划管理

2013 年度科技项目计划共计 5000 万元，新开课题 35 项。年度科技计划完成率 100%。项目全部按计划正常启动，并按照计划进行。

2. 科技规划管理

梳理了天然气与管道分公司技术体系，结合新的生产需求，完成了“十二五”后三年科技滚动规划，指导 2013 年度科技项目立项工作，启动“十三五”科技规划编制前期研究，完成科技规划发展目标调研，编制《天然气与管道科技成果汇编 2006—2013》。

3. 科技项目奖励情况

（1）“含蜡原油管道纳米降凝剂的制备和应用技术研究”获 2013 年全球管道奖。

（2）“液化天然气关键技术研究”获集团公司科技进步特等奖。

（3）“油气管道复杂地质定向钻穿越技术攻关”、“西气东输二线香港支线海底管道工程关键技术研究与应用”2 项课题获 2013 年集团公司科技进步奖一等奖。

（4）“盐穴型天然气地下储气库风险评估方法研究”、“天然气场站储运设施检测与诊断评估技术研究”、“X70 大变形焊管研制”、“管道完整性管理系统研究与技术集成应用”4 项课题获 2013 年集团公司科技进步奖二等奖。

（5）“油气田常用非金属管道技术研究与应用”、“管道热收缩带补口改进及修复技术研究”、“复杂地质条件下小断面长距离泥水平衡盾构施工技术研究”、“西气东输管道干线阴极保护有效性调查及典型杂散干扰影响研究”4 项课题获 2013 年集团公司科技进步奖三等奖。

（6）“成品油输送及管网设计关键技术研究”获得 2013 年集团公司技术发明奖一等奖。

（7）“在役管道缺陷修复技术研究”获得 2013 年集团公司技术发明奖二等奖。

（8）“反应型原油降凝剂研制”、“油气输送用高强管线钢焊接材料”2 项课题获得 2013 年集团公司技术发明奖三等奖。

4. 重点科技项目成果

（1）30 兆瓦级燃驱压缩机组国产化研制。

国产 30 兆瓦级燃气轮机进行燃气轮机冷吹试验和性能试验，并针对试验中发现的问题进行分析解决，测试结果技术指标达到设计要求。

（2）油气管道关键设备国产化。

经国家能源局和中国机械工业联合会审定，确定 30 家国产化设备合作厂家；制定 7 种关键阀门、3 种阀门执行结构、2 种流量计和快开盲板等设备的 19 项技术条件；确定庆铁四线、昌吉试验场及西气东输三线等管道国产化设备工业性试验场；先后对输油泵、调节阀、泄压阀等 10 种设备进行设计方案的审查；输油泵基本完成铸件生产，各种阀门也大体完成铸件及配件的加工，涡流流量计、超声波流量计、快开盲板等设备已完成工厂制造。

（3）油气管道 SCADA 系统软件国产化研发。

完成油气管道计算机通信和控制技术（SCADA）系统软件数据采集子系统、画面子系统（HMI）与对外发布（Web）子系统的概要设计，完成各模块的详

细设计工作；完成油气管道SCADA系统软件平台、数据采集、HMI与Web的编码、单元测试与系统集成工作；完成油气管道调控基础应用需求分析、详细设计、编码、单元测试与集成工作；完成系统测试方案、系统测试工具设计报告与系统测试用例设计工作；完成第三方评测单位招标工作，并完成第三方测试方案与测试用例设计工作；完成四轮系统测试，并同步开展第三方测试，发现缺陷757个，其中，严重以上缺陷445个，一般缺陷263个，微小与建议缺陷49个，严重以上缺陷修复率为88.99%，一般缺陷修复率为73.00%；完成知识产权相关工作，完成15项企业标准编制，申请发明专利7项，编制科技论文12篇（其中发表10篇），认定技术秘密18项；完成二期规划与工业实验方案报告编制。

（4）大型天然气管网优化技术及应用研究。

确定大型天然气管网系统可靠性研究对象及各项研究内容，形成大型天然气管网系统可靠性研究框架及技术路线，建立天然气管网系统可靠性指标体系。

完成2015年和2016年新建管道及管网仿真模型的软件建模工作，制定当前天然气管网的运行优化评价目标；完成压缩机站现场调研和数据上传种类分析工作，建立压缩机组综合效率模型；完成多目标优化引擎、优化集成应用软件、运销规划优化子项软件需求分析说明书。

完成新建天然气管道的项目评价、系统评价及整体评价的方法论体系；完成存量资产的效益评价方法；完成联络线的效益评价方法；选取陕四线、西气东输三线以及西南管网分别对新建天然气管道的项目评价、系统评价及整体评价的方法进行验证。

（5）X90/X100超高强度钢管工业性应用。

形成X90、X100板卷、螺旋管、钢板、直缝管等8项技术标准，指导钢厂和管厂的单炉、小批量试制工作，产品性能基本达到标准要求，技术指标合理；在有效晶粒尺寸、M-A组织分析、时效性能、形变硬化性能、包申格效应等方面的工作进展顺利，基本掌握X90、X100的成分、组织和性能特点；建立X100全尺寸气体爆破试验数据库；完成高压输气管道延性断裂及止裂的现状分析报告；X90/X100高压输气管道止裂韧性预测及制订X90/X100钢管全尺寸气体爆破试验方案；完成X90全尺寸爆破试验选管工作；建立X90/X100管线钢夏比冲击功、均匀延伸率和屈强比等断裂韧性指标的相关性。

（6）穿越冻土地区输油管道基于应变的安全评价技术研究。

该项目研究管道周围土体冻融及位移变化规律、不同冻融状态下管土相互作用关系及管道应变计算方法、穿越冻土区管道基于应变的安全评价等关键技术，建立管道周围冻土温度场分析的方法，以漠大线为例，系统分析不同特性冻土的冻胀和融沉范围，为冻土的冻胀融沉位移计算提供基础；建立管道在差异性冻胀、差异性融沉、边坡热融滑坡等条件下的管道应变计算方法、冻土地区埋地管道热胀轴向屈曲临界温度分析计算方法，以漠大线典型地段为例，进行管道应变计算和屈曲安全性校核；形成中国石油《管道基于应变的冻土危害安全评价和预警方法》标准草案。该成果应用在漠大线，有效地保障了漠大线的安全运行。

（7）中缅油气管道压覆矿产资源评价研究。

该项目开展中缅油气管道压覆矿产资源和采空区地质灾害调查，建立中缅管道压覆矿产资源数据库，研究开发开采沉陷区埋地管道应力计算模型，结合政策、法规及技术标准，提出中缅油气管道压覆矿产资源评估方法。形成矿产资源开发区管道路由选择的方法与决策报告以及管道通过采空区的地质安全评价指标体系，提出管道穿越采空区地质灾害的防治对策，结合压覆矿产资源评价的政策法规及技术标准，编制《油气管道压覆矿产资源评估指南》。

（8）西气东输二线东段试压排水过程中的超压机理与对策研究。

开展油气管道建设施工实际试压排水工艺调研，提出可行的试压排水分析理论，能够预测排水压力变化。设计和建设大落差起伏管道试压排水实验装置，在实验研究的基础上提出试压排水爆管机理，定量分析结果确定了西气东输二线管道十八标段爆管的原因。通过分析起伏地形油气管道试压排水过程中管内流体的动态流动特性及清管器运移特性，分别建立油气管道不同阶段的数学模型，包括气泡流、分层流和清管器在管道内运移的数学模型，以此开发出油气管道试压排水模拟软件，可模拟计算不同管道系统的压力、流量变化，确定危险操作的条件。结合中国石油油气管道施工建设的实际情况，制定《关于加强大落差段试压排水相关管理要求》，提高了管道施工建设安全性和经济性。

（9）城市燃气管网完整性管理体系研究。

研究分析国内外城市燃气完整性管理现状，研究美国、加拿大等国外城市配气管网完整性相关的法规、标准和规范，形成调研报告。编制《美国燃气管道完整性管理法规规范汇编》和《美国城市燃气管网事故案例汇编》。提出燃气管道完整性管理体系和流程，编制相应体系文件，明确燃气管道完整性管理的主要内容和步骤。确定城市燃气管道完整性管理工作分为数据管理、风险评价、维修维护和效能评价 4 个环节，编制 6 项完整性管理体系文件。形成半定量评价指标体系和基于失效统计的燃气管道风险评价技术 2 种方法；其中半定量指标评价法的成果纳入集团公司企业标准《城镇燃气管道风险评价技术规范——半定量法　第一部分：钢质管道》。完成燃气管道数据模型和数据字典的制定，明确数据采集的范围和内容；编制燃气管道完整性管理信息系统概要设计，为系统开发奠定了基础。

（10）天然气工业用户用气特征研究。

通过天然气用户用气特性的相关研究，对各用户的用气工艺、用气定额、用气经济性、用气波动性等特征参数进行分类研究，建立包括各类用户用气工艺、用气定额、用气经济性、用气波动性等特征参数在内的 100 家天然气用户用气特性档案数据库。针对天然气工业用户提出连续性营销策略建议，重点开发和储备一批具有可中断性的用户。该项目研究成果有利于更好地管理天然气用户，同时也可以根据用户用气特性的不同进行分类市场开发，提高中国石油的天然气销售效益。

（11）天然气市场经济信息研究。

对国内外天然气市场进行动态监测，构建较为完善高效的竞争对手和市场信息监测数据体系，针对热点和重大问题开展专题研究，实现天然气市场形势研究预判和预测预警，为中国石油生产经营决策提供支撑。编写完成周报 41 期、月报 10 期，完成专题报告 8 篇，完成天然气营销数据手册，为营销人员提供指导和参考。

开展天然气发电的经济性及其发展前景研究，研究提出推动我国天然气发电发展的对策建议，为优化销售业务和下游利用产业、管网布局提供支撑。

（孙　齐）

【管道信息】 2013 年，天然气与管道分公司以信息化建设为抓手，全面推动“三基”工作，不断加强业务管理，成为主营业务快速发展和管理提升工作的重要推动力。

1. 统筹推进信息系统建设，提升业务支撑与保障能力

天然气与管道应用集成系统已经完成项目启动、需求调研、需求分析确认、总体方案设计及天然气与管道应用集成整体方案设计初稿等工作。天然气与管道 ERP 系统扩展实施完成需求调研、需求分析、详细方案设计及系统配置和客户化开发工作。 天然气零售系统试点项目完成系统配置、测试、数据准备、用户培训等工作，2013 年 4 月系统在试点单位上线运行，正在进行推广项目可行性研究报告编制等工作。管道生产管理系统（2.0 版）建设项目完成系统开发、用户培训等工作，系统 2.0 版在天然气与管道分公司、油气调控中心、管输（销售）地区公司、LNG 地区公司、油气田地区公司切换上线应用。工程项目全生命周期数据库完成咨询商招标和《功能需求说明书》编制及软件、硬件招标，并进行系统分阶段搭建，已具备初步设计、施工图设计数据入库条件。管道工程项目管理系统完成 PCM2.0 可研性报告的编制和预审查，进行业务需求分析和功能设计。管道完整性管理系统顺利通过竣工验收，完成《管道完整性管理规范　第六部分：数据库表结构》、《管道完整性管理规范　第七部分：建设期数据收集导则》2 项数据标准的制修订工作并已经发布执行。天然气客户管理系统过渡方案完成需求分析、系统详细设计、数据收集、系统配置开发、用户培训等工作，在 7 家单位上线试运行。地理信息系统完成详细设计并通过评审；完成中国石油地理信息系统数据标准化建设；完成天然气与管道分公司业务数据收集方案，正在开展平台建设、统建系统集成、数据收集。

2. 持续开展信息系统扩展与提升，促进业务发展及重组

天然气与管道 ERP 系统已在中石油管道联合公司西部分公司、西北联合管道公司以及呼图壁储气库上线运行，门站价改方案已上线运行，支持管道企业完成税制改革。管道工程建设管理系统完成包括西气东输三线东段工程在内的 9 个新建管道工程推广实施。管道完整性管理系统已在新投产的 3375 千米管线上线运行，完成 4 家地区公司 29 个批次的组织机构与管理范围变更的实施工作。

3. 不断强化信息化基础建设，推动管理提升工作

按照集团公司加快推进应用集成系统建设的需要，启动数据标准及管理体系研究工作，初步建立统一规范的油气管道、周边设施及关键设备的编码及标准规范，打破信息系统间的数据壁垒，为数据的有效集成及综合分析利用奠定坚实基础；组织开展业务流程梳理，形成覆盖整体业务价值链的统一流程，建立天然气与管道分公司业务活动的全景视图，为实现业务协同和数据共享提供重要基础。

组织开展现场调研，深入基层了解系统应用现状及需求，为下一步信息化工作准确把脉；起草并发布《天然气与管道业务信息化管理细则》，进一步理顺信息化工作机制，规范信息管理工作，明确工作界面及管理程序，为信息化工作的高效开展提供有力保障。

（魏　政）

第六篇

工程技术、工程建设与装备制造

工程技术服务

【概述】 中国石油天然气集团公司工程技术分公司（简称工程技术分公司，也称工程技术板块）于2008年4月2日组建，是中国石油天然气集团公司直属专业分公司，归口管理物探、钻井、测井、地质录井及酸化、压裂等石油工程技术服务业务。归口管理西部钻探工程公司、大庆钻探工程公司、长城钻探工程公司、渤海钻探工程公司、川庆钻探工程公司、东方地球物理勘探公司、测井公司、海洋工程公司等企业。同时负责集团公司所属其他工程技术服务企业、科研机构的业务管理、指导与协调。

2013年，工程技术服务业务按照“有质量、有效益、可持续”发展方针，持续抓技术创新、管理创新和管理提升，强化生产组织和经营管理，切实做好重点工程保障，努力提高海外业务发展质量，加快向非常规领域拓展，各专业生产平稳，经营形势持续向好，全面实现安全生产、社会稳定和“24663”年度工作目标，各项工作取得新进展。

“24663”工作目标，即：实现水平井2000口以上；完成带压作业井4000口以上；完成欠平衡井600口以上；国内完成水平井储层改造比例达60%左右；持续提速3%。

【地球物理勘探】 2013年，工程技术分公司归口管理的工程技术服务企业共有3个物探专业公司——大庆钻探物探公司、川庆钻探物探公司、东方地球物理勘探公司。作业队伍有地震、重力、磁力、电法、化探及VSP队；地震作业方式有井炮、可控震源和气枪震源，地震施工方法有二维、三维和四维地震勘探。专业服务范围包括野外采集、数据处理、资料解释、装备制造、物探软件研制和销售、设备租赁等。

1. 人员、队伍状况

2013年，集团公司物探专业用工总量296830人，其中合同化用工25240人。

2013年，集团公司在册物探队伍200支，其中，地震作业队伍168支，非地震作业队伍22支，VSP队伍10支。全年共动用各类作业队伍244队次，在国内动用地震队伍118队次（二维56队次、三维62队次）、VSP队伍8队次、非地震队21队次。在国外动用地震队82队次（二维41队次、三维41队次）、VSP队伍2队次、非地震队13队次。

2. 装备状况

2013年，有地震仪器204台（套），主机控制单元204个，总道数122.25万道，平均每台仪器5993.1道，采集站77.4万个。非地震仪器共341台，其中，重力仪器31台、磁力仪器78台、电法仪器228台，磁化率仪2台，化探仪2台。资料处理计算机1.78万个CPU（7.9万核），资料解释计算机1223个CPU（6958核）。共有13种型号可控震源539台，其中KZ系列125台。车装钻机约有27种型号1797台，人抬钻机约有15种型号1300台。推土机有6种型号178台。各类物探测量仪器共计3457台（套），其中，卫星定位仪2527台、卫星导航仪204台、全站仪726台。

3. 工作量完成情况

地震采集工作量。完成二维地震采集11.43万千米，其中国内完成4.02万千米；完成三维地震采集6.44万平方千米，其中国内完成1.75万平方千米。同比分别增长19.39%和12.18%。（1）物探野外采集工作量。国内勘探工作量完成情况：二维地震采集投入施工队56队次，同比增加4队次；获生产记录107.82万张，同比增加12.06万张，增幅12.6%；完成地震剖面4.02万千米，同比减少1117.42千米，减幅2.7%。三维地震采集投入施工队62队次，同比减少5队次；获生产记录336.27万张，同比增加49.78万张，增幅17.38%；完成采集工作量1.75万平方千米，同比减少357.29平方千米，减幅2%。重磁电野外采集投入21个队，获生产记录18.28万张，有效剖面8.97万千米。VSP投入8个队，完成VSP测井171口。国外勘探工作量完成情况：二维地震采集投入施工队41队次，同比减少7个队次；获生产记录327.05万张，同比增加34.66万张，增幅11.86%；完成地震剖面7.4万千米，同比减少1.87万千米，减幅为33.85%。三维地震采集投入施工队41队次，同比减少1个队次；获生产记录1491万张，同比增加392.06万张，增幅35.67%；完成采集工作量4.69万平方千米，同比增加0.71万平方千米，增幅18.01%。

（2）地震资料处理情况。从事地震资料处理工作的有3个单位，即东方地球物理勘探公司研究院、大庆钻探物探公司和川庆钻探物探公司。2013年，处理二维剖面14.72万千米，同比增加3623.98千米，增幅为2.52%；处理三维资料12.84万平方千米，同比增加8317平方千米，增幅为6.93%。（3）资料解释及综合研究情况。从事资料解释研究工作的有4个单位，即东方地球物理勘探公司研究院、东方地球物理勘探公司综合物探处、大庆钻探物探公司和川庆钻探物探公司。完成二维地震解释剖面10507条，长度33.14万千米，发现圈闭458个，面积3.38万平方千米。完成三维解释区块221个，面积18.11万平方千米，发现圈闭1946个，面积1.8万平方千米。

4. 科技研发及推广应用

（1）核心软件与装备“两大利器”研制与完善进展顺利，关键技术研究与功能扩充取得阶段成果。① GeoEast2.6版本全面完成集成测试，处理系统功能更加完善。形成完整的叠前时间/深度偏移技术系列，偏移效率为国外软件的2倍；在高密度、高效采集处理等方面功能显著提升，形成超万道项目、百TB数据、千节点并行处理能力；GeoEast解释系统替代商业软件成为公司基础解释平台。2013年，安装848套软件，CPU核数82100个、GPU核数665000个。GeoEast软件推广应用成效显著，GeoEast系统在东方地球物理勘探公司内部处理系统替代率达到66.9%，解释系统替代率达到76.8%，进一步奠定GeoEast作为基础处理解释平台的地位。GeoEast软件获得国家科技进步二等奖。② KLSeisII新一代开放式采集工程软件研发完成，具备地震采集方法设计、二维模型正演、地震资料分析、可控震源配套技术和静校正等五大应用功能，整体保持国际先进水平，在面向叠前观测系统设计、采集质量实时监控、海量数据质控等方面具有特色，在玛131、哈萨克AMG三维等重大项目得到成功应用。③ GeoMountain软件系统升级2.0版本。完善核心功能模块364项，新增129项模块功能，单炮资料实时监控与自动评价、二维VSP采集设计、地震沉积学解释、多波解释、裂缝预测等16个软件模块。GeoMountain Monitor微地震监测软件通过集团公司成果鉴定。软件系统具备地面、浅井、深井的微地震压裂现场实时监测能力；软件同时拥有采集、实时处理、解释、油藏模型综合分析功能。该项技术先后在鄂尔多斯盆地、四川盆地完成30多口井的压力监测，效果较好。④ G3i、HAWK地震仪器性能持续完善，为“两宽一高”地震勘探技术的全面推广应用提供可靠的装备保障。G3i有线地震仪顺利通过10万道带道能力压力测试，系统稳定性、可靠性及速度得到大幅提高，总体技术水平和428XL相当，销售已超过20万道，完成国内外项目21个。HAWK节点地震仪器，国际上共计完成14个勘探项目，国内已完成二维宽线对比试验与试生产，采集数据质量满足地球物理勘探要求。⑤低频可控震源KZ28LFV3研制成功，为低频勘探的全面推广提供坚实装备保障。低频可控震源10台已投入试验项目中。在哈萨克斯坦AMG中区块，首次实现完全自主产权的“G3i+KZ28LF+DSS”整合应用，并成功实现使用1.5赫兹低频可控震源进行的工业化生产。

（2）速度建模、多波处理、数字化地震队、非常规、弹性波成像等新方法新技术研究取得重要进展。①深度域速度建模软件系统Diva研发基本完成，具备二维、宽线、三维数据的速度建模功能。软件具有速度扫描、垂向速度分析、相干反演、层析反演4种迭代方法协同建模，能够处理多值层位表示、嵌入复杂近地表模型，配合GeoEast成像系统可进一步提高复杂构造地区的成像精度。②推出多波资料处理系统GeoEast-MC V1.0，形成多波处理生产能力。形成国内第一套具备大规模实际生产能力的多波资料处理软件系统，整体技术达到国际先进水平，在转换波静校正、成像参数估计与建场以及时间域成像等方面处于国际领先。③集成发展数字化地震队技术。自主研发数字化地震队管理系统DSS，实现采集方法、PMP理念、实时QC、禁区实时预警、仪器/震源相关数据、GPS实时定位、无线电台数据链等信息处理的一体化远程控制、管理和指挥。④初步形成页岩气“甜点”区预测及评价技术系列。

（3）物探技术进一步集成配套，各领域技术系列不断完善，特色技术研究取得重要进展。①“两宽一高”配套技术更加成熟，得到全面推广应用。地震采集方案优化设计、海量地震数据现场实时质控、OVT域数据处理等关键技术持续研究与应用，可控震源高效采集技术保持国际先进水平，数字化地震队自主技术进一步集成配套，使“两宽一高”勘探技术成为解决复杂区勘探开发难题的有效方案，已在油气勘探开发中发挥越来越重要的作用，并将推动我国地震勘探从技术到管理发生根本性转变。国内有30%以上的采集项目采用可控震源施工，作业效率大幅提高。在准噶尔盆地玛湖10井三维勘探中，采用G3i地震仪器、可控震源高效采集、自主海量数据实时监控等技术，采集效率提高23%。在海外可控震源高效采集工作量比率可达87%，沙特S71项目应用宽方位高密度、可控震源、数字化地震队、5万道级海量数据现场处理等技术，平均日效达到8812炮，得到国际油公司高度评价。②复杂构造地球物理领域：以改善地震成像效果、提高复杂构造成像精度为重点，形成基于叠前深度偏移的山前复杂构造三维地震观测系统设计思路及相关技术，发展完善复杂区表层建模技术及应用方法、形成复杂区叠前深度偏移处理配套技术和山前复杂构造建模及成图新方法，进一步提高地震资料品质和成像精度。③油藏地球物理配套技术领域：研制国际上新一代叠后地震属性和叠前反演方法，形成斜井VSP采集、处理和解释技术，微地震压裂监测采集、处理技术，时频电磁+3.5D+4D地震综合油气预测技术和能力；通过薄储层开发地震综合剩余油气预测技术研究，形成多学科综合的复杂薄储层油藏描述和剩余油气预测技术流程。在测井数据处理和解释研究的基础上，基于储层构造和沉积等时格架，完成储层静态建模，获得薄互层储层的高精度空间分布结果；GeoEast-RE V1.0已通过生产测试并应用。④海洋地震勘探技术领域：深海地震资料采集系统已形成规模化生产能力，掌握深海拖缆宽方位角地震勘探的工程设计和多船同步控制、宽方位资料处理和多次波的压制海洋地震资料处理等关键技术，研发具有自主知识产权的深海拖缆地震数据采集质量控制系统与深水海底电缆声波定位技术，深海和滩浅海勘探技术水平和能力得到进一步增强。2013年，6支船队先后完成23个深水地震项目，二维地震57776千米，同比增长89.5%；三维地震14341平方千米，同比增长11.7%。⑤地震导向技术日臻完善。在川东高陡复杂构造石炭系勘探、大川中、相国寺储气库的勘探和开发中得到充分应用，为水平井、大斜度井的成功实施提供技术保障。在16口相国寺储气库钻井过程中，采用水平井地震导向技术有效指导完钻10口井，预测精度绝对误差最大10米，最小2米，满足储气库水平井钻井工程需求。⑥非常规油气勘探领域：形成基于经济技术一体化的煤层气三维地震采集技术，基于多信息的煤层气“甜点”区带综合预测技术、煤层气储层精细地震表征技术等为核心的煤层气地球物理技术系列，成为煤层气开发的有效技术；形成集地面、浅井和深井监测的微地震波场正演、事件筛选、初至自动拾取、偏振分析、反演定位等关键技术为一体的井中监测现场实时处理软件和配套解决方案，在国内14个油气田完成140多口井监测，成为非常规油气藏水力压裂实时监测的有效技术手段。

（4）物探技术攻关在油气富集区、致密油气、深层碳酸盐岩和山前复杂高陡构造等重点领域配合油田取得初步成效。①油气富集区，发展超大面积三维地震地质综合研究技术、针对目标的采集处理解释一体化融合处理技术、层序地层研究与地质综合建模结合的地震沉积学解释理论及技术，基本解决了东部复杂断块、岩性、潜山多层系立体勘探问题，为东部老油区的持续增储和稳产奠定技术基础。在歧口埕海斜坡带不断完善地震沉积学技术指导岩性油气藏勘探，强化地层岩性圈闭精细解释，储量规模不断扩大，新增油当量超亿吨。在海南福山凹陷通过地震资料叠前偏移处理攻关，强化井震结合精细刻画流一段地层岩性圈闭，探明加控制储量规模达数千万吨。②致密油气，形成以高密度二次三维采集、储层和流体预测技术等为核心的配套技术系列，基本解决鄂尔多斯、四川等盆地致密砂岩油气勘探目标井位优选问题，推动中国致密储层储量和产量的跨越式上升。在吐哈利用新采集的玉北三维资料，预测下盘新增稠油储量上亿吨，为吐哈油田“新疆大庆”建设奠定良好的资源基础。在冀中凹陷牛东1井获得重大突破后，利用GeoEast快速落实深潜山构造形态，开展裂缝预测和油气检测，落实规模储量数千万吨。③深层碳酸盐岩，持续发展宽（全方位）高密度三维地震采集、各向异性叠前深度偏移成像、方位各向异性裂缝预测、岩溶缝洞储层量化雕刻等关键技术，形成以宽（全方位）高密度为核心的配套技术系列，基本解决塔里木、四川、鄂尔多斯三大碳酸盐岩盆地油气勘探阶段的目标井位优选问题。塔中获得新突破；缝洞精细雕刻和高效水平井轨迹设计技术的联合应用，有效提高碳酸盐岩高产稳产井比例。配合长庆油田在盆地西缘吴忠地区优选落实的风险探井在上古生界盒8段获得重大发现。在川渝下古生界—震旦系勘探取得重大成果，落实高石梯—磨溪—龙女寺构造，建议支撑52口勘探开发井部署，在已完成的27口钻井均获工业气流，钻井成功率100%。④山前复杂高陡构造，以提高信噪比、成像质量和准确落实圈闭为攻关方向，持续发展高密度宽方位三维、各向异性叠前深度偏移、多信息综合构造建模等关键采集处理解释一体化技术，为复杂山地油气勘探持续取得重大进展发挥关键作用。柴达木英雄岭实现英东亿吨级规模储量升级，英东构造油砂山断层下盘获高产工业油气流，揭示构造下盘新领域的勘探潜力。库车山地新发现的气藏区提供的多口井获得高产工业气流，预计新增探明储量上千亿立方米。

（王悦军）

【测井】 2013年，工程技术分公司归口管理的工程技术服务企业中有6家企业涉及测井业务：测井公司、大庆钻探工程公司、西部钻探工程公司、长城钻探工程公司、渤海钻探工程公司、川庆钻探工程公司。上市企业中大庆油田测试公司从事生产，大庆油田试油试采公司从事射孔业务。

1. 人员、队伍状况

2013年，集团公司测井专业用工总量14771人，同比减少492人，减幅3.2%。

2013年，测井队伍725支，同比增加4支，增幅0.6%。其中国内市场587支，国外138支，分布在21个国家，同比减少4支，主要减少在中亚和南美地区。

2. 设备状况

2013年，测井专业主要设备789套，同比增加3套，增幅0.4%。其中裸眼井测井设备525套，同比增加5套，增幅1%；生产测井设备105套，同比增加1套，增幅1%；射孔取心设备125套，同比增加2套，增幅1.6%。VSP 设备10套，同比减少4套；LWD设备24套，减少1套。

3. 完成工作量

2013年，完成测井工作总量106092井次，同比增加6738井次，增幅6.8%。其中裸眼测井32298井次，同比增加1177井次，增幅3.8%；生产测井16294井次，同比增加3940井次，增幅31.9%；工程测井28708井次，同比增加1485井次，增幅5.5%；射孔28717井次，同比增加214井次，增幅0.8%。国内工作量100129井次，同比增加6543井次，增幅7%；国外工作量5963井次，同比增加195井次，增幅3.4%。另外因井况、路况测井未成功的井次9940井次，占总工作量的8.5%，同比减少288井次，减幅2.8%。

测井解释工作量探井12.7万层，开发井71.9万层，解释油层14.7万层，气层2.2万层。老井复查1563井次。老井复查油气层2742层。探井解释符合率86.1%，开发井解释符合率95.88%。

4. 技术进展

（1）测井技术。①自主创新技术进展。测井公司EILog测井系统技术水平持续提升，无缆式一串测、高温高压小直径微电阻率扫描仪器、三维感应成像、三维声波、基本型地层模块测试器开展现场试验。地层元素测井（FEM）在长庆、吐哈、浙江等油田完成10口井测井作业。“三电两声一核磁”成像测井系列，已经在生产中全面推广应用。15米一串测仪器推广应用27串，完成测井233口。煤层气版、油砂版测井成套装备推广应用5套，累计完成煤层气测井599口、油砂测井58口。长城钻探LEAP800测井系统完成交叉偶极子声波、井周成像和径向水泥胶结仪3种特色仪器的验收工作，在辽河、唐海、内蒙古、四川及哈萨克斯坦、乍得等不同区块进行常规大满贯现场试验和商业井作业126井次，阵列成像和特种仪器现场试验35井次。油基钻井液电阻率成像完成3口井现场试验。大庆钻探WISEYE1000快速集成成像测井平台，现场试验及测井115口，已投产6套；0.2米超薄层测井系列仪器完成新研发测井仪器的集成，纵向分辨率达到0.2米，测井32口。慧眼2000成像地面测井系统在硬件和软件方面进一步得到完善，现场试验16口，高分辨率阵列感应测井仪测井10口，最高分辨率达到0.2米。地层元素测井仪完成现场测井18口次。测井公司随钻电阻率成像测井仪开展现场试验；以国际合作方式研制的电磁波电阻率20支投入现场应用，测井20余口。②特色技术推广应用。推广应用存储式钻杆输送测井技术，共完成测井700井次，保障集团公司勘探开发大斜度井、水平井等极端恶劣井况下的测井需求。渤海钻探在塔里木的中古××井创造井深7810米、井斜87.87度、水平段长1400多米等多项国内无电缆存储式测井施工纪录。西部钻探在塔北××井，克服了欠平衡井筒、水平段长达1058米、井深6611米、高温高压等困难，作业一次成功。长城钻探进一步优化连续油管测井设备工具系列，形成连续油管测井、射孔作业能力，2013年完成20井次连续油管（CTU）传输测井射孔作业任务，创造产值3600多万元。西部钻探完成超高温稠油水平井生产测井井口防喷管装置的加工及工艺试验，研制出250摄氏度测井仪器，2013年超高温产出剖面和注气剖面井动态监测完成16口，形成超高温稠油井生产测井技术规范。

（2）射孔技术。①超高温超高压射孔工艺技术。川庆钻探研制成功耐温200摄氏度/100小时，耐压175兆帕超高温高压射孔器材和井下工具，解决了$5^1/_2$英寸、7英寸套管超高温超高压射孔工艺技术难题，形成一套超高温、超高压、超深井射孔技术。结合井下高速记录仪射孔数据及实验室射孔数据采样，完成超深井射孔管柱射孔瞬态动态载荷分析、建模，形成一套深井超深井管柱设计及优化技术。在克深区块成功应用20井次（89型16井次，121型4井次），射孔弹发射率100%，在塔里木库车山前区块替代国外同类射孔技术。②自清洁射孔技术。川庆钻探公司研制89、102、127自清洁射孔器。经API环形混凝土靶检测，3种产品平均穿孔深度719毫米、723毫米、1069毫米，套管平均穿孔孔径12.4毫米、15.8毫米、16.8毫米，穿孔深度、套管平均孔径等指标均超过设计指标；经J12-3井先导性试验表明，射孔后，地层破裂压力降低，储层改造效果明显。③分簇射孔技术。分簇射孔技术在数码寻址多级点火控制、易钻复合材料桥塞分段、水平井泵送、选发射孔器、高压动密封电缆防喷五大技术上取得重大突破，电缆一次下井可实现20级分簇射孔点火和复合桥塞联合作业。川庆钻探在西南油气田公司、浙江油田昭通、壳牌公司金秋、道达尔苏南、中国石化红河油田、江苏油田、重庆焦石坝等致密油气和页岩气井中完成41井次（水平井32井次）的现场应用。测井公司完成3井次的交叉水平井泵送分簇射孔施工，52井次的分簇射孔作业。

（3）测井解释技术。①开展对复杂储层环境与复杂井筒环境下的油气层识别评价研究。测井公司在长庆、华北、吐哈、柴达木等油田近20个重点区块开展产能预测方法研究工作。在9个油田的7977口井中进行产能预测，产能预测准确率74.15%。②非常规油气藏测井解释技术有了长足进步，现场应用效果显著。川庆钻探在页岩气储层物性的计算、总有机碳含量、含气量计算方法、页岩脆性指数等方面形成页岩气解释处理软件。完成西南油气田公司3口钻井及6口地方页岩气参数井的测井解释评价，从而带动声波扫描、油基钻井液电成像、元素俘获等相关配套技术在页岩气勘探开发中的应用。测井公司完成“致密气藏测井采集处理与评价技术研究”，解释符合率提高10%以上，老井复查480口井，提交测试层位114层，使统10井区盒8段和山1段气藏储量分别增加183.17亿立方米和132.60亿立方米，为致密气藏开发先导试验提供了依据。③测井解释软件平台建设有新进展，在推广应用自主创新的软件系统方面有了创新性成果。长城钻探的CIFlog-GeoMatrix解释处理软件实现全面推广。2013年，该软件在长城钻探的国内各个市场的生产中已推广应用700多口井，同时在长城钻探所承担的国内外科研项目中已推广应用2000多口井，测井项目涵盖常规、声电成像、核磁共振、阵列感应等，评价地层包括砂泥岩、碳酸盐岩、变质岩等，同时解释评价既包括直井、大斜度井和水平井等的裸眼井解释，又包括套管井的固井质量评价。④随钻测井地质服务技术方面有了进步。测井公司的随钻地质导向软件LogXD投入现场试验。2013年，开展随钻测井地质导向服务28口，油层钻遇率100%。川庆钻探开发了随钻测井数据实时捕获及显示技术软件，2013年完成6井次的随钻地质导向服务。西部钻探在新疆油田夏92H井作业中进行地质导向服务，实现了该井700米水平段正常钻进，油层钻遇率100%。

（4）提速提效。加强生产组织，确保测井队伍及时到位，实现管理提速。川庆钻探通过强化生产组织、深化精细管理、提升员工素质等一系列的措施，较好完成各项提速目标，确保正点到井率为99.7%。西部钻探持续深化精细管理，保测井提速，确保正点到井率达99%以上；渤海钻探强化协调配合，精细测前设计，确保及时到井率达到100%、仪器下井一次成功率达97%以上。持续改进组合测井技术，提高复杂井施工工艺技术水平，实现技术提速。针对大斜度井、水平井等复杂井应用存储式钻杆输送测井700井次，保证作业质量，提高测井时效。大庆钻探推广应用SDZ5000高精度快速平台测井技术，使测井时效提高35%。测井公司通过全面推广应用“15米一串测、水平井工艺改进”，打造提速提效新利器。渤海钻探大力推进快测技术，“两串测”快测工艺应用比例达63%，2013年测井单井平均时效12.3小时/口，比2012年提高8.2%，比2011年提高14%。2013年，集团公司水平井测井提速30%。

（邹　辉）

【录井】 2013年，集团公司从事石油录井工程技术服务的企业有9家，分别是大庆钻探工程公司录井一公司和录井二公司、西部钻探工程公司克拉玛依录井工程公司和吐哈录井工程公司、长城钻探工程公司录井公司、渤海钻探工程公司第一录井公司和第二录井公司、川庆钻探工程公司地质勘探开发研究院、测井公司青海事业部。

1. 人员、队伍状况

2013年，集团公司录井专业用工总量10482人，同比减少440人，减幅4.03%。

2013年，集团公司有录井专业队伍1040支，同比增加24支，增幅2.4%。其中，综合录井队929支，气测录井队111支，队伍平均动用率94.33%，平均队年施工277天，平均队年录井6.56口。队伍国内分布在全国18个油区，国外服务于亚太、中亚、非洲、中东、美洲等17个国家和地区。服务于国内的队伍813支，其中，集团内队伍773支，集团外队伍 40 支。国内队伍主要分布在长庆油田、西南油气田、新疆油田，共 480 支，占队伍总数的 46.2%。服务于国外的队伍共 227 支，其中，集团内队伍 185 支，集团外队伍 42 支。国外队伍主要分布在中亚地区，共 93 支，占国外队伍总数的 41%。

2. 装备状况

2013 年，主要录井装备 2798 台，同比增加 94 台，增幅 1.3%。综合录井仪 876 台，同比增加 20 台，增幅 2.3%。其中，国产综合录井仪 785 台，同比增加 33 台，增幅 4.4%；进口综合录井仪 91 台，到期报废 13 台，减少 12.5%。

3. 工作量完成情况

2013 年，集团公司录井企业完成录井总口数 13578 口，同比增加 1894 口，增长 16.21%。其中，国内录井 12598 口，同比增加 1629 口，增长 15.17%；国外录井 980 口，同比增加 235 口，增长 31.54%。完成录井 22182 井次，同比增加 2615 井次，增长 16.07%。其中，综合录井 3749 口，同比增加 284 口，增长 8.2%；气测录井 1895 口，同比增加 497 口，增长 35.55%；地质录井 7934 口，同比增加 1113 口，增长 16.32%。录井仪器（综合录井和气测录井）施工总天数 412353 天。

4. 技术应用与科研

（1）2013 年，集团公司所属录井企业应用录井技术在 643 口探井上发现并评价油气显示层 71850 米 /13072 层，在 4113 口开发井上发现并评价油气层 563547 米 /75334 层，油气显示发现率 100%。

（2）应用综合录井技术共监测到工程异常 18613 次，其中钻具刺 266 次、泵刺 105 次、钻具断 91 次、井漏 1186 次、井涌或溢流 728 次、硫化氢异常 35 次，异常预报符合率达到 99.25%。

（3）在录井技术及油气层发现评价方面，推广应用三维定量荧光技术、岩屑图像分析技术、元素录井技术、微地震裂缝监测技术、空气钻井录井技术、水平井地质导向录井技术等成熟技术。水平井录井综合导向技术全年应用 752 口。在录井设备方面，推广应用了德玛、雪狼和 GW-MLE 录井系列产品、试油录井仪、远程传输、碳酸盐岩智能分析仪等。

（4）2013 年，共开展各级科技项目 177 项，获得成果 116 项，其中国家级重大专项 5 项，集团公司级项目 18 项，局级项目 46 项，处级项目 108 项，获得专利 61 项，发表论文 87 篇。

（刘应忠）

【钻井工程】 2013 年，工程技术分公司归口管理的工程技术服务企业共有 6 家钻井专业公司，大庆钻探工程公司、长城钻探工程公司、渤海钻探工程公司、西部钻探工程公司、川庆钻探工程公司和海洋工程公司。

1. 人员、队伍状况

2013 年，集团公司钻井专业用工总量 98038 人，同比减少 6829 人，减幅 7%。

2013 年，集团公司共有在编钻井队伍 1018 支。其中，陆上钻井队 1008 支，海洋钻井队 10 支。

2. 装备状况

（1）钻机装备。集团公司有各类钻机 1018 部。其中，陆上钻机 1008 部，海上钻井平台 10 座。共有顶驱 375 套。

（2）井控装备。集团公司共有各类防喷器 4999 台。其中，单闸板防喷器 1483 台，双闸板防喷器 1985 台，环形防喷器 1440 台，其他防喷器 91 台。共有控制系统 1913 套，节流压井管汇 2436 套。

（3）主要相关技术服务装备。集团公司共有地质导向仪器 88.5 套，各类水泥车 628 台，旋转防喷器 / 旋转控制头 115 台，制氮装备 30 套，压缩机 176 套。

3. 工作量完成情况

2013 年，集团公司钻井队伍（含国外）开钻 13459 口，完成 13378 口，进尺 2749.77 万米，集团公司钻井队伍完成进尺同比增加 30.25 万米，增幅为 1.11%。其中，集团公司内部市场完成进尺 2315.41 万米，同比降幅为 0.31%；国内集团公司外部市场钻井进尺 116.23 万米，同比增幅为 9.14%；国外市场钻井进尺 318.13 万米，同比增幅为 9.51%。

钻井工程质量。2013 年，井身质量合格 11713 口，井身质量合格率 100%。钻井取心进尺 17822.47 米，取心收获率 96.88%。

钻井生产时效。钻井工作总时间 582.46 万小时。生产时间为 552.86 万小时，占总时间的 94.92%。

4. 科技研发及推广应用

（1）水平井规模化应用成效显著。

集团公司完成水平井 2030 口，其中，国内完成水平井 1620 口，占 79.8%，国外完成 410 口，占 20.2%。“工厂化”助力水平井规模应用。2013 年，大庆油田在垣平 1、齐平 2、龙 26 三个区块，推行工厂化水平井钻井。通过配套强化顶驱、大功率钻井泵、轨道滑移装置等设备保障，采取大平台批量钻井模式，工厂化水平井试验取得良好效果。其中，龙 26-平 9 井完钻井深 3521 米，创大庆油田工厂化水平井钻井周期最短 29 天、机械钻速最高 14.86 米 / 小时、首次应用水基钻井液水平段最长1586米等纪录。长城钻探在苏里格苏53区块实施工厂化作业，实现批量钻井、井间提速和无缝作业，提前1个月完成全部13口井钻井任务。水平井钻井技术取得新突破。渤海钻探着力研究U型井钻井技术，形成较为完善的煤层气多分支水平井钻井综合配套技术，完成多分支水平井23口，成功率100%。

（2）欠平衡钻井成效显著。

集团公司国内实施完成欠平衡井606口，创历史新高。欠平衡钻井在提速、降低事故复杂以及保护储层等方面效果显著。塔里木油田中古5-H2井地层情况复杂，油气层活跃，属典型窄压力窗口地层，易漏易喷，且存在多套压力层系，普遍含硫化氢，施工安全风险大。该井在6297—7810米实施精细控压钻井，成功实现长水平段钻进并穿越多套缝洞发育地层，控压钻井累计进尺1513米，其中水平段进尺1357米，目的层全程零漏失、零复杂。彰显精细控压钻井技术在复杂深井钻井过程中独特的技术优势。针对辽河油田低压裂缝性潜山油气藏、开采后期能量枯竭易发生严重漏失的油气藏，长城钻探研发可循环微泡沫钻井液技术，该钻井液体系具有密度低、防漏效果好、保护油层效果好等特点，通过在冷家油田易漏区块、茨采、沈采潜山裂缝性油气藏的钻井、修井施工21口井应用证明，可大幅度提高机械钻速，实现欠平衡或近平衡钻井，为辽河油田的后期高效开发，提供一项新的技术手段。

（3）钻井提速工作。

实现钻井提速目标。2013年，按照集团公司“24663”工作统一部署，全力推进“三提”工作，钻井提速效果较好。2013年完成井平均井深1982米，平均钻井周期17.4天，同比缩短0.88天，缩短4.81%，完成钻井提速3%的目标。钻井进尺万米队达到780支，同比增加32支，增幅4.28%。水平井提速上台阶。完成水平井在平均井深增加223米的情况下，机械钻速提高4.05%，钻机月速提高3.91%。长城钻探在苏53区块完成水平井46口，同比增加15口，钻井周期42.68天，同比缩短10.43天，建井周期51.55天，同比缩短10.82天。川庆钻探在长庆油田完成气井水平井98口，同比增加38%，完成井平均井深4709米，同比增加148米，完钻周期51.64天，同比缩短5.02天。 深井提速效果显著。2013年完成4000米以上深井832口，同比增加189口，增幅29.39%。平均井深4843米；钻井周期95.18天，同比缩短6.28天，缩短6.19%。建井周期115.28天，缩短4.87天，缩短4.05%。

（4）钻井科技研发及应用取得新进展。

①旋转导向钻井系统研发取得突破。渤海钻探与德国智能钻井公司合作，完成1套旋转导向钻井系统样机，并在大港油田进行3口井的现场试验。川庆钻探旋转导向钻井系统在现场展开多项试验，整套系统入井时间36小时，循环时间15小时。现场数据显示，能够实现旋转导向。长城钻探牵头承担了集团公司“指向式旋转地质导向系统研制”课题导向模块在中国和美国申请专利，具有完全自主知识产权，已加工原理样机1套。②欠平衡钻井新装备不断研制成功。渤海钻探完成2种规格的连续循环阀的研发，自主开发35兆帕专用分流管汇、专用控制箱，成功实现在不同井段、井眼条件下气体钻井连续循环接立柱、氮气连续循环钻井接单根作业、钻井液钻井连续循环接立柱、充气钻井连续循环接立柱等作业。川庆钻探气体钻井无基坑系统取得突破，实现气体与粉尘的有效分离和排放，为清洁气体钻井以及氮气天然气循环利用打下坚实基础。③水平井钻井又添新利器。渤海钻探自主研发的BH-MWD高温随钻测量仪器和BH-PWD环空压力随钻检测仪顺利通过科技鉴定，175摄氏度高温MWD打破外国公司的技术垄断，为占领水平井高端市场奠定了基础。川庆钻探自主研发的电磁波接力传输随钻测量系统在塔22X-2井工业化应用中取得圆满成功。在该井三开斜井段氮气钻井中实现轨迹随钻监测，测量数据准确翔实，设备工作稳定可靠。④大膨胀率膨胀套管现场试验顺利实施。钻井工程技术研究院与吉林油田联合研制大膨胀率膨胀套管钻井工具，2013年在吉林油田完成现场试验。通过试验验证大膨胀率膨胀工艺的可行性、膨胀螺纹的密封性和连接强度满足要求，为膨胀管技术在钻井领域的发展与应用打下良好的基础。

（贾平军）

【井下作业】 井下作业是以试油测试、压裂酸化、大修侧钻及油气水井维护作业等为主要内容的综合性工程技术服务业务，分布在6家工程技术服务企业和11家油气田企业。大庆钻探工程公司、西部钻探工程公司、长城钻探工程公司、渤海钻探工程公司、川庆钻探工程公司、海洋工程公司6家工程服务企业以试油测试、大修侧钻、压裂酸化业务为主；吉林油田公司、辽河油田公司、冀东油田公司、大港油田公司、华北油田公司、长庆油田公司、新疆油田公司7家油气田企业以油气水井维护作业为主；大庆油田公司、玉门油田公司、青海油田公司及吐哈油田公司4

家油气田企业具有综合性井下作业服务业务。

1. 队伍状况

2013年，集团公司共有井下作业队伍2052支。其中，大修侧钻队339支，小修队933支，试油队246支，压裂酸化队97支，测试队332支，带压作业队105支。

2. 装备状况

2013年，井下作业系统共有修（通、钻）井机2557台，其中车载修井机1602台，占62.65%。一千型及以上泵车642台，共计134.71万水马力，两千型及以上泵车80.22%。连续油管车48台，制氮车37台，液氮泵车58台，带压作业设备110套。

3. 工作量完成情况

2013年，完成总工作量143100井次。其中压裂工作量15361井次，酸化工作量6103井次，小修工作量117510井次，大修工作量3876井次，侧钻工作量250井次。试油完成7558层。国内井下作业工作量完成141019井次，试油完成6251层。国外井下作业工作量完成2081井次，试油1307层。

国内生产周期：试油27天/井次，小修3天/口井，大修16天/口井，侧钻22天/口井；国外生产周期：试油12天/层，小修8天/口井，大修11天/口井。试油平均生产时效为81.01%，交井一次合格率99.2%，优质井率97.3%，执行设计符合率99.9%，资料全准率99.8%。

4. 科技研发及推广应用

（1）试油测试技术。川庆钻探公司在磨溪—高石梯探索应用“7英寸套管通刮一体化”工具、“试油封闭一体化”技术、“试油完井一体化”工艺，提高了试油速度，试油时效达74.5%，同比提高11.8%，平均单层试油为19.7天，同比节约25.9天；研制105兆帕动力油嘴、油气水自动计量技术、140兆帕旋流除砂器、105兆帕捕屑器、立式密闭燃烧装置、超高压动力油嘴等装置来满足川渝及塔里木地区的高压油气井的测试；井下数据有效无线传输距离最远达到4300米；完成105兆帕钢丝试井投捞压力计悬挂器研制，实现压力计适时定点悬挂。渤海钻探公司研制配套的防酸防硫地面测试装备，实现酸性气层测试过程中对高酸性流体的分离计量，取得发明专利1项。西部钻探公司应用140兆帕高温高压测试流程在塔里木油田公司成功应用10井次，试油刷新塔里木油田最高关井压力和最深中途测试井两项纪录；研制的电缆直读试井技术在储气库的推广应用，“大注气量区间内流压动态监测”填补了甲方工艺需求空白。

（2）压裂酸化技术。2013年，水平井分段压裂技术推广工作进展良好，集团公司共完成水平井分段改造1020口，8211段，平均单井分8.05段，完成水平井分段改造井数占国内全年完钻水平井总井数1620口的63%；各工程技术服务企业从设备配套、生产组织、工艺技术等多方面进行创新，连续供水、连续混配、连续输砂、返排液回收处理、连续油管作业等技术进一步完善，“专业化施工、标准化管理、模块化组织、程序化控制、流水线作业”的工厂化压裂模式基本形成并得到推广应用。川庆钻探公司在页岩气平台井实施拉链式工厂化压裂，7天完成2口井24段压裂施工，平均每天压裂段数从1.7段提高到3.2段，最高一天压裂4段，效率提高88%；在气田最大丛式井场14口井，采用工厂化作业技术，历时18天，共实施8层酸化、59段压裂，平均每天施工3.72段，创造长庆气田单次施工完成压裂层数最多、井口数量最多、同一个井场施工用液和加砂量最大、压裂施工规模最大、动用压裂设备最多等多项新纪录。长城钻探公司采用同步压裂、段内多缝压裂、体积压裂、速溶瓜尔胶压裂液体系等多项技术集成，在一个平台完成13口井/66层压裂施工，整个大平台13口井通过两轮压裂完成施工任务，仅用时13天，与同井型常规压裂相比缩短施工周期26天，创下该单位“即时混配施工时间最长、注入总液量最多、泵入加砂总量最多”3项新纪录。压裂酸化工艺技术取得新进展，长城钻探公司在同区块同井场完成集团公司首次同步压裂施工，试采日产20万立方米，同比同井场其他井压力下降缓慢，效果明显；研制出液体pH值在4—6之间的酸性压裂液体系，其耐温能力达到150摄氏度；研制的高温（加重）压裂液体系密度为1.3克/厘米^3，耐温能力达到160摄氏度，性能指标在国际处于领先地位；研制应用于工厂化压裂施工所需要的“即配即用”速溶瓜尔胶压裂液体系，在25摄氏度条件下，3分钟黏度即可达到90%以上。渤海钻探公司自主研发的无级限可选择开关滑套分段压裂工具首次在水平井上分5段现场试验成功；自主研发的多簇滑套限流分段压裂技术，已成功实施1球3簇的现场试验。西部钻探公司应用纤维加砂压裂防砂技术，现场完成28井次，为高速通道压裂技术试验奠定基础。川庆钻探公司完成国内首套二氧化碳密闭混砂装置及二氧化碳提黏剂研制，实现二氧化碳干法加砂压裂；形成了集理论、设计、工具和施工为一体的连续油管带底封环空分级压裂技术，水平井最大分级数达到18级，创造了该工艺施工排量6.7米³/分钟的世界纪录；PSK分段压裂工具，全年应用128口266套，压裂施工1171段，该技术被作为集团公司工程技术利器在2013年8月发布；研制的生物清洁压裂液具有低摩阻、起黏快、可回收、对配液水质要求低等特点，在川平某井试验，返排回收利用率达到40%。大庆油田公司研制的隼槽式多层压裂工艺，采用隼槽式开关系统，通过隼槽宽度尺寸的变化，实现全通径、多级压裂，管柱最高承压70兆帕，耐温120摄氏度，单喷最大加砂量60立方米，工具内通径在50毫米以上，施工排量每分钟可达8立方米以上；双封单卡分段压裂工艺扩张式封隔器性能指标进一步提高，耐温达到120摄氏度、承压达到70兆帕、单趟管柱加砂规模提高至200立方米以上。川庆钻探公司研发的高温、高压非均质碳酸盐岩储层改造技术获得突破，形成"四维"多变转向、"变排量控缝高"等深度酸压工艺技术。通过技术的持续攻关，储层改造2013年又创造一系列新指标，川庆钻探公司创造入地最大液量纪录（31700立方米），大庆钻探公司创造入地最大砂量纪录（1905.4立方米），长庆油田公司创造水平井最大分段数纪录（22段）；川庆钻探公司创造国内最长（3000米）裸眼水平段加砂压裂作业纪录。

（3）修井、侧钻技术。2013年，井下作业系统完成大修3876井次、侧钻250口，修复成功率90%以上。大庆油田公司面对修复难度进一步加大，变形、错断、外漏破裂等类型套损井比例达到施工井数的71.6%的现状，在深部取换套施工中，完善套铣钻具，优化套铣参数，对于打不开通道或断点夹有落物井，采用局部或全井扩眼技术保证收鱼效果，施工18口井，成功率100%。在侧斜施工中，采取完善井眼轨迹控制技术、优化钻进参数等措施，施工14口井，确保侧斜井固井质量合格率达到100%。在密封加固施工中，推广应用膨胀管加固技术，补贴井段通径达到ϕ108毫米以上，施工54口井。长城钻探公司通过推广使用一体化导斜器，减少开窗前起下钻次数。西部钻探公司在一口老井封堵施工实现突破，在井深3446米以下进行锻铣，锻铣井段长47米，且套管钢级为P110，壁厚为9.17毫米，在国内尚属首例。大庆钻探公司对取换套技术进行研究，实现了取换套技术完全自主化，并对取换套主体工具进行改进，在技术上超越了原外部技术，主要创新套管示踪（防丢鱼）工具和工艺，改进了套管倒扣器，全年共完成取换套井6口，成功率100%。川庆钻探公司完成可回收斜向器研制，在水平井实验装置内首次完成"可回收斜向器开窗"模拟试验，积累了水平井侧钻开窗的经验。

（4）带压作业应用情况。2013年，完成带压作业工作量4034口，其中油井1095口、气井95口、水井2844口。效果方面，全年累计减少污水排放263.5万立方米，减少罐车拉运17.6万台次，增注99万立方米，增油12463吨，增产天然气59万立方米。全年共动用队伍157支，同比多动用27支。各单位根据本油田油气水井的特点，开展工艺技术研究。一是气井带压作业技术能力大幅提高。西南油气田气井带压起下油管作业井口控制压力由7兆帕提升到21兆帕，作业方式也由过去单一的起下管柱发展到更换井下节流工作筒、实施水平井复合桥塞分段压裂、带压冲砂作业、带压钻磨铣等复杂工艺措施作业。二是电泵井带压作业取得新突破。大庆油田公司开展电泵井带压作业技术研究，研制电泵井带压作业装置，通过加工试制及室内试验，成功解决电泵井带压作业过程中不规则管柱油套环空密封和电缆安全起下问题。三是大规模推广预置工作筒，实现注水井全程带压作业。四是开展热采井带压作业现场试验，初步形成井口120摄氏度以上、14兆帕以下热采井的带压作业技术。

（何昀宾）

工程建设

【概述】 2008年4月，集团公司组建成立中国石油天然气集团公司工程建设分公司（简称工程建设板块），归口管理油气田地面、炼油化工、油气储运工程的勘察设计和施工等业务。截至2013年底，集团公司从事工程建设业务的二级单位共23家，其中工程建设板块归口管理企业6家，即中国石油天然气管道局（简称管道局）、中国石油工程建设公司（简称工程建设公司）、中国石油集团工程设计有限责任公司（简称工程设计公司）、中国寰球工程公司（简称寰球工程公司）、中国昆仑工程公司（简称昆仑工程公司）、中国石油集团东北炼化工程有限公司（简称东北炼化公司），拥有工程建设业务的油气田与工程技术服务企业7家、炼化企业10家。

以上工程建设企业拥有各类资质767项，涵盖油气各专业的勘察设计、施工和监理各个环节。其中，综合甲级设计资质企业5家、行业甲级设计资质企业15家，化工石油工程总承包特级施工资质企业4家、化工石油工程总承包一级施工资质企业16家、管道工程专业承包一级施工资质企业15家。截至2013年底，工程建设板块资产总额1702亿元，其中归口管理企业资产总额994亿元。工程建设板块整体从业人员13.85万人，归口管理企业用工总量为7.23万人。

工程建设业务生产和服务保障能力不断增强。陆上油气田地面工程设计施工水平和能力处于国内领先水平，拥有常规油气田以及高含水、低渗透、特稠高凝油田以及"三高"气田地面工程建设成套技术，具备2000万吨/年以上的原油产能建设能力和100亿立方米以上天然气产能建设能力；陆上长输管道建设处于国内领先地位，施工技术达到国际先进水平，年施工能力6700—9700千米，掌握大口径（ϕ914—ϕ1219毫米）、高压力、高钢级（X70、X80）、大壁厚（14.5—33毫米）长输管道设计施工成套技术、成品油顺序输送设计技术及20米水深内滩浅海浮拖法海底管道设计敷设技术，适应水田水网、沙漠戈壁、大坡度和石质山体等复杂地形的施工技术；拥有15万立方米原油储罐、1万立方米球罐设计施工技术，原油储罐2600万米^3/年、成品油储罐1600万米^3/年的施工能力，具备LNG液化工厂和LNG接收站设计和施工能力以及单罐容量20万立方米LNG低温储罐设计、施工技术和能力；具备1000万吨/年炼油和100万吨/年乙烯工程设计与施工能力，具有年产20万吨ABS树脂、40万吨聚酯、120万吨精对苯二甲酸（PTA）自主工艺技术并处于国内先进水平，掌握年产45万吨合成氨、80万吨尿素成套技术，拥有换热器、塔器、球罐、反应器等炼油化工设备制造技术，甲醇合成塔、水煤浆气化炉、超高压氮气储罐等厚壁压力容器制造技术，大型钢结构、网架制造与安装技术，具备金属结构加工能力24万吨/年。

【生产经营】 2013年，工程建设板块以提升服务保障能力和国际竞争力为主线，大力推进管理提升，加快优化业务结构，着力转变发展方式，圆满完成各项任务目标，生产经营基本稳定。全年新签合同额1683亿元，实现营业收入1434亿元，同比分别增长3.8%和9%，实现利润总额39.5亿元，同比减少14.5%。其中归口管理企业新签合同额1355亿元，实现营业收入950亿元，同比分别增长5.5%和5%，实现利润总额38.5亿元，同比减少13%。

在2013年发布的ENR（美国《工程新闻记录》杂志）全球承包商250强排名中，管道局、工程建设公司、工程设计公司、寰球工程公司分别位列第75位、第115位、第125位、第95位。归口管理企业中，昆仑工程公司、东北炼化公司未参加评选，但其2012年境内外全部工程收入分别约为7.12亿美元、9.70亿美元，均超过ENR全球承包商250强榜单上的最后一名。工程建设企业凭借经营业绩赢得国际商誉和品牌形象。

【市场开发】 进一步加强市场的整体规划和资源整合，重点针对20多个热点国家的国别市场和专业市场进行专题研究，制订相应的市场策略。充分发挥工程建设企业在市场竞争中的主体作用，召开市场座谈会，深入探讨市场开发的措施和办法，市场开发质量进一步提高。工程建设板块2013年海外市场和集团公司外部市场新签合同额分别达474亿元、432亿元，分别占新签合同总额的28%和26%，市场结构持续优化，市场开发网络逐渐完善，初步形成上下游并举，海内外、系统内外协同发展的良好局面。

管道局充分调动各层面积极性，深化战略合作，EPC总承包、项目管理、设计咨询等高端市场已占到全局业务的60%。工程建设公司建立两级市场开发体系，基本形成海外五大区域性规模市场和国内八大炼化基地支持性建设的战略布局。工程设计公司海外新签合同额突破百亿元，系统外市场也得到进一步拓展，分别占到新签合同总额的32%、40%。寰球公司积极拓展发展空间，大力开发外部市场，海外中标伊拉克KAR炼厂等多个高端项目，国内获得合同额近40亿元的煤化工项目。昆仑工程公司在芳烃及其衍生物、合成材料及原料、环保及特种纤维等领域持续巩固国内领先地位，在石油化工、煤化工等领域不断扩大影响力。东北炼化公司积极与国际工程公司合作，在中东、北非市场取得较好业绩。大庆油田工程公司成功进入中海油米桑油田项目群，实现了海外非集团公司市场的突破。辽河油田工程公司在中国海油、大唐、中化以及东北、南方地区的城市燃气管网等市场取得新突破。川庆钻探公司油建EPC总承包能力不断增强，EPC总承包量占总产值的77%以上。

【重点工程建设】 2013年，各工程建设企业精心组织优质资源，强化设计、采办、施工等现场协调，有力保障油气核心业务快速发展。全年共承担重点工程41项，其中新开工3项、中交投产19项（装置）。

（1）油气田地面工程建设方面，全年承担重点工程10项，建成原油处理能力600万吨/年，天然气处理能力120亿米³/年。伊拉克艾哈代布油田地面工程（二期）、南约洛坦气田、和田河气田地面工程等建成投产。哈法亚油田地面工程（二期）、土库曼斯坦麦捷让气田集输系统项目、伊朗北阿扎德干油田地面建设项目、乍得2.1期地面建设工程、坦桑尼亚气田开发项目、塔里木塔中400万产能建设工程进展顺利。

（2）炼化工程建设方面，投产装置1套、中交装置3套，新增原油一次加工能力600万吨/年。乌鲁木齐石化600万吨常减压异地改造工程按期投产，四川石化1000万吨/年炼油、100万吨/年乙烯项目按期中交，广西石化80万吨/年航空煤油加氢精制等装置实现中交，广西石化含硫原油加工其他配套工程、华北石化扩建1000万吨/年炼油改造项目、中委合资广东石化2000万吨/年重油加工工程、云南1000万吨/年炼油项目、宁夏石化45万吨合成氨80万吨尿素工程等按计划推进。

（3）管道工程建设方面，全年建成油气长输管道近6000千米。西气东输二线东段及支干线、中缅天然气管道、中缅原油管道、中卫—贵阳联络线、兰州—成都原油管道、大连—沈阳输气管道、西气东输三线西段霍乌段等项目建成或投产。西气东输三线西段与东段、锦郑成品油管道、肯尼亚管道、中亚天然气管道C线、缅泰气管线等项目进展顺利。

（4）储罐及LNG工程建设，全年建成投产原油储备库1个、储气库2个、LNG项目2个。兰州商业储备库、呼图壁地下储气库、苏桥储气库群、湖北LNG国产化示范工程、山东泰安LNG接收站工程等陆续建成或投产。

2013年，工程质量稳步提升，组织开展质量管理体系推进评审，归口管理企业质量体系认证率、推进评审率100%。加强质量目标考核，结合实际增加焊接合格率等动态指标，过程管控进一步严格。注重项目前期设计质量管理，从源头上确保工程质量受控，加强流程模拟设计软件的集中管理、统一使用和培训，组织开展技术交流，不断提高软件应用水平和设计能力组织，对宁夏石化500万吨/年炼油改扩建工程进行设计回访，建立完善重点项目设计回访制度。严格现场工序质量控制，高度关注重点工程和控制性工程，优化技术方案，强化施工过程控制，以工序质量保证工程总体质量。抓好监理标准规范及制度建设，编制完成油气田地面、炼油化工工程建设监理规范，加快推动管道工程现场施工监理质量安全风险控制手册、长输管道及炼化工程监理示范文本的制定。组织开展在建工程质量大检查活动，共发现质量问题317项，并督促完成问题整改。全年工程质量验交合格率100%，并创多项国家级、省部级优质工程奖、质量管理成果奖。

更加注重建设项目安全环保工作，全年组织开展2次全过程、全要素的HSE管理体系审核，总结各类典型做法109项、发现问题378项。持续加大隐患治理力度，全年下达安全环保隐患治理项目资本性计划7项，落实资金5164万元，并完成3项治理项目。深刻吸取大连“6·2”等事故教训，全面开展安全大检查和安全警示月活动，进一步落实安全环保责任，规范事故管理。持续加强基础管理工作，编制完成油气田地面工程HSE设施配备标准、炼化工程和油气田地面工程风险识别与防范措施指南，推广实施长输管道风险防范措施，炼化人机互动多媒体培训系统开发进展顺利。高度重视工程建设项目环境影响评价和生态保护，强化职业危害预防控制培训，持续加大节能减排力度，超额完成全年节能减排目标。

【承包商管理】 加强承包商管理制度建设，修订完善集团公司承包商管理办法，为满足集团公司工程建设管理需要，在办法中研究增设三类承包商和检维修类承包商管理内容，进一步夯实承包商管理基础，不断完善管理内涵。按照“谁使用、谁评价”的原则，组织集团公司89家地区公司对1174家承包商2012年度业绩进行评价，涉及建设项目（合同）8179项。对承包商资源库进行动态更新，切实采取优胜劣汰的激励机制，严把准入关口，因评价不合格、未能遵守集团公司有关要求、企业资质发生变更等原因取消一类22家承包商、二类6家承包商的准入资格。严格做好承包商准入工作，2013年新增准入承包商185家，集团公司工程建设承包商总数达2066家，其中一类承包商308家、二类承包商1758家。加强对承包商使用过程的管理和监督检查，组织对承包商质量管理体系和HSE体系评审，开展“违法转包、违规分包、违规选商”及承包商管理工作情况专项检查，累计抽查油气田、炼化、销售、管道及工程建设企业23家，认真梳理分析检查发现的问题并督促有关单位加以整改，切实杜绝各类不规范行为，承包商过程管理得到进一步加强。

【标准化工作】 进一步把标准化作为降低成本、增强稳定性的重要手段，按照统一、先进、适用、与国际接轨的原则，建立工程建设标准信息平台，系统完整地推进工程建设油气田地面、油气储运、炼油化工三大业务领域的标准化建设。编制形成工程建设标准体系表，共采集梳理国家、行业、企业以及国际标准6708项。2013年，油气田地面21个专业93项标准、炼油化工20个专业177项标准大纲通过评审，油气储运21个专业的117项标准基本确立。加大关键技术标准制修订工作，完成石油库设计规范、地下水封石洞液化石油气储库设计导则、丙烯酸及酯设计规范、三维模型设计统一规定、油气田地面与炼油化工工程监理规范、工厂化EPC总承包项目管理规范等标准的研究制定。促进标准国际化进程，开展“海外油气田地面标准体系研究”和“炼油工程国内标准海外应用研究”两个国际标准化课题；工程设计公司通过积累的国际项目运作经验，调研、梳理油气田地面海外标准体系，收集和翻译国际国外标准约200项，并进行国际国外标准与国内标准的对标分析；工程建设公司总结在苏丹喀土穆炼厂的建设经验，完成完整的炼厂EPC总承包中国标准规范的英文版编译工作，为中国技术和标准走向海外，发展海外市场提供了支持；寰球公司以积极成员身份参加国际标准化组织（ISO）活动。

【科技信息】 2013年，工程建设板块共承担科技项目365项，其中国家级8项、集团公司级56项、板块级99项、企业级202项，2013年申请专利350项、获得授权218项、认定技术秘密78项，保持快速增长势头，其中加氢反应器成套制造、天然气净化、管道检维修、污水处理等11项技术系列被列入集团公司技术利器。

集团公司开展的26个重大科技专项中，工程建设板块承担和参与12项并积极推进，国内首套大氮肥集成技术已完成全部设计工作；大型天然气液化装置关键技术领域，寰球公司开发的双循环混合制冷剂LNG技术的阶段性成果已在陕西安塞50万吨/年和山东泰安60万吨/年项目中应用、260万吨/年大型LNG工艺技术拟在伊朗南帕斯项目中应用，工程设计公司开发的多级单组分制冷LNG技术的阶段性成果已在湖北黄冈120万吨/年LNG项目中应用、350万吨/年大型LNG工艺技术正在研发；工程建设公司承担的千万吨级大型炼厂成套技术开发研究成果已经在广东2000万吨/年炼油等项目中应用；管道局承担的第三代大输量天然气管道工程关键技术及设备国产化研究取得阶段性成果，X80钢级管道焊接及管件制作技术已经在西气东输二线工程中成功应用，X90/X100钢级相关技术正在加快研发。板块统筹项目成果丰富，油气田地面处理技术、煤化工成套技术、油气储运技术、安全环保技术等得到显著提升。

不断拓展科研项目的前伸和后延，进一步加强与业主、国内知名高校及科研院所的合作，实现优势互补。加快科技成果转化步伐，在板块层面成立科技成果转化工作组，制订“十二五”后3年科技成果转化工作计划，促进科研向生产力和经济效益转化，全年完成32项新技术新产品的推广应用。

信息化建设方面，以ERP系统为核心的应用集成系统建设全面启动，工程项目管理系统全部上线运行。加强科技和信息融合，完成数字化设计二次开发方案，信息化在业务发展中的支撑作用进一步体现。

【管理创新】 扎实推进管理提升活动，及时总结提炼经验，研究探索固化管理提升活动工作成果的有效途径。在“专项提升、协同推进”阶段，狠抓管理中突出问题和薄弱环节的整改落实，设计、施工、监理等业务管理以及质量、标准、制度流程等基础管理方面均取得突破和提升；在“持续改进、总结评价”阶段，及时总结提炼经验，研究探索固化工作成果的有效途径。

加强发展规划和业务研究。及时调整优化工程建设业务“十二五”发展规划，明确“十三五”发展框架目标；围绕工程建设业务发展的难点热点问题，梳理16个专项课题，从优化业务结构、促进“提速、提质、提效和提素”、提高“装备利用率、队伍动用率和单位工作效率”、拓展“总包、分包和外包”、加快管理创新以及实现工程建设业务特色化、差异化、高端化发展等角度启动专题研究工作，探索可持续发展的办法措施。

【队伍建设与业务培训】 组织完成工程建设标准化、质量管理、EPC项目管理、处级干部及总监理工程师等6个培训项目，共培训各类人员530人次。举办工程建设项目后备管理人才培训班以及第三期海外EPC项目管理培训，为工程建设业务国际化运营和项目运作提供人力资源保障。推动监理人员取证培训，2013年累计考试取证2359人，项目监理机构持证率提高25%。鼓励企业开展技术比武、参加技能竞赛，畅通技能人才成长通道，在第十一届全国工程建设系统职业技能竞赛中，由大庆油田公司、管道局、工程建设公司第一建设分公司、第七建设分公司和东北炼化公司等单位选手组成的中国石油代表队获焊工、无损检测员团体总分第一名、冷作钣金工团体总分第二名，取得个人成年组焊工2金1银、无损检测员2银、冷作钣金工1银2铜以及青工组焊工第一名的优异成绩；在德国埃森国际焊接技术大赛上，来自大庆油田和工程建设公司第一建设分公司的5名选手取得2个项目第一名、1个项目第二名和2个项目第三名的好成绩。

（吴晓利）

装备制造

【概述】 中国石油天然气集团公司装备制造分公司（简称装备制造分公司，也称装备制造板块）于2007年12月28日组建，是中国石油天然气集团公司直属专业分公司，统一归口管理集团公司装备制造业务，主要负责技术、业务、经营及综合协调管理工作。公司旨在按照建设综合性国际能源公司的体制架构，加强专业化、集约化和一体化管理，发挥整体优势，提升综合实力，促进装备制造业务持续有效发展，为油气业务发展加强服务和保障。截至2013年底，集团公司开展有装备制造业务的局级单位24家，共计103余家企业分布在全国19个省、自治区、直辖市的43个城市。其中，直属专业公司5家，分别是中国石油技术开发公司、渤海石油装备制造有限公司、宝鸡石油机械有限责任公司、宝鸡石油钢管厂、济柴动力总厂。非直属企业有：大庆、长庆、吐哈、青海和玉门5家油气田企业的装备制造业务；大庆石化、吉林石化、辽阳石化、兰州石化和独山子石化5家炼化企业的装备制造业务；有物探、测井等9家单位的装备制造业务。此外在亚洲、非洲、北美洲、南美洲的7个国家建有10家制造工厂。主要企业全部通过ISO 9000、ISO 14000、ISO 10012体系认证。产品涵盖钻井、采油、钢管、动力、海洋、炼化、天然气、物探、测井九大类200多个品种，覆盖油气上中下游业务领域，形成较为完善的研发、生产和服务体系。截至2013年底，全系统员工人数53169人，其中，直属企业34208人；资产总额853亿元。

2013年，面对错综复杂的内外部环境和市场形势，装备制造系统按照集团公司总体部署，牢牢把握稳中求进的工作总基调，实施“有质量、有效益、可持续”发展方针，以调整优化结构为主线，强化创新驱动，全面提升管理，加快“走出去”步伐，加大市场开拓力度，攻坚克难，扎实奋进，各项工作卓有成效，业务整体上实现稳中有进。

【生产经营】 营业收入、出口签约额和出口额等主要生产经营指标创历史最好水平，2013年装备制造营业收入规模首次突破700亿元大关，达到705亿元，同比增长3.2%，其中直属企业实现营业收入636亿元，同比增长5%，各非直属企业营业也实现不同程度的增长；出口签约额达到53亿美元，同比增长6%；出口额达到46亿美元，同比增长15%。主要产品产量达到高值，全年生产钻机112台，同比增长1%；钻井泵666台，同比增长10%；压缩机64台，同比增长16%；抽油泵42038台，同比增长20%；抽油杆829万米，同比增长26%；石油专用管90万吨，同比增长34%；钢丝绳64908万吨，同比增长14%。具体见表1。

表1　主要产品产量表

产品名称	单位	2013年累计	2012年同期	增长量	增长率
钻　机	套	112	111	1	0.90%
钻井泵及泵组	台（套）	678	607	71	11.70%
钢丝绳	吨	64908	56811	8097	14.25%
钻　头	只	10952	8771	2181	24.87%

续表

产品名称	单位	2013 年累计	2012 年同期	增长量	增长率
顶　驱	台	47	58	-11	-18.97%
螺杆钻具	套	3005	2773	232	8.37%
石油特种车	辆	886	645	241	37.36%
抽油机	台	10206	12838	-2632	-20.50%
抽油泵	台	42038	35087	6951	19.81%
抽油杆	万米	829	658	171	25.99%
潜油电泵	套	1952	2051	-99	-4.83%
井口装置	套	6353	6326	27	0.43%
内燃机	台	2588	3222	-634	-19.68%
天然气压缩机	台	64	55	9	16.36%
节能电机拖动装置	台	5112	5304	-192	-3.62%
油气输送管	万吨	193	258	-65	-25.19%
石油专用管	万吨	82	67	15	22.39%
烟气轮机	台	15	14	1	7.14%
压力容器	吨	62309	49069	13240	26.98%
仪　表	台	81697	87664	-5967	-6.81%
特种阀门	台	138	79	59	74.68%
检波器	万只	77	87	-10	-11.49%
电缆测井仪	套	497	864	-367	-42.48%
随钻测井仪	套	62	85	-23	-27.06%
射孔枪	万米	20	18	2	11.11%
射孔弹	万发	443	425	18	4.24%
钻井平台	座	2	1	1	100.00%
船　舶	艘	3	2	1	50.00%

【服务保障】 各企业以为油气生产和重点工程建设提供精良装备为己任，提高服务能力，强化合同执行，合理安排生产，保质保量保进度，认真做好海内外项目物资供应。技术开发公司充分发挥主渠道、主力军作用，2013 年共为集团公司在 19 个国家的海外项目提供物资装备 23.4 亿美元，达到历史最高水平。宝鸡钢管、渤海装备等制管企业全年为集团公司西三线、中缅等管线建设供应精品钢管超 150 万吨，有力保障重点管道建设施工进度。宝石机械根据新疆山前地区地质构造量身打造的 8000 米钻机，在钻井作业中表现优异，提速提效成果明显，受到用户的高度肯定。大庆装备及时为油田抗洪抢险中的受损设备提供抢维修服务，确保油田生产正常运转。钻井院的科研与产业化工作两促进，加快精细控压钻井系统、连续管作业机等装备利器推广应用，为油气勘探开发和油田增产稳产提供有力支撑。

【市场开拓】 强化市场导向意识，努力克服集团公司重大管线建设趋缓、油气装备市场竞争加剧等不利因素影响，市场开发能力持续提升。发挥一体化优势加强市场协调，与物资采购管理部共同协调组织，规范优势产品采购执行。加强优势特色产品推介，多次组织炼化装备等产需衔接、技术交流会，助推企业市场开拓，特色炼化装备产品销售取得较大突破。协调集团公司重大管线建设所需钢管产品提前采购工作，督促企业均衡排产。协调制造企业海外投标，有效发挥一体化优势，统一对外、共闯市场，避免无序竞争。着力提升装备制造品牌价值和影响力，打造知名装备产品，已有14家企业的93种、131项产品获准使用“中国石油装备”背书品牌。积极组织制造企业参加CIPPE、OTC等近20个国际石油装备展览会，组织开展系列新产品发布推介活动，通过连续统一参展，影响越来越大，效果逐步显现。完善国际市场布局，增强营销网络功能，出口签约额5000万美元以上的国家达到14个。技术开发公司、宝石机械联手运作，在顺利执行完阿联酋NDC的11套快速移运沙漠钻机合同后，又成功签署5+4+7钻机订单，高端产品在高端市场连续取得突破。宝鸡钢管抓大不放小，社会市场中标钢管项目50余个、订货48万吨，创造该厂历史纪录。

【技术创新】 按照突出重点、开发高端的思路，2013年共承担国家部委、集团公司和装备制造分公司统筹科研项目94个，多项新产品研发成功，科技创新再结新果。围绕油气主业需要研发新技术、开发新产品，25项（其中直属制造企业13项）装备产品列入集团公司年度自主创新重要产品目录，全年获授权专利227件，其中发明专利28件，取得计算机软件著作权证书4项。多项最新科研成果获得奖励：宝鸡钢管承担的“油气开发用新型连续管关键技术研究及产品开发”获国家能源科学技术进步三等奖；渤海装备参与研发的“煤层气钻井工程技术与装备”、渤海装备和宝鸡钢管共同承担的“X70大变形焊管研制”、宝石机械承担的“5000米全拖挂钻机”分获集团公司科技进步一等奖、二等奖、三等奖。此外，还相继研发成功9000米海洋钻井包、7000米全拖挂钻机、套管泥线悬挂装置、2300型压裂车、CT90变壁厚连续管、X65耐腐蚀埋弧焊管、4008LB型柴油机等高端新产品，成为服务油气发展的装备利器。全年共推广应用新产品30余项，新产品收入同比增长6%。科技平台建设初显成效。以宝鸡钢管为主建设的国家油气管材工程技术研究中心规划的5个实验平台已建成，5项核心技术、6种新产品通过鉴定，达到国际先进水平。宝石机械国家油气钻井装备工程技术研究中心建设有序推进，3个试验平台、5项关键技术、5项工程化产品项目取得阶段性成果。济柴的油田动力装备试验基地（一期）通过验收和运行评估。

【项目建设】 优化投资结构。2013年完成投资13亿元，支持国家油气钻井装备工程中心、油气管材工程中心、大功率压缩机制造等重点项目建设。济柴JC15、26／32发动机、宝石机械搬迁改造等9个项目建成，宝鸡石油专用管生产线、咸阳钢丝绳厂搬迁改造等12个项目完成了竣工验收。加强项目前期工作质量，通过深入分析论证。多方争取国家政策支持，装备制造结构调整工作得到有关部委的肯定，改善投资结构，提高投资回报。加快“走出去”步伐。贸易、制造密切牵手海外建厂，贴近目标市场，助推转型升级。以服务保障中亚油气合作示范区建设为重点，哈萨克钢管厂项目组与哈萨克斯坦石油公司签署合作框架协议，技术开发公司与大庆装备合作建设的潜油电泵维修中心也在哈萨克斯坦取得制造许可。

【发展谋划】 围绕打造高端、绿色、国际化装备制造业务的目标，着力抓好结构调整项目的启动实施，促进企业持续发展。强化结构调整顶层设计。积极应对装备制造发展新情况、新趋势、新要求，加强业务发展谋划，为引领业务有质量、有效益、可持续发展奠定基础。在近年来编制完成油气输送管、采油装备、天然气装备、炼化装备、特种车辆等专项产品发展思路基础上，组织开展海外建厂、钻井装备、专用管发展思路研究，明确每类产品的发展重点和企业定位，筛选确定一批结构调整重点项目，发展思路越来越清晰。

【对外合作与海外建厂】 深化对外合资合作。渤海装备与美国卡麦龙成立合资公司，并已开展大中型高压阀门的制造销售。东方物探INOVA西安新基地正在抓紧建设。宝石机械积极推进与海瑞克等国际先进企业合资合作，着力促进业务向高端升级。

【业务管理】 基础管理全面加强。始终把加强管理作为长期性、基础性工作抓牢抓实，认真策划开展装备制造管理提升活动，确保安全、质量、生产经营等各方面切实取得成效。

安全环保工作常抓不懈。牢固树立环保优先、安全第一、以人为本的理念，认真开展HSE管理体系审核和安全生产大检查，持续开展强化危害辨识与风险管理活动。有序开展安全环保隐患治理，分3批下达隐患治理资本性支出专项计划55项，实施项目分级挂牌督办，全面完成年度隐患治理目标。通过努力，制造板块实现重伤以上工业生产事故为零、交通事故为零、突发职业病和环境污染事件为零的目标，成为近几年来成绩最好的年份。质量管理工作深入推进。以主导产品质量提升项目计划实施和重点标准实施情况检查为抓手，督导企业不断提高质量管理体系运行水平，强化质量管理目标考核，确保装备产品质量完全可靠，坚决杜绝因产品质量问题而可能导致的安全事故发生。生产经营管理成效显著。装备制造分公司强化投资控制，加强在建重点项目督导，推动项目按计划建设、投产。按照保收入、保利润、保绩效、保供给、压存货、压应收、压有息负债的“四保三压”工作要求，落实具体措施，内部欠款清欠取得较好成绩。

【信息化建设】 信息化建设进展顺利。PDM 系统在 4 家直属制造企业全面上线，实现设计软件集成，规范设计研发工作流程，强化设计成果共享与应用，提高设计工作效率。MES 系统实现全面上线运行，提高车间数字化水平，减少操作人员，促进产品质量和生产效率的提升。以 ERP 为核心的应用系统集成项目进入详细设计阶段，已建 ERP 系统运行维护和调优工作有序推进。

（赵　晶　刘鼎恒）

第七篇

国际业务

海外油气业务

【概述】　截至2013年底，中国石油天然气集团公司海外油气业务在全球34个国家，管理运营着89个项目，海外油气业务经过20年的创业发展，从单一的老油田提高采收率项目，扩展到风险勘探和大型油气勘探开发项目，业务领域从上游延伸到中下游，形成了集勘探、开发、管道和炼化于一体的产业链；从陆上常规石油勘探开发发展到油气并举、陆海并进、常规非常规兼顾的格局，在中东、中亚、北美等高端市场开展多个大型油气项目的合作，用声誉、技术和实力赢得伙伴公司的信赖与尊重，合作的水平和层次不断提升。明确一体化发展思路，逐步实现资源与市场高度融合的全价值链发展，在非洲建立起上下游一体化、下游撬动上游的模式，在中亚建立起以油气管道连接上游资源与下游市场的模式，在拉美地区建立起以贸易为纽带的国外上游与国内炼厂一体化模式；完善集成以地质勘探、油气田开发和新项目评价三大核心业务为主体的，包含被动裂谷盆地油气地质理论及勘探技术、复杂碳酸盐岩油气田开发技术在内的十大优势技术系列，成为中国石油国际化经营的竞争利器；截至2013年底，参与管理与运作的勘探项目23个，开发项目51个，(独立)管道项目6个，炼化项目9个。海外油气管道运营总里程达到1.33万千米，油气年输送能力分别达到6200万吨和412亿立方米。中缅天然气管道投入运营，四大战略通道布局圆满实现。

2013年，中国石油海外勘探开发公司和各地区公司、项目公司准确把握“稳中求进”的整体思路，积极落实国家“一路一带”战略，坚持“有质量、有效益、可持续”的发展方针，顺利完成各项生产经营任务。海外原油作业产量首次突破1亿吨大关，全年海外完成油气作业当量达到12315.6万吨，其中完成原油作业产量达到10586.5万吨，完成天然气作业产量217亿立方米；权益油气当量5920.3万吨。全年海外输送原油2857万吨，输送天然气310.1亿立方米，加工原油1086万吨(含广西东油沥青30.7万吨)，生产各类石油产品共计1006万吨。海外油气勘探“十大”重点地面工程建设项目全面推进，“五大”重点管道炼化工程进展显著，在役管道和炼化项目安全平稳运营。2013年，海外油气勘探生产、重点工程建设及经营管理等工作取得明显成效，为“十二五”规划目标实现奠定了坚实基础。

【海外油气勘探】　2013年，海外油气勘探以“强化风险勘探、深化精细勘探、加快海洋步伐、保障资源升级”为部署原则，坚持“油气并举，海陆兼顾”，加大加快海外油气勘探，以乍得潜山取得突破为龙头，在多个领域取得重大突破和进展。非洲地区乍得Bongor盆地的Lanea、Baobab、Raphia、Phoenix和Mimosa五大潜山先后获得高产油气流；尼日尔Agadem区块北部、东部、南部分别获得突破；西非2个项目全年新增的可采储量夯实了大油气区的资源基础；中亚地区阿姆河右岸西部发现新气藏，东部构造取得突破，中部成熟气田区取得新发现，有力巩固了一期接替和二期产能建设的资源基础；海上勘探、滚动勘探均有新的突破。

【海外油气开发生产】　2013年，海外油气生产虽然面临着南苏丹项目复产滞后、叙利亚政局动荡、伊拉克鲁迈拉项目上产难度加大等一系列困难，海外勘探开发公司和各地区公司、项目公司却迎难而上，实施注水、水平井和提高采收率三大工程，实现老油田硬稳定、新油田快发展；探索海外勘探开发一体化生产组织模式，边落实资源边建设产能，快速实现增储上产，总体上确保海外油气作业产量稳中有升。

哈萨克斯坦公司加大三大工程实施力度，实现老油田硬稳定，连续5年保持油气作业当量3000万吨以上；伊拉克公司产量快速增长，2013年现有项目产量达到4072万吨，其中鲁迈拉项目产量继续增长，年产达到2823万吨；拉美公司原油产量再创历史新高，达到1303.99万吨，其中MPE3项目原油产量继续稳步增长，年产达到795万吨，超产115万吨；土库曼阿姆河公司生产天然气59.8亿立方米；尼罗河公司苏丹项目加快推进新区产能建设速度，油气生产形势日趋主动，南苏丹项目经过艰苦曲折的谈判和细致的复产准备，在停产超过100天的情况下，实现快速复产，产量快速回升，日产油水平已恢复到23万桶。2013年，36个海外油气生产项目中，24个超额完成油气生产任务，特别是MPE3项目、哈法亚项目、SPC项目、艾哈代布项目、尼日尔项目和PK项目为海外油气生产目标的完成作出重大贡献。

【海外新项目开发】 2013年，海外新项目开发工作全面提速，连续获取八大优质项目，分别是莫桑比克4区块项目、卡沙甘项目、西古尔纳1项目、巴西Libra项目、亚马尔LNG项目、秘鲁PEP项目、康菲合作项目和阿布扎比陆海项目。

【海外重点项目运行】

1. 中亚地区重点项目

哈萨克斯坦PK项目。PKKR项目：2013年生产原油312.69万吨，超计划12.69万吨，天然气产量7.7亿立方米，超计划4889万立方米。全年钻井实际完成120口，累计完成进尺19.05万米；完钻探井40口，完钻进尺6.98万米；完钻评价井17口，完钻进尺2.23万米；完钻开发井63口，完钻进尺9.83万米。完成1057区块三维地震采集300平方千米，处理951D区块691平方千米地震采集资料。2013年投产新井93口，新井产油量41.3万吨，其中，开发区新井增油26.4万吨，试采区新井增油8.3万吨，探区新井增油6.6万吨。新井日产油水平为1861吨，平均单井日产油28.9吨；措施井日增油量11.72万吨。2013年，South West Karabulak、North Nuraly油田成功转入开发，1057、1928、951D和260D勘探合同成功延期；重点工程到位率超计划运行，尤其是West Tuzkol到Kumkol油田89千米、10英寸长输管线EPC工程顺利竣工，1个集油站和5个计量间提前竣工。

TP公司：2013年生产原油169.86万吨（含自用油4.3万吨），天然气1.59亿立方米；生产轻烃7.89万吨。

KGM公司：2013年生产原油310.7万吨，天然气5.19亿立方米，生产轻烃19.74万吨。

2013年TP和KMG公司在5个油田开钻62口，完钻62口，完井62口，交井62口，完成钻井进尺9.9万米。

哈萨克斯坦阿克纠宾项目。2013年阿克纠宾项目生产原油产品630.36万吨（其中原油606.66万吨，轻烃23.70万吨），生产天然气58.34亿立方米，实现油气当量1105.37万吨。全年完成低频宽方位高密度三维地震资料采集、处理解释454.21平方千米，三维地震资料常规处理、解释600平方千米和三维地震资料特殊处理、解释1500平方千米。全年在5个作业区实现开钻191口，完钻191口。完成钻井进尺42.86万米；老区投产新井175口，累计产油70.41万吨；共进行各类措施630井次，有效率84.60%，累计增产原油27.92万吨。

哈萨克斯坦北布扎奇项目。2013年北布扎奇项目把“提前研究、提前运作、提前储备、适时实施”作为工作思路，把“合理注水减缓递减、强化试验提高效率”作为油田管理的主攻方向，把“精细开发部署、精细地面配套工程建设组织”作为工作主线，掌握生产主动权。北布扎奇项目开展转注、分注及热水驱，注采系统进一步完善，实现年度注采平衡、纵向动用程度、注水效率“三个提高”及油田含水率上升速度和油田产量递减速度“两个减缓”。全年生产原油200.02万吨，生产天然气0.93亿立方米；开钻150口，完钻150口，完成钻井进尺9.01万米；全年投产新井150口，其中，直井115口，水平井35口，实际产油26.7万吨；实施增产措施265井次，措施有效井次194口，措施有效率73.2%，增油16.5万吨。

哈萨克斯坦曼格什套项目。2013年曼格什套项目以高质量、高效益、可持续的生产经营实现了原油产量连续4年上升，年生产原油突破600万吨，超额完成全年生产任务，创下21年来项目历史新高。全年生产原油607.68万吨，生产天然气7.67亿立方米。完钻152口，其中采油井127口，注水井25口，总进尺27.78万米。新井年产油30.8万吨，措施井年增油量15.9万吨，未措施井年产油量561.0万吨。

哈萨克斯坦ADM项目。2013年ADM项目坚持低成本、效益优先策略，克服老油田稳产难度大，新区产能低等困难，加大老区挖潜力度，通过优化钻井组织，提高新井生产时率，增加新井产能，完成了生产任务；取得老区滚动扩边有突破、新区勘探有发现的成果。ADM项目突出老区挖潜，加大致密油层改造力度，推动了阿雷斯油田快速上产，该油田全年贡献原油16.23万吨。2013年ADM项目生产原油38.81万吨，完成钻井进尺8.60万米，实现开钻40口，完钻40口，完井38口，交井38口。全年累计销售原油36.59万吨。

哈萨克斯坦KAM项目。2013年KAM项目提前完成钻井任务，全年生产原油81.04万吨，同比增产4.82万吨。全年实行老井进攻性增产措施57井次，累计增油3.08万吨。全年已投产、试油、投注新井92口，新井产油18.35万吨。

中哈管道项目。2013年中哈管道项目面对恶劣自然环境，克服劳务许可等政策性限制，确保8号站、10号站顺利通过哈萨克斯坦竣工验收，实现阿塔苏—阿拉山口输油能力扩建目标。在油源组织方面，最大限度地挖掘哈萨克斯坦油源潜力，全年实现向国内输油 1184 万吨，自投产以来累计向国内输油 6361 万吨。管道运行方面，借助哈萨克斯坦加强管道运营立法的有利条件，强化巡线管理，打孔盗油现象得到实质性遏制，发生次数从 2010 年的 67 次减少到 2013 年的 7 次，管道运行安全、平稳、受控，全年未发生安全、健康和环境责任事故。

西北管道项目。2013 年，为了配合原油战略通道的建设，西北管道正输与反输兼顾，全年累计输油 345 万吨，偿还了中国、哈萨克斯坦双方建设贷款，实现了投资回收。

阿塞拜疆 K&K 项目。K&K 项目本着投资效益最大化的原则，对项目进行投入产出综合评价，明确逐步减少资本性投入、控制生产成本、尽快回收投资的经营策略。自 2009 年以来，减少了钻井工作量，自 2012 年开始无新井，依靠调补层，控制递减幅度。2013 年生产原油 19.1 万吨，其中，老井自然产量 18.1 万吨，措施产量 1.0 万吨。

土库曼斯坦阿姆河天然气项目。2013 年阿姆河天然气项目克服劳务签证、物资清关等一系列困难，全年累计天然气作业产量 59.85 亿立方米，超额 2.8 亿立方米；外供商品气 54.91 亿立方米，生产凝析油 4.24 万吨，硫黄 21.97 万吨。一期工程自 2009 年 12 月 14 日建成投产至 2013 年底，已累计生产天然气 210.82 亿立方米，向国内平稳输送天然气 192.85 亿立方米。

阿姆河天然气项目全年完成三维地震采集 803.66 平方千米，开钻探井、开发井 21 口，完钻 13 口，钻井工程成功率 100%。第二天然气处理厂建设有序推进，截至 2013 年底，建设整体进度完成 81.22%，其中 A1 标段进度完成 75.5%，A2 标段进度完成 82.5%，B 标段进度完成 76.51%，C 标段进度完成 96.3%，长线设备采购完成 100%。

阿姆河天然气项目严抓生产安全和质量，防止和杜绝了工业生产人身伤亡、井喷失控、火灾爆炸、环境污染、职业病伤害等事故发生。实现了项目“零事故、零伤害、零污染”的安全生产目标。

中亚天然气管道项目。2013 年中亚天然气管道多项目同步开展、交叉进行，年内 C 线建设高峰期投入人员 5975 人，设备 1373 台（套）；哈南线建设高峰期投入人员 4508 人，设备 1158 台（套）。全年建设投入人工时 3097 万小时，累计发运管材 1624 千米，共投入 24 个焊接机组和 1 个焊接基地，累计完成 1219 毫米管线焊接 1585.2 千米，完成 1067 毫米管线焊接 692.7 千米。

中亚天然气管道公司面对异常紧张的工期和复杂的环境，通过精心组织，成功实现 C 线线路工程年内完工并具备投产条件以及哈南线 10 月投产的重要目标节点，在 18 个月内同步推进，先后完成横跨四国的 C 线 1832 千米管道和哈南线一阶段 1145 千米管道建设任务。

乌兹别克斯坦项目。乌兹别克斯坦项目包括丝绸之路项目、明格布拉克项目和咸海项目。

丝绸之路项目：2013 年丝绸之路项目公司以效益勘探为中心，以精细勘探为手段，以双控措施为保障，以加快创建天然气开发合资公司为工作重点，顺利完成卡拉库里作业区 1 口探井的钻探和测试作业，完成三维地震采集 377.29 平方千米，天然气开发合资公司的筹建按计划有条不紊地向前推进。

明格布拉克项目：在推动项目进入实质性实施的工作原则指导下，明格布拉克项目公司努力推进原油销售价格谈判，修改完善项目可行性研究报告，有序开展 M15 井招标工作，完成项目公司的各项工作任务。2013 年新钻 4 口评价井，其中 3 口转入开发；大修 4 口老井，全部转入工业开发。

咸海项目：全年三维地震勘探采集 541 平方千米，咸海 Sualama-1 探井完钻、取消试油、地质报废。

2. 中东地区重点项目

伊拉克鲁迈拉项目。2013 年，鲁迈拉项目全力组织生产，产量继续增长，实现日产 136.2 万桶，年产原油 6811.3 万吨，其中中方作业产量 2828.3 万吨。中方提油 1292 万桶，继续保持较好的经济效益。截至 2013 年底，油井总数 780 口，最大开井 305 口，日产油 1245 千桶（净产），日产液 1379 千桶。全年利用天然气 24.7 亿立方米（油当量 197 万吨），其中，15.7 亿立方米（油当量 125 万吨）天然气用于外输发电，9 亿立方米（油当量 72 万吨）天然气项目自用。全年完钻 48 口，完井 44 口，完成进尺 13.28 万米。全年编制与发放新井 SOR 43 个，修井或措施 SOR 82 个。全年投产新井 41 口，新井年产油量 3705 万桶。全年实施进攻性增油措施 86 井次和生产优化 1139 井次及停产井复产 104 口井，年增油 4305 万桶。

伊拉克哈法亚项目。哈法亚项目截至 2013 年底油田总井数 40 口，开井 37 口。月平均日产液 9.1 万桶，日产油 9 万桶，全年原油产量为 557 万吨（含政府认可的商业补偿产量 15 万吨）。全年实际开钻井 34 口，实施和正在实施措施井共 5 口，投产新井 5 口，全部自喷生产，增加日生产能力 1.6 万桶，年累计生产原油 338.4 万桶。全年实施措施 5 井次，有效 3 井次，日增生产能力 4836 桶，累计增油 111.5 万桶。

伊拉克艾哈代布项目。2013 年是艾哈代布项目公司克服伊拉克日益恶化的安保形势、对外签证的收紧、物流清关诸多不畅、农民阻挠油田用地和征地赔偿程序过慢等因素影响，超额完成了生产任务。全年累计开钻 62 口，完钻 62 口，完井 62 口，累计进尺 21.41 万米，投产 39 口，转电泵 55 口，投注井 11 口。艾哈代布油田总井数 189 口（148 口老井，41 口新井），其中，采油生产 158 口（包括 95 口 ESP），注水井 31 口，全年生产井产油 703.9 万吨，累计外输原油 671.4 万吨。

伊朗 MIS 项目。伊朗 MIS 项目是中国石油在伊朗运作的第一个 Buy-Back 风险回购服务合同。2013 年面对国际制裁导致的大规模限产及站内大修等不利因素的影响，项目公司利用停产时机，克服国际制裁导致的技术支持力量短缺，精心组织、整合国内技术资源，先后开展单井凝液泵安装及移交、站内天然气压缩机安装及调试和站内外输泵维修及调试等工作。并通过多方努力，在限产的大环境下实现 6 口井 71 天的短期开井生产，有力地推动了项目后期技术及商务谈判的进一步开展。

MIS 项目 2013 年共生产原油 2.09 万吨，项目累计完成原油产量 104.57 万吨。

伊朗北阿扎德甘项目。北阿项目开发生产部以“深化研究，密切跟踪，及时调整，实现地质和油藏目标”为指导思想，根据已钻井资料不断更新地质模型，做好整个区域的钻井部署、钻完井地质设计、生产完井设计、酸化试油设计、生产移交前准备等工作；同时与其他部门一起通过密切跟踪和分析测井、录井、试井、酸化、岩心和 PVT 实验等，及时优化和调整钻井轨迹，并结合现场施工中遇到的挑战，及时提出对策，确保项目平稳、受控地实施，顺利完成全年 17 开 18 完钻井地质任务。平稳受控地开展伊朗北阿油田气举井流入流出动态、伊朗北阿油田气举综合配套技术、伊朗北阿油田综合油藏 3 项研究，完成进度约 64%。

阿曼项目。2013 年阿曼项目根据油田自身特征，科学制定合理的发展目标，有效实施滚动勘探和水平井注水开发等措施，使项目走上良性发展的道路。全年生产原油产品 200.59 万吨，完成钻井进尺 11.68 万米，实现开钻 47 口，完钻 45 口，完井 45 口，交井 45 口。阿曼 5 区块投产新井 38 口，平均单井日产油 354 桶，全年累计增加产油量 168.91 万桶。老井增产措施日增产油 0.41 万桶，单井日增产油 67.9 桶，累计产油量 80.28 万桶。全年销售原油共计 1524 万桶，其中，政府自行提油销售 803 万桶，中方提油销售 358 万桶，同比增加 12%；销售液化气 2.14 万吨，同比增加 2%。

卡塔尔项目。卡塔尔 D 区块项目属勘探风险项目。2013 年，完成二维地震采集 613.2 千米，完成区块第 1 口探井，完钻井深 1.38 万英尺❶。2013 年 HSE 管理到位率 100%，无任何安全环保责任事故和严重违反制度及法律纠纷案件的发生。项目依相关规定启动提前退出合同执行的程序。

阿联酋项目。阿联酋陆海项目 2013 年 5 月 19 日启动。项目公司以“效益导向、技术争光、品质优异”为指导思想，把控工作节点，以 2017 年首油加快方案为基础，加快推进项目实施。

3. 非洲地区主要项目

1/2/4 区苏丹项目。面对动荡局势、停复产指令反复、边境持续封闭、高凝油管道疏通等诸多难题，1/2/4 区苏丹项目积极推进苏丹、南苏丹和谈合作，充分准备复产物资，反复演练复产方案，确保南苏丹 1/2/4 区在 4 月 13 日一次复产成功，全年生产原油 298.8 万吨，年平均日产原油 5.89 万桶。年新井投产 68 口（其中 Hamra 油田投产 24 口），年开发井钻井 62 口，年老井增油措施 64 井次，年完钻探井 12 口，评价井 6 口，累计钻井进尺 3.97 万米。全年完成二维地震采集 382 千米，三维地震采集 301 平方千米，增加 51 平方千米。全年实现安全生产无事故、无伤亡、无环保污染。

1/2/4 区南苏丹项目。2013 年对南苏丹 1/2/4 区项目是一个经历形势多变、困难重重却又硕果累累的一年，面对年初复产局势多舛、二季度复产方案启动、三四季度全力快速复产、年末骤然停产与加大轮休力度等复杂多变形势，项目公司紧紧围绕复产、上产这一工作主线，在首保安全的前提下，成功实现南苏丹 1/2/4 区项目的全面安全顺利复产，并超额完成了海外板块下达的原油生产任务。

❶ 1 英尺 =12 英寸 =0.3048 米。

南苏丹 1/2/4 区项目自 2013 年 4 月开始，陆续实现四大主力油田的安全复产，共恢复油井 125 口，开井 115 口，年平均日产油 1.91 万桶，年末停产前平均日产油维持在 4 万桶左右，全年最高日产油达 4.6 万桶。截至 12 月 22 日因内乱停产时，年外输原油 95.46 万吨，自用油 1.56 万吨，合计生产原油 97.02 万吨；完成年初下达全年产量指标 60 万吨产量目标的 161.7%，完成年中调整全年产量指标 90 万吨产量目标的 107.8%。

2013 年 12 月 15 日晚，南苏丹首都发生政变，且发生激烈枪战。从 12 月 19 日至 12 月 22 日，Toma South、Eltoor、Munga、Unity 油田和电站陆续安全停产；2013 年 12 月 20 日开始至 2013 年 12 月 26 日，现场 531 名甲乙方人员全部撤离完毕。

3/7 区南苏丹项目。南苏丹 3/7 区项目自 2013 年 4 月 30 日开始，按照复产方案在 Adar、Gumry 开井投产，4 天后 Paloch 和 Moleeta 油田分别开井投产，成功实现千万吨级高凝油田一次性安全复产。共恢复油井 531 口，其中，Adar 油田 90 口，Gumry 油田 62 口，Paloch 油田 302 口，Moleeta 油田 77 口，年平均日产油 11.73 万桶，全年最高日产油达 20.37 万桶。截至 12 月 31 日，项目年累计产油 614.45 万吨，全年累计完钻开发井 6 口，累计进尺 5.5 千米，实际投产新井 12 口，完成修井 166 口；并实现了南苏丹首口勘探评价井的开钻，为 5 年勘探期赢得主动。

苏丹 6 区项目。2013 年，苏丹 6 区项目公司围绕“确保安全生产、力争投资回收”工作方针，内抓“三基”、外抓“安全、生产、和谐”，克服主力油田含水上升、递减加快、新油田生产不稳、油区部落冲突不断、安保形势险象环生等不利因素，超额完成了全年的生产、经营任务。年累计生产原油 311.55 万吨，生产天然气 4.06 亿立方米，注水 132 万立方米。年完成二维地震 369 千米，三维地震 453 平方千米，完钻 3 口探井，正钻 2 口探井，完钻 3 口评价井。

苏丹 6 区项目全面投入开发的油田有 Fula、Moga、FNE、Jake South、Keyi、Hadida 六个油田。项目油气井总数 387 口，油井开井 270 口（稠油 198 口、稀油 72 口），月产油 170.8 万桶，其中，老井产油 161.1 万桶，新井产油 9.7 万桶；稠油 101.9 万桶，稀油 68.8 万桶。2013 年投产新井 59 口，新井年累计产油量 272.7 万桶。

苏丹喀土穆炼油厂项目。2013 年，喀土穆炼油厂克服原油来油不足及老厂检修等困难，生产、管理安全平稳，保持“安全、平稳、清洁、长周期”运行。全年共接收原油 379.2 万吨，加工各种石油原料 378.5 万吨；生产各种产品 340.3 万吨，其中，汽油 101 万吨，柴油 158.6 万吨，航空煤油 7.9 万吨，液化气 28.9 万吨，燃料油 25.4 万吨，石油焦 25.6 万吨。出厂产品质量 100% 合格。

苏丹喀土穆石油化工项目。2013 年，喀土穆化工公司聚丙烯装置和编织袋厂均实现安全、优质、平稳生产，各项经济技术指标均达到既定的目标。聚丙烯装置全年共加工液态烃 7.15 万吨，生产丙烯 1.80 万吨，生产聚丙烯 1.71 万吨，编织袋厂共生产各类编织袋 765.33 万条，折算标准袋 809.08 万条，聚丙烯和编织袋产品合格率均达到 100%。销售聚丙烯 1.63 万吨，销售标准编织袋 704.74 万条。丙烯产品质量继续保持稳定，丙烯纯度 99.94%，同比提高 0.04 个百分点。聚丙烯粉料产品质量合格率继续保持 100%。

乍得项目。2013 年，乍得项目全年实际生产原油 70.80 万吨。完成二维地震采集、处理 3396.60 千米，完成三维地震采集、处理 1790.87 平方千米，年完钻 53 口，总进尺 9.19 万米，其中，探井 20 口（总进尺 3.65 万米），评价井 3 口（总进尺 5525 米），开发井 30 口（总进尺 4.99 万米），2013 年，因溢油事件，钻井作业于 8 月 12 日暂停，至 10 月底开始 7 台钻机才陆续复工，累计停工 521 个钻机工作日。乍得管道年累计输油 79.6 万立方米，折合 69.1 万吨，管道累计历史输油 173.1 万立方米，折合 150.3 万吨。实现零事故、零污染、零伤亡，累计安全运行 936 天，32.8 万安全人工时。二期管道建设完成总体进度 73%，工程正处于设计、采办、施工阶段。

尼日尔项目。2013 年，尼日尔项目阿加德姆（Agadem）一期投入开发井 23 口，其中，Sokor 油田 14 口，Goumeri 油田 15 口。采油井实际开井 29 口，年均日产油 2.48 万吨，年产原油 90.59 万吨，为全年计划的 150.97%，其中，Sokor 油田原油产量占 62.5%，Goumeri 油田原油产量占 37.5%。全年完成二维地震 2937 千米；三维地震 3174.3 平方千米。针对“三新”领域优选勘探区带，尼日尔项目在 Koulele 进行三维地震资料处理攻关，先后在该带优化部署 3 口探井，其中 2 口探井在深层 Yogou 组获得成功。全年钻井 47 口，老井增产措施及维护 7 井次，年均日增产原油 146.4 吨，全年累计增产油量 5.36 万吨。油井措施 6 井次，有效 6 井次，措施有效率 100%。措施年均日增产 191.6 吨，累计增产原油 5.32 万吨。全年销售原油 90.6 万吨。

阿尔及利亚ADRAR项目。2013年，ADRAR项目上游通过深化油藏地质认识，优化生产参数及加大老井措施，保证平稳的油田开发形势。全年完成原油产量32.64万吨（销售产量），其中，OTRA油田完成25.62万吨；HASSI Illatou油田完成2.74万吨；SBAA油田完成4.28万吨。全年项目共完成各类作业5井次，成功率100%，措施增产油2.65万吨，有效地稳定了老井产能。

阿尔及利亚438B项目。2013年，阿尔及利亚438B项目严格按照集团公司对项目开发建设期的指示和要求，以完成“FEED”、“钻井大包”等重大项目的招标和研究为工作重点，克服诸多困难，确保工作计划和“双控”目标完成，HSE和“防恐”管理也实现“零伤亡、零污染、零事故”的目标，各项工作稳步推进，取得了开发建设期稳定开局。

阿尔及利亚炼油厂项目。2013年，炼油厂原油进厂量32.64万吨，原油加工量32.05万吨。炼厂产品产量合计28.44万吨，实现产品销售28.38万吨。其中普通汽油产量11.81万吨，销售11.77万吨；柴油产量15.12万吨，销售15.04万吨；商品丙烷产量0.26万吨，销售0.25万吨；商品丁烷产量1.25万吨，销售1.24万吨。成品出厂质量合格率100%。全年安全无事故，生产运行（常压开工天数）共计219天。

突尼斯项目。2013年，突尼斯项目以谨慎投资，立足回收，少投入，多产油，要效益为原则，主动挖潜，抓好项目组织运行。全年生产原油4.5万吨，超产率52%，其中中方权益原油产量1万吨。突尼斯项目SLK油田总井数14口，其中，9口生产井，2口污水回注井，3口干井。油井开井8口，其中包括常开井2口，间开井6口；油田污水回注井开井1口。

尼日利亚项目。2013年，项目公司成功追回尼日利亚政府关于298区块3000余万美元的合同欠款，获得尼日利亚政府关于471区块2批共计2936万美元投资费用的保函释放函，从而确保尼日利亚政府认可的投资费用基本达到PSC合同规定最低义务投资要求，并于2013年11月11日适时地向尼日利亚政府和CUTRA国际有限公司正式提交关于退出471区块与终止PSC合同的通告函。项目公司在经营策略更新研究、新项目开发与区块退出准备等方面做了大量工作，先后向中国石油总部上报3个勘探经营策略更新研究报告、初步评价30余个机会区块和8个新项目初步评价与合作建议报告。

4. 美洲地区重点项目

委内瑞拉陆湖项目。2013年，以拉美公司“7531”为目标，陆湖项目公司取得一系列成绩：回收陆湖合资公司分红款，实现项目投资完全回收；通过加大湖上油田电泵作业实施力度、增加辅助气源、改善操作环境提高生产时率等一系列措施，陆湖项目对气举气供应恶化这一生产瓶颈问题的解决初见成效，全年生产原油40.69万吨，生产天然气0.9亿立方米；陆湖项目湖上油田实现了38个月原油零泄漏的优秀环保业绩。

陆湖项目油、水井总井数549口，其中陆上油田257口，湖上油田292口。湖上油田开井数由50口升至64口，增加14口；陆上油田开井数由54口升至56口，增加2口。

2013年，面对委内瑞拉重新大选的不利局面，陆湖项目不但严格保障中方人员的安全，而且确保合资公司的稳定操作未受影响。

委内瑞拉苏马诺项目。苏马诺油田共有13个油田区块842个油藏。2013年，苏马诺项目全年累计完成作业产量29.2万吨，全年完成各类措施井54井次，全年措施累计增油25.6万桶，苏马诺油田总井数628口，油井中井况较好的有120口，目前开井67口。全年无重大人身事故、火灾事故、污染事故、机械事故、交通事故和抢劫人身伤害事故的发生。

委内瑞拉MPE3项目。2013年，MPE3项目以油田上产为中心，重点解决制约油田上产的主要矛盾，精细油井生产管理，油田原油产量再创历史新高，完成794.9万吨。MPE3项目全年投入开发井272口，开钻50口，完钻26口，完井26口。完成年度钻井总进尺6.94万米，平均井深2010米，平均水平段长659米。全年新井实际投产43口，作业完成257井次。MPE3项目成熟的水平井开发技术为油田高效开发创造了条件，先期投产的水平井初期产能较高，平均单井日产能达到1200桶；2013年投产的水平井平均单井日产能也达到650桶以上，油田采用整体水平井开发取得了较好的效果。

委内瑞拉胡宁4项目。2013年，胡宁4项目公司以“搞好基础设计，狠抓地面建设，管控钻井作业，实现早期投产”为工作思路，深度参与合资公司的油藏地质研究、钻井实施等技术工作以及各项管理工作，积极发挥小股东作用。

胡宁4项目全年完成7486千米的地形地貌测量工作和315.55平方千米的三维三分量的地震采集工

作。开展开发评价井钻探、开发方案编制修订、早期生产方案跟进、地面工程改质厂的基础设计和技术方案讨论及工艺论证等工作。协调组织开展胡宁4区块的浅层长距离三维水平井的技术公关和施工试验，按计划实现4口水平井的试油试采，并建成日产能1000桶的目标。

截至2013年底共完成9口开发评价井以及水平井8开4完的钻井工作，累计进尺1.54万米。

秘鲁6/7区项目。2013年，秘鲁6/7区项目全年实际生产原油产品18.24万吨。其中6区完成11.19万吨，7区完成7.04万吨。

2013年底，总井数为1115口，油井1108口，气井7口，其中，6区油井602口，气井7口；7区油井506口。全油田油井开井数950口，其中，6区481口，7区469口。同比，总井数增加85口，油井开井数增加21口。

2013年销售原油16.94万吨，是2012年同期的101.72%；销售天然气2908.5万立方米，是2012年同期的94.11%。

厄瓜多尔安第斯项目。2013年，安第斯公司在年初原油产量递减加大、生产形势严峻的情况下，一手抓老区新井部署和措施挖潜，减缓产量递减，一手抓新区勘探突破，实现新区快速上产，同时狠抓项目生产运行管理，确保生产的平稳运行。全年完成原油作业产量254.3万吨，完成自用天然气折合油气当量4.13万吨，已向厄瓜多尔政府索回OCP管存原油13.78万吨，全年完成油气当量272.2万吨。全年完成三维地震资料采集616平方千米。钻井34口，完钻30口，进尺9.77万米，其中，钻探井6口，完钻4口，进尺1.36万米；评价井2口，完钻2口，进尺0.72万米；钻开发井28口，完钻24口，进尺7.68万米。投产新井30口，投产初期单井平均日产油337桶，累计产油量149.47万桶，措施井增油量58.3万桶。

秘鲁1AB/8区项目。2013年，在油田综合含水高达97.3%和新井受环保许可影响无法正常开钻的情况下，项目公司一方面切实抓好油田现场生产管理，保障原油生产稳定运行，油井开井率达到近年来最高水平，达到96.3%，同比增长2.6%；另一方面认真做好油藏研究和动态分析，充分挖掘油田生产潜力，油井措施作业取得近年来最好增产效果，全年完成措施作业17口，完成计划工作量的142%，平均单井初期日增油296桶，比计划增加246桶，增加了4.9倍，同比增加224桶。1AB/8区全年生产原油152.9万吨，原油权益产量58.3万吨。

哥斯达黎加项目。2013年，哥斯达黎加项目以推进“融资协议”、“租赁协议”和“EPC合同”三大协议签署为工作主线，逐步推进各项工作，最大限度地保障项目的顺利进行。3月28日草签《中国石油与哥斯达黎加国家石油公司Moin炼厂合资公司融资系列文件》；5月16日EPC合同最后一轮谈判结束，并完成EPC合同小签工作；5月21日合资公司正式向CPECC发出EPC授标函。对《租赁协议》进行两处调整，双方已完成修订部分的确认工作。

加拿大项目。2013年，加拿大公司承担的油砂项目麦凯河一期产能建设工程进入实质性全面建设阶段，都沃内页岩凝析气项目和激流管道项目正式启动，白桦地天然气项目稳步发展，多佛商业开发项目完成政府审批答疑，多佛北一期油田开发方案设计和地面工程建设项目执行策略及合同策略的制定工作全面开展。

加拿大公司全年累计生产天然气5.94亿立方米，生产凝析油等36.96万桶。

全年白桦地项目共钻生产井33口，探井4口，新增41口井投产，年产天然气约28亿立方米，凝析油和天然气液约7.7万吨，中方权益产量气约5.6亿立方米，油1.54万吨。

麦凯河油砂项目2012至2013年冬季共完成5口SAGD观察井、90口参数取心井、9口水源勘察井及水源井的钻完井，实施2口水源井的测试，总进尺2.16万米。

都沃内项目年完成钻井29口。投产19口，开井17口，日产气水平18.9百万立方英尺[1]，日产凝析油3112桶，日产NGL626桶；都沃内项目累计生产天然气0.8亿立方米，累计生产凝析油48万桶，累计生产NGL11万桶。

5. 亚太地区重点项目

印度尼西亚项目。2013年，印尼公司生产油气当量517.4万吨，其中：生产原油275.2万吨，生产LPG 90.0万吨，生产天然气152.2万吨。

印尼公司年完成探井评价井9口，钻开发井22口，完成油气井措施64口，检泵160口，全年累计增油167.98万桶；投产新井24口，投产初期合计日产油0.62万桶，日产气735千立方米。全年累计提

[1] 1立方英尺=28.31685立方分米。

原油、凝析油 273.29 万吨，累计销售商品气 151668 万立方米，累计销售 LPG 88.19 万吨。

新加坡 SPC 上游项目。2013 年，SPC 项目各区块坚持以技术为主导，强化动态跟踪分析，密切监督工程进度，优化生产作业措施，深化地质综合研究，扎实开展管理提升工作。全年累计生产油气当量作业产量 297.3 万吨，其中：SPC 项目累计生产原油作业产量 202.65 万吨，其中权益产量 21.1 万吨。印尼 Kakap 区块完成 18.8 万吨，累计生产天然气 11.83 亿立方米，其中权益产量 3.81 亿立方米。全年完成钻井进尺 30.6 千米，实现完钻 13 口，完井 13 口。全年销售原油 202.6 万吨，销售天然气 11.83 亿立方米。

SPC 项目在渤海 04-05/36 区块共有 12 口新井投产，通过新钻水平加密开发井，增加原油产量 80.0 万桶（11.7 万吨），增加天然气产量 326.8 万立方米。

泰国邦亚项目。2013 年，累计生产原油 8.78 万吨，中方权益产量占 100%。SINO-U.S. 公司邦亚生产区共有开发油井 66 口，开井 55 口，全年生产原油 2.02 万吨；CNPCHK 公司 BYW-NS 生产区有 73 口开发井，开井 68 口，全年生产原油 6.76 万吨。全年投产新井 17 口，新井完成年产油量 16.64 万桶。

澳大利亚箭牌项目。2013 年，澳大利亚公司在产 4 个气田总井数为 471 口，生产井开井数 339 口，其中 Tipton 气田生产井开井 81 口，Daandine 气田为 70 口，Kogan 气田为 38 口，Moranbah 气田为 150 口。开井数为 328 口，其中 Tipton 气田生产井开井 81 口，Daandine 气田为 48 口，Kogan 气田为 38 口，Moranbah 气田为 144 口。全年在 2 个盆地完成勘探井 18 口、评价井 38 口、开发井 25 口。全年销售煤层气 10.20 亿立方米。天然气实际产量完成 11.57 亿立方米，中方权益产量为 4.56 亿立方米，平均天然气作业日产量为 317 万立方米，同比均有大幅增加。

【海外重点工程建设】 2013 年，海外油气业务进一步发挥集团公司整体优势，强化项目管理，攻克难关，把握质量、工期、投资和安全四大关键点，“十大”重点工程建设项目有序推进。

伊拉克哈法亚项目完成二期地面工程基础设计，主 EPC 合同授标结果获得政府批准，13 项长线设备全部授标；阿姆河 B 区产能建设项目有效解决人员签证、物资清关等瓶颈，确保第二天然气处理厂工程总体进度；委内瑞拉 MPE3 扩建项目成功签署融资协议，改扩建 EPC 合同完成授标，脱盐脱水厂快速上产；阿克纠宾第三油气处理厂Ⅱ期、Ⅲ期工程油气处理区完成各单元土建主体；乍得项目二期一阶段工程合同授标、详细设计、采办、施工进展顺利；伊朗北阿扎德甘项目 CPF 土建主体施工完成。伊朗南阿扎德甘一期工程及早产项目、阿尔及利亚 438B 项目产能建设、伊拉克鲁迈拉水处理工程、加拿大油砂项目麦肯河一期工程也在稳妥有序推进。战略管道建设工程取得多项重要成果：中哈原油管道二期二阶段 8 号、10 号泵站 12 月 12—13 日通过哈萨克斯坦国家验收，阿塔苏—阿拉山口段管道年输油能力达到 2000 万吨。中亚天然气管道哈南线 9 月投产，比计划提前 1 个月，建成 60 亿米^3/年的输气能力；C 线年底前已机械完工并具备投产条件。奇姆肯特炼厂升级改造项目一期工程完成基础设计审查，正在顺利推进。

【海外钻井作业】 2013 年，海外运行钻机 316 部，其中，中方钻机 178 部，分布在 20 个国家，33 个海外上游项目。共开钻 1817 口，完钻 1746 口（其中探井 348 口、开发井 1398 口），完成钻井进尺 334.4 万米。常规油气井开钻 1489 口，完钻 1382 口，完成钻井进尺 303.8 万米；非常规油气项目完钻 257 口；水平井完钻 440 口，动用修井机 206 部，修井及措施作业 8876 井次，其中，措施作业 3023 井次，累计措施增油 479.7 万吨。

【海外炼油化工】 2013 年，海外加工原油 1086 万吨（含广西东油沥青 30.7 万吨），同比减少 41 万吨，下降 3.8%。生产各类石油产品共计 1006 万吨，其中，汽油 279 万吨，柴油 398 万吨，煤油 37 万吨，减压馏分油 83 万吨，燃料油 124 万吨，沥青 3 万吨，石油焦 25 万吨，液化气 57 万吨。全年生产聚丙烯 4.9 万吨，编织袋 807 万条。所有海外炼油化工项目均实现全年度“零伤害、零事故、零污染”的 HSE 目标。

【海外管道运营】 2013 年，海外输送原油 2857 万吨，同比增加 796.5 万吨，增长 38.6%；其中，中哈原油管道输油 1184 万吨，截至 2013 年底中哈原油管道已累计输油达 6365 万吨。全年海外输送天然气 311.1 亿立方米，同比增加 48.9 亿立方米，增长 18.7%；其中，中亚天然气管道输气 292.4 亿立方米（阿姆河 54.9 亿立方米、康采恩 195.5 亿立方米、乌兹别克斯坦石油 42 亿立方米），截至 2013 年底中亚天然气管道已累计输气达 739 亿立方米。

【海外经营管理】 2013 年，面对油价下行和重点资源国财税风险加大等一系列挑战，海外业务采取降本增效、优化经营和销售策略，确保全年收益的稳定和预算目标的完成。海外“双增”“双控”工作再上新水平。伊拉克公司创新采用联合提油模式，提前 45 天锁定提油并高效组织销售，实现三大项目实际销售价格高于官价的目标；拉美公司积极推进解决 MPE3 项目 DCO 混合油销售问题，增加中方收益；尼罗河公司实现了艰难困苦时期的高效益；哈萨克斯坦公司针对资源国财税政策变化和成本大幅上涨等主要问题，细化各项目投资与费用控制措施，顺利完成年度利润和分红目标；尼日尔、乍得项目积极开拓市场，消除了销售瓶颈。

海外勘探开发公司和各地区公司、项目公司通过继续提升项目投资管理和优化的精细度，开展哈法亚等海外 38 个重点项目开发钻井方案及 22 项地面工程与管道炼化建设的设计审查优化，控减投资总额通过加强全面预算管理、降低存货水平、优化措施作业等一系列措施，全年单位操作成本控制在年度预算范围内。

海外投资回收、资金管理与税务筹划水平 2013 年有显著提升，伊拉克哈法亚、委内瑞拉 MPE3 项目、中哈管道一期实现投资回收。研究和梳理对敏感地区项目的资金结算，全面优化资金结算通道；开展欧洲壳公司资金管理制度研究，搭建资金统一管理平台，确保资金安全快速回笼；在争取到的所得税抵免框架下，优化境外所得抵免汇算模式，加大对境外兼并收购、资产重组的尽职调查和税务风险审核力度。

2013 年，管理提升工作与管理平台建设成效显著。历经自我诊断、专项提升、持续改进 3 个阶段，海外业务总结提炼出 78 个管理提升成果。伊拉克公司的“OMS 管理系统在鲁迈拉油田的创新应用”、拉美公司的“非作业者项目管理模式的构建与实践”等 10 项成果和海外勘探开发公司机关的“基于‘1+2’的海外战略研究与管理体系构建与实践”、“海外油气勘探业务‘三位一体’管理模式的构建和实施”等 10 项成果是此次管理提升工作的亮点。“海外投资与运营的风险管理”、“曼格什套项目中外股权对等管理”等成果分别荣获国家级管理创新一等奖和二等奖。深入开展国际油公司运营管理模式的对标，为今后构建“全球标准化管理、卓越本地化运营”框架奠定了基础；深入开展海外项目运营管理体系（OMS）对标，并在塔吉克斯坦项目进行试点，取得良好效果。战略性人力资源管理体系和人才保障平台建设深入推进，全球薪酬福利体系在海外项目成功推广，扭转了名义工资与实得工资的倒挂；全年培训员工共 8831 人次，培训覆盖率超过 90%。

科技支持与信息平台建设再上新台阶。海外发展战略研究中心、海洋工程技术中心、采油工程技术中心和采油（气举）技术中心相继组建或重新挂牌，“1+10+N”技术支持体系进一步完善；“中国石油海外油气上产 2 亿吨开发关键技术研究”取得重要进展。“被动裂谷等理论技术创新指导乍得、尼日尔等海外风险探区重大发现”荣获集团公司 2013 年中国石油十大科技进展奖，“阿姆河右岸盐下复杂碳酸盐岩气田群高效开发技术研究及应用”等 10 项海外科技成果荣获省部级奖励；分段酸化压裂、双管分层采油等 15 项新技术、新产品在海外项目推广应用。天津锐思公司正式成立，着力打造海外业务技术支持、效益提升和人才培训的平台。海外企业网络通过 21 条骨干链路与 25 条分支链路，已覆盖 34 个地区与项目公司，信息化建设进入快速发展阶段。

【海外 HSSE 与风险防控】 2013 年，海外 HSSE 与风险管理扎实推进，安全与应急管理有效加强。海外勘探开发公司和各地区公司、项目公司扎实组织开展安全生产大检查和管道安全隐患排查，重点实施对重大投资项目、上下游一体化项目和炼化管道战略项目等重点业务的风险监控，分别排查出安全隐患 207 项和 343 项；提升突发事件应急能力，及时启动南苏丹内乱应急预案并成功撤离，实现中方人员零伤亡；有序处置乍得落地油和 6 区井喷事件；加强伊拉克等高风险、极高风险地区的安保防恐工作。加强 HSE 管理体系建设，制定发布本部机关、拉美公司、尼日尔等海外单位的 HSE 职责，优化工作流程，成功实现 HSE 信息系统上线试运行；试点推进 HSE 审核专家队伍建设，对苏丹 6 区、哈萨克斯坦曼格什套项目等 4 个单位进行 HSE 审核；修订发布《环境管理指南》、《消防安全管理办法》等系列文件，完善制度体系。发布海外《内部控制管理规定》和《全面风险管理规定》，进一步规范内控与风险管理的工作流程；完成中油国投、阿姆河公司、乍得炼厂等单位的内控体系建设；编制发布海外《2013 年度风险防控报告》，从多个维度对海外十大风险进行深度剖析，不断完善海外内控与风险管理体系，进一步提高海外业务抵御和应对风险的能力。

（徐 冰 熊 杰 王 彤 李全明）

国内油气勘探开发国际合作

【概述】 2013 年，对外合作业务紧密围绕集团公司发展大局，坚决贯彻集团公司党组的决策部署，围绕建设世界水平综合性国际能源公司的目标，突出现有项目执行和新项目开发两条主线，加快推进非常规油气和勘探领域对外合作，强化新技术和先进管理经验的引进推广，狠抓安全环保和节能减排，不断提高质量和效益，较好地完成了各项工作任务，为实现对外合作中长期稳定发展奠定了基础。油气产量保持良好上升势头，全年生产油气当量产量 828 万吨，创历史新高，其中，原油 395 万吨，天然气 54.3 亿立方米。

经济效益再上新台阶，中方账完成销售收入 104 亿元人民币，同比增长 7%，实现税前利润 63 亿元人民币，同比增长 15%，销售收入和税前利润均创历史最高水平。全年完钻探（评价）井、开发井共计 721 口，进尺 154.65 万米。截至 2013 年底，在执行对外合作项目 40 个，其中，产品分成合同 37 个，联合评价协议 3 个。

【原油项目运作】 截至 2013 年底，共有在执行原油项目 16 个，其中赵东、九$_1$—九$_5$、冷家堡、海月、高升、州 13（1–2）、州 13（3–6）、大安、莫里青、庙 3、孔南、两井 12 个项目处于生产期，民 114、肇 413 项目处于开发期，扶余 1 号项目处于评价期，马朗项目处于勘探期。

1. 大港赵东项目

大港赵东项目在老区采出程度较高、新区地质条件复杂、海上作业环保法规趋紧和投资需求增大的情况下，及时调动各方力量，成功解决投资追加问题；加强生产组织，确保原油生产完成调整计划，全年生产原油 95.30 万吨，天然气 0.54 亿立方米，油气总产量继续保持百万吨水平。

2. 辽河冷家堡项目

受洪水等不利因素影响，全年生产原油 58.24 万吨，完成计划指标的 97.7%，钻井 15 口、进尺 3.33 万米。通过两年多的水平井砾石充填防砂完井技术和双管循环注汽技术的应用，解决了洼 83 块直井出砂无法正常生产的难题。继续利用水平井进行难采储量分层开发、老区二次开发和开发方式转换井组井网完善工作。在洼 59 块扩大重力泄水辅助水平井蒸汽驱试验井组，气驱井组已扩大到 5 个，采油井 38 口，阶段油汽比 0.16。洼 70 块开展 2 个井组的薄层水平井蒸汽驱试验，取得了较好效果，累计产油 3.6 万吨，阶段油汽比达到 0.4。

3. 新疆九$_1$—九$_5$项目

全年生产原油 73.01 万吨，新建产能 7.28 万吨，连续 16 年年产原油 70 万吨以上。开展科研攻关 38 项，完成 27 项，取得新疆维吾尔自治区科技成果三等奖 1 项，新疆油田公司级科技成果二等奖、三等奖各 1 项，实现科技增油 2.44 万吨。

4. 大庆州 13 项目（包括 1–2 区块、3–6 区块和肇 413 区块）

全年生产原油 28.00 万吨。新钻井 62 口，新建产能 1.8 万吨，完成计划指标。

5. 大港孔南项目

全年生产原油 8.05 万吨，完成年度计划指标。完钻新井 5 口，钻井进尺 1.63 万米，2013 年共实施油井增产措施 12 井次，年增油合计 7611 吨，为项目圆满完成年度产油任务作出重要贡献。

6. 吉林大莫庙项目（包括大安、莫里青和庙 3 区块）

全年生产原油 103.10 万吨，已发展成为年产量百万吨的中等规模油田。新钻开发井 97 口，进尺 21.854 万米，新建原油产能 7.63 万吨。

7. 吉林民 114 项目

全年生产原油 5.01 万吨，完成计划指标。受环评工作没有及时完成和洪水的影响，产能建设难以开展。

8. 辽河海月项目

2013 年 11 月 5 日海月项目开始系统投产，结束了月东油田长达两年靠游轮拉油维持生产的历史，同时也开启了管输原油上岸集中处理、销售的新篇章。系统投产后原油产量持续攀升，全年生产原油 4.21 万吨。C 岛模块上岛安装就位工程、B/C 岛钻井工程和 A 岛修井作业等也取得了实质性的进展。2013 年完钻开发井 32 口，进尺 7.03 万米，新建产能 16.6 万吨。

9. 辽河高升项目

全年生产原油 15.62 万吨，新钻开发井 8 口。

2013年高升项目推进“增产能、扩措施、促转换、提效率和保安全”的核心工作，火驱覆盖储量达2629万吨，占合作区总储量的34%。从加快转火驱进度和采取配套工业技术两方面扩大火驱规模。新井初期平均单井日产油6.8吨，日产油29吨，年产油6377吨。

10. 吉林两井项目

全年生产原油3.29万吨，完成全年计划的94%。钻井18口、进尺2.99万米，建产能0.54万吨，完成老井措施11口，产能建设配套工程随着新井投产逐步完成。

11. 吉林扶余1号项目

2013年，继续开展热采试验、地质研究、开发前期准备等工作，取得了一定的成效。

12. 吐哈马朗项目

马朗产品分成合同签订于2013年7月23日，2013年8月1日开始正式执行，各项工作顺利推进，完钻第一口勘探井马芦1井，深化了油藏特征认识。

【天然气项目运作】 截至2013年底，共有在执行天然气项目12个，其中长北、川中和迪那1项目处于生产期，川东北、吐孜项目处于开发期，苏里格南和金秋项目处于评价期，西昌、梓潼、喀什北、富顺—永川和大宁项目处于勘探期。

1. 长庆长北项目

长庆长北项目示范作用进一步发挥。全年生产天然气36.16亿立方米，销售天然气34.39亿立方米，销量连续第四年突破33亿立方米。双分支水平井投产3口新井，其中CB19-3初始产量达120万立方米；二期致密气藏评价工作稳步推进，评价井试气结果基本达到预期，各项研究及开发方案编制工作按期进行。

2. 西南川中项目

计划天然气商品量0.73亿立方米，实际完成天然气商品量1.04亿立方米、凝析油商品量0.29万吨，天然气商品量同比增加0.05亿立方米。

3. 西南川东北项目

西南川东北项目充分调动中国石油和雪佛龙两个公司的力量，工作压力传递到两个公司各个层面；对外合作部牵头成立专家协调组，自2013年11月以来进驻现场深入调研，有效促进合作双方沟通交流，积极推动项目首气目标计划的制订与落实，为加快推进项目发挥重要作用。

4. 塔里木迪那1项目

全年生产天然气3.68亿立方米，凝析油2.15万吨，天然气产量完成计划的99.42%。

5. 长庆苏里格南项目

长庆苏里格南项目试生产规模快速扩大，全年生产天然气11.36亿立方米，日生产能力由2012年底的96万立方米上升至2013年底的500万立方米以上；丛式布井和工厂化批量钻完井技术日趋成熟，开发前期工作取得较好效果，2013年比2012年平均机械钻速提高15%，平均建井周期缩短24%，技术成果在有关地区公司逐步获得认可。

6. 西南金秋项目

金秋项目超额完成评价期义务工作量，2013年4月28日提交概念ODP，12月向联管会提交正式ODP。

7. 塔里木吐孜项目

完成4口井钻完井工作，完成测试井5口，完成修井作业2口，各井经测试后均获得较好的工业油气流。

8. 西南梓潼项目

2013年开钻7口，完钻5口，试采地面工程同步建设，梓潼3井展现较好生产潜力。

9. 西南富顺—永川项目

富顺—永川产品分成合同签订于2012年3月20日，2013年3月15日获得商务部批准后生效，2013年4月1日合同开始正式执行，是国内第一个页岩气产品分成合同。全年完钻12口井，压裂5口井；3口井投入试生产，生产天然气4227万立方米。

10. 中石油煤层气公司大宁项目

大宁产品分成合同签订于2012年6月28日，2013年3月15日获得商务部批准后生效，2013年4月1日合同开始正式执行。全年完成二维地震185.77千米，钻井4口，其中水平井1口。

西南西昌项目启动合同终止相关工作。塔里木喀什北项目无对外合作实物工作量。

【煤层气项目运作】 截至2013年底，共有煤层气项目9个，均处于勘探期。

1. 韩城项目

共完成钻井13口，压裂井28口，新增排采井3口，累计排采井43口。总体开发方案的11项专项评估报告中，已有7项取得批复、2项通过专家审查待政府部门审批、2项正在进行报告编制工作。

2. 三交项目

完成钻井2口（其中探井1口、羽状水平井1口），压裂8口/8层，新增排采井13口。截至2013年底，区块共有排采井66口，全年完成商品量3155

万立方米。总体开发方案的11项专项评估报告中，已有6项取得批复、3项通过专家审查待政府部门审批、2项报告正在编制中。

3. 三交北项目

进一步加大勘探投入力度，共完成二维地震585.45千米、探井19口、压裂16口井，新增煤层气排采井1口。

4. 石楼南项目

完成探井2口、压裂1口井。钻探成果证实煤层上覆和下伏砂岩具有较好的气测显示，揭示了石楼南区块致密砂岩气具有一定勘探潜力；进一步明确区块的油气地质条件。

5. 保田青山项目

完成钻井3口，投资2155万元。主力煤层具有厚度大，分布范围广且相对稳定，但渗透率较低，储层压力接近于正常或微欠压。

6. 紫金山项目

完成二维地震采集318.62千米，二维地震处理、解释478.62千米，钻探井1口，压裂2口井，试气2口井。

7. 马必项目

在北部的目标储量区完钻14口井，正钻4口井，基本落实一定规模探明储量。马必合作区块10亿立方米产能建设开发方案通过股份公司的审核，并于11月24日获得国家能源局同意开展前期工作的复函。目前正在开展环评等相关报告的编制和审核工作。先导试验区完钻48口，正钻3口。

硫磺沟项目与沁南项目无对外合作实物工作量。

【联合研究】 2013年，中国石油新签3个联合研究协议，分别是与康菲石油中国（大足）有限公司签署的四川盆地内江—大足区块页岩气联合研究协议，与埃尼中国公司签署的四川盆地荣昌北区块页岩气联合研究协议，与埃克森美孚中国上游有限公司签署的鄂尔多斯盆地长东区块联合研究协议，3个联合研究协议均正常进行。

【人员培训】 2013年，利用对外合作项目提供的培训费和培训资源，共组织国内培训211批、国外培训35批，参加人数共计4336人次。

（赵进锡）

国际贸易

【概述】 中国石油国际事业有限公司（中国联合石油有限责任公司）（以下简称公司）是中国石油的国际贸易专业公司，统一归口管理和组织实施中国石油的原油、成品油、天然气、石化产品的进出口和国际贸易业务，负责实施本系统海外炼油、仓储、运输及终端网络等投资业务。在中国主要沿海、内陆沿边口岸、中国石油主要炼化基地以及国际油气资源集散地和贸易金融中心地区构建全球营销网络。截至2013年底，公司境内外分支机构已达37家，在国内73个口岸开展通关服务，贸易范围遍及全球80多个国家和地区，经营油气种类上百种。公司积极采取多种有效方式全力打造全球贸易配套支撑平台，全资拥有新加坡石油公司、合资合作日本大阪炼厂、苏格兰炼厂、法国炼厂等炼油项目，掌控年加工能力达3425万吨，油库规模1000万立方米以上，加油站156座，构建了一定规模的远洋运输船队。建立了一定规模的成品油海上船舶加油、汽车加油、航空加油终端销售网络，初步形成集贸易、加工、仓储、运输“四位一体”的经营格局。

2013年，公司全面超额完成各项工作任务。实现贸易量3.5亿吨，同比增长15%；贸易额2648亿美元，同比增长10%；对外销售收入9724亿元人民币，同比增长7%。共签订各类合同2.6万份，没有发生重大法律纠纷，实现安全运营。

【原油进出口及国际贸易业务】 2013年，原油业务运作质量不断提高，资源掌控能力进一步增强，实现贸易量同比增长16%。公司深入分析市场，综合运用多种手段，努力提升服务质量，在满足炼厂个性化需求的同时降低采购、物流和库存成本，帮助炼厂快速实现油品升级，为炼化企业减亏增效作出贡献。积极落实中哈管道扩建所需资源，与俄方签署长期预付款购销合同。发挥单元一体化运作优势，开展跨区贸易，优化英法炼厂资源，努力降低成本，实现协同效应。转口业务快速增长，国际贸易转口量同比增长

24%。

【成品油进出口及国际贸易业务】 2013 年，成品油业务市场份额和影响力进一步提升，实现贸易量同比增长 8%。配合炼化企业有效开展海上和陆上来进料加工业务，缓解了国内的销售压力，降低了企业库存，合理减少了税费支出。巩固了印度尼西亚、越南、朝鲜传统市场，拓展了南亚、中东市场，进入非洲成品油市场，开发了坦桑尼亚、肯尼亚、埃及等客户。跨地区、跨单元的协同效应进一步增强，在新加坡普氏窗口的汽油、燃料油交易量同比增长 10% 以上。在亚洲市场的影响力有较大提升，油气运营中心的协同效应逐步显现。

【化工品进出口及国际贸易业务】 2013 年，化工品业务服务于中国石油，质量不断提高，全年贸易量同比增长 23%。积极为集团公司炼化板块疏通后路，炼化副产品、化肥、液体石化产品市场份额实现逆势增长。首次对厄瓜多尔出口尿素，开发南美高价市场，实现化肥扭亏。采用套期保值、来料加工等新经营手段，取得良好收益。

【天然气进口及国际贸易业务】 2013 年，天然气业务大幅增长，实现贸易量同比增长 32%。在中国石油统一组织下开展多个重大项目谈判。为香港青电供气和中缅管道气项目成功投产落实所需资源。克服时间紧、货源少、船期不确定等困难，为唐山 LNG 接收站采购试车气，确保入冬前如期投产。首次开展 LNG 转口贸易，开展国内首单碳排放交易和核证减排量（CCER）交易，拓展了新的业务领域。

【海运业务】 2013 年，海运业务完成运输量同比增长 6%。海运服务领域拓展到原油、成品油、化工品业务。积极优化运输方案，帮助炼厂降低运输成本，全年未发生重大油污货损事故，实现安全运营。

【海外油气运营中心建设】 2013 年，亚洲、欧洲、美洲油气运营中心进一步完善，贸易、加工、仓储、运输能力不断增强。新加坡公司实现贸易量 1.32 亿吨，同比增长 26%，提前完成“十二五”规划目标。香港公司实现贸易量同比增长 138%，在香港地区航空煤油市场份额达 43%，稳居当地首位。启动台湾机场供油业务，成为台湾地区石化产业最大的陆资贸易伙伴和最大的船加油供应商。开拓了哈萨克斯坦液化气进口到中国市场等新业务，哈萨克斯坦成品油本地销售数量大幅提升，单站日销量同比增长 20%。欧洲油气运营中心积极开展跨市交易，取得较好效果。在欧洲内陆销售量也实现逆势增长。对以轻资产战略运作美洲油气运营中心进行有益的探索。管道天然气贸易进入加拿大和美国中西部市场。

【经营管理】 2013 年，国际贸易业务经营管理工作取得新进展。加强战略规划和投资管理。组织优化国际贸易业务“十二五”及“十三五”规划发展目标，健全海内外项目前期研究机制，对已投产项目加强投资效益分析和后评价。

财务系统资金保障能力进一步提高。完善银行授信额度结构，2013 年公司获得银行授信总额已超过 300 亿美元，为业务发展提供支持。积极开展税收筹划，配合落实天然气返税政策，维护中国石油整体利益。

人力资源管理更加规范。修订干部管理和员工招聘制度，全面改革考核办法，完善激励约束机制。加大高端人才引进力度，推广交易员资格认证，建立了交易员岗位素质能力模型。全年共开展培训 596 项，累计培训 4900 人次，总时间超过 7900 天，取得良好的培训效果。

信息化建设再上台阶。对先锋系统进行深度开发，新增计价和盘位管理功能，建立起天然气业务管理、海运业务合同会签模块，逐步实现主营业务流程的全面覆盖。完成 SAP 财务管理功能提升项目，人力资源管理功能提升项目进入试运行阶段，为提升效率、规范管理发挥积极作用。

【HSE 管理与风险防控】 2013 年，国际贸易业务全面落实安全经营责任制，层层签订安全环保责任书。践行有感领导、落实直线责任、推进属地管理。加强监督检查，将日常检查与专项检查相结合，陆续开展针对油库、沿海设施、油气管线等专项检查以及安全大检查等活动，对发现的问题进行认真整改。接受集团公司 HSE 管理体系审核，推动体系规范、有效运行。公司全年没有发生一般 B 级以上安全环保事故，实现零缺陷、零伤害、零污染的 HSE 管理目标。

国际贸易业务深入推进内控与风险防控体系建设，加强风险评估，优化风险数据库，提高管控水平。开展金融衍生业务风险评估，加强量化分析，提高管控水平。完成纸货交易新主体开户和交易对家的注册授信工作，实现平稳过渡。加强流程管理，将流程的主管职责落实到部门，建立流程变更发布机制，确保流程编制与公司发展同步进行。加强风险动态监控，开展客户清理工作，加强信用推广。推进标准化合同的使用，健全全球法律支持服务体系，从源头上有效防范法律风险，国际贸易业务抵御和应对风险的能力进一步提高。

〔国际事业公司（中联油）〕

对外交流与合作

【概述】 2013年，集团公司以保障国家能源安全，全面建成世界水平的综合性国际能源公司为目标，加强对外交流与合作，强化外事管理、协调和服务，发挥整体优势，维护整体利益，树立整体形象，加快海外五大油气合作区、四大油气战略通道和三大国际油气运营中心建设，保障国际业务规模、有效、可持续发展。

【配合国家能源外交活动】 2013年，集团公司领导外事会见197次，其中会见副部级以上贵宾32次；出访19次，其中配合国家领导人出访5次；在国内参加国家领导人外事活动6次。向外交部、国家发改委、商务部、国家能源局等政府部门报送国际业务专题报告和项目材料300余份。

集团公司对外签署重要协议。包括：与俄罗斯签署《预付款条件下原油购销框架协议》、《预付款条件下原油购销合同》、《关于收购亚马尔LNG股份公司股份的收购协议》、《俄罗斯通过东线管道向中国供应天然气的框架协议》、《关于扩大东西伯利亚上游项目合作的备忘录》、《关于天津炼厂投产进度及向该厂供应原油的主要条款》，与哈萨克斯坦签署《关于开展中哈原油管道扩建和运行合作的原则协议》、《卡沙甘项目股份购销合同确认书》、《中国石油与哈萨克斯坦油气公司全面战略合作规划协议》，与土库曼斯坦签署《250亿米³/年购销天然气合同》、《关于复兴气田300亿米³/年商业气产能EPC合同》，与乌兹别克斯坦签署《关于乌兹别克斯坦白松和苏尔汗区块油气地质勘探和开发可行性研究谅解备忘录》、《中国石油天然气勘探开发公司与乌兹别克斯坦国家油气公司关于成立合资公司补充勘探和开发卡拉库里投资区块油气田的原则协议》、《关于联合实施在穆巴拉克天然气处理厂建设综合天然气化工设施项目的谅解备忘录》，与塔吉克斯坦签署《进一步深化油气合作的框架协议》，与阿联酋签署《阿联酋陆海两合作区块联营协议》，与沙特阿拉伯签署《云南炼油项目执行协议》，与委内瑞拉签署《MPE3项目40.15亿美元贷款协议》、《中国石油与委内瑞拉国家石油公司油贸购销框架协议》、《MPE3项目16.5万桶/日扩建EPC合同》、《MPE3项目4万桶/日快速上产EPC合同》、《胡宁10整体区块项目联合开发框架协议》、《MPE3项目产能扩建融资协议项下原油购销协议》、《苏玛诺合资公司产能扩建融资意向书》、《卡拉博博公共工程岛项目提供概念设计协议》，与蒙古国签订《中国石油与蒙古国石油局关于提高成品油贸易合作的谅解备忘录》，与哥斯达黎加签署《哥斯达黎加莫因炼厂扩建200万吨/年项目融资文件》，与厄瓜多尔签署《太平洋炼厂一体化项目合作框架协议》等。

【对外交流与合作】 2013年，集团公司积极开展对外交流与合作，体现在6个方面。（1）积极开展与国家石油公司和国际石油公司的交流合作。全年与壳牌公司、埃克森美孚公司、俄罗斯天然气工业股份公司、杜邦公司、马来西亚国家石油公司分别就深水油气勘探、海上浮动LNG技术、油田提高采收率、储气库、清洁能源和节能减排等内容开展科技交流与合作。先后组织举办技术交流研讨会5个，220人次参加。（2）围绕树立集团公司品牌形象做好对外宣传。组织完成集团公司2012年年报和拉美地区社会责任国别报告的编辑出版，并在多个大型国际会议和会展中制作和播放集团公司形象宣传片和发放宣传画册。（3）围绕提升集团公司科技创新能力，跟踪了解国际油气工业领域科技发展最新趋势，统一组织参加国际油气领域最具影响力的会议和展览。全年组织集团公司所属企事业单位出国参加国际会议和展览283个，964人次；在境内组织举办和参加国际会议和展览3个，650人次。（4）围绕海外业务对投资所在国人力资源的需求，积极做好资源国人力资源能力建设和培训工作。全年为苏丹石油部举办培训班1期，10人次；为南苏丹能源矿产工业部举办培训班2期，20人次，资助南苏丹3名留学生赴中国石油大学攻读学位。继续为哈萨克斯坦教育部资助12名留学生赴中国石油大学攻读硕士学位。（5）围绕集团公司海外业务发展创造良好投资环境，积极开展公共外交活动。为增进缅甸民众对中国的了解，为在缅投资营造良好环境，集团公司与国家广电总局合作，赞助240万元人民币，与缅甸国家电视台合作，将中国优秀电视剧译制成缅语在当地播放，受到缅甸当地喜爱，树立了集团公司品牌形象。为伊拉克国家游泳队和跳水队来华进行训练和学习资助90万元人民币，使伊拉克国家奥委会和游泳协会深受感动。（6）积极做好对台开展合作与交流工作。全年组织12个团组，43人次赴台（其中高访团组1个）。接待台湾地区中油公司团组6个，其中高访团组4个。

【国际业务管理】 2013年，集团公司对国际业务实行集中管理，体现在5个方面。（1）保障海外经营有序有效开展。全年办理境外投资项目信息备案32个，办理境外工程技术服务项目备案登记921个。（2）对境外机构实行归口统一管理。全年向商务部报批设立境外机构49个。（3）积极推动海外员工本土化，严格控制海外中方员工数量。做好土库曼斯坦阿姆河公司、乍得项目公司、东南亚管道公司举办当地员工中文培训班的试点。（4）统一规范管理海外项目分包商。2013年，海外分包项目没有发生重大事故和稳定事件。（5）加强对影响国际业务发展的课题研究，包括：伊朗核问题，建设丝绸之路经济带与发展中国石油海外业务的研究分析，委内瑞拉、澳大利亚市场准入研究，墨西哥投资环境与合作机会研究，完成土库曼斯坦、哈萨克斯坦和乌兹别克斯坦法律法规汇编。

【海外防恐安全和HSE管理】 2013年，集团公司国际业务社会安全和HSE工作克服中东及非洲地区政局持续动荡，亚太地区热点事件频发，传统与非传统安全威胁交互上升等挑战，各海外项目未发生工业生产亡人事故、交通亡人事故和环境污染事故，未因社会安全原因造成人员伤亡，保持了优秀的HSE和社会安全管理业绩。

2013年，集团公司加强海外防恐安全和HSE管理，体现在3个方面。（1）不断增强社会安全风险管控能力。包括：狠抓源头风险管控，做好项目备案前的安保方案审核工作，合计完成500余个项目的审核，对不规范方案逐一指导修改完善，取消32项安全风险不可控项目；持续推进海外项目防恐安全培训，提升海外员工风险管控能力，已完成不同类型不同层次的国内外培训180余期，共计培训1万余人；落实常态管理，强化预警预防，加强日常值班值守和信息分析研判，做好热点事件的后续跟踪研究，先后发布阿尔及利亚、尼日利亚、伊拉克、肯尼亚、苏丹、莫桑比克等国安全预警与提示40余次；推动社会安全工作的体系化、规范化管理，发布“2013年涉外单位社会安全管理体系推进方案”，在海外勘探开发公司、东方地球物理勘探有限责任公司、长城钻探工程公司3家试点单位以外，已有9家单位完成管理手册和程序文件的编制；完成海外营房车安全设施配置规范、海外应急逃生包配备规范、海外营地安全防范工程建设规范3个规范的编写工作，用规范指导海外安保实践。（2）持续深化HSE管理工作。包括：圆满完成海外项目安全大检查工作。发现隐患和问题8807个，已整改8505个，剩余302个隐患和问题的整改已进入尾声；海外员工身心健康工作得到加强，为乍得、尼日尔、伊拉克、土库曼斯坦、阿富汗项目配置移动医疗方舱，提高项目现场疾病和伤害的救治能力，积极做好资源国流行病的预防工作，为苏丹、乍得、尼日尔、委内瑞拉采购治疟疾药品和检测试剂，防止疟疾流行，送“关爱”到现场，国际部及涉外单位选派医疗和心理健康咨询专家，赴海外5个国家，为400名海外员工提供体检、诊治服务，为超过1000名海外员工提供现场心理健康咨询讲座；加强海外监管环境保护工作，下发文件，从加强监管，清洁生产、排查隐患以及提升应急响应能力等方面，明确了海外项目今后环保工作的重点。（3）常态化应急管理取得成效，成功应对多起海外突发事件。包括：不断推进海事卫星电话应急指挥系统，为高效应对突发事件提供有力保障；选择尼日尔项目，开展海外现场到总部的突发事件功能演练，梳理应急处置与报告流程，检验各层次应急反应能力；妥善应对伊拉克项目现场的宗教骚乱、阿尔及利亚东南部气田遭袭、委内瑞拉总统查韦斯病逝、伊朗大选、埃及政变等重要政治事件和突发事件，通过动态跟踪，及时分析，采取措施，保证中国石油员工和项目安全。

【外事管理与服务】 2013年，集团公司强化外事管理和服务，体现在2个方面。（1）严格控制出国团组和经费，全力保证海外生产经营，杜绝因公出国旅游。全年累计派出9186批，48977人次。取消无实质任务团组175个，对345个团组进行压缩调整，办理护照13129本、签证17017个、出境证明7908份，办理外国人来华邀请函568份。完成集团公司下达的2013年度国际会议、经济贸易、考察访问三类出国项目费用控制目标。（2）为国内和国际业务发展提供优质服务。加强出国管理信息化建设，提高管理水平和服务能力。2013年，继续对出国管理系统进行改造升级，计划于2014年投入使用。新系统对出国人员实行全过程管理，将出国管理国内延伸到三级单位，海外延伸到项目部，实现对海外人员的动态管理。引入专业服务队伍，优化出国工作流程，实现出国手续一条龙服务。加强外事纪律和出国行前教育，编制完成《中国石油员工海外出行读本》系列丛书测试题库，即将对出国人员进行在线测试。

【外事队伍建设】 2013年，集团公司加强外事队伍建设，体现在4个方面。（1）完成中国石油油气调控中心和江苏LNG项目两个外事接待参观点建设。包括完成中国石油油气调控中心外事接待规范，对中英文内容介绍进行审核。在实地调研的基础上，对江苏LNG项目外事接待工作提出指导性意见，努力将江苏LNG项目打造成集中展示集团公司LNG接收站自主建设和安全运营的示范性窗口。（2）2013年5月举办集团公司第四届俄语高级翻译培训班，集团公司所属15家单位的20名学员参加培训。课程内容包括翻译理论和技巧、外教口语等。培训班的学员一致反映，通过为期两个月的培训，开阔了视野，提高了俄语水平和交流能力。（3）2013年7月举办2013年集团公司高级英文翻译培训班。重点围绕口译实用技巧、笔译理论与实践、外事接待及外事礼仪知识等内容，聘请外交部、外交学院等单位的专家学者，对集团公司所属21家单位的31名学员进行为期3周的培训。（4）2013年7月召开集团公司上游企业外事工作座谈会，大庆油田公司等13家上游企业40多人参加，会议围绕努力建成世界水平的综合性国际能源公司，加快上游企业“走出去”步伐等问题进行广泛研讨和经验交流。

（吴　兵）

第八篇

科技与信息

科技发展

【概述】 2013年，中国石油天然气集团公司科技工作按照国家“自主创新，重点跨越，支撑发展，引领未来”的科技工作指导方针，坚持“主营业务战略驱动、发展目标导向、顶层设计”的科技发展理念，集中力量组织国家和集团公司重大科技项目攻关，努力攻克制约主营业务发展的关键瓶颈技术，持续推进科技创新体系建设，全面实施“十二五”科技计划，科技创新取得重大进展和成果，大大提升公司自主创新能力和核心竞争力，创新驱动发展作用显著，为推进综合性国际能源公司建设提供有力的技术支撑和保障。

【年度科技计划】 根据“十二五”科技战略部署，按照超前储备、技术攻关、配套推广3个层次，继续组织实施公司50项重大科技项目，包括国家科技重大专项、公司重大科技专项、重大现场试验项目、重大技术推广项目等。

【国家级科技项目】 国家油气重大专项实施进展顺利，国务院领导及中国工程院牵头组织专项中期评估，专家组对专项关键技术研发、高端装备研制取得的重大进展、实施成效和专项的组织管理方式予以高度评价。专项强化过程管理，创新检查方式，为“十二五”阶段目标和任务的完成奠定基础。稳步推进863计划、973计划、支撑计划等项目的组织实施，各项目均取得阶段进展。

【集团公司重大科技项目】 根据“主营业务战略驱动、发展目标导向、顶层设计”总体思路，组织做好重大项目的启动及实施，开展优势领域科技创新领先、赶超领域科技创新跨越和超前储备领域科技创新占领制高点三大工程，各项工作进展顺利，取得一批重要成果和进展，有力支撑公司核心业务快速发展。

（1）油气勘探方面。围绕岩性地层油气藏、前陆盆地、海相碳酸盐岩、天然气、成熟探区精细勘探等领域，开展重大科技专项攻关以及基础超前研究，取得一批重要成果，为公司储量增长高峰期工程提供有力的理论和技术支持。创新发展深层天然气地质理论认识，实现勘探深度极限和巨厚盐层工程技术突破，支撑克拉苏大气区勘探开发取得重大进展。深化古老碳酸盐岩大气田成藏理论认识，指导高石梯—磨溪大气田的发现和评价，促进古隆起斜坡带的勘探。创新晚期构造复式成藏和盆缘斜坡天然气复合成藏认识，攻克复杂山地地震成像技术，支撑英东油田发现增储及阿尔金山前天然气勘探突破。创新致密油成藏机理与“甜点”区主控因素认识，初步形成致密油资源评价与有效动用配套技术，支撑准东吉木萨尔、川中侏罗系、柴西南扎哈泉初步落实3个储量规模区。多源油气复杂成藏分子示踪地球化学测试与判别技术取得重大进展，为深层、海相碳酸盐岩、非常规油气等领域的重大发现提供理论技术支撑。

（2）油气田开发方面。紧密围绕提高采收率、单井产量和储量动用率，重点开展大庆4000万吨稳产、长庆5000万吨上产、“新疆大庆”、辽河千万吨稳产等重大专项攻关以及特高含水油田改善水驱、三次采油提高采收率、超低渗透油气藏有效开发、超稠油高效开发、复杂天然气开发五大领域的基础和超前储备研究，取得系列重要成果和技术进展，为实现公司原油产量稳中有升、天然气快速增长提供强有力的技术支撑。大庆专项进一步配套完善三元复合驱油技术，攻克井筒结垢和采出液乳化处理等重大技术难题，年产原油100多万吨，提高采收率20%，2014年将大规模推广应用，成为新的三次采油主体技术。长庆专项攻克水平井分段改造及温和注水等超低渗透油藏和致密气开发核心技术，成功研发速钻桥塞等新型压裂工具，较引进降低成本50%以上，加快10亿吨石油和3万亿立方米天然气动用，超低渗透油藏年产规模达800多万吨，气井单井日产量由直井1万立方米增大到水平井5万立方米左右，有力支撑上产目标的实现，高水平建成“西部大庆”。新疆专项攻克浅层超稠油高压三维物理模拟、超浅层双水平井钻井等开发关键技术，支撑风城油田50多年来数亿多吨难动用储量实现规模有效开发，年产原油220多万吨。塔里木专项进一步创新超高压气藏产能评价、深层低渗透储层大型压裂等关键技术，推动大北、克深等深层高压天然气田的开发，年产天然气将超过200亿立方米。研制出具有自主产权的油藏数值模拟软件系统，运算速度、规模和精度优于国外同类产品，已在国内外20多个油气田区块成功规模应用，打破国外长期技术垄断。井下油水分离同井注采、纳米智能驱油剂、高黏原油地下改质等基础超前储备技术研究取得重要进展，努力占领油田开发新技术制高点。

（3）工程技术方面。围绕提高物探、测井数据采集和解释精度、钻井提速提效等技术难题，组织开展工程技术、软件升级重大科技专项攻关、重大工程技术装备现场试验及超前储备基础研究，不断丰富和完善物探、测井、钻井、井下作业新方法和新工艺，推进高端软件、装备、工具等技术利器研发，工程技术服务保障能力和竞争能力持续提升。

①物探方面。GeoEast 处理解释一体化软件持续升级、规模推广，成为集团公司物探处理解释核心平台。完全自主知识产权的“两宽一高”地震勘探配套技术实现商业化应用，有力支撑新疆、青海等油气勘探重大发现。G3i 地震采集系统功能进一步完善，系统带道能力超过 10 万道，在准噶尔盆地玛 131 井区实现 6 万道采集，地震采集服务能力和效率显著提升。新一代地震采集工程软件系统 KLSeis Ⅱ 实现升级换代，集成面向不同条件、先进适用的勘探采集设计与质控功能，整体达到国际领先水平。自主研发的井中微地震裂缝监测技术与软件，为压裂施工和开发方案设计提供决策依据。弹性波全波形反演技术在地震子波影响、噪声问题、振幅匹配等方面的应用取得突破进展，大大提高地震资料处理精度。

②测井方面。EILog 成套测井技术装备持续升级，累计推广 165 套，作业时效大幅度提高，节约大量引进成本。测井处理解释一体化软件 CIFLog 1.0 规模推广应用，显著提高处理效率和解释符合率，以多井处理解释为核心的 2.0 版开发成功，即将投入应用。地层元素测井仪器第一代样机研制成功，可有效改进复杂岩性和非常规油气评价效果。随钻测井关键技术取得重大突破，随钻方位电阻率成像测井仪器开始进入现场试验。研制出三分量阵列感应、三维声波扫描成像等测井仪器样机，进一步丰富国产成像测井技术系列，将为非均质储层评价提供新手段。测井数字岩心技术将实验室精细实验、现场快速实验和测井资料处理解释融为一体，实现准确高效的一体化测井评价，平均提高单井解释符合率 3 个百分点。自主研发的非均质碳酸盐岩有效储层测井识别技术在塔里木、西南和长庆等油田应用效果显著，为油气增储上产发挥重要作用。

③钻井方面。工厂化钻完井与储层改造作业技术试验成功，降低综合成本 50%，加快四川页岩气、长庆致密油气、新疆和吉林致密油示范区建设。深井超深井优快钻完井技术持续完善，有力保障库车山前和安岳等重点地区的钻井提速提效，2013 年平均钻井周期分别控制在 300 天和 150 天以内。丰富发展长水平段钻进和储层改造技术系列，水平段延伸能力提高到 1200—1500 米，钻进速度和单井产量显著提升，建井周期和成本显著降低，储层改造工具国产化同比引进技术降低使用成本近 40%，建井成本年节约亿元以上。氮气欠平衡和油钻杆完井技术取得突破，保护和发现油气藏效果显著，助推塔里木迪北等地区的勘探突破。连续管 / 带压作业技术试验与推广成效显著，相比传统作业方式，效率提高 1 倍以上，累计节约成本 4 亿元，连续管国内市场占有率 95% 以上。旋转导向、高温高压试油测试等高端装备及超临界 CO_2、粒子钻井、仿生固壁等基础与超前技术研究取得重要进展，为占领技术制高点奠定坚实基础。海洋油气开采关键装备研制取得重要进展，初步掌握 400 英尺钻井平台、1500 米水下生产系统等关键技术，为支撑集团公司海洋业务发展储备新技术。

（4）炼油化工方面。瞄准公司炼油化工主营业务发展重大技术需求，重点组织实施炼油催化剂、千万吨级炼厂、劣质重油加工、航空生物燃料、大型乙烯、大型氮肥、聚烯烃新产品 7 项重大科技专项；组织实施了高硅 NaY 和 ZSM-5 择形分子筛、加氢裂化催化剂、无规与抗冲共聚聚丙烯催化剂、高效淤浆法聚乙烯催化剂、25 万吨 / 年碳五分离、乙丙橡胶、异戊橡胶、稀土顺丁橡胶、2 万吨 / 年己烯 -1、PETG 共聚酯 10 余项重大技术现场试验；组织开展新型催化材料与新一代高性能合成材料、合成气（碳一）化工 2 项超前储备技术；组织完成清洁油品质量升级等一批新技术的推广应用；取得重要成果和显著进展，炼油化工核心竞争力和自主创新能力进一步提升，有力支撑公司炼化主营业务的快速有效发展。

①炼油方面。采用自主开发的国Ⅳ标准清洁汽油生产成套技术建成 11 套汽油加氢生产装置，均实现一次开车成功，有效支撑新一轮汽油质量升级。国Ⅳ、国Ⅴ清洁柴油生产技术攻关完成长庆石化 60 万吨 / 年柴油液相加氢和辽阳石化 120 万吨 / 年柴油加氢工业试验，技术水平达到国际先进，成为公司柴油质量升级首选技术。催化裂化催化剂海外高端市场开拓取得新突破，加氢裂化催化剂首次工业应用试验成功；渣油加氢全系列催化剂挂篮试验成功，具备工业应用试验条件；炼油系列催化剂推广应用效果显著。大型炼厂优化技术取得重大成果，正在大连长兴岛、中俄东方等千万吨级炼油项目应用。常减压蒸馏装置

工艺包成功应用于四川石化，催化裂化、延迟焦化和蜡油加氢裂化等关键装置工艺包开发取得重大突破，将有力支撑大型炼油基地建设和改造。

②化工方面。国内首套自主知识产权的大型乙烯工业化成套技术及15万吨/年大型大型裂解炉技术成功应用于大庆石化60万吨/年乙烯新装置建设，打破国外技术垄断，装置综合能耗达到国际先进水平，将为公司大型乙烯基地建设与装置改造提供可靠技术支撑。国内首套以天然气为原料的45万吨/年合成氨、80万吨/年尿素装置成套技术及国产重大设备已用于宁夏石化装置建设，将结束我国大型氮肥装置及关键装备长期依赖引进的局面。聚烯烃催化剂开发及工业应用实现零的突破，自主开发的淤浆聚乙烯、共聚聚丙烯催化剂成功实现长周期工业运行，替代进口催化剂成功生产出高附加值聚烯烃专用料产品。自主开发的碳五分离成套技术工艺包可为公司高效利用碳五资源，提高化工装置整体效益提供技术支持。乙丙、异戊及稀土顺丁橡胶等工业试验取得成功，开发出系列成套技术工艺包，将为打造公司在合成橡胶业务领域的优势地位提供成套技术。开发完成的2万吨/年己烯-1成套技术已用于独山子石化装置建设，打破国外长期以来的技术及产品垄断，将为提高公司聚烯烃产品附加值提供共聚单体。开发出国内首套10万吨/年新型共聚酯PETG及原料生产技术，并在辽阳石化实现工业应用，打破国外垄断，可为公司芳烃线产品结构调整提供技术支撑。

（5）油气储运方面。围绕第三代大输量天然气管道建设、天然气液化、油气管道装备国产化、储气库建设等领域开展攻关，成效显著，有力支撑中缅、西三线、天然气液化等重大油气储运工程建设，持续保持公司油气储运技术和建设国际领跑地位。自主研发形成50万—350万吨/年天然气液化工艺技术和国产化装备系列，保障陕西安塞、山东泰安、湖北黄冈天然气液化工程的顺利建成。突破X90/100管线钢断裂控制和钢管制造等第三代天然气管道工程技术，支撑X90钢级1219毫米、X80钢级1422毫米小批量钢管试制和0.8设计系数示范工程建成。管道装备国产化全面推进，20兆瓦级电驱压缩机组和大口径球阀在西三线规模推广，30兆瓦级燃驱压缩机组等关键装备试验取得重要进展，将大幅降低建设和运行成本。攻克储气库选址与评价、钻井与溶腔、注采与管理等技术难题，掌握枯竭油气藏和盐穴型储气库建设与运行技术，有力推动公司储气库业务快速发展。

（6）海外业务方面。依托海外油气当量上产2亿吨开发关键技术、全球油气资源评价与利用研究等重大科技专项以及海外勘探和钻井技术集成攻关项目，油气地质理论、资源评价方法等持续丰富和发展，复杂油气藏开发技术取得重要突破，初步形成海外油气勘探、开发、工程一体化集成配套技术，有力支撑海外油气储量产量快速增长。中西非被动裂谷等勘探理论技术进一步创新，支撑风险探区持续获重大发现和规模增储。创新形成巨型碳酸盐岩油田整体优化和注水开发配套技术，有力支撑中东油气战略合作区快速建成。攻克巨厚盐下碳酸盐岩储层地震成像等技术难题，加快阿姆河右岸气田的勘探开发。构建全球常规/非常规油气资源评价方法体系，完善全球油气资源数据库及信息平台，有力支持海外油气新项目，油气可采储量和产量将大幅增加。集成创新欠平衡/控压钻井、三维丛式水平井等钻井配套技术，为海外地区的勘探发现和上产做出重要贡献。

（7）安全节能环保方面。依托低碳关键技术、炼化能量系统优化研究等重大科技专项和项目，集中力量开展炼化能量系统优化技术集成、低碳技术、井喷预防应急、水域溢油应急处置、场地污染风险控制及修复、油气田开采节能、炼化污水回用、含油污泥资源化利用和催化裂化烟气脱硫等技术攻关和集成应用，取得重大进展和突破，为安全环保节能工程提供有力技术支撑。建立符合公司实际的油气安全生产技术标准体系，开发井喷预防和控制的安全检测、油罐区雷电静电着火防护设备，研发出油罐着火监控系统及5种河流溢油吸附材料，为安全生产、事故应急提供技术支持。创新研发等壁厚螺杆泵、油气输送纳米添加剂等新产品，提高采油和管输效率。废物减排与资源化利用技术取得重大突破，研发出污水不除硅回用锅炉、油泥分质处理技术，较现有工艺降低成本50%，为节能减排提供技术支撑。

【重点实验室和试验基地建设】 新建油气地下储库工程重点实验室和CO_2埋存与驱油试验基地等7个条件平台，实验/试验能力进一步提升。2013年，集团公司重点实验室和试验基地新增实（试）验方法和技术175项，20余项基础研究取得重要进展，形成一批原创性成果。国家平台建设取得新成果，2013年2月，国家能源局批准西南油气田建设“国家能源高含硫气藏开采研发中心”；2013年8月，“稠油开采研发中心”国家平台建设项目顺利通过国家能源局组织的专家论证。昌平科技园区建设加速推进，钻井院2013年底搬迁入园，数据中心、石化院和科技交流中心等在建项目进展顺利，科技园区发展战略和运行机制研究取得初步成果。

【国际科技交流与合作】 在集团公司战略合作框架指导下，以“合作共赢”为宗旨，重点推动、落实与ExxonMobil、Shell、Gazprom和Petronas等国家、国际油气公司的科技合作，开展注气提高采收率技术可行性、非常规油气开发关键技术等研究，逐步实现由研发领域合作向产品生产领域、资源领域合作延伸。通过集团公司与中国科学院的优势互补、深化合作，开启产、学、研、用紧密结合的新模式。双方共同组织召开的科技合作领导小组暨技术委员会第一次会议，启动“高精度数字检波器（MEMS）研发与应用”等6个合作项目。油气勘探开发国家、国际科技合作基地作用凸显，集团公司代表国家成为国际能源署（IEA）提高石油采收率项目合作实施协议（EOR IA）正式成员，彰显集团公司在国际提高石油采收率技术领域的主导地位。高端国际技术会议实现由参与到主导的重大突破，国际影响力和话语权不断提升，由集团公司主办，埃克森美孚公司协办，2013年3月成功组织召开第六届国际石油技术大会（IPTC）。中国石油—壳牌页岩油联合研发中心正式成立，开启国际大油公司间共同应对页岩油技术领域理论与方法创新、前沿技术储备和共同贡献资源的合作研发新模式。

【科技创新基金】 2013年，中国石油科技创新基金设置勘探、开发、工程技术、地面与管道、炼油、化工6个专业，共征集到40家单位申报162项基金项目，最终批准50项。与国家自然科学基金委员会共同设立石油化工联合基金，2013年共收到炼油、化工专业项目申请42项，批准资助重点支持项目5项和培育项目13项。

【科技交流与人才引进】 2013年，集团公司科技项目人才引进计划共安排12个项目，其中研习会8个，一般技术交流2个，短期工作1个，其他1个。共邀请美国、英国、加拿大、日本等外国专家47人，参加会议的国内外专家和技术人员900多人。2个项目列入国家外国专家局2013年度引进国外技术、管理人才项目计划。

【软科学研究】 围绕建设综合性国际能源公司的需要，开展中国石油勘探开发战略、海外油气投资环境风险预警系统开发等重大战略和关键问题研究，取得一批重要成果，为公司领导和部门决策提供科学依据。中国石油勘探开发战略研究明确勘探开发战略方向，研究成果得到公司高层重视。初步完成海外油气投资环境风险预警系统开发，将为公司海外经营可能产生的风险提前预警、制定合理应对措施提供决策参考。

【知识产权管理】 2013年，集团公司获中国专利优秀奖7项。2013年，集团公司统管专利申请4481件，其中发明专利1956件；获得授权专利3639件，其中发明专利847件。认定技术秘密369项，完成国家软件著作权登记187项。完成科技成果登记891项；鉴定科技成果53项，达到国际先进以上的43项，占所鉴定成果81%。

【技术有形化】 完成有形化技术利器32项，启动特色技术利器有形化30项，有形化成果荣获北京市科技“银河奖”二等奖、三等奖，有形化技术为阿布扎比项目投标成功提供有力支持。集团公司层面有形化培训15次，开展企业有形化督导培训20次。加强科技计划项目有形化自动产出机制，引导出台地方企业技术有形化产业化办法。开展技术树整合与开发顶层设计及归口，对应规划出集团公司2015年、2020年、2030年主体技术30项、40项、50项。设计得出技术树表，着手技术树数据库建设，编辑专业领域单项技术说明手册。

【科技奖励】 2013年，集团公司获得国家科技奖励3项，其中，技术发明二等奖1项，科技进步二等奖2项（表1）。2013年，集团公司共评选出科学技术进步奖118项，其中，特等奖2项、一等奖17项、二等奖40项、三等奖59项；技术发明奖20项，其中，一等奖2项、二等奖6项、三等奖12项（表2）。

【科技资源】 截至2013年底，集团公司拥有86家科研院所，其中，总部直属院所8家，企业院所78家，拥有科研人员31922人，包括19名院士、17位国家“千人计划”专家、433名集团公司高级技术专家、2522名教授级高工、1395名享受政府特殊津贴专家。

表 1　2013 年获得国家科技奖励成果

技术发明奖				
序号	项目名称	主要发明人	主要完成单位	获奖等级
1	碳酸盐岩油气藏转向酸压技术与工业化应用	周福建、刘玉章、张福祥、张贵才、郭建春、熊春明	勘探开发研究院、中国石油大学（华东）、塔里木油田公司、西南石油大学	二等奖
科技进步奖				
序号	项目名称	主要完成人	主要完成单位	获奖等级
1	超大型复杂油气地质目标地震资料处理解释系统及重大成就	刘超颖、赵　波、张　玮、詹仕凡、文佳敏、罗国安、冉贤华、陈继红、王成祥、白雪莲	中国石油集团东方地球物理勘探有限责任公司	二等奖
2	中国石油科技创新体系建设工程	获奖单位：中国石油天然气集团公司		二等奖

表 2　2013 年获得集团公司科技奖励成果

序号	项目名称	主要完成单位	主要完成人	获奖等级
科学技术进步奖				
1	克拉苏深层大气区的发现与理论技术创新	塔里木油田公司、中国石油集团东方地球物理勘探有限责任公司、勘探开发研究院、中国石油集团川庆钻探工程有限公司	王招明、李　勇、田　军、张福祥、王清华、杨海军、梁向豪、谢会文、胡剑风、雷刚林、滕学清、李晓红、吴　超、杨宪彰、贾应林、彭更新、陈伟中、尹　达、张义杰、马玉杰、王勤耕、唐继平、徐振平、谷永兴、满益志、宋周成、梁红军、李　青、肖中尧	特等奖
2	高精度地球物理勘探技术研究与应用	中国石油集团东方地球物理勘探有限责任公司	张　玮、郝会民、赵　波、凌　云、唐东磊、何展翔、全海燕、韩晓泉、冯许魁、詹仕凡、戴南浔、李向阳、张少华、刘超颖、王卫华、郭向宇、夏建军、李培明、孙卫斌、姜　耕、罗国安、李彦鹏、王梅生、刘云祥、陈联青、刘志杰、文佳敏、邓志文、黄永平、王成祥	特等奖
3	海外高效勘探配套理论技术与油气重大发现	勘探开发研究院、中国石油天然气勘探开发公司、中国石油集团东方地球物理勘探有限责任公司	薛良清、潘校华、史卜庆、万仑坤、窦立荣、张　杰、孙志华、吴　蕾、黄先雄、代双和、杨福忠、郑俊章、肖坤叶、苏永地、张兴阳	一等奖
4	非常规油气地质理论及应用	勘探开发研究院、长庆油田公司、西南油气田公司、新疆油田公司	邹才能、袁选俊、朱如凯、陶士振、侯连华、郭秋麟、姚泾利、李国辉、唐　勇、董大忠、白　斌、杨　春、王　岚、杨　智、高晓辉	一等奖

续表

序号	项目名称	主要完成单位	主要完成人	获奖等级
5	歧口富油气凹陷大油气田勘探及综合配套技术研究	大港油田公司、勘探开发研究院、中国石油集团东方地球物理勘探有限责任公司、中国石油集团渤海钻探工程有限公司、中国石油集团测井有限公司	杨池银、廖前进、周立宏、郝会民、周建生、王文革、肖敦清、牛嘉玉、徐学军、于学敏、蒲秀刚、付立新、柴细元、周灿灿、李　健	一等奖
6	风城浅层超稠油开发关键技术研究与应用	勘探开发研究院、新疆油田公司、提高采收率国家重点实验室	钱根宝、马德胜、张学鲁、李秀峦、孙新革、霍　进、王红庄、王延杰、邹正银、席长丰、樊玉新、昝　成、杨　智、吴永彬、张忠义	一等奖
7	大庆油田特高含水期精细高效注水开发技术与示范工程	大庆油田有限责任公司	李彦兴、孙　智、李新宇、宋吉水、张英志、张　东、朱　焱、黄伏生、杜庆龙、周万富、于　力、刘洪涛、方　庆、赵玉武、徐　启	一等奖
8	阿姆河右岸盐下复杂碳酸盐岩气田群高效开发技术研究及应用	中石油阿姆河天然气勘探开发（北京）有限公司、中国石油天然气勘探开发公司、勘探开发研究院、中国石油集团川庆钻探工程有限公司、钻井工程技术研究院、中国石油集团工程设计有限责任公司	郭春秋、张培军、刘荣和、吴　蕾、刘有超、李万军、包　强、王　非、夏朝辉、陈怀龙、吴先忠、史海东、程木伟、程绪彬、徐　刚	一等奖
9	致密气水平井高效开采技术研究与应用	勘探开发研究院、长庆油田公司	张明禄、贾爱林、何东博、李宪文、冀　光、卢　涛、位云生、魏铁军、张燕明、甯　波、马　旭、王丽娟、闫海军、李跃刚、郭建林	一等奖
10	超低渗透砂岩油藏井网优化与能量补充开发技术研究及应用	长庆油田公司、低渗透油气田勘探开发国家工程实验室	何永宏、曾亚勤、邵东波、石海霞、李书恒、黎晓茸、樊建明、卜向前、王石头、刘　静、王兴宏、焦创赟、李志文、杨金龙、李大建	一等奖
11	超低硫柴油加氢成套技术开发	石油化工研究院、中国石油大学（北京）、大庆石化公司、乌鲁木齐石化公司	张文成、申宝剑、张志华、韩凤义、蔡海军、田　然、缪春祥、刘北松、郭金涛、尚大军、岳树江、温广明、高金龙、殷纪国、马国杰	一等奖
12	劣质重油供氢热裂化改质降粘技术开发与工业应用	石油化工研究院、中国石油大学（华东）、中国石油工程建设公司华东设计分公司、中石油燃料油有限责任公司、辽河石化公司	付兴国、王宗贤、韩　冰、汪长军、张艳梅、邱　柏、谢国宏、杨成柱、常忠伟、赵广辉、李　尤、孙绘宏、于志敏、沐宝泉、刘银东	一等奖
13	船舶润滑油产品的开发和应用及国际 OEM 认证	润滑油公司	于　军、刘功德、张　杰、翟月奎、刘建新、马玉莉、刘庆国、王洪斌、孙　竞、王海峰、屈智煜、王钟鸣、刘凤闯、朴吉成、邓广勇	一等奖

续表

序号	项目名称	主要完成单位	主要完成人	获奖等级
14	西气东输二线香港支线海底管道工程关键技术研究与应用	中国石油集团海洋工程有限公司、管道建设项目经理部、中国石油天然气管道局	陈　元、张志鹏、刘东玉、康荣玉、刘杰鸣、王立领、高兆鑫、李春润、张梁奇、关幼耕、刘瑞宇、张凤连、孙永生、张　潇、李　绂	一等奖
15	中国石油广西石化1000万吨/年炼油工程总体优化与工程化设计技术	中国石油工程建设公司华东设计分公司	李胜山、张　励、刘　建、王国旗、王书旭、韩　冰、谢育辉、林洪俊、程　旼、宋继伟、张丽红、钱利亚、刘学全、苑世明、刘国峰	一等奖
16	油气管道复杂地质定向钻穿越技术攻关	中国石油天然气管道局、钻井工程技术研究院、石油管工程技术研究院	高泽涛、李彦民、赵绍春、白世武、张文伟、吴益泉、焦如义、李国辉、纪友哲、王新虎、郭慧娟、刘艳辉、刘全利、冯　杰、刘永刚	一等奖
17	测井数字岩心技术研究与应用	中国石油集团测井有限公司	杜环虹、孙宝佃、李　新、万金彬、陈守军、罗艳颖、屈　乐、张　琳、张永浩、章海宁、朱益华、马修刚、陈　渝、张银海、杨双定	一等奖
18	煤层气钻井工程技术与装备	钻井工程技术研究院、华北油田分公司、中国石油集团渤海钻探工程有限公司、中国石油集团渤海石油装备制造有限公司、长江大学、油气钻井技术国家工程实验室	邹来方、申瑞臣、王合林、田中兰、乔　磊、杨　勇、盛利民、魏昌进、王益山、袁光杰、杨恒林、何爱国、蒋光忠、纪友哲、田　炜	一等奖
19	中国石油勘探与生产ERP（含油田服务）系统	中国石油集团东方地球物理勘探有限责任公司	李阳明、陈利敏、田　锋、郑前贺、邢宏伟、樊少明、张文坡、雷均安、杨金华、杨再勇、马　杰、付长春、任　佳、郑永升、刘国强	一等奖
20	玛北斜坡百口泉组扇体大面积成藏控因分析及亿吨级油藏发现	新疆油田公司	雷德文、曾　军、支东明、毛新军、唐　勇、刘　巍、吴　涛、瞿建华、黄卫东、李学义	二等奖
21	塔里木盆地白垩系深层碎屑岩储层研究及成藏特征	勘探开发研究院、塔里木油田公司	斯春松、张荣虎、张惠良、杨海军、刘　春、陈　戈、王俊鹏、寿建峰、王　波、赵继龙	二等奖
22	大庆长垣扶余油层油气富集规律研究	大庆油田有限责任公司	金成志、蒙启安、黄　薇、林铁锋、门广田、严洪瑞、杨庆杰、李国会、梁晓东、董万百	二等奖
23	大民屯凹陷亿吨级储量发现及高效开发技术研究与应用	辽河油田公司	张吉昌、孙　岩、李铁军、王立军、顾国忠、刘增涛、孔令福、李焕鹏、牟　春、薛大力	二等奖
24	氮气辅助SAGD开采超稠油技术	辽河油田公司、勘探开发研究院	高永荣、杨立强、蒋有伟、杨建平、王宏远、徐凤廷、王红庄、梁建宇、沈德煌、刘尚奇	二等奖
25	海外不同合同模式储量价值模型建立及储量评估	勘探开发研究院、中国石油天然气勘探开发公司	张建英、翟光华、鲁　兵、原瑞娥、王忠生、李　嘉、衣艳静、王　恺、刘志芳、胡　勇	二等奖

续表

序号	项目名称	主要完成单位	主要完成人	获奖等级
26	辽河油田深部调驱技术研究与应用	辽河油田公司	于　涛、潘　庆、肖传敏、马汝彦、阴艳芳、张向宇、武　毅、赵志彬、陆福刚、王海生	二等奖
27	长岭登娄库气藏水平井有效开发关键技术	吉林油田公司	魏兆胜、于国栋、刘长宇、于孝玉、张应安、何　军、孙　岩、阮宝涛、董国昌、李边生	二等奖
28	阿尔凹陷整体开发与配套工艺技术研究	华北油田公司	梁星如、文　浩、严建奇、黄　杰、张　娥、陈　洪、修书志、芦天明、闫睿昶、杨小陈	二等奖
29	四川须家河气藏整体压裂及液体回收技术研究	西南油气田公司	刘友权、何　冶、黄黎明、段国彬、张　燕、吕宗刚、张永国、熊　颖、赵俊生、周长林	二等奖
30	复杂断块河流相砂体剩余油挖潜关键技术研究与推广	大港油田公司	孟立新、任瑞川、武　玺、左　毅、孙　琦、刘广华、程　琦、萧希航、李晓良、程远中	二等奖
31	稠油水平井分段完井分段注汽技术研究	辽河油田公司	王显荣、孙厚利、周大胜、郭玉强、赵旭亮、李　湃、张晓文、郎成山、彭美华、常　诚	二等奖
32	NAP10、NAP1004 环保轮胎橡胶油新产品的开发与工业应用	克拉玛依石化公司	熊良铨、吕　贞、罗来龙、刘亚娟、李　荣、熊春珠、尹　宏、宁德臣、马芝华、杨新华	二等奖
33	PE100 管材专用树脂 TUB121N3000 开发及其混配料国际等级认证	独山子石化公司、华北化工销售公司、西北化工销售公司	刘明晖、于　强、朱　军、杨丽芳、张治军、杨　斌、徐文清、张明银、吴天忠、李　冀	二等奖
34	气相聚乙烯干粉催化剂 PGE-201 的研制与工业应用	石油化工研究院、大庆石化公司	何书艳、王景良、崔立娟、王　鹏、付　义、王斯晗、赵增辉、曹景良、杨国兴、褚洪岭	二等奖
35	道改用 SBS 系列产品开发生产	独山子石化公司、西北化工销售公司、西南化工销售公司、华南化工销售公司	赵泽鹏、张治军、吴利平、韩明哲、王凤江、邵卫国、林志勇、马建江、郭强国、陈永林	二等奖
36	PE100 聚合工艺技术优化开发	吉林石化公司、石油化工研究院、华北化工销售公司	刘宏吉、王　硕、陈光岩、吕士瀛、周志宇、石俊学、宋　磊、黄庆东、于现建、刘爱民	二等奖
37	氢调法高流动注塑聚丙烯聚合技术开发及应用	兰州石化公司、华南化工销售公司、石油化工研究院、华东化工销售公司、华北化工销售公司	剡　军、吕新良、李德旭、陈庆新、吴　建、高　艳、陈得文、高玉林、王健舟、田佳禾	二等奖
38	电缆绝缘聚乙烯系列专用料的工业化开发与应用	兰州石化公司、石油化工研究院、西北化工销售公司、华东化工销售公司	赵东波、刘兴旺、李朋朋、宋健强、王　彤、曹永前、王晋军、李社青、杨令衡、万洪澜	二等奖
39	充油乳聚丁苯橡胶环保化技术的开发与应用	兰州石化公司、石油化工研究院、华北化工销售公司	孙延军、李　晶、张守汉、赵志超、周　健、王永峰、李铁柱、杨学柏、胡育林、战德生	二等奖

续表

序号	项目名称	主要完成单位	主要完成人	获奖等级
40	管道完整性管理系统研究与技术集成应用	管道公司、油气管道输送安全国家工程实验室管道完整性管理实验室、中国石油天然气集团公司油气储运重点实验室、西部管道公司、中石油北京天然气管道有限公司、西气东输管道公司	周利剑、艾慕阳、余海冲、贾韶辉、吴志平、常景龙、张华兵、郑洪龙、刘　亮、李振宇	二等奖
41	X70大变形焊管研制	中国石油集团渤海石油装备制造有限公司、宝鸡石油钢管有限责任公司、管道建设项目经理部、石油管工程技术研究院	王　旭、毕宗岳、熊庆人、刘耀民、王习彬、王年祥、陈宏远、梁根选、陈小伟	二等奖
42	硫黄回收高温系列设备橇装集成应用研究	中国石油集团工程设计有限责任公司	雒定明、杜通林、刘文广、宋久芳、彭　宛、杜　毅、赵淑珍、边云燕、任　玲、刘　刚	二等奖
43	天然气场站储运设施检测与诊断评估技术研究	中石油北京天然气管道有限公司、石油管工程技术研究院、中国石油大学（北京）	韩忠晨、费　凡、董绍华、罗金恒、梁　伟、王　冲、王彦军、马卫锋、张　华、姜胪原	二等奖
44	盐穴型天然气地下储气库风险评估方法研究	石油管工程技术研究院、中国石油天然气集团公司石油管工程重点实验室	赵新伟、罗金恒、李丽锋、李　祥、杨海军、王　珂、蔡　克、张广利、杨锋平、张　良	二等奖
45	石油石化典型场站浅层地下水环境风险防控技术研究与示范	安全环保技术研究院、中国石油天然气集团公司HSE重点实验室、新疆油田公司、吉林油田公司	邓　皓、李巨峰、王占生、黄新春、吕明军、陈梅梅、刘玉龙、陈宏坤、刘光全、杨忠平	二等奖
46	前陆冲断带深度域地震叠前成像关键技术开发与应用	勘探开发研究院	韩永科、徐　凌、胡　英、崔兴福、徐基祥、王春明、王　棣、张　才、首　皓、刘卫东	二等奖
47	高温高压高酸性深井测试射孔系列装备研制及应用	中国石油集团川庆钻探工程有限公司、西南油气田公司	孙海芳、冉金成、何　冶、张明友、陈　锋、贺秋云、叶新群、潘　登、唐　凯、项培军	二等奖
48	地震资料相对保真处理技术及应用	勘探开发研究院西北分院	王西文、王宇超、王小卫、马　龙、刘文卿、苏　勤、吕　彬、刘军迎、杨午阳、田彦灿	二等奖
49	XCRL过套管电阻率测井仪研制	中国石油集团西部钻探工程有限公司	陈　斌、彭原平、杨　哲、余　刚、姜　涛、侯庆宇、雷晓煜、王宇飞、程晓峰、王　林	二等奖
50	磨溪—高石梯区块深井钻完井技术研究	中国石油集团川庆钻探工程有限公司、西南油气田公司	冉启华、伍贤柱、陈　刚、李洪兴、赵思军、冯　彬、陈俊斌、张　坤、黄建章、陈　敏	二等奖
51	全白油基钻井液关键技术研究与规模化应用	中国石油集团长城钻探工程有限公司	刘绪全、高远文、彭春耀、刘德胜、柳　颖、张振华、杨金荣、李建成、张增玉、李长际	二等奖

续表

序号	项目名称	主要完成单位	主要完成人	获奖等级
52	塔中奥陶系礁滩型凝析气田提高单井产量技术创新及应用	塔里木油田公司、中国石油集团川庆钻探工程有限公司、钻井工程技术研究院	刘建勋、宋周成、韩剑发、杨向同、陈　军、徐俊博、谭　宾、单　锋、周英操、肖新宇	二等奖
53	低渗透油气田水平井快速钻井规模化应用及重大成效	中国石油集团川庆钻探工程有限公司	李晓明、王均良、张建卿、倪华峰、王万庆、李德波、刘李宏、王　浩、陈仲银、李录科	二等奖
54	大温差固井配套技术及规模应用	钻井工程技术研究院、中国石油集团海洋工程有限公司、塔里木油田公司、中国石油集团渤海钻探工程有限公司、中国石油集团川庆钻探工程有限公司、中国石油集团长城钻探工程有限公司、油气钻井技术国家工程实验室	刘硕琼、邹建龙、靳建洲、龙　平、宋元洪、孙勤亮、李连江、张成金、齐奉忠、白登相	二等奖
55	中国石油 ERP 与 FMIS 融合方案项目实施	规划总院	贺　荣、丁淑颖、闵广富、袁维宁、吴雪鹤、钟邦秀、杨　雷、葛雁冰、程晓春、陈红梅	二等奖
56	中国石油股权管理系统	中国石油集团东方地球物理勘探有限责任公司	罗革新、孟宪国、王　巍、邓志国、鹿　伟、罗晓东、董　宁、杨森茂、杨　楠、李　杰	二等奖
57	天然气产业集约化发展重大问题研究与实践	西南油气田公司	姜子昂、杨代聪、王富平、胡应富、郭纳鲜、余　楠、项之能、冯　琦、刘　军、林　彬	二等奖
58	国内外石油市场研究与应用	经济技术研究院	钱兴坤、单卫国、戴家权、赫春燕、陈　蕊、郭一凡、王海博、金　云、张　愉、王会良	二等奖
59	集团公司国际业务社会安全管理体系研究与应用	安全环保技术研究院、中国石油集团长城钻探工程有限公司、中国石油集团东方地球物理勘探有限责任公司、中油国际（乍得）有限责任公司	潘红磊、王劲松、雷文章、齐金郦、杜卫东、陈宝华、王　博、肖书奎、张晓军、熊中浩	二等奖
60	饶阳凹陷北部油气成藏机制研究与勘探新发现	华北油田公司	刘井旺、任文博、侯凤香、伍应权、邓柳萍、王　芳	三等奖
61	四川盆地大型天然气田富集规律、目标评价与勘探配套技术	西南油气田公司	张　健、张　奇、徐　亮、文　龙、何绪全、石学文	三等奖
62	南堡 4 号构造古近系岩性油气藏成藏规律研究与勘探发现	冀东油田公司	董月霞、王晓文、陈　蕾、张晓龙、杨荣超、邢文军	三等奖
63	盆地西北部延长组长 8 特大型岩性油藏储量规模评价	长庆油田公司、低渗透油气田勘探开发国家工程实验室	喻　建、王宏娥、帅世敏、张发旗、胡　剑、张加林	三等奖

续表

序号	项目名称	主要完成单位	主要完成人	获奖等级
64	英东油田油藏评价及试采成效研究	青海油田公司	张国成、汪立群、梅建森、马建海、王　琳、魏学斌	三等奖
65	鲁克沁稠油富集带扩展勘探研究	吐哈油田公司	赵　铭、王劲松、李　斌、武　超、张君郎、李巧梅	三等奖
66	录井资料处理解释一体化系统研究与应用	中国石油集团长城钻探工程有限公司	王东生、吕文起、倪有利、陈光权、吐洪江、骆福贵	三等奖
67	保德区块中低阶煤煤层气田的发现与开发实践	中石油煤层气有限责任公司	温声明、任文军、李小军、杨秀春、王　倩、赵　欣	三等奖
68	酒东地区深井水力压裂技术研究与实践	玉门油田公司	袁玉刚、彭　翔、张庆九、蒙　炯、胡灵芝、孙梦慈	三等奖
69	气田（井）生产能力定量评价和预测技术研究	西南油气田公司	谢　军、彭　先、梅青燕、胡　南、唐　刚、苏世为	三等奖
70	含聚介质相变高效加热炉研制	大庆油田有限责任公司	杨敬彪、蔡得名、郭宏峰、李艳峰、刘兴汉、李晓丰	三等奖
71	青海油田油气水井远程自动化计量推广应用及配套完善技术	青海油田公司	付锁堂、刘云田、贾锁刚、张立会、张启汉、张海浪	三等奖
72	饶阳凹陷斜坡带油藏整体评价及规模建产技术研究	华北油田公司	高翠欣、谢世建、崔　刚、芦天明、张艳丽、赵　强	三等奖
73	多级水力喷射压裂工艺技术（PSK）	中国石油集团川庆钻探工程有限公司、低渗透油气田勘探开发国家工程实验室	王祖文、常彦荣、邓小强、曹　欣、苏敏文、张　冕	三等奖
74	塔里木油田“三超”气井油管柱服役安全性研究	石油管工程技术研究院、塔里木油田公司、中国石油天然气集团公司石油管工程重点实验室	宋生印、滕学清、王　鹏、李　宁、冯　春、杨向同	三等奖
75	抽油机井减载提效技术研究与规模应用	长庆油田公司、低渗透油气田勘探开发国家工程实验室	朱天寿、慕立俊、黄　伟、甘庆明、赵　春、梁　毅	三等奖
76	抽油机及配套节能产品标准测试评价装置研究	大庆油田有限责任公司	梁士军、廉守军、郑钢锐、刘克让、田春雨、于佩瑞	三等奖
77	高干度油田注汽锅炉研制与应用	新疆油田公司	周建平、贡军民、林森明、郭　强、路亚莉、王　斌	三等奖
78	疏松砂岩油藏组合式防砂新技术研究与应用	大港油田公司	李怀文、廖兴松、王　超、曹庆平、邵力飞、李　强	三等奖
79	苏里格气田重点井生产跟踪评价及气藏动态建模技术研究	长庆油田公司	余淑明、韩兴刚、徐　文、刘莉莉、王　惠、袁　珂	三等奖
80	生产作业过程中油层保护技术产业化研究与应用	大港油田公司	樊松林、刘延平、杨小平、尹瑞新、周华兴、胡成亮	三等奖
81	高效降低汽油硫含量的催化裂化催化剂开发与工业应用	石油化工研究院、兰州石化公司	孙书红、郭　健、张艳惠、张向阳、王　林、侯凯军	三等奖
82	MTP 工艺技术优化	中国寰球工程公司	王　勇、陈四仿、张　勇、曹新波、张晨路、岳国印	三等奖

续表

序号	项目名称	主要完成单位	主要完成人	获奖等级
83	大型乙烯装置节能降耗的优化运行技术创新及产业化示范工程	吉林石化公司	刘宏吉、李江利、王剑虹、冯　利、刘玉东、王明成	三等奖
84	石油化工污水处理系统研究与应用	中国昆仑工程公司	陶卫克、郭金芳、宋　昱、陈　扬、李学志、李　瑾	三等奖
85	苏丹喀土穆炼厂延迟焦化装置加工高酸高钙重质稠油长周期运行技术的研究及实践	中油国际（苏丹）炼油有限公司	白云平、尹成军、崔　龙、朱焕军、董玉明、李　超	三等奖
86	EO/EG 装置节碳减排及产品结构优化技术开发与应用	吉林石化公司	孙继卫、吕　晶、李兴民、于德侠、徐炳二、秦喜友	三等奖
87	柴油机油复合剂技术平台开发及工业化应用	润滑油公司	金　鹏、汤仲平、张　勤、徐小红、赵正华、张　坡	三等奖
88	PAF-01 型低温高活性合成氨催化剂工业应用	石油化工研究院	徐显明、张宝军、裴皓天、李文鹏、曾群英、王桂芝	三等奖
89	RHY512 抗氧 / 极压多功能添加剂的研制	润滑油公司	李建明、仇建伟、薛卫国、张　翔、汤仲平、华秀菱	三等奖
90	大连石化蒸汽管网优化研究和智能监测系统升级	大连石化公司	孙　炜、姚　庆、朱有刚、李艳松、温红芳、宋文兵	三等奖
91	LLDPE 高透明棚膜专用料 9047 的开发与工业化应用	大庆石化公司、石油化工研究院、华北化工销售公司、东北化工销售公司	王景良、张明强、李春兰、董卫宾、刘松岩、张洪达	三等奖
92	高酸性气田地面工程施工技术研究与应用	中国石油集团川庆钻探工程有限公司	王学军、汪国林、何　睿、何洪勇、朱洪亮、杨　燕	三等奖
93	西气东输管道干线阴极保护有效性调查及典型杂散干扰影响研究	西气东输管道公司、中国石油大学（北京）	么惠全、李英义、韩昌柴、郑大海、于铁民、翁永基	三等奖
94	莫里青油田复杂油品地面工艺技术研究	吉林油田公司	王宪中、孙锐艳、王亚林、王玉晶、施文彪、李　涛	三等奖
95	多相旋流除砂技术现场试验研究	大庆油田有限责任公司	宋承毅、王庆伟、陈继民、李庆国、李晓刚、边长涛	三等奖
96	稠油污泥资源化处理与利用研究	辽河油田公司	周志军、宋启辉、仝　坤、魏新华、马丽辉、刘国庆	三等奖
97	复杂地质条件下小断面长距离泥水平衡盾构施工技术研究	中国石油天然气管道局	朱东志、李胜新、宋华奇、刘广仁、刘文乐、王平国	三等奖
98	管道热收缩带补口改进及修复技术研究	管道公司、中国石油天然气集团公司油气储运重点实验室	陈洪源、赵吉诗、罗　鹏、张玉志、冯少广、赵　君	三等奖
99	油气田常用非金属管道技术研究与应用	规划总院	韩方勇、孙铁民、王国丽、杨　艳、刘飞军、白晓东	三等奖
100	超大规模高并行度复杂地表叠前时间偏移技术研发与应用	中国石油集团东方地球物理勘探有限责任公司	王狮虎、罗国安、文佳敏、赵长海、王成祥、张建磊	三等奖

续表

序号	项目名称	主要完成单位	主要完成人	获奖等级
101	海塔盆地不同类型油藏动态监测技术优化研究	大庆油田有限责任公司	姜洪福、王运增、饶　华、王金多、蔡金航、赵应方	三等奖
102	鄂尔多斯盆地黄土塬区致密薄油气储层地震预测	长庆油田公司、低渗透油气田勘探开发国家工程实验室、勘探开发研究院西北分院、中国石油集团东方地球物理勘探有限责任公司	王大兴、赵玉华、张　杰、王永刚、王学刚、韩会平	三等奖
103	单尺度与多尺度网格层析静校正方法研究	中国石油集团东方地球物理勘探有限责任公司	李培明、冯泽元、闫智慧、马青坡、祖云飞、侯喜长	三等奖
104	辽河油田外围盆地铀矿资源测井评价研究及应用	中国石油集团长城钻探工程有限公司	汪　浩、原福堂、傅永强、董　红、黄铁坤、韦法君	三等奖
105	5000米全拖挂钻机（ZJ503150DBT）	宝鸡石油机械有限责任公司、国家油气钻井装备工程技术研究中心	侯文辉、王进全、李建国、黄悦华、李治平、刘宏亮	三等奖
106	大庆油田火山岩砾岩水平井钻完井技术研究	大庆油田有限责任公司	孙庆仁、李瑞营、韩福彬、宫　华、张德龙、陈绍云	三等奖
107	含CO_2/H_2S气田腐蚀预测预防与综合控制技术基础研究	石油管工程技术研究院、石油管工程重点实验室	白真权、尹成先、赵雪会、蔡　锐、张娟涛、韩　燕	三等奖
108	吐哈油田钻井提速技术研究及规模应用	吐哈油田公司、中国石油集团西部钻探工程有限公司	郭建设、徐　君、杨俊年、何　飞、常永铎、张希智	三等奖
109	肯基亚克巨厚盐层固井技术研究	中国石油集团长城钻探工程有限公司、钻井工程技术研究院、中国石油集团海洋工程有限公司	张洪印、李连江、刘硕琼、刘兴林、王国涛、霍明江	三等奖
110	南祁连疏勒坳陷钻井配套技术研究与应用	中国石油集团西部钻探工程有限公司	张永海、王多夏、路克崇、吴天师、何　军、马上刚	三等奖
111	井控模拟演练培训系统	中国石油集团渤海钻探工程有限公司	闫永起、陶瑞东、马金山、朱吉林、赵福优、张立芬	三等奖
112	中国石油档案管理系统开发与实施推广	兰州石化公司	高　强、吉亚伟、梁晓程、王京锋、郭　晖、董　群	三等奖
113	油气勘探研究辅助决策系统开发与应用	新疆油田公司	孟照旭、牛志杰、段　非、于会松、马　铮、邹　杰	三等奖
114	公共地质分析与绘图平台的建立与应用	大庆油田有限责任公司	陈可为、熊华平、吴　钧、张　全、丛丽萍、高海君	三等奖
115	中国石油国际化经营的知识产权风险分析与应用研究	经济技术研究院	吕建中、赵　星、张运东、王力戎、徐金红、司云波	三等奖
116	中国石油的科技进步贡献率计算及应用研究	经济技术研究院、西南油气田公司	牛立全、白兰君、何春蕾、刘　嘉、周　娟、董　华	三等奖
117	石油管工程技术发展现状及对策研究	石油管工程技术研究院	余伟军、陈娟利、卢攀辉、梁志栋、翟云萱、王　虹	三等奖
118	油气管道标准对标及内容揭示技术研究	管道公司	税碧垣、郑　娟、刘　冰、马伟平、赵丑民、李云杰	三等奖

表 3　2013 年度中国石油天然气集团公司技术发明奖获奖名单

序号	项目名称	主要发明人	推荐单位	获奖等级
1	高含水油田扩大波及体积新技术	刘　合、周万富、熊春明、张　松、魏发林、刘平德	勘探开发研究院	一等奖
2	高硅 NaY 分子筛直接法合成和改性技术的研究与应用	王宝杰、申宝剑、秦　松、赵红娟、赵晓争、张君屹	石油化工研究院	一等奖
3	井下直线电机直驱柱塞泵高效举升技术	王岩楼、王　林、张传绪、刘遵权、柴立新、苗晓明	大庆油田有限责任公司	二等奖
4	裂解馏分混合碳五石油树脂制备关键技术	潘广勤、张耀亨、李　亮、徐惠俭、邓廷昌、张　霖	兰州石化公司	二等奖
5	油气混输一体化集成装置	郭亚红、王文武、何宗平、杨世海、何茂林、杨建东	长庆油田公司	二等奖
6	成品油输送及管网设计关键技术研究	聂中文、张文伟、胡协兰、邓东花、姜宇澄、丁媛媛	中国石油天然气管道局	二等奖
7	非均质碳酸盐岩有效储层测井识别新方法	李　宁、肖承文、伍丽红、武宏亮、王克文、冯庆付	勘探开发研究院	二等奖
8	Ⅱ型欠平衡钻井用井下控制阀的研制	陈若铭、高本文、李晓军、侯玉琦、赵继斌	中国石油集团西部钻探工程有限公司	二等奖
9	含聚合物原油专用破乳剂的研究与应用	杜　彪、万　华、杨海燕、王妍琼、章文荣、翁华涛	长庆油田公司	三等奖
10	双三羟甲基丙烷技术开发与应用	常凤忱、张险波、张万玉、刘乃青、宋尚德、王　影	吉林石化公司	三等奖
11	生物降解聚酯中试技术及产品应用研究	史　君、陈　颖、李振忠、吴佩华、邹　妍、李彦钧	辽阳石化公司	三等奖
12	软测量技术在轻烃分析中的应用和轻烃中硫化物形态的研究	刘双明、刘海生、邢龙春、李　延、赵　力、王　豪	兰州石化公司	三等奖
13	大型列管式固定床反应器研制	罗晓军、薛　洲、张　勇、仇军华、金巨槐、范海明	兰州石化公司	三等奖
14	硬质、彩色、阻燃三类功能沥青新产品	王金勤、高　华、蔺习雄、罗来龙、李剑新、熊良铨	克拉玛依石化公司	三等奖
15	埋弧自动焊对特殊结构焊接的应用研究	林范军、徐　东、武文华、吴文滨、任鹏辉、解　奋	长庆油田公司	三等奖
16	在役管道缺陷修复技术研究	李荣光、赵国星、刘玲莉、陈洪源、高　强、张永盛	管道公司	三等奖
17	反应型原油降凝剂研制	李锦昕、张　明、尹国栋、宋学芹、孙怡文	中国石油天然气管道局	三等奖
18	含油污泥资源化新技术及应用	邓　皓、王万福、王蓉沙、刘　鹏、谢水祥、张明栋	安全环保技术研究院	三等奖
19	叠前地震数据噪声压制技术	高少武、赵　波、詹　毅、陈海峰、罗国安、刘建红	中国石油集团东方地球物理勘探有限责任公司	三等奖
20	高性能特殊用途螺纹脂系列产品的开发与应用	田峰、王耀光、上官丰收、宋生印、刘养勤、王新虎	石油管工程技术研究院	三等奖

（张程光）

信息化工作

【概述】 2013年，中国石油按照“深度融合、紧密结合、广泛联合、有机契合”的指导方针，大力推进信息化建设，ERP应用集成、物联网系统、数据中心等项目建设取得重大进展，全年共完成14个项目建设，持续推进19个项目实施，新启动27个项目，已建信息系统在各业务领域持续深入应用，对生产经营管理的支持作用日益显著。

【信息系统建设】 完成14个项目建设，全面上线应用。其中，油气水井生产数据管理系统（2.0）扩展数据采集范围，优化系统界面，提高了系统稳定性和运行速度。管道生产管理系统（2.0）扩展至城市燃气管网、CNG站、LNG站及海外管道，提升系统整体性能，加强自控数据采集与应用。视频会议系统由标清升级为高清，实现高质量的音视频交互环境，全年总部召开视频会议329场次，参会人员22万人次，节省差旅、场地等费用约1.5亿元。炼油与化工运行系统在中国石油海外勘探开发公司总部及所属海外炼化项目公司建成应用，实现有效的生产调度指挥和绩效考核。工程项目管理系统完成实施，通过对项目进度、合同、费用、材料等有效管理，及时准确掌握项目执行情况，提高工程项目管理的透明度和协同水平。节能节水管理系统在各企事业单位上线应用，实现年报统计审核，满足业务精细化管理需要。搭建移动应用平台，在128家企事业单位上线，实现22个信息系统的移动应用。

新启动27个项目建设。其中，以ERP为核心的信息系统应用集成建设全面启动。研究形成总体技术方案、业务方案和管理方案，提出应用集成的9条主线，即人力资源管理、财务共享与控制、投资项目一体化管理、资产全生命周期管理、物资供应链管理、企业风险管理6条管控主线，以及油气供应链管理、项目建设全过程管理、设备全生命周期管理3条业务主线。借鉴国内外最佳实践，设计提出上市、未上市、人力资源、海外4套ERP为核心的应用集成总体架构。同时，开发有关信息系统间的接口，实现炼化生产与销售领域的库存、质量、销量以及生产、调运计划等18项数据的共享应用。搭建整体资源配置优化模型，支持上、下游一体化优化研究，为生产经营决策提供依据。编制完成油气水井生产数据管理系统（2.0）、炼油与化工运行系统（2.0）、信息安全运行中心建设等31个项目的可行性研究报告，开展项目现状分析和概要设计，制定实施计划，进行投资估算，为项目立项批复和启动实施奠定基础。

持续开展19个项目实施。其中，油气生产物联网系统完成详细方案设计和应用平台开发，具备油气水井生产过程实时监控、生产分析诊断、实时报警预警等功能，在新疆油田公司、西南油气田公司、南方石油勘探开发有限责任公司等7家试点油气田企业安装部署生产现场物联网设备2860台（套）。工程技术物联网系统完成需求分析和详细方案设计，梳理物探、钻井等5大专业26大类1440项业务需求，形成数据采集、传输、存储、综合应用平台方案及远程实时作业支持中心方案，正在组织系统应用功能开发。地理信息系统在完成系统详细设计方案的基础上，开展面向总部和专业分公司的地理信息共享平台开发，与16个统建系统进行集成，完成125幅专题图的图例配置、6个典型业务应用的原型开发，搭建面向勘探开发、管道、工程建设等领域的地理信息共享平台。装备制造设计与生产管理系统，实现产品数据管理子系统（PDM）全面上线，完成生产运行管理子系统（MES）在宝鸡石油机械有限责任公司、宝鸡石油钢管厂、中国石油集团济柴动力总厂、中国石油集团渤海石油装备有限公司所属的33家分厂实施。云技术平台项目开展平台技术方案、数据中心网络方案和光纤数字传输系统详细方案设计，正在搭建系统测试平台。

【信息系统应用】 各部门、各专业分公司积极推进信息系统深化应用，信息化在管理提升、创新驱动、提高发展质量和效益等方面作用越来越显著。

1. 勘探与生产领域

1800多亿元的勘探开发投资通过ERP系统下达和监控执行，实现总体预算控制、投资精细化管理以及项目独立核算，加强了投资执行过程的考核管理。勘探与生产技术数据管理系统实现对核心数据资产的保护，全年为464个研究项目提供130TB数据服务，有效缩短项目研究周期。勘探与生产分公司通过调度指挥系统进行井位方案论证、技术方案讨论、工作部署等共计82次，8400多人次异地参加，提高工作效率，降低会议和差旅费用。

2. 炼油与化工领域

通过炼化物料优化与排产系统进行原油边际效益、产品边际效益、沿海企业进口原油优化等分析，支持原油资源优化配置、产品结构优化。炼油与化工运行系统支持炼化企业提高精细化管理水平，降低生产成本，通过系统应用，乙烯加工损失率明显降低，年增效1650万元，节约人工成本540万元。

3. 销售领域

加油站管理系统全年有751座新增加油站完成实施，累计实施加油站18700余座，售卡超过4700万张。配售“一卡通”全面应用，实现油库自助付油，驾驶员全程自助完成刷卡入库、分配鹤位、装油、刷卡出库等过程，规范简化作业流程，提高运行效率，节省劳动用工。

4. 天然气与管道领域

将全国5.3万千米长输管道、1100亿立方米天然气和9600多万吨油品的管输业务全部纳入信息系统管理，通过泵炉效率、传热系数等精确计算，为油气输送调度优化运行提供科学依据。

5. 海外勘探开发领域

阿姆河公司、东油沥青公司等海外企业持续应用ERP系统，促进财务数据和业务数据的一致性、及时性，增强成本核算准确性，提高业务处理能力和管理水平。

6. 工程技术领域

工程技术生产运行管理系统覆盖3274支作业队伍，全年管理作业超过12万次，实现现场“第一手数据”的定时上报，提升了从基层队到总部各级管理人员对生产动态的管控能力。

7. 工程建设领域

将工程项目前期的市场跟踪、投标、谈判情况等纳入信息系统管理，细化项目进度管理，完善和规范业务流程，促进工程建设业务管理水平的持续提升。

8. 装备制造领域

ERP系统应用范围进一步扩展，增加对62万根油套管和59万米连续油管的生产经营管理，采购执行时间同比降低9%，按计划投料准确率保持在99%以上。

9. 人力资源管理方面

升级人力资源管理系统软件版本，集团公司合同化、市场化员工全部纳入系统管理，人力资源状况更加清晰；全部工资总额通过系统核算发放，薪酬管控水平进一步提升；员工的入职、调动、减册等都实现在系统中处理，能够及时掌握人员岗位变动情况；人事统计报表的及时性、准确性大幅提升。

10. 财务管理方面

信息系统全面支持会计一级集中核算，全年实现5000万笔业务、156万亿元交易额在线处理，2.5万亿元内部交易实时抵消，在财务报告编制、资金管控精细化等方面发挥积极作用。

11. 办公管理方面

电子公文、合同管理、集中报销、股权、投资计划等系统应用继续深化。矿区服务管理系统累计管理各类业务数据3013万余条，全年访问47万人次。门户网站日均发布信息近2万篇，日均访问量近200万人次。应急管理系统为突发事件应急处置提供快速、可靠的技术支持。采用国产化平台替代电子邮件系统和对外门户网站的国外软件，金山办公软件在31万台办公计算机终端上完成部署。

【信息系统维护】 信息技术专家中心、信息技术支持中心、企业现场运行维护队伍持续做好各信息系统应用支持和运行保障。帮助热线为32个信息系统提供统一的用户服务接口。利用企业信息系统管理平台，实现运行维护岗位规范化、运行维护活动标准化、运行维护工作可量化、运行维护经验可分享。有关部门、专业分公司、各运行维护队伍组织信息系统应急演练67次，启用业务应急预案1099个，完成各类演练业务近两万笔，有效增强了突发事件的应急处理能力和系统出现异常时的及时恢复能力。

【信息技术基础设施建设】 北京昌平数据中心完成综合办公楼、数据中心楼以及能源中心楼主体建筑施工，吉林数据中心已具备投用条件，集团公司两地三中心的数据中心架构已经形成。云技术平台项目制订平台技术方案、数据中心内部网络方案和3个数据中心之间的网络连接方案，正在开展实施。广域网总带宽达到17.2万兆，有10个区域网络中心、17个机房完成改造。230个小机房的设备整合搬迁至辽河、新疆等区域中心。海外网络累计接入172家海外分支机构。

【信息化管理工作】 新的信息化管理办法颁布后，通过各类会议、培训班等方式加强宣贯，在实际执行过程中各专业分公司充分发挥业务主导作用，内部支持队伍进一步落实总承包责任，各方面参与信息化的积极性大大增强，涌现出45家信息化工作先进单位和7家优秀项目团队，有效发挥了典型示范作用。财务部门、相关专业分公司积极落实信息系统运行维护费用遗留问题，并着手研究今后的运行维护费用管理机制。信息化工作管理平台推广应用到各专业分公司、企事业单位信息部门和内部支持队伍，规划计划、项目投资、建设实施、数据统计与工作考核等信息化管理工作均在平台上完成，推进了信息化管理的规范化、流程化。

【信息安全建设】 持续实施信息安全整体解决方案。身份管理与认证项目累计集成52个信息系统，提高用户访问的便捷性和信息系统的安全性。搭建信息内容审计平台，为监控和管理敏感数据传输提供工具和手段。各企事业单位的互联网应用纳入网络安全域统一管理，提高了网络防护强度。

【信息标准化】 依据信息技术标准规划，制修订28项企业标准，累计达到107项。公共数据编码平台应用持续深化，为各企事业单位提供物资、客户等九大类数据编码。

【信息技术培训】 信息技术队伍能力进一步提升，集中组织开展ERP应用集成、信息安全、技术开发等培训，广泛开展技术交流，拓展信息技术人员的知识面，提升了专业技能。组织第二批20名信息技术骨干人员赴国外进行为期3个月的专项培训，着力培养高层次人才。规划总院等内部支持队伍获取系统集成、工程咨询等多项资质认证，努力研发具有自主知识产权的软件、硬件产品，持续提升信息化建设的自主能力。

（任　勇）

第九篇

安全环保与质量节能

安全生产

【概述】 2013年是中国石油天然气集团公司安全生产工作极具挑战性、产生重大影响的一年，也是集团公司以前所未有的力度重视和加强安全生产工作的一年。集团公司准确把握当前严格监管阶段的形势特征，通过深刻吸取大连石化公司“6·2”事故教训、深入开展安全生产大检查、深化实施HSE体系审核、强化隐患排查治理、完善事故预防预警机制等有力措施，大力推动安全生产责任落实，安全生产基础管理不断强化，企业本质安全水平进一步提升，安全生产形势继续保持总体稳定态势。

【安全生产责任制】 集团公司高度重视安全生产工作，4次召开全系统安全环保视频会议，集团公司党组成员全部出席。坚持召开集团公司安全环保工作会议和季度形势分析会，及时研究分析和安排安全生产工作。各专业分公司和企业主要领导都主动践行安全生产第一责任人的职责，切实体现有感领导的原则。组织编制《安全生产与环境保护责任制管理办法》和《总部安全生产与环境保护管理职责规定》，推进直线责任和属地管理职责的落实。连续7年与各企事业单位主要负责人签订《安全环保责任书》，企业层层分解落实安全生产目标责任到各级职能部门和基层岗位员工。

【安全监管】 按照“全覆盖、零容忍、严执法、重实效”检查要求，集团公司党组成员带队，分10组在全系统深入开展安全大检查活动，做到查摆问题不留死角，落实整改雷厉风行，追究责任不留情面。落实国务院部署，组织开展石油化工企业、石油库和油气装卸码头安全检查以及国家石油储备库安全检查，配合国家安全生产监督管理总局组织的暗访检查以及国务院国资委组织的专项检查，共协调迎接国家各类检查活动20余次，将检查发现的各类问题上网、逐个销项。印发《承包商安全监督管理办法》、《特种设备安全管理办法》等规章制度，规范对重点领域、要害部位和关键环节的安全监管。实施隐患治理挂牌督办，集团公司领导挂牌督办9个项目，专业分公司领导挂牌督办27个项目，加快推进治理进度。突出风险管控核心任务，印发实施《关于切实抓好安全环保风险管控能力提升工作的通知》，以推动安全环保责任落实、加快风险分级防控机制建设和专兼职应急救援队伍建设3项工作为重点，提升企业安全环保风险防控能力。

【事故管理】 严格事故管理，对多起着火事故进行升级调查。严肃事故责任追究，2013年因各类事故累计追究相关责任人800名。加强事故事件与百万工时安全统计工作，共录入事件43000多起，各企业事故事件与百万工时统计数据填报率和填报质量均有较大提升。注重事故事件资源利用，继续组织召开3次事故经验分享活动，15万人接受教育和培训，努力做到局部事故、系统防范，一厂出事故、万厂受警示。组织“安全生产警示月”活动，8家工程技术企业在“警示月”活动中进行了应急演练，不断深化对安全生产工作规律性的认识。

【消防安全】 组织开展大连新港、营口鲅鱼圈地区油库专项消防安全调研，推进重点油库消防设施建设。组织中缅天然气管道缅甸段的消防设施投产前专项检查，参加土库曼斯坦加尔金内什气田建设工程的消防安全检查，落实消防设施“三同时”要求。组织论证云南石化项目，抚顺石化公司、大港油田公司、冀东油田公司等单位的消防站建设方案，提出适合企业消防实际需求的改进建议。考核评估四川石化公司消防队伍灭火救援能力，协调大庆石化公司、吉林石化公司、辽阳石化公司等专职消防队骨干人员参与开工消防安全保驾与队伍业务提升指导。参与《石油化工企业防火设计规范》、《防火堤设计规范》和《石油库设计规范》3项标准的修订审查并提出完善建议。

【交通安全】 启动集团公司统一的道路运输车辆卫星定位监控平台建设，选定4家试点单位开展监控平台系统应用试点工作，推动各企业现有监控平台整合与交通安全管理规范化。组织开发道路风险预警系统，推动危险路段限速提示、恶劣气候环境变化提示、道路拥堵提示和遇有自然灾害风险提示等风险预警新功能的开发应用，提高车辆驾驶员风险预知能力和车辆运行效率。制订《道路交通风险防控建设工作方案》，推行车辆按运行风险及驾驶员分级的管理措施。组织开展车辆运行分级动态监控调研，推动道路交通风险防控体系建设。

【海洋安全监管】 严格落实海洋石油安全生产责任，强化海洋石油依法作业，组织企业主要负责人和安全管理人员培训班4期348人，监督和组织出海作业人员“四小证”培训班8期551人。狠抓合规性管理，组织31家涉海石油作业单位完成海洋石油安全生产许可证换证手续。强化工程建设项目安全“三同时”管理，完成了“冀东油田公司南堡1–3人工岛工程”、“西气东输二线香港支线建设工程”等7个工程项目的安全竣工验收或试生产安全检查。强化隐患排查与治理，突出抓好重点领域、要害部位、关键环节和特殊时段安全监管，组织海上钻修井专业设备检测检验30部，开展海洋石油风险分析评估，排查整改海上油气生产系统事故隐患和问题82项。持续完善滩海石油设施安全环保应急预案和现场应变部署，组织海上综合应急演习4次，不断提升突发事件应对能力。

（齐俊良　李献勇　杨光胜）

环境保护

【概述】 2013年，集团公司严格遵守国家环境保护法律法规，紧紧围绕理念、技术、管理和机制四轮驱动战略，不断完善环境管理体系，强化目标责任考核，加强环保监督管理，严格环境风险控制，努力将生产运营对周边环境的影响降到最低，全年未发生重大及以上环境污染和生态破坏事故。主要污染物排放量实现同比下降，其中化学需氧量、氨氮、二氧化硫、氮氧化物排放量分别下降3.68%、2.00%、7.52%、3.15%，全面完成国家下达的年度考核指标。共有50家企业荣获“集团公司2013年度环境保护先进企业”称号，160个基层队（站）荣获“集团公司2013年度绿色基层队（站）、车间（装置）”称号，184名员工荣获“集团公司2013年度环境保护先进个人”称号。

【污染减排】 加大污染减排考核力度。下发《关于进一步加强污染减排工作的通知》，落实环保目标与任务，继续将污染减排作为硬指标纳入2013年度绩效合同考核。根据国家环保部要求，组织专业分公司制定2013年主要污染物总量减排计划，将国家环保部下达的2013年4项主要污染物总量减排目标及具体要求分解落实到专业分公司。加大考核追究力度，对未完成2012年污染减排任务的企业，在领导业绩考核中扣减绩效分值。组织对重点企业进行污染减排现场审核，督导重点企业做好国家环保部现场核查工作。

加强重点污染减排工程监控。集团公司重点实施78项减排措施，20项责任书工程全部完成并按期投运。转发国家环保部2013年重点减排项目名单，对2013年列入国家污染减排目标责任书的9项催化裂化烟气脱硫、11项炼化废水治理工程及3项2012年的重点工程实施月度督办，发布风险预警名单。组织召开锅炉烟气脱硝、挥发性有机物治理等重点减排技术交流会。

规范在线监测系统有效运行。制定发布《集团公司污染源在线监测系统运行管理办法》，规范在线监测运行管理，加大对超标排放企业的监督考核。完成71个废水监测点、101个废气监测点在线监测设备安装和数据联网上传，实现对集团公司重点污染源实时监控。对26家企业开展污染源在线监控设施进行现场核查，对存在问题的企业进行整改督办。

【环境风险控制】 下发《关于切实抓好安全环保风险管控能力提升工作的通知》，对六大环境风险实行分级分层分专业管控，明确责任、目标，提升监管力度，着力提高环境风险管控能力。建立环境风险源、环境保护目标、应急物资储备、环境应急监测4个基础数据库。编制《输油管道环境风险防控管理要求》、《石油石化企业水环境风险等级评估方法　第一部分：油品长输管道》等标准，进一步强化环境风险基础管理。

【建设项目环境管理】 认真贯彻落实《集团公司建设项目环境保护管理办法》，共有西气东输三线中段（中卫—吉安）工程等8个重大项目环境影响报告书获得国家环保部批复，广西石化公司1000万吨/年炼油工程等6个重大项目通过国家环保部验收，保障了集团公司重点油气通道及战略工程的顺利实施。集团公司推行管道项目前置环境影响评价工作，组织对重大项目环境评价实施定期协调调度机制，2013年共召开协调会12次、运行调度20次，重大项目环境评价工作有序推进。集团公司与国家环保部环境工程评估中心共同开展的“油气管道项目变更环境管理和地下水环境评价技术研究”通过专家论证，编制完成《油气管道建设项目变更环境影响评价管理规定》(报批稿)，具体规定管道项目变更环境影响评价管理原则，明确界定管道项目变更需要重新报批环境影响评价文件的具体情形。

【环保科技】 集团公司切实加强环境科技创新和技术进步，以绿色技术改造传统产业。“石油石化典型场站浅层地下水环境风险防控技术研究与示范”等4个项目获得“2013年度集团公司科学技术进步二等奖”；“石油化工污水处理系统研究与应用”和“稠油污泥资源化处理与利用研究”等5个项目获得“2013年度集团公司科学技术进步三等奖”。

【环境保护宣传与培训】 持续深化HSE文化，有效促进全员理念提升和观念转变。“6·5”世界环境日期间，广泛组织开展环保宣传活动，发布《2012年度环境保护公报》，从环境管理、污染减排、清洁生产等方面介绍了集团公司为保护环境、绿色发展作出的贡献。组织举办1期环境管理和4期环境监测培训班，共培训各地区公司的环境管理人员和技术人员800余人。积极参与国际国内碳交易活动，借助市场化机制实现碳减排目标。连续3年获得中国新闻社颁发的“中国低碳榜样”奖项。

（李　勇　史　方）

节能节水

【概述】 集团公司认真贯彻落实国家节能节水的各项方针政策，加强节能源头管控，制定《集团公司固定资产投资项目节能评估和审查管理办法(试行)》，加大节能技术创新和推广应用力度，推进实施重点节能技术改造工程，强化节能统计监测工作，能源和水资源利用水平不断提升。2013年7月，集团公司获得国务院国有资产监督管理委员会2010—2012年任期“节能减排优秀企业奖”。

【节能节水情况】 全年实现节能量118万吨标准煤、节水量2440万立方米，分别完成年度计划目标的124%和122%。

【重点节能工程】 投入15.71亿元节能专项投资，重点实施油田机采系统、地面系统节能改造、污水余热回收利用和炼化低温热利用、加热炉节能改造、蒸汽系统优化改造等65项节能项目。

【创建节能节水型企业】 修订《集团公司节能节水先进评选办法》和标准，进一步规范和深化、简化考核评比工作，增强考核评比工作的针对性和有效性，更好地发挥考核评比工作的导向和引领作用。辽河油田公司等45家企业被授予“集团公司2013年度节能节水先进企业”称号，毛国成等110人被授予“集团公司2013年度节能节水先进个人”称号，独山子石化公司乙烯厂乙烯联合车间等105个车间、站、队被授予“集团公司2013年度节能节水先进基层单位”称号。

【节能节水统计监测】 按照先试点、后推广的建设原则，完成了新疆油田公司、冀东油田公司、兰州石化公司、克拉玛依石化公司、西部管道公司5家试点企业上线工作，分3期组织对127家企业的179名业务管理人员进行系统应用集中培训，对165家企业1300余人进行现场培训。开展重点耗能用水设备(装置)、系统和重点节能工程项目的监测评价，全年监测、评价加热炉、输油泵、天然气压缩机组、柴油发电机组等重点耗能设备1266台(套)。

【节能节水标准化】 集团公司发布《石油化工绝热工程节能监测与评价》(Q/SY 193—2013)、《炼油固定资产投资项目节能评估报告编写规范》(Q/SY 1577—2013)、《节能监测报告编写规范》(Q/SY 1578—2013)、《炼油化工固定资产投资项目初步设计　节水篇(章)编写规范》(Q/SY 1579—2013)、《石油钻井设备节能技术措施效果测试与计算方法》(Q/SY 1580—2013)5项企业标准。集团公司节能节水专业标准化技术委员会组织完成《油气田地面工程项目初步设计　节能节水篇(章)编写规范》、《炼油化工生产装置工程设计节水技术规定》、《供用水管网漏损评定》3项集团公司企业标准的起草工作。完成牵头承担的《油田生产系统节能监测规范》和《油田生产系统水平衡测试和计算方法》2项国家标准以及石油天然气行业标准《原油输送管道经济运行规范》的起草任务。积极参与并参加《炼油单位产品能源消耗限额》和《乙烯装置单位产品能源消耗限额》2项国家限额标准的编制。

（李武斌）

HSE体系管理

【概述】 2013年，坚持以“转变观念、养成习惯、提高能力”为目标，以风险管理为核心，以责任落实为关键，以全覆盖审核为抓手，夯实管理基础，强化过程控制，促进安全环保管理水平持续提升。

【HSE制度标准】 完善集团公司HSE制度标准，组织制修订《液化天然气接收站试运投产安全技术规程》等20项HSE企业标准。举办标准起草人培训班和重点标准培训班，提高标准制修订质量，强化重点标准的宣贯落实。按照国家统一要求，积极推进安全生产标准化达标建设，下发《关于进一步加强上游企业安全生产标准化达标建设工作的通知》，组织开展上游企业安全生产标准化达标试点，举办企业安全达标工作骨干及自评员培训班。组织协调安全环保技术研究院获得国家安全生产监督管理总局石油行业安全生产标准化一级企业评审机构资质，并完成对西南油气田公司、西部管道公司等单位的安全生产达标评审工作，上游企业安全生产标准化工作已全面进入达标评审阶段。

【HSE宣传培训】 组织召开HSE培训专题工作会议，认真做好《国务院安委会关于进一步加强安全培训工作的决定》的宣贯工作。修订印发集团公司处级安全管理干部、赴国外工程技术服务人员等7个培训大纲，组织举办安全处长、安全管理干部、注册安全工程师等培训班，培训各类人员4000余人次。组织大庆油田公司等单位撰写35篇安全环保工作书面交流材料，及时总结推广企业HSE管理先进做法。组织编写采油、采气员工安全知识读本，强化基层员工能力培训。组织开展HSE论文评审活动，共评选出一等奖18篇、二等奖51篇、三等奖109篇，有效推动企业总结成功经验、交流典型做法。

【HSE体系审核】 组织开展一年两次的全覆盖审核工作。安全环保节能部以及各专业分公司共抽调审核员1596人次，组成115个审核组，对2755个基层作业现场进行了审核。总结好的做法2169个，发现问题9416个，促进安全环保工作持续提升。夯实HSE审核工作基础，修订印发集团公司《HSE审核管理规定》，组织各专业分公司编写完善专业审核检查表，举办6期审核员培训班，共培训1267名审核人员。

【HSE风险工具应用】 开展危险性和可操作性分析（HAZOP）工作专题调研，编制专题调研报告，针对目前企业HAZOP分析工作范围不明确、在役装置分析进展缓慢、新改扩建工程项目分析时机滞后等问题，起草并印发了集团公司《关于进一步加强危险与可操作性分析工作的通知》，进一步规范HAZOP工作，切实强化源头控制，提升本质安全水平。跟踪和推动专业公司加强HSE风险管理工具和方法运用，分专业深化推进运用HSE“两书一表”模板，专题举办HSE管理工具方法培训班，促进风险管理工具方法与各业务管理流程的深度融合。

【国际合作和重点指导工作】 深刻汲取大连石化公司“6·2”事故教训，组织召开炼化企业安全环保工作会议，邀请国家安全生产监督管理总局领导作专题讲座，认真总结交流炼化企业HSE管理典型经验。积极协调国外咨询公司和安全环保技术研究院，对大连石化公司、大庆石化公司、四川石化公司、广东石化公司、云南石化公司、广西石化公司6家炼化企业开展HSE管理咨询指导工作，组织编制完成咨询指导工作方案和实施计划，确定咨询指导工作的思路目标、重点任务和进展安排。明确提出通过开展3年HSE咨询指导，总结形成满足中国石油炼化业务HSE管理、覆盖炼化生产经营全过程的安全环保风险管控模式。

【HSE信息管理】 组织开展HSE信息系统2.0版顶层设计、业务需求梳理与功能研讨，从固化流程、工具应用、现场受控、风险预警、辅助决策和改善体验6个方面对系统功能进行整体提升，完成了30项功能提升模块的需求分析与详细设计、17项功能迁移模块的详细设计、程序开发与数据迁移等工作。上线应用安全生产大检查问题整改跟踪、环境风险库、百万工时统计、事故事件案例、安全标准化评审、污染源在线监控和炼化隐患治理子系统，HSE信息系统强化监督、辅助决策的功能日益完善。

（王 戎）

应急管理

【概述】 集团公司高度重视应急管理工作，按照“夯实基础、突出重点、稳步推进”的原则，以体系建设为主线、风险管理为核心、基层建设为重点，以系统提升应急响应救援能力为着力点，不断加强应急管理体系建设。

【基础管理】 召开应急管理工作座谈会，组织编制《溢油回收用化学药剂技术规范》等4项集团公司标准，制订集团公司（一级）井控、管道、海上应急救援体系建设实施方案和企业（二级）专兼职应急救援队伍建设实施方案。按照国家统一要求，开展应急资源普查工作，完成统计上报普查数据745条。协调人事部推选66人参评国家安全生产应急专家。开展重大突发事件应急响应研究，承担“井喷事故所致有毒气体扩散事件”和“油气长输管道泄漏事件”情景构建工作，推荐“油气井井口应急封堵处置配套技术与装备研究”、“‘三高’气井井喷失控应急救援集成配套技术研究”、“油气管道远程遥控不停输快速堵漏装备研究”和“高压、大口径、高钢级在役管道维抢修装备研究”4个项目申报国家安全生产监督管理总局重大事故防治关键技术科技项目。举办应急业务培训班1期，培训学员156人，高级应急管理人员研讨班2期，培训学员340多人，应急预案审核员培训班4期，培训审核员近600人。

【专职消防队安全】 召开专职消防队专业化建设工作座谈会，下发专职消防队专业化建设年度工作要点，全面完成专职消防队专业化建设考核工作。召开灭火救援战术研讨会，编制下发《专职消防队灭火救援战斗编成方案》，交流灭火救援战例，部署战斗编成训练工作。组织编制《专职消防队消防装备管理规范》、《消防车辆操作规程》，并对已发布的操作规程进行修订。组织开发重点消防车辆和主要消防装备的三维模拟仿真操作培训系统，切实增强培训效果。

【预案管理】 组织开展应急预案评审，对西南管道公司等10家企业的应急预案进行备案评审研讨，四川石化公司、西南管道公司等7家企业通过评审，云南石化公司等3家单位未通过评审。开展应急预案现场审核，对塔里木油田公司、华北油田公司等22家企业进行现场审核，共计审核122个机关职能部门、73个二级单位和103个基层单位，推广乌鲁木齐石化公司应用岗位应急处置卡、西部管道公司“一河一案”应急演练、塔里木油田公司和西部钻探公司加强应急实训等好做法。

【应急演练】 2013年6月17日，集团公司与国家安全生产监督管理总局、新疆维吾尔自治区政府共同举办重大危险化学品道路运输事故综合应急演练，共计调用各种车辆53台、管道巡线直升机1架，参演单位21家，参演人员220多人。这次演练是集团公司连续第五年开展的安全生产应急演练，检验了集团公司与国家和地方政府的应急联动和响应处置能力。开展管道溢油桌面演练，模拟兰郑长成品油管道泄漏、油品流入附近的金水河的应急抢险过程，有效检验了应急预案的可操作性和演练人员的抢险救援水平。开展应急演练周活动，落实国家有关部委要求，做好全国“安全生产月”应急预案演练周活动。

【检查交流】 组织开展应急物资管理检查，重点对勘探开发、炼化、销售、天然气与管道储运、工程技术、工程建设、装备制造和运输等生产经营企业的应急物资购置、储备、调拨和使用，基层现场的应急物资配备和使用管理情况以及应急物资管理机构、制度建设等情况进行专项检查。参加第四届中国国际安全生产应急管理论坛并发言，进一步了解国内外安全生产应急管理现状，初步掌握国际先进应急救援技术装备的应用情况。

（张作庆 李献勇）

职业健康

【概述】 按照“预防为主，防治结合”的方针，认真贯彻《中华人民共和国职业病防治法》，严格落实《国家安全生产监督管理总局关于开展用人单位职业卫生基础建设活动的通知》要求，大力加强职业卫生管理和服务，强化员工职业健康监护，落实职业病危害防护手段和措施，全年未发生职业危害事故和施工队伍公共卫生事件的发生。

【职业健康管理】 集团公司高度重视职业健康管理，完善各级职业健康工作责任制，将职业健康工作逐渐纳入企业绩效考核，进一步规范职业健康管理工作。油田企业以施工作业和基层单位为重点，在建立健全健康管理制度、开展健康风险识别、制订健康管理方案和应急预案上狠下工夫。炼化企业重点针对企业存在的职业病危害完善个人防护用品和应急抢救设备及措施，进一步加强高毒危害作业场所急救设备和特效解毒药品的购置和配备，注重员工防护和紧急救治应急能力的提高。销售和储存、运输企业以加强操作员工的个人体检和岗位防护为重点推进职业健康的管理。

【职业健康监护与监测】 重视员工职业健康检查和作业场所职业病危害检测工作。针对油气田企业生产施工作业和员工流动性大的特点，发挥和依托企业职业病防治所和职工医院的技术力量和医疗资源，严密组织员工岗前、岗中和离岗时的职业健康检查，突出野外施工作业以及从事放射作业人员健康检查。组织完成近26万员工的职业健康体检，对从事放射工作的员工进行职业健康体检和剂量监测，以及作业场所职业病危害因素检测，全年职业健康体检率和作业场所职业病危害监测率分别达到97%和95%。

【施工作业健康管理】 各企业组织开展“送健康到一线”的服务活动，为施工作业一线的上万名员工进行职业健康体检，并义务诊治疾病近千人次。向员工发放健康知识手册数千册，指导基层单位做好夏季“三防”（防传染病、防中暑、防食物中毒）工作。这项活动开展十多年来，极大促进了野外施工作业员工的职业健康。

【职业健康基础工作】 组织制定《集团公司建设项目职业卫生“三同时”管理暂行办法》、《集团公司职业卫生新档案管理规定》等集团公司管理规定和《野外施工传染病预防控制规范》、《员工健康体检规范》等企业标准。认真做好职业健康监护档案的健全和管理。推进职业健康质量体系建设，强化职业卫生技术服务机构考核，较好地发挥了服务机构的技术支持和保障服务作用。按照国家要求，积极组织企业开展《中华人民共和国职业病防治法》宣传周活动，广泛宣传职业病防治、危害识别与防护知识。以油气田和炼化企业为重点举办多期培训班，从基层实际出发重点培训职业病危害及控制、职业卫生管理和应急救治内容，提高员工职业病危害因素辨识、控制和应急能力。

（礼　新）

安保基金

【概述】 2013年，集团公司以理赔服务为核心，继续在炼化和销售企业计提安保基金，进一步发挥安保基金的安全保障作用，加大安保基金返还比例和隐患治理投入，加强巨灾风险管控和对一般性风险规律性分析，强化合规化管理和专业化服务。同时，集团公司成立专属保险公司，将安保基金委托专属保险公司管理。

【损失理赔】 2013年，集团公司累计收到安保基金理赔申请102起，主要是暴风、暴雨、台风、泥石流、洪水等自然灾害，受损单位30家，受损炼化装置12套、加油站1600余座、油库50余座。依照《安保基金管理办法》的规定，集团公司分别对申报损失进行核查和定损，除1起损失尚未结案外，其他理赔资金均已拨付到受灾单位。

【收缴返还】 按照未上市资产和上市资产分开缴纳的方式，由集团公司财务部门和股份公司财务部门分别向各有关企业计提安保基金。参加安保基金计提的固定资产原值合计4300亿元，计提企业73家。其中，未上市资产计提固定资产原值100亿元，计提企业11家；上市资产计提固定资产原值4200亿元，计提企业62家。集团公司按照计提金额60%的比例分别向企业进行了返还。

【管理工作】 集团公司召开安保基金专项利用研讨会，确定在应急救援建设、炼化与销售重大隐患治理、消防设备改造等方面利用安保基金进行重点投资。2013年完成海上应急救援、管道应急救援、井控应急救援建设投资计划，炼化与销售板块重点隐患治理、消防装备改造计划已按程序完成方案论证，正在按项目组织实施。集团公司调整安保基金管理委员会，明确组织结构及人员组成。集团公司决定，安保基金委托专属保险公司管理。专属保险公司设立专门部门及人员，单独管理，负责安保基金管理、运营、支出、赔付等相关工作，资金管理纳入集团公司司库管理体系。目前，委托管理工作正在逐步移交，集团公司正在组织修订安保基金管理办法及相应管理制度。

（施绪全）

质量管理与监督

【概述】 2013年，集团公司质量管理工作紧密围绕全面建成综合性国际能源公司的发展目标，全面贯彻落实国家《质量发展纲要（2011—2020年）》，加强政策指导和制度制定，开展基础建设试点，推进质量管理体系建设，强化质量监督管理，努力培育名牌产品，打造优质工程，产品、工程和服务质量稳步提升。

【基础建设试点】 根据基础管理建设工程顶层设计，开展构建管理规范平台、完善基础管理体系的试点工作，选取物资采购管理部、销售分公司、天然气与管道分公司以及内蒙古销售公司、西部管道公司为试点单位。梳理确认总部和试点单位能力框架，共涵盖一级业务能力134项，二级业务能力436项，三级业务能力1308项；物资采购管理部、销售分公司和天然气与管道分公司的管理规范平台已初步完成构建，界定了平台文件之间的关系，梳理确定平台文件目录；内蒙古销售公司和西部管道公司已完成基础管理体系框架，融合质量、计量、HSE、能源、内控和法律风险防控六大管理体系，形成体系文件目录，对平台和体系中的典型文件进行示范改造。

【制度建设】 2013年，集团公司发布《落实国务院〈质量发展纲要（2011—2020年）〉的实施方案》，规划未来8年的业务发展蓝图，确定2015年和2020年2个阶段性目标，提出重点工作任务。继续加强制度建设，在产品质量管理方面，制修订发布集团公司《军工配套产品质量管理规定》、《质量技术机构考核细则》、《石油石化用化学剂产品质量认可实施细则》、《质量管理体系推进评审实施细则》4项规章制度；印发集团公司《产品工程和服务质量指标（试行）》，针对勘探与生产、炼油与化工、销售、天然气与管道、工程技术、工程建设和装备制造七大主营业务，分别制定不同的过程质量和结果质量两类指标，促进质量管理更加科学规范。在工程质量监督管理方面，以贯彻落实集团公司《工程建设项目质量管理规定》为主线，制修订发布《石油天然气建设工程质量监督程序（2013年版）》、《石油天然气建设工程各方责任主体不良质量行为认定标准》、《石油天然气建设工程质量监督站装备配备标准》和《石油天然气工程质量监督站工作考核细则》，为进一步规范工程质量监督工作奠定基础。

【质量管理体系建设】 进一步强化质量管理体系建设，在2012年炼油与化工、销售、工程建设、工程技术、装备制造企业全部通过第三方质量管理体系认证的基础上，继续扩展到勘探与生产、天然气与管道企业。截至2013年底，7个专业分公司的113家企业，质量管理体系认证企业达到96家，认证率达到

84.96%。继续开展质量管理体系推进评审，从关注企事业单位质量管理体系建立和认证，转到关注企事业单位质量管理体系运行的有效性上，完成涵盖主要生产经营单位和科研院所共126家单位的第一轮推进评审。通过推进评审工作，解决有关单位质量管理体系建立和运行中的问题，促进企业质量管理体系与国家质量发展政策、集团公司的具体要求保持一致。

【油品质量控制】 设计、施工、生产、销售等单位加强协同运作，14个油品质量升级项目按时完成，国Ⅲ车用柴油、国Ⅳ车用汽油质量升级任务全部完成。油品生产单位制定油品内控质量指标，既提质提效又抢占市场先机；加强重点环节质量检验，确保出厂油品质量合格。油品销售单位加强外采资源检验，严防问题油品流入公司销售，维护集团公司社会形象，确保销售到消费者手中的油品质量合格。

【品牌整合】 33个企业893项产品获准使用昆仑品牌、133项产品获准使用中国石油装备背书品牌，提高集团公司品牌形象。积极培育名牌产品，抚顺石化公司生产的直链烷基苯、塔里木油田塔西南勘探开发公司生产的尿素、大庆炼化公司生产的聚丙烯树脂、吉林石化公司生产的聚乙烯树脂、渤海石油装备制造公司生产的抽油机和螺杆钻具、济柴动力总厂生产的石油钻探用发动机共7项产品获2013年度中国石油和化学工业“知名品牌产品”称号。长城钻探工程有限公司测井公司“实施卓越绩效模式，走卓越经营型发展道路”、渤海石油装备制造有限公司“实施精品打造工程”和东北炼化工程有限公司“运用建筑业现场星级评价标准，建立精细化项目管理体系”3项实践经验获2013年度中国石油和化工行业“质量标杆”称号。

【产品质量认可】 2013年，组织对406家油化剂生产企业申请的2825项产品进行产品质量认可。经过评审，共有290家生产企业生产的2205项产品获得集团公司产品质量认可证书，企业通过率为71.43%，产品通过率为78.05%。截至2013年底，在有效期内，通过集团公司油化剂产品质量认可的生产企业共有755家，7136项产品。

【产品驻厂监造】 2013年，为保证油气输送管道工程、油田产能建设工程、炼化工程项目建设质量，相关企业对项目中采购的大型设备、长输管线及防腐管道等进行了驻厂监造，各企业全年共监造长输管线、防腐管道、油井管等260万吨，钻机、修井机、炼油化工装备等697台（套）；对未在集团公司产品驻厂监造目录内的装备产品，各企业也有针对性地进行驻厂监造，提高重大采购产品的质量。

【产品质量监督抽查】 2013年，集团公司组织对石油产品、化工产品、钻采设备与配件等自产和采购产品的质量进行2140批次的监督抽查，覆盖石油产品、化工产品、资源性产品等九大类89种自产产品和阀门、石油专用管材及配件、石油石化用化学剂等十大类63种采购产品，产品质量综合合格率为96.82%。共印发3期产品质量监督抽查通报，并根据集团公司有关规定，对抽查不合格的自产和采购产品进行处理。

【工程质量监督管理】 结合2013年版监督工作程序修订情况，对工程质量监督信息系统进行调整优化，2013年有2282项工程上线运行，上线运行率达85.3%，较2012年提升28.4%。2013年1月，集团公司工程质量监督站务会在廊坊召开，总结2012年工程质量监督工作，研究部署2013年重点工作。在全系统内为总站公开招聘1名专职副站长和4名油气田、炼化专业监督管理人员。通过开展监督站年度考核工作，促进各监督站加强内部管理，监督工作行为进一步规范。

【工程项目质量监管】 2013年，集团公司工程质量监督机构共对2674项在建工程项目实施监督，累计监督检查36221个监检点。首次组织开展集团公司总部层面的工程质量抽巡查工作，对中缅管道境外段等12项在建工程的责任主体质量行为和工程实体质量进行了检查，为消除工程质量隐患，规范建设各方责任主体质量行为发挥积极的作用。加大异地监督推进力度，发挥现有监督站资源的整体优势，对53项工程实施了异地监督，比2012年度增加23项，进一步提高监督工作的独立性和公正性。

【教育培训】 在新疆举办质量管理培训班，集团公司所属95个单位的145名质量管理骨干参加培训。培训班讲授集团公司的发展环境与发展战略、质量管理的发展趋势和对策、全面质量管理与质量技术应用方法、质量管理体系标准、顾客满意度测评体系及模型建立、质量管理体系推进评审实施细则等课程；委托中国质量协会石油分会在北京组织举办集团公司质量管理体系推进评审员资格培训班，有115名参培人员通过资格审查并考试合格，成为集团公司质量管理体系推进评审员；举办1期工程质量监督人员资格取证培训班和4期工程质量监督持证人员继续教育培训班，共计550余人参加培训，进一步补充监督力量；首次开展技术论文交流活动，为技术人员搭建交流平台，促进监督人员业务水平的提高。

【质量月活动】 根据国家质检总局、中宣部等部委

《关于开展2013年全国"质量月"活动的通知》要求，2013年9月，集团公司组织开展以"提升基础管理水平，实现质量效益发展"为主题的"质量月"活动。140家所属企事业单位结合实际，制订"质量月"活动方案，近60万干部员工参与活动，取得较好的成效。各单位共组织"质量月"启动仪式及大型宣传活动923次，在报纸、杂志发表专题文章或新闻报道1221篇，播放广播、电视专题节目及新闻报道总数401次，制作、张贴宣传画107929张，制作、发放宣传资料327277份，制作展板15757个，发送宣传短信218892条，促使广大干部员工了解质量，增强质量意识，做好本职工作，为提高企业整体质量水平贡献力量。

【质量协会石油分会】 2013年，石油分会围绕三大石油公司质量工作内容，充分发挥协会的桥梁与纽带作用，积极组织会员单位开展工作，有效推动石油工业质量工作的蓬勃发展。

（1）QC小组活动。组织开展"小、实、活、新"的QC小组活动，评选出石油工业QC小组活动成果奖218项。其中，中国石油会员单位获奖总计164项，包括一等奖38项、二等奖50项、三等奖76项；组织QC成果发表会，发布成果58项；推荐26个QC小组，经过中国质量协会审核，全部荣获国家级"优秀QC小组"称号。

（2）组织开展用户满意工程活动。评选出40家石油工业用户满意企业（中国石油29家）、13种石油工业用户满意产品（中国石油9种）、8项石油工业用户满意工程（中国石油7项）、26项石油工业用户满意服务（中国石油19项）、49个石油工业用户满意班组（中国石油39个）、44名石油工业用户满意管理者（中国石油32名）、45名石油工业用户满意明星（中国石油35名）。

中国石油天然气管道局第一工程分公司获"全国用户满意工程先进企业"称号；大庆石油管理局射孔弹厂庆矛牌射孔弹获"全国用户满意产品"称号；长庆石油勘探局油田建设工程公司苏里格天然气田苏6、苏36-11井区15亿吨产能建设工程获"全国用户满意工程"称号。

（3）组织石油工业质量论坛。评选出优秀论文110篇，其中一等奖8篇（中国石油7篇）、二等奖17篇（中国石油16篇）、三等奖85篇（中国石油71篇）。

（4）积极推进卓越绩效管理模式。中国石油集团东方地球物理勘探有限责任公司大港物探处、中国石油集团渤海钻探工程公司测井分公司和兰州石化公司3个企业获"2013年度石油工业实施卓越绩效模式先进企业"称号。中国石油集团东方地球物理勘探有限责任公司大港地调处、中国石油集团渤海钻探工程公司测井分公司获"2013年全国实施卓越绩效模式先进企业"称号。

（5）积极推进质量文化建设。开展中国石油质量文化建设研究。大庆油田有限责任公司被中国质量协会授予"质量文化建设标杆单位"称号。

（宗　伟）

标准化工作

【概述】 2013年，标准化工作紧密围绕集团公司全面建成世界水平综合性国际能源公司的发展目标，按照"标准先行、共性为主、源头入手、执行有力、面向国际、注重实效"原则，结合管理提升活动和基础建设试点工作，健全优化标准化体系，稳步提升标准化支撑发展的能力。

【标准化管理】 起草集团公司《关于加强标准化工作的意见》，初步提出到2020年标准化工作的指导思想、原则目标和工作任务。修订集团公司《标准化管理办法》，制定集团公司《国际标准化管理规定》，标准化规章制度体系进一步完善。启动企业标准体系修订工作，更新完善新增、修订、废止等各类标准信息3700余条。牵头组建能源行业页岩气标准化技术委员会，全国石油天然气标准化技术委员会所属的石油物探等10个分技术委员会获得国家标准化管理委员会批复成立；组建集团公司非常规油气标准化直属工作组，调整设立计量专业标准化技术委员会，集团公司标准化委员会所属专业标准化技术委员会（工作组）总数达24个；全年调整11个专业标准化技术委员会（工作组）委员（成员）79人。

【标准制修订】 2013年，集团公司共牵头完成制修订国家标准16项、行业标准89项，新牵头承担制修订国家标准25项、行业标准112项，所属单位共承担制修订集团公司企业标准173项。全年共批准发布集团公司企业标准141项、废止33项，目前现行有效的集团公司企业标准共905项。重点参与国Ⅴ油品标准的制修订及协调工作，协调回复3项人大代表关于油品升级的建议议案；开展安全生产领域企业标准的清理工作。结合中国石化"11·22"东黄输油管道泄漏爆炸特别重大事故的教训和启示，组织对集团公司各专业涉及安全生产的标准进行清理，重点解决标准的不适应、不匹配、不协调问题，提出需要修订、修改和新制定的标准项目计划。

【标准实施监督】 2013年，共安排11个专业31项重点标准实施任务，取得较好的实施成效。推进标准化方法的研究应用，积极推广标准化设计成果，降低投资运营成本、提高效率效益；加强现场标准化管理，打造基层标准化站场，推进现场标准化操作；加强标准信息化建设，2013年集团公司质量计量标准化信息系统上线运行，标准信息化管理脉络已具雏形；拟定集团公司标准数据库及查询系统建设方案，包括全公司所使用的各级标准统一管理、检索查询、评价反馈、体系自建等主要功能，将极大提高标准信息化程度。

【标准化研究】 成立页岩气技术标准体系研究工作组，以国家能源局批准发布的页岩气标准体系表为基础，建立更加先进、科学、系统、适用的页岩气技术标准体系；开展致密砂岩油气标准体系研究工作，进一步完善集团公司非常规油气标准体系。组织开展标准实施效果评价方法研究，目前完成了ISO方法、国家标准方法等7种方法适用性研究比较，通过对标准实施效果的准确评价，使标准实施的隐性成效显性化。

【国际标准化工作】 2013年，新申请承担国际标准化组织天然气技术委员会上游分委会秘书处（ISO/TC193/SC3），并获得批准。在与API于2009年签署标准化合作协议基础上，又签署深化质量标准化合作的协议，合作范围从上游勘探生产领域拓展到下游石油炼制和石油化工领域，增加质量可靠性、质量管理体系合作内容。组织承办ISO/TC67/SC2第三十三届年会，参与承办ISO/TC61第六十二届年会，参加API北京行业大会，并协助主持"可靠性"分会场。全年共组织9个团组参加ISO/TC67、TC193和API的年会，跟踪相关领域标准化最新进展，扩大在国际标准化领域的影响。2013年，正在开展和新提交提案的国际标准制修订项目共21项。

（宗　伟）

计量工作

【概述】 2013年，计量工作围绕管理提升工作，加强计量基础管理，加快检定能力建设，推进计量技术进步，加大重大工程项目协调力度，为集团公司生产经营发展提供有力支撑。

【计量基础管理】 推进计量器具完善升级，截至2013年累计投入资金22.6亿元，更新改造计量器具41万台（套），用能单位计量器具配备率提高到了99%，完成2011年集团公司办公会议要求的计量器具完善升级任务。制定油气生产、炼油化工、工程技术等业务计量器具配备规范企业标准11项，为进一步提高计量器具配备水平，促进信息化建设，提供基础性依据。修订股份公司《计量纠纷调解规定》。

【交接计量管理】 完成对油气田、炼化、销售、管道运输企业油气交接计量基本情况全面普查。集团公司共有油气交接计量站点2040个，其中，内部站点666个，对社会站点1374个（不含加油站）。跟踪调研东北地区3个炼厂、5个航次、4万吨成品油从起运港到目的港的交接计量，掌握海运成品油离岸计量存在的流量计系数、浮力修正系数和装船损耗设定等方面存在的问题。举办油气交接计量管理宣贯培训班，宣传贯彻集团公司交接计量管理规定、交接计量设施功能确认标准，260人参加了培训，推动交接计量工作有序进行。

【油气计量检定校准能力建设】 国家站液态烃实验室建设完成初步设计，在东北地区开展原油、成品油计量标准统一管理试点工作。成都分站完成扩容改造一期工程，涡轮工作标准装置通过国家考核，二期工程完成M/T原级标准装置的出厂验收测试工作，技术指标满足要求。质量控制和能量计量实验室改造搬迁基本完成。国家批准筹建的5个天然气检定点建设加快推进，分别进入施工、建标考核、调试、投入运行阶段。

【重大工程项目协调】 协调组织中缅油气管道境内计量站政府监管验收，落实解决政府监管部门提出的相关要求。向政府监管部门提出放宽管道运营初期天然气水露点监管要求并获批准，确保了进境计量站具备政府计量检验和通关监管条件，并按期通气。派出计量和检验专家赴缅甸参加中缅天然气管道境外首末站计量设施现场测试验收。

【计量技术进步与交流】 油气计量技术研究项目列入集团公司2013年科研计划，从油气量值溯源、油气矿厂计量、天然气能量计量等方面，着力解决存在的瓶颈问题，将巩固和提高集团公司国内外油气计量技术主导地位。承办中俄能源计量分组二次会议，中俄双方签署会议纪要，进一步开展油气计量和检验方面的交流与合作，同意于2014—2015年开展气体流量、液体流量和天然气组成分析实验室间的对比工作。

（宗　伟）

第十篇

企业管理与监督

规划计划

【概述】 2013年是实施“十二五”规划承前启后的关键一年。面对错综复杂的内外部形势，规划计划部全面落实中国石油天然气集团公司各项决策部署，坚持稳中求进的工作总基调，贯彻“有质量、有效益、可持续”的发展方针，扎实开展党的群众路线教育实践活动，积极转变作风，有效发挥“决策参谋、综合平衡、协调服务和检查监督”职能，各项工作取得新进展、新成绩。

（胡　勇）

【战略研究和中长期规划】

1. 制定《中国石油天然气集团公司全面建成世界水平综合性国际能源公司发展纲要》

规划计划部编制《“十二五”业务发展规划优化方案及“十三五”发展框架规划》，2013年1月11日向集团公司党组扩大会汇报获得通过。在此基础上，制定下发《中国石油天然气集团公司全面建成世界水平综合性国际能源公司发展纲要》，描绘公司2020年的宏伟发展蓝图和目标，对如何实现有质量、有效益、可持续发展进行优化部署。

2. 布置并开展一批战略课题研究

向集团公司董事长周吉平上报《关于加强战略研究工作的报告》并获得重要批示，2013年8月正式委托勘探开发研究院、经济技术研究院、规划总院等研究单位启动“我国常规天然气资源潜力及产量预测研究”、“车用LNG规模、有效、可持续发展研究”、“集团公司经济效益综合评价研究”等一系列战略规划课题研究。

为应对新型煤化工发展给传统炼化业务带来的挑战，抓住机遇掌控资源、进行原燃料结构调整、提升公司质量效益，按照董事长周吉平等公司领导的指示要求，组织开展“中国石油新型煤化工发展策略研究”，就煤化工技术及产业化进展、煤化工的技术经济性及中国石油的发展策略进行研究。研究提出集团公司煤化工发展原则和战略发展思路，研究成果已呈报多位集团公司领导。

此外，组织开展“原油业务链一体化优化模型方法研究”、“天然气业务链一体化优化模型升级研究”、“扩大交通运输领域天然气销售的策略研究”、“加拿大油砂资源获取及一体化利用策略研究”、“煤制油气和化工产品的经济性分析”等集团公司软科学课题。

（丁世强）

【项目管理】

1. 勘探开发项目管理

（1）海外项目核准备案。收购哈萨克斯坦北里海卡沙甘项目部分权益、收购埃尼公司莫桑比克海上4区块部分权益、收购俄罗斯亚马尔LNG公司部分权益等23个境外项目获得国家发改委核准（备案）。

（2）国内项目核准备案。上报备案15家油气田自营区260个产能建设项目，其中原油产能项目188个、天然气（含煤层气）产能项目72个，新建原油产能1826万吨、天然气（含煤层气）产能200亿立方米。其中，西南油气田安岳气田龙王庙组气藏10亿立方米试采和20亿立方米产能项目及时备案，为快速评价、整体探明、快速上产创造条件。对外合作苏里格南区块天然气总体开发方案上报国家发改委审批，赵东项目C/D和C4区块弃置预备方案上报国家能源局备案，马必区块煤层气开发项目获得国家能源局下发的“路条”文件。南疆天然气利民工程可研报告获国家发改委批复。

（3）项目管理。组织审查8个境外重点项目开发方案，包括委内瑞拉MPE3区块开发方案、哈萨克斯坦阿克纠宾油田开发方案、乍得H区块达尼拉及周边油田开发方案、乌兹别克斯坦明格布拉克勘探开发项目可行性研究报告等。组织审查6个国内重点项目可行性研究报告，包括迪那2气田改扩建、塔里木凝析油分储分输、对外合作赵东C/D和C-4油田补充开发方案等。

（4）专项规划和战略研究。组织编制《中国石油与俄油气合作规划》，上报国家能源局并被采纳，为集团公司在俄罗斯的业务发展创造有利环境。组织完成《中国石油振兴东北老工业基地工作十年总结和新十年工作总体思路》、《中国石油西部大开发2013年工作总结和2014年工作设想》，以及《国内油气勘探与生产、煤层气和页岩气开发利用》等3个

“十二五”规划的中期评估报告。

（5）规章制度建设。组织修订、新编并下发境外油气勘探项目、油田开发项目、气田开发项目可行性研究报告编制规定。

（6）国家政策争取。积极推动国家发改委进一步下放海外项目核准权限，努力争取国家加大财政资金支持力度，力争将所得税返还政策延续到“十三五”末。积极争取南疆天然气利民工程获得中央预算内投资补助。组织申请煤层气业务 2013 年和 2014 年煤炭产业升级项目中央投资贴息，努力争取国家对援助项目给予一定比例投资和相应的税收减免、价格补贴等政策支持，积极争取西部大开发和东北老工业基地可持续发展财政支持政策。

（孔令峰　徐　婷）

2. 炼油化工项目管理

（1）战略及重点项目进展顺利。继续开展中委广东石化炼油、云南石化炼油、中俄天津东方石化炼化、大连长兴岛炼化一体化、华北石化炼油扩能等战略项目前期和建设工作。云南石化 1000 万吨 / 年炼油项目 2013 年 1 月 10 日获得国家发改委核准。克拉玛依石化稠油集中加工项目、大连长兴岛炼化一体化项目 2013 年 9 月获国家同意开展前期工作的批复文件。中俄天津东方石化炼化项目、大连长兴岛炼化一体化项目继续开展可行性研究工作。启动和开展国Ⅳ柴油质量升级和京津冀、长三角、珠三角等重点区域汽柴油国Ⅴ升级项目前期工作。华北石化扩能项目受原油资源调整影响环评需调整报批，项目环评调整受京津冀环境治理联动等政策因素影响，环评调整正在进行，项目建设已暂缓。由于浙江台州炼化一体化项目受厂址条件等因素制约，不具备实施条件，停止项目前期工作。

（2）在建项目有序推进。国Ⅳ汽油质量升级项目 2013 年底按国家进度要求建成投产。四川石化 1000 万吨 / 年炼油、80 万吨 / 年乙烯工程等全面建成。

（张桐郡）

3. 油气储运项目管理

2013 年，重点工程项目建设有序推进，西南战略通道建设取得重大进展，内陆骨干管网不断完善。中哈天然气管道二期巴佐依—奇姆肯特段、西气东输三线霍尔果斯—连木沁段及伊宁—霍尔果斯支线、中卫—贵阳联络线南部—贵阳段、中缅天然气管道、大唐克旗煤制天然气管道、唐山 LNG 项目及外输管道、兰成原油管道、兰郑长成品油管道武汉—长沙段干线及部分配套支线等一批重大项目顺利建成投产；中亚天然气管道 C 线、西气东输三线东段、港清三线、山东天然气管网青岛—威海段、哈尔滨—沈阳天然气管道（沈阳—长春段）、中缅原油管道、庆铁线改造工程、铁锦复线、铁大线安全改造（铁岭—鞍山段）、漠大线增输等项目正在有序建设。同时，进一步完善天然气与管道业务发展规划和中国石油在各省、自治区、直辖市油气管网规划；开展一系列油气管道项目前期工作，并批复一批重点项目可行性研究报告。

（赵炳刚）

4. 销售、信息项目管理

（1）销售项目管理。研究调整销售业务发展思路，由以前重速度规模，转向重质量效益，调整销售业务投资，暂停暂缓部分油库和加油站项目，控制销售业务资本性支出；按照集团公司规划和项目立项程序组织评估论证项目 4 项，办理项目批复 4 项。为集团公司领导准备销售业务类会见材料 100 余份，牵头组织各类协调会 11 次，解决各专业分公司和地区公司提出的各类问题。

（2）信息项目管理。按照集团公司党组提出“用 3 年时间，实现信息化从集中建设到集成应用的跨越，到‘十二五’末，基本达到国际先进水平”的目标要求，组织研究“十二五”信息化建设规划滚动调整方案优化，加强信息项目论证，优化信息项目投资，组织评估信息项目 13 项，完成批复信息项目 11 项。

（3）启动集团公司投资项目管理系统建设工作。一是确立系统建设目标。以投资项目为主线，建立涵盖公司总部、专业公司、地区公司，覆盖从项目前期、投资计划、项目实施、竣工验收、到后评价全过程闭环管理的信息平台，有效支撑业务的规范运行，实现投资从上至下的有效管控和监督考核，提高项目的经济效益评价和造价管理水平，全面提升投资决策的科学性；利用信息化手段，不断完善与集团公司已建和在建统建信息系统间的集成，打通并固化与投资项目管理相关业务流程程序。二是成立项目组织机构。为推进投资项目管理系统的建设和实施，由集团公司规划计划部和信息管理部组织，各板块生产与调度、计划和信息等处长参加，在总部层面建立项目指导委员会；由项目内部支持单位规划总院负责，成立项目经理部，组织项目实施建设。三是组织开展系统方案设计。组织相关处室和系统项目组，以投资项目为主线，梳理项目前期、投资计划、工程造价、经济评价、项目后评价等投资项目全过程的业务流程与需求，与相关专业分公司共同讨论研究相关信息系统集成方案，组织系统项目组开展系统总体方案设计。组织开展项目编码、项目分类、项目属性、项目关键指标、项目分解结构（WBS）等业务数据标准化设计。组织召开各专业分公司和124家地区公司参加的集团公司投资项目管理系统建设工作推进视频会，宣讲系统总体方案设计与实施方案。协调组织在长庆油田公司试点开展系统详细方案设计。

（栾向阳）

5. 工程技术服务项目管理

（1）规划及专题研究。结合国家和集团公司新的发展形势和要求，对工程技术业务“十二五”规划进行优化调整，提出“十三五”规划框架。针对国内工程技术服务工作量将有较大幅度调减，国内外市场竞争更加激烈等挑战和问题，开展新形势下工程技术服务业务面临问题和应对策略研究。

（2）项目管理。按照“有质量、有效益、可持续”发展方针的要求，加强项目前期管理和投资优化控制。共组织审查工程技术服务业务项目20项，办理批复19项，对更新购置钻机和压裂车组、建造400英尺海洋钻井平台、配备大型高端物探设备、引进无线随钻测井仪和旋转导向系统、购置滩浅海铺管船等项目进行多方面的方案论证和投资优化，共计核减投资15.4亿元，重点保障国内外油气勘探开发项目对深井和水平井钻井、压裂、高端物探以及海上作业等工程技术服务能力和技术装备的需求，促进工程技术服务业务由追求规模、速度发展向追求质量、效益发展转变。

（刘 军）

6. 装备制造项目管理

按照集团公司对装备制造业务的发展定位，结合装备制造业务“十二五”规划前两年的实施情况和当前市场形势变化，对集团公司装备制造业务“十二五”规划进行滚动优化调整，进一步明确2015年发展目标及2020年远景目标，特别是重新对投资规模做出总体安排，通过严格筛选和把关，对规划项目进行调整，为推动装备制造业务持续有效发展奠定基础。

从保障集团公司油气核心业务装备需求出发，继续坚持“服务保障”定位和“有效发展”原则，以控制投资规模为手段，以优化调整结构为重点，以项目管理为抓手，加快推动装备制造业务转型升级和结构优化调整。突出做好重点项目研究论证工作，2013年共审查批复渤海石油装备制造公司大中型高压阀门合资建设、宝鸡石油机械公司国家油气钻井装备工程技术研究中心建设、宝鸡石油钢管公司西安石油专用管合资建设3个项目可行性研究报告，以及中国石油科技创新基地A-45地块北京石油机械厂搬迁改造项目初步设计。此外，组织开展宝鸡石油机械公司钻机成套技改、济柴动力总厂福建省船用发动机制造以及中国石油技术开发公司美国仓储销售服务中心、哈萨克斯坦石油套管加工、哈萨克斯坦压力容器制造等项目的前期审查论证工作。

（王 琪）

7. 管道项目核准管理

2013年，油气管道项目核准工作充分发挥公司整体优势，强化立体式攻关协调机制，按期保证油气管道项目核准进度，并在控制性工程提前开工、推动出台简化和规范管道项目社会稳定风险评估管理办法及核准基础工作建设等方面取得新进展。

（1）核准工作成果。2月，哈尔滨—沈阳天然气管道项目获得国家发改委核准。3月，泰兴—芙蓉天然气管道项目获得国家发改委核准。4月，庆铁线改造工程（庆铁四线）控制性工程获得国家能源局批准提前开工，陕京四线北京段控制性工程获得北京市发改委批准提前开工，轮南—吐鲁番支干线增输工程完成新疆维吾尔自治区备案。5月，漠大线增输工程完成黑龙江省备案。6月，香港支线投资及合资主体变更核准获得国家发改委批准。8月，大连LNG二期、唐山LNG二期两个项目分别获得国家发改委核准。11月，西三线投资及合资主体变更核准获得国家发改委批准，西三线（中段）控制性工程获得国家能源局批准提前开工。2013年，还有22个项目获得省级部门核准。

（2）核准基础工作建设。组织各相关单位总结核准工作实践经验，对《油气管道项目核准工作手册（2011年版）》进行修编，补充完善新政策、新文件和核准工作操作要点及难点，完成并印发《油气管道项目核准工作手册（2013年版）》。

（姚 双）

【用地预审管理】 2013年4月，港清三线项目用地预审获得国土资源部批复。7月，西三线（中段）、中卫—靖边联络线、庆铁线改造工程（庆铁四线）3个项目的用地预审获得国土资源部批复。11月，陕京四线项目用地预审获得国土资源部批复。

为总结推广经验，指导地区公司对省市县用地预审附件办理的质量、进度和成果验收严格把关，按照国土资源部对建设项目用地预审有关要求，10月，组织有关单位对《油气管道项目建设用地预审办理案例（2011—2012 版）》进行修订，编制下发《油气管道项目建设用地预审办理案例（2013—2014 版）》。

（姚　双）

【年度业务发展计划】

1. 年度计划

2013 年，贯彻落实“有质量、有效益、可持续”的发展方针，坚持有所为有所不为，突出质量效益，优化投资结构，集中发展油气主营业务，保障重点工程建设，控制低效无效投入，统筹部署各业务年度投资计划，全年共下达上市、未上市业务投资计划 12 批，确保集团公司各项生产经营任务目标的完成。

2. 投资管理

遵循“一统一、三控制、两挂钩”的原则，加强投资“一本账”管理，严格投资总量控制、效益标准控制和实施过程控制，落实投资与利润挂钩和投资管理与业绩考核挂钩，按照《中国石油天然气集团公司投资管理评分及考核细则》（计划〔2011〕510 号文）规定，根据审计、监察、后评价、年终财务决算审核及日常管理等情况，对 2013 年投资管理工作进行量化评分考核，加大对计划外和超投资的考评力度，突出前期工作规范和效益达标的考核，考核结果纳入各单位绩效考核。

（马　明）

【概算管理】

1. 加强项目估算审查

突出提升质量效益，坚持方案优化和投资对标并重，科学合理审准项目估算，从源头上控制项目投资，2013 年共审查项目估算 71 项，综合投资核减率 15%。

2. 强化重点项目概算复核

坚持严格把关，统一审查标准，规范工作程序，2013 年共复核一类、二类项目初步设计概算 84 项，综合投资核减率 16%。

3. 持续更新完善工程计价依据

本着建立投资编制、审批、招投标和结算一体化新计价依据体系的目标，2013 年继续对集团公司在用的工程计价依据进行调整和完善，下发《石油建设安装工程预算定额》（中油计〔2013〕523 号），通过扩展定额覆盖范围、平衡各专业之间的水平和调整人工、消耗材料单价，保证定额更加科学合理；编制《金属储罐机械清洗预算定额》，填补储罐机械清洗计价依据的空白；编制完成《中亚天然气管道工程投资参考指标》、《东南亚管道工程投资参考指标》和《油气管道调控中心工程投资参考指标》，为投资决策提供技术支持；启动修编《石油建设安装工程概算指标》。

4. 加强管理制度建设

下发《建设项目可行性研究投资估算编制规定》（中油计〔2013〕429 号）和《石油建设工程项目评估（审查）会议费用标准》（计划〔2013〕102 号）；制定《建设项目投资审查程序和工作要点》，更新完善 4 册《建设项目投资审查统一规定》；发布 4 期《石油建设工程统一设备材料综合参考价格》，涵盖静置设备、电缆、储罐、工艺管道等 2000 余条价格信息。

5. 重视提高造价专业人员综合素质

2013 年，完成安装工程专业和建筑工程专业 2 期造价专业人员岗位培训。

（张建斌）

【石油工程建设】

1. 工程勘察设计

截至 2013 年底，集团公司拥有国家工程勘察设计资质的单位共 35 个，其中，综合甲级 5 个，行业甲级 12 个，专项甲级 8 个，乙级 10 个；拥有专利 1113 项，拥有专有技术 307 项，获得国家和省部级奖 930 项；从业人员总数 4.1 万人，其中技术人员 1.8 万人，各类注册人次 9333 人。2013 年，完成工程勘察合同额 6.7 亿元，工程设计合同额 120.3 亿元，工程技术管理服务合同额 19.2 亿元，工程承包合同额 602.9 亿元，实现营业收入 738.4 亿元。

2. 工程建筑施工

截至 2013 年底，集团公司所属建筑施工总承包和专业承包企业 71 个，其中，施工总承包企业 44 个，包括特级资质 4 个，一级资质 27 个，二级资质 11 个，三级资质 2 个；专业承包企业 27 个，包括一级资质 21 个，二级资质 5 个，三级资质 1 个。2013 年，建筑业企业实现总产值 1255.5 亿元，其中，境外营业额 259.2 亿元。

3. 工程建设监理

截至 2013 年底，集团公司所属工程建设监理企业 27 个，其中，综合资质 4 个，甲级资质 22 个，乙级资质 1 个。从业人员 7688 人，其中专业技术人员 5375 人。现有国家级注册监理工程师 1172 人，其他注册执业资格 3418 人。2013 年，工程监理企业实现营业收入 15.3 亿元。

（丁金林　周　波）

【后评价管理】

1. 全面开展项目后评价工作

2013 年，集团公司共有 56 家所属企业完成 2543 项简化后评价和 114 项详细后评价，投资总额 1701 亿元，约占公司同期投资完成额的 14.2%，后评价工作得到进一步巩固和加强。在此基础上，集团公司根据业务发展需要共开展八大类 25 个典型项目详细后评价，投资总额 1093 亿元。指导海外勘探开发公司开展伊拉克艾哈代布等 5 个典型项目和曼格什套等 13 个项目简化后评价。

2. 强化后评价成果应用

依照后评价管理有关规定对 25 个典型项目反馈后评价意见，共总结经验 39 项、发现问题 110 项、提出意见和建议 51 项，地区公司针对发现问题整改落实 74 项，整改落实率达到 66.7%。连续 6 年编制发布后评价通报，通报在对 2012 年完成的 20 个项目进行深入分析的基础上，总结 4 个方面成功经验和 5 个方面存在问题，并提出相关措施建议。开展 14 个信息化项目专项后评价，有效指导信息化项目系统完善和提升工作。完成运输公司配送中心和唐山 LNG 项目调研报告，为投资决策提供参考。对 30 余个前期项目提出会签意见，强化后评价与新上项目挂钩机制。

3. 完善后评价系统建设

组织修订炼化、管道项目后评价报告编制细则，研究起草海外勘探、海外油气田开发、节能项目后评价报告编制细则，起草完成后评价专家管理办法，进一步完善后评价制度体系。结合投资管理一体化信息系统推进后评价管理信息系统建设，开展管道业务后评价指标体系研究，积极推进后评价理论丛书编撰工作。

（李刚梁　洪保民）

【综合统计】

1. 着力强化基础工作建设，统计工作体系进一步完善

不断健全完善以统计管理制度、统计核算指标、统计报表制度为主体的统计工作体系，促进统计工作的规范化、标准化和科学化。一是集团公司统计工作管理办法（讨论稿）初步制定，计划 2014 年下发执行。二是组织对集团公司统计核算指标体系进行修编。

2. 着力发挥服务保障职能，统计信息服务进一步优化

围绕公司改革发展大局，力求统计信息服务向提供深加工、多层次、全方位的服务精品转变，持续推进统计信息产品上水平。定期发布各种形式的统计信息，高质量完成政府部门的统计调查任务，及时高效编写分省材料，为国家政府部门、资本市场、同行业以及公司内部提供高质量的统计信息产品。

3. 着力增强决策支持能力，统计分析研究进一步深化

紧密联系生产经营实际，强化对生产经营热点、难点进行分析，积极开展对标分析和课题研究，定期组织评选优秀统计分析报告，不断推进统计分析工作上水平、出成果。一是坚持做精、做优每季度向集团公司党组和管理层汇报的生产经营活动分析，突出对生产经营和管理决策的支持作用。二是深入持续开展与国内外可比公司生产经营业绩对标分析。

4. 着力推进工作手段升级换代，统计信息化水平进一步提高

进一步推进新综合统计管理信息系统的开发，在华北油田、大港油田、北京销售等单位进行功能测试，根据测试反馈对系统进行深层的优化与完善，增强系统的可操作性，支持以指标体系为核心的统计数据管理、采集、处理、展现和分析。

5. 着力促进经营管理提升，绩效考核工作进一步规范

一是紧密围绕集团公司“十二五”发展规划，突出质量效益，牵头组织各相关处室研究油气产量等考核指标，对 2012 年总部机关及各地区公司业绩合同完成情况进行认真审核，配合有关部门完成 2013 年业绩指标目标值的制定。二是配合有关部门完成国务院国资委对集团公司 2012 年度及 2010—2012 年第三任期合同完成情况的考核工作以及 2013 年度及 2013—2015 年第四任期考核目标值的制定。

6. 着力培养高素质人才队伍，交流培训深度、广度进一步拓展

一是与 BP 公司就 2013 年《BP 世界能源统计年鉴》以及世界能源形势和未来发展趋势等进行深入的交流和研讨，取得较好的效果。二是举办集团公司统计业务骨干培训班，地区公司 190 名统计人员参加学习。邀请知名专家教授讲授当前国内外宏观形势分析、财务管理知识及案例分析、经济增加值解析、统计分析方法及其应用等课程，进行新综合统计信息系统功能测试和操作培训。

（孙效娴）

【生产经营管理】

1. 加强生产运行协调，确保油田、炼厂和战略性资源后路

（1）先后研究制订长庆油田6000万吨油气当量上产原油储运系统调整方案、长庆靖边天然气外输方案，新疆风城超稠油外运、加工和吐哈鲁克沁稠油掺稀外输方案以及西部管道按设计达标增输方案等，为"西部大庆"和"新疆大庆"建设保驾护航。

（2）统筹制订增供俄油资源优化配置、管输和加工方案，实施完成庆铁线与庆哈线联络管道改造，实现哈尔滨石化增加俄油加工；协调解决辽阳石化检修延长、少接俄油后的资源平衡，实施铁大线和新大线互联互通及俄油存储方案，确保大连石化2014年检修期间俄油资源平衡。

（3）全力协调推动四川石化千万吨炼油投产，编制四川石化推迟投产后西部地区分月原油资源配置预案，确保西部地区原油资源平衡与哈萨克斯坦原油进口后路畅通。

（4）协调二连油田阿赛线增输及安全改造，理顺塔木察格原油结算模式，切实解决塔木察格原油外输。

（5）通过加大汽车、铁路外运，挖掘库存存储潜力，及时疏通庆阳石化、呼和浩特石化生产后路，协调兰郑长管道武汉—长沙段投产，切实解决炼厂生产后路。

2. 持续优化资源配置，提高中国石油整体效益

（1）面对国内成品油价格不到位、化工市场不景气的严峻形势，原油资源优先向高效炼厂倾斜，主动调减亏损企业加工负荷，炼化业务努力减亏增效。

（2）加强市场跟踪研判，灵活调整成品油营销策略，突出终端、航空煤油、高标号汽油销售，加强终端销售，2013年国内成品油销售量同比增加171万吨，努力扩销降库，减少资金占压。

（3）利用两种资源、两个市场，积极扩大来料加工业务减亏增效。积极向国家申请成品油加工贸易出口指标，全年出口成品油同比增长60%。

（4）在确保安全环保情况下，采取有效措施，努力降低秦京线输量，减控秦京线大庆原油外供量，提高自产原油加工效益。

（5）积极协调中国石油直属炼厂用气，根据效益情况合理安排化肥企业用气，提高天然气业务综合效益。

3. 加强天然气产销衔接，实现天然气业务平稳运行

（1）协调国家天然气商业储备库加快建设，新疆呼图壁、华北苏桥、西南相国寺2013年6月陆续投产注气，全年累计注气14.7亿立方米。

（2）协调解决新疆油田、辽河油田稠油热采用气，增加天然气替代综合效益，保证油田原油平稳生产。

（3）按照国家要求，加快天然气价格改革，并优化天然气销售流向，控制西部地区价格未到位市场销售量，增加长三角、珠三角、环渤海、川渝等高效市场天然气销量。

（4）统筹国产气、进口管道气和进口LNG等资源，努力增加天然气产量，实现全年多产多销多提效，全年天然气产量同比增长11.2%，合理安排LNG现货进口，保障长期贸易等战略性资源的顺利引进。

（5）通过采取挖掘国内气田生产潜力、优化气田检修时间和运行方案，有效保障国内市场平稳供应，全年销售天然气同比增长13.6%。

4. 积极向国家部委汇报沟通，为企业生产经营创造良好外部环境

（1）2013年参加国家发改委、商务部、工信部及中国石油和化学工业联合会组织召开的季度、月度分析会40余次，反映企业经营存在问题，积极争取国家政策支持。

（2）积极应对国家进口原油放开，先后向国家发改委、商务部作专题汇报，支持国家稳步、有序放开原油进口，维护原油进口经营秩序。

（3）协调国家能源局共同做商务部工作，确保及时获得独山子和兰州国储库仓储经营资质，为实现国储油收储创造条件。

（生产经营管理部）

财务资产

【概述】 2013年，集团公司财务资产工作围绕全面建成世界水平综合性能源公司战略目标，全面贯彻“有质量、有效益、可持续”发展方针，审慎应对复杂多变的内外部环境，不断夯实财务管理基础，坚持探索财务创新管理，着力提升决策支持和价值管理能力，各项工作有序推进，集团公司财务状况保持稳健，整体业绩好于预期。财务决算结果表明，集团公司资产总额稳步上升，收入、利润稳定增长。全年实现营业收入2.8万亿元，实现利润1880亿元，实现税费4078亿元，占全国财政收入的3.2%。期末资产总额3.8万亿元，国有权益1.8万亿元。

（李俊东）

【司库建设】 4月16日，国务院国资委在中国石油召开中央企业大司库管理现场交流会，中国航天科技集团公司、中国中化集团公司和中国五矿集团公司等22家中央企业总会计师及相关负责人参加。国务院国资委财务监督与考核评价局局长沈莹主持会议并讲话。集团公司介绍中国石油大司库体系建设与管理经验，参会人员观摩并开展经验交流。

完成司库系统第一次应急演练。本次演练先后投入192人（天），编写应急预案、演练方案及演练总结报告，验证了灾难备份系统的可用性，保障了资金业务连续性。

司库体系建设完成一期档案验收、上线验收和竣工审计工作。整理提交总计238份文档资料，移交东方地球物理勘探公司档案馆保存；顺利通过集团公司上线验收大会，形成上线验收专家意见；经对司库项目进行竣工决算就地审计，出具“关于集团公司大司库系统项目竣工决算的审计报告”。

“提升企业集团金融资源整合与配置能力的司库体系建设”获第二十六届全国石油石化企业管理现代化创新优秀成果行业部级一等奖。

（黄 海）

【资金管理】 加强资金计划管理，密切跟踪大额资金收付，动态跟踪集团公司、股份公司总部存量资金变化。建立和完善资金计划考核激励机制，推行月度计划考核，按季通报各单位资金计划执行准确率，强化资金计划严肃性，提高收支预测的准确性。

进一步强化票据管理，加强对商业汇票全过程审查与监控，着力减少票据收取，鼓励票据对外背书转让，降低票据对资金的占用。积极开展电子银行承兑汇票试点，在总结经验基础上逐步扩大使用范围。继续开展和推进商业汇票内部流转，全年顺转票据近36亿元，提升了票据流转效率，盘活资金存量。

（傅俊华）

合理安排资金头寸，及时准确完成股份公司、托管企业、未上市企业日常资金收拨，严格执行资金收付流程，确保资金收支安全。股份公司全年累计上收人民币资金38714亿元，下拨（透支）37015亿元；托管企业累计上收人民币资金5962亿元，下拨（透支）3849亿元；未上市企业累计上收人民币资金5844亿元，下拨5752亿元。顺利完成2012年末期股息240亿元、2013年中期股息295亿元派发工作。在保障生产经营平稳运行基础上，灵活运用定期存款、通知存款、协定存款等理财方式，最大限度地提高存量资金收益。

严格集团公司和股份公司账户审批，加大账户清理力度，优化账户结构，精简账户数量。同时，加强对地区公司账户日常管理使用及收支运行的动态监控，定期发布资金监控简报，对存在的问题及时进行公布和提示，降低资金风险。

积极稳妥推进银企直连原有功能完善和新功能开发。103家地区公司实现了银企直连对外付款，一次提交付款成功率超过98%。银企直连对外付款业务笔数占到股份公司对外付款业务总笔数的75.8%，付款的安全性和准确性稳步提高。

深化资金平台加油站资金管理模块应用，以地市级销售公司为基本责任单元，实现对加油站零售资金逐笔动态监控和自动精确勾对，并对未到账和异常缴存单实行逐笔追踪核实，大大强化了省级销售公司和地市级销售公司控制风险的能力。资金缴存率、资金到账率、缴存单异常率等指标逐月稳定向好。将原加油站银行卡交易信息查询对账功能整合融入资金平台，并进一步规范加油站商户POS档案，方便地区公司监控加油站银行卡交易资金。积极与中国工商银行沟通协调，落实新签署的加油站上门收款合作协议，顺利解决新疆销售公司等单位加油站上门收款问题，在各基层工商银行上门收款费用普遍紧张的困难形势下，保持较高的上门收款率，确保了加油站资金安全及时回笼。

（刘　岩）

加强内部结算管理，优化封闭结算流程，统一标准和程序，做到规避风险、提高结算效率。对封闭结算管理系统进行优化完善，利用电子签章技术，实现封闭结算业务从单据提交、签认、审核、盖章到回单打印全过程电子化，提高了内部结算效率，使内部结算投入的人力、物力和财力得到有效控制。

专题研究进口天然气亏损、进口俄油亏损问题，提出合理建议，力争通过优化商务运行模式改善股份公司业绩水平。

（马保华　钱志强）

开展特殊资金检查，规范相关业务管理。下发《关于特殊资金检查的通知》，并按照自查、整改、重点抽查3个阶段的要求，组织106家上市地区公司开展特殊资金检查和整改。及时梳理、分析和总结存在的共性和个性问题，督促地区公司实现规范管理。

（傅俊华）

【境外资金管理】 优化外汇资金集中管理。截至2013年底，集团公司依托财务公司在北京、香港、迪拜和新加坡建立的4个现金池累计上收728.69亿美元，下拨1112.39亿美元，实现资金有效调剂。2013年办理结售汇625.39亿美元，外币兑换18.39亿美元，为成员企业节约汇兑成本59402万元人民币。调整财务公司境内即期结汇购汇业务价格，增加5000万美元以下单笔询价方式。所有全资子公司外汇资金归集工作平稳运行。

加强境外资金制度建设，下发《中国石油天然气集团公司外汇账户管理实施细则》（财资〔2013〕82号），规范成员企业外汇账户集中审批管理。下发《中国石油天然气集团公司外汇资金管理办法》（中油财〔2013〕56号），进一步加强和规范集团公司外汇资金管理。指导成员企业编制本单位外汇资金管理方案，根据成员企业上报情况，梳理总结《外汇资金集中管理实施细则》。针对参控股企业无法加入到集团公司外汇资金的集中管理问题，设立外汇资金管理模式研究课题启动研究。

加强汇率风险管控。编制12期《集团公司汇率风险分析报告》，改版完善《国际金融市场动态及影响》，监控集团公司汇率敞口，提示企业有效管理汇率风险。2013年有效利用财务公司交易工具规避汇率风险，累计开展美元/人民币交叉货币掉期23.5亿人民币，解决境外人民币资金来源；对本年新发10年期美元债7.5亿美元进行利率掉期，以匹配资产利率，降低新发债券成本57bps。着重跟踪政治经济不稳定的哈萨克斯坦、南苏丹、委内瑞拉等国家货币汇率波动情况，完成《委内瑞拉货币贬值及影响情况的报告》等相关报告，并及时进行哈萨克斯坦坚戈贬值等风险提示。

完成与境外资金池主办银行框架协议的签署工作，签署银行包括：中国银行、工商银行、花旗银行、渣打银行、法国巴黎银行。

新增新加坡大华银行、西班牙对外银行、澳大利亚西太平洋银行和澳大利亚联邦银行为合作银行，新增银行授信额度107.21亿美元。截至2013年底，外资银行授信总额达到414.4亿美元。

完成2013年境外投资联合年检工作。集团公司共有22家单位的110个境外投资企业参加境外投资联合年检和综合绩效评价工作，并全部获得年检等级一级，比2012年增加14个。

（乔　宁　李中华　王文井　刘　远　石　妍）

【债务管理】 针对参股、控股公司及托管企业融资需求，在加强资金风险控制、保证资金安全的前提下，逐笔分析融资方案，争取最优解决每笔融资申请。2013年，处理境内参股、控股公司及托管企业融资185亿元，国际事业贸易融资287亿美元。

为使公司资金管理机制能够有效传导压力、体现精细化管理，研究现行内部资金配置政策调整的可操作性方案，并研究对地区公司存货配置差别化负息资金的工作，在销售分公司进行了试点实施，引导地区销售公司强化资金成本意识，节约资金占用。

【融资管理】 发挥集团公司整体优势，开展多元化低成本融资。2013年，集团公司整体发行4期人民币债券，金额800亿元。其中，三期为集团公司中期票据，金额600亿元，一期为股份公司公司债，金额200亿元，债券期限5—10年不等。发行时机选择在资金面整体宽松、债券利率下行的2013年2—4月，发行利率均为同期市场最低水平，与同期银行贷款利率相比，在债券持续期内，为集团公司节约财务费用共计89.3亿元。

（王洪军　钟玉兰）

境外美元债券（春雨2013项目）发行工作于3月4日正式启动，4月9日宣布发行，10日完成定价，募集资金共计20亿美元。3年期7.5亿美元，收益率1.485%；5年期5亿美元，收益率1.95%；10年期 7.5 亿美元，收益率 3.404%；参与申购的投资者数量 974 个，订单总规模超过 200 亿美元，认购倍数超过 10 倍。

完成增加美国商业票据发行额度工作，继续保持穆迪短期最高信用评级、标普仅次于中国主权级的短期信用评级，成功将额度扩大至 40 亿美元。2013 年全年累计发行商业票据 404 笔、196.39 亿美元，同比增长 238.3%；年末余额达 35 亿美元，同比增加 16.7 亿美元，平均成本为伦敦同业拆借利率 +54 个点，与短期银行借款相比，节省融资成本 700 万美元。

集团公司成功设立 70 亿美元规模的欧洲中期票据计划（EMTN）。项目于 4 月 11 日启动，利用 3 周时间完成发行通函审阅、尽职调查、评级会议、路演材料及法律文件准备；5 月 10 日，欧洲中期票据计划在香港联合交易所上市，总额度 70 亿美元；评级结果分别为：穆迪 A1、标普 A+、惠誉 A+。5 月 7—22 日，时任集团公司总会计师王国樑带队赴欧洲 8 国进行 EMTN 设立非交易路演，举办投资者会议 25 场。此举创新了境外筹融资方式，解决了多币种、灵活期限的境外资金需求。

根据集团公司业务需要和国际债券市场最新情况，积极研究永续债、德国私募债等债券发行模式，为多渠道融资做好筹划和准备。

（乔　宁　刘　远　曲　直）

深入研究境外融资策略，丰富融资渠道，在俄油增供项目上首次使用可转换股权投资工具，与国家开发银行签署总额 3000 亿美元和 3000 亿人民币的战略合作协议，及时筹集足额资金，稳步推进海外融资工作。2013 年，主要海外融资项目包括俄油增供项目预付款融资、中亚天然气管道 C 线乌兹别克斯坦段、委内瑞拉 MPE3、哈萨克斯坦昆山项目权益收购、俄罗斯亚马尔股权收购、伊拉克西古尔纳 -1 油田权益收购、莫桑比克 4 区块权益收购等，融资安排约 969 亿美元，本年度提款 252 亿美元，记入合并报表负债约 99 亿美元。

（韩　宇　孙傲雪）

为发挥直接融资在发行成本、规模上的优势，切实保障公司资金需求，3 月 15 日，股份公司成功发行 200 亿元公司债，其中 5 年期 160 亿元，10 年期 40 亿元，发行利率为同期市场最低水平。

根据投资计划及现金流变动情况，细化融资工作安排，提前做好融资方案，落实资金到位，保障了公司生产运营资金需求。借入集团公司委托贷款 1640 亿元，归还各商业银行到期借款 231 亿元，集团委贷 1440 亿元，在保持合理资金头寸的同时，控制有息债务规模，减轻财务费用压力。2013 年，股份公司新增银行授信额度 170 亿元，顺利续签到期授信额度 200 亿元，为公司后续融资提供了授信支持。

（王洪军　钟玉兰）

【年金管理】 2013 年初，集团公司年金理事会办公室向投资管理人和托管人下达 2013 年中国石油年金基金风险控制指引。与 2012 年相比，主要调整内容包括：最低回报和业绩报酬坐标值，业绩报酬提成比例和兑付方式，风险控制指引调整为三类，即宽松、标准、另类，适度放宽投资管理人投资品种操作空间，分设进取、混合、另类投资组合。理事会办公室向投资管理人下达 2013 年年金资金分配规则，确立委托资金分配的基本原则是向净值增长率持续领先和排名提升幅度较大的组合倾斜，从持续落后的组合中调出资金，强调了业绩的可持续性，进一步发挥排名的激励作用。

2013 年 5 月，XBRL 数据分析平台系统正式投入使用。初期系统包括年金基础表查询、年金收益率查询、年金资产配置、XBRL 数据维护等功能查询。

（孙晨曦）

【应收账款清收】 完成 2013 年度清欠任务。通过加强日常欠款监督，实现新欠有效控制；督促各基层单位持续清理陈欠款，年末陈欠款下降幅度超过 90%；多次召开内部欠款协调会，协助集团公司各基层单位清理内部欠款；通过坏账核销，处置 39 笔挂账多年的欠款。

完善客户信用管理模块，搭建一套集团公司内部单位家族树，梳理明确集团公司企业隶属关系，为清欠业务提供信息支持。

（马保华　钱志强）

【保险业务管理】 根据集团公司业务发展情况，持续优化保险方案，稳步推进集团公司上市及未上市企业商业保险集中管理，稳妥组织落实年度统保及重大建设项目保险安排工作。协调处理多起重大保险案件理赔工作。组织完成多次内外部保险业务培训，促进提高相关从业人员专业素质及操作技能。2013 年，集团公司保费支出 22.05 亿元，同比下降 12%。

（金莉莉　王允星）

【授信管理】 截至 2013 年底，集团公司新增综合授信额度 595 亿元，获得综合授信额度共计 12799 亿元；为所属企业办理授信业务平均减少保证金占用 809 亿元，累计节约财务费用 39 亿元、中资银行手续费 1.66 亿元。

加强授信业务基础管理工作。修订并下发《中国石油天然气集团公司授信业务管理办法》(中油财〔2013〕252号);推进《担保管理办法》制定工作,明确机构职责、担保分级管理权限及风险控制要素。

按照集团公司“逐级审批,分工负责”的管理体制,严格执行授信业务审批流程,协助成员企业完善内部管理制度及操作流程,专设授信业务岗位,促进企业顺利开展授信业务;规范业务条款,明确提示风险、动态跟踪业务执行情况,加强高风险级别地区授信业务事前风险防控;指导企业制定风险应对措施,及时撤销到期授信业务、解除担保,全程防控授信业务风险。

优化工作方法,提高工作效率。搭建银企、企企沟通平台,提高信息传递时效;对标准化、条款固定的授信业务,企业自行审批后,由集团公司为其提供授信额度办理;对业务量大、用信频繁的企业切分大额循环使用额度,提高业务办理效率。运用信息系统对企业分级授权业务进行实时监督检查,确保流程清晰、规范操作。

充分利用银行金融工具优势,扩大授信业务开展规模,根据公司结算业务特点,创新授信业务品种,继续开展海外代付、发票融资、保理等成熟的银行贸易融资产品,达到盘活账面资产、降本增效管理目的,提升财务创效能力。

(吴立群　赵　娟)

【金融业务管理】 2013年,中国石油专属保险公司、中意资产管理公司成立,集团公司所属金融企业增至12家,金融业务架构基本齐全,金融业务由单一的现金管理向现代金融、产融结合转变,职能范围逐步发展为功能综合、业务全面、优势互补、贴近主业的金融服务体系。截至2013年底,金融企业管理总资产达13327亿元,其中表内资产9585亿元,2013年金融企业实现利润总额116亿元。

先后赴国网英大国际控股集团有限公司、中航投资控股股份有限公司进行调研,借鉴其他中央企业金融业务管理经验,启动中国石油金融业务管控模式研究。10月25日,集团公司领导听取集团公司金融业务发展工作汇报,要求金融业务突出差异化、特色化、高端化的发展要求,坚持规范化、市场化、国际化的发展方向,探索专业化、集约化、一体化、信息化的发展路径。

2013年11月,集团公司资产证券化课题顺利结题,提出集团公司未来适宜实施资产证券化的基础资产及主要模式,为今后集团公司实施资产轻量化提供决策参考。

(田　娜　任克娟　贾　磊)

【预算管理】

1. 实施季度预算管理

为强化生产经营以效益为中心的理念,加大工效挂钩力度,确保“稳增长”目标落实,集团公司下发《中国石油天然气集团公司季度预算管理暂行办法》(中油预算〔2013〕205号),实施季度预算管理和考核。总部按季度下达各专业公司利润指标,各专业公司将季度目标进一步分解到地区公司。集团公司效益考核领导小组对各单位季度预算完成情况分别进行考核和奖罚兑现,强化预算引领和控制功能,促进集团公司降本增效和业绩目标的实现。

(黄　鸿　纪妍文　方　圆)

2. 优化预算考核指标体系

完善预算考核指标体系,突出质量效益导向,将效益指标权重从以往的40%左右提高到70%,与国务院国资委《中央企业负责人经营业绩考核暂行办法》中效益类指标权重一致,并大幅简化指标个数,保留利润和投资回报率(净资产收益率)两个关键指标,将操作成本、单位现金管输成本等成本费用指标作为控制指标,分值只扣不奖,进一步体现对企业价值创造能力的考核。通过具有战略性、可操作性、可量化的关键指标的设置,清晰传递公司以效益为中心的指导思想,有利于加强发展方式转变,提高运行效率,弥补管理短板。

(黄　鸿　纪妍文)

3. 推进完整项目管理

重点开展对2011年、2012年已开展的两批15个油气田试点项目的跟踪总结工作,组织试点企业在组织机构、财务核算、生产计划、业绩考核、效益评价等方面总结完整项目管理实施经验。以项目全生命期的价值最大化作为衡量资源配置效果的标准,从项目决策、建设、运营各环节提高管控质量,搭建完整项目管理评价分析模型,依托预算系统开展全生命周期效益评价,研究提出进一步深化油气田项目经济评价的工作思路和要求。通过这些工作,完整项目管理的理念、方法得到推广,逐步为专业公司和油气田单位接受。

(黄　鸿)

4. 加强经营机制研究

针对下游业务(炼化、销售、贸易)运行中存在的问题,为实现下游业务整体利润最大化,同时借鉴国际石油公司经验,提出下游业务一体化考核管理思路，开展下游炼化销售贸易业务一体化考核专项研究。从炼化、销售业务整体效益角度分析成品油外采效益情况，提出严格坚持外采效益标准，突出效益导向，在确保集团公司整体效益情况下，适当控制外采规模的建议。

组织开展对大庆油田公司、长庆油田公司等重点油田企业现场调研，根据调研情况，对油气田企业操作成本预算机制进行调整，并在2013年调整预算和2014年框架预算中得到实施，较好地解决了大庆油田公司、长庆油田公司和勘探与生产分公司的成本矛盾，促进油气田企业增储上产。全面梳理矿区服务2008年以来的收支情况，研究提出矿区确保收支平衡、可持续发展等意见建议。研究制定2013年钻探业务合同签订及结算指导价格，进一步理顺关联交易结算。

开展集团公司重大科研专项研究，通过对科研目标与实物工作量的关系、实物工作量与价值量的关系、科研支出与实际科研成果关系的分析，探索建立重大科技投入、产出评价模型，对重大科技专项投入产出机制、管理模式提出改进建议，进一步加强和规范科技支出管理。

（王向林　黄　鸿　袁振江　强宝林　纪妍文　方　圆）

5. 加强预算监控分析

强化预算执行监控，与专业公司、企事业单位及时沟通了解对利润影响较大的进口LNG、中缅气、自产天然气数量等事项，运用油价、汇率敏感性研究成果，跟踪和监控预算执行，客观分析预算执行差异与原因，及时反馈预算执行的进度与效果。加强预算执行分析，针对2013年进口天然气亏损增大、天然气价格新政策在全国推广、油气管道折旧年限调整、管道合资合作、“营改增”扩大试点范围等重大政策和环境变化，及时完成重大事项的应急分析，确保数据准确、提供及时，提高分析的针对性和时效性，为管理层决策提供参考依据。

（黄　鸿）

6. 开展经营指标评价

连续第四年开展各类业务经营指标评价，参评单位总数扩大到171个，其中企业118家，海外项目35个，对外合作项目18个。对综合评价结果优秀的31家单位，以及单位产品贡献、成本控制、人均现金贡献等单项指标在同类业务中最优的19家企业和项目予以奖励。

（纪妍文）

【成本费用管理】 推动投资成本双控工作持续开展，加强公司成本费用指标变化动态监控。详细分析单位油气操作成本、单位完全加工成本和吨油营销成本等重要成本指标变化情况，以及折旧折耗、融资成本和人工等要素对各项成本指标的影响，并对成本费用管控提出切实可行的工作建议。针对水电燃料等能耗上升、措施作业增加等提出合理化应对策略，推动成本管理创新和技术创新。加强对标管理和精细化管理，继续深入开展国际公司对标、国内同行业企业的全面对标，结合各板块业务特点，对勘探、炼化、销售、天然气管道、工程技术服务、工程建设和装备制造等业务进行国际国内对标分析，及时跟踪公司行业竞争力和发展能力。在各方共同努力下，2013年成本费用增幅得到有效控制，推动全年经营业绩指标的顺利完成。

（王　华　朱昕梅　范　暄　梁　宁　付辉平　吴日球）

【对标管理】 继续深入开展国内同行业企业的全面对标，及时跟踪行业竞争力和发展能力，强化对标分析和管理在集团公司各业务、各层级单位中的广泛应用。持续开展加油站单站经济效益跟踪评价分析，推进销售分公司低销低效站治理工作。

（王向林　袁振江　强宝林　方　圆）

加强对国内外可比公司跟踪研究。按季度对埃克森美孚、壳牌、BP、雪佛龙、道达尔、中国石化、中国海油进行对标分析。分析报告列示可比公司生产经营和财务管理重大信息，从十大类74项指标进行全面对标分析，并提出有关建议，为领导科学决策提供翔实依据和有力支持，促进管理提升、生产经营优化和国际化发展。

（胡建忠　卢文波　王开升）

【关联交易】 披露2012年度及2013年中期关联交易信息。按照监管要求，对会计师事务所出具的2012年度审计报告以及致股份公司董事会的关联交易审计意见书进行确认。完成股份公司2012年度及2013年度中期持续性关联交易情况报告以及关联交易信息披露，确保年度关联交易结算工作规范平稳运行。

参与香港联交所《上市规则》修订。香港联交所刊发有关关联交易的咨询文件，拟修订《上市规则》关于关联交易的条款。股份公司对相关条款及香港联交所的意向性意见进行认真分析研究，分别对《有关检讨关联交易规则的问卷》、《有关建议修订〈上市规则〉条文划一关联人士及联系人定义的问卷》中68个问题进行回答。

修订金融服务持续性关联交易上限。根据业务规模发展需求及经营状况，股份公司2013年6月27日举行的第五届董事会第九次会议，审议并批准在现有集团公司向股份公司提供金融服务类持续性关联交易上限中增加融资租赁子类别，2013年及2014年度上限分别为100亿元。

（单　俐）

【费用标准化体系建设】 推进管理性支出标准化体系建设，提高费用管理的精细化和规范化。2013年下发《关于规范新进员工福利型补贴有关问题的通知》（中油预算〔2013〕81号）、《关于规范集团公司公务车辆租赁管理工作的通知》（中油预算〔2013〕92号）。研究广告宣传费规范、科技评审专家费标准和董事、监事费补贴标准等。推进统建信息系统运维费用分摊机制，下发《关于对地理信息等系统下达定额标准的通知》（预算〔2013〕189号），对地理信息等4个信息系统项目的运维费用实施定额标准，累计下达单用户定额标准的信息系统项目达到19个。

（纪妍文）

【会计报表及核算】 持续完善财务决算管理方式，编写下发《2013年度财务决算指导手册》，明确各项政策要求。首次全面实施网上审核，减轻地区公司负担，提高工作效率，两周时间内完成所属企事业单位报表审核工作。2013年集团公司决算共上报968户子企业决算报表，同比增加133家。组织上报财政部、国务院国资委“集团公司2013年度决算”，满分通过现场审核，获得高度评价。注重将决算管理与公司保增长、保效益工作有机衔接，对各板块的成本费用、资源配置和经营效益进行深入细致研究，将大庆油田公司投资成本一体化管控、大港油田公司预算与决算闭环管理等好的工作方法与经验进行总结推广，推动管理提升。加强特殊业务决算管理，强化境外税费、国际贸易、汇兑损失等业务的风险防范。

（王　华　朱昕梅　范　暄　梁　宁　付辉平　朱　兰）

进一步完善股份公司会计报表体系，适应天然气价格改革后效益测算要求，修订完善天然气业务主营业务收入情况表等相关报表，增加存量气、增量气报表内容，为天然气业务推价管理和后续天然气价格并轨政策争取奠定基础。加强报表基础管理，在满足内外部管理需求前提下，下大力气管控报表数量，报表总量压缩10%，优化报表填报内容，提高财务数据自动化生成水平。建立重点问题反馈沟通机制，在报表保送同时，对影响效益、资产、权益变化的重大事项进行合理说明，报表信息全面、准确反映股份公司生产经营实际运行状况。

（朱昕梅　范　暄　梁　宁）

不断完善财务分析体系、框架，经济活动分析水平不断提升。紧密围绕提高投资回报水平、促进经济效益增长的核心价值管理理念，结合内外部经济形势，定量定性相结合，对财务状况、经营成果、产品量价、各板块经营业绩、主要指标等进行深入分析和研判。在成本费用管控、融资规模结构优化、海外非常规能源项目风险防范、炼油加工油种效益测算、成品油库存管理优化、进口天然气业务亏损、成品油质量升级、天然气推价实施等方面提出具体针对性建议。对亏损超过1亿元的42家企业进行专项研究，推动控亏、减亏工作持续推进，发挥财务部门“当好家、理好财、献好策”的参谋作用，推动集团公司、股份公司持续健康发展。

（王　华　朱昕梅　范　暄　付辉平）

发挥会计核算专业优势，研究解决西气东输一线、二线管道合资业务相关财务会计工作，合理有效降低税负，推动资产结构合理优化，实现公司重组并购意图。研究规范成品油管道铺底油单独计价核算、天然气门站价格改革后相关会计核算；出台加油站单站会计核算办法、规范对外合作项目中方账海上油气资产弃置会计处理方法；根据四川石化试生产实际情况，明确相关试生产期间支出的会计列支渠道。发挥会计核算的桥梁纽带作用，提出公司成品油损溢优化管理建议，组织对化工生产装置计提资产减值准备。支持海外业务财务工作发展，完善海外项目资料库建设，协助阿姆河公司解决财务管理、纳税筹划等问题。

（袁延松　周　静）

【会计准则体系建设】 发布《中国石油天然气集团公司会计手册》（2012版）及《中国石油天然气集团公司会计手册——金融分册》（2012版），结合企业会计准则、宏观经济政策及集团公司生产经营情况变化，对安全生产费用计提范围、聚合物折耗方法、管道资产折旧年限等进行重新规范，确保手册合规性、及时性和可用性，提高会计信息质量。

（王　华　顾先英　姜　艳）

发布《中国石油天然气股份有限公司会计手册》（2012版）。按照年度工作计划，组织两期股份公司会计手册区域研讨会，根据修订意见和股份公司业务发展需要对会计手册进行集中修订，经会计手册指导委员会审批后发布实施。

（黄思良）

参与国内外会计准则制定意见反馈，跟踪分析国内外准则变化及机构动态，发挥公司在规则制定中的话语权。参与财政部长期股权投资、合并报表、在其他主体中权益披露、合营安排、金融工具等十项准则意见反馈。研究财政部就IFRS9号金融工具减值征求意见稿、国际会计准则理事会（IASB）租赁准则征求意见稿，分析准则最新变化，评估对公司影响，组织意见反馈。

（王　华　黄思良　顾先英　姜　艳）

【财务管理信息系统建设】

1.“十二五”财务信息技术专项规划

为更好地发挥财务信息化价值管理作用，构建“集成共享、先进适用的财务信息化管理体系”，组织编制“十二五”及未来一个时期财务信息技术专项规划。未来一个时期，财务信息系统将在FMIS系统平台基础上，依靠现代化信息技术和流程架构，以深度融合和深化应用为主线，重点开展整合、提升、集成三项工作任务，不断提高集成化、协同化、自动化程度，拓展FMIS在决策支持、共享服务等领域的应用。并针对规划内容与公司“十二五”ERP应用集成项目结合，与信息管理部逐项对接。

2. 财务信息系统整合

公司财务信息系统涉及ERP与FMIS融合系统、资金平台、价格平台、财务报告、XBRL、经济活动分析等多个子系统。在财务信息化建设的不同时期，因项目组织形式、业务需求等多方面原因，部分子系统存在分头建设、分头应用的情况，这种方式为快速满足业务需求，快速提升相关领域管理能力成效显著，但同时也造成部分系统之间技术标准不一致、业务标准不统一、数据不能充分共享、流程不够顺畅的现象。多系统应用给财务人员带来一定的重复工作量，同时影响财务系统整体应用效果。为解决这一问题，财务部启动系统整合工作。系统整合工作综合考虑数据共享、流程协同、界面统一等多方面需求，首先从用户统一、框架统一、界面统一入手，制订详细的方案和实施计划。

（贺　荣　阎广富）

3. 启动整体资源优化数据支持平台建设工作

为支持公司以效益为中心，以市场为导向，充分发挥上下游一体化优势，实现“有质量、有效益、可持续”发展，公司启动整体资源配置优化价值模型项目。整体优化模型通过搭建“一个平台，两个子模型”，形成公司统一的整体资源配置优化价值管理体系。财务部牵头负责财务模型和数据支持平台的建设工作，其中数据支持平台基于现有的财务数据仓库，建立多部门、多层级共享的数据支持平台，为整体优化模型提供输入数据采集服务、输出数据分析展示功能，实现模型数据的统一、集中、规范管理，提供模型结果的动态、灵活展示。已完成技术方案制订、数据源梳理、标准化字典制定、输入表单设计、存储模型建立等工作。

（贺　荣　钟邦秀　吴雪鹤）

4. 启动司库系统在股份公司推广的前期工作

按照集团公司司库推广计划，启动股份公司司库系统推广工作。鉴于股份公司所属各单位资金平台已经推广实施完成，司库系统与资金平台在功能上存在重叠，项目前期重点对上市、未上市资金管理业务流程、资金管理标准及系统功能上的差异进行全面梳理。年内完成资金计划控制、资金结算、账户管理、债务管理、筹融资管理、客户信用等业务流程的比对和差异分析，完成资金业务标准的比对和差异分析，并对标准统一制订初步方案。

5. 拓展FMIS应用，支持公司重组及合资合作项目开展

2013年，集团公司重组并购及合资合作项目较多，重组并购及合资合作项目开展时间性强，为支持上述项目的开展，财务部在财务信息系统应用方面快速反应、周密布置，针对每一项重组并购及合资合作项目的特点，全面考虑划出方、划入方、组建单位及其他债权债务方的需求，制订详细的系统实施方案并组织落实，支持各项目的顺利开展。2013年，组织中石油西北联合管道有限责任公司、中石油管道联合有限公司、中石油京唐液化天然气有限公司、深圳液化天然气项目部、天然气销售分公司、中石油昆仑天然气利用有限公司、中石油专属财产保险股份有限公司等单位的FMIS、资金平台、AMIS、ERP与FMIS融合系统的实施或系统并账工作。

（贺　荣　阎广富　吴雪鹤）

【年报社会审计】 按照财政部、国务院国资委相关规定，2013年集团公司继续委托立信会计师事务所为主审所的6家会计师事务所进行年度财务决算审计，并为集团公司和所有二级子企业出具标准无保留意见的审计报告。

（王　华　孙　森　付辉平　朱　兰　姜　松）

根据中华人民共和国财政部及国务院国有资产监督管理委员会的相关规定，公司应对连续服务超过一定年限的会计师事务所予以轮换。经股东大会批准，聘任毕马威华振会计师事务所（特殊普通合伙）担任

本公司2013年度境内审计师（核数师），聘任毕马威会计师事务所担任本公司2013年度境外审计师（核数师）。

（胡建忠　卢文波　王开升）

协调股份公司前任和新任会计师事务所工作平稳交接，协调地区公司与毕马威会计师事务所之间的审计业务衔接，进一步明确毕马威会计师事务所的审计任务与责任。对重大事项进行充分沟通，保持主要会计业务处理的一贯性，平稳做好季度、半年度、年度审计管理工作，实现连续15年获得无保留意见的审计报告。

（朱昕梅　范　暄）

向美国《财富》杂志和中国企业联合会提供审计后的2012年度公司相关数据，并与上述机构进行沟通确认，于2013年7月中下旬获得财富世界500强排名第五、中国企业500强排名第二的成绩。

（王　华　周　苏）

【资本市场信息披露】 组织完成股份公司2012年度报告及业绩公告、2013年季度报告、半年度报告及业绩公告、美国版20-F年报的编写及披露工作，并就2012年度报告和2013年半年度及季度报告填写上交所XBRL报送系统。工作完成时间不断提前，质量持续提升，内容丰富性、分析深刻性、报送及时性得到资本市场和监管机构的高度认可。股份公司年度财务报告连续第十五年获得外部审计师出具的标准无保留意见审计报告。获得权威机构颁发的亚洲“最受尊敬公司”、“亚洲最佳管理公司”等多项殊荣。

组织完成路演数据本、业绩发布幻灯片及路演相关问题等路演资料，配合完成2012年度及2013年半年度业绩发布及路演工作，充分发挥桥梁纽带作用，维护公司良好形象。

结合公司生产经营实际、资本市场要求和内外环境的变化，对地区公司业绩报告模板不断进行梳理、修订和完善，全面推进地区公司层面业绩报告编制工作。参考福布斯排名指标体系，并结合股份公司业务实际，从销售收入、税前利润、投资资本回报率、总资产等7项指标对各地区公司进行单项和综合排名。从基本情况、企业管理优秀做法、反映出的问题和建议3个方面认真总结，形成总结报告，提出可行性建议，为管理层决策提供支持。

按照财政部《关于做好2013年企业会计准则通用分类标准实施工作的通知》要求，公司积极开展中国准则XBRL有关工作并取得了多项重要成果。编制完成XBRL格式财务报告实例文档和扩展分类标准，确保高标准、无缺陷通过审核。完成2012年度实施XBRL工作情况总结报告并上报财政部。同时，继续跟踪、关注美国证监会以及中国财政部关于XBRL工作最新进展和具体要求，保证股份公司XBRL工作在国内先进性和实施效果。在2013年财政部组织的XBRL实施工作会和第四届亚洲XBRL论坛上，财政部会计司杨敏司长、应唯副司长对股份公司XBRL工作成绩均给予高度评价。

（胡建忠　卢文波　王开升）

【外部监督检查】 2013年5月2日至7月31日，国家审计署对集团公司原法定代表人蒋洁敏2006年11月至2013年3月履行经济责任情况进行审计。

（魏凤梅　荆宝森）

2013年6月，国务院派驻集团公司国有重点大型企业监事会主席换届，郜风涛离任。7月5日，新一届监事会入驻集团公司，新任主席季晓南。

（魏凤梅　吕　敏）

【资产管理】 结合集团公司资产现状及发展战略，研究资产轻量化必要性，从控制优化增量、盘活清理存量、强化基础管理、政策引导监督等方面提出资产轻量化措施。同时，为落实集团公司资产轻量化战略及《国务院国资委关于清理和处置低效无效资产的通知》精神，组织开展低效无效资产清理和处置工作，制订低效无效资产清理和处置总体工作方案并下发实施。

（刘团结　刘明成　王秀华　吴志远）

根据集团公司、股份公司存量管线资产及预计新增管线资产情况，分析预测延长折旧年限对公司利润、净利润及现金流的影响，为管道资产折旧年限调整提供决策支持。下发外输管线资产折旧年限调整通知，自2013年1月1日起，外输原油、天然气、成品油管线折旧年限由14年调整为30年，同时协调做好资产系统调整升级工作。

加强LNG、CNG、焦炉煤气等新兴业务资产管理及核算，组织昆仑能源有限公司对相关资产折旧政策进行研究，最终决定在现行目录中新增LNG工厂生产装置、焦炉煤气净化生产装置、LNG加气站、CNG加气站4个子目录，并通过公司文件下发执行。

（刘团结　刘明成　李　杰）

完成与中缅管道国内段资产重组、西气东输一线和西气东输二线资产合资、中石油昆仑天然气利用公司重组整合、香港支线、唐山LNG项目部、新疆红山油田资产重组等相关项目的资产划转和配套财务支持工作，有效保障重组工作的顺利进行。

（刘团结　刘明成）

为盘活闲置资产，组织对地区公司闲置设备、物资等进行调剂，共成功调剂固定资产原值近1亿元。鼓励各企事业单位通过对外转让、置换、出租等方式盘活低效、无效资产，共批复处置闲置固定资产原值约1亿元。

（刘团结　刘明成　侯建春　吴志远）

2013年完成资产评估项目备案175项，其中境内资产评估备案项目172项，境外资产评估备案程序确认项目3项。

（刘团结　左建威）

【土地管理】 牵头研究制定的大管径长距离输气管道土地使用标准已由国土资源部颁布执行，为提高管道用地报批效率奠定基础。油气勘探开发项目使用林地政策课题研究通过国家林业局多位专家在内的评委会评审。钻井及配套设施建设用地报批平稳推进，为油气产能建设提供用地保障。加强与国家及沿线国土资源部门沟通协调，中缅油气管道、西气东输三线西段等新建项目用地报批进展顺利。

坚持低成本、集约化、内涵式发展的用地思路，从工程项目前期规划入手，统筹优化开发方案，严格按建设用地标准使用土地，节约集约用地约1.8万亩❶。严格按程序审核把关，持续提升存量土地资产盘活处置效益。内部调剂土地1061亩，置换加油站用地181亩。制订实施方案，按计划有序开展低效、无效土地资产经营创效工作。

发挥公司整体优势，建立土地事务区域协调机制。组织开展土地管理工作检查，按照集团公司《土地管理办法》要求和《土地管理手册》检查评分标准分片区互检，严格落实整改要求，提升公司土地管理工作水平。

（李　丽）

【财税政策与管理】 争取自用石脑油免征消费税政策。2013年，向国家税务总局上报年度石脑油定点直供及调整计划，落实石脑油连续加工乙烯、芳烃免征消费税政策。

“营改增”改革。自2013年8月1日起，“营改增”改革推向全国。通过与财政部、国家税务总局沟通石油行业“营改增”问题，争取有利于集团公司的优惠政策。主要包括：一是交通运输企业的增值税税率由11%降至6%，或过渡期后保留税负超3%部分即征即退政策；二是对管输企业仍按差额收入为基础计算退税；三是国际货物运输代理业务恢复差额征收增值税政策，解决原差额征税政策取消后出现的负担增加问题。

油气田企业开发煤层气、页岩气增值税政策。国家税务总局印发《关于油气田企业开发煤层气、页岩气增值税有关问题的公告》（税总2013年第27号公告）。公告明确：自2013年7月1日起，油气田企业从事煤层气、页岩气生产及生产性劳务，按照《油气田企业增值税管理办法》（财税〔2009〕8号）缴纳增值税。该政策的落实，乙方企业由营业税改征增值税，并且生产性不动产进项税可抵扣，将大幅减轻税收负担，有利于煤层气、页岩气等非常规油气资源的开发。

进口天然气增值税先征后返政策。经积极敦促，国际事业公司取得中亚进口气增值税款返还。向财政部申请中缅天然气管道项目、唐山LNG享受天然气进口环节增值税返还政策。2013年，财政部批复中缅管道气项目，返税依据的国产气价格自2013年3季度由0.88元/米^{3}上提到1.11元/米^3。

油气田企业自用成品油消费税退税政策。经积极协调北京财政专员办，加紧审核上报返税申报资料，实现自用成品油消费税应退尽退，对增加集团公司整体效益发挥了直接作用。

（杨会杰　李　柯）

组织编制完成38国《国际石油税制国别报告》。内容涵盖集团公司主要项目所在国的石油税制与征管特点、投资保护政策与法规，反映主要国家的税制细节，提示海外项目税收风险。

组织编制《国别纳税筹划指引》，提升海外业务纳税筹划制度化、规范化和科学化水平。完成委内瑞拉等10个国家纳税筹划指引的征求意见稿。

（王集杰　李　海）

【价格政策与管理】 推进全国天然气价格机制改革。2013年6月，国家发改委在总结两广地区天然气价格形成机制试点改革经验的基础上，出台新的天然气价格调整方案，天然气价格改革实现了历史性重大突破。方案明确将天然气分为存量气和增量气两部分，存量气为2012年实际供气量，超出部分为增量气。增量气门站价格总体按照广东、广西试点方案确定的计价办法，一步调整到2012年下半年可替代能源价格85%的水平，不再按用途分类。存量气价格分步调整，力争“十二五”末调整到位。2013年7月10日起，存量气中化肥用气提价不超过0.25元/米^3、

---

❶ 1亩≈666.67平方米。

其他用气不超过0.4元/米³、供居民存量气和增量气暂不调整。

完善成品油价格机制。2013年3月，国家发改委下发《关于进一步完善成品油价格形成机制的通知》（发改价格〔2013〕624号），标志着国内成品油价格形成机制日趋完善，向市场化改革方向推进了一大步。此次成品油价格机制完善的内容为：完善价格调控程序，加快调价频率，由22个工作日缩短至10个工作日，取消上下4%幅度限制，只要成品油价格变化达到50元/吨，即可调整国内成品油价格。新机制的实施，进一步理顺了国内成品油与原油的价格关系，扭转了国内炼油业务长期大幅亏损的状况，提高炼油企业生产积极性；每10个工作日对成品油价格定期进行调整，使国内成品油价格与国际市场紧密联动，有效减少市场投机行为，保障国内成品油市场的稳定供应。

争取成品油质量升级“优质优价”政策。2013年8月27日，国家发改委下发《关于油品质量升级加价政策有关意见的通知》（发改价格〔2013〕1845号）。2014年1月1日全国推行国Ⅳ汽油标准，2015年1月1日推行国Ⅳ车用柴油标准，汽油、柴油每吨分别加价290元、370元；2018年1月1日全国推行国Ⅴ汽油、柴油标准，汽油、柴油每吨分别加价170元、160元。

（王向林　杜　波）

【油气商业储备】 石油商业储备。石油商业储备与生产资源形成良性循环，储备库容、储备油为公司生产平稳运行与市场供应发挥支持保障作用。

天然气商业储备。国家明确储气库垫底气支出、占压矿产资源补偿以及预备费等纳入建设投资。不断健全制度体系和机制建设，研究确定天然气商业储备采购收储机制流程，明确相关结算业务管理规定。新疆呼图壁、西南相国寺、华北苏桥3座储气库开始注气。

（杜燕丽）

【机关财务管理】

1. 经费、薪酬与投资管理

强化资金管理，确保资金安全受控。严格资金支付三级管理，确保资金支付零差错。加强总部机关费用管控，严格执行中央八项规定和集团公司党组二十条要求，细化办公费、会议费等财务报销费用审核，加强事前控制。完成机关在职人员薪酬、离退休人员养老金、高级管理人员薪酬发放工作，完成三险一金的申报和缴纳工作，薪酬发放规范、准确、及时。清理集团公司总部机关历年投资计划，实现投资计划的网上信息化管理。

（马平原　张　鹏　张九江　黄　静
赵　婷　贺陪军　吴春燕　牛庆超　等）

2. 预算控制执行和分析

建立预算控制分解机制，按季编制集团公司、股份公司和国际事业部分析报表和报告，做到财务事先参与、事中控制、事后分析，源头做好财务管理工作，为领导提供决策支持。定期核对网上报销与FMIS数据差异，及时通报经费执行情况，并跟踪检查费用控制情况。

（马平原　张　鹏　唐　薇　贺陪军
吴春燕　冀　岩　史文戎　等）

3. 强化外事财务管理

按照新形势下集团公司严控出国经费支出、厉行勤俭节约的工作要求，做好出国经费预算执行、财务核算和资金收付工作。全年为集团公司总部及所属135家企事业单位办理的团组数和出国经费同比分别下降6%和17%，出国费用结算率同比提高2.4个百分点。加强海外机构财务管理，提升办事处财务管理水平，加强财务监督，确保资金安全。完成集团公司驻美国办事处账户清理变更，以及驻苏丹办事处往来挂账清理。

（唐　薇　王金魁　孟晓玲　张居凡
梁岩青　张　鹏　冀　岩　马平原　等）

4. 总部税务管理工作

完成中国石油总部机关、国际事业部、华昌公司和中加中心税费缴纳工作。完成华昌公司、国际事业部和中加中心2012年度所得税汇算清缴和2013年机打地税发票开具、税控机数据上报授权和发票购领管理等工作。完成北京市地税局2013年新版国标税控地税发票学习宣传和启用工作。完成集团总部机关所属北京市西城区地税局德胜税务所开展的涉税经济事务相关税种的税收自查工作。

（马平原　唐　薇　张居凡　赵　婷　等）

5. 公共运行管理工作

审核并支付北京中国石油大厦、广州石油大厦和六铺炕办公区公共运行费用。协调推进广州石油大厦租赁合同签订和租金收取。配合完成国务院国资委国有企业领导人职务消费管理办法、集团公司总部厉行节约反对浪费实施细则等文件的讨论、修改和信息报送工作。完成华昌公司预算执行、资金支付、资产管理和会计核算等各项工作。

（马平原　唐　薇　张居凡　贺培军　等）

【制度建设】 2013年1月，集团公司修订下发《中国石油天然气集团公司会计手册（2012）》、《中国石油天然气集团公司会计手册——金融分册（2012）》（财资〔2013〕42号）。

（王　华　范　暄）

2013年1月，股份公司修订下发《中国石油天然气股份有限公司会计手册（2012）》。

（黄思良）

2013年5月，集团公司下发《关于调整外输原油、外输天然气、外输成品油管线资产折旧年限的通知》（财资〔2013〕217号），自2013年1月1日起，外输原油、外输天然气、外输成品油管线折旧年限由14年调整为30年。

（刘团结　刘明成　李　杰）

2013年5月，集团公司下发《中国石油天然气集团公司季度预算管理暂行办法》（中油预算〔2013〕205号），进一步强化预算管理，加大工效挂钩力度，确保年度预算目标实现。

（朱晓旸）

2013年12月，股份公司下发《中国石油天然气股份有限公司安全生产费用计提和使用规定》。

（黄思良）

【财会队伍建设】 强化财会队伍管理，注重业务培训与职业道德教育，财务人员专业化、国际化素质稳步提升。选派5名总部财务人员在海外项目交流锻炼，丰富机关业务骨干国际财务管理实践经验，增强国际化管理水平与素质。继续开展外语学习达标测试活动，采取外语测评与英语演讲比赛等多种形式，不断夯实财务人员外语基础，提高外语应用能力。积极选拔推荐财务人员参加会计领军（后备）人才培训选拔，2人被财政部确定为全国会计领军人才后备人选。总部机关和成员单位继续开展专业知识竞赛，优秀业务骨干不断涌现，在2013年中央企业财会职业技能大赛决赛中，集团公司荣获团体二等奖，3位上场参赛选手个人综合成绩全部进入前10名，被国务院国资委授予“十大金牌岗位能手”荣誉称号。

始终把会计职业道德教育放在队伍建设首位，结合党的群众路线教育实践活动，加强财务人员廉洁从业建设。将职业道德教育内容纳入业务培训，促进财务人员规范理财、廉洁管财。严格会计从业资格管理和会计继续教育培训管理，2013年底，集团公司财务人员会计从业资格取证率达96%，会计继续教育覆盖面达100%。《新形势下进一步完善总会计师制度问题研究》研究课题顺利结项，为健全国家总会计师法规体系和管理机制提供数据支持，提出政策建议。

（孙　森　郝　鹏）

研究制定进一步提升工作质量效率、强化服务意识、改进工作作风的一揽子制度和要求。主要包括：切实提高办文办事效率，要求各岗位做到马上就办、限时办结、定期回复、日清月结；确保工作质量，注重行文规范、严格逐级审查、控制发文数量；落实工作督办、工作质量、工作效率和服务水平的定期跟踪考评；严肃工作作风和纪律，提倡文明办公，强化廉政意识、节约意识、服务意识和协作意识。

积极开展读书学习和业务培训活动。建立财务部部内业务学习培训学分制，紧贴财务工作实际，密切关注公司内外部财务管理新变化和外部财经环境新动态，积极发动各业务处室开展讲座。全年共组织6次培训，累计培训约200人次，内容涉及天然气调价新机制、油气项目并购、工程保险业务、国际财务报告准则新变化、公文写作等内容，满足员工及时掌握本路工作最新动态，横向了解其他业务线知识的需求。

组织股份公司财务系统人员进行培训。截至10月底共组织5期培训班，累计培训650余人，内容涵盖资金管理、税价管理、保险管理和会计准则与交易平台管理。在保障业务讲座高质量开展的同时，着力加强总部与各企事业单位间沟通，引导各处室就本业务单元管理中的问题和下一步要开展的工作设计问答题，并将“管理提升活动”、降本增效战略及群众路线实践教育活动等公司层面的大事要事有机融入其中，在培训时组织分组选题讨论，有效征求各企事业单位意见，问计于基层，形成上下交流互动的良好局面。

（李俊东）

人事管理

【概述】 2013年，集团公司人事工作以开展党的群众路线教育实践活动为契机，按照集团公司党组的总体部署，紧紧围绕"有质量、有效益、可持续"发展方针和建设世界水平综合性国际能源公司目标，在统筹抓好领导班子建设和人才队伍建设的同时，坚持以管理提升活动为抓手，强力推进工效挂钩和"三控制一规范"工作，进一步促进集团公司"保增长、保效益"目标的实现。截至2013年底，集团公司从业人员153.4万人，同比减少2.1万人，全员劳动生产率同比提高4.7%。

【领导班子建设】 认真贯彻落实全国组织工作会议精神，规范干部选任工作程序，严把用人标准，干部工作质量有新提高，全年任免调整干部232人次。积极改进和创新年度履职考评指标和方式，在考评指标上体现新任务、新要求，在考评方式上实行360度考核，考核完成率达到100%，并在深入分析考评结果的基础上，研究提出加强班子建设的具体措施。健全完善班子建设各项制度，在规范选人用人提名、严格集体决策、改进干部考核评价、严肃违反人事纪律责任追究等方面加大改革探索力度，研究制定《党组研究干部选拔任用工作规则》，使选拔任用工作程序更加完备和规范。筹备召开集团公司干部工作会议，研究起草《进一步加强企业领导班子建设的若干意见》、《所属领导班子和领导人员综合考核评价暂行办法》等4项制度，提交会议讨论。强化干部管理监督，制定下发《集团公司所属单位选人用人工作监督检查办法》和《关于进一步做好领导干部报告个人有关事项工作的意见》，结合班子年度考核，同步开展"一报告两评议"工作，组织企事业单位领导干部填报《2012年个人有关事项报告表》。

【人才队伍建设】 坚持规划引领，组织起草《加快推进人才队伍建设的实施意见》，明确到"十三五"末人才工作的目标任务、主要措施及责任分工。高层次人才队伍建设取得新进展，新增中国工程院院士2名，3人通过"千人计划"评审，新增补高级技术专家221名，新增技师2439人、高级技师608人。探索推进"双序列"试点工作，制订推广方案，加强工作指导和效果评估，为下一步推广积累经验。突出业务需求，强化人才培训，制定下发《加强一线员工培训工作的意见》，总部全年组织实施培训项目166个，培训近2万人。制定实施《高校毕业生招聘工作管理办法》，细化准入标准，严把引进质量关，全年招聘高校毕业生1万余人，招聘海外留学生95人。扎实推进海外项目实践锻炼工作，经过个人报名、单位推荐、组织选拔、海外业务知识培训等程序，选派24名总部机关人员分赴11个国家的15个项目进行实践锻炼。坚持以赛促训，集团公司5名选手代表中央企业参加国际焊接技能大赛，取得2个项目第一名、1个项目第二名和1个项目第三名的好成绩。

【组织机构管理】 优化集团公司管控模式，调整完善部分总部职能配置，整合总部财务资产部、财务部、预算管理部，设立财务部、资金部、税价部，对上市、未上市财务业务实施一体化管理。探索建立区域性监督管控模式，调整各纪检监察中心业务区域，基本构建起区域化纪检监察管理体系。积极推进车船燃料油大销售业务管理体制试点，强化业务协同，进一步理顺天然气终端业务体制。按照对外开放、引入外部资本要求，研究明确合资机构的管理体制。推进油气管道区域化运营管理，完成西南管道分公司架构搭建，将广西境内油气管道业务实施划转，对中缅油气管道国内段业务实施重组。本着"业务归类、队伍归并，做精高端、做优特色"的思路，推进长城钻探工程有限公司井下作业业务持续重组。研究完善休斯敦技术研究中心研发体系，加快前沿技术研发创新基地建设。

【劳动用工管理】 根据"十二五"用工总量控制目标，继续抓好油田、炼化、销售、工程技术等企业控员工作，全年压缩用工2.5万余人。持续开展人力资源优化调剂，优先保障云南石化公司、广东石化公司、西南管道公司等新建企业用人。在深入调研的基础上，认真总结江苏销售公司、四川销售公司等企业在业务外包、优化减员、推进自动化信息化等方面的好经验好做法，起草《加快推进业务外包工作的指导意见》，并在厦门召开现场会进行观摩学习，引导各企业进一步改变管控模式，提升发展质量和效益。加强企业一线队伍正常接续补充政策研究，严把人员入口关，对一线人员紧张的企业，有计划有重点地补充部分关键岗位人员。认真贯彻新修订的《中华人民共和国劳动合同法》，根据人力资源与社会保障部和国务院国资委关于规范劳务派遣用工的通知精神，组织对所属企业劳务派遣用工情况进行全面调查，研究提出依法规范劳务派遣用工的具体措施，有效防范劳动用工的法律风险。

【员工绩效考核】 持续优化考核指标体系，强化动态跟踪，严控结果分级，细化专项考核，并积极争取上级政策支持，有力促进集团公司“双保”目标的实现。修订完善集团公司及专业公司战略地图和平衡计分卡，逐步应用于企业领导人员考核中。突出发展质量和效益，研究制定并组织签订公司高管人员2013年绩效合同222份。建立绩效考核季度跟踪监控制度，及时考核专业公司、地区公司利润指标完成结果，为兑现专业公司、地区公司主要领导效益薪酬提供数据支持。组织起草《集团公司高级管理人员经营业绩考核办法》，修订完善《股份公司总裁班子成员业绩考核办法》和《企业领导人员绩效考核办法》，开展与埃克森美孚、壳牌、BP等国内外标杆企业的对标指标研究，并将对标指标纳入2013年绩效合同。国务院国资委考核的集团公司负责人2012年度和第三任期经营业绩考核结果均为A级，分别列中央企业第四名和第二名，年度经营业绩考核结果连续七年保持A级。

【薪酬保险管理】 按照集团公司“保增长、保效益”的总体要求，研究制定“加大薪酬奖惩力度，实现集团公司经济效益稳定增长”的激励政策，加大利润与工资总额的挂钩力度，突出利润在工资分配中的主导地位，使有限的工资增量向效益好、效率高的单位倾斜。建立高中层管理人员薪酬与企业效益的考核联动机制，加大对总部部门、专业分公司高中层管理人员和企业领导班子成员的奖惩力度，变年度考核为季度考核，薪酬与季度利润指标完成率直接挂钩，增强薪酬的激励性和考核的时效性。组织召开东北、西北等4个片区所属企事业单位推进会，宣传解释政策，指导督促各单位抓好贯彻执行。开展福利项目自查整改，从严收入分配纪律，下发《关于进一步加强和规范福利项目管理的通知》，重新明确各福利项目的归口管理部门和职责分工，并对各部门、各单位自查整改进行安排部署并提出具体要求。持续开展人力资源管理量化分析工作，汇总分析并发布2012年度油气田、炼化、销售、天然气管道和工程技术5个专业分公司的全部指标数据和工程建设、装备制造、金融贸易服务三类业务单位的通用指标数据，覆盖除海外和科研事业单位外的绝大部分单位，基本建成集团公司人力资源管理量化分析体系。落实企业年金和生活补贴（过渡年金）业务管理细则，启动企业社会保险纳入地方管理工作，维护企业和职工的利益。

（于维海）

资本运营

【概述】 2013年，集团公司资本运营工作深化战略企划课题和专题研究；积极构建规范合资合作平台，全面提高开放水平；择机实施海外并购重组和国内股权投资，支持主营业务发展；完善股权管理体系，加大优化整合力度，促进中国石油治理水平和创效能力进一步提高。

（孟庆岩）

【资本运营战略企划】 在以往资本运营工作的基础上完成《资本运营理论与实践》出版工作，完成管理提升相关工作。针对股权管理现状的系统分析，认真查找工作中存在的突出问题、薄弱环节及差距不足，细化整改措施和专项提升、持续改进、全面整改和总结评价，按时完成管理提升绩效考核指标的确定。开展股权投资项目后评价相关工作。收集整理国内外后评价相关文献资料，与国内外相关机构交流沟通，明确了近中期工作目标和主要工作任务，完成集团公司软课题“股权投资项目后评价体系建设与应用”开题及研究，完成《中国石油天然气集团公司股权投资项目编制指南》及两个股权投资项目详细后评价范本的编制工作，完成股权信息系统后评价模块的框架设计、数据结构设计及已完成模块的设计工作。积极推动整体优化工作，参与启动整体优化报告的起草并负责整体优化模型技术支持组的相关工作，组织完成整体优化模型的报表输出体系设计、优化参数的校核、整体优化模型的框架设计、整体优化模型的基础参数校核等工作。

（丁　泉）

【资本市场融资整合】 积极开展和完成管道融资平台的建设工作，具有较高的经济意义和社会意义：一是为股份公司拓宽了融资渠道，在获取融资的同时，实现了多项财务目标。引入社会资本600亿元，是股份公司1999年境外上市融资规模的2倍多，接近2007年股份公司回归A股融资规模，有效缓解了企业发展资金需求。合资资金到位后，股份公司资产负债率下降，投资资本回报率有所提高。本次合资是在传统意义上的直接融资和间接融资遭遇市场和行业瓶颈的情况下，一次大胆尝试与创新，实现了产业资本与金融资本的直接融合。企业在获得长期稳定资金来源的同时，也获取了可以长期相互依存、共同发展的合作伙伴。二是资产轻量化发展战略的有效尝试和创新。在满足经营业绩指标要求的情况下，强化外部合作与监督，实行资产、资金、资本一体化经营，体现了资产轻量化战略的理念。三是具有广泛的社会意义。本次合资是集团公司作为国有骨干企业响应国务院国资委号召，落实国务院"新36条"的一项重要举措。金融资本来源于社会闲散资金的聚积，代表了部分国民财富。通过投资西气东输一线、二线国家重点项目，金融资本实现保值增值，既是实现其自身财务投资目标的需要，也是中国石油积极承担社会责任、惠及民生的具体举措。

（徐朝莹）

【收购兼并】 积极组织开展海外并购，有效推进集团公司国际化战略的实施。在伊拉克、哈萨克斯坦、巴西、秘鲁等油气资源富集的国家和地区，成功获取规模化油气资产，进一步夯实集团公司可持续发展的资源基础。采取资产置换、收购等形式，推动优质资产向油气主业集中。助推大庆油田三次采油技术走向国际市场，2013年2月，大庆油田公司成功收购印度尼西亚一家油田化学驱三次采油技术服务项目85%股权，为进一步扩大合作打下基础，为海外业务发展开辟新的增长点。此外，积极推动技术性收购工作。

按商业化原则，采用优先股方式，积极利用外储资金支持集团公司海外业务发展，保障国家能源安全，开辟了一条全新的商业化利用外储资金的融资通道，开创了中央企业发行优先股先例，为国内采用优先股模式创造了有利的政策环境和可借鉴范例。

（曲海潮）

【股权投资】 加强股权投资源头控制，推进股权优化整合，促进中国石油市场竞争力提升和资源配置优化。

强化投资质量控制，提高股权投资源头管理水平。一是完善制度流程，加强政策宣贯与业务培训。在进一步细化股权投资业务流程、可行性论证规范、审批标准等可操作细节基础上，修改并下发了《股权投资实施细则》；对所属企业160多名股权投资岗位工作人员进行制度讲解和业务培训，并对西南油气田公司、福建销售公司等重点企业进行培训。二是推行投资回报承诺，提高股权投资项目质量。组织企业科学审慎开展项目精选，优化投资方案，加强可行性论证，制定风险防范措施，积极贯彻落实"保增长、保效益"要求，以投资回报为中心，要求新上股权投资项目必须满足集团公司最低投资回报要求，由项目申报单位主要负责人和总会计师共同签署《股权投资回报承诺书》，并纳入年度预算目标考核。三是加强股权投资授权管理，督促天然气板块和销售板块严格把关，慎重决策，并加强投资项目实际执行情况的跟踪和反馈。四是着重发挥股权投资控制资源、扩大融资渠道、分散投资风险的优势，积极配合集团公司的战略布局和重点项目的稳步推进。五是加强已批复项目实施阶段的检查与督导，启动近5年股权投资项目实施状况总结与分析工作。通过对已批复项目的动态持续跟踪，落实对股权投资项目的全过程管理。

积极推进未动用储量和页岩气、炼化、昆仑能源等合资合作平台建设。其中，搭建完成未动用储量合作平台，启动华北油田、辽河油田、吉林油田未动用储量的合作开发工作。页岩气合资项目稳步推进，成立四川长宁页岩气合资公司，积极推进重庆地区页岩气合资项目。重点推进广东、广西和云南炼厂的合资论证及谈判，初步完成了云南和广西炼厂合资过程中涉及的云南销售公司和广西销售公司的合资模式研究。完成广东石化公司合资项目中涉及的空分、制氢合资项目的审查。完成对天津东方石化公司的增资，引资0.72亿元，为合资建设炼厂、引进俄油创造条件。

（戚振忠）

【股权管理】 进一步完善股权管理体系建设，着力提升股权管控能力。

进一步深化预决算、绩效考核和股利分配，全面提高股权项目的价值管控能力。组织修订《所投资公司股利分配管理实施细则》、制定《股权管理系统管理细则》。2012年度长期股权投资决算首次实现全口径，股权投资收益预算首次实现由股权管理系统自动出具预算项目清单，通过系统完成114个单位的预算指标编制，减少了人为调整预算范围的可能性；同时，结合人事部指标调整，首次实现企业层面同时进行股权投资收益、净资产收益率、EVA 3项指标的测算，全方位提升了预算指标的科学性。按照注重质量与效益，注重基础管理的原则，对104个管理单位投资收益绩效进行了严格考核。通过严考核、硬兑现，传递了管理压力，强化了责任意识。股利分配管理工作取得明显成效，2009—2013年，已累计回笼现金810亿元。

贯彻国务院国资委管理提升工作要求，组织并完成全层级境内外法人的全面重新登记。贯彻落实《国家出资企业产权登记管理暂行办法》（国务院国资委令第29号）要求以及产权登记培训会精神，集团公司成立国家出资企业产权全面重新登记领导小组，开展并完成了产权登记工作内部集中审核，兑现集团公司如实全部呈报法人产权信息的承诺，全面完成产权重新登记初始化工作。

完成中央企业境外法人年度分析报告，初步实现全口径的股权管理。根据国务院国资委在中央企业建立境外产权定期报告制度的相关要求，以股权管理系统的项目及信息为基础，完成《中央企业境外法人明细表》和集团公司2012年度境外国有产权分析报告。自《中央企业境外国有产权管理暂行办法》（国务院国资委令第27号）下发以来，以摸底清查和明确集团公司境外产权归口管理部门为基础，通过制度建设、系统建设、体系建设等基础工作，集团公司各所属企事业单位的各层级境外法人已按要求全部纳入股权管理系统。境外股权项目全部纳入预算、决算、考核、分红等股权管理业务范畴，从管理责任落实上初步实现了全口径的股权管理。

【专职董事监事制度】 积极推行专职董事监事制度，加强和规范专职董事监事业务管理，促进法人企业管理规范和效益提升。一是加强对控参股公司重大事项的研究，提出有价值的意见和建议，为中国石油发展献计献策。专职董事监事认真研究会议议案，圆满完成任职公司2012年度三会议案的处理，积极参加年度会议，严格按照决策程序履行相关义务，控制投资风险，提高投资收益。组织开展“我为公司提合理化建议”活动，有针对性地指导地区公司委派人员的重点工作，得到派出单位领导的肯定，被任职公司积极采纳。二是通过网上培训和业务交流，提升专职董事监事队伍整体素质，满足专业化管理的需要。利用股权管理信息系统进行网上业务培训，努力提高专职董事监事队伍素质和履职能力。加强业务交流，帮助各单位专职董事监事解决工作中的实际问题和困难。三是通过开展对标分析，加强基础管理工作，提高管理的深度和广度。以对标分析为突破口，带动分析评价水平整体提高。2013年，中国石油总部直管项目对标分析继续提高覆盖面、分析深度，侧重在改进措施上下工夫。修订并下发《专职董监事业务管理细则》。通过决算审核严格专职董事监事业务考核，对专职董事监事工作存在问题的两家地区公司提出批评。四是通过专职董事监事以身作则和深化履职，降低成本费用，提高投资收益。根据管理提升的要求，下发《关于开展专职董事监事降本增效工作的通知》，要求专职董事监事带头，采取切实措施降本增效，倡导务实高效的工作作风。能在本地开的会议不到外地召开，能传签的决议不开现场会，能用电子邮件解决的问题不打长途电话。下大力气研究控参股公司挖潜增效的方案，督促落实降本增效的措施，提高投资收益。

（李书江　周远鸿）

【股权优化整合与处置】 积极推动低效股权处置，提高存量资产优化整合效益。一是组织推进五类股权项目清理处置工作。逐一筛选分析1100多个低效无效投资、非主业投资、共同持股、对外参股等五类股权项目，按重要性原则分类，在与地区公司充分对接基础上，结合项目实际，圈定165个重点处置项目名单，编制处置计划及方案，启动处置工作。二是积极推动股权有序流转。在规范履行审计、资产评估和处置方案审批等程序基础上，坚持“应进必进、能进则进、进则规范、操作透明”等原则，大力推动国有股权进场交易、阳光操作，充分发挥产权交易市场发现买方的功能，推动低效资本的有效流动，防止国有资产的流失。三是加大专业化整合力度，重点推进昆仑天然气利用公司股权项目的整合与处置。四是加强业务培训，提高岗位操作人员规范处置能力。为规范推进低效无效股权处置，提高存量资产优化整合效益夯实基础工作。

积极稳妥推进厂办大集体改革。在地区公司层面建立集体企业管理平台和改革平台，对长期困难的厂办大集体实施关闭注销，妥善安置职工，处理好劳动关系和社会保险关系；对具有发展前景的厂办大集体，实施重组改造，规范公司治理，谋求稳定发展。

（苇成江）

法律工作

【概述】 2013年，集团公司法律管理工作围绕建设世界水平综合性国际能源公司目标和中国石油中心工作，认真落实国务院国资委关于中央企业法制工作第三个三年目标和管理提升活动各项部署，不断加强法律管理基础建设，突出重大法律风险防控，持续深化制度建设、重大项目、合同管理、案件管理、权属及行政法律业务和法制宣传教育等各项工作，法律管理能力和水平取得新进步，为公司持续健康发展提供了有力支撑和保障。

【法律风险防控】 突出法律风险岗位防控承诺、培训、实施和检查考核制度机制建设，确保防控要求落实到位。按照统一部署，地区企业组织与2万多名重点涉法岗位员工签订承诺书，与入职教育、业务学习、岗位培训相结合，有针对性地开展法律风险防控培训，参加人员12万人次，提高了岗位员工法律风险防控技能。将落实法律风险防控要求作为内控测试、岗位责任制大检查和基层建设的重点内容，组织开展法律风险防控测试检查300余次，涉及岗位人员8万余人次，根据测试检查情况查摆问题、组织整改、考核兑现，增强实施效果。同时，开发应用法律风险岗位防控信息平台，运用信息化技术规范和促进指引编制修订、法律制度依据查询索引、法律风险防控知识培训及答题考试、实施检查测评和信息统计分析等工作，已在12家地区企业先行投入应用，在规范管理、提高效率上见到明显效果。为适应内外形势变化，总部组织开展法律环境专题研究，从资本市场、行政监管、对外交易和内部管理等方面分析法律风险变化特点和趋势，从风险评估、资本市场风险应对、制度建设、合规管理、交易管理及重大法律问题处理等方面制订防控措施，并通过企业总法律顾问及法律机构负责人培训进行部署安排。按照要求，各地区企业以领导干部、经营管理岗位和重大项目、交易等关键领域为重点，进一步组织法律风险梳理排查，逐项完善防控措施，提高了法律风险防控针对性和实效性。

【规章制度管理】 将规章制度管理作为集团公司提升管理、规范治理的重点工作，在以往工作基础上，推进制度建设的重心由弥补制度缺失转向体系优化、质量提升和推进制度与体系的有机融合。注重完善制度形成机制，加强法律部门与业务部门联系，强化研究论证和先进对标，提高制度质量和先进性。总部层面，全年共制修订制度35项，其中常务会议审议通过重要制度4项；地区企业组织制修订各类制度5000余项，通过制度制修订方式固化内部有益做法、借鉴外部先进经验、优化管理体制机制。组织修订集团公司制度管理办法，成立课题组，深入研究规章制度管理权限、权力制约、制度实施和推进制度与体系融合等问题，形成具体改进方案，并把相关内容在修改完善制度管理办法中加以体现和固化。结合基础建设工程，积极推进制度、标准、流程一个平台和一个体系建设，在部分试点单位开始见到成效。进一步加大规章制度宣贯落实力度，地区企业组织对新制修订的规章制度开展专门培训，涉及员工20余万人次，对6000余项制度实施情况开展检查和审计，提升了制度执行力。

【重大项目法律管理】 适应集团公司各类重大项目越来越复杂的法律关系，法律风险防控任务越加艰巨，对法律管理的需求越来越大的实际，不断加强重大项目法律参与把关，为重大项目决策和运作提供全方位、强有力的法律支持和保障。总部层面，全年参与各类重大项目40余项，提出法律意见200余份；地区企业全年参与各类重大项目数千项，提出法律意见7000余份。这些项目广泛涉及油气资源、新能源、长输管道、炼油化工、装备制造、工程承包、融资等多个领域，不少是上游、下游全方位合资合作的重大国际项目或跨国项目。各级法律人员在参与重大项目决策运作中，切实加强关键环节控制把关，严格遵守法律法规，遵循商业惯例，注重用足用活法律权利，在法律尽职调查、商业模式设计、合同谈判起草、权利义务安排和法律风险防控等方面发挥重要作用，较好地保障了重大项目依法决策、规范运行。

【合同管理】 围绕进一步规范化、标准化、信息化水平，不断加强合同管理。根据合同管理新要求，完成《集团公司合同管理办法》修订工作，重点就细化过程控制、优化管理流程权限、强化标准化信息化应用、加强重大项目全过程管理、加大履约监管力度和落实合同管理责任等内容作了优化完善，为进一步规范合同管理运行、提高合同管理水平提供制度依据和机制保障。根据交易管理需要，持续加强合同标准化建设，全年新订和完善合同标准文本 21 项，尤其是新增风险提示、条款应用说明及相关法律规定等内容指引，提高了文本适用功能和使用质量。集团公司合同标准文本达到 134 个，文本覆盖面和质量取得新的进步。组织完成合同管理信息系统完善和提升，系统运行质量和数据准确性进一步提高，同时在推进合同信息系统与财务、结算及审计等系统融合集成上取得一定进步。总部全年直接审查部门合同和企业报批合同 600 余份，经过审查把关有效确保了合同质量、防范了合同订立风险。各地区企业采取有效措施，加强检查考核，在治理事后合同、合同管理效率不高等突出问题上取得较好成效。

【权属与行政法律管理】 妥善解决资源、税费、劳动及知识产权等领域反映出的突出问题，充分发挥法律工作对经营管理的服务保障作用。针对资源税费争议纠纷，成立课题组开展专题研究，通过法律程序加强沟通协调，反映公司合理诉求，主动争取理解支持，在从法律政策层面解决影响公司长远发展的重大问题上取得一定成效。积极探索商标维权的有效方式，扎实推进集团公司驰名商标认定工作并取得重大突破，地区企业组织打击外部商标侵权活动 700 余项，较好维护了公司权益和声誉。严格落实集团公司工商登记管理办法，进一步细化业务流程，明确工作时限和纪律要求，注重研究和筹划企业改制等复杂法律问题，及时规范地完成工商登记、年检、变更工作，为确保依法经营管理打下了基础。劳动、土地等业务不断拓展深化，法律部门与业务部门协同联动的机制进一步突显，在规范业务开展、防控法律风险上成效明显。

【纠纷案件管理】 按照预防与处理并重、集中管理与分级处理统一、处理案件与改进管理结合的原则，持续加强纠纷案件管理。进一步完善案件申报、重大案件上下协同处理、案件总结分析、典型案例宣讲教育“四个机制”，加大纠纷案件集中处理、上下协同工作力度，充分利用内外法律资源，在纠纷案件处理和权益保护方面取得较好效果。尤其是针对部分复杂疑难案件，成立法律部门与业务部门共同参加的专门工作组，制订详细工作方案，密切跟踪案件发展态势和进展情况，扎实做好研究论证、证据固定、收集和分析工作，加大协调和应对力度，最大限度地维护公司合法权益和大局稳定。注重把纠纷案件作为加强管理的重要资源，深入开展“一案一总结”工作，分析成因、反思漏洞、制定措施，全年组织分析企业内外典型经济纠纷案例上百起，针对案件反映出的问题研究提出管理措施 800 余条，并广泛组织典型案例宣讲，较好地起到了警示教育和改进管理的作用。

【法制宣传教育】 结合领导干部、经营管理人员和基层员工不同特点，有针对性地组织开展法制宣传教育活动，提高全员法律素质，营造依法合规氛围。在集团公司法律工作会上，结合贯彻落实党的十八大关于依法治国、提高领导干部法治思维和能力等要求，就加强领导干部学法用法提出具体要求。坚持加强领导干部学法用法与党风廉政建设和党的群众路线教育实践活动紧密结合，在各级党委中心组集中学习中进一步增加法律知识内容，深入开展法律政策宣传和警示教育活动，增强领导干部依法行权、反腐倡廉的意识和能力。注重提升经营管理人员法律素质，总部举办多期法律知识专题讲座，包括反垄断、海外投资、资本市场、水土保持法等内容，参加人员 200 余人次，既培训法律专业知识，又研讨经营管理中遇到的重点难点问题。地区企业结合生产经营实际，突出矿产、资源、环境、管道保护、知识产权、劳动和安全环保等法律知识学习培训，全年组织各类法律知识培训及讲座 1400 余次，参加人员 17000 余人次。同时，组织法律知识主题演讲、知识竞赛等活动上千场次，广泛利用网络主页、有线电视、报纸杂志等媒体开办普法专栏，定期开展法制宣传教育活动，通过寓教于乐、形式多样的方式普及法律知识，营造浓厚的学法用法氛围。

【法律管理基础工作】 结合推进落实中央企业法制工作第三个三年目标和管理提升活动，持续加强法律队伍建设、管理制度及标准完善、业务流程优化、标准化信息化建设等基础工作，提升法律管理水平。开展集团公司法律队伍建设专题研究，系统分析队伍现状和突出问题，在合理汲取国际先进公司法律人员管理做法基础上，研究制定具体措施，明确加强队伍建设的基本思路。进一步推行企业总法律顾问制度，大力推进岗位、人员和职责“三个到位”。截至 2013 年底配备总法律顾问的企业达到 67 家，在总法律顾问配备、专职率和作用发挥上取得新的进步。建立法律人员执业资格学习和考取备案制度，总部和地区企业通过组织培训、制订实施奖惩措施督促法律人员考取资格，截至 2013 年底，专职法律人员执业资格率达到 84%。加强与国际大公司法律管理对标工作，在总结分析国际先进经验的基础上，立足公司实际，充分吸收可以借鉴的做法，制订和完善法律管理及业务流程、工作标准、管理规范100余项，在提升法律管理科学化、精细化水平方面初见成效。此外，不断深化对集团公司法律管控模式的研究，剖析中国石油现行法律管控现状，从全员诚信合规及法律有效制约、企业总法律顾问制度、法律管控制度和法律资源配置等方面，研究制定具体措施及保障条件，为建立事前控制、过程控制、底线控制的法律管控体制机制理清了思路。

（法律事务部）

物资采购

【概述】 2013年物资采购管理部认真贯彻落实集团公司工作会议精神，深入开展物资采购管理提升、基础工程建设专项活动，坚持物资采购全生命周期管理，坚持采购和服务水平持续提升，坚持物资采购安全理念不动摇，坚持有效保供不动摇，加大招标管理力度，启动境外采购工作，着重抓好物资采购管理信息系统建设、物资采购标准库建设、战略采购和供应链持续优化工作。

【采购业务量（含电子采购）】 2013年集团公司物资采购总额为2332亿元，集团公司两级集中采购度达96%，采购资金节约额97亿元、采购资金节约率达4%，招标率达到70%以上，电子采购额超过1300亿元；发挥集团公司的规模优势，降低集团化运营成本。

【授权集中采购】 为创新物资采购管理，进一步完善管控模式，强化风险控制，提高效率和效益，全面提升集中采购管理水平，2013年以"三集中"（集中时间、集中地点、集中组织）方式全面推进授权集中采购工作。"三集中"由专家团队集中审定采购方案，由专业招标机构具体组织实施，由监督人员保驾护航，由信息系统做技术支撑，历时4个多月，分两批完成2013年度一级物资集中采购方案评审和集中组织招标工作，涵盖44个物资项目，13228个物资品种，共24个授权组长单位、7家集团内部招标机构、614名评审专家、1881家国内供应商参加，采购金额约840亿元，在提高工作效率、节省组织成本的同时，实现采购价格平均降幅约4%，降本增效成效显著。各企业积极推进二级采购物资集中采购，完善二级物资"三集中"工作规范流程和标准模板，形成二级物资采购目录，实现物资采购的集约化、专业化，全面提升集团公司两级集中采购管理水平。

【招标管理】 进一步强化基础和专业能力建设。组织《集团公司招标管理办法》宣贯培训，累计培训2567人。出台《招标评审专家和专家库管理办法》、《招标专业机构业务管理办法》、《招标信息公开暂行规定》3项制度和《招标评审工作指南》、《招标项目管理与实施工作规范》2项标准。结合国家综合评标专家库的建设进度，将6800名总部管理招标评审专家推荐进入国家综合评标专家库。梳理认可26家内部招标专业机构和68家外部招标代理机构。配合物资采购管理信息系统建设应用，在一级采购物资"三集中"工作中首次应用电子招标。

【物资采购管理信息平台】 2013年物资采购管理信息系统项目完成集成应用推广实施工作，系统已经在集团公司范围内（不含海外）全面上线运行，138家单位推广实施，与8个板块8套ERP和71家地区公司的ERP实现集成，内部用户约2万余人，外部供应商2500多家；电子招标投标系统上线运行，一级物资"三集中"实现网上招标寻源，发布一级物资采购目录360万条。

【主要产品一级采购】

1. 石油专用管材

制定《中国石油API标准油套管无缝管坯订货技术条件》；组织完成7家单位X70及X80板材和钢管的千吨级小批量生产鉴定工作；及时掌握石油专用管供需状况，每周编制生产、发运、库存周报，为及时掌握石油专用管使用情况提供一手资料。

2. 瓜尔胶

组织完成3次瓜尔胶价格调整，初步拟定瓜尔豆片验收标准，突出资源控制与产需衔接，确保供需平衡、价格稳定。

3. 阀门

深入研究供需市场及采购策略，推进上、中、下游阀门整合，开展横向交流和对比学习，增强采购方案科学性。

4. 电缆

发挥专家团队作用，统一规范产品标准，科学制定价格管理机制和价格调整机制，有效解决电缆产品规格品种繁杂、市场价格波动较大等问题，为发挥电缆产品科学定商定价优势，提高采购效益奠定了基础。

【重点工程项目物资采购】 做好管道、炼化等重点工程项目物资采购工作，采购中心建立与管道项目重点客户的互访交流机制，协调解决供应保障问题，满足工程建设需要，提高重点工程项目物资保障服务质量和服务水平。新疆地区生产建设物资供应协调服务小组组织在疆企业和相关单位，超前运作，高效运行，确保“新疆大庆”建设物资需求。实施集团公司催化炼化装置烟气脱硫项目集中采购，价格实现同行业最低。

【供应商管理】 完善采购物资供应商管理制度规范，出台《物资供应商现场考察指导手册》，规范现场考察的组织形成、开展方式、程序、工作规范、考察内容、通用评分细则、工作模板等。开展2013年度一级采购物资集中采购中标甲级供应商现场考察，实际考察615家供应商，通过考察的有589家，限期整改的有23家，取消资格的有3家，从源头上加强供应商管理。推进与壳牌石油公司供应商联合认证工作。召开2013供应商年会，以“合作共赢、提升产品质量与服务水平”为主题进行深入交流探讨，进一步加深对优化采购供应链的认识。

【机电产品进出口管理】 认真履行集团公司机电产品进出口管理职能，2013年共办理新申请自动进口许可证98份、进口设备408台（套）、用汇1.75亿美元；10个鼓励发展项目获得国家确认，项目总投资320亿元，减免进口用汇额3.23亿美元；向国家申请特定地区实际免税进口物资货值5790万美元；国家审核批复上年度进口贴息资金1447万元。持续推进进口集中采购，积极推行框架协议采购。

【石油物资分类与代码】 进一步完善代码管理制度，起草《集团公司物料分类与代码管理办法》。加快物料代码清理，为物采系统全面上线奠定基础，组织大庆油田公司、兰州石化公司、中国石油天然气管道局、渤海装备公司等所属企业对300万个二级物资数据进行梳理，形成清理意见40余万条，对于ERP、物采系统内原有的非标计量单位数据，通过统一申请替换130万个物料编码。完善分类与代码体系，删除分类品名341项，修改计量单位107项，修改属性规范79项，新增分类160条，新增明细数据90万个，其中一级物资明细新增12万个，二级物资明细新增78万个。

【境外项目物资采购管理】 2013年1月1日，《集团公司境外项目物资采购管理办法》正式颁布施行。9月《境外项目总部管理物资目录（2013暂行版）》正式下发，明确总部管理的物资品种包括9个大类、19个中类、37个小类。研究制订境外项目物资供应商建库方案，研究制定《境外项目总部管理物资框架协议采购管理办法》。与西门子、GE、CAT、SECEL等国际供应商开展框架协议采购谈判或前期准备工作。

【绩效管理】 2013年，集团公司将物资两级集中采购度和库存降低率2项指标纳入对企业党政主要领导的年度绩效考核内容并加大考核分值。物资采购管理部全面推进绩效管理，围绕采购、仓储、招标、信息化应用等关键环节，下达考核指标，加大考核力度，强化数据分析，推进全面提升。

【物资采购标准库建设】 2012年初，集团公司启动物资采购标准库建设工作。2013年进入标准初优选阶段，在分析集团公司所属企业标准梳理汇总数据基础上，通过统一的初选和优选，形成集团公司规范使用和参考使用的物资采购标准清单以及集团公司企业标准创编意见，完成标准基础数据准备工作。

（物资采购管理部）

纪检监察

【概述】 2013年是中国石油反腐倡廉建设经受严峻考验的一年。集团公司党组和各企事业单位党委深入学习贯彻中央一系列精神要求，始终与党中央保持高度一致，坚定不移纠正“四风”，旗帜鲜明反对腐败，反腐倡廉建设取得新成效。

【“八项规定”监督检查】 在全系统开展中央“八项

规定”精神和集团公司党组“二十条要求”贯彻落实情况监督检查；对各企事业单位驻外办事处各项工作管理情况进行专项监督检查；召开视频通报会，集中通报14个企事业单位、9个方面典型问题的查处和追责情况；及时在中秋、国庆、元旦、春节等节日前下发文件，提出廉洁自律要求，狠抓敏感节点的正风肃纪工作，持之以恒狠抓“四风”见到明显成效。

【反腐倡廉教育】 印发《2013年反腐倡廉宣传教育工作重点安排》，明确提出“转作风，全面落实中央和集团公司有关规定；树清风，营造风清气正的从业氛围；严纪律，维护党章的权威性和严肃性；促廉洁，始终保持清廉本色”等4项重点任务。命名大庆油田铁人王进喜纪念馆、辽河油田反腐倡廉警示教育基地、新疆油田克拉玛依廉政教育基地、吉林油田反腐倡廉教育基地、华北油田反腐倡廉教育基地为集团公司第一批反腐倡廉教育基地，进一步拓宽教育渠道。充分利用中国石油反腐倡廉宣传教育平台，及时更新补充题库内容，引导党员干部进行学习和自我在线测试，提高廉洁自律意识。

【廉洁从业】 评选表彰2010—2012年度集团公司廉洁从业模范干部，举办4场廉洁从业模范干部先进事迹报告会，编制出版《集团公司廉洁从业模范风采录》和《中国石油高级管理人员廉洁从业学习材料（六）》，弘扬正气，发挥典型引领作用。

【信访与案件查处】 集团公司各级纪检监察部门认真落实党组要求，进一步加大信访举报受理和查办案件工作力度，不断完善办案制度和程序，强化案件审理审核把关职能作用，查办案件数量大幅增加、质量明显提升。2013年，全系统共查办违纪违法案件316件，处分484人。据中央纪委2013年情况通报，集团公司受理信访件、初核件和案件总数均是中央企业中最多的，彰显党组严肃惩治腐败的坚定决心。

【效能监察】 按照“抓源头、抓正面、抓上面、抓关键”的工作思路，2013年，集团公司两级监察部门组织开展效能监察281项，监察部直接组织开展新疆业务投资项目管理效能监察、重大工程建设项目稽查、管道建设项目联合监督、招投标和物资采购管理效能监察、海外项目审计监察等监督检查。共发现各类管理问题4072个，避免经济损失1.1亿元。

落实“制度＋科技”理念和方法，完成联合监督信息系统一期建设，在油品销售和物资采购两个领域上线运行，对43个关键环节及重点部位实现在线监督。根据系统监测情况，对10个企业81个疑似问题进行现场核实，发现违规问题23个，管理问题23个，数据准确率100%。通过网上监察挽回经济损失449.4万元，有力提升联合监督工作成效。

加强效能监察制度和队伍建设，组织编制《集团公司金融业务廉洁风险防控指引》和《集团公司海外业务廉洁风险防控指引》；开展集团公司效能监察专家评审，确定第一批效能监察专家20名；组织2012年度优秀效能监察项目评选，共评出优秀效能监察项目25个。

【源头治理】 按照国务院国资委纪委关于扎实推进国有企业贯彻落实“三重一大”决策制度的总体要求，研究制定集团公司《“三重一大”专项监督检查要点指引》，组织所属企事业单位开展“三重一大”决策制度执行情况自查整改，进一步推动“三重一大”决策制度的落实和执行。

【巡视监督】 按照集团公司党组部署，组织4个巡视组，对12个单位领导班子及其成员遵守党的政治纪律、反腐倡廉建设、作风建设和选人用人等情况进行巡视监督；40个所属企事业单位开展巡视工作，共巡视基层单位119个。进一步加强巡视基础工作和理论研究，制订《集团公司巡视工作规划（2014—2017）》、《集团公司党组关于进一步加强巡视工作的意见》、《关于进一步加强巡视成果运用的意见》、《集团公司党组巡视组考核办法（试行）》、《巡视工作“八字方法”》、《巡视人员守则》等规章制度，开发完善集团公司巡视信息管理系统，组织召开集团公司巡视工作经验交流会和理论研讨会，巡视工作水平进一步提高。

【教育实践活动督导】 2013年下半年，集团公司党组纪检组、监察部承担党的群众路线教育实践活动督导组组织职责，认真做好督导组日常组织、分类指导、统筹协调和后勤服务工作，共解答督导组各类问题300多个，编发工作动态24期、工作运行日报102期、简报6期，为督导工作提供有力支持。督导组按照“尽职不越位、督导不包办”的原则，帮助企事业单位领导班子查找“四风”问题2000多个，审查对照检查材料1000多份，提出意见建议15000多条，有效促进活动的开展。

【组织建设】 按照“打铁还需自身硬”的要求，各级纪检监察部门着力“转职能、转方式、转作风”，纪检监察组织建设迈上新台阶。（1）结合党的群众路线教育实践活动，广泛听取意见，查摆问题，落实整改措施，明确提出纪检监察干部“十做到、十不准”，并及时组织开展会员卡清退专项活动，做到零持有、零报告。（2）集团公司党组纪检组监察部调整内设机构，整合业务分工，突出监督检查和查办案件职能。（3）成立第五纪检监察中心，加强纪检监察中心队伍建设，全面提升履职能力。（4）扎实开展纪委书记述职工作，32个单位的纪委书记进行现场述职和接受测评，纪委书记履职意识和能力得到增强。（5）加强纪检监察业务培训，选派34名局处级纪检监察干部和业务骨干参加中央纪委、国务院国资委纪委培训，集团公司党组纪检组监察部和各企事业单位有针对性地加强业务培训，队伍整体素质得到进一步提升。

【监察学会】 组织召开中国监察学会石油分会第六次会员代表大会，审议通过第五届理事会工作报告、财务工作报告和新修订的《中国监察学会石油分会工作规则》，对石油分会2012—2013年优秀论文进行表彰（一等奖10篇，二等奖20篇，三等奖61篇），选举产生中国监察学会石油分会第六届理事会理事、常务理事和领导机构。

〔党组纪检组、监察部（监察局）〕

审计监督

【概述】 2013年，集团公司各级审计部门围绕中心、服务大局、突出重点，认真履行审计监督与服务职能，在消除隐患、防范风险、规范经营、促进廉洁、提升效益、服务发展等方面发挥积极作用，同时深入开展党的群众路线教育实践活动，不断加强审计队伍、制度和信息化建设，创新审计方式方法，推进成果利用和转化，取得新的成绩。

全年共组织实施审计项目2028项，审计资金2.95万亿元，出具审计报告、专项分析报告、要情及信息2300多份，被采纳审计建议3721条，促进企业完善规章制度151个。

【主要审计活动】 2013年1月7—8日，在北京召开部分单位审计处长座谈会，围绕公司重点难点工作，深入分析面临的形势和问题，探讨审计工作科学发展思路，提出加强内部审计工作的意见和建议。

2月21日，集团公司以视频会形式召开2013年审计工作会议，传达贯彻全国审计工作会议和集团公司工作会议精神，总结2012年审计工作，安排部署2013年审计任务。集团公司总经理、党组成员周吉平主持会议，审计部总经理李庆毅作题为“求真务实，忠实履职，科学审计，为全面建成综合性国际能源公司作出新贡献”的工作报告，国家审计署企业审计司副司长周树大出席会议并作重要讲话。

2月23日，下发集团公司、股份公司2013年审计项目计划。

3月5日，在北京召开2013年审计计划对接会，全面落实2013年审计项目计划。

3月18日，印发《中国石油天然气集团公司2013年审计工作要点》。

3月19日，向股份公司董事会审计委员会、监事会报告2012年审计工作及2013年工作安排。审计委员会同意股份公司审计工作报告。

6月4日，与山东销售公司在济南召开现场会，正式启动销售ERP审计系统深化应用工作。

6月6日，下发《关于进一步提高中国石油天然气集团公司审计部门审计质量、改进工作作风的意见》，提出坚持依法审计、做到文明审计、确保审计质量、严守审计纪律、提高审计效率、厉行勤俭节约、加强人文关怀、改进调查研究、强化制度建设和严格责任追究等10项意见，要求审计人员以更高标准、更严纪律要求自己，大力改进工作作风，提高审计质量和水平。

6月26日，向股份公司董事会审计委员会报告审计工作。审计委员会同意股份公司审计工作报告。

7月9日，集团公司标准化委员会下文调整审计专业标准化直属工作组成员，并聘任审计部总经理李庆毅为工作组组长、审计部副总审计师高辉为工作组秘书长。

8月20日，向股份公司董事会审计委员会、监事会报告审计工作。审计委员会同意股份公司审计工作报告。

10月17日，股份公司董事会审计委员会召开临时会议，听取审计部关于加强审计监督工作的报告。

10月25日，集团公司董事长、党组成员周吉平听取审计部工作汇报并讲话。

11月1日，集团公司下发《关于报送重要审计情况的通知》，要求各企事业单位及时将审计中发现的重大问题或重要案件线索报集团公司审计部，标志着审计要情报告制度正式建立。

11 月 14 日，集团公司、股份公司同时印发《经济责任审计管理办法》。

11 月 27 日，向股份公司董事会审计委员会报告审计工作。审计委员会同意股份公司审计工作报告。

11 月 28 日，集团公司成立审计信息化建设工作领导小组。

12 月 3—15 日，审计部分 3 个调研小组，以 2014 年审计工作思路和重点工作安排、需重点开展的审计项目、近几年审计发现问题的整改情况以及对审计队伍建设的意见和建议为主题，到大庆油田有限责任公司、辽河油田公司、西南油气田公司、大庆石化公司、哈尔滨石化公司、辽河石化公司、四川销售公司、黑龙江销售公司、川庆钻探公司等单位开展调研工作。

12 月 26 日，集团公司、股份公司同时印发《审计组审计纪律规定》、《审计人员职业道德规范》、《审计统计工作管理办法》3 项制度文件。

【重要审计项目及成果】（1）管理效益与专项审计取得良好效果。围绕提高质量和效益，结合集团公司及企业工作中心与管理重点，组织开展管理效益与专项审计 667 项。全系统统一组织开展涉及 55 家单位的库存物资管理、“三剂”消耗与管理等重大专项审计，取得重大成果。总部在重点围绕安全环保、民生工程开展审计的同时，部署所属企业分板块自行组织实施招投标、监理、炼化检维修费用、销售网络投资和加油站管理系统应用等专项审计。

（2）经济责任审计不断深化。各单位认真贯彻落实中央和集团公司关于加强权力运行制约和监督的要求，持续加大对关键岗位的监督力度，审计各级领导人员 455 名，其中局级领导 24 名。审计中重点突出对集团公司政策和决策部署、“三重一大”决策制度、中央“八项规定”和集团公司“二十条要求”落实情况的审计，加强了对领导人员职务消费行为的检查，对督促领导人员廉洁从业和改进工作作风发挥重要作用。

（3）建设工程审计成效显著。各单位认真开展工程结算审计和管理权限内的竣工决算审计，选择重点工程项目扎实做好跟踪审计和建设期管理审计，为降低投资成本、提升建设项目管理水平作出积极贡献。全系统共审计工程建设资金 1770 亿元，审减投资 18.62 亿元。

（4）财务收支等常规审计持续加强。各单位切实加强和推进财务收支、经营成果考核、预算执行、内部控制、经济合同等常规审计工作，全系统共组织开展常规审计 391 项。总部完成国内对外合作项目审计 19 个，要求剔除联合账簿费用 1.97 亿元，维护了中方权益。各单位审减合同与物资采购资金 3.74 亿元，为企业降低了成本、节约了资金。

（5）风险管理等创新型审计逐步开展。总部在对海外项目和金融企业开展经营管理审计时引入风险管理理念，积极探索风险预警的方式方法。部分单位积极更新审计理念，拓展发展思路，将审计触角向更深更广延伸，引领审计工作走向新领域。

（6）审计结果运用取得新成绩。建立重要审计情况专报制度，向集团公司领导报送涉及舞弊、账外公司、税务风险等重大事项的审计要情 6 份。跟踪、回访、督促和检查审计发现问题的整改落实，加大审计促改力度，促进审计成果及时利用与有效转化。发挥专业优势，通过帮助规范完善制度流程、举办培训班、深入基层现场授课及提供业务和政策指导等方式，开展管理“帮扶”，发挥审计增值服务职能作用。

（7）项目组织管理取得新突破。总部加强对全系统计划编制、重大项目运行的管理和指导，首次实现在总部指导下、全系统统一编制年度审计项目计划，首次统一调动总部和所属企业 500 多人次开展重大专项审计，初步形成统筹资源、上下“一盘棋”的局面，增强审计监督的整体性和效率性。

（8）制度建设取得新进展。总部按照“界面清晰、工作受控、易于操作、便于考核”的建设思路，设计符合公司要求的三级制度体系框架，发布有关经济责任审计、审计统计工作、审计组审计纪律、审计人员职业道德 4 项制度，修订审计统计报表，初步建成法律法规与规章制度库，重新明确国内对外合作项目和部分二类建设项目竣工决算的审计权限，为审计工作规范化、标准化和制度化奠定基础。

（9）信息化建设取得新进步。集团公司成立由公司领导任组长、相关管理部门参加的审计信息化建设工作领导小组，将审计信息化纳入集团公司“十二五”信息技术集成应用总体规划。总部对现有审计系统进行升级优化和整合，开发并上线启用全新的审计工作报表系统，完成审计信息化集成平台总体方案设计，启动新版审计管理信息系统的开发建设，积极推进审计项目实时上线，审计项目上线率和数据准确率有了较大提高，审计效率进一步提升。

（10）问题定性标准更加规范。编撰发布审计发现问题定性词典，将定性依据从公司规章制度扩展和提升到国家法规和内部管理规定两个层面，对问题类型进行概括和分类提炼，大幅减少问题词条的数量和层级，使定性标准更加规范、明确、统一，操作更加便捷。

【审计业务培训】 2013年，全系统举办各类审计培训班41期，培训审计人员2132人次，培训内容涵盖审计理论、实务案例、信息技术应用、发展战略研究和公文撰写等内容。其中，审计部直接举办各类培训班7期，培训审计人员751人次。

2013年末，审计队伍中大学及以上学历1638人，占总人数的76%；中高级职称1732人，占总人数的81%；具有注册会计师、国际注册内审师、注册造价师等职业资格的567人，占总人数的26%。

【优秀审计项目】 2013年9月28日，审计部组织29名专家在北京中国石油大厦召开2013年度优秀审计项目评审会。在各单位推荐的基础上，经专家网上初评和与会专家现场评审，共评出2012年优秀审计项目82个，其中中缅油气管道项目缅甸段投资管理审计、华北石化公司管理效益审计、大连石化公司原总经理离任审计、大庆油田工程项目结算及建设管理情况审计等14个项目获一等奖、29个项目获二等奖，39个项目获三等奖。

【中国内审协会石油分会】 2013年3月4日，中国内部审计协会石油分会（以下简称石油分会）在北京召开2013年常务理事会扩大会议，总结2012年工作成果，部署2013年重点工作，调整石油分会理事会组成人员及片组成员单位，确定2013年理论研究重点课题。

9月28日，石油分会在北京中国石油大厦召开2013年度优秀审计论文现场评审会，评选出82篇优秀审计论文，其中《优化审计方案对提升审计项目质量的实践与探讨》、《浅析当前中国石油经济责任审计质量控制存在问题及若干对策》、《完善后续审计，提高工作质量》、《内部审计质量控制策略研究》等12篇论文获一等奖、28篇论文获二等奖、42篇论文获三等奖。

2013年，石油分会向中国内部审计协会报送理论研讨交流论文15篇，其中《内部审计信息化中辅助审计系统领域探索——数据编网定向审计模型的构建及应用》获一等奖，《基于云计算技术的石油企业内部审计信息化探索》、《油田企业内部审计信息化建设研究与实践——基于SST视角的分析》获二等奖，《油田企业信息系统审计的实践与探索》获三等奖，其余论文获优秀提名奖，石油分会获得优秀组织奖。

2013年，石油分会对《中国石油审计》杂志进行改版，重新设计杂志定位，增加卷首语、高端访问、实务讲座等栏目，丰富杂志内容，进一步提升杂志对实务工作的引导性。全年共编辑出版《中国石油审计》3期，刊登稿件73篇，信息12条，共计约25万字，发行8427余份，发挥理论研究和经验交流园地的功能。

（王　玲）

内部控制与风险管理

【概述】 2013年，企业管理部（内控与风险管理部）按照集团公司党组的要求，积极适应职能转型，开拓进取，埋头苦干，持续深化管理提升活动，不断完善内控与风险管理工作，实现企业风险管理报告和业务流程管理"两个全覆盖"，强化综合管理职能作用的发挥，各项工作都取得良好进展。

（1）管理提升活动完成前两个阶段的工作，顺利进入第三阶段。按照国务院国资委部署，集团公司结合自身管理现状，全面扎实推进管理提升活动第二阶段各项工作并取得了阶段性成效。2013年9月，活动转入第三阶段，各项工作按照既定的目标顺利推进。

（2）内控与风险管理工作得到进一步巩固完善。在企事业单位全面推行风险报告制度，加强重大风险管理与监督。持续开展流程梳理与规范工作，进一步强化业务流程执行力。精心组织内控测试，切实提升内控监督实效，确保内控体系持续有效运行。

（3）积极适应管理职能转变，有效发挥综合管理作用。协同质量与标准管理部、法律事务部等部门，重点围绕建设"一个平台、一个体系"，共同研究构建管理规范平台总体框架设计，组织开展体系融合试点工作；组织开展油气大销售体制整合研究，从信息收集、摸清现状入手，深入调查研究，理清存在的问题，提出建议方案；积极推进解困扭亏工作，全面清理未上市现有业务，做好解困扭亏工作移交和资料分析整理，逐家研究完善解困扭亏方案，协调优化各项配套政策，努力形成解困扭亏工作的新格局与协同机制。

【管理提升活动取得阶段性成效】 2013年是集团公司按照国务院国资委的统一部署，全面开展管理提升活动的第二年，也是十分关键的一年。集团公司认真落实国务院国资委的有关要求和集团公司管理提升活动领导小组第二次会议部署，紧密围绕制订方案、细化措施和专项提升、全面整改两个环节，结合自身管理现状，全面扎实推进管理提升活动第二阶段各项工作并取得阶段性成效。按照国务院国资委统一部署，2013年9月，活动转入第三阶段。

2013年管理提升活动主要取得了以下成效：

（1）重点领域提升工作进展顺利，初步实现短板消缺和瓶颈突破。经过各部门、各专业系统的共同努力，在集团公司层面，集团管控能力等6个专项提升工作都取得良好进展。各企事业单位狠抓短板消缺和瓶颈突破，一些长期制约基层企业发展的突出问题得到解决。各单位自我诊断阶段共查找各类问题13390余项，已整改12000余项，整改率达到94%。

（2）组织开展管理诊断下基层，形成破解基层共性问题的有效方式。按照国务院国资委关于开展“管理诊断下基层”工作的要求，由集团公司管理提升办公室和装备制造分公司组成工作组，围绕宝鸡石油机械有限责任公司生产经营管理中亟待解决的问题，开展管理诊断，帮助企业分析管理短板的根源，提出合理的改善方案。通过解剖麻雀、总结经验，形成一套可以复制推广的工作方法和破解基层共性问题的有效方式。

（3）开源节流、降本增效取得积极成效。2013年集团公司各企事业单位针对严峻复杂的外部经济形势和集团公司增收不增效、成本费用上涨压力增大的客观现实，通过管理提升活动，找准突破口和着力点，把降本增效贯穿管理提升活动的全过程，促进保增长目标的完成。与2012年同期相比，2013年集团公司各单位压缩管理费用、降低财务费用、降低人工生产成本、压缩销售费用共节约费用60余亿元，集中采购节约金额80余亿元。

（4）认真自评、持续改进，集团公司管理提升活动实现顺利转阶段。2013年9月，按照国务院国资委的要求，组织总部机关各部门、专业分公司和企事业单位，对活动第二阶段整体工作开展自评，形成自评报告，报经集团公司党组和国务院国资委驻国有企业监事会审议通过，集团公司管理提升活动正式由管理提升活动第二阶段转入第三阶段。活动转阶段后，及时印发集团公司管理提升第三阶段重点工作安排，制订了第三阶段工作方案，各项工作按照计划顺利推进。

【持续深入推进基础管理建设工程】 2013年是集团公司实施基础管理建设工程的第四个年度。一是完成了总部、销售、管道板块试点单位能力框架设计及业务逻辑梳理，进行多轮流程、制度、标准定位、分类分级等内容讨论，试点单位初步完成基层运营手册初稿编制。二是与质量与标准管理部、法律事务部共同推进，组织试点部门和专业公司补充完善相关管理文件，对已完成的管理文件进行整合、优化。

【风险管理工作】（1）强化各专业风险管理工作。在企业风险管理报告全面覆盖的基础上，按照业务类型，汇总编制分专业风险管理报告，突出风险管理的分类指导作用。已完成勘探与生产、炼油与化工、销售、天然气与管道4个专业板块重大风险评估和专业风险管理报告的编制，并印发相关企业。

（2）推进重大风险预警机制研究工作。强化风险管理从定性向定量方式转变，推动地区公司和基层单位大力开展业务操作层面的基础模型研究和应用推广。在海外业务单位继续推进风险量化预警评价模型试点和推广，着手开发项目执行层面的风险量化评价管理模型，并选择部分海外单位进行试点应用。在金融及衍生业务风险管控方面，继续开展金融单位的风险管理成熟度对标分析研究，不断提升应对风险的能力和水平。

（3）加强对金融衍生业务风险的动态监控。开展金融衍生业务管理研究，对制度文件进行修订细化。定期对市场价格科学研判和业务运行进行分析，及时报告重大风险事件，确保对金融衍生业务的监控职能落到实处。

【业务流程管理工作】（1）继续推进业务流程梳理。按照流程建设全覆盖的总体要求，完成LNG、城市燃气、对外合作（部门及专业）、物资管理、加油站（非油品及卡业务）系统业务流程的梳理规范并发布试行。人力资源、法律事务、新闻网站、档案管理、拉美公司小股东管理已初步完成流程梳理，进入部门确认与发布程序。

（2）不断提升流程执行力。组织并全面检查 119 家单位业务流程规范和实际运行情况，提出专项报告。各单位按照总部印发的 32 项业务流程规范开展梳理工作，在此基础上，有 77 家单位自行组织 10 项业务领域的业务流程分析与优化。

（3）持续完善深化信息系统控制设计与实施。配合 ERP 及各专业系统建设，进一步整合完善物资采购、加油站（非油品及卡业务）、ERP 系统风险控制规范；完成司库系统控制设计，进入确认发布阶段；配合信息管理部完成江苏 LNG 等 5 家单位 ERP 系统，以及物资系统、加油站系统相关单位测试检查（复查）与单轨审批，ERP 系统控制在集团公司全面实施，有力促进集团公司控制手段的升级完善。

【内控体系运行监督】（1）精心组织内控测试，切实提升内控监督实效。在测试组织上，以满足监管要求，调整优化内控测试内容，以抽查和专项测试为主，突出管控重点，突出行业特点，关注重点问题和薄弱环节，把测试工作做精做细，进一步提升测试质量。2013 年，管理层测试涉及 20 家单位，外部审计涉及 34 家单位。根据测试发现及缺陷评估结果，未发现财务报告内部控制存在实质性漏洞。

（2）认真落实例外事项的整改工作。在对现场测试发现问题进行汇总整理和审核分析后，逐家下达改进意见书，要求各被测试单位按时反馈整改落实情况，确保例外事项及各项缺陷都得到改进。同时，对于例外事项较多或比较严重的单位，提出风险警示。各单位对例外事项整改工作都给予高度重视，逐项明确整改责任并积极落实整改。

（3）确保中国石油内控体系运行持续有效。中国石油个别前高管涉嫌严重违纪接受调查，境外股东提起集团诉讼，在资本市场产生了一定影响。为积极应对，确保中国石油财务报告内部控制有效，维护中国石油在资本市场的声誉，采取积极应对措施。以修订《内部控制管理手册》为载体，进一步完善内控体系设计，保证内控体系设计有效。内控监督重点关注关联交易、重大并购和重大投资等制度的修订及管理变革，并及时完善相应管理流程，明确管控措施及责任。针对该事件可能涉及的领域及执行中的薄弱环节开展风险评估，努力实现从源头上防范、措施上化解风险。在总部层面，根据风险评估结果，合理调整测试范围、内容、关注点，适时开展重点领域、重大项目的内控测试，提升中国石油内控体系整体执行力。在 2013 年内部控制测试方案中确定的重要风险、重要业务流程和关键控制得到有效监督的基础上，充分考虑外部审计师内控审计关注点的变化，加大重点领域的测试力度，重点关注投资决策、采购管理、招投标、重大合同、资金管理、“三重一大”决策事项等舞弊风险易发领域，增加样本抽取数量，确保及时发现缺陷及时整改到位。

【综合性企业管理工作】（1）研究建立油气“大销售”体制工作。按照集团公司党组部署，牵头组织研究建立和完善油气“大销售”体制工作。在全面收集基础信息、深入调研、认真听取专业分公司及相关企业意见基础上，对中国石油油气销售业务现状和存在问题进行深入分析，拟定整合油气销售体制的工作方案，基本思路是改变目前一个区域内多个油气产品销售经营主体并存、多头对地方协调、业务重叠、内部互相竞争、资源优势未能转化为市场竞争优势的状况，整合优化现行油气销售管理体制，充分发挥集团公司的资源优势和一体化管理优势，切实发挥油气相互促进效应，提高集团公司整体盈利水平和市场竞争力。方案已报集团公司党组领导审定。

（2）深入开展、积极推进解困扭亏工作。重点对亏损额度大、业务结构复杂、经营难度较大等重点单位和共性业务进行专题调研，了解解困扭亏工作面临的主要矛盾和难点，研究工作思路和措施，印发《关于进一步做好未上市企业解困扭亏工作的通知》，对 2013 年解困扭亏工作进行全面部署，提出持续重组、研究矿区发展定位等 6 个方面的工作建议，并报告油气田、炼化企业及宣传媒介机构有关回购的建议。为了加强对解困扭亏工作的日常管理和跟踪，建立亏损企业工作报表制度，逐步掌握托管企业解困扭亏工作进展，努力为领导科学决策提供依据。

（3）切实发挥在联合监督中的作用。按照内控测试整体安排，督导完成兰郑长、中缅管道项目管理层测试，结合联合监督检查，对西气东输三线东段进行专项检查。两项测试中，重点对信息系统总体控制、系统权限、存货管理等方面进行剖析，提出改进建议。

（韩革民）

矿区服务

【概述】 2013年，矿区服务系统按照集团公司统一部署，紧紧围绕建设小康社会、美丽矿区、和谐社区目标要求，积极履行“三保障、三服务”（保稳定、保发展、保安全，服务群众、服务一线、服务生产经营）重要职责，突出“三种能力建设”，努力提升矿区管理和服务水平，各项工作取得新成绩。

【矿区基础设施建设】 编制下发《中国石油美丽矿区建设纲要》，确立“功能完善、生活便捷、环境优美、文化繁荣、平安稳定、社区和谐”奋斗目标，落实重点任务和措施，全面启动美丽矿区建设。大力实施民生工程建设，持续完善矿区基础设施，按照“不尚奢华、简朴实用，安全可靠、节能环保，配套完善、舒适宜居”要求，明确矿区建设的方向和重点，突出基础配套设施、社会化项目、安全隐患治理和节能减排项目建设。落实《社区活动室建设专项规划》和《社区医疗站点建设专项规划》，建成社区活动室42个、社区医疗服务站点47个，社区服务功能不断完善，职工群众生活更加便捷。大庆油田、辽河油田、新疆油田、华北油田等实施老旧小区综合改造，小区环境和居住条件明显改善。加快推进重点医院改造工程，大庆油田龙南医院等4家医院改造项目主体全部完工。加强矿区安全环保隐患治理，持续投入隐患治理专项资金，实施隐患治理项目259项，改造锅炉57台、脱硫除尘设施26套、换气站4座，更换天然气管网14千米、供电线路415千米，维修配电柜2160个，矿区安全环保基础进一步夯实。继续推进边远散小矿区关闭翻建项目建设，积极推进搬迁基地关闭利用。采取多种方式，推进矿区保障房建设，帮助职工解决住房困难。

【矿区社会治理】 主动与地方党委、政府沟通协调，加强矿区党组织和居委会建设，完善矿区社会治理组织体系，搭建社区共建平台，强化企地协作机制，落实地方惠民政策，积极向地方政府争取各类补助补贴。推广大庆油田矿区集政府公共服务、社会专业服务、矿区综合服务和志愿者服务为一体的“四位一体”社区服务模式。2013年，新成立30个社区居委会、12个社区党组织。华北油田公司协调地方政府，在任丘矿区组建3个街道办事处，24个社区居委会获得政府审批，社区医疗、残疾人服务纳入政府公共服务体系。长庆油田公司开展驻地政府惠民政策专项调查，推进落实惠民政策八大类70项，跟踪协调八大类17项，不断扩大惠民政策的覆盖面。新疆油田医疗卫生系统积极争取地方政府财政补贴，吉林石化公司争取地方政府外墙保温及热计量改造资金，青海油田公司从甘肃、青海两省争取城建税返还、供热计量和节能改造投入、再就业补助等资金，宝鸡钢管公司争取政府派驻协管员为居民提供公共服务。

【矿区安全环保管理】 加强日常安全管理，开展安全生产大检查及生产安全专项整治活动，成立5个检查组对16家矿区单位进行现场督查，发现并整改问题4000余项。强化锅炉房、液化气充装站、配电室等关键生产岗位及重点要害部位监管，加强设备设施的维护保养，确保安全运行。加强高层建筑及人员密集场所消防安全管理，完善设施，配齐器材，畅通疏散通道。加强居民安全教育，完成入户检查117.6万户，有效消除居家安全隐患。全面开展风险分析，加强应急管理，制修订专项应急预案75个，举行火灾疏散、燃气泄漏、高层消防等应急演练110多次，提高了矿区应急反应速度和现场处置能力。全面推进安全社区建设，举办安全社区建设培训班，开展事故与伤害风险调查，实施安全促进项目。矿区系统有58个社区启动安全社区建设，已命名全国安全社区11个。2013年，无生产亡人责任事故及环境污染事故，无公共卫生事件，各项指标受控。

【矿区业务市场化社会化】 按照确保稳定、不降低服务质量和有效益原则，积极利用社会资源，推进矿区民用水电气暖供应和物业、托幼、医疗业务社会化，进一步降低矿区服务成本费用，减轻企业负担。辽河油田曙光地区、华北油田任丘地区、抚顺石化公司、宝鸡石油机械公司等620万平方米供暖业务移交地方供暖企业运营管理。大庆油田公司、大庆石化公司、兰州石化公司、锦西石化公司、运输公司等单位9万户民用燃气实现社会化服务。华北油田公司、辽河油田公司、乌鲁木齐石化公司、大庆石化公司、大庆炼化公司等单位15所幼儿园实现与社会优质教育机构联办，提高办园质量和教学水平，节约成本费用。西南油气田积极探索与地方医疗机构联合办院新模式。充分利用国务院国资委“三供一业”补贴政策推进社会化，哈尔滨石化公司移交4个小区物业服务，大庆石化公司近2万户居民供水业务移交社会专业公司取得积极进展。

【矿区绿化美化】 持续开展矿区绿化美化，积极推进生产场站和居民小区环境改造，生态矿区、绿色家园建设取得积极进展。组织开展全民义务植树活动，广泛深入宣传动员，持续提升职工群众生态文明意识，主动力行身边增绿、共建绿色家园。积极贯彻实施《关于加强节约型绿化工作的指导意见》，推广使用微喷、滴灌、渗灌等先进节水技术，广泛应用中水灌溉，加强雨水拦蓄利用。西部地区企业以水定绿，根据水资源状况，建设总量适宜、结构优良的矿区绿化体系。加快研究和推广应用节水耐旱植物，优选使用成本低、适应性强的乡土树种。加强绿化养护管理，落实矿区绿地分级管理制度，完善绿化养护质量考评细则，促进养护责任的落实，保护好矿区现有绿化成果。2013年，共有11家单位被评为“全国绿化模范单位”，6名个人荣获“全国绿化奖章”。全年矿区新增绿地面积1400公顷[1]，生活基地绿化覆盖率达到41%。利用小区内及周边山地、水系、树林、草地、道路等自然条件，因地制宜改建职工群众休闲公园、文化广场、文化长廊、文化墙等，建设体现石油特色或地域特色的景观小品等美化矿区环境。

【提高综合服务水平】 开展矿区服务示范窗口创建活动，60个窗口单位受到表彰；选树和谐示范小区和服务明星，40个小区和38名个人受到表彰。在持续做好水电气暖供应、物业服务和其他传统生活后勤服务的基础上，积极开展矿区养老体系、医疗卫生体系、扶贫帮困、维护稳定和矿区文化建设，提升综合服务水平，满足职工群众生产生活需要。在完善矿区主力医院领办社区医疗的基础上，积极推动医疗服务向生产一线、居民家庭和重点人群延伸。长庆油田新增前线医疗点3个，前线医疗点总数已达29个。东方地球物理勘探公司派遣首批20名队医跟随主业征战海外项目。塔里木油田公司为3000余户居民提供家庭医生式一对一保健咨询服务。大庆油田公司组织医疗专家与166名科技骨干结成健康帮扶对子。全面推广居家养老服务，为2290户家庭安装一键通，引入家政服务公司18家。锦西石化公司将葫芦岛市公益性居家养老服务平台引入矿区。积极争取地方政府对社区养老的投入，由政府在矿区建设和运营的社区日间照料中心达110个。探索机构养老服务，华北油田公助民营的养老康复中心平稳运行；长庆油田公建民营的西安老年公寓主体顺利完工，已与社会运营机构签署联办协议。积极推动政府救助和企业帮扶相结合，临时救助和常态帮扶相配套的扶贫帮困长效机制。发挥矿区贴近基层、贴近居民的优势，完善矿区维稳工作体系，强化网格化管理。开展警企联防、联治、联创活动，加强矿区治安综合治理，确保矿区治安稳定。强化孝道感恩、健康守法、团结友爱、文明和谐等文化理念的宣传教育，引领石油石化矿区新风尚，长庆油田好儿媳丁水彬荣获第四届“全国道德模范”。积极开展居民志愿者服务，大庆油田“爱心大姐工作室”架起为民服务的连心桥，长庆油田“亲情家园”志愿服务被评选为全国优秀志愿服务项目。群众性的文化体育活动蓬勃开展，一批矿区居民文化社团组织登上全国性舞台，展示石油石化矿区的新形象。辽阳石化公司离退休职工参加第十二届全运会开幕式表演，青海油田“高原红”老年歌唱团荣获文化部颁发的“木兰围场杯”。

（柳　军）

维稳信访与综治保卫

【概述】 2013年，集团公司维稳信访、综合治理与保卫工作按照党组的决策部署和总体要求，始终以为集团公司改革发展营造平安和谐稳定的环境为目标，以维护各个重点时期的大局平安稳定为己任，全面推动维稳信访、综合治理与保卫长效机制建设，强化基础工作，促进管理提升，推进各项工作的有序开展，圆满完成维稳信访、综合治理与保卫各项工作任务。

（黄晓雯）

[1] 1公顷＝10000平方米。

【维稳信访】 2013年，按照集团公司党组和维稳领导小组部署要求，维稳信访工作系统为解决好关系职工群众切身利益的实际问题，维护企业矿区和谐稳定的局面，做了大量细致的工作，全年呈现出信访总量、企业当地群体访、进京群体访3项指标继续下降，集团公司总体稳定形势持续向好的态势，确保了企业矿区大局稳定。

（1）组织责任。集团公司党组坚定不移维护企业矿区和社会政治大局稳定，在年初安排全年工作时，把维护企业稳定、保障矿区和谐作为重大政治任务，作出全面部署，提出明确要求。集团公司领导反复强调，2013年要进一步采取措施，确保企业矿区和员工队伍总体稳定。党组要求各级领导干部牢固树立群众意识，不断加强和改进新形势下的群众工作；坚持综合运用政策落实、经济帮扶、思想疏导等多种手段妥善解决稳定问题；坚持把保障和改善民生、使改革发展成果惠及职工群众作为加强和创新矿区社会管理的出发点、落脚点，统筹兼顾矿区不同群体利益平衡，尊重历史、面对现实，从源头上持续推进重点群体突出矛盾和问题的解决。党组和集团公司领导的总体思路、指示要求和工作作风有力推动全年重点工作的深入开展。

（2）畅通渠道。企业各级信访部门突出解决信访事项受理、办理、督办、结案、回复、归档等项工作程序，实行挂牌接访、首问负责和全程办理，实现信访事项全过程的规范化、制度化。进一步细化化解措施，进一步强化责任落实，集中开展重复访专项治理，严格明确目标任务，逐一明确责任主体，逐一制订稳控方案，逐一全程跟踪管理。深入开展领导干部接访活动，采取重点约访和登门走访，主要领导牵头包案，对突出问题全程跟踪督办，直至案结事了。2013年，各企业处理解决了一大批职工群众反映的信访问题，有效确保矛盾纠纷控制在当地、稳定在基层、化解在萌芽，共同维护了企业和谐稳定发展大局。

（3）纠纷排查。发挥基层四级多源头信息网络作用，及时搜集、获取各类信息，确保做到对各类不稳定苗头动向企业上下同步掌握。坚持对不稳定因素实行阶段性定期排查和滚动式排查相结合的工作方式，梳理情况、掌控信息、化解矛盾。在全系统集中开展了矛盾纠纷大排查活动，做到分级排查、分级建账，把重点苗头隐患全部纳入视线和调控范围。对可能出现的不稳定隐患逐项进行分析预测，制定针对性措施和工作预案，做到政策措施有评估、稳定风险有预测、稳定问题有对策、防范预案可操作，规范了防范与稳控程序，从源头上防止不稳定因素的产生。

（4）扶贫帮困。企业上下各级组织立足依法依规解决信访突出矛盾和问题，切实维护职工群众合法权益。按照地方政府文件精神，为驻甘、驻辽企业退岗家属办理参保手续，使其享受基本养老保险待遇。对驻冀企业提前退休人员采取加发补贴的方式积极推进待遇落实。各企业认真落实党组关于对困难群体人员集中开展扶贫济困的批示指示精神，扩大帮扶覆盖面和加大帮扶力度，累计帮扶各类群体困难人员9万余人，进一步增强稳定工作的针对性和实效性。

（5）筑牢基础。各企业采取与基层单位党政主要负责同志签订责任书、下达责任令、制定下发考核办法等多种形式，进一步明确各单位和相关部门处理信访突出问题、排查化解不稳定因素、维护企业地区稳定的责任。重点阶段各企业组成530多个督导检查组，组成基层1.9万个包保对子，形成五位一体的帮扶、化解责任网络，重目标抓责任、重化解抓主动、重长效抓机制，工作部署迅速坚决，工作职责履行到位，维稳措施积极有效，筑牢企业矿区稳定基础，确保各项责任目标落实到位，保障生产经营平稳和员工队伍的稳定。

（崔守全）

【综合治理与保卫】 2013年，按照全国油气田及输油气管道安全保护工作部际联席会议（以下简称部际联席会议）和国家反恐怖工作领导小组办公室等有关部委的要求，在各有关企业密切配合下，综合治理与保卫工作系统将“保稳定、保发展、保安全”作为重大政治任务，多渠道宽视角收集情报信息，准确研判安保防恐形势，持续形成油气田专项整治高压态势，稳妥处置涉油利益纠纷引发的突发事件，积极应对各类暴恐事件引发的安全危机，圆满完成全国“两会”、十八届三中全会等重点时段安保任务，保障了员工家属生命安全，保障了重要油气生产设施安全运行和油气平稳供应，保障了总部机关的安全稳定。

（1）油气安保防恐工作。集团公司党组坚决贯彻党中央、国务院重大决策部署，牢牢把握保障国家能源安全重大使命责任，始终把安保防恐工作作为重大政治任务摆上工作日程。明确要求企业各级党政负责同志要以维护安全稳定、保护员工生命财产安全为己任，切实履行职责，加强防范措施。强调要抓好安保防恐工作，加强矿区社会管理，全面落实维稳责任和措施，确保企业和谐稳定。要加强管理创新和方法创新，在情报信息研判、防范打击处置上加大工作力度，着力应对新情况、解决新问题、化解新矛盾、提升新水平、再上新台阶。党组的正确领导和亲切关怀，为保卫工作指明努力方向，促进了保卫工作扎实推进。

2013 年，保卫部制定并及时下发集团公司 2013 年保卫工作要点，对全年安保防恐工作进行重点部署。在全国“两会”期间和新疆反恐重点时期，及时向重点企业下发安保防恐工作通知及重点阶段工作责任令，严格抓好安保防恐工作措施落实。先后 7 次向驻疆在疆企业下发通知，要求确保企业员工家属人身安全、人心安定和队伍稳定。党的十八届三中全会前夕，专门制订安保工作方案，确定重点企业，明确工作重心、重点要害部位，实行每日“零报告”制度。为确保油气田及输油气管道安全保护工作的顺利进行，主动深入各地，加强与政府沟通联系，从集团公司层面协调解决安保防恐工作的重大问题。向部际联席会议报送并确定 2013 年重大涉油案件、涉油厂点和违章占压挂牌督办事项，为进一步加大油区整治力度提供可靠依据。多次与陕西省、山西省有关部门协调，稳妥处理侵权打井等重点问题。为解决好长庆油田揭盖井等突出问题，会同勘探板块专门向陕西省联席会议汇报我们的工作情况。积极协调中缅管道沿线 4 省、自治区联合加强中缅油气管道国内段安保防恐工作。积极与新疆巴州政府沟通，探索以政府为主导的油气管道安保防恐巡护新模式。主动与甘肃省联席会议研商，妥善处理输油气管道影响上方农作物收益问题。为建立安保防恐长效工作机制，提高企业防恐能力，多次组织有关企业对油田、炼化、销售、管道、工程技术和运输 6 个板块风险等级及安全防范标准进行研讨，推动安保防恐标准化建设进程。为及时准确掌握各油气田及输油气管道企业人防力量、安防措施、管道运行、涉油案件等实际情况，组织开发集团公司安保防恐信息系统，为实现集团公司总部、企业和基层的三级安保防恐信息互动搭建安全、可靠、便捷的操作平台，推动安保防恐信息化建设进程。总部机关各相关部门按照职能分工，密切配合，合力推进，为安保防恐工作取得实效提供大力支持。

2013 年，在集团公司党组正确领导下，在部际联席会议等各有关部委的大力支持下，在总部机关各部门和专业公司的全力配合下，集团公司所属各油气田和输油气管道企业生产治安秩序进一步强化，涉油重点地区治安秩序明显好转，生产经营和社会秩序持续和谐稳定。各企业认真贯彻落实集团公司保卫工作部署，勇于承担属地管理直线责任，坚持将安保防恐工作与生产经营工作同部署，量化责任指标、完善工作制度，细化任务措施、强化监督指导，为保卫工作各项任务的完成提供强有力的支撑。

（2）总部机关消防工作。在石油大厦管委会的领导下，防火办始终将维护 2 个办公区安全平稳作为最终目标，以对集团公司党组高度负责的精神全面开展各项工作，不断提升安保消防保障能力。一是突出消防责任落实，及时消除安全隐患。与驻办公区各单位、物业公司签订消防安全责任书。邀请昆仑燃气公司专业人员对 2 个办公区燃气管线巡线定位、泄漏检测，建立基础台账。组织具有资质的消防设备检测公司对 2 个办公区消防设备设施进行年度检测。二是狠抓重点要害环节，加大监督管理力度。制定消防安全日常检查管理规定和巡逻手册，严格执行《石油大厦施工动火作业安全管理规定》，加大对施工人员的培训，安排双人对施工动火作业现场进行监督和全程监护。三是适时开展应急演练，提高安全保障能力。组织举行“中国石油总部机关第四届消防运动会”，加强专业队伍防火灭火能力。组织石油大厦消防设施设备联动测试，开展地下车库专项演练，增强地下空间火灾紧急反应和应急处置能力。组织大厦员工开展火灾应急疏散演练，提高员工应急处置和火场自救本领。四是持续开展消防宣传培训，不断提升员工安全意识。邀请专业人士对员工进行消防安全常识讲座，结合两个办公区防火实际特点，开展预约式消防知识培训。针对国内火灾事故案例，制作消防巡查展板、横幅，并在电子滚动屏幕播放。针对用火用气安全、车辆防火安全等内容印发温馨提示近 2 万张，深入分析北京市喜隆多商场火灾事故案例，并印发《喜隆多火灾警示录》。坚持召开石油大厦季度消防安全形势分析会，找准火灾安全隐患和消防安全的薄弱环节，有针对性地提出整改治理措施。全力做好重点时期安保，切实维护正常办公秩序。2013 年，总部机关 2 个办公区消防巡查 6935 次、22630 人次，消防设备设施测试 12279 个点位，发现并整改日常消防安全隐患 2501 项，审批动火作业 354 次，安排现场监护 668 人次，累计监护动火时间 3494 小时，累计培训员工 1771 人，制作消防展板、标语 113 块（条），发放消防安全温馨提示 15000 余张。

集团公司与中华见义勇为基金会联合主办第十届“昆仑奖”全国十大见义勇为英雄司机评选和 10 周年纪念活动，2013 年相继完成启动仪式、英雄司机事迹征集、历届英雄司机走进大庆油田、10 周年纪念座谈会、群众投票仪式、英雄司机评选终审会等工作。评选产生 20 个城市奖和 10 个组织奖，产生全国十大见义勇为英雄司机和 50 名英雄司机。2013 年 12

月29日，在人民大会堂小礼堂举行表彰大会，为十大见义勇为英雄司机、50名英雄司机、城市奖和组织奖颁发奖章、奖牌。

（卢海军）

离退休职工管理

【概述】 截至2013年底，集团公司所属企事业单位共有离退休职工458693人，其中：离休干部4912人，占1.07%；退休干部157279人，占34.29%；退休工人296502人，占64.64%。离退休管理工作人员7733人，其中专职6608人、兼职1125人。集团公司设有离退休职工党委130个，党总支379个，党支部3446个。离退休职工党员144216人。全系统有离退休职工活动中心（站、室）1401个，老年大学总校59所，分校91所。

【思想政治建设和党支部建设】 2013年，按照集团公司党组部署和直属党委安排，离退休职工管理局（老干部局）把学习宣传贯彻党的十八大精神和十八届三中全会决定作为离退休工作的重点。对学习贯彻活动进行全面部署，要求各级离退休管理部门落实责任、加强指导，认真学习，扎实有效地开展好学习贯彻党的十八大精神活动。各企事业单位离退休管理部门高度重视，迅速行动。在企事业单位离退休工作部门中开展学习党的十八大精神知识答题活动，全系统94家单位23.7万名老同志完成答题。在《中国石油报·金秋周刊》开展“学习十八大、石油金秋美”征文竞赛，广大离退休职工和工作人员积极参与，征文活动共收到诗词赋、散文、美术、书法、摄影、剪纸等参赛作品共3022件，刊发187幅作品。局党总支为机关离退休职工发放《中共中央关于全面深化改革若干重大问题的决定》、《政府工作报告》、《中华人民共和国老年人权益保障法》等学习材料4400多本。组织部分离退休领导干部及支部书记参加中共中央组织部和机关直属党委举办的党的十八大辅导报告会4次。以党的十八大精神、老年人权益保障法、党的群众路线教育实践活动和习近平总书记重要讲话为内容，组织机关全体离退休职工参加4次答题活动，参加人数近4000人次。

局党总支十分重视离退休党支部建设工作，定期召开党总支委员会，及时通报情况，布置学习计划，安排支部书记与骨干学习培训，参加各支部大会活动。2013年11个离退休党支部共召开支部大会70余次，接收党组织关系42人，按时收缴党费。组织支部骨干、老年大学教委会成员和党务干事60人到辽河油田举办党务工作培训班。通过做好基础工作不断加强离退休职工党支部建设，提高党员队伍的素质，增强了离退休党支部的凝聚力。

【落实各项待遇】（1）坚持走访慰问制度。春节前夕，集团公司党组成员、总部机关各部门领导及各企事业单位领导采取各种形式分层次地普遍慰问离退休职工和遗属29.9万人次，召开各种座谈会1962次。

（2）坚持通报情况制度。2013年，集团公司离退休工作系统召开各种情况通报会1787次。党组成员李新华等代表党组，向总部机关老领导、老同志和离退休支部书记通报集团公司工作会议情况和生产经营形势。

（3）坚持阅文和发放学习材料制度。定期组织机关老同志阅读文件。2013年，为机关老同志分发多种学习材料和辅导材料8200余本。为900多名老同志订阅《中国石油报》、《中国石油报·金秋周刊》、《中国老年报》、《中国老年》、《老同志之友》等刊物，满足老同志学习的需求。

（4）坚持离休干部考察工农业生产制度。集团公司离退休工作系统组织参观工农业生产项目206次。暑期，局党总支组织机关部分离休干部到北京怀柔国家法官学院进行考察休养。

（5）做好养老金和生活补贴发放工作。根据京组通〔2013〕2号文件，调整并补发53名80岁以上离休干部护理费。根据《关于北京市2013年调整企业退休人员基本养老金的通知》精神，为817名退休老同志调整养老金。

（6）坚持医疗保健和体检制度。组织总部机关800多名离退休人员进行体检，及时发放体检结果手册和影像资料，组织体检答疑。为老同志注射流感疫苗和抽血化验523人次，安排住院57 人次，协助医院抢救危重病人13人次。

（7）坚持爱心帮扶机制。春节、七一、十一前，局领导、党务干事和离退休支部书记对总部机关离退休困难职工 145 人次进行重点走访慰问。

【离退休职工活动中心和老年大学建设】 2013 年，召开离退休职工活动中心和老年大学工作座谈会，贯彻落实集团公司董事长、党组书记周吉平同志关于"推进离退休活动中心、老年大学建设，为离退休老同志创造养老基本条件和良好环境"的要求。集团公司现有离退休职工活动中心 1372 个，老年大学总校 59 所、分校 91 所，在读学员近 4.5 万人。组织 14 家企事业单位的 165 名离退休职工参加第二届全国老年人体育健身大会 12 个项目的比赛，取得优异成绩。举办第 14 届离退休职工台球比赛，大庆油田等单位的 9 支离退休职工台球代表队近 70 人参加比赛。举办集团公司第二届"石油健康老人"评选活动，120 名离退休老同志被评为集团公司"石油健康老人"，老部长李敬等 3 位老同志获"第八届全国健康老人"荣誉称号。大庆油田离退休工作处等 26 个单位获得集团公司离退休体育工作先进集体称号，魏绍礼等 100 名离退休职工获集团公司"离退休体育活动先进个人"称号。

2013 年，总部机关老干部活动中心参加活动人数 15967 人次。机关老年大学按照教委会教学计划，全学年共开设 13 门课程，开办兴趣小组 7 个，两个学期共有 400 多名学员。通过组织老同志观看教育电影、参观艺术展览、编排文艺节目、体育比赛、春游秋游、举办老幼联欢会、季度棋牌赛等常规活动，丰富老同志的精神文化生活。

【队伍建设】（1）在离退休工作部门开展深入学习贯彻党的十八大精神活动。转发中共中央组织部《关于全国老干部工作部门认真组织学习贯彻党的十八大精神的通知》，对学习贯彻活动进行部署安排，要求各离退休工作部门认真学习党的十八大文件，统一思想、提高认识，把学习贯彻党的十八大精神与干好本职工作紧密结合起来，用党的十八大精神推动各项工作开展，提高离退休工作管理服务水平。

（2）开展课题研究工作。以"新形势下企业离退休服务管理工作研究"为研究课题，成立局领导、有关处室和专家组成的课题组，到全国老龄委学习了解国家老龄事业最新进展及政策导向，并赴长庆油田等 6 家企事业单位进行实地调研，对离退休工作基本情况、主要做法及经验、面临的形势与存在的问题、加强和改进离退休服务管理工作的意见和建议等 4 个方面情况进行实地调研，并在离退休职工和离退休工作人员中开展问卷调查，形成课题研究问卷调查统计分析报告。2013 年 11 月 19 日，召开课题研究成果交流会，对课题研究成果进行交流，初步形成新形势下加强企业离退休服务管理工作的措施建议，对推动离退休服务管理工作水平的不断提升起到积极作用。完成中共中央组织部 2013 年重点研究课题《有效发挥企业离退休干部作用为企业科学发展和谐发展作贡献》。

（3）举办集团公司第 19 期离退休业务培训班。企事业单位离退休工作部门 132 名负责同志和工作人员参加培训。国家行政学院李拓教授、辽宁省委老干部局局长王立平同志、全国老龄委办公室副主任闫青春同志分别作专题讲座。

（4）抓好门户网站建设工作。离退休职工管理局（老干部局）网站围绕学习贯彻党的十八大精神、落实"两项"待遇，加强"两项"建设等重点工作，报道集团公司领导走访慰问老同志，向老同志传达集团公司 2013 年工作会议精神，石油企业离退休职工学习党的十八大精神，集团公司离退休系统开展党的群众路线教育实践活动等情况。通报局里重要活动情况，制作"学习十八大·石油金秋美"作品展、集团公司第 19 期离退休业务培训班、第二届全国老年人健身大会等专题。

（5）推进离退休职工管理信息系统管理应用。一是认真贯彻落实集团公司 2013 年信息化工作会议精神，深化信息系统建设工作的 2531 目标，即两项任务（深化应用和运行维护）；五项能力（提高离退休信息化建设与管理的组织引领能力、业务主导能力、技术支持服务能力、管理协调能力和资源保障能力）；三项沟通（信息管理部、项目组和各企业之间的沟通协调）；一个目标（进一步提高系统管理工作水平）。二是持续加强离退休系统的运行维护工作。不断加大日常管理和检查考核力度，每月重点字段进行检查，发现 84 家企业，30 个字段、9160 人次问题数据，对各单位系统运行情况进行通报，有效提高信息系统的数据质量。三是举办 2013 年离退休职工管理信息系统操作与统计培训班，离退休工作部门的 132 名工作人员参加培训。协助 4 家单位对 200 多名基层用户开展培训工作。

（6）加强离退休系统协作区工作。2013 年上半年制定下发《关于加强离退休系统协作区工作的通知》，将 111 家企事业单位，按地域重新划分为 7 个协作区，增设副组长单位，进一步规范协作区活动的内容和方式，明确组织建设、工作协调、考核评价等方面要求，对发挥协作区的沟通桥梁和交流平台作用提供必要支撑。5个协作区先后召开工作研讨会或交流座谈会。2013年一季度组织相关单位，对2012年各协作区报送的55篇离退休工作研究论文进行交流评审，评选出优秀论文一等奖11篇、二等奖19篇、三等奖25篇，下发了表彰通知。

【开展党的群众路线教育实践活动】 按照中央和集团公司统一部署，离退休职工管理局（老干部局）党总支委员会加强对活动的组织领导。（1）成立局领导任组长、副组长的教育实践活动领导小组。（2）制定出离退休职工管理局（老干部局）党总支党的群众路线教育实践活动第一环节工作安排、第二环节工作安排。（3）局党总支召开扩大会议和全局职工大会，向11个离退休党支部书记和职工传达集团公司党的群众路线教育实践活动动员部署视频会精神和直属机关党委印发的《总部机关党的群众路线教育实践活动第一环节工作安排》，进行动员部署。（4）局党总支及各支部共组织集中学习31次，在职党员干部先后进行11次集中学习，按要求学完全部规定学习材料。（5）组织专题座谈会13次，离退休职工党员在各支部大会上进行讨论交流，发表意见。（6）局在职党员34人撰写学习心得体会。（7）局活动领导小组通过向30多名处以下职工和200名离退休职工和部分企业离退休工作部门发放调查问卷和开展谈心活动，收回答卷150多份，开展谈心36人次，征集意见和建议169条。（8）认真梳理归纳4个方面41个问题，局领导带头剖析产生原因，制定整改措施。34名在职党员按照要求撰写对照检查材料。（9）局领导班子撰写《离退休职工管理局（老干部局）领导班子群众路线教育实践活动对照检查材料》，召开专题民主生活会，2名局领导进行对照检查。在全局党员组织生活会上，2名局领导和7名处长进行对照检查。召开6个党小组会，25名副处级以下的党员分别在小组会上进行对照检查。（10）围绕解决“四风”问题，抓好制度建设，对局里各处室27项制度、规定进行认真梳理，修订完善16个，新制定3个规定。（11）制订《离退休职工管理局（老干部局）领导班子“四风”突出问题整改方案》，针对4个方面41个问题，制定具体整改措施，明确责任人、落实任务、限定整改时间。到2013年底已整改问题6个，短期整改问题27个，中长期整改问题8个。

【推进关心下一代工作】 2013年4月18日，集团公司关心下一代工作推进会在抚顺石化公司召开。会议主要任务是深入学习贯彻中央领导同志对关心下一代工作指示精神和2013年全国关心下一代工作会议精神，总结回顾2012年关心下一代工作，部署2013年工作任务。集团公司关心下一代工作委员会（以下简称关工委）主任陈明同志作《深入学习贯彻党的十八大精神，继续推进关心下一代工作向前发展》讲话。集团公司关心下一代工作委员会秘书长张亚成同志传达中央领导同志对关心下一代工作重要批示和2013年全国关心下一代工作会议精神。大庆油田公司等8家单位作经验交流发言。樊胜利副主任对贯彻落实会议精神提出具体要求。集团公司总部机关有关部门和有关企事业单位领导、各企事业单位关工委负责人和有关人员共计60余人参加会议。中国关工委《中国火炬》杂志、《中国石油报·金秋周刊》和辽宁《老同志之友》杂志有关同志参加会议。会后印发《集团公司关心下一代工作推进会经验材料》，组织各基层关工委工作人员和“五老”骨干学习交流。

6月20—21日，中国石油文联主席、集团公司关工委主任陈明，集团公司文联副主席、关工委副主任樊胜利一行4人到辽阳、锦州和锦西石化公司进行关心下一代工作调研。分别听取3家公司关于生产经营、离退休管理、关心下一代工作、文联工作、青年职工教育以及文化艺术活动等情况汇报。调研期间，陈明主任一行还深入企业生产车间、老干部活动中心、幼儿园等工作场所进行实地考察。

9月10日，全国关工委基层工作年总结表彰大会在湖南长沙召开。中国关工委主任顾秀莲出席会议并作工作报告。集团公司关工委主任陈明等有关人员参加会议。大庆油田关工委经验材料《坚持科学发展，抓实活动创新，努力创建五好基层关工委组织》，被收入《全国关工委基层工作年总结表彰大会交流材料汇编》。大会表彰在基层工作年中表现突出的全国1191个先进集体和389个优秀组织奖获得者。集团公司关工委系统有15家单位受到中国关工委表彰，获全国“五好基层关工委先进集体”称号。

（马小平）

档案管理

【概述】 集团公司档案（史志）工作牢牢把握服务企业发展的宗旨，着力加强档案资源体系、利用体系、安全体系和组织体系建设，在服务企业发展中发挥了重要作用，取得显著成绩。档案（史志）工作多次受到国务院国资委、国家档案局好评，2013年集团公司在中央企业档案工作评价中被评为A级单位。截至2013年底，共有各级档案机构1628个，专职人员3639人；共有档案约1997万卷、3984万件，排架长度近108万米；全年利用档案近100万卷、30万人次。编研公开出版档案资料39种，1058万字；内部参考1035种，24114万字。

【档案工作】 2013年，各单位按照《集团公司档案工作“十二五”规划纲要》的总体部署，认真落实《集团公司2013年档案工作要点》，紧紧围绕档案工作目标体系，强化基础，突出服务，比学赶超，档案工作的组织体系、资源体系、利用体系、安全体系建设都取得了新进展和新成果。从评价结果看，A级、B级单位较去年增加41家，达到121家，所占比例由去年的59%提高到92%；C级、D级单位减少到10家，仅占8%，特别是消除了E级单位。集团公司整体档案工作呈现出差距缩小、进步加快、协调发展的良好局面。

（1）组织管理得到有力加强。通过评价对比、督促检查、业务培训等综合措施，各单位对档案工作的重视程度进一步提升，档案工作的组织领导得到进一步加强，档案业务需要的人、财、物保障水平进一步提高，为档案工作加快发展创造了有利条件。去年评价整体落后的销售系统，从上到下直面差距，抓紧行动，销售分公司采取制定指导意见、召开现场推进会、邀请专家指导等措施，有力推动销售企业档案工作快速发展，A级、B级单位已占92%；大连销售成立由公司总经理为组长的档案工作领导小组，将档案工作纳入公司发展规划。大连海运先后召开16次档案工作阶段协调会，推进规范化管理。中亚天然气管道公司总经理亲自主持召开档案工作专项会议，要求把档案工作提高到能应对过境国政治风险、保障公司海外资产的高度。昆仑金融租赁总经理召开办公会对档案工作进行督办，并亲自参加业务培训。管道建设项目经理部、燃料油公司将档案工作纳入部门和项目部业绩考核，有力推动了档案工作的开展。

（2）基础业务水平不断提高。各单位进一步完善档案工作机制，健全档案管理责任制，执行归档范围确认制，推行重点项目纳入合同管理、电子文件同步归档等机制，全面提高了档案收集、整理、保管、鉴定、统计工作的规范化和标准化水平。兰州石化公司、大港石化公司、华北石化公司、天津销售公司等单位，紧密结合实际，开展档案管理创新，弥补自身短板，基础工作取得了长足进步。各单位认真落实“八防”要求，加大档案设施设备投入，加快推进标准化库房建设，档案安全保管和利用条件得到显著改善，为档案馆全面发挥各项功能提供了有力保障。

（3）信息化建设加快推进。制定并发布《档案数字化规范》和《档案信息化建设规范》两项企业标准，成为档案信息化建设的重要依据。深入推进集团公司档案管理系统应用，完成历史数据迁移工作，基本建立完整的档案目录数据库，累计录入档案数据达4900万余条，日均登陆5500人次，用户近11.4万人，系统应用更为广泛、作用更为突出。大力推进档案数字化工作，浙江油田公司、测井公司、东北销售公司、黑龙江销售公司、陕西销售公司、宁夏销售公司等单位已经提前实现达到80%的目标，走在数字化工作的前列，档案工作的管理效率和服务水平也随之提高。

（4）重点建设项目档案管理保障有力。通过采取组建档案专家组开展专项验收、电话参与国家档案局巡回检查等方式，对广东石化公司、云南石化公司、四川石化公司、中俄合作项目部、管道建设项目经理部、东北销售公司、大连液化天然气公司、江苏LNG公司、昌平科技园等22家单位项目档案工作进行指导；对独山子石化公司、广西石化公司、西气东输公司、管道建设项目经理部等27个重点建设项目的档案专项验收工作，共组织专家154人次。

（5）档案服务能力显著增强。各单位以服务为宗旨，积极开展档案开发利用工作，充分发挥档案服务生产经营和业务发展的独特作用。北京销售公司利用档案资料，在处理合同纠纷中挽回近2亿元的经济损失。各单位积极开展档案专项编研工作，江苏销售编写《江苏销售公司配送概况》，成为公司配送工作的专业指导用书；长城钻探选取200多张馆藏档案，编制《馆藏档案图片展》等，进一步提升了档案的价值，增强了档案服务能力。同时，各单位按时完成年鉴、大事记、组织机构沿革的编写工作，为各项业务工作的开展提供了基础资料。

（6）机关档案工作水平明显提升。总部机关超过90%的单位工作职责落实到位，归档工作完整、准确，与2012年相比及时率从73%上升到97%，逐步走向规范化。特别是预算管理部、财务资产部、规划计划部、人事部、监察部、勘探与生产分公司、炼油与化工分公司、工程技术分公司、中油财务公司等部门和单位，领导重视，组织得力，归档工作质量进一步提高。总部机关开展了馆藏历史档案的数字化、历史声像资料抢救、党组领导文件资料征集、优化专网档案管理系统等工作，机关档案服务水平显著提升。

【史志工作】

1. 编研工作

完成《汶川特大地震中央企业抗震救灾志》、《中国石油天然气集团公司年鉴》、《中国国有资产监督管理年鉴》、《中国信息年鉴》、《中国海洋年鉴》和《中国引进国外智力年鉴》的组稿供稿工作，补充完善集团公司办公厅和股份公司总裁办公室组织史资料，字数达60万字。

2. 展厅管理

根据《中国石油展览厅运行管理办法》，组织协调相关单位完成展厅调改维护、运行管理工作。全年组织完成展厅2次调改任务，一是完成展厅（古代近代厅）所有展品压板和底托的制作布展；二是配合思想政治工作部完成展厅（当代厅）党建、思想政治工作和企业文化展板内容和实物陈列的调改工作，更换图片10张，新增陈列文件16份，书籍60册，奖牌7个，影视作品（DVD）2个。更新中国石油排名，完成炼化产品展示区亚克力展柜的制作安装、原油展示器皿的更换等。

组织完成展厅灯具、展板、展品、展柜、模型、电路系统、多媒体系统等维护工作，共计60次，其中，专项维护5次，展品及展柜维护6次，日常维护49次。展厅全年共接待参观人数5575人次，重要参观活动95次。

3. 档案征集

完成原石油工业部副部长焦力人捐赠物品的接收和整理工作。共接收各类物品7319件，其中，杂志2103册，照片3345张，书籍1248册，实物245件，字画298幅以及文件、手稿等资料。按照与石油工业发展相关，与焦力人从事石油经历相关，具有事件性、代表性、故事性以及史料价值的鉴定原则，经鉴定接收归档的各类物品1338件。

完成集团公司原主要领导同志活动资料征集工作，共征集图片、视频、文字材料等1130件（份）。分三批接收经济技术研究院历史声像档案381盘，完成第四批、第五批声像档案抢救磁盘579盘。接收荣誉类、礼品类实物档案35件，中国石油新闻联播、会议类、活动类光盘139盘，各类资料151份。

〔办公厅档案处（史志办公室）〕

第十一篇

党建、思想政治工作与企业文化建设

党建工作

【概述】 截至2013年底，集团公司全系统共建有各级党委2168个、党总支2859个、党支部34021个。党员总数664351名，其中女党员150510名；在岗党员481482名；离退休人员党员有164770名。各级党组织认真贯彻落实集团公司党组的要求和部署，始终坚持党的领导，全面履行经济、政治、社会“三大责任”，充分发挥党组织的政治核心作用；始终坚持强“三基”、固堡垒，创新方式方法，增强工作活力，充分发挥党支部的战斗堡垒作用；始终坚持抓好党员教育管理，引导党员讲党性、重品行、做表率，保持先进性，充分发挥先锋模范作用。

【党的群众路线教育实践活动】 按照中央统一安排，集团公司参加第一批党的群众路线教育实践活动。集团公司党组、所属152个企事业单位、33个总部机关部门及专业分公司，48万名党员全部参加。在前期认真细致的准备工作基础上，2013年7月1日党组领导班子启动教育实践活动，7月4日召开集团公司三级领导班子、两级机关部门负责人及基层代表等近万人参加的部署动员视频会，7月9日总部机关召开动员部署会，所属各企事业单位延后1个月压茬进行。在历时6个多月的教育实践活动中，集团公司上下高度重视，部署周密，工作扎实，严格按照中央要求，紧密结合企业实际，始终突出“六个坚持”，即：坚持以“三老四严”作风强化组织领导，形成自上而下、以上率下的生动局面；坚持把学习教育贯穿始终，着力在解决世界观人生观价值观“总开关”上下工夫；坚持紧紧牵住查摆问题这个“牛鼻子”，聚焦“四风”查清找准突出问题；坚持弘扬整风精神，高标准高质量开好专题民主生活会；坚持以“踏石留印、抓铁有痕”劲头抓整改，扎实推动作风转变；坚持以“功成不必在我”的境界，紧贴实际推动企业有质量、有效益、可持续发展。通过半年多扎实有效的实践，在活动中较好地解决领导班子、机关、党员干部，在思想境界、精神状态、工作作风、自我约束、群众工作能力等方面积淀形成的一系列问题，取得让职工群众看得见、感受得到、比较满意的成效。中央第39督导组评价中国石油教育实践活动“开展得较为扎实深入，有章法、有特色”。

总部机关和各直属单位坚持把学习贯穿于教育实践活动的始终，采取集中学习、分散自学、专题研讨、辅导讲座等方式，组织党员干部认真学习中央和党组文件及规定书目，各单位领导班子共组织集中学习868次、开展专题讨论338次。坚持聚焦“四风”查找突出问题，通过发征求意见函、召开座谈会、设置意见箱和基层调研等形式，共收集到意见建议12973条，查摆出“四风”方面突出问题5038个。坚持弘扬整风精神，严把对照检查材料关、会前谈心谈话关、批评和自我批评关及会议指导关，高标准高质量召开民主生活会和专题生活会。坚持突出问题导向、狠抓整改落实，共提出整改措施3307条，拟废止制度285个、修订完善制度1088个、新建制度501个。

【学习宣传贯彻落实党的十八大精神】 按照中央要求和集团公司党组部署，持续加强党员干部的理论武装。落实《党组关于认真学习宣传贯彻落实党的十八大精神的通知》精神，认真组织干部员工原原本本学习党的十八大报告和党章，深刻领会精神实质，通过举办专题学习班、研讨会、党员学习日、讲党课等多种方式深入学习宣传阐释党的十八大精神，切实把广大干部员工的思想和行动统一到党的十八大精神上来，统一到集团公司落实党的十八大精神确定的目标和任务上来，用党的十八大精神推动各项工作。直属党委连续举办3期党的十八大精神集中培训班，对1100名处以上干部和部分党外人士进行集中培训。开展“学习贯彻党的十八大精神、立足岗位作贡献”征文活动，共征集体会文章969篇，党员语录1638条。党的十八届三中全会后，及时向干部员工发放各类文件材料、辅导读本，组织各直属党组织以中心组学习、支部学习、专题讨论、辅导培训等多种形式原原本本学习全会精神，邀请专家学者为干部员工作专题辅导报告，引导党员干部准确理解和把握全会精神的基本内容和核心要义，努力营造解放思想、改革创新的良好氛围。

【基层党组织建设】 认真落实《中国石油思想政治保

障体系》和《中国石油基层党支部工作条例》，扎实推进“六个一”党支部创建活动和党建“三联”责任示范点工作，进一步提高党的建设科学化水平。研究制定下发《中国石油境外企业党建思想政治工作条例》，进一步提升海外党建工作水平。严格全系统党内组织生活，及时指导有关单位召开党代会，规范换届选举。进一步发扬党的优良传统，发挥党员先锋模范作用，抓好经常性创先争优工作，广泛开展党员责任区和党员先锋岗活动，推动创先争优常态化、长效化。加强一线生产队（站、车间）和野外艰苦作业施工基层单位为重点的专职党支部书记队伍建设，努力实现生产一线、艰苦作业施工班组班班有党员。继续保持党组织建立健全率和党员教育管理覆盖率达100%。

【学习型党组织建设】 直属党委切实加强对各单位理论学习的指导服务，坚持每季度制订理论学习参考计划，定期编辑理论学习参考资料，及时为干部员工配发学习材料，开通职工电子书屋，并请基层干部员工作先进事迹报告、科学发展系列报告，请外部专家做6次学习辅导讲座。总部机关和各直属单位认真落实中心组学习制度，全面启动“双十”全员读书活动，通过举办培训班、读书会、交流会、知识竞赛等，推动读书活动深入开展。一些单位创新学习形式，实行学习培训学分制、建立网上课件库、开展网上培训和在线考试、推行A/B岗知识共享等，使学习型党组织建设亮点纷呈、不断深化。

【直属机关党的建设】 截至2013年底，党的关系隶属集团公司直属党委管理的部门和单位共93家，其中总部机关34个部门及专业公司中有20个部门党支部、6个党总支、8个专业公司党委；59个直属单位中有49个党委，1个临时党委，1个党总支，8个党支部。直属党委共计有党委208个、党总支217个、党支部2466个；共有党员40304名，其中在岗党员35933名，占在岗职工总数的31.03%；具有大专以上学历党员30102名，占在岗党员的83.77%；35岁以下党员14886名，占在岗党员的41.43%，全年新发展党员890名。直属各级党组织在集团公司党组领导下，认真落实党的十八大精神及集团公司工作会议精神，积极服务集团公司改革发展稳定的大局，以作风建设为突破口推动党的各项建设，严格落实中央“八项规定”和党组“二十条要求”，深入开展党的群众路线教育实践活动，切实加强反腐倡廉建设。

思想政治工作

【概述】 坚持贴近实际、贴近基层、贴近员工，坚持团结稳定鼓劲、正确引导舆论，抓生产从思想入手，抓思想从生产出发，知员工情、答员工疑、解员工难、聚员工心，巩固员工团结奋斗的共同思想基础，不断提高员工的思想道德和科学文化素质，充分调动员工的一切积极性和创造性，努力打造一支有理想、有道德、有文化、有纪律的铁人式员工队伍。

【第十一次“形势、目标、任务、责任”主题教育】 以宣传贯彻集团公司工作会议精神为重要内容，认真组织开展第十一次“形势、目标、任务、责任”主题教育，以形势教育员工，以目标鼓舞员工士气，以任务统一员工思想，以责任振奋员工精神。组织举办集团公司总部机关第十一场科学发展系列报告会，管道建设项目经理部、伊拉克公司哈法亚项目部、四川石化公司、国际事业（伦敦）有限公司、大连液化天然气公司报告海外油气合作、炼化、管道等重大工程建设情况，展示集团公司科学发展取得的重大成就和广大一线员工勇担重任、艰苦创业、积极开拓的精神风貌。

【集团公司道德模范表彰】 召开中国石油十大爱心模范、“十大金花”环卫班长、十大青年志愿服务标杆集体表彰座谈会。首次评选表彰“中国石油十大爱心模范”、106名“中国石油百佳爱心人物”、“十大金花”环卫班长、10个“中国石油青年志愿服务标杆集体”和150个“中国石油青年志愿服务先进集体”。集团公司党组领导向中国石油十大爱心模范、中国石油“十大金花”环卫班长颁发奖章、证书，向10个中国石油青年志愿服务标杆集体授予“青年志愿服务队队旗”。在第四届全国道德模范评选中，集团公司有1名职工家属、5名职工受到表彰。

【中国石油党建思想政治工作研究会】 召开中国石油党建思想政治工作研究会第八届一次理事会、大庆精神铁人精神研究会第二届一次理事会。会议回顾5年来中国石油党建思想政治研究工作，明确今后工作重点，作出扎实深入开展“八大课题”研究，为企业科学发展助力，务实创新做到“三提高”，推动研究成果转化为工作实效，注重强化“三结合”，形成“大研究会”工作格局的工作安排。研究会聘请集团公司党组成员、副总经理李新华，老领导张轰、李克成、王福成为名誉会长，选举产生新一届理事会领导机构，设立8个研究会专业分会，通过研究会章程修正案。较好完成承担的全国党建研究会“建设高素质执政骨干队伍”课题的子课题和中国思想政治工作研究会、中央企业党建思想政治工作研究会的课题研究任务。

【对外宣传工作】 按照党组确定的“稳健、低调、正面”的宣传方针，突出天然气发展、油品保供、典型引领、全面履行三大责任等宣传主线和重点，创新宣传形式，加强宣传策划，注重宣传效应，取得良好的宣传效果。2013年，主流媒体共刊发正面稿件1300余篇，同比增长22%。其中人民日报、新华社等6家中央主流媒体发稿均实现“破百”目标，数量、篇幅、正面信息的占比较2012年都有大幅增加。组织中国石油科学发展、和谐发展主题宣传，实施“中国石油扶贫助困”、“能源气脉”、“惠三农助春耕”、“抗震救灾”、“中缅天然气管道开始供气”等10余项重点宣传，开展“走进花园式工厂——广西石化”、“走进新国企——江苏LNG”集中宣传活动，与工人日报社联合开展“这个冬天特别冷——万里气源行·千家万户暖”主题宣传活动。同时，与中央电视台“走进科学”栏目联合制作的反映西气东输工程的《超长气脉》上、下集在两会期间连续两天播出，集中宣传西气东输工程10年来的成就。引导制约企业生产经营的复杂舆论，在中央电视台《新闻联播》、《焦点访谈》等栏目推出“PX”专题节目，在人民日报上策划《揭开PX神秘面纱》的专版宣传，有力引导社会舆论。邀请人民日报、新华社等16家媒体记者走进广西石化公司这座生态绿色的世界一流炼厂，对炼厂清洁生产及当地生态环境状况进行采访报道，侧面回应公众的误解。应对天然气价格调整，与人民日报、新华社、经济日报、经济参考报、香港文汇报等媒体联系推出一系列深度报道，策划出版《新能源观察·走近天然气》专刊。

【先进典型选树宣传】 推出全国重大典型第三代铁人、“大庆新铁人”李新民。联合中央宣传部、国务院国资委、中共黑龙江省委在人民大会堂联合举办李新民同志先进事迹报告会，中央和国家机关干部代表，在京中央企业干部职工代表和社会各界代表等800人参加。首场报告会后，组织报告团赴大庆市、黑龙江省、湖北省、青海省、国务院国资委等部分省市、国家部委巡回报告，向2万余名观众作报告，在社会各界引起强烈反响，有力宣传和树立集团公司“我为祖国献石油”的良好形象。

【总部机关作风建设】 以落实中央“八项规定”和党组“二十条要求”为切入点，全面加大抓机关作风建设的力度。完善抓机关作风建设的工作机制，成立总部机关加强作风建设工作协调领导小组，并召开会议对全面加强机关作风建设的重点工作进行研究部署。制订《加强总部机关作风建设工作方案》和《监督保障措施责任分解表》，保证改进作风的各项要求统筹推进、落到实处。结合教育实践活动，在总部机关开展“门难进、脸难看、事难办”等作风问题专项整治，制定《总部机关改进作风提高服务基层水平的若干措施》，使机关改进作风的方向更加明确、服务基层的措施更加具体。机关各部门认真落实提高工作效率、改进服务水平、减轻基层负担、厉行节约等改进作风的措施，会议同比减少近20%、文件精简22%，调研检查、评比表彰、仪式庆典、基层上报材料报表等大幅减少，机关会议费同比降低47.9%，办公费下降11.6%，出国费下降35.6%，差旅费下降3.8%，招待费下降62.1%，大厦总体能耗下降4.7%。中国石油总部机关形成召开会议简短、文字材料简练、接待应酬简省和深入基层简从的良好风气。在集团公司党组的直接领导和带动下，机关作风取得明显改进，受到各方面肯定。

企业文化建设

【概述】 认真贯彻落实《集团公司企业文化建设纲要》，以弘扬大庆精神铁人精神为核心，努力建设符合企业发展方向、具有鲜明时代特征和石油特色的企业文化。大力实施文化强企战略，内强素质，外塑形象，不断增强企业凝聚力，提高企业竞争力，努力实现企业文化与企业战略的统一，企业发展与员工发展的统一，企业文化优势与竞争优势的统一，不断提升企业软实力。

【企业文化建设基本规范】 实现以“六统一”为主要内容的企业文化建设基本规范，总结企事业单位、基层单位、海外项目、重点工程、重大项目探索实践企业文化建设和专项文化建设的经验成果，进一步研究提炼形成集团公司企业文化建设基本规范，逐步形成以《企业文化建设纲要》、《企业文化建设工作条例》、《企业文化手册》等规章制度为规范的企业文化建设体系，进一步明确集团公司及所属企事业单位企业文化“六统一”要求，实现企业宗旨、企业精神、企业核心价值观、企业核心经营管理理念、企业标识、司旗司徽司歌的规范一致。

【大庆精神铁人精神再学习再教育再深入】 以铁人诞辰90周年为契机，开展系列纪念活动，持续推动大庆精神铁人精神再学习再教育再深入。举办纪念铁人王进喜同志诞辰90周年弘扬大庆精神铁人精神座谈会，深切缅怀为新中国石油工业作出突出贡献的工人杰出代表，号召百万石油员工高举大庆精神铁人精神旗帜，凝聚建设世界水平综合性国际能源公司的强大力量。石油魂——大庆精神铁人精神宣讲总队应香港工会联合会邀请，并得到中央人民政府驻香港特别行政区联络办公室支持，赴香港做了5场宣讲报告，让香港市民在铁人、石油人故事中深刻感受到中华民族的伟大精神。截至2013年底，石油魂——大庆精神铁人精神宣讲累计达345场，学习人数逾百万。宣讲总队被中华全国总工会授予“全国工人先锋号”。

【企业文化建设工作会议】 召开集团公司成立以来的第一次专题企业文化建设工作会议，会议总结集团公司新时期企业文化建设十大成果和着力把握的10个问题，深入分析研究新形势新任务新情况新问题，部署今后一个时期重点工作。会议强调，要进一步弘扬大庆精神铁人精神，把握根脉，继承发展，始终坚持大庆精神铁人精神的文化核心地位，建设具有中国石油特色的企业文化，为全面建成世界水平综合性国际能源公司提供强大精神力量。承办中央企业企业文化工作座谈会，中国石油企业文化建设工作得到国务院国资委充分肯定。

【企业文化制度建设】 制定下发《中国石油企业文化建设工作条例》和《集团公司企业文化手册》。针对新时期企业文化建设面临的新形势新任务，在深入调研、广泛研讨、多层次征求意见的基础上，制定下发中国石油《企业文化建设工作条例》和《企业文化手册》。《条例》共八章三十二条，明确集团公司企业文化建设的指导思想、主要目标、基本原则、核心要素、基本任务、主要载体、传播手段等内容，为抓好企业文化建设提供基本遵循，进一步推进集团公司企业文化建设规范化、制度化、科学化。《手册》共分公司概况、历史沿革等20个部分，集中展示中国石油深厚的文化积淀和丰硕原文化成果，展现被实践印证、历史磨砺、大力弘扬、广泛认同的中国石油企业文化。《手册》的颁布对于激励全体干部员工牢记使命、坚定信念、艰苦奋斗、石油报国，进一步弘扬大庆精神铁人精神，推动企业科学发展具有重要意义。

【开展《中国石油企业文化辞典》编撰工作】 贯彻落实集团公司企业文化建设工作会议部署，集中开展《中国石油企业文化辞典》总册及38家企业分册的编撰工作。经过多次征求企业意见，深入讨论和细致修改，先后9易其稿，组织撰写6万余字的《中国石油企业文化辞典企业分册编撰手册》，提供编撰技术规范。开展第六批中国石油企业精神教育基地申报和评审工作。

【直属机关企业文化建设】 直属各级党组织坚持以大庆精神铁人精神为核心，全面推进企业文化建设。以铁人诞辰90周年为契机，开展系列纪念活动，举办“大庆新铁人”李新民先进事迹报告会，持续推动大庆精神铁人精神再学习再教育再深入。认真落实集团公司企业文化建设工作会议精神，部分单位制订修订

《企业文化手册》、《员工手册》等，不断强化企业文化的引领和凝聚作用。组织直属机关干部员工向四川芦山地震灾区捐款988万余元，积极展示员工爱心和企业良好形象。

（艾中秋　王玉杰）

【海外企业文化建设】 2013年，中国石油海外油气业务在激烈竞争的国际石油市场中，坚持“互利共赢、合作发展”的理念，积极组织开展海外特色文化活动，不断创新海外企业文化建设。将海外文化建设作为增强企业软实力、竞争力的重要手段，提升中国石油在海外运营和国际石油市场竞争优势，进一步树立中国石油良好形象，提升企业的品牌价值和国际影响力。2013年，海外勘探开发公司被中国企业文化研究会评为“改革开放35周年企业文化竞争力优秀单位”。

2013年，海外油气业务企业文化建设在创新实践中取得新进展。（1）组织贯彻实施新修订的海外《企业文化手册》，将企业宗旨、发展理念、行业规范、文化着力点等在海外员工队伍中深入进行宣传贯彻，增强企业的文化力。（2）积极开展全员读书活动。以集团公司“千万图书送基层，百万员工品书香”活动为抓手，继续组织开展以青年员工为中心的全员读书活动，全面提升海外队伍文化、技术素养。（3）积极开展中外员工共同参与的文体活动。海外各个业余文体组织，在深入开展反对“四风”的背景下，以节俭、简朴、热烈、祥和为基调，坚持开展丰富多样的文体活动，极大地充实海外员工的精神文化生活。（4）积极开展选树宣传中国石油海外英模活动，对当年评选产生的10名杰出员工、109名优秀员工、39个先进集体和15名获得“海外员工家属特别奉献奖”的先进人物进行宣传表彰。（5）丰富和发展海外企业有形文化产品。完成系列丛书《海外创业纪实》2011卷、2012卷的编辑出版工作；对宣传海外英模人物的《海外创业之星》一书进行补充完善；继续组织开展海外油气业务大事记的收集、整理和编纂工作，完成2012年大事记的编写定稿；组织拍摄2部反映海外关爱文化的微电影和一部歌曲MV。在征集整理海外员工原创歌词的基础上，初步形成海外队伍的自创歌曲。

2013年，海外油气业务以总结经验、弘扬传统、凝心聚力为目的，加大海外企业文化建设理论与实践的创新管理研究。进行“大型石油企业跨国经营中的特色文化建设与管理”重点课题研究。该课题获得全国石油石化企业管理现代化创新成果一等奖；完成的《传承弘扬大庆精神铁人精神，加速推进集团公司“半壁江山”建设》典型材料，在集团公司企业文化建设经验交流会上交流获得好评。还与新华社、美世咨询等新闻文化传播单位合作，开展海外企业文化建设的方式方法研究，已取得初步成果。

2013年，海外油气业务结合党的群众路线教育实践活动，加大海外廉洁文化建设推进力度。利用大屏幕、网站等媒介开展反腐倡廉建设政策、法规的宣传，向海外发送节日廉洁提示卡等。全年向海外项目发送有关书籍、视频资料20多套。将国内各大媒体刊登的有关党风廉政建设和反腐倡廉工作的政策、新闻、案例，编辑成电子期刊《反腐倡廉信息要览》，通过邮件和网络发送给公司机关和海外项目的副处级以上领导干部。

海外油气业务将企业文化建设作为党建、思想政治工作的载体和平台，推动海外队伍思想政治工作创新发展，重点开展人文关怀与心理疏导工作，应用EAP方法疏解员工心理问题。同时，继续深入开展大庆精神铁人精神再学习再教育活动，坚持用大庆精神铁人精神铸魂育人，持续开展“以爱国主义为核心、以艰苦奋斗为精髓”主题教育活动。各海外企业和海外项目党组织通过组织开展各种文化活动和表彰活动，始终在海外奏响“我为祖国献石油”主旋律，为海外油气业务优质高效可持续发展提供正能量。

（李玉屏）

基层建设

【概述】 认真贯彻落实《集团公司基层建设纲要》，以夯实基础管理为重点，以提高员工基本素质为根本，以促进企业与员工的共同发展为目标，在新时期新阶段，切实加强以党建、班子建设为主要内容的基层组织和队伍建设，切实加强以质量、计量、标准化、制度、流程等为主要内容的基础性管理，切实加强以政治素养和业务技能为主要内容的员工素质与能力。

【扎实推进千队示范工程】 召开中国石油基层建设经验交流暨“千队示范”新疆油田现场会，总结石油石化重组以来基层建设的新鲜经验和典型做法，表彰“百个标杆”单位，明确新形势下加强基层建设的目标任务，强调要抓基层、打基础、强素质，全面提升基层建设水平，支撑集团公司战略发展。集团公司董事长、党组书记周吉平对加强基层建设工作作出重要批示。会议展示基层站队风采和12个生动案例，21个单位作经验交流。“百面红旗”单位代表郑重向“百个标杆”单位代表颁奖，石油工业加强基层建设的优良传统在传递中发扬光大。同时会议号召广大干部员工始终不渝做大庆精神铁人精神的传承者，坚定不移做世界水平综合性国际能源公司的建设者，一如既往做夯实集团公司发展基础的实践者。

【“双十”全员读书活动】 全面启动“双十”全员读书活动，提高员工队伍素质。召开“双十”全员读书活动视频启动会，全面安排部署集团公司“双十”全员读书活动，即“每日十分钟，通读十册书”，延伸“学习在石油·每日悦读十分钟”活动，确保全员3年通读政治经济、法律、科技、管理、石油、历史、地理、文学艺术、生活、健康等10册《中国石油员工基本知识读本》。集团公司把“双十”全员读书活动作为推进“三基”工作新的重大工程的一项重要举措，各企事业单位普遍采取读书会、组织答疑指导、交流心得体会、评选读书感言、举办知识竞赛等多种形式，开展活动，受到广大干部员工的热烈欢迎，促进员工对知识的理解掌握，提升读书效果，为集团公司全员建立2个体系，队伍做到1个提升，即建立员工人生基本知识体系与职业生涯基本知识体系，队伍整体素质提升打下坚实的基础。

【重点工程劳动竞赛】 在生产经营一线单位、科研单位广泛开展铁人岗位建功“四项活动”，即“主题劳动六赛”、“宝石花金点子”、“争当岗位专家”、“争创铁人先锋号”，继续开展“创和谐典范，建‘西部大庆’”、“建精品工程，铸能源国脉”、“促发展、上规模、增效益”等主题劳动竞赛，进一步调动广大干部员工工作积极性、主动性和创造性。表彰集团公司建设“西部大庆”（第二阶段）先进集体和先进个人以及在呼和浩特石化炼油改造项目中的先进集体和先进个人。研究起草《集团公司开展劳动竞赛的实施意见》。

群团工作

【概述】 坚持全心全意依靠工人阶级办企业的根本方针，加强对工会、共青团等群众组织的领导，支持群众组织按照法律和各自章程创造性地开展工作，充分发挥组织群众、引导群众、服务群众、维护群众合法权益的作用，积极动员广大员工、青年、妇女群众积极投身企业改革发展稳定的实践。

【工会共青团组织建设】 积极组织各级工会、共青团组织加强自身建设，深入学习贯彻落实工会十六大、共青团十七大精神和全国妇联十一大精神，充分发挥职能作用，全面提高服务水平，引导工会会员、团员青年、女职工为企业发展建功立业。各单位按照规定召开工会会员代表大会、共青团员代表大会。举办工会和共青团干部培训班。

【扶贫帮困送温暖工作】 深入实施扶贫帮困和送温暖工程，实现帮扶工作经常化和制度化。元旦春节期间及时协同有关部门下拨集团公司帮扶资金，组织各企事业单位元旦春节期间共走访慰问困难职工、困难家庭、困难群体8万多人次，为集团公司劳动模范邮寄专门订制的具有中国石油特色的贺卡。在中秋节、国庆期间及时协同有关部门下拨集团公司帮扶资金，组织各企事业单位走访慰问困难职工、困难家庭、困难群体近4万人次。持续做到每个困难家庭生活有保障、每个困难职工看得起病、每个困难家庭子女上得起学。

【抗震救灾工作】 开展“百万石油员工抗震救灾捐款行动”，组织百万石油员工向四川芦山“4·20”地震灾区捐款共计8800余万元，用于帮助困难母亲、单亲母亲、失独母亲建设5000座安居房屋和购置

100 辆母亲健康快车，以及帮助地震灾区的儿童、学生和教育事业，在社会上树立中国石油良好的形象。

【厂务公开民主管理工作】 深入推进厂务公开民主管理，切实维护职工合法权益。坚持全心全意依靠工人阶级的根本方针，认真落实职工代表大会制度，研究起草《厂务公开工作条例》，进一步规范厂务公开内容，积极推进厂务公开民主管理工作制度化、规范化。尊重职工群众主体地位，依法保障职工权益，帮助员工建立和谐劳动关系。经过推荐审核，授予大庆油田公司工会等 140 个单位“集团公司模范职工之家”荣誉称号。

【直属工会工作】 直属工会认真贯彻“促进企业发展、维护职工权益”的工作方针，着力推进职代会和职工之家建设，持续深化“强‘三基’、提素质、建功业”群众性建功立业活动。切实加强三级单位工会干部培训，培训基层工会干部 2600 人次。历时 3 年完成工会经费审计，并评选出 25 家工会财务管理先进单位。举办直属机关游泳、卡拉 OK、足球比赛及总部机关春秋两季健步走等大型活动，推进全民健身活动蓬勃开展。下拨各类帮扶资金 2466.9 万元，走访慰问困难职工 1.2 万多人次，制定《关于调整职工及离退休、退职人员死亡一次性抚恤金及治丧费标准的规定》，协助 122 名职工子女解决上学问题，举办 2 场大龄青年联谊会，积极为职工做好事、解难事、办实事，受到广大干部员工的好评。

【成立集团公司团工委】 充分发挥共青团和青年作用，按照上级团组织要求，经集团公司党组研究同意，于 2013 年 4 月 24 日成立中国共产主义青年团中国石油天然气集团公司工作委员会。5 月 7 日，召开团工委成立大会。集团公司团工委在集团公司党组和中央企业团工委领导下开展工作，由思想政治工作部归口管理。集团公司团工委的成立，标志着集团公司共青团组织建设实现历史性新跨越。

【“青字号”岗位建功活动】 组织开展石油青年“为中国梦加油”主题教育实践活动，在中央企业作了典型经验交流。组织评选表彰集团公司第七届“十大杰出青年”、“百名优秀青年”；工程建设公司电焊技师裴先峰获“中国青年五四奖章”，受到习近平总书记接见；4 名青工获选团中央百名“最美青工”，15 个青年集体获“全国青年文明号”；多名青年和多个青年团体获得中央企业团组织的表彰。以“学雷锋树新风、学铁人立新功”为主题，不断实践和完善富有中国石油特色的“四心”志愿服务体系，中国石油郭明义爱心团队向甘肃省西大滩乡中学捐款 12 万元。

【直属共青团与青年工作】 直属共青团围绕服务企业发展、服务青年成长积极开展工作。持续深化“青年文明号”创建，积极推进“号手”联动，对 65 个直属机关“青年文明号”进行表彰，并采取网上投票方式评选首届直属机关“十佳青年岗位能手”。持续深化“读书 · 实践 · 发展”青年读书活动，为广大团员青年推荐《苦难辉煌》、《论思想方法》等书籍，加强青年理想信念和石油传统教育，举办“第五届青年英语演讲比赛”，部分直属单位举办青年创新论坛、科技成果及论文交流会、青年 QC 小组、青年节能减排示范行动等活动，积极促进广大青年立足岗位、建功立业。

【石油文联工作】 石油文联成功召开秘书长工作会议及文联工作经验交流会；组织开展第六届职工艺术节舞蹈大赛工作；分别赴中缅管线国内段、广西石化公司等基层单位以多种形式开展“送欢乐下基层”慰问演出；开展中俄文化交流，组织参加俄罗斯天然气公司“火炬杯”艺术节；举办“我为祖国献石油——石油大学建校 60 周年书法、美术、摄影展”、“我的书法梦——于恩东书法展”等各种文艺展览；表彰第三届全国职工艺术节获奖者并首次以总经理奖励基金颁发奖金；举办“纪念铁人 90 周年诞辰征文”活动。

【石油体协工作】 认真贯彻实施《中华人民共和国体育法》、《全民健身条例》和《全民健身计划》，大力开展全民健身体育活动，组织石油职工信鸽、桥牌、门球、健美、风筝、围棋等优势项目参加多项国际级、国家级赛事，均取得优异成绩。与有关单位合作举办中央电视台体育频道“谁是球王乒乓球民间争霸赛”、全国石油石化职工第十八届信鸽比赛、中国石油第二届桥牌精英赛、全国石油职工门球精英赛；在部分企业举办“健身气功、越野行走、柔力球”项目推广辅导员培训班，初步实现为全国石油职工推荐选择 1—2 项能终生锻炼健身项目。

【影视中心工作】 认真开展“走基层、转作风、改文风”活动，圆满完成电视新闻宣传、网络电视平台建设，专题制作，电视协会等主要工作。电视新闻宣传内容和方式进一步创新，质量进一步提升。《中国石油报道》作为是集团公司唯一的电视新闻媒体，历经 18 年的不断完善和创新，已经成为中国石油重要的新闻宣传阵地。

（艾中秋　王玉杰）

中国石油社会公益工作

【概述】 集团公司始终坚持将企业发展与业务所在地可持续发展结合起来，与资源地分享发展机遇和资源价值，在自身发展的同时，关注民生和社会进步，积极参与社区建设，促进经济和社会和谐发展，做负责任的社区好邻居。

【参与扶贫帮困】 集团公司持续援助和支持中国贫困地区的发展，注重扶贫、开发与合作结合，积极探索创新扶贫开发模式，努力提高受援地自我发展能力，有力促进了当地经济社会发展。

集团公司落实《中国农村扶贫开发纲要（2011—2020 年）》，持续在新疆、河南、贵州、江西、西藏、青海、福建和重庆等 8 个省（自治区、直辖市）14 个县（区）开展定点扶贫和对口支援。2013 年，投入 7443 万元，援建 31 个项目，帮助当地居民脱贫致富，促进受援地经济社会发展，被国务院扶贫开发领导小组授予“中央国家机关扶贫先进集体”称号。

2013 年度集团公司社会公益投入见表 1。

表 1　2013 年度公司社会公益投入表

类　别	项　目	投入金额（万元）	小计（万元）
扶贫帮困	定点扶贫新疆、河南、贵州、江西等省（自治区）；对口支援西藏、青海、重庆、福建等省（自治区、直辖市）；其他地区扶贫	22744	22744
支持教育	援建学校	9222	25365
	助学金	4873	
	奖学金	175	
	科研开发	11095	
赈灾捐赠	为遭受洪涝、台风、地震等地区捐款	7487	7487
公益捐款	公共设施建设	13584	16340
	医疗卫生	1424	
	文化艺术	1026	
	体育事业	306	
环保公益	植树造林	5149	13153
	其他环境公益	8004	
总计			85089

1. 定点扶贫

2013 年，集团公司继续在新疆、河南、贵州、江西等地开展定点扶贫，保障和改善当地人民生活。投入 1200 万元援建民生项目，帮助当地解决饮水、出行、教育、增收等问题。在河南省台前县援建农村寄宿制中学餐厅改造工程，近万名师生餐饮条件得到改善；在河南省范县援建安全饮水工程，解决 6000 多人的饮水问题；在贵州省习水县援建乡村公路硬化工程，解决 5000 多人的出行问题；在江西省横峰县援建低效农田灌溉工程，每年增产粮食 2000 吨、人均增收 1500 元。

坚持以增强贫困地区和贫困居民自我发展能力为

方向，开展产业帮扶和智力扶贫。以市场化为原则，通过石化原料贸易方式，支持河南省范县和台前县龙头企业发展。2013年，选派3名管理人员开展干部援疆，并帮助新疆当地培训党政干部和科技人员180人。投入200万元，为新疆6个定点扶贫县的210名农牧民进行实用技能培训并取得相关证书。

2. 对口支援

对口支援西藏和青海取得良好进展。2013年，在西藏自治区双湖县投入2100万元，援建索嘎综合市场、牧民安居工程等4个民生项目，培训干部及医护人员21人。在青海完成冷湖行政区饮水工程，支持中小学基础教育事业。在重庆市开县投入300万元，援建刘家湾移民安置项目，安置100多名村民。

3. 其他地区扶贫

2013年，集团公司所属企业投入1.53亿元，在四川、内蒙古、重庆、河北等省（自治区、直辖市）的贫困地区，开展兴建新村、筑路修渠、助残扶弱、帮学助教、建设文化体育设施等多项扶贫项目，改善当地居民生活条件。

【支持教育事业】 2013年，集团公司继续通过石油奖学金、助学金、捐建希望小学、资助社会机构等多种方式，累计投入2.5365亿元支持国内教育事业。集团公司与西安石油大学等高校开展企校联合研发项目，在贵州结对帮扶西冲小学学生，并为贫困学子提供助学金。中国石油华北油田1995年6月实施“油城助学”活动以来，已累计发放助学金和奖学金160余万元，救助贫困学生1396人次，其中249名学生实现大学梦。

2013年，集团公司出资180万元为青海省柴达木盆地冷湖镇冷湖中学援建生物园和地理园，并配置100多种动植物标本和50余件山川、河流等模型。生物园和地理园的投用，丰富冷湖中学学生精神生活，扩展学生的视野。

【带动地方发展】 集团公司在为地方经济社会发展提供能源动力的同时，坚持开放合作、互利多赢，推进与各类投资主体的合资合作，注重通过建设运营勘探开发、炼油化工、储运设施等重点工程和项目，带动当地相关行业发展、优化产业结构、增加就业机会，为地方经济社会发展注入活力。

集团公司下属昆仑银行与四川石油管理局、夹江县黄土陶瓷有限公司共同出资设立乐山昆仑村镇银行推出妇女创业小额贷款业务。截至2013年8月14日，乐山昆仑村镇银行妇女创业小额贷款已为179人发放贷款1206万元，为解决当地妇女创业提供便利条件。

【倡导文明风尚】 集团公司重视参与各项社会公益活动，组织员工志愿者活动，援助弱势群体，倡导文明风尚，为不断推进精神文明建设作贡献。

1. 评选见义勇为好司机

弘扬见义勇为，倡导社会正义，是集团公司开展全国十大见义勇为英雄司机评选与表彰活动的宗旨。2013年，集团公司和中华见义勇为基金会共同举办第十届“昆仑奖”全国见义勇为英雄司机评选活动。评选并表彰60名全国见义勇为英雄司机，其中10人获得“全国十大见义勇为英雄司机”荣誉称号。

2. 捐赠母亲健康快车

“母亲健康快车”活动是由中华全国妇女联合会、国务院妇女儿童工作委员会主办，中国妇女发展基金会承办的公益项目，旨在保障母子平安和妇女儿童健康权益。2013年，集团公司大力推进“母亲健康快车”公益项目，相继向湖北、山东、河北、广西和四川捐赠总计150辆母亲健康快车，用于改善贫困地区缺医少药现状。

3. 员工志愿者活动

集团公司员工志愿者弘扬“奉献、友爱、互助、进步”的志愿者精神，投身环境保护、支持教育、关爱弱势群体等领域的公益活动。2013年，集团公司青年志愿者队伍达到7722支173517人，开展的相关活动受益人数达881893人次。

中国石油大港油田员工志愿者在北大港湿地设立“爱鸟小屋”。志愿者通过开展不定期的环保行动，保护每年途经北大港湿地的数百万只候鸟。中国石油辽河油田青年志愿服务队形成“阳光助学乐”、“健康白衣使”、“文体下基层”、“心理小诊所”和“政策大家通”五彩服务体系。中国石油兰州石化公司青年志愿者爱心捐助岷县灾区。中国石油辽宁销售阜新分公司为儿童福利院孤儿和残疾儿童送去爱心。

【服务海外社区】 集团公司秉承“互利共赢、合作发展”的国际合作理念，追求资源开发利用与环境保护、社会进步的和谐统一。尊重当地风俗习惯和宗教信仰，学习了解当地文化，主动融入当地社区；通过投资和项目合作致力于服务资源国经济发展，在促进当地社会发展、环境保护、社区和谐稳定、支持社会公益等方面作出卓有成效的努力。

1. 非洲地区

集团公司在坦桑尼亚天然气处理厂及管线输送项目建设过程中，为当地提供1000多个就业岗位，同时向当地学校捐助服装、文具、书籍等用品。在尼日尔，向阿加德姆至津德尔炼厂输油管道沿线附近的村庄捐赠10间由集装箱改造的教室。在乍得，恩贾梅纳炼厂成为乍得SOS儿童村合作伙伴。

2. 在中亚地区

2013年，集团公司在哈萨克斯坦项目投入超过4000万元支持当地公共设施建设和文化、教育发展。PK项目在保持良好经营业绩的同时，积极履行企业社会责任，与哈萨克斯坦共和国政府、社会团体及社区建立良好的关系。2013年，投入680万美元用于支持当地基础设施建设、提高弱势群体生活水平和发展文体事业。凭借突出的社会经济贡献，中油国际曼格什套项目的孙星云在哈萨克斯坦共和国能源协会第八届欧亚论坛上受到表彰。

3. 中东地区

2013年，集团公司资助伊拉克国家游泳队和跳水队28名队员前来北京接受1个月的集训；投入283万元支持伊拉克瓦西特省库特市的学校修建教室和操场。

4. 亚太地区

截至2013年底，集团公司在缅甸用于当地教育、医疗、卫生和赈灾的支出超过千万美元。累计援建45所中小学校，为1.9万多名学生改善教学条件。建成24个医院和医疗分站，改善当地80万居民的医疗环境。与合资伙伴一起捐助缅甸若开邦皎漂地区修建高压输电线路，解决当地居民用电难问题。

5. 南美地区

2013年，委内瑞拉项目向当地社区投入近2900万元，用于基础设施建设和慈善捐赠等公益事业。秘鲁项目持续多年支持社区土著居民发展教育、文艺、体育、医疗等公益事业，进一步改善当地居民的生活条件。

（集团公司社会责任报告编辑部）

光 荣 榜

【2013年全国五一劳动奖章】

张志宏　中国石油天然气管道局管道设计院项目经理

邹立军　中国石油管道公司长春输油气分公司科研办主任

郭旭东　中国石油华北油田公司第四采油厂廊南采油作业区兴九站站长

王铁军　中国石油集团东方地球物理勘探有限责任公司总经理

王智威　中国石油天然气第八建设有限公司工人

朱景利　中国石油辽阳石化公司总经理

吕文军　中国石油锦西石化公司总经理

孟卫工　中国石油辽河油田公司副总经理

刘宪华　中国石油东北销售公司党委副书记

白亚国　中国石油吉林白城销售分公司企业管理委员会主任

靳　艳（女）　中油吉林化建工程有限公司抚顺项目部工人

李彩云（女）　中国石油吉林油田公司新木采油厂采油一队5号井组班长

苏　俊　中国石油吉林油田公司总经理、党委副书记

张红梅（女）　中国石油大庆石化公司化工三厂合成树脂研究室主任

李世庆　大庆油田钻探工程公司钻井二公司15152钻井队队长

裴先峰　中国石油天然气第一建设公司工人

李长安　中国石油湖北销售公司总经理

庞宇来　中国石油西南油气田公司重庆气矿研究员

潘　勇　中国石油集团川庆钻探工程有限公司井下作业公司工人

商博军　中石油昆仑燃气有限公司董事长

肖　宏　中国石油集团测井有限公司技术中心装备成套部微电阻率成像组组长

汪艳侠（女）　中国石油兰州石化公司合成橡胶厂丁腈车间工人

赵福庆　中国石油长庆油田公司第二采油厂计划科科长

吕希祥　中国石油集团川庆钻探工程有限公司长庆井下技术作业公司S00534队队长

付锁堂　中国石油青海油田公司总地质师

木合塔尔·穆哈买提（维吾尔族） 中国石油新疆油田公司勘探开发研究院副总地质师

李华山　中国石油乌鲁木齐石化公司化肥厂仪表车间高级技师

金文利（回族） 中国石油吐哈油田井下技术作业公司特种作业一队队长

许春江　中国石油西部管道公司总经理助理

刘守德　中国石油新疆销售公司总经理

【2013 年全国五一劳动奖状】

中国石油内蒙古销售公司

中国石油辽宁销售公司

中国石油天然气第六建设公司

中国石油西南油气田公司输气管理处

中国石油长庆油田公司机械制造总厂

中国石油长庆油田公司第七采油厂

中国石油宁夏石化公司

中国石油天然气运输公司

【全国工人先锋号】

中国石油大港油田公司第六采油厂输注一队

中国石油集团渤海钻探工程有限公司第四钻井工程分公司 40689 钻井队

中国石油华北油田公司二连分公司阿南作业区

中国石油集团东方地球物理勘探有限责任公司青海物探处 249 地震队

中国石油天然气管道局东北石油管道公司太平庄输油站

中国石油管道公司大庆输油气分公司林源输油站

中国石油内蒙古呼和浩特公司土默特左旗经营部

中国石油呼和浩特石化公司第一联合车间

宝鸡钢管辽阳钢管厂制管一分厂焊管一班

中国石油辽河油田公司锦州采油厂采油作业一区女子采油站

大庆油田有限责任公司第二采油厂第六作业区采油 49 队

中国石油大庆炼化公司丙烯酰胺一车间

中国石油大庆石化公司化工一厂芳烃联合车间

中国石油广西销售公司北海销售分公司海诚加油站

中国石油四川销售公司仓储分公司 104 油库

中国石油长庆油田公司培训中心公寓部

中国石油西北化工销售公司合成树脂处业务一科

中国石油青海油田公司采油一厂尕斯联合站水处理运行班

中国石油新疆油田公司采油一厂红浅采油作业区颜福新站

中国石油独山子石化公司乙烯厂乙烯联合车间

中国石油塔里木油田公司塔西南勘探开发公司化肥厂尿素装置

【中央企业先进集体】

大庆油田有限责任公司钻探工程公司钻井一公司 70147 钻井队

大庆油田有限责任公司第一采油厂试验大队技术室

大庆油田有限责任公司矿区服务事业部物业管理二公司乘风物业二分公司乘新一区客服部

中国石油辽河油田公司曙光采油厂

中国石油天然气集团公司辽河油田勘探局曙光工程技术处

中国石油长庆油田公司第一采油厂长东石油勘探开发项目部

中国石油塔里木油田公司开发事业部哈得作业区

中国石油塔里木油田公司勘探开发研究院勘探所库车项目组

中国石油新疆油田公司油气储运分公司彩南站肖刚班

中国石油新疆油田公司物业管理公司南林物管站

中国石油西南油气田公司输气管理处合江作业区

中国石油西南油气田公司川中油气矿龙岗采油气作业区

中国石油吉林油田公司红岗采油厂

中国石油大港油田公司井下作业公司第四修井分公司 403 队

中国石油青海油田公司采油一厂尕斯第一采油作业区

中国石油华北油田公司勘探部

中国石油吐哈油田公司井下技术作业公司压裂队

中国石油玉门油田公司青西油田作业区联合站

中国石油大庆石化公司炼油厂催化重整车间

中国石油吉林石化公司炼油厂常减压一车间“王忠伟”班

中国石油抚顺石化公司洗涤剂化工厂

中国石油辽阳石化公司烯烃厂

中国石油兰州石化公司合成橡胶厂丁苯二车间

中国石油独山子石化公司乙烯厂乙烯联合车间

中国石油宁夏石化公司

中国石油辽宁销售公司营口公司

中国石油四川销售公司成都公司

中国石油广东销售公司

中国石油内蒙古销售公司乌海公司海勃湾零售片

区第一加油站

中国石油新疆销售公司

中国石油山东销售公司临沂公司第九加油站

中国石油江苏销售公司苏州公司

中国石油甘肃销售公司武威公司金三角加油站

中国石油浙江销售公司宁波公司

中国石油云南销售公司

中国石油重庆销售公司江北公司人和加油站

中国石油湖南销售公司永州公司

中国石油安徽销售公司蚌埠公司

中国石油福建销售公司福州公司

中国石油天津销售公司仓储分公司

中国石油宁夏销售公司银川分公司

中国石油贵州销售公司贵阳公司观山加油站

中国石油青海销售公司西宁公司

中国石油海南销售公司三亚公司东岸加油站

中国石油北京油气调控中心调度主控室

中国石油管道公司济南输油分公司

中国石油集团东南亚管道有限公司

中国石油集团西部钻探工程有限公司固井压裂工程公司

中国石油集团长城钻探工程有限公司录井公司

中国石油集团渤海钻探工程有限公司泥浆技术服务分公司

中国石油集团川庆钻探工程有限公司川东钻探公司 70595 钻井队

中国石油集团东方地球物理勘探有限责任公司新疆物探处 2125 队

中国石油集团海洋工程有限公司海工事业部中油海 101 铺管船

中国石油集团东北炼化工程有限公司吉林设计院

中国石油勘探开发研究院油气田开发研究所伊拉克鲁迈拉油田技术支持项目部

中国石油天然气运输公司沙漠运输公司工程机械大队

中国石油集团钻井工程技术研究院北京石油机械厂顶驱中心

【中央企业劳动模范】

程杰成　大庆油田有限责任公司副总工程师

王晓燕（女）　大庆油田有限责任公司第二采油厂第六作业区采油 49 队党支部书记

刁雅儒（女）　大庆油田有限责任公司装备制造集团销售公司哈萨克斯坦项目部经理、党支部书记

张方礼　中国石油辽河油田公司勘探开发研究院院长

罗宪法　辽河石油勘探局兴隆台工程技术处处长

桂　捷　中国石油长庆油田公司油气工艺研究院副总工程师兼工具研究室主任

李　勇　中国石油塔里木油田公司勘探开发研究院勘探所所长

李才民　中国石油塔里木油田公司第四勘探公司经理

李海涛　中国石油新疆油田公司百口泉采油厂李海涛班班长

颜福新　中国石油新疆油田公司采油一厂红浅采油作业区运行 3 组 D1 集转站站长

刘友权　中国石油西南油气田公司天然气研究院油气田开发化学研究所所长

沈　平　中国石油西南油气田公司勘探处处长

王安光　中国石油吉林油田公司松原采气厂长岭天然气处理中心 2 号集气站班长

宋立忠　中国石油吉林油田公司勘探开发研究院副总地质师

蒲秀刚　中国石油大港油田公司勘探开发研究院技术总监

周忠军　中国石油大港油田公司第四采油厂采油一队板三注水站站长

郭子义　中国石油青海油田公司钻采工艺研究院储层改造中心主任

何　湘　中国石油青海油田公司采油二厂昆北第一采油作业区工人

李秀美　中国石油华北油田公司二连分公司工程技术研究院副所长

李建国　中国石油华北油田公司总医院重症医学科主任

康积伦　中国石油吐哈油田公司勘探开发研究院勘探三所主任地质师

岳文珍（女）　中国石油冀东油田公司勘探开发研究院陆地开发室主任

朱鑫鸿　中国石油玉门油田公司油田医院医生

胡百中　中国石油浙江油田公司矿区服务事业部副主任

赵秀娟（女）　中国石油大庆石化公司实业公司兴化土建队队长

李永翔　中国石油吉林石化公司建修公司东部检维修一车间钳工

白　玮　中国石油抚顺石化公司大项目开工指挥部化工项目指挥部乙烯生产管理部副部长

付明朗　中国石油辽阳石化公司炼油厂厂长

周彦斌　中国石油兰州石化公司化肥厂硝酸车间化工班班长

王自顺　中国石油独山子石化公司炼油厂第二联合车间主任

杨丽君（女）　中国石油乌鲁木齐石化公司塑料厂圆织车间工人

胡文平　中国石油宁夏石化公司化肥一厂厂长

王作声　中国石油大连石化公司抢修车间班长

胡文礼　大连西太平洋石油化工有限公司生产二区班长

佟德民　中国石油锦州石化公司蒸馏车间生产二班班长

崔柳凡　中国石油锦西石化公司总会计师

王　艳（女）　中国石油哈尔滨石化公司生产五班班长

韩相玉　中国石油大庆炼化公司炼油二厂总工程师

韩兰生　中国石油广西石化公司生产技术处处长

孔　军　中国石油四川石化有限责任公司生产三部工艺工程师

孙国强　中国石油大港石化公司第三联合车间生产五班班长

陈蜀洵　中国石油华北石化公司生产运行处总工程师

徐胜利　中国石油呼和浩特石化公司生产运行处调度中心调度员

于　洋　中国石油辽河石化公司研究院副院长

王敬原　中国石油长庆石化公司运行保障部机修队队长

丛　飙　中国石油克拉玛依石化公司质量安全环保处处长

张敦荣　中国石油庆阳石化公司一联合运行部主任

朱鲁林　中国石油东北化工销售公司营口公司经理兼党总支书记

韩志奇　中国石油华东化工销售公司业务二处处长

孙日鹏　中国石油东北销售公司葫芦岛公司经理兼党总支书记

费海清　中国石油西北销售公司青藏公司格尔木驻厂办主任

伏喜胜　中国石油润滑油公司兰州润滑油研究开发中心主任

张玉贞（女）　中石油燃料油有限责任公司总工程师兼研究院院长

房伯岩　中国石油辽宁销售公司沈阳公司经理

邓冬梅（女）　中国石油四川销售公司德阳公司鞍山路加油站经理

杨永旺（女）　中国石油内蒙古销售公司巴彦淖尔公司曙光街加油站经理

甘莹莹（女）　中国石油北京销售公司第二分公司南湖加油站经理

刘国超　中国石油上海销售公司振兴加油站经理

霍秦霞（女）　中国石油黑龙江销售公司佳木斯销售公司先锋女子加油站经理

刘运峰　中国石油河北销售公司邯郸公司第一加油站经理

刘洋东　中国石油陕西销售公司咸阳公司经理

王　宁　中国石油吉林销售公司信息中心主任

岳艳丽（女）　中国石油河南销售公司洛阳公司第十一加油站经理

黄万全　中国石油湖北销售公司孝感公司副经理

汤　淼（女）　中国石油大连销售公司三源加油站经理

李　霞（女）　中国石油山西销售公司太原公司第 35 加油站经理

高栋平　中国石油天津销售公司总经理兼党委副书记

徐章相　中国石油江西销售公司南昌公司新大加油站经理

韩殿学　中国石油西藏销售公司山南公司经理

彭忍社　中国石油西气东输管道公司生产运行处设备科科长

张晓松　中国石油西部管道公司甘肃输油气分公司生产技术科科长

许广波　中国石油西南管道天水输油气分公司副经理

宫　明　中石油大连液化天然气有限公司接收站经理

盖晓峰　中石油江苏液化天然气有限公司生产技术处处长

张德亮　中国石油天然气股份有限公司伊拉克公司副总经理

迟尚忠　中国石油集团公司工程设计有限责任公司执行董事、总经理

张利亚　中石油北京天然气管道有限公司生产运行处处长

唱焕来　中国石油集团东南亚管道有限公司总经理助理

陈国栋　中国石油集团东南亚管道有限公司基地建设项目部经理

张玉祥　中国石油集团西部钻探工程有限公司国际钻井公司经理

刘绪全　中国石油集团长城钻探工程有限公司副总工程师兼钻井一公司经理

王福国　中国石油集团渤海钻探工程有限公司质量与安全环保处处长

蒋小鹏　中国石油集团川庆钻探工程有限公司川东钻探公司 70594 钻井队队长

苟　量　中国石油集团东方地球物理勘探有限责任公司党委书记兼副总经理

卫玉祥　中国石油天然气集团公司哈萨克斯坦公司 PK 项目经理

朱　军　中国石油集团测井有限公司随钻测井中心副总工程师

陈庆勋　中国石油天然气管道局国际事业部总经理

劳国瑞　中国昆仑工程公司工艺设计部工艺三组组长

马新平　宝鸡石油机械有限责任公司钢结构厂结一工区“马新平班”班长

毛周团　宝鸡石油钢管有限责任公司中油宝世顺（秦皇岛）钢管有限公司总经理助理

王令金　中国石油集团济柴动力总厂动力装备研究院院长

赵　国　中国石油集团渤海石油装备制造有限公司总经理

赵丽敏（女）中国石油勘探开发研究院中东研究所室主任

高雄厚　中国石油石油化工研究院兰州化工研究中心副总师兼兰州中心主任

梁有龙　中国石油广西销售公司东环加油站经理

【2013 年全国青年文明号】

中国石油集团长城钻探工程有限公司钻井一公司长庆项目二部 32806 钻井队

中国石油集团东方地球物理勘探有限责任公司国际勘探事业部阿曼项目经理部

中国石油四川成都销售分公司蜀龙加油站

中国石油兰州石化公司炼油厂常减压联合车间 500 万吨 / 年常减压装置

大庆油田有限责任公司铁人王进喜纪念馆

中国石油天然气运输公司塔里木运输公司采油技术服务公司试采队

中国石油塔里木油田公司开发事业部塔中作业区

中国石油广东销售公司广州分公司金龙山加油站

中国石油宁夏石化公司化肥一厂合成一班

中国石油新疆油田公司油气储运分公司彩南站

中国石油长庆油田公司第八采油厂樊学采油作业区学三计量接转站

中国石油北京油气调控中心调度主控室

中石油中亚天然气管道有限公司中乌天然气管道项目首站（WKC1）

中国石油天然气股份有限公司伊拉克公司鲁迈拉项目部

中国石油集团东方地球物理勘探有限责任公司国际勘探事业部伊拉克项目经理部 8637B 队

【2013 年全国青年安全生产示范岗】

中国石油辽河油田公司兴隆台采油厂集输大队兴二联合站

中国石油内蒙古销售公司乌海销售分公司第一加油站

中国石油天然气股份有限公司福建厦门第二加油站

中国石油天然气第一建设公司石油化工设备厂成型车间

中国石油天然气股份有限公司海南三亚东岸加油站

中国石油西南油气田公司川中油气矿南充采油气作业区西 38 井

宝鸡石油钢管有限责任公司石油输送管分公司制管三分厂 I 机组成焊岗位

西宁中油燃气有限责任公司抢维修中心抢险队中区组

中国石油长庆油田采油二厂西二联合站

中国石油宁夏石化公司化肥一厂尿素三班

中国石油集团西部钻探工程有限公司吐哈钻井公司 40671 钻井队

【2013 年全国五四红旗团委（团支部）】

中国石油天津分公司炼油部联合二车间团支部

中国石油辽河油田公司团委

中国石油抚顺石化公司石油三厂分子筛车间团支部

中国石油大庆炼化公司团委

中国石油长庆油田公司第五采油厂堡子湾作业区团总支

中国石油集团川庆钻探工程有限公司长庆井下技术作业公司工具研发制造中心团支部

中国石油玉门油田公司油田作业公司 YL57201 队团支部

中国石油吐哈油田公司团委

大庆油田有限责任公司第一采油厂第七油矿聚中十四队团支部

【2013 年全国优秀共青团员】

蒋义果（女）中国石油西部管道公司生产运行调度员

【中国青年五四奖章】

裴先峰　中国石油天然气第一建设公司第三工程处 313 工程队电焊工

（艾中秋）

第十二篇

机构与人物

中国石油天然气集团公司组织机构

（机关职能部门 24 个，专业分公司 3 个，控股子公司及直属企事业单位 68 个）

单　位		地　址	备　注
一、集团公司机关职能部门（24 个）			
1	办公厅	北京市	
2	政策研究室	北京市	
3	规划计划部	北京市	
4	财务部	北京市	
5	资金部	北京市	
6	财税价格部	北京市	
7	人事部	北京市	
8	生产经营管理部	北京市	
9	资本运营部	北京市	
10	法律事务部	北京市	
11	安全环保与节能部	北京市	
12	质量与标准管理部	北京市	
13	科技管理部	北京市	
14	信息管理部	北京市	
15	物资采购管理部	北京市	
16	国际部（外事局）	北京市	
17	党组纪检组、监察部（监察局）	北京市	
18	审计部	北京市	
19	企业管理部（内控与风险管理部）	北京市	
20	矿区服务工作部	北京市	
21	思想政治工作部（企业文化部）	北京市	
22	维稳信访工作办公室（综合治理办公室、保卫部）	北京市	

注：本篇资料截至 2013 年底。

续表

单　位		地　址	备　注
23	直属党委	北京市	
24	离退休职工管理局（老干部局）	北京市	
二、专业分公司（3个）			
1	中国石油天然气集团公司工程技术分公司	北京市	
2	中国石油天然气集团公司工程建设分公司	北京市	
3	中国石油天然气集团公司装备制造分公司	北京市	
三、控股子公司（5个）			
1	中国石油天然气股份有限公司	北京市	
2	中油财务有限责任公司	北京市	
3	中油资产管理有限公司	北京市	
4	昆仑银行股份有限公司	新疆维吾尔自治区克拉玛依市	
5	昆仑金融租赁有限责任公司	重庆市	
四、企事业单位（63个）			
（一）油气田企业（9个）			
1	大庆石油管理局	黑龙江省大庆市	
2	辽河石油勘探局	辽宁省盘锦市	
3	长庆石油勘探局	陕西省西安市	
4	新疆石油管理局	新疆维吾尔自治区克拉玛依市	
5	四川石油管理局	四川省成都市	
6	吉林石油集团有限责任公司	吉林省松原市	
7	大港油田集团有限责任公司	天津市大港区	
8	华北石油管理局	河北省任丘市	
9	吐哈石油勘探开发指挥部	新疆维吾尔自治区哈密市	
（二）炼化企业（10个）			
1	中国石油大庆石油化工总厂	黑龙江省大庆市	
2	吉化集团公司	吉林省吉林市	
3	中国石油抚顺石油化工公司	辽宁省抚顺市	

续表

单　位		地　址	备　注
4	中国石油辽阳石油化纤公司	辽宁省辽阳市	
5	中国石油兰州石油化工公司	甘肃省兰州市	
6	新疆独山子石油化工总厂	新疆维吾尔自治区克拉玛依市独山子区	
7	中国石油乌鲁木齐石油化工总厂	新疆维吾尔自治区乌鲁木齐市	
8	中国石油大连石油化工公司	辽宁省大连市	
9	中国石油锦州石油化工公司	辽宁省锦州市	
10	中国石油锦西炼油化工总厂	辽宁省葫芦岛市	
（三）工程技术企业（7个）			
1	中国石油集团西部钻探工程有限公司	新疆维吾尔自治区乌鲁木齐市	
2	中国石油集团长城钻探工程有限公司	北京市	
3	中国石油集团渤海钻探工程有限公司	天津市	
4	中国石油集团川庆钻探工程有限公司	四川省成都市	
5	中国石油集团东方地球物理勘探有限责任公司	河北省涿州市	
6	中国石油集团测井有限公司	陕西省西安市	
7	中国石油集团海洋工程有限公司	北京市	
（四）工程建设企业（6个）			
1	中国石油天然气管道局	河北省廊坊市	
2	中国石油工程建设公司	北京市	
3	中国石油集团工程设计有限责任公司	北京市	
4	中国寰球工程公司	北京市	
5	中国昆仑工程公司	北京市	
6	中国石油集团东北炼化工程有限公司	辽宁省沈阳市	
（五）装备制造企业（5个）			
1	中国石油技术开发公司	北京市	
2	宝鸡石油机械有限责任公司	陕西省宝鸡市	
3	宝鸡石油钢管厂	陕西省宝鸡市	
4	中国石油集团济柴动力总厂	山东省济南市	
5	中国石油集团渤海石油装备制造有限公司	天津市	

续表

单　位		地　址	备　注
（六）海外企业（8个）			
1	中国石油天然气勘探开发公司	北京市	
2	中石油中亚天然气管道有限公司	北京市	
3	中国石油天然气集团公司拉美公司		
4	中国石油天然气集团公司尼罗河公司		
5	中国石油天然气集团公司哈萨克斯坦公司		
6	中国石油天然气集团公司伊朗公司		
7	中国石油天然气集团公司中俄合作项目部	北京市	
8	中国石油集团东南亚管道有限公司	北京市	
（七）科研及事业单位（10个）			
1	中国石油集团经济技术研究院	北京市	
2	中国石油集团钻井工程技术研究院	北京市	
3	中国石油集团安全环保技术研究院	北京市	
4	中国石油集团石油管工程技术研究院	陕西省西安市	
5	中国石油天然气集团公司休斯敦技术研究中心	美国休斯敦	
6	北京石油管理干部学院	北京市	
7	石油工业出版社有限公司	北京市	
8	中国石油报社	河北省涿州市	
9	中国石油审计服务中心	河北省廊坊市	
10	中国石油天然气集团公司广州培训中心	广东省广州市	
（八）其他单位（8个）			
1	中国石油天然气集团公司咨询中心（中国石油集团工程咨询有限责任公司）	北京市	
2	中国石油物资采购中心（中国石油物资公司）	北京市	
3	中国石油天然气运输公司	新疆维吾尔自治区乌鲁木齐市	
4	中国华油集团公司	北京市	
5	华油北京服务总公司	北京市	
6	中国石油天然气香港有限公司	香港特别行政区	
7	中国石油学会	北京市	
8	中国石油企业协会	北京市	

中国石油天然气集团公司组织机构图见图1。

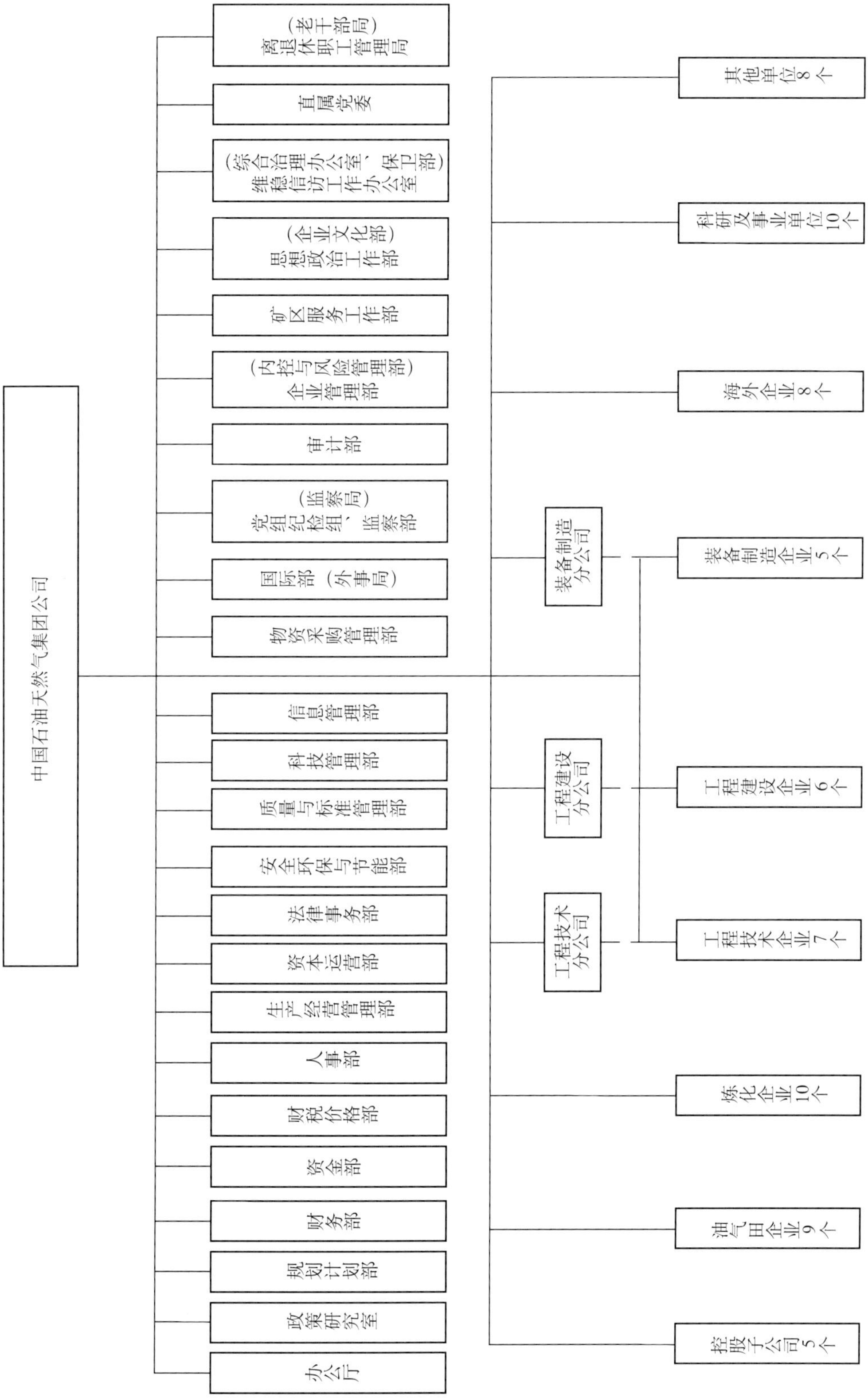

图1　中国石油天然气集团公司组织机构图

中国石油天然气股份有限公司组织机构

单　位		地　址	备　注
一、股份公司总部			
（一）董事会、监事会机构（2 个）			
1	董事会秘书局	北京市	
2	监事会办公室	北京市	
（二）职能部门（20 个）			
1	总裁办公室	北京市	
2	规划计划部	北京市	
3	财务部	北京市	
4	资金部	北京市	
5	财税价格部	北京市	
6	人事部	北京市	
7	生产经营管理部	北京市	
8	资本运营部	北京市	
9	法律事务部	北京市	
10	安全环保与节能部	北京市	
11	质量与标准管理部	北京市	
12	科技管理部	北京市	
13	信息管理部	北京市	
14	物资采购管理部	北京市	
15	国际部	北京市	
16	对外合作部	北京市	
17	监察部	北京市	
18	审计部	北京市	

续表

单　位		地　址	备　注
19	企业管理部（内控与风险管理部）	北京市	
20	企业文化部	北京市	
二、专业公司（5个）			
1	中国石油天然气股份有限公司勘探与生产分公司	北京市	
2	中国石油天然气股份有限公司炼油与化工分公司	北京市	
3	中国石油天然气股份有限公司销售分公司（中国石油销售有限责任公司）	北京市	
4	中国石油天然气股份有限公司天然气与管道分公司	北京市	
5	中国石油天然气股份有限公司海外勘探开发分公司（中油勘探开发有限公司）	北京市	
三、油气田企业（16个）			
1	大庆油田有限责任公司	黑龙江省大庆市	
2	中国石油天然气股份有限公司辽河油田分公司	辽宁省盘锦市	
3	中国石油天然气股份有限公司长庆油田分公司	陕西省西安市	
4	中国石油天然气股份有限公司塔里木油田分公司	新疆维吾尔自治区库尔勒市	
5	中国石油天然气股份有限公司新疆油田分公司	新疆维吾尔自治区克拉玛依市	
6	中国石油天然气股份有限公司西南油气田分公司	四川省成都市	
7	中国石油天然气股份有限公司吉林油田分公司	吉林省松原市	
8	中国石油天然气股份有限公司大港油田分公司	天津市	
9	中国石油天然气股份有限公司青海油田分公司	甘肃省敦煌市	
10	中国石油天然气股份有限公司华北油田分公司	河北省任丘市	
11	中国石油天然气股份有限公司吐哈油田分公司	新疆维吾尔自治区哈密市	
12	中国石油天然气股份有限公司冀东油田分公司	河北省唐山市	
13	中国石油天然气股份有限公司玉门油田分公司	甘肃省酒泉市	
14	中国石油天然气股份有限公司浙江油田分公司	浙江省杭州市	
15	中石油煤层气有限责任公司	北京市	
16	南方石油勘探开发有限责任公司	广东省广州市	
四、炼化企业（30个）			
1	中国石油天然气股份有限公司大庆石化分公司	黑龙江省大庆市	

续表

单位		地址	备注
2	中国石油天然气股份有限公司吉林石化分公司	吉林省吉林市	
3	中国石油天然气股份有限公司抚顺石化分公司	辽宁省抚顺市	
4	中国石油天然气股份有限公司辽阳石化分公司	辽宁省辽阳市	
5	中国石油天然气股份有限公司兰州石化分公司	甘肃省兰州市	
6	中国石油天然气股份有限公司独山子石化分公司	新疆维吾尔自治区克拉玛依市独山子区	
7	中国石油天然气股份有限公司乌鲁木齐石化分公司	新疆维吾尔自治区乌鲁木齐市	
8	中国石油天然气股份有限公司宁夏石化分公司	宁夏回族自治区银川市	
9	中国石油天然气股份有限公司大连石化分公司	辽宁省大连市	
10	中国石油天然气股份有限公司锦州石化分公司	辽宁省锦州市	
11	中国石油天然气股份有限公司锦西石化分公司	辽宁省葫芦岛市	
12	中国石油天然气股份有限公司大庆炼化分公司	黑龙江省大庆市	
13	中国石油天然气股份有限公司哈尔滨石化分公司	黑龙江省哈尔滨市	
14	中国石油天然气股份有限公司广西石化分公司	广西壮族自治区钦州市	
15	中国石油四川石化有限责任公司	四川省成都市	
16	中国石油天然气股份有限公司大港石化分公司	天津市	
17	中国石油天然气股份有限公司广东石化分公司	广东省揭阳市	
18	中国石油天然气股份有限公司华北石化分公司	河北省任丘市	
19	中国石油天然气股份有限公司呼和浩特石化分公司	内蒙古自治区呼和浩特市	
20	中国石油天然气股份有限公司辽河石化分公司	辽宁省盘锦市	
21	中国石油天然气股份有限公司长庆石化分公司	陕西省咸阳市	
22	中国石油天然气股份有限公司克拉玛依石化分公司	新疆维吾尔自治区克拉玛依市	
23	中国石油天然气股份有限公司庆阳石化分公司	甘肃省庆阳市	
24	中国石油天然气股份有限公司炼化工程建设项目部	北京市	
25	中国石油天然气股份有限公司东北化工销售分公司	辽宁省沈阳市	
26	中国石油天然气股份有限公司西北化工销售分公司	甘肃省兰州市	
27	中国石油天然气股份有限公司华东化工销售分公司	上海市	
28	中国石油天然气股份有限公司华北化工销售分公司	北京市	

续表

单位		地址	备注
29	中国石油天然气股份有限公司华南化工销售分公司	广东省广州市	
30	中国石油天然气股份有限公司西南化工销售分公司	四川省成都市	
五、销售企业（37 个）			
1	中国石油天然气股份有限公司东北销售分公司	辽宁省沈阳市	
2	中国石油天然气股份有限公司西北销售分公司	甘肃省兰州市	
3	中国石油天然气股份有限公司北京销售分公司	北京市	
4	中国石油天然气股份有限公司上海销售分公司	上海市	
5	中国石油天然气股份有限公司湖北销售分公司	湖北省武汉市	
6	中国石油天然气股份有限公司广东销售分公司	广东省广州市	
7	中国石油天然气股份有限公司云南销售分公司	云南省昆明市	
8	中国石油天然气股份有限公司辽宁销售分公司	辽宁省沈阳市	
9	中国石油天然气股份有限公司吉林销售分公司	吉林省长春市	
10	中国石油天然气股份有限公司黑龙江销售分公司	黑龙江省哈尔滨市	
11	中国石油天然气股份有限公司大连销售分公司	辽宁省大连市	
12	中国石油天然气股份有限公司天津销售分公司	天津市	
13	中国石油天然气股份有限公司河北销售分公司	河北省石家庄市	
14	中国石油天然气股份有限公司山西销售分公司	山西省太原市	
15	中国石油天然气股份有限公司内蒙古销售分公司	内蒙古自治区呼和浩特市	
16	中国石油天然气股份有限公司陕西销售分公司	陕西省西安市	
17	中国石油天然气股份有限公司甘肃销售分公司	甘肃省兰州市	
18	中国石油天然气股份有限公司青海销售分公司	青海省西宁市	
19	中国石油天然气股份有限公司宁夏销售分公司	宁夏回族自治区银川市	
20	中国石油天然气股份有限公司新疆销售分公司	新疆维吾尔自治区乌鲁木齐市	
21	中国石油天然气股份有限公司重庆销售分公司	重庆市	
22	中国石油天然气股份有限公司四川销售分公司	四川省成都市	
23	中国石油天然气股份有限公司贵州销售分公司	贵州省贵阳市	
24	中国石油天然气股份有限公司西藏销售分公司	西藏自治区拉萨市	
25	中国石油天然气股份有限公司江苏销售分公司	江苏省南京市	

续表

单　位		地　址	备　注
26	中国石油天然气股份有限公司浙江销售分公司	浙江省杭州市	
27	中国石油天然气股份有限公司安徽销售分公司	安徽省合肥市	
28	中国石油天然气股份有限公司福建销售分公司	福建省福州市	
29	中国石油天然气股份有限公司江西销售分公司	江西省南昌市	
30	中国石油天然气股份有限公司山东销售分公司	山东省青岛市	
31	中国石油天然气股份有限公司河南销售分公司	河南省郑州市	
32	中国石油天然气股份有限公司湖南销售分公司	湖南省长沙市	
33	中国石油天然气股份有限公司广西销售分公司	广西壮族自治区南宁市	
34	中国石油天然气股份有限公司海南销售分公司	海南省海口市	
35	中国石油天然气股份有限公司润滑油分公司	北京市	
36	中石油燃料油有限责任公司	北京市	
37	中国石油天然气股份有限公司大连海运分公司	辽宁省大连市	
六、天然气管道储运企业（9个）			
1	中国石油天然气股份有限公司北京油气调控中心	北京市	
2	中国石油天然气股份有限公司管道建设项目经理部	北京市	
3	中国石油天然气股份有限公司管道分公司（中国石油天然气股份有限公司管道销售分公司）	河北省廊坊市	
4	中国石油天然气股份有限公司西气东输管道分公司（中国石油天然气股份有限公司西气东输销售分公司）	上海市	
5	中国石油天然气股份有限公司西部管道分公司（中国石油天然气股份有限公司西部管道销售分公司）	新疆维吾尔自治区乌鲁木齐市	
6	中国石油天然气股份有限公司西南管道分公司（中国石油天然气股份有限公司西南管道销售分公司）	四川省成都市	
7	中石油京唐液化天然气有限公司	河北省唐山市	
8	中国石油天然气股份有限公司华北天然气销售分公司	北京市	
9	中石油昆仑燃气有限公司	北京市	
七、海外企业（2个）			
1	中石油阿姆河天然气勘探开发（北京）有限公司		
2	中国石油天然气股份有限公司伊拉克公司		
八、科研及事业单位（3个）			
1	中国石油天然气股份有限公司勘探开发研究院	北京市	

续表

单　位		地　址	备　注
2	中国石油天然气股份有限公司规划总院	北京市	
3	中国石油天然气股份有限公司石油化工研究院	北京市	
九、其他单位（3 个）			
1	中国石油国际事业有限公司	北京市	
2	中国石油天然气股份有限公司信息技术服务中心	北京市	
3	中石油香港有限公司	香港特别行政区	

中国石油天然气股份有限公司组织机构图见图 2。

（刘　巍）

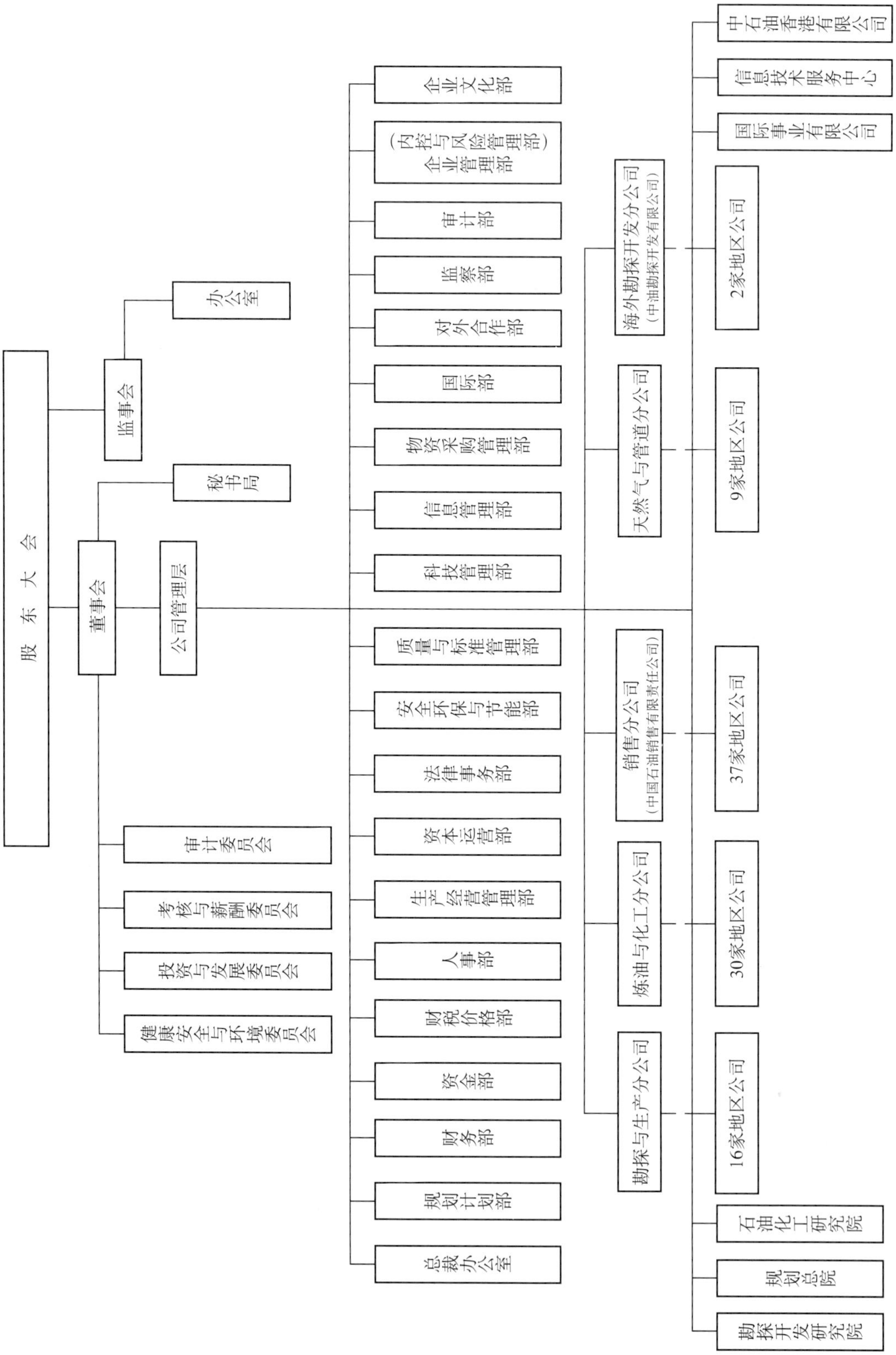

图2 中国石油天然气股份有限公司组织机构图

中国石油天然气集团公司领导

序　号	姓　名	职　　务
1	周吉平	中国石油天然气集团公司党组书记、董事长
2	廖永远	中国石油天然气集团公司党组成员、总经理、董事
3	汪东进	中国石油天然气集团公司党组成员、副总经理
4	喻宝才	中国石油天然气集团公司党组成员、副总经理
5	沈殿成	中国石油天然气集团公司党组成员、副总经理兼安全总监
6	刘跃珍	中国石油天然气集团公司党组成员、总会计师
7	王立新	中国石油天然气集团公司党组成员、党组纪检组组长、董事
8	刘宏斌	中国石油天然气集团公司党组成员、副总经理

中国石油天然气集团公司
总经理助理、副总师

序　号	姓　名	职　　务
1	李万余	中国石油天然气集团公司总经理助理
2	郭进平	中国石油天然气集团公司总法律顾问
3	王立华	中国石油天然气集团公司副总经济师
4	关晓红	中国石油天然气集团公司副总经济师

注：为保持记载的完整性，个别涉嫌严重违纪违法人员有关资料予以保留。2015年3月16日中央纪委监察部网站发布：中国石油天然气集团公司总经理廖永远涉嫌严重违纪违法，目前正接受组织调查。

中国石油天然气集团公司机关部门主要领导

序　号	单　　位	总经理（主任、局长、书记、组长）
1	办公厅	王志刚
2	政策研究室	张华林
3	规划计划部	侯启军
4	财务部	柴守平
5	资金部	陆　凌
6	财税价格部	刘　戬
7	人事部	刘志华
8	生产经营管理部	苏　俊
9	资本运营部	贾忆民
10	法律事务部	郭进平（兼）
11	安全环保与节能部	张凤山
12	质量与标准管理部	于洪金
13	科技管理部	袁士义
14	信息管理部	刘希俭
15	物资采购管理部	李遵义
16	国际部（外事局）	章　欣
17	党组纪检组、监察部（监察局）	李正光
18	审计部	李庆毅
19	企业管理部（内控与风险管理部）	孙金瑜
20	矿区服务工作部	刘自强
21	思想政治工作部（企业文化部）	关晓红（兼）
22	维稳信访工作办公室（综合治理办公室、保卫部）	施哲彦
23	直属党委	李晓络
24	离退休职工管理局（老干部局）	张亚成

中国石油天然气集团公司专业公司主要领导

序　号	单　　位	总经理	党委书记
1	工程技术分公司	杨庆理	李越强
2	工程建设分公司	白玉光	
3	装备制造分公司	张晗亮	李若平

中国石油天然气集团公司所属企事业单位主要领导

序　号	单位名称	总裁、总经理（局长、指挥、经理、厂长、院长、主任、社长、行长、会长）	党委书记
1	中国石油天然气股份有限公司	汪东进	
2	中油财务有限责任公司	兰云升	梁　萍
3	中油资产管理有限公司	王　亮	李　晶
4	昆仑银行股份有限公司	王忠来	蒋尚军
5	昆仑金融租赁有限责任公司	贺金霞	杨　信
6	大庆石油管理局	刘宏斌（兼）	
7	辽河石油勘探局	谢文彦	
8	长庆石油勘探局	赵政璋（兼）	
9	新疆石油管理局	陈新发	
10	四川石油管理局	李鹭光	
11	吉林石油集团有限责任公司	张德有	
12	大港油田集团有限责任公司	李建青	

续表

序 号	单位名称	总裁、总经理（局长、指挥、经理、厂长、院长、主任、社长、行长、会长）	党委书记
13	华北石油管理局	黄　刚	
14	吐哈石油勘探开发指挥部	张志东	
15	中国石油大庆石油化工总厂	王德义	
16	吉化集团公司	孙树祯	
17	中国石油抚顺石油化工公司	裴宏斌	
18	中国石油辽阳石油化纤公司	朱景利	
19	中国石油兰州石油化工公司	李家民	
20	新疆独山子石油化工总厂	陈俊豪	
21	中国石油乌鲁木齐石油化工总厂	郝新刚	
22	中国石油大连石油化工公司	段良伟	
23	中国石油锦州石油化工公司	魏立东	
24	中国石油锦西炼油化工总厂	吕文军	
25	中国石油集团西部钻探工程有限公司	马永峰	谢文虎
26	中国石油集团长城钻探工程有限公司	王忠仁	冯艳成
27	中国石油集团渤海钻探工程有限公司	秦永和	秦文贵
28	中国石油集团川庆钻探工程有限公司	胥永杰	李爱民
29	中国石油集团东方地球物理勘探有限责任公司	王铁军	苟　量
30	中国石油集团测井有限公司	李剑浩	张幸福
31	中国石油集团海洋工程有限公司	黄立功	张宝增
32	中国石油天然气管道局	赵玉建	丁建林
33	中国石油工程建设公司	侯浩杰	李利民
34	中国石油集团工程设计有限责任公司	迟尚忠	孔繁瑾
35	中国寰球工程公司	汪世宏	李玉平
36	中国昆仑工程公司	周华堂	玄昌伟
37	中国石油集团东北炼化工程有限公司	张维君	张维君
38	中国石油技术开发公司	毕跃明	李　伟
39	宝鸡石油机械有限责任公司	郭孟齐	范瑞丰
40	宝鸡石油钢管厂	白功利	

续表

序　号	单位名称	总裁、总经理（局长、指挥、经理、厂长、院长、主任、社长、行长、会长）	党委书记
41	中国石油集团济柴动力总厂	杨元建	吴根柱
42	中国石油集团渤海石油装备制造有限公司	赵　国	杨跃东
43	中国石油天然气勘探开发公司	薄启亮（兼）	
44	中石油中亚天然气管道有限公司	吕功训	曹亚明
45	中国石油天然气集团公司拉美公司	叶先灯	叶先灯
46	中国石油天然气集团公司尼罗河公司	赵　东	赵　东
47	中国石油天然气集团公司哈萨克斯坦公司	吕功训（兼）	曹亚明（兼）
48	中国石油天然气集团公司伊朗公司	张本全	张本全
49	中国石油天然气集团公司中俄合作项目部	蒋　奇	
50	中国石油集团东南亚管道有限公司	姜昌亮	姜昌亮
51	中国石油集团经济技术研究院	孙贤胜	连建家
52	中国石油集团钻井工程技术研究院	石　林	桑珍平
53	中国石油集团安全环保技术研究院	于国文	于国文
54	中国石油集团石油管工程技术研究院	张冠军	张冠军
55	中国石油天然气集团公司休斯敦技术研究中心	张国珍	
56	北京石油管理干部学院	周永强	刘江宁
57	石油工业出版社有限公司	郑玉宝	张卫国
58	中国石油报社	邱宝林	邱宝林
59	中国石油审计服务中心	李庆毅	李庆毅
60	中国石油天然气集团公司广州培训中心	李光华	张守梅
61	中国石油天然气集团公司咨询中心（中国石油集团工程咨询有限责任公司）	王福成	
62	中国石油物资采购中心（中国石油物资公司）	王光军	郭开旗
63	中国石油天然气运输公司	孙晓岗	孙晓岗
64	中国华油集团公司	王文沧	朱　龙
65	华油北京服务总公司	谷　伟	刘玉喜
66	中国石油天然气香港有限公司	吴恩来	
67	中国石油学会	曾玉康	
68	中国石油企业协会	李新华	

中国石油天然气股份有限公司董事会成员

序　号	姓　名	职　　务
1	周吉平	中国石油天然气股份有限公司董事长
2	廖永远	中国石油天然气股份有限公司董事
3	李新华	中国石油天然气股份有限公司董事
4	王国樑	中国石油天然气股份有限公司董事
5	汪东进	中国石油天然气股份有限公司董事
6	喻宝才	中国石油天然气股份有限公司董事
7	刘鸿儒	中国石油天然气股份有限公司独立董事
8	Franco Bernabè	中国石油天然气股份有限公司独立董事
9	李勇武	中国石油天然气股份有限公司独立董事
10	崔俊慧	中国石油天然气股份有限公司独立董事
11	陈志武	中国石油天然气股份有限公司独立董事

中国石油天然气股份有限公司董事会秘书

序　号	姓　名	职　　务
1	吴恩来	中国石油天然气股份有限公司董事会秘书

中国石油天然气股份有限公司监事会成员

序　号	姓　名	职　　务
1	王立新	中国石油天然气股份有限公司监事会主席
2	郭进平	中国石油天然气股份有限公司监事会监事
3	李庆毅	中国石油天然气股份有限公司监事会监事
4	王光军	中国石油天然气股份有限公司监事会监事
5	姚　伟	中国石油天然气股份有限公司监事会监事
6	刘合合	中国石油天然气股份有限公司监事会监事
7	王道成	中国石油天然气股份有限公司监事会独立监事
8	范福春	中国石油天然气股份有限公司监事会独立监事

中国石油天然气股份有限公司总裁班子成员

序　号	姓　名	职　　务
1	汪东进	中国石油天然气股份有限公司总裁
2	廖永远	中国石油天然气股份有限公司副总裁
3	刘宏斌	中国石油天然气股份有限公司副总裁
4	孙龙德	中国石油天然气股份有限公司副总裁
5	赵政璋	中国石油天然气股份有限公司副总裁
6	薄启亮	中国石油天然气股份有限公司副总裁
7	黄维和	中国石油天然气股份有限公司副总裁
8	徐福贵	中国石油天然气股份有限公司副总裁
9	于毅波	中国石油天然气股份有限公司财务总监
10	蔺爱国	中国石油天然气股份有限公司总工程师

中国石油天然气股份有限公司机关部门主要领导

序　号	单　位	总经理（主任）
1	总裁办公室	王志刚
2	规划计划部	侯启军
3	财务部	柴守平
4	资金部	陆　凌
5	财税价格部	刘　戬
6	人事部	刘志华
7	生产管理部	苏　俊
8	资本运营部	贾忆民
9	法律事务部	郭进平（兼）
10	安全环保与节能部	张凤山
11	质量与标准管理部	于洪金
12	科技管理部	袁士义
13	信息管理部	刘希俭
14	物资采购管理部	李遵义
15	国际部	章　欣
16	对外合作部	阎存章
17	监察部	李正光
18	审计部	李庆毅
19	企业管理部（内控与风险管理部）	孙金瑜
20	企业文化部	关晓红（兼）
21	保卫部	施哲彦
22	直属机关党委	李晓络
23	董事会秘书局	吴恩来（兼）
	监事会办公室	毛泽锋

中国石油天然气股份有限公司 专业公司主要领导

序　号	单　　位	总经理	党委书记
1	勘探与生产分公司	赵政璋（兼）	赵文智
2	炼油与化工分公司	徐福贵（兼）	杨继钢
3	销售分公司	田景惠	田景惠
4	天然气与管道分公司	黄维和（兼）	
5	海外勘探开发分公司	薄启亮（兼）	王莎莉

中国石油天然气股份有限公司 所属企事业单位主要领导

序　号	单位名称	总经理（院长、主任）	党委书记
1	大庆油田有限责任公司	刘宏斌（兼）	姜万春
2	中国石油天然气股份有限公司辽河油田分公司	谢文彦	周　灏
3	中国石油天然气股份有限公司长庆油田分公司	赵政璋（兼）	曲广学
4	中国石油天然气股份有限公司塔里木油田分公司	周新源	宋文杰
5	中国石油天然气股份有限公司新疆油田分公司	陈新发	徐卫喜
6	中国石油天然气股份有限公司西南油气田分公司	李鹭光	王广昀
7	中国石油天然气股份有限公司吉林油田分公司	张德有	张德有
8	中国石油天然气股份有限公司大港油田分公司	李建青	李文强
9	中国石油天然气股份有限公司青海油田分公司	宗贻平	宗贻平
10	中国石油天然气股份有限公司华北油田分公司	黄　刚	袁明生

续表

序　号	单位名称	总经理（院长、主任）	党委书记
11	中国石油天然气股份有限公司吐哈油田分公司	张志东	娄铁强
12	中国石油天然气股份有限公司冀东油田分公司	齐振林	杨盛杰
13	中国石油天然气股份有限公司玉门油田分公司	刘圣志	张作祥
14	中国石油天然气股份有限公司浙江油田分公司	陈　勇	汪鉴定
15	中石油煤层气有限责任公司	接铭训	接铭训
16	南方石油勘探开发有限责任公司	夏义平	夏义平
17	中国石油天然气股份有限公司大庆石化分公司	王德义	杨大明
18	中国石油天然气股份有限公司吉林石化分公司	孙树祯	孙树祯
19	中国石油天然气股份有限公司抚顺石化分公司	裴宏斌	白连刚
20	中国石油天然气股份有限公司辽阳石化分公司	朱景利	李　军
21	中国石油天然气股份有限公司兰州石化分公司	李家民	李政华
22	中国石油天然气股份有限公司独山子石化分公司	陈俊豪	付德新
23	中国石油天然气股份有限公司乌鲁木齐石化分公司	郝新刚	刘继远
24	中国石油天然气股份有限公司宁夏石化分公司	陈坚（副总经理， 主持行政全面工作）	许君祖
25	中国石油天然气股份有限公司大连石化分公司	段良伟	李善春
26	中国石油天然气股份有限公司锦州石化分公司	魏立东	李　波
27	中国石油天然气股份有限公司锦西石化分公司	吕文军	王洪斌
28	中国石油天然气股份有限公司大庆炼化分公司	万志强	王亚伟
29	中国石油天然气股份有限公司哈尔滨石化分公司	庞晓东	王金娥
30	中国石油天然气股份有限公司广西石化分公司	雍瑞生	方栋良
31	中国石油四川石化有限责任公司	王　彬	陈位强
32	中国石油天然气股份有限公司广东石化分公司	魏　强	姜　文
33	中国石油天然气股份有限公司大港石化分公司	杨　健	赵益红
34	中国石油天然气股份有限公司华北石化分公司	张栋杰	艾　南
35	中国石油天然气股份有限公司呼和浩特石化分公司	杜吉洲	陈汇明
36	中国石油天然气股份有限公司辽河石化分公司	李天书	李京辉
37	中国石油天然气股份有限公司长庆石化分公司	张喜文	高静乐

续表

序　号	单位名称	总经理（院长、主任）	党委书记
38	中国石油天然气股份有限公司克拉玛依石化分公司	张有林	默新社
39	中国石油天然气股份有限公司庆阳石化分公司	刘至祥	刘至祥
40	中国石油天然气股份有限公司炼化工程建设项目部	胡兢克	蒋　凡
41	中国石油天然气股份有限公司东北化工销售分公司	李殿敏	王　富
42	中国石油天然气股份有限公司西北化工销售分公司	火金三	蔡向阳
43	中国石油天然气股份有限公司华东化工销售分公司	丛瑜滋	肖　华
44	中国石油天然气股份有限公司华北化工销售分公司	刘　杰	阎智才
45	中国石油天然气股份有限公司华南化工销售分公司	张培华	张培华
46	中国石油天然气股份有限公司西南化工销售分公司	杨继胜	陈长青
47	中国石油天然气股份有限公司东北销售分公司	刘宪华	于　力
48	中国石油天然气股份有限公司西北销售分公司	李占宁	王智利（党委副书记，主持党委全面工作）
49	中国石油天然气股份有限公司北京销售分公司	苗　堃	王力国
50	中国石油天然气股份有限公司上海销售分公司	佟福财	杨昌陶
51	中国石油天然气股份有限公司湖北销售分公司	李长安	薛彦卓
52	中国石油天然气股份有限公司广东销售分公司	何瑞林	朱荣生
53	中国石油天然气股份有限公司云南销售分公司	杜丽学	兰建彬
54	中国石油天然气股份有限公司辽宁销售分公司	吴　汉	冀玉军
55	中国石油天然气股份有限公司吉林销售分公司	王　珺	赵尔全
56	中国石油天然气股份有限公司黑龙江销售分公司	朱喜龙	贾瑞民
57	中国石油天然气股份有限公司大连销售分公司	高殿龙	高凤翔
58	中国石油天然气股份有限公司天津销售分公司	高栋平	刘战明
59	中国石油天然气股份有限公司河北销售分公司	杨宁海	杨宁海
60	中国石油天然气股份有限公司山西销售分公司	谭立村	闫宝星
61	中国石油天然气股份有限公司内蒙古销售分公司	刘合合	王永和
62	中国石油天然气股份有限公司陕西销售分公司	刘德祥	刘德祥
63	中国石油天然气股份有限公司甘肃销售分公司	杨顺义	张国祥
64	中国石油天然气股份有限公司青海销售分公司	朱明玉	封希声

续表

序　号	单位名称	总经理（院长、主任）	党委书记
65	中国石油天然气股份有限公司宁夏销售分公司	刘　刚	李宁宝
66	中国石油天然气股份有限公司新疆销售分公司	刘守德	悦仲林
67	中国石油天然气股份有限公司重庆销售分公司	李宝军	王建国
68	中国石油天然气股份有限公司四川销售分公司	姚志强	田玉军
69	中国石油天然气股份有限公司贵州销售分公司	刘　杰	刘　杰
70	中国石油天然气股份有限公司西藏销售分公司	刘华治	次仁扎西
71	中国石油天然气股份有限公司江苏销售分公司	王力军	张　永
72	中国石油天然气股份有限公司浙江销售分公司	赵永河	李　多
73	中国石油天然气股份有限公司安徽销售分公司	肖宏伟	李向宇
74	中国石油天然气股份有限公司福建销售分公司	王广生	王明富
75	中国石油天然气股份有限公司江西销售分公司	张文荣	刘凤春
76	中国石油天然气股份有限公司山东销售分公司	杨子清	上官建新
77	中国石油天然气股份有限公司河南销售分公司	马生荣	张海云
78	中国石油天然气股份有限公司湖南销售分公司	徐　毅	陈建志
79	中国石油天然气股份有限公司广西销售分公司	刘建明	栾永江
80	中国石油天然气股份有限公司海南销售分公司	张安平	史青琦
81	中国石油天然气股份有限公司润滑油分公司	王　凌	许元科
82	中石油燃料油有限责任公司	郑明禹	廖国勤
83	中国石油天然气股份有限公司大连海运分公司	李俊海	贠广瑞
84	中国石油天然气股份有限公司北京油气调控中心	黄泽俊	徐会举
85	中国石油天然气股份有限公司管道建设项目经理部	吴　宏	吴　宏
86	中国石油天然气股份有限公司管道分公司（中国石油天然气股份有限公司管道销售分公司）	姚　伟	汤亚利
87	中国石油天然气股份有限公司西气东输管道分公司（中国石油天然气股份有限公司西气东输销售分公司）	凌　霄	凌　霄
88	中国石油天然气股份有限公司西部管道分公司（中国石油天然气股份有限公司西部管道销售分公司）	李文东	李文东
89	中国石油天然气股份有限公司西南管道分公司（中国石油天然气股份有限公司西南管道销售分公司）	常延魁	许　强
90	中石油京唐液化天然气有限公司	李　伟	李　伟

续表

序号	单位名称	总经理（院长、主任）	党委书记
91	中国石油天然气股份有限公司华北天然气销售分公司	林长海	施 龙
92	中石油昆仑燃气有限公司	赵永起	赵永起
93	中石油阿姆河天然气勘探开发（北京）有限公司	邓民敏	邓民敏
94	中国石油天然气股份有限公司伊拉克公司	王莎莉（兼）	王莎莉（兼）
95	中国石油天然气股份有限公司勘探开发研究院	赵文智（兼）	赵文智（兼）
96	中国石油天然气股份有限公司规划总院	王功礼	吴东山
97	中国石油天然气股份有限公司石油化工研究院	蔺爱国（兼）	吴冠京
98	中国石油国际事业有限公司	王立华（兼）	沈定成
99	中国石油天然气股份有限公司信息技术服务中心	王国强	
100	中石油香港有限公司		赵永起

（宗 德）

专家队伍

中国石油天然气集团公司两院院士

单位	姓名	院士类别
中国石油勘探开发研究院	李德生	科学院院士
大庆油田有限责任公司	王德民	工程院院士
中国石油天然气集团公司咨询中心	翟光明	工程院院士
中国石油勘探开发研究院	郭尚平	科学院院士
中国石油集团东方地球物理勘探有限责任公司	李庆忠	工程院院士
中国石油勘探开发研究院	戴金星	科学院院士
中国石油勘探开发研究院	胡见义	工程院院士
中国石油勘探开发研究院	田在艺	科学院院士
中国石油集团石油管工程技术研究院	李鹤林	工程院院士

续表

单　位	姓　名	院士类别
中国石油天然气集团公司咨询中心	邱中建	工程院院士
中国石油勘探开发研究院	韩大匡	工程院院士
中国石油天然气股份有限公司总部机关	贾承造	科学院院士
中国石油勘探开发研究院	苏义脑	工程院院士
中国石油天然气集团公司科技管理部	袁士义	工程院院士
中国石油天然气勘探开发公司	童晓光	工程院院士
中国石油天然气股份有限公司总部机关	孙龙德	工程院院士
中国石油企业协会	胡文瑞	工程院院士
中国石油天然气股份有限公司总部机关	黄维和	工程院院士
中国石油勘探开发研究院	赵文智	工程院院士

注：按当选时间先后排序。

（曹　月）

中国石油天然气集团公司高级技术专家

序　号	单　位	姓　名	专　业
1	大庆油田有限责任公司	许显志	地质勘探
2	中国石油塔里木油田公司	谢会文	地质勘探
3	中国石油长庆油田公司	付金华	地质勘探
4	中国石油长庆油田公司	姚泾利	地质勘探
5	中国石油塔里木油田公司	潘文庆	地质勘探
6	中国石油勘探开发研究院	焦贵浩	地质勘探
7	大庆油田有限责任公司	吴河勇	地质勘探
8	中国石油勘探开发研究院	胡素云	地质勘探
9	中国石油西南油气田公司	刘划一	地质勘探
10	中国石油辽河油田公司	蔡国刚	地质勘探
11	中国石油勘探开发研究院	张光亚	地质勘探
12	中国石油勘探开发研究院	沈安江	地质勘探

续表

序　号	单　　位	姓　名	专　业
13	中国石油勘探开发研究院	袁选俊	地质勘探
14	中国石油新疆油田公司	王绪龙	地质勘探
15	中国石油西南油气田公司	谢继容	地质勘探
16	大庆油田有限责任公司	金成志	地质勘探
17	中国石油青海油田公司	刘云田	地质勘探
18	中国石油勘探开发研究院	宋　岩	地质勘探
19	中国石油华北油田公司	史原鹏	地质勘探
20	中国石油大港油田公司	肖敦清	地质勘探
21	大庆油田有限责任公司	蒙启安	地质勘探
22	中国石油勘探开发研究院	牛嘉玉	地质勘探
23	大庆油田有限责任公司	黄　薇	地质勘探
24	中国石油吉林油田公司	江　涛	地质勘探
25	中国石油吐哈油田公司	梁　浩	地质勘探
26	中国石油辽河油田公司	李铁军	地质勘探
27	中国石油大港油田公司	周立宏	地质勘探
28	大庆油田有限责任公司	冯子辉	地质勘探
29	中国石油勘探开发研究院	王兆云	地质勘探
30	中国石油勘探开发研究院	孙　平	地质勘探
31	中国石油辽河油田公司	刘宝鸿	地质勘探
32	中国石油勘探开发研究院	潘校华	地质勘探
33	中国石油勘探开发研究院	张义杰	地质勘探
34	中国石油青海油田公司	马达德	地质勘探
35	中国石油玉门油田公司	范铭涛	地质勘探
36	中国石油塔里木油田公司	杨海军	地质勘探
37	中国石油塔里木油田公司	张丽娟	地质勘探
38	中国石油勘探开发研究院	段书府	地质勘探
39	中国石油华北油田公司	金凤鸣	地质勘探
40	中国石油辽河油田公司	李晓光	地质勘探

续表

序　号	单　　位	姓　名	专　业
41	中国石油勘探开发研究院	李建忠	地质勘探
42	中国石油勘探开发研究院	张水昌	地质勘探
43	中国石油勘探开发研究院	魏国齐	地质勘探
44	中国石油新疆油田公司	唐　勇	地质勘探
45	中国石油西南油气田公司	杨跃明	地质勘探
46	中国石油华北油田公司	王　权	地质勘探
47	中国石油冀东油田公司	刘　晓	地质勘探
48	中国石油青海油田公司	汪立群	地质勘探
49	中国石油勘探开发研究院	袁剑英	地质勘探
50	中国石油勘探开发研究院	陈志勇	地质勘探
51	中国石油西南油气田公司	杨　雨	地质勘探
52	中国石油勘探开发研究院	杨　涛	勘探地质
53	中国石油勘探开发研究院	毕海滨	地质勘探
54	中国石油勘探开发研究院	姚根顺	地质勘探
55	中国石油塔里木油田公司	杨文静	地质勘探
56	中国石油冀东油田公司	王晓文	地质勘探
57	中石油煤层气有限责任公司	温声明	地质勘探
58	中国石油勘探开发研究院	卫平生	地质勘探
59	中国石油辽河油田公司	陈振岩	地质勘探
60	中国石油勘探开发研究院	赵应成	地质勘探
61	中国石油勘探开发研究院	王建君	地质勘探
62	中国石油西南油气田公司	张　健	地质勘探
63	中国石油华北油田公司	卢学军	地质勘探
64	中国石油新疆油田公司	罗兴平	油气田开发
65	中国石油大庆油田公司	刘传平	油气田开发
66	中国石油勘探开发研究院	熊春明	油气田开发
67	中国石油辽河油田公司	刘喜林	油气田开发
68	中国石油勘探开发研究院	王红庄	油气田开发

续表

序　号	单　　位	姓　名	专　业
69	大庆油田有限责任公司	宋承毅	油气田开发
70	中国石油勘探开发研究院	雷　群	油气田开发
71	中国石油勘探开发研究院	胡永乐	油气田开发
72	大庆油田有限责任公司	兰中孝	油气田开发
73	中石油阿姆河天然气勘探开发（北京）有限公司	刘有超	油气田开发
74	中国石油勘探开发研究院	欧阳永林	油气田开发
75	中国石油勘探开发研究院	罗健辉	油气田开发
76	中国石油勘探开发研究院	田昌炳	油气田开发
77	中国石油冀东油田公司	李良川	油气田开发
78	大庆油田有限责任公司	王渝明	油气田开发
79	中国石油勘探开发研究院	丁云宏	油气田开发
80	中国石油勘探开发研究院	吴淑红	油气田开发
81	中国石油长庆油田公司	赵振峰	油气田开发
82	中国石油天然气勘探开发公司	王瑞河	油气田开发
83	中国石油新疆油田公司	张学鲁	油气田开发
84	中国石油勘探开发研究院	马德胜	油气田开发
85	中国石油勘探开发研究院	范子菲	油气田开发
86	中国石油吐哈油田公司	周　波	油气田开发
87	中国石油塔里木油田公司	江同文	油气田开发
88	中国石油冀东油田公司	陈仁保	油气田开发
89	中国石油规划总院	惠熙祥	油气田开发
90	中国石油青海油田公司	李江涛	油气田开发
91	中国石油新疆油田公司	许长福	油气田开发
92	中国石油勘探开发研究院	王国辉	油气田开发
93	中国石油勘探开发研究院	沈德煌	油气田开发
94	中国石油规划总院	孙铁民	油气田开发
95	中国石油勘探开发研究院	刘　合	油气田开发
96	中国石油勘探开发研究院	李保柱	油气田开发

续表

序　号	单　　位	姓　名	专　业
97	中国石油勘探开发研究院	吴向红	油气田开发
98	中国石油勘探开发研究院	冉启全	油气田开发
99	中国石油勘探开发研究院	贾爱林	油气田开发
100	中国石油勘探开发研究院	常毓文	油气田开发
101	中国石油勘探开发研究院	裴晓含	油气田开发
102	中国石油西南油气田公司	钟　兵	油气田开发
103	中国石油勘探开发研究院	秦积舜	油气田开发
104	中国石油长庆油田公司	赵继勇	油气田开发
105	中国石油勘探开发研究院	陈和平	油气田开发
106	中国石油勘探开发研究院	李秀峦	油气田开发
107	中国石油辽河油田公司	张方礼	油气田开发
108	中石油煤层气有限责任公司	李曙光	油气田开发
109	大庆油田有限责任公司	程杰成	油气田开发
110	中国石油新疆油田公司	王延杰	油气田开发
111	中国石油勘探开发研究院	何东博	油气田开发
112	中国石油吉林油田公司	陈丙春	油气田开发
113	中国石油勘探开发研究院	石成方	油气田开发
114	中国石油长庆油田公司	慕立俊	油气田开发
115	大庆油田有限责任公司	邵振波	油气田开发
116	中国石油玉门油田公司	袁玉刚	油气田开发
117	中国石油吐哈油田公司	李正科	油气田开发
118	中国石油青海油田公司	张启汉	油气田开发
119	中国石油新疆油田公司	孙新革	油气田开发
120	中国石油长庆油田公司	李宪文	油气田开发
121	中国石油华北油田公司	李梦溪	油气田开发
122	大庆油田有限责任公司	隋新光	油气田开发
123	大庆油田有限责任公司	周万富	油气田开发
124	大庆油田有限责任公司	伍晓林	油气田开发

续表

序号	单位	姓名	专业
125	中国石油辽河油田公司	张洪君	油气田开发
126	中国石油塔里木油田公司	朱忠谦	油气田开发
127	中国石油塔里木油田公司	肖香姣	油气田开发
128	中国石油西南油气田公司	付永强	油气田开发
129	中国石油大港油田公司	任宝生	油气田开发
130	中国石油吉林油田公司	刘长宇	油气田开发
131	中国石油勘探开发研究院	叶继根	油气田开发
132	中国石油勘探开发研究院	王　强	油气田开发
133	中国石油勘探开发研究院	郭　睿	油气田开发
134	中国石油勘探开发研究院	赵　伦	油气田开发
135	中国石油勘探开发研究院	张建英	油气田开发
136	中国石油勘探开发研究院	王红岩	油气田开发
137	中国石油长庆油田公司	李忠兴	油气田开发
138	中国石油辽河油田公司	刘德铸	油气田开发
139	大庆油田有限责任公司	李杰训	油气田开发
140	中国石油石油化工研究院	兰　玲	石油炼制
141	中国石油石油化工研究院	张志华	石油炼制
142	中国石油石油化工研究院	高雄厚	石油炼制
143	中国石油石油化工研究院	刘从华	石油炼制
144	中国石油工程建设公司	王书旭	石油炼制
145	中国石油克拉玛依石化公司	甄新平	石油炼制
146	中国石油克拉玛依石化公司	熊良铨	石油炼制
147	中国石油石油化工研究院	李吉春	石油炼制
148	中国石油润滑油公司	徐小红	石油炼制
149	中国石油辽河石化公司	黄　鹤	石油炼制
150	中国石油石油化工研究院	胡长禄	石油炼制
151	中国石油石油化工研究院	赵愉生	石油炼制
152	中国石油乌鲁木齐石化公司	李卫东	石油炼制

续表

序　号	单　　位	姓　名	专　业
153	中国石油工程建设公司	田　慧	石油炼制
154	中国石油锦州石化公司	赵世权	石油炼制
155	中国石油大庆炼化公司	丁海中	石油炼制
156	中国石油独山子石化公司	赵　敏	石油炼制
157	中国石油独山子石化公司	刘明辉	石油炼制
158	中国石油规划总院	张福琴	石油炼制
159	中国石油石油化工研究院	张学军	石油炼制
160	中国石油石油化工研究院	田　然	石油炼制
161	中国石油辽阳石化公司	翁　刚	石油炼制
162	中国石油乌鲁木齐石化公司	蔡海军	石油炼制
163	中国石油四川石化有限责任公司	武大庆	石油炼制
164	中国石油石油化工研究院	胡　胜	石油炼制
165	中国石油规划总院	杨维军	石油炼制
166	中国石油辽阳石化公司（仪表厂）	雷　军	石油炼制
167	中国石油工程建设公司	肖立刚	石油炼制
168	中国石油大连石化公司	夏佳兴	石油炼制
169	中国石油兰州石化公司	张君屹	石油炼制
170	中国石油大庆石化公司	王　震	石油炼制
171	中国石油大连石化公司	邹春明	石油炼制
172	中国石油乌鲁木齐石化公司	岳树江	石油炼制
173	中国石油工程建设公司	谢育辉	石油炼制
174	中国寰球工程公司	鞠林青	石油炼制
175	中国石油兰州石化公司	宋　丹	石油炼制
176	中国石油石油化工研究院	付兴国	石油炼制
177	中国石油庆阳石化公司	缪希平	石油炼制
178	中国石油石油化工研究院	齐泮仑	石油炼制
179	中国石油润滑油公司	汤仲平	石油炼制
180	中国石油大连石化公司	吴　宇	石油炼制

续表

序　号	单　　位	姓　名	专　业
181	中国石油锦州石化公司	曲　江	石油炼制
182	中国石油大连石化公司	林　英	石油炼制
183	中国石油寰球工程公司	彭静波	石油炼制
184	中国石油吉林石化公司	陆书来	石油化工
185	中国石油石油化工研究院	王　刚	石油化工
186	中国石油石油化工研究院	朱博超	石油化工
187	中国寰球工程公司	赵　敏	石油化工
188	中国石油石油化工研究院	路　明	石油化工
189	中国石油独山子石化公司	纪　琳	石油化工
190	中国石油大庆石化公司	朱连勋	石油化工
191	中国石油石油化工研究院	梁　滔	石油化工
192	中国石油兰州石化公司	齐永新	石油化工
193	中国石油兰州石化公司	潘广勤	石油化工
194	中国石油独山子石化公司	周　豪	石油化工
195	中国石油辽阳石化公司（研究院）	史　君	石油化工
196	中国石油吉林石化公司	蔡小平	石油化工
197	中国石油大庆石化公司	付英杰	石油化工
198	中国石油吉林石化公司	王天全	石油化工
199	中国石油集团渤海石油装备制造有限公司	张玉峰	石油化工
200	中国石油石油化工研究院	赵旭涛	石油化工
201	中国石油吉林石化公司	王　硕	石油化工
202	中国寰球工程公司	杨庆兰	石油化工
203	中国石油石油化工研究院	胡海华	石油化工
204	中国寰球工程公司	丁聚庆	石油化工
205	中国石油大庆石化公司	王景良	石油化工
206	中国石油石油化工研究院	龚光碧	石油化工
207	中国石油集团东北炼化工程有限公司	周江沛	石油化工
208	中国石油石油化工研究院	王斯晗	石油化工

续表

序　号	单　　位	姓　名	专　业
209	中国石油兰州石化公司	赵东波	石油化工
210	中国石油兰州石化公司	张守汉	石油化工
211	中国石油大庆石化公司	魏　弢	石油化工
212	中国石油工程建设公司	谢恪谦	石油化工
213	中国寰球工程公司	万克西	石油化工
214	中国石油吉林石化公司	肖建文	石油化工
215	中国石油吉林石化公司	王海泉	石油化工
216	中国石油抚顺石化公司	郭　奇	石油化工
217	中国石油石油化工研究院	韦少义	石油化工
218	中国石油西南油气田公司	常宏岗	石油化工
219	中国石油石油化工研究院	张忠东	石油化工
220	中国石油石油化工研究院	吴林美	石油化工
221	中国石油石油化工研究院	颉　伟	石油化工
222	中国石油石油化工研究院	梁顺琴	石油化工
223	中国石油大庆石化公司	李勇贤	石油化工
224	中国石油规划总院	赵忠德	工程建设与储运
225	中国石油勘探开发研究院	张昱文	工程建设与储运
226	中国石油天然气管道局	许　杰	工程建设与储运
227	中国石油天然气管道局	王冰怀	工程建设与储运
228	中国石油工程建设公司	张　励	工程建设与储运
229	中国石油管道公司	李国平	工程建设与储运
230	中国石油管道公司	冯庆善	工程建设与储运
231	中国石油集团石油管工程技术研究院	冯耀荣	工程建设与储运
232	中国石油天然气管道局	董　旭	工程建设与储运
233	中国石油管道公司	艾慕阳	工程建设与储运
234	中国石油管道公司	张冬敏	工程建设与储运
235	中国石油管道公司	王维斌	工程建设与储运
236	中国石油天然气管道局	徐昌学	工程建设与储运

续表

序　号	单　　位	姓　名	专　业
237	中国石油天然气管道局	史　航	工程建设与储运
238	中国寰球工程公司	梁昌锦	工程建设与储运
239	中国石油辽河油田公司	牟宗元	工程建设与储运
240	中国石油工程建设公司	任建生	工程建设与储运
241	大庆油田有限责任公司	耿作孝	工程建设与储运
242	中国石油天然气管道局	孟凡彬	工程建设与储运
243	大庆油田有限责任公司	杨春明	工程建设与储运
244	中国石油天然气管道局	张文伟	工程建设与储运
245	中国石油工程建设公司	张香玲	工程建设与储运
246	中国寰球工程公司	彭　蕾	工程建设与储运
247	中国石油工程建设公司	谢崇亮	工程建设与储运
248	中国石油天然气勘探开发公司	祝宝利	工程建设与储运
249	中国石油集团工程设计有限责任公司	陈运强	工程建设与储运
250	北京天然气管道公司	么子云	工程建设与储运
251	中国石油管道公司	张　利	工程建设与储运
252	中国石油工程建设公司	魏学军	工程建设与储运
253	中国石油天然气管道局	隋永莉	工程建设与储运
254	中国石油勘探开发研究院	丁国生	工程建设与储运
255	中国石油管道公司	黄金萍	工程建设与储运
256	中国石油集团石油管工程技术研究院	吉玲康	工程建设与储运
257	中国石油天然气管道局	周学深	工程建设与储运
258	中国石油管道公司	陈朋超	工程建设与储运
259	中国石油工程建设公司	王启宇	工程建设与储运
260	中国石油集团测井有限公司	朱　军	物探测井
261	中国石油集团测井有限公司	陈　宝	物探测井
262	中国石油集团东方地球物理勘探有限责任公司	詹仕凡	物探测井
263	中国石油集团东方地球物理勘探有限责任公司	易碧金	物探测井
264	中国石油集团东方地球物理勘探有限责任公司	郭向宇	物探测井

续表

序　号	单　　位	姓　名	专　业
265	中国石油集团东方地球物理勘探有限责任公司	赵　波	物探测井
266	中国石油勘探开发研究院	张　研	物探测井
267	大庆油田有限责任公司	刘振宽	物探测井
268	中国石油集团东方地球物理勘探有限责任公司	曹孟起	物探测井
269	中国石油集团川庆钻探工程有限公司	李志荣	物探测井
270	中国石油集团东方地球物理勘探有限责任公司	钱忠平	物探测井
271	中国石油集团东方地球物理勘探有限责任公司	徐礼贵	物探测井
272	中国石油集团东方地球物理勘探有限责任公司	何展翔	物探测井
273	中国石油长庆油田公司	王大兴	物探测井
274	中国石油集团测井有限公司	李安宗	物探测井
275	中国石油集团长城钻探工程有限公司	刘　越	物探测井
276	大庆油田有限责任公司	谢荣华	物探测井
277	中国石油集团测井有限公司	汤天知	物探测井
278	中国石油勘探开发研究院	李潮流	物探测井
279	中国石油勘探开发研究院	李　宁	物探测井
280	中国石油塔里木油田公司	肖承文	物探测井
281	中国石油集团东方地球物理勘探有限责任公司	唐东磊	物探测井
282	中国石油集团测井有限公司	孙宝佃	物探测井
283	中国石油集团测井有限公司	余春昊	物探测井
284	中国石油集团东方地球物理勘探有限责任公司	李彦鹏	物探与测井
285	中国石油集团东方地球物理勘探有限责任公司	冯许魁	物探与测井
286	中国石油集团东方地球物理勘探有限责任公司	全海燕	物探与测井
287	中国石油集团东方地球物理勘探有限责任公司	凌　云	物探与测井
288	大庆油田有限责任公司	王建民	物探与测井
289	中国石油勘探开发研究院	胡　英	物探与测井
290	中国石油新疆油田公司	吕焕通	物探与测井
291	中国石油集团川庆钻探工程有限公司	巫芙蓉	物探与测井
292	中国石油集团东方地球物理勘探有限责任公司	邓志文	物探与测井

续表

序　号	单　　位	姓　名	专　业
293	中国石油集团川庆钻探工程有限公司	李亚林	物探与测井
294	大庆油田有限责任公司	王建民	物探与测井
295	中国石油集团东方地球物理勘探有限责任公司	李培明	物探与测井
296	中国石油勘探开发研究院	姚逢昌	物探测井
297	中国石油集团川庆钻探工程有限公司	罗宏伟	物探与测井
298	中国石油集团测井有限公司	杜瑞芳	物探与测井
299	中国石油集团测井有限公司	陈　涛	物探测井
300	中国石油集团渤海钻探工程有限公司	柴细元	物探与测井
301	大庆油田有限责任公司	荆万学	物探与测井
302	大庆油田有限责任公司	刘兴斌	物探与测井
303	中国石油勘探开发研究院	周灿灿	物探与测井
304	大庆油田有限责任公司	刘方玉	物探与测井
305	中国石油新疆油田公司	孙中春	物探与测井
306	中国石油吉林油田公司	杨光大	物探与测井
307	中国石油集团川庆钻探工程有限公司	何光明	物探与测井
308	中国石油集团川庆钻探工程有限公司	张晓斌	物探与测井
309	中国石油集团川庆钻探工程有限公司	刘定锦	物探与测井
310	中国石油勘探开发研究院	王西文	物探与测井
311	大庆油田有限责任公司	陈树民	物探与测井
312	中国石油华北油田公司	王彦仓	物探与测井
313	中国石油勘探开发研究院	雍学善	物探与测井
314	中国石油勘探开发研究院	曹　宏	物探与测井
315	中国石油集团川庆钻探工程有限公司	杨　晓	物探与测井
316	中国石油集团东方地球物理勘探有限责任公司	罗国安	物探与测井
317	中国石油勘探开发研究院	苏永地	物探与测井
318	中国石油集团东方地球物理勘探有限责任公司	张宇生	物探与测井
319	中国石油集团东方地球物理勘探有限责任公司	刘云祥	物探与测井
320	大庆油田有限责任公司	王宏建	物探与测井

续表

序　号	单　　位	姓　名	专　业
321	中国石油集团测井有限公司	成志刚	物探与测井
322	中国石油集团测井有限公司	令狐松	物探与测井
323	中国石油集团长城钻探工程有限公司	朱世和	物探测井
324	中国石油集团测井有限公司	岳爱忠	物探与测井
325	中国石油集团测井有限公司	李玉霞	物探与测井
326	中国石油集团测井有限公司	李传伟	物探与测井
327	中国石油集团长城钻探工程有限公司	伍　东	物探与测井
328	中国石油集团测井有限公司	章海宁	物探与测井
329	中国石油集团测井有限公司	余卫东	物探与测井
330	中国石油集团川庆钻探工程有限公司	齐宝权	物探与测井
331	中国石油集团测井有限公司	周　军	物探与测井
332	中国石油集团渤海钻探工程有限公司	运志森	钻井
333	中国石油集团长城钻探工程有限公司	高远文	钻井
334	中国石油集团渤海钻探工程有限公司	魏春明	钻井
335	中国石油集团西部钻探工程有限公司	陈若铭	钻井
336	中国石油集团川庆钻探工程有限公司	伍贤柱	钻井
337	中国石油集团钻井工程技术研究院	贺会群	钻井
338	中国石油集团钻井工程技术研究院	周英操	钻井
339	中国石油塔里木油田公司	张福祥	钻井
340	中国石油集团钻井工程技术研究院	盛利民	钻井
341	中国石油集团钻井工程技术研究院	王　玺	钻井
342	中国石油集团渤海钻探工程公司	王益山	钻井
343	中国石油集团钻井工程技术研究院	刘硕琼	钻井
344	中国石油集团钻井工程技术研究院	申瑞臣	钻井
345	中国石油塔里木油田公司	滕学清	钻井
346	大庆油田有限责任公司	杨智光	钻井
347	中国石油集团海洋工程有限公司	路继臣	钻井
348	中国石油集团川庆钻探工程有限公司	韩烈祥	钻井

续表

序　号	单　　位	姓　名	专　业
349	中国石油天然气勘探开发公司	辛俊和	钻井
350	中国石油集团钻井工程技术研究院	汪海阁	钻井
351	中国石油集团川庆钻探工程有限公司	王均良	钻井
352	中国石油集团长城钻探工程有限公司	李建成	钻井
353	中国石油集团长城钻探工程有限公司	张振华	钻井
354	中国石油集团西部钻探工程有限公司	许树谦	钻井
355	中国石油集团渤海钻探工程有限公司	王合林	钻井
356	中国石油集团川庆钻探工程有限公司	王长宁	钻井
357	中国石油集团钻井工程技术研究院	孙金生	钻井
358	中国石油集团川庆钻探工程有限公司	杨令瑞	钻井
359	中国石油集团长城钻探工程有限公司	余　雷	钻井
360	大庆油田有限责任公司	杨决算	钻井
361	中国石油集团川庆钻探工程有限公司	万永生	钻井
362	中国石油集团西部钻探工程有限公司	宋朝晖	钻井
363	中国石油集团川庆钻探工程有限公司	孙海芳	钻井
364	中国石油集团渤海钻探工程有限公司	马金山	钻井
365	中国石油集团钻井工程技术研究院	赵　庆	钻井
366	中国石油集团钻井工程技术研究院	田中兰	钻井
367	中国石油集团长城钻探工程有限公司	白　锐	钻井
368	中国石油集团钻井工程技术研究院	刘寿军	钻井
369	中国石油冀东油田公司	冯京海	钻井
370	中国石油天然气勘探开发公司	卫　国	钻井
371	中国石油集团川庆钻探工程有限公司	贺秋云	钻井
372	中国石油集团渤海石油装备制造有限公司	王树龙	机械
373	中国石油集团济柴动力总厂（成压厂）	秦飞虎	机械
374	宝鸡石油机械有限责任公司	王进全	机械
375	中国石油集团石油管工程技术研究院	霍春勇	机械
376	宝鸡石油钢管厂	苏　琦	机械

续表

序号	单位	姓名	专业
377	中国石油集团渤海石油装备制造有限公司	张　银	机械
378	中国石油集团济柴动力总厂	李树生	机械
379	中国石油集团石油管工程技术研究院	赵新伟	机械
380	中国石油规划总院	王国丽	机械
381	宝鸡石油机械有限责任公司	黄悦华	机械
382	宝鸡石油钢管厂	毕宗岳	机械
383	中国石油集团渤海石油装备制造有限公司	韩秀林	机械
384	中国石油集团石油管工程技术研究院	马秋荣	机械
385	中国石油集团渤海石油装备制造有限公司	魏昌进	机械
386	宝鸡石油机械有限责任公司	栾　苏	机械
387	宝鸡石油钢管厂	杨忠文	机械
388	中国石油集团济柴动力总厂	王令金	机械
389	宝鸡石油机械有限责任公司	贾秉彦	机械
390	中国石油塔里木油田公司	李循迹	机械
391	中国石油集团石油管工程技术研究院	宋生印	机械
392	中国石油规划总院	和冬梅	信息工程
393	中国石油勘探开发研究院	时付更	信息工程
394	中国石油勘探开发研究院	李　捷	信息工程
395	大庆油田有限责任公司	王瑞萍	信息工程
396	中国石油集团安全环保技术研究院	冒亚明	信息工程
397	中国石油勘探开发研究院	曾　萍	信息工程
398	中国石油集团经济技术研究院	徐建山	信息工程
399	中国石油大港油田公司	马建国	信息工程
400	中国石油集团东方地球物理勘探有限责任公司	李阳明	信息工程
401	大庆油田有限责任公司	熊华平	信息工程
402	中国石油规划总院	王　华	信息工程
403	中国石油兰州石化公司	曹　巍	信息工程
404	中国石油规划总院	袁维宁	信息工程
405	中国石油塔里木油田公司	熊　伟	信息工程

续表

序　号	单　　位	姓　名	专　业
406	中国石油勘探开发研究院	冯　梅	信息工程
407	中国石油集团东方地球物理勘探有限责任公司	张志伟	信息工程
408	中国石油大庆石化公司	张　昆	信息工程
409	中国石油新疆油田公司	李清辉	信息工程
410	中国石油规划总院	骆科东	信息工程
411	中国石油管道公司	安绍旺	信息工程
412	中国石油规划总院	程晓春	信息工程
413	中国石油吉林石化公司	王建民	信息工程
414	中国石油规划总院	段　伟	安全环保
415	中国石油集团安全环保技术研究院	杜卫东	安全环保
416	中国石油集团安全环保技术研究院	刘光全	安全环保
417	中国石油集团安全环保技术研究院	王嘉麟	安全环保
418	中国石油集团安全环保技术研究院	邓　皓	安全环保
419	中国石油集团安全环保技术研究院	裴玉起	安全环保
420	中国石油规划总院	陈由旺	安全环保
421	中国石油集团安全环保技术研究院	王其华	安全环保
422	中国石油集团安全环保技术研究院	韩兆辉	安全环保
423	中国石油辽河油田公司	杨立强	安全环保
424	中国石油集团安全环保技术研究院	王万福	安全环保
425	中国石油集团安全环保技术研究院	熊运实	安全环保
426	中国石油独山子石化公司	王小栋	安全环保
427	中国石油广东石化公司	崔积山	安全环保
428	中国石油长庆油田公司	王林平	安全环保
429	中国石油兰州石化公司	陈　怡	安全环保
430	中国石油集团安全环保技术研究院	娄仁杰	安全环保
431	中国石油集团石油管工程技术研究院	李为卫	安全环保
432	中国石油塔里木油田公司	孟　波	安全环保
433	大庆油田有限责任公司	郭慧彬	安全环保

注：表中人员为截至 2013 年底集团公司在聘专家。

（曹　月）

中国石油天然气集团公司管理专家

序　号	单　位	姓　名	专家命名
1	集团公司规划计划部	巴恒飞	中国石油战略管理专家
2	中国石油长庆油田公司	何炳忠	中国石油战略管理专家
3	大庆油田有限责任公司	张晓东	中国石油战略管理专家
4	股份公司勘探与生产分公司	刘德来	中国石油战略管理专家
5	中国石油天然气集团公司哈萨克斯坦公司	王俊仁	中国石油战略管理专家
6	中国石油新疆油田公司	王从乐	中国石油战略管理专家
7	中国石油西气东输公司	房维龙	中国石油战略管理专家
8	集团公司政策研究室	郝鸿毅	中国石油战略管理专家
9	中国石油冀东油田公司	冯俊山	中国石油战略管理专家
10	中国石油国际事业有限公司	王宝昌	中国石油战略管理专家
11	中国石油独山子石化公司	赵宝国	中国石油战略管理专家
12	中国寰球工程公司	李玉龙	中国石油战略管理专家
13	中国石油四川销售公司	刘　苏	中国石油战略管理专家
14	集团公司（股份公司）科技管理部	赵　明	中国石油战略管理专家
15	中国石油规划总院	赵连增	中国石油战略管理专家
16	集团公司工程技术分公司	郑　毅	中国石油战略管理专家
17	中国石油天然气勘探开发公司	郑　炯	中国石油战略管理专家
18	大庆油田有限责任公司	王学庆	中国石油财务管理专家
19	股份公司财务部	穆秀平	中国石油财务管理专家
20	大庆油田有限责任公司	刘燕杰	中国石油内控管理专家
21	中油财务有限责任公司	王增业	中国石油金融管理专家
22	集团公司（股份公司）审计部	高　辉	中国石油审计管理专家
23	昆仑银行股份有限公司	王明东	中国石油财务管理专家
24	集团公司财务资产部	吕连浮	中国石油财务管理专家
25	中国石油抚顺石化公司	王洪洲	中国石油财务管理专家
26	中国石油西南油气田公司	侯　涛	中国石油财务管理专家

续表

序　号	单　位	姓　名	专家命名
27	中国石油天然气勘探开发公司	詹清荣	中国石油税务管理专家
28	中国石油集团东方地球物理勘探有限责任公司	鞠秋芳	中国石油财务管理专家
29	中国石油华北油田公司	师洪发	中国石油资本运营管理专家
30	股份公司勘探与生产分公司	李　琤	中国石油财务管理专家
31	集团公司（股份公司）内控与风险管理部	钟敦岳	中国石油内控管理专家
32	中国石油四川销售公司	刘志强	中国石油财务管理专家
33	中国石油天然气集团公司哈萨克斯坦公司	杨桂荣	中国石油财务管理专家
34	中国石油集团经济技术研究院	单卫国	中国石油市场研究管理专家
35	股份公司销售分公司	王长江	中国石油营销管理专家
36	中国石油四川销售公司	蒋胡民	中国石油营销管理专家
37	中国石油润滑油公司	樊玉明	中国石油营销管理专家
38	股份公司销售分公司	吕东悦	中国石油市场研究管理专家
39	中国石油广东销售公司	王廷伟	中国石油营销管理专家
40	中国石油辽阳石化公司	王凤德	中国石油营销管理专家
41	中国石油锦州石化公司	刘　克	中国石油营销管理专家
42	中国石油北京销售公司	张　岩	中国石油营销管理专家
43	中国石油规划总院	杨建红	中国石油市场研究管理专家
44	大庆油田有限责任公司	唐建人	中国石油营销管理专家
45	中国石油天然气集团公司哈萨克斯坦公司	郭　沂	中国石油营销管理专家
46	中国石油山东销售公司	于　洋	中国石油营销管理专家
47	集团公司办公厅（股份公司总裁办）	尚　真	中国石油行政管理专家
48	中国石油兰州石化公司	杨清亮	中国石油行政管理专家
49	中国石油天然气勘探开发公司	毕井双	中国石油法律管理专家
50	集团公司办公厅（股份公司总裁办）	刘立力	中国石油行政管理专家
51	中国石油吉林石化公司	李春青	中国石油法律管理专家
52	中国石油长庆油田公司	高　鹏	中国石油法律管理专家
53	集团公司（股份公司）法律事务部	赵要德	中国石油法律管理专家
54	大庆油田有限责任公司	窦春辉	中国石油法律管理专家

续表

序　号	单　位	姓　名	专家命名
55	中国石油辽河油田公司	于清江	中国石油法律管理专家
56	集团公司（股份公司）安全环保与节能部	吴庆善	中国石油安全管理专家
57	集团公司（股份公司）安全环保与节能部	王学文	中国石油节能管理专家
58	大庆油田有限责任公司	匡　丽	中国石油环保管理专家
59	中国石油集团川庆钻探工程公司	李　毅	中国石油 HSE 管理专家
60	中国石油勘探开发研究院	高圣平	中国石油质量标准管理专家
61	中国石油天然气勘探开发公司	齐金郦	中国石油 HSE 管理专家
62	中国石油吉林油田公司	尹　旭	中国石油 HSE 管理专家
63	中国石油新疆油田公司	衣怀峰	中国石油节能管理专家
64	中国石油长庆油田公司	毛怀新	中国石油 HSE 管理专家
65	集团公司（股份公司）质量与标准管理部	万战翔	中国石油标准化管理专家
66	中国石油集团石油管工程技术研究院	秦长毅	中国石油质量标准管理专家
67	中国石油集团东方地球物理勘探有限责任公司	田国发	中国石油 HSE 管理专家
68	集团公司（股份公司）国际部	张　军	中国石油 HSE 管理专家
69	股份公司炼油与化工分公司	王　强	中国石油 HSE 管理专家
70	大庆油田有限责任公司	刘　睿	中国石油对外合作管理专家
71	中国石油天然气勘探开发公司	郭呈柱	中国石油海外项目管理专家
72	中国石油天然气勘探开发公司	蒋满裕	中国石油国际商务管理专家
73	中国石油集团东方地球物理勘探有限责任公司	曾庆平	中国石油国际市场开发管理专家
74	集团公司（股份公司）国际部	曹　伟	中国石油对外合作管理专家
75	集团公司对外合作部	黄玉珍	中国石油对外合作管理专家
76	中国石油辽河油田公司	刘海洋	中国石油对外合作管理专家
77	中国石油大港油田公司	刘明发	中国石油对外合作管理专家
78	中国石油天然气股份有限公司伊拉克公司	冀成楼	中国石油海外项目管理专家
79	中国石油新疆油田公司	张建国	中国石油人力资源管理专家
80	集团公司（股份公司）人事部	李光华	中国石油人力资源管理专家
81	中国石油辽河油田公司	李孟洲	中国石油人力资源管理专家
82	中国石油抚顺石化公司	刘文玉	中国石油人力资源管理专家

续表

序 号	单 位	姓 名	专家命名
83	中国石油天然气勘探开发公司	武军利	中国石油人力资源管理专家
84	大庆油田有限责任公司	彭柏群	中国石油人力资源管理专家
85	中国石油长庆油田公司	丁守仁	中国石油人力资源管理专家
86	集团公司（股份公司）人事部	朱长根	中国石油人力资源管理专家
87	中国石油集团川庆钻探工程有限公司	聂世平	中国石油人力资源管理专家
88	集团公司思想政治工作部	杨高斐	中国石油党建、思想政治工作管理专家
89	中国石油辽河油田公司	罗颖川	中国石油党建、思想政治工作管理专家
90	中国石油吉林油田公司	米金余	中国石油群众工作管理专家
91	中国石油华北油田公司	杨利民	中国石油企业文化工作管理专家
92	集团公司直属党委	王树勇	中国石油党建、思想政治工作管理专家
93	中国石油长庆油田公司	许四德	中国石油党建、思想政治工作管理专家
94	大庆油田有限责任公司（第二纪检监察中心）	包利文	中国石油纪检监察工作管理专家
95	中国石油报社	张文业	中国石油党建、思想政治工作管理专家
96	大庆油田有限责任公司	黄 学	中国石油纪检监察工作管理专家
97	中国石油集团长城钻探工程公司	曹海霞	中国石油党建、思想政治工作管理专家
98	中国石油冀东油田公司	刘金平	中国石油企业文化工作管理专家
99	中国石油集团东方地球物理勘探有限责任公司	王治富	中国石油党建工作管理专家
100	大庆油田有限责任公司	隋东章	中国石油群众工作管理专家

注：表中管理专家为2011年集团公司评聘。

（曹 月）

中国石油天然气集团公司技能专家

序 号	单 位	姓 名	从事专业	从事工种
1	大庆油田有限责任公司	张连友	钻井	石油钻井工
2	大庆油田有限责任公司	孙景阳	钻井	石油钻井工
3	大庆油田有限责任公司	齐志民	钻井	石油钻井工
4	大庆油田有限责任公司	田兆亿	钻井	钻井液工
5	大庆油田有限责任公司	寇生江	测井	测井工

续表

序　号	单　位	姓　名	从事专业	从事工种
6	大庆油田有限责任公司	张光洲	仪器仪表安装修理	测井仪修工
7	大庆油田有限责任公司	任相财	采油采气	采油工
8	大庆油田有限责任公司	赵春海	井下作业	井下作业工
9	大庆油田有限责任公司	陈祥玉	集输	输油工
10	大庆油田有限责任公司	曹　武	采油采气	采油工
11	大庆油田有限责任公司	何显斌	采油采气	采油工
12	大庆油田有限责任公司	刘　丽	采油采气	采油工
13	大庆油田有限责任公司	何登龙	采油采气	采油工
14	大庆油田有限责任公司	高亚全	采油采气	采油工
15	大庆油田有限责任公司	王运成	集输	输油工
16	大庆油田有限责任公司	邹世鑫	集输	集输工
17	大庆油田有限责任公司	贾福林	采油采气	采油工
18	大庆油田有限责任公司	马庆光	井下作业	井下作业工
19	大庆油田有限责任公司	孙玉才	井下作业	井下作业工
20	大庆油田有限责任公司	刘永庆	工程施工	电焊工
21	大庆油田有限责任公司	刘忠波	工程施工	电焊工
22	大庆油田有限责任公司	司英建	工程施工	电焊工
23	大庆油田有限责任公司	于维敏	工程施工	石油金属结构制作工
24	大庆油田有限责任公司	孔德生	工程施工	油气管线安装工
25	大庆油田有限责任公司	金铁钢	工程施工	电焊工
26	大庆油田有限责任公司	李立国	供发电	高压试验工
27	大庆油田有限责任公司	李齐生	供发电	继电保护工
28	大庆油田有限责任公司	王　汀	供发电	继电保护工
29	大庆油田有限责任公司	武海玉	供发电	锅炉检修工
30	大庆油田有限责任公司	于凯林	钻井	钻井液工
31	大庆油田有限责任公司	王维民	测井	测井工
32	大庆油田有限责任公司	彭燕龙	机械制造	车工
33	大庆油田有限责任公司	魏乐欣	机械制造	钳工

续表

序　号	单　位	姓　名	从事专业	从事工种
34	大庆油田有限责任公司	张肃江	井下作业	潜油电泵作业工
35	大庆油田有限责任公司	邢恩福	仪器仪表安装修理	仪表安装工
36	大庆油田有限责任公司	徐义千	钻井	钻井液工
37	大庆油田有限责任公司	刘秀庆	测井	测井工
38	大庆油田有限责任公司	赵福前	测井	射孔取心工
39	大庆油田有限责任公司	杨海波	采油采气	采油工
40	大庆油田有限责任公司	丁洪霞	采油采气	采油工
41	大庆油田有限责任公司	宋颜生	采油采气	采油工
42	大庆油田有限责任公司	代龙兴	集输	输油工
43	大庆油田有限责任公司	江成明	集输	集输工
44	大庆油田有限责任公司	罗贤银	集输	集输工
45	大庆油田有限责任公司	杨怀宇	机械制造	钳工
46	大庆油田有限责任公司	王召军	工程施工	电焊工
47	大庆油田有限责任公司	宋宏明	供发电	维修电工
48	中国石油辽河油田公司	束滨霞	采油采气	采油工
49	中国石油辽河油田公司	赵奇峰	采油采气	采油工
50	中国石油辽河油田公司	郭发德	采油采气	采油工
51	中国石油辽河油田公司	徐志强	采油采气	采油工
52	中国石油辽河油田公司	徐贻文	采油采气	采油工
53	中国石油辽河油田公司	曹建新	采油采气	采油工
54	中国石油辽河油田公司	柳转阳	采油采气	采油工
55	中国石油辽河油田公司	姬梦阳	采油采气	采油工
56	中国石油辽河油田公司	张　云	采油采气	热注运行工
57	中国石油辽河油田公司	李贵库	井下作业	井下作业工
58	中国石油辽河油田公司	张殿杰	工程施工	电焊工
59	中国石油辽河油田公司	于占勇	供发电	配电线路工
60	中国石油辽河油田公司	李　云	供发电	变电站值班员
61	中国石油辽河油田公司	吴晓媛	供发电	变电站值班员

续表

序　号	单　位	姓　名	从事专业	从事工种
62	中国石油辽河油田公司	高文斌	采油采气	采油工
63	中国石油辽河油田公司	于增杰	采油采气	采油工
64	中国石油辽河油田公司	单忠利	采油采气	采油工
65	中国石油辽河油田公司	陈伟东	采油采气	采油工
66	中国石油辽河油田公司	安宝奇	工程施工	油气管线安装工
67	中国石油辽河油田公司	张金平	工程施工	电焊工
68	中国石油辽河油田公司	周　渝	井下作业	井下作业工
69	中国石油长庆油田公司	张卫玲	采油采气	采油工
70	中国石油长庆油田公司	丁巨龙	采油采气	采油工
71	中国石油长庆油田公司	梁庆辉	采油采气	采油工
72	中国石油长庆油田公司	于建平	采油采气	采油工
73	中国石油长庆油田公司	梁东平	井下作业	井下作业工
74	中国石油长庆油田公司	杨义兴	井下作业	井下作业工
75	中国石油长庆油田公司	李庆峰	井下作业	作业机司机
76	中国石油长庆油田公司	王亚萍	工程施工	电焊工
77	中国石油长庆油田公司	詹　斌	工程施工	电焊工
78	中国石油长庆油田公司	孟亚莉	采油采气	采油工
79	中国石油长庆油田公司	程少春	采油采气	采油工
80	中国石油长庆油田公司	郜世全	采油采气	采油工
81	中国石油长庆油田公司	赵瑞元	井下作业	井下作业工
82	中国石油塔里木油田公司	徐　静	钻井	钻井液工
83	中国石油塔里木油田公司	张喜军	井下作业	潜油电泵作业工
84	中国石油塔里木油田公司	胡玉明	机械制造	车工
85	中国石油塔里木油田公司	张　明	供发电	电工
86	中国石油塔里木油田公司	王爱民	化肥	合成氨装置操作工
87	中国石油新疆油田公司	魏昌建	采油采气	采油工
88	中国石油新疆油田公司	叶长新	采油采气	采油工
89	中国石油新疆油田公司	颜富新	采油采气	采油工

续表

序　号	单　位	姓　名	从事专业	从事工种
90	中国石油新疆油田公司	朱安江	采油采气	采油工
91	中国石油新疆油田公司	寇秀玲	采油采气	采油工
92	中国石油新疆油田公司	林　伟	采油采气	采油工
93	中国石油新疆油田公司	史建国	采油采气	采油工
94	中国石油新疆油田公司	肉孜麦麦提·巴克	采油采气	采油工
95	中国石油新疆油田公司	张　杰	集输	集输工
96	中国石油新疆油田公司	丁　建	集输	集输工
97	中国石油新疆油田公司	卢风光	集输	集输工
98	中国石油新疆油田公司	张　军	采油采气	采油工
99	中国石油新疆油田公司	李海军	采油采气	采油工
100	中国石油新疆油田公司	朱建雄	采油采气	采油工
101	中国石油新疆油田公司	肖　刚	集输	输气工
102	中国石油西南油气田公司	李忠良	采油采气	采油工
103	中国石油西南油气田公司	刘　辉	采油采气	采气工
104	中国石油西南油气田公司	曾刚勇	集输	油气管道保护工
105	中国石油西南油气田公司	曾云东	天然气加工	天然气净化操作工
106	中国石油西南油气田公司	林大川	仪器仪表安装修理	采输气仪表工
107	中国石油西南油气田公司	夏仲华	采油采气	采气工
108	中国石油西南油气田公司	陈兴平	采油采气	采气工
109	中国石油西南油气田公司	李　强	化工	天然气压缩机操作工
110	中国石油西南油气田公司	徐　飞	天然气加工	天然气净化操作工
111	中国石油吉林油田公司	于淑华	采油采气	采油工
112	中国石油吉林油田公司	杨化风	采油采气	采油工
113	中国石油吉林油田公司	王彦军	采油采气	采油工
114	中国石油吉林油田公司	刘金成	工程施工	电焊工
115	中国石油吉林油田公司	高兴业	供发电	变电检修工
116	中国石油吉林油田公司	王瑞东	采油采气	采油工
117	中国石油吉林油田公司	张海山	采油采气	采油工

续表

序　号	单　位	姓　名	从事专业	从事工种
118	中国石油吉林油田公司	李玉福	工程施工	石油金属结构制作工
119	中国石油吉林油田公司	王长海	供发电	变电检修电工
120	中国石油大港油田公司	周小东	采油采气	采油工
121	中国石油大港油田公司	王怀梅	采油采气	采油工
122	中国石油大港油田公司	苏建斌	采油采气	采油工
123	中国石油大港油田公司	刘淑梅	采油采气	采油工
124	中国石油大港油田公司	张树起	供发电	维修电工
125	中国石油大港油田公司	左学同	供发电	变压器检修工
126	中国石油大港油田公司	尤立红	采油采气	采油工
127	中国石油大港油田公司	李　健	集输	集输工
128	中国石油大港油田公司	周忠军	采油采气	注水泵工
129	中国石油大港油田公司	邓鲁宁	井下作业	井下作业工
130	中国石油大港油田公司	方继信	供发电	维修电工
131	中国石油青海油田公司	张华先	采油采气	采油工
132	中国石油青海油田公司	张孝伟	集输	输油工
133	中国石油青海油田公司	唐海光	炼油	催化裂化装置操作工
134	中国石油青海油田公司	姜　宏	集输	集输工
135	中国石油华北油田公司	郭连升	采油采气	采油工
136	中国石油华北油田公司	胡东华	采油采气	采油工
137	中国石油华北油田公司	匡　凯	采油采气	采油工
138	中国石油华北油田公司	何　群	集输	集输工
139	中国石油华北油田公司	黄　树	井下作业	井下作业工
140	中国石油华北油田公司	靳占忠	井下作业	井下作业工具工
141	中国石油华北油田公司	金海亮	供发电	电工
142	中国石油华北油田公司	李彦超	供发电	变电站值班员
143	中国石油华北油田公司	任绍全	供发电	电气试验工
144	中国石油华北油田公司	黄　祥	井下作业	井下作业工
145	中国石油华北油田公司	冉俊义	工程施工	电焊工

续表

序　号	单　位	姓　名	从事专业	从事工种
146	中国石油华北油田公司	邵明汝	供发电	继电保护工
147	中国石油吐哈油田公司	赵剑伟	采油采气	采油工
148	中国石油吐哈油田公司	樊时华	采油采气	采油工
149	中国石油吐哈油田公司	徐志民	采油采气	采油工
150	中国石油吐哈油田公司	陈　述	集输	集输工
151	中国石油吐哈油田公司	吴占关	井下作业	井下作业工
152	中国石油吐哈油田公司	江　龙	集输	集输工
153	中国石油玉门油田公司	富玉新	采油采气	采油工
154	中国石油玉门油田公司	陈全柱	井下作业	井下作业工
155	中国石油玉门油田公司	刘春杰	采油采气	采油工
156	中国石油大庆石化公司	左成玉	化工	乙烯装置操作工
157	中国石油大庆石化公司	包忠臣	炼油	催化裂化装置操作工
158	中国石油大庆石化公司	高　彦	工程施工	电焊工
159	中国石油大庆石化公司	刘铁彬	化工	乙烯装置操作工
160	中国石油大庆石化公司	潘大龙	仪器仪表安装修理	仪表维修工
161	中国石油大庆石化公司	贾洪彬	供发电	锅炉运行值班员
162	中国石油吉林石化公司	宋晓峰	化工	丙烯腈装置操作工
163	中国石油吉林石化公司	薛兰苗	机械修理	机泵维修钳工
164	中国石油吉林石化公司	侯英杰	仪器仪表安装修理	仪表维修工
165	中国石油吉林石化公司	姜　涛	化工	乙烯装置操作工
166	中国石油吉林石化公司	李宏光	化工	二甲苯装置操作工
167	中国石油吉林石化公司	苏东江	化工	丁苯橡胶装置操作工
168	中国石油吉林石化公司	李永翔	机械制造	钳工
169	中国石油抚顺石化公司	张胤霆	炼油	常减压蒸馏装置操作工
170	中国石油抚顺石化公司	李　俊	炼油	催化裂化装置操作工
171	中国石油抚顺石化公司	田　军	化工	丙烯腈装置操作工
172	中国石油抚顺石化公司	刘国福	机械修理	机泵维修钳工
173	中国石油抚顺石化公司	赵林源	机械修理	机泵维修钳工

续表

序　号	单　位	姓　名	从事专业	从事工种
174	中国石油抚顺石化公司	张凤光	仪器仪表安装修理	仪表维修工
175	中国石油抚顺石化公司	张永刚	化工	聚丙烯装置操作工
176	中国石油辽阳石化公司	崔启福	炼油	加氢裂化装置操作工
177	中国石油辽阳石化公司	关文杰	化工	聚丙烯装置操作工
178	中国石油辽阳石化公司	刘　牧	工程施工	电焊工
179	中国石油辽阳石化公司	朱海源	机械修理	机泵维修钳工
180	中国石油辽阳石化公司	刘彭豪	机械修理	机泵维修钳工
181	中国石油辽阳石化公司	张海献	炼油	延迟焦化装置操作工
182	中国石油兰州石化公司	孙青先	化工	乙烯装置操作工
183	中国石油兰州石化公司	黄开炳	化工	乙烯装置操作工
184	中国石油兰州石化公司	巩国平	炼油	常减压蒸馏装置操作工
185	中国石油兰州石化公司	张志强	化工	丁苯橡胶装置操作工
186	中国石油兰州石化公司	邸会敏	工程施工	电焊工
187	中国石油兰州石化公司	王忠民	仪器仪表安装修理	仪表维修工
188	中国石油兰州石化公司	杨子海	供发电	锅炉运行值班员
189	中国石油兰州石化公司	尹金明	机械修理	机泵维修钳工
190	中国石油兰州石化公司	郭　星	科研与分析化验	化工分析工
191	中国石油兰州石化公司	吉　宁	仪器仪表安装修理	仪表维修工
192	中国石油兰州石化公司	吕仲光	工程施工	电焊工
193	中国石油独山子石化公司	徐凯军	炼油	常减压蒸馏装置操作工
194	中国石油独山子石化公司	薛　魁	化工	乙烯装置操作工
195	中国石油独山子石化公司	杜胜利	炼油	加氢裂化装置操作工
196	中国石油独山子石化公司	谷　刚	工程施工	电焊工
197	中国石油独山子石化公司	祝雄新	机械修理	机泵维修钳工
198	中国石油独山子石化公司	潘志强	科研与分析化验	化工分析工
199	中国石油独山子石化公司	陈文忠	机械修理	机泵维修钳工
200	中国石油独山子石化公司	赖亚洲	工程施工	油气管线安装工
201	中国石油乌鲁木齐石化公司	许战军	化工	精对苯二甲酸装置操作工

续表

序　号	单　位	姓　名	从事专业	从事工种
202	中国石油乌鲁木齐石化公司	张红梅	科研与分析化验	化工分析工
203	中国石油乌鲁木齐石化公司	马　瑞	化肥	合成氨装置操作工
204	中国石油乌鲁木齐石化公司	李华山	仪器仪表安装修理	仪表维修工
205	中国石油宁夏石化公司	杨学智	化工	合成氨装置操作工
206	中国石油宁夏石化公司	于世行	工程施工	电焊工
207	中国石油大连石化公司	荣　征	炼油	催化裂化装置操作工
208	中国石油大连石化公司	张清源	炼油	蜡油渣油加氢操作工
209	中国石油大连石化公司	刘从堂	仪器仪表安装修理	仪表安装工
210	中国石油大连石化公司	曹善志	机械修理	机泵维修钳工
211	中国石油大连石化公司	崔　健	炼油	酮苯脱蜡装置操作工
212	中国石油大连石化公司	隋广鑫	化工	聚丙烯装置操作工
213	中国石油锦州石化公司	盖保权	炼油	催化裂化装置操作工
214	中国石油锦州石化公司	褚继勇	炼油	催化重整装置操作工
215	中国石油锦州石化公司	徐　凯	机械修理	机泵维修钳工
216	中国石油锦西石化公司	王尚典	机械制造	车工
217	中国石油锦西石化公司	荀　巍	机械修理	机泵维修钳工
218	中国石油大庆炼化公司	王东华	炼油	催化裂化装置操作工
219	中国石油大庆炼化公司	何　琳	科研与分析化验	油品分析工
220	中国石油大庆炼化公司	王　健	供发电	维修电工
221	中国石油哈尔滨石化公司	刘　强	炼油	催化裂化装置操作工
222	中国石油哈尔滨石化公司	林树国	供发电	维修电工
223	中国石油四川石化有限责任公司	张林涛	化工	乙烯装置操作工
224	中国石油大港石化公司	王　峰	炼油	催化裂化装置操作工
225	中国石油辽河石化公司	肖国营	炼油	延迟焦化装置操作工
226	中国石油克拉玛依石化公司	陈淑建	炼油	催化重整装置操作工
227	中国石油克拉玛依石化公司	于红伟	炼油	酮苯脱蜡装置操作工
228	中国石油克拉玛依石化公司	马晓伟	炼油	制氢装置操作工
229	中国石油集团东北炼化工程有限公司	徐龙杰	工程施工	电焊工

续表

序　号	单　位	姓　名	从事专业	从事工种
230	中国石油集团东北炼化工程有限公司	郑秋林	工程施工	电焊工
231	中国石油集团东北炼化工程有限公司	高振杰	工程施工	电焊工
232	中国石油集团东北炼化工程有限公司	刘延虎	工程施工	安装起重工
233	中国石油管道公司	尤庆宇	集输	输油工
234	中国石油管道公司	姚　金	机械修理	机修钳工
235	中国石油西部管道公司	黄　伟	机械修理	机泵维修钳工
236	中国石油集团西部钻探工程有限公司	武东生	钻井	石油钻井工
237	中国石油集团西部钻探工程有限公司	高永杰	钻井	石油钻井工
238	中国石油集团西部钻探工程有限公司	李成军	测井	地层测试工
239	中国石油集团西部钻探工程有限公司	廖　明	钻井	钻井柴油机工
240	中国石油集团西部钻探工程有限公司	周东寿	钻井	钻井液工
241	中国石油集团西部钻探工程有限公司	孙　麟	钻井	石油钻井工
242	中国石油集团西部钻探工程有限公司	妥　红	测井	综合录井工
243	中国石油集团长城钻探工程有限公司	徐长岗	仪器仪表安装修理	测井仪修工
244	中国石油集团长城钻探工程有限公司	黄　鹤	钻井	石油钻井工
245	中国石油集团长城钻探工程有限公司	吴依东	测井	测井工
246	中国石油集团渤海钻探工程有限公司	张　勇	钻井	石油钻井工
247	中国石油集团渤海钻探工程有限公司	王　信	钻井	钻井液工
248	中国石油集团渤海钻探工程有限公司	杨砚杭	钻井	钻井柴油机工
249	中国石油集团渤海钻探工程有限公司	袁世通	机械制造	钳工
250	中国石油集团渤海钻探工程有限公司	韩华彬	供发电	维修电工
251	中国石油集团渤海钻探工程有限公司	李爱忠	钻井	石油钻井工
252	中国石油集团渤海钻探工程有限公司	王俊星	钻井	钻井液工
253	中国石油集团川庆钻探工程有限公司	周　彬	物探	石油物探测量工
254	中国石油集团川庆钻探工程有限公司	郑家志	物探	石油物探测量工
255	中国石油集团川庆钻探工程有限公司	高　强	钻井	石油钻井工
256	中国石油集团川庆钻探工程有限公司	唐润平	钻井	钻井液工
257	中国石油集团川庆钻探工程有限公司	熊　伟	测井	测井工

续表

序号	单位	姓名	从事专业	从事工种
258	中国石油集团川庆钻探工程有限公司	王　峰	井下作业	井下作业工
259	中国石油集团川庆钻探工程有限公司	杨　平	工程施工	电焊工
260	中国石油集团川庆钻探工程有限公司	王和富	工程施工	施工机械操作手
261	中国石油集团川庆钻探工程有限公司	李　豪	仪器仪表安装修理	地震仪器修理工
262	中国石油集团川庆钻探工程有限公司	裴建中	仪器仪表安装修理	测井仪修工
263	中国石油集团川庆钻探工程有限公司	许绍俊	仪器仪表安装修理	仪表维修工
264	中国石油集团川庆钻探工程有限公司	冉　鹏	供发电	电工
265	中国石油集团川庆钻探工程有限公司	田永彬	物探	石油地震勘探工
266	中国石油集团川庆钻探工程有限公司	张　勇	钻井	石油钻井工
267	中国石油集团川庆钻探工程有限公司	李　缨	钻井	石油钻井工
268	中国石油集团川庆钻探工程有限公司	李　刚	钻井	钻井柴油机工
269	中国石油集团川庆钻探工程有限公司	田　军	井下作业	井下作业工
270	中国石油集团川庆钻探工程有限公司	方福君	井下作业	井下作业工
271	中国石油集团川庆钻探工程有限公司	郑　永	仪器仪表安装修理	仪表修理工
272	中国石油集团东方地球物理勘探有限责任公司	楚建设	物探	石油地震勘探工
273	中国石油集团测井有限公司	刘天耀	测井	测井工
274	中国石油集团测井有限公司	李玉森	测井	测井绘解工
275	中国石油天然气管道局	梅　红	工程施工	油气管线安装工
276	中国石油天然气管道局	牛连山	工程施工	电焊工
277	中国石油天然气管道局	张福强	工程施工	电焊工
278	中国石油天然气管道局	孔繁荣	工程施工	电焊工
279	中国石油天然气管道局	高继宏	工程施工	电焊工
280	中国石油天然气管道局	刘汉国	工程施工	电焊工
281	中国石油天然气管道局	邓隆庆	工程施工	工程电气设备安装调试工
282	中国石油天然气管道局	李济昌	机械制造	钳工
283	中国石油天然气管道局	刘学彬	工程施工	电焊工
284	中国石油天然气管道局	饶雪飞	工程施工	石油金属结构制作工
285	中国石油天然气管道局	白喜章	通信	线务员

续表

序　号	单　位	姓　名	从事专业	从事工种
286	中国石油工程建设公司	王俊峰	工程施工	电焊工
287	中国石油工程建设公司	曹遂军	工程施工	电焊工
288	中国石油工程建设公司	董留寨	工程施工	电焊工
289	中国石油工程建设公司	孙国华	工程施工	电焊工
290	中国石油工程建设公司	刘新儒	工程施工	石油金属结构制作工
291	中国石油工程建设公司	张速宁	工程施工	石油金属结构制作工
292	中国石油工程建设公司	王培玉	工程施工	安装起重工
293	中国石油工程建设公司	廖博武	机械制造	钳工
294	中国石油工程建设公司	刘新海	工程施工	电焊工
295	中国石油工程建设公司	赵承先	工程施工	电焊工
296	中国石油集团工程设计有限公司	冯忠银	工程施工	电焊工
297	中国寰球工程公司	王兴平	工程施工	电焊工
298	中国寰球工程公司	赵　辉	工程施工	电焊工
299	中国寰球工程公司	陈君龙	工程施工	电焊工
300	中国寰球工程公司	张仕经	工程施工	安装起重工
301	宝鸡石油机械有限责任公司	马新平	工程施工	石油金属结构制作工
302	宝鸡石油机械有限责任公司	纪　林	机械制造	钢丝绳制造工
303	宝鸡石油机械有限责任公司	谢碎祥	工程施工	电焊工
304	宝鸡石油钢管厂	胡德虎	机械制造	埋弧焊管自动焊工
305	宝鸡石油钢管厂	强会明	技术监督	无损探伤工
306	中国石油集团济柴动力总厂	肖文光	机械制造	内燃机装调工
307	中国石油集团济柴动力总厂	樊少华	机械制造	内燃机装调工
308	中国石油集团济柴动力总厂	张传勇	机械制造	加工中心操作工
309	中国石油集团渤海石油装备制造有限公司	顿天骥	机械制造	车工
310	中国石油集团渤海石油装备制造有限公司	赵延山	机械制造	车工
311	中国石油集团渤海石油装备制造有限公司	白国文	机械制造	车工
312	中国石油集团渤海石油装备制造有限公司	王海生	工程施工	电焊工
313	中国石油集团渤海石油装备制造有限公司	郎书科	工程施工	电焊工

续表

序　号	单　位	姓　名	从事专业	从事工种
314	中国石油集团渤海石油装备制造有限公司	厉彦东	机械制造	钳工
315	中国石油集团渤海石油装备制造有限公司	伍华北	机械修理	机修钳工
316	中国石油集团渤海石油装备制造有限公司	赵晓伟	钻井	钻井柴油机工
317	中国石油集团渤海石油装备制造有限公司	王栓海	机械制造	铣工
318	中国石油集团渤海石油装备制造有限公司	王文卿	机械制造	钳工
319	中国石油集团渤海石油装备制造有限公司	石运超	机械制造	钳工
320	中国石油天然气运输公司	皮开忠	机械制造	钳工
321	中国石油天然气运输公司	宋光熙	机械制造	钳工
322	中国石油天然气运输公司	刘　东	交通运输	汽车修理工

注：表中所列为 2013 年集团公司评聘技能专家。

（职丽枫）

大庆油田有限责任公司

中国石油天然气集团公司副总经理、
大庆油田有限责任公司总经理
刘宏斌

党委书记　姜万春

大庆油田是我国目前最大的油田，由萨尔图、杏树岗、喇嘛甸等52个油气田组成，含油面积6000多平方千米。勘探范围包括黑龙江省全境，内蒙古海拉尔，吉林延吉、珲春，新疆塔里木东部等16个盆地，登记探矿权面积26.3万平方千米。大庆油田有限责任公司现有资产3861亿元，员工25万人。

大庆油田“特高含水期精细高效注水开发技术与示范工程”获得集团公司2013年度科学技术进步一等奖，成为年产4000万吨原油的有力支撑

大庆油田1959年发现、1960年开发，主要经历4个发展阶段。第一个阶段是石油会战阶段(1960—1963年)：1959年9月26日，国庆十周年前夕，以松基3井喜喷工业油流为标志，勘探发现了大庆油田。以铁人王进喜为代表的老一辈石油人，在极其困难的条件下，自力更生、艰苦奋斗，仅用3年时间就拿下大油田，一举甩掉了我国贫油落后的帽子。第二个阶段是快速上产阶段(1964—1975年)：1963年底，大庆油田结束试验性开发，进行全面开发建设，先后开发了萨尔图、杏树岗和喇嘛甸三大主力油田，以平均每年增产300万吨的速度上产，并勘探准备了一批可开发的新油田，为1976年年产5000万吨奠定了坚实基础。第三个阶段是高产稳产阶段(1976—2002年)：我国进入新的历史发展时期，大庆油田也从此迈入年产5000万吨的高产稳产阶段。第四个阶段是可持续发展阶段(2003年至今)：进入新世纪，

2013 年，大庆油田试油试采分公司全力以赴保障油田勘探开发需要，累计完成试油（气）186 口井 275 层，射孔 7111 口，作业 4410 口，在印度尼西亚、苏丹、蒙古、伊朗 4 个海外市场全年创收 7316 万元，图为试采员工正在大庆油田进行电缆射孔施工

大庆油田工程建设公司承揽的首个伊拉克地区 EPC 总承包工程即伊拉克哈法亚油田 CPF1 存储系统扩建工程，占地面积约为 4 万平方米，扩容能力达到 6 万立方米，签约额为 1.53 亿元，在探索开辟海外高端市场的进程中迈出了坚实一步，图为工程建设公司哈法亚项目部正在进行吊装作业

结合宏观经济形势和企业自身实际，考虑到油田的持续有效开发，对原油产量进行了战略性调整，2013 年公司已在年产 4000 万吨以上持续稳产了 11 年，业务范围包括勘探开发、工程技术、工程建设、装备制造、油田化工、生产保障、矿区服务和多种经营“八大板块”，具有较为完整的业务体系和综合一体化优势。

50 多年来，在党和国家的亲切关怀下，在中国石油的坚强领导下，一代又一代大庆人艰苦奋斗、顽强拼搏，建成了我国最大的石油生产基地，累计生产原油 21.9 亿吨，上缴各种税费 2 万多亿元，为国民经济发展作出了贡献；创造了世界领先的油田开发水平，主力油田采收率突破 50%，比国内外同类油田高出 10—15 个百分点，实现年产原油 5000 万吨以上连续 27 年高产稳产，始终走在国内外同行业的发展前列；孕育形成了大庆精神、铁人精神，打造了一支以新老三代“铁人”为代表的过硬职工队伍，擎起了我国工业战线的一面旗帜。

大庆油田装备制造集团主要生产符合国家和国际标准的 11 大类、140 多个品种的抽油机产品，除满足大庆油田外，还批量销往吉林、辽河、胜利等国内油田，并批量出口到美国、加拿大、阿尔及利亚等 10 余个国家。全年国内市场签约额 4.3 亿元，海外市场签约额 8.6 亿元。潜油电泵在哈萨克斯坦成功获得了制造许可

地址：黑龙江省大庆市让胡路区　邮编：163002　电话：0459-5936660　传真：0459-5973125

中国石油辽河油田公司

辽河油田公司办公大楼

中国石油辽河油田公司是中国石油的骨干企业。总部坐落在辽宁省盘锦市，地跨辽宁省、内蒙古自治区的 12 个市、34 个县（旗），下设采油、科研、集输、工程技术、工程建设、燃气利用、矿区服务和多种经营等单位。2013 年底，在册员工 97745 人，年生产原油 1001 万吨、生产天然气 7.2 亿立方米，固定资产原值 1365 亿元，净值 551 亿元，设备 21.4 万台（套）。

油田开发建设 40 多年来，累计探明石油地质储量 24.1 亿吨，共开发油田 32 个，累计生产原油 4 亿多吨、生产天然气 830 亿立方米，建成全国大型的特稠油、高凝油生产基地，累计实现利税 2600 多亿元，始终位于辽宁省前列，为保障国家能源安全、促进地方经济发展作出了重要贡献。公司先后获“全国五一劳动奖状”、“全国先进基层党组织”、“中央企业先进单位”、“全国精神文明建设先进单位”等一系列荣誉。

近年来，公司突出油气主营业务发展，大力实施科技兴油战略，深化油气勘探，创新实施老油田深度开发、多元开发，稠油勘探开发技术水平处于国内领先水平，实现连续 29 年原油千万吨以上高产稳产。科技进步取得丰硕成果，获得国家科技奖励 2 项、省部级科技奖励 84 项（一等奖 9 项），申报国家授权专利 842 项。“变质岩内幕油气重大发现及高效开发”和“中深层稠油热采大幅度提高采收率技术与应用”荣获国家科技进步二等奖，“中深层稠油热采大幅度提高采收率项目”荣获集团公司、股份公司科技进步特等奖。

辽河油田连续第 29 年实现原油千万吨稳产

形成蒸汽驱、SAGD、火驱、调驱等特色稠油开发技术

辽河油田公司大力实施科技兴油战略，形成蒸汽驱、SAGD、火驱等技术，化学驱进入工业化生产阶段

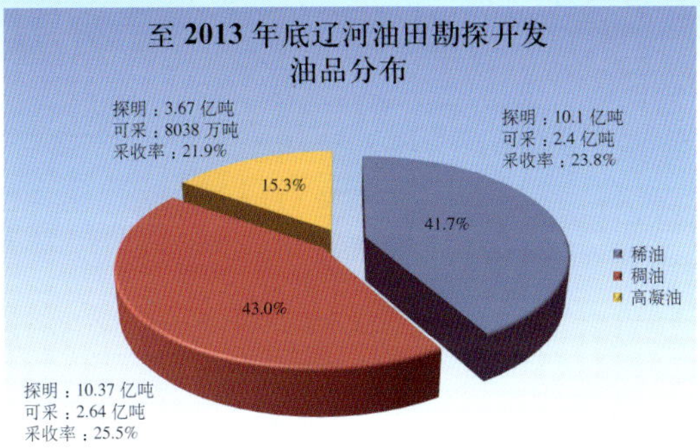

辽河油田是中国大型的特稠油、高凝油生产基地

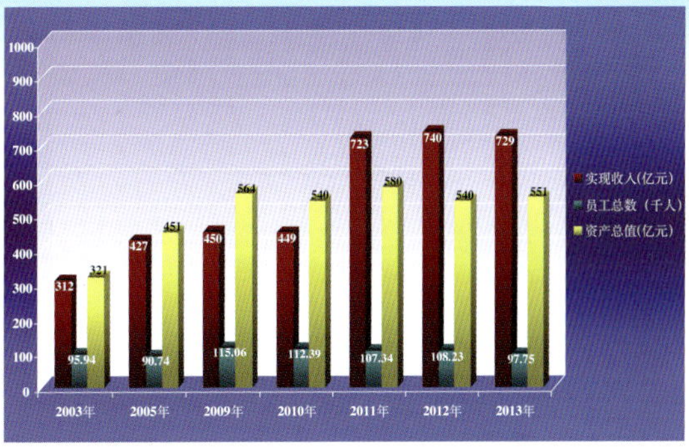

2013年，辽河油田公司实现收入729亿元，其中，上市业务收入350亿元，未上市业务收入224亿元，多种经营收入155亿元，上缴税费124亿元

充分利用稠油开发技术优势和工程建设施工管理优势，推进市场开发，市场竞争力和综合实力明显提升。有300多支队伍在国内20多个省（区、市）和非洲、南美洲、中亚、西亚等地区的15个国家施工；先后参加西气东输、陕京管线及苏丹油田地面建设、伊朗北阿油田TMC项目等工程建设，取得国家优质工程金质奖等国家奖项几十项；成功进入苏丹、哈萨克斯坦等国外稠油开发市场，实现国际项目商务管理自主运作；积极开发辽宁省天然气下游市场，推进燃气基础建设，为辽宁省“蓝天工程”建设发挥了重要作用。

面对新的发展形势，公司将认真贯彻党中央、国务院工作要求，坚持稳中求进，突出质量效益，以改革创新精神推动有质量、有效益、可持续发展。抓牢油气生产不放松，确保持续有效稳产；推动各项业务不停步，增强油田整体实力；突出经济效益不动摇，提升企业管理水平；强化安全环保不懈怠，继续巩固稳定形势；加强党的建设不减力，发挥政治文化优势，切实履行好国有企业的经济、政治和社会责任，助力中国石油全面建成具有世界水平的综合性国际能源公司，为实现中华民族伟大复兴的“中国梦”加油。

打造生态油田

油田风貌

地址：辽宁省盘锦市兴隆台区石油大街98号　邮编：124010　电话：0427-7298001　传真：0427-7822545

中国石油长庆油田公司

总经理、党委副书记　杨　华

党委书记、纪委书记、工会主席　冯尚存

2013 年 8 月 1 日，股份公司副总裁兼勘探与生产分公司总经理赵政璋和公司常务副总经理杨华在采气一厂苏南 G0 － 7 井组检查调研

2013 年 1 月 30 日，公司 2013 年工作会暨二届七次职工代表大会劳动模范代表合影留念

中国石油长庆油田公司总部位于陕西省西安市，是中国石油的地区分公司，主营鄂尔多斯盆地油气及伴生资源的勘探、开发、生产、储运和销售等业务。2008 年企业重组整合以来，公司深入贯彻落实科学发展观，加快转变发展方式，认真执行集团公司各项重大决策部署，解放思想，改革创新，加快发展，始终坚持“资源、创新、低成本”战略，大力实施“勘探开发一体化”，认真做好技术创新、管理创新、深化改革“三篇文章”，全面推行标准化、模块化、市场化、数字化“四化”管理模式，在千里油区掀起一场静悄悄的油气大会战，取得令人瞩目的成绩。2008 年至今，年产油气当量从 2000 万吨攀升到 5000 万吨，连续 6 年净增量超过 500 万吨，相当于每年给国家新增一个中型油田。这标志着长庆油田继大庆油田之后，在鄂尔多斯盆地建成我国又一颗能源巨星——“西部大庆”。

公司开发的鄂尔多斯盆地是典型的“三低”（低渗透、低压、低丰度）致密性油气藏，被称作“磨刀石”，开发属于世界难题。40 多年来，油田开发系统始终坚持解放思想、挑战极限，克服重重困难推进技术创新、管理创新，形成具有长庆特色、代表低渗透油田先进水平的开发技术和管理模式。特别是近年来紧紧围绕“西部大庆”建设目标，突出新区建设、抓好老区稳产和措施稳产，确保原油产量大幅上升，为高水平、高质量全面建成“西部大庆”作出突出贡献。技术创新方面创新集成了致密油藏规模开发的五大技术系列、18 项主体技术；管理创新方面加快探索勘

2013年3月26日，在北京国际会议中心召开的第六届国际石油技术大会上，公司苏里格展厅吸引了许多国外同行

2013年7月20日，公司“工厂化”作业的重点试验井采油六厂安83井区安平54井“六胞胎”水平井“交替压裂”

探开发一体化的新思路、新方法，使油田储量从平稳增长步入跨越式增长轨道，创新形成“四化”管理模式，丰富完善三分精细注水、油藏分级分类管理等管理手段，促进油田开发管理质量和效益显著提升；在深化改革方面，加快构建数字化条件下的新型劳动组织架构，持续提高用工效率，加快整合优化油田科技资源，建立“三院两中心”大科研体系，拓展专业技术人员发展通道，锻炼和培养出一大批优秀的中青年技术专家，成为支撑油田开发的骨干和中坚力量，使油田获得跨越式发展，成为我国近10年油气储量产量增长较快的油田。

长庆油田成为我国重要的油气生产基地和天然气管网枢纽中心。公司担负着承接中亚和西部气源、执行储能调峰、保障安全稳定供气的重大责任，向首都北京及40个大、中城市供气，惠及居民3亿多人。

“西部大庆”的如期建成，是继20世纪60年代大庆油田开发建设以来，我国石油工业发展史上又一座具有标志性意义的里程碑，对保障国家能源安全、优化能源结构、促进国民经济快速发展具有重要意义。

苏里格气田无人值守的数字化、标准化、模块化集气站

又一座数字化、自动化管理，安全清洁的天然气处理厂在榆林气田建成

地址：陕西省西安市未央路151号　　邮箱：710018
电话：029－86596666　　传真：029－86599999

中国石油青海油田公司

总经理　付锁堂

党委书记　党玉琪

2013 年 11 月 29 日，青海省委书记骆惠宁一行来油田检查指导工作

中国石油青海油田公司主营业务为石油天然气勘探、开发、炼油化工、油气集输、储运、销售、勘探开发研究等，具有石油工程技术服务和矿区服务两大功能业务。

青海油田主要勘探开发领域——柴达木盆地是我国七大内陆含油气盆地之一，地理面积约 25 万平方千米，沉积岩面积 12 万平方千米。油气总资源量 46.5 亿吨，其中石油 21.5 亿吨、天然气 25000 亿立方米。工作区域平均海拔 2900 米以上，是国内自然条件、工作环境较艰苦的油田之一。

青海油田开发的主力油田有尕斯库勒、花土沟、昆北、英东等，主力气田有涩北一号、涩北二号、台南等。原油年生产能力 226 万吨，天然气年生产能力 76 亿立方米，原油年加工能力 150 万吨，甲醇年生产能力 40 万吨。建成了 9 条输油气管线，年输油能力 300 万吨，年输气能力 107 亿立方米，天然气远输到西宁、兰州、银川、北京等地。

青海油田的勘探、开发、建设大体经历“艰难创业、打开局面，支援会战、稳中求进，三项工程、奠定基础，二次创业、加快发展，重组整合、和谐发展”5 个阶段。近年来，相继发现昆北、英东、牛东—东坪、扎哈泉 4 个亿吨级油气田，攻克了山地地震世界难题，油田数字化程度大幅提高。截至 2013 年底，已累计发

2013 年 10 月 20 日，英东油田 50 万吨接转站成功投运

公司召开 2013 年上半年生产经营分析会

2013 年 11 月 6 日，柴北缘输气管道、东坪集输站等 4 项工程开工投运

2013 年 1 月 25 日，青工安全故事会

2013 年 4 月 28 日，公司总地质师付锁堂荣获“全国五一劳动奖章”

2013 年 10 月 14 日，盐湖气田产气量突破 2000 万立方米

现油田 19 个、气田 8 个，累计探明石油地质储量 5.76 亿吨、天然气地质储量 3705 亿立方米。柴达木盆地蕴藏着丰富的油气资源，石油探明率 26.8%，天然气探明率 14.8%，具备巨大的发展潜力和优势。青海油田是中国四大天然气区之一和中国石油资源战略接替区，是甘肃、青海、西藏自治区重要的能源基地、青海省财政支柱企业和第一利税大户。

青海油田现已建成敦煌、格尔木、花土沟基地，其中敦煌基地是青海油田科研、教育、职工轮休和轮训基地，是公司机关及部分二级单位所在地；格尔木是炼油化工、天然气生产及销售基地；花土沟是勘探开发、原油生产的第一线，是原油生产基地。冷湖是最早的老石油基地，目前设有冷湖油田管理处，主要任务是维护老油田生产，并为地方单位提供水、电保障。

截至 2013 年底，公司机关设职能处室 18 个，机关附属单位 3 个，机关直属单位 7 个，有主营业务单位 15 个，工程技术服务单位 16 个；矿区服务事业部机关设职能处室 8 个，直属单位 2 个，矿区服务单位 14 个。青海油田现有合同化员工 15898 人（不包括市场化用工）。

2013 年，公司先后有 6 个集体、66 名个人获省部级以上表彰，其中 2 人荣获“全国五一劳动奖章”，2 人荣获“中央企业劳动模范”称号，公司获“青海省模范劳动关系和谐企业”，井下作业公司获“全国五一劳动奖状”，采油一厂获“全国工人先锋号”称号，格尔木炼油厂赵婷获“全国道德模范”提名奖和“中央企业道德模范”称号，机械厂陈洪鑫被评为青海省“十大最美青工”。

2013 年，公司首次获得“国家能源科技进步奖”，连续 5 年获“青海省科技进步一等奖”。

地址：甘肃省敦煌市七里镇
邮编：736202
电话：0937–8932530
传真：0937–8932530

2013 年 4 月 20 日，集团公司党组启动“百万石油员工抗震救灾行动”后，公司党委高度重视，就抗震救灾捐款活动迅速作出安排部署并发出号召，公司各单位采取不同方式，积极开展向四川芦山“4·20”地震灾区捐款活动。截至 4 月 23 日 15 时，公司 43 个单位的 20601 人参加捐款，共募集善款 200 余万元

2013 年 9 月 16 日，公司 2013 年“铁军杯”职工篮球比赛在敦煌基地隆重开幕

昆仑艺术团圆满完成盆地一线慰问演出任务

中国石油华北油田公司

总经理　黄　刚

党委书记　袁明生

2013 年 6 月 14 日，华北油田苏桥储气库群一期工程投产

加强资源发现和有效动用，束鹿凹陷致密油气勘探取得重大突破，束探 1H 井致密油获高产工业油流

中国石油华北油田公司主要从事石油天然气和煤层气勘探与生产、集输与储运、勘探开发工艺研究及规划研究、工程技术和生产服务、矿区以及社会服务等业务。油气勘探区域主要集中在冀中、内蒙古中部和山西沁水盆地三大探区，共拥有勘查区块 33 个，开发管理着 56 个油气田，累计采油 2.62 亿吨、天然气 115.6 亿立方米、煤层气 19.3 亿立方米。近 5 年原油产量稳定在 420 万吨 / 年以上，储量替换率连续 10 年大于 1，油田递减近 5 年呈下降趋势，能耗连续 10 年持续下降。截至 2013 年底，资产总值 588.6 亿元，经济总量达 358 亿元，年生产油气当量 500 万吨。

2013 年，公司以党的十八大精神为指引，坚持调整优化战略，坚持深化改革创新，坚持推进稳健发展，坚持把握重点关键，整体呈现良好局面。全年生产原油 421 万吨、天然气 3.4 亿立方米，煤层气商品量 6.5 亿立方米。

饶阳凹陷中部精细开展构造岩性油气藏勘探，规模增储 5000 万吨；致密油勘探获重大突破，束探 1H、束探 2X 井致密砾岩储层体积压裂改造效果良好；雷家庄地区中浅层东营组、沙一上段形成优质富集储量区；二连探区北部“大三角”阿尔、巴音都兰凹陷实现规模增储。阿尔油田产能建设及配套、西部流向调整等重点工程进展顺利。

东风大社区

第四届职工运动会

煤层气产业化推进布局架构形成，新增探明储量417.98亿立方米；樊庄、郑庄续建工程扎实开展，新建产能3.07亿立方米；煤层气下游开发综合利用进展顺利。储气库建设取得阶段突破，一期苏桥储气库群注气投产、平稳运行；二期兴9、文23储气库建设稳步实施；三期水层建库研究积极展开。对外合作领域范围持续拓展，初步形成国外中东、国内西部和南方三大市场。苏里格合作区块保持稳产，完成商品气量7.4亿立方米；海南合作市场持续巩固，超额完成年度创收任务；塔里木、阿联酋项目合作取得突破。

新建的郑庄煤层气集气站

燃气业务资源掌控能力增强，河北、山西、内蒙古3个液化工厂开工建设；销售LNG30万吨，实现收入31亿元。机械与电控成套业务发展扩大，科达产品直销海外，飞达营房实现收入4亿元。综合服务业务服务质量提升，在集团公司率先实施民用水、电、暖和物业服务收费制度改革；矿区幼教全面引入社会力量办园。

科技创新能力进一步增强，“华北油田上产稳产800万吨关键技术研究与应用”获得股份公司科技重大专项立项。具有自主知识产权的煤层气勘探开发技术系列和规范标准制定形成，煤层气开采先导试验基地通过股份公司重点试验基地资格验收，山西沁水盆地煤层气水平井开发示范工程顺利通过国家科技重大专项中期评估。地质云研究平台投入应用，云计算中心初见雏形。

持续实施民生工程，集资房创业家园A区交房入住，外围矿区住宅楼竣工；改善房建设启动实施。总医院突出特色专科和社区卫生服务，专业技术和服务质量进入全国十佳优秀企业医院行列。创新社会治理，矿区23个社区居委会纳入地方政府管理，任丘矿区街道办事处筹建工作已经启动。持续深化特色文化建设，公司被评为“改革开放35周年企业文化竞争力优秀单位”。

改革开放35周年
企业文化竞争力优秀单位
中国企业文化研究会
二〇一三年十一月

2013年获改革开放35周年企业文化竞争力优秀单位

100
中国企业教育百强
中国石油天然气股份有限公司华北油田分公司
第九届
中国企业教育先进单位百强

2013年获第九届中国企业教育先进单位百强

2009-2012年度
全国群众体育先进单位
国家体育总局
2013年8月

2013年获2009—2012年度全国群众体育先进单位

地址：河北省任丘市　邮编：062552　电话：0317–2724876　传真：0317–2725627

中国石油吐哈油田公司

总经理　徐可强

党委书记　娄铁强

周吉平董事长看望慰问油田干部员工

美丽的石油基地

中国石油吐哈油田公司探区包括吐哈、三塘湖、民和、银额、总口子5个盆地，总面积22万平方千米，探矿权面积6.9万平方千米。经过20多年的艰苦努力，公司已经发展成为集油气勘探与生产、石油工程技术服务、矿区后勤服务等多种产业于一体，跨国、跨地区经营的大型国有企业，油田现有员工1.7万人，资产总额238亿元。截至2013年底，已开发油气田20个，累计生产油气当量6692万吨，其中原油4819万吨、天然气235亿立方米。累计实现销售收入1334亿元、利润396亿元，上缴各项税费222亿元。公司先后荣获“全国五一劳动奖状”、“全国文明单位”、“全国模范劳动关系和谐企业”、“中国优秀诚信企业”、“全国绿化模范单位”等多项荣誉，哈密石油基地被评为“全国城市物业管理优秀示范小区”。

2013年，公司在集团公司的正确领导下，以科学发展观为统领，解放思想，开拓创新，真抓实干，全力打好保增长、保效益攻坚战，全面完成各项生产经营任务。油气勘探获得重要突破，超额完成储量任务，在鲁克沁二叠系稠油和三塘湖致密油领域落实2个亿吨级规模储

火焰山下建产忙

千里油区增储上产热火朝天

压裂车组挺进戈壁深处

量区，这两项成果被列为 2013 年股份公司油气勘探重要成果。产量任务全面完成，原油连续 2 年实现超产，同比增产 15 万吨，增幅 9.6%，实现近 10 年来较大幅度回升。上市业务经营收入、税前利润完成年度预算指标，未上市业务连续 2 年实现盈利，超额完成解困扭亏指标。油田发展质量稳步提高，科技创新成效明显，管理提升深入开展，连续 10 年实现安全生产，员工收入稳步增长，群众路线教育实践活动各项任务圆满完成，干部作风进一步转变，党的建设、队伍建设、和谐油田建设取得新进展。

2014 年是公司实现有质量、有效益、可持续发展的关键一年，任务更加艰巨，使命更加光荣。公司将认真贯彻落实中国石油工作部署，坚持以经济效益为中心，突出油气主业，推进降本增效，强化创新驱动，规范企业管理，持续调结构、转方式、增活力、提效益，全面完成年度各项生产经营任务，努力开创发展新局面。

鲁克沁稠油快速上产

丰富多彩的文化活动

地址：新疆维吾尔自治区鄯善县火车站镇
邮编： 838202
电话： 0995–8371354
传真： 0995–8371354

中国石油冀东油田公司

总经理、党委副书记　齐振林

党委书记、副总经理　杨盛杰

中国石油职业技能竞赛（集输工）团体第一名

采油作业区中控室

中国石油冀东油田公司（简称冀东油田公司）是集团公司下属的地区公司，主营业务包括油气勘探、开发、科研、油气集输、油气销售以及油田工程技术、工程建设、机械制造、物资供应、电力通信、油田化学、矿区服务等油田配套、保障、支持和服务。冀东油田公司成立于1988年4月，设16个机关处室、4个直属部门、24个二级单位（分公司）。

冀东油田公司总部机关坐落于渤海之滨、燕山南麓的京津唐“金三角”地——河北省唐山市。公司勘探区域包括冀东探区和庙岛群岛探区，登记探矿权面积10978平方千米。其中，冀东勘探区域主要集中在唐山市东南部（包括渤海湾海域部分）和秦皇岛市南部辽东湾海域。唐山勘察区域位于渤海湾盆地黄骅坳陷北部，勘探面积4240平方千米；秦皇岛勘察区域位于渤海湾盆地渤中坳陷北部和辽东湾坳陷西南部，勘探面积2380平方千米。庙岛群岛探区位于山东蓬莱与辽宁大连之间、渤海与北黄海交界处海域，勘探面积4358平方千米。自成立以来，冀东油田公司已发现并投入开发了高尚堡、柳赞、老爷庙、唐海、南堡5个油田。

新党员入党宣誓

气举采油井组

面对新形势、新任务、新要求，冀东油田公司按照集团公司的总体部署及要求，持续推进创新驱动、人才强企及管理提升，扎实做好勘探开发、生产运行、经营管理、改革创新、队伍建设等各项工作，全力完成“硬增储、稳上产、提效益”的目标任务，为集团公司建成世界水平综合性国际能源公司作出积极的贡献。

油气处理厂

地址：河北省唐山市新华西道51甲区
邮编：063004
电话：0315–8766065

南堡 1–3 人工岛

塔架式抽油机

中国石油抚顺石化公司

总经理　李天书

党委书记　钱新华

200 万吨 / 年加氢联合装置

中国石油抚顺石化公司是我国炼油工业的摇篮，有 86 年的发展历史，是集油、化、塑、洗、蜡、剂为一体的大型石油化工联合企业。公司总占地面积 1270 万平方米，下辖 19 家直属单位，分布在抚顺市 4 个区，东西向相距 30 多千米。公司机关有 14 个职能部门和 5 个直属部门。在册员工 2.35 万人，资产总额 323 亿元，年销售收入 500 亿元以上。原油一次、二次加工能力 1150 万吨 / 年。化工产品生产能力 360 万吨 / 年。主要生产装置 115 套，能够生产汽油、煤油、柴油、润滑油基础油、石蜡、烷基苯、合成树脂、丁苯橡胶等 300 多个牌号的石油化工产品，是世界上独具特色的石蜡、烷基苯、贵金属催化剂生产基地。

新中国成立以来，公司已累计加工原油 3.78 亿吨，实现利税 620 亿元　为全国各地输送了 2 万多名优秀的管理和技术人才。近年来，公司先后荣获“全国五一劳动奖状”、“中央企业先进集体”、“全国企业文化先进单位”、“全国石油和化工行业节能减排先进单位”、“中华全国总工会模范职工之家”等荣誉称号；涌现出国家技能大师工作室、全国学习型十大标杆班组以及全国党代会代表，全国人大代表、全国劳动模范等一大批先进集体和优秀个人。

“学雷锋、转作风”主题实践活动

千万吨炼油百万吨乙烯装置鸟瞰图

80 万吨 / 年乙烯联合装置夜景

开展“安全伴我行、创效勇当先”活动

进入“十二五”以来，公司按照中国石油的总体部署，以科学发展观和群众路线为引领，突出发展第一要务、稳定第一责任、创效第一目标，充分发挥炼化一体化优势，大力推进结构优化、严格管理、节能减排和挖潜增效，努力实现由规模速度量的扩张向质量效益质的飞跃转变，全力打造炼油大而有特色，化工专又有规模，技术先进、特色鲜明、竞争力强的“千万吨炼油、百万吨乙烯”世界级炼化生产基地，实现有质量、有效益、可持续发展。

优秀人物

地址：辽宁省抚顺市新抚区凤翔路45号
邮编：113008
电话：024-52421988
传真：024-52420988

安全应急演练

“爱在石化·责任颂”故事演讲会

“月圆中秋·情系石化”青年联谊会

中国石油兰州石化公司

总经理　李家民

党委书记　李政华

中国石油兰州石化公司是集炼油、化工、装备制造、工程建设、检维修及矿区服务为一体的大型综合炼化企业，是中国西部重要的炼化生产基地，能源战略地位非常突出。公司地处甘肃省兰州市，现有权属土地总面积 28.24 平方千米，在册合同化员工 2.32 万人，市场化和劳务用工 0.34 万人，集体工 0.39 万人，总资产 397 亿元，年营业收入超过 700 亿元。

非洲矿区工会人员来公司参观

美国瓦莱罗公司技术人员来公司技术交流

青工安全技能大比武

车间领导对现场作业进行票证检查

公司通过新建、改扩建一批装置，原油一次加工能力达到 1050 万吨 / 年，乙烯产能 70 万吨 / 年、化肥产能 52 万吨 / 年、合成树脂产能 122 万吨 / 年、合成橡胶产能 22 万吨 / 年、炼油催化剂产能 5 万吨 / 年。现有各类炼化生产装置 90 余套，加工 7 种原油，能生产汽油、煤油、柴油、润滑油基础油、化肥、合成树脂、合成橡胶、炼油催化剂、精细化工、有机助剂等多品种、多牌号、多系列石化产品。拥有汽油加氢、丁二烯抽提、丁苯橡胶、丁腈橡胶、碳五加氢石油树脂成套技术，炼化主要工艺技术和炼油催化裂化催化剂领域达到国内领先水平；拥有石油化工工程施工总承包一级资质以及完备的矿区配套系统和综合服务业务。

地址：甘肃省兰州市西固区玉门街10号
邮编：730060
电话：0931－7933707
传真：0931－7561499

参建的广西石化千万吨炼油项目荣获
“IPMA 国际卓越项目管理金奖”

公司第四届职工艺术节

中国石油宁夏石化公司

总经理 陈 坚

党委书记 许君祖

中国石油宁夏石化公司是集石油炼制、化工及化肥生产为一体的大型石化企业。公司拥有500万吨/年常压、10万吨/年聚丙烯等炼油化工装置，以及2套大型化肥生产装置和1套复合肥生产装置。

公司以科学发展观为指导，坚持强化基础，创新实践，持续推进管理提升，在安全环保、生产经营、队伍建设各方面取得显著成绩，始终保持和谐、稳定、较快发展。2013年，公司共加工原油457万吨，生产合成氨及尿素140万吨，实现销售收入306.62亿元，上缴税费62.24亿元。销售收入、原油加工量2项指标创历史新高。第三套化肥装置建设进入尾声，以石油、天然气为原料的炼油化工一体化发展格局日益稳固，综合实力显著增强。公司荣获“全国五一劳动奖状”和“中央企业先进单位”荣誉称号。

站在新的历史起点上，公司将紧抓国家新一轮西部大开发战略机遇，以加快建设具有核心竞争力的一流石化企业为目标，全面推进精细化管理，努力提升有质量、有效益、可持续发展水平，为中国石油建设世界水平综合性国际能源公司作出新的贡献。

公司生产安全稳定，效益不断提升，销售收入首次突破300亿元

催化汽油加氢脱硫项目建成投运

地址：宁夏回族自治区银川市西夏区北京西路1338号　邮编：750026
电话：0951-2972361　传真：0951-2021379

中国石油首个拥有自主知识产权的大型化肥装置即将在公司建成

民生改善成效显著，和谐建设稳步推进。图为新建成的居家养老服务中心

热心公益事业，履行社会责任

中国石油大连石化公司

现代化的管控中心

中国石油大连石化公司是中国石油旗下的大型骨干炼化企业，最早可追溯于1933年成立的“满洲石油株式会社大连制油所”，新中国成立后先后更名为“东北石油七厂”和“中国石油工业部大连石油七厂”，1983年划归中国石油化工总公司，1998年划归中国石油天然气集团公司。长期以来，公司为国家炼油工业培养输送了大量的管理和技术人才，被誉为中国炼油工业的“人才摇篮”。

经过80多年的不断发展，公司已经成长为中国炼油规模较大的炼化企业，现有炼油化工主体装置36套，占地318万平方米，员工6800余人，具备2050万吨/年的原油一次加工能力、27万吨/年的聚丙烯生产能力以及2300万吨/年的码头海运吞吐能力。公司主要从事石油化工、港口物流、工程技术服务等业务，致力于向社会提供汽油、柴油、航空煤油、高档润滑油等清洁油品和高端石化产品，是中国石油首家汽油质量全部达到欧V标准的企业，也是中国石油较大的含硫原油加工基地和我国重要的石油产品出口基地之一。

重油催化裂化装置烟气脱硫项目顺利实现中交

2013年，公司全年共加工原油1570万吨，销售各类产品1459万吨，全面打通了V类汽油、柴油的生产销售渠道；实现营业收入864亿元，连续5年位居“辽宁省纳税百强排行榜”榜首。公司通过进一步完善管理制度，落实优化增效措施，使得企业基础更加牢固，管理更加规范，队伍士气更加高涨，安全生产能力不断增强。

站在新的历史起点上，公司将紧紧围绕中国石油整体战略部署，秉承“奉献能源、创造和谐”的企业宗旨和“爱国、创业、求实、奉献”的企业精神，坚守安全环保底线，发挥规模优势和结构优势，持续增强竞争能力和盈利能力，再创佳绩，再攀高峰，为把中国石油建设成为世界水平综合性国际能源公司作出新的更大的贡献！

地址：辽宁省大连市甘井子区山中街1号　**邮编**：116032
电话：0411–86670557　**传真**：0411–86672517

国V汽油正在装船

高度整合的含硫原油加工装置

表彰在集团公司职业技能竞赛中表现优异的选手

中国石油锦州石化公司

总经理　魏立东

党委书记　李　波

中国石油锦州石化公司是一家以炼油为主、化工为辅的燃料型炼油企业，是我国重要的润滑油添加剂科研生产基地和辽西地区大型的原油、成品油储备基地，也是国内首家生产国Ⅳ汽油、京Ⅴ标准汽油的炼油企业。新中国第一滴人造石油、第一块合成顺丁橡胶都在这里诞生。公司目前拥有 85 套炼油化工生产装置，原油一次加工能力 750 万吨 / 年，资产总额 102 亿元，可生产 90 多种炼油化工产品。

2013 年，公司抢抓机遇，乘势而上，大力实施产品结构优化，通过增产航空煤油、加氢国Ⅴ汽油、97 号汽油、低凝柴油等高附加值产品，使高效产品收率达到 47.1%，增加效益 3.5 亿元。根据市场变化，科学配置资源，落实针焦、煅烧组合工艺的优化措施，保证特色产品的产销量，实现利润最大化。推行“走出去销售，到客户中去了解市场需求”的营销策略，充分利用海上输出通道，实现主要产品全面出口。全年累计完成原油加工量 676 万吨，超额完成生产计划。生产汽油、煤油、柴油主要产品 529.2 万吨，同比提高 7.54%。高标号汽油比例达到 100%。航空煤油产量实现翻番，航空煤油收率处于国内领先水平。全年实现营业收入 346 亿元，实现账面利润 3.2 亿元，综合效益跃居集团公司炼化企业前列，取得了良好的经营业绩。

柴油加氢装置奠基

崭新的生产装置

职业技能竞赛

整洁的泵房

公司成功承办集团公司机泵维修钳工职业技能竞赛，荣获两金一银、团体总分第二的优异成绩。完成西山罐区现场环境整治和安全隐患治理，彻底解决困扰企业多年的安全隐患和现场“顽疾”。280万吨/年柴油加氢改质装置开工奠基，开启中国石油为社会提供国Ⅴ标准柴油生产装置建设的大幕；长输管线安全隐患治理项目顺利竣工投用，提高原油、成品油的输送能力，为进一步调整产品结构，实现科学发展提供可靠保障；异丙醇产品市场占有率由2011年的20%恢复到42%，重新夺回国内市场的“半壁江山”，牢牢掌握国内销售的主动权。通过开展目视化工作，一个整齐划一、标识鲜明、整洁规范的现代化厂区环境已经全面形成，干部员工队伍的精神面貌发生喜人变化，实现企业“一年见成效，两年大变样”的目标。

厂区夜景

教育实践活动取得新成效。在厂内新增设10个配餐点，让一线员工吃上热乎饭；对倒班员工休息室进行整改，配齐生活用品，让一线员工睡上安稳觉；积极与市政府协调，将滨河路出口设在重庆路，让一线员工走上顺畅路；实施厂区亮化工程，让一线员工走上亮堂道，职工幸福指数不断提升。

地址：辽宁省锦州市古塔区重庆路一段二号　邮编：121001　电话：0416-4152240　传真：0416-4567532

畅通的罐区消防通道

规整的罐区

中国石油锦西石化公司

总经理　吕文军

党委书记　王洪斌

中国石油锦西石化公司现有员工9065人，主要装置19套，原油加工能力650万吨/年，以加工大庆、辽河油田原油为主，主要产品有汽油、柴油、航空煤油、石油焦等。

公司新班子组建于2011年10月25日。近3年来，坚持用发展目标凝聚人心，用先进理念引领进步，用严细管理推进工作，用阳光文化净化心灵，企业呈现出稳健发展的良好局面。

公司明晰方向，把老厂做强做大做美。“做强”，通过2012—2014年集团公司新一轮三年隐患治理和2013年公司历史上首次全面停工检修，实现生产系统的“强身健体”。“做大”，通过国Ⅳ产品质量升级项目，新建加氢裂化、制氢、MTBE三套装置，主导产品全部达到国Ⅳ标准。国Ⅴ汽油、柴油质量升级项目正在筹备中，汽油项目通过环评，柴油项目通过预可行性研究报告评审。“做美”，加强环境整治，拆除废旧设施，实施门禁系统改造、消防道路修缮等一系列工作，使企业整洁、美观。

公司狠抓效益，实现企业的真正价值。2013年大修后公司告别多年亏损，实现持续盈利，效益在中国石油炼化板块企业中排名上升。通过建立产品结构优化协调机制和产品销售协调机制，2013年增效2.98亿元。

2014年1—7月增效3740万元。通过引进外部智力资源，完成全厂30个生产及辅助单元的能量建模集成和优化方案，借2013年大检修之机，实施加热炉部分改造，效果明显。2014年1—7月综合能耗64.98千克标准油/吨，同比降低5.76千克标准油/吨，较2011年底新班子成立之初，降低15个单位，每年可增效3亿元。通过科技攻关解决影响催化装置平稳运行的烟机结垢问题，实现大平稳，产生大效益，增效1亿元。通过合同审查、炼油辅材管理、修理管控等措施降低费用支出。

公司8万吨/年MTBE装置已投产运行

150万吨/年蜡油加氢裂化装置、5万标准米^3/小时制氢装置已正式中交

公司投运国内首套WGS烟气净化系统

2013 年公司开展历史上首次全面停工检修

公司引入第三方 HSE 监督加强安全管理

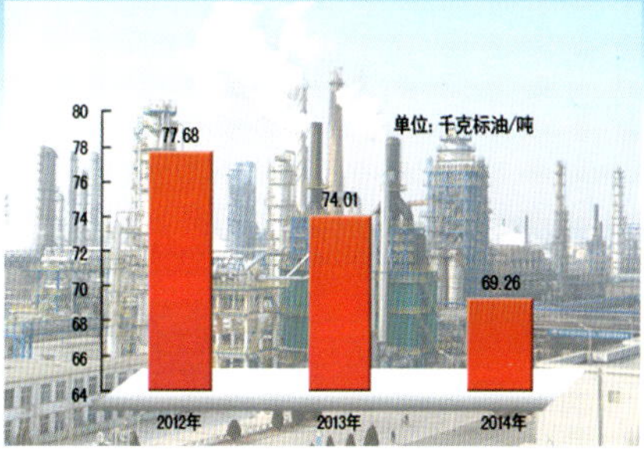

公司开展能量优化工作，实现能耗指标逐年下降

公司不断完善自身安全监管体系，保障高风险下生产建设顺利进行。引入上海博柯公司作为第三方监管团队，从严 HSE 监督管控。树立安全是各项管理综合体现的理念，以协调、问题倒查、安全预警等机制促进理念和目标的实现。顺利建成脱硫、除尘等环保项目。自 2011 年以来，公司无一般及以上事故发生，连年评为“集团公司安全生产先进单位”。

公司新班子以思路创新促管理提升。在选人用人上，坚持用干部就是要善于发现能够实现目标的人，做到合适人到合适岗位。在维稳工作上，坚持有理不用上访、无理上访没用的原则。在文化建设上，提出企业层面形成干事的氛围、基层单位形成向上的精神、广大员工具有阳光心态。在外部合作上，树立选择低端就是与隐患为伍的观念。在处理企地关系上，关注利益相关方的利益，注重企地关系良性发展，赢得了应有的尊重和支持。

公司开展来料加工业务

公司中心控制室已建成

地址：辽宁省葫芦岛市连山区新华大街42号
邮编：125001
电话：0429-2178015
传真：0429-2175888

公司召开党的群众路线教育实践活动动员大会

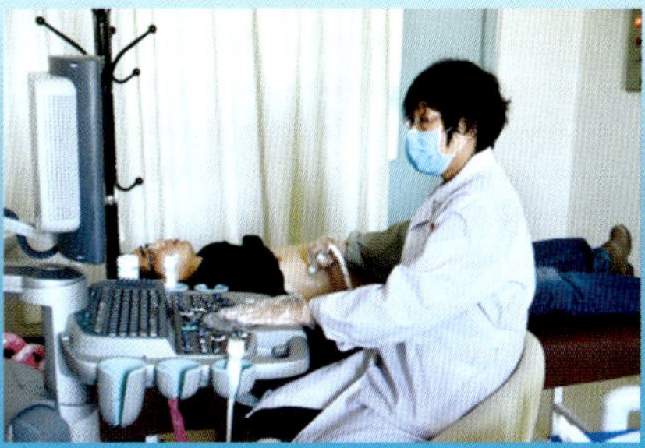

公司第一轮全员健康体检历时 2 年圆满完成

公司拔河队在 2014 年亚洲室内室外竞技拔河锦标赛中获 1 银 2 铜

中国石油大庆炼化公司

员工精心操作，生产指标进一步优化

中国石油大庆炼化公司拥有600万吨/年原油一次、二次配套加工能力和20万吨/年润滑油、15万吨/年石蜡、15万吨/年聚丙烯酰胺以及60万吨/年聚丙烯等49套装置，可生产汽油、柴油、润滑油、石蜡、聚丙烯酰胺、聚丙烯等39个品种236个牌号的石油化工产品。

公司秉承“奉献能源、创造和谐”的企业宗旨，牢牢把握“有质量、有效益、可持续”的发展方向，坚持稳中求进的工作思路，认真履行国有企业“三大责任”，积极推进中国石油精品炼油、中国石油油田化学品、高品质聚丙烯和高档润滑油基础油“四大基地”建设。2013年在装置停工检修48天的情况下，全年加工原油526.75万吨，实现营业收入362亿元。

全员技术创新格局初步形成

公司坚持走强化科学管理、提升质量效益、打造特色炼化之路。从责任落实入手，加大安全监管力度，安全环保工作得到夯实，完成了化工污水和含磷污水治理项目，化工污水全部实现回用，含磷污水达标排放每天可节约120吨脱盐水。2013年荣获“集团公司环保先进单位”荣誉称号。高标准完成了装置三年一次大检修工作，开工当月就实现了盈利，为提高公司效益奠定基础。通过夯实管理基础、规范管理行为、创新管理方式，企业管理水平得到提升。公司出台技术创新管理办法，积极鼓励全员技术创新和实验发明。实施了一套ARGG装置冷再生催化剂循环技术、回收炼油低温余热与全厂热水系统能量集成优化、两套ARGG装置隐患治理和异构脱蜡高压空冷改造等技改技措项目60项，投用后效果显著。“内窥镜”、装剂机械手、自制洗眼器、小鹤管修复设备等员工自主发明成果越来越多，全员技术创新格局初步形成。

安全环保管理基础进一步夯实

公司始终把队伍建设作为企业发展基础性工作之一，全力抓实抓好，保证员工的成长性。通过党的群众路线教育实践活动的开展，干部队伍作风得到改进，管控能力得到加强，各方面呈现出积极向上的态势。

严格控制聚丙烯产品包装管理

公司全貌

地址：黑龙江省大庆市让胡路区马鞍山　邮编：163411　电话：0459-5689275　传真：0459-5616111

中国石油长庆石化公司

总经理、党委副书记
张喜文

党委书记、副总经理
李汝新

中国石油长庆石化公司位于陕西省咸阳市渭城区，始建于1990年，1992年投产，经过两次较大的技术改造，形成固定资产原值42亿元、原油加工能力500万吨/年的规模。现有主要生产装置16套，其中500万吨/年常减压装置获石油（行业）优质工程金奖和国家优质工程银奖。主要产品有93号、97号清洁汽油，+5号、0号、–10号车用柴油，3号喷气燃料，石脑油，化工轻油，石油液化气，丙烯，苯等，产品销往周边17个省、市，航空煤油直接管输到西安咸阳国际机场，京Ⅳ柴油2007年首家供应北京市场。

公司采用扁平网络化管理模式，机构设置没有分厂，也没有车间（队部），由运行部直接管理到班组，率先成为国内组织层次少、管理流程短、工作效率较高的石化企业。现有在册员工1146人。

中华环境友好企业奖牌

2001年以来，公司先后通过ISO 9001、ISO 14001和HSE/OHS 18001管理体系认证；保持了建厂21年安全生产无亡人事故的良好态势；先后5次被中国环境报评为“绿色企业管理奖”；2009年在全国石化企业中首批荣获“中华环境友好企业”称号；2013年被评为“全国安全文化建设示范企业”。

2013年在装置全面停工检修近50天的情况下，加工原油460.17万吨，实现销售收入287.4亿元，上缴税费55.94亿元，账面利润5.1亿元。

公司立足大西北的最前沿，面向东部广阔市场，正处于西咸新区和“西部大庆”建设的战略机遇期，展现出良好的发展前景。

公司大门

企业文化石

科技档案综合办公楼

地址：陕西省咸阳市渭城区金旭路　邮编：712000　电话：029－86509616　86509125　传真：029－86509123

中国石油庆阳石化公司

总经理、党委副书记　刘至祥

党委书记、副总经理　张豫锋

中国石油庆阳石化公司共有主辅生产装置 17 套，一次加工能力为 300 万吨 / 年，二次加工能力为 160 万吨 / 年。资产总额 60 亿元，资产负债率 28%。主要产品有汽油、柴油、航空煤油、聚丙烯等 9 大类 10 余种。2013 年加工原油 341.04 万吨，比业绩指标多 11 万吨；可比综合商品率 92.85%，同比提高 0.04%；可比轻油收率 83.7%，同比提高 0.28%。装置操作平稳率 99.93%，高于业绩指标 1.93 个百分点，在炼化板块排名前列。完成营业收入 219.20 亿元；综合纳税 46.71 亿元；工业增加值 60.01 亿元；税前利润 7.7 亿元，盈利能力和水平居炼化板块前列，实现板块确定的“三个领先”：加工国内陆上自产常规原油企业中盈利能力领先，加工长庆原油 6 家企业中盈利能力领先，国内首先应用中国石油自主创新的 DSO 汽油加氢工艺技术产出国 IV、国 V 标准清洁汽油。企业综合实力居甘肃工业企业前列，是甘肃省纳税大户。

公司荣获“全国五一劳动奖状”、“全国职工职业道德建设十佳单位”、“全国企业文化建设先进单位”等多项荣誉，涌现出“全国五一劳动奖状班组”、“全国三八红旗集体”、“全国五一巾帼奖”和“全国劳动模范”、“全国五一劳动奖章”、“全国工人先锋号”等一大批先进集体和个人。2013 年公司 300 万吨搬迁改造项目获“国家优质工程奖”。

公司新一届领导班子组建后，紧紧围绕发展战略和“精品炼厂、国内一流”总体目标，以时不我待的紧迫感、不进则退的危机感和“承载百年，基业长青”的责任感，抓好重点工程和主线，把握关键，认真总结十年成功经验和做法，继承创新，不断完善企业理念体系，明确了发展愿景、工作原则、工作价值、工作思路和具体做法，全体干部员工振奋精神，乘势而上，坚定必胜的信心，积极践行社会主义核心价值观，大力弘扬大庆精神、铁人精神，坚持“三老四严”、“四个一样”等优良传统，全面提升队伍凝聚力和战斗力，积极推进各方面工作再上新台阶，为集团公司全面深化企业改革、全面建成世界水平综合性国际能源公司作出新贡献。

炼油装置区

班组建设

全国五一劳动奖状

地址：甘肃省庆阳市西峰区董志镇　邮政编码：745002　电话：0934-8368106　传真：0934-8368582

中国石油西北销售公司

组织西部地区产、运、销业务座谈会，
搭建产、销“金桥”

荣获“中央企业管理提升活动先进单位”

中国石油西北销售公司作为股份公司的直属地区公司，主要负责西部地区13家炼化企业、20家省（区、市）成品油销售企业和9家专项用户的成品油产销计划衔接、资源优化配置、物流调运组织和质量计量监督等工作。公司机关设12个职能处室，下设15个直属分公司。管理运营13座油库，总库容255万立方米，拥有自备罐车近6000辆。

公司围绕目标，持续完善成品油营销体制，以资源配置和物流组织专业化为方向，着力打造少环节、短流程、低成本、高效率的物流运行模式，全力保障西部地区成品油产、运、销业务平稳运行，逐步建立起科学、规范、有序的成品油营销体制，企业各项工作实现新发展、新跨越，为中国石油整体效益最大化作出了贡献。公司先后荣获“全国‘守合同、重信用’企业”、“全国企业文化建设先进单位”、“全国五一劳动奖状”、“集团公司2013年度安全生产模范先进企业”等荣誉称号。2013年，公司调配油品4360万吨，实现销售收入3107亿元，实现盈利5.04亿元，上缴税费11亿元，企业发展呈现出良好态势。

展望未来，公司将认真践行中国石油“奉献能源、创造和谐”的企业宗旨和“我为祖国献石油”的核心价值理念，紧紧瞄准建设国际水准物流企业的目标，按照“3个相适应”的指导思想（公司的发展要与中国石油的发展相适应、与各省区销售公司的发展相适应、与员工的期待相适应），加快推进内涵与外延双重发展，更加注重优化运行、发展质量、企业管理和队伍建设，为实现“两步走”（2015年初步建成、2020年全面建成国际水准物流企业）战略目标而不懈努力。

捐赠“爱心书屋”

铁路栈桥发油现场

彭州油库公路发油现场

地址：甘肃省兰州市安宁区健宁路199号（省委党校东二号楼）　邮编：730070
电话：0931-7608806　传真：0931-7608808

中国石油四川销售公司

总经理　付　斌

党委书记　田玉军

中国石油四川销售公司前身是四川省石油总公司，成立于 1952 年 9 月，1998 年成建制上划集团公司。公司主要从事成品油批发和零售业务，以及便利店、润滑油、天然气、广告和化工产品等非油品销售业务，是四川地区成品油市场的主渠道供应服务商。截至 2013 年底，公司设 13 个机关处室，下辖 23 个二级分公司、6 个直属单位，员工 15837 人，资产总额 127 亿元，拥有在用油库 25 座，库容 92 万立方米，资产型加油站 1565 座，经营机构和营销网络遍布四川城乡。

公司围绕建设“效益领先、规模发展、管理科学、服务优良、团队优秀、环境优美的国际水平油品销售企业”的发展目标，坚持“有质量、有效益、可持续”的发展方针，持续完善企业治理体系，不断加快信息化建设步伐、提高精细化管理水平，全面提升资源保障能力和风险防控能力，努力确保安全环保与质量计量受控运行，保持平稳较快发展的良好势头。2013 年，公司销售总量突破 800 万吨大关，上缴税收超过 10 亿元，全面完成经营目标任务，主要业绩指标保持中国石油销售企业前列。

公司秉承“爱国、创业、求实、奉献”的企业精神，践行“奉献能源，创造和谐”的企业宗旨，把自身发展和服务四川实施“三大发展战略”、实现“两个跨越”目标有机统一起来，认真履行政治、经济和社会三大责任，坚持把保障供应、稳定市场作为首要的政治任务，把服务民生、回报社会作为重要的企业使命。在抗击“5·12”汶川特大地震和“4·20”芦山强烈地震中，公司践行“山塌路断油不断，保供责任大于天”的庄严承诺，全力以赴保障抗震救灾和灾后重建用油，受到各级党政组织的充分肯定和社会各界的广泛赞誉，2008 年被中共中央、国务院、中央军委联合授予“全国抗震救灾英雄集体”崇高赞誉。2009 年以来，公司上缴税费超过 50 亿元，为社会提供上万个就业岗位，公益捐赠近 800 万元用于扶贫帮困、捐资助学、敬老助残、绿化造林、支持见义勇为和体育事业发展，履行了优秀企业公民的应尽之责。

公司曾荣获“全国五一劳动奖状”，4 次受到四川省“销售收入跨百亿元台阶”奖励，连续 4 年综合业绩指标领跑中国石油销售企业，成功迈入四川省大企业大集团之列。

公司召开第二次党代会

组织“送欢乐下基层”活动，不断丰富基层员工的精神生活

公司库容大、信息化程度高、功能齐全的油库——104 油库

现代化的加油站遍及全川、点缀城乡

地址：四川省成都市顺城大街206号四川国际大厦　　**邮编**：610015
电话：028-86520001　　**传真**：028-86520286

中国石油北京销售公司

总经理　苗　坤

党委书记　王力国

把服务做到顾客心坎里

发自内心的为顾客服务

中国石油北京销售公司成立于 2001 年 4 月，原隶属于中国石油华北销售公司，2009 年 12 月原华北销售公司机关与原北京销售公司整合，成立北京销售公司，主要负责中国石油在北京地区的成品油和车用天然气的市场开发和销售工作。

公司下辖 5 个分公司，15 个控股公司，4 个参股公司；投运加油站 213 座，橇装站 223 座，成品油年销量突破 241 万吨，市场份额占北京市场的三分之一。

公司秉承中国石油“奉献能源、创造和谐”的企业宗旨，把“爱国、创业、求实、奉献”的企业精神与“爱国、创新、包容、厚德”的北京精神有机融合，立足北京实际，狠抓终端销售，大力开发网络，深化管理提升，加强企业文化建设，持续推进安全环保和稳定工作，积极参与社会公益事业，努力在北京地区树立中国石油的品牌和形象，得到集团公司和北京市政府的肯定，多次受到北京市通电嘉奖。

公司连续 8 年荣获“集团公司安全环保先进单位”，公司工会荣获“集团公司模范职工之家”称号，甘莹莹荣获“中央企业劳动模范”和“集团公司第七届十大杰出青年”荣誉称号，南湖加油站荣获“中央企业青年文明号”称号，亦庄加油站被评为“全国工人先锋号”。

爱岗敬业，优质服务

服务“三农”

与北京市首都见义勇为基金会、出租车协会等团体联合，连续8年开展“首都的士英雄评选活动”，在北京市广大市民中引起强烈反响；积极参与首都环保事业，在亦庄率先建成全国首座纯太阳能加油站，开创加油站清洁能源利用的先河。

2014年，公司将坚决落实集团公司的各项工作部署，坚持“有质量、有效益、可持续”的发展方针，以强基础、树形象、促发展、创效益为主线，积极转变发展方式，强化增量增效，深化服务提升，努力树立中国石油在首都北京的良好形象，为全面建设国际水准销售企业贡献力量。

安全工作每天从零做起

地址：北京市朝阳区北苑路86号院嘉铭桐城2区11号楼
邮编：100101
电话：010-84869867
传真：010-84869919

全国首座太阳能加油站——亦庄站

南湖加油站

中国石油江苏销售公司

2011 年 5 月 11 日，集团公司副总经理喻宝才在南京城东加油站调研

签订业绩、安全、廉洁合同

中国石油江苏销售公司成立于 2003 年 9 月，主要负责江苏地区成品油仓储、批发、零售、非油品经营业务以及销售网络的开发与维护等工作。截至 2013 年底，公司有员工 7541 人，下设 12 个处室、14 个分公司，下辖股权单位 25 家；加油站总数 789 座，便利店 626 座，在用油库 16 座、库容 56.69 万立方米。

2009 年以来，公司紧紧围绕率先建成国际水准销售企业目标，大力实施“提升苏南、提速苏中、提高苏北”发展战略，坚持以市场为导向，以效益为中心，努力驱动零售、直销、非油品“三驾马车”，扎实推进严管理、守红线、强服务“3 项保障”，着力破解运营成本高、油站投运率低、基础管理薄弱“三大难题”。公司积极推动管理创新，推进企业转型升级。探索和推广加油站科学排班插班、分级分类管理、双低站管理责任制和加油站团队负责制等，实现了管理降本增效。公司资产由 37.8 亿元增加到 74.2 亿元，成品油年销量从 220 万吨增加到 430 万吨左右，取得再造一个江苏销售公司的良好业绩。

公司秉承“奉献能源、创造和谐”的企业宗旨，切实履行“三大责任”，主动参与抗旱救灾、支援“三夏”秋收、地方公益等活动。特别是积极响应政府号召，参与上海世博会“护城河”工程、南京亚青会和青奥会油品保供和安全保卫工作；大力实施“蓝天工程”，加油站油气回收改造率达 95%，基本达到零排放、零污染；南京地区柴油和沿江 8 市汽油完成苏Ⅴ标准升级，12 个地市柴油和苏北地区汽油完成国Ⅳ标准升级，助力改善大气环境，受到广泛赞誉。

站在新的历史起点，公司认真贯彻党的十八大和十八届三中全会精神，按照集团公司各项工作部署，绘制企业发展新蓝图，为实现有质量、有效益、可持续发展和建设世界水平销售企业贡献力量。

中国石油标杆班组——南京城东加油站

与地方联合开展消防演练

党员服务小分队“三夏”送油到田间

地址：江苏省南京市鼓楼区集慧路18号联创大厦A座　邮编：210036　传真：025-83628095　电话：025-83628098

中国石油西藏销售公司

总经理　刘华治

党委书记　次仁扎西

中国石油西藏销售公司始建于 1962 年 1 月 27 日。1998 年 7 月上划集团公司，现隶属股份公司管理。主要从事成品油、石油液化气的批发、零售、代销、运输、储存等业务。公司有职能部门 10 处 1 室，下辖 7 个地区分公司、1 个专业经销公司、1 个直属油库、2 个驻区外资源采调处，在用油库 8 座，库容 15.53 万立方米，液化石油气储备库 1 座，库容 16 万立方米，营运加油站 113 座，橇装加油设施 11 座，营销网络覆盖全区 7 个地（市）、70 个县。员工总数 1647 人，其中合同化用工 1159 人，市场化用工 488 人。藏族和其他少数民族 969 人。

近年来，公司结合西藏成品油市场实际，深入推进精细化管理，创效能力明显增强，营销水平稳步提高，网络布局持续优化，精细管理日益深化，安全维稳得到加强，队伍建设持续强化，教育实践活动取得实效，和谐环境持续巩固，经营业绩取得大幅提升，管理水平得到大幅提高，党建工作水平取得巨大进步，民生工作取得巨大改观。公司保持着全面协调可持续发展势头。

公司将进一步充分发挥成品油主渠道作用，把握“不求最大，局部做精，整体做强”的发展定位，进一步严守红线，强化责任，实现安全平稳运行；强化营销，突出零售，巩固和提升市场份额；深化应用，加快融合，发挥信息化的支撑作用。规划引导，优化布局，筑牢拉动发展的网络根基。开放交流，提升素质，增强可持续发展能力；围绕中心，服务发展，构建和谐幸福企业；着力实施科学营销，着力拓展营销网络，着力强化精细化管理，着力狠抓安全稳定，着力提高员工素质，着力加强企业党建，大力加强领导班子建设、基层建设、文化建设。公司适应市场环境的新变化、经营政策的新调整、安全维稳的新压力，立足西藏的实际，深化落实精细化管理会议精神和油品销售地市公司工作会议精神，继续明确中长期规划的一个目标，抓牢规范化、信息化的两项重点，把握时间、空间和体制机制的 3 个维度，实施信息化、网络、管理、素质和民生的 5 项工程，逐步打造“升级版”的地市公司，加快把西藏销售公司建成高原特色的国际水准销售企业，努力实现企业有质量、有效益、可持续发展。

2013 年 4 月 27 日，集团公司副总经理喻宝才到公司检查调研

2013 年 5 月 28 日，拉萨铁路接卸油库竣工

2013 年 9 月 6 日，公司组织党员领导干部参观西藏自治区廉政教育基地

地址：西藏自治区拉萨市北京中路71号　邮编：850000　电话：0891-6955565　传真：0891-6824978

中国石油管道公司
（管道销售公司）

总经理、党委副书记　丁建林

党委书记、副总经理　汤亚利

输油站场近景图

输油站场远景图

中国石油管道公司（管道销售公司）是集团公司驻河北省下属公司。公司总部位于河北省廊坊市广阳区，管辖业务单位分布在全国 14 个省（区、市）。公司党委隶属中共河北省委，受河北省委和集团公司党组双重领导。公司设立于 1999 年，携带中国石油在海内外上市的管道核心业务（管道运营、管道运营业务服务、油气销售）从中国石油天然气管道局分离分立，与中国石油天然气管道局是同根同源的管道行业链条上的、不同具体专业的中国石油驻冀企业分支。公司所管辖的单位和管道储运设施和业务，始建于 1970 年的石油工业部大庆至铁岭原油运输管道，是中国油气管道运输行业创业里程起点，距今有 44 年历史。公司主营业务涉及原油、天然气、成品油管道运输，管道运输的原油和天然气销售，高压力、长距离、大口径油气管道运营核心业务服务、科研服务等。下辖输油输气、管道项目建设管理、管道科技研究中心、大功率压缩机组维检修、油气储运技术服务、矿区后勤服务等 30 多个处级生产经营单位。

2013 年，公司管理运营在役油气管道 13507 千米。其中，原油管道 6791 千米，主要包括东北、华北和西北地区的漠河—大庆、大庆—铁岭—大连、定边—呼和浩特等；成品油管道 3414 千米，主要包括华北地区的大港—济南—枣庄管道，以及

应急演练

站场建设

宝鸡—郑州—长沙管道；天然气管道 3177 千米，主要包括山东地区的濮阳—沧州、沧州—淄博以及东北地区的大连—沈阳、秦皇岛—沈阳、长岭—长春—吉化管道。公司年输送原油能力 8850 万吨，年输送成品油能力 1785 万吨，年输送天然气能力 412 亿立方米。拥有林源、铁岭等多处大型储油库区，储油能力 540 万立方米。

2013 年，共投产运行管道 1300 千米。漠大线安全适应性改造工程建成投产；日东线安全适应性改造、压缩机组维检修中心一期、成乐线彭州支线等 6 项工程机械完工具备投产条件。

公司 4 项科技成果获集团公司科技进步奖和技术发明奖，申请专利 63 项。深化国际交流合作，成功举办 2013 年国际管道会议，启动了 7 个专项对接研究。积极参与国际标准制修订，承担了美国国家腐蚀工程师协会 (NACE)《管道外防腐层耐划伤测试方法》标准的编写工作，组织申报的国际标准《油气管道完整性管理》已列入国际标准化组织 (ISO) 工作项目。新制定《石油天然气工业管道输送系统管道延寿推荐作法》国家标准 1 项、《钢质油气管道凹陷评价方法》行业标准 1 项、集团公司企业标准 15 项、管道公司企业标准 7 项。“含蜡原油管道纳米降凝剂的制备和应用技术研究”继“螺旋焊缝缺陷检测与评价技术在完整性管理中的应用”成果荣获“2012 年全球管道奖”后，再次摘得了美国机械工程协会（ASME）“2013 年全球管道奖”。

公司被集团公司授予“2013 年度安全生产先进企业”，公司荣获中华全国总工会“全国模范职工之家”称号，所属林源输油站获中华全国总工会“全国工人先锋号”称号，所属漠河输油站获集团公司基层建设“百个标杆单位”称号。

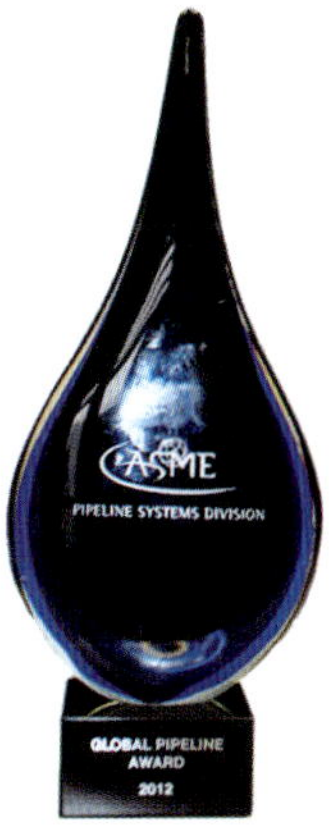

群众路线教育实践活动动员大会

职工乒乓球大赛

全球管道奖奖杯

地址：河北省廊坊市新开路408号　邮编：065000　电话：0316－2170929　传真：0316－2170808

中国石油西气东输管道（销售）公司

总经理、党委书记　凌　霄

中国石油西气东输管道（销售）公司是股份公司直属的地区公司，负责西气东输管道工程建设、生产运营管理和天然气市场开发与销售等业务。

西气东输管道公司和西气东输销售公司实行合署办公，注册地在上海。公司采用一级管理体制、扁平化的机构设置。2011 年底，集团公司对油气道管理体制进行调整，公司机构及管理范围、管理区域发生局部变化。公司在上海总部设 14 个职能部门和市场开发与销售部，3 个机关附属单位；在管道沿线设 15 个管理处，1 个计量测试中心，4 个项目部，3 个股权管理单位；管理 2 座国家石油天然气大流量计量站天然气流量分站（南京、广州）和国家能源天然气长输管道技术装备研发（试验）中心，共有员工近 3700 人。

公司运营管理 2 条干线管道（西气东输一线 59 号阀室—上海段、西气东输二线 68 号阀室—广州段）、9 条支干线、7 条联络线、15 条支线、长宁兰银线（甘宁交界至银川段）和香港支线，管道总长 10868 千米；2 座地下储气库、149 座站场。管线途经 14 个省（市、区）和香港特别行政区，下游销售及分输用户达 257 家，供气范围覆盖西北东部、中原、华东、华中、华南地区，并向华北、西南地区转供天然气，形成了塔里木、柴达木、长庆、川渝四大气区以及中亚、中缅、进口 LNG 联网供气格局。

西气东输自正式投入运行以来，在工程建设、生产运行、市场销售同步进行的较大压力和繁重任务面前，紧紧围绕确保管道安全平稳高效运营这一中心，坚定不移地抓好管道运营和市场销售主营业务，持续深化经营管理，不断加强党建和精神文明建设，圆满完成各项业绩指标。十余年来，公

气体检测

站内巡检

管道保护宣传

工程监管

司累计实现天然气管输商品量近 2100 亿立方米，使天然气在我国一次能源消费结构中的比例提高 1 个百分点以上，占我国新增天然气消费量的 50%，较好地履行了政治责任、社会责任和经济责任，为促进天然气工业和地方经济发展，调整能源结构、改善生态环境、提高人民生活质量作出了贡献。公司先后荣获“全国五一劳动奖状”，首届“国家环境友好工程”、“国家开发建设项目水土保持示范工程”和“新中国成立 60 周年百项经典暨精品工程”称号。西气东输管道工程通过国家验收。“西气东输工程技术及应用”项目荣获 2010 年度国家科技进步一等奖。公司项目“超大型天然气长输管道复杂工程建设与运营管理”获第十九届企业管理现代化创新成果一等奖。

消防演练

地址：上海浦东世纪大道1200号
中国石油上海大厦
邮编：200122
电话：021−50958811
传真：021−50958800

清管作业

国产化压缩机组投产

中国石油集团
渤海钻探工程有限公司

2013 年 9 月 27 日，由公司承办的集团公司 2013 年钻井工及钻井井控班组技能竞赛落下帷幕。公司摘取了石油钻井工和钻井井控班组 2 个项目的团体第一，个人 9 金、9 银、3 铜的优异成绩

壳牌公司参观公司实时数据曲线与井场视频监控系统

中国石油集团渤海钻探工程有限公司（BHDC）是为油气田勘探开发提供石油工程技术服务的专业化公司，从事的业务主要包括钻前工程、钻井工程、侧钻工程、定向井工程、固井工程、录井工程、测井工程、钻井液服务、大修工程、压裂酸化、试油测试、管具服务、油气合作开发、石油工程技术研究、石油地质研究等。截至 2013 年底，资产总额 340 亿元，用工总量 2.76 万人，施工队伍 1000 余支。技术服务队伍遍及华北、大港、冀东、塔里木、长庆、内蒙古等国内市场，以及印度尼西亚、委内瑞拉、伊朗、伊拉克等国际市场。2008 年以来，公司共荣获省部级以上荣誉和称号 60 余项，其中获“全国五一劳动奖状”、“全国文明单位”、“国家技术创新示范企业”、“国家高新技术企业”、“国家认定企业技术中心”、“国家技能人才培育突出贡献奖”、“企业管理现代化创新成果一等奖”、“全国企业文化建设优秀单位”、“全国‘安康杯’竞赛优胜企业”、“全国企业工会工作红旗单位”等国家荣誉 10 余项，并连年被评为“集团公司安全生产先进企业”。

公司始终坚持“强化创新、打造特色、引领发展”的理念，大力提升研发和设计能力，以科技研发、高新技术产品研制、技术服务一体化发展为宗旨，以满足市场需求、破解技术难题、解决施工作业中遇到的实际问题为重点，以有效化解常规技术瓶颈为突破，打造一批新利器、创出一批新指标、形成一批新工艺，在石油工程技术服务高端技术领域形成强大的技术力量，走在市场需求的前沿，高端技术市场创收比例逐年增长，培育形成了“十大优势技术”、“十大特色技术”和“十大技术利器”。垂直钻井工具荣获国际石油石化技术装备展览会唯一“展品创新金奖”。

2013 年公司被授予“全国五一劳动奖状”荣誉称号

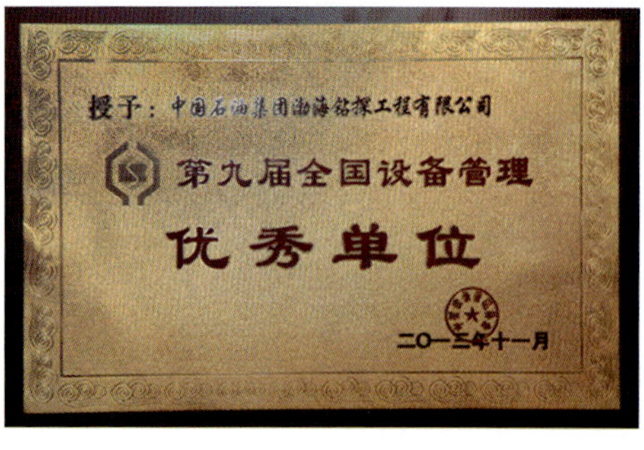

2013 年 11 月 28 日，在北京人民大会堂召开的全国设备管理工作先进表彰大会上，公司被授予“第九届全国设备管理优秀单位”

公司 BH-VDT5000 垂直钻井系统获第十二届中国国际石油石化技术装备展览会“展品创新金奖”，图为获奖仪式

2013 年，公司有 3 项产品列入集团公司 2013 年度自主创新重要产品目录。图为 BH-CWT 超高温高压测试工具

公司着力推动“人才强企”战略，以建设“十百千万”人才工程为目标，大力引进高层次人才，创新人才培养使用方式，加大对人才的激励和约束力度，全面提升员工素质，打造优秀的技术、管理和技能人才队伍，形成具有较强竞争力的人才优势，为公司发展提供坚实的人力资源保障。截至 2013 年底，拥有教授级高级职称 33 人，高级职称 933 人，集团公司技术专家 6 人、公司级技术专家 135 人，集团公司技能专家 5 人、公司技能专家 53 人。搭建以博士后工作站为载体的高层次人才培养平台，引入在站博士后 11 人、博士 41 人。建成了集团公司一流的钻井和井控培训基地，突出基层自我培训，不断提升员工素质。公司荣获“第十届国家技能人才培育突出贡献奖”，先后在集团公司石油钻井工、井下作业工等技能大赛中，荣获 5 个团体第一名、2 个团体第二名，荣获 21 枚金牌、27 枚银牌、13 枚铜牌，12 人获“集团公司工程技术服务企业优秀队长”称号。

面对新形势、新任务，公司将以科学发展观为统领，坚持有质量、有效益、可持续发展方针，加快转变发展方式，走管理技术型发展道路，大力实施管理提升和技术创新，不断强化管理、技术、人才和信息化支撑，着力推进“安全环保升级、发展质量升级、工程提速升级、科技创新升级、精细管理升级、人员素质升级”，做大做强国际业务，大力发展总包分包业务，做精做专科贸一体业务，有效开展合作合资业务，将公司建设成为装备精良、技艺精湛、管理精细、队伍精干、组织精准、服务精优的国际化石油工程技术服务公司。

2013 年 12 月，国家发展改革委员会等五部委联合发布了 2013 年（第 20 批）国家认定企业技术中心名单，公司正式成为国家认定企业技术中心

公司荣获集团公司 2012 年度安全、环保和节能节水先进企业荣誉称号

地址：天津市经济技术开发区黄海路106号　邮编：300457　电话：022-25281919　传真：022-25281515

中国石油集团
东南亚管道有限公司

总经理、党委书记、纪委书记、
工会主席　姜昌亮

2013 年对中国石油集团东南亚管道公司而言，是极具考验、极不寻常的一年。2013 年是公司肩负“建运并行、守创并举”、向国际一流专业化管道公司迈进的重要一年。面对国内和国际错综复杂的局势变化，公司上下攻坚克难，砥砺奋进，天然气管道实现“5·28”全面建成，“7·28”向中国通气，原油管道按计划推进，整体进度完成 96.5%。QHSE 业绩保持良好，实现“无事故、无伤亡”的生产安全与社会安全目标，荣获“集团公司 2013 年度安全先进集体和环保先进集体”的荣誉称号。

2013 年公司抓好发展第一要务，努力推动安全发展、规模发展、优质发展。公司高度重视社会安全风险管理，完善安保防恐措施与应急响应机制，落实车辆交通和海上交通管理制度措施，确保生产安全、人员安全；充分利用公司新业务发展的资源性基础，积极延伸和拓展公司业务链，先后开展 LNG、炼油厂、城市 CNG 等项目的前期工作，推进南亚合作计划，促进公司发展规模化；优化运营模式，提高运营效率，深化“索赔与反索赔”分析研究，实现经营管理优质化。

“三基”工作在海外业务发展中同样具有独特的优势和生命力。2013 年公司强化“三基”工作，着力提升国际化经营水平，深入实施精细化管理，做好预算编制、分解、分析与考核工作；着力建设集中统一的信息化服务平台和基础管理体系平台，北京—仰光国际链路及仰光、内比都、曼德勒三地互联基本贯通，大幅提升办公效率；以曼德勒总部为中心，辐射管道全线及仰光、内比都、云南的后勤服务保障体系基本成型，改善了员工衣、食、住、行和办公条件。这一系列基础工作为管道建设运行和在缅业务拓展提供有力保障。

公司坚持人才优先发展战略，把职业化、国际化人才的培养放在突出重要的位置。采取人才借聘、对口支持、交流轮换等办法，大力引进外部高精尖人才，持续改善队伍规模、素质和结构。

2013 年 2 月 3 日，公司 2013 年工作会议在北京召开

2013 年 5 月 19 日，中国驻缅甸大使杨厚兰一行登上马德岛慰问中缅油气工程参建将士

2013 年 7 月 28 日，中缅天然气管道投产通气仪式在缅甸曼德勒举行，缅甸副总统吴年吞及各国代表共同按下启动按钮

马德岛油罐区

地址：北京市朝阳区太阳宫金星园8号　邮编：100028　电话：010-63592896　传真：010-63591294

中油资产管理有限公司

总经理 王 亮

党委书记 李 晶

2012 年度宁波市“纳税 50 强”企业

中油资产管理有限公司定位为集团公司的“投资银行”，为中国石油的发展提供低成本和优质可靠的筹融资服务，助力主业发展。昆仑信托有限责任公司注册资本 30 亿元，控股股东是集团公司直属全资子公司中油资产管理有限公司，持股 82.18%。

2013 年，公司实现营业收入 13.5 亿元，利润 11 亿元，净利润 10 亿元，信托规模达到 1678 亿元，在 66 家信托公司中综合排名前列，当选为中国信托业协会理事单位，获得“浙江省优秀金融企业”、“宁波市纳税 50 强”等多项荣誉称号。公司目前为全国银行间债券市场、全国银行间同业拆借市场成员，具有以固有资产从事股权投资业务资格和信贷资产证券化受托机构资格 。

公司通过设立国联能源产业基金，引入外部资金 363.45 亿元，用于西气东输一线、西气东输二线、西气东输三线管道和未动用储量开发等项目，为集团公司进一步改革开放提供合资合作平台和融资渠道。同时，为中国石油民生工程——矿区职工住宅提供融资。先后为大庆油田等 13 家矿区企业累计提供资金 183.6 亿元，建设住宅面积 1243 万平方米，惠及员工 8.4 万户；为煤层气、储气库、装备制造等项目累计融资 83 亿元，为储备油项目累计提供资金 110 亿元。通过江西高速项目，为集团公司取得 8 对高速公路加油站的经营权，在江西高速公路市场实现零的突破；与华电等中央企业开展业务合作，助力天然气销售，调节天然气与用电企业峰谷之间的平衡。

公司领导召开党的群众路线教育实践活动专题民主生活会

公司足球队参加集团公司在京单位 2013 年足球联赛开幕式

与华北油田合作开发未动用储量业务座谈会

地址：北京市西城区金融大街1号金亚光大厦B座　邮编：100033　电话：010-63597600　传真：010-63597604

第十三篇

企事业单位概览

大庆油田有限责任公司
（大庆石油管理局）

【概述】 大庆油田有限责任公司（以下简称公司）的业务范围包括勘探开发、工程技术、工程建设、装备制造、油田化工、生产保障、矿区服务和多种经营“八大板块”，具有较为完整的业务体系和综合一体化优势。2013 年，生产原油 4000 万吨、天然气 34.4 亿立方米，实现营业收入 2632 亿元、利润 733 亿元、税费 1005 亿元，贡献现金流 468 亿元，各项生产经营指标全面完成。

大庆油田是中国最大的油田，由萨尔图、杏树岗、喇嘛甸等 52 个油气田组成，含油面积 6000 多平方千米。勘探范围包括黑龙江省全境，内蒙古海拉尔，吉林延吉、珲春，新疆塔里木东部等 16 个盆地，登记探矿权面积 26.3 万平方千米。

大庆油田 1959 年发现、1960 年开发，主要经历 4 个发展阶段。第一个阶段是石油会战阶段（1960—1963 年）：1959 年 9 月 26 日，国庆十周年前夕，以松基 3 井喜喷工业油流为标志，勘探发现大庆油田。以铁人王进喜为代表的老一辈石油人，在极其困难的条件下，自力更生、艰苦奋斗，仅用 3 年时间就拿下大油田，一举甩掉贫油落后的帽子。第二个阶段是快速上产阶段（1964—1975 年）：大庆油田结束试验性开发，进行全面开发建设，先后开发萨尔图、杏树岗和喇嘛甸三大主力油田，以平均每年增产 300 万吨的速度上产，并勘探准备一批可开发的新油田，为 1976 年跨上年产 5000 万吨奠定了坚实基础。第三个阶段是高产稳产阶段（1976—2002 年）：大庆油田实现连续 27 年 5000 万吨 / 年高产稳产。第四个阶段是可持续发展阶段（2003 年至今）：进入新世纪，结合宏观经济形势和企业自身实际，考虑到油田的持续有效开发，对原油产量进行战略性调整，2013 年，已在 4000 万吨以上持续稳产 11 年。50 多年来，一代又一代大庆人艰苦奋斗、顽强拼搏，建成国家最大的石油生产基地，累计生产原油 21.9 亿吨，上缴各种税费 2 万多亿元，为国民经济发展作出贡献。创造世界领先的油田开发水平，主力油田采收率突破 50%，比国内外同类油田高出 10—15 个百分点，始终走在国内外同行业的发展前列。孕育形成了大庆精神、铁人精神，打造一支以新老“三代”铁人为代表的过硬职工队伍，擎起工业战线的一面旗帜。

【油气勘探取得新成果】 2013 年提交石油探明储量 10139 万吨、控制储量 8022 万吨、预测储量 10671 万吨，基本探明天然气储量 742 亿立方米。致密油勘探，葡平 2、敖平 1、龙平 1、齐平 2 井，获日产 32—87 立方米高产工业油流，进一步证实 I 类资源有 9 亿多吨可逐步升级动用；深层气勘探，宋深 9H 井获日产 20 万立方米以上高产工业气流，首次实现沙河子致密气储层产能突破；塔东勘探，古城 8 井获日产 47.8 万立方米高产工业气流，揭示古城低凸起发育大面积岩性气藏，有望形成千亿立方米储量规模。

【原油稳产扎实推进】 克服春融积水、洪涝灾害和部分区块地下形势波动带来的影响，原油生产运行平稳，油田开发形势可控，2013 年，连续 11 年实现原油 4000 万吨稳产。全油田水驱自然递减率控制在 7.09%，综合递减率控制在 4.44%，年均含水控制在 91.83%，吨聚增油由 43.5 吨上升到 46.3 吨，机采井检泵周期保持在 700 天以上，出站水质、井口水质合格率分别达到 90.7% 和 71.2%，进一步推进老油田的精细高效开发。

【未上市业务整体协调发展】 工程技术、工程建设，施工保障能力进一步增强，地震勘探、钻井、测录固、试油试采、压裂等工作量稳定增长，工程优质率和产能贡献率再创新水平。装备制造、油田化工，产业结构调整进一步深化，降本增效取得阶段性成果，内外部市场份额有了新提升。水、电、信、物资等服务保障能力持续增强，物业、公交、医疗、教育、文化、保险、房地产等实现新的发展。2013 年未上市业务实现经营收入 706 亿元，其中外部市场收入 171 亿元，在消化人工费用增长 6.7 亿元的情况下，总体盈亏状况进一步改善。

【核心主导技术持续创新】 地震储层精细预测、测井评价等技术创新发展，为复杂致密油气藏勘探提供了有效手段；三元复合驱配方优化、配注工艺、清防垢等技术研究进展顺利，基本达到了工业化推广应用条件；水平井钻井、大规模体积改造、可控穿层压裂、二氧化碳驱等试验攻关扎实推进，预示了难采储量有效动用的新希望；水驱控递减、聚驱提效率技术不断配套完善，为近期保稳产、长远可持续提供有力支撑。全年获省部级以上科技成果奖励39项、国家发明专利40项。大庆油田特高含水期精细高效注水开发技术与示范工程，获集团公司科技进步一等奖。

【经营管理规范高效】 投资成本上升得到有效控制，生产组织运行效率明显提升，重点领域经营监管日趋规范，内部市场占有率稳中有增，信息化建设深入推进，企业风险管控和资产创效能力进一步增强。2013年，油气主营业务投资资本回报率30.75%；调剂盘活资产原值5.7亿元，房屋规范化管理节省投资1.4亿元；物资集中采购度91.0%，节约采购资金9.7亿元；清理法人实体19家，破获各类涉油案件1941起，有效保障了企业利益。

【安全环保平稳受控】 扎实推进安全环保重大基础性工程，HSE管理体系持续改进，安全生产大检查深入开展，一批重大隐患得到有效治理，"写风险"、"反三违"活动取得明显成效，全员安全环保意识和岗位行为能力显著提升，未发生较大以上安全环保责任事故。2013年工业生产安全事故百万工时死亡率为0.0015，环境污染事故为零，主要污染物排放达标率100%，节能减排工作取得明显成效，吨液能耗下降0.14千克标准煤，累计节能16.6万吨标准煤。

【矿区环境改善】 民生工程建设力度持续加大，老会战创业城如期建成，完成了景园小区环境综合整治和庆葡、朝阳等6个小区的基础设施改造，升级油田道路9条26.8千米，植树449万株，新增绿地1087公顷，龙南医院门（急）诊楼、10个社区服务综合体建设全部竣工，饮用水质提升工程基本具备运行条件。群众性文体活动深入开展，石油文化、广场文化蓬勃兴起，进一步丰富矿区精神文化生活。着力抓好就业指导、援助和信息服务，深入开展困难群体帮扶工作，巩固发展团结和谐的大好局面。

【党建和思想政治工作】 以开展党的群众路线教育实践活动为契机，认真落实中央八项规定、集团公司党组二十条要求及公司党委二十二条意见，各级领导班子、党员领导干部的理想信念更加坚定，宗旨意识显著增强，工作作风明显改进，为民务实清廉的形象进一步树立。以业绩贡献、注重实干为导向，坚持民主公开、竞争择优选拔任用干部，领导班子和干部队伍结构进一步优化。以高举大庆红旗、弘扬大庆精神为主题，充分发挥各级党政工团组织的作用，深入开展纪念铁人诞辰90周年、"大庆新铁人"李新民事迹宣传和"再学大庆精神，弘扬优良传统"活动，持续推进民主管理、岗位建功等主题实践，企业文化建设进一步加强。严格按照中央及上级反腐倡廉的相关要求，加强思想教育和廉洁文化建设，加大监督检查和执纪办案力度，党风廉政建设水平进一步提升。

（陈立民　李淑杰）

中国石油天然气股份有限公司辽河油田分公司（辽河石油勘探局）

【概述】 中国石油天然气股份有限公司辽河油田分公司（以下简称公司）主要从事油气勘探开发、工程技术、工程建设、燃气利用、多种经营、矿区服务等业务。公司机关设处（部）室19个、直属部门25个、直属公司7个，下设二级单位71个，用工总量97745人。其中，上市单位员工44082人，未上市单位员工53663人。公司拥有资产总值551亿元，设备21.4万台（套）。2013年，公司生产原油1001万吨，生产天然气7.2亿立方米，实现营业收入729亿元。其中，上市业务收入350亿元，未上市业务收入224

亿元，多种经营收入155亿元。上缴税费124亿元，其中，上市业务上缴税费105亿元，未上市业务上缴税费19亿元。

辽河油田地跨辽宁省、内蒙古自治区的12个市、32个县（旗），是中国最大的稠油、高凝油生产基地。

【油气勘探】 公司按照“突出西部、深化东部和潜山、准备滩海和外围、推进新区新领域”的工作思路，组织“突出两大潜山，确保规模储量发现；精细岩性和火成岩油气藏研究和勘探，寻求新发现；探索致密油气勘探方法，实现勘探新突破；探索新区新领域，寻找战略接替区”4个层次勘探，深化油气地质综合研究，加强油气预探，推进工程技术攻关，强化适用勘探新技术推广应用，促使勘探工作取得新进展和新发现。

2013年，在茨榆坨潜山、中央凸起南部潜山、西部凹陷曙光低潜山找到规模储量。其中：茨榆坨潜山茨111井、茨113井获工业油流，茨110块实现规模储量升级，新增控制含油面积19.6平方千米，新增控制石油地质储量3096吨；在西部凹陷南部岩性、西部凹陷中北部潜山、东部凹陷中段火山岩等区域重点部署探井22口，火成岩勘探获得重要进展，东部凹陷中南部储量规模达5000万吨。致密油勘探取得突破，雷家地区实施探井4口，3口井获得工业油流，新增石油地质储量5118吨，新增预测含油面积47.2平方千米。大民屯沙四段致密油藏落实有利勘探面积190平方千米，预测资源规模2.58亿吨，展现巨大勘探潜力。外围勘探取得新突破，实施的庙31井和库2井两口探井获高产工业油流，预测陆西凹陷马北斜坡九佛堂组下段岩性油气藏有利面积31.8平方千米、陆东凹陷库伦塔拉九佛堂组上段有利面积49.6平方千米，为外围盆地勘探提供了目标。辽北、南黄海地区再获矿权1.58万平方千米，扩大了勘探范围。2013年公司新增控制石油地质储量3996万吨、新增预测石油地质储量5118万吨；新增动用可采储量700.9万吨，储采平衡系数0.68，为公司的稳定发展打下良好基础。

【油气开发】 2013年，公司坚持勘探开发一体化，确保新增储量“当年发现、当年探明、当年建产”，全年完钻新井332口，建产能76.9万吨，年产油40.1万吨，产能贡献率52.1%。推进蒸汽驱、SAGD、火驱、调驱等多种方式组合开发，抓好生产动态跟踪调控，加快转驱实施步伐，新转井组151个，累计实施井组613个，预计增加可采储量4043万吨，提高采收率19.8%。突出“培养百吨井、培植高产井、治理低产井”，推进“低物性段改造”、“驱泄复合”和“氮气辅助SAGD”试验，杜84块48个井组日产油同比提高130吨；坚持“以采为先、以液定汽、以产定注”的开发理念，齐40块实施多介质辅助汽驱试验，区块日产油稳定在1500吨；扩大常规火驱规模，加快完善注采井网，强化生产动态调控，杜66块和高升新转火驱井组66个，实施储量6261万吨，增加可采储量1772万吨，年产油28.7万吨，同比增加2.9万吨；推进先导试验项目，锦45块二类储量完善“回”形汽驱井网，投产新井4口，5小层采注井数比达到6∶1，9个井组日产油稳定在170吨以上，年产油6.1万吨。开展保压开采、三元复合吞吐、集团注汽、分层注汽等多方法吞吐注汽，吞吐油藏综合递减率12.1%。实施多途径挖潜天然气量，确保油区天然气稳定生产。精细开展老区研究，部署新井10口，完钻并投产9口，日增加产气能力10.7万立方米；开展“老区、老井、老资料”复查和“浅层气潜力、长停井潜力、已开发区潜力”调查，完成天然气储备措施工作量103井次，有效84井次，初期增加天然气生产能力68万立方米。2013年，公司生产原油1001万吨、生产天然气7.2亿立方米，连续第28年实现千万吨稳产。

【工程技术】 公司工程技术系统全面开展“采油作业联产承包”等工作，科学组织弃置井封井施工，提升油气上产保障能力。推广热采井带压作业技术试验，为现场应用奠定基础。成功研制液压打捞工具等水平井大修专用工具，推广可控不压井作业等技术，提升作业效率和保障能力，2013年完成工作量2.3万井次。加大国内外部市场开发力度，确立以稠油热采、技术服务和天然气压缩回收等业务为主的外部市场发展目标。扩大国内市场业务量，稳定胜利油田、吉林油田的注汽项目，巩固长庆油田、胜利油田、冀东油田、吉林油田及新疆和内蒙古等地区的技术服务项目。在冀东油田开展“采油作业联产承包”“小修示范队创建”等工作，实施潜山井带压作业，开展复杂疑难大修井专项治理，在勘探试油市场取得突破。明确国际市场目标，加大市场调研，跟进海外市场开发，中标北阿项目公司“长线物资采购代理服务项目”，标的额9807万美元；与华油公司合作开展哈萨克斯坦萨基斯油田“注蒸汽施工服务项目”，实现国际项目商务管理自主运作。2013年工程技术服务外部市场创产值5.66亿元，实现利润4339万元，同比分别增长182个和209个百分点。

【工程建设】 2013年，公司工程建设单位优化配置施工队伍，积极服务油气生产，加快重点工程建设，组织上产配套工程，完成重点工程建设项目6项，新建和改建井站18座、采油集输平台27座、各类井口装置408套，铺设各类管线318千米，供电系统安装变压器344台、架设电力线路73千米，保障了油气生产。加大市场开发力度，拓展国内工程项目建设市场，抓住国家能源通道建设的契机和集团公司建设“新疆大庆”的机遇，调整发展策略，加大资源投入，开发市场领域。承揽铁岭—锦西线、大庆—铁岭线、哈尔滨—沈阳线、中国—缅甸线昆明支线、大北区块地面建设等工程，中标壳牌富顺TPO、西气东输三线甘肃段、中联煤山西长子深部煤层气开发示范工程等项目。广州南沙油库总承包工程荣获“国家优质工程奖”，大连LNG项目和广州南沙油库工程项目被中国石油工程建设协会评为“优质工程”金奖。积极开发国际市场，承揽并启动“伊朗北阿TMC项目”、“中国—中亚管道带压封堵项目”等国外重大项目。中俄原油管道（漠河—大庆段）第八标段、秦皇岛—沈阳天然气管道工程干线二标段线路工程被评为“全国优秀焊接工程”优秀奖。

【燃气利用】 2013年，公司燃气利用系统调整发展战略，结合燃气气源量和国家天然气价改政策，加大与专业公司、管道公司沟通力度，争取更多的存量气源，合理布局和开发下游市场，在困境中抢占市场、抢得先机，深化市场开发，重新评估8个股权项目和10个工程目标市场，开发海伦加气站、昆仑能源、盘锦高升华润燃气、凌海环球化工、辽宁胜友橡胶和辽宁中石新亚6个用户，年增加输销量3000万立方米。加强投资管理，通过投资分项管控、动态跟踪、分段节点监督等措施，保证工程进度和投资控制。推进基础建设，营口气源厂主体工程竣工，朝阳支线葫芦岛市南票区、辽阳支线宏伟区段施工顺利推进；锦州、葫芦岛CNG（压缩天然气）母站建设开工，盘锦液化工厂顺利投产。2013年，燃气系统输销天然气18.9亿立方米，实现收入32.6亿元，其中，气代油工程用气13.3亿立方米，替换燃料油105.8万吨；昆仑能源销售LNG（液化天然气）6万吨。

【科技进步】 公司科技管理坚持“主营业务驱动、生产目标导向”和顶层设计的发展理念，以国家、集团公司重大科技专项为引领，以降低成本、提高效益为中心，强化科技管理，加快人才培养，全面实施6项科技创新驱动工程，发挥科技工作的“引领、支撑、储备”作用。2013年投入科技经费3.72亿元，围绕国家低碳发展战略，组织开展重大科技专项项目4项，重大、重点科技项目29项。推进国家科技重大专项“渤海湾盆地辽河坳陷中深层稠油开发技术示范工程”建设，形成“基岩油气藏裂缝预测”“组合蒸汽驱”等35项关键技术，取得“无碱二元驱”等18项标志性成果，研制出“无绷绳修井机”等装置设备120台（套），推进先导试验23项，增强科技支撑能力。组织开展集团公司低碳专项“热采节能节水关键技术研究”，形成“不除硅污水回用锅炉”等2项理论成果，突破“注汽管线新型保温改造”和“污水达标外排”等20项关键技术，研制装置8套，现场试验6项。推动科研条件平台建设的升级，加强“稠油开采先导试验基地”建设，新建分层注汽模拟等中间试验系统7套，形成实验（试验）方法16项，总实验设备达1000余台（套）。深化以ERP为核心的信息系统应用，夯实数字化油田建设基础。2013年荣获省部级奖励16项；申报国家专利305项，获授权217项。国家级“稠（重）油开采研发中心”通过认定评审。

【企业管理】 2013年，公司突出价值管理，推进管理提升，构建以利润为核心的预算指标考核体系，提高资金的保障能力和运营效率，负息资金规模和利息支出连续第三年负增长。优化投资结构，坚持集中统一决策和前期经济评价，细化项目论证，确保生产、科技、安全和民生等重点领域投入。规范油田市场，压缩外部施工队伍，外部承包（服务）商准入量在2012年基础上压缩50%，减少劳务外包和设备租用，设备更新改造投资同比减少25个百分点，减少租金支出3000万元。强化风险防范，依法以规治企，推进制度体系融合，审查规章制度45项，审查重大事项58项，处理纠纷案件66起；坚持事前、事后审计并重，履行监督与服务职能，公司顺利通过国家审计署和集团公司审计；优化业务流程，修订业务流程107个，新建业务流程27个，顺利通过2013年外部审计测试，连续8年实现内控体系有效运行。严格落实“三控制一规范”要求，优化人力资源，组织开展“五定”工作，控制用工总量，采取“减、改、留、包、转、弃”等措施，全年清退劳务用工2412人，用工总量连续第六年负增长。加强“三基”工作，理清管理界面、简化业务流程，公司机关管理权限下放30%，作业、采油站队基础资料精简80%。形成全员“两省一增”和“三稳三增”的氛围，未上市企业实现解困控亏指标7.74亿元，超额完成0.22亿元，公司经济规模再创历史新高。

【安全环保】 完善安全生产责任体系，把“有感领导、直线责任、属地管理”与“一岗双责”有机融合，深入推进HSE体系建设，健全责任执行体系，强化监督监管、专项整治、隐患治理及应急管理，落实设备工艺安全风险控制和气候、地域、生态、劳动作业环境控制，推广成熟管控技术和工具的现场应用，实施全员安全教育培训，培育并传播安全文化，实现人—机—环境三要素的受控、稳控。突出监管防范的科学性和控制力，全面提升制度、流程、标准化管理水平。推进节能降耗和污染减排，2013年节能5.8万吨标准煤、节水115万立方米、节地42公顷，固体废物处置率和有控废气排放达标率达到95%以上，减少废气排放6.6亿立方米。以油气管道、油气储库建设和承担的集团公司工程质量监督项目为重点，建立项目管理和监督负责制，坚持行为质量和实体质量齐抓共管，强化日常巡视监督，开展专项集中检查，确保工程质量受控。公司荣获“全国职业安全健康先进单位”称号，连续第九年荣获“集团公司节能、节水先进企业”称号。

【党群工作】 公司党委组织学习贯彻党的十八大和十八届三中全会精神，采取多种形式学习宣传，增强各级领导干部和广大员工群众对“中国梦”的认识和理解，坚定搞好国有企业的信心和决心，形成全面深化改革、推动油田发展的共识。组织开展党的群众路线教育实践活动，严格执行中央八项规定和集团公司党组二十条要求，聚焦“四风”、抓住要害，学习教育求深、征求意见求真，查摆问题求准、开展批评求诚，整改落实求严、建章立制求实。坚持边学边改、立查立改，制定落实贯彻中央八项规定措施办法，公司领导班子查摆“四风”问题23个、班子成员查摆问题142个，各二级单位领导班子查摆问题750多个、班子成员查摆问题7600多个。推进“四好”班子创建活动，贯彻上级各项部署，积极研究落实有关推进油田可持续发展的认识和要求，在“谋发展、推改革、促管理、益民生、抓队伍、保稳定”方面发挥党组织的政治核心和战斗堡垒作用。建立健全基层党组织，组织开展党内创先争优、建功立业活动，建立党建工作示范点76个，共产党员工程931项，创建党员责任区3252个、示范岗1917个。严格落实“三重一大”决策制度，明确属地单位、直线部门的责任，推进惩防体系建设，完善制度、目标、责任和理念4个体系，全面深化反腐倡廉建设，落实中央八项规定的监督检查和案件查办，全年立案查处违规违纪案件20件，处理党员干部35人。开展老化油管理和市场资源配置等项业务的效能监察与专项检查，对28个单位和个人进行了责任追究。组织“全员精细管理，杜绝百种浪费”和青年油水井分析等活动，查摆各类浪费问题14497个，提合理化建议18213件，实施整改措施12655项。做好扶贫帮困工作，实施大病专项救助，为1741名患病员工家属提供援助款1800万元。启动员工健康管理工程，开展“健康在辽河”活动，做好第一批1.2万名离退休老同志和一线员工健康体检，深入推进EAP工作，提高员工群众身心健康水平。

【矿区建设】 2013年，公司统筹推进油田矿区整体发展，建立以宏观管控、协调指挥、监督考评为核心的运行机制，重视民生建设，多方筹集矿建投资实施民生工程262项，改善员工家属生活条件。其中，投入资金2.1亿元整治15个老旧住宅小区生活环境，投入资金1.1亿元改造老旧住宅小区给水系统、电力系统、排污系统和供暖管网等配套设施，投入资金3400万元实施住宅楼外墙保温86栋、防水大修387栋，投入资金4500万元新建住宅小区活动室4个、维修改造离退休人员活动场所8个。投入医疗专项资金7000万元，维修改造辽河油田总医院和辽河油田第二职工医院住院病房和院区环境，新建、改造社区卫生服务中心（站）6个，更新医疗设备28台（套）。提升医疗服务水平，强化医德医风建设，优化就诊环境和流程，提高员工群众满意度。配合盘锦市开展创建文明城市工作，组织环境综合整治，完善矿区社会治理组织体系，搭建社区共建平台，提升矿区系统服务保障能力和管理效率。加强矛盾纠纷排查，畅通信访渠道，注重源头防范，妥善处理各类群体利益诉求，保持矿区和队伍稳定。认真履行社会责任，维护员工家属切身利益，为改善公共关系营造良好发展环境。

（田　英）

中国石油天然气股份有限公司长庆油田分公司（长庆石油勘探局）

【概述】 中国石油天然气股份有限公司长庆油田分公司（以下简称公司），总部位于陕西省西安市，主营鄂尔多斯盆地油气及伴生资源的勘探、开发、生产、储运和销售等业务。截至2013年底，公司机关设23个职能处室，5个附属部门，15个直属单位，75个二级单位（含矿区服务事业部二级单位19个），用工总量7万多人。

【主要生产经营指标】 2013年，新增石油探明储量3.61亿吨、证实储量5410万吨，天然气探明储量2732亿立方米、证实储量604亿立方米，生产原油2432万吨，生产天然气346.8亿立方米，油气当量产量超过5000万吨，实现营业收入1518亿元，高水平、高质量建成“西部大庆”。

【油气勘探】 大力实施资源战略，持续推进储量增长高峰期工程。通过不断深化盆地油气富集规律研究，精细井位部署，油气勘探领域进一步拓展，规模储量持续落实，战略接替区不断扩大，夯实可持续发展的资源基础。石油勘探评价围绕落实规模储量区和战略新发现，新增三级储量10.78亿吨。姬塬多层系立体勘探获得重大进展，落实储量规模16亿吨；盆地致密油攻关取得重大突破，首次整体提交控制储量3.8亿吨，新开辟的庄183水平井扩大试验区6口井均获得日产100立方米以上高产，为实现盆地致密油资源向储量、储量向效益的转化完善技术系列，开辟建产新领域水平井；镇北—合水含油富集区和华庆油田规模储量区进一步扩大；盆地浅油层勘探新发现黄陵油田。天然气勘探突出盆地上古生界大面积砂岩岩性气藏和下古生界碳酸盐岩新领域，新增三级储量1.24万亿立方米。靖西地区新发现奥陶系上组合4个高产富集区，落实中组合3个含气有利区；苏里格天然气整体勘探进一步向南、向西扩大，已形成4万亿立方米大气区；盆地东部多层系勘探取得新进展，规模含气富集区得到落实；陇东地区上古生界已初步形成山1、盒8段复合含气格局，有望成为新的储量接替区。

【油气开发】 加快油气上产，油气当量突破5000万吨。统筹老区稳产、新区上产与措施增产，强化前期评价和方案优化，精细油气藏管理，规模应用大井组丛式井和水平井，平稳高效推进产能建设，确保5000万吨目标如期实现。油田开发全面推广超前精细分层注水，强化重点油藏综合治理和注水专项治理，油田稳产基础进一步夯实。加强新区产能建设方案优化，新井单井日产量同比提高0.5吨。规模推进水平井开发，全年完钻水平井743口，平均单井产量是相同地质条件直井的4倍。致密油攻关试验平均单井日产油11.5吨，实现规模有效开发。积极克服陕北、陇东油区洪涝灾害的严重影响，成立12个原油上产帮促小组，大力开展夺油上产立功竞赛活动，夺回灾害造成的产量损失。气田开发加快苏里格建设步伐，推行“多支多向”、“多支三维”丛式水平井组布井技术，兼顾下古生界储层开发，天然气产量7年增长12倍，建成年产超200亿立方米的大气田；盆地东部神木气田突破矿权制约，推动大井组开发，建成近20亿立方米生产能力；苏南、陇东等区域坚持勘探开发一体化，立体评价，保护矿权，重点突破，为规模上产奠定基础。储气库建设高效推进，即将为保供调峰发挥作用。轻烃生产安全运行，全年产量达到16.34万吨。坚持把冬季保供作为头等大事，加快新井投产进度，强化措施增产，日产气量达到1. 15亿立方米。油气田地面建设克服开工滞后、外协难度大等因素影响，确保姬十一联合站、第四净化厂、苏里格第六处理厂等重点建设工程按期建成投运。各油气生产单位克服困难，积极上产，基本实现了安全、高效、受控运行。“三院两中心”的技术支撑成为上产的强大动力。油气集输销售、水电通信、机械制造、物资采供、监督监理、技术监测、化工生产、治安保卫、矿区服务等单位充分发挥了服务保障作用。机关部门坚持服务基层、提升效率，较好地发挥管理、协调和服务职能。

【科技创新】 坚持创新驱动，促进致密油气规模效益开发。瞄准提高采收率和水平井＋体积压裂技术两大方向，强化基础研究与技术集成配套，形成具有长庆特色的优势技术。不断完善超前注水开发技术，优化适应不同类型储层的井网形式，单井产量提高20%；强化精细分层注水研究与应用，分注率提高到40%，分注示范区自然递减同比下降0.4个百分点，含水上升率同比下降0.8个百分点。规模应用水平井，探索形成分段多簇压裂、大排量混合水体积压裂改造工艺，自主研发水力喷砂、裸眼封隔器、套管滑套压裂工具，水平井单井产量大幅度提高。苏里格气田靖55-24H1井20段大排量体积压裂试验取得圆满成功，创造长庆致密气先导试验区水平井体积压裂新纪录。水源井＋人工湖集中快速备水、压裂液连续混配等工厂化压裂作业试验取得重要进展，初步形成"丛式布井、集中供水、液体回收、交替作业、连续混配"为主要内容的工厂化压裂模式，有力促进致密油气藏的规模效益开发。苏里格气田被第六届国际石油技术大会评为三大卓越执行项目之一。

【管理创新】 管理提升成效显著，实现低成本集约化内涵式发展。坚持资源、创新、低成本发展战略，全面推广"四化"管理模式，实现管理方式、生产方式、组织方式的深刻变革，提高企业管理现代化水平。深入推进管理提升活动，在基础管理、成本控制、人力资源管理、信息化建设、安全环保等11个方面实现新的提升。大力强化"三基"工作，深化标准化"五型"班组和"千队示范工程"建设，组织业务技术与技能培训5.76万人次，促进员工履职能力和队伍整体素质有效提升。加强投资管理、成本管理和全面预算管理，严控各类投资和成本费用支出，加强操作费用控制和审计监督管理，突出抓好重点领域效能监察和重大建设项目跟踪审计，有效发挥监管合力。持续深化内部改革，完成建设工程处和机械制造总厂转型优化，2600余人整体转型从事油气生产和数字化技术服务，进一步支撑主营业务发展。优化控参股企业业务结构，多元经济企业从17家减少到10家。落实"三控制一规范"，严控队伍规模，规范业务外包管理和市场化实体培育，实现专业化外包、市场化运作、规范化监管。大力推进工效挂钩，强化业绩考核兑现，激励约束作用逐步显现。完善保密责任体系，确保秘密安全，为油田健康发展提供保障。

【安全环保】 始终把安全环保工作作为最大的政治、最大的发展、最大的效益和最大的民生，牢固树立环保优先、安全第一、质量至上、以人为本理念，坚持从源头治理、在本质上防控，安全环保基础不断夯实。认真开展安全生产大检查，结合油气田井控、长输管道原油泄漏、大站大库三大安全环保风险源，制定针对性措施，加强隐患排查、评估、监控、整改和治理。强化安全生产责任落实，推进安全生产"党政同责"和"一岗双责"，充实责任内容，明确责任分工，制定考核标准，严格考核兑现。加强承包商管理，严格把好资质选择、招投标、现场管理与监督等关口。健全完善HSE制度、标准和流程管理，推动管理体系规范运行、持续改进。完善"三防四责"、应急预警等企业应急管理平台，加强应急救援队伍、装备和物资储备建设，形成反应迅速、运行高效、执行有力的应急管理体系。不断加强班组安全基础建设，强化员工操作技能、风险防范和应急逃生能力培训，进一步提升全员安全素质。持续推进清洁生产，逐步实施压裂、试油、修井及措施作业液体密闭运行，努力实现井场无泄漏。突出抓好涉及水源地保护区、自然保护区等环境敏感区作业的监管，实现"三废"零排放。

【党群工作】 以建设学习型、服务型、创新型党组织为动力，探索建立与"四化"管理模式相适应的党建工作机制。扎实开展党的群众路线教育实践活动，牢牢把握"为民务实清廉"的活动主题，深入学习领会，广泛听取意见，征集各类意见建议7321条，领导班子深入查摆"四风"方面的突出问题21个，高质量召开两级领导班子专题民主生活会。扎实抓好整改落实，持续加强惩防腐败体系建设，严格落实党风廉政建设责任制，健全完善"三重一大"决策制度，有效发挥经济责任审计、效能监察和专项治理的监管作用，强化对权力运行的制约和监督。严格落实中央八项规定和集团公司二十条要求，出台相关制度，积极构建转变作风长效机制。正风肃纪见到成效，"四风"问题得到有效遏制，全年公司"五项费用"同比下降17%。坚持正确的选人用人导向，不断深化"四好"班子创建和干部人才队伍建设，修订《中级管理人员管理办法》，明确标准、严格程序，进一步提高干部管理工作的系统化、规范化、制度化水平。建立《首席技术专家选拔管理办法》，拓宽人才发展通道。坚持正确的选人用人导向，大力营造"要干事，到基层；要发展，去基层"的浓厚氛围。深入开展"西部大庆"建功立业主题教育活动，持续推进"西部大庆"文化同行系统工程，锤炼完善具有时代特征的长庆油田文化，为“西部大庆”建设提供强大精神动力和文化支撑。持续推进厂务公开、民主管理，有效落实扶贫帮困各项政策。持续推进“青”字号品牌工程，充分发挥广大青年的突击队和生力军作用。

【矿区建设】 坚持“奉献能源、创造和谐”的企业宗旨，以改善和保障民生为重点，努力把发展成果惠及员工。持续改善一线生产生活条件，安排专项资金对老油气田的前线倒班设施进行改造完善，重点解决一线员工住宿、饮水、就餐、采暖、洗澡、如厕、文化活动、油气区道路等实际问题。新增前线医疗点3个，开展“送健康到一线”活动，健康体检8.2万人次。建成和投用职工住宅近万套，为特困户提供廉租住房45套，妥善解决泾河工业园土地征用历史遗留问题。改造银川燕鸽湖体育馆，西安石油职工活动中心建成投用，生活基地功能不断完善，矿区服务质量显著提升，物业服务满意率达95.96%。矿区社会管理水平持续提升，社区居委会实现全覆盖，落实争取政府惠民政策16类86项，享受政府补贴和惠民待遇2亿多元。努力拓展就业渠道，解决员工子女就业1078人。提高职工基本医疗保险支付限额，调高离退休人员基本养老金、体检频次及标准等待遇标准，提升职工居民社会保障水平，近3万名随矿家属参加城镇居民基本医疗保险。认真抓好“一老一少”服务，落实离退休老同志各项待遇，探索矿区机构养老，西安长庆老年公寓主体顺利完工，建成3个社区日间照料中心。落实幼儿园联办监管责任，矿区省级示范园已达5所。大力加强与陕甘宁蒙4省区及延安、榆林、银川、庆阳、鄂尔多斯等油气区重点地市的沟通协调，支持地方经济社会发展和生态建设，努力营造和谐发展的外部环境。

（柴君旺）

中国石油天然气股份有限公司塔里木油田分公司

【概述】 中国石油天然气股份有限公司塔里木油田分公司（以下简称公司）集油气勘探开发、炼油化工、油气销售、科技研发等业务为一体。公司总部位于新疆维吾尔自治区巴音郭楞蒙古自治州州府库尔勒市。油田作业区域遍及塔里木盆地周边南疆五地州20多个县市，最远的作业区距离总部1200余千米。截至2013年底，公司设置机关及直属单位19个，基层单位26个。公司合同化员工11739人，其中少数民族员工2791人。

【主要生产经营指标】 2013年，塔里木油田实现工业总产值491.63亿元（油气开采445.53亿元，原油加工25.4亿元，化肥生产20.7亿元），同比增加16.11亿元，增长3.39%。实现工业增加值404.75亿元，同比增加32.74亿元，增长8.8%，自“十一五”以来年均增长13.86%；按增加值计算人均劳动生产率为379.37万元，年均增长16.42%。截至2013年底，资产总额732.67亿元。

全年投资资本回报率28.42%。实现销售收入524.38亿元，同比增加21.47亿元，增长4.27%；实现利润总额205亿元，同比增加0.46亿元，增长0.23%。

【油气勘探】 2013年，公司完成二维地震2101千米、三维地震2040平方千米；完成探井67口、进尺42.39万米（其中评价井21口、进尺13.57万米）。全年在30口井试获工业油气流，新增油气三级当量储量5.56亿吨，油田新增油气三级当量储量连续8年超过4亿吨。其中：新增探明石油地质储量6870.27万吨、可采储量1602.5万吨；新增探明天然气地质储量1583.27亿立方米、可采储量908.71亿立方米；至2013年底累计探明石油地质储量89232.35万吨、可采储量21888.85万吨，天然气地质储量14245.84亿立方米、可采储量8912.98亿立方米；油气储量接替率分别为原油2.71、天然气4.08，油气储采比分别为原油19.9、天然气33.2。

2013年油田勘探取得1个战略突破，3个重要发现，5个重要进展。

1个战略突破：中深1C取得勘探重大突破，首次发现寒武系盐下原生高产油气藏，新发现1个战略接替领域。3个重大发现：阿瓦3井风险勘探获得突破，新发现1个千亿立方米气区；克深9井获得高产工业气流，克深地区新发现1个超千亿立方米气藏；哈拉哈塘地区金跃、其格区块持续发现，哈拉哈塘油田范围向南、向西不断扩大。5个区块评价勘探取得重要进展：克深—大北区块4个千亿立方米气藏评价取得重要进展；迪北104井氮气钻完井获得高产，展示了迪北区块侏罗系巨大勘探潜力；库车西部岩性油气藏勘探取得新进展；新垦—热瓦普区块成为油田近期上产的主力区块；塔中碳酸盐岩勘探开发取得进展。

【油气开发】 2013年，完成油气当量产量2366万吨。生产原油590.45万吨，同比增长1.77%；销售原油588.55万吨，同比增长1.62%；生产天然气222.8亿立方米，同比增长15.36%，销售天然气208.48亿立方米（西气东输销售172.12亿立方米、周边销量36.36亿立方米），同比增加14.57%。

全年累计投产新井254口，平均日产油4474吨，平均日产气1329万立方米，累计产油73.06万吨，累计产气19.75亿立方米；累计实施措施井295次，措施有效率86.78%，平均日增油1390吨，平均日增气65.09万立方米，累计增油27.96万吨，累计增气12334万立方米。

老油田通过加大研究力度，实施注水专项治理、综合调整、二次开发与滚动接替等工程，建立异常高压气井产能动态评价方法和气井见水预警机制，老区开发效果逐步改善。全年综合递减率为14.84%，自然递减率为19.54%，综合含水率为69.18%。

完成开发井266口、进尺123.51万米，新增原油生产能力101.2万吨、天然气生产能力36.9亿立方米；年末原油生产能力582万吨、天然气生产能力203.8亿立方米。

【炼油化工】 2013年，公司加工原油30.94万吨，同比减少34.73%；生产汽油11.88万吨，同比减少31.33%，销售汽油12.26万吨；生产柴油15.08万吨，同比减少35.93%，销售柴油15.19万吨。全年炼油产品轻油收率为87.15%。全年生产尿素132.66万吨，同比增加9.31%。其中：塔里木石化生产尿素83.03万吨，塔西南生产尿素49.63万吨。塔里木石化合成氨综合能耗31.76吉焦/吨、尿素氨能耗569.50千克/吨。两气消耗由2012年1084米^3/吨氨降到2013年的1079米^3/吨氨。塔西南化肥厂尿素氨能耗569.76千克/吨，尿素产品优级品率99.78%。

【石油钻井】 2013年，公司全年作业井457口，总进尺164.39万米，同比分别增长17.48%和25.01%。其中：大宛齐区块作业井（浅井）75口，平均完成井深858.37米，平均钻井周期4.85天。

2013年，作业井382口（浅井75口），其中，探井42口，评价井94口，开发井246口；直井212口，定向井68口，水平井102口。全年开钻274口，完钻258口，完井258口。全年完成钻井进尺158.19万米，同比增长25.47%；平均完井井深6130.44米，同比增长0.21%；动用钻机1305.52台·月；平均钻井周期117.72天，同比增长5.12%；平均钻速1211.71米/（台·月），降幅0.21%；平均机械钻速5.01米/小时，同比增长1.77%；钻井生产时效92.44%，同比提高0.75%；纯钻时效33.56%，同比下降0.67%；事故时效4.21%，同比提高0.4%；复杂时效2.80%，同比下降1.21%。

2013年，库车地区平均完成钻井井深5762.18米，平均钻井周期243.01天，平均完井周期281.38天。山前井平均钻井周期260.7天，平均完井周期302.8天。克深区块创造219.29天完井周期新纪录。塔北地区整体实现“三开三完”，平均单井建井周期控制在120天内；英买2区块直井钻井周期实现最短50天完钻；碳酸盐岩井、碎屑岩井试油平均完井周期分别为14.4天、20.6天，同比下降0.7%、45.1%。塔中碳酸盐岩直井平均钻井周期110.11天，同比下降8.48%，水平井平均钻井周期155.65天。碳酸盐岩直井、水平井试油完井周期分别为12.95天、20.54天，同比下降43.20%、15.47%。

【重点建设工程】

1. 南疆天然气利民工程

公司实施的重点建设工程南疆天然气利民工程，2010年7月14日开工。至2013年底该工程已建成干线及主要支线输气管道，向喀什地区、和田地区、克孜勒苏柯尔克孜州以及途经阿克苏地区、新疆生产建设兵团的县市、农牧团场供气。

该工程由英买力—喀什、喀什—泽普、和田—泽普、和田—塔中4条干线和19条支线构成，管道全长2424千米；新建伴行路3条，全长147.72千米，建通信光缆2776千米。累计完成投资43.87亿元。喀什—泽普段270千米管道已建成，和田—泽普段345千米管道已建成，英买力—阿克苏段619千米管道完成99%；柯坪—巴楚段完成99%，伽师—喀什段完成99%，伽师—岳普湖—麦盖提段完成99%，和田—民丰段完成98%。

2013年7月30日全线开始投产，截至2013年9月16日，除柯坪支线外，其他干支线均已投产；喀什油气运行中心办公楼2013年7月19日初步验收；37座站场和55座阀室全部完成；大中型水域穿越38处、等级以上公路穿越66处、铁路穿越15处全部完工。

2. 哈拉哈塘哈6区块产能建设工程

2011年开工建设，新建产能244.1万吨。2011—2013年部署总井数106口，其中利用老井12口，新钻井94口。2011—2013年累计新建产能98.5万吨。地面工程2013年9月建成投产，10月9日原油正式外输，10月24日天然气外输。

3. 和田河气田产能建设工程

2011年开工建设，工程建成后新增加天然气生产能力10.3亿立方米。2012年5月16日批复地面工程初步设计。2011—2013年累计完井12口，建成产能7.5亿立方米。地面工程2013年12月6日建成投产。

4. 克深气田产能建设工程

2011年开工建设，新建产能为60亿立方米。2011—2013年累计完井21口，建成产能24.96亿立方米。地面工程2012年6月6日开工建设，至2013年底完成总工程量的65.2%。

5. 大北气田产能建设工程

2011年开工建设，新建产能30亿立方米。2011—2013年累计建成产能13.6亿立方米。地面工程2013年3月25日开工，至2013年底已完成总工程量的72.74%。

6. 塔中Ⅰ号凝析气田中古8-43区块产能建设工程

2011年开工建设，新建产能18亿立方米。2011—2013年累计完井60口，建成产能14.38亿立方米。至2013年底地面工程累计完成总工程量的38%。

7. 克拉苏气田输气管道工程

该工程主要包括新建大北—克拉2—轮南管道，全长250千米，设计压力10兆帕，大北—克拉2段设计年输气量50亿立方米，克拉2—轮南段设计年输气量150亿立方米。2013年3月25日工程开工，2013年11月克拉2—轮南段建成投产，至2013年底大北—克拉2段累计完成总工作量91%。

【企业管理】 2013年，公司推进管理提升活动，持续强化制度建设，优化业务流程。全年开展69项制度制修订工作；推广30项管理经验，总结形成钻井提速、对标工作等12项典型管理经验。严格控制议标和合同谈判，综合招标率达到70.32%。引入第三方评价机构开展供应商评价。油田连续8年零缺陷通过外部审计、管理层测试等外部测试，2013年例外事项数量创历史新低。进一步优化简化业务流程，根据生产经营实际动态调整流程图，同比流程图减少11个、新增4个，部分流程运行效率得到进一步提升，合同签订平均总时长由2011年的61.5天减为2013年的45.4天。制订《业务流程推广实施方案》，以197个重点流程为主线，收集实施证据582份。完成勘探开发滚动规划（2013—2017年）的编制；对《塔里木油田地面工程总体规划》进行完善和调整；加强项目前期管理和后评价工作，严格控制紧急项目立项，共组织限下投资项目前期工作审查19批次95项；组织完成股份公司后评价项目1项，完成公司后评价17项的审查及报备工作；全年申请到位投资2099674万元。

与国际先进企业、高等院校合作，开展勘探开发复合型、油气藏研究领军型、钻井工程领军型等高端人才培养，共计56人次。与国内科研院校合作培养，开展钻井、油气藏、天然气、油气储运等专业人才储备培养工作，共计217人次。

【科技创新】 2013年，公司承担国家级科技项目13个，股份公司项目15个，公司项目27个，其中，1个国家级重点科技项目通过中期检查验收，12个中国石油项目完成年度验收。

2013年组织申报省部级以上科技成果共计29项，共获省部级奖20项（公司牵头特等奖1项、一等奖4项、二等奖5项）。公司评审出2013年公司技术创新奖一等奖10项，二等奖20项；技术推广奖一等奖5项，二等奖10项。

2013年，公司获得国家知识产权局授权专利109项（发明专利7项）；获得国家版权局软件著作权17项。

【安全环保】 2013年，公司以深入推进安全文化建设，构建具有塔里木特色的QHSE文化体系，深化QHSE发展成果，全年杜绝较大及以上安全、环保和职业病危害事故，实现节能6.2万吨标准煤，节水33万立方米，减排COD（化学需氧量）110吨、氨氮340吨，全面完成集团公司各项考核指标。

安全文化建设逐步向自主管理跨越，引导形成公司员工及承包商自主管理的思维模式。全年分享事故事件案例305个、安全经验8507个；全面强化工艺安全管理，制定全生命周期的工艺安全管理标准，实施由审核推动向自主争创的升级转型。重点领域关键环节安全生产全面受控，形成塔里木井控管理模式：山前地区连续12年，台盆区连续8年无井喷失控事故。

2013年实施隐患治理项目66项，投资3.04亿元。克深区块二期地面工程等6个大型产能项目的HAZOP分析提出656项建议措施，接受631项，安全预评价提出的建议措施全部得到有效落实。

力推清洁能源，突出新能源和清洁能源利用，建成沙漠公路防护林太阳能光伏电站12座；气化钻机34部，辅助发电机组20台，降低钻井能源成本30%—50%；"网电钻井"已进入大规模推广阶段，单台钻机年柴油替代量达1500吨，减排二氧化碳3500吨，年经济效益480万元。实施节能技术措施40余项，节能量3.5万吨标准煤。

加快重点环保项目的科研和实施。钻井不落地处理装置能耗较以往降低30%，占地面积减少50%；塔石化尿素C-102和污水处理场加药工程已投入运行，年减排COD（化学需氧量）110吨、氨氮340吨；塔西南石化厂化工污水深度水解项目已取得环评批复，年底投入运行，设计减排氨氮350吨/年。

计量标准化工作发布企业标准46项，完成油气水流量计量更新改造342台（套）。加快"两站一点"建设，"流量检定站"和"阀门检测站"顺利完成，"国家站塔里木检定点"工程进行施工图设计。

【后勤保障】 2013年，公司钻井现场技术服务12868井次，溢流处理128井次，钻具现场探伤35万头，现场井控装备试压7898井次，井控欠平衡服务42井次，并设立区块井控值班点1960井次，坚持井控高风险井、特殊作业井、溢流险情井驻井值班服务；开展节流阀下游防冲蚀短节、氮气钻井井控装备配套技术等研究、流阀下游防冲蚀短节、持续做好欠平衡技术服务，满足了塔里木油田井下复杂的井控装备要求，公司连续8年实现井控无事故。

全年油田自发电11.22亿千瓦·时。采购物资质量抽检合格率99.16%，连续7年达99%以上；物资周转2.78次，连续4年完成挑战目标；网上交易29.27亿元；采购招标率80.42%，完成70%挑战目标；积压利用8451.8万元；物资供应及时准确率98.53%。

全年完成消防现场监护471车次1808人次；参与火灾扑救23起，出动消防车60车次，出动消防员278人次；参与抢险6起，出动消防车19车次，出动消防员84人次；参与社会救助18起、出动消防车42车次、出动消防员183人次；完成灭火救援预案演练共66次、出动消防车402车次，出动消防员1455人次。消防装备完好率98%，消防执勤保驾、灭火抢险出警及时率100%，处置成功率100%。

信息化建设取得一系列重大成果。重点建设项目国家物联网应用示范工程签订合同6个，油田信息化建设项目14个。首次实现移动设备数字办公、合同结算、资金平台等8套系统业务的"移动办公"模式；建成油田数字图书馆，馆藏5万册电子图书，1700多种期刊，205种电子报纸，596集视频讲座，18类远程教学资源，为全探区71个甲乙方单位、6万余人次提供学习、科研、知识拓展的文化需求。以"770"为枢纽，快速响应用户需求、及时跟踪用户满意度、实时评价服务效果、全过程闭环控制运维质量。全年提供服务34130件次，响应及时率99.7%、任务完成率100%，服务满意率99.9%。

数字化矿区建设框架基本形成，较好履行"保障生产、服务生活、维护稳定"三大职责。

【向西气东输供气】 2013年，塔里木油田向西气东输供气172.12亿立方米，比2012年增加18.43亿立方米，截至2013年底，累计向西气东输供气1226.56亿立方米。西气东输工程投产9年来，油田先后向上海、北京等14个省（区、市）的80多个城市供气，3000余家工业企业和4亿多居民从中受益。

（张　禾）

中国石油天然气股份有限公司新疆油田分公司（新疆石油管理局）

【概述】 中国石油天然气股份有限公司新疆油田分公司（以下简称公司）主要从事准噶尔盆地及其外围盆地油气资源的勘探、开发、集输、销售及生产服务、矿区服务和其他辅助业务。截至2013年底，累计探明石油、天然气地质储量23.3亿吨、1972.7亿立方米，油气资源探明率分别为26.9%和7.9%。已开发油气田26个，累计生产原油3.18亿吨、天然气687.82亿立方米。原油输送管道48条，总长2384千米，年输送能力2060万吨；天然气输送管道53条，总长1634千米，年输送能力120亿立方米。公司设机关处室26个，机关直（附）属单位18个，基层单位36个；设相对独立的矿区服务事业部，设9个机关处室、4个直附属单位和6个基层单位。2013年公司用工总量4.75万人，资产规模1185.8亿元。

【主要生产经营指标】 2013年，公司注重有质量、有效益、可持续发展，有序推进"新疆大庆"建设，各项业绩指标圆满完成。全年新增探明石油地质储量、可采地质储量、SEC储量1.22亿吨、2536万吨、1760万吨，新增控制、预测石油地质储量1.08亿吨、1.05亿吨；生产原油1160万吨、天然气30.5亿立方米，完成原油商品量1010.6万吨、天然气商品量5.5亿立方米。实现总收入613亿元、税前利润122.9亿元、缴纳税费187.7亿元、经济增加值（EVA）84.8亿元，桶油完全成本54.22美元，其中油气单位操作成本17.12美元。完成小修井作业3.7万标准井次，生产井口、抽油机、锅炉等设备3500余台（套），发电16.5亿千瓦·时，供电28.5亿千瓦·时，引水4.27亿立方米，供水7085万立方米。连续第十三年实现无生产亡人和重大环境污染事故；节能6.1万吨标准煤、节水126万立方米。

【企业管理】 2013年，公司突出战略规划，优化配置资源，开展稠油开发不同燃料结构成本预测模型和进入煤炭市场可行性研究，初步形成热采蒸汽业务市场运作模式；着眼资源、技术等核心要素，探索可持续发展的实现路径。落实投资及专项费用235.2亿元，创历史新高；严格"一本账"管理，优化投资结构，着力保障油气核心业务和重大民生工程建设，勘探开发主营业务投资占比91.2%。预算管理全面加强，落实成本费用490.11亿元。建立2006—2012年对标评价体系基础数据库，10家油气生产单位推广标准成本体系，启动储运、科研、监理、消防等单位标准成本建设；调整绩效考核导向，突出效益指标考核，"双保"方案有效落实。风险合作开发加快实施，4家驻外机构、绿成公司移交政府稳步推进，酒店经营模式持续转换，机械制造、通信业务人员有序分流，低端小修业务不断退出，解困扭亏年度指标全面完成。在33家单位推广企业风险管理报告制度，内控体系运行有效，抵御和防范经营、法律风险能力得到提升。坚持关联交易，严格工程技术服务队伍市场准入，发挥油田市场调节作用，保障了产能建设。完善招标评审专家库，设立物资采购招标中心，规范了招标秩序。推进供料和物资集中采购，加强服务商、供应商动态管理，两级物资集中采购率达96%。开展重点领域、关键环节和关键岗位审计47项，涉及资金613.7亿元。围绕生产经营薄弱环节，开展效能监察，完善制度流程45项，节约资金0.26亿元。处理股权项目8个、新设1个。诊断、整改管理问题111项，精细化管理水平得到提升。

【勘探开发】 2013年，公司持续推进储量高峰期工程，石油储量接替率、储采比分别达到2.6和22.3，资源基础得到进一步夯实。发现1个新领域，东道海子富烃凹陷滴南8井二叠系梧桐沟组获得高产工业油流，有利勘探面积1100平方千米，揭开了准噶尔盆地腹部勘探新篇章。拓展形成2个大场面，玛北地区落实亿吨级控制储量，玛18井、玛湖1井均获得高产工业油流，玛湖凹陷西斜坡基本形成百里油区；吉木萨尔凹陷致密油领域3口井获得工业油流，新增井控储量2.66亿吨，累计达12.84亿吨。落实1个亿吨级油田，金龙油田中拐凸起金龙2井区二叠系新增整装探明石油地质储量7000万吨，金龙10井区石炭系新增预测石油地质储量8100万吨。探明1个5000万吨级区块，风城油田侏罗系重18、重22井区新增探明石油地质储量4348万吨。培植5个千万吨级储量目标，整体解剖九区—百口泉断裂上盘石炭系，14口井获工业油流；重新认识油藏，克拉玛依油田四1区、白25井区11口井在多个层组获工业油流；深化控藏因素研究，腹部夏盐、石南地区14井获工业油流；加强成藏规律研究，红车断裂带12口井分别在石炭系、古近系—新近系、侏罗系和白垩系获工业油流；克拉美丽气田外围滴西185等3口井获高产气流，新增天然气储量220亿立方米。2013年，新增石油探明储量和滚动勘探新增石油探明储量分别位居股份公司第二位和第一位。

深化注水专项治理，开展老区精细挖潜，全油田分注率、水质达标率同比提高4个和3个百分点。二次开发工程钻新井136口，累计建产能近200万吨，有力助推采油二厂连续4年稳产200万吨。砾岩油藏30万吨聚合物驱工业化试验进入前缘水驱阶段，二元驱、红浅火驱阶段采收率分别提高4.3个百分点和9.3个百分点，直井火驱工艺技术基本成熟，水平井火驱4对井开始预热。风城超稠油SAGD（蒸汽辅助重力泄油）技术实现102个井组规模应用，投产74个井组，平均日产油14.2吨，同比提高2.8吨，循环预热优化控制技术初步形成；重45高黏稠油试验区3对SAGD井组投入预热，投运2号稠油处理站和风城清水处理厂，完成循环预热阶段采出液预处理现场试验，助推风城油田原油年产量突破200万吨。吉木萨尔凹陷致密油开发先导试验4口井顺利投产，工厂化作业模式初步建立。全油田油量递减率稳定在12.7%，含水上升率控制在1%；稠油油汽比稳定在0.13。坚持管理与技术、地面与地下、方案与现场相结合，大力推进精细化注汽，重油公司原油产量重上百万吨。全年钻新井4133口，建原油产能286.4万吨，创历史新高；其中钻水平井248口，建产能63.4万吨；占全油田开井数7.2%的水平井贡献了19.2%的原油产量；稀油新区全部实现同步注水。合作开发生产原油189.7万吨，同比净增82.7万吨。国内最大的储气库—呼图壁储气库安全高效建成，注气、采气两套系统均一次投产成功，累计注气12.51亿立方米，提高了区域储备调峰和应急保障能力。全年新建天然气产能2.5亿立方米，深挖已开发气藏潜力，实现日增气23.5万立方米；加强气田综合管理，积极争取中亚气下载，抓好产销综合平衡，实现安全平稳供气。开展西北缘油砂矿开采试验攻关，明确开发技术路线和管理运营模式。

【安全环保】 2013年，公司以“责任归位年”活动为抓手，完善考核体系，层层落实HSE工作责任。重点开展机关职能部门HSE培训，提高了业务职能梳理和风险辨识能力。推进安全自主化管理，培育7个班组和2个承包商HSE管理示范典型。职业病危害因素检测点923个，职业健康体检实现全覆盖。强化承包商HSE准入、业绩评价和过程监管，围绕23个工种组织HSE培训近8000人次。整合供水、供电、供热、燃气、修井、长输管道六大专业救援队伍，组建应急救援中心，统一调度调配全油田应急救援资源；开展河流溢油事故等应急演练，提升了应急救援保障能力。开展专项异体监督18项，实施动态考核，定期分析通报存在问题，查处“三违”387人次。开展工艺性流程生产装置HAZOP分析，识别误差1025项；投入资金4.2亿元、治理隐患113项；油田开发建设项目“三同时”执行率100%，提高了本质安全水平。持续开展清洁生产审核，公司及所属20家单位通过新疆维吾尔自治区第二轮现场验收。油田废气和工业废水处理达标率100%，工业废水回用率94.5%。

【质量节能】 2013年，公司大力推进能效对标管理，实施现场技术改造9项；油田采出水余热利用项目节约蒸汽2.87万吨，经济效益399万元。深化注汽、机采、配电、稠油集输系统节能技术改造，形成关键技术5项，节约3.6万吨标准煤。完成集团公司“热采节能节水关键技术研究”项目，形成关键技术5项。质量管理体系在公司实现全覆盖，并实施内部审核；加强产品和建设工程全过程质量控制，采购产品监督抽检合格率97%，建设工程质量监督覆盖率100%。开展用户满意度测评前期研究，克拉玛依物业管理公司、供电公司被评为全国实施用户满意工程服务类先进单位，油田公司连续三年荣获全国全面质量管理普及教育先进单位称号。《油气田生产系统水平衡测试和计算方法》、《油砂矿地质勘查与油砂油储量计算规范》分别通过国家和行业审查，填补了国内空白。发布企业标准48项，制修订规章制度26项，废止13项，梳理优化业务流程480个。

【科技创新与成果】 2013年，公司深入推进“大科技”工程，科技第一生产力的作用有效发挥。以“新疆大庆”重大科技专项引领科技攻关，投入资金12.67亿元、攻关49项259个课题，科技项目计划完成率98.5%、优良率80.6%，实现科技增油40万吨。富烃凹陷岩性地层和湖相致密油地质理论认识、浅层超稠油双水平井SAGD技术、砾岩油藏大幅度提高采收率、火山岩气藏综合调整等勘探开发关键技术取得重要进展；复杂油气藏优快钻井、试油与储层改造关键技术、火驱采油与地面配套等工程技术取得突破；重大现场试验和精细注水工艺、连续油管井下作业、带压作业等新技术新产品推广应用成效显著。科技研发组织体系职责和定位进一步理顺，保障体系不断健全，激励机制逐步完善，科技资源配置更加有效，攻关方向更趋集中。科研中心建设稳步推进，砾岩油藏实验室获批新疆维吾尔自治区级重点实验室，公司实现省级重点实验室零的突破。国际交流取得实质性进展，与中国石油休斯敦研究中心开展战略合作。海外技术服务实现勘探开发研究全程覆盖，形成现场支持和与国内项目研究相互支撑、各专业高度融合的一体化工作模式。深化数字油田成果应用，建立配套网络、系统和数据安全保障体系，有效降低信息安全风险，数据资源新增152.4TB，总量达356TB，并完成数字网络控制中心机房规划设计。推进智能油田建设，开展单井问题诊断优化、随钻跟踪辅助研究、智能物资仓储管理等5套系统建设，启动勘探战略选区、油藏评价目标优选等6个项目前期研究。顺利建成中国石油新疆区域数据中心，实现双机房备份。牵头完成勘探与生产调度指挥系统（A8）在股份公司16家油气田内部推广应用，加快推进油气生产物联网系统（A11）示范工程建设，节能节水管理系统（E7）顺利试点上线。2013年，公司获得省部级科技进步奖14项，取得授权专利194件、计算机软件著作权8件，股份公司技术秘密认定25项，争取到国家973等项目5项。

【精神文明建设】 2013年，公司坚决贯彻落实中央八项规定精神，强化政治纪律、作风建设监督检查和责任追究。2013年度新疆维吾尔自治区考核市油田党委班子“好”和“较好”得票率达到100%。以落实“三重一大”制度为重点，强化民主集中制建设，班子整体功能有效发挥。严格执行干部选拔任用工作条例和四项监督制度，坚持以德为先、德才兼备用人标准，合理使用各年龄段干部，调整配备领导人员144人，其中提拔49人、交流95人，新提拔副处级人员80%采用竞争性选拔方式产生。启动实施百名年轻干部重点培养计划，提拔35岁以下优秀干部5人。开通手机短信举报受理平台，形成来信、电话、网络、手机“四位一体”举报受理体系。实行举报专办制度，受理选人用人问题举报4件，全部进行了查核。落实干部选拔任用工作经常性检查机制，加强干部选任事前和过程监督，发现并整改问题80余个。

深入实施“党的基层组织建设三年提升工程”，星级标准化党支部创建率72.6%。成功承办集团公司基层建设暨“千队示范”工程新疆现场会，公司3个优秀站队、21个示范站队分别被评为集团公司“百个标杆单位”和“铁人先锋号”。工程教育基地累计开工50个项目并完成60%的建设任务；全面落实“五个一”年度培训计划，培训2.5万人次；试点“技能大师（专家）工作室”，新增集团公司专家5人，评聘公司级技术专家35人、学科技术带头人136人、厂处级学科技术带头人406人；招录硕士博士研究生94人、劳务工和复转军人665人，内部调剂981人，队伍结构得到了优化。

开展“中国梦·石油梦·我的梦”主题宣讲和“双十”读书活动，开设“准噶尔大讲堂”和“道德讲堂”，启动铁人广场、一号井等文化教育基地建设。开展第三十二个“民族团结进步教育月”和党外知识分子“同心同向同行”主题教育活动，强化“三非”专项整治，巩固了团结稳定的发展大局。推进党务、厂务公开，公司工会、8家单位分别获得全国、新疆维吾尔自治区厂务公开示范单位称号。工会、共青团组织桥梁纽带作用得到有效发挥，7家单位荣获国家、新疆维吾尔自治区“安康杯”竞赛先进单位称号。

大力支持地方经济社会建设。积极推进油气资源合作开发，黑油山公司、红山公司分别生产原油20万吨、46.7万吨，油砂矿资源合作开发进入实施阶段。积极配合政府落实“一对一”帮扶政策，适度有序开放工程技术服务市场，加大人才支撑和培养力度，帮助地方骨干企业开拓西部和中亚市场，地方企业实现海外市场产值5000万美元，同比增长66.7%。准东采油厂实施海外生产服务劳务派遣项目，促进了子女就业，带动了地方企业走出去发展。促成宝钢克拉玛依钢管有限公司产品纳入集团公司物资采购网。协办2013年中国（克拉玛依）国际石油天然气及石化技术装备展，争取中国石油专属财产保险公司落户新疆。大力支持金龙湖、保障房等重点民生工程建设。为乌尔禾区提供水电暖系统保障和基础条件。积极做好中国石油驻疆企业协调工作，共同推进“新疆大庆”建设。投入资金2400万元，实施对口援建项目12个，促进了企地军融合发展。

【党的群众教育实践活动】 2013年，公司紧扣为民务实清廉主题，聚焦政治坚强和“四风”问题，在公司全体党员干部范围，深入开展党的群众路线教育实践活动。公司领导班子发挥引领作用，开展了领导干部讲党课、党校教授理论课等“六堂课”和3个专题的学习讨论。各级领导班子组织专题学习讨论近400场次；在全体党员中开展了为期1个月的维护大局稳定反对民族分裂思想大讨论，签订维稳承诺书10546份。公司领导班子征求群众意见建议2593条；各级领导班子面向职工群众公开承诺537条，立查立改3577项。集中开展正风肃纪15项专项整治，公司级会议、文件简报、媒体报道同比减少26.7%、5.5%、28%；8841名党员干部做出会员卡“零持有、零报告”承诺；47名处级领导干部社会团体兼职问题得到整改；“五项经费”同比下降15.5%。完善服务职工群众、反对“四风”长效机制，制订整改落实方案九大类36项，对147项个性化问题明确到责任部门，并下达整改任务；梳理现行制度，废止不适用制度17项，拟新制定15项、修订26项。从严从实强化督导，公司成立6个督导组，加强对重点环节的督查指导，确保各项部署不折不扣落到实处。

【矿区建设】 2013年，公司围绕“服从油气发展，服务员工生活，努力建设美丽石油石化矿区”的工作思路，着力改善矿区生产生活环境，持续增强矿区服务保障能力。稳步推进“大矿区”建设，投用风城油田作业区前线倒班公寓，建成单身职工公寓，启动建设呼图壁储气库倒班公寓。大力开展标准化小区建设，通过环境治理、设施完善、住宅维修等项目的实施，打造了30个环境优美、布局合理、功能完善的集团公司级标准化小区，完成年度计划的107.1%。完成永安、曙征锅炉房安全改造，预计年减排二氧化硫210吨、氮氧化物72吨。新建改善性住房12栋，维修住宅259栋。天然气入户工程全面建成，天然气管线安全在线监测系统顺利投用。新增城区绿化面积90亩，绿化率达32.86%，实施绿化会战6000亩、植树27万株，油田绿化稳步推进，职工群众居住条件和环境面貌发生根本改观；准东采油厂被评为“全国绿化模范单位”。持续推行“三个一”服务模式，矿区服务热线“一号灵”上线运行，物业、暖气收费实现“一卡通”，水电气暖物业收费实现“一站式”服务。设立矿区24小时总值班，启用服务监督投诉热线，创建具有创新管理方式和特色服务方法、标准的“矿区服务示范窗口”10个，发挥先进示范、典型引路的作用，全面促进了基层站队管理水平和服务形象的提升。开展亲情化、个性化、人性化离退休服务7179人次，举办各类活动1200场次，老同志参与率70%以上；干休所改造工程主体完工。矿区供热出口温度合格率、用户室温合格率、离退休职工服务满意率均在99%以上，居民供水、供电维修及时率、合格率均达100%。深化困难员工家庭基本生活、子女上学、大病医疗、意外灾害等帮扶救助，扶贫帮困和节日慰问5.1万人次，资金3517万元。全面落实信访责任，严格社会稳定风险评估制度，解决员工切身利益问题123项，信访案件办结率、限时结案率98%以上。加强安保防恐企地联动，加大“三防”投入和要害部位、敏感时段安防力度，启动第二批重点要害部位安防系统建设，破获系列原油盗窃案，保障了生产生活安全。

（刘　祎）

中国石油天然气股份有限公司西南油气田分公司（四川石油管理局）

【概述】 中国石油天然气股份有限公司西南油气田公司（以下简称公司）主要经营四川、西昌盆地的油气勘探开发、油气集输和销售，以及与之配套的矿区服务业务。截至2013年底，公司在四川盆地登记勘查开采矿权130个，总面积16.32万平方千米，在西昌盆地登记勘查项目1个，面积5549平方千米，已开发气田114个，含气构造62个，累计采气3603亿立方米，占全国天然气总产量份额约为30%。公司建设形成了采、集、输、净化为一体的地面配套系统，现有各类生产气井、集输场站3300余座，集输气管线2万千米，年输气能力250亿立方米；天然气净化厂14座，年净化能力156亿立方米。公司现有机关处（部）室26个，下属二级单位38个，用工总量4.1万余人，总资产超800亿元。公司现有直属科研院所5个，集团公司级重点实验室5个，博士后工作站1个（分站6个），享受国务院特殊津贴专家9人，形成了以地质综合研究、欠平衡、气体钻、水平井、储层改造、排水采气等技术为标志的26大技术系列，拥有127项具有领先优势的特色技术，复杂深层碳酸盐岩油气藏勘探开发等10余项技术达到国际先进水平。

2013年，公司全面完成年度生产经营计划任务，生产的天然气主要销往西南、华中地区川、渝、云、贵、湘、鄂6省（市）千余家大中型工业用户和1200多万户居民家庭以及1万多家公用事业用户，目前天然气在川渝地区一次能源消费结构中占15%左右，高于全国5%的平均水平，市场占有率、行业利用率超过70%。

【主要生产经营指标】 2013年，公司业绩指标全面完成，全年新增天然气三级储量8827亿立方米，连续10年实现了储量高峰增长。生产天然气127.79亿立方米，石油液体产量20.13万吨，连续8年油气当量保持千万吨以上。净化天然气77.42亿立方米，完成投资工作量156.64亿元，新建天然气配套年产能31亿立方米，完成钻井进尺56.4万米，销售天然气170亿立方米，实现主营业务收入469亿元。成本控制在股份公司下达的指标内，取得好于预期的业绩。

【油气勘探】 天然气勘探取得具有重大里程碑意义的新成果，发现我国迄今为止单体规模最大的特大型海相整装气藏，安岳气田龙王庙组气藏提交探明储量4403.83亿立方米。同时坚持全盆地整体勘探、立体勘探，在乐山—龙女寺古隆起下古生界—震旦系勘探获得1项重大新成果，在盆地须家河组致密气、大川中侏罗系致密油、川东明月峡构造带石炭系勘探获得3个重要新发现，在龙岗西剑阁区块礁滩勘探获得1个重要新进展。

【油气开发】 通过勘探前期工作，龙王庙组气藏快速探明建产，不到一年时间建成10亿立方米试采工程，投产8口井，全年产气4.88亿立方米。持续深化龙岗地质研究，龙岗试采工程安全平稳运行，全年产气10.32亿立方米。在安岳、合川、蓬莱等区块采用“储层＋裂缝＋AVO”高产布井模式，平均测试日产气24.16万立方米，年产气8.1亿立方米，产油10.3万吨，规模效益开发成效显著。加强老气田科学精细开发，加大措施挖潜力度，有效控制了递减，全年生产天然气92.03亿立方米。全年投产新井111口，当年产气9.53亿立方米。合川气田天然气处理厂工程、乐山地区天然气输气管道工程等13项重点工程相继完工。相国寺储气库工程试注成功，投产注采井3口，注气1.59亿立方米。

【非常规油气开发】 按照中国石油天然气集团公司与四川省人民政府签订的战略合作协议，完成四川长宁天然气开发有限责任公司筹备组建工作，12月9日正式挂牌运营。加强整体评价研究，优选出长宁、威远2200平方千米核心建产区和川东4500平方千米有利目标区。积极开展页岩气“工厂化”作业试验和体积压裂、微地震监测等技术攻关，长宁H2、H3平台7口水平井完钻，大幅缩短钻井周期；继续开展页岩气井产能试采评价工作，9口页岩气井投入试采，累计生产销售商品页岩气7622万立方米；加大页岩气矿权保护力度，新登记9个区块矿权。加强致密油勘探开发技术攻关，公117H井、高浅1H井获高产工业油流。

【对外合作】 加强阿姆河A区生产运行和安全环保管理，2013年安全平稳生产商品气54.9亿立方米，完成计划的105.6%，累计向国内输回天然气193亿立方米，为保障我国能源安全和天然气市场供应作出积极贡献。精心组织阿姆河B区、南约洛坦100亿立方米和300亿立方米增供项目的投产和生产运行准备工作，南约洛坦100亿立方米项目实现一次投产成功。盆地内川东北高含硫项目、富顺—永川页岩气联合评价项目、川中EOG项目、金秋项目等有序推进，对外合作项目生产天然气2.24亿立方米。

【市场营销】 坚持“统筹平衡，优化结构，保障重点，提高效益”原则，统筹盆地内外资源，精心编制营销和运行计划，科学实施“同步检修”和“移峰填谷”等措施，适时调整营销策略，切实做好与地方政府和用户的沟通协调，在市场供需矛盾十分突出的情况下，确保天然气市场安全平稳供应和民生、公用事业、重点工业等重点用户用气。加强市场调研，储备一批优质市场。积极推进“以气代油”，发展LNG业务，销售LNG 1200万立方米，促进了能源结构优化和低碳绿色发展。加强终端公司规范管理，促进管理和效益双提升。积极推动天然气价格改革，促成四川省、重庆市及时出台落实一省一价、存量气与增量气综合作价政策并执行到位，通过调价和调结构增收37亿元。

【科技创新】 2013年投入科研及现场试验经费2亿元，实施科研项目196项、新技术推广项目17项和现场试验项目22项，获得省部级科技奖励18项、授权专利51件。“四川盆地海相碳酸盐岩大型古隆起高效气田成藏理论与勘探技术研究”、“页岩气钻采工程技术试验”等国家、集团公司重大专项研究，取得多项重要新成果。钻完井提速、水平井、储层改造技术等攻关试验和规模化应用见到新成效，高石梯—磨溪区块实现再提速，震旦系井平均钻井周期149.5天，龙王庙专层井平均钻井周期86.49天，全年完成水平井63口、欠平衡钻井68口、气体钻井12口，储层改造作业279井次。全面启动数字化气田建设，加强信息系统建设、应用和运维管理，推进了信息化和生产建设运行的深度融合。加强科研平台建设，国家级研发中心“国家能源高含硫气藏开采研发中心”和四川省重点实验室“页岩气评价与开采实验室”获批成立，完善了公司科技创新体系。

【企业管理】 牢固树立以质量效益为中心的理念，持续深化改革，进一步优化资源配置，调整优化生产单位、矿区服务、科研院所、通信信息等单位组织机构，整合CNG业务，大力推广中心站管理，进一步优化了资源配置。扎实开展管理提升活动，突出抓好17个重点领域的专项提升，深化对标分析，推进管理诊断下基层，与基础管理建设工程、三大基础管理体系等管理创新创效活动有机衔接、协同推进，各项管理实现新提升。深入开展勘探开发、生产、技术、投资等八个方面的精细化管理，探井、开发井成功率明显提高，储量发现成本、油气开发综合成本大幅降低，生产组织更加优化高效，投资成本得到有效控制，区块钻井成本较预算下降4.1%，“五项费用”同比下降15%，物资库存下降24.5%，工效挂钩考核有效发挥了激励约束作用。加强内控、法律、合同管理，加强审计、监察、财务“大监督”，促进依法规范管理。

【培训工作】 大力开展业务技能培训、技能竞赛，深入推进“千队示范工程”、“五型”班组创建，开展班组长培训和新一轮“十佳百优”班组长选拔，员工队伍执行力、战斗力和业务技能不断提高，“五型”班组达标率94.5%。

【安全环保】 继续层层签订责任书，细化、量化安全环保业绩指标，加强过程考核，严肃责任追究，促进了安全环保执行力的提升。深入开展“我的岗位我负责，尽职尽心保安全”、“12·23”警示月等活动，全员安全意识得到强化。扎实开展HSE管理体系审核，对所有处级领导干部进行HSE履职能力评估，推广作业许可制度，全面启动安全生产标准化建设，提升了安全管理的规范化、精细化、科学化水平。持续加强环境保护和节能减排，全面推行“先临时后征用”等节地措施，“三废”达标排放率100%，节能1.46万吨标准煤、节约用地1519亩。持续开展安全环保风险评估和8个重点领域监管，生产作业全方位、全过程受控。开展新一轮三年安全环保隐患专项治理，完成79口A类隐患井治理。不断优化完善应急预案，加强应急演练，经受住了“4·20”芦山大地震和暴雨洪灾极端天气的考验。开展安全生产大检查和以油气管道为重点的生产安全和公共安全专项整治，认真整改发现的问题，进一步控制和削减了风险隐患。

【民生工程】 始终践行党的群众路线，投入3500余万元开展扶贫济困送温暖、金秋助学等活动，服务水平和质量不断提高，员工生产生活条件进一步改善，员工群众满意率达97%。

【社会责任】 主动做好与地方党委政府、新闻媒体、用户的汇报沟通，加强与川渝地区石油石化企业团结协作，积极对口四川省九龙县、重庆市开县援建扶贫，支援地方抗震救灾和灾后恢复重建，营造良好的外部发展环境，树立和展示负责任的大公司形象。

（赵煜晖）

中国石油天然气股份有限公司
吉林油田分公司
（吉林石油集团有限责任公司）

【概述】 中国石油天然气股份有限公司吉林油田分公司（以下简称公司），总部位于吉林省松原市。公司勘探开发和生产区遍布吉林省20多个市、县（区）。吉林油田于1959年9月29日发现，1961年1月17日建矿并正式投入开发建设。截至2013年底，公司有机关职能处室16个、机关附属机构3个、直属机构7个、矿区事业部机关1个、所属二级单位55个。用工总量44720人，其中合同化员工37794人。2013年公司基本完成各项工作预期目标，油气当量达到705万吨，实现全口径收入339亿元、税前利润32亿元、税费99亿元。

【油气勘探】 坚持油气并重搞勘探。长岭凹陷黑帝庙油层、让字井致密油水平井勘探取得阶段性成果，王府、英台、德惠三大断陷天然气勘探取得新进展，伊通西北缘油气勘探取得新突破。

1. 2013年指标完成情况

完成二维地震1067千米；完成三维地震780平方千米；完钻探井24口，进尺8.28万米；探井成功率55%，试油获得率36%。

2. 2013年油气勘探主要成果

（1）松南石油勘探项目持续推进水平井工程。精细评价扶余油层致密油，攻关高台子、黑帝庙薄油层，试油6口井，5口井获得高产油流。其中针对扶余油层致密油钻探的水平井均取得了较好效果。投产时间将近一年的乾246井、让平1井累计产量分别达到3876吨和4445吨，展现出致密油资源效益勘探开发潜力，首次按致密油勘探理念在鳞字井地区和大遐字井地区规模提交石油预测和控制储量。

（2）松南天然气勘探项目全年部署探井16口，9口井试气获得工业气流。王府断陷以小城子洼槽为重点，展开评价勘探，勘探开发一体化部署，初步落实部分探明储量，复杂气藏勘探开发一体化初见成效。英台断陷按照评价五棵树地区，预探大屯地区按两个层次部署的龙深8、龙深9、龙深208等井均取得较好效果。德惠断陷是天然气勘探老区，前期完钻的井产能普遍偏低。针对营城组火山熔岩体部署德深17井，钻遇近百米良好气测显示，对该段进行中途测试获得高产气流，改变了德惠断陷原生气藏低产能的历史，并可形成一定的效益储量区。

（3）东部盆地群勘探突出伊通盆地西北缘的预探，并积极探索辽源盆地和鸭绿江盆地，通过加强地质理论研究，形成了西北缘具有两套含油气层系的认识，具有近亿吨的资源潜力。完钻的昌51井和昌50井均见到较好油气显示，通过实验将压裂液体系由“防膨”转变为“防水锁兼防膨”，改造效果显著提高，昌51井首次在岔路河断陷西北缘浅层获得高产气流，展现该区万昌组天然气效益勘探潜力。

【油田开发生产】 截至2013年底，吉林油区探明油田23个，探明石油面积2748.24平方千米，探明石油地质储量14.96亿吨，技术可采储量3.29亿吨，标定采收率21.97%。已探明的油田中，长春油田和莫里青油田位于伊舒地堑，套保油田位于松辽盆地西部斜坡区，四五家子油田位于松辽盆地东南隆起区，其余油田均位于松辽盆地中央凹陷区。

截至 2013 年底，已开发油田 22 个（永平油田未投入开发），动用石油地质储量 9.78 亿吨，探明储量动用率 65.4%，动用石油可采储量 2.29 万吨，标定采收率 23.4%。已开发油田绝大部分属低渗透或特低渗透油藏。

（1）油田开发状况。截至 2013 年底，油区共有油水井 33715 口，开井 25396 口，平均单井日产油 0.67 吨，累计生产原油 14917 万吨，地质储量采出程度 15.65%，剩余可采储量 7939 万吨，可采储量采出程度 66.21%，综合含水 86.61%，储采比 15.06。

（2）主要指标完成情况。2013 年生产原油 527 万吨，年产液量 3802 万吨，累计产液量 66799 万吨；年注水量 6035 万立方米，年注采比 1.41，累计注水量 96981 万立方米，累计注采比 1.19；饱和度测试计划 73 井次，完成 64 井次；井间监测计划 123 个井组，完成 100 井组；流体分析计划 2969 样次，完成 3393 样次；油井免修期达到 572 天，比 2012 年延长 9 天；通过精细注水，分注率由 78.2% 提高到 79.5%，提高了 1.3 个百分点；有效注水合格率保持在 86.5%。

（3）原油产量变化分析。2013 年，产量下降 48 万吨，一是由于资源品质严重变差及生产成本逐年增长，难以完成下达产能建设计划规模。2009—2013 年，自营区年均下达计划产能 92.6 万吨，年均实建产能仅为 58 万吨，5 年累计少建产能 171.4 万吨，这是近年降产和欠产的主要原因。二是 2013 年公司遭受了特大洪涝灾害，直接影响 13 万吨。公司成立迎峰度汛领导小组，在英台、红岗、松原设立 3 个前线组驻寨指挥，以“保安全、保环保、保设施、保生产”为目标，汛前充分准备，汛中全力抗洪，汛后快速复产，使原油产量影响降到最低，完成股份公司调整产量计划。

【天然气生产】 勘探开发一体化，实现了长岭气田整装高效开发；伏龙泉气田滚动扩边扩层，营城组新层系取得重要进展；积极开展王府、英台地区开发评价，初步落实可动储量 300 亿立方米。

（1）主要指标完成情况。2013 年，完成天然气产量 18.15 亿立方米，完成年度调整计划 18.1 亿立方米的 100.28%，商品量完成 14.00 亿立方米，完成年度调整计划 14.0 亿立方米的 100%。根据 2013 年产能建设区块整体部署安排，在长岭、英台、伏龙泉、小城子等地区完成钻井 51 口，进尺 19.43 万米，新建产能 8.35 亿立方米。

（2）天然气开发生产形势。截至 2013 年底，公司已投入开发气藏 13 个，开发动用地质储量 698.53 亿立方米，可采储量 389.44 亿立方米，剩余可采储量 315.66 亿立方米。探明地质储量采出程度 8.8%，技术可采储量采出程度 16.94%，储采比为 15.4，已开发可采储量采气速度 3.2%，采出程度 27.04%，已开发剩余可采储量采气速度 4.39%。

全油区共投产气井 326 口，开井 178 口，年产气量 18.15 亿立方米。气层气配套生产能力 21.68 亿立方米，溶解气生产能力 1.60 亿立方米，天然气总生产能力 23.28 亿立方米，自营区气层气负荷因子 0.9。截至 2013 年底，累计产气 135.97 亿立方米，其中气层气产量 94.5 亿立方米，溶解气产量 41.47 亿立方米。

【工程技术管理】 2013 年，在乾安、红岗等地区完成钻井 656 口，总计进尺 98.76 万米，平均机械钻速 12.38 米 / 小时，固井合格率 93.8%，井身质量合格率 98.8%。全年水平井完成 71 口，同比减少 65 口；平均井深 2549 米，同比增加 84 米；平均水平段长度 696 米，同比增加 50 米；平均机械钻速 6.99 米 / 小时，同比降低 13%；平均钻井周期 35.64 天，同比增长 33%；平均完井周期 6.28 天，同比增长 29%。侧钻技术突破成本关，比钻新井节余成本 40%；面对钻井市场未放开、施工成本高，采取优化井身结构降机型，同比减少水平段损失 878 米。

【科技创新】 科技创新实现新突破，开展课题、专题研究 249 项。其中，承担国家和中国石油课题 17 个、公司级重大及重点课题 133 个、生产科研课题 99 个。获得省部级以上科技进步奖励成果 7 项，授权专利 51 项。

初步形成中浅层分层系油气分布规律与地质目标评价、伊通盆地复杂隐蔽油藏地质评价、深层复杂断陷群天然气成藏条件与地质目标评价 3 个领域的评价技术系列。物探技术取得进展并逐步配套，初步形成生产能力，建立了中浅层地震资料目标处理及中上部组合薄油层和扶余油层储层预测两个技术系列；研究形成难采储量有效开发富集区优选技术，优选储量目标 980 万吨；攻关水平井精细地质建模及数值模拟技术，部署水平井 264 口，建产能 48.3 万吨；应用水平井 + 体积压裂技术规模动用低品位资源。水平井钻井、体积压裂技术取得重要突破。小井眼长水平段水平井钻完井技术水平段长度达到 1867 米，火山岩地层平均机械钻速提高了 1 倍以上，形成了复杂地区微泡沫钻井液防漏技术，窄间隙固井、漂浮固井等提高水平井固井质量系列技术研究与应用取得显著效果，窄间隙固井优质段比例提高到82%，复杂易漏失地层固井低返率控制在20%以下，气体钻井技术应用取得显著效果，平均机械钻速显著提高2—4倍，完井试气取得良好效果。

2013年，在建应用系统4套。“勘探生产信息系统”实现上线应用，“产能建设管理系统”开始试运行，“让11联合站立体全息可视化生产运行系统”主体功能开发完成，“统一认证系统”项目完成18套应用系统的单点登录认证工作，开展3套系统权限改造工作。

【企业管理】 落实“三控制一规范”要求，实施钻采工程、多种经营、土地管理、法律服务等业务整合，合理压缩所属单位机关机构和站队。积极争取集团公司政策支持，建立以公司为主导的未动用储量合作开发模式，为推进市场化运作、降低产能投资、提高开发效益探索了新途径。坚持过紧日子，严格控制投资、成本和费用，加大工程、产品和服务招标力度，节约建设项目，降本增效，推进依法治企、从严治企，配合国家审计署武汉特派办顺利完成审计任务，扎实开展财经纪律大检查，全面清理法人机构及分支机构，建立检企联合预防职务犯罪机制，严肃追究安全事故和环保事件责任。

【安全环保与质量节能】 未上市单位生产安全事故指标超标。未上市单位发生一般A级事故2起、死亡2人，百万工时死亡率为0.0397，突破了上级下达的指标；上市单位未发生一般A级及以上生产安全事故，百万工时死亡率为0。发生一般A级全部责任交通事故1起，死亡2人，千台车死亡率0.036。千台车死亡率控制在集团公司下达指标范围内。发生环境污染事件1起。主要节能节水指标超额完成：年节能2.78万吨标准煤，完成指标2.74万吨标准煤的101.46%；节水72.86万立方米，完成指标65万立方米的112.09%。质量标准化计量指标达标：主要单位质量管理体系认证通过率100%；采购产品质量监督抽查合格率94.6%，不合格产品处理率100%；工程建设和技术服务质量合格率100%。计量器具检定19072台（套），完成计划112.1%。标准宣贯1934项，完成计划100%。梳理17项质量节能制度，整合废止9项制度，修订完善8项制度，制定《合同能源管理规定》等2项制度。

【教育实践活动】 按照“照镜子、正衣冠、洗洗澡、治治病”的总要求，各级领导班子和领导干部聚焦作风建设，认真查摆“四风”问题，以整风精神开展批评和自我批评，逐条逐项抓好问题整改落实，切实增强理想信念、党性观念、宗旨意识，拉近干群距离，改进工作作风，让员工群众感受到实实在在的变化。公司领导班子注重发挥示范作用，两次大规模征求干部员工意见，制定190个问题整改任务书，确定建立完善81项改进作风制度，保证教育实践活动出成果、见实效。把群众满意作为第一标准，整个活动始终敞开大门，“四风”问题请群众查找，整改方案向群众公示，活动效果让群众评议。把抗洪抢险和防震减灾作为践行群众路线的重要考场，干群合力保安全、保环保、保设施、保生产，实现教育实践活动与生产经营两手抓两促进。

【和谐企业建设】 在生产经营形势严峻的情况下，公司努力做到民生投入不减，千方百计兑现承诺。推进安居工程，426户困难员工家庭入住廉租房，以供应中区为主的392套危房改造列入松原市计划；创造条件积极促进子女就业工作；改善基础设施，锦东小区整体改造竣工，江南饮用水改造工程主体完工并投运，近5万户家庭用上天然气，2.1万户家庭接入光纤，建成基层食堂、洗衣房、活动室17座，扩建停车位4766个；启动吉林油田总医院体检中心建设，实现在地方定点药店刷卡购药；帮扶困难家庭1.3万户次，资助子女上学228人；开通总经理党委书记信箱，处理和解决民生诉求1361件。进一步加强矿区社会管理，矿区服务、信访维稳、平安油区建设取得新成效，确保大局和谐稳定。积极履行社会责任，公司和广大干部员工捐资捐物合计1882万元，用于抗洪抢险、支援松原和四川芦山震后重建，树立了石油企业良好形象。

（李冬梅）

中国石油天然气股份有限公司大港油田分公司（大港油田集团有限责任公司）

【概述】 中国石油天然气股份有限公司大港油田分公司（以下简称公司）主营业务包括油气勘探开发与生产、科研攻关、工程技术、物资供销、信息通信、水电供应、医疗卫生、矿区服务、多元投资等业务。截至2013年底，累计探明石油地质储量12.3亿吨、探明天然气地质储量1553亿立方米（含溶解气）；累计生产原油1.71亿吨、天然气224.5亿立方米。有各类用工2.9万人；拥有资产总额597.4亿元。公司设机关处室16个，机关附属单位4个，直属单位10个，所属单位25个，矿区服务事业部1个（设机关部门8个、机关附属单位4个、下属单位15个）。

【油气勘探】 坚持把规模效益增储作为最终目标、把重大发现突破作为永恒追求，按照"精细勘探、科学勘探、效益勘探"和"整体研究、整体部署、整体勘探"的工作思路，立足歧口、沧东两大富油气凹陷，海陆并举、油气并重、深浅兼顾，油气勘探取得重要成果，全年新增石油探明、控制、预测三级储量超1亿吨，并在深层天然气勘探领域发现好苗头。（1）孔南地区岩性油藏勘探获得新发现。2013年，南皮斜坡按照"整体控制西带、落实东带含油气规模"的思路，以孔二段、孔一段下亚段枣Ⅳ、枣Ⅴ油组为主要目的层，开展立体含油气评价。完钻探井12口，4口井获工业油气流。其中：官东4井枣Ⅴ油组日产油9.2吨，泵压20兆帕；官东1x1井，孔二段日产油7.17吨，泵压20—25兆帕；官东5井见到多套油层；预探突破井姚1井孔二段见到油气显示。该地区全年落实圈闭资源量上亿吨，成为规模增储现实战场。（2）歧南—歧北低斜坡区勘探获得新成效。2013年，在歧南—歧北低斜坡区部署实施的滨90井两层试油均获百吨高产工业油气流。其中：在板4油组用8毫米油嘴试油折日产油85.12吨、日产气62933立方米；在板2油组用8毫米油嘴试油折日产油94.84吨、日产气79418立方米。该井的成功钻探，实现歧南—歧北低斜坡区含油连片，开辟了新的规模增储战场。（3）埕海低断阶勘探获得新成果。埕海低断阶是大港油田2013年规模增储的重点领域，部署实施的4口探井取得重要成果。其中：埕海34井用8毫米油嘴试油折日产油46吨、日产气6467立方米；埕海41井日产油49.3吨、日产气1381立方米。（4）致密油勘探取得新突破。部署实施的水平井滨深1601H井获得重要突破，油层厚度2.5米，油层钻遇率71.4%，试油六段压裂一次求产，用4毫米油嘴放喷折日产油41.2吨、日产气4692立方米。该井的成功钻探，为歧北低斜坡沙一段致密油的勘探开发探索出新模式、新途径，进一步坚定了歧口凹陷致密油的勘探信心。（5）深层天然气勘探见到新苗头。部署实施的歧探1x1井钻井过程中气测异常活跃、点火67次，初步解释气层55.3米/16层、差气层27.3米/4层，有望实现深层天然气勘探的新突破。

【油气开发】 面对严峻的产量形势，以增储、增产、增效为主线，战暴雨、抗洪涝、搞调整、抓治理，拼搏进取、夺油上产，不断提升开发水平与效益，全年生产原油471万吨、天然气4.1亿立方米，油气当量连续10年保持500万吨以上。（1）精细开展油藏评价，寻找优质高效建产区块。全年完成三维地震采集200.5平方千米，完成年计划的98%；完钻评价井39口、进尺11.93万米，分别完成年计划的111.4%和92.6%；新增探明储量2203万吨，完成年计划的108.9%，并在舍女寺、六间房、唐南、塘沽、南大港等地区形成一定的增储规模。（2）稳步推进产能建设，实现新井产量有效接替。全年完钻新井287口、进尺62.4万米，投产油井227口、投注水井64口，新建产能60.8万吨。（3）持续深化油田注水专项治理，夯实老油田稳产基础。全年实施各类措施井846口，完成年度计划95.1%。通过治理，关键指标得到改善，治理区块注采对应率由76.35%提高到79.43%，水驱控制程度由70.77%提高到72.78%，油层动用程度由63.07%提高到63.49%，自然递减为14.87%、同比下降0.52个百分点。（4）规模实施二次开发，提高老油田采收率。重点在港西、港东展开，累计完钻并投产油井31口、投注水井10口，实施油井措施35口、水井措施38口，水驱储量控制程度同比平均上升1.2个百分点，综合含水下降0.3个百分点，注采对应率提高1.3个百分点，新建产能6.5万吨。（4）创新精细油藏描述技术，优化编制综合调整方案。在保持精细油藏描述连续性、继承性和创新性基础上，着力做好新开唐家河、风化店、自来屯3个油藏描述项目研究工作，深化段六拨、马西、羊二庄、板桥、沈家铺5个续接精细油藏描述研究与成果现场应用。全年精细油藏描述新增动态监测资料279井次，完成计划的75.9%；三维地震资料处理100平方千米，构造精细解释255平方千米；进行测井综合评价768口/37034层，开展油层复查672口井，提出升级油层642层/1052.9米；完成各类工业化制图259张；编制综合调整方案6个，建成生产能力5.8万吨。（5）优化油井措施方案，提高单井增油效果。重点抓好油井措施方案编制与论证，优化调整油井措施结构，向薄油层、油水同层、低产层挖潜，向疑难井、停产井要潜力，加快方案实施与现场管理，确保单井增油能力。全年实施油井措施773口，有效671口，有效率86.8%，日增油1210吨，平均单井日增油1.8吨，累计增油29.26万吨。（6）扩大三次采油实施区块，提高老油田开发水平。分别在港东一区一、港东一区东、港西二区、孔店一断块4个断块规模实施聚合物驱，同时筛选出二区四、五开发单元在2014年进行聚驱推广；在南部筛选出官15-2、官109-1高温高盐、高黏、中孔中渗油藏区块准备开展化学复合驱先导试验；港东二区五空气泡沫驱、港西三区实施聚表二元驱试验。实施后，港东一区一等4个区块累计增油1079吨；港西三区年增油36967吨，累计增油187045吨；港东二区港3-54-1井增油降水效果明显，日产油从0.75吨上升至4.5吨，含水从98.8%下降至92.3%。（7）加强油气藏动态监测，不断深化油藏认识。围绕“抓注水控递减、抓攻关提采率”这一开发工作核心，针对层内层间矛盾，油藏、井筒与地面矛盾，加大以区块为目标的立体式监测技术综合应用模式推动，通过以点带面的方式突显监测技术的应用效果，促进对油田开发新认识。全年完成监测工作量2234井次，完成年计划的105.7%。

【经营管理】 以经济效益为中心，牢牢把握“强基固本、稳中求进”的总体基调，以“扬十长、补十短”专项管理提升活动为抓手，注重规范、突出精细、强化对标，加强投资过程控制，深化成本预算管理，建立招标代理平台，落实节能减排措施，巩固拓展外部市场，持续推进解困扭亏，做实多元投资业务，加大土地征用和保护力度，发挥审计和效能监察作用，公司经营管理水平和风险防控能力持续提升，四大业务板块经营目标如期实现。全年共清退不合格供方280多家，办理供方准入305家，增项169家，年审供方1712家；实施招标290项，项目总金额为23.5亿元，招标率43.35%，同比提高11个百分点，招标节约资金5780多万元；审查各类合同13000余份，总金额188亿元，未发生合同纠纷；完成公司和36个所属单位内控体系评价，修订完善运行评价程序、流程管理程序和自我测试方法；处理各类纠纷35起，诉讼金额2210万元，避免经济损失500余万元。全年上市、未上市、矿区服务和多元投资四大业务板块实现营业收入321.8亿元、利润58.9亿元，完成工业增加值165.8亿元、上缴税费41.2亿元。

【科技创新】 紧密围绕勘探开发技术需求，以重大科技专项为平台，强化顶层设计、突出重点领域、优化资源配置、注重专家领衔，深入开展基础地质理论认识研究，持续加强核心技术攻关，积极推动优势特色技术培育，不断强化技术推广与产业化，重点目标区基础地质认识进一步深化，斜坡区岩性油气成藏机制持续完善，二次开发综合配套技术更加成熟，复杂岩性储层措施改造工艺技术实现新突破，规模调驱提高采收率技术取得重要进展，复杂断陷盆地油气勘探开发技术公司有效推进，信息化建设重点项目有序实施，取得了一批重要创新成果，科技对公司主营业务的支撑和引领作用得到充分发挥。全年62个科研项目220个课题均按计划运行，共取得公司级以上科技成果107项，其中，歧口富油气凹陷大油气田勘探及综合配套技术研究等23项成果获省部级科技进步及技术发明奖励；全年共计申报专利80件（其中发明专利31件），获国家授权专利57件（其中发明专利13件）；软件著作权登记25项；集团公司自主创新重要产品4件。

【安全环保】 始终坚持“安全第一、预防为主、综合治理”的工作方针，全面落实直线责任和属地管理，持续深化HSE体系运行和安全文化建设，切实加强重点领域和要害部位安全监管，扎实开展安全生产大检查和油气管道专项整治，积极推进污染减排和环境保护，累计排查整改各类问题1.8万余个，投入3.7

亿元治理重大隐患50项，安全环保风险逐步削减、全面受控；全年外排化学需氧量 512.23吨、氨氮7.61吨、二氧化硫2078.47吨、氮氧化物等2022.48吨，均圆满完成2013年集团公司下达的控制指标；各项污染物排放达标率100%，废弃泥浆等固体废弃物处置率100%，环保设施完好率和运行率98%以上，在线监测设施运行完好率100%。实现了“五个杜绝、六个不超、四个100%”的HSE工作目标，保持了公司质量安全环保的稳定态势。

【矿区服务】 紧紧围绕建设美丽矿区、和谐社区目标，落实“保障生产、服务生活、维护稳定”三大职责，全年筹措矿区建设资金2.9亿元，完成23个矿区配套设施改造项目、14个安全隐患治理专项。油田中心广场如期建成开放，港西新城一期项目竣工交房，油田总医院迁建工程主体完工，8个新建和改造离退休活动站交付使用，2.4万余名河北户口职工家属迁津落户全面收尾，10276名“家属工”纳入天津市基本养老保险统筹，帮扶766名职工子女实现就业，筹集1770万元扶贫助困1.1万余人（次）。矿区保障能力和服务水平稳步提高，配套设施和服务功能持续健全、生活条件和环境面貌持续改善，居民幸福指数持续提升，和谐稳定大局持续巩固。

【自身建设】 深入开展党的群众路线教育实践活动，着力解决“四风”突出问题，严格落实中央“八项规定”精神，各级党组织的凝聚力、感召力显著增强。坚持德才兼备、以德为先、民主公开、竞争择优的选人用人标准，规范操作程序、注重实绩导向、突出群众公认、强化监督约束，分两批次对公司处级干部进行了调整，其中提拔16人、岗位交流调整40人、年龄原因退职14人，班子结构不断优化。加强两级班子领导管理能力建设，加强领导干部廉洁从业教育，加强综合考核评价管理，“四好”班子建设成效明显。大力实施“3+1”人才队伍建设，积极开展全员知识技能培训，继续深化大庆精神铁人精神再教育，队伍整体素质持续提升。2013年，公司荣获全国能源化学系统和天津市“五一劳动奖状”，先后被评为全国、天津市“厂务公开民主管理示范单位”和“改革开放35周年企业文化竞争力优秀单位”，油田展览馆被命名为“天津市爱国主义教育基地”，井下作业公司女工张朝霞当选天津道德模范。

（李春艳）

中国石油天然气股份有限公司青海油田分公司

【概述】 中国石油天然气股份有限公司青海油田分公司（以下简称公司）主营业务为石油天然气勘探、开发、炼油化工、油气集输、储运、销售、勘探开发研究等业务，同时具有石油工程技术服务和矿区服务两大功能业务。

青海油田主要勘探开发领域——柴达木盆地，是我国七大内陆含油气盆地之一，地理面积约25万平方千米，沉积岩面积12万平方千米。油气总资源量46.5亿吨，其中石油21.5亿吨、天然气25000亿立方米。工作区域平均海拔2900米以上，是国内自然条件、工作环境最艰苦的油田之一。

青海油田开发的主力油田有尕斯库勒、花土沟、昆北、英东等，主力气田有涩北一号、涩北二号、台南等。原油年生产能力226万吨，天然气年生产能力76亿立方米，原油年加工能力150万吨，甲醇年生产能力40万吨。累计生产原油4808万吨、累计生产天然气480亿立方米，加工原油2198万吨。建成了9条输油气管线，年输油能力300万吨，年输气能力107亿立方米，天然气输送到西宁、兰州、银川、北京等地。

青海油田的勘探、开发、建设大体经历了艰难创业、打开局面，支援会战、稳中求进，三项工程、奠定基础，二次创业、加快发展，重组整合、和谐发展5个阶段。近年来，相继发现了昆北、英东、牛东及东坪、扎哈泉4个亿吨级油气田，攻克了山地地震世界级难题，油田数字化程度大幅提高。截至2013年底，已累计发现油田19个、气田8个，累计探明石油地质储量5.76亿吨、天然气地质储量3705亿立方米。柴达木盆地蕴藏着丰富的油气资源，石油探明率26.8%，天然气探明率14.8%，具备巨大的发展潜力和优势。青海油田是中国四大天然气区之一和中国石油资源战略接替区，是甘肃、青海、西藏3省（自治区）重要的能源基地、青海省财政支柱企业和第一利税大户。

青海油田已建成敦煌、格尔木、花土沟基地，其中，敦煌基地是青海油田科研、教育、职工轮休、轮训基地，是油田机关及部分二级单位所在地；格尔木是炼油化工、天然气生产及销售基地；花土沟是勘探开发、原油生产的第一线，是原油生产基地。冷湖是最早的老石油基地，目前设有冷湖油田管理处，主要任务是维护老油田生产，并为地方单位提供水、电的正常供应。

截至2013年底，公司机关设职能处室18个，机关附属单位3个，机关直属单位7个，有主营业务单位15个，工程技术服务单位16个；矿区服务事业部机关设职能处室8个，直属单位2个，矿区服务单位14个。

截至2013年底，公司有合同化员工15898人（不包括市场化用工），其中，专业技术人员2478人，占合同化员工总数的15.59%；35岁及以下青年员工3546人，占合同化员工总数的22.3%；干部5503人，占合同化员工总数的34.6%；工人10395人，占合同化员工总数的65.4%，

2013年，公司先后有6个集体、66名个人获省部级以上表彰，其中，2人获“全国五一劳动奖章”，2人获“中央企业劳动模范”称号，青海油田获青海省模范劳动关系和谐企业，井下作业公司获“全国五一劳动奖状”，采油一厂获“全国工人先锋号”，格尔木炼油厂赵婷获“全国道德模范”提名奖和“中央企业道德模范”称号，机械厂陈洪鑫被评为青海省“十大最美青工”。

2013年，公司首次获得“国家能源科技进步奖”，连续5年获“青海省科技进步一等奖”。

【油气勘探】 2013年，实施储量增长高峰期工程，探明我国陆上较大的基岩气藏——东坪气田，基本探明了英东一号油田，发现扎哈泉较大的整装致密油田。完成油气三级储量3.35亿吨，其中基本探明石油地质储量7448.5万吨、控制7056万吨、预测7246万吨；探明天然气地质储量590.5亿立方米、控制357.9亿立方米、预测231.4亿立方米。探井成功率45%，评价井成功率78%，油气发现成本1.02美元/桶。储量升级率、油气发现成本、探明天然气、控制石油储量等指标都排在股份公司前三位。连续4年实现油气储量快速增长。东坪、牛东坚持勘探开发一体化，实现了快速建产，新增天然气生产能力9亿立方米。扎哈泉扎7井，试油初期日产超过50立方米，稳定日产16立方米，增强了致密油勘探的信心。冷湖五号四高点冷94井试油日产11万立方米，为储量升级奠定了基础。非常规勘探有了新进展，柴页1井在侏罗系解释页岩气层73.5米/5层，每吨含气高于全国平均水平；完成了可燃冰前期调查，推进油钾兼探。

【油气生产】 2013年，完成油气当量756.8万吨，其中，原油214.5万吨、超产4.5万吨，天然气68.06亿立方米、超产5.56亿立方米。“三率”稳中有降，自然递减率12%、综合递减率7.2%、含水上升率0.43%，注水水质合格率达到90.5%。在控制储量的基础上，英东新建原油产能35万吨。难采储量实现效益动用，年产净增4万吨。单井产量同比增加0.06吨。组织天然气均衡生产，主力气田峰谷差控制在1.53，同比下降0.59，自然递减率7.79%。东坪牛东地区天然气日产突破200万立方米。加快小气田开发，马仙地区天然气日产超过175万立方米，盐湖气田达到5万立方米。优化生产组织运行，提高油、气、水井的利用率，分别达到81.9%、72.7%和87.2%。管输业务实现安全平稳效益运行，花格输油管道连续62个月无打孔盗油事件发生。

【炼油化工】 2013年，加工原油143万吨，超计划3万吨。组织实施国Ⅳ汽油产品质量升级改造，新装置试车、投运一次成功，生产出合格的国Ⅳ汽油产品。采取低辛烷值汽油二次加工、拔头油重新分离等措施，不再生产90号汽油；通过改造膜分离联合制氢工艺和解吸气当甲醇原料，天然气单耗降低180米^3/吨，年节约成本5500万元以上。经营状况大为好转，全年减亏2亿元。加大污水治理力度，三级防控体系全面建成，外排污水达到了国二排放标准。

【工程技术】 2013年，推广应用水平井，东坪H102井日产突破50万立方米，创天然气单井日产之最。规模应用多层多段压裂、带压作业等技术，推广应用新型膨胀管补贴、穿心打捞、井下视频等工具，充分发挥连续油管等设备的优势，加快井下作业速度，减少占井时间，保证正常生产。打造移动办公平台，注册用户达16431人，网上审批用户617人，实现了移动办公，提高了工作效率。英西三维采用了世界先进

的“高密度、宽方位”采集技术，获得了高品质的地震资料。

【重点工程】 2013年，安排建设项目27项，完工投运21项。柴北缘天然气管道仅用110天顺利建成投运，实现当年设计、当年开工、当年投产、当年见效，成为柴北缘天然气外输的大通道。加快英东油田、东坪气田产能配套工程建设，大规模应用标准化设计、模块化施工，修改标准化设计定型图32套，应用标准化模块82个，加快了建设速度，提高了施工质量，英东接转站等一批模块化工程建成投运。持续协调LNG铁路运输试验，并在青藏线格拉段试验成功，填补了国内空白。

【经营管理】 2013年，开展管理诊断下基层活动，诊断问题及需求六大类84项，找准管理短板和瓶颈，制定相应对策。建立投资成本联动机制，加强大预算管理，成本切块下达，投资规模和完成率双双创油田新高，回报率连续6年超过16%。严把市场准入关，强化合同管理，运行效率显著提高，合同数量、合同金额同比分别增加12%和32%。合理确定工程造价，简化优化结算流程，实行投资全覆盖审核，审减投资2.49亿元。开展物资清查，降库利库2670万元。加大财务稽查、审计、纪检联合履职力度，问题早发现、早处理，堵塞了管理漏洞。全年实现经营收入318.53亿元（含内部收入），实现利润68.01亿元，上缴税费58.09亿元，完成投资60.66亿元。

【科技创新】 搭建大科技平台，发挥“三院五中心”技术优势，以攻克勘探开发技术瓶颈为立足点，实行产学研联合攻关，完成柴达木盆地重大科技专项二期第一阶段工作，取得18个方面的重要成果，形成8个方面的技术亮点，特别是在扎哈泉地区沉积储层、狮子沟和英雄岭地区成藏要素、阿尔金山前基岩风化壳等方面和研究上达到较高水平。加快数字油田建设，3个生产指挥中心顺利投运，油气生产物联网建设有序推进，新建的集油站、集气站、注水站和老油气田改造全面实现数字化。6项科研成果获省部级以上奖励，申报专利63项，授权27项。

【安全环保】 严格落实集团公司《反违章禁令》，组织开展“学规范性安全规程，反习惯性违规违章”活动，全面分析查找安全隐患和管理薄弱环节。加大HSE体系审核力度，组织内审2次，接受外审5次；开展岗位责任制大检查，查出问题1794个，整改了1734个；加大HSE巡回监督力度，督促关闭隐患、整改违章，风险管控能力得到提升。组织开展全员HSE知识竞赛，强化全员安全意识，提升风险识别和防范能力，为建立安全生产长效机制提供保障。加大环保节能工作力度，实现了主要装置生产和基地污水零排放、生产生活污水达标排放；格尔木热电联供项目顺利实施，节能降耗可达500万元，保温效果达到预期；完成乌南油田油气密闭集输工艺流程改造，杜绝放空，日回收伴生气3万余立方米，年增效850万元；持续推进油改气，完成修井机、车辆油改气52台（套），节油率超过50%。

【矿区服务】 2013年，维修改造部分年久失修的小区和公寓，改造住宅平面小区2个，完成格尔木石化基地和西宁七一路40栋住宅楼节能改造，新建住房835套，其中，英东小区建成投用288套，开工建设昆北小区547套，回购配售公租房250套，缓解了基地住房紧张的矛盾；改造花土沟246套公寓、维修并重新配套203套腾空住房，1100名员工迁入新居，改善了一线职工的居住条件。组织敦煌基地东坪游苑义务植树活动，植树2.6万株，新增绿化面积8万平方米，完成封闭环形道路、绿化配套设施。牛奶场改造工程竣工投入使用。建成投运“一站式”服务大厅，实现“一卡通”水、电、气收费；持续做好“440”电话为民服务，打造矿区特色服务品牌。启动收费制度改革，实现物业、供暖收费一次到位。医疗服务诊疗28.78万人次，完成健康体检2.38万人次，开通小区网络体检查询系统。花土沟食堂不断改善服务质量，日供主副食品超过100种。积极争取地方政府惠民政策，争取资金6437万元，计划生育家庭养老保险补助金、高龄老人补贴等全部到位。严格落实维稳责任制，及时协调解决职工群众的利益诉求，总经理（书记）信箱信件办结率超过96%。

【党建工作】 以作风建设提振团队合力，扎实开展党的群众路线教育实践活动，深入查摆“四风”问题，认真制定整改措施，下大力气解决职工群众关心的热点问题。突出整治“文多、会多、检查多、报表多”四多和“办公室超标、公务用车超标、接待标准超标”三超问题，出台4项禁止性规定，制定转变作风、厉行节约、联系群众等配套制度，下大力气整治“舌尖上的浪费、车轮下的铺张”等突出问题，用油田的“紧日子”换取职工群众的“好日子”。发文数量和会议次数明显下降，油田公司业务招待费同比减少20%，其中公司机关业务招待费同比减少33.3%。持续创建“四好”班子，基层组织的战斗堡垒作用和党员先锋模范作用得到充分发挥；工会、共青团工作成效显著，激发了全员创业热情。严格落实党风廉政建设责任制，加大惩防腐败力度，对8名违纪人员和6个单位进行严肃处理，营造了廉洁从业良好氛围。

（李希生）

中国石油天然气股份有限公司华北油田分公司（华北石油管理局）

【概述】 中国石油天然气股份有限公司华北油田分公司（以下简称公司）主要从事石油天然气和煤层气勘探和生产、集输及储运、勘探开发工艺研究及规划研究、工程技术和生产服务、矿区以及社会服务等业务。油气勘探区域主要集中在冀中、内蒙古中部和山西沁水盆地等三大探区。2013年，生产原油421万吨、天然气3.4亿立方米，煤层气商品量6.5亿立方米；实现收入357.5亿元、净利润38.1亿元、税费84.5亿元，圆满完成各项业绩考核指标。

截至2013年底，公司拥有油气资产原值569.14亿元，净值267.42亿元。累计探明石油地质储量128916.39万吨、天然气地质储量275.79亿立方米；累计生产原油2.62亿吨，天然气115.63亿立方米；累计煤层气产量19.28亿立方米；累计工业总产值（现价）2507.02亿元。共有员工41334人，其中，管理人员8839人，专业技术人员7531人，技能操作人员24294人；研究生以上学历人员477人，大学文化程度人员10108人。

【油气勘探】 资源勘探呈现新增储量规模整装易动用、持续高峰增储、高产井多的局面。2013年新增预测储量5810万吨、控制储量5431万吨。饶阳凹陷中部精细开展构造岩性油气藏勘探，规模增储5000万吨；致密油勘探获重大突破，束探1H、束探2X井致密砾岩储层体积压裂改造效果良好；雷家庄地区中浅层东营组、沙一段上亚段形成优质富集储量区；二连探区北部“大三角”阿尔、巴音都兰凹陷实现规模增储；廊固凹陷固安、柳泉东背斜地表城镇复杂区油气并举获新发现；蒙南乌兰花、阿布其凹陷新区勘探获新进展。油气开发以“三提三控”为目标，积极推进精细注水减缓自然递减工程，各项指标持续向好。蠡县斜坡、巴48北砾岩体、大兴砾岩体整体评价及老区滚动评价成绩突出，新增探明储量3257万吨；油气产能建设实施效果和投资效益提高，结构更加合理，新建原油产能60万吨、天然气产能2亿立方米；老油田综合治理见到实效，按计划完成压裂、大修、调驱等措施工作量，措施增油25.3万吨，老油田重点调整区块开发形势明显好转；注水井分注率提高9.2%，自然递减率同比减缓0.3个百分点。阿尔油田产建及配套、西部流向调整等重点工程进展顺利。标准化设计范围扩大，大型站场覆盖率达到78%，建设工期缩短15%，地面工程投资平均降低6.3%。

【新能源业务】 煤层气产业化推进布局架构形成，技术路线更加清晰，发展基础逐步夯实。2013年新增探明储量417.98亿立方米；沁南—夏店3亿立方米跨年产建工程收尾，樊庄、郑庄续建工程扎实开展，新建产能3.07亿立方米；煤层气下游开发综合利用进展顺利。储气库建设取得阶段突破，后续建设有序推进。一期苏桥储气库群注气投产、平稳运行，注气6334万立方米；二期兴9、文23储气库建设稳步实施，三期水层建库研究积极展开。对外合作领域范围持续拓展。走出去项目，初步形成国外中东、国内西部和南方三大市场，合作模式日益丰富，实现收入16.5亿元。苏里格合作区块保持稳产，完成商品气量7.4亿立方米；海南合作市场持续巩固，超额完成年度创收任务；塔里木、阿联酋项目合作取得突破。引进来项目，未动用储量合作开发在中国石油率先启动，乌里雅斯太、宝饶等4个区块正式展开。

【多种经营】 多种经营市场创收增效能力提升，2013年实现收入55亿元、净利润2.1亿元，新增安置500人。燃气业务资源掌控能力增强，任丘、山西、内蒙古3个液化工厂开工建设；销售LNG 30万吨，实现收入31亿元。机械与电控成套业务发展扩大，科达产品直销海外，飞达营房实现收入4亿元。综合服务业务服务质量提升，保障油田生产生活能力增强。矿区服务市场化、社会化步伐加快，在集团公司率先实施民用水、电、暖和物业服务收费制度改革；任丘矿区供暖、河间矿区供水、万庄矿区垃圾清运处理等业务移交地方；矿区幼教全面引入社会力量办园；社区服务、公用事业、离退休管理更加优质高效。生产服务及其他业务加快服务转型，市场创收扩大，外部产值达11亿元。

【企业管理】 战略管理进一步加强，完成战略中期调整，重构了战略框架体系，公司发展定位、目标、思路更加清晰明确。体制机制持续完善，管控模式更加适应产业发展，组织机构优化调整稳步实施，“四位一体”考核激励引导作用积极发挥，人力资源战略转移有序推进，三支队伍结构更趋合理。管理提升活动成效明显，强化问题意识，树立底线思维，聚焦整改问题，服务指导基层，投资计划、财务预算、招标采购等专项管理进一步加强；精细管理不断深化，专题研究取得新进展，有形化见到成效，编印出版《华北油田精细管理方法集》第一集；三项管理成果获国家管理创新成果奖，通信公司被评为国家级高新技术企业。

【科技创新】 “华北油田上产稳产800万吨关键技术研究与应用”获得股份公司科技重大专项立项。钻井工程技术支撑力量增强，高温深井提速、低压油气藏固井技术攻关取得成效；以水力喷射、泵送桥塞等先进分压工艺为代表的储层改造技术序列形成，储层改造针对性和效果提升；深井高温分注技术攻关取得突破并推广应用。具有自主知识产权的煤层气勘探开发技术系列和规范标准制定形成，煤层气开采先导试验基地通过股份公司重点试验基地资格验收，山西沁水盆地煤层气水平井开发示范工程顺利通过国家科技重大专项中期评估。智慧油田建设形成了愿景目标清晰、核心技术突出的顶层设计方案，二连油田自动化示范工程建设进展顺利；山西煤层气物联网示范工程建设加快实施；地质云研究平台投入应用，云计算中心初见雏形。

【安全环保】 HSE管理全面加强，全员签订安全环保责任书，个人安全行动计划在所有科级以上干部中执行，安全过程监督考核得到强化，直线责任落到实处。体系审核常态化、制度化，开展全面审核5次，发现整改问题3770个。6个重点隐患治理项目顺利完成，任二联撤并工程主体完工，任东220千伏、冀中35千伏变电站改造竣工。新能源业务、要害部位、关键环节、风险作业的HSE管控能力提升，承包商安全管理进一步加强，有效避免了事故发生，继续保持总体平稳态势。能效对标深入开展，节能新项目积极推广，节能2.38万吨标准煤，节水52.3万立方米，完成上级下达考核指标。

【和谐矿区建设】 中国石油驻任丘地区企业协调小组组长单位职能有效发挥，定期与油区周边各级党委政府沟通汇报机制巩固完善，油企整体协调联动，油地发展相互融合，战略合作不断拓展，公司发展受到河北省委省政府高度关注与肯定，政治地位与话语权有效提升，赢得了改善房建设用地指标等多项支油惠民政策，促进了和谐矿区建设深层次问题的逐步解决。坚持以人为本，持续实施民生工程，矿区面貌逐步改观，居民生活品质得到提升。集资房创业家园A区交房入住，外围矿区住宅楼竣工；改善房建设启动实施；华盛油建大社区改造主体工程完工，任丘矿区以及外围矿区改造规划基本完成；北站路、华山道南段、创新道、团结路实现通车。总医院突出特色专科和社区卫生服务，专业技术和服务质量进入全国十佳优秀企业医院行列；持续提高离退休职工和退休家属工养老金与医保支付限额，扩大外转诊医院范围，增加社区医保定点药店，进一步降低员工家属医疗负担。创新社会治理，任丘、河间、深泽、辛集矿区23个社区居委会纳入地方政府管理，任丘矿区街道办事处筹建工作已经启动。加大关爱帮扶力度，构建员工服务三级网络化帮扶体系，走访慰问困难家庭2.2万户次，发放慰问金1876万元；资助困难家庭子女163名；帮扶851名油田子女实现就业。维稳、综治工作成效明显，33个单位平安创建达标，重点阶段和敏感时期矿区稳定和谐，“两会”、党的十八届三中全会期间的维稳安保受到集团公司通令嘉勉。

【精神文明建设】 思想政治保障体系有效落实，有作为党建持续深化，系统格局建设全面加强。党的群众路线教育实践活动扎实推进，坚持将学习教育、解决问题、建章立制贯穿始终，集中解决“四风”突出问题，在破解发展难题上形成新思路，在反“四风”、改作风上实现新进展，在服务基层群众上取得新成效。召开公司第二次党代会，提出“实现两个翻番、成就辉煌愿景”的重大任务，对提高党的建设科学化水平作出全面部署。“四好”领导班子创建持续深化，年轻干部选拔培养力度不断加大。注重增强基层党组织生机活力，持续深化创先争优活动，“三个作用”有效发挥。扎实推进惩防体系建设，严格落实党风廉政建设责任制，强化日常教育和监督，加大效能监察和专项检查力度，严肃查办案件，廉洁风险得到有效防控。加大基层队站标准化建设和“三基”工作示范点培育力度，持续深化特色文化建设，积极推进群众性精神文明创建，公司被中国企业文化研究会评为“改革开放35周年企业文化竞争力优秀单位”，2个队站被评为集团公司基层建设“百个标杆单位”。

（王　辉）

中国石油天然气股份有限公司吐哈油田分公司（吐哈石油勘探开发指挥部）

【概述】 中国石油天然气股份有限公司吐哈油田分公司（以下简称公司）是集油气勘探与生产、石油工程技术服务、矿区后勤服务等多种业务于一体的大型石油企业，主要从事油气勘探开发、科研服务、井下作业、石油化工、油田建设、水电讯保障、机械制造、物资采购等业务。吐哈油田探区包括吐哈、三塘湖、民和、银额、总口子5个中小盆地，总面积22万平方千米，探矿权面积6.57万平方千米。截至2013年底，有合同化员工13426人、市场化员工4220人；累计探明石油地质储量49362.14万吨（含凝析油），探明天然气地质储量1209.59亿立方米（含溶解气）；累计生产原油4623.68万吨，天然气209.1亿立方米；上市业务资产总计189.06亿元，未上市业务资产总计48.48亿元。

2013年，公司全面落实“新疆大庆”规划实施方案，扎实推进油气勘探、产能建设、老区稳产三大工程，全力打好“保增长、保效益”攻坚战，超额完成各项生产经营任务。全年新增探明石油储量1357万吨、控制2877万吨、预测2673万吨。全年生产油气当量255万吨，原油同比增产15万吨、增幅9.6%。上市业务实现经营收入93.53亿元；实现考核口径税前利润9.3亿元，完成年度预算的170%。未上市业务实现经营收入47.1亿元，完成年度预算的110%；实现报表利润1674万元，比集团公司下达指标增加4786万元。公司连续10年被评为“新疆维吾尔自治区安全生产先进单位”，2名员工分别获“全国五一劳动奖章”、“中央企业劳动模范”称号，井下公司压裂队等7个集体获“中央企业先进集体”、“全国职工之家优秀示范单位”、“开发建设新疆奖状”等荣誉。

【油气勘探】 2013年，公司油气勘探按照“主攻鲁克沁稠油、精细勘探台北常规油气、攻关三塘湖致密油”总体思路，强化勘探开发一体化部署，在鲁克沁二叠系稠油和三塘湖二叠系致密油领域落实2个亿吨级储量区，被列入2013年股份公司24项油气勘探重要成果。完成二维地震512千米、三维地震387.4平方千米（油藏评价151平方千米）；油气预探完成探井34口，进尺12.91万米，试油交井25口37层，新获工业油气井数15口，探井成功率45.45%；油藏评价完钻13口，进尺5.22万米，试油交井11口，新获工业油气井7口，评价井成功率58.33%。

鲁克沁稠油开辟亿吨级整装效益储量区。预探火焰山下盘，玉北1井二叠系梧桐沟组掺稀自喷获日产52立方米高产油流，评价鲁克沁北区，兼探中西区，玉北6、玉北4、英15等9口井获工业油流，扩展出玉北和英也尔两大沉积扇体控制的二叠系稠油富集带，有利圈闭面积178平方千米，圈闭资源量2.1亿吨，其中在玉北1和英15区块落实控制预测储量5550万吨。玉北1区块实现当年发现、当年建产14.9万吨。兼顾评价中西区北翼三叠系油藏含油面积进一步向北、向西扩展，新增探明石油地质储量1124万吨。

三塘湖盆地马朗凹陷二叠系条湖组致密油开辟亿吨级新场面。深化致密油成藏要素研究，加大储层改造攻关力度，优化部署马56、马58H等5口井，压裂后均获工业油流，马58井初期自喷日产131立方米，落实井控预测含油面积134平方千米、地质储量1.3亿吨，其中马56区块落实可动用储量4440万吨，被股份公司评价为致密油勘探三大突破之一。芦草沟组致密油勘探国际合作进入实质运作阶段，ML1井获日产油2.4吨。

台北凹陷精细勘探取得新进展。围绕西部、鄯善两个弧形带及胜北、红台构造带精细挖潜，胜北19、温13、红台23等10口井获工业油气流，神泉、胜北、温吉桑、红台等区域发现新的储量区块，新增探明优质稀油储量232万吨、控制预测1285万吨，基本探明天然气储量66.8亿立方米，为老区滚动建产提供资源保障。

【油气开发】 2013年，公司生产原油171万吨，生产天然气10.5亿立方米。

油气产量持续上升。深化油藏精细研究，狠抓老井稳产和新井上产，原油产量较早踏上年均计划线，年底日产量攻上5150吨，较年初增加900吨。

产能建设优化新井部署和钻机运行，高效完成产能建设任务。全年完钻油井350口，投产309口，投注水井41口，平均单井日产7.1吨，新建产能65.89万吨，新井产油24.9万吨；完钻投产气井56口，初期平均单井日产1.6万立方米，新建产能2.4亿立方米；三塘湖风险作业区块新建产能3.5万吨，产油2.33万吨。

注水稳产推进井网完善、欠注井治理和分层注水调控等工作，油田水驱控制程度和剖面动用程度提高，自然递减率控制在13.7%、同比下降1.2%。油井措施增产加大选井选层力度，实施以压裂、补改层为主的增产措施578井次，措施有效率76.2%，平均单井日增油1.8吨、同比提高12.5%，累计增油8.1万吨。

地面配套加强标准化设计和施工过程管理，完成鲁克沁产能建设地面配套等24项建设工程和老区地面工程改造，保障油田上产。

炼化销售实现增效目标。生产甲醇14.6万吨，生产顺酐1.78万吨、溶剂油4万吨。加大天然气推价力度，销售均价提高26%，增效2亿元。

【安全环保】 2013年，公司加强HSE管理体系运行管理，推进安全生产标准化工作，整改内外部审核发现的619个问题，修订生产安全事件管理办法等5项管理制度，完善危险作业管理等7项工作程序，确保体系规范运行。加强安全风险管控，开展全员“写风险”活动，组织3次安全生产大检查和4次井控检查，发现整改各类问题2592项；投入8471万元全面治理40项安全环保隐患，源头风险得到有效控制。加强生产现场监管，抓好一级动火、受限空间、高空作业等危险作业监管，强化承包商管理，严格查处“三违”行为，确保生产作业安全。加强基层HSE需求培训，培训5.6万人次。抓好节能减排，强化新增设备能效管理，全年节能2.56万吨标准煤、节水39.59万立方米，完成年计划284.4%和179.9%；强化巴喀原稳污水生态处理、鲁克沁污水生化处理等环保设施运行管理，完成CDO、氨氮等污染物减排指标。

【工程技术服务】 2013年，公司围绕增储上产重点领域，强化瓶颈技术攻关，鲁克沁二叠系稠油强化大斜度井优快钻井技术攻关，精细井身结构和轨迹设计、优化钻具结构和钻头优选，现场应用42口井，平均钻井周期47天，同比缩短21天。三塘湖致密油勘探和有效动用，加大水平井加体积压裂改造技术攻关力度，优化井位部署，马57H、马58H等井应用获得高产，配套形成动用致密油主体技术，部分核心技术实现自主化、压裂工具实现国产化。围绕低压强水敏储层油气藏有效动用，分析胜北、玉果储层特征和产能关系，研发可循环油基泡沫欠平衡钻井技术，加大储层保护力度，实施9口井获得高产，形成有效动用低压强水敏油气藏技术手段，发现和解放一批储量。开展稳油控水技术攻关，推广应用桥式偏心分注及高效测调、层内细分注水、大斜度井分层注水等技术取得新进展，为老井稳产提供有力支撑。

【管理提升】 2013年，公司实施管理提升总体方案和勘探、开发、降本增效等6个专项提升方案，通过优化井位部署，勘探探井成功率由35%提高到45.45%，储量接替率1.26；油田开发加强油藏描述、方案优化和注水考核，分注率、自然递减率等关键指标持续好转，原油平均单井日产保持2.8吨不降，综合递减率由10.7%下降到8.5%。

投资成本控制取得良好效果。加强投资计划管理，优化投资结构，全年完成投资55.2亿元，勘探开发投资占总投资的97.1%，发挥投资导向和推动作用。加强投资过程控制，持续优化井位部署、井身结构和措施方案，引进民营钻井队参与市场竞争，推行地面标准化建设和流程优化，单项地面工程完成投资比批复下降5%，百万吨产能建设投资同比下降10%。加强成本预算管理，加大工效挂钩考核力度，严控成本费用支出，维修费、外包劳务费同比下降10.4%，五项费用同比下降18.8%，物资采购价格同比下降5%，考核口径油气完全成本控制在年度预算65.18美元/桶范围内，考核口径油气单位操作成本控制在年度预算18.83美元/桶范围内。

科技创新取得新进展。1项国家级和5项集团公司级攻关课题取得阶段性成果，24项“新疆大庆”科技专题顺利推进，50项油田公司科研课题全面完成，获省部级成果6项、国家授权专利29项，适应稠油、致密油、低渗透低压等特殊类型油气藏的勘探开发综合研究和钻采工艺技术不断集成配套。推进信息化建设和深化应用，推广实施油气生产物联网系统等7项集团公司统建项目，完成油田综合办公平台等6项自建系统。

人力资源管理取得新成效。“三控制一规范”持续推进，调整优化4个机关部门机构和职能，整合特种车辆工程公司等相关单位5项业务，对20个二级单位的业务和机构进行优化，严控工程服务、矿区和宾馆单位用工规模，减少用工661人，用工总量控制在集团公司下达指标之内，人工成本占营业总成本比例同比降低8.7%。修订完善处级管理岗位竞争上岗和公开招聘实施细则等制度，严格落实选人用人制度和程序，选拔交流副处级以上干部42人。新增副高以上职称76人、技术专家和技术带头人108人，引进大学毕业生130人。开展各类培训1.18万人次，选拔技师和高级技师23人、技能专家17人，完成90个工种3000人次的职业技能鉴定，油田选手在集团公司集输工职业技能竞赛中获银牌、在财会职业技能大赛中获三等奖，在全国青年职业技能大赛新疆赛区车工大赛中获第一名。

管理基础不断夯实。制修订各项管理制度63项，发布企业标准32项，完善基础定额269项。强化内控与风险管理，重大项目法律审核覆盖率、合同上线运行率、内控测试发现问题整改率明显提高。加强设备标准化管理，设备综合完好率达到98.6%。发挥审计和效能监察作用，发现和整改工程建设、物资采购等重点领域突出问题70多项。

【民生工程建设】 2013年，公司完成集团公司各项业绩考核指标，确保员工收入稳步增长。投入近3000万元落实困难群体政策底线，2115名提前退休人员增发工龄补贴，975名有偿解除劳动合同人员调增劳务费，544名20世纪60年代精简下放人员调增生活补贴，8539名退休人员、劳动家属和职工遗属发放节日慰问金，保障各群体利益。推进重点民生工程建设，鲁克沁、神泉和玉果一线队点扩建工程及鄯善基地18号公寓、体育活动室竣工投运，哈密基地八区高层住宅楼、体育活动室建设按计划推进。开展矿区服务示范窗口建设，加大服务质量监督考核力度，综合满意率达到96.5%。调整种养殖规模，出栏生猪4600头，生产肉鸡2万只、鸡蛋140吨、瓜果蔬菜150吨，为员工提供绿色安全食品，确保食堂饭菜价格稳定。完善养老服务体系，办好“八会一团一校”，公司获全国“敬老文明号”称号。开展健康体检工作，全年组织体检1.6万人次，同比增长23%。通过直接签约、回校培训、市场化招聘等方式，帮助208名员工子女就业。投入资金430万元，慰问帮扶困难家庭1365户、金秋助学59人、大病救助60人。

【党群工作】 2013年，公司深入开展党的群众路线教育实践活动，圆满完成学习教育、听取意见，查摆问题、开展批评，整改落实、建章立制3个环节任务，制定公司整改工作方案并持续抓好整改，公司层面征集汇总86项群众意见，整改完成33项，落实整改53项；二级单位完成整改626项，解决和回应一批员工群众关心的生产生活问题。加强以服务型为重点的“三型”党组织建设，推进党务公开，完善党群工作量化考核。加强反腐倡廉，层层签订党风廉政责任书，强化廉政教育，加大案件查办力度。推进文化同行工程，承办新疆维吾尔自治区第三届企业文化论坛，启动企业文化辞典编撰，加强形势任务教育，开展首届“火焰山”文学奖评选，选树安全文化典型，提升企业向心力。加强基层建设，“五型”班组创建实现“双百”目标，千队示范工程形成11个基层典型，石化厂顺酐工区被授予集团公司“百个标杆单位”称号。加强综治维稳工作，推进社区治安网格化管理，升级完善重点要害部位物防技防措施，强化防恐应急演练，确保油区治安形势平稳。加强群众工作，开展主题劳动竞赛、万人评选劳动模范、巾帼建功等活动，发挥工团女工组织的桥梁纽带作用，公司团委被评为“全国五四红旗团委”。加强文联体协工作，举办书画展、篮球、羽毛球赛、矿区文化艺术节等活动，丰富员工业余文化生活。

（李　勇　朱晓龙　肖玉娟）

中国石油天然气股份有限公司冀东油田分公司

【概述】 中国石油天然气股份有限公司冀东油田分公司（以下简称公司）主营业务包括油气勘探、油气开发、油气集输、油气销售以及油田工程技术、工程建设、机械制造、物资供应、电力通信、油田化学、矿区服务等为油田配套、保障、支持和服务业务。公司勘探区域包括冀东探区和庙岛群岛探区，登记探矿权面积 10978 平方千米。其中冀东探区主要集中在唐山市东南部（包括渤海湾海域部分）和秦皇岛市南部辽东湾海域。唐山勘察区域位于渤海湾盆地黄骅坳陷北部，勘探面积 4240 平方千米；秦皇岛勘察区域位于渤海湾盆地渤中坳陷北部和辽东湾坳陷西南部，勘探面积 2380 平方千米。庙岛群岛探区位于山东省蓬莱与辽宁省大连之间、渤海与北黄海交界处海域，勘探面积 4358 平方千米。截至 2013 年底，公司设 25 个二级单位（分公司）、16 个机关处室、4 个直属机构，资产总额 275.3 亿元。

【主要生产经营指标】 2013 年，股份公司下达控制石油地质储量任务 500 万吨，预测石油地质储量任务 500 万吨，公司上缴控制石油地质储量 743 万吨、预测石油地质储量 625 万吨。公司全年钻开发井 137 口，新建原油生产能力 50 万吨；钻天然气开发井 2 口，新建天然气生产能力 1.3 亿立方米。生产原油 170 万吨，生产天然气 5.91 亿立方米，完成油气当量 217.11 万吨。实现经营收入 108.83 亿元，上缴税费 18.11 亿元，实现利润 11.32 亿元。

【油气勘探】 按照“整体勘探、精细研究、科学勘探、效益勘探”的工作方针，预探评价一体化、评价产建一体化，紧密围绕寻找规模可动用地质储量，突出中深层南堡凹陷岩性地层油气藏、已发现油藏周边和外围新区勘探。

一是南堡凹陷中深层岩性油气藏勘探取得重要进展，2013 年新增探明石油地质储量 1365 万吨、控制石油地质储量 1573 万吨。其中，深化勘探高柳斜坡带，沙三段 3 亚段新增探明石油地质储量 820 万吨、控制石油地质储量 1229 万吨；整体勘探南堡 3 号构造，沙一段新增探明石油地质储量 545 万吨、控制石油地质储量 344 万吨；南堡 4 号构造北部南堡 4-39 井东三段压裂试油突破工业油流关，南堡 4-66 等新井钻探沙一段发现新油层。二是精细评价南堡 1 号、2 号构造中浅层油气成藏主控因素研究取得新认识，南堡 118 x20 等井钻探发现新的含油断块，落实一批可进一步评价的目标，为新增动用石油地质储量夯实基础。三是加强新区勘探取得实质性进展。2013 年秦皇岛区块新增矿权 2380 平方千米，1350 平方千米三维地震采集基本完成。根据一期 832 平方千米三维地震初步解释，秦皇岛区块东区紧邻辽中、辽西两个生烃凹陷，发育“两凸两坡一断阶”，石油地质条件有利。

【油气开发】 2013 年，主要开发技术指标稳中向好，自然递减率 22.7%，同比下降 1.8 个百分点；综合含水 88.2%，同比下降 0.4 个百分点；注水 493.7 万立方米，同比增加 18.2%，注水开发区块注采比 1.18；地层压力稳中有升，压力系数 0.78；水驱储量控制程度和动用程度分别达到 59.2%、48%，同比分别提高 3.9 个百分点、4.2 个百分点；完成股份公司下达的储量任务，新增动用石油地质储量 1303.73 万吨。

一是加强精细地质研究，新区深化油气富集规律认识，滚动扩边落实开发动用储量 606 万吨；老区以单砂体刻画、优势渗流通道识别为重点，开展精细油藏描述，有效指导精细注采调控。二是对 28 个区块单元 625 个小层 2367 口井进行地质大调查，明确不同类型油藏开发调整潜力方向与技术对策，为 2013 年开发生产与 2014 年开发部署奠定基础。三是大力推进以“精细注水”为重点的精细油藏调整工作，强化细分注水、增注和调剖、调驱，持续完善注采井网，水驱开发效果进一步改善，分注率和分注合格率分别达到 67.2% 和 61.1%，同比分别提高 3.3 个百分点和 4.5 个百分点；启动 7 个“精细注水开发示范区”建设，水驱储量控制程度由 66.8% 提高到 70.1%，水驱储量动用程度由 44.3% 提高到 54.3%，自然递减率由 19.8% 下降到 16.7%。四是按照"一块一对策、一井一工程"思路，精细开展措施研究与挖潜，措施增油 18.53 万吨，措施有效率 81.5%；实施二氧化碳吞吐措施 143 井次，有效率 88.8%，增油 3.38 万吨；稳步推进提高采收率重大开发试验，高浅北区聚合物驱等 5 项试验取得阶段性效果，2013 年增油 3.79 万吨，累计增油 7.83 万吨。五是开展"长关井"治理 219 口井，增油 4.22 万吨。六是优化产能建设部署，新建原油生产能力 50 万吨、天然气生产能力 1.3 亿立方米，钻井成功率 98.4%。七是天然气增产增效显著，商品率达到 63.9%，推价增加销售收入 4600 万元。八是调整作业区机构设置，配备各类技术人员 156 人，加强基层开发技术管理体系。九是推行施工样板化管理，促进基本建设工作水平提高，南堡 3 号构造外输管线建成投产，为新堡古 2 平台上产赢得主动。

【科技创新】 2013 年，投入科研、试验经费 1.5 亿元，设立重大、重点科技攻关项目 11 项，有力调动科技人员参与创新的积极性，年轻技术人员不断得到锻炼，迅速成长为科技攻关的中坚力量；科研成果推广应用在勘探开发生产中发挥重要作用。

一是勘探开发"瓶颈"技术攻关取得突破。6000 米深井高温钻井技术取得重大突破，在集团公司首次初步形成一整套超 200 摄氏度高温深井钻井完井配套工艺技术；220 摄氏度超高温水包油钻井液和低固相钻井液体系研发获得成功；深斜井分注技术达到集团公司领先水平，分注井最大井斜达到 59.25 度、分注层段最多达 6 段、分注段深度最大达 3900 米。二是勘探开发配套技术不断取得进展。发展深层地震资料保幅处理、中浅层高分辨率处理、岩性地层圈闭识别、目标储层定量预测等精细勘探开发研究技术；深井大位移井优快钻井基础研究取得新进展，为大位移井的优快钻井提供技术支撑；针对储层特点，改善低浓度瓜尔胶压裂液，完善低渗透储层压裂增产技术；南堡陆地浅层特高含水油藏二氧化碳吞吐技术研究取得新进展，规模应用效果显著；以多级分注、增压注水、压裂改造为代表的精细注水技术取得长足进步。三是技术进步带来新认识。对南堡凹陷中深层岩性油气藏成藏及富集高产规律的认识得到进一步深化，有效指导岩性地层油气藏勘探部署；特高含水油藏提高采收率、复杂断块油藏精细注水保稳产的技术思路进一步细化与完善，油田开发潜力不断夯实。四是科技进步取得新成果。获省部级科技进步奖 2 项，获授权国家发明专利 3 项，评选公司科技进步奖 26 项。

【企业管理】 一是加强战略管理。提出"底线、健康线、梦想线"发展构想，初步完成中长期发展战略规划基本框架及各业务板块顶层设计指标。二是加强体制建设。重新定位研究单位职能，理清勘探开发研究院、钻采工艺研究院、勘察设计研究院与基层技术机构的工作界面；初步完善作业区基层技术管理体系；组建外围勘探评价项目经理部；加强测试及井下作业队伍。三是加强机制建设。完善绩效考核政策，调整、增加控制性和支撑性考核指标权重。出台《重大、重点科技项目管理实施细则》和《科技成果推广应用效益提成管理办法》，加大对项目团队的考核激励力度。出台《技能专家和技能骨干管理办法》，建立技能人才培养、选拔、使用、管理激励机制。四是加强制度建设。管理制度由 2012 年的 466 项优化到 283 项、压减 39%，优化简化制度流程，增强制度的整体性、系统性、协调性和实效性。推进标准化建设，理顺制度、流程、工作标准之间的关系，引导全员按岗位责任制与标准做事。五是加强队伍建设。完善干部管理制度，调整处级管理人员退居二线年龄。举办 4 期领导干部培训班，组织各单位主要领导干部赴大庆油田学习、调研。六是加强企业文化建设。启动企业文化专项战略编制工作，推进安全文化、廉洁文化、和谐文化、队站文化、班组文化等特色文化建设。七是加强投资管理。强化项目源头控制和过程监管，优化简化方案设计，压减投资 2.44 亿元，其中，通过优化井身结构、钻前施工方案、固井工艺，推广网电钻井技术等，节约钻井投资 1.19 亿元。八是加强资产管理。开展资产状况调查分析，加大闲置资产挖潜力度，调剂利用闲置设备 180 台（套），节约投资 6179 万元；利旧、改造抽油机 32 台，节约投资 600 万元。

【人才强企】 按照"思才、求才、育才、选才、用才、举才"的人才观，制定人才强企专项战略规划。加强研究力量，充实技术人员。调整、增加勘探开发研究院机构、编制；成立钻采工艺实验中心和采油技术推广中心；作业区成立攻关队。2013 年，公司引进主干专业博士生 8 人、硕士生 33 人。聘请 28 名行业内院士、专家作为咨询顾问，共同研究解决勘探开发难题。高度重视青年人才成长，评选表彰 40 名"优秀青年"和"优秀中青年大学毕业生"，举办优秀青年干部培训班。高度重视技能人才培养，参加集团公司集输技能大赛，获团体第一名，个人分获金牌、银牌、铜牌和优秀选手奖。组织采油、集输、井下作业等 7 个工种的技能竞赛，选树 7 名"技术能手"及 40 名优秀技能人才，评选 29 名"操作技能标兵"。扎实开展全员培训，组织重点培训项目 72 个，参加集团公司培训项目 113 个，公司层面组织培训 3700 人次。

【安全环保】 全面推进 HSE 管理体系建设，保持安全环保形势持续稳定，获集团公司“安全生产”、“环境保护”先进企业称号。

一是狠抓 HSE 责任落实，出台《安全生产责任制细则》，强化“党政同责、一岗双责、齐抓共管”。二是启动动态安全管理体系建设试点工作，促进基层生产单元和岗位员工属地责任的落实。三是制定《事故隐患管理办法》，实施隐患分级管理，加大问责力度，对安全环保隐患进行网上公示，对相关责任人进行问责。四是投入 9717 万元，治理安全环保隐患 12 项，安全环保风险进一步削减。五是注重制度的完整性与实效性，HSE 制度由 95 个优化简化为 16 个。六是围绕实战组织应急演练，提高队伍的应急处置能力。七是加强对承包商的监督管理，实施承包商单位安全环保联系点和季度挂牌考核制度，对问题突出的 14 家承包商进行停工整顿。八是推进节能减排和环境治理，COD（化学需氧量）、石油类和二氧化硫排放量同比分别下降 2.16%、1.99% 和 1.02%，节能 0.6 万吨标准煤，节水 2.17 万立方米。

【矿区建设】 把和谐矿区建设作为企业发展战略的重要组成部分，把服务员工群众作为不变的宗旨，把员工群众满意作为最高追求，把实现好、维护好、发展好员工群众根本利益作为工作的出发点和落脚点，积极为群众办实事、解难事。

一是石油家园、石油馨苑后期配套完善工程建设稳步推进，绿化、亮化、美化工程基本完成，给水、排水、供暖基本正常。二是矿区新增绿化面积 8.8 万平方米，新城大街及所有住宅小区路灯改造工程全部完成，生活小区品质进一步提升。三是着手改善井下作业、油建施工等野外一线艰苦岗位的生产生活条件。四是为 17 个基层单位配备夜班岗位工作餐。五是安排 93 名油田子女就业和岗前培训。六是投入 50 万元改善冀东石油中学教学条件。七是坚持实际、实用和人性化原则，为不同岗位配备适用的劳保用品。八是启动生活饮用水水质改善工程。九是积极与北京等地大医院沟通联系，聘请 11 名专家不定期来公司坐诊。十是启动老年大学筹建工作，改建老年活动中心，改善离退休人员文化体育活动环境。十一是完善“扶贫帮困”工作制度，对 21 个特困家庭逐户制定帮扶措施，公司机关 16 个党支部与特困户开展结对帮扶活动。

【党建与思想政治工作】 各级党组织深入贯彻落实党的十八大和十八届三中全会精神，扎实开展党的群众路线教育实践活动，全面加强党的思想建设、组织建设、作风建设、反腐倡廉建设和制度建设，融入中心工作，发挥政治优势，为推动公司健康和谐可持续发展提供坚强的政治保障。

一是扎实开展党的群众路线教育实践活动。围绕“照镜子、正衣冠、洗洗澡、治治病”的总要求，坚持立行立改，大力纠正“四风”问题，各级领导班子和党员干部的作风明显转变；对公司层面查摆出的 20 个问题，明确改进措施、牵头领导、责任单位和整改期限；围绕构建改进作风长效机制，加强制度建设，废止、完善、新建制度 136 项。二是采取集中培训、辅导讲座、专题党课等方式，深入学习贯彻党的十八大和十八届三中全会精神，提升全员政治素养；广泛开展形势任务教育，深入学习宣传先进典型事迹，深化全员读书活动，推进学习型党组织建设。三是深化“三型”（学习型、服务型、创新型）党组织创建活动，全面推行党务公开，深入开展党委书记讲党课活动，提高党务工作者素质，通过创建特色工程、品牌工程，党建工作科学化水平持续提升。四是坚持以“三基”（基层建设、基础工作、基本素质）示范工程建设为抓手，推广典型示范经验，完成 12 个模范示范点和 19 个示范点的晋档升级。南堡油田作业区采油一区被集团公司授予基层建设“百个标杆单位”称号。五是深入推进惩治和预防腐败体系建设，落实党风廉政建设责任制，开展理想信念、党纪条规主题教育活动，加大重点项目、重要事项、关键环节过程管控，持续推进效能监察，营造风清气正的从业氛围。六是工会组织广泛开展劳动竞赛，持续提升厂务公开和民主管理水平，大力实施“送温暖”困难帮扶，强化工会建家管理。公司工会获集团公司“模范职工之家”，公司获“河北省劳动竞赛先进集体”称号。共青团组织发挥生力军和突击队作用，服务油田发展、服务青年成长、服务共青团建设，调动团员青年参与生产建设的主动性。七是严格落实维护稳定工作责任制，开展矛盾纠纷与不稳定因素排查活动，妥善处理员工群众利益诉求，队伍保持和谐稳定；大力开展综合治理整治行动，强化油区治安防范，切实维护油田利益。八是履行社会责任，帮扶沧州市孟村县孙楼村和唐山市滦县小坡村，大力推进农村党组织建设、基础设施完善、生态乡村建设、特色产业培育及乡村文化建设，驻村帮扶成效显著。公司驻孙楼村工作组被评为河北省优秀驻村工作组。

（付建华　刘东宇）

中国石油天然气股份有限公司玉门油田分公司

【概述】 中国石油天然气股份有限公司玉门油田分公司（以下简称公司）主要开展勘探开发、炼油化工、井下作业、电力供应、机械加工、建筑安装、综合服务、物资供应、通讯信息、消防保卫、物业管理等业务。玉门油田开发于1939年，是新中国第一个天然石油基地。先后投入开发的有老君庙、鸭儿峡、石油沟、白杨河、单北、青西、酒东7个油田。目前在酒泉、民乐、潮水、武威、雅布赖、南祁连等8个盆地内共有17个矿权区块，面积4.28万平方千米。截至2013年底，公司用工总量13129人（合同化员工10538人，市场化用工2071人，劳务用工520人）；机关设职能处室14个、直属机构4个，基层设独立核算单位32个。公司新增基本探明、控制和预测储量各1000万吨；生产原油51万吨，加工原油163万吨。拥有固定资产原值135.33亿元，净值83.28亿元。

【油气勘探】 组织实施油气勘探进攻仗，完成股份公司探明1000万吨、预测500万吨的储量任务，公司新增基本探明、控制和预测储量各1000万吨。雅布赖盆地勘探取得突破。在小湖次凹洼槽带部署的雅探6井，经大型压裂改造获工业油流，预测含油面积29.7平方千米，基本预测储量1100万吨。鸭儿峡古近系—新近系和老君庙构造K油藏发现新区块。鸭西6井的古近系—新近系L层压裂后自喷，鸭西116、鸭K102井钻遇相同油层，控制含油面积5.1平方千米，基本探明储量500万吨；老君庙构造北翼的庙E101井K层压裂后获工业油流，庙E102、庙E103井均钻遇该层，庙E102井还在倒转翼发现两套L、M油层，基本探明储量500万吨以上。鸭儿峡白垩系油藏整体评价取得两项新进展。顶部部署的鸭K103井压裂后向北扩展含油面积0.6平方千米，勘探开发一体化提交探明石油地质储量1085万吨；前缘部署的鸭西115井压裂后获工业油流，此前已有8口工业油流井，控制含油面积20平方千米，基本控制储量1300万吨。另外，在酒东长305区块，提交预测石油地质储量626万吨。非常规资源勘探继续推进。武试1、武试2井排采和墩1井侧钻水平井正在实施，武威盆地煤层气勘探和花海凹陷致密油勘探不断深入。

【油田开发】 组织实施原油上产进攻仗，完成股份公司下达的各项开发指标，生产原油51万吨，油田自然递减率、综合递减率分别控制在15%和6.4%。一是产能建设成效明显。完成新井投产101口，新建产能24万吨，当年产油3.7万吨。鸭儿峡白垩系油藏地质储量、可采储量和产量均增至以前的3倍；老君庙M油藏低产区的10口水平井压裂投产后，平均产量是周边直井的5倍以上。老君庙L油藏“二三结合”（二次开发和三次采油）开发试验钻井完成，年末正在开展试采排液和室内研究；M油藏深部调驱实验4口井注入正常，新F227试验井组含水下降、产量上升；三次采油技术试验基础研究完成鸭儿峡白垩系和老君庙M油藏低产区两个气驱先导试验方案编制。二是注水治理持续强化。老君庙油田注采关系不断完善，鸭儿峡油田白垩系实现了注上水，青西油田水驱效果开始显现，酒东油田主力区块实现了全面注水，全油田日注水量达到6900立方米。三是原油生产逐步向好。实施进攻性措施461井次，增产原油4.5万吨。

【炼油化工】 组织实施炼化调整进攻仗，加工原油163万吨，实现减亏4827万元。一是做好检修技改。超前做好方案论证、物资采购和人员培训，对工艺、设备、公用系统进行检修和整治，同步实施38项技术改造，完成第三个三年一次的大修任务。二是做好优化运行。落实“两降一提”（原油综合损失率下降、炼油能耗下降，综合商品收率提高）第二阶段攻关措施，综合商品收率达91.5%；挖掘原油、能耗结构和装置运行潜力，装置平稳率达到99.5%。三是做好工程建设。实施6项重点工程建设，催化汽油加氢脱硫项目如期建成并一次开厂成功，生产国Ⅳ汽油，延迟焦化、柴油加氢等项目，污水深度处理回用装置投产运行。四是做好经营销售。执行配置计划，销售大宗产品 146.5 万吨。

【对外合作】 乍得上下游生产运行对口支持合作协议成功续签，清蜡测试工作量同比增加 41.4%，安全阀校验服务项目完成，3 个综合研究项目完成验收；国内服务市场得到拓展，西气东输和西部管道电力供应、管道运维、通信服务得到巩固，鄯善油库消防服务启动运行，中缅管道三标段、西三线二标段工程监理工作符合甲方要求；重点合作项目按步骤推进，苏 246 区块通过试采做了整体评价，油砂矿开发试验进入土建施工和设备采购阶段，LNG（液化天然气）车载瓶生产项目完成 50% 的建设工作量，柔性复合管开发试验完成立项和合作协议签订准备。

【安全环保】 组织开展百日安全大检查、安全生产专项检查和综合检查 32 次，对重大危险源进行重新辨识和分级建档，实行重大隐患治理项目挂牌督办，组织开展 HSE 体系文件换版升级，接受 4 次 HSE 体系审核，累计整改销项 230 项隐患和问题，开展 400 多次应急预案演练，完成 21 项安全环保隐患治理工程，发生事故 5 起、同比下降 44%，发生事件 17 起、同比持平。

【企业管理】 结合管理提升活动和“三基”（基层建设、基础工作、基本素质）工作推进计划，开展对标管理、管理诊断下基层和 67 次岗位责任制大检查，集中整改管理短板和瓶颈问题，提升管理水平，投资完成率提高到 65%，预算执行平稳受控，组织机构、劳动用工和人工成本控制在计划内，内控体系、法律事务、合同管理规范运行，基建工程开工率、完工率和合格率分别达到 93.8%、83.8% 和 100%，设备综合完好率和利用率分别达到 97.2% 和 71.3%，完成员工培训 9450 人次、审计项目 13 项、节能 0.98 万吨标煤、节水 7.59 万立方米，20 个示范队站创建积极推进，选树标杆“五型”班组 20 个。

【科技信息】 对重大科技专项 9 个课题、股份公司级 4 个研究项目和公司级 34 个科研项目，加强运行组织。加强物探技术，攻克逆掩推覆带地震资料采集难题，完成老君庙构造带 228 平方千米三维地震采集；钻机月速度提高 27%，钻井周期减少 15.5 天，对鸭儿峡白垩系实行钻井、录井、测井总承包，应用平台布井、工厂化作业新模式，平均钻井周期缩短 51.3 天，平均机械钻速提高 72.8%，被集团公司领导称为“鸭儿峡现象”；对雅布赖储层大规模压裂、多段多簇大规模压裂和超高应力储层压裂；煤岩油项目工程试验装置建成并产出油品。加强信息化建设，A8 和办公网络桌面安全等信息系统顺利投用，档案数字化录入完成 33%、工作评价由 C 级升为 A 级，酒东油田实现油井数据实时采集和生产监控，公司首次被集团公司评为信息化建设先进单位。

【精神文明建设】 一是推进党的建设。组织开展“学理论、提素质、上水平”主题活动，按照“照镜子、正衣冠、洗洗澡、治治病”的总要求，组织开展党的群众路线教育实践活动。重点抓好整改落实，公司班子成员查摆的 101 个具体问题，2013 年底前完成整改 85 个；基层各单位和机关各处室查摆出的 2600 个问题，完成整改 2179 个。二是抓好整章建制，公司先后废止制度 5 项、制修订 17 项、近期发布 6 项；基层各单位和机关各处室废止制度 27 个、修订完善 455 个、新建 153 个。结合中央“八项规定”、甘肃省“双十条规定”和集团公司“20 条要求”，制定和执行公司“十八项规定”及职务消费、驻外办事处管理 2 项配套制度，促进作风转变，公司文件简报压缩 12%，会议压缩 13%，公务接待费用压缩 32%。三是加强领导班子建设。提炼推广班子建设优秀经验，完善选人用人和管理培育机制，强化民主生活会督导、年度履职测评和选拔任用干部工作，班子履职测评优良率和新提拔干部民主评议满意度分别达到 94% 和 87.5%。四是做好反腐倡廉工作。组织反腐倡廉教育 278 场次，层层签订党风廉政建设责任书 1297 份，完成“八项规定”落实情况、会员卡清退等 5 项专项检查、4 项专项监察和 3 项效能监察，受理信访举报 21 件、办结 19 件、立案 3 件，党纪政纪处分 3 人，营造了风清气正的发展环境。五是强化宣传思想工作和企业文化建设。组织学习党的十八大和十八届三中全会、集团公司和油田重要会议精神，开展“讲形势、明任务、鼓干劲、促发展”形势任务教育活动，宣传油田生产经营中心工作、先进典型和员工奋发向上的精神面貌，推进《中国石油企业文化辞典玉门油田分册》和《中国石油玉门油田公司年鉴》编撰工作，公司被中国企业文化研究会评为“改革开放 35 周年企业文化竞争力优秀单位”。六是抓好维护稳定工作。强化维稳责任制，落实各群体利益调整政策，做好特殊时期访情舆情监控，妥善处理历史积案和复杂个案，及时答复 46 个领导信箱中反映的问题，没有发生群访事件；扎实推进对口扶贫工作，帮助天祝县赛什斯镇和玉门市柳北村建设日光温室 60 座，调引优质羊种 900 只，种植饲草 800 亩。

【矿区服务】 推进民生工程，再就业人员劳务费、工农业家属工和退休人员养老金按省级统筹标准进行了调整，开展员工子女就业培训服务，帮扶困难人员 9727 人次、发放慰问金 1256 万元，玉泉园天然气入户工程竣工投运，一线队站改造完成总体方案的 85%，职工餐厅保证了矿区职工的基本就餐需求，门禁、车禁系统投运，视频监控系统主体工程完工，职工体育活动场所建成投用，欣露园 17 栋住宅楼及地下车库主体封顶；物业公司推行标准化服务，油田医院推行亲情化服务、特色专科建设和专家会诊，退管中心实行走动式服务，提高服务水平。

（王得虎　鲁建祥）

中国石油天然气股份有限公司浙江油田分公司

【概述】 中国石油天然气股份有限公司浙江油田分公司（以下简称公司）拥有探矿权项目 10 个，分布在南方苏、皖、鄂、滇、黔、桂、川 7 省（自治区），勘查面积近 4.5 万平方千米。公司下设 10 个机关处室，9 个二级单位。用工总量 501 人（员工总量 430 人，劳务用工 71 人），平均年龄 35.5 岁。

截至 2013 年底，累计完成三级石油地质储量 654.12 万吨，完成计划的 109%。生产原油 50606 吨，销售原油 50629 吨；累计生产天然气 1018 万立方米，销售 188 万立方米。计划投资 98363 万元，实际完成 95536.85 万元，投资完成率 97.13%。原油销售收入 22456 万元，单位操作成本 29.12 美元 / 桶。实现营业收入 2.3 亿元，实现利润 -3.1 亿元。

2013 年，公司坚持"油气并举"发展战略，扎实推进"绿色、可持续的百万吨油气田"建设，生产经营平稳受控，安全环保不断强化，基础工作扎实推进，管理提升持续深入，各方面工作都取得新进展新成果。

【油气勘探】 苏北探区在曲塘次凹、洋心次凹实施勘探评价，喜获进展，实施探井成功率 50%，评价井成功率 75%。曲北陡断带滚动评价与甩开预探相结合，多层系勘探取得重要进展，阜三段下油组含油范围进一步扩大，新增三级石油储量 654.12 万吨，超额完成年度储量任务。甩开预探洋心次凹西斜坡，丰探 12 井泰州组首获突破，在泰一段顶部发现油层 1.5 米，压裂投产获日产油 4.8 吨，揭示了该区的勘探可行性。兼探非常规油气藏，曲塘、洋心次凹发现致密油好苗头，位于曲塘次凹腹地的吉 204、吉 10 井在阜二段分别解释致密油层及差油层 59.2 米 /2 层、61 米 /2 层；位于洋心次凹东部主凹区的丰探 15 井在泰二段揭示出 14 米 /3 层致密油层，油气勘探领域进一步拓宽。

【油田开发】 2013 年，新建产能 2.1 万吨，完成油田注水 7.1 万立方米，原油产量连续 4 年保持在 5 万吨以上，超股份公司计划 2.06 万吨。油田自然递减率同比减缓 6 个百分点，综合递减率同比减缓 3 个百分点，含水上升率同比下降 1.2 个百分点，油田各项开发指标持续向好。持续推进精细注水，不断改善水驱开发效果，吉家庄断块增加水驱储量 180.48 万吨，初步实现海安油田全面注水开发，水驱控制程度达到 76%。完善注采井网，提升注水能力，油田开发指标整体趋好，自然递减率由 2012 年的 25.5% 下降至 19.4%；综合递减率由 2012 年的 21.3% 下降至 18.4%。强化水质控制，提高水质达标率，全年水质达标率为 85.8% 以上。提压增注、酸化解堵、缩膨增注等注水工艺的实施有效夯实了油田稳产基础；实施老井措施潜力摸排，做好采油工艺技术配套完善，强化油藏动态跟踪分析，单井产量稳步提升。通过实施油井洗井，检泵周期由 480 天提升到 503 天；油井补层、压裂、酸化等增产措施，累计增油 550 吨；注水井酸化增注措施，实现增注 25000 立方米。

【天然气建设】 2013 年，实施天然气探井、评价井、开发井 202 口，三维地震勘探 198 平方千米，在页岩气、常规天然气勘探和煤层气评价方面取得新突破。滇黔北探区北部黄金坝 YS108 井和太阳构造阳 102 井展现良好的页岩气勘探潜力，YS108 井龙马溪组压裂喜获日产 1.5 万立方米页岩气气量，落实黄金坝页岩气高压"甜点"区。荆门探区页岩气资源进一步落实，目的层系龙马溪组页岩气显示活跃，储层评价质量优于国内同类储层。煤层气评价建产工作进展顺利，完钻评价井23口，开发井158口，投产试采117口，日产气量已近4万立方米，基本完成沐爱一期产能建设工作，形成科学成熟的煤层气排采技术工艺，初步具备规模上产的资源和技术基础。全年累计生产天然气1018万立方米，以上网发电、CNG等方式销售天然气188万立方米。

【科技应用】 2013年，出台《中国石油浙江油田公司科技管理办法》，进一步规范油田公司科技管理，全年投入科研及现场试验经费1500万元，实施项目22项。页岩气领域，形成了17项特色技术构成的地震勘探技术系列，以有利区优选技术等为主体的选区评价技术系列，以及以空气钻井、水平井体积压裂改造、井身结构优化等为主要内容的钻井压裂技术系列。煤层气排采领域，初步形成注水洗井技术、管柱结构优化技术、排采异常识别技术、远程调气技术、数模产量预测技术等一系列具有浙江油田公司特色的煤层气精细排采工艺新技术，并且得到勘探与生产分公司的充分肯定。油气田开发方面，引进微生物污水处理、桥式偏心分注等工艺，积极开展降压、提压增注现场试验，为油田有效注水提供技术保障；深入开展油井偏磨系统分析研究，通过合理配置加重杆、降低中性点等管杆优化设计，平均检泵周期延长到533天。信息化建设方面，顺利实施以基础数据库建设为重点的信息化一期项目，勘探与生产调度指挥系统建设扎实推进，油气水井生产数据管理系统正常运行，建成19个数字化采油井场、21个数字化采气井场，数字化油气田建设工作逐步展开。

【企业管理】 扎实开展管理提升活动，认真做好整改提升环节工作，对2012年查出的335项问题制订整改方案，335项问题全部整改完毕。优化资源配置，设立企管法规处、苏北采油厂、工程技术中心、安全环境监督中心；整合地质研究所、采油工艺研究所，设立地质与工艺研究院，组织机构更加贴合公司发展实际。加强基础管理，新建、修订制度110项，配套更新流程328项，清理废止制度16项；开展计量标准化体系建设工作，积极推进计量设施的更新改造，制定5项煤层气企业标准，建立涵盖15个专业733项标准的标准体系表，建设煤层气标准化井场21个、采油标准化井场12个。全面加强风险管理，有效控制经营风险，合同管理上，杜绝事后合同现象，变更、补充合同同比下降80%；工程造价上，审查工程项目预算182项，报审金额3.99亿元，审减金额2100万元，平均审减率5%；审计工作上，审计项目9个，审查资金15.16亿元，审减资金339.6万元，提出合理化审计建议61 条。加强精细化管理，优化投资结构，抓住规划部署、方案编制、设计施工等关键环节，实现全年投资有效控制；完善规章制度，坚持月度稽查，加强定期分析，实现油气操作成本有效控制；公司全员牢固树立“过紧日子”思想，五项非生产费用同比减少30万元。做好档案管理工作；积极推进《油田志》、《组织史资料》编撰工作；高度重视保密工作，全年无一例泄密事件发生，连续两年荣获集团公司保密工作先进集体称号。

【安全环保】 深入践行有感领导、直线责任、属地管理，安全环保核心价值理念逐步成为全员共识。持续推进HSE体系建设和规范运作，顺利通过集团公司上、下半年的两次体系审核。突出重点领域、要害部位和敏感时段安全环保管理，狠抓油气作业、特种设备、交通安全和承包商管理，持续强化过程控制。强化现场安全环境监督，累计查处整改“三违”行为999起。加强隐患治理，对14项安全隐患投资766万元进行治理，进一步夯实安全环保基础。强化安全教育培训，分层次对1200余人次开展HSE培训，成功举办公司首届安全知识竞赛。强化职业健康管理，检测13个职业危害场所，对31人次员工进行职业健康体检。高度重视应急管理工作，编制实施多项应急管理预案，加强专项应急演练，开展演练50次，参演人数达700余人次。积极推进节能减排和环境治理工作，全年节能89.2吨标准煤，节水1.6万立方米，超额完成股份公司下达的节能节水目标。加强生产、施工作业现场环境保护，全年累计处理回注污水7.96万立方米，无害化固化回填泥浆池33个，实现全年零污染零排放。全年完成土地退耕135亩，签订土地退耕协议200余亩。全年没发生一起安全生产和环境事故。

【党建工作】 扎实开展群众路线教育实践活动，充分发挥公司领导班子表率作用，强化学习教育和查摆问题，以整风精神开展批评和自我批评。共举办不同层次的集中学习50次以上，近600人次参加学习；公司领导班子成员及机关中层干部到一线调研10多次，现场解决宿舍改造、子女入学、灯光球场建设等10多项民生问题；广泛征求意见建议，召开座谈会6次、收集梳理意见47条；召开4次整改落实汇报会；召开各层次专题组织会9次，公司领导及中层干部共查找不足300多项，制定整改措施近400条，取得实实在在的效果。认真贯彻中央八项规定精神和集团公司20条具体要求，结合公司实际制定实施浙江油田17条规定，采取有效措施狠抓落实，反“四风”、转作风取得初步成效。认真学习宣传贯彻党的十八大、十八届三中全会精神，加强领导班子和领导干部理论武装。深入开展创建“学习型、创新性、调查研究型、表率型”四型领导干部队伍活动，大力弘扬大庆精神铁人精神，深入开展向“大庆新铁人”李新民学习活动，进一步弘扬艰苦奋斗、争先超越、开放进取和甘于奉献的精神，凝聚建设百万吨油气田的正能量。

【和谐稳定】 重点保障生产一线员工生活。加强西南采气厂海瀛倒班点建设管理工作，突出抓好工程质量、进度和安全管理，努力建设精品民生工程。认真抓好前线食堂安全准时供应、职工公寓服务、卫生防疫、治安保卫等工作，为一线员工提供舒适的生活环境。继续改善矿区面貌，全年投入矿建资金200万元，持续推进宜居矿区建设。认真做好离退休管理工作，落实好“两个待遇”，积极营造和谐氛围。继续实施“金秋阳光”助学工程等“送温暖、献爱心”活动，全年出资66万元对322人次困难职工、出资18.3万元对37人次学生、出资460万元对有偿解除人员进行救助，持续完善扶贫帮困长效机制，妥善解决不同群体的利益诉求问题，进一步巩固和谐稳定大局。

（周　志　叶冰清　徐慧明）

中石油煤层气有限责任公司

【概述】 中石油煤层气有限责任公司（以下简称公司）作业区域遍及山西、陕西、内蒙古等煤层气资源富集省（区），主力生产区块位于鄂尔多斯盆地东缘。公司主要从事煤层气的勘探开发、国内对外合作、集输与储运、煤层气销售等业务。截至2013年底，公司机关设8处1室、4个直属机构、1个附属单位；设5个下属单位、1个控股公司；按照股份公司授权，负责管理煤层气国家工程研究中心。

2013年，公司实现煤层气商品量2.1亿立方米，同比增长316.32%。

【勘探工作】 煤层气勘探方面：保德区块中南部勘探取得成果，保7井、保11井显示出较好的产气潜力，落实有利开发区面积36平方千米；渭北合阳地区24口排采探井中21口井见到理想套压，9口井产气；临汾区块吉4井、吉1-22井台等产气稳步上升，深层煤层气勘探形势趋稳向好。煤系地层立体勘探方面：完成二维地震800千米；完钻探井5口，钻探揭示盒8段、山1段、山2段3亚段、本溪组和马家沟组多套储层含气，以大吉6井为代表的多口探井见到好的气测显示；大宁—吉县区块优选有利含气富集区750平方千米，明确大吉6井—吉探2井区的重点勘探评价区带。

【开发工作】 截至2013年，累计建成产能7.3亿立方米，在建产能9.15亿立方米。渭北煤层气处理厂投运，韩2、保2、保3集气站投产。保德区块日产气56.72万立方米，同比净增3.2倍；日商品量达到54.86万立方米；单直井最高日产气7000立方米稳产近3年，排采两年以上单井平均日产气超过2500立方米，杨家湾大井组单井日产气达3800立方米，成为规模开发效果显著、达产速度快、开发效益好的国家级煤层气示范区。韩城区块突出精细排采，实施“一酸二堵三开”等新的上产技术，推行“稳步降液面、短期憋压、缓慢提产、稳定产气”的链条式上产方案，日产气量上升到30.6万立方米，单井平均日产同比提高44.3%。临汾一体化试采区日产气量提高至3.8万立方米；煤层气水平井攻关取得重大突破，首次在桃平-02井实施定向射孔、速钻桥塞、分段压裂及钻塞等新工艺技术；吉U1井在地层压力超过5兆帕、保持高套压的情况下，日产突破2000立方米。

【对外合作】 2013年销售煤层气3156万立方米，超额完成年度工作目标。三交项目单井产量稳步提高，日产气量15万立方米，4口水平井单井平均日产气超过1万立方米；12万立方米CNG扩建工程投运；SJ39-H1水平井4个主支下入玻璃钢筛管2783米，创造了国内煤层气多分支水平井下主支最多、筛管最长的纪录。韩城项目实现商业销售零的突破。大宁产品分成合同于2013年3月15日获得商务部批复，4月1日开始正式执行，实现了从联合评价协议到产品分成合同的平稳过渡。与壳牌公司顺利完成石楼北对外合作项目现场交接工作，石楼北项目转入自营。三交北项目对埋深2000米左右煤层进行绳索取心获得成功，创造了国内外深层煤层取心最深纪录。

【地面工程】 保德、韩城等主产区井场排采自动化建设逐步完善，整体向“无人值守”的目标稳步推进。推行“标准化设计、模块化建设、橇装化安装”的地面建设新模式，2013年安装多井自动选井计量、恒温露点控制等装置208套。荣获股份公司勘探与生产分公司“一体化集成装置推进工作先进单位”称号。

【储运销售】 韩渭西管道韩城—光伏段一次投产成功，2013年，完成输气量2136万立方米。依靠地方企业投资建设的保德—临县、保德—神池、石楼西连接线、三交专用外输管道相继投产，大宁—吉县立体勘探外输主体管网完成建设。陕西韩城、山西保德、吉县等6个区块对外供气，保证销售市场安全平稳供应。

【科技进步】 公司承担的2个国家科技重大专项项目在煤层气组16个项目中名列前两名。牵头实施的股份公司重大科技专项创新发展4套新理论，形成39项专有技术、7大标志性成果，研发16套专用装备工具，编制103项标准技术规范，开发11套专有软件，顺利通过股份公司一期验收；二期通过开题论证，确立9个课题，初步建立实现“十二五”商品量目标的技术支撑架构。2013年围绕煤系地层储层评价及目标优选，水平井完井、压裂、排采，举升系统开展了20项技术攻关，中低阶煤煤层气勘探开发技术继续保持行业领先水平。信息化建设坚持顶层设计，在基础设施、系统集成、信息共享和推广应用等方面取得显著效果，推动企业管理现代化。主导煤层气标准制定工作，公司申报的2项国家标准通过ISO/TC 263立项，新增行业标准36项，发布企业标准2项；集团公司非常规油气标准化直属工作组秘书处落户公司。全年申报专利7项，发明专利2项。“保德区块中低阶煤煤层气田的发现与开发实践”获集团公司2013年科技进步三等奖。

【企业管理】 深入开展管理提升活动，各业务、各专业结构调整平稳实施，钻井、排采、仓储、电力供应、生产运维、后勤物业等业务外包有序推进，生产经营管理职能进一步理顺，企业管理效能大幅度提升。强化内控体系建设，组织开展重点领域风险评估，2013年新增业务流程16项，修订业务流程78项。推进制度体系建设，开展制度体系整合，全年新建制度31项，修订17项。成立招标实施办公室，建立129人评标专家库，进一步完善招标管理体系。加强修旧利废和闲置资产利用，通过“油改气”、改造供电方式等措施，单井生产成本持续降低。加强定额标价体系建设、推进估概算审查、标底编制，实现建设项目的规范运作、有效管控。

【安全环保】 强化安全培训和意识养成，践行有感领导、直线责任、属地管理，开展事故案例教育、安全文化活动，一岗双责等核心价值理念成为全员共识，全员安全技能稳步提升。深化HSE体系建设，接受集团公司体系审核2次，全面开展体系内审，HSE管理科学化水平稳步提高。梳理形成操作卡136个，覆盖了煤层气生产业务的常规作业。加强重点领域、要害部位管理，2013年识别安全环保风险622条，制订了重大风险控制方案。完成205台（套）特种设备、压力容器的登记注册，取得使用许可证，实现了作业过程和特种设备的风险受控。强化现场监督检查，组织开展安全生产综合检查2次、专项检查2次，发现整改问题481项，查处“三违”行为132起，罚款44万元，解聘1人，安全环保风险进一步削减。狠抓承包商监管，全年共开展承包商HSE培训62次，培训承包商员工1033人次。集中治理抽油机防护栏等22项重点隐患，现场本质安全得到提升。全年组织公司级应急演练1次、分公司级应急演练37次，突发事件处置能力不断提高。严格落实环境影响评价和“三同时”制度，集中对井场生态恢复、排采水回收处理和水源地井场含污油雨水收集处理3项环保隐患进行治理。

【质量节能】 修订质量管理体系，统一设计质量管理制度框架，确保体系文件与规章制度的一致性。强化产品质量、工程质量监督抽查工作，2013年共抽查煤层气产品6批次，抽检油套管358批次4636根；抽检新购置压力表、流量计4批次；工程质量监督检查覆盖率、入井材料质量合格率均达100%，压裂支撑剂在集团公司抽查中全部合格。计量管理取得长足进步，实现了公司独立开展一般压力表、压力变送器、精密压力表计量检定工作，检定流量计、压力表、压力变送器等6大类5786台（套）计量器具，合格率为93%。节能节水与能耗对标工作有序推进，2013年实现技措节能10吨标准煤，完成了股份公司勘探与生产分公司下达的技措节能任务。与华北油田公司开展煤层气能效对标工作，完成100口对标井的筛选，确定抽油机平衡度、电动机负载率等4项对标指标，初步建立起能耗对标体系。

【基层建设】 深入开展党的群众路线教育实践活动，严格执行中央“八项规定”和集团公司党组“二十条要求”，各级班子和党员干部队伍作风有力改进，形成推动发展的强大合力。推行“油公司”队伍建设新模式，2013年新增集团公司高级技术专家1人、教授级职称人员2人、中级职称人员27人；组织124期培训1000人次，队伍结构有效改善，整体素质明显提升。深化“三控制一规范”，推进定编定岗定员，两级机关减少86人。严格落实党风廉政建设责任制，反腐倡廉工作得到加强。强化保密管理，保证了商业秘密安全。推进职工之家建设、“青字号”品牌创建，工会、共青团等工作取得新成绩。认真办好员工健康体检、扶贫帮困送温暖、员工轮休等六件实事好事，得到员工满意评价，企业凝聚力显著增强。

（白　勇）

南方石油勘探开发有限责任公司

【概述】 南方石油勘探开发有限责任公司（以下简称公司）主要从事石油天然气勘探开发、油气处理、油气销售等业务，作业区域覆盖海南、广东、广西三省，共有探矿权6个，勘查面积5535平方千米，采矿权1个，开采面积38平方千米。主力产区位于海南省北部福山油田。截至2013年底，登记公司探明石油地质储量1658.15万吨，探明天然气地质储量48.77亿立方米。公司设置10个机关部门，9个直属单位；用工总量200人，其中合同化员工105人。2013年公司生产原油26.53万吨，天然气1.69亿立方米，实现营业收入14.77亿元，上缴税费3.47亿元，资产总额37亿元。

【勘探开发】 2013年，公司应用综合物探技术加强近地表火山岩调查，开展三维地震攻关，填补福山凹陷北部海陆过渡带资料空缺。福山凹陷花场构造北翼沉积扇体部署井位8口，见油气显示，预测圈闭资源量1500万吨，整体形成4000万吨级储量规模。利用西区连片逆时偏移资料对美台、红光地区开展精细构造解释，整体部署钻探6口井，见油气显示，初步落实可升级储量面积5.4平方千米、储量395万吨。申报云南陇川、广东茂名、广西崇左3个矿权区块，面积6070平方千米；启动三水勘探工作，评价宝竹背斜，围绕新三维区发现有利圈闭28个、面积41.5平方千米，首批实施探井3口，竹10、竹11井见到良好油气显示。

花场流一段产能建设，花117、花114、花115三个区块建成10.15万吨产能，其中花114、花115区块整体投产，全年产油6.53万吨。老区综合治理压裂实施20口井，增油1万吨，增气1740万立方米；补孔转抽11井次，有效10井次；全年措施累计增油3万吨，增气3100万立方米。原油自然递减率下降10.1%，综合递减率下降20.5%；天然气自然递减率下降0.7%，综合递减率下降13.8%，创历史最好水平。

【工程技术】 2013年，公司完成钻井67口，平均机械钻速11.36米/小时，平均完井井深3251米，钻机利用率达到7%；单支队伍年进尺创新纪录，江苏40639钻井队年进尺3.6万米；深井钻探，朝4井完钻深度4510米，4501—4510米段成功取心，花130井水平位移2166.6米，创造了福山油田单井井深、取心深度和水平位移新纪录。应用无电缆存储式测井，解决大斜度井电缆测井资料无法采集问题；应用旋转式取心、阵列声波测井技术，提高低孔隙、低渗透储层综合判别能力；开展数字岩心核磁实验，建立数字岩心产能预测图版，提高低孔隙、低渗透储层评价精度。应用复合平衡抽油机结合变频控制实现节能降耗，机采井系统效率同比提高8个百分点；采用内衬油管结合扶正器技术实现大角度斜井防偏磨，提高检泵周期；持续开展低产井压裂改造和试验，取得一定效果。耐CO_2与凝析油井下节流现场试验在莲5-2井获得成功，解决该井冻堵、正常生产困难等问题，简化地面生产工艺，单井节省投资60万元以上，并申报国家发明专利。流一段原油冷输工艺取得突破，通过添加降凝剂等方法，使原油凝固点由23摄氏度降到6摄氏度，为该类原油冬季冷输提供技术支持。西部集输管线工程实现主干线全线贯通。

【安全环保】 明确要求公司领导、副总师带头深入现场、一线办公次数，要求检查分管业务同时检查安全环保情况，并填写《机关干部现场 HSE 检查表》，及时发现、解决问题。开展安全生产大检查活动，按照“全覆盖、零容忍、严执法、重实效”的总体要求，对 12 个机关部门、2 个后勤部门、2 个生产单位和 14 个承包商单位、25 个生产作业现场进行了检查，共查出问题隐患 379 项，整改完成 377 项，确定 9 个隐患治理项目，落实隐患治理专项资金 1535 万元。成立 QHSE 监理（监督）中心，实现监管分离。查处 3 起内部施工质量事件，惩处相关责任人、责任单位和有关领导干部。试验钻井废弃物随钻处理工艺技术，减少钻井液和钻屑等废弃物对地下水、地表水以及周边生态环境的影响，力求解决钻井液固化处理带来的环保问题、地表恢复问题。总体安全环保生产节能形势稳定，圆满地完成了各项考核指标。

【信息化建设】 数字化油田建设初见成效，集团公司信息化统建项目和公司自建项目同步推进。集团公司生产调度指挥系统（A8）顺利上线运行；集团公司示范项目福山油田油气生产物联网系统（A11）一期完工，实现已建 9 个井场 14 口单井的数据采集和安防功能；深化 FMIS、资金平台、集中报销等财务信息系统应用，实现银企直连系统正式上线运行，通过银企直联付款比例达 45%，付款成功率 99%。物资采购管理信息系统建设按期完成，全年通过系统累计完成物资采购 5330 万元；配合集团公司完成油气水井生产管理系统（A2）升级和勘探开发生产数据库（A1）调研工作；ERP 平均考核成绩在油气田企业中位居上游。公司自建车辆管理系统、协同办公平台（二期）项目上线运行；开展勘探开发数据一体化应用研究，完成数据分析与模型建立工作；建立岩心岩屑信息管理系统，涵盖 197 口单井信息、772 盒岩心、3610 盒岩屑档案资料；建设管网数字管理系统，以期实现对管网分布、安全状况的可视化管理与应用，2013 年通过中期验收。档案数字化工作进展顺利，纸质档案数字化率超过 60%；广州档案库房建设搬迁完毕；档案管理在集团公司年度工作评价中获 A 级资质。

【企业管理】 深入探索总承包模式，在采油作业一区与江汉油田采油厂进行总承包合作试点。制定生产运行大表，分解任务，明确目标，推动了油气产量和重点工程运行。加深公司与地方政府、地方企业、兄弟单位的“四位一体”合作，在生产建设用地、工农关系处理、油区治安消防方面创新思路，建立政企联席会议制度、成立治安消防大队。优化劳动组织结构，落实“三控一规范”要求，强化生产全过程管控，减少中间环节，将生产运行处和采油厂合并；强化工农关系工作针对性和及时性，将业务按管理权限分配到相关部门；强化纪检、监察、审计工作，成立综合监督处；强化外围区域拓展，成立三水项目部，负责广东、广西探区勘探开发；强化干部队伍管理，建立公司专家制度，为科技、管理人才成长提供更广阔发展平台，首批聘任高级专家 2 人；强化工效挂钩制度，完善员工绩效评价管理体系，出台绩效考核管理办法，施行年终考核兑现。落实“三重一大”和民主集中决策制度，坚持领导班子审议事项票决制，2013 年票决公司层面决议 47 项。推进股权清理，完成古镇燃气及中油深南公司的股权转让。持续完善制度建设及技术标准，全年新发布规章制度 31 个，废止 6 个，修订 1 个。加强合同及招标管理，梳理职责分工和会签流程，全年签订各类合同 500 个，协议审核率 100%，履约率 100%。强化内控管理和风险防控工作，开展企业重大风险评估，建立南方公司风险数据库，调整有限授权手册，完成内控评价测试 25 项例外事项的整改，建立公司重大决策法律论证审核制度。

【群众路线教育实践活动】 根据中央及集团公司党组的统一部署，按照“照镜子、正衣冠、洗洗澡、治治病”的总要求，以贯彻落实中央八项规定精神为切入点，扎实开展以“为民务实清廉”为主要内容的党的群众路线教育实践活动，突出“四风”问题，聚焦作风建设，制订活动方案，集中开展学习教育，广泛征求群众意见建议，梳理汇总对公司领导班子集体和个人的意见建议 320 条；深入查摆突出问题，以整风精神开展批评和自我批评，召开专题民主生活会；制定整改措施，并逐条逐项抓好落实，10 项突出问题已完成整改 6 项，其余 4 项列为中长期整改目标，已分别落实责任人和责任单位。推进企业文化建设，组织多样化的职工活动；修订完善各类制度，积极构建转变作风长效机制。通过教育实践活动，党员干部思想认识进一步提高、作风明显好转，党群干群关系更加密切，党组织的凝聚力、战斗力显著增强，全面实现了目标要求。活动开展的过程和取得的成效得到了集团公司群众路线教育实践活动办公室和督导组的认可。

（叶帅斌）

中国石油天然气股份有限公司大庆石化分公司（中国石油大庆石油化工总厂）

【概述】 中国石油天然气股份有限公司大庆石化分公司（以下简称公司），是以大庆油田原油、轻烃、天然气为主要原料，从事炼油、化肥、乙烯、塑料、液体化工、橡胶、腈纶生产，并具备工程技术服务、机械制造加工、生产技术服务、矿区综合服务能力的特大型石油化工联合企业。

公司前身始建于1962年，历经半个世纪的发展，已成为东北地区资源条件最好、社会环境最优、业务门类最多的国有炼化企业。现有二级单位29个，员工3.1万人，生产装置153套，可生产62个品种330个牌号的产品。炼油一次加工能力1000万吨/年，乙烯生产能力120万吨/年，合成氨45万吨/年，尿素80万吨/年，聚乙烯111万吨/年，聚丙烯10万吨/年，丙烯腈8万吨/年，丁辛醇20万吨/年，苯乙烯19万吨/年，ABS 10.5万吨/年，顺丁橡胶16万吨/年，腈纶丝6.5万吨/年。

【主要生产经营指标】 按照集团公司"保增长、保效益"总体要求，充分发挥炼化一体化优势，最佳路线配置资源，加快推进企业由生产型向生产经营型的转变。2013年加工原油650.07万吨，生产合成氨43.5万吨，生产乙烯76万吨，实现营业收入568.23亿元，上缴税费66.51亿元。

【安全环保】 始终把安全环保作为发展的战略基础和天字号工程，牢固树立"循规蹈矩，不走捷径"的理念，稳步提升本质安全水平。层层落实安全环保责任，推进体系建设。开展危害识别和风险评价，逐项制定消减控制措施，实现安全风险有效受控。加强现场作业管理，重新修订动火作业管理规定，推行限时限量集中动火，创新安全监管模式。建立循环互检新机制，开展4次综合大检查及长输管线、储罐等专项检查，共查改问题1863项，安全管理基础不断夯实。推进隐患治理，健全统筹分级治理机制，完成原油储罐安全隐患治理等重大项目。深化教育培训，突出安全经验分享的实效性，全员安全意识和技能切实得以提升。完善8项环保制度，重新制定各排污口控制指标，热电厂燃煤锅炉脱硫脱硝项目有序推进，腈纶污水小试工作进展顺利，化工区污水管网窜漏等问题得到有效治理。

【生产运行】 按照做精做优的方向，以"平稳、均衡、效率、受控、协调"的方针组织生产，生产经营与市场衔接更加紧密，上下游协调联动更加顺畅，炼化一体化优势更加明显。非计划停工次数同比降低26.1%，6套生产装置创造长周期新纪录，53套装置大检修高标准完成，为平稳生产扫清了障碍。开展换热器管束使用寿命等技术攻关，解决橡胶聚合（一）装置热泵机组运行效率低、丁辛醇异构物塔能力不足等问题，完成339台高危泵和9台长轴液下泵改造，主要设备完好率达98.69%。工程建设扎实推进，汽油脱硫项目高质量建成，并实现开车一次成功；柴油脱硫项目详细设计完成80%，土建工程量完成70%。

【挖潜增效】 坚持以效益为中心，严格执行工效挂钩政策，积极转变传统观念，调整经营思路，拓展营销渠道，举全公司之力，汇全公司之智，全面打响打赢挖潜增效攻坚战。突出对标管理，47项能耗物耗指标好于2012年，17项创历史最好水平，节能2.4万吨标准煤，节水97万吨。推行全过程生产优化，采取停运化工一厂2台辅锅、自产液化气优化利用等一系列措施，实现生产优化增效2.48亿元。强化费用全程监控，五项费用比预算降低3587万元，"三剂"费用降低9200万元，车辆自用油费用降低828万元。规范工程造价管理，审定工程结算13.14亿元，审减1.2亿元。强化招投标管理，2013年组织工程和物资招标1158项，节约资金1.35亿元。优化库存物资，平库利库6647万元。拓展营销渠道，加大产品在高效市场的销售力度，增效2508万元。开展存货盘点和积压物资处置，降低生产成本，规避经营风险。拆除废旧管线114千米，减少维护费用。

【科技创新】 坚持科学技术与生产实际相结合，充分发挥技术优势，积极推进新产品研发和新技术应用。完成中空树脂DMDA-6152等6项新产品的开发，其中4个牌号形成批量生产，累计放大生产新产品17.5万吨，增效2453万元。增强自主创新能力，2013年申请专利14件，获授权8件，形成"百万吨级乙烯成套工艺技术"等一批自有核心技术，中国石油自主研发的加氢裂化催化剂投用20个月以来，充分显现加工方案灵活、产品质量优良等优势，各项指标均满足生产要求。裂解（三）装置和国产化裂解炉完成标定考核，与大庆石化研究院合作开发的"碳四炔烃加氢回收丁二烯工艺包"通过审查，"高腈SAN树脂产品开发研究"等项目取得实质性进展。"一重油催化裂化仪装置应用复杂控制技术提高吸收稳定性"等一批新技术推广应用，稳步提升装置运行质量。

【企业管理】 把持续加强基础管理作为实现可持续发展的重要抓手，逐步构建以精细管理、对标管理为主线的管理框架。完善机构设置，推进业务重组和机构整合，成立质量检验中心，实现质检、化验业务的统一管理、规范运作；撤销电气管理处和外事中心，撤并车间级机构14个，减少管理和专业技术岗位定员58人，精简二级单位机关机构31个、管理岗位定员36人；科学优化操作岗位，定员减少770余人，岗位设置更加合理。严控用工规模，合同化和市场化员工减少868人，清理规范劳务用工486人。深化预算管理，构建起以市场化、业绩驱动为核心的预算管理框架。加强法律风险防控，强化纠纷案件管理，依法治企能力切实增强。规范股权管理，清理法人实体5家。

【多种经营】 把未上市业务作为公司重点工作之一，作为主营业务的重要支撑，坚持带着责任和感情支持未上市业务发展，重新明确各项业务发展定位，坚持有所为有所不为。完成垫片、阀门、压力元件等业务整合，业务结构不断优化。9家经营性单位，对内不断完善运行机制，坚持严格控人、控投资、控规模，大力开展增收节支，按照《经营性企业产品及价格名录》，稳步提高内部市场占有率和保障能力；对外加大"走出去"步伐，加快培育技术、品牌、质量、服务为核心的新优势，巩固并开辟大庆炼化、锦西石化、哈尔滨车辆厂、云南石化等外部市场，市场开拓能力切实增强，顺利完成2013年控亏目标。

【矿区服务】 坚持"助力主业发展、服务万家生活"的主线，提升保障能力，推进社会化服务，持续改善小区功能面貌。维修破损道路1.3万平方米，处理漏雨房屋5000多户，新增绿地3.6公顷，矿区绿化覆盖率达42.8%。加大环境治理力度，装置区和环北路、环南路、13号路面貌焕然一新。职工医院通过黑龙江省卫生厅评审，晋升"三乙"序列。合理布局通勤站点，通勤车安全运行462万千米，运送人员674万人次。畅通能源"绿色售水售电通道"，和谐矿区建设取得积极进展。

【党建工作】 推进"四好"班子、"六个一"党支部、"六好"车间创建，23个二级单位、392个党支部和89个车间实现创建目标，推进千队示范工程，基层建设科学化水平进一步提高。组织员工学习党的十八大、十八届三中全会精神，开展大庆精神铁人精神再学习再教育活动。制定《员工核心价值观与行为规范》，引导员工规范职业道德、文明礼仪和日常行为。推进反腐倡廉建设，强化党内监督巡视，开展投资项目管理和公车私用、违规操办"学子宴"等效能监察和专项监督，对相关违规违纪人员严肃追究责任。提高维稳工作能力，完成全国两会、党的十八届三中全会等重点时期的维稳任务，解决和办结信访事项58件，信访总量同比下降37.8%。创新共青团工作载体，完成公司团委换届选举，团组织凝聚力、战斗力进一步增强。

【教育实践活动】 按照中央和集团公司党组的总体部署，开展党的群众路线教育实践活动。围绕"照镜子、正衣冠、洗洗澡、治治病"的总要求，集中解决"四风"问题。抓住3个重要环节，开好专题民主生活会，深入开展"改进工作作风、密切联系群众"活动，把活动深度融入生产经营、挖潜增效、项目建设等工作中，切实做到"两手抓、两不误、两促进"。2013年，会议活动下降40%，文件简报减少13.5%，报刊订量削减27%。

【惠民工程】 时刻关注老会战同志的需求，克服政策和资金等诸多困难，会战园项目开建27栋，封顶17栋，完成1636户选房工作。陆续出台调整公积金、维修塑料厂和腈纶厂食堂、提高倒班人员夜餐补助等惠民举措，使之成为群众支持、群众检验、群众满意的民心工程，实现"干部转作风、党员受教育、员工得实惠、企业得发展"的目标。

（钟国强）

中国石油天然气股份有限公司吉林石化分公司（吉化集团公司）

【概述】 中国石油天然气股份有限公司吉林石化分公司（以下简称公司）的前身是吉林化学工业公司，是国家“一五”期间兴建的以“三大化”为标志的第一个大型化学工业基地。1954年开工建设，1957年建成投产，1998年上划中国石油天然气集团公司，1999年重组为中国石油吉林石化公司、吉化集团公司，2000年吉化集团公司与吉林石化公司正式分立运行，2007年吉林石化公司与吉化集团公司整合管理，2010年中国石油授权公司对吉林燃料乙醇有限责任公司实施一体化管理。

公司作为新中国化学工业的长子，新中国的第一桶染料、第一袋化肥、第一炉电石就诞生在这里。60年来，先后为全国各地输送和培养各类人才6万多人，累计向国家上缴利税800多亿元，取得科研成果700多项，获国家级荣誉100多项，为国家化学工业和国民经济的发展作出突出贡献。

截至2013年底，公司原油加工能力1000万吨/年、乙烯生产能力85万吨/年、燃料乙醇生产能力60万吨/年。主体生产装置67套，生产主要炼化产品115种。总资产317亿元。设机关职能处室15个，机关附属机构6个、直属机构4个，二级单位40个；在册合同化员工2.9万人。

【主要生产经营指标】 2013年，公司抓住“管理提升”主题，围绕“队伍作风、质量效益”两条主线，真抓实干，克难攻坚，加工原油857万吨，生产乙烯73万吨；实现主营业务收入667亿元，实现税金85亿元。

【安全环保】 始终坚持把安全环保放在首要位置，坚持关口前移、重心下移，不断提升安全环保工作水平。着力加强生产风险管控，深刻吸取事故教训，深入开展安全生产大检查和问题整改，削减生产作业风险。着力加强装置风险管控，开展26套在役装置自主HAZOP分析，实施20套装置窗口检修，深化“标准化”装置创建和提高仪表“自控率”活动，装置可靠性得到进一步提升。着力加强人员风险管控，深化“三违”记分管理，加大对员工、承包商“三违”行为查处力度。着力加强环保风险管控，严格污水排放管理，强化在线监测，污水处理厂出水COD降到75毫克/升以下，有控废气排放综合达标率100%。2013年，公司无亡人事故和环境污染事件，保持安全环保的平稳态势。

【生产经营】 以管理瓶颈攻关为抓手，以完善制度流程为重点，扎实开展管理提升活动，挖掘生产经营潜力，提升整体创效水平。突出抓好装置平稳经济运行，加强生产过程控制和运行瓶颈攻关，操作平稳率、大乙烯综合能耗指标进一步优化。加大生产优化力度，组织增产高标号汽油、低凝柴油、芳烃等高附加值产品，实现增效目标。突出抓好成本控制，推广应用班组绩效管理系统，97个车间实现班组成本管理达标；深化动力蒸汽成本攻关，两个动力厂煤耗及油耗同比大幅度降低。突出抓好产供销协同创效，拓展乙烯原料采购渠道，进一步提高乙烯装置经济效益；加强“三剂”采购管理，推进直接采购和代储代销，提高综合直采率，进一步减少库存资金占用；加强统销管理，开展产品市场跟踪分析，及时提出意见和建议，使统销产品价格趋于合理；做好自销工作，加大高效及增量产品市场开发力度。突出抓好工效挂钩和质量效益考核，对集中核算单位、重点产品实施模拟利润核算与考核；设立质量效益专项奖，加大与单位奖金和班子考核挂钩力度，激发广大干部员工的工作积极性和主动性。

【科技开发和创新】 把创新作为发展的内生动力，持续推进企业发展和技术进步。坚持“两个面向”（面向生产、面向市场），加大科技开发和创新力度，建立总工程师例会、跨系统协调例会和技术专题例会制度，以科技瓶颈攻关为动力，围绕市场需求，研发出

15个新产品，6个新产品推向市场。召开科技大会，表彰一批科技成果、科技先进集体和个人，营造尊重知识、尊重劳动、尊重人才、尊重创造的氛围。注重规模和质量的统一，突出项目建设安全、质量、进度、投资“四大”控制，40万吨/年ABS项目（二期）建成投产；柴油质量升级项目可行性研究和初步设计通过中国石油评估与审查。强化信息化的支撑作用，深化ERP、MES、物资采购等系统深层次应用，推进燃煤、物料排产和仓储系统及办公专网建设，提升管理效率。

【和谐稳定】 坚持“解放思想，解决问题”，按照“稳面、断线、消点”的思路，积极推进积案解决和重点人员转化，信访总量同比下降20%。深入开展扶贫帮困工作，帮扶困难人员2.45万人次。持续推进和谐矿区建设，如期完成“暖房子”工程、供热计量改造、社区活动站改造等惠民项目87个；建成10个服务示范窗口，打造10个精品服务项目，矿区服务综合满意度达到93%。

【党建工作和企业文化】 以提高党建科学化水平为目标，扎实推进党建责任目标管理，“四强”党委和“六个一”党支部达标率达到90%；深入开展创先争优活动，创成12个模范党员责任区。注重加强和改进思想政治工作，总结推广“岗前情绪监测、岗上心理疏导、岗后家访谈心”等经验做法，达到答疑解惑、凝心聚力、推动工作的目的。以经营领域为重点，持续加大廉洁自律教育、效能监察和专项检查力度，促进管理规范和廉洁从业。持续加强基层文化建设，加大典型选树力度，开展公司“‘四种精神’在我手中”主题实践活动，评选出12名“四种精神”红旗手；推进“千队示范”工程，化肥厂丁辛醇车间、炼油厂三催化车间被评为中国石油“百个标杆”单位，公司在中国石油基层建设经验交流暨“千队示范”现场会上交流经验；开展第五届“十大金牌工人”评选活动，加大宣传力度，发挥典型的示范作用。公司先后被推荐为改革开放35周年企业文化竞争力优秀单位，通过全国企业文化示范基地验收，荣获“全国五一劳动奖状”，公司员工高彦峰代表全国劳动模范在庆祝五一国际劳动节暨为全面建成小康社会建功立业推进大会上宣读倡议书，为公司全体干部员工争得荣誉。

【教育实践活动】 把党的群众路线教育实践活动作为重要的政治任务，在开展队伍作风大讨论的基础上，按照“照镜子、正衣冠、洗洗澡、治治病”的总要求，加强组织和督导，推进活动扎实开展。公司班子制定22项整改措施，明确10个整改专项，由专人跟踪督办，确保党的群众路线教育实践活动成为员工群众满意工程。

（林　业）

中国石油天然气股份有限公司抚顺石化分公司（中国石油抚顺石油化工公司）

【概述】 中国石油天然气股份有限公司抚顺石化分公司（以下简称公司）是我国炼油工业的“摇篮”，是集“油、化、纤、塑、洗、蜡、剂”为一体的大型石油化工联合企业。公司总占地面积1583万平方米。现有在册合同化员工2.4万余人，集体企业员工9000余人。资产总额380亿元，资产负债率50%，年销售收入500亿元以上，产品畅销全国并远销到世界50多个国家和地区，是世界上独具特色的石蜡、烷基苯、贵金属催化剂生产基地。

新中国成立以来，公司已累计加工原油3.5亿吨，实现利税600多亿元。为全国各地输送2万多名优秀的管理和技术人才。公司生产的原料主要为大庆原油和沈北原油，原油一次、二次加工能力均为1150万吨/年。化工产品的生产能力为360万吨/年。主要生产装置115套，设备125101台，设备新度系数为0.41。能够生产汽油、航空煤油、柴油、润滑油基础油、石蜡、烷基苯、聚乙烯、聚丙烯、丁苯橡胶等300多个牌号的石油化工产品。

公司先后获“全国五一劳动奖状”、“中央企业先进集体”、国家级“重合同守信用企业”、“全国基层先进党组织”、“全国精神文明建设单位”、“中国AAA级信用企业”、“全国最具影响力企业”、“全国企业文化示范单位”等荣誉称号。产生了党的十四大、十六大、十七大、十八大代表，全国人大代表，全总十五大代表；涌现出全国劳动模范，全国学习型十大标杆班组，全国职业道德建设百佳班组，中央企业“巾帼文明岗”，全国最受关注企业家、“全国五一劳动奖章”获得者等一大批先进集体和个人。

【主要生产经营指标】 2013年，累计加工原油829万吨，同比增加75万吨；生产汽油、煤油、柴油479万吨，增加8万吨；化工商品总量221万吨，增加60万吨。销售收入524.2亿元，增加48.2亿元。实现税费69亿元，增加3.8亿元。可比全口径炼油单位现金加工费294.88元/吨，化工商品现金加工成本1282.03元/吨。

【安全环保】 公司安全环保稳定可控。公司层层签订《安全环保责任状》。对内外部7万余人次进行安全教育培训考试。组织百日安全无事故、安全生产月、冬季生产防冻防凝无漏项等系列活动。开展炼化分公司3年安全隐患治理项目61项，已批复44项。投入9485万元开展隐患治理项目51项，已完成33项。排查各类隐患及问题13879项，整改率达93.4%，未整改项均落实防范和应急措施，并确定责任人。开展各类安全大检查和专项检查20次。历次炼化分公司HSE体系审核出的问题和建议分别进行整改。持续加强污染减排和环境保护，废水、COD、石油类、氨氮、SO_2等主要污染物排放分别同比降低。切实强化检维修施工作业管理和承包商专项整治，2013年发生各类安全事故事件同比下降。

【节能减排】 公司经营效益稳步提升。继续完善产品价格波动与效益测算联动机制，优化调整生产方案、产品结构和工艺路线，努力增产97号汽油、航空煤油等高效产品，产量同比分别提高104%和39.52%，最大限度减亏增效。持续深化经济活动分析和对标分析，周测算、月跟踪，解决落实各类生产经营重点、难点问题135项。主要技术指标屡创新高，其中，综合商品收率93.64%，提高0.14个百分点；炼油综合损失率0.72%，降低0.25个百分点。炼油新鲜水单耗0.51吨/吨，降低0.14个单位。炼油综合能耗69.91千克标准油/吨，降低0.62个单位。强化货币化预算管理和资金、费用管控，五项费用同比减少12%。规范处置原值2.2亿元的报废资产。合理筹划，减少税费支出204万元。规范采购管理和供应商准入，节约采购资金2.47亿元。根据市场需求332次调整自销产品价格，推价促销，产销率、回款率分别达100%。

【科技创新与成果】 公司开展优化工作，促进增产增收。确定优化项目51项，已完成加热炉管理、消灭火炬、乙烯原料优化、能量系统优化等38项。沈北原油管线、50万吨/年烃重组、天然气入厂等项目已建成投产或具备投用条件。炼油与化工之间、大小乙烯之间实现装置联合生产和经济运行。80万吨/年乙烯装置创造国内同行业首次无天然气、无超高压蒸汽条件下的低火炬开工纪录。通过采用高掺渣比、优化操作参数、调整催化剂配方等方式，重油催化裂化、南催化裂化装置汽油辛烷值分别达到92和89以上。120万吨/年汽油选择性加氢装置建成中交并一次开车成功，汽油、柴油分别达到国Ⅳ、国Ⅲ标准。节能5.8万吨标准煤、节水98万吨。安全高效完成首次20余套炼油、化工主要生产装置联合大检修。设备完好率99.71%，在股份公司率先开展静密封点制度台账建立和完善工作。开展资本性支出项目44项，加氢催化剂载体生产线等14项建成中交。“聚烯烃新产品研究开发与工业应用”项目顺利通过集团公司重大科技专项第一批项目论证。塑改型氯化聚乙烯专用树脂HL6050工业化试生产成功。

【经营管理】 公司管理效率持续提高。成立烯烃厂和招标办公室。明确14个专业17项管理提升工作目标及69项措施，已完成67项。评估整合简化44%的现有业务流程。对21个专业356项规章制度进行修订完善。出台《公司资本性支出建设项目工程分包管理办法》。签订27项单项考核责任状，开展降耗增效项目232项。持续加强工程预结算以及采购合同审计。完成国家审计署经济责任审计的配合工作。查找“低、老、坏”各类问题，整改率92.8%。17个单位96个车间获得168项基层建设单项达标。石油二厂中转站被评为集团公司基层建设“百个标杆”单位。制定《公司关键绩效指标挂钩办法》，规范薪酬分配。ERP、MES、新版门户网站、班组绩效考核系统等信息化建设取得阶段性成果。

【队伍建设】 公司围绕“为民、务实、清廉”总要求，扎实开展党的群众路线教育实践活动，并取得预期成效，各级班子和领导干部作风明显转变，“四风”问题有效遏制。对18个直属单位处级领导班子、187

名直管干部进行考核。举办第五届管理和专业技术人员业务素质大赛，265 人晋升中级及以上职称，评聘技师 34 人。选派 33 人攻读硕士学位。举办各类培训班 1500 余期，培训 7.5 万余人次。

【党建与思想政治工作】 公司党建和思想政治工作取得新成效。积极实施党支部建设“标准化工程”，“六个一”党支部达标率达到 81%。开展“我是党员我在前，关键时刻看党员”、“创效我有责、岗位建新功”、合理化建议征集等活动。发展新党员 227 名。注重人文关怀和心理疏导。中国第一套催化裂化旧址等 5 个基层单位入选中油百个企业精神教育基地。严格落实中央“八项规定”，坚持“三重一大”制度，惩防并举，效能监察创效 7450 万元。群团组织在凝聚力量和服务发展上的作用进一步发挥，召开第一届团代会。不断加强特别重点阶段稳控工作，保持大局的稳定。

【和谐企业建设】 公司和谐企业建设扎实推进。减少劳务用工 763 人。发放爱心基金救助困难群体 4 万余人次。37 万平方米金水岸住宅小区环境工程完工。员工住宅供暖和供水维修维护业务全部实现社会化。中西部 3.2 万户数字电视网络升级改造、129 栋员工住宅楼电气隐患整改、2.45 万平方米石化总医院医用综合楼等工程竣工或达到投用条件。完善《门诊大额医疗费用报销管理办法》。健康体检 3 万余人次。公司员工为四川芦山地震和抚顺“8 · 16”水灾捐款 218 万元。

（孙　丽）

中国石油天然气股份有限公司
辽阳石化分公司
（中国石油辽阳石油化纤公司）

【概述】 中国石油天然气股份有限公司辽阳石化分公司（以下简称公司）是特大型石油化工联合生产企业。截至 2013 年底，公司下设 15 个职能处室、10 个生产厂和 16 个直属单位，员工总数 1.8 万人。

公司前身于 1972 年经国家批准筹备建设，1974 年正式动工。经过 40 多年的发展，形成以炼油、芳烃、烯烃为主体，炼化一体化的产业格局，现有大型炼化装置 67 套。炼油部分拥有加工俄罗斯原油的全加氢炼厂，原油加工能力达到 1000 万吨 / 年，为中国石油第八家千万吨炼油基地，可年产优质柴油 530 万吨、汽油 80 万吨、航空煤油 50 万吨。芳烃及衍生物生产能力位居全国前列，可年产 70 万吨对二甲苯、40 万吨苯、6 万吨邻二甲苯、80 万吨 PTA、50 万吨聚酯、14 万吨精己二酸和 18 万吨硝酸。烯烃部分以 20 万吨 / 年乙烯裂解装置为核心，可年产 7 万吨聚乙烯、5 万吨聚丙烯、20 万吨环氧乙烷 / 乙二醇。

【主要生产经营指标】 2013 年，公司克服装置停产检修 2 个月、化工市场持续低迷等不利因素，紧紧围绕“十二五”发展目标，大力推进精细化管理，深入挖潜增效，强化安全环保，各项工作措施得到全面落实。全年加工原油 596 万吨，销售炼化产品总量 552.6 万吨，其中，柴油 313 万吨，汽油 26.5 万吨，航空煤油 25.3 万吨，三苯 65.5 万吨，环氧乙烷 10 万吨。实现主营业务收入 382.11 亿元；上缴税费 46.71 亿元，位居辽宁省纳税百强企业前列。

【生产经营】 公司突出抓好生产计划、工艺纪律、操作规程等关键环节，狠抓装置稳定优化运行。持续开展生产优化，乙烯收率达到 32.7%，裂解综合能耗降至 713 千克标准油 / 吨，加工损失率降至 0.42%，再创历史最好水平。强化产运销衔接，努力增产高效益产品，2013 年生产京 V 柴油 31 万吨、京 V 汽油 1.5 万吨、环氧乙烷 10 万吨。深入挖掘内部潜力，实施应用新型苯和重芳烃转移催化剂调整芳烃原料及产品结构等 16 项公司级和 140 万吨 / 年重整装置预加氢催化剂再生使用等 72 项厂级挖潜增效措施，创效 3.5 亿元。积极开拓设备检维修外部市场，实现收入

4761万元。

【基础管理】　公司不断深化基础管理，持续提升企业综合素质。开展以业务管理为核心，以规章制度、内控流程、基础资料、绩效考核为支撑的管理规范平台搭建工作，制定完善制度145项，建立完善流程204项，实施31项公司级和21项厂处级专项提升方案，管理精细化水平进一步提高。强化以物资超市为抓手的物资采购全过程管理，首批217个品种的物资入驻超市，提高采购效率，降低采购成本。以转资为抓手的工程建设项目全过程管理取得显著成效，143项工程建设项目竣工验收后评价顺利完成。突出专业化管理，整合尼龙厂和硝酸厂，组建社会保险中心，调整煤炭进厂检验业务，使管理资源进一步优化。加强员工队伍素质建设，国家级炼油工艺技能大师工作室、集团公司级化验分析技能专家工作室和公司转机实训基地建成投用；285名专业技术人员被聘为公司中青年专业技术骨干，选聘技师290人、高级技师47人；在国家和集团公司举办的仪表维修工、化学检验工和机泵维修钳工技能大赛上，公司获得14枚奖牌、一项团体冠军和一项团体一等奖。

【安全生产】　公司持续强化HSE体系建设，以两级体系推进现场会为载体，深入推进HSE体系管理“下管一级”，公司处室直接抓车间体系建设；将HSE体系审核与岗检相结合，加大现场审核检查力度，同时开展HSE体系建设质量评估，排查管理短板，实现持续改进。积极探索强化安全监管的有效途径，初步形成属地管理、直线管理、安全监督、作业监护、第三方监督协调配合的“五位一体”监管模式。积极排查风险隐患，发动全员开展“写风险”和查找隐患活动，共查出隐患2821项；落实隐患治理3年规划，完成炼油厂脱硫车间隐患治理等9个隐患治理项目。

公司积极应对产业规模扩大后在运装置首次同步停产检修带来的困难，科学组织，统筹安排停、检、开各环节，周密制订检修计划和检修方案，提早安排物资采购，加强现场安全监管，强化施工协调，顺利完成67套装置的5646个检修项目和一批技术改造、技术措施及安全隐患治理项目，实现检修安全、质量、进度受控，为公司安全生产奠定坚实基础。

【节能减排】　公司积极推进节能减排，实现清洁发展。芳烃厂低温余热项目投用，年可节约蒸汽60万吨。完成9台加热炉节能改造，加热炉热效率提高到91.2%，年可节约燃料油0.8万吨。优化污水处理设施运行，实现外排污水COD浓度、COD总量双达标。加强脱硫装置运行管理，实现SO_2减排1.3万吨。热电厂2号锅炉脱硝改造顺利完工，3号锅炉脱硝改造基本完成，第二污水处理场恶臭气体回收处理装置投入运行。炼油厂3套精制装置、烯烃厂裂解装置首次实现停车过程中火炬零排放。公司连续3年获集团公司“环境保护先进企业”称号。

【科技进步】　公司强力推进内涵升级，加快发展方式的转变。实施“降低炼油厂常减压一车间渣油收率”等34项科技攻关项目，部分关键技术指标进一步改善；通过优化原料配比和工艺路线，生产出京Ⅴ标准的柴油和95号汽油，成功投放北京市场，提升产品创效能力；高效淤浆工艺聚乙烯中试技术及新产品开发和催化剂工业应用研究等3个科研项目分获辽宁省和集团公司科技进步奖。

【规划发展】　公司针对原油一次、二次加工能力不匹配、重油加工流程不合理等问题，抓住中俄原油增供协议签订的有利时机，进一步完善“十二五”发展规划，全力推进以炼油芳烃结构调整为核心的产业结构调整，形成渣油加氢—催化裂化—催化重整的总体改造发展方案。

【党建和精神文明建设】　公司持续加强党的建设，认真开展党的群众路线教育实践活动，聚焦解决“四风”问题，推进“四好”班子创建，党员领导干部作风得到有效改进；深入开展党员主题实践活动，强化“六个一”支部和党员队伍建设，党员领导干部的凝聚力、战斗力不断提升，基层党建工作基础得到有效加强。加强思想政治工作，“忠诚、责任、效益”主题教育活动有效开展，日常思想教育持续强化，公司员工仲丛贵获“中央企业道德模范”称号，李成来获集团公司“百佳爱心人物”。积极推进企业文化建设，完成7个基层建设“千队示范”单位的视觉形象建设，完成《中国石油企业文化辞典辽阳石化分册》的编撰工作，公司获“全国改革开放35周年企业文化竞争力优秀单位”称号。持续推进党风廉政和反腐倡廉建设，不断完善反腐倡廉工作机制，筑牢思想防线，堵塞管理漏洞。积极发挥群团组织工作优势，团结和带领全体干部员工，积极投身于企业生产经营发展建设当中。公司获“全国‘五好’基层关工委先进集体”和“辽宁省全民国防教育百优企业”称号；烯烃厂获“中央企业先进集体”称号；总经理朱景利获“全国五一劳动奖章”。

【和谐稳定】　公司关注民意，不断深化民主管理，2013年召开4次民主管理座谈会，员工提出的48条意见建议全部得到落实；加强对员工通过总经理信箱所反映问题的督办落实，员工提出的问题得到及时解决。关注民生，不断改善员工生活条件和质量，液化气站改造顺利完成；改造2号热力站北环采暖系统管网，完成13栋、273户居民住宅一户一阀改造；重新铺设宏伟路等路段，改善地区交通条件；社区卫生服务中心改造项目完成主体建筑施工，健身中心建成投用。

公司坚持统筹协调，促进地区整体协调发展。大力支持集体企业发展，亿方公司面对严峻的市场形势，坚持加强管理、挖潜增效，全年实现营业收入21.5亿元，保持安全生产和队伍稳定；加强与地方政府在社区建设、维护稳定等方面的合作，企地共建不断取得新成果。

（张军明）

中国石油天然气股份有限公司兰州石化分公司（中国石油兰州石油化工公司）

【概述】 中国石油天然气股份有限公司兰州石化分公司（以下简称公司）是集炼油、化工、装备制造、工程建设、检维修及矿区服务为一体的大型综合炼化企业，是中国西部重要的炼化生产基地，能源战略地位非常突出。公司地处甘肃省兰州市，现有权属土地总面积28.24平方千米，在册合同化员工2.32万人，市场化和劳务用工0.34万人，集体工0.39万人，总资产397亿元，年营业收入超过700亿元。

通过新建、改扩建一批装置，公司原油一次加工能力达到1050万吨/年，乙烯产能70万吨/年、化肥产能52万吨/年、合成树脂产能122万吨/年、合成橡胶产能22万吨/年、炼油催化剂产能5万吨/年。现有各类炼化生产装置90余套，加工7种原油，能生产汽油、煤油、柴油、润滑油基础油、化肥、合成树脂、合成橡胶、炼油催化剂、精细化工、有机助剂等多品种、多牌号、多系列石化产品。拥有汽油加氢、丁二烯抽提、丁苯橡胶、丁腈橡胶、碳五加氢石油树脂成套技术，炼化主要工艺技术和炼油催化裂化催化剂领域达到国内领先水平。拥有石油化工工程施工总承包一级资质以及完备的矿区配套系统和综合服务业务。

【主要生产经营指标】 2013年，公司坚持“问题思维、缺陷管理、持续改进”的工作理念，紧紧围绕安全、优化、效益工作主线，积极统筹各项业务协调发展，狠抓精细管理和平稳运行，圆满完成生产经营目标任务，取得稳中有进的良好成效。全年加工原油1050万吨，生产乙烯63万吨。操作平稳率在股份公司炼化板块排名由第十三位跃升至第五位，生产波动次数同比减少42%，损工时数同比降低65%。500万吨/年常减压、120万吨/年延迟焦化、20万吨/年高压聚乙烯、11万吨/年聚丙烯装置能耗排名在股份公司炼化企业排名第一，25项关键经济技术指标创历史最好水平。全年实现营业收入735亿元，上缴税费102亿元，同比减亏24.56亿元，炼油板块实现盈利1.15亿元，减亏增盈成效显著。

【生产经营】 坚持“拓资源、调结构、抓攻关、优运行、挖潜力、增效益”生产大优化思路，2013年挖潜增效10.5亿元以上。实施“十条龙”重点项目攻关，制定的102项重点攻关目标有92项达到预期效果，原油及乙烯原料资源保障、新产品开发及高效产品增产、关键经济技术指标提升、炼化产品质量升级等取得突出成效，协议品同比大幅降低70%，产品用户满意度测评为近年来最高；优化资源利用，做到优质组分深加工、不浪费，炼化原料互供达197万吨；优化产品结构，坚持市场导向，推行错峰排产、高效高产、低效限产、无效停产，97号汽油、航空煤油等高效厚利产品产量同比翻番；国Ⅳ汽油提前完成质量升级，首次成功生产98号汽油、-35号柴油，实现汽油全牌号、柴油全覆盖；强化计划与生产运行的有效衔接，加强产供销联动，全力深化设备保障，实现炼化生产平稳运行。

【安全环保】 深化整治“低、老、坏”、根治“常见病”工作，引导和激励员工自下而上主动查找管理中的“低、老、坏”，2013年排查问题11469项，近6000人获得奖励；落实抓执行、控风险、强演练、全员管重点工作，健全完善安全环保制度，正式发布属地HSE管理等12项制度，起草安全管理8项禁令，逐级开展风险评估，修订27个厂级应急预案、5500余个应急操作卡，层层签订HSE目标责任书，安全生产基础不断夯实；强化监督检查保障，开展“五带头、六结合”的安全大检查，突出工程建设、检维修作业、合规性操作、重点区域和专项工作安全监督，对5万余次危险作业进行全面监督、重点抽查；持续开展岗位责任制大检查，现场安全监督检查出问题2200余项、岗位检查出问题3500余项、安全大检查查出问题1300余项，整改率达到95%以上；加大安全环保隐患治理力度，挂牌督办、全力推进，完成治理安全隐患23项、环保隐患10项，完成一批员工关注的工作环境尘毒、噪声治理项目的方案评审，本质安全水平不断提升。

【节能减排】 推进节能降耗，抓好能量梯级利用，采用全装置流程模拟技术节能挖潜，实施节能节水措施70余项，外购蒸汽同比降低约300吨/小时，累计节能2.5万吨标准煤、节水42万吨。从严抓好环境保护工作，主动应对更严要求、更严监督的环保形势，全面落实和执行环保法规和标准，严格环保装置的工序管控和现场监管，发布冬防“六条禁令”，冬季大气污染防治管控措施有效落实，COD、氨氮、二氧化硫、氮氧化物等主要污染物指标同比分别下降11.13%、2.47%、12.48%和8.38%，均创历史最好水平。

【项目建设】 围绕“四大战略”（技术进步、人才强企、企业文化、可持续发展）和“22552”（力争到2020年，形成2000万吨/年炼油、200万吨/年乙烯、50万吨/年合成橡胶、50万吨/年润滑油、20万吨/年炼油催化剂生产能力）总体目标，推进发展规划，完成十大工程（跨越发展工程、创新驱动工程、管理提升工程、信息集成工程、质量品牌工程、素质提高工程、资源节约工程、生态建设工程、文化聚力工程、和谐惠民工程）规划方案编制和初审，确立“优化老区、发展新区”的思路，编制炼油、化工、公用工程、土地总图、新区等5个总体规划，初步形成未来10年的发展总体框架。深入推进炼化结构调整，120万吨/年柴油加氢国Ⅳ质量升级、60万吨/年航空煤油加氢、重整抽提改造等项目启动实施，福建长汀催化剂项目取得重大突破，200万吨/年催化原料预处理、40万吨/年润滑油加氢改造项目纳入集团公司炼化结构调整规划，180万吨/年汽油加氢、300万吨/年柴油加氢国Ⅴ油品质量升级改造、10万吨/年丁烯氧化脱氢制丁二烯、5万吨/年丁腈橡胶、2万吨/年碳五综合利用、12万吨/年苯乙烯等项目正在加快推进。2013年完成投资6.5亿元，实施项目63项，中交43项，干气制乙苯当年建成，2.5万吨/年催化剂项目有序推进。

【科技进步】 有效发挥科研院所力量，2013年开发新产品34个，高性能系列化丁腈橡胶、碳五石油树脂制备等11项成果分获集团公司、甘肃省科技进步奖和技术发明奖，全年申请专利19项，获授权专利19项。积极推进信息化建设，策划公司“十二五”后3年信息化建设规划方案，数字化工厂研究与试点应用项目取得初步成效，拓展绩效管理信息系统以及MES等系统应用，加大先进控制器及质量分析仪表应用，成功开发出一系列在线分析方法、软硬件系统及其成套技术，优化生产技术；全年共解决MES、档案管理、销售ERP系统11600多个问题。完成海外总部及所属3家炼厂的MES实施，MES2.0、APC可行性研究报告通过评审与批复投入试点实施，完成档案管理系统2.0可行性研究报告以及兰州区域网络中心机房改造。

【企业管理】 深入推进“业务改善、管理提升”活动，不断提升企业管控效能。加强制度“五化”建设，完善制度体系，修订发布97项制度，增强规章制度合规性、适用性、可操作性。强化风险领域防控建设，开展管理业务合法合规检查，发现并解决合规问题91项，开展企业风险报告工作，收集整理风险事件25项，识别公司层面风险34个，评估确定重大风险5个，制订风险应对策略和管控方案。围绕公司生产经营管理中的关键环节，查找梳理廉洁风险403个，制定防控措施950条，开展专项审计和效能监察，发挥纪检、审计、工程造价、财务、内控的风险管控作用，增强廉洁风险的预警和处置能力。加强集体企业管理，强化股权资产监管，保障公司投资权益。依法规范津贴、优化人力资源管理，全面纠正住房公积金问题，清理规范技术津贴发放，完成管理及技术岗位定岗定编，启动机关和基层人员双向交流，稳妥实施仪表厂业务优化整合和人员分流工作。

【队伍建设】 深入推进人力资源管理制度建设，起草和修订考勤、休假管理等专业技术人员管理等14项制度；积极开展人力资源优化等管理提升活动和项目，完成5350多个管理及专业技术岗位的定岗定编和岗位评价工作，通过竞争上岗方式选拔18名副处级领导干部，基层科级干部全部实行竞聘上岗。有效控制用工总量，依法防范用工风险，2013年减少用工1392人，稳妥安置仪表厂业务退出富余人员。全面梳理公司7大类8600多名相关用工群体的岗位分布及法律风险。规范收入分配秩序，改进考核激励机制，进一步规范基础奖、女工卫生费、技术津贴、技能津贴、学历资助以及住房公积金等项目。改进优化绩效考核体系，开发完成并推广应用绩效管理信息系统，实现考核工作自动化。全面落实培训计划，着力提升员工素质，特种作业人员取证和复审率达到100%。全面优化技师、高级技师聘任程序，完成考试考核以及2013年员工职业技能鉴定工作。成功申报孙青先国家级技能大师工作室，筹备并参加集团公司2013年机泵维修钳工职业技能竞赛，5名参赛选手取得1银2铜团体第五名的良好成绩。

【民生工程】 持续提高矿区服务质量，建设“员工满意矿区”，健全服务制度、严格服务标准、践行服务承诺，建成一站式公益服务大厅15个、日间照料中心9个、社区卫生服务站7个，组织开展社保、医保、计划生育、扶贫救助等9项服务，民生服务系统建设初见成效。生活环境逐步改善，盛福街区3栋住宅楼完成封顶，动迁及搬迁安置取得突破性进展，对1620套回收腾退的旧房组织有序出售，圆满完成四十佳园871套政府团购新房的出售，顺利完成天鹅湖液化气站搬迁。近万户住宅顺利接入天然气，完成供暖二网改造，12号街区市政44号马路、天鹅湖浴池等重点项目顺利投用，南山省级森林公园建设等一批惠民、便民工程取得实质性进展，公司获“全国绿化模范单位”荣誉称号。稳步推进矿区改革，巩固水电收费改革成效，加强收费项目分析，完善价格管理体系，启动数字电视收费工作，研究制订采暖及物业收费方案，有效控制和降低成本费用。

【企业文化建设】 持续改进领导干部政治理论学习，围绕企业改革发展、提高经济效益、提升管理水平、转变干部作风、促进廉洁自律等实际问题安排9个专题进行学习研讨，中心组组织学习率达到100%；不断深化主题教育实践活动，深化大庆精神铁人精神再教育，开展“我为祖国献石油、我为石化作贡献”主题教育实践活动，先后组织对劳动模范、杰出员工、十杰青年等系列宣传教育，举办专题片、报告会、微电影创作比赛等多种形式的活动；不断完善企业文化建设，形成新版《企业文化手册》方案和《文化聚力工程实施方案》，组织力量开展《中国石油企业文化辞典·兰州石化公司分册》的编撰工作以及《劳动者之歌》前期编写工作；全面推进“双十”全员读书活动，向全员配发书籍，制订实施方案，开展座谈会、巡回演讲等多种形式的活动；不断改进新闻宣传工作，围绕公司生产经营、安全环保等方面重点工作，利用电视、报纸、网络、简报平台，加强新闻宣传和舆论引导，树立公司良好形象。

【党建和思想政治工作】 持续深化创先争优活动，围绕公司生产经营中心和改革发展稳定大局，解决生产经营方面难题205项；持续优化“四位一体”“三基”工作考核推进机制，深入开展流动红旗竞赛活动；深入推进反腐倡廉，持续加大正风肃纪力度，制定实施公司密切联系群众、改进工作作风的15项规定，积极推进廉洁风险防控工作，扎实开展效能监察和专项检查，严肃查处各类违规违纪和作风问题，共有27名处、科级干部受到降免职、纪律处分和通报批评；竭力维护和谐稳定，积极解决员工合理诉求和利益问题，深入开展帮扶救助送温暖活动，2013年使用救助资金2308.9万元，慰问救助4.72万人次；加强政策研究和协调化解工作，信访量同比下降55%；深入推进“平安石化”建设和开展“双联”等社会公益活动，为企业创造和谐稳定的内外部环境。积极推进党的群众路线教育实践活动，狠抓“四风”问题整改，组织公司副处级以上干部撰写学习发言材料407篇，举行专题研讨会154场次，组织召开各类座谈会585场次，征求意见建议5395条，查摆“四风”及其他个性化问题1909项，累计整改各类问题1241项，各类会议同比减少24.9%，发文减少19.2%，业务接待和会议费降低34.5%，形成作风建设的长效机制。

（韩建邦　张天德）

中国石油天然气股份有限公司独山子石化分公司（新疆独山子石油化工总厂）

【概述】 中国石油天然气股份有限公司独山子石化分公司（以下简称公司）现有职工1.4万人，大专以上学历占66%。总资产422亿元，具备1000万吨/年原油加工、122万吨/年乙烯生产、45万千瓦/小时发电能力和500万立方米原油储备能力，可生产燃料油、聚烯烃、橡胶等二十六大类600多种产品。公司3次获“全国五一劳动奖状”，4次获“全国质量效益型企业”称号，是首批“国家环境友好企业”。2013年，面对国内市场需求不旺，炼油扭亏乏力，化工增盈困难的严峻形势，公司落实集团公司部署，围绕“实施生产优化、推进管理创新、坚持民生优先、建设生态文明”工作主线，实施“资源、人才、创新”三大战略，着力推动创新发展，持续提升安全效益，努力构建和谐环境，各项工作扎实推进，既定目标全面完成。

【主要生产经营指标】 2013年，加工原油921万吨，生产乙烯132万吨，实现销售收入625亿元，同比分别增长1.7%、3.8%和1.6%，炼油加工量、乙烯产量和销售收入同创历史新高。主要经济技术指标保持行业先进，整体效益居集团公司大型炼化企业前茅，化工利润名列炼化板块第一。

【生产经营】 开展关键装置长周期运行攻关，科学组织催化、“两聚”等装置检修，稳妥组织关键机组仪表预防性检查，设备故障率同比降低10%，操作平稳率达到99.7%。推进“原料、运行、结构”优化，外购优质乙烯原料63万吨，同比增长131%，提高新区裂解负荷率4个百分点。实施重整预加氢氢气水洗、新区芳烃改造和新增轻烃汽化器等技术措施，奠定优化运行基础。2013年炼油高效产品比例达16.2%，同比提高2.9个百分点；化工厚利产品比例达72.6%，同比增长0.7个百分点；汽油、航空煤油、橡胶等厚利产品产量同比分别增长30%、29%和5.2%。水电汽、天然气系统运行平稳，保障有力。优化运输组织，航空煤油首次成功实现管输。

【企业管理】 强化战略管理研究，编制完成《“资源、人才、创新”三大战略规划》。推进管理提升工作，逐级分解落实86项分目标和288条具体工作。加快一体化体系建设，完成框架策划、流程梳理和职责划分，修订制度144项。强力推进基层减负，“三多一重”（会议多、检查多、文件多，基层负担重）问题得到改善。深入开展“保增长、保效益”活动，严控成本费用，“五项费用”同比下降36%，其中业务接待费下降56%。加强专业管理，逐步理顺体制机制，推广联合车间模式，重组整合驻外机构，实施公务用车改革。持续推进专业和装置达标，新区裂解、聚乙烯达到国际水平，27项重点指标中23项进入炼化板块前三，9项第一。

【安全环保】 落实“责任、能量、教训”要求，强化属地管理、直线责任。开展安全检查、体系审核和全员查找身边安全隐患活动，消除隐患，补齐短板。实行月主题、周焦点、日重大操作风险预警，推进“65431”工程，专项治理罐区、高危泵等安全短板，挂牌督办重大隐患整改，杜绝重大安全环保事故。

【节能减排】 启动第二轮低碳循环经济规划，推进电厂和催化烟气脱硫脱硝改造，强化新区污水和固废处理系统平稳运行攻关，开展厂区恶臭点源治理，严格PM2.5实时监测，实现“三废”全面达标排放。建成投用新区裂解装置空气预热器、聚乙烯膜回收等重点节能项目，开展氢网优化、新区污水平稳运行攻关，打牢节能基础。2013年节能6.85万吨标准煤，节水169万立方米，超额完成年度节能节水指标。

【工程建设】 投资13亿元，实施10个重点建设项目，推进产品质量升级、炼化结构调整和系统配套完善。80万吨/年催化汽油加氢装置建成投产，产出合格国Ⅳ汽油，跟上国家汽油质量升级步伐。稀土橡胶装置实现工业化生产，丰富橡胶产品系列。2万吨/

年己烯 -1 装置完成设备安装。动力站 6 号炉完成主要设备订货。100 万吨 / 年柴油加氢国Ⅴ升级项目可行性研究报告上报集团公司。自动化洗罐项目完成基础施工。铁路电气化改造通过初设审查。金沟河引水工程可行性研究报告通过集团公司评估。

【科技创新与成果】 完善原油评价、橡胶和树脂研究三大中心。启动建设集团公司催化剂及新材料试验基地，挂牌运行中国特种设备检测技术中心、新疆维吾尔自治区橡塑材料重点实验室。“PE 燃气管材研发”等 3 个国家级企业重大技术创新项目通过评审，溶聚丁苯橡胶研发等两大课题入选国家科技支撑项目。大力推进新产品开发、产品质量改进和“三剂”国产化，开发 T6302H、T6302L 等化工新产品 8 个。实施技术措施 72 项，完成攻关 16 项。获省部级科技进步奖 6 项，国家专利授权 16 项。实施以 ERP 为核心的信息系统集成，会议、出差等 79 个工作流程上线运行。

【人才资源开发】 着眼管理能力、业务素质和应急处置能力提升，2013 年累计培训领导干部、技术人员和一线骨干 9500 人次。调整充实部分领导班子，在研究院、采购部、联合车间实行处级领导岗位竞聘上岗，加大领导干部竞争性选拔力度。优化配置人力资源，严控用工总量，提高全员劳动生产率。设置企业级技术专家岗位，遴选高级技术专家，激励技术骨干岗位成才。赵丽丽夺得全国石化行业职业技能竞赛化验工第一名，杜亮夺得全国工程建设系统焊工技能大赛银牌。

【精神文明建设】 贯彻党的十八大精神，落实中央“八项规定”精神，围绕“为民务实清廉”主题，扎实开展党的群众路线教育实践活动。广泛征求职工群众意见，以整风精神开展批评与自我批评，对照检查“四风”问题 621 项，有针对性地制定整改措施，取得阶段性成果。大力弘扬大庆精神铁人精神，以作风和思想建设凝心聚力，广大干部员工积极投身生产实践和企业发展，涌现一批先进集体和模范人物。吴利平获“全国五一巾帼标兵”。乙烯联合车间获“全国工人先锋号”、“中央企业先进集体”称号。炼油厂化验室获“全国五一巾帼标兵岗”。公司工会获“全国模范职工之家”称号。

【矿区服务】 持续巩固和谐稳定基础。加快推进民生工程建设，员工休假制度全面落实，健康管理平台投入运行。老年活动中心、第三中学、120 急救指挥系统和 1672 套保障房建成投用。老区供电供暖管网改造、屋面防水、外墙保温、天然气和光纤入户工程按计划推进。660、120、通勤客运创出精品服务品牌。物业管理持续打造宜居环境，众鑫花园、第 11 居民区通过国家物业示范小区复审，4 个小区通过克拉玛依市标准化验收。市场化运作国际文体赛事和高水平演出，四国篮球邀请赛成功举行，赴俄罗斯演出载誉而归，社区文体活动精彩纷呈。落实人防、物防、技防措施，严格网络舆情监控，强化要害部位防范，组织防恐应急演练，不断提升应对复杂形势的能力，保持社会大局稳定。

（刘晓玲）

中国石油天然气股份有限公司乌鲁木齐石化分公司（中国石油乌鲁木齐石油化工总厂）

【概述】 中国石油天然气股份有限公司乌鲁木齐石化分公司（以下简称公司），前身筹建于 1971 年 1 月，始建于 1975 年 4 月，是集炼油、化肥、芳烃、塑料加工于一体的综合性石油化工生产企业。截至 2013 年底，公司员工总数为 11000 人，固定资产原值 193 亿元。公司下设炼油厂、化肥厂等 23 个二级单位，有工程管理部、营销调运部等 7 个直属机构，机关有 13 个处室，10 个附属机构。2002 年 12 月 28 日公司正式通过 ISO 9001、ISO 14001、OHSAS18001 三项体系认证。

公司现有炼油生产装置27套，原油一次加工能力为1000万吨/年，石油对二甲苯生产能力为100万吨/年。化肥厂有2套合成氨、2套尿素装置，年产75万吨合成氨、130万吨尿素。化纤厂现有精对苯二甲酸、三聚氰胺2套生产装置，年产化工产品13万吨。塑料厂有3426万条/年塑料编织袋生产线。热电厂属热电联产，有5炉5机，产汽能力1670吨/小时，发电能力175兆瓦。净化水厂工业废水处理能力1500米^3/小时，外排水、气、渣等环保指标均达到国家及新疆维吾尔自治区相关标准。公司具有石油化工工程设备制造安装维修、工程监理、分析测试、计量检定、设备检验、公路铁路运输、物资供应等业务职能，拥有职教医疗、通信广电、离退休管理、社区服务等社会职能。

公司可生产30余种石油化工产品，主要产品有汽油、煤油、柴油等，燃料油、溶剂油、液化石油气、石油沥青产品、石油苯、石油对二甲苯、聚丙烯、三聚氰胺、硫黄、液氨、尿素、硫酸铵、精对苯二甲酸（PTA）、塑料编织袋等。其中，尿素产品曾获“中国名牌产品”称号，车用汽油、车用柴油、尿素、精对苯二甲酸等产品先后获得国优、部优和省优“名牌产品”称号。2000年至2013年底，公司已取得135项科研成果，曾多次荣获国家、新疆维吾尔自治区、中国石油、中国石化颁发的新产品开发、科技进步奖，并申请多项专利。公司先后获“全国五一劳动奖状”、“全国文明单位”、“全国民族团结进步模范单位”、“全国环境优美工厂”等荣誉称号。

【主要生产经营指标】 2013年，公司进厂原油及原料油578.7万吨。加工原油及原料油558.75万吨。生产汽油、煤油、柴油328万吨，石油对二甲苯（PX）55.28万吨，石油苯22.22万吨。生产合成氨42.58万吨，生产尿素72.71万吨。生产工业用精对苯二甲酸（PTA）9.06万吨。发电12.7亿千瓦·时，产蒸汽1209万吨，生产塑料编织袋1643.7万条，生产新水2958万吨。净化污水回用率达到76.7%。

公司全年累计销售汽油、煤油、柴油328万吨，石油对二甲苯（PX）55.28万吨、石油苯22.22万吨、尿素72.71万吨、工业用精对苯二甲酸（PTA）9.06万吨。实现营业收入346亿元，其中炼油业务减亏4.45亿元；化工业务实现考核利润7000万元。未上市控亏1.82亿元。上缴税费40.77亿元。

【安全环保】 公司按照底线思维的要求，推行全员HSE承诺、安全风险抵押。通过安全生产检查、专项检查，细化各级管理者的主体责任，完善落实各级防范措施，提高公司安全环保防控水平。扎实开展应急演练竞赛，逐步推进应急演练规范化。强化日常化管理，积极推进标准的符合性验证工作，并对标准的有效性进行滚动验证。充分利用各类事故资源，细化点评内容，以必然性、偶然性的思路，剖析各级防范措施的落实情况，2013年各类事故事件同比下降45.8%。

公司立足改善自身和区域环境，落实责任、完善制度、提升管理，强化生产全过程控制和预防污染，从狠抓污染减排工程入手，80万吨/年蜡油催化装置再生烟气治理、污水处理隔油、气浮+生化处理、热电厂4号炉脱硝、化肥厂烟气脱硫装置排放烟雾夹带治理等4个国家环保部、新疆维吾尔自治区、集团公司督办的重点环保隐患治理项目，均按时建成投运。扎实推进专业达标、装置达标、清洁生产及节能减排工作，着力解决扩大产能和减少排放这一矛盾问题，做到增产增效不增污。2013年，公司二氧化硫减排量14016吨。实现节能4.61万吨标准煤，节水58万吨，分别完成目标值的153.7%和145%，外排水、气、渣等环保指标均达到国家炼化企业生产设计标准。

【生产管理】 公司着力加强“三基”工作，推进精细化管理，坚持全员创效、坚持炼化一体化整体效益最大化的原则，统筹平衡产供销流程。强化日计划控制、周经济活动分析，初步运用APS细化产品效益测算指导生产。强化降损管理，原油进厂损失率同比降低0.03%。深化装置攻关保运，重油催化裂化、二化肥等装置实现长周期运行，化肥厂新空分保运实现B类运行291天，公司2013年非计划停工同比降低40%。强化现场技术攻关，全年实施设备、技术攻关43项，解决加工风城高酸值原油的设备腐蚀控制与防护等瓶颈问题，设备故障率同比降低36%。通过降低产品质量富裕度、提高汽油终馏点、开展柴油深拔等措施挖潜增效，石油产品可比综合商品率同比提高0.05%，综合损失率同比降低0.06%。优化改进40万吨/年汽油醚化、60万吨/年汽油加氢改质装置工艺流程，重汽油硫含量标定最低降至40毫克/升，公司出厂汽油全面达到国Ⅳ标准，清洁优质能源供应能力不断增长。

【工程与维修】 公司精心组织协调，加强现场施工安全管理，将“6S”管理延伸到检维修、工程施工现场和承包商队伍中，健全完善质量保障体系，2013年完成工程项目47项，总计完成投资11.65亿元。600万吨/年常减压装置于2013年10月26日一次投料试车成功，标志着公司正式跨入千万吨炼油基地行列，为公司实现规模化发展奠定基础。公司4万吨/年硫黄回收装置、60万吨/年连续重整改造项目的试车成功，150万吨/年蜡油加氢装置如期中交，三循二单元扩建、共架火炬、汽车装车台及大炼油项目外部配套系统等项目顺利投用，为适应新疆重油上产和产品质量升级创造条件。

检修方面，通过强化现场管理，大力开展大检修劳动竞赛，采用导波检测、水射流清洗等新技术、新方法、新工具，有效提高检修效率和检修质量，全年完成大检修项目7337项，实施一系列技术改造技术措施项目，其中低分气回收项目回收的氢气可增效1500余万元/年。继续实施“三修”互助联动，所有检修装置均一次开车成功，为装置优化运行提供坚实保障。

【党建工作】 公司党委紧紧围绕“经营创效年”中心工作，服务公司发展大局，把认真组织学习贯彻党的十八大精神作为首要政治任务，广泛开展党的十八大精神宣传、学习活动，学习宣讲做到基层党委（党总支）全覆盖，进一步统一全员思想，充分调动各族干部员工的工作热情。持续深化党务公开、“六个一”党支部创建和党支部工作“四个一”活动，完成公司两级工代会、职代会、团代会换届工作，新成立2个党总支和5个党支部。持续开展干部岗位竞聘，推行基层单位和公司机关干部双向交流挂职，重点做好基层领导班子建设和干部公开竞聘交流工作，2013年共提拔、调整处级干部49人、科级干部201人，干部队伍建设持续加强。坚持创建学习型企业、培养知识型员工，安全实训基地建成投用，通过全员读书、支部书记培训、读书引读等形式，分梯次、分阶段开展全员培训，全年培训17238人次，队伍的素养得到有效提升。

按照中央和集团公司党组的统一部署和安排，公司党委成立群众路线教育实践活动领导小组，制订活动方案，按照3个环节稳步扎实推进活动深入开展，公司党员干部队伍的整体风气明显好转。通过立查、立改、立行和建章立制，各级领导认真贯彻落实《关于进一步改进干部工作作风的实施细则》，从制度上、措施上带动工作作风的持续转变。

【企业文化】 公司党委紧密围绕安全生产经营，精心组织“安康杯”安全运动会，引导基层加强文化建设，积极拓展文化宣传载体，丰富石油文化特色，发挥文化铸魂、文化塑形、文化凝心和文化聚力的无形动力，为公司实现千万吨炼油基地产能目标凝聚正能量。声乐舞蹈、书画摄影、戏曲曲艺以及各类竞技体育比赛、健体运动丰富各族员工家属的文化生活，公司整体呈现稳定和谐的良好局面。

【服务保障】 公司积极探索工业物业服务，配合公司集中检修开展送餐、送水、送祝福等服务。加大文化体育设施投入力度，公司职工活动中心于2013年12月24日正式开放，生活区大洪沟水系景观河、群众文化广场等惠民工程的建设进一步改善矿区环境和生活条件。持续开展物业、餐饮、燃气、托幼、环卫绿化等基础服务，积极创建矿区服务示范窗口，积极推进电视、电信、物业等业务社会化外委，切实为员工提供多样化优质服务。公司强化一岗双责，加大点、线、面安保防控，将安保维稳与安全生产同等对待，已形成企地警民共防共建的安保维稳机制，顺利完成安保防恐重点时段和敏感时期升级管理任务，确保公司区域稳定。

【社会责任】 公司积极履行社会责任，2013年一季度，在天然气资源紧缺的情况下，积极协调天然气进厂，开满开稳化肥装置，积极保障新疆地区内和西北地区的春耕生产，3月单月产尿素11万吨，一季度累计生产尿素22.24万吨、硫酸铵3351吨。进入冬季，为保障民用天然气供应和城市冬季供暖，公司顾全大局，主动停运化肥装置将天然气用量降至最低，牺牲效益保民生、保环境。公司积极开展送温暖工程，2013年慰问困难职工及家庭1015人（户）次，发放慰问金、助学金942450元。按照新疆维吾尔自治区“转变作风、服务群众”活动安排，公司派出3人工作组驻喀什疏勒县罕南力克镇6村开展工作。公司在喀什疏勒县开展定点扶贫工作，投入扶贫资金80万元，为喀什沙车县米夏乡托尕其村捐赠10吨化肥，解决当地农民生产之需。“三节”期间，公司领导带队赴青河县、疏勒县及帮扶社区开展慰问工作，在疏勒县、清河县慰问贫困农牧民220户，发放慰问物资价值66000元，带去中国石油的关怀。“4·20”雅安地震后，公司发动全体员工为抗震救灾活动捐款献爱心614152元。2013年，公司被评为“全国扶贫先进单位”。

（刘 洁）

中国石油天然气股份有限公司宁夏石化分公司

【概述】 中国石油天然气股份有限公司宁夏石化分公司（以下简称公司）是集炼油、化工和化肥生产为一体的大型石化企业，具备500万吨/年原油加工能力，及10万吨/年聚丙烯、130万吨/年尿素生产能力。主要产品为清洁汽油、柴油、聚丙烯、航空煤油、尿素及合成氨。截至2013年底，公司资产总额109.2亿元，公司下设13个机关处室，7个直属部门，17个二级单位以及1个事业部。在册员工5603人，其中，在岗员工5313人，大专以上学历员工3088人，具有初级以上职称员工1004个。

【主要生产经营指标】 2013年，公司共加工原油457万吨，生产汽油183万吨、柴油179万吨、合成氨51万吨、尿素89万吨、聚丙烯9万吨、复合肥5万吨、航空煤油7万吨。实现销售收入306.62亿元，上缴税费62.24亿元。销售收入、原油加工量两项指标创历史新高。

【企业管理】 深入开展管理提升活动，实施217项提升措施，初步完成综合管理体系结构、要素内容和手册内容设计。整合原消防气防部与治安保卫部，设立消防保卫支队和治安管理部；完善分厂建制，优化分厂组织机构。强化财务、计划、物资采购、审计、计量等专业管理，成立招标中心，有效地控制物资采购系统运行管理存在的风险，企业生产经营规范有序。安装检修公司、物业公司、新型建材厂、宁化宾馆、工业公司、园林公司等独立核算单位管理规范，生产经营运转良好，有效履行保障职责。持续优化人力资源，2013年完成员工内部调配240人次；完善岗位培训需求矩阵，全年培训员工4400人次。对部分单位科处级岗位组织公开竞聘，选拔任用干部30名，开展干部交流22人次。开展专业技术评审和技师评定，87人取得专业技术职务任职资格，98名员工获聘技师，20名员工成为高级技师。信息化管理与生产经营有机融合，完成大化肥项目、炼油装置新建项目、多功能应急指挥及视频会议项目、手机移动办公等一批信息化建设项目，网络、通信畅通，数据安全。

【安全环保】 坚持创建安全自主管理团队，77个班组达到公司自主管理班组标准，整体通过率49%，企业进入自主管理初级阶段。员工健康管理体系深入推进，戒烟减重、高血压干预等活动成效显著，员工健康指标明显改善。公司以安全观察与沟通为平台，坚持隐患排查和问题整改，2013年发现不安全行为44520个，整改率99.9%；严肃事故责任追究，事故事件同比下降25.34%。催化烟气脱硫及化肥装置1号、2号高压锅炉烟气脱硝项目建成投运，工业废气、废水达标排放，固体废弃物规范处置，实现清洁生产，企业通过国家安全标准化一级企业审核，成为中国石油首批国家安全标准化一级企业。加强生产过程质量监控，强化指标超标现象分析处置管理，建立并全面运行企业卓越绩效管理体系，质量管理水平持续提升。接受各级产品质量抽检34批次，抽检合格率100%，13项QC成果获省部级奖励，公司被授予国家、宁夏回族自治区“QC小组活动优秀企业”称号。

【生产运行】 持续开展生产装置长周期运行攻关和对标管理，加强现场受控管理，推行“下班放心”活动和不间断巡检，装置管控水平进一步提高。建设标准泵房75个，标准装置区52个，标准电器仪表间7个，完好机车6台，整改现场低标准18593项，实现设备管理制度化、标准化、专业化、精细化，设备事件同比下降28%。500万吨/年炼油主体装置实现长周期连续稳定运行749天，吨油收入、吨油利润等经济技术指标明显提升。化肥业务克服装置生产负荷波动以及设备运行瓶颈，实现超过100天长周期运行。持续推进5S管理，加强现场“跑、冒、滴、漏”治理，实施节能降耗改造措施，调整用能结构，2013年完成节能量5.9万吨标准煤，节水量62万吨，超额完成地方政府、集团公司下达的年度节能减排指标。

【重点工程】 年产45万吨合成氨、80万吨尿素国产化大化肥项目累计完成投资20亿元，完成设计进度100%，采购进度96.3%，施工进度72.4%，设备安装完成80%。公用工程及辅助设施基本完工，空压制氮、原水泵站单元顺利中交，除盐水、循环水等系统及项目配套设施收尾，生产准备工作有序开展。120万吨/年汽油加氢项目采用中国石油自主知识产权GARDES工艺（GARDES技术是一项通过加氢脱硫和辛烷值恢复来生产清洁汽油的技术，通过选择性加氢脱硫解决催化裂化汽油中硫含量高的问题），一年时间高效建成，一次开车成功，满足国Ⅳ标准的清洁汽油2013年11月1日起投放市场。国家环境保护部挂牌督办的260万吨/年重油催化裂化装置烟气脱硫项目，经过7个月建设，一次投产成功。成品油外输管道首站配套储罐项目于2013年9月投入使用，有效缓解油品销售压力；40万吨/年轻汽油醚化项目基本完成，为增加高辛烷值汽油组分、增产高标号汽油创造有利条件。

【科技创新】 以满足生产需要为出发点，广泛开展技术攻关、QC小组等活动，积极实施技术改造，进一步夯实技术创新基础，促进节能降耗、产品结构调整和质量升级。公司承担集团公司重大科技专项，完成大型国产化高压机泵、化肥装置关键设备首次工业化应用；配合完成国Ⅳ、国Ⅴ汽油应用试验，完善加氢装置设计基础数据；利用水热媒新技术实施化肥高压锅炉回转式空预器技术改造，锅炉蒸汽产量大幅增加；开发聚丙烯新牌号产品，优化产品结构，经济附加值进一步提高；完成原油氯含量超标消减以及消灭火炬、污水系统优化等大型技术攻关。充分发挥4个劳动模范创新工作室示范作用，以劳动模范、金牌工人和首席技师等先进模范人物为带头人，带动技术人员开展技术攻关和技术创新活动，加速创新开发和成果转化。

【党建工作和企业文化】 扎实开展党的群众路线教育实践活动，党建思想政治工作、企业文化建设、党员干部作风建设、反腐倡廉建设和群团工作持续推进，党建工作科学化水平稳步提升，为企业生产经营和发展提供坚强可靠的政治保证。党的群众路线教育实践活动先后组织党员干部集中学习27次，累计征求群众意见建议139条，全部得到反馈和落实。各类会议同比下降21%，文件精简下降6%，五项费用较2013年预算下降50%，党员干部作风明显转变，党群、干群关系进一步密切。及时调整基层党组织，配齐配强基层党务干部，重新任命18名基层单位党支部（总支）书记。2013年发展党员33名，转正43名，70名入党积极分子接受培训。坚持培育特色企业文化，编印下发《宁夏石化公司企业文化手册》；通过典型选树，推进职业道德教育，全年评选或推荐各类先进集体（班组）145个，先进个人687名。

【矿区服务】 保障民生项目资金投入，完善矿区基础设施，健全社区医疗和养老服务，矿区服务满意度进一步提升。完成怡宁东区危房改造项目后续工作，129户拆迁户顺利迁入新居；完成生活区食堂的区域化改造，满足员工就餐需求；依托中卫碳减排基地和农场，为员工家属提供各类有机蔬果、禽蛋51万千克；创新离退休管理服务模式，成立居家养老中心。继续完善扶贫帮困长效机制，深入开展送温暖和金秋助学活动，2013年走访劳动模范、离退休干部员工以及患病、伤残等困难群体3456人次，发放帮扶资金345.4万元。“金秋助学”活动帮助49个职工子女，发放助学金13.7万元。对口扶贫助教工作顺利开展，全年投入帮扶资金29万元，捐赠图书、计算机、衣物2000余件。公司认真履行社会责任，热心公益的良好形象得到地方党委政府的充分肯定和社会各界的广泛好评，先后被授予“全国五一劳动奖状”和“中央企业先进单位”荣誉称号。

（朱　红）

中国石油天然气股份有限公司大连石化分公司（中国石油大连石油化工公司）

【概述】 中国石油天然气股份有限公司大连石化分公司（以下简称公司）是中国石油所属的大型骨干炼化企业，前身为1933年成立的“满洲石油株式会社大连制油所”，新中国成立后先后更名为“东北石油七厂”和“中国石油工业部大连石油七厂”，1983年划归中国石油化工总公司，1998年划归中国石油天然气集团公司。长期以来，公司为国家炼油工业培养输送大量的管理和技术人才，被誉为中国炼油工业的“人才摇篮”。

经过80多年的不断发展，公司已经从加工能力只有15万吨/年的小型炼厂成长为中国炼油规模第二大的炼化企业，现有炼油化工主体装置36套，占地318万平方米，员工6800余人，具备2050万吨/年的原油一次加工能力、27万吨/年的聚丙烯生产能力以及2300万吨/年的海运码头吞吐能力。公司主要从事石油化工、港口物流、工程技术服务等业务，致力于向社会提供汽油、柴油、航空煤油、高档润滑油等清洁油品和高端石化产品，是中国石油首家汽油质量全部达到欧V标准的企业，也是中国石油最大的含硫原油加工基地和我国重要的石油产品出口基地之一。

【主要生产经营指标】 2013年，公司共加工原油1570万吨，销售各类产品1459万吨，其中V类汽油、柴油分别达到58.2万吨和11.7万吨，全面打通V类汽油、柴油的生产销售渠道；实现营业收入864亿元，税费143亿元，连续5年位居辽宁省纳税百强排行榜榜首。通过优化增效，促进各项技术经济指标的改善，全年实现综合商品收率94.1%，轻油收率84.3%，分别比预算指标提高1.1和2.4个百分点；加工损失率0.38%，同比降低0.11个百分点；单因耗能7.85千克标准油/（吨·因数），同比降低0.2个单位。

【企业管理】 进一步完善企业管理制度，理顺制度流程，完善激励约束机制，落实直线责任和属地管理，促进企业管理水平的全面提升。

（1）开展制度流程梳理。本着“公平、效率、规范、受控”的原则，开展部门职责、制度、流程梳理，努力消除管理盲点和职责交叉。针对职能部门履职过程存在的突出问题，对15个部门职责、23项相关业务进行理顺和优化，制修订制度117项，使工作流程和标准更加清晰。开展基层减负工作，调整会议制度，清理无效制度，增加24项网上审批流程，减轻基层负担，使基层能够集中精力抓好安全生产。

（2）明确机关部门和基层单位的工作重点。突出机关部门的专业化管理、为基层服务和专业考核的三大职责和基层单位的安全生产、队伍建设和“三基”工作的三大职能，促进机关和基层工作有效落实。

（3）深入完善激励约束机制。修订《月度综合管理考核方案》，细化各单位内部考核细则，奖优罚劣，奖勤罚懒，充分调动员工工作积极性。修订《员工奖惩管理规定》，印发《员工手册》，安装电子考勤和门禁系统，进一步规范员工的行为管理。继续加大薪酬分配、福利待遇向生产一线、关键和艰苦岗位倾斜的力度，进一步体现收入向生产一线、有毒有害岗位倾斜的原则。

（4）优化组织机构设置。按照集团公司“三控制一规范”要求，根据公司生产经营需要，进一步理顺组织机构，优化岗位设置。持续推行“增员不增薪，减员不减薪”的激励措施，盘活人力资源存量，提高劳动生产率。

【安全环保】 突出HSE管理体系建设，安全生产能力有所增强。

（1）加强以体系审核为重点的HSE管理体系建设。开展与杜邦公司的HSE国际合作，成立体系推进办公室，认真落实HSE体系审核计划。调整HSE委员会，成立5个HSE分委会，形成跨专业协调研究问题的团队。

（2）加强以安全生产责任制为核心的制度建设。组织重新修订完善安全生产责任制，将安全生产责任制纳入到HSE体系管理手册和岗位职责描述中，做到“一岗双责”、“党政同责”。进一步修订完善《动火作业安全管理规定》等HSE管理制度，有效提高制度的可操作性。

（3）加强以技术管理为核心的生产过程管理。恢复规范的纸质手写交接班日志，增上电子巡检系统，加强工艺平稳率的考核讲评，开展DCS报警分析整改，逐步恢复已停用的仪表连锁，逐渐整改提高仪表自控率，提高生产受控水平。

（4）积极开展隐患排查和治理活动。本着“不带隐患搞生产”的原则，进一步加强隐患治理，完成大连国家石油储备基地30台储罐的机械密封带油改造、7台超期服役铆钉罐的停用退出等57项隐患治理项目。

（5）加强以作业许可管理为重点的施工作业安全管理。以动火作业、挖掘作业为切入点，完善作业许可制度，提高审批效率。建立每日高风险作业预约和公告机制，强化作业现场监督检查，确保施工作业安全。

（6）认真开展承包商、供应商整顿。清除11家承包商和25家供应商，明确对供应商的配套设备供应商的管理要求，增强源头控制风险能力。

（7）逐步完善事故事件管理。将事故事件资源的分享、利用作为提高管理的有效手段，组织汇编建厂以来的各类事故案例，下发到基层岗位组织学习，每周对生产事件进行统计、分析，发生事件后第一时间向全公司通报，促进员工由掩盖问题向查找原因、堵塞漏洞转变。

【工程建设】 不断强化施工组织，提高施工质量，安全、绿色、优质、高效地完成各项建设和检修任务。汽油质量升级项目——225万吨/年汽油加氢和100万吨/年轻汽油醚化装置于2013年5月顺利建成投产，成为集团公司第一套完全按照国Ⅴ标准设计建设、规模最大的汽油改质装置，使公司具备全部生产国Ⅴ汽油的能力。环保减排项目——350万吨/年重油催化裂化装置烟气脱硫项目和污水处理场（一期）改造项目按期完工，为减少污染排放，保护环境作出积极贡献。长兴岛炼化项目获得国家发改委同意开展前期工作的批复，19套装置的检修和消缺工作顺利完成，2014年装置大检修的各项准备工作有序推进，一批影响装置长周期运行的瓶颈问题得以解决，为提升本质安全水平奠定基础。

【科技创新与成果】 2013年，公司积极参与集团公司重大科技攻关项目，科技开发项目立项45项，完成科技开发项目16项，组织验收科技验收成果8项，“大连石化蒸汽管网优化研究和智能监测系统升级”项目获得集团公司科技进步三等奖。广大科技人员围绕市场需求和生产运营的实际需要，积极进行新技术研发与应用，万吨级低温多效蒸发海水淡化国产化技术开发项目通过集团公司验收，H39S-2聚丙烯专用料开发项目取得显著的经济效益。生产技术部门坚持正视问题，不回避矛盾的原则，加强技术研究分析，成立10个技术研究小组，系统研究解决1000万吨/年常减压蒸馏装置减压真空度低、220万吨/年连续重整装置溶剂酸值高、360万吨/年加氢裂化装置加工负荷和转化率低、300万吨/年渣油加氢装置反应深度低等一系列影响装置运行的生产技术瓶颈问题。通过优化一次、二次加工结构，合理配置装置负荷，优化调整油品流向，提高高效产品产率。深入开展罐区优化，成立产品调和优化小组，提高调和的精度和速度。

【精神文明建设】 全面梳理党群工作职能，建立党群工作例会机制，进一步发挥基层党组织的政治工作优势。扎实开展党的群众路线教育实践活动，广泛征求员工意见，深入查找在安全生产、制度管理、干部作风等方面存在的问题，逐项落实整改措施。认真执行中央“八项规定”和集团公司党组“二十条要求”，印发改进工作作风、密切联系群众等相关规定，全年召开会议数量、非生产性费用大幅降低。加强“三支队伍”建设，初步建立一线操作技能人才库、技术人才库和后备干部队伍。畅通民主渠道，通过合理化建议征集、总经理信箱等，广泛向员工征集提升企业管理的各类意见建议。进一步完善困难员工档案，合理规范发放慰问金，及时帮助困难员工解决生活难题。强化特殊时期、重点阶段的维稳工作，初步形成企地联控、内部联动、协同处置的信访稳定工作格局，有效维护企业的总体稳定大局。完成基层单位“三间”改造、加大厂区和生活区绿化美化，持续改善员工的工作和居住环境，和谐企业氛围日渐浓厚。

（孙璐璐）

中国石油天然气股份有限公司锦州石化分公司（中国石油锦州石油化工公司）

【概述】 中国石油天然气股份有限公司锦州石化分公司（以下简称公司），前身始建于1938年，是一家以炼油为主、化工为辅的燃料型炼油企业。是中国重要的润滑油添加剂科研生产基地和辽西地区最大的原油、成品油储备基地，也是国内首家生产国Ⅳ汽油、京Ⅴ标准汽油的炼油企业。新中国第一滴人造石油、第一块合成顺丁橡胶都在这里诞生。公司现拥有85套炼油化工生产装置，原油一次加工能力750万吨/年，资产总额102亿元，可生产90多种炼油化工产品。公司拥有员工1.7万人，下设12个处室，45个基层单位。

【主要生产经营指标】 2013年，公司抢抓机遇，乘势而上，大力实施产品结构优化，全年累计完成原油加工量676万吨，超额完成全年生产计划。生产汽油、煤油、柴油主要产品529.2万吨，同比提高7.54%。高标号汽油比例达到100%。航空煤油产量实现翻番，航空煤油收率处于国内领先水平。全年实现营业收入346亿元，实现账面利润3.2亿元，综合效益跃居集团炼化企业第六名，同比前进8位，取得良好的经营业绩。

【安全环保】 落实各级安全生产责任，形成岗位责任与安全职责相对应的责任体系。强化正向激励，完善考核体系，扩展“像找奖金一样找隐患”奖励范围，形成生产管理过程全覆盖。2013年，共发现隐患、纠正违章1155次，奖励1827人次，启动总经理奖励基金5次，累计奖励金额66万元。加强隐患排查，突出风险防控，形成以五级巡检为基础，以专业专项检查为重点，以体系内部评估为促进的全方位隐患排查机制。高效完成西山罐区现场环境整治，拆除11台隐患球罐、13万延长米废旧管线，新增27台球罐高低液位报警仪，清理闲置建筑67间，实施软覆盖9万平方米，修建消防道路3300米，彻底解决困扰企业多年的安全隐患。严格执行“三废”排放标准，坚持源头管控与实时监控并举，强化环保对标与监督考核并用，确保有效数据全部达标，环境风险得到有效控制。

【降本增效】 以降低“三剂”成本为突破口，努力向技术进步、挖潜降耗、精细管理要效益。2013年，累计削减“三剂”及辅材24种，减少支出1237万元，降幅达7.9%，企业完全加工费中辅材消耗为15.11元/吨，接近中国石化先进水平，处于中国石油行业领先地位。以工程领域突出问题专项治理为契机，集中治理“三料”，全年节省费用支出2700万元。从流程优化、技术攻关、强化管理等多方入手，提高能源和水资源综合利用效率，全年共节水72万吨，节能3.4万吨标准煤。实施二催化锅炉改造、催化热进料、低温热利用等措施，降低运行成本和能动费用3700万元；燃油电厂彻底告别渣油发电历史，年减烧渣油3.2万吨，增效6000万元以上；增设风机和机泵变频器17台、往复机无级调速器3台，投用加热炉空气预热器等节能设施，年节电1507万千瓦·时，增效829万元。

【工程建设】 2013年，完成固定资产投资8.8亿元，组织完成技改技术措施项目9项，安全隐患治理项目26项。其中，长输管线隐患治理项目在国庆节前夕竣工投产；280万吨/年柴油加氢改质装置9月30开工建设，是中国石油第一家为社会提供国Ⅴ标准柴油生产装置建设的企业；供热改造燃煤电厂4号炉在11月30日顺利完工投产；异丙醇精馏系统热集成技术应用项目在7月完成第二期的改造任务，投入生产，实现2套异丙醇装置的整体改造，降低生产成本；兴海原油罐区安全环保隐患治理项目在10月投入使用；环丁砜消除瓶颈技术改造项目11月装置开车；完成3.5兆帕蒸汽线从热电厂到三催化南北贯通、二催化能量优化热蜡油罐及余热锅炉改造、南一路打通、苯乙烯安全隐患治理、三级防控西山罐区防火堤喷涂、兴城职工培训基地隐患治理等项目；汽油加氢装置罐区的4台10000立方米储罐10月底整改完成投入使用。

【科技创新】 坚持自主创新，知识产权保护成果显著。配合国家企业支撑项目10万吨/年丁烯制丁二烯成套技术开发而开展的“绿色催化剂制备工艺研究”项目，在恢复W201的工作中解决催化剂制备过程中的环保问题方面获得突破，已申请3项专利；“钕系均相催化体系研究”项目，利用自主开发的催化剂体系完成40升釜连续化中试实验，合成出窄分子量稀土顺丁橡胶；“高门尼稀土橡胶工艺开发”项目形成自主技术，填补国内高门尼稀土顺丁橡胶生产的空白。

立足企业发展科技先行，提供优质技术支持。“加氢焦化馏分生产航空煤油可行性研究”为增产效益产品——航空煤油生产增添新的途径；“高芳油浆对针状焦质量影响的研究”为针状焦提质以及未来扩能提供有力的技术支持；“MTBE扩能及节能技术研究”初步完成能量集成设计与模拟计算；“航空汽油研究与开发”为生产高附加值产品提供新的思路。

2013年，有4项获得国家知识产权局专利授权，3项获得国家实用新型专利授权，1项获得国家发明专利授权，4项专利申请被国家知识产权局受理，获得专利申请号；新提交专利申请6份。

【企业管理】 夯实基础管理，规范流程标准，全面提高精细化管理水平。完善内控体系建设，强化建章立制，提高运行效率，促进管理提升。清晰划分产、运、销、储各环节质量交接界面；严把进厂原材料、产品馏出口、半成品、成品质量检验关，产品出厂合格率100%；加强质量、计量管理，完成流量计升级改造，完善计量检测手段，实现计量检测数据准确率100%。规范合同管理，大幅提高系统审批比例，实现大额采购合同集中管理，全年组织招投标142项，工程项目资金节约率2.4%，物资项目资金节约率13.3%。提高制度修订标准，梳理更新产品质量标准12项，修订各项规章制度84项。认真遵循“先算后干”原则，使公司全部生产经营活动均在预算框架下运行，全面杜绝预算外费用发生；在12个车间、20套装置推广应用班组绩效管理系统。举办公司级各类培训班和讲座56个，培训人员5197人次，培训实现常态化。规范物资采购管理，实施采购方案和商务结果报批制，提高集团两级集中采购、框架协议采购比例，强化大宗原料和煤炭采购管理，降低采购成本7000余万元。加强信息化建设，开发应用应急调度通信及扩音系统、炼化物料优化与排产系统、加热炉智能优化控制系统、安全管理平台。MES运行系统、视频会议系统应用考核分别位列集团公司第一名。

【精神文明】 践行党的群众路线，转变工作作风，党建、思想政治工作成效显著。圆满完成学习教育、听取意见，查摆问题、开展批评，整改落实、建章立制3个阶段各项任务目标，集中整改领导班子“四风”问题22项，解决职工群众反映突出问题26项，职工群众对公司领导班子整体量化评分达到98.59分，干群关系进一步密切，各级领导干部素质进一步提升。

公司充分发挥思想文化优势，切实把宣传、教育融入到生产经营实践，完成公司门户主页更新、石化报增容扩版、电视台推陈出新、《企业文化手册》发布、重启“月评一流”等工作，开展“珍惜·感恩·回报”主题教育活动。2013年，外部媒体共刊发公司各类新闻681篇（条），同比提高92%，有力地提升企业对外形象。公司以完善惩防体系工作为中心，强化作风建设，开展专项管理效能监察，探索建立“制度+科技”防腐新模式，反腐倡廉建设进一步深入。保安战线严格执行门禁制度，强化厂区巡查巡逻，落实敏感时期安保任务，忠实履行治安保卫职能。工会组织积极推进两级岗位练兵和立功竞赛，开展群众性文体活动，拓展职工服务中心服务内容，帮扶工作实现全员覆盖，营造积极向上、健康有益的文化氛围；共青团组织大力实施思想教育、技能提升、文化建设和团建创新四大工程，团组织的凝聚力、影响力不断扩大，青年职工心系企业的主人翁意识不断增强。

【矿区服务】 完善功能设施，提高服务质量，稳步推进和谐矿区建设。 坚持把民生工程作为保稳定、促和谐的重点，强化老区隐患治理和功能完善。文体活动中心主体建设、实华园和春熙嘉园小区消防系统隐患整改全面完成；开展物业“走动式”管理和“拉练”检查，强化供电、供暖、供水系统不间断巡检和跟踪计量，确保生活区运行安全；职工医院注重医德医风教育和医患沟通，服务社区职工群众；推进生活区改造建设，老区改造进入收尾阶段，敬业北里132户职工乔迁新居。石化新区小区道路景观、系统配套工程基本完工。通过实施物业、开发、能源一站式联合办公和流水作业，821户住户办理入住手续；加强保险服务和再就业指导，充分用足、用好国家政策，受理完成补充医保费用报销2.3万人次，报销费用总额1350万元。积极协调17个街道、100余个社区，做好3400名有偿解除劳动合同人员在社会公益岗位再就业工作。

【获得荣誉】 2013年，公司获集团公司“2013年经营指标评价优级单位”、集团公司“2013年度环境保护先进企业”、集团公司“质量计量标准化先进企业”、集团公司“管理提升先进单位”、辽宁省“厂务公开民主管理示范单位”、锦州市“国防教育工作先进单位”、锦州市“社会管理综合整理工作先进单位”荣誉称号。

（曹继辉）

中国石油天然气股份有限公司锦西石化分公司（中国石油锦西炼油化工总厂）

【概述】 中国石油天然气股份有限公司锦西石化分公司（以下简称公司），前身始建于1939年，1953年恢复生产。公司现有员工9117人，主要装置19套，原油加工能力650万吨/年。公司以加工大庆油、辽河油为主，直接管输进厂，另有部分进口原油及海洋原油，由锦州港上岸。主要产品有汽油、柴油、航空煤油、煅烧焦、MTBE、聚丙烯、苯乙烯等。2013年公司按照“做好安全发展稳定文章，实现做强做大做美目标”工作思路，抓住机遇、奋力拼搏的一年。通过大检修、隐患治理、节能、质量升级项目建设，企业生存发展的基础进一步夯实；在各项工作异常繁重的形势下，保持安全环保的平稳态势，获得集团公司安全、环保双先进；实施管理提升，坚持效益发展，优化工作成效明显；党政工密切配合，干群积极向上，企业形成干事氛围，基层有向上精神，越来越多员工具备阳光心态。

【主要生产经营指标】 全年加工原油437万吨；营业收入262亿元；上缴税费56亿元；上市部分和存续企业均完成集团公司利润考核指标，同比减亏8亿元。检修前1—8月，利润排名由2012年同期的第十五名跃升到第七名。

【装置检修与项目建设】 2013年，公司对29套装置进行大修，是公司历史上涉及面最广、作业任务最重的一次全面检修。公司以“安全、规范、受控、绿色、标准化”为检修目标，科学组织，有序推进，停车检修安全优质高效完成。从2013年初开始，积极做好全厂停车大检修的各项筹备工作，组织14次生产装置和辅助生产系统对接，编制大检修停开工总体方案，做好大检修前“三定”、“八落实”。检修前隐患专项排查发现的35类6892项问题，100%得到整治。检修过程中，开展“三查四定”，对检修期间查出的995项质量问题，逐一消项封闭。开车后静密封泄漏率显著降低，换热器基本没有泄漏；自控率由55.7%提高到93%，连锁投用率由95.7%提高到100%，达到集团公司要求；公共系统供风露点温度从-10摄氏度降到-30摄氏度，厂东厂西瓦斯压力实现平衡。9月，9天内18套装置全部合格交付检修，检修后7套新改扩建装置与16套常规检修装置实现一次开车成功。检修期间组织拆除报废装置9套、废旧管线374千米、废罐178座、报废设备1010台、旧厂房2.6万平千米。

新建MTBE装置并成功投产；建成2套催化烟气脱硫装置，建设热电公司烟气除尘、脱硫脱硝装置；建成重整芳烃抽提装置；完成南蒸馏装置减压抽真空系统改造；完成热电公司团热1号、2号线改造；完成电气、仪表隐患整改；稳高压消防系统完成70%。完成指纹门禁系统一、二期建设，实现公司主厂区封闭式管理。

【安全环保】 2013年，公司装置大修、隐患治理、质量升级项目同时施工建设，外来人员增加222%、外来车辆增加79.2%、危险作业增加99.8%，全年事故和事件起数同比分别下降200%和27%，集团公司体系审核问题下降10.8%，全厂停车大检修实现安全环保无事故并取得一次开车成功，保持安全环保的平稳态势，全年实现上报集团公司各类事故为零，获得集团公司安全生产先进单位和环保先进单位。

持续推进HSE体系建设，组建HSE体系推进办，参与修订公司安全环保制度57项，建立承包商违章档案121个，检查作业票5249张。完成公司级突发事件应急总体预案、13个专项预案和岗位应急操作卡评审。开展属地单位应急演练97次，公司级应急演练3次。组织全员开展危害因素调查和“低、老、坏”排查，全员辨识岗位风险16634项；排查“低、老、坏”问题36300项，整改91.2%。确立公司级重大隐患44项，20项已整改，19项正在整改。建立风险作业预约平台，机关处级以上领导参加班组安全活动181次，所有科级以上干部进行安全能力考试，开展“安全环保主题月”活动，自有车辆全部实施通行证管理，对发现隐患和避免事故人员进行嘉奖，形成正向激励机制。

做好安全、环保、职业卫生、消防“三同时”监督工作，办理新改扩建及隐患治理项目行政许可44项。加强现场安全监督，引进上海博柯HSE管理团队，对检修施工现场实施第三方监督，共纠正违章1334起，检修高峰期日均纠正违章47起，培训承包商等12122人次。公司自行查处违章2063起。采取日查、夜查和专项纪律监督相结合的方式，强化劳动纪律管理。

污水隔油、180万吨/年重油催化裂化烟气脱硫项目、100万吨/年催化裂化烟气脱硫等列入国家环保部责任书的项目全部建成投产，各项指标达到设计要求。完成加油站油气回收等“蓝天工程”环保建设项目。

【挖潜增效】 优化产品结构，提高国Ⅳ汽油比例34%，增效1.5亿元；降低化工轻油比例1.06%，增效3800万元；提高国Ⅲ柴油比例74%，增效9400万元。优化销售，通过97号国Ⅳ汽油全部出厂、航空煤油超计划出厂、–35号柴油夏储冬售、调价抢点出售、扩大统销高价比例等措施实现增效8400万元。优化生产方案，多生产效益好的汽油、液化气，产品比例分别增加0.08%和0.8%，增效1800万元；优化辅材使用节省资金1900万元，通过催化剂科技攻关和剂耗审计，费用同比降低10.6%。

在2013年大检修之机实施能量优化，成效显著。对18台加热炉进行技术改造，排烟温度降低近50摄氏度，加热炉热效率提高3%，相当于节约天然气1100万标准米^3/年，增效约3000万元/年；中压蒸汽压差回收利用项目，将以往夏季排空蒸汽用于发电，减少蒸汽浪费约8万吨/年，发电325万千瓦·时/年，增效约182万元/年；实施南蒸馏换热流程优化，换热终温提高11摄氏度，相当于节约天然气432万标准米^3/年，增效约1192万元/年；实施焦化装置换热流程优化，换热终温提高近30摄氏度，相当于节约天然气336万标准米^3/年，增效约927万元/年；芳烃抽提装置采用SED抽提蒸馏工艺改造后能耗降低、苯产品收率增加，相当于节约天然气120万标准米^3/年，增效约300万元/年。新的节能项目投用后，公司日常节能管理也跟进提升，重点加强能源考核，做好加热炉、工艺锅炉管理，优化蒸汽、燃料气、氢气系统平衡，使节能改造项目充分发挥作用。节能“硬件”改善与管理“软件”提升，实现节能效果的叠加，公司用能日趋合理。

【矿区服务】 建成医院体检中心，首次开展全员体检，2013年完成5526名员工健康检查。南山危旧楼改造一期工程竣工，1171户动迁居民开始回迁。二期工程主体框架和墙体砌筑全部完成，外墙保温抹灰完成过半。落实热电小区、南山暂设楼、南山20—22号楼等500余户天然气安装工作，利用3年时间，全面完成矿区民用天然气改造，累计1.06万户。持续投入治理安全隐患，落实铁北小区消防道路改造、莲花三村供暖改造、生活区配电设施改造、部分楼体外墙维修等隐患治理项目。离退中心开展“敬老文明号”创建活动，推行孝感服务，志愿者服务，文化助老服务，有史以来同时荣获第一届全国“敬老文明号”、集团公司离退休体育工作先进集体等5项省部级以上荣誉。

【党群工作】 扎实开展党的群众路线教育实践活动，两级班子认真召开专题民主生活会，公司制定整改措施46项，整改7方面问题，废止9项不适用制度，修订7项作风建设规定。开展现场文明管理竞赛活动，党群部门分5组每月检查，现场环境卫生、物品摆放、设备设施完整性等方面改观明显。在大检修中，党、政、工、青齐上阵，开展了检修现场立功竞赛、后勤保障服务、青年志愿者服务站等活动，有效促进装置检修工作的顺利进行。关心困难群体，走访6331户次，发放慰问金、慰问品1430万元。逐步形成维稳工作长效机制，实现全国“两会”、“十八届三中全会”特别重点阶段无集体访和进京访的工作目标。

（王　琼）

中国石油天然气股份有限公司大庆炼化分公司

【概述】 中国石油天然气股份有限公司大庆炼化分公司（以下简称公司）设机关职能部门14个，机关附属部门8个，直属单位6个，二级单位22个；企业占地21平方千米，下辖马鞍山、林源2个生产区；用工总量1.17万人。企业固定资产原值162亿元，具有600万吨/年原油一次、二次配套加工能力和20万吨/年润滑油，15万吨/年石蜡，15万吨/年聚丙烯酰胺以及60万吨/年聚丙烯等49套炼油化工生产装置。可生产汽油、柴油、润滑油、石蜡、聚丙烯酰胺、聚丙烯等39个品种236个牌号的石油化工产品，是集炼油、化工生产和矿区服务于一体的综合性石油化工生产企业。

【主要生产经营指标】 2013年，加工原油526.75万吨，生产汽油177.14万吨、柴油169.47万吨、润滑油基础油15.95万吨、石蜡12.8万吨、聚丙烯28.63万吨。实现营业收入362亿元。

【企业管理】 2013年，公司企业管理水平持续提升。通过夯实管理基础、规范管理行为、创新管理方式，精干机构，完善制度，优化流程，提高效率，规避风险，调动积极性，企业管理水平得到提升。

（1）构建公司管理体系框架。初步解决管理疏漏、职责不清、工作重复、制度缺失、流程低效、执行力不强等问题，确保管理内容全覆盖。

（2）梳理制度流程。整合公司级规章制度53项、废止5项，梳理流程260余个，内控测试发现整改25项问题、协调解决管理问题15项。

（3）加大依法维权力度和资金审计。在钝化剂、垫片和螺栓产品质量等事件中，挽回经济损失747万元；开展专项审计纠正问题68个，概算投资和工程结算审计11.3亿元，审减2764万元。

（4）推进现场管理。坚持日常和专项检查相结合，查出问题同比下降38.4%，现场管理标准和水平持续提升。

（5）推进信息化建设。以ERP数据为主要数据源，开发物资管理平台，强化公司对库存物资管理业务的监控力度；全面推行考勤一卡通系统，实现考勤、就餐、乘车、出入厂与业绩考核系统的无缝连接，提高信息化管理水平。

【安全环保】 2013年，公司安全环保持续巩固。安全环保生产无事故，化工污水治理、100万吨/年ARGG烟气脱硫项目成功投运，化工污水实现全部回用，完成年度污染物总量控制指标。公司荣获集团公司“环保先进单位”荣誉称号。安全环保管理基础进一步夯实。人的不安全行为和责任心缺失是威胁安全生产的最大隐患，公司从责任落实入手，加大安全监管力度，安全环保工作得到夯实，形势整体向好。

（1）落实安全责任。通过建立领导干部值班管理定额查违章违纪问题制度、党员干部在工程施工检修过程中玩忽职守行为处理标准和安全生产事件调查责任追究制度等措施，进一步强化领导干部从严管理意识，推动责任落实。

（2）规范体系运行。发布实施HSE16项安全管理规定，对内外审核发现的问题进行统计分析，深挖管理缺陷，提升体系运行水平；开展“变更风险”的再识别，确定公司级重大风险13项；动态修订各级应急预案，开展应急演练436次，检验员工应急反应能力。

（3）强化承包商管理。严把承包商“五关”，对承包商实行例会制度，将评价结果作为准入依据，加强外部施工人员的培训、检查考核力度，承包商管理进一步规范。

（4）开展隐患治理。完成内部安全环保隐患治理项目45项、3年隐患治理项目20项；严格现场监管，安全监督检查做到全覆盖、全天候，对违章违纪零容忍，员工遵章守纪意识得到提升。

（5）重视环保减排。强化日常监测检查，外排污水、废气、厂界噪声全部达标，COD、氨氮、二氧化硫、氮氧化物同比分别减排108.51吨、4.04吨、218.48吨和351.69吨；利用公司自己的力量开展化工污水及炼油污水源头调查，实施治理措施89项，炼油污水同比减排 39.4 万吨，化工污水治理装置开工后减排污水 6.2 万吨。

【节能减排】 2013 年，公司节能节水成果显著。全面落实“保增长保效益”要求，努力挖掘潜力，提高经济效益。

（1）调整产品结构。合理利用调和组分生产 97 号汽油、-35 号柴油，以及聚丙烯 PA14D 等高附加值产品。

（2）优化生产运行。调整 2 套 ARGG 装置生产方案，实施 2 套 ARGG 装置补加平衡剂、聚丙烯“三剂”国产化等措施 43 项，降低“三剂”消耗。

（3）降低产品损失。采取减少火炬排放和装车挥发，加强落地污油回收，加强包装物、计量和现场管理等措施，降低固体液体产品损失。

（4）深入节能节水。加强对外供能管理，强化管线炉子保温和节水管理，加大节电力度。

（5）降低成本费用。减少独家采购，采购招标率同比提高 9 个百分点；强化大宗物料采购管理；加快产品的结算周期，降低财务费用；积极开展平库利库工作。

（6）控制质量过剩。降低汽油、柴油加剂量、提高馏出口汽油干点，严控成品汽油辛烷值等指标过剩。

（7）积极促销推价。加大高附加值产品出厂力度，自销产品积极保价推价。

（8）完善模拟经营形式。模拟市场化运行单位不断提升效益意识，坚持增收节支两条腿走路，同比各项指标完成较好。

【工程建设】 2013 年，公司项目建设扎实推进。150 万吨 / 年汽油加氢、1.5 万吨 / 年石油磺酸盐和 5 万吨 / 年板蜡扩能等项目建成投产。170 万吨 / 年柴油加氢、3.5 万吨 / 年石油磺酸盐项目正在建设。

【精神文明建设】 按照中央和集团公司党组要求，公司历时 6 个月开展党的群众路线教育实践活动，3732 名党员积极参与，3 个环节扎实推进。坚持党的群众路线教育实践活动与“保增长保效益”攻坚战、生产经营、项目建设和装置大检修紧密结合，积极查摆“四风”问题，其中公司班子查找问题 20 个、二级党委及党总支查摆问题 436 个、个人查摆问题共 2663 个。及时纠正处理了操办子女升学宴、私自租用车辆和领导干部违规停放私人车辆等违纪事件 4 起 7 人次，切实把教育实践活动转化为推动做好企业各项工作的动力。针对查摆出的“四风”问题和收集的 667 条意见，公司制订 6 项专项整治方案，完成整改 60%，初步解决一批群众反映较多的问题，会议文件减少，五项费用节约效果明显。干部队伍作风得到改进，管控能力得到加强，各方面呈现出积极向上的态势。党群部门围绕中心做工作。持续进行“形势、目标、任务、责任”教育、大庆精神铁人精神再教育、廉洁从业和职业道德教育，开展“双十”全员读书、劳动竞赛等活动，加强综合治理和日常矛盾调处，员工素质提高，干部廉洁勤政，队伍和谐稳定。

【矿区服务】 2013 年，公司大力改善林源区生活环境，实施林源高层及医院电梯改造、小区下水管线和泵房照明更换等 30 项惠民项目，从根本上消除了安全隐患。对食堂供餐及燃气进行补贴，改善了员工就餐条件。

（贾　楠）

中国石油天然气股份有限公司哈尔滨石化分公司

【概述】 中国石油天然气股份有限公司哈尔滨石化分公司（以下简称公司）地处素有“东方小巴黎”之称的黑龙江省省会哈尔滨市，前身是 1976 年建成投产的哈尔滨炼油厂。公司占地面积 115 万平方米，现有员工 2000 多人，有常减压、催化裂化、连续重整、中压加氢裂化等生产装置 22 套，集中在 7 个联合车间，一次加工能力可达 450 万吨 / 年。各装置工艺选择适宜、产品结构优化，近 3 年一直保持加工大庆原油吨油利润最优的业绩。可生产 93 号汽油、97 号汽油、-35 号柴油、-50 号低凝柴油、航空煤油、丙烯、聚丙烯树脂、MTBE、甲乙酮、苯等14类22个牌号产品。公司公用工程系统与一次、二次原油加工能力配套，水、汽、风、氮等系统余量充足。

【主要生产经营指标】 2013年，加工原油342.44万吨，完成轻油收率80.48%、综合商品率91.88%、加工损失0.41%、综合能耗64.76千克标准油/吨、新鲜水单耗0.56吨/吨、考核炼油完全加工费298.22元/吨，实现营业收入214.49亿元、上缴税费39.33亿元。

【安全环保】 以健全安全责任体系为目标，顺利通过安全生产标准化一级评审，成为黑龙江省首家通过安全标准化验收的企业。按照“4+2”模式推进HSE体系审核，累计发现问题492项，整改完成374项。推广作业“唱票制”，修订完善29套装置操作规程、1019篇检维修作业规程，工艺设备基础逐步夯实。开展现场施工、基础资料管理等12项HSE主题月活动，形成日查、周检、月评的常态机制。修订完善应急预案，突出抓好应急预案演练，组织公司级演练2次，车间级演练81次，切实提升员工应急能力。强化现场作业监督，制止“三违”现象1300起。加大环保监控和无组织排放治理力度，COD、二氧化硫、氮氧化物同比减排0.76吨、93吨和252吨，完成股份公司下达的考核指标。

【生产运行】 优化原油进厂和加工结构，从源头控制俄油掺炼比例，提高资源加工效益。紧跟产品市场变化，通过落实国Ⅳ汽油、航空煤油、低凝柴油等高效产品生产方案，实施控制催化反应活性、提高重整汽油辛烷值、精细油品调和管理等措施，2013年高效产品比例达到48.28%，同比提高1.03%，生产97号汽油34.85万吨、-35号等低凝柴油15.26万吨、航空煤油20.96万吨。强化产销衔接，克服市场低迷、铁路阶段性受阻、检修前高库存等一系列困难，及时掌握产品调运和销售信息，定期通报产销情况，按照市场需求生产适销对路产品，确保后路畅通，基本实现即产即销的目标。

【降本增效】 强化经济活动分析，及时开展效益测算，合理优化资源配置、装置运行方式和产品结构，为公司降本增效提供有力保证。通过优选原煤资源，减少天然气、燃料气消耗，实施循环水场水轮机节能改造等项目，降低系统运行成本，累计节能5307吨标准煤、节水4.11万吨。精细高效产品销售，97号汽油、-35号低凝柴油销售利润同比分别增加3611万元、1754万元。强化存量资产管理，实现资产轻质化优质化。积极推进“三剂”科学使用，减少缓蚀剂、柴油质量助剂等化工助剂的使用量，降低成本1631万元。

【企业管理】 坚持科学管理、精细管理的原则，开展制度修订评审和跟单测试，将现行的404项制度整合为296个，实现制度流程的优化完善。深入开展管理短板排查活动，发现问题88项，已消项54项，34项正在治理。建立基于平衡计分卡的绩效考核体系，形成涵盖36个部门的147个关键指标，建成配套信息化考核系统并成功上线运行。完善培训硬件建设，建成“考、培、练”一体化的员工实训基地，开发14套装置仿真操作系统，编制297套岗位题库，积极开展师带徒、仿真模拟等实效培训。成功举办500万吨级炼化企业催化重整操作工和班组长职业技能大赛，荣获团体总分第一和1金、2银、1铜的优异成绩。组织第二届青工技能大赛，为岗位人才接替、优秀青工脱颖而出搭建平台。

【项目建设】 质量升级方面，90万吨/年汽油加氢脱硫装置2013年10月25日一次开工成功，公司汽油质量全部达到国Ⅳ标准。100万吨/年柴油加氢脱硫装置完成基础工程施工。饱和烃装置11月26日一次开车成功，填补大庆石化乙烯原料部分缺口，实现集团公司内部资源区域优化的目标。隐患治理方面，油品罐区、储运栈桥等重大安全隐患基本解决，常减压装置加热炉隐患改造、中心化验室隐患改造、消防水及泡沫系统隐患整改、电站CFB锅炉改造全面完成，消除制约企业安全生产的隐患和障碍。环保减排方面，国家环境保护部和集团公司重点督办项目二催化装置烟气脱硫项目10月30日一次开车成功，烟气中二氧化硫含量由800毫克/米^{3}降至10毫克/米^{3}以下，创造同类项目从设计、采购、施工到投产5个月的新纪录，按期实现达标达产目标。

【科技进步】 在国内首家采用中国石油自主研发的DSO催化汽油加氢脱硫技术，成功生产出符合国Ⅴ标准的汽油调和组分。推进常减压节能技术完善，通过优化换热网络，原油换热终温提高9摄氏度，年节约标准燃料2321吨。完成三催化CRC改造，装置轻收较设计值提高1.71个百分点，综合能耗降低4万千卡/吨。通过稳产航空煤油技术攻关、使用加氢改质高效催化剂、控制小加氢装置柴油冷滤点等措施，实现了掺炼俄油情况下航空煤油、低凝柴油稳定增长。圆满完成催化汽油预加氢催化剂工业试验，装置安全平稳运行212天，为股份公司国Ⅴ汽油升级提供了有力的数据支撑。

【精神文明建设】 把党的群众路线教育实践活动作为首要政治任务，加强组织和督导，推进活动扎实开展。2013年先后组织集中扩大学习9次，专题学习讨论3次，组织座谈833人次，征集意见286条。公司班子对照检查“四风”方面问题23项，每人查摆问题19条以上，制定有针对性的整改措施。在此基础上召开专题民主生活会，认真开展批评与自我批评，达到“红脸出汗、加油鼓劲、增进团结”的目的。坚持边学边改、边查边改，公司层面解决的72项问题已整改完成23项，责任单位解决的问题已完成66项，确保活动成为群众满意工程。抓好“四好”班子建设，领导干部下基层服务等主题实践活动，各级干部作风逐步转变。落实惩防体系规划，开展工会经费、库存物资管理等9个项目效能监察和审计，加强职务犯罪和案例警示教育，营造风清气正的环境。修订发布公司《安全文化手册》，开展企业文化和企业形象宣贯，企业为家的理念逐渐深入人心。

（黄耿滔）

中国石油天然气股份有限公司广西石化分公司

【概述】 中国石油天然气股份有限公司广西石化分公司（以下简称公司）是中国石油于2005年9月为贯彻国家西部大开发战略，优化炼油化工产业布局，建设1000万吨/年炼油工程而设立的地区公司，也是西南地区建成投产的第一座大型炼厂。公司下设8个机关处室，13个直属部门，有员工992人，平均年龄34岁。主要生产装置13套，资产总额267亿元。主要产品有汽油、柴油、航空煤油、聚丙烯、三苯、硫黄等。2013年，公司统筹抓好生产经营、含硫原油加工配套工程建设、首次停工大检修、技改技措以及新装置开工等5项重点工作，科学把握稳中求进，精心组织生产经营，取得一系列新成果、新突破：汽油、柴油产品顺利实现质量升级；千万吨炼油项目通过国家竣工环保和档案专项验收；职工之家获“全国模范职工之家”称号；千万吨炼油项目获IPMA国际卓越项目管理特大型项目金奖，这是继神舟六号载人飞船项目、中海油惠州炼油项目之后，中国第三个获此殊荣的特大型项目，赢得“广西石化把世界级炼厂带给中国，把中国智慧带给世界”的赞誉。

【主要经济技术指标】 2013年（首次停工大检修2个月）加工原油（料）733.6万吨，生产产品633.2万吨，销售产品633.43万吨，实现营业收入429.25亿元，实现税费65亿元。控亏12.12亿元，减亏7.88亿元、减幅40%，同比减亏15.45亿元、减幅达56%。柴汽比1.5，同比降低25%；原油综合损失率0.75%，同比下降0.14%；吨油耗水、综合能耗、单因耗能等指标创开厂以来最好水平。全面完成股份公司下达的KPI指标。

【安全环保质量】 杜绝一般B级安全事故和一般环境污染事故，工业“三废”100%达标排放、处置，新发职业病人数为零。产品质量实现“三个百分百”，质量管理体系有效运行，通过了北京三星九千认证中心外部质量管理体系审核。

【生产运行】 坚持生产受控基本原则，坚持依靠工艺包，加强连锁管理，全年非计划停工为零，生产波动同比降低76%，装置平稳率达99.44%，重油催化裂化装置安稳运行916天，多套装置开炼时间、运行水平创造同行业多个第一，刷新同类型、同规模新建炼厂首次开厂纪录。根据原油（料）性质及加工流程特点，提高劣质原油掺炼比例；航空煤油收率提高9.5%；开发生产PX级二甲苯；控制“三剂”消耗，开展节能节水工作，降低能耗物耗，综合能耗同比降低1.1个百分点。严格执行月度生产计划，全面开展达标对标工作，将能耗、加工损失、产品收率、“三剂”消耗等指标与月度考核挂钩。发布含硫原油加工配套工程生产准备大纲，编制总体开工方案、生产调度手册、开停工方案、技术操作规程等文件，成立开工投产ICMT管理团队，执行开工前条件确认、HSE制度和生产运行管理规定。

【工程建设】 含硫原油加工配套工程：安装钢结构15.6万吨、工艺管线700千米（焊接当量130万英寸）、动设备290台、静设备610台，敷设电缆1800千米。在2013年度炼化板块安全质量检查中，含硫原油加工配套工程获评总分第一名。储运系统及公用工程陆续中交投用，100万吨/年汽油加氢脱硫、10万吨/年MTBE、80万吨/年航空煤油加氢精制3套装置安全绿色一次开车成功，40万吨/年轻石脑油异构化装置高标准中交。400万吨/年渣油加氢脱硫等4套装置进入收尾冲刺阶段。首次停工检修：完成常规检修项目5079项，技改技措项目296项，含硫原油加工配套工程碰（甩）头项目61项、碰（甩）头699个，以及27个变配电间、机柜间的新建改造以及21个公用系统工程单元的改扩建，敷设工艺管道15千米。

【精神文明建设及社会责任】 突出“四风”问题、聚焦作风建设，坚持边查边改、即知即改，深入开展批评和自我批评，召开两级班子专题民主生活会，促进作风转变。组织开展职业技能、“我的首次大检修”、“我的中国梦，安全伴我行”等专项竞赛，依托各协会开展形式多样的文体活动；成立“宝石花”爱心互助基金，完善港区公寓员工餐厅、网校、梦想书屋、健身室等设施。在广西田东县、浦北县的2个定点帮扶点建设了竹编厂、幼儿园等，资助钦州当地教育事业，支持广西“见义勇为基金会”，切实履行中央企业的社会责任。

（孟从敏　王洪娟）

中国石油四川石化有限责任公司

【概述】 中国石油四川石化有限责任公司（以下简称公司）是由集团公司和四川省人民政府依据合作协议组建的西南地区首个特大型石油化工企业，于2007年3月正式成立，总投资373亿元，股比90%：10%。建设规模包括1000万吨/年炼油和80万吨/年乙烯两部分。厂址位于四川成都所辖彭州市，总占地400余公顷。

四川炼化一体化项目包括常减压、渣油加氢、芳烃联合、乙烯、聚乙烯、聚丙烯等19套主体装置。同时，与美国AP公司合资建设空分、合成气制氢两套装置，并承担国家100万立方米原油商业储备库建设运营任务。年设计主要生产汽油、柴油560万吨，航空煤油50万吨，聚丙烯、顺丁橡胶等五大系列固体化工产品120万吨，乙二醇、对二甲苯等10种液体化工产品180万吨。

按照“新厂新体制，新厂新机制”发展定位，公司坚持走现代企业管理道路，编制定员1550人，实行机关处室—联合装置两级架构，全面推行组织机构扁平化，包括10个机关处室、3个直属单位和10个生产部门构成，并采取检维修、辅助操作外包一体化模式。同时，根据集团公司业务重组统一部署，自2009年11月起，对原油加工能力为100万吨/年的南充炼油厂实行直接管理。

【工程建设】 深入开展“三查四定”，查出并整改质量缺陷、施工漏项、设计标准等方面问题53422项。以2013年10月28日乙烯装置整体交接为标志，炼化一体化项目所含90个子项，全部按相关规范交接完成，工程质量优良。

【PSSR检查】 围绕452个专业子项，突出“开车就是开设备开仪表”的理念，于2013年10—12月完成设备设施安全可靠性检查。通过建立检查内容责任人背书签字追究机制，并依靠外部专家丰富经验，保证检查的力度、深度和广度。在防爆电器、静电接地、工艺规程、热应力消除、浮头式换热器、循环水管理及压力管道、压力容器等特种设备方面总计查出各类问题5695项，整改完成5670项，设备运行的安全性、可靠性得到有力提升。

【安全环保管理】 通过出台开工期间强化HSE管理“十二项准则”，提出“五个不让干”和“四个不干”的安全理念，制定“安全隐患排查奖励办法”，健全行为约束体系。通过组建开车消防指挥部，建立三级应急响应制度，修订安全、环保、消防等应急预案，进行公司级9次、地企联动级1次、生产装置级16次新一轮应急演练，健全应急保障体系。通过建立由公司专业部门、外包检维修、外聘安全监督专家构成的综合监督团队，健全安全监督体系。通过开展 HSE 体系审核，与杜邦公司结合，推动 HSE 体系建设，健全 HSE 管理体系。通过组织防渗区防渗设施排查并对查出裂纹抹胶封闭，编制发布防渗制度，健全防渗管理体系。通过完善污水排放三级防控，投用全套监测系统，推动厂外大气监测点建设，健全环境监测体系。

【生产受控管理】 学习借鉴"四有工作法"，详细安排工作计划、提前制订行动方案、细数完成开工步骤，生产受控全面推行。修订完成总体试车方案、各装置开工方案，修订下发全套 38 种操作规程、38 种工艺卡片、八大类临时操作卡等综合性技术资料，制定发布应急处置、应急操作指南、报警连锁处置方案等应急体系文件，生产技术管理工作持续深化。深入开展电气综保系统，仪表 DCS、ITCC、PLC 等集中控制系统技术攻关，技术人员的认知程度和维护能力有效提升。同时，成立两级试车指挥机构，明确各岗位各专业具体安排，强化开工指挥；建立岗位责任制，明晰了管理界面；深化矩阵式体系、一体化模式，完善维保管理；强化绩效考评体系建设，严肃工艺纪律、操作纪律、劳动纪律，提升执行效能，开工管理明显加强。

【装置试运】 针对公用系统提前试运暴露的各种问题，组织力量反复消缺并进行可靠性攻关。同时，组织炼油系统各装置进行两轮深度冷热油运。按"倒开车"的思路，开展化工系统主体装置实物料试车。丁二烯抽提、MTBE 装置分别于 2013 年 12 月 2 日和 28 日成功产出合格产品；提前组织丙烯机、乙烯机开车，处置丙烯制冷系统过滤器堵塞问题。与此同步，开工所涉及的环保、安全、消防手续全部获得批复，总计 29 种、7.12 万吨开工物料全部按期到货，试运工作达到预期目的。

【开工力量配置及开工前强化培训】 统筹组织开工力量，计划邀请的 500 余名国内外开工专家按计划进厂，工程总包单位开工保镖队伍、一体化外包单位检维修队伍全部到位，南充炼油厂借调人员陆续到厂，开工力量配置全面完成。同时，利用集中学习、领导班子成员带队考评、绩效挂钩、开工专家师带徒等方式，围绕开工方案规程、开工步骤、工艺指标、报警连锁值及连锁关系、工艺波动应急操作指南、事故预想处置方案、应急处置卡、报警连锁处置方案等内容，大力开展岗位员工临战前技能培训。完成以增强岗位适应能力、操作应变能力、应急处置能力为主要目的的第一阶段强化培训工作，操作员工实战技能持续提升。

【规划发展】 为发挥结构效益，全力培育市场竞争能力，积极运筹规划发展。20 万吨 / 年环氧乙烷扩能改造项目获准实施；汽油升级等项目获得批复开始建设，120 万吨 / 年汽油加氢，10 万吨 / 年 MTBE 项目和 30 万吨 / 年醚化项目初步设计全面启动。南充炼油厂生产总体平稳，2013 年 1—11 月加工原油 76 万吨，并于 11 月 16 日全面停产。南充晟达 PTA 项目设备安装进展顺利，参股其聚酯等项目已争取总部同意。针对停产后的一系列现实问题，深入调研、广泛听取群众意见，加快制订人员分流安置方案，着力解决后顾之忧；南充炼油厂广大干部员工始终与集团公司要求保持一致，自觉服从大局，维护稳定，确保产业转型和结构调整。

【地企和谐】 立足国有企业使命，秉持实事求是的科学精神，自觉将公共关系管理方式由封闭被动转为开放主动，积极妥善应对社会舆情。通过自主发声、真相示人、加强协作，先后 2 次发表声明并接受专访，累计接待社会各界民众现场参观 200 余批次、11000 余人，建立启动地企应急协调联动工作机制，进一步畅通与社会各界的沟通渠道，争取民众的理解支持，树立负责可信的企业形象，巩固和谐的发展环境。

（朱　磊）

中国石油天然气股份有限公司广东石化分公司

【概述】 中国石油天然气股份有限公司广东石化分公司（以下简称公司）是由中国石油天然气股份有限公司和委内瑞拉国家石油公司（PDVSA）共同出资建设，按照股份制企业模式进行管理和生产的企业，股份比例为中国石油占60%，PDVSA占40%。

中委合资广东石化2000万吨/年重质原油加工项目选址于广东省揭阳市大南海石化工业区。厂区占地面积5.6平方千米，配套建设工艺装置29套，以及30万吨原油码头和5万吨产品码头，是国内一次性设计加工能力最大的炼油项目，总体设计批复投资为499亿元人民币（不含税）。加工原料为委内瑞拉的Merey-16原油，即具有高密度、高含硫、高氮、高残炭、高金属、高酸值“六高”特性的环烷基超重劣质原油。产品以汽油、柴油、航空煤油等燃料为主，主要产品质量全部达到欧V标准。产品的目标市场是广东省及福建、江西、湖南等周边各省。

2009年12月15日，广东石化项目取得国家发展和改革委员会路条。在集团公司和广东省各级政府的支持下，公司积极努力，于2012年4月20日获得国家发改委的批复核准；2012年4月27日，项目正式开工，现场施工全面展开。

2013年是广东石化项目建设真正意义上全面启动的一年，面对从未经历、甚至从未预想到的复杂环境和诸多困难，公司干部员工直面挑战，迎难而上，扎实工作，甘于奉献，各项工作取得较好的成绩。

【企业管理】 根据集团公司的要求，广东石化项目采取“业主＋PMC＋EPC”建设模式。项目整体工作思路是：以项目全生命周期为统筹，以顶层设计理念为根基，以专题策划研究为方法，以手册和程序文件为指导，以制度和流程为平台，以信息化、精细化、闭环管理为方向的工作思路全面贯穿于管理体制机制、设计采购施工、合同合资招标、体系标准规范、职业人才培训等各环节，高标准起步，高效率推进。

在具体工作中，完善公司及项目管理下的10部、5中心、10个PMT的组织机构，逐步理清业主与PMC的角色定位，将PMC力量纳入整体人力资源策划中。同时，通过不断摸索，明确在EPC合同模式下，业主对项目建设各关键要素的控制策略，以合同条款为约束，将承包商纳入项目的HSE体系和质量体系管理，并实现全面延伸和覆盖，严格控制工程的转分包。

公司注重规章制度的持续改进，结合稽查、审计、内控提出的问题和管理需要，2013年共修订制度356项（次），新增制度71项，修订业务流程240个，新增流程16个；按要求编制项目建设实施阶段总体部署，获股份公司炼化板块审查通过；编发2013年计划手册、鱼刺图、影响因素汇总表，10月又根据项目中交时间的调整对总体进度计划进行修订；开展工程竣工财务决算策划，以集中报销系统为硬件保障，对各项管理费用实施预算管理；推进数字化工厂建设，确定20大类、31个项目的上层应用系统设计方案；明确以管理驾驶舱方式实现信息平台应用提升的思路，各项功能开发完毕，开始试运行。

根据集团公司“提高发展质量和效益”及建设“效益型项目”的总体部署，公司以提升项目盈利能力为目的，在做好炼厂效益测算的同时，以PMT为综合对标纵线，以各部门为专业对标横线，对照中国石油广西石化公司、中国海油惠州炼油分公司等同类项目，全面开展对标工作，努力将项目投资调整到更优水平。在此基础上，结合中国和委内瑞拉合资谈判中确定的项目经济评价指标，组织开展总加工流程优化研究工作，确定优化装置加工负荷和产品方案、增加醚化装置等措施，获集团公司批准。

【合资谈判】 作为中国和委内瑞拉的合资项目，2013年组织4次中方和委方的合资谈判，2次中、委高层视频会议，签署合资框架协议补充协议，对炼厂经济评价、最终投资决定、炼厂投产时间等核心问题达成一致，工作层面合资谈判基本结束，合同小签具备条件。

【设计采购】 设计采购有序推进，现场施工全面启动。2013 年，公司按计划组织完成码头项目、主体装置和辅助工程共 17 个 EPC 标段的公开招标工作，确定 11 家总承包单位。根据现场施工进度要求，设计、采购工作快速推进，全部 228 个主项单元的基础设计按计划完成，其中 5 批、共 125 个基础设计单元通过审查，并启动详细设计工作，施工图纸陆续发出。与沈阳鼓风机集团股份有限公司、西门子股份公司等单位签署战略合作框架协议，完成全部长周期设备技术协议谈判及签订，签订长周期设备采购合同 179 台（套）、框架协议合同 44 项。

【工程建设】 广东石化项目工程建设的总体目标是：建设“优质工程、绿色工程、阳光工程、安全工程”，实现“国际化、专业化、清洁化、信息化，打造高品质、高竞争力、世界一流”（简称“四化两高一流”）的效益型超重劣质原油加工基地。

项目工程建设的质量目标是：投料试车一次成功；创国家优质工程；工程设计质量合格率 100%；物资采购质量合格率 100%；焊接一次合格率不小于 96%；单位工程质量合格率 100%。

项目工程建设投资的控制目标是：基础设计概算严格控制在总体设计概算范围之内，工程决算严格控制在股份公司批复的基础设计概算范围之内。

按照集团公司的总体部署，广东石化项目确定 2014 年为“桩基工程年”，2015 年为“土建工程年”，2016 年为“安装工程年”，2017 年为“工程中交年”，目前各项工作正有条不紊地向前推进。

截至 2013 年底，广东石化项目地基处理实验、强夯施工全部完成；临设办公区、承包商生活营地按期建成投用；主干道路基本贯通；一级地下管道完成 90%，铸铁管防水、雨排系统、全厂性仓库、原油码头、产品码头正在施工，桩基施工全面展开。“5 · 22”抗洪、“9 · 22”防台风工作取得实效。

【安全质量环保】 以人为本、预防为主；全员参与、持续跟进。做到体系科学、过程受控、本质安全。追求“零事故、零伤害、零污染”目标，在健康、安全与环境管理方面达到国际同行业先进水平。将施工承包商纳入项目 HSE 体系、质量体系管理，实现全面延伸和覆盖，累计实现安全工时 442 万小时。引入杜邦团队，以 HSE 管理提升活动为载体，在原有体系建设基础上进一步明晰了“有感领导、直线责任、属地管理”理念，确定未来 3 年的安全管理实施方案，将责任分解落实到相关单位。

【党建与组织建设】 领导班子力量加强，组织机构不断优化。在年初集团公司党组任命的基础上，2013 年 7 月 1 日，公司召开第一次党代会和工代会，按程序选举产生了第一届党委委员、纪委委员、工会委员，并在之后的各委员会会议上选举产生公司党委书记、副书记，纪委书记、工会主席，公司党委工作领导班子组建完成。建立完善党委中心组学习制度、党员培训制度。通过竞争上岗的方式，在内部提拔 1 名副总经理充实到领导班子中，班子力量得到加强。为突出项目建设主体地位，于年初实施总经理、党委书记领导下的“双总监负责制”，完善公司及项目管理下的 10 部、5 中心、10 个 PMT 组织机构。针对实习员工异地工作生活的实际，组织成立在外实习的东北、西北片区临时党支部和惠州党小组，将基层党组织建在现场和一线。根据机构调整后管理工作的需要，配备部门负责人，加强对相关工作的组织领导，使其较好地完成公司交给的各项任务。同时，领导人员选拔任用机制正在逐步建立完善。对先进党支部、优秀共产党员进行年度表彰，使基层党支部更好地发挥战斗堡垒作用，共产党员更好地发挥先锋、模范作用。

根据集团公司的统一部署，公司利用近半年时间，在全体党员干部范围内开展党的群众路线教育实践活动。

【队伍建设】 队伍建设常抓不懈，教育实践活动成效初显。根据集团公司下达的用工总量和项目建设实际需求，公司 2013 年引进操作人员 104 人，管理与技术人员 22 人，2013 届毕业生 243 名。截至 2013 年底，公司共有正式员工 859 人。在队伍建设方面，发挥工、团、妇组织履行职责、举办活动、凝聚力量的作用。全年无重大违法违纪事件发生。以职业化员工队伍建设为目标，以常态化培训为抓手，以 PMT 经理培养为重点，开展工程项目管理系统培训。派出 2012 届学员及两批操作服务人员共 402 人到同类炼化企业入厂实习，全体实习人员通过跟岗学习、互动培训、“师带徒”等多种方式，全面提升理论知识和实际操作水平，在 2013 年底的 2012 届学员转正考核中，全体 299 名学员通过率达到 99.67%。

（朱大军）

中国石油天然气股份有限公司大港石化分公司

【概述】 中国石油天然气股份有限公司大港石化分公司（以下简称公司）位于天津市。公司现有员工总量2289人，其中管理和技术人员715人。原油加工能力500万吨/年，固定资产原值57.7亿元，净值32.4亿元，厂区占地面积193.63万平方米。2013年，公司主要领导二次调整，面对内外部形势变化带来的挑战和考验，公司上下认真贯彻落实集团公司、炼化板块的决策部署，牢牢把握“精细管理、科学发展”两大主题，突出抓好“安全、环保、质量、效益、项目”五件大事，开展党的群众路线教育实践活动，圆满完成年度目标任务。

【安全环保】 开展“无事故”车间创建及月度安全明星评比活动，完善员工HSE积分管理，安全生产荣誉感逐步增强。深入推进设备标准化工作，加强设备故障、漏点治理，设备完好率达到99.56%，仪表自控率达到80.30%。加强工艺指标考核和巡检管理，装置运行平稳率提高至99.83%。严格作业统计报告制度，建立第一监护人培训考核、持证上岗制度，加大违章作业曝光处罚力度，确保现场作业安全。坚持隐患滚动排查和重大隐患挂牌督办制度，完成渣油罐区、综合装车场等隐患治理项目11个。关闭煅烧焦装置，新建针对反渗透浓水及酸碱中和浓盐水水质特点的水处理装置，进行有效稳定的处理，保证公司的外排水达标外排排放。开展安全大检查和体系审核工作，累计整改各类问题380个，促进HSE管理持续改进。加强污染源排查，开展污水处理场、厂区异味专项治理活动。

【主要生产经营指标】 组织催化、重整、加氢裂化等装置检修、换剂，消除部分装置隐患，解决催化剂失活问题，实现汽油全部按国Ⅳ标准、柴油全部按国Ⅲ标准生产的目标。坚持以安全平稳为基础，以经济效益为中心，深入推进对标优化管理，突出物料平衡攻关，落实高效产品增产措施，2013年实现综合商品率93.31%、同比提高0.32个百分点，汽柴油收率76.04%、同比提高0.84个百分点。实施节能改造，加强节能管理，炼油综合能耗降至66.93千克标准油/吨、同比降低1.89个单位。优化污水处理设施管理，开展中水除盐装置制水指标竞赛，新鲜水单耗降至0.62吨/吨、同比降低0.03个单位。加强原油进厂损失、加工损失攻关，综合损失率降至0.63%、同比降低0.09个百分点。全年加工原油444.59万吨，完成营业收入267.95亿元，上缴税费63.43亿元，实现利润14.20亿元；轻油收率、综合商品率等15项主要技术经济指标中有12项再创历史最好，13项好于2012年同期。

【项目管理】 为确保产品质量升级改造项目安全、优质、按期建成并顺利投产，公司对产品质量升级改造项目经理部组织机构进行调整完善，建立项目管理组织模式，成立综合管理、设计技术与开工准备、施工管理、物资采购、安全环保5个专业部门和重整、加氢、公用工程3个项目组，打造高效顺畅的运行机制；对项目管理人员进行充实，从各机关处室、职能部门和基层单位选派精兵强将，组建近100人的专业化管理团队，举全公司之力加快项目的建设进程。在集团公司、炼化板块领导及相关部门的积极推动下，在公司上下的鼎力支持下，项目经理部紧密围绕“建好项目、开好装置、打造队伍、培养人才”四大任务，建立并不断完善“正激励”绩效考核体系，有效发挥管理模式的优势，确保每名员工应有作用的切实发挥，实现项目设计、物资采购、现场施工等各项工作的有序开展，项目建设取得重要进展。项目在2013年4月19日获得可行性研究批复，5月26日打下第一根桩，截至2013年底，已累计完成投资5.10亿元、占投资总额的33%；设计完成总量的90%以上，图纸催交效果十分明显；设备采购完成总量的92.7%，重视采购工作效果也十分突出；现场桩基施工和土建基础全部完成，地下管线完成总量的95%，钢结构完成总量的44%，6台5000立方米储罐完成主体施工，部分设备及工艺管线开始安装。

【企业管理】 修订绩效考核细则，完善月度优胜单位考核评比，绩效考核的导向作用明显。坚持严格管理、奖罚分明，加大避免事故、优化攻关等专项贡献奖励力度，2013 年发放安全专项奖励 190 万元、其中奖励有功人员 178 人次，违章违纪扣罚 16.7 万元、处罚 39 人次。开展无效工作清理，规范各类报表、记录、台账 224 项。收集各种标准 15 类 1589 个，建立企业标准体系。开展承包商、供应商年度评审，清理承包商、供应商 122 家。加强产品质量分析和跟踪管理，实施柴油电脱水改造，完善油品调和和储转管理，提高出厂产品品质，用户满意度大幅提高。优化产品销售、物资采购管理流程，开展原油拉运效能监察，加强安全隐患、节能节水等专项审计问题整改，堵塞管理漏洞。

【技术攻关】 开展技术攻关，消除创效瓶颈。结合日常生产暴露出来的问题，深入查找装置和系统存在的制约瓶颈，逐一研究制定落实攻关措施，开展 10 项技术攻关活动，实施加氢裂化换热流程优化、空冷风机增设变频等技改技措项目共 30 项，取得显著效果。

10 项攻关中催化长周期运行攻关、降低柴油含水攻关、催化分馏塔的塔顶及顶循环系统防腐攻关、节能攻关等四项攻关取得显著效果，顺利完成年度目标；仪表四率攻关自控率达到 80% 以上，切除的工艺连锁经过相关部门论证，办理相关手续，制定完善措施；火炬熄灭长明灯、MTBE 脱硫技术、提高循环水水质与 2014 年的产品质量升级项目同步实施，催化高温取热炉 CO 达标排放和提升聚丙烯装置盈利能力攻关稳步推进。

【人事管理】 完成 24 名中层干部调整，新提拔任用干部 13 人，优化部分单位领导班子结构。组织开展 11 个单位巡视督导，完成中层干部的年中和年度考核，强化干部履职情况监督。根据近 3 年全员考核及后备干部推荐情况，建立管理、技术和操作三类人才基础库。调整工程质量监督管理业务，解散煅烧焦车间，成立仓储车间，完成仓储车间部分技术、操作人员分流，优化内部用工管理。严格落实年度培训计划，累计组织公司级培训班 44 期、培训员工 2506 人次。积极开展员工技能大赛和青工技术节活动，选拔员工参加 500 万吨级炼化企业班组长及部分工种竞赛，激发员工学技术、练技能热情。

【和谐企业】 坚持把企业发展成果最大限度惠及员工，员工收入保持稳定增长。推进“美丽厂区”创建，整修道路 1 万多平方米，绿化平整地面 9000 多平方米，消除厂内卫生死角，企业面貌焕然一新。组织开展“两比一争”活动，机关作风得到明显改善。两级工团组织积极开展劳动竞赛、合理化建议征集、青年志愿服务等活动，充分调动员工的积极性、主动性和创造性。积极开展“扶贫帮困”送温暖活动，畅通信息沟通交流渠道，努力帮助员工解决实际困难和问题，坚持开展各种文化体育活动，员工的归属感和幸福感进一步增强。

（韩建立　蔡宇丽）

中国石油天然气股份有限公司华北石化分公司

【概述】 中国石油天然气股份有限公司华北石化分公司（以下简称公司）位于河北省任丘市，处于北京、天津、石家庄三市结合带。西靠大广高速公路，东临京九铁路，地理位置优越，交通便利。公司始建于 1987 年，占地面积约 1600 多亩。截至 2013 年底，公司拥有常减压、重油催化、加氢、重整、催化汽油吸附脱硫等主要生产装置 20 多套，员工 1981 人，其中大中专以上学历人员 1000 多人。2013 年是公司建设发展历史上极不寻常、极不平凡的 1 年，公司以党的群众路线教育实践活动为切入点，转变两级班子工作作风，牢牢把握稳中求进的工作总基调，全力以赴保稳定、保发展、保安全，做到生产平稳、工作有序、队伍不乱。

【主要生产经营指标】 2013 年，加工原油 470.85 万吨，比预算增加 10.85 万吨；提高高效、高附加值产品比例，增加高品质汽油、柴油产量，全年生产京 V 汽油 13.1547 万吨，京 V 柴油 5.0543 万吨；可比综合商品率 91.44%，比预算增加 0.06%，轻油收率 70.42%，比预算减少 0.36%，加工损失 0.72%，比预算减少 0.02%。实现炼油销售收入 280.33 亿元，人均年销售收入 1411 万元；上缴税费 54.21 亿元，平均每天实现税金 1485 万元，人均年度纳税 272.96 万元，连续 4 年为河北省纳税第一名。

【生产管理】 以“夯实基础，平稳推进，优化操作，确保达标，稳定效益”为原则，克服产销不平衡、聚丙烯低负荷运行等不利因素影响，夯实工艺基础管理，加强化工原材料、化工“三剂”管理，利用 MES 系统对 11205 个工艺参数监控考核，装置操作平稳率提高到 99.5%；设备管理以“管理质量提升，减少设备故障”为主线，以服务生产为中心，提高电力系统供电可靠性，实现关键设备在线监控，充实完善设备管理平台基础数据，实现维修计划网上点击、设备检修自动提示、维修预算自动控制、过期工单自动考核，提高设备管理的信息化水平，全年装置非计划停工次数、重大生产波动次数同比下降 20%。

【安全管理】 强化“零故障、零容忍”管理理念，整改 HSE 体系审核问题 125 项，依托隐患系统治理内部审核问题 3993 个；开展全厂安全大检查，整改 81 个主要问题、32 个不合格项，其中发现 2 号重整 K202 缓冲罐氢气泄漏、减黏塔反应器出口压控阀泄漏等重大隐患，采取有效措施及时处理，避免事故的发生。2013 年进行安全培训 3000 学时，特种作业外部复审和取证培训 1299 人次，消防技能培训 1400 人次，应急演练 25 次，组织“12 · 23”警示日活动，提高了全员安全环保意识，提升处理突发事件的能力；实现动火作业、高处作业、临时用电、受限空间等特殊作业 6281 次整体受控。积极推进常减压、2 号催化、连续重整、加氢精制等 4 套在役装置 HAZOP 分析。持续开展节能、节电、减排专项攻关，全年炼油综合能耗完成 72.37 千克标准油 / 吨，同比降低 0.61 千克标准油 / 吨，炼油单因耗能 9.43，比预算减少 0.37，炼油新鲜水单耗 0.7，比预算减少 0.05；污染物（三废）达标排放，节能减排形势趋稳向好，投用污泥焚烧炉装置，污泥减量达到 90%，经济效益和社会效益显著。

【企业管理】 制订管理提升活动实施方案，结合初步诊断出的 113 项问题，制定切实可行的整改措施，将筛选出的 49 项有难度的问题，纳入整改督办信息系统，利用工作流效率系统进行短信提醒，逾期自动考核，截至 2013 年底已完成 44 项；按照“制定制度零容忍，执行制度零偏差”要求，修订规章制度 42 项，新增 25 项，合并或废止 7 项，基本做到有章可依；将 35 套自建系统优化整合成一套集成平台，实现整个 HSE 基础管理信息间的数据共享；筹建物资超市专用库房，建立 7 类备品备件代储代销模式；实现装车管理信息化，消除装车过程中的安全隐患；开发内控符合性检查系统，与自动考核系统实现对接；利用信息化手段实现预算执行吻合率自动考核，有效发挥财务对经济活动全过程的反映、控制、监督和决策支持。

【科技管理】 自主研发生产出 92 号、95 号、98 号国 V 汽油。S-Zorb 装置 2013 年 11 月 8 日生产出硫含量小于 10 毫克 / 升的合格产品，9 日精制汽油硫含量 2.47 毫克 / 升，达到国Ⅴ标准，实现汽油质量的全面升级。500 万吨 / 年常减压装置先进控制系统应用达到预期效果，“200 万吨 / 年以上连续重整装置工程化研究”和“300 万吨级 / 年蜡油加氢裂化装置成套技术开发与工业应用”项目进展顺利，“烟气轮机故障诊断、评价与预警技术研究”等项目正在进行。坚持“定量、提醒、考核、归纳、共享”总体思路，全面开展管理信息系统集成应用和量化管理系统建设，信息系统不断完善，完成包括千万吨项目现场一卡通门禁系统、手持终端物联网升级、安全监控系统完善、MES 前端数据采集改造、移动办公应用、公司门户升级、集成平台深化应用等项目的实施工作。

【千万吨项目进程加快】 认真贯彻落实习近平总书记在河北调研时关于“促进河北转型升级、加快发展”重要指示精神，成立千万吨升级改造项目推进工作领导小组，加强与国家部委、集团公司、地方政府、设计院所沟通协调，初步设计获股份公司批复。完成围墙、临时水电等施工前期工作，签订设计合同 5.963 亿元，PC 合同 80.05 亿元，甲方采购合同 21.99 亿元，完成长周期设备采购任务。

（郑晓云）

中国石油天然气股份有限公司呼和浩特石化分公司

【概述】 中国石油天然气股份有限公司呼和浩特石化分公司（以下简称公司）位于内蒙古自治区首府呼和浩特市，占地3000亩，是内蒙古自治区境内唯一的一家炼油企业。

公司现炼油加工规模500万吨/年，固定资产原值825876万元，主要生产装置包括有500万吨/年常压蒸馏、280万吨/年催化裂化、170万吨/年煤油和柴油加氢降凝、90万吨/年柴油加氢改质、60万吨/年连续重整、50万吨/年气体分馏、10万吨/年苯抽提、0.5万吨/年硫黄回收、8万吨/年MTBE（甲基叔丁基醚）、3万标准米^3/小时和1.2万标准米^3/小时氢提纯、120万吨/年汽油加氢脱硫、30万吨/年轻汽油醚化等13套炼油装置及配套系统，1套15万吨/年聚丙烯化工装置。2013年11月22日起，生产的油品全部达到国Ⅳ标准。

公司现有在册员工2031人，大专以上学历1140人。公司设有10个机关处室、9个直属单位、8个基层单位，并设置矿区服务事业部。

【主要生产经营指标】 2013年，加工原油388.04万吨，实现轻质油收率78.72%，综合商品率90.39%，炼油综合能耗71.7千克标准油/吨原油，新鲜水单耗0.69吨/吨，综合损失率0.99%，高标号汽油比例101.96%。

全年营业收入2374381万元，实现税费404995万元，完全加工费235.38元/吨，挖潜增效10900万元，全年账面利润-2040万元。经营效益排在中国石油26家炼化企业第9位。

【安全环保】 积极践行“安全第一、环保优先”理念，严格落实直线责任，强化属地管理。加强生产作业受控，开展不间断岗位巡检，建立隐患排查奖励机制，奖励96.47万元，进一步调动员工“查隐患、防事故”的主动性。把握HSE体系审核有利契机，大力整改存在问题，规范体系运行，通过HSE管理体系再认证审核。实施常态化安全监督，通报违章行为581项，考核23.1万元。运用环保设施，实施在线监测，加强环保对标管理，投运硫黄回收装置和尾气加氢反应系统，2013年环境污染事件为零，“三废”达标排放。

2013年，公司获全国“安康杯”安全生产劳动竞赛示范单位和集团公司安全生产先进单位。

【油品质量升级】 充分发挥装置优势，经过调整和优化操作，2012年底投产后，坚持抓好装置稳定运行，柴油一次性提前2年达到国Ⅳ标准，产品硫含量一直控制在30毫克/千克左右。在集团公司和地方政府多次组织的产品质量检查通报中获优，多项指标名列前茅。2013年8月28日，航空煤油投放市场，结束内蒙古自治区航空煤油全部外购的历史。根据国家油品质量升级要求，公司投资4.1亿元，配套建设汽油质量升级项目，汽油质量升级项目设计、工程、生产通力协作，克服冬季开工、时间紧、任务重，人员少、新人多等困难，汽油加氢脱硫、轻汽油醚化、氢提纯3套装置实现高质量建设、高标准中交、高水平开工。11月24日，首批国Ⅳ汽油顺利出厂。12月30日，京Ⅴ标准汽油首次供应北京市场，标志着公司油品质量升级又迈上新台阶，扩大高端油品的市场范围，进一步提升公司的影响力和知名度，为建设保障首都、服务华北、面向全国的清洁能源生产输出基地作出贡献。

【挖潜增效】 深入开展挖潜增效活动，细化考核目标，明确责任主体，落实可行措施，累计增效1.09亿元。强力推进生产运行优化，从原油与原料加工、产品结构、装置运行、系统管理着手，制订提高汽油辛烷值、发电设备运行优化等10项生产优化方案，落实责任，专题攻关，成效明显。汽轮机并网发电，工业用水全部使用黄河水。积极协调落实原油资源，推动成品油出厂。争取政策，实施市场推价，提高小产品创效能力。恢复蒙古国原油来料加工业务，2013年复出口汽油、柴油6万吨。

【和谐企业建设】 组织特殊岗位员工赴外健康疗养，安排员工健康体检，实施带薪年休假制度，开展一系列丰富多彩的业余文化体育活动，以人为本的企业理念不断深入。每逢元旦、中秋等重大节日，公司领导带队，走访慰问公司困难员工、员工遗属、劳动模范代表，把公司的关怀和温暖送到千家万户。开展“爱心联系人志愿者”活动，定期到生活自理有困难的家庭进行帮助。覆盖各个困难群体的扶贫帮困机制基本建立，形成共享企业发展成果的和谐环境。2013年，投入500余万元，帮扶困难职工860余人次。公司五届三次职代会确定的4件实事均实现预定目标，特别是新建住宅楼交付使用，员工喜迁新居，生活环境得到进一步改善。强化综合治理工作，保障公司正常的生产经营秩序。公司连续4年荣获内蒙古自治区社会管理综合治理“长安杯”，连续5年荣获呼和浩特市社会管理综合治理特别奖。公司先后获“全国模范职工之家”、“内蒙古自治区文明单位”等多项荣誉称号。

【企地共建】 2013年，按照《内蒙古自治区直属机关企事业单位定点帮扶兴安盟贫困嘎查村工作2011—2015年实施方案》的安排，公司投入帮扶资金34万元，对口帮扶内蒙古自治区兴安盟突泉县平新村，进一步完善基础设施建设。促进人民群众生活水平不断改善。实现贫困人口下降10%，80%人口的人均纯收入接近或达到兴安盟平均水平。

公司与驻地格尔图小学建立“雏鹰”奖学金制度，每学年2次奖励学习成绩突出的小学生，并在教师节慰问辛勤工作在教育战线上的教师们。2013年颁发奖学金1.6万元。

公司组织89名员工献血26900毫升，为缓解地区血液供需压力、保障无偿献血工作的顺利开展尽一份力。

（何淑华）

中国石油天然气股份有限公司辽河石化分公司

【概述】 中国石油天然气股份有限公司辽河石化分公司（以下简称公司）位于辽宁省盘锦市，前身始建于1970年，经过40多年的发展，已成为拥有29套生产装置，加工能力500万吨/年，固定资产原值44亿元，销售额270亿元，上缴税费42亿元的现代化炼化企业。公司设12个机关处室、7个附属机构、4个直属部门、35个基层单位，拥有员工2847人。公司有加工大庆油、辽河稀油和辽河超稠油的燃料油—化工路线，加工辽河低凝稠油、大混合原油和进口原油的沥青、润滑油路线和加工辽河超稠油的沥青路线。以加工辽河稠油、超稠油为主，产品有沥青、润滑油、燃料油三大系列及石油焦、聚丙烯、液化气、硫黄等。特色产品为“昆仑—欢喜岭”牌重交道路沥青、机场沥青、水工沥青、改性沥青和环保形象较填充油等。公司发挥稠油加工的技术优势，生产高附加值的特色产品，成为辽河稠油、超稠油的加工基地，是中国石油最具特色的优秀炼化企业。

【主要生产经营指标】 2013年，公司加工原油525.98万吨，同比增加13.06万吨。全年生产汽油70.22万吨，生产柴油141.76万吨，生产沥青177.66万吨，生产聚丙烯2.7万吨。实现销售收入270亿元；上缴税费42亿元；完全单位加工费250.14元/吨；实现账面利润6.7亿元，在中国石油炼化板块利润总额排名中位列第四位。原油综合损失率0.35%，加工损失率0.34%，在炼化板块排名位列第一位。石油产品综合商品收率96.11%、吨油耗新鲜水0.3%、高效产品比例50.55%，3项指标在板块排名均位列第二位。炼油综合能耗、吨油耗电、石油产品综合自用率、单位能量因数耗能、石油产品可比综合商品收率等指标均排在炼化板块的前列。

【企业管理】 公司确立对标项目26项，完成12项，累计创效591.56万元。在原有经济技术指标对标的基础上，公司将中国石化及国外同类型先进企业的指标作为标杆，设立优化指标对标项目41项，其中27项指标保持了同行业先进水平。公司开展多项专业管理对标，设立8个专业对标专项，提升了精细化管理水平，公司创造了巨大的经济效益。2013年综合能耗55.93标准油/吨原油，同比增加12.05标准油/吨原油；单位能量因数耗能8.61标准油/（吨·因数），同比下降 0.74 标准油 /（吨·因数）。全年综合损失率 0.35%，储运损失率 0.01%，原油加工损失率 0.34%，保持历史最好水平。完成能源计量管理系统项目建设，120 台能源计量表信号数据实现上网，保证数据的准确性、及时性。全年各装置平均馏出口合格率达到 99.4%，同比提高 0.06%。

公司设备完好率 99.96%，主要设备完好率 100%，静密封点泄漏率 0.1‰，东、西水场循环水质合格率为 99.6%。公司组建专业检查组，全年累计查出设备问题 1525 项次，整改 1266 项，整改率达 83%。组织开展机泵房标准化管理劳动竞赛，泵房卫生明显改善，润滑油管理、盘车管理更加规范。执行炼化装置全过程受控和界面交接管理规定，编制印刷检修作业规程，对每台设备检修实行实时检修、实时记录、同步确认，确保检修过程受控。公司坚持“安全、优质、整洁、高效”的原则，圆满完成装置的检修任务，实施减黏装置加热炉空气余热回收系统改造，提升加热炉效率，降低装置能耗。公司完善设备隐患闭环管理模式，建立隐患台账，全年查出隐患 140 项，消除 116 项，整改率 83%，设备隐患大幅降低。

【安全环保】 2013 年，公司落实岗位安全生产责任制，安全环保形势保持稳定，继续深入推进 HSE 体系建设。修订《辽河石化公司 HSE 管理考核办法》，完善考核体系，建立并严格执行“5S”管理考核方案。全面完成现场目视化标识，积极推广上锁挂牌、启动前安全检查管理，组织全员 16 项 HSE 制度培训和考试。开展“119”消防宣传月活动，逐级组织火灾应急演练，在重整装置完成一次公司级火灾事故应急救援演习。公司强化生产施工现场的风险管理，继续推行一级动火计划考核制度，一级动火次数得到有效控制。对生产和施工两个现场实行全方位、全天候、全过程督察，将违章与个人安全业绩、单位安全业绩考核挂钩。推进作业许可管理制度，对动火、动土、进入有限空间等高危作业，严格实行分级审批。公司被评为集团公司 2013 年度安全生产模范单位。

公司全面启动蓝天碧水工程，下发《辽河石化公司清洁生产实施方案》，制定下水系统无污油、空气无异味、噪声达标的总体目标。开展下水系统污油整治、有害气体治理、工作场所噪声达标专项整治工作，实现年度下水系统污油产生量不超过 3500 吨、厂区环境空气质量达到国家二级标准、工作场所噪声限值小于等于 85 分贝。在 24 个基层单位设立 99 名环境义务监督员，实现生产现场及周边环境异味排放情况的实时监督。公司通过辽宁省清洁生产指导中心的验收评审，成为国内第一家通过整体清洁生产审核评估的炼化企业。公司将所有排污口全部纳入监控考核范围，废水、废气排放合格率和固体废物处理均纳入属地月度 HSE 管理考核和关键业绩考核，实现了废水、废气稳定达标排放和无害化处置。

公司推进污染减排项目建设。催化再生烟气脱硫装置投产运行，烟气排放达到设计标准。污水处理场废气净化装置投入运行，净化后的废气达到设计要求。150 立方米每小时超稠油污水预处理扩能改造项目装置建成并投产运行。工业 VOC 废气治理项目列入辽宁省政府《盘锦市蓝天工程暨“十二五”污染减排目标责任书》，进入可行性研究阶段。按照集团公司关于加强污染物在线监测系统建设的要求，在催化再生烟气脱硫装置入口、出口新建废气在线监测系统，完善硫黄回收尾气排放口和东蒸馏装置加热炉烟气排放口的在线监测设施；对污水总排口和延迟焦化装置加热炉烟气排放口的在线监测系统进行更新改造。在线监测系统已与集团公司、炼化板块和地方环保部门三方联网。公司被评为中国石油集团公司 2013 年度环保工作先进单位。

【工程建设】 2013 年，公司 120 万吨 / 年柴油加氢改质、40 万吨 / 年汽油加氢、1.5 万标准立方米每小时制氢、催化烟气脱硫、100 吨 / 小时的溶剂再生等 9 套新装置陆续建成投产，实现了产品质量升级和环保达标。50 万吨 / 年润滑油高压加氢项目前期工作有序推进，完成规划立项工作。全年组织完成新建项目：40 万吨 / 年汽油加氢装置建设，完成投资 1.7 亿元；1.5 万标准立方米每小时制氢装置建设，完成投资 1.5 亿元；催化裂化烟气脱硫及余热锅炉改造项目建设，完成投资近 1.0 亿元；高架火炬二期工程施工，完成投资 1000 余万元；40 万吨 / 年汽油加氢装置的系统配套 2 座 1 万立方米汽油罐区建设，完成投资近 1800 余万元。

【科技创新与成果】 2013 年，公司顺利通过股份公司重大科技专项劣质重油轻质化关键技术研究（一期）的课题验收，在重大科技专项二期启动会上，确立公司牵头负责 3 个课题 5 个专题的研究工作。全年共承担地区公司级科研项目 13 项，部分项目已经完成试验标定和前期开题论证。持续推进高芳烃环保橡胶油的研发，NAP10 型环保油通过国内相关轮胎公司的应用评价，实现批量应用。公司开发的橡胶沥青、硬质沥青和桥面改性沥青产品，进入到路用性能评价的阶段。完成机场沥青标准制定，通过标准制定管理部门审查。首次组织相关交通部门专家对在北京平安大街应用13年的道路沥青进行后评价工作，在道路沥青长期性能评价方面填补该领域的空白，该成果对道路沥青的研发、生产、质量控制及应用提供重要的依据。完成炼化装置腐蚀监测平台及管理系统的开发工作全部工作内容。组织开展管输大混合原油以及各组成原油的评价，为公司加工3种管输稠油资源提供技术支撑。

【队伍建设】 2013年，公司党委围绕“六抓六促”工作思路，开展“三强化、三提升”主题活动，使干部作风、党员表率作用和员工素养得到进一步强化。促进生产经营管理目标的实现，党政融合，干群同心，两级班子建设进一步加强，队伍奋发向上的正能量进一步聚合，队伍的整体素质进一步提升。增强领导班子的整体功能，强化“四好”班子创建活动，提高基层党支部的战斗力和领导干部的综合素质。举办第三、第四期领导人员综合管理知识培训班，82人参加培训。首次与哈尔滨工业大学、东北石油大学合作举办在职工程硕士班，2013年就读工程硕士40人、本科生20人。通过开展“三强化、三提升”主题活动，解决员工反映的问题42项，占总数的74%。员工的道德素养、文化素养、法律素养和业务技能都有很大进步，队伍整体精神状态积极向上。公司在国家级和集团公司级的职业技能3次竞赛中共荣获金牌3枚、银牌7枚。认真履行经济、政治、社会责任，制定实施3项惠民政策，充分调动生产一线、艰苦岗位倒班员工的工作积极性。公司各级领导走访慰问困难员工495人次，发放慰问金和慰问品共计114万元。实施大病特殊帮扶制度，为39名患癌症员工发放一次性大病帮扶金。持续推进员工健康管理工程，提高干部员工的体检标准。在公共部位设置员工健康加油站，为员工提供健康服务，文体活动更加丰富，提升员工幸福感。队伍建设水平稳步提高，矿区保持和谐稳定。公司获“辽宁省平安单位”荣誉称号。

（马德君）

中国石油天然气股份有限公司
长庆石化分公司

【概况】 中国石油天然气股份有限公司长庆石化分公司（以下简称公司）位于陕西省咸阳市，前身始建于1990年，1992年投产，经过两次较大的技术改造，形成固定资产原值42.13亿元、原油加工能力500万吨/年的规模。现有主要生产装置16套，可生产各种标号清洁汽油、轻柴油、3号喷气燃料、石脑油、化工轻油、丙烯和苯等10多种产品，其中3号喷气燃料管输到西安咸阳国际机场。在册员工1146名，大专以上文化程度占68%。

2013年，在停工检修近50天的情况下，加工原油460.17万吨，实现销售收入287.40亿元，财务账面利润5.10亿元，上缴税费55.94亿元。12项主要经济技术指标全面好于预算，其中综合损失率、加工损失率和新鲜水单耗3项指标创历史最好水平。

【生产运行】 强化生产过程受控管理，主要装置平稳率达到99.74%。持续优化原料配给，提高二次加工装置负荷，催化装置轻质油收率比预算提高2.35个百分点，连续重整装置碳五以上收率提高1.19个百分点。优化生产流程，高效产品比例达到41.21%，同比提高1.41个百分点。完成30万吨/年重整装置预加氢单元利旧改造，生产销售植物油抽提溶剂8044吨，成为新的效益增长点。原油综合损耗和成品油储发耗分别比预算降低0.13和0.26个千分点。强化节能设施运行管理，实施余热锅炉改造等8个节能节水技术措施项目，2013年在加工量下降、新增装置开工的情况下，综合能耗同比降低0.46千克标准油/吨；中水回用率达到82.9%，同比提高2.11个百分点。

【安全环保】 认真整改集团公司安全大检查、两次HSE体系审核和厂际烃类管道等外部检查问题，完善问题整改和验证机制，跟踪销项情况并定期通报。2013年，各类外部检查共提出问题300项，已整改274项，限期整改26项。深化基层隐患排查工作，把隐患排查与岗位危害识别结合起来，实行动态风险管理，累计发现上报隐患82项。强化承包商资质审查及人员教育，严格现场作业监管，查处问题310个。全年重点环保设施运行率达到97%，在线监测系统运行率94%。获首批国家安全生产监督管理总局授予的“全国安全文化建设示范企业”称号，通过陕西省安全标准化二级企业达标审核。

【设备管理】 坚持开展设备创完好活动，12个区块达到现场标准化要求。利用大检修时机，完成34台高危介质泵和7台污油池液下泵的改造任务，厂区东界高压线改造等3个电气隐患治理和罐区9字头旧罐更新工作也顺利实施。开展5套装置的停工腐蚀检查，建立易腐蚀部位清单，安装腐蚀探针22处。2013年设备完好率达到99.8%，仪表自控率达到93.2%。

【项目建设和大检修】 2013年，新建60万吨/年柴油加氢装置7月初投运一次成功，柴油产品全部升级到国Ⅲ标准；60万吨/年汽油加氢装置9月底中交，11月27日汽油产品达到国Ⅳ标准；140万吨/年柴油加氢装置11月18日开工建设；催化烟气脱硫脱硝除尘和污水升级改造2个国家环保部考核的减排项目，年底如期建成投运。安全优质高效地完成15套装置1034项检修任务，检修设备1237台，同步实施技术改造、节能减排和安全隐患治理项目10项。

【科技进步】 中国石油第一种具有自主知识产权的国Ⅴ柴油加氢催化剂，在公司20万吨/年柴油加氢装置中进行工业试验，成功生产出国Ⅴ柴油，成为公司科技创新的新亮点。2013年，申请专利12件，获得授权10件。

【管理提升】 投资195万元，配备或改造能源计量器具37台，配备率达到94.5%、同比提高4.6个百分点，完好率达到98.9%、同比提高2.4个百分点，被陕西省咸阳市授予“能源计量工作先进单位”。按期完成并上线运行物资采购、班组绩效管理、安全受控平台等5个统建项目，人员入厂安全管理和协同办公平台扩展升级2个自建项目也投入试运行。2013年，送外培训员工158人次，组织各类培训班13期643人次，岗位培训约1.5万人次。完成规章制度评审，新增制度10项，修订18项，废止19项。内控管理突出流程梳理和优化，削减流程46条，关键控制点104个。

（殷　涛）

中国石油天然气股份有限公司克拉玛依石化分公司

【概述】 中国石油天然气股份有限公司克拉玛依石化分公司（以下简称公司），前身是伴随着新中国第一个大油田——克拉玛依油田的开发于1959年创建的。经过50多年的发展，加工规模达到600万吨/年，并已全面启动千万吨级扩建工作。公司高档润滑油生产能力60万吨/年，重交通道路沥青生产能力100万吨/年，成为产品特色突出、具有较强市场竞争力的炼油企业。公司现有主体装置34套，固定资产61亿元，员工3622人，其中少数民族员工490人，女员工1578人。公司下设机关处室12个，基层单位21个。自备热电厂发汽能力为520吨/小时，发电能力24兆瓦/小时。炼油化工研究院拥有科研人员203名，科研仪器及设备先进齐全，具备较强的稠油加工及润滑油和沥青科研实力。

20世纪80年代以来，公司围绕加工新疆油田环烷基稠油，坚持科研技术创新，经过30多年的不懈努力，成功攻克稠油深加工这一世界性难题，实现稠油资源向特色产品的转化，企业核心竞争能力不断提升。

近些年来，公司获得40项省部级科研成果，17项授权专利，36项待授权专利。先后开发投产数十个质量标准达到国内外先进水平的高附加值特色新产品，多项产品填补国内空白，高效产品比例始终在炼化板块名列前茅。开发投产的高压直流输电变压器油、换流变绝缘油、BS光亮油、冷冻机油、中高档橡胶油及新型环保轮胎橡胶油等产品质量均达到国际领先水平，并在国内市场占据重要份额。高等级重交通道路沥青于2007年首批获得国家交通产品认证证书，为西部多省区指定首选的沥青产品，已敷设80余条高速公路，承担新疆地区主要的高等级道路沥青供应。2013年，公司沥青年销量首次突破100万吨，同比增长17%。

公司可生产各类石油化工产品160多种，主导产品40余种，28种产品获省部优产品称号。L-DRA/A46冷冻机油等5种产品荣获国家银质奖。环烷基橡胶油产品被中国质量协会评为“全国用户满意产品”，重交通道路沥青被新疆维吾尔自治区评为“新疆名牌产品”，环烷基油系列产品获得集团公司“中国石油优质产品”称号。

公司连续20年保持新疆维吾尔自治区“文明单位”荣誉称号。先后荣获全国“守合同、重信用企业”、“中国企业诚信经营示范单位”、集团公司“质量管理卓越企业”等荣誉称号，荣获新疆维吾尔自治区颁发的“开发建设新疆”奖状，“全国五一劳动奖状”。被评为新疆维吾尔自治区30强工业企业（集团），被新疆维吾尔自治区列为首批“循环经济试点单位”和“自治区级环境友好企业”，并荣获新疆维吾尔自治区“项目环境保护三同时先进企业”荣誉称号。同时获得新疆维吾尔自治区2013年度安全生产先进单位和2011—2013年连续3年安全生产先进单位，集团公司2013年度安全生产和环境保护先进单位，克拉玛依市2013年度防雷工作安全生产先进单位等荣誉。

【主要生产经营指标】 2013年，公司共加工原油571万吨，其中稠油377万吨。润滑油基础油产量66万吨、沥青产量105万吨、汽油产量92万吨、柴油产量182万吨，其中沥青、97号汽油、煤油产量均超年度计划，并创历史新高。热电厂全年发电10560万千瓦·时，供汽230万吨。全年实现营业收入324亿元，上缴税费57亿元。

（王金平）

【安全环保】 2013年，组织签订各级签订HSE目标管理责任书2838份。认真组织开展领导安全述职活动，公司领导班子、14个机关处室正职、19个单位安全生产第一责任人分别在职代会和本单位大会上进行安全述职。公司245名领导编制个人行动计划2289项次，548名领导、管理技术人员开展安全观察与沟通活动达11240次。公司从上到下积极开展各种形式安全经验分享活动。

继续强化施工作业现场安全监督管理工作。坚持危险检修、维修周作业计划讨论制度，并在网上公示，由属地单位、作业方提前组织开展JSA和编制施工方案。各专业、各单位认真开展“三违”查处工作，全年公司累计查各类“三违”行为6167起，并使用“停止作业卡”4324张，对查处的典型违章在每周例会上进行通报。通过继续开展“减少危险作业”竞赛活动有效控制危险作业产生的数量，减少作业事故的发生几率。

认真组织开展第十二个全国“安全生产月”活动，包括回顾“6·25”事故，开展生产安全事故警示教育；3224人次参加“安全核心价值观”手写承诺活动；举办2013年“民族团结杯”员工消防安全运动会。

开展全员隐患排查，强化隐患动态管理。进一步加大隐患排查表彰力度和实效性，实现每月一次表彰奖励，全年有818人次发现各类隐患751起，奖励25.78万元。开展专业处室隐患成因分析讲评工作。同时，结合公司实际，先后组织开展春季防化冻、防跑损检查等专项检查30余项次，并及时查出、治理一批隐患。公司隐患排查治理系统已正式上线运行，逐步实现隐患动态管理。针对47项3年安全环保隐患项目和2013年17项安保基金隐患项目，投入资金4.6621亿元，按照隐患整改“五落实”要求均制订治理监控方案，并实行公司领导、项目经理挂牌和按月督办通报机制，截至2013年底已分别完成整改22项、7项。

进一步完善各级应急预案，强化演练的实效性。组织全公司完成突发事件总体预案、12个专项、基层单位综合应急预案及应急操作卡的修订及发布工作，组织完成基层单位应急题库编制及考试工作，合计参与考试人员1616人，参与率达97.5%；基于风险识别制订2013年全年应急演练计划并认真执行。全年合计演练634次，演练培训率98.9%，演练参与率达98.6%。

2013年度圆满完成新疆维吾尔自治区、集团公司及公司提出的各项环保业绩指标，公司再次实现重大环境污染责任事故为零和5万元以上环境污染事故为零的总目标，“三废”排放得到有效控制和削减，2013年共处理工业废水446.5万吨，污水达标率100%，公司实现有控废气排放综合合格率100%，厂界噪声合格率100%。2013年公司共产生工业废渣8.2万吨，综合利用率91.1%，各类废渣的排放都得到有效处置，废渣处置率100%。

（严　军）

【节能减排】 深化“两型”企业建设，抓好Ⅱ套高压加氢加热炉样板炉改造等节能节水项目的运行优化，劣质稠油废水抗冲击能力改造等重点治污减排工程按期投用，催化烟气硫转移剂实验圆满成功。严格环保风险防控管理，实现了增产不增污。2013 年实现节能量 1.42 万吨标准煤、节水量 30.38 万立方米，减排二氧化硫 1317 吨，回收硫黄 4788 吨、液氨 3583 吨、硫酸铵 1080 吨，外排污水综合合格率、有控废气达标率、固体废渣处置率等始终保持 100%。

（王金平）

【质量管理】 2013 年，公司产品符合率达到 100%，未出现一起质量事故。上级抽检产品质量合格率 100%，全年共 8 次接受新疆维吾尔自治区、股份公司等上级部门对公司 12 个品种 22 个批次的抽检，抽检的所有产品全部合格通过。

严格遵守工艺卡片和产品标准要求，圆满完成各项分析任务，馏出口、半成品、产品出厂分析准确率分别为 99.8%、99.9%、100%；盲样抽查准确率 100%。组织完成集团开展的汽油比对等分析检测工作。

认真组织开展全面质量管理活动，公司 2013 年共注册涉及生产、质量、节能等 11 个方面 32 个 QC 小组。其中 1 个小组获新疆维吾尔自治区“优秀质量管理小组”称号，获石油工业优秀质量管理小组 1 个，获中国质协石化分会 QC 成果一等奖 1 个，二等奖 3 个。

积极开展标准化工作。及时关注车用汽油、车用柴油国Ⅳ、国Ⅴ标准的变化情况并进行宣贯学习。承担集团公司企业标准《硬质道路沥青》的制定工作，正处于小样调试、数据比对、积累阶段。食品级白油的 NSF 认证工作进入到后期阶段。积极与国家橡胶标准委员会沟通，将公司橡胶油、轮胎油产品标准立项为国标或行业标准。

（胡庆德）

【财务管理】 加强预测能力、强化费用管控。根据公司生产经营实际情况，及时组织效益对比测算，对变化因素进行调整核对分析。灵活应用对标分析，积极实施财务报销系统的预警机制，加强成本费用控制。积极争取资产划拨政策，缩短公司急需投资计划的建设期，减少重复投资，提高划转资产的使用效率和创效能力。2013 年，取得西北管道公司 3 座成品罐、新疆油田公司原油处理站、新疆油田勘探开发研究院广域网等项目划转资产 4878 万元。根据公司主体装置生产运行情况，对闲置或无效装置开展固定资产减值测试工作，对满足资产减值条件的资产，及时沟通总部进行资产减值，2013 年Ⅰ套制氢装置完成减值 507 万元。提高项目或设备转资的时效性，完成完善稠油项目预转资 4.4 亿元，单体设备累计完成转资 2240 万元。

适应信息化环境、安全管理资金。组织和推进银企直联信息化支付环境的建设，银企直联支付范围不断扩大，资金支付效率不断提高。到 2013 年 11 月底，公司利用银企直联系统对外支付达到支付总量的 95% 以上，提前完成总部要求的支付率。顺利搭建集中报销平台，完成公司集中报销平台的系统设置，实现差旅费、福利费、教育经费等日常费用核算上线审批。加强资金及账户安全管理，减少账户的管理风险，首次实现公司对外付款账户高度集中管理。

（刘 渝）

【规划计划】 2013 年是公司全面实现 600 万吨 / 年加工能力配套后的第一年，千万吨扩建工程项目开展顺利，实现 100 万吨 / 年延迟焦化装置一次试车成功。

2013 年，为加强公司项目的全过程管理，提高项目管理的效率，公司制定《克拉玛依石化公司项目关闭管理办法》，实现项目管理过程的“闭环”操作，为节余资金的统计和利用以及项目后评价工作的开展提供重要保障。

2013 年，共下达股份公司投资计划项目 10 项，总投资 20044 万元。其中炼化项目 1 项，计划投资额 2996 万元；安全环保隐患治理项目 9 项，计划投资额 17048 万元。2013 年无计划外项目，无超投资项目。2013 年当年投资计划结算金额 19248 万元。2013 年计划投资控制完成率 96.03%。

（焦志豪）

【企业管理】 优化完善规章制度体系，强化规章制度贯彻实施，努力提高制度化管理水平。强化立项审批，把好制度立项关口。强化运行检查，提高制度管理效果。监督和落实《2013 年度规章制度制修订计划》的有效执行，进一步提高生产经营工作的制度化管理水平。

按照总部要求和公司部署，有序推进管理提升活动的开展，进一步强化“三基”工作，提高企业管理效能，推动公司科学发展。

（1）优化方案，明确责任，全面落实管理提升措施。

（2）开展管理诊断，改善基层管理。按照集团公司“开展管理诊断下基层工作”的安排部署，制订下发《克拉玛依石化管理诊断下基层活动方案》，贴紧

公司当期开展的内部审核、专业、专项检查对公司基层单位进行管理诊断

（3）制定并落实“双保”措施，实现企业优化增效。

加强创新研究过程管理，提升创新成果水平。定期开展管理创新项目实施情况检查指导，确保创新项目实施计划有效执行。组织完成2011—2012年度管理创新成果的评审、奖励工作。对通过初评的19项管理创新项目进行量化考评，并予以奖励。根据中国石油企业协会关于开展2013年度管理现代化优秀成果、优秀论文评比活动通知，推荐公司相关单位9篇论文参加评选，获得优秀论文二等奖两篇，三等奖一篇。

按照年度工作计划，组织开展上年度班组基础管理达标验收工作。组织对公司16个基层单位的111个生产班组进行验收检查，达标率87%。

全年审查签订各类经济合同1271份，累计金额达到39.28亿元。未发生因合同管理和签订内容不规范而引起的经济纠纷。

修订《中国石油克拉玛依石化公司招标管理实施细则》及服务商控制程序；完善“可不招标事项审批表”，调整招标限额；审核、备案、添加，修改合同相对人121家。完成2012年、2013年可不招标事项统计分析及2011—2012年30万—100万元合同、100万元及以上合同招标情况统计分析。梳理完善招标评审专家的工作，按时上报总部。开展稠油集中加工效能监察招标工作自查，发现2项问题并进行整改。组织5人次参加集团公司集中采购的评标评审工作。

QHSEM体系有效运行。（1）组织管理评审。根据年度专题会议编制《克拉玛依石化公司2013年各专业重点工作任务分解表》，重点工作共计117项，涉及14个处室和二级单位。组织相关单位制订改进措施或改进方案，明确完成时间和责任人。（2）强化专业检查。全年组织开展沥青产品、质量管理、计量管理等5次17个专项联合检查，共查处并整改61项问题。（3）按年度计划对18个单位进行内部审核。（4）分别组织上半年和下半年的专业联合HSE检查，共发现320个问题，并及时完成纠正措施的制定和整改。（5）通过上级监督检查。全年接受集团公司炼化板块组织的上半年和下半年全面、系统、专业化的HSE审核。按照标准规范要求，接受中国船级社质量认证公司的QHSE换证到期审核及沥青产品监督审核；接受中启公司新疆分中心的测量管理体系的监督审核；首次接受第二方佳通轮胎公司对公司的体系现场审核。对审核提出的119项问题和26项建议均按照分析原因、制订纠正措施、实施整改、验证等程序进行。（6）按时组织召开体系例会。

内控体系方面。（1）加强内控体系建设。编制完成《内部控制有效性自我评价报告》。维护公司门户网页上内控管理相关的内容。按照公司实际，修制订5项相关管理制度。申请ARIS系统权限，对测试过程和流程日常运行中发现设计层面的问题进行修订整改。（2）强化内控体系监督。上报2013年自我测试计划，完成测试系统初始化工作；组织自我测试，共发现例外事项44个。针对集团公司组织的内部控制测试中发现的11个例外事项及其他管理上需改进的建议47项，分别制定纠正预防控制措施，按时完成整改。（3）完成风险报告编制。（4）完成内控培训及手册修订。

（何剑英）

【物资管理】 2013年，共计签订合同1099份，总金额44662.5万元；完成公司生产维修及项目建设到货入库物资额44721万元，出库物资额48001万元，截至2013年底库存17718万元。周转天数为148天，年末1年以上无动态物资为4680万元，一级物资网上采购率93.27%。

根据《评标方法和评标标准编制规范》，对招标文件、评价标准及模式等进行进一步规范和优化。全年累计招标金额近1.37亿，节约金额1344多万元。

做好代储代销工作，全年代储代销金额达458万元，占总采购额的1.07%，代储代销管理取得较大的进步。

按总部的要求实现物资采购管理信息系统顺利上线应用，采购业务全部在新系统中开展。

组织各单位对储存物资全面整理，从物资品种、规格、数量和保存状况进行分类统计，基层物资管理状况明显改善。全年对到货物资理化质量检验2254台件，发现不合格物资37余（项）次，全部按规定进行处置。配合总部采购产品质量监督抽查，抽查4批次产品全部合格。组织对库存的长期积压、技术淘汰、升级换代、过期失效的物资统计梳理，提出拟报废物资计356万元，经总部审批同意后完成报废处理。

（校　龙）

【设备管理】 紧紧围绕公司生产、作业受控要求，以装置长周期运行、消除设备隐患、抓好设备管理、强化危险作业管理、深入开展设备“设备标准化”活动为主线积极开展工作，保障公司安全生产。

2013 年，公司设备管理各项经济技术指标完成情况较好，设备完好率、静密封点泄漏率等基础指标一直保持较高水平，实现公司各生产装置设备完好率不小于 98%，静密封点泄漏率小于等于 0.30‰，仪表自控率大于等于 99%，关键回路自控率 100% 的目标，为装置的平稳操作和产品质量控制创造良好条件。

（易 强）

【科研开发】 2013 年，公司共承担科研项目 29 项，其中，股份公司级科研项目 6 项，地区公司级科研项目 23 项。有 10 个股份公司级科研项目顺利通过股份公司验收，年度科研计划完成率达到 98% 以上。此外，公司科研单位紧密配合公司生产、经营、发展工作，先后组织完成 72 项临时性科研任务，充分发挥企业科研院所直接为企业服务的“短、平、快”作用，效果显著。

2013 年，获新疆维吾尔自治区科技进步二等奖 1 项、三等奖 1 项、天津市科学技术进步二等奖 1 项、中国石油和化学工业联合会科学技术进步二等奖 1 项、中国石油和化学工业联合会科学技术进步三等奖 1 项；获国家授权专利共计 10 项，其中，发明专利 9 项，实用新型专利 1 项。

2013 年，公司先后共完成 12 项新产品、新工艺的研究开发，并顺利实现工业化。先后完成 5 项新技术在公司生产装置上顺利投用。

【信息化工作】 认真贯彻落实总部“六统一”原则和“十六字”工作要求，深入落实“业务主导、部门协调”信息化工作机制，持续推进信息技术总体规划在公司的实施与深度应用。重点围绕总部推广实施信息项目升级改造、ERP、MES 项目运维、调度指挥中心等配合工作。按照总部统一安排，实施公司指纹门禁试点工作，组织开发并投用公司班组绩效系统，组织建设并投用公司视频会议系统；根据门户升级工作安排，组织完成公司企业门户网站 1 个主门户，22 个子门户的搭建工作。

（于林会）

【审计工作】 2013 年，公司开展实施审计项目 34 项，其中，工程项目结算 28 项，结算审计覆盖率达到 100％，全年接报审结算金额 69931 万元，审定金额 69429 万元，审减工程款 502 万元；专项审计 6 项，提出财务专项审计建议 42 条，审计计划完成率 100%，通过专项审计完善专业管理，堵塞漏洞。特别是年内根据集团公司审计工作部署，完成审计部重大专项审计即公司库存物资管理专项审计调查，并配合审计部完成对抚顺石化公司库存物资管理专项审计情况核对检查。

（刘思红）

【教育培训】 加强培训计划执行，确保完成培训任务。制订《克拉玛依石化公司 2013 年教育培训（HSE 培训）工作计划》，计划培训项目共计 189 项，其中，外培 137 项（集团公司 76 项），内培 52 项。根据公司冬季生产的特点，制订《克拉玛依石化公司 2013 年冬季培训计划》，共计培训 5777 人次。制定下发《关于开展岗位专题培训工作的通知》，完成加热炉节能操作知识、现场仪表基础知识及故障分析等 6 个培训项目，培训学员 427 人次。

2013 年，公司参加技能鉴定人数为 490 人，其中，初级工 17 人、中级工 99 人、高级工 356 人、技师 15 人、高级技师 3 人，合格率为 61.9%。开展催化重整装置操作工、催化裂化装置操作工等 5 个工种的公司级竞赛活动。公司派选手参加集团公司的催化重整、钳工 2 个工种的技能大赛，在催化重整装置操作工竞赛中，公司参赛的 5 名选手获得 1 枚金牌、3 枚银牌、1 个班组长单项奖和团体第三名的好成绩，公司 2 名选手参加了机泵维修钳工竞赛，在参赛的 22 个单位中，获得团体第 10 名的较好成绩。

积极推进网络培训平台建设及仿真建设。制定《克拉玛依石化公司网络培训平台（试用）管理办法》，完成公司网络培训平台的搭建、人员信息的导入和管理员权限的分配等工作。开展通用知识题库和岗位操作题库的编制工作，共上传 39315 道题。制订《克拉玛依石化公司仿真软件开展项目实施方案》，公司 6 套炼油生产装置仿真软件仿真系统正在开发中。

（张为著）

中国石油天然气股份有限公司庆阳石化分公司

【概述】 中国石油天然气股份有限公司庆阳石化分公司（以下简称公司），前身创建于1971年。公司现有在册员工1424人，在岗员工平均年龄41岁。主要炼化生产装置17套，一次加工能力300万吨/年，主要产品有汽油、柴油、航空煤油、聚丙烯等九大类10余种。

【主要生产经营指标】 2013年，加工原油341.04万吨，比业绩指标多11万吨；可比综合商品率92.85%，同比提高0.04%；可比轻油收率83.7%，同比提高0.28%。装置操作平稳率99.93%，高于业绩指标1.93个百分点，板块排名第一。全年完成营业收入219.20亿元，综合纳税46.71亿元，同比提高5.77亿元；工业增加值60.01亿元；税前利润7.7亿元，同比增加6.26亿元，盈利能力和水平居炼化板块27家企业第三位，加工国内陆上自产常规原油和长庆原油企业中盈利能力均为第一。

【安全环保和节能减排】 贯彻落实集团公司安全环保"54321"总体思路和炼化板块"65431"工作要求，2013年实施罐区全封闭运行管理和施工监管，从源头规避风险；开展"12·23"警示月活动，加强短板整治；开展油气管道为重点的生产和生活区整治，加大重点领域、要害部位和关键环节隐患排查；严格承包商监管，严格外来施工人员准入和实名制管理。推进风险防控体系建设，整改2次HSE体系审核问题323项；完成"全覆盖、零容忍、严执法、重实效"安全生产大检查16个方面114项具体要素整改。落实"党政同责"、"一岗双责"，领导进承包联系点88次、解决问题167项。推进61项重点节能和20项减排项目实施，采集利用在线监测数据9000多个；主要污染物达标排放，安全和职业健康关键指标全面完成。公司5次荣获"中国石油安全生产先进企业"，连续6年荣获"中国石油节能节水型企业"。2013年，公司被评为集团公司"安全模范先进企业"、"环境保护先进企业"和"节能节水先进企业"。

【企业管理】 教育引导干部员工牢固树立现场意识、服务意识、团队意识、超前意识、责任意识"五种意识"，2013年归纳整改20项重点问题，简化、优化、规范"三基"大检查，帮助基层解决实际问题。高度重视法律工作。开展"制度·标准管理年"活动，对公司制度体系和486项单体制度进行评估；讨论、审查制度109项；完善制度题库；组织制度标准轮训班10期、培训496人次，基层单位内部培训86期、1526人次，促进各级管理人员业务水平和制度执行能力不断提升。依法经营、尊重制度、学习制度、敬畏制度，把权力关进制度的笼子的良好氛围逐步形成。

【科技创新与成果】 以"消瓶颈、提指标、增效益"为目标开展技术攻关，新建余热锅炉，节约燃料气3800标准米^3/小时，能耗降低2.2千克（标准油）/吨；实施催化CRC改造，装置液体收率提高1.24个百分点、能耗降低6.6千克（标准油）/吨；"炼化企业综合应用信息平台开发与应用"等2项成果经甘肃省科技厅鉴定为国内领先水平。投入215万元对3126人次进行思想素质、业务技能、安全技术、管理能力等培训，人均2.18次/年、260学时。员工上岗持证率100%，特殊工种人员持证率100%，新进员工师徒帮教签订率100%，员工日常考试合格率95%以上。集中优势资源建成集成应用平台、量化受控系统，投运生产区LED大屏，档案数字化工程完成63%以上。2013年，公司被评为中国石油"信息化工作先进单位"。

【社会责任】 积极履行"三大责任"，参与甘肃省"联村联户、为民富民"活动，107名党员干部深入5个村、100多户家庭开展帮扶，投入43.3万元资助727名9年义务教育阶段贫困学生，向环县樊家川洪涝灾区捐赠汽油，组织员工向雅安地震灾区捐款。公司被评为庆阳市2012—2013年"联村联户、为民富民"先进单位。

【矿区建设】 在国家、集团公司政策制度许可范围内，着力解决员工群众反映强烈的问题，投入188.5

万元开展员工体检，为女工办理特殊疾病互助保障385份；热情关心困难群体，发放救助金42.47万元，同比提高7%，帮扶79人次，帮扶困难家庭子女就学24人次，启动困难家庭帮扶后评价工作。积极关注员工和家属精神生活，职工书屋新增图书4500本，实现存书1.85万册，借阅4028人次；在小事上用心用情，代收快递包裹，增建非机动车棚，保障能力和服务水平得到员工及家属好评。

（常 青）

中国石油天然气股份有限公司东北化工销售分公司

【概述】 中国石油天然气股份有限公司东北化工销售分公司（以下简称公司）主要负责中国石油东北地区9家炼化企业化工产品销售、东北区域外销售产品调运组织和区协产品互供管理等业务，销售产品广泛应用于塑料、纺织、橡胶、化工、医药、农业等行业。公司机关驻地在辽宁省沈阳市，下设机关职能部门17个，基层分公司7个。公司合同化员工总数456人，资产总额79871万元。截至2013年底，公司累计销售化工产品3212万吨，完成产品调运量5294万吨，实现营业收入2107亿元，实现利润8亿元，调运计划完成率100%。

【市场营销】 2013年，面对市场低迷态势和工效挂钩越发严格等多重压力，公司抓住资源、市场、服务三要素，迎难而上，与时间赛跑，为生存、为发展而战，在同行企业经济效益普遍下滑的情况下，实现利润15424万元，完成任务指标110%，企业规模和创效能力进一步增强。

（1）以产品购销率为牵动，科学管控资源。突出计划龙头作用，统筹资源流向，坚持均衡销售和低库存运行，全年实现产品销量479.91万吨，营业收入343.57亿元，同比增长5.41%和10.67%。深化计划考核，严守库存红线，产品购销率99.86%。发挥一体化优势，强化产销衔接，增产增销高附加值产品68671吨。依托国际事业公司，有序出口化工产品3.4万吨，积极促销稳价占据主动。推进丙烯产品统销工作，与大连石化公司、哈尔滨石化公司、锦西石化公司、大庆炼化公司顺利对接，丙烯资源量年增长5万吨以上。

（2）以市场占有率为标尺，推动营销增效。以效益为中心，深度挖潜区内市场，上下联动，量效齐涨，全年东北市场实现产品销量344.8万吨，销售收入利润率同比提升0.2%。加大统销产品高效市场二次开发力度，区内市场主导地位更加突出，橡塑产品全年销量近61万吨，同比增长7.8%。优化自销产品销售半径，用户结构多元化向集中化逐步转变，对二甲苯、纯苯等产品连续7个月实现区内全产全销，苯乙烯在销售旺季实现就地加工率100%，价格始终处于行业最前端。加大招商企业政策支持，辽宁华峰苯深加工项目2013年8月实施中交，吉林神华15万吨/年环氧丙烷项目建成开车，东北地区年新增资源需求6万吨。

（3）以产品直销率为支撑，深拓优质用户。推进全品种合同化销售进程，全年签约1055户。继续深化与工业大用户的战略合作，辽宁腾华、大连凯威、盘锦金田、吉林泽润节水等公司首次实现全年全量均衡采购，聚丙烯直销率大幅上涨10%。加大集成销售攻关力度，夯实战略用户保障渠道，深化产品推介和技术支撑，全年新开发直供户89家，直销率73.38%，客户满意度95.8%。积极推广投放大庆石化7042N、抚顺石化L5D98、大庆炼化XP565S等10余种新品专用料，创利创效600万元，以优质品牌形象坚定用户信心。

（4）以价格到位率为杠杆，紧扣市场脉搏。坚持对标管理，积极优化价格分析机制，比价产品增至30余种，实现统销产品全覆盖。按照量价匹配原则，倒逼销售策略的优化与实施，有效发挥价格杠杆作用，全年累计调整产品价格12488次，T30S、0215A、T36F等多种产品始终处于价格前列。在前期亏欠较大的不利情况下，上下通过共同努力，“洼地”逐步填平，实现年度价格到位率100.01%。

【调运组织】 2013年，公司全面深化一体化配送体系建设，努力保产保供、提质提效，深度挖潜过程效益，提升调运服务水平，实现年调运量759.46万吨，同比增长5.4%。

（1）注重质量，科学组织运力。充分发挥铁路运输主渠道作用，克服运费上涨等不利因素，坚持以棚车为主，集装箱班列、毒品车和保温车等为辅的运输方式，抓请车、抓承认车、抓配装车、抓节点紧密衔接，合理运用行包车和苏家屯倒装等有效手段，缓解运输压力，全年实现铁路发运153.94万吨，同比上升18.6%，公铁海比例11 ∶ 56 ∶ 33，同比增效290万元。针对大庆、抚顺两大乙烯频繁变动，以保运为首要任务，设定库存预警红线，深化与铁路系统战略合作，有效解决丁二烯、丁烯-1等产品的外运难题，保障新建装置顺利生产、平稳运行。

（2）注重效率，完善自备车网络运营。加强自备车运营管理，对70辆自备车运营路线重新优化，提高可控节点运行效率，缩短自备车运行周期，全年累计发车19398次，实现运营收入4133万元。推进自备车信息化建设，完成自备车信息管理系统测试及试运行，提升使用效能。

（3）注重成本，深挖仓储潜力。以服务营销为目的，动态优化仓储布局，资源贴近市场前沿，严控移库、集港环节，狠抓节能降耗管控，通过优化运距、减少中转、拓展租赁业务等方式节约运输成本415万元。充分发挥三港启运优势，加大与中海集运的沟通力度，全年海运周转量250.6万吨。科学调整海运船次、航线，实现货物预配与船班密度的协调同步，海运管控水平有效提升。

（四）注重服务，精细过程管控。深化产销运协同协动，以ERP调运系统为平台，精细化、信息化管控运输全流程，实现各环节无缝对接，在运量迅速增长的情况下，发生商务案件8182起，商务发生率0.025%，同比基本持平。加强危化品运输控制，推动危化品承运商和承运车辆资质审查动态化管理，运输安全管控水平不断提升。全年实现单位运杂费38.72元/吨，比预算节省13.33元。

【企业管理】 2013年，公司紧紧扭住成本控制的“牛鼻子”，全面推进体系融合、安全环保与营销管控，管理提升活动收效明显，公司获集团公司“2013年度信息化工作先进单位”荣誉称号，获炼化板块2013年度质量管理第一名。

（1）深化安全环保管理。严格落实安全环保责任制和领导干部安全联系点制度，开展安全联系点活动80余次。强化危害因素辨识、评估与防控，编制公司《2013年度风险管理报告》，组织综合性安全检查2次，专项检查4次，查改各类问题83项，确保公司本质安全。加强应急组织，修订完善公司突发事件总体应急预案，开展形式多样的应急演练活动19次。

（2）体系融合初步运行。以规章制度建设为基础，推动质量、HSE和内控体系的有机融合，完成流程梳理规范、体系框架设计、程序文件整合等基础性工作，并于2013年7月底通过北京三星九千认证中心的监督审核。最终发布程序文件157项，实现三大管理体系和公司管理制度的规范、统一，新体系于2014年1月1日正式运行。

（3）深化运营管理。加强资金管控，启动银企直联系统平台。加强财务分析，开展全方位KPI指标对标，精细效益、费用、风险测算与考核，严控经营运行成本，提升资金使用效能，2013年理财增效4526万元，4项可控费用同比均下降22%以上。着力优化发展环境，加强清欠组织，妥善解决历史遗留问题，所有陈欠应收账款全部处理完毕，助推企业发展轻装上阵。

（4）深化工效考核机制。全面实行工效挂钩奖惩办法，突出效益在工资分配中的主导地位。强化措施配套和考核兑现，加大奖惩力度，探索绩效考核与干部任用挂钩机制，通过层层传递压力，公司更加注重效益和效率导向，考核指标全面完成，经济效益稳定增长，激励约束作用逐渐显现。

（倪　玉）

中国石油天然气股份有限公司西北化工销售分公司

【概述】 中国石油天然气股份有限公司西北化工销售分公司（以下简称公司）负责中国石油西北地区6家炼化企业的五大类化工产品在西北区域的销售业务，以及向区外化工销售公司的产品调运业务。公司下设9个职能处室、6个业务处、6个分公司和15个销售部、1个销售代表处，员工总数626人，固定资产总额9.06亿元。

【主要经营指标】 2013年，公司化工产品总销量571.9万吨，其中区内销量达到360.1万吨，同比分别增长19.1%、11.8%；产品调运总量770.9万吨，同比减少7.4%。产品购销率99.7%、直销率72.6%、铁路运输比例76.6%、调运计划完成率100.1%，全年实现营业收入283.5亿元、考核利润1.1亿元，同比分别增长21%和62%。

【市场营销】 2013年，公司始终坚持提高区内销量这个核心目标，积极从资源、市场、策略、服务等环节提升营销水平，全年销售总量、区内销量再创历史新高，公司销售规模跃上新台阶。积极预判市场，分区域提前制订尿素淡储期、旺销期、滞销期营销方案，进一步巩固了“区内为主、区外补充”的市场布局，尿素旺季时全销区内；积极应对煤基聚烯烃产品市场冲击，把握膜料加工需求集中的新特点，合成树脂销量达到73.1万吨，连续第6年实现快速增长；努力开拓新渠道，SBS新增客户4家，乙二醇进入河南市场，纯苯销售进入多个领域，直销率提高到88.9%，同比增加26.8个百分点；加强新产品推广，SODm尿素借助大田试验和农技部门力量提升推介层次，市场认可度进一步提高；合成树脂PE管材料销量增长92.2%，PPR管材料T4401初步获得市场认可，电缆专用料、棚膜专用料、桶专用料完成加工应用评价试验；丁腈橡胶形成29系列、33系列、40系列13个高中低端牌号全覆盖产品体系，配合完成2905、2906、3304、3306牌号后期开发技术储备，钕系丁二烯橡胶和溶聚丁苯橡胶完成加工应用小试评价；产品扩销完美收官，全年扩销量达到103.2万吨，实现扩销毛利3499万元。

【产品调运】 主动适应铁路系统改革调整新形势，加强铁路请车协调，优化产品流向，保障专列发运，抓好空车到达，强化装车效率，全年公司内专线到达敞车、盖车8.3万台，日均227台，其中专列发运独山子产品648列179.7万吨，日均1.8列。2013年在车源严重不足的情况下，组织行包、行邮、冷藏、整车分流发运产品43.7万吨；针对兰州西货站搬迁，通过协调使西固城站请车数增加到12车/日，新开通两个中转站发运产品12.6万吨；针对兰州市区禁行大货车，协调地方政府办理29台车辆通行证，保障公路配送任务按时完成；针对四川芦山地震后西南方向铁路停运，及时调整产品流向，将主要产品列入救灾物资优先发运，保障了特殊时期产品调运顺畅。提高自备罐车运营效率，优化车辆调配使用，协调乌鲁木齐铁路局、兰州铁路局相互调运苯车102辆；强化返空管理，自备罐车累计运行1.46万台（次），月综合平均周转率1次，综合返车及时率达到85%；合理组织车辆检修1459辆，计划完成率100%；石化公司自备罐车划转通过中国铁路总公司审批，完成资产划转。加强仓储配送管理，修订《公路配送管理办法》，推进仓储管理标准化，创新“子母库”租赁模式，利用企业库减少移库量12.6万吨，节约费用739万元，完成损耗赔付销账175.5万元。

【创新服务】 及时调整创新服务战略的发展定位，将“由产品提供商向整体解决方案提供商转变”修订为“由产品销售商向价值服务商转变”，使创新服务“十二五”目标更加贴近实际。全面修订内部服务指导意见，持续推进内部服务规范化。开通服务网站手机版，满足客户移动办公需求。推广“电子银行承兑汇票”业务，开通客户增至14家。银企直联付款系统全面上线运行，系统付款率达到79.97%，成功率97%。推广“一票制”结算方式，理顺销售价税关系。开展客户“零距离”服务活动，与客户面对面座谈70余次。持续推进分公司联合办公机制，窗口岗位服务标准化全面推进。完善12项仓储管理制度，制作统一货位卡，改进产品交付环节服务措施。编制丁腈橡胶和薄膜类产品技术服务手册3套，面向客户开展产品及加工技术培训，推进现场技术服务规范化，形成严格的服务标准，探索质量计量对标模式，促进计量标准的统一，刻制质量检验分析方法光盘，客户质量、计量投诉处理率100%。2013年客户满意度94.4分，达到历年最好水平。

【经营管理】 深入推进管理提升活动，定期通报"三基"建设情况，开展管理诊断下基层活动，664项整改计划及措施全部落实。开展制度梳理，制修订制度26项，废止6项。加强风险控制与管理，完成HSE、内控和质量体系融合，制定《风险评估程序及标准》，修订内控流程231个，确认风险242个，开展法律咨询和论证48次，开展内部专项审计7项，提出审计建议18条，公司获得全国"守合同重信用"单位。编制《财务制证依据》，强化财务预算全过程控制，创新成本目标管理，顺利通过股份公司监事会财务检查。加强人力资源管理，完善员工绩效卡内容，员工交流比例15.8%；推进工效挂钩管理，形成"四步走"推进方式；完成知识检索与学习路径系统岗位测评494人次，集中组织化工产品生产工艺培训1045人次。开展档案管理集中培训，推进档案数字化，公司档案综合评价由E级提高到C级，完成《中国石油组织史资料》总部卷编写，企业卷实现编纂汇总。推进移动办公平台建设，完成高清视频系统改造，启动经营、价格管理和综合办公信息系统建设，新增内部网站功能模块30个。落实安全环保责任制，签订责任书35份，开展安全生产月活动，组织安全警示挂图展，下发学习教育资料68篇，开展安全环保专项检查5次，员工参与应急演练354人次，通过危险化学品年度安全检查及审核，公司安全环保始终处于受控。

【党群工作】 坚持全心全意依靠员工发展企业，完善以职工代表大会为基本形式的民主管理制度，职代会提案处理率达到100%，公司获得全国"厂务公开民主管理先进单位"荣誉称号。组织"保运增销，争创五个一"主题劳动竞赛，开展"宝石花"金点子合理化建议、"巾帼建功"、"青年协作攻关创效"活动，组织"青春点亮美丽中国梦"主题作品征集。推进"员工e家"、文化故事、图说文化、话说榜样等文化上网工程，完成61个"铁人服务奖章"、"铁人先锋号（岗）"评选命名，建立新闻宣传正向激励机制，内部载体发稿1226篇，对外发稿72篇，同比增长53%。落实员工幸福关爱工程，组织员工体检，举办健康知识讲座，实施员工健康干预，开展太极拳、瑜伽等健康活动，组织羽毛球、乒乓球、健步走比赛。深化扶贫帮困活动，发放困难补助金17.7万元，慰问困难员工205人（次）。继续做好"联村联户、为民富民"行动，落实帮扶项目，投入资金67.5万元。合成树脂处业务一科获得"全国工人先锋号"荣誉称号，奎屯销售部获得"全国模范职工小家"、集团公司"基层建设百个标杆单位"荣誉称号。

（柳小龙）

中国石油天然气股份有限公司华北化工销售分公司

【概述】 中国石油天然气股份有限公司华北化工销售分公司（以下简称公司）负责股份公司所属炼化企业生产的石油化工产品在华北区域的统一销售业务。主要销售合成树脂、合成纤维、液体化工、合成橡胶和基础有机原料五大类产品，销售网络覆盖北京、天津、河北、河南、山东、山西、湖北、内蒙古6省（区、市）。29个仓储库房合理分布销售区域。

截至2013年底，公司机关设置13个处室，下辖天津、任丘、潍坊、武汉、呼和浩特5个分公司，4个销售部，1个代表处，1个产品调运部。员工总数220人。其中业务人员占员工总数的74%，本科及以上学历人员占82%，中级以上职称人员占72%。

【主要经营指标】 圆满完成公司全年各项KPI任务指标。公司全年累计销售各类化工产品167万吨，同比增加15万吨，再创公司销量新纪录；完成购销率100.2%，全年实现销售收入163.7亿元，完成利润6497万元，完成考核利润指标；四项费用大幅下降。

【强化营销管理】 精心谋划，准确研判，销售业务再创新佳绩。

（1）开拓渠道，灵活营销，产品销量再创新高。随着大庆石化和抚顺石化的改扩建装置相继开工，全年炼化板块的化工产品产量增幅较大。公司以购销平衡为操作主线，创新奖励政策，强化服务意识，确保销量顺利完成。严格执行《塑料产品客户计划执行奖励办法》，有效保证产品的均衡销售。以库房为中心，挖掘客户潜力，保证主渠道产品销量。提高市场研判能力，采取灵活销售策略，以购销平衡为原则，采取批量折让、一单一议等积极灵活的销售策略，在市场下滑期实现产品盈利。通过业绩上墙的办法，努力把销售人员的岗位责任落到实处，在炼化板块劳动竞赛中成绩名列前茅。

（2）加强“产、销、研、用”有机结合，新产品开发推广成效显著。与地区公司一起到市场走访调研16次，提出多项新产品开发的建议，17项被采纳，其中集团公司科技部专题立项12项，炼化板块新产品开发立项5项，获得集团公司科技进步奖二等奖4项、三等奖1项。组织地区公司共同开展7个新牌号的11家下游工厂加工试用，提出了5条改进建议，均被地区公司采纳。新产品推广工作扎实推进，公司先后推广16个新牌号产品，重点推广独山子石化的燃气管材121N3000B混配料及大庆石化公司的IBC桶专用料。对新产品试用中存在的问题，汇同生产企业技术人员一起到下游企业的现场进行技术指导和服务。共受理产品质量投诉20起，18起投诉已结案，安排技术人员到现场处理达33人次。

（3）强化量价配合，以比价促推价，确保质量效益。利用检修资源短缺、原油反弹等利好因素，及时调整价格，在价格上涨期间形成有效销售，确保利润最大化；在市场价格下滑期间，积极采取有效灵活销售政策，加强客户考核制度，确保完成100%的购销率。以对标比价为契机，不断推动价格到位。

【优化仓储物流】 优化运输结构，完善仓储布局，全面完成调运任务。

（1）把优化运输结构作为调运工作的重点，降低汽车运输比例。西北地区产品全部实现铁路发运，节约运费200万元。东北地区减少产品公路发运量，开通大庆产品经苏家屯转运方式，转运产品7.2万吨，节约运费1295万元。精心组织区域内生产企业的产品调运工作，调运华北石化聚丙烯4.67万吨，呼和浩特石化公司聚丙烯6.87万吨、苯1.69万吨、硫黄0.22万吨。首次开通呼和浩特石化公司的纯苯危险品运输业务，保证区内3家企业产品的顺利外运。

（2）大力拓展和调整仓储布局，全面提升管理水平。根据装置扩能销售增量的需要，增加襄阳库，更换沧州和赤峰仓库，分别对山东、山西10个仓库进行考察，对承租固定面积仓库进行优化，挖潜现有仓库库容，现总库容14.5万平方米；充分利用调度指挥系统，加强对主要前沿仓储库产品入库、存储和发运情况的实时监控；公司修订完善了4个产品运输、仓储、商务处理等管理办法和2个专项应急预案；组织4期仓储库管理培训班；进行10次前沿仓库检查和评价工作，检查仓库25个，查出问题50多项，下发检查评估报告15份，并督促问题单位进行整改；与仓储单位签订质量和计量管理协议，加强质量和计量管理。

【夯实基层建设】 分公司队伍建设、市场开发、管控能力、营销竞争力得到全面提升。各分公司紧紧围绕“销售增量、做实终端、管好库房”3项中心任务，积极进行市场开发。（1）拓展渠道，强化客户维系，努力提高销售量。分公司以销售代表和市场开发为重点，深入走访调研，细致归类分析，强化客户维系，认真组织经营工作，5个分公司2013年共走访1985人（天），走访用户2160家。在资源配置上，倾向A类、B类用户；在价格制定、资源流向上，最大限度满足重点客户需求；在优惠政策上，出台“计划执行奖励办法”与“承兑汇票使用”等优惠政策。分公司完成销售代表和固定量产品销量31.2万吨，占公司总销量18.6%，同比增长8%，加上战略联盟销量共计46.6万吨，占公司总销量27.9%，同比增长5%。（2）严格服务考核，抓实销售代表管理。依照“谁的客户谁负责”的原则，对计划执行较好客户的销售业务人员给予奖励，对计划执行不好客户的销售业务人员给予警示，相应减少计划执行不稳定客户的计划配置，对计划执行较差的客户取消其计划申请资格。分公司销售代表销量18.6万吨，占与固定量合计的59.6%，同比增长15%。（3）深化实用案例培训，提升销售能力和管理水平。深化实用案例教学，将搜集与整理的市场开发、客户维系、沟通协调方面的案例，通过分享式的培训，让分公司员工之间相互学习借鉴，丰富自身的经验。（4）分公司销售结构、进度、区域进一步均衡发展。把握市场行情变化，及时变换销售策略，促进节奏均衡。通过量价曲线对比分析，保证日需求量，实现按进度均衡销售。以需求为前提，调整资源配置，把调整产品销售结构作为分公司持续发展的基础。

【提升基础管理】 强化基础工作，推进管理提升，较好完成各专项工作目标。着力夯实传统管理基础，推进信息化建设，与国际、国内、中国石油内部企业先进管理标准对标，公司提出“事事有人负责、有章可循、有据可查、有人监管”的管理理念。

（1）进一步深化财务体制和机制管理，确保资金安全。持续完善制度，结合业务发展对原有相关制度进行修订；强化预算执行，充分依托“资金平台和集中报销”等信息化手段，严格资金计划管理，强化预算执行的源头管控、过程监督；积极主动与地区生产企业盘活票据，内部顺转银行承兑汇票357张，转出金额3.2亿元，降低持票风险，缓解资金压力，节约了财务费用；扎实开展集中统保工作，被集团公司评为“中国石油天然气集团公司保险管理先进单位”。

（2）信息化工作和系统建设取得新进展。完善协同办公平台系统销售管理功能模块，实现业务处室、分公司报表、图表共享和销售过程考核评比等功能更加快捷直观高效；配合炼化板块实施ERP信息系统应用配套项目建设，实现化工销售关键业务环节管理和分析数据的集中展现。

（3）HSE体系建设工作扎实推进，通过国家质量的监督审核。有序开展质量和HSE体系内审工作；通过国家质量认证机构的监督审核；炼化板块的质量体系推进审核被评为A级。

（4）档案管理工作取得显著成效。实现2000余份历史文件成功迁移；数字化整体达到80%以上，在集团公司档案复评检查评比中晋为B级。

（5）梳理完善公司规章制度，使公司各项工作在规范的管控下运行，修改完善公司层面规章制度124个。

（6）推进内控建设，积极开展审计工作。圆满完成内控体系自我测试；认真梳理了内控流程，及时发现整改例外事项，使公司经营风险得到有效管控；如期完成2014版内控手册的修订工作；完成“武汉分公司经理任中经济责任和库存商品”2项审计工作。

（7）创新培训方式，规范内部和外派培训的管理工作流程，开展远程培训和题库建设工作，组织新员工入司教育讲座等内部培训7项共218人次，2013年共参加集团及股份公司组织的培训项目68项共193人次。

（牟家圆）

中国石油天然气股份有限公司华东化工销售分公司

【概述】 中国石油天然气股份有限公司华东化工销售分公司（以下简称公司）成立于2005年12月2日，是按照中国石油化工统销战略部署，在始建于2000年7月12日的中国石油天然气股份有限公司化工与销售华东分公司基础上整合升级而来。公司是一个以化工营销为主营业务，集内外贸、仓储、技术服务、信息、石化要素市场建设与管理等业务为一体的综合性地区公司。

公司主要负责中国石油所属企业生产的合成树脂、合成橡胶、合成纤维及部分有机原料（含液体）等四大类化工产品在华东区域的统销业务。公司下属上海中油石油交易中心有限公司，主要负责中国石油在上海的石化专业要素市场的建设与管理，开展招商和为下属会员单位提供商务服务，兼营化工产品自营贸易代理服务和国际贸易业务。

截至2013年底，公司员工总数338人，其中，97%的员工具有大专以上学历，46%的员工具有中高级职称，党员比例59.2%，员工整体学历较高，年轻化、专业化特征比较突出。

公司总部在上海市浦东新区，下设7个业务处、7个管理处、3个直属单位及上海中油石油交易中心有限公司，另在上海、南京、杭州、宁波、合肥、南昌设有6个销售分公司和余姚、上海2个仓储分公司。公司自有化工固体仓库2座，最大库容4.8万平方米，年货物周转能力60万吨；另租赁库房29个，分布在华东25个县市。公司党委、纪委、工会及团委等组织健全，下设22个党支部、22个分工会。

【主要经营指标】 2013年，公司实现应收账款为零、货物报损为零、安全环保事故为零、合同诉讼纠纷发生率为零，在极为困难的条件下实现集团公司党组“保稳定、保发展、保安全”的目标。

公司在市场大幅下滑期间形成较大亏损。2013年1—7月亏损15078万元。8月以后，公司抓住大多数品种市场价格上涨的有利时机，积极推价销售，连月盈利，8—12月合计实现利润15266万元，全年实现利润188万元，扭亏为盈。公司销售量、销售收入创历史新高，主要经济指标同比明显进步，全年实现销售量318.7万吨，同比增加59.6万吨，增幅23%；营业收入289.3亿元，同比增加42.9亿元，增幅17.4%。其中，化工自营贸易代理服务实现销售量112万吨，同比增加70万吨，增幅167%；销售收入81亿元，同比增加53亿元，增幅189%；利润2701万元，同比增加2060万元，增幅321%。实现购销率99.6%，直销率57.6%，均超预算1.6个百分点；价格到位率100%；吨商品现金营运费用（不含运杂费）44.84元，同比降低6.94元；五项费用1353万元，同比减少827万元，降幅38%；资产负债率50.1%。

【主要工作成果】

1. 坚持精细化管理，优化经营运行，积极降本降费

一是加大物流优化力度。以精确销售为原则，对销售计划、物流路线、运输方式、仓库布局、合理库存、终端配送等进行综合平衡与优化，并要求仓储合作方挖潜降本，努力化解运费上涨影响。公司全年统销产品断卖直发28.7万吨，节约费用499万元。

二是加大管理力度，努力降低费用。公司严格出差审批，精简会议，严格控制会议费开支标准，重点控制业务接待支出，五项费用同比大幅降低827万元。严格管理承兑汇票，保证资金安全，并优化贴现票据时机，加大票据顺转力度，增加效益349万元。

三是积极开展税收筹划。公司下属交易中心是上海最大的石化要素交易市场之一，在浦东乃至上海市有较大的影响力。公司积极争取浦东新区政府支持，作为交易中心会员享受财政扶持政策。2004年至2013年底，公司共争取到地方财政补贴6020万元，其中2013年获得地方财政补贴1611万元。

2. 积极配合上游扩能和产品结构调整，加大终端市场和高端市场开发力度

一是结合新产能，重点开发在华东乃至国内有一定规模和行业影响力的终端工厂，壮大终端渠道，新开发用户达337家，其中终端客户达212家。

二是专用料市场开发持续推进。公司加强渠道梯队建设，在瓶盖料、管材料、卫生材料、高压电缆料、低压聚乙烯改性料、大中空料、洗衣机料等方面已形成系列化、牢固的专用料终端客户体系，客户大多为优质知名企业。2013年，公司专用料销售量39.8万吨，占合成树脂销售量的27.5%。在伟星管业、中财管业、农夫山泉、娃哈哈、锦湖轮胎等终端客户实现很好的销售。

三是在总体优化资源流向，做好量价配合的基础上，对有中国石油特色的专用料采取优质优价的销售原则，一些优势品种的销售价格远高于通用料，并具有较强的自主定价权，为上游企业增加效益。

四是加强高端客户和新产品市场开发。公司与辽阳石化公司携手开发已二酸高端市场，先后开发美国英威达、德国拜耳新材料有限公司、日本日立株式会社等知名企业，进一步提升中国石油已二酸产品的效益和品牌影响力。积极开发吉林石化公司ABS新产品市场，发挥战略客户优势，推介新产品，与上游企业共同改进产品质量和包装，为抚顺石化公司橡胶新产品的顺利销售创造有利条件。

五是自有营销网络持续发展。2013年，公司下属各销售分公司深化市场调研与开发，巩固扩大销售渠道，加强销售计划管理，提升服务水平，提高专用料销售比例，强化内部考核，深化管理提升，实现销量49.5万吨、利润379万元。

3. 加大工效挂钩力度，优化绩效考核体系，进一步提升管理水平

一是牢固树立以效益为中心的思想，制订工效挂钩实施方案，缩短考核周期，在充分征求基层意见基础上完善绩效考核方案，突出利润在分配中的主导地位，加大考核兑现力度，把“保增长、保效益”的压力和动力传递给每一名员工。

二是公司领导带队到兄弟企业学习借鉴，并召开党政领导班子扩大会议专题研究工作中的问题和不足，成立公司领导牵头的销售业务优化运行领导小组、管理优化领导小组和绩效考核领导小组，制定进一步加强和改进经营管理的措施。坚持每日召开销售总结分析会，开展营销竞赛活动，每月竞赛成绩张榜公布，并加大奖罚力度，促进扭亏增效。

三是完善风险管理机制，加强风险评估，加强扩销货物、资金、危险化学品等风险防范，加强审计、反舞弊工作，内控体系外审实现零例外，并作为板块唯一试点单位顺利完成集团公司风险管理成熟度

评价和风险评估与预警试点工作。质量管理体系通过第三方和集团公司评审，配合集团公司完成产品质量抽检。

四是保持安全环保平稳运行的良好态势。公司HSE管理体系顺利通过审核。完善安全生产责任制，推行一岗双责，领导干部带头落实安全承诺和有感领导，坚持安全经验分享，规范安全行为，到现场必查安全工作，开展多层次安全培训。落实安全监督责任，重点强化危险化学品、仓储设施、作业、存货、车辆、办公场所安全管理，加强新办公楼装修、搬迁承包商的管理，完善安全设施，消除安全环保隐患；完善现场应急预案，开展全员消防应急演练；完成禽流感、抗台救灾及特殊敏感时期的应急处置和信息上报工作。

4. 积极稳妥处置余姚仓储分公司百年一遇的台风洪涝灾害，确保人员、仓储设施和货物的安全

2013年10月初，受台风“菲特”影响，浙江余姚及周边遭受百年一遇的洪涝灾害，全城水、电、通信、交通中断，周边省道受阻，近百万人受灾。公司下属余姚仓库及办公楼受淹，7名干部员工被困近5天，1.2万吨货物面临危险。面对危急形势，公司沉着应对，积极处置。在首次启动突发事件应急机制的情况下，取得余姚仓储分公司抗洪救灾、恢复生产的胜利。在最短时间内完成货物理赔与水湿料销售，维护客户和公司利益，体现中国石油负责任的企业形象。

（刘元彪）

中国石油天然气股份有限公司华南化工销售分公司

【概述】 中国石油天然气股份有限公司华南化工销售分公司（以下简称公司）于2004年5月18日在广州成立，负责中国石油化工产品在广东、福建、广西、海南4省（区）的市场营销业务和区域内中国石油炼化生产企业化工产品调运业务。公司总部设在广州市，现设有8个职能处室和7个业务处室；下设钦州调运分公司和厦门、深圳、南宁、海口、汕头5个销售分公司；在福州、珠海、湛江设有代表处。公司自成立以来，积极践行集团公司市场战略、南方战略，始终坚持以效益为中心，走质量发展、规模发展、科学发展道路，形成以珠江三角洲为核心，以福建、广西为两翼，以海南为成长点，点面结合，覆盖华南4省（区）的成熟营销网络。公司主营合成树脂、合成纤维原料、合成橡胶、有机化工产品及无机化工产品五个大类共几十个品种、百余个牌号的石油化工产品，年销售规模200万吨以上，年销售收入200亿元。

【主要经营指标】 2013年，公司销售化工产品245.31万吨，其中，统销化工产品177.63万吨，扩销化工产品67.68万吨；实现销售收入195.59亿元、购销率101.73%、全口径直销率（含液体化工产品）60.43%；全年实现账面利润8158万元，全面完成年度考核利润指标。

【10年主要成就】（1）发展规模大幅攀升，化工产品销售量年均增幅达30.27%。

（2）质量效益进步明显，评价公司市场竞争力水平的核心指标不断提高。

（3）业务领域不断拓展，公司由单一的销售型企业，逐步发展成为营销、调运一体化的综合性销售公司。

（4）营销网络日臻完善，分公司建设成效显著。调运分公司全面履行调运职能，化工产品年发运量最高达到80.9万吨。5家销售分公司化工产品年销售量均超过10万吨，其中2家超过20万吨，分公司主营业务规模快速拓展，创效能力持续提升。

（5）管理水平长足进步，跨入到独具华南公司特色的精准化科学管理新阶段。

（6）科技创新收效颇丰，通过股份公司立项的科技开发项目共计27项，已验收项目9项。

（7）社会地位显著提升，为国家和地方经济社会

发展作出较大贡献。

【营销工作】 坚决推行"精准营销"，科学施行低库存运行策略，积极应对市场持续低迷等不利形势，强化市场研判预判，着力拓宽销售渠道，在遭遇橡胶和芳烃产品价格大幅下滑、预算配置资源到位量缺口大等重重困难下，仍取得销售规模和销售效益的同步发展。

及时准确把握市场脉搏，提高市场研判预判和价格制定的准确性，及时、科学调整营销策略，同时，总部相关处室和分公司加强信息沟通和交流，协同联动作用得到进一步发挥，工作效率和工作质量得到提高，在中国石油内部价格对比中价格优势地位得到巩固。

择机开展阶段性销售竞赛，公司促销降库成效显著。竞赛期间单月购销率最高达 124.51%；公司前沿库存 12 月一度降至 1.63 万吨，达到近年来最低水平；公司 2013 年底总库存为 8.48 万吨，比 2013 年初总库存 11.8 万吨下降近 30%，为 2014 年营销工作的顺利开展创造有利条件。

深化战略合作，公司营销主渠道更加牢固。进一步深化与区域内标志性直销工厂大用户的战略合作，与国内 PX 生产龙头企业——腾龙芳烃（漳州）有限公司正式签署战略合作协议，携手大庆炼化公司分别与广东德冠包装材料有限公司、佛山市日丰企业有限公司签订三方战略协议，为公司进一步稳定战略合作群体、规避市场风险、提升公司长远竞争优势积累经验，开创公司战略合作新模式。

扩销和预销售工作积极开展，为公司销售规模和创效能力的提升作出贡献。2013 年，共销售扩销和预销售产品 67.68 万吨，占公司化工产品总销量的 27.6%，实现利润 3818.26 万元。

【计划调运工作】 实施"精准计划"，推进公司计划管理水平不断提升。全面实行综合计划管理，坚持把综合计划管理作为抓好主营业务的前提和关键，以综合计划管理统筹开展各专业线工作。主动加强与炼油与化工分公司和广西石化公司等炼化生产企业的沟通与协调，努力争取优势资源配置，力求使一次资源配置更加符合华南市场的需求。不断优化资源二次配置，每周召开 2 次资源优化研讨会，合理调整、动态优化资源流向，追求前沿各销售点库存压力均等化。始终保持与广西石化的紧密联动，并根据排产实际调整情况适时调整调运计划，确保炼化企业生产后路畅通。

实施"精准调运"，推动公司物流保障能力再上新台阶。2013 年，共发运广西石化化工产品 55.97 万吨，其中，液体化工产品 39.59 万吨，固体化工产品 16.38 万吨。

（1）物流保障作用充分发挥。较好完成广西石化公司化工产品的调运任务，确保生产后路畅通；密切与东北、西北兄弟单位的沟通，靠前协调，加快集港速度，落实优先发运产品，争取运力支持，有效降低港存量和在途量；持续优化运输结构，并根据运输形势变化、市场需求变化和销售形势变化，合理调整、动态优化资源流向，全力组织工厂、集港货物快速向前沿调运，确保公司低库存运行策略的有效施行。

（2）运储过程降费增效成果明显。持续优化液体产品仓储管理，根据营销形势变化及时增减前沿租罐库容，2013 年芳烃产品储罐利用率 80.27%，同比 2012 年的 47.9% 提高 32.37 个百分点，有效降低液体产品仓储费用；通过提高铁路断卖比例，为公司断卖率指标的提升作出贡献；2013 年公司实现断卖率 31%，同比增加 5 个百分点。

【管理提升】 公司各专业线、各部门、各单位立足本职，不断增强大局意识、效益意识、服务意识和责任意识，促进公司主营业务稳步提升，促进各专项工作取得长足进步。着力推进管理提升活动第二、第三阶段工作，重点开展管理诊断下基层，突出协同推进，突出专项提升，持续改进，总结经验，公司 2013 年度管理提升 8 项重点工作项目均取得成效；规章制度体系进一步健全完善，共制修订规章制度 40 项，编印公司管理制度汇编，公司自定的现行有效规章制度 116 项，进一步规范管理，增强防范风险的能力；公司管理体系有效运行，通过集团公司 HSE 管理体系审核，通过质量管理体系第三方监督审核；完成公司 2014 版内控手册的编制，建立公司重大风险评估及报告机制；法律风险防控体系有效运行，实现既定法律风险防控目标。

【安全环保】 落实"党政同责"、"一岗双责"要求，坚持"管工作必须管安全环保"和"直线责任、属地管理"的原则，修订完善全员岗位安全生产责任制；加强 HSE 管理体系建设，在公司范围内开展 4 次内审，并顺利通过集团公司审核；突出危险化学品、易制毒化学品和液化气体化工产品的安全环保监督管理和检查，细化职责措施；扎实做好安全教育工作，不断提高干部员工安全意识；正式启动安全核心价值观文化建设，通过与全员签订安全环保责任书，大力推行"安全联系点活动"、"安全观察与沟通"、"安全经验分享”等，着力构建内化于心、外化于行、固化于制的安全文化体制。2013年，公司全面实现全年“零事故、零伤害、零污染”的安全环保工作目标。

（叶婉英）

中国石油天然气股份有限公司西南化工销售分公司

【概述】 中国石油天然气股份有限公司西南化工销售分公司（以下简称公司）于2002年按照中国石油化工统销战略部署整合成立，原名为中国石油天然气股份有限公司化工与销售西南分公司，2009年4月机构规格由处级调整为副局级。公司主要负责中国石油在四川、重庆、湖南、陕西、云南、贵州5省1市的化工产品统销业务，同时承担四川石化公司以及云南石化公司投产后的化工产品调运业务，主要经营股份公司所属炼化企业生产的合成树脂、合成橡胶、合成纤维、液体化工等四大类近200个牌号的化工产品。

公司本部在四川省成都市，设有15个职能处室和四川、重庆、湖南、陕西、云南、贵州6个销售分公司及彭州调运分公司。截至2013年底，公司员工总数267人，平均年龄37岁，其中大专以上学历占82%，中高级职称人员占36%。

【主要经营指标】 2013年，公司实现销量146.2万吨（其中统销108.4万吨、扩销37.8万吨），同比增长17%；实现营业收入129.2亿元，同比增长12%；实现税前利润4227万元，同比增长75%；上缴税费9874万元；全年购销率101%、直销率39%、价格到位率100.58%，同比分别提高1.8、1.4和0.42个百分点；全面超额完成KPI指标，保持科学发展、和谐发展的良好势头。

【营销工作】（1）业绩指标持续向好，经营质量明显提高。围绕“保增长、保效益”中心任务，注重大势研判、营销策略灵活跟进，均衡、顺势销售有机结合，统销、扩销联动操作，全过程算账，精细化销售能力得到提高。全面深化对标管理，细化量化考核指标，本部注重“大量价”，前沿抓好“小量价”，价格实现总体较好。

（2）区域化战略全面实施，分公司建设亮点纷呈。各分公司找准定位、发挥特色，形成“比、学、赶、帮、超”良好局面。四川分公司坚守主市场、拓展二级网络，2013年销售35.3万吨，排名分公司第一。重庆分公司承担繁重任务，经受全新历练，建设经营两不误，全年统销突破20万吨、踏上新台阶。云南分公司努力推价增效、挖潜增效，完成销量12.2万吨，排名分公司第二。贵州分公司注重二次推价、二次销售，完成销量11.2万吨。湖南分公司超前研判、超前销售，实现销量10.3万吨，并为公司文化建设提供借鉴。陕西分公司深挖市场潜力、加大用户培育，总销量突破20万吨。彭州调运分公司组建以来，与四川石化公司紧密衔接，狠抓培训、苦练内功，各项工作扎实推进。

（3）四川石化公司产品销售调运准备工作取得重大进展。通过实施底线管理、倒排进度，“五个准备”（组织准备、人员准备、方案准备、运力准备和渠道准备）全面就绪，运输方案、销售方案经过演练，流程全部打通。运力准备方面，在条件完全不具备的情况下，公司多方协调，233辆自备罐车手续完备，成为铁道部改制后首批购车单位。渠道准备方面，密集调研走访、协商洽谈，开发9家大型工业用户，与20家液体用户签订供货协议，提早落实销售后路。

【企业管理】 按照“简捷、务实、高效”原则，大力推进管理标准化、规范化、科学化。重大制度班子会审议，层层审核把关，共修订制度42项、新增4项、合并废止7项，制度体系持续完善。内控与风险管理质量进一步提高，顺利通过各类检查。财务系统以“管好家、理好财”为己任，严格预算管理，强化资金管控，通过顺转承兑汇票、落实“营改增”政策，节约财务费用340余万元。审计监察工作向工程领域、经济责任延伸，开展专项审计9项、效能监察2项，为公司规范管理提供监督保障。推广分公司经验交流会成果，业务系统实施日志化管理，量化工作标准，开展全员经营活动分析，工作质量明显提高。办公室系统发挥参谋助手作用，促进公司上情下达、政令畅通。公司信息报送工作取得较大进步，获集团公司“信息工作先进单位”称号。总经理（党委）办公室荣获集团公司密码工作先进集体。

【仓储物流】 2013 年，调运计划完成率 99.7%，重点运输计划完成率 86%。加大配送服务力度，站台配送 11 万吨，加快运行效率。严格库房标准化管理，定期组织达标验收，库房达标率 100%。坚持快进快出、低库存运作，优化组织运输，加大直发销售，谨慎组织中转，全年直发 8.1 万吨、是 2012 年的 1.5 倍；中转同比减少 3 万吨，节约 452 万元；存货周转天数从 28 天降至 23 天，实现高效运营。

【工程建设】 重庆仓储物流中心项目于 2013 年 6 月启动建设，相关部门从零开始、边学边干，历经重重困难，即将中交。项目领导小组多方协调、现场督办，项目办公室和重庆分公司主动配合、积极服务，突出业主管控作用。开工以来，广大建设者克服高温、雨季等恶劣气候，做了大量艰苦工作，截至 2013 年底，4 座库房全部封顶。

【安全环保】 针对工程建设和危化品运输的新增风险，体系全面覆盖，编制重庆库建设 HSE 管理手册，新增 9 项危险化学品储运安全管理制度。落实“严细实”要求，强化属地管理和承包商监管，加大现场检查力度，重要工序、高风险作业，实施旁站监督，发现问题、责令整改。开展安全大检查、安全生产月和“12 · 23”警示月等活动，各项规定动作有效执行。定期进行安全培训和经验分享，提高员工的自我保护意识。

【新产品开发应用】 把新产品开发作为重要战略任务和发展方向，发挥中国石油整体优势，开展“研、产、销、用”联合攻关，2013 年向市场投放 24 个牌号、实现专用料销售 23.5 万吨。钢管聚乙烯防腐料项目通过集团公司科技部的项目验收；医用聚烯烃项目通过国家科技部立项，并同意由中国石油制定中国医用料产品标准。

（梁　东）

中国石油天然气股份有限公司东北销售分公司

【概述】 中国石油天然气股份有限公司东北销售分公司（以下简称公司）主要负责东北和华北地区的大连石化、大港石化等 13 家直属炼化企业成品油资源的收购、调运和结算；负责东北、华北、华东、华南等区域内中国石油销售企业所需资源的均衡稳定供应、物流组织和结算；负责物流区域内沿海、沿江、沿成品油管道具有集散和储备功能、需跨省调拨油品大型油库的建设和管理。公司机关设 15 个处室，即总经理（党委）办公室、资源配置处、调度运输处、财务资产处、质量安全环保处、企管法规处、信息化管理处、投资建设管理处、油库管理处、人事处、审计监察处、党群工作处、综合管理办公室、机关党委、清欠办公室。下辖 21 家分公司，在职员工 2400 多人。

【主要经营指标】 2013 年，是公司运行难度最大、面临挑战最多、工作最为繁重的一年。面对市场需求不振、价格频繁调整、产销矛盾突出、运行异常艰难等严峻考验，公司勇于攻坚克难，敢于迎难而上，取得新业绩。全年配置计划兑现率 98.01%，交货计划兑现率 100.88%，完成成品油销售量 5506 万吨，调运量 7577 万吨，销售收入 3914 亿元，营销成本 12.16 亿元，吨油运费 148.01 元，利润 -28.26 亿元。亏损的主要原因是调拨价格不到位，毛利空间不足所导致。全年未发生安全、环保、质量、计量责任事故，保持了稳定和谐、健康发展的良好局面。

【企业管理】

1. 供应保障能力提升

按照集团公司“保增长、保效益”的要求，积极应对市场变化，精心组织运行，有力地实现了“两个确保”。加强与销售分公司、上下游企业以及铁路、港口等单位的汇报、沟通和衔接，深入相关单位走访调研、征询意见、现场办公，创造和谐有利的外部运行环境。统筹直炼和地炼两种资源，积极引导直炼企业增产适销对路和高附加值产品，收购地炼资源 236 万吨，提高了产销企业整体效益。针对千米桥油库维修改造影响油品外调、个别企业品种结构不匹配造成流向受限等突出问题，及时调整运行方案，启动应急预案，有效保证了大港、华北、大庆等生产企业的后路畅通。在两会、春耕、三夏、秋收，以及内蒙古通辽地震、川渝等地洪涝灾害发生时，采取组建专用龙组，重点计划优先发运，组织辽宁地区柴油回流吉林、黑龙江等措施，有效保证重点地区特殊时期的资源供应。在销量增长箭头向下的情况下，更加注重精细管理、精耕细作，深入开展优化运行，全年节约运输成本 9236 万元。不断优化资源流向、运输方式和配送路径，积极探索皖北、粤东、金华等地送货新模式，推进铁路梯次运输和海进江整体送货再优化，建立 6200 余座加油站的基础信息档案，严格地付公路运费的审核确认。推行阳光调运、优质服务，完善了调度例会制度，增强了运行决策的科学性和透明度。进一步加强了自备车管理，转变管控模式，实行管、用分离，变分散管理为集中管理，改趟租为期租，强化了 3 天未动转车辆的监督调控，优化检修车的制返流程，产权车实现跨局装车使用，自备车使用效率达到 84.86%，同比提高 3.49 个百分点，节约自备车租赁费 2800 万元。

2. 企业管理水平上台阶

狠抓十项基础管理工作，“管理年”活动取得显著成效。2013 年下达综合计划 1741 项，执行率 95%，各项工作的计划性和整体性显著增强。深化全面预算管理，加强成本费用管控，营销成本比预算降低 1.8 亿元。召开海运费和军油结算协调会，提高结算效率，财务费用比预算降低 8646 万元。加大陈欠款清理力度，全年清回货币资金 653 万元，核销坏账 446 万元。加强月度经济活动分析，提升决策支持能力。开展油库设备大检查，建立油库设备数字化档案，实现库存等数据信息的自动统计。加强信息化工作，ERP 系统、油库管理系统的应用水平不断提高，一次物流系统开始单轨上线准备，协同办公平台作用得到有效发挥，着手建设管理层工作平台，有效组织开展油库管理系统应用提升调研。全年完成投资计划 3914 万元、物资采购计划 2797 万元，组织招标 14 次、标的额 7512 万元、节约 449 万元，投资控制及效果评价达到满分。与东北炼化签订工程建设战略合作协议；按期完成了珠海油库围墙改造项目，千米桥油库维修改造项目进展顺利；积极优化长春油库二期设计方案，主动调减投资规模 2.08 亿元，实现长春一期管理权和二期建设权的平稳移交。组织开展内控体系管理层自我测试，梳理风险评估标准，完善风险预警监控机制。组织实施审计、效能监察、专项检查和信访调查 76 项，发现问题 90 个，提出审计监察建议 76 条，取得直接经济成果 310 万元。制修订规章制度 27 项，废止 24 项；审查各类合同 753 份，提出法律意见 644 条，促进依法从严治企，保护了公司合法权益。启动了联安、汇能码头，大厂公司股权收购程序。质量管理提升项目取得积极进展，完成处室职责梳理、制度体系平台开发和管理成熟度评价，有效推进目标管理的顶层设计。精心组织开展 2013 年岗位责任制大检查，制定检查标准 412 个，涉及检查内容 265 项，查出共性问题 27 个、个性问题 103 个，提出改进措施建议 130 条，促进基层管理水平的全面提升。

3. 安全质量计量管理取得成效

深入推进落实安全环保责任制，建立安全总监工作机制。组织开展 2 次 HSE 体系审核和 4 次安全检查，三季度重点组织开展油库电气专项检查，发现安全隐患和各类问题 1405 项，整改完成 1037 项。加强未遂事件管理，完善应急预案，在南沙油库举办公路付油突发事件应急演练，提高应急处置能力。完成节能 351 吨标准煤，节水 2.09 万立方米，推进了节约发展、清洁发展。加大临租库、外采油、长期储存油品的质量监控力度，精心制定并组织实施国Ⅲ柴油、国Ⅳ汽油的升级置换方案。油品监督检测中心完成 253 批次产品质量抽检任务，举办质量、计量培训班 31 期，培训学员 1803 人次，创油品监督检测中心成立以来最好水平。积极推行质量流量计动态交接，修订完善库存商品盘点管理办法，加强损溢分析，规范损溢处理。狠抓油品运输损耗专项治理，下海和铁路运输损耗率分别为 2.5‰和 0.7‰，同比分别降低 0.4 和 0.19 个千分点，降耗增效 3400 多万元。协助集团公司有关部门开展东北地区下海油计量交接调研，困扰公司多年的生产企业装船离港差率偏大的问题，有望得到缓解。妥善处理质量、计量商务纠纷 169 起，及时受理率 100%。

4. 改革发展注入活力

进一步深化体制改革。结合油库布局优化调整，整合长春、吉林分公司人员。成立公司纪检监察审计中心，集合人力、集中办公，强化顶层监督。依法开展法人实体清理整顿工作，解决历史遗留问题。进一步深化干部人事制度改革。颁布《领导人员综合考核办法》、《领导人员行为规范》，对副处级以上干部进行全方位、多维度的考核，加强制度约束，突出量化考核，创新评价体系。进一步深化用工制度改革。探索推进非主营业务外包，精简员工队伍。进一步深化分配制度改革。调整理顺薪酬分配秩序，努力向基层和一线倾斜，增加员工的工资性收入。深入开展月度绩效考核，不断完善考核指标体系，突出质量效益，严考核、硬兑现，发挥绩效考核的“指挥棒”作用。对分公司试行分类分级管理，体现了责任与贡献优先、兼顾公平的分配原则。进一步加强了培训工作，组织两级培训班 269 期，参培 1987 人；55 名员工通过职称评审，113 名员工通过职业技能鉴定，公司职业技能鉴定站通过国家职业技能鉴定站质量管理体系认证。

5. 党建工作开创新局面

公司新一届党委扎实开展以“为民务实清廉”为主题的党的群众路线教育实践活动，聚焦作风建设，狠抓“四风”问题整改，构建转变作风长效机制。公司查摆“四风”问题 585 个，对这些问题逐条逐项进行整改落实。公司层面会议、文件同比分别下降 21% 和 8%，五项管理费用同比降低 19%；物资采购与综合计划数据重复填报、个别业绩考核指标设置不科学、个别驻厂办选址不符合安全环保规定等一批员工反映强烈的问题得到及时整改，全面实现活动的目标要求。

（孙　伟）

中国石油天然气股份有限公司西北销售分公司

【概述】 中国石油天然气股份有限公司西北销售分公司（以下简称公司），主要负责西部地区 13 家炼化企业、20 个省（区、市），以及铁道、民航、兵团等 11 家专项用户的成品油产销计划衔接、资源优化配置、物流调运组织和质量计量监督工作。截至 2013 年底，公司机关设 12 个职能处室，下辖兰州、新疆、广西、郑州、陕西、武汉、川渝、宝鸡、玉门、永登、宁夏、呼和浩特、青藏等 15 个直属分公司，在职员工 2466 人。公司管理运营中西部地区 18 座油库，总库容 270 万立方米；拥有铁路专用线近 20 千米，自备罐车近 6000 辆。

【主要经营指标】 2013 年，公司完成油品调配 4360 万吨，同比增加 319 万吨；实现销售收入 3107 亿元，同比增加 207 亿元；实现利润 5.04 亿元；营销成本总额 9.3 亿元，较预算减少 1.9 亿元；吨油运费 175.75 元，较预算降低 7.25 元，同比降低 0.94 元；安全生产实现“三个为零”（工业安全生产事故为零、道路交通事故为零、火灾事故为零）。公司被评为“集团公司 2013 年度安全生产模范先进企业”，被评为集团公司“管理提升活动先进单位”。

【“两保”责任履行】 以确保炼厂后路畅通和责任市场稳定供应为首要责任，2013 年配置计划完成率 98% 以上，产调率 100.04%，实现西部地区产运销业务的平稳顺畅运行。强化产销衔接，努力破解汽油、柴油产销不匹配的矛盾，保障汽油产销顺畅，完成直炼汽油调运 1316 万吨，同比增长 15%。想方设法做好运输难点地区的调运组织，呼和浩特石化、宁夏石化油品交货完成率分别达到 98% 和 99.3%；川渝市场配置 928 万吨，同比提高 11%。加大外采力度，收购延长资源 386 万吨，占公司配置总量的 8.8%，增强资源掌控能力。实施淡储旺销策略，累计收储资源 76 万吨，保障春耕用油旺季的市场供应。紧盯四川石化开工进展，滚动修订产品出厂方案，加快彭州油库投运进度，为炼厂投产做好了准备。坚持多措并举、提前应对，满足三季度炼厂集中检修和南疆资源紧张时期的属地市场供应。在农业用油高峰期和抗击自然灾害的关键时刻，积极主动应对，不断完善保供机制，保障油品及时足额供应。精心组织，克服诸多不利因素，提前完成公司站库国Ⅲ柴油置换，12 月底完成西部地区国Ⅳ汽油置换，产品质量升级任务顺利完成。

【物流优化】 大力优化资源配置和调运组织，狠抓成本管控，在消化了铁路运价上涨产生的 3.9 亿元和全面承担西藏、内蒙古公路运费 3.4 亿元成本后，节约运费 3.17 亿元，吨油运费指标完成良好，保持了连续 4 年下降。持续引导炼销企业产销高附加值产品，97 号汽油配置 185 万吨，增幅 41%；航空煤油配置193万吨，增幅19%。坚持资源配置向高效市场倾斜，全年配置区内省区资源3074万吨，同比增长12%。继续实施夏储冬用策略，适时收储-35号柴油5.2万吨。千方百计发挥管道作为运输主力的作用，管输量占运输总量的61%，三条长输管道完成1455万吨；兰成渝管道完成684万吨，创投运以来新纪录。西部管道新增输-35号柴油，新疆境内各品号油品出疆全部实现管道外运。持续提升铁路运行效率，铁路运距同比缩短124千米；自备车周转率同比提高0.21次，相当于增加运量72万吨。打破传统的区域配送方式，实现云南文山、内蒙古阿盟和青海祁连等7个地区的跨区配送，累计配送20万吨，节约运费2000万元。

【项目实施】 按照建设国际水准物流企业的总体目标，以业务发展为主线，编制完成公司中长期发展规划，细化和明确公司发展的具体目标与任务。新接管长沙油库、彭州油库，自有库容从160万立方米增加到250万立方米，增幅近60%，管理运营总库容达到270万立方米，增强了调控保障能力。积极推进储运设施升级改造，2013年落实投资和维修计划5777万元，完成71个专项维修项目施工任务，提升油库运行保障水平。启动销售应用系统集成项目，成为集团公司第一批实施单位；完成郑州等6座油库的一卡通系统实施，实现长沙油库管理信息系统与湖南销售二次配送系统的集成；深化ERP系统应用，基本建成一次物流系统，信息系统对运行的保障能力不断增强。

【安全和质量计量管理】 严格落实安全生产责任，认真践行“有感领导、直线责任、属地管理”要求，强化制度、标准和流程执行，安全管理基础不断夯实。持续开展HSE体系审核监督，发现并整改各类问题156项，体系运行健康有序。狠抓安全隐患治理，开展宝鸡油库消防系统、郑州油库应急缓冲池等集中治理。完善应急管理机制，完成各单位应急预案的修订和评审，开展油库应急演练和现场应急处置370余次。以长沙油库为试点，积极探索管理新模式，高标准、高起点推进国际水准油库创建，实现油库一次投运成功，国际水准示范库建设取得初步成效。专题研讨承包油库管理问题，推行承包油库主任负责制，有效落实了属地管理职责。开展安全管理、现场操作、风险管控等培训，提升了员工安全管理和操作技能。开展铁路装车和油库自动计量研究，全面摸底公司计量交接现状，加快自动计量交接应用，提高了交接效率。新疆和兰州质检站参加集团公司车用汽油能力验证实验，均获得满意结果。圆满完成集团公司、分公司年度质量监督抽查任务，抽取样品259个，确保了油品质量安全可靠。

【企业管理】 以综合计划管理为抓手，实现管理工作全覆盖，有效提高了各项工作的计划性、整体性和协调性。将综合计划与绩效考核有机融合，每月进行盘点、考核、分析和通报，强化监督落实。全年共制订管理性工作计划3030项，完成率98%。优化岗位责任制检查机制，共查出12个专业189项问题，严格落实整改责任，夯实了基础工作。不断深化财务管理，资金计划准确率、应收账款周转天数等多项财务指标处于股份公司前列，资金运行效率明显提升。深化对标分析，强化费用管控，五项非生产性费用同比降低19%。《公司油库费用定额标准的制定及应用》荣获“第二十六届全国石油石化企业管理现代化创新优秀成果（行业部级）”二等奖，这是公司历史上体现管理创新成果的首次殊荣。完成武汉22万立方米、郑州18万立方米商业储备库的资产收购，理顺2座油库的管理和资产权属关系。强化审计监督检查力度，开展14项重点项目审计和2项效能监察，发现各类问题49个，提出审计意见和建议30条，进一步促进和规范了权力运行。

【队伍建设】 不断深化“四好”班子建设，着力加强领导干部思想作风、领导作风、工作作风和生活作风建设，两级班子大局意识、政治意识和责任意识不断增强。各级领导干部坚持深入基层调查研究，广泛听取意见建议，切实为基层解难题、办实事，密切了干群关系，推动了基层工作。坚持推行干部选拔竞争机制，完成承包油库14个主任岗位公开竞聘。合理配置劳动用工，员工总量始终控制在目标之内。优化绩效考核指标设置，完善月度考核商议机制，提高绩效考核公正性和透明度。加强员工教育培训，培训计划完成率达到98%，参训人员满意度达到90%以上。各基层单位认真开展轮岗培训、师带徒、管理人员跟班锻炼、油库间交流学习和“一季一考”、“一月一讲”等培训活动，有效提升了员工队伍素质。举办第三期中层干部、计量管理专业和油气储运综合培训班，各领域业务骨干的综合素质得到增强。成功举办管理和专业技术人员业务技能大赛，以赛促训，以赛促学，激发员工学习热情，提高了队伍素质。完成职业技能鉴定340人次，油库各工种高级工比例同比提高12.3%，主体工种“双证”持有率达到53.4%。首批24名内部技师聘任上岗，高水平操作技能人才队伍建设取得新突破。

（陈　斌）

中国石油天然气股份有限公司润滑油分公司

【概述】 中国石油天然气股份有限公司润滑油分公司（以下简称公司）是集生产、研发、销售、服务于一体的专业化公司。公司成立于2000年12月19日，现有11个润滑油（脂）生产厂、6个销售分公司、2个研发中心、3家股权单位。公司总资产76亿元，固定资产原值35亿元，员工总数5515人。

【主要经营指标】 2013年全年销售润滑油（脂）186.3万吨，其中，车用油41.4万吨，工业油44.2万吨，特种油50.3万吨；完成投资1.7亿元；实现营业收入177.5亿元；利润总额2165万元。

【主要产品】 昆仑包装油以昆仑为主品牌，由“昆仑天润”、“昆仑天威”、“昆仑天工”、“昆仑天鸿”、“昆仑天蝎”、“昆仑之星”及昆仑工业油组成较完整齐全的品牌架构。产品包括车用润滑油、工业润滑油、特种润滑油、船用润滑油、车辆辅助产品等，涵盖油、脂、剂等。

【生产运行】（1）强化计划与市场结合，增强资源保障能力。集团公司内部供应基础油资源150.6万吨，市场采购外部资源10.1万吨，两种资源合理利用。（2）优化生产布局，增强市场保障能力。在北京厂增加防冻液生产，在华东厂完成了变压器油、冷冻机油的调和、分装，顺利完成研发中心新特产品转产销售。（3）加强产销衔接，提高生产物流效率。坚持每天的产销衔接视频会和每周销售视频会，协调生产、发运、销售，订单供货平均周期缩短到15天以内，订单执行率达96%。（4）安全环保基础不断夯实。严格按照“以人为本、预防为主、全员参与、持续改进”的HSE方针，深入开展安全风险识别，加强隐患整治。开展安全环保大检查3次，整改各类安全问题和隐患370项。全年实现了“零事故、零伤害、零污染”的管理目标。连续5年获“集团公司安全生产先进单位”。（5）产品质量稳步提升。从原材料入厂验收、工艺配方统一、物流质量监管等各个环节加强质量管控。制订了柴油机油、液压油、工业齿轮油等系列产品质量提升方案，质量稳定性显著提高。建立了质量周报及抱怨追溯制，严肃责任追究，增强全员质量意识。

【销售管理】（1）品牌管理持续推进。开展竞品品牌及产品线专题研究，制订天润品牌优化及产品线精简方案，完成主要工业油产品线重新规划、设计等前期工作，成功策划玻璃清洗液等新产品上市。开展多种形式品牌传播，举办首届变压器油行业高端论坛、赞助大学生方程式汽车大赛、“中国芯”十佳发动机评选等活动，扩大品牌影响力。（2）渠道质量不断提升。修订车用油、工业油销售渠道管理办法，加强对销售渠道的管控。特种油减少中间环节，直接让利终端用户，对变压器油用户实行分类管理，加强价格和渠道监管，实现特种油销量的稳定增长，变压器油同比增长1.8万吨。车用油加强终端客户开发，提升销量。工业油压缩渠道环节，引导区域经销商提升直供比例，发挥技术营销优势，改善产品结构，在销售总量下降的情况下，同比销售利润增长1.7亿元。VIC/OEM开发和维护持续优化，以重要OEM和行业领军企业为主，开展钢铁、工程机械等行业用油调研，四川石化等系统内用油进行管家式服务，探索为客户提供一揽子润滑解决方案，38家VIC客户销售18.7万吨，其中高档汽油机油3.2万吨，同比增长10.4%。海外、快换和网销取得积极进展，海外业务实现销售1.7万吨，收入2亿元。快换全年实现高档油液加注量252吨，实现收入2103万元。网销润滑油液1.26万桶，同比实现增长。（3）促销策略不断创新。取消折价促销，实行买赠促销，成功策划了冷却液整体促销，冷却液同比增长3677吨，为做好今后促销策划积累经验。

【科研规划】（1）精心谋划长远发展。完成市场营销、科研优化、生产布局、基础油资源保障等发展规划。（2）加快重点投资项目建设。2013年，完成竣工验收项目8个，完成了北京厂一期、华东厂三期，以及无锡脂、厦门昆仑退城进园等工程项目。太仓添加剂项目、兰州研发台架项目获准建设，翼龙公司项目完成评估，公司发展基础进一步夯实。（3）加快技术进步，推进科研创新。在研项目130项，34项通过验收，申报专利29项，12项获得授权。3项成果获"集团公司科技进步奖"，6项标准获"集团公司优秀奖"。自主知识产权的SL 5W-30汽油机油通过API认证，节能型5W-20通过AVL和通用泛亚评定。

【企业管理】（1）修订"三重一大"决策制度，进一步明确重大事项的决策权限、流程和职责分工，为科学决策、民主决策提供了依据和准则。（2）深入开展"三项工作"，完成实施方案各阶段工作内容，业务改善375项，专项提升157项，实现短板补齐和瓶颈突破，进一步夯实管理基础。（3）建立督查督办工作机制。加强重点工作落实，全年督办事项204项，滚动完成率85%。（4）降本增效成效显著。全力降库增效，一年期以上库存由8900吨下降到2400吨，总库存下降17.5万吨，节约财务费用1.5亿元。（5）加强财务管理。坚持开展经济活动分析，为生产经营提供决策支持。期末资产负债率35%，短期付息资金低于11亿元，创历史最好水平。

（邵伟国）

中石油燃料油有限责任公司

【概述】 中石油燃料油有限责任公司（以下简称公司）前身是中油燃料油股份有限公司，成立于1997年。负责中国石油系统内所有沥青、燃料油、馏分油、溶剂油等炼油小产品的"四统一"工作，即统一市场销售、统一对外投标、统一产品品牌、统一售后服务，业务上归销售板块领导。根据股权和业务特点，在2011年底，公司更名为中石油燃料油有限责任公司。公司年原油进口量千万吨以上、年加工能力1350万吨、销售和中转能力2000万吨以上、仓储能力550万吨，是集资源进口、生产加工、仓储中转、期货贸易、系统内炼油小产品统销、产品研发与技术服务为一体的实体型企业。公司截至2013年底合并资产总额278亿元，注册资本50亿元。

公司设二级行政机构、三级业务。总部机关设12个职能处室、3个直属机构；二级行政机构设4家沥青生产厂、3个储库、7家区域销售公司、1家研究院、1家工程管理公司、参股管理2家企业，外挂2家委托加工企业；各二级行政机构的车间班组、沥青储库、经营部开展三级业务。现有员工3066人。

【主要生产经营指标】（1）原油进口量同比最高。采购进口原油1914万吨，同比增加347万吨，增幅22.15%。

（2）小产品产能整合有序。采购各类产品1265万吨，其中：直属炼厂完成568万吨，加工产品完成661万吨，其他外采完成36万吨。

（3）生产加工平稳有序。自有厂加工原料油394万吨，同比减少16万吨，降幅3.9%。委托加工1419万吨，同比增加227万吨，增幅19.04%。

（4）仓储中转效率提升。中转各类油品3597万吨，同比增加414万吨，增幅13.01%；自有油库中转1485万吨，同比减少147万吨，有效中转4.95次，同比减少0.49次；跨区调运资源48.6万吨，同比增加15.5万吨，增幅46.8%。

（5）产品销量合理调整。销售各类油品2342万吨，同比增加49万吨，增幅2.14%。其中沥青销售724万吨，同比减少74万吨，减幅9.27%，重交沥青市场份额达到28%，同比降幅5%，改性沥青销售16.4万吨，同比增幅22.3%。

燃料油销售197万吨，同比减少31万吨，降低13.6%；其他油品销售1421万吨，同比增加154万吨，增幅12.15%。

（6）经营利润有所减少。实现营业收入1028亿元，完成年度预算的109%，同比下降2%；实现利润10.28亿元，比预算减少4.72亿元，同比减少3亿元。

（7）成本费用有效控减。吨油营销成本45.75元，比业绩合同指标每吨下降1.25元；吨油加工成本132.28元，比业绩合同指标每吨下降2.72元；吨油人工费19.47元。财务费用同比大幅下降，减少24，706万元。五项费用控制明显，同比降低10%。

（8）生产技术指标持续向好。各项指标均好于对标值。综合商品率99.6%，加工损失率0.40%，综合能耗为 19.09 千克标准油 / 吨，产品合格率达 100%。

（9）投资工作稳步推进。新开投资项目 5 项，总投资 2.72 亿元。完成 14 项结转投资项目，开展 15 项待建项目前期工作。滚动修订“十二五”发展规划，编制 2014—2020 年发展规划纲要。

（10）健康安全环保持续平稳。一般生产安全事故 B 级以上事故为零；一般环境污染事件为零；“三废”处理排放情况良好；主要污染物达标排放率 100%。

【企业管理】 2013 年，在国内经济增速放缓，原油需求下降的总体情况下，公司继续秉承“预知管理，立体推进”的管理理念，努力控制生产成本，优化销售结构，抓实产业链各环节衔接，力避效益滑坡，努力完成年度生产经营目标。在持续拓展完善产业链条的进程中，进一步统筹集成专业体系，加大集成力度 提高集成深度 持续向打造国际水准沥青燃料油供应服务商的目标迈进。

1. 拓展产业链条各环节，进一步实现“横向集成”

公司努力寻找拓展途径，推进产业链内、外资源的集成利用，提升各环节业务竞争能力。

（1）集成原油贸易运作能力。通过信息集成，进一步拓展商情分析的深度和广度。依托国际一流信息终端平台，即时跟踪国际市场主流信息；借助国内专业情报信息服务商的力量，实时跟踪真实规范的经济运行数据；选择适合的信息机构，采集可靠的地方炼厂数据；与国际油品贸易公司密切联系，加强与同行间的交流沟通，准确寻找市场变化规律。综合原油动态信息，灵活选择套保工具，对冲市场波动风险的能力进一步增强。公司在主要采购委产重质原油的基础上，采购中东原油、达尔油以及瓦斯科尼亚原油、南部混调原油等轻质油。在品种上，扩展到巴士拉油、阿曼油、上扎库姆原油、科威特油等油品，进一步优化了资源结构。

（2）集成高端产品生产能力。4 个自有厂通过技术改造，提高了“短流程、精加工”能力。建成库尔勒、乌鲁木齐 2 套改性沥青装置。三个自有厂实现了原料自给，西北地区改性沥青生产突破了原料瓶颈，公司 6 套改性沥青装置均实现了工业化订单式批量供应，年产能达到百万吨以上，生产供应能力实现质的飞跃。桥面专用沥青等高端产品在重点、亮点工程中应用，船用燃料油标准产品的生产技术准备基本完成。

（3）集成小产品产能。加大对小产品资源的挖掘力度，增加大连石化、庆阳石化、兰州石化等炼厂资源；引导炼厂提高加工深度，生产适销对路产品，利用不合格柴油生产“D”系列馏分型船用燃料油。在自有厂辐射区域之外，开展合资、委托加工业务，回购小产品，增加产能，保障市场供应。统筹零散油浆资源，推广应用掺炼油浆生产沥青工艺，降低加工成本，增创经济效益。

（4）集成仓储物流能力。集成码头、自有原油库、外租储库、沥青库、自备铁路罐车等的收储调配功能，原油中转能力达到 3000 万吨。推进仓储网络建设，实现对重点市场区域的有效覆盖。继西南普兴库、库尔勒沥青库、盘锦沥青库投入使用后，高富公司沥青储罐建设项目、连云港沥青库建设项目、江苏公司船用燃料油调和项目正在推进中。

（5）集成营销能力。与交通、市政等主渠道用户为主的终端营销网络建立了稳固的战略联盟。与四川能投、贵州省公路局签订了框架协议，加大了与沥青终端用户的合作力度。沥青期货业务正式挂牌交易，营销手段更加多元化。利用国家新政，与亚洲最大乙烯芳烃生产商——赛科公司合作，实现石脑油直销创效，每吨增利近千元。拓展营销半径，提高配套服务能力。打通铁路发运通道，争取用户；帮助用户寻找合适的储库和配送公司，提高资源保供能力；提供“套餐式”产品供应，避免用户分散采购成本过高；提供“配送至拌和站”的供应模式，强化了终端市场服务能力。

（6）集成科技研发能力。“研究开发—技术转化—技术服务”三位一体的科技创新体系已见雏形，在技术营销中的主体作用、依托作用、支撑作用已经显现。集成公司内部、外部原料资源和科研资源，开展改性沥青工业化生产技术攻关。开展克拉玛依石化沥青与乌鲁木齐石化渣油混兑生产 SBR 改性沥青的试验，在乌鲁木齐石化研究院进行乌鲁木齐石化原油蒸馏及调和试验，为 3 套改性沥青装置的开工提供技术支持。开展长庆半沥青原料调和生产道路沥青工艺研究，研制出与兰州石化油浆或乌鲁木齐石化渣油调和生产普通道路沥青的配方。在华北石化公司开展脱油沥青增值利用研究，生产特种沥青路面养护材料并试用成功。

集成研究院和 4 个自有厂的科研合力，致力于新产品研究。开展了硬质沥青产品开发应用及标准研究，完成浇筑式沥青、高模量沥青、低标号改性沥青实验室研究，提出桥面专题铺装方案。开展了功能性路面专用沥青材料产品开发及应用研究，初步确定 3

种功能层沥青材料中试的配方和工艺条件。和易性高黏高弹桥面专用沥青通过江苏省经信委新产品新技术鉴定，达到国际先进水平。

集成公司所属7家区域销售分公司的协同作用，提高市场开发的统筹性，统一进行资源跨区域调配，保证资源流向高效市场。全年跨区域优化运行资源24.4万吨，其中跨区调拨沥青14.29万吨，圆满完成新疆地区保供任务。

（7）集成资本运营能力。择机进入，以主业发展为核心，审慎进行股权投资，取得外延式发展。为优化资源配置、提高市场份额，公司持股40%与滨阳燃化公司组建山东滨阳石化有限公司；为加快开发中国铁路内部用油市场，提高市场份额和社会影响力，与中铁物贸有限责任公司组建合资公司，开发终端市场。

适时退出，积极推进股权清理与整合工作，集中资本资源。收购辽河经贸公司所持大连北方公司40%股权，将大连北方公司整合为一人有限公司；完成保定油库股权退出工作，解决了历史遗留问题；清算宁波大榭能源交易中心和潍坊中油弘润工作，及时回收股权投资。

2. 产业链各环节优化运行，进一步实现“纵向集成”

通过统筹、拓展、完善“原油、沥青、燃料油”业务，持续推进产业链各环节、各要素相互渗透、相互依存，建立科学、规范、高效的联合运行机制，提高集约化经营水平，促使各环节形成合力。

（1）以原油业务为核心的功能集成。各环节联动，强化沟通衔接，优化资源配置和利用。建立周度业务对接机制，强化整体运行衔接；从入库环节开始合理优化布局，将资源向效益好、周转快的地区投放；加快周转效率，利用有效库容快进快出；精细开展整体资源效益分析，有效平衡自有炼厂和委托加工的资源供应量；根据市场需求，优化原油加工方案，加大效益好的产品产出。利用灵活的营销手段，促进计划配置到位率和客户忠诚度的提高，确保市场困难时销得动。

（2）以沥青业务为核心的功能集成。各环节联动，“技术、生产、销售、品牌建设”同步推进的市场开发模式初见成效。以研究院为支撑、4个自有厂为依托、7个区域销售分公司为主体的技术服务体系初步建立。产、研、销环节密切配合，做到“生产前有配方支持、生产中有质量保证、生产后有畅通销路；销售前有专业咨询、销售中有配套支撑、销售后有技术保障”。编制《改性沥青生产工作手册》，规范“前期准备、生产准备、生产过程、产品发货、技术服务”5个环节工作，确保产品顺利推向市场终端。

（3）以燃料油业务为核心的功能集成。集成地域资源，拓展船用燃料油业务。利用东北、华北地区油浆资源，委托加工调和生产180号船用燃料油，累计销售15.81万吨，相比直接销售油浆增加效益70元/吨。华北地区依托秦皇岛、东北地区依托营口、华东地区依托舟山，有效开发了区域船用燃料油市场。

（杨玉玲）

中国石油天然气股份有限公司辽宁销售分公司

【概述】 中国石油天然气股份有限公司辽宁销售分公司（以下简称公司）主要承担辽宁地区（不含大连市）石油成品油经营业务，下设13个市级公司，36个县（市、区）经营部，独资在用油库26座，总库容70.15万立方米，有自营加油站1112座，约占辽宁省加油站总数的三分之一。在职员工14809人，其中，合同化用工5330人，市场化用工9373人，劳务人员106人。

2013年，实现成品油销量659.2万吨，其中，零售量521万吨；实现销售收入509.7亿元；实现报表利润8.7亿元，实现考核利润10.9亿元（按2012年考核口径）；实现非油品销售收入6.6亿元，创利润6637万元，同比增长38%；27座自有油库（6月关闭沈阳分公司于洪油库）安全吞吐油品1410万吨，代管3座区外油库安全吞吐油品77万吨。公司获“全国五一劳动奖状”。企业保持了稳定和谐的良好态势。

【市场营销】 连续打赢"三大战役"，油品销售逆境创优。面对一季度极为不利的销售形势，公司果断决策，从二季度到年末，接连打响"大干八十天，实现双过半"、"服务全运，效量双增攻坚战"、"效量双增，决战四季度"三大战役，直面困境，抢抓机遇，争取主动。科学调运，全年实现一次配送532万吨，二次配送490万吨。因地制宜、多措并举，采用多种发运方式，加大短管输进货比率，全年实现管输量280万吨，管输比率达到52.7%。全面完成成品油配送"一卡通"试点和推广工作。围绕效益最大化目标，坚持量价互动，合理安排直炼、地炼两路进货，全年外采成品油78万吨，同比增长70%，降低购进成本2.3亿元。纯枪销量同比增长3.5%。7个分公司开展冬季销售0号柴油，增加了柴油零售量。

推行自助加油，运营卡机连接加油站达到169座，卡机连接站自助加油比率平均达到30%。推广加油卡，稳固客户群，全年售卡78万张，同比增长13%，沉淀资金16亿元，卡销比达到28%。与银行、电信等大型企业优势共享，合作促销，实现企业、合作方、客户"多赢"。探索以加油站为中心的"网格化"客户管理体系。组建首批30人的直销客户经理队伍。13个市级公司建成13座客户服务中心。VIP大客户俱乐部建设稳步推进，为全公司16座VIP大客户俱乐部高端会员加油站供应成品油9万吨。全面履行"三大责任"，开展"微笑服务迎全运，我为全运添光彩"活动，圆满完成十二届全运会和锦州世园会期间油品保供和服务任务。润滑油销售坚持品牌营销，优化物流配送，采用新型液袋运输方式，节省了运输费用，提高了安全系数。

【非油品业务】 组建非油品业务分公司，建立和培训专业人才队伍，完善管理与营销并重的体制机制。着眼长远发展，狠抓基础工作，突出店面销售，店销比例达到40%，百万元便利店达到107座，同比增长26%。强化商品管理，优化品类结构，重点开展香烟等厚利商品的销售，2013年，香烟销售突破1亿元。强化大宗商品营销质量，销售规模逐渐扩大，大宗商品销售收入实现1.98亿元。增设进口商品、地方特产等特色商品专柜，满足顾客的新需求，成为非油品业务新亮点。非油品业务触角向乡镇延伸，尝试与农村供销社业务合作，初见成效。实现了油、卡、非互动，信息共享、资源共享，为三项业务一体化建设打下基础。完善和落实非油品销售奖励机制，兑现非油品销售各项奖励1642万元，充分调动了员工参与非油品业务的积极性。

【网络建设】 2013年，公司从企业长远生存发展的战略高度谋划零售网络布局，果断设定全年取得100座加气站开发权的目标，建立强有力的激励约束机制，千方百计克服重重困难，取得104座加气站开发权，为企业在未来零售市场竞争中占据主动增添了重要砝码。

加油站网络建设讲求质量、注重回报，新开发加油、加气站9座，扩建加油站9座，投运加油站26座，投运站形成年零售能力11.6万吨。努力推进油库改造和隐患治理，8座油库的隐患治理项目共投资2034万元。加强施工现场管理，严格落实承包商入围审批程序和作业人员备案管理制度，确保作业人员合格、工程质量可靠。组织专业人员进行投资项目基础工作检查，确保了加油站开发建设项目不出漏洞。

【企业管理】 完善内控体系，推进加油站管理信息系统一体化，自查与外审相结合，深化细化内控测试，严格控制例外事项。扎实细致开展小站经营目标责任制风险识别，有效防范和规避了经营风险。强化财务制度建设，梳理资金管理、往来管理、集中报销管理等制度，加大财务稽查力度，使财务管理更加规范。加强预算管理，严控非生产性费用支出，2013年，"五项费用"同比下降22%。以沈阳分公司为试点，开展加油站机打发票管理信息系统联动升级，规避税务风险，提升了发票管理水平。加强审计监督，全年开展审计项目19个，提出审计意见和建议50余条，全部落实整改。试点和推广加油站单站核算，科学核定加油站盈亏水平。

22座加油站开展全流程诊断与优化，起到提高效率效益、改善管理服务的作用。倡导修旧利废降本增效，锦州分公司加油机维修中心全年维修组装加油机50台，节省费用80万元。"双低站"治理加大力度，取得实效，525座低销站全部实现经营目标责任制管理。借助"神秘顾客"查找加油站管理服务问题，逐项落实整改，加油站现场管理水平切实提高。以工程项目档案为重点，全面加强档案基础工作，加快推进档案数字化，档案管理全面进入科学化、制度化、程序化、规范化轨道。

加强信息化基础工作，制定信息化工作管理办法，扩充网络专线链路，完成综合信息展示平台和沈阳分公司东陵油库应急指挥中心建设，实现26座油库和790座加油站视频监控集成，75%的承运车辆安装了3G车载视频监控系统，为在用信息系统扩展单库核算、温度补偿等新功能；培训、考核、岗位竞赛相结合，信息系统运维水平大幅度提高，在销售系统考核中名列前茅。

坚持不懈抓好 HSE 管理。重点加强作业现场风险管理和目视化管理，完善应急预案，配备应急物资，开展应急演练 1250 次，5000 多人次参加。投入资金 5736 万元整改安全隐患，广泛开展“反违章，防静电，识风险，保安全”主题活动，有效防范事故。落实有感领导，强化安全监督，突出承包商施工安全监管。强化油品数量、质量管理，有效降低公路运输损耗，保证库站盈亏量合理。在沈阳东陵油库建设油品中心化验室，为进一步提升油品质量管理水平创造条件。

【队伍建设】 加强领导班子和干部队伍建设，坚持开展干部民主测评，落实干部选拔聘任程序，对部分二级单位领导班子和机关干部进行了调整。完善薪酬分配制度，加大绩效考核力度，引导基层单位多创效、多收入。持续开展提高市场化员工待遇工作，2013 年，有 275 名市场化员工通过考试考核享受合同化员工待遇。开展加油站岗位优化整合，开展教育培训和职称、职业技能鉴定工作。

培训中心举办各类培训班 37 期，累计培训 5980 人次。与中国石油大学合作办学，开设在职安全工程硕士班，启动远程教育招生考试，为员工接受再教育提供有利条件。全年鉴定操作员工 2975 人。

【党群工作】 2013 年，公司全面落实党中央八项规定及集团公司党组二十条要求，制定下发《辽宁销售公司“改进工作作风、密切联系群众”有关规定的细化意见》。党员领导干部带头学习有关文件，征求群众意见。领导班子带头查找自身“四风”方面存在的突出问题 26 条。各级党员领导干部认真听取和接受广大员工群众的意见建议，边查边改，思想受到洗礼，作风得到改善，突出问题切实得到解决。

进一步落实党风廉政建设责任制，推进“制度 + 科技”预防腐败工作新模式建设，取得良好效果。坚持帮扶困难职工，全年累计发放扶贫帮困资金 544 万元，帮扶困难职工群众 1313 人次。投入资金 75 万元帮助定点扶贫对象西丰县更刻镇兴修水利基础设施，资助 130 户贫困户和 33 名贫困学生。召开公司第三次团代会，团建和青年工作取得新进展。

认真做好离退休人员管理工作。落实有关待遇，走千家，暖人心，定期组织退休人员体检疗养，开展丰富多彩文体活动，促进退休人员身心健康。

积极有效应对自然灾害，阜新分公司干部员工积极抗击暴雨洪水，保护企业财产，保证油品供应。在“8 · 16”抚顺地区特大暴雨灾害抗洪救灾中，抚顺分公司在生产自救的同时，积极履行政治责任和社会责任，出动油罐车 60 余台次，运送救灾油品 210 吨，受到抚顺市委、市政府的表彰。

（马　丽　杨晓佳）

中国石油天然气股份有限公司
四川销售分公司

【概述】 中国石油天然气股份有限公司四川销售分公司（以下简称公司），前身是四川省石油总公司，成立于 1952 年 9 月，1998 年成建制上划中国石油天然气集团公司。公司主要从事成品油批发和零售业务，以及便利店、润滑油、天然气、广告和化工产品等非油品销售业务，是四川地区成品油市场主渠道供应服务商。截至 2013 年底，公司设 13 个机关处室，下辖 23 个二级分公司、6 个直属单位，员工 15837 人，资产总额 127 亿元，拥有在用油库 25 座，库容 92 万立方米，资产型加油站 1565 座，经营机构和营销网络遍布四川城乡。

【主要经营指标】 2013 年，面对前所未有的市场逆境和重大突发自然灾害的双重考验，公司坚持“高位求进，高效发展，提升管理，争创一流”的工作方针，深入开展 4 项主题活动，扎实推进 9 项增量增效攻关，实现了管理提升、发展提速，综合排名继续保持中国石油销售企业首位。公司全年销售各类油品 804.97 万吨，其中汽柴油销量 774.35 万吨，同比增加 34.94 万吨，完成总部预算的 103.94%；零售汽柴油 651.24 万吨，同比增加 43.02 万吨，完成总部预算的 111.32%；纯枪销量 614.24 万吨，同比增加 39.80 万吨，完成总部预算的 109.69%。实现营业收入 634.36 亿元，同比增加 28.52 亿元，利润 13.10 亿元，同比增加 0.82 亿元，完成总部预算的 104.65%，对板块的利润贡献率超过 40%。实现非油品收入 8.86 亿元、非油品利润 8029 万元，分别同比增长 1.79 亿元和 868 万元，完成预算进度的 110.80% 和 113.08%。实现经济增加值 6.72 亿元，同比增长 3051 万元，完成总部预算的 137.04%。

【市场营销】 提高资源保障能力，全年调入资源 763 万吨，管输比例提高到 57.5%。优化仓储物流体系，油库平均周转次数提高 1.5 次、人均吞吐量增加 2000 吨，公路配送加权运距同比降低 3.52 千米。把握消费需求与市场导向，国 IV 汽油、国 III 柴油升级置换全面完成，98 号汽油、国 IV 柴油上市推广顺利进行。提升零售业务质量，单站日销量同比提高 0.54 吨，发售加油卡 82 万张，万吨站新增 26 座、达到 113 座。加快非油品业务发展，百万元以上便利店达到 198 座。

【网络建设】 新开发加油（气）项目 83 座，年新增零售能力约 65 万吨，其中成都地区及天府新区项目 24 座，加气站项目 6 个。坚持“合作优先、互惠双赢”的开发思路，与一批大企业大集团组建合资公司，股权项目占开发总量的 44%。加快工程建设进度，高质量、高标准完成彭州油库建设工程并顺利移交，加油站续建、新建、改扩建完工 87 座，完成达标改造及油气回收项目 290 个。强化规划引领，编制完成“十二五”后三年及“十三五”发展规划，“4 · 20”芦山强震灾后重建规划平稳实施、有序推进。

【安全环保】 质量计量突出“能力建设、过程控制、反舞弊、节能降耗”4 个重点，新设质检分站 5 个，质检中心获得国家实验室认证资格。深入开展“全覆盖、零容忍、严执法、重实效”安全生产大检查，认真组织“四不两直”暗查暗访、“车辆百万千米无事故”、百日施工安全专项整治、安全生产月等活动，投入隐患整改资金 1.3 亿元，对 3000 余个隐患和问题进行重点整改。全面开展安全生产达标创建活动，所有二级公司、18 座油库、1159 座加油站达到安全生产标准化二级标准。稳步推进 HSE 管理体系提升，扎实开展专项试点和体系内审工作，88 名 HSE 内审员和 59 名咨询师通过资质认证。强化应急救援体系建设，经受住了“4 · 20”强烈地震、“6 · 30”特大暴雨等重大自然灾害考验。

【精细管理】 将管理提升活动与“九项增量增效攻关”有机结合，开源节流，挖潜增效。强化财务管理，调剂盘活闲置资产 54 项、节约资金 225 万元。加强审计监督，顺利通过国家审计署历时 3 个月的审计，公司审结工程决算 556 个。加快信息化建设，ERP 应用集成项目及 10 项业务配套系统上线运行。规范股权企业管理，实现股权投资收益 3181 万元。深化管理创新，10 篇成果、21 篇论文获得行业部级奖励。

【队伍建设】 加大干部培养力度，组织 11 名机关部门年轻干部到基层单位挂职锻炼，举办新任领导干部培训班和第五期中青年干部培训班，干部能力素质进一步提升。实施全员素质提升工程，开展各类培训 28159 人次，321 人晋升技术职称，1725 人通过加油站经理资格认证，1720 人取得操作技能职业资格等级。加大典型选树，评选表彰彭州油库劳动竞赛先进和最美加油员、明星加油员，13 个集体、10 名个人受到省部级以上表彰。

【党建工作】 强化党建思想政治工作，成功召开公司第二次党代会，举办党的十八大及十八届三中全会精神专题读书班、专题知识讲座各 4 期。扎实开展党的群众路线教育实践活动，“四风”现象有效整治，干部作风明显改善。全方位推进反腐倡廉基础工程，以领导干部为重点，组织“诚实守法、廉洁敬业”主题教育活动，开展领导人员职务消费专项自查、贯彻落实中央“八项规定”专项检查，党风廉政建设责任制落实到位。真情服务离退休老同志，走访慰问离退休人员 1650 余人次。真心关爱困难群体，帮扶困难职工 4927 人次。全力推进文化惠民，举办“中国梦 · 石油魂”颂歌献给党歌咏比赛、“我的库站我的梦”演讲比赛、“美在我身边”摄影比赛等系列活动，进一步激发了基层活力。

【社会责任】 面对“4 · 20”芦山强烈地震中，公司上下团结一心，众志成城，迅速启动应急状态油品保供方案，将雅安灾区周边 6 座油库作为保供主力库，保持高库存运行，沿线及周边 139 座加油站作为保供站，实施 24 小时不间断供油，抢险救援阶段累计向应急特种车辆供应油料 26.9 万升，139 座保供站供应油品 2.23 万吨。公司党委动员开展“百名青年突击队、百人义务献爱心、百万物资送灾区，百辆罐车保供应”的“四百行动”，为灾区捐款 140 余万元，捐赠救灾物资价值超百万元，献血超过 2.3 万毫升。公司抗震救灾工作受到上级肯定和社会赞誉，雅安公司党委荣获四川省“‘4 · 20’芦山强烈地震抗震救灾先进基层党组织”称号，沫东加油站荣获“全国工人先锋号”、四川省“工人先锋号”称号，有2人荣获“四川省五一劳动奖章”表彰，中央电视台、人民网、新华网、四川日报、四川在线、四川卫视等主流媒体对公司抗震救灾工作进行了报道。公司启动“对口帮扶苛哇村道建设”项目，年内投入帮扶资金65万元用于阿坝州若尔盖县求吉乡苛哇村道路建设，年底道路已全面建成，受到藏区农牧民群众的一致好评。

（张晋松　陈　晶）

中国石油天然气股份有限公司广东销售分公司

【概述】 中国石油天然气股份有限公司广东销售分公司（以下简称公司）负责中国石油在广东的成品油销售、网络开发建设工作。截至2013年底，公司投运加油站1074座，运行资产型油库11座，总库容达87万立方米，资产总额173.7亿元；公司共设有13个机关处室，4个附属机构，16个地市（区域）分公司，2个直属单位，员工135776人。

【主要经营指标】 2013年，公司销售成品油653.6万吨，其中汽油348.36万吨，柴油305.24万吨，汽、柴油总销量同比增加51.96万吨；销售小产品31.77万吨；零售总量486.74万吨，增幅7.5%，零售比率达71%；纯枪销量480万吨，同比增幅8.84%；实现销售收入545亿元，利润-3.21亿元；实现非油品收入7.8亿元，利润7180万元，同比递增26%。HSE体系及质量体系有效运行，全年无安全事故，无污染事故，无数量、质量事故。

【资源调运】 调运物流突出保供、降本、降耗，全年购进资源685.53万吨，其中，配置资源429.56万吨，外采资源218.2万吨。努力优化调运组织，减少调拨和仓储费用，全年下海油直入二级库166.60万吨，直接配送客户36.54万吨，占下海油水运总量的32%。公司本部外采汽油合计23.08万吨。健全下海油计量管控体系，下海油损耗同比下降0.35‰。优化仓储物流配送，吨油仓储费用同比下降1.34元，陆路配送吨油运费同比下降0.97元。荣获股份公司年度“促发展、上规模、增效益”劳动竞赛“先进集体”和“物流优化先进单位”称号 。

【市场营销】 面对油品升级换代和新的价格调整政策，及时研究市场走势，健全、完善广东成品油市场监测体系，围绕星级客户，提高销售质量，直销量及直销客户显著增加，荣获销售板块季度劳动竞赛“营销项目”、“市场监测项目”红旗。坚持效益最大化原则，每日测算毛利，时刻关注效益。提前分析市场形势，科学制订营销计划，落实销售目标责任，适时调整当期计划，圆满完成销售板块的销售计划指标。

【零售管理】 零售工作坚持毛利总额最大化，不断深化“油卡撬动客户，服务提升纯枪”的营销理念，从“效益优先抓住本质做优营销、深化研究顺势而为做深营销、客户至上优质服务做好营销、突出主线群策群力做大营销、区别需求针对差异做对营销、以卡为媒整合资源做强营销、精细管理精益求精做细营销、以人为本抓住关键做足营销”8个方面狠下工夫，全年实现纯枪销量479.76万吨，超计划39.76万吨，纯枪销量同比增长38.81万吨，自2010年开始连续4年同比增长超25万吨。当年售卡66.31万张，累计售卡突破190万张，卡销比同比提高7%。

【非油品业务】 非油品业务店内店外多渠道销售，努力增销增效。店内深入挖潜，根据加油站自身特点和所处商圈，公司根据不同区域和站型确定对应的商品目录、陈列图和价区，销售措施有的放矢，更易抓住商机。开展便利店行动小组行动，深入各地市分公司和加油站，落实便利店管理规范，便利店陈列图执行率提高到85%以上，必有必保商品上架率超过96%，店铺内断货、缺货事故减少70%。店外拓展渠道，地市公司非油品团购业务收入首次突破1500万元。

【网络建设】 网络建设油气并举，加快车用天然气加气站建设，充分利用现有条件，提高存量资产创效能力，牵手地方专营国企，密切兄弟单位合作，共同发展气站网络，突破区域气站建设瓶颈。完成网络建设投资10.28亿元，开发油（气）站30座，其中，万吨站5座、加气站8座，投运油（气）站37座。新增投运中山油库、茂名油库2座资产型油库，新增运营库容6.4万立方米；东莞油库、江门油库全面开工建设，在建库容44万立方米；揭阳—东莞成品油管道全线取得路由规划确认。重点项目稳步推进，管道和油库建设专人负责，紧密跟踪，重点推进。

【企业管理】 统筹安排监督工作，综合运用党内巡视、效能监察、内部审计、内控测试等多种方式加强监督，促进公司制度落实和管理水平提升。完成对4个分公司的巡视，提出巡视意见21条，征集各单位对公司建议17条。开展工程建设项目管理效能监察，实地检查8个分公司的28个工程建设项目，进一步规范工程建设项目管理。全面梳理和规范内控流程，整合规范业务流程60个，删除冗余业务流程46个，新增业务流程19个。在成品油市场需求不旺、系统内销售业绩普遍下滑的情况下，合资控股企业逆势而上，利润大幅上升。

【安全环保】 完善安全环保责任目标考核机制。全员、全方位、全过程安全环保责任得到有效落实，通过安全达标库站建设。全面完成2013年安全环保责任指标，杜绝一般生产安全事故，杜绝较大及以上环境污染和生态破坏事故。油品质量检测实行内外部相结合，保证油品质量可靠、计量准确，QHSE管理体系运行态势良好。加强非常规作业管理，举办作业许可审批专项培训，细化作业许可审批程序和管理，强化作业许可审批人队伍建设，7人通过国家注册安全师资格考试，907名加油站员工取得计量员证书。加强应急管理，演练各种预案1000余次。

【公司荣誉】 2013年，公司受到国家人力资源和社会保障部、国务院国资委联合表彰，首次荣获“中央企业先进集体”称号。在“促发展，上规模，增效益”劳动竞赛活动中，公司先后夺得销售板块劳动竞赛13面红旗。公司“铁人志愿者服务队”获集团公司“先进青年志愿者服务队”称号，公司团委被广东省团委评为“五四红旗团委”。

（孟祥光）

中国石油天然气股份有限公司内蒙古销售分公司

【概述】 中国石油天然气股份有限公司内蒙古销售分公司（以下简称公司）主要负责内蒙古自治区成品油销售业务和非油品销售业务。公司下辖12个盟市分公司、3个成品油销售控股公司、108个旗县经营部和零售片区。截至2013年底，资产总额95.75亿元，在用油库30座，库容99.86万立方米，资产型加油站1464座，员工总量16354人。

【主要经营指标】 2013年，成品油销售量完成637万吨，同比减少26万吨，减幅3.95%。其中：汽油销售214万吨，同比增长6.52%，柴油销售423万吨，同比减幅8.49%；零售量510万吨，同比减少52万吨，减幅9.2%，零售比重80%。实现销售收入486亿元，利润6635万元。公司荣获“全国五一劳动奖状”。

【成品油销售】 围绕“控风险、降费用、提效益”的思路，实施低库存运作，分月、分品种、分库制定库存控制目标，有效将库存控制在33万吨左右。充分发挥223个市场监测点的作用，科学指导资源配置，全年购进直炼资源571万吨，计划兑现率98%；收购神华煤制油44万吨，增强了中西部地区的资源控制力，增加效益4985万元。积极开展直销业务，成立15个客户服务中心，建立127人的客户经理人队伍。针对不同时期销售特点，先后研究出台了客户差异化价格策略、支持煤电企业生产优惠措施、汽油促销激励措施等一系列销售策略，全力扩销上量，全年相对市场份额79.5%，同比提高1.5个百分点。强化节日促销，在公司门户开辟纯枪销量竞赛排名专栏，调动站级销售积极性。以卡为媒组合营销，实施97号汽油双倍积分、柴油折扣、加油卡充值阶梯折扣等优惠策略；与交通银行、工商银行、中国电信、内蒙古电台“交通之声”合作，开展“最红星期五”、ATM机业务、手机“翼支付”及广告宣传等活动，油卡非有机联动，提升了销售和品牌影响力。全年纯枪销量完成

501万吨，同比增长0.3%。发售加油卡79.5万张，同比增长12.6%；卡销比27%，同比增长13个百分点。

【非油品业务】 强力推进非油品业务。整合成立非油品业务部门，将润滑油业务归口管理，进一步理顺管理体制。成功举办首次商品洽谈会，开发25家试销供应商，提供570个试销单品，有效降低资金占用。5月开始，在呼和浩特市3座加油站开展咔咔洗车业务，实现利润10.3万元。强化库存管理，通过降价促销等方式消化滞销库存商品180万元；通过库存定额管理、盟市间调配等措施，降低润滑油库存2000吨，减少资金占用2400万元。大力培育优质店，30万元以上优质店达到225座，同比增长35%。全年实现非油品销售收入4.4亿元，同比增长14%；利润3435万元，同比增长20%。

【网络建设】 围绕"保增长、保效益"目标，突出投资回报，优化设计方案，控制投资成本。全年投资4.87亿元，新开发加油加气站11座，改扩建站11座，迁建站3座，续租站8座。新开发加油加气站新增零售能力7.5万吨，平均单站日销量18吨以上。改扩建站零售增量2.7万吨，平均单站日增量7吨。续建油库项目中，八拜油库、黄花山油库、扎兰屯油库及满洲里油库隐患整改项目已投入运营，乌海油库具备投运条件。完成呼和浩特—包头—鄂尔多斯、宁夏外输两条成品油管道沿途东胜、临河油库的改造升级，基本具备接油条件。

【安全环保稳定】 推进"一岗双责"工作，层层签订责任书15656份，健全全员、全覆盖的安全生产责任制。深化风险识别与评价工作，识别新增危害因素525条，逐条落实防控措施，实现风险可控、受控。规范检维修作业管理，修订作业许可管理制度，建立作业许可审批人台账，实现施工、检维修作业受控管理。对5座油库、128座站进行隐患治理，为91座站安装防爆阻隔，做到资金统筹、系统实施、隐患消除、全面达标。分级制订应急演练计划，组织加油站油罐火灾应急预案桌面推演、油库油罐油品跑冒应急预案实战演练、东胜油库油罐爆炸燃烧大型灭火救援演练活动，提升了公司应急响应和库站现场应急处置能力。加大审核检查力度。集中开展2次体系审核、1次安全检查、"九小"问题排查治理、库站及输油管线专项检查和风险排查活动，累计发现问题1120项，实行问题"双闭环"管理，整改率达100%。

全力做好重点时段安保防恐维稳工作，在党的十八届三中全会、全国两会、股份公司精细化会议等重要时期，未发生恐怖袭击和进京上访事件。

【企业管理】 搭建起"三横两纵"管理架构和"三位一体"管理评价体系，开创性地建设和应用管理层工作平台，展示管理层运用信息化掌握动态信息、制订促销方案等管理创新实践，实现信息化决策、管控的新突破。以常态化展示为主导，八拜油库的全自动化运营、大台站的多功能便民服务经营模式。

以推进"三位一体管控"和"基础管理建设"为抓手，进一步理顺管理职责和业务流程，初步搭建起工作标准化、流程化、制度化管理，自动化评价的管理模式。

优化物流管理。积极协调大区公司，统一地铁运费结算，降低运费2310万元。对12座油库的18条配送线路进行复测，节约运费367万元。

从严管控各项成本费用。通过优化劳动组织、内部挖潜增效、强化考核奖惩以及用工方式市场化转变、清理在册不在岗人员等措施，员工总量同比减少990人，人均收入增长11.38%。实行费用双重控制的预算管理新模式，推进财务分析预警，对内部消耗类费用实行定额控制、超支自负的管理办法，五项管理费用同比减少541万元，节能260吨标准煤，节水8500立方米。

推进"双低站"治理和全流程诊断。按照"顶层设计、分级负责、持续完善、见到实效"的原则，制订低销低效站治理工作方案。分片召开"双低站"治理工作推进现场会，对828座"双低站"进行实地调研，形成《一站一策治理方案》。通过治理，91座"双低站"年销量超过3000吨，578座"双低站"平均单站日销量同比增加1.25吨，用工总量减少650人，员工薪酬月增259元。开展全流程诊断与优化，150座加油站平均单站日销量增加1吨，市场份额提高2个百分点。开展"削高峰"提效，175座加油站平均日纯枪增量1.47吨。优化交接班后，加油站平均锁枪时间控制在3分钟以内，提高高峰期的加油效率。

推进信息化管控。30座油库和1350座加油站实施配送一卡通系统，实现配送全流程信息化。全面开展业务未经系统控制问题的整改，强化业务风险的防范，堵塞经营管理漏洞。

推进薪酬分配变革，建立竞争取酬、按月核拨、分类奖励的工资总额调控机制，将工资总额基数全面与关键绩效指标挂钩，开展了零售、直销和非油品业务超销累进奖励，增强了工资总额分配的竞争性和针对性。打破身份界限，加大工效挂钩力度和激励力度，基层与机关人员收入差距明显缩小。

充分发挥内部审计作用，开展各类审计13项，发现问题136个，涉及问题金额5776万元，纠正率达到84%；提出审计建议49条，采纳率100%。

（郑　涛）

中国石油天然气股份有限公司北京销售分公司

【概述】 中国石油天然气股份有限公司北京销售分公司（以下简称公司）主要负责中国石油在北京地区的成品油批发和零售、市场开发等业务。截至2013年底，公司资产总额40.29亿元，公司在用油库7座，库容20.09万立方米，累计投运加油站211座，投运橇装站215座，便利店164座，其中百万元店30座。公司共拥有员工3134人，其中大专以上学历1295人，占员工总数的41.32%；年成品油销售241.6万吨。

【主要经营业绩】 2013年，公司成品油销售完成241.6万吨，同比增长4.2%；纯枪销量111.05万吨，同比增长4.5%；非油品业务收入1.6亿元，便利店销售收入9455万元，同比增长15%；全年售卡85万张，其中记名卡35万张，沉淀资金9.41亿元；新投运加油站24座，其中新租赁14座、续租赁7座、租改收3座，新投运橇装供油（气）设施14座；石楼油库安技改项目顺利投运；税前利润1977万元，营销成本419.45元/吨，比预算节约0.55元/吨。

【库站管理】 把服务提升作为增量增效的重要手段，通过分公司间交叉暗访、神秘顾客访问、开展服务质量大检查等措施，提升员工的语言、形象、表情等服务要素，增强员工服务能力；借助95504，加大投诉处理，全年投诉下降33%。加强站经理队伍建设，全面推行站经理负责制，严格落实站经理“五项权力”，强化销量、费用和利润的综合考核，站经理作用得到发挥。零售比例62%，单站日销量同比增长3.3%。继续深化“双低站”治理工作，加强调研，完善方案，采取并站管理、单站承包、间歇营业等方式，治理“双低站”113座、减少用工110人、销量提升17%。推进全流程诊断与优化，综合运用6种诊断方法，在24座加油站进行优化试点后，单站日销量增长6.1%。以油库管理提升为突破口，狠抓油品质量、损溢监管、业务运行和服务质量，油库管理得到加强。全年油品入库量同比增加4.5%，出库量同比增加4.1%，人均周转量较预算增加22.7%。

【营销工作】 加强市场研判，建立市场研判机制，根据市场变化制订营销方案，及时召开业务运行和价格协调会，强化沟通，优化策略，抢抓先机，提高了应对市场的能力。优化价格机制，采用分阶段授权和梯次定价模式，调动基层积极性，实现量价互动。调整激励机制，深入开展主题促销和竞赛活动，加大激励，促进高标号油品销售，创效能力增强。建立客户管理机制，科学划分客户管理界面，明确权责，规避交叉和无序竞争，客户管理得到加强。规范特许经营机制，提高门槛、严格标准、强化管理，建立约束和淘汰机制，特许经营单位管理得到加强，销量得到提升，共购买京标油品7.54万吨，同比增长6.2%。加强客户经理人队伍建设，建立20人的客户经理人队伍，下发管理指导意见，明确职责、考核、奖惩等要素，客户经理人队伍的作用得到发挥，新增终端用户80家，新增终端销量1.8万吨。

【非油品业务】 深化便利店业绩提升，按照重实效、重效益的原则，逐站进行调研，找准上量增效关键点，一店一策制订提升方案，通过优化品类管理，营造商业氛围，强化政策激励等措施，单店创效能力显著增强。单店收入57.3万元，同比增幅7.3%。加大非油品促销力度，以开展“后备箱计划”竞赛活动为契机，组织专题培训，营造促销氛围，强化考核激励，调动员工促销积极性，提升了促销质量。竞赛期间便利店收入同比增长219.69万元，增幅19.54%。突出油非互动，结合加油站周边商圈和顾客消费特点，深入研究油卡非捆绑联动策略，持续推进油、卡、非深度融合，积极与交通银行、平安银行等单位合作，深化组合营销和主题促销，便利店销售质量得到提升。2013年便利店收入9455万元，同比增长15%，非油品利润1561万元，超额完成指标。

【资源运行】 深化物流优化研究，开展一次调运、二次配送和库存整体联动优化，资源组织效率得到提升，一次调运资源兑现率较预算提高2.2%、一次入站比例提高2.5倍、全资加油站吨油运费降低17.5%、平均运距缩短7.4%，单车日配送3.8次，高出板块平均水平60%，连续4个季度获得销售板块“物流优化项目”奖。通过物流优化和品号升级等措施创效2004万元。

【市场拓展】 积极开发新网络，坚持“优势互补、合作共赢”的原则，整合优势资源，推进互动式开发，与业内具有较强实力的开发商合作，投运华石加油站，新租加油站9座；合力攻关老大难的续建项目，2009年拍得的4块加油站用地中，北七家、大狼垡2座加油站顺利开工建设。加强现有网络维护，加大纠纷问题处理，彻底解决了30座加油站的历史遗留问题，一举扭转困扰多年的被动局面；优化存量站，采取二次开发、协商退租、迁址重建等措施，清退长期停业加油站8座，加油站营运率提升5%。稳步推进石楼油库安全达标改造，抓住工程设计、施工、监理、设备采购等关键环节，实现安全平稳投运，成功清回项目资金2038万元。加大清洁能源市场开发力度，坚持LNG和CNG并重的原则，大力发展终端客户，与公交集团合作，新增LNG加注设施2座，安装LNG橇装加气装置5座，销售LNG产品3700吨。

【安全环保】 牢固树立安全环保“每天从零做起”的理念，落实责任、严防死守，实现本质安全。加强HSE管理体系建设，优化管理制度、梳理业务流程，修订了34项体系文件和14个专项预案。强化隐患排查和治理，加强应急预案的演练，提高基层安全技能，在库站一线构筑了牢固的安全防线。加强承包商管理，突出资质和能力考核，强化安全监管，施行安全专项检查和通报制度，确保承包商安全施工达标运行。结合安全大检查，狠抓非常规作业监管，开展“八小”专项治理，消灭“低、老、坏”现象，公司安全风险得到控制。严把油品采购和质量验收关，加强油品检测，强化质量监督，确保油品质量合格。启动质检中心建设项目，加强液位仪管控，规范油品接卸和油枪自检，加大损耗管理力度，加油站综合损耗率同比下降0.6个千分点，全年集团公司和销售板块质量抽检合格率100%，连续第八年获得集团公司安全生产先进单位。

【企业管理】 强化人事基础管理，按照“三控制一规范”要求，严控用工总量，2013年同比减少用工158人，完成集团公司年度控制目标。加强制度建设，按照“简单、实用、易执行”的原则，修订、完善制度103项，制度体系更趋完善。加强费用控制，严格控制会议费、业务招待费和差旅费等五项费用，节约941万元。加强股权企业管理，实施股权企业分类、分级管理，优化管理制度，完善法人治理结构，建立统一规范的评价体系，股权企业管理基础得到夯实；完成2012年度股权投资收益决算，实现股权收益6645万元，完成上级指标的256%。强化经营管控，完善法律防控体系，加强纠纷案件处理，深化招标物采管理，经营管控能力得到增强，招标整体降价率达到8%以上，处理纠纷案件9起、结案7起，妥善解决北青阳光和北沙滩加油站法律纠纷。加强信息化管理，推进营销调度指挥中心、配送一卡通和油库自控采集系统建设，全年信息系统安全重大事故为0，运维问题处理及时率100%，荣获股份公司劳动竞赛先进集体。

【基层建设】 公司培训中心顺利投运，建立培训需求矩阵，编制培训教材，全年组织培训43期，培训员工2003人次，员工技能素质进一步提升。完善基层薪酬制度，坚持薪酬分配向一线倾斜的原则，完善薪酬管理办法，将工资增量向基层一线、关键岗位和艰苦岗位倾斜，基层员工收入同比提高7.4%，伙食补助提高22%。开展一线工程建设，按照“关爱基层、夯实基础”的要求，建立了“一切为了基层、一切围绕基层、一切服务基层”的工作机制，筹措900万元解决库站一线员工的用水、取暖和住宿等问题；为3134名员工进行了职业病与健康体检，慰问困难员工332人次，增强了员工归属感。深入开展“爱岗敬业、优质服务”专题教育活动，在网站和《加油》杂志开辟专栏，引导干部员工充分认识“爱岗敬业、优质服务”的重要性以及怎样做到爱岗敬业、优质服务；刊发心得体会文章25篇，征集合理化建议87条。

【公司荣誉】 公司职鉴中心顺利通过国家级职业技能鉴定验收。加强科研管理，与中国石油大学合作，强化应用性课题研究，物流优化、全流程诊断与优化等专项研究取得进展，2项研究课题成功通过板块评审，成为唯一一家承担科研任务的省公司。公司统计工作荣获集团公司2013年优秀统计分析一等奖，档案管理被集团公司评为A类级别。公司工会获集团公司“模范职工之家”称号；甘莹莹获“中央企业劳动模范”和集团公司第七届“十大杰出青年”称号；贺

中国石油天然气股份有限公司黑龙江销售分公司

【概述】 中国石油天然气股份有限公司黑龙江销售分公司（以下简称公司）主要承担黑龙江省行政区域范围内成品油销售业务和非油品销售业务。公司机关设有13个管理处室、4个附属机构，下辖3个直属单位、16个地市分公司、7个物流配送中心、59个县级片区，19个市区片区。公司运营加油站1012座，在用油库32座，库容量54.89万立方米。资产总值60.15亿元。现有员工14473人，其中，合同化员工7199人，市场化员工7274人。

【主要经营指标】 2013年，销售成品油442.99万吨，同比增加0.15万吨。其中销售汽油 189.89万吨、柴油249.78万吨、润滑油3.32万吨。实现营业收入353.09亿元，其中，主营业务收入348.85亿元，其他业务收入4.24亿元。实现利润总额4.05亿元，实现吨油利润91.49元。

【市场营销】 主营业务实现平稳发展。启动“100%了解客户，100%对接客户，100%持有昆仑加油卡”的市场细分“三百战略”，并作为市场营销工作长期的任务和目标。积极开展劳动竞赛及“增销量、增份额，大干120天”主题竞赛活动。全年发售加油卡65.8万张，卡销比26%。非油品经营指标稳步提升。全年非油品销售收入4.2亿元，同比增加0.9亿元，实现利润2201万元，同比增加172万元。

【投资建设】 网络建设取得新进展，2013年完成投资计划3.37亿元，其中，加油站新建项目18座，续建项目25座，油库技改项目4座，油库隐患治理项目11座，加油站零管系统建设项目59座。完成145座加油站罩棚隐患改造，其中，重建网架结构罩棚27座、索膜结构罩棚30座、加固维修罩棚88座，库站基础设施得到了改善。

【安全环保】 质量、计量、安全三条红线平稳受控。2013年，大力推进HSE和质量管理体系建设，通过了质量体系再认证审核。建立常态化安全检查机制，形成了片区（油库）、二级单位、省公司三级常态化监督制度。开展了全省加油机主板芯片和编码器登记、确认和升级工作。

【企业管理】 提出以信息化为抓手，全面提升基础管理的工作目标，取得显著成绩。液位仪正常使用率在98%以上，脱机加油在0.02%，处于较高管控水平。信息处被评为股份公司2013年度信息化工作先进集体。营销调度指挥平台建设稳步推进，在完成牡丹江分公司试点的基础上，完成哈尔滨、实华公司的平台建设工作。启动实施配送一卡通建设工作，完成一卡通改造油库23座，安装读卡器加油站902座。启用全省应急对讲手机，构建全系统应急指挥信息通道。

加油站管理上，认真开展“双低站”治理工作，615座3000吨以下站全部实施小站目标责任制，平均日增量0.56吨，员工平均薪酬增加66元，优化用工243人。进档升级到3000吨以上站39座，摆脱低效站61座，摆脱亏损站90座。381座3000吨以上站实施站经理负责制。开展自助加油试点工作，全省38座试点站实施了自助或半自助加油。

财务管理上，强化预算管理及资金管控。强化月度财务分析，建立“库存成本盈亏动态分析模型”及“经营目标损益动态分析模型”，找出并动态展示库存与价格形成的库存盈亏关系及销量与价格对利润影响情况。

物流管理上，面对洪水、暴雪和雾霾等极端天气，提前采取多种措施积极应对，圆满完成市场保供任务。初步完成地罐交接工作，并持续推进。

薪酬用工管理上，制定并执行薪酬与销售业绩及企业效益联动的考核办法，实行销量与利润双挂钩，公司和下属分公司两级机关干部全员按月考核，同步挂钩。

法律内控管理上，严把合同法律审查关，对外签订合同网上审查率达到100%。推进内控与风险管理，识别公司重要风险。

【队伍建设】 严格贯彻执行集团公司关于企业领导人员管理等相关规定，按照“十不准”要求，用制度、民主方式选拔干部，实行领导干部选拔任用责任追究制度，坚决抵制不正之风，为优秀人才健康成长创造公平公正环境。2013 年公司系统提拔任用处级干部 1 名，干部交流 3 名。

坚决贯彻落实中央八项规定及集团公司二十条要求，切实转变作风密切联系群众，扎实开展党的群众路线教育实践活动，各级干部的工作作风明显转变，思想政治觉悟明显提高，服务基层能力明显强化。公司领导带队多次深入基层反复征求意见，认真听取一线员工的建议和心声，共收集建议 2420 条，归纳为 34 大类，逐项制定整改措施。

在基层库站实施“库站 100% 有党员”、“自有加油站经理和油库主任 100% 是党员”、“在具备条件的加油站和油库 100% 成立党支部”的党建“三百工程”，公司系统无党员加油站下降到 23 座，非党员加油站经理下降到 30 人，成立独立党支部加油站 139 个，所属油库全部成立党支部。

强化技能鉴定工作，完成岗位技能鉴定 826 人次。坚持关爱员工，全年共下拨扶贫帮困资金 650 万元。

（张宏宇）

中国石油天然气股份有限公司
河北销售分公司

【概述】 中国石油天然气股份有限公司河北销售分公司（以下简称公司）主要负责中国石油在河北省行政区域的成品油、非油商品销售业务以及市场网络开发工作。公司成立于 2000 年 5 月，2009 年 12 月上划股份公司直接管辖。机关设 14 个处室，下辖 14 家地市及专业分公司、15 家股权企业，现有员工 8877 人，资产总额 69 亿元，资产型加油站 1123 座，油库 22 座，成品油年销售能力达 400 万吨。

【主要经营指标】 2013 年，销售成品油 402 万吨，其中零售量 280 万吨（纯枪销量 255 万吨）；吨油营销成本 421.84 元，利润总额 -3.6 亿元，整体经营运行平稳有序、稳定向好。

【市场营销】 突出有效益的销量和没有水分的销售“两种理念”，突出纯枪和汽油销售，开展高速站联动促销、城区站加满促销、乡村站惠农促销、传统节日专题促销，纯枪销量比例同比提升 4 个百分点，跃升至 63%，其中，纯枪汽油销量同比增幅 7.8%，97 号汽油同比提升 25%，纯枪环节柴汽比 1.57，同比降低 0.35。突出直销业务，把“市场大排查、客户抢开发、销量上规模、营销上水平”专题活动贯穿全年，累计实现直批销量 147 万吨，其中，直销终端 38 万吨，同比增幅 26%。突出卡营销质量，与中国电信、交通银行，一卡通深度合作，全年新增售卡 73.5 万张、储值 58.2 亿元，同比分别增加 12.5 万张、7.8 亿元。记名卡占比、卡销比同比分别提升 3.1% 和 6.3%。突出非油品发展，成立非油品业务管理办公室，全年实现非油品收入 2.69 亿元、利润 1318 万元，同比增加盈利 419 万元，增幅 46%。

【物流运行】 突出低库存运行和结构优化“两种方式”，坚持“降库存、防风险，调结构、增效益，优地付、保销售”的工作思路，推进物流运行集中统一管理，撤销油库管理处，组建仓储分公司，调度指挥中心 24 小时运行，全年累计配送入站油品 251 万吨；推进资源调运低库存运行，在系统内率先提出低库存运行思路，库存从 36.6 万吨优化至 24.6 万吨，抓好低价资源外采，全年外采入库 6.5 万吨。推进地付保障作用有效发挥，开通呼炼、大港地付，优化永辉、大厂、任丘地付辐射半径，累计实现地付入站 99 万吨，同比增加 16 万吨，地付入站资源占到总配送量的 39%，加油站平均运距同比降低 8 千米，整体运费同比下降 5592 万元；全面完成国Ⅳ汽油升级置换，较好保障了经营运行。

【网络优化】 深入突出全员围绕加油站和经营目标责任制“两个关键”，坚定不移把“双低站”治理作为提升质量的根基、突破“瓶颈”的核心。抓全员治理，从公司领导、管理层成员、机关处室开始，与各单位双低站治理挂点负责、捆绑考核；明确各单位主要领导是“双低站”治理第一责任人；各单位制定治理大表，逐站明确方式、跟踪治理效果。抓分类治理，对740座日销量8吨以下加油站，实现目标经营责任制全覆盖；对38座加油站试点推行半自助加油；对17座单站日销量8吨以上加油站，开展全流程诊断与优化；对24座无潜力低销、负效加油站实施退租、关停；对2座具备条件加油站尝试开展场地出租、加气业务，丰富“双低站”治理实践。抓细化考核，围绕治理进度、治理结果和现场运行三项指标，细化绩效考核，形成合力、促进治理。“双低站”单站日销量较治理前提升13%，单站用工减少1.67人，人工成本减少763万元。

【安全生产】 突出常态化稽查和细节化管控“两种手段”，在安全管理方面，开展“7·26”事故警示教育；组建稽查队伍，开展施工检维修、“八小隐患”、油库安全、安全生产月、冬季安全专项检查；建立应急预案体系，在高庄油库集中举办“成品油库着火应急预案演练”；推进HSE体系建设，落实节能减排任务，公司被集团公司授予“环保先进单位”。在质量管理方面，完善中心化验室功能，加强全资油库化验室建设，落实“三查”制度，国家、股份公司质量抽检合格率达到100%。在计量管理方面，推进液位仪上线应用，加强未经系统控制问题整改和加油机防作弊管理；深化地罐交接，开展损耗对标分析、专项治理。油品二次配送损耗率由2.44‰降至2.05‰，综合损耗率降至-2.21‰，同比降低1.43‰。

【企业管理】 突出精细化管理和管理提升“两个重点”，规范项目管理，沧州油库完工并初步验收，承德油库完成工程量的85%，石家庄等8个地市油气回收改造项目圆满完成年度任务；新增投运加油站27座，新增零售能力25万吨，以优惠价格取得承赤高速4座加油站经营权；开展承包商违法转包、违规分包、违规选商专项检查，组织优质项目评选，项目管理更趋规范。精细财务管理，深化过程预算管理，推进资金、资产有效监控，加大税收筹划，节约税费支出604万元。深入推进信息化建设，物流运行“一卡通”系统正式运行；加油站高清视频监控系统覆盖石家庄、秦皇岛91座加油站；加油站管理系统未上线率从0.67%下降至0.19%，公司荣获股份公司劳动竞赛“信息化项目先进单位”。强化内部管控，规范物资采购管理，深化内控体系建设，加强股权及董监事管理，开展经营环境治理情况通报。持续提升效率、激发活力，在系统内率先铺开工效挂钩机制，初步实现由以销定编、以编定薪向吨油绩效直接挂钩的转变；全面推行“一挂两包”机制，初步形成“机关围着基层转、基层围着油站转、一切围着效益转”的工作格局；全面推行用工优化机制，用工总量同比减少642人，劳动效率稳步提升。

（李 军）

中国石油天然气股份有限公司新疆销售分公司

【概述】 中国石油天然气股份有限公司新疆销售分公司（以下简称公司）负责新疆维吾尔自治区的成品油销售与网络开发建设等工作。公司机关设有13个职能处室、6个附属机构、3个直属单位，下辖14个地州市销售公司、1个仓储公司、1个润滑油销售公司和1个综合服务公司。截至2013年底，员工总数11074人；资产总额65.65亿元；拥有资产型加油站981座，运营803座，占全疆运营加油站的44.44%；运营分销油库6座，总库容37.5万立方米；铁路专用线4条，铁路装卸鹤位122个。

【主要经营指标】 2013年，公司全年销售成品油575.5万吨，同比增长4.6%；单站日销量14.08吨，人均零售量520吨，同比分别增加0.48吨和56.47吨；销售天然气2691万立方米。全年实现收入总额451亿元、利润7.18亿元；实现经济增加值3.54亿元。

【市场营销】（1）强化市场调查，完善三级信息监测平台，建立监测点574个，分析不同市场、不同品号的资源流向和销售效益，制定差异化营销策略，实现以市场为导向的营销模式。（2）强化资源运作，按照“直炼为主、串换为辅、外采补充、储备调剂”的原则组织资源收储、调运，合理降库，快进快出，资源运作向低库存、高效率转变。依托外采提高保供能力，累计外采资源28.44万吨（剔除串换），同比增加5.58万吨。强化物流体系，优化油库作业流程，参与承运商管理，九道湾、独山子、哈密油库最大周转能力提高20%以上，单车日均周转次数提高7.7%。（3）坚持纯枪销售的核心地位，开展形式多样的促销活动，着力提高汽油特别是高标号汽油和低凝柴油销售比例，实现纯枪销售412.6万吨，柴汽比2.63，汽油占比稳步提升。（4）强化客户管理，实施总部经济策略，探索特许经营模式，推进客服体系建设，强化加油卡营销，形成吸引和稳定直销客户的长效机制。全年客户经理新开发客户162家，增量4.36万吨。全疆投运客户服务中心10座，售卡充值中心8座，累计售卡64万张，充值140.6亿元，同比增长25.7%，沉淀资金9.7亿元，同比增长42.6%。

【企业管理】（1）按照责权利均衡原则，实现油库集中管理。按照“整合小部门、形成大合力”原则，14家直属企业完成“三部一室”改革，精简机构35个，压缩管理人员139名。（2）转变领导干部管理方式，年度考核与任期期间动态考核相结合，考核结果与职务任免、离职待遇挂钩。推行“学分制”培训，开展职业技能竞赛，造就了一批管理和技术人才。（3）严格落实集团公司“三控制一规范”要求，深化加油站经营目标责任制，257座加油站承包经营，单库、单站用人分别下降36%和2%。（4）实施工效挂钩，薪酬分配向经营业绩好、劳动效率高的单位倾斜。推行处级干部差异化考核、奖金集中兑现、减员单位薪酬奖励等机制，薪酬激励的作用得到有效发挥。（5）按照“顶层设计”的原则，持续完善和评价核心管理制度、梳理业务流程、强化内控和法律风险防控体系建设，公司层面制定规章制度11个，梳理评价业务流程321条，规范流程表单293个，制度化、规范化、标准化管理水平稳步提升。（6）加强信息科技建设，完成液位仪校罐、身份认证等系统和物流调控中心建设，试点加油卡自助服务，深化以ERP为核心的信息系统应用和运维，优化网络运行环境。开展科技与管理创新研究，评审各类课题18项，推广应用6项。（7）坚持以预算为引领，积极落实降本增效方案和“扩销、控本、降费、增效”20项措施，五项管理费用同比降低17.35%，油品综合损耗率为0.7‰，吨油营销成本同比降低2.04%。（8）加强综合计划管理，遵循“年度计划、月度推进”的原则，明确责任分割、优化上挂下联机制，重点对屡查屡犯、屡禁不止的事项进行追责，综合计划管理的针对性、有效性进一步提升。（9）加强资产管理。全面核查土地、车辆、加油机、办公设备等实物资产55127项，清查梳理低效无效资产3153项，处置、报废和非在用资产1028项，生产性资产比例提升1.88%。积极收回股权分红和历史陈欠2461万元。

【库站管理】（1）开展“迎亚博、保安全、促销售、微笑服务”等主题活动，以活动方式提升加油站服务水平；组织第三方神秘顾客访问加油站1517座次，运营加油站覆盖率87.41%，综合得分88.27分；组织开展顾客满意度调查活动，全年综合满意度95.66%，同比提升2.92%；对236座星级加油站进行复评和考评验收，确保星级加油站整体质量。（2）以“增强销售能力、提升企业效益”为目标，针对496座低销低效加油站制定3年治理计划，2013年，共完成187座“双低站”治理，完成年度计划的103%；试点全流程诊断与优化加油站14座，针对诊断出的问题制定优化措施83项；全面推进加油站经理负责制，达到“两增、一降、两提升”的目标；在242座存在高峰加油站推进“削高峰”工作，完成69座加油站地面画线工作。（3）组织全公司优秀加油站经理进行现场诊断与交流活动，诊断问题107条，现场整改69条，被帮扶站销量、效益齐增长。

截至2013年底，公司共有五星级加油站38座、四星级加油站61座、三星级加油站130座。

【非油品业务】 截至2013年底，公司开展便利店674座，同比新增75座，增长12.52%，开店率85.97%，成品油销售3000吨以上加油站全部开展便利店业务。实现非油品业务百万元店175座，500万元店11座，同比分别增长42座和6座。乌鲁木齐销售公司非油品利润超过2000万元；乌鲁木齐红山路加油站便利店销售收入首次突破600万元（不含税）大关。

（1）加强品类管理、供应商管理、巡店管理和盘点管理，扩大老业务规模、拓展新业务领域，油非互动开展促销，非油品业务销售收入、利润额等指标再创历史最好水平，利润贡献率10.17%。（2）编制非油品业务发展规划；制定下发7项管理办法；细化稽查检查制度；开展分公司点对点帮扶工作；加强巡店和抽盘，实现全年95504客服平台“零投诉”。（3）优化便利店交接班流程，交接班时间缩短。实施品类经理负责制，开展非油品销售龙虎榜排名通报，激发销售积极性。（4）推进包装饮料销售竞赛和“后备箱”计划促销活动，开展节日促销活动，客单价同比提升8.38元，实现促销增收9174万元，取得销售分公司“包装饮料竞赛”第一名。

【网络建设】（1）全力推进油库重点工程项目建设，完成伊犁油库工程一期、二期，铁路专用线、站改工程；完成泽普油库下装、隐患整改项目；完成哈密、库尔勒油库扩容改造工程的可研编制及审查工作。（2）稳步推进高速公路、中心城市、城市新区加油站网络建设，2013年新开发加油站40座，新增可研销售能力28万吨/年。续建、新建加油站完工投运34座，新增零售能力25万吨/年。（3）加快推进加气站项目建设，库尔勒加气母站9月中旬进行投气试运行；完成了全疆天然气市场调研，开工建设9座加气站，与新捷公司合作建设1座加气站。（4）积极盘活未在用资产，博州、吐鲁番等分公司与当地政府达成了20余宗未在用土地置换协议；利用闲置加油站改造加气站点8座。（5）优化完善投资建设管理制度，规范标准化、模板化流程表单，简化审批程序，全面推行技术标暗标评审、工程建设联合检查等机制，积极开展项目后评价，提高了管控水平。泽普油库下装改造采用“业主+PC+监理”模式，取得了良好效果。

【安全环保】　公司各项生产经营安全平稳运行，连续第七年获得新疆维吾尔自治区安全生产目标管理考核先进单位称号。（1）持续完善HSE和质量体系文件，量化标准、联合审核、应用成果、不断优化，体系运行的有效性进一步增强。开展风险辨识、安全经验分享、个人安全行动计划和安全环保联系点等活动，安全环保责任与岗位职责紧密结合。（2）不断加强库站作业现场、工程施工现场、车辆运行、资金流转等关键领域的监督，推进安全标准化建设，安全管理关口前移，各项业务受控运行，公司所属库站跨越安全生产标准化三级，达到二级标准。全面推行升进升出、地罐交接和车载视频系统，数量、质量管理逐步向过程控制转变。顺利完成车用国Ⅳ汽油的置换工作。（3）完善安保技防、物防配备标准，强化人防、信息防措施，拨付3150万元安保专项资金配置保安和物防设施，积极开展应急演练。（4）组织开展2次库站设备设施隐患排查，完善公司库站《安全隐患管理台账》，排查隐患684项。落实311项隐患项目资金计划，限期整改隐患项目177项。储备、滚动编制2014年229项库站维修改造项目，确保公司库站安全生产。

【企业荣誉】　公司荣获全国“安康杯优胜企业”和“中央企业先进集体”荣誉称号，1项科技成果荣获中国石油和化工自动化应用协会2012年度科技进步二等奖。中国石油乌鲁木齐大厦获得鲁班工程奖。阿勒泰迎宾路加油站荣获“全国五一巾帼标兵岗”，哈密过境南、昌吉乌伊东路等加油站荣获新疆维吾尔自治区“工人先锋号”称号。

（王　瑞）

中国石油天然气股份有限公司山东销售分公司

【概述】　中国石油天然气股份有限公司山东销售分公司（以下简称公司）是中国石油在山东设立的地区销售公司，主要负责山东地区的成品油批发和零售业务，以及便利店、天然气、化工产品等非油品销售业务。公司设有职能处室11个、地市分公司15家、专业分公司2家、控股公司14家、参股公司1家；拥有资产型油库17座，库容35万立方米；运营加油站949座，销售网络遍布全省17个地市；资产总额65亿元，员工总数8936人。

【主要经营指标】　2013年，实现油品总销量430.33万吨，其中，成品油销量413.69万吨，纯枪销量281.36万吨；发售加油卡69万张，新增沉淀资金2.6亿元；实现非油品收入5.04亿元，非油品利润4025万元；实现利润总额3.23亿元，EVA（经济增加值）1141万元；新投运加油站39座；质量安全环保平稳受控。

【资源调运】　面对市场消费低迷、油价跌宕等复杂形势，公司灵活主动运作资源，超前研判市场态势，持续优化资源流向和品种结构，坚定实施低库存常态化运行策略，2013 年外采油品 89.97 万吨、入站入库 53.15 万吨，月均库存同比降低 6.4 万吨、节约库存成本 2741 万元，实现了库存及成本持续“双低”运行。统筹优化物流组织，油品一次入站 144.48 万吨，节约运费 8669 万元。一次、二次物流损耗率同比分别降低 0.1‰和 1.1‰。

【市场营销】 灵活开展市场营销，细分客户类别，把握市场变化，发挥客户经理在批发、零售、售卡、非油品等方面的“四位一体”作用，用好用活卡营销政策，配套纯枪增量竞赛、推广自助加油，着力提升卡营销水平，卡销比达到 46%，同比提高 13 个百分点。突出汽油特别是高标号汽油销售，通过优选站点、双倍积分、专项激励等措施，实现汽油纯枪销售 116.6 万吨，其中 97 号汽油 16 万吨，同比分别增长 14.7% 和 48.7%。召开加油站经理人大会，推行经营目标责任制，启动全流程诊断，引入神秘顾客访问，5000 吨以上站同比增加 15 座，“双低站”同比减少 41 座，单站日销量同比提高 0.29 吨。

【非油品业务】 突出品类营销、分类培育，开展销售竞赛、主题促销、联动营销，着力打造优质店，百万元店、50 万元店分别达到 102 座和 251 座。商品配送总费率 4.36%，同比降低 0.13 个百分点。库存资金占用同比减少 210 万元，周转天数同比缩短 2 天。实施以品类、店面为切入点的非油品业务委托联营，外包方派驻人员 120 名，提升了非油品业务专业化管理水平。

【体制机制改革】 坚持顶层设计、分步实施，全面推进公司机构改革，撤销省公司所属大项目组、结算中心、保险中心、非油中心、造价中心，整合加油站管理、营销、调运处室职能组建运营指挥中心，成立审计监察中心和非油品公司，推进财务共享中心功能建设，实现一体化运作、集约化管理。整合泰安与莱芜、烟台与威海市场，将油库资产、现场安全、设备运转、收发油作业等管理职责划归属地管辖，完善片区经营部、驻厂办、驻库业务部设置，基本形成大营销、大管理、大监督、大政工的地市公司组织架构体系，精简机关部门 77 个、管理人员 172 人，库站外用工比例控制在 9.5% 以内，同比下降 3.5 个百分点。持续完善考核机制，推行全员绩效考核，建立岗位薪酬分类挂钩机制，初步构建完成干部、绩效、薪酬、基层单位分类分级四大管理体系，调动了各层面积极性。持续优化运营模式，试点加油站对外委托经营，实施车辆驾驶、办公楼物业、员工食堂、零星维修、站库保安保洁等服务外包，尝试部分管理督查事务委托独立机构执行。实行兼岗并岗、加油高峰小时工、油库大班组运行模式，累计减少用工 1058 人，公司用工总量控制到 9000 人以内，单站用工同比减少 1.25 人，人均纯枪销量同比增长 19%。

【企业管理】 推进枣庄示范公司建设，推行以整理、整顿、清扫、清洁、素养、安全为内容的 6S 管理，着力打造精细、节约、洁净、标准的工作现场。初步搭建制度、流程、KPI 三位一体评价体系，累计制修订制度 195 项。推进全面计划、全面风险、全员成本、全员绩效、全员营销、全员 HSE“六全”管理，引入第三方开展基础管理大检查。推进物资与服务集中招标采购，严格供应与服务商准入管理，切实引入竞争机制，落实采管分离、监管分开，累计降低采购成本 5430 万元。推行设计方案两级评审和省公司“7+2”会审，编制加油站细节设计手册，工程设计更加突出以人为本的理念。实施施工现场远程视频监管，推进模块化施工建设，委托 PMC 加强施工现场监督，清理工程转包、资格挂靠等现象，工程质量更加安全受控，全年累计投入检维修、达标技改和设备更新资金近 2 亿元。推进运营指挥平台、协同管理系统、移动办公平台、库站视频监控和零管系统更新改造等重点信息项目建设，全年累计投入信息化建设资金 4228 万元。

【质量安全环保】 推进 HSE 体系建设，编制完成指导手册，有感领导、直线责任、属地管理进一步落实。深入开展安全大检查和工程质量、输油管线专项检查，累计发现并整改安全隐患等问题 631 项，投入整改资金 563.8 万元。开展油库铁路栈桥火灾三级联动演练，应急处置能力进一步提升。按期完成国Ⅳ汽油置换，对 389 座库站实施油气回收改造。严把油品外采质量关，实行外采油品供应商分级动态管理，建设质量计量检验检定中心。探索 HSE、内控、质量、法律风险防控体系融合，构建全面风险管理。清理商标侵权加油站 47 座。强化资金过程监管，推广银企直联付款，规避防范资金风险。开展分公司经理、库站负责人经济责任审计，固定资产使用、经营管理、加油站经营效益、网络投资建设、工程项目结算等专项审计，工程质量及承包商管理、招投标及服务商（供应商）管理效能监察，堵塞了经营管理漏洞。

【公司荣誉】 公司荣获省级文明单位称号，临沂公司“沂蒙姐妹”志愿服务队被评为中国石油“十大青年志愿服务标杆集体”，临沂 9 站被评为“中央企业先进集体”。

（刘发开）

中国石油天然气股份有限公司陕西销售分公司

【概述】 中国石油天然气股份有限公司陕西销售分公司（以下简称公司），截至2013年底，公司本部机关设有14个职能处（室），下辖12个分公司、102个片区经营部、1个润滑油公司、1个油品质量监督检验中心、5个驻省内炼厂采供站，运营加油站927座、油库14座。全公司各类在册员工10405人，资产总额39.96亿元。

【主要经营指标】 2013年，成品油销量522.60万吨，同比增长4.2%；实现非油品收入43961万元，非油品利润3165万元，同比增长28%；累计售卡68.26万张，同比增加8.55万张，卡销比46.8%；实现利润5.42亿元；上缴各类税费6.51亿元。公司未发生重大安全事故，稳定形势得到巩固。

【企业管理】 持续深化精细管理，2013年实施了23项重点工作项目，把精细化管理集中到地罐交接、加油卡销售资金漏洞弥补、工资分配权下放、“两定两提高”、油库管理提升、信息化建设、审计监察、税费节约和成本控制、印章和制度管理、员工培训和经验分享上，企业管理机制得到完善。持续加强“家”文化建设，通过出版回忆录、组织座谈会、开展书画展评等形式，成功举办公司成立60周年系列纪念活动。深入开展了党的群众路线教育实践活动，严格按照三个节点要求，组织了动员部署大会、专题学习讨论会、听取意见座谈会、领导班子反腐倡廉专题讨论会，推动“四个一”活动深入到基层，深入到一线。

【库站管理】 提升加油站服务，以“五化”创建为基础，以神秘客户暗访和投诉管理为抓手，采取排名通报、强化整改、处罚追责等措施，加强加油站现场管理和规范服务，标准加油站达到42座。增强加油站服务效率，对248座加油站实行场地、作业、时间、形象、布局等诊断与优化试点。加油站坚持有效开发、转型开发、速度开发、效率开发，全年开发立项52座（加气站6座），投运50座。

【非油品业务】 拓展非油品业务，优化商品品类，推进先进仓储配送运作模式，2013年新增百万元便利店69座。开设高速公路服务区便利店11座，实现了零突破。扩大润滑油销售渠道，提高库存周转率，全年销售11150吨，同比增长20.85%。

【资源运行】 在新价格机制下，保持低库存运行，保证加油站不断档、不脱销，2013年购进资源516.98万吨，同比增加18.98万吨。在销售分公司统一调配地炼资源格局下，争取自采低价油品，2013年自采量达到53.87万吨。强化运力统筹组织，持续优化物流，同比缩短运距5千米，一次配送到站率达80.23%，实现了“双八十”目标，节约运费1226万元。

【市场拓展】 坚持以客户为重心，下放片区经理和加油站经理权力，培养客户经理人300名，客户经理目标基本配置到位。强化营销反应机制，建立了1小时价格快速反应制度，开展价格差异化营销，保证了营销策略的时效性和针对性。加大直销业务力度，2013年直批量达45.25万吨。通过组织油品知识讲座、开设专家电台热线、加油站现场发放宣传册、组织顾客走进企业等，使“中国石油在销售环节不添加任何添加剂（包括活性剂）”的郑重承诺深入人心。

【安全环保】 持续坚守安全数量、质量“三条红线”，坚持每半年开展一次HSE体系审核，突出围绕“我的岗位风险点一口清”活动，将风险查摆和巡查巡检、班前安全讲话、操作复核等日常工作有效结合。突出围绕数量、质量“四六三”管理模式，坚持开展月度盘库和加油枪定期自检，建立铅封施封复核制度和公路稽查月度汇报制度，强化“八项规定”落实，实现库站油品抽检覆盖100%。开展油气回收技术改造，截至2013年底，共改造完成1座油库、316座加油站。

（马力佳）

中国石油天然气股份有限公司吉林销售分公司

【概述】 中国石油天然气股份有限公司吉林销售分公司（以下简称公司）主要负责在吉林省行政区域内开展成品油经营业务。截至2013年底，公司下辖9个市（州）分公司、1个直属公司，员工10442人，运营加油站1003座，在用油库21座，资产总额61.41亿元。2013年，公司销售成品油393.40万吨，同比增长9.05%；实现销售收入307.27亿元，同比增长6.14%。

【市场营销】 围绕采、调、储、销业务链条，推进营销专业化、集约化、一体化进程。强化资源运行，用好直属、地炼两种资源，灵活铁路、公路和管输三种运力，启动加油站统一配送，推进低库存运行，促进物流整体优化，油品配送及时到位，资源供应稳定高效。搭建直销、零售两条专业线，直销完善考核与客户分级管理，成立9个客户服务中心，销量同比增长49.15%；零售突出纯枪与主题活动，实施自助加油、“点对点”竞争、纯汽油站改造等措施，销量同比增长0.62%。发展一体化营销模式，车用燃气销量2581万立方米；润滑油销量同比增长27.64%；非油品收入同比增长36.44%；加油卡售卡数量同比增长34.47%。健全营销决策与快速反应机制，主动调整营销策略，领跑省内成品油市场；积极协调地方政府，理顺国Ⅲ、国Ⅳ汽油过渡流程；坚持把市场份额作为“第四条红线”，寸土必争，市场份额同比提升5.50个百分点。

【非油品业务】 统筹规模与效益，拓展非油品业务服务能力。规范非油品业务管理，严格日常检查稽查，推行供应商优选退出机制，强化从业人员培训与考评，非油品业务运营水平得到提升。因地制宜设置便利店，突出特色经营和差异化服务，开展“亏损店扭亏、赢利店增效”活动，实施百万元便利店培育方案，百万元店同比增加20座。提高单品销售能力，定期组织非油品推介会，及时清理滞销商品，优化商品主数据，全年减少商品主数据近1万条。升级客户服务体验，开展多种多样的专题活动，设置餐饮、洗车、广告、农资、手机充值等服务项目，打造加油站商圈，非油品业务利润同比增长30.88%。

【网络建设】 聚焦投资回报，推动网络建设稳中有进。在利用现有网络资源方面下工夫，向改造要效益，全年整体改扩建加油站16座，当年改造、当年投产、当年见效；改造油库2座，溪洞油库当年投运，桦甸油库基本完工，储运保障能力得到提升；11座加油站和4座油库完成技术改造，库站“四新”应用和增效潜能得到发挥。按照重点地区、重点突破原则，集中80%投资攻克长春等一类城市，并顺利完成长春新油库一期委托管理及二期建设划转工作，为提高重点地区的市场竞争力和保障供应能力奠定了基础。

【安全环保与数量质量】 突出体系建设与风险防控，严守数量、质量、安全环保“三条红线”。完善HSE管理体系，成立5个专业委员会，建立“安全十查”制度，修订12个体系文件及管理规定，应急演练695次7000余人次。以“安全生产大检查”、“安全生产活动月”、“安全警示月”、“八小”专项整治等活动为载体，建设安全文化，加深隐患查改，强化事件管理，严惩“三违”行为，安全管控能力进一步提升。开展损耗专项治理，加强运、储、销各环节控制，全程跟踪油品流转过程，所属加油站全部实施地罐交接，油库库存商品上归公司管理，损耗管控见到实效。深化质量管理体系建设，开展“质量月”活动，实行油品全覆盖检验和定期质量专检，严把油品入库、储存、出库和销售关，油品质量检查合格率100%。

【企业管理】 立足找差距、查短板、补不足，出台32项重点工作、104项措施及35套方案，促进管理提升。健全加油站管理长效机制，严格落实《加油站管理规范》，强化现场管理、稽查和95504客服工作，开展全流程诊断与优化，升级服务标准与软硬件设施，打造优质高效服务终端。大力推进控员增效，通过库站管理模式优化、测时写实成果转化、薪酬激励政策落实、富余人员分流转岗等方式，用工总量同比减少13.62%。初步优化机构设置，调整公司处室职能，探索“大片区”管理机制，7个经营处合并或由分公司直管。深化以内控、法律风险防控、财务稽核、内部审计和效能监察等为主要内容的内部监管机制，堵塞管理漏洞。健全资金、资产管理体系，严格预算控制，夯实会计基础，在销售企业中率先推行银企直付业务，财务管理水平进一步提升。完善投资与工程建设管理，严把投资入口，严格现场监管，严肃项目后评价，管理行为不断规范。加快信息化发展步伐，完善基础设施建设，强化信息系统应用，提升网络运行和安全维护能力，信息支撑作用显著。积极搭建合资合作平台，放大资产资本功能。

【资产优化】 实施“盘活闲置资产、优化存量资产”战略，提升资产创效能力。推进资产“轻量化”进程，全面清查低效无效负效资产，探索对外租赁已关停的加油站、油库和其他闲置资产。加油站优化，采取抓低销低效站、抓万吨级站、带动千吨级站的“抓两头带中间”措施，全年减少低销低效站212座，增加纯枪销售万吨站10座，38座小站突破3000吨。油库优化，通过编制实施《油库优化方案》，关停低效库，设置职能库，充分发挥地付功能，全年关停油库3座、减少仓储成本500万元。

【精神文明建设】 深入开展党的群众路线教育实践活动，认真落实中央八项规定和集团公司20条要求，大力改进文风、会风及工作作风。成功召开公司第二次党代会，严格落实职代会制度，全面推广“家文化”经验，开创党群工团建设新局面。以企业发展推动社会的和谐进步，搭设企地共建平台，维护行业健康发展，持续开展扶贫帮困等公益活动，全年投入资金及物资530.70万元，帮扶困难人员2349人。

（杨冠宇）

中国石油天然气股份有限公司江苏销售分公司

【概述】 中国石油天然气股份有限公司江苏销售分公司（以下简称公司）主要负责中国石油在江苏地区的成品油资源仓储与配送、直销与零售、网点开发与建设等业务。公司下设12个处室、13个地市公司、1个专业管理公司；下辖股权单位25家，其中，控股单位16家，参股单位7家，独资单位2家。截至2013年底，公司资产总额73.93亿元，加油站总数789座，非油品门店626座，在用油库16座、库容56.69万立方米。公司员工7541人，其中，管理人员715人，操作人员6826人。

【经营业绩】 2013年销售成品油421.79万吨，零售量325.86万吨，同比分别增长3.39%、14.86%。直批销售145.43万吨，同比减少3.94%；纯枪销量276.36万吨，同比增长3.59%。实现非油品销售收入35508万元，非油品利润3600万元，同比分别增长29.91%、70.78%。全年总体销售收入320.49亿元，剔除相关因素影响，当年实现利润18179万元。

【资源调配】 根据需要做好直炼资源接卸和地炼资源收储，把握资源供需平衡。全年购进成品油424.42万吨，同比增长1.66%。其中：购进直炼油品379.13万吨，同比增长7.73%，外采油品45.29万吨，同比减少30.92%。累计购进非油品33762万元，同比增长43.47%。公司持续优化组织配送，通过对633座加油站1900余条公路配送路径进行测算，调整314座加油站的配送方案，累计节约物流成本6025万元。公司还加大特殊时期油品保供力度。节假日期间，增加六圩、姜堰、海星、七星桥4座油库的资源供应，提前将满载油罐车安排到长江三桥、长江隧道、泰州广锡、苏（州）嘉（定）杭（州）等重点加油站待卸，防止因销量大幅增加或道路拥堵等造成油品供应中断；亚青会期间，坚持管理人员24小时值班，统筹全省运力使用，共异地调拨成品油107车次，保障了南京地区油品稳定供应。

【油品营销】 打破以往苏北、苏中、苏南三区定价策略，逐渐转向“一地一策”。开展末位会审，对困难单位重点帮扶。控制再流通批发销量，提高直销比例。全年直批量143.16万吨，其中直销量97.35万吨，同比增加21万吨；批发再流通环节销量45.81万吨，同比减少29.19万吨。批发占比由年初38%降至31%，减亏约1200万元。开展全方位的劳动竞赛，每月通报经营情况和竞赛结果。通过对标分析、重点指导、奖罚兑现等办法，引导地市（分）公司提高销售水平。以拓展创效空间为重点，扩大汽油销售网点，提升销售能力和赢利水平。高标号汽油销售站点达513座，日销量达717吨，同比增加354吨；已打造城区纯汽油站46座，同比增加17座。全年累计销售汽油144.51万吨，同比增长11.00%。以卡为媒，强化客户开发，全年共售卡47.41万张，充值75.97万元，消费74.47万元，累计沉淀资金5.06亿元。重新组建客户经理人队伍，启动苏州、徐州、泰州、无锡、南通等地客户服务中心建设。苏州江南客户服务中心平稳运行，全年累计销售油品3.16万吨，同比提升44%。

【非油品业务】 由公司加油站管理部门人员和重点站经理共同组成示范门店培育小组，在苏州试点培育示范门店，制定《门店商品选择与陈列标准》、《服务七步法》等，在全公司便利店推广。提升商品适销性与经营特色，引进张君雅、北田能量、梅饴馆等新奇特品牌商品，引进北京同仁堂、广东星辉两家产品销售专柜，补充不二家、卡夫、摩卡、亿百味等品牌合计83个，淘汰销售欠佳品牌商品40个。指导各类型门店做好差异化经营管理，明确商品划分的标准及单品选择范围，各类型门店经营品类与经营数量，商品引进、淘汰、质量管理要求。调整按照销售收入3%的“一刀切”奖励机制，明确专项奖励、团购奖励、店面销售奖励标准，实行能者多得、厚利多奖、上不封顶。到2013年底，非油品门店达626座，其中精品门店371座，百万元以上门店82座。

【加油站管理】 按照加油站“六个优化”的要求，侧重推动“双低站”治理，推广加油站经营目标责任制。2013年治理“双低站”190座，治理率达92.23%；单站日均增加销量0.99吨，增幅24.63%；减少用工285人，单站用工减少3.8人，员工薪酬平均增加1118元。推进自助加油业务，到12月底推行自助加油站118座，占运营比例18.93%；自助站日销环比增加252.94吨、单站日增2.14吨，减员83人，卡销比由28.82%提升至39.43%。稳步调整促销方式，合理调整挂牌价格，以赠送小礼品为主激励售卡充值。另外，公司还围绕加油站运营优化、“削高峰”、交接班优化3个指导意见，继续落实场地画线、推广卡机连接加油机应用、错峰配送油品、交接班优化、排班优化等20项优化措施，提升加油站运营效率。

【网络建设】 2013年下达投资计划72148万元，实际完成率80.82%。全面梳理在建项目，深化加油站投用分析，制订详细的投运计划。实行地市公司、设计单位、监理单位、施工单位、物资供应商“五位一体”考核，督促各参建单位加快项目推进。新增立项加油站25座，新付款加油站17座；累计新增投运加油站38座，新增年零售能力29.24万吨。加强对双低租赁加油站的清理，全年清退加油站6座。按照资金集中使用、项目统一安排、计划统一下达、改造完善到位的思路，结合安全环保隐患整改、卡机连接加油机推广、油气回收改造、非油品业务发展、检维修项目实施、库站关停重开等，坚持谨慎筛选、细订方案，精选一批地理位置好、布局不合理、功能不健全、上量潜能大的加油站实施规范达标改造。全年共改造加油站78座，预计新增年销售能力14.33万吨。

【安全环保】 落实安全环保责任，逐级签订安全环保责任书。推行领导干部安全环保联系点制度和个人安全行动计划，2013年有32名干部开展联系工作115次，发现各类隐患和问题217项，整改154项，提出管理建议233项。开展HSE体系内审，访谈干部员工294人，查出体系运行不符合项646个，整改585项。先后开展电气专项整治、码头安全专项检查、岗位责任制大检查等9次，累计检查加油站和油库818座，发现各类问题3762个，整改3004个。在中国石化青岛“11·22”事故发生后，迅速组织库站油罐、管线专项检查，共排查加油站626座、油库10座，查出6年以上未检修的地埋油罐237个、管线548条，发现19个油罐、26条管线存在渗漏问题，已全部停用并纳入整改计划。积极落实江苏省“蓝天工程”要求，部署油气回收加油站559座，基本达到零排放、零污染。全公司柴油完成国Ⅲ标准升级，沿江8市完成汽油苏Ⅴ标准升级，苏北地区汽油完成国Ⅳ标准升级。各单位认真开展应急演练，组织分公司级演练64次、库站级演练2706次，参与人数达22275人次。

【管理提升】 广泛开展管理创新课题研究，强化研究成果转化和应用。在苏州分公司继续开展精细化管理试点，坚持以点带面和循序渐进，管理提量、增效、减人、降本等作用得到凸显。深入开展信息化建设与推广，以实现数据共享、业务监控、调度指挥、应急通联等多功能一体化为目标，积极推动零售管理、ERP（企业资源计划管理系统）、二配、油库、监控等信息管理系统融合。制订加油站分类分级管理、加油站团队管理、科学排班插班等工作方案，体制机制进一步理顺。特别是从1月开始，由集团公司先进典型邵从海牵头，在南京地区启动加油站经理人团队负责制试点启动工作。全年邵从海团队加油站销量同比增加了22%，日均增加销量28.33吨，相当于新增了1座万吨站；非油品销售额同比增长41.32%，人员减少18人。此后，南京、苏州、无锡等地逐步扩大加油站经理人团队负责制推广面。另外，公司还建立以效益效率为中心的绩效考核体系，研究出台全员绩效考核方案，实行了薪酬二次、三次分配，考核激励导向作用进一步发挥。

【队伍建设】 持续开展党的群众路线教育实践活动，广大党员干部通过各种形式学习贯彻党的十八大和十八届三中全会精神。机关作风进一步转变，改善了会风文风，简化了公务接待。干部下基层主动接“地气”，坚持“三个面向、五到现场”，并做到不违反禁酒令、不用公款吃请、不参与娱乐消费、不要基层单位迎来送往，真正将精力聚焦到为企业办实事、解难题、促发展上。2013年，省市两级公司同比减少20人以上规模会议92个、减少各类文件和简报161份；会议、招待、差旅、办公四项费用下降11.31%，其中公司机关下降30.72%。积极开展主题教育和创先争优活动，结合机关干部下站蹲点活动，推进党建“三联”责任示范点建设。严格落实党风廉政建设责任制，持续强化领导干部廉洁从业教育和监督。加强“五型”班组、“五小工程”建设，基层更多困难得到解决。春节期间，领导干部下基层开展慰问活动150人次，自费3.20万元，公司安排资金60.60万元，慰问困难员工222人。

（马卫林）

中国石油天然气股份有限公司甘肃销售分公司

【概述】 中国石油天然气股份有限公司甘肃销售分公司（以下简称公司），前身为甘肃省石油总公司，成立于1953年。1985年实现省、地、县三级石油公司人、财、物统一管理，成为独立承担成品油流通业务的大型骨干企业，1995年跨入甘肃省50家最大商贸流通企业行列。1998年国家对石油、石化企业实施战略重组，整体划入中国石油天然气集团公司。1999年实施企业内部改制重组，撤销县级公司建制，变三级管理为两级管理。2012年11月，公司机构规格由副局级调整为正局级。公司机关现设14个职能处（室），下辖18个所属分公司，1个控股公司（甘肃中油交通油品有限公司）。截至2013年底，公司资产总额达38.85亿元。运营油库14座，总库容27.6万立方米；运营加油站663座（其中资产型站641座，租赁站21座，控股1座），加气母站1座，子站6座（其中油气混合站3座），在甘肃成品油市场占据主导地位。在岗员工8636人（其中，合同化员工3175人，市场化用工5167人，劳务用工294人）；内退员工523人；离退休人员1756人（其中离休77人，退休1679人）。2011—2013年连续3年销售量突破400万吨，利润突破7亿元，零售比例、市场占有率始终保持在85%和96%以上。公司先后荣获“中央企业先进集体”、“抗洪抢险先进集体”、“精神文明先进单位”等20余项省部级以上荣誉称号，连续8年被集团公司评为“安全管理先进单位”，连续2年评为“安全管理模范单位”，是销售系统唯一一家获此殊荣的企业。连续6年经营业绩指标在集团公司综合业绩考核排名中位列销售系统前列。

【经营业绩】 2013年，销售各类油品454万吨，完成年计划的105.6%，同比增加24万吨，增长5.5%；零售392万吨，完成年计划的102%，同比增加18.5万吨，增长4.9%；零售率88%，同比提高2个百分点；单站日销量16.6吨，日均10吨纯枪销量用人量6人；全员人均销量达到526吨、人均零售量454吨，同比分别增长5.4%和4.9%；实现销售收入338亿元，同比增加13亿元，增长4%；实现利润5.2亿元，同比下降33%，虽然利润指标有所下降，但继续保持在销售系统前列，约占板块利润的1/5；实现非油品销售收入4亿元，实现利润3272万元；上缴各种税费5.6亿元，同比增加6400万元，增长13%。

【网络开发】 2013年完成固定资产投资4.14亿元，是年初销售板块下达框架计划的2.8倍，安排隐患整改资金1.21亿元，合计落实建设改造资金5.34亿元。配合政府职能部门完成“十二五”规划中期调整工作。完成陇西油库二期扩建，实施张掖、武威油库扩建项目，油库库容总量由33.45万立方米增长至38.45万立方米，增长15%。加快高效市场和重点区域空白市场网络布点，全年申报新建项目40座，其中主要城区和高等级公路沿线30座，占“十二五”中期调整规划中高效市场的33%。全年新开发加油站26座、加气站3座，建成20座、投运18座；整体改扩建14座，实施油气污染治理44座，更新卡机连接加油机328台，实施加油站零管系统改造6座。网络建设的稳步推进，使企业市场主体地位进一步巩固。

【加油站管理】 实施加油站目标管理制，分别从管理、服务、形象、效益4个方面细化精品站培育标准、措施和考评办法，全力培育和打造精品加油站，推动加油站管理进步。2013年，标准站达到24座，占运营站总数的4%；万吨加油站120座，酒泉分公司甘店子加油站销量达到5万吨，居万吨站之首，单站盈利120万元，占全省运营加油站总数77%的加油站占到全省零售市场份额的89%以上；突出“双低站”治理工作，采取目标责任制承包、大站托管小站、油品买断式承包、业务外包等多种方式，加强整治和提升，全年治理低销低效站133座，平均单站实现税前盈利11.21万元，同比增加6.4万元，增幅57.1%。强化加油站现场管理，提升服务效率，对118座加油站实现场地画线，有效缓解加油站车辆进出无序、对行拥堵等问题，现场车辆进出站效率提高28%；对229座城市中心及国省道加油站，实施雨棚、光带、主标识立牌照明维修改造，加油站整体形象大幅提升；强化加油现场监督检查，明确三级检查频次及内容，落实三级服务、指导、监督职能，加油站规范化、系统化管理形成常态；认真参与销售分公司《CNG加气站操作手册》编制工作，规范加气站管理，明确加气站岗位职责、服务标准、设备操作、损耗控制等内容，为加气站规范发展提供依据；通过现场问卷、随即抽取、意见征求等方式，不断加大客户满意度调查，全年开展顾客满意率调查3次，发放调查表3.7万份，平均满意率达到90.62%，同比提高2个百分点。加强95504客户投诉跟单管理，响应及时率达到99.33%；提高加油卡售卡质量和效益，全省售卡网点达到477座，同比增加167个，占运营站总数的76%；全年累计向客户发送年节祝福及营销类短信136万条；卡销比达到18.5%，同比提高6个百分点；累计沉淀资金4.91亿元。

【非油品业务】 按照“自主经营、因地制宜、规范发展、稳步推进”的原则，通过坚持标准、强化执行，细化营销、投客所好，优化管理、构筑保障等措施，以标准便利店建设为基础深耕细作，实现非油品销售规模的持续稳定提高。注重对目标客户的消费研究，逐站制定商品经营品种、销售价格及促销方案，加强年度、月度、节假日促销活动的策划执行，并通过对促销前后的跟踪评估，以促销商品上量带动非油品销售的整体提升；积极开展品类分析，细化商品管理，加强畅销商品和滞销商品管理，增加拓展畅销商品，优化淘汰滞销商品，提高单店销售水平；积极研究不同类型便利店商品分类目标要求，形成具有品牌建议的便利店陈列指引，为加油站商品选择和优化陈列提供保障；按照“精、准、细、严”的工作要求，加强内部控制，强化协作管理，认真推广满架交接，加油站商品交接时间都能控制在5分钟以内；注重流程梳理和制度建设，对便利店商品管理办法、非油品业务考核与奖励办法等管理制度重新进行细化与完善，重点加强事前、事中与事后控制，通过一系列有效措施，公司非油品业务管理水平得到显著提升。2013年，百万元便利店达到104座，其中两百万元店达到11座，三百万元店达到8座；实现销售收入4亿元。

【精细化管理】 加强组织领导，编制印发《甘肃销售公司2013年精细化管理推进工作方案》，九大类68项精细化重点工作有序推进；扎实开展管理提升活动，梳理归纳问题48项，制定整改措施99条，整改率达到95%；完善对标管理模式，加强对人工成本、运输费用、各项租赁费用预算与控制；建立大配送管控模式，发挥预算引领作用，启动低效无效资产的清理、问题土地整治，确保各类资产产生绝对效益，提升资产回报率；积极开展降本增效活动，制订计划，稳步推进。认真开展对标分析，营销成本290元/吨，同比降低3%；优化用工管理，人均劳效显著提升，人均创利达到5.97万元；强化薪酬与效益、业绩与贡献相一致原则，坚持将各分公司年度工资总额计划与公司下达的经营业绩指标挂钩包干，按照各分公司超量情况考核增拨增量工资，向利润贡献大、劳动效率高、工作条件艰苦的分公司倾斜，进一步完善了以业绩导向为主的薪酬收入分配机制，实现了薪酬总额的动态管理。制订非生产性费用成本控制措施，明确控制目标，坚持每月开展指标分解、下达、考核、兑现工作，成本费用指标得到有效控制。深入推进法律风险岗位防控，规范合同管理，强化纠纷案件处理，开展商标侵权专项治理活动，法律风险防控体系逐步完善。强化内控与风险管理，认真开展自我测试，重要业务流程测试覆盖率达 97.6%，关键控制点的测试覆盖率达到 96.2%；顺利通过集团公司外部测试，提高了内控体系运行质量。

【质量安全环保】 修订并发布新版质量及 HSE 体系文件，编制涵盖 208 个岗位的 HSE 职责，实现了 HSE 职责“全员、全过程、全方位”覆盖。按照“全覆盖、零容忍、严执法、重实效”的要求，开展安全大检查 6 次，接受外部检查 1 次，检查库站 459 座 / 次，发现隐患问题 2497 条，整改率达到 95% 以上。遵照“勤检查、重处罚”的工作要求，全年识别库站各类风险 10265 条，修订各级预案 10200 个，组织开展实战演练 8476 次，通过自然灾害预警系统及手机短信平台第一时间向库站发送各类预警信息 25 次。“7 · 22”定西岷县地震应急处置得力有效。加快推进体系审核，组织开展内部审核 2 次，发现并整改不合格项 517 条；接受销售分公司审核 2 次，不合格项同比下降 45%；顺利通过三星九千认证中心外部认证。加强现场监管，举办施工安全监管及七项作业许可制度培训班，进一步规范施工作业管理。加强数质量管理，全年库站自检样品 3517 个，上级公司抽检 28 个，质监部门抽样 314 个，公司内部抽检 284 个，各类样品质量合格率均达 100%。开展“安全生产专项活动”、“千日安全无事故竞赛”和“安全生产月”等专项活动，有效推进了本质安全目标的实现。

【信息化建设】 加快“一卡通”项目实施推广，完成 638 座加油站、12 座油库的一卡通设备安装、切换和联调工作，实现油库到加油站的无缝连接。开展卡机连接站系统改造，125 座站实现系统升级，达到了卡机连接站覆盖全省各县区汽油大站的目标，提高了站级支付效率，实现了油品、非油品和卡业务的集成统一管理，人均劳动效率同比提高 25%。通过控制加油机按预定时点自动变价，实现油品价格自上而下的统一调整，有效提高价格集中管控能力和对市场的全面反应速度。加快推进电子公文系统升级工作，按照公文格式新标准，及时调整电子文件系统模板，及时下发系统权限，确保各类文件及时准确流转。实施网络带宽扩容改造，完成公司 13 条主干网升级，带宽由 4 兆字节 / 秒升至 10 兆字节 / 秒，组网方式由原先的 SDH 数字电路改为 MSTP，满足了公司信息系统各种业务数据实时传输需要。认真开展信息系统总体控制自我测试，对测试中发现的问题及时整改，整改率达到 90%。

【队伍建设】 加强干部交流，全年安排 23 名机关人员赴基层挂职锻炼；科学制定 2012 年人员定编计划，全方位建立了覆盖机关、后勤、油库、片区、加油站的用工管控机制，在岗用工合同签订率达到 100%；顺利通过甘肃省人社厅劳务派遣用工、员工收入及劳动关系等工作的调研、检查；顺利实施“五险合一”系统运行，规范了全部人员的社保缴纳，调整完成了全日制人员的生活补贴标准，公司用工风险得到有效控制；积极推进人才强企战略，努力提升员工队伍素质，全年组织参加上级公司和自行举办的培训 345 期，培训 7610 人次，培训计划实施率达 100%，培训合格率达 98%；举办网络远程培训班 18 期，参加培训 8080 人次；持续完善员工培训和职业技能鉴定工作，积极创建“学习型企业”，全年对 454 名员工进行初、中、高三个级别的技能考核，鉴定合格人员达 295 人，通过率达 65%。

【关爱员工】 大力实施重点民生工程，投入近百万元，为 42 个离退休活动室配备了文体活动器材，综合治理了全省 10 个住宅小区的维修改造和部分配套工程，开工建设了五星坪一期职工住宅楼 7 栋，二期工程稳步推进，员工的生活待遇不断提高；严格落实稳定工作责任制，深入开展送温暖工程，春节、元旦、五一、国庆、中秋等重大节日期间，资助各类困难群体 5216 人次，发放离退休生活补贴 1033 万元；新建职工书屋 5 个，图书角 661 个，配发图书 23.3 万册；组织 8000 多名员工健康体检，每逢生日赠送生日蛋糕；为甘南高海拔地区新建温室大棚 2 座，彻底解决员工吃菜难问题；开展加油站职工食堂烹饪技能大赛、为岷县地震及天水、陇南特大暴雨捐款 64.5 万元。

【社会责任】 响应国家“支农”、“惠农”的新农村建设政策，最大限度地满足农业用油需求。在乡镇集市、春耕、“三夏”、秋收等用油高峰，组织送油下乡小分队，制订翔实周密的送油方案，编制了日程表，确定了乡镇联系监督员，加强信息沟通，保障供应活动，不断延伸配送链，及时将支农油品和优质服务送到田间地头。先后派出送油车队 1100 多台次，为 256 个乡镇、农村配置油品 2.7 万吨，有力地保证了当地农业市场供应。“7 · 22”定西岷县漳县地震，天水、陇南特大暴雨灾害发生后，公司第一时间启动应急预案，第一时间安排部署抢险救灾工作，第一时间调派 4 辆流动加油车赶赴灾区，及时将 300 多吨油品送到救灾现场，成立60人的青年志愿者突击队，深入抢险一线，帮助灾区群众尽快恢复正常的生产生活。抢险救灾期间，公司共出动流动加油车170余次，累计运送油品3000多吨，捐款70万元，捐赠帐篷、衣物、日常用品、食品、药品等生活用品价值100万元，进一步彰显了中国石油防灾、减灾的能力和高度负责的国企形象。

（张　翔）

中国石油天然气股份有限公司河南销售分公司

【概述】 中国石油天然气股份有限公司河南销售分公司（以下简称公司），成立于1999年2月，主要承担中国石油进入河南的成品油资源配置、批发、零售以及销售网络开发、建设、管理等职责，目前下设15个职能部门，下辖18家分公司和6家控参股公司，拥有员工7700余人。截至2013年底，累计完成投资46.9亿元，投运加油站811座，其中万吨站16座；开发建设油库11座，库容22万立方米；兰郑长成品油管线贯穿全境，库站管道并进的储运销网络基本成型。

【主要经营指标】 2013年，面对市场需求疲软、油价调整频繁、资源运行不均衡等复杂形势，公司上下认真贯彻上级部署，坚持有质量、有效益、可持续的发展主题，紧紧围绕营销创效、终端保效、降本增效、管理提效，做了大量艰苦的工作。全年销售成品油403.7万吨，其中纯枪销量240.4万吨，直销量58.5万吨；非油品收入3.1亿元；出售IC卡48.7万张；新开发加油加气站21座；实现利润1.1亿元。

【业务运行】 公司坚持贴近市场开展经营，持续完善营销工作机制，实施差异化营销、针对性促销，加强与大客户合作，经受住了市场竞争的严峻考验。全年销售汽油125.4万吨，同比增加13.6万吨；新增机构客户630家，终端销售比例达到74.5%。坚持灵活资源组织，实施低库存运作、合理外采，提高公路一次进站比例，实现了平稳供应和资源创效，仓储费同比减少291.8万元。坚持优化仓储专业化运行管理，全年人均吞吐量8516吨，同比增加585吨；广武油库全年周转达到17次。油库管理连续3个季度获得销售板块劳动竞赛项目先进单位。

【零售业务】 公司坚持以零售创效为核心，加强油、卡、非互促互动，深化“双低站”治理，开展全流程诊断，以卡为媒灵活营销，规范管理增加枪量，努力提升销售的质量和效益。实现纯枪销量240.4万吨，同比增加10万吨；新增售卡48.7万张，沉淀资金4.9亿元，卡销比达到35.3%、同比提高13.8个百分点；小站治理后单站日均增量0.8吨。非油品业务实现销售收入3.1亿元、利润2358万元，同比分别增加1.2亿元、825万元；30万元以上便利店达到219座，同比增加50座。

【网络建设】 公司坚持注重网络开发质量，加大项目优化清理，投资向高效市场倾斜，库站管线网络建设取得新突破、新进展。新开发加油加气站21座、其中高效站13座，投运31座；解除项目67个，如期投运22个。成功取得郑云高速桃花峪服务区加油站经营权，平顶山油库迁扩建项目启动。工程建设有效推进，更加注重安全、质量管理和过程控制，持续优化模块化流程标准。全年实施加油站升级、安改工程项目142座，商水、安阳、博爱、潢川油库改造及中心化验室工程完工。在郑州率先建成全省第一座绿岛加油站，日均销量达到12吨。

【控本降耗】 公司坚持把降本增效作为提升发展质量的重要途径，突出利润总额、商流费总额指标考核，深化预算分析体系，构建费用管控机制，强化监督管理，成本费用管控有效。2013年实现利润总额1.1亿元，名列区外公司第二位。机关经费同比下降20.5%，库站办公、水电、物料等标准同口径下降6.5%，平均节约采购资金2.3%。修订数量、质量管理制度，完善地罐交接仲裁流程，严格地罐交接损耗标准，数量、质量监督体系持续改进。综合损耗率同比下降2个千分点，仓储环节下降1.1个千分点。

【企业管理】 公司坚持把固本强基作为促进发展质量的内生动力，不断推进管理提升、精细化管理、“三基”工作、内控与风险管理有效融合，深入开展HSE体系和质量管理体系建设，持续完善信息化应用，运行效率不断提高。制修订制度38个、废止45个，优化业务流程118个，事后合同同比降低40%。严守“三条红线”，综合安全大检查发现问题和隐患257项次，隐患整改率97%以上；上级及外部计量、质量抽检合格率100%，自检计量一次合格率93.7%，整改复检合格率100%。销售ERP系统小额配送模块顺利上线，率先完成加油站非油品业务集成，橇装装置成功实现数据系统自动上传，实施综合展示平台系统升级，加强了业务管控能力，减轻了一线操作人员工作量。

【社会责任】 公司加强沟通汇报，主动融入和服务地方经济社会发展，15年累计上缴税费18亿元。狠抓质量计量和安全环保，深入开展“为民服务、创先争优”活动，顺利完成国Ⅳ汽油和国Ⅲ柴油升级，用规范的服务、优质的油品、准确的计量赢得广大客户的认可。始终牢记责任，积极开展台前、范县黄河滩区定点扶贫和桐柏革命老区助学帮扶活动，先后投入3000多万元帮助当地解决饮水、出行、教育、增收问题。特别是在雨雪灾害、油品紧张、三夏三秋等特殊时期，保障能源供应，在中原大地上彰显了中国石油勇于担当的企业形象。

【队伍建设】 公司坚持把作风转变作为队伍建设的重点，扎实开展群众路线教育实践活动，严格落实中央八项规定和集团公司、销售分公司有关要求，针对办公场所、车辆配备、会议多、检查多、基层调研少等突出问题真转实改，服务基层的能力有了新提升。两级机关公务用车减少37辆，办公用房面积减少2460平方米。五项费用同比减少24.3万元。完善纪检监察制度，开展灵活多样的廉洁警示教育，广大干部尤其是领导干部的政治意识、纪律意识和廉洁从业意识进一步增强。持续开展劳动竞赛活动，依托内部网站、报纸、培训夜校、文体组织等阵地，学先进、树典型，激发广大干部员工岗位建功热情。两级机关组织培训9900人次，鉴定库站操作工种1300人次。荣获集团公司信息化先进单位，销售分公司非油品业务、网络开发、市场监测类劳动竞赛先进单位。

（祁文献）

中国石油天然气股份有限公司湖北销售分公司

【概述】 中国石油天然气股份有限公司湖北销售分公司（以下简称公司）主要承担中国石油在湖北地区的成品油销售及网络开发业务。截至2013年底，机关设14个职能处室，下辖13个地市销售分公司和仓储分公司、武汉物资公司。累计投运加油站759座，运营油库12座，总库容26.51万立方米。公司在册员工7067人，其中，大学本（专）科以上学历人数占31.9%；副高级职称27人，中级职称86人；高级工及以上67人，中级工1018人，初级工1364人。

【经营业绩】 2013年，公司紧紧围绕“增收创效、降本增效、管理提效”三大主题，全年销售成品油342.81万吨，其中，纯枪销量210.11万吨，同比增加22.74万吨，纯枪单站日销量7.94吨，同比提高0.36吨，增幅4.7%。实现非油品销售收入3.12亿元、利润3225万元，同比分别增长36%、24%。在上半年亏损近亿元、经营极其困难的情况下，全年实现了扭亏为盈。全年完成投资3.94亿元，新增投运加油站10座。安全环保及计量、质量工作始终处于受控状态，实现了零伤亡、零污染的工作目标，没有发生计量、质量责任事故。

【零售管理】 深入推进“网格化”客户开发，全年新增客户2709个，逐步实现对市场的全覆盖。大力开展主题劳动竞赛，从分公司、片区及加油站三个层面出发，不断将基层员工的销售激情推向高潮，营造了浓厚的扩销上量氛围，在“奋战50天，零售上台阶”活动中，日均销量站稳5700吨，突破6000吨大关；在“大干100天、纯枪上7000吨”活动中，日均销量稳定在6200吨以上，并首次突破7000吨大关。持续强化高标号汽油销售，增加站点，推广专属服务，调整奖励政策，97号纯枪销量同比增加3万吨。紧紧围绕增量、提效、降费这一核心目标，通过细化站点分类，实施定向治理，全面开展“双低站”优化治理工作，低销站单站日销量5.02吨，同比增加0.6吨，增幅13.64%；吨油可控费用342.48元，同比降低146元，降幅29.2%；8吨站摘帽50座，3吨站摘帽51座。深入开展示范站建设，年初编制下发整体建设方案和推进计划，明确了以片区和加油站为建设主体，全员参与打造的方向，加油站基础管理水平显著提升。2013年检查示范培育站124座，检查站点整体平均得分921分，113座加油站实现达标，通过率91.1%。

【批发销售】 加强市场动态分析，提前研判，科学营销，增强自营批发销售及创效能力，全年批发销售132.7万吨，其中，自营库批销售56.55万吨，同比增加4.42万吨，增幅8.47%，直发销售15.28万吨，外采顺销60.88万吨。在新的成品油定价机制后，采取主动的营销策略，以不放过每一笔订单为原则，采取一事一议、单个客户单独议价的办法，实施差异化营销策略。积极运用信息化手段，对情报系统上报信息的及时性、准确性制定标准，实行量化考核，信息上报率基本实现100%，为市场分析和研判奠定基础。加快直销业务体系建设步伐，成立13个地市公司客户服务中心，为客户提供业务咨询、销售开单、发票领取等一条龙服务，赢得了客户的认可，全年新增批发客户680个，实现新增销量8.54万吨。建立专职客户经理销售队伍，在13家分公司设立45名专业客户经理从事油品批发销售工作，制定《客户经理管理办法》、《批发客户费用管理办法》、《客户经理薪酬管理办法》3项制度，夯实客户经理管理基础，建立客户经理分析汇报制度，不断提升客户经理业务能力，全年客户经理实现批发销售50.72万吨，同比提高42.7%。

【非油品业务】 按照油卡非一体化工作思路，坚持以市场为导向，以效益为中心，以促销为抓手，实现了非油品业务新发展。大力实施差异化促销，季季有活动，月月有主题，油非适时互动，全年滚动开展油卡非互动各类促销26次，实现油品纯枪销量210万吨，柴油、汽油纯枪销量同比分别增长8.57%、18.11%；实现非油品促销收入7562万元，同比增长58.3%，店内自营收入同比增长8496万元；单店自营收入、自营利润同比分别增长30%、33%；成功培育了400万元店1座、300万元店3座、200万元店17座，50万元以上店同比新增54座。启动中央仓统一配送业务，利用加油站闲置站房建设二级分销仓，初步建立起完整的中央仓物流配送体系，配送效率逐步提高，业务运行成本持续下降。截至2013年底，中央仓累计配送商品15批次，配送货值2705万元，配送3276站次，单站货值0.82万元，累计发车851台次，单车货值3.2万元，节约采购成本约161万元。持续开展商品种类优化工作，逐步规范销售目录，动态监测商品动销周期，优化商品结构，精简单品5500余种，优化率65%，动销率提高25%，较年初降低商品库存1900万元，节约财务费用115万元。

【物流组织】 全年购进资源338.2万吨，同比下降8.15万吨，其中直炼资源兑现238.97万吨，同比下降8.62万吨，计划兑现率95.1%。巩固地炼合作，稳定采购数量，利用潜江炼厂弥补油库网点空白，缩短配送半径，稳定本地市场价格，全年外采资源99.23万吨，同比增加0.47万吨。持续推行海进江资源先上游再下游的送货方式，提升水路资源一次到库比例。2013年一次发运到站、到库比例94.91%，二次中转17.2万吨，同比下降18.16万吨；产生费用1110.92万元，减少2647.75万元。建立水路资源以宜昌、荆州、武汉和黄冈油库为主，铁路资源以襄阳为主资源周转模式，全面提升了全资油库的周转比例。租赁油库周转88.59万吨，发生仓储租赁费用2475万元，同比降低23.83万吨、2300万元。开展运距复测，对省内新增高速及国省道改道等情况全面摸底，实地全面实地复测运距4694条，重新优化路线381条，全年公路运费1.26亿元，较预算节省199万元，平均运距133千米，同比减少7千米，吨油运费同比降低5.4元。有序推进国Ⅲ油品升级国Ⅳ油品置换工作，6月完成全省8座柴油周转库、726座加油站普通柴油的置换工作，12月完成9座汽油周转库及740座加油站汽油置换工作。

【网络建设】 加强投资收益研究，优化加油站项目投资，全年完成投资计划3.93亿元，完成股份公司下达计划的95.2%。新增投运加油站10座，开工在建13座，另有26座项目在规划、土地等关键环节取得突破，累计投运加油站759座。召开加油（气）站项目评审会6次，评审立项油气站33座，其中，新建25座，收购2座，租赁1座，改扩迁建5座。启动项目清理，成立项目实施领导小组，确定项目清理原则和工作方案，建立现任和历任责任人共同清理的考核方案。经努力，取消项目35座，解除项目12座，退租6座，收回投资1624万元，对17座项目重新核算经济指标，降低投资1390万元，另有26座项目在规划和土地手续办理方面也取得了实质性进展，投资风险可控。落实战略合作协议，与仙桃市人民政府签订《战略合作协议》，双方从加油（气）站网络规划、网络建设的手续办理、成品油供应等方面开展全面合作。与湖北新捷天然气有限公司签订《战略合作协议》，就 LNG 加气站项目开发进行合作。十堰油库通过股份公司可研评审，取得安评、环评批复，具备立项条件。

【损耗控制】 扎实推进争议地罐复核标定工作，组织复核 2262 罐次，平均单罐损耗降低 56.88 升，较复核前损耗率下降 0.28%。精细业务运行，争取管道和短距资源发运，通过加强装运、接卸、索赔各环节的协调和管控，降低一次物流损耗。铁路损耗率 0.14%，同比下降 0.02%；水路损耗率 0.27%，同比下降 0.03%。强化运输过程监控，依托车载视频、GPS 监控平台，24 小时实时监控车辆运行，严查违规异常现象，全年累计回放 4.5 万余车次运行轨迹。规范车辆铅封管理，明确罐车铅封施打位置和标准，定期更换一次性铅封，有效降低了运输损耗，地罐交接验收标准由 0.2% 调整为 0.18%，运输损耗率由 0.25% 下降为 0.19%。全年油品综合损耗率 0.06%，同比下降 0.03 个百分点。

【安全环保】（1）HSE 管理。开展公司 HSE 手册修订工作，修订控制流程 14 个，修订印发 HSE 规章制度 20 项。开展 2 次全要素 HSE 内部审核工作，审核加油站 128 座，油库 8 座，发现好的做法 85 个，问题和不足 1803 项，整改问题 1791 项，整改率 99.3%。编制个人安全行动计划 732 份，实现了两级机关个人安全行动计划编制率 100%。（2）安全生产。组织对库、站设备设施进行排查，发现“八小”隐患 1030 个，通过购买防爆胶泥、铜芯线、扁铜丝带、螺栓等对发现的“八小”隐患进行整改，整改率达 100%。安排 2447.67 万元隐患治理资金，治理重大隐患 90 项，本质安全有了保障。持续开展避免事故奖励，对 32 个团队、88 名个人进行奖励，奖励金额 7.84 万元。（3）应急管理。新增《机关办公区域突发事件专项应急预案》、《群体性突发事件专项应急预案》和《交通安全突发事件专项应急预案》3 个专项预案，库站采取以岗定责，修订各类现场应急处置程序 700 余项次。认真组织应急预案演练活动，开展演练 7000 余次，参加演练人员 6450 人次。制定《公司突发事件应急物资储备管理办法》，进一步明确管理机构，购置、储备、调拨、使用等管理要求。（4）环境保护。结合湖北地区“千湖之省”的特点，评价涉及保护水源地及江河湖环境安全风险加油站 78 座，油库 4 座，逐站开展环境风险源、环境敏感目标的识别与评估，建立公司环境风险动态评价数据库；开展环境风险防控专项评估 5 次，完善水污染防控设施建设管理标准，制定储油库水污染风险防范措施实施细则，对储油等环境敏感区域的库站开展风险防控监督检查 2 次。

（杨恭鹏）

中国石油天然气股份有限公司浙江销售分公司

【概述】 中国石油天然气股份有限公司浙江销售分公司（以下简称公司），成立于 1999 年 1 月，2008 年 12 月上划股份公司管理，主要承担中国石油在浙江地区的成品油批发和零售业务，同时负责在浙江地区销售网络的开发建设和管理工作。截至 2013 年底，公司下设 18 个机关处室，下辖 17 个下属公司，其中，全资单位 12 家，控参股公司 5 家。公司共有员工 5120 人，本科以上学历 708 人，高级职称 25 人、中级职称 85 人。共有运营加油站 460 座，资产性油库 10 座，总库容 22 万立方米。

【主要经营指标】 2013 年，公司全年销售油品 405 万吨，同比增长 0.8%，区外销售企业排名第五；零售量 282 万吨，零售比例 70%；纯枪销量 215 万吨，汽柴油纯枪销量比例 65%，同比增加 18 万吨，增幅 9%，区外排名第八；纯枪汽油销量 119 万吨，同比增加 16 万吨，增幅 15.5%；纯枪单站日销量 13.35 吨，同比增加 0.9 吨，增幅 7%。营销成本 284 元/吨，低于区外平均值 78.7 元/吨；市场份额达到

29%，实现营业收入 291 亿元。

【资源运行】 公司调运理念继续由单纯资源保障向保障与效益结合转变，着力推进“一优三降”工作。优化仓储布局，提高下海油品直达率，减少二次配送量，合理控制损耗，持续优化物流，积极推动海进海业务，提高自有库和包租库中转量，调整内陆地区水上站油品配送方式，合理降低内河运输运价和定额损耗，陆上站全面实现地罐交接，油库实现集中管理，2013 年发生物流费用 21058.3 万元，同比下降 4089.4 万元，全省公路运输损耗率由 2012 年 0.28%，降至 0.167%。

【营销业务】 一是加强情报系统建设，提高市场研判能力。准确预测国际油价“三涨两跌”的阶段性走势行情，为油品资源配置和销售节奏把控奠定基础。共建立加油站监测点 392 个，营销监测点 39 个，对批零价格动态、行业用油需求变化、区域油库库存变化进行专项分析。二是加强客户经理队伍建设，提高终端销售能力。出台《客户经理队伍建设指导意见》，建立起以公司为管理与考核中心，分销公司为执行与服务中心的直销客户开发体系，全年客户经理人完成销售 39.4 万吨。三是加强资源外采控制，提高外采盈利能力。着重抓住密度、损耗两个环节精细运作，外采不仅成为资源筹措手段，而且成为创效重要措施，全年外采成品油 36.91 万吨，实现毛利 1.66 亿元。

【零售业务】 一是优化管理机制，实施经理人包销量、包成本和可控费用、包可比利润、包管理服务，挂钩经理人年薪制的“四包一挂”考核机制，建立横向可比、纵向可控的对标机制。公司已基本全部实施“四包一挂”和“小站承包”两种经营模式。二是围绕客户建设“123”零售文化工程，出台《零售文化行为准则》，着力打造热情自然、简洁快速、满意贴心的客服体系，完成 18 座样板站的建设和在全公司内复制推广工作。三是按照“把好脉、开好药、治好病”原则，扎实、有效、持续地开展“双低站”的治理工作。公司治理低销加油站 210 座，治理负效加油站 107 座。四是规范管理、创新营销、注重售卡质量，以加油卡为载体做好营销。2013 年售卡 69.47 万张，卡销比 35%，累计沉淀资金 4.58 亿元。

【非油品业务】 公司非油品业务按照上级公司“科学稳步推进非油品业务”的要求，以效益为中心，在规模中稳步提升非油品业务竞争盈利能力。2013 年实现非油品收入 3.43 亿元，同比增加 7903 万元，增幅 30%；实现非油品利润 3113 万元，同比增加 821 万元，增幅 30%；利润率 9.1%。一是抓非油品促销，实现量效齐增。全年组织 5 次大型促销活动，实现促销商品收入 1126 万元，毛利率 15.5%。同时，争取供应商促销政策，全年共获取供应商堆头陈列费 25 余万元。二是抓陈列，营造合适的购物环境。完成文二西路、二环、凤凰等 60 座便利店订制化方案，优化布局、规范陈列后日均非油品收入同比增幅都超过 20%。三是抓商品结构，提高商品品效。指导各单位及时清理低效商品，主数据由年初 11700 多条降到年末 4980 条，单品品效由 2.3 万元提高到 6.9 万元。四是抓物流，提高物流配送效率。编制中央仓整箱交接操作手册，确定整箱封箱、加油站与承运商双方交接签收标准及问题处理机制。采用整箱交接后，双方交接时间由原先的 2—3 小时缩短至 10 多分钟，极大提升配送效率。五是抓库存，实现非油品降本增效。通过强化考核管理、强化进销存监控、强化动销监控，2013 年底非油品库存为 3265 万元，库存资金占用持续降低（2012 年 9 月，非油品库存金额为 5194 万元）。

【网络建设】 继续坚持“倒金字塔”开发策略，以“短平快”项目为突破点，以高效益的短租项目和有效益的橇装项目为主攻方向。2013 年实现新开项目 16 座，新增可研年零售能力 12.03 万吨，资产型项目平均投资为 83 万元 / 吨，同比下降 28 万元 / 吨；租赁费为 166 元 / 吨，同比下降 3 元 / 吨，达到双降的效果。全年公司投运加油站 28 座，其中新投 26 座，恢复投运 2 座，为公司新增年零售能力 23.01 万吨，当年实现零售量 7.02 万吨。总结提炼“义乌模式”，即以投资理念转变为先导，成立合资公司为依托，多元共同开发方式为手段，注入零售文化为动力，创造效益为中心的一种新型发展模式，并据此归纳一般性成功经验，为今后投资开发工作探索道路。

【安全环保】 在强化安全环保过程监管上下工夫、在风险防控上动真格，抓体系、治隐患，严追究、重预防，杜绝了一般 C2 级以上作业安全事故，实现了公司 HSE 业绩平稳可控。修订《动火作业安全管理规定》等 8 项作业许可制度，实时监控掌握非常规作业动态情况，节假日、夜间、凌晨、特殊时期、突发事件期间作业实施升级管理。开展设备管理现状分析，盘活闲置设备，修旧利废，内部调拨加油机 32 台，节约资金 80 余万元。狠抓隐患治理，开展电气隐患专项检查，共发现问题 733 项，其中已整改 461 项，限期整改 133 项，列入整改计划 139 项。专题开展八类隐患的治理，重点解决静电跨接、隔爆紧固等低老坏问题。

【企业管理】 公司计划管理突出提量、增效、扭亏主题，立足现有加油站，从基础数据入手，根据性质、销量、盈利情况，把工作重心放在项目前期论证阶段，严控投资规模和费用支出，2013年审减各类工程投资和费用1273万元。推广标准招标工作，广泛使用招标标准文件文本，采取招标范围、招标文件会审制度，以综合评估法为原则，适时采用经评审的最低投标价法作为招标评标办法，有效控制项目费用。2013年完成26个项目招标、竞价选商工作，节约资金376.51万元，节约率为9.56%。推进综合营销管理指挥中心深入应用，完成8家公司279座加油站、3座油库，共计2996个摄像头的视频集成工作，实现站级自动巡检、录像远程回放功能，在原有站级设备组网模式条件下，突破1080P高清视频监控模式集成技术困难，以信息化为依托的管理手段逐步成型。

【党建与企业文化】 坚持从大局出发，从细节入手，全面深入、严谨细致地组织开展党的群众路线教育实践活动。在认真做好规定动作的同时，结合公司实际设计自选动作，以“六学法”和“三个结合”打牢思想基础，以“五对照五查找”画像揭短，问计于民和问诊基层上下相结合，保证教育实践活动的扎实有效推进，受到了集团公司和第十督导组的肯定。两级机关600多人分批参与基层实践活动，到一线顶岗加油，共征集合理化建议600余条。坚持把文化建设作为管理提升、品牌打造的重要抓手，培育形成以大庆精神、铁人精神为根脉，吸收融合优秀地域文化和先进浙商文化的特色文化体系。

（杜京京）

中国石油天然气股份有限公司云南销售分公司

【概述】 中国石油天然气股份有限公司云南销售分公司（以下简称公司）主要经营中国石油在云南省的市场开发、成品油销售、非油品销售和网络建设等业务。公司设有13个职能处室、2个专业机构，14个州市分公司、7个控股公司；有19个基层党委、14个党总支和153个党支部。截至2013年底，员工总数6920人，平均年龄28岁，大专以上学历1959人，占员工总数的28.3%；中共党员1401人，占员工总数的18.2%；有租赁及资产型油库13座，控制库容31.2万立方米；运营加油站589座，以占云南省总数18%的加油站数量保障了近35%的市场供应。

【主要经营指标】 公司2013年销售油品414万吨，同比增长9.5%，其中，零售量269.8万吨、同比增加9.4万吨，纯枪销量231.8万吨、同比增长11.3%；市场份额36.4%，同比增加4.32个百分点；销售收入同比增加23.6亿元，增幅8.2%；销售利润、吨油营销成本、吨油利润指标完成预算目标；实现非油品收入5.5亿元，同比增长20.2%；实现非油品利润5045万元。

【资源调运】 资源是发展之基、效益之源。资源顺畅、平衡调运是保障终端销售的先决条件。（1）精细调运实现供保平稳。优化衔接发运点发运计划，积极克服2月春节运输紧张、3月资源供应不足、8月雨季运力受阻、12月西南区域局部资源运输双向矛盾带来的运输紧张等困难，资源调运均衡有序；合理调剂铁路与公路、西北与广西资源比例，实现资源流向合理、费用最优、兑现率高。全年调运资源400万吨，同比增长10%。（2）优化运行实现控费提效。优化资源调入结构，同比减少东北资源14.1万吨；优化二次配送运行，复测运距、强化跨区配送和资源串换，平均运距同比下降10千米，节约运输费用效果明显。推进主动配送，强化老油库“提控优严强”精细管理模式，提升资产库运转效率，油库周转次数13.9次，月度库存控制在14.3万吨以内，确保了低库存、高效率、稳供应。

【营销业务】 坚持“四个一切”营销方针（一切以销售为中心、一切以零售为中心、一切以客户为中心、一切以服务为中心），持续加大销售力度，积极推动销售上量。（1）科学营销实现提质上量。聘请行业资深公司和客户需求顾问，系统研究不同营销模式和营销策略，一季度、四季度稳库提价扩量，二季度、三季度控库顺价促量，增强市场应变能力；与竞合企业联合推价、合理调剂资源，有效提升价格到位率；深化“三图一册”分析利用，积极推进“5P1S”（产品、价格、促销、渠道、绩效，服务）营销模式，系统整合成品油、加油卡、润滑油、非油品、小产品、车用燃气六类产品，深入实施“大产品”组合营销；全年实现销售总量414万吨，同比增长9.5%，并以18%的加油站占有近35%的市场份额，市场控制力进一步提升。（2）深化合作扩大客户开发。成立省级客户管理中心，统一协调集团客户开发；建设张本荷客户服务体验中心，为客户提供“一站式”平台服务，试点推进从“单纯产品销售”到“综合服务体验”转变；科学强化专职客户经理队伍建设，专职客户经理达到140人。突出“客户发展我们发展”，推行“VIP客户十优服务”，坚持“客户的客户是客户”，与工业、金融、通信等行业优质客户资源转介并跨界共享，探索与光大银行及客户间三方合作；全省1025家重点客户实现增量23万吨，同比增长71%。

【零售业务】 坚持“八个提量”，持续推进加油站标准化、规范化、信息化建设，零售终端能力不断增强。（1）开展服务增量。深化“四连五省”服务营销，推进加油站相互联动、整体营销，充分整合成品油、非油品、IC卡客户，不求油站数量分母做大，但求销量分子增长，昆明到红河、曲靖、百色沿线销量增幅较大。深入开展“两服务一清洁”活动，累计投入760万元用于所属高速公路沿线服务区加油站卫生间如厕环境改造，努力践行“我们的加油站卫生间最清洁”的承诺，用微笑提升服务，用双手擦亮品牌，现场服务和卫生间环境得到广大消费者客户群体高度评价与肯定。（2）深化纯枪增量。围绕“四个一”零售客户销售策略，紧盯省内零售重点客户，全年实现纯枪销量231.8万吨，同比增长11.3%。加大IC卡发售力度，严格卡折扣管理，强化卡积分营销，促进纯枪增量。全年售卡80万张，累计售卡207.8万张，卡销比39.5%；沉淀资金4.7亿元，同比增长23%。（3）实施挖潜增量。大力实施大站提量，复制推广高新站提量增效先进经验，45座复制推广站销量同比增加2万吨；“抓大不放小”，同时积极推进“双低站”治理，全年实现40座“双低”加油站“摘帽”。

【非油品销售】 坚持“转方式、优结构、重质量、强基础、抓执行”，突出高效市场、核心品类及重点项目，深化精细管理，持续提升非油品业务发展能力。（1）完善机制保增长。细化管理界面，强化项目管控，积极探索非油品业务专业化、平台化、市场化运作机制，试点玉溪分公司非油品外包，月均收入210万元，增幅98.7%。（2）细化品类提质量。开发商品订货工具、完善核心商品毛利提升方案，商品综合毛利率达15.2%。（3）项目拓展增效益。积极推进汽服、餐饮等拓展项目落实，加大药品、药材和医疗器械、化肥等农用物资进店销售，增收创效能力大幅提升。（4）优化物流控成本。通过卡板交接、按站分拣、顺序出库等措施，中央仓运行效率明显提升。所属6家运距在300千米以上的分公司实现了部分商品的地采地配，物流成本大幅控减。

【投资建设】 网络建设是实现销售业务价值的有效途径，坚持以合作伙伴为依托、以品牌为基础，全力打造业务发展的“价值工程”。（1）发展规划引领项目建设。科学研究“不求做大、局部做精、整体做强”的初步方案，紧紧围绕高速公路、旅游景区、城市中心等高效市场，统筹完善2014—2016年油库、油气站网络建设滚动发展规划，指导网络开发，提升网络建设质量和效益。（2）重点项目建设增强保障能力。昆明、曲靖等油库顺利投运，新增库容13.9万立方米；清华洞等管道配套油库建设稳步实施。“昆明集团项目”中42座加油站落地。石锁高速公路4座服务区及锁蒙高速公路6座加油站、服务区如期投运，大丽高速公路加油站、服务区按程序推进，切实增强了市场控制能力。（3）科学在建项目清理优化投资结构。按照“建设一批、优化一批、储备一批、清理一批”的思路，系统梳理拟销项项目，完善销项管理流程，合理控制投资工程建设进度，投资工程管控日趋规范。（4）合资合作项目开发稳步推进。积极探索低成本网络发展模式，与云路中油公司签订1.2万吨油品供销协议；与云南物流集团合资组建的中油云翔公司挂牌成立；与昆钢集团、云南能投集团的合资项目筹备工作有序实施；大理能源公司古城北、环文加油加气站已通过销售分公司评审，中油云岭公司大营服务区已建成开业。

【油库管理】 以老油库“提控优严强”精益管控模式为切入点，围绕服务转型，创新工作思路，切实强化油库管理。（1）抓管理提升促油库运行效率提高。开展老油库周转运行优化专项活动，根据油库日常运行情况，调整日盘点流程，优化油库排班方式，提升付油效率，单日可增加付油时间1—2小时，周转效率同比提升14%。（2）抓新油库投运促公司仓储能力有效提升。昆明秧田冲油库投用，公司年仓储及周转能力提升近80万吨。曲靖松林油库正式运营，曲靖、宣威等地区资源保障能力有效加强，为云南销售公司建立起更加完善的仓储物流配送体系，有效缓解云南地区油品供应紧张局面。

【信息化应用】 深化工作管理平台、经理人看板、“四连五省”、“三图一册”等信息系统应用，推广手机移动客户端，进一步深化信息系统对生产经营的管理服务功能；建立省级数据中心，完善数据平台功能，以数据集成和分析处理为业务提供支持，初步实现了经营预测、数据集成及平台分析等功能，取消账表卡册75项，“下对上不报表，上对下早服务”，业务办理流程不断简化，运行效率有效提升。

【安全环保】 “安全工作只有起点，没有终点”。持续开展季度安全形势分析，深化“查隐患请您参与，反违章向您问计”活动，强化隐患排查整改，完成80座环境复杂加油站、7座油库输油管线、74项较大安全隐患的整改监控，安全环保平稳可控。持续完善各层级应急预案，严格应急值班值守，妥善处置昆明“7·19”暴雨洪涝、昭通风洞加油站洪涝及迪庆地震等较大自然灾害，应急管理能力科学提升。认真组织安全生产大检查，强化现场安全管理及重点作业风险管控，狠抓发现问题跟踪整改，针对特殊时期、重点环节制订专项保障方案，确保了平稳运行。深化管控模式，持续提升成品油分析检验能力，强化油品损耗分环节管控，全年油品综合损耗率盈余0.8‰，损耗同比下降0.9‰，数量、质量管控收效明显。

【管理提升】 管理是企业永恒的主题。（1）深化控本降耗增加效益。扎实控本降耗，提升自有油库周转能力，合理退租3座租赁油库，降费效果明显；细化财务费用管控方案，外租油库资金年付改为月付，外采油品预付款改为货到验收分期付款，资金利息同比下降5806万元；加强税收政策争取，积极开展税务筹划，全年节税4000万元。（2）强化油站管理提升效率。合理优化员工排班方式，推行大班组小班结，实现无缝式交接班，加油站交接班锁枪时间大幅缩减；将加油站油品盘点上移，月末盘点由分公司进行，加油站经营运转效率明显提升。（3）优化组织架构增强活力。玉溪公司全面推进加油站经营管理目标责任制，合理下放IC卡折扣权、价格调整权、促销费等事权；昆明公司试点构建以零售为核心的“倒金字塔”型组织架构，探索了机关对基层的“一站式”服务与基层对机关的“直线式”沟通。

【队伍建设】 干部员工队伍素质决定了企业今后的发展方向与发展质量。坚持强素质育人才，促进队伍整体素质提升。（1）领导干部队伍建设在改进中加强。加强学习型班子建设，强化廉洁自律，公司总体“四好”班子达标率95%。调整领导干部选拔任用方式，规范任职资格，取消临时负责人、协助负责人岗位设置，选拔任用制度进一步完善；开展两级机关部门526个岗位的双向选择工作，103名基层库站员工走上管理岗位。优化调整两级机关管理人员基层挂职蹲点制度，两级机关累计基层挂蹲点1013人次，解决实际问题1500余件。（2）员工队伍整体素质持续有效提升。加强员工队伍培训，两级机关举办各类培训项目600余期，培训员工6000余人次；组建“张本荷式服务法示范队”深入现场培训155场次；完成4个批次、共计985名员工的专业技能鉴定工作。深入开展劳动竞赛，荣获股份公司劳动竞赛22面流动红旗。（3）以人为本人文关怀深入实施。积极推进“小药箱进库站”、“小影院进库站”等活动，开展扶贫帮困送温暖，发放困难补助金140万元。（4）典型选树示范引领成果丰硕。昆明公司张艳芬荣获云南省总工会“五一劳动奖章”、团中央百名“最美青工”和“全国青年岗位能手”；大理金花加油站特色案例入选中国石油基层建设“十大案例”并评为中国石油基层建设“百个标杆单位”；公司被授予“全国五一劳动奖状”，同时获“全国职工职业道德建设标兵单位”称号。

（刘承栋）

中国石油天然气股份有限公司重庆销售分公司

【概述】 中国石油天然气股份有限公司重庆销售分公司（以下简称公司）下辖 11 个分公司、28 个区县经营部和 3 个控股单位。截至 2013 年底，共有在册员工 6521 人；拥有运营加油站 485 座，在用油库 11 座，库容 50 万立方米；资产总额 58.16 亿元，净资产 34.19 亿元，资产负债率 41.22%。

【经营业绩】 2013 年，公司销售油气当量 319 万吨，同比增长 11%；零售 276 万吨，同比增长 9%。营业收入 249 亿元，同比增长 9%；非油品收入 2.4 亿元，同比增长 26%。实现考核利润 2.41 亿元。

【市场营销】 围绕 320 万吨销售奋斗目标，建立外送油自主定价机制，调整昆仑卡优惠审批权限，增强了基层销售工作的积极性和灵活性。坚持“零售优先”，机加量从年初的日均 6082 吨提高到年末的 6784 吨，单站日销量从 15.68 吨提高到 16.42 吨，万吨站从 77 座增加到 88 座。建立健全直销业务体系，组建专兼职直销队伍，启动项目营销和网格化营销。全年售卡 43.93 万张，沉淀资金 11.97 亿元，年底卡销比达到 55.32%，比年初提高 8.61 个百分点。加快非油品业务发展，设立非油品经营分公司。加强非油品毛利分析，综合毛利率达到 13.85%，商品品种从 5100 种优化至 3300 种。

【资源调运】 2013 年调进资源 312 万吨，其中，直炼资源 287 万吨，同比增加 38 万吨，配置计划兑现率达到 101.95%。在年末柴油资源紧张时，争取到 4 万吨阳逻水路出库和 5.5 万吨国家储备油轮资源，保证了市场稳定供应。调整资源配置结构，管输量占总调入量的 55.68%。协调运作，落实板块从量从价补贴 2374 万元、市财政储备补贴 4157 万元。联合运输公司优化物流配送，单次配送全流程时间减少近 2 个小时，提高了运行效率；重新核定 35 座站配送运距，平均减少 8.43 千米；开展“围绕中心、保障有力、确保两个满意”专项活动，配送质量进一步提高。

【投资建设】 协调市政府加快对 100 座区县站的审批，取得区县商委批复 58 座、市商委批复 37 座。启动与两江集团、重庆公路物流基地组建合资公司工作，在部分区域市场取得领先优势。万州、江津等重点难点和空白区域取得较大突破，南滨路、江北北环等一批高效加油站项目取得实质性进展。全年新开发加油站 40 座，形成可研零售能力 30 万吨 / 年。全年续建及新开工加油站达到 59 座，竣工 35 座，投产 31 座，是公司近年来投产加油站最多的一年。完成伏牛溪、朝阳河 2 座油库和 14 座加油站的达标改造任务，完成加油站扩能改造建设 25 座。

【质量计量安全】 扎实推进 HSE 体系建设。编制领导干部个人安全行动手册，将安全逐级纳入绩效考核，强化全员岗位安全生产责任。开展“全覆盖、零容忍、严执法、重实效”安全生产大检查，投入隐患整改资金 9400 万元，对 191 项隐患和问题进行全面整改。386 座加油站、6 座油库码头通过政府安全生产标准化验收，完成重庆市下达的目标任务。开展安全生产月和“12 · 23”井喷事故十周年警示教育活动，深刻吸取事故教训，杜绝重特大事故发生，全年生产安全事件同比下降 42.92%。严格油品数量、质量管理，按期完成国Ⅲ柴油和国Ⅳ汽油的置换。严控商品损耗，全年公路及零售损耗率 1.36‰，同比下降 0.64‰；水路内转、海进江中转和管输损耗也实现同比下降。加强反恐和维稳工作，确保了公司平稳发展。

【精细化管理】 强化财务管理，“五项费用”同比下降 11.67%。规范股权企业管理，实现股权投资收益 3317 万元，完成预算进度的 166.60%。强化用工管理，用工总量同比减少 117 人，人均零售量 427 吨，同比增长 12.07%。加强工效挂钩，建立中层管理人员绩效与企业效益联动机制，科学划分企业类别。加强自助站管理研究，为总部出台推进自助加油的指导意见提供有力支持；在 57 座加油站开展加油站诊断技术研究；对 111 座低销站实施优化管理，减员 113 人，单站日销量提高 2.39 吨，永川分片包干和万州个人承包的经验在系统内推广。强化制度建设，全年新发布制度19项，废止12项，修订9项。严抓现场管理，完成对209座加油站的暗查暗访。加强档案管理，档案评价从D级提升到B级，提前2年达到总部要求。加强审计监督，完成工程项目招标限价及合同价审查80个、竣工决算72个，审减金额1945万元。开展“三重一大”决策、昆仑卡、发票使用等专项检查，有效防范经营风险。

（文　豪）

中国石油天然气股份有限公司湖南销售分公司

【概述】 中国石油自2000年6月进入湖南市场，2002年10月正式注册成立中国石油天然气股份有限公司湖南销售分公司（以下简称公司）。截至2013年底，公司设12个机关处（室），3个附属机构，14个地市分公司，1个专业公司，2个股份公司。共有员工5291人，其中，市场化用工占98.5%，合同化用工占1.5%。公司总资产达91.62亿元，累计开发加油站635座，其中，全资站539座，占84.9%，控股站6座，占0.9%，租赁站90座，占14.2%。现有油库14座，资产型油库5座，租赁油库9座。总库容25.75万立方米，其中，自营油库库容10.65万立方米，租赁油库15.1万立方米。网络销售基本覆盖全省市县所有地区。

【主要经营指标】 公司积极调整结构，销售质量稳步提高。自营销量207.2万吨，同比增加23万吨，增幅12.7%；坚持突出零售，纯枪销量145.7万吨，同比增幅9.9%；坚持突出汽油，纯枪汽油销量63.9万吨，同比增幅22.5%。吨油财务费用57.80元，同比减少23.65元。调运资源185.62万吨，吨油运费49.66元。售卡37.03万张，同比增加5.97万张，增幅19.2%，卡销比30.5%；沉淀资金1.8亿元，同比增加0.8亿元，增幅80%。非油品收入1.82亿元，实现利润907万元。

【市场营销】 公司继续坚持营销方式向卖服务转变，销售结构向零售增量转变，品种结构向汽油销售倾斜，自营能力快速提升。销售结构得到优化，销售节奏有效掌控，汽油销售75.88万吨，同比增加14.33万吨，高标号汽油销量增长57.76%；月零售量平均14.9万吨；单站日均销量7.47吨；全面推行“一站式”服务，在14个地市建立了客户服务中心。

【资源调运】 公司坚持科学、经济、安全调运，全面提升资源调运质量，全年调运资源185.62万吨。按照“运距最短、费用最低、效率最高”的原则，实施“五定”配送（定库、定站、定车、定人、定时），严格核查配送运距，优化油库辐射半径，推行加油站补货制，实现“三变、三升、三降”，节约运费1650万元。

【网络建设】 公司坚持主攻高速站、争夺城区站，强力推进网建开发，新投站点的数量和质量明显提高。全年新增立项加油站9座，其中，一类、二类站9座，占100%，城区新增站点占100%，高速公路站投运8座。全年立项加气站5座，开工7座，投运1座。大力清理在建项目，对已立项的129个项目逐站核实，取消32个力推无果、没有前景的项目。重点工程稳步推进，建成投运长沙、岳阳油库，完成永州油库主体施工。

【油站管理】 采取有效措施，集中力量降费增效，高销站培育效果明显。强化完全成本核算和加油站单站核算，油库吨油费用同比下降4.8元，加油站零售吨油毛利同比提高56.41元，零售五项费用同比降低26万元。持续调整分配关系，薪酬分配向一线艰苦、关键岗位倾斜，加油员平均收入提高17%，站经理平均收入提高9%。信息系统应用水平持续提升，自助加油、自助服务终端、高清视频监控等技术推广和应用，脱机销售下降到0.1%，液位仪使用率达到96%，提高了信息系统业务管控能力、市场竞争力和客户服务水平。

【安全维稳】 本着“安全是天、人命为本”的理念，严把安全、质量、计量三条红线。针对销售企业仍处在严格监管阶段实际，狠抓源头治理、风险控制、专项整治和应急管理，质量安全环保管理水平显著提高。开展隐患排查治理，组织安全生产大检查，自查自改问题 5689 项。强化风险防控，建立事故事件资源库，定期开展风险提示，分级建立风险清单，摸排沿江沿湖库站 33 座，存在山体滑坡风险库站 46 座。推进每月安全专项整治，推动 HSE 标杆站建设，整改安全隐患和问题 3521 项。加强应急管理，建立应急物资储备库 24 个。严格数量、质量管理，加油站纯枪销售综合损耗率 3‰，同比下降 0.4‰；实现各级抽检合格率 100%，油品入库化验率 100%。安全环保和质量计量实现全年无事故，被湖南省政府评为“湖南省安全生产先进单位”；被销售分公司评为“质量计量管理先进单位”。

【企业管理】 公司持续改善和发展外部关系，加强与驻湘企业协调沟通，凝聚各方力量，共举中油大旗，发挥资源优势，展示整体实力，实现共同发展；加强与各级政府的沟通协调，先后与株洲、怀化等地方政府签订战略合作协议，融入地方经济，履行国企责任，实现互利双赢，发展环境得到本质改善。全面推进预算管理，商流费实现均衡、有效、受控；大力削减非生产性开支，同比压缩 10%。加强制度建设，全年新建、修改规章制度 48 项。强化合同管理，积极调处纠纷案件，稳妥解决遗留问题，恢复 3 座停运站，挽回经济损失 578 万元。开展“五定”工作，公司机关减少临时机构 7 个，减编 13 个，减少部门领导职数 4 个。加大培训和技能鉴定工作力度，持证上岗率进一步提高，技能鉴定站通过国家质量体系认证。

【公司荣誉】 公司获得湖南省、集团公司以上荣誉共 152 项、170 余人次。公司获“集团公司模范职工之家”、股份公司“资金管理平台建设先进单位”称号。永州分公司获“中央企业先进集体”称号，株洲醴潭高速服务区加油站获集团公司“千队示范工程”标杆站。销售系统劳动竞赛获得销售分公司物流优化、市场监测、非油品业务项目 7 面流动红旗。1 人获集团公司优秀党员和优秀党务工作者称号。

（赵检华）

中国石油天然气股份有限公司
安徽销售分公司

【概述】 中国石油于 1999 年开始进入安徽市场，2002 年 6 月成立中国石油天然气股份有限公司安徽销售分公司筹备组，2002 年 9 月正式注册成立中国石油天然气股份有限公司安徽销售分公司（以下简称公司）。目前公司机关设置 12 个处室 6 个附属机构，下设 13 个全资分公司，拥有 11 个参控股公司，11 座油库，519 座并表加油站。共有员工 4909 人，其中，管理人员 529 人，操作服务人员 4380 人。管理人员中硕士研究生 24 人，本科学历 316 人，高级职称 10 人，中级职称 65 人。截至 2013 年，运营油库 11 座，总库容 20.96 万立方米，其中，资产型油库 7 座，库容 17.41 万立方米，全资库 5 座，库容 14.41 万立方米；控股库 2 座，库容 3 万立方米，租赁库 4 座，库容 3.55 万立方米。公司累计开发加油站 609 座（全资 460 座、控股 33 座、租赁 116 座），累计运营 518 座。网络基本覆盖全省所有地区。2002—2013 年，公司累计为安徽省供应成品油 1638 万吨。

【主要经营指标】 2013 年，完成油品销售总量 235.78 万吨，实现成品油销售收入 175 亿元。全年实现成品油销售毛利总额 8.76 亿元，毛利率为 4.99%，吨油毛利 372 元，同比增长 11.7%；实现非油品收入 2.17 亿元，同比增长 29.9%，实现非油品利润 2025 万元，同比增长 60.3%。新开发加油站 20 座，投运 31 座。于 2013 年 6 月投运加气站 1 座，全年共销售压缩天然气（CNG）63.20 万立方米，实现毛利 52 万元。

【加油站管理】 零售管理突出效益为先，以效益为目标，零售模式清晰、丰富，创效能力大幅提升。坚持不懈，狠抓“双低站”治理。2013 年，对 285 座“双低站”进行了逐站分析，划分为盈利、负效、无边际效益三类，实施承包和关停措施；通过公司领导带头帮扶、两级机关工效挂钩，“双低站”实现销量同比提高 45%，治理成功 37 座，关停 13 座，负效站扭亏 20 座。8 月，选择 10 座加油站试行全员全口径单站模拟核算，落实加油站经理五项权力下放，实现三个转变，达到了量效齐增、费用降低、用工减少、员工收入增加。通过全流程诊断，科学全面地查找加油站在运行中存在的问题，小改动小投入，取得大收获。运用现代营销手段，借助电子商务、二维码、手机平台等信息化手段，实现了网络充值、手机电子地图等功能；依托金融、通信行业优势，开展“最红星期五”等联合营销活动；凭借优质油品和服务，再次中标成为安徽省直单位油品供应商和6个地市政府采购入围商，扩大中国石油的品牌知名度和影响力。全年纯枪销量实现166.4万吨，同比增长13%，汽油销量同比增长18.5%，高标号汽油销量同比增长84%，纯枪销量增幅跃居板块第六名。新增万吨站9座，总数达19座，单站日销量达9.4吨；出售加油卡16.6万张，综合刷卡率41%，折扣率1.27%，同比下降15%。

【非油品业务】 油卡非互动的成果更加明显，开展便利店数量为448座，同比增长10%。50万元以上便利店数量达到49座，百万元站29座。利用黄山优质土特产，开发自主品牌“黟山好客”，并将产品销往全国各地，非油品销售打破区域限制，呈现了新的局面。全年实现非油品收入2.17亿元，比预算2.20亿元减少0.03亿元，同比增加0.50亿元；全年实现非油品利润2025万元，比预算1800万元增加225万元，同比增加762万元。

【资源运行】 营销调运紧贴市场运行，以市场为导向，准确把握市场脉搏和资源动向，坚持量价最优的原则组织营销策略。强化市场研判，科学组织营销。积极适应新的调价机制，完善情报信息系统，执行运销日例会制度，快速响应各种变化。在油价三连跌情况下，有效减少了库存跌价损失；在油价上涨时，抓住行情外采油品10.57万吨，增效5840万元。保持“快进快出、多销多采”的低库存运行状态，将年初的41万吨高位库存降至合理水平。撤销皖南5个地市公司营销部，成立芜湖、安庆营销服务中心，发挥整体优势，提高了区域竞争力；对4个价区实行差异化营销策略，一区一策、一区一价；充分发挥37名客户经理人作用，新开发机构客户73个，直销终端客户比例从30%提高到50%。资源运作水平不断提高。充分利用“海进江”资源，清退蓝燕、京惠等5座油库，节约费用280万元；优化配送路线27条，吨油运费同比下降0.52元；串换4.13万吨资源，解决局部资源不足问题，减少运费160万元；国Ⅲ汽油等量置换国Ⅳ汽油2.77万吨，提前1个月销售国Ⅳ油品，增效2424万元。

【网络建设】 投资建设突显质量效益，大力实施“以气代油”战略，网络结构持续改善，工程建设优质发展。坚持投资回报标准，严格项目审批。全年评审项目95个，立项29个，开发加油站20座，投运31座；芜湖、六安油库扩建项目完成省商务厅行政批复。继续扩大开放合作，实施低成本开发，与黄山市、宣城市等7个地方政府达成合资意向，合作开发项目30个，投资回报率整体提高到12%。加强造价管理，节约投资成本。因地制宜进行工程设计，不同项目不同建设标准，减少质量过剩；强化施工管理，确保按期投运，全年开工加油站69座，完工65座，完成合肥、宿州、六安、蚌埠4座油库营销设施改造，阜阳、宁国油库顺利开工。物资采购中心落实采用分离措施，降低费用402万元，节约率8%。实施“以气代油”战略，加气站实现零的突破。抓住“气化合肥”的契机，加强与新奥燃气、安徽新捷等企业合作，分步实施85座存量站油改气工程，全年开工建设11座站，在建8座，建成3座；9座加气站项目通过板块审批，并已下达投资计划。6月，第一座自营加气站淮南长江路加气站顺利投运。

【安全环保】 有序推进HSE体系建设。落实有感领导、属地管理、直线责任。深入开展作业风险识别、安全大检查，识别危害因素458个，投入资金748万元，整改安全隐患121项。强化数量、质量管理，损耗率同比降低0.4%，“三条红线”平稳受控。积极开展安全生产月活动，各单位在市区加油站和其他区域主要加油站悬挂宣传横幅160余条。利用展板、分发材料等形式宣传安全生产知识，共设置宣传咨询台9处，发放宣传材料1700余份。各级领导安全生产月期间到安全联系点活动45次，有力地营造“安全生产月”活动氛围。各库入库化验2198批次，出库化验3046批次，2013年销售分公司委托大连质检中心和上海质检中心对公司进行抽检，总计抽检油品10批次，合格率100%。省市级工商质检部门共抽检110批次，检验合格率为100%；按照年度抽检计划2012年全年共抽检12家分公司加油站、9座油库；共432批次油样。抽检合格率为100%。

【企业管理】 一是持续深入管理精细化。强化内控和法律管理，狠抓制度流程优化，实现管理提效，基层减负；紧密围绕公司重点工作和焦点问题，灵活制订奖罚政策，通过激励，实现预期目标。实施动态预算管理，加强财务数据对标分析，通过税费政策研究增效511万元，财务费用同比下降1748万元；开展每日经营测算与月度专题分析，加快核算会计向管理会计转变，为公司经营提供决策支持。推动信息化与经营管理的融合，发明“无线防爆组网”技术，推广无纸化办公79项，四大系统平稳运行。二是优化人力资源管理。畅通选人用人渠道，坚持德才兼备的选拔标准，全年累计27名基层员工通过公开竞聘走上机关管理岗位。实行运维业务外包，减少直接用工26人。通过“双低站”承包等方式，单站用工同比减少1—2人，人均纯枪销量同比增长20%。坚持业绩导向，不断完善全员绩效考核体系，彻底改变“干多干少一个样、干好干坏一个样”的不良现象。制定下发2013—2015年中层干部培训计划，对中层干部进行了4期培训，培训277人次，干部综合素质和管理水平得到全面提高。三是扎实开展党的群众路线教育实践活动。对查找出的78项“四风”问题，逐一进行整改落实；转变文风、会风，杜绝超标接待、超标用车、超标用房现象。落实党风廉政建设责任制，强化监督检查，规范权力运行，全年受理信访举报22件，查办率100%，追究责任18人，开除党籍1人，辞退6人；督察督办事项263例，督办率100%，基层满意率95%。四是关爱员工，促进和谐发展。落实领导干部联系点制度，帮助基层发现问题、解决困难，两级机关累计下站帮扶716人次。持续提高员工收入，福利待遇向基层倾斜，全年员工工资平均增长11%，一线员工增长15%；完善帮扶机制，加大帮扶力度，发放扶贫帮困资金63万元、帮扶职工277人；持续改善员工工作、生活环境，以分公司和片区为单位开展多种党群活动，进一步增强凝聚力。

（侯　雷）

中国石油天然气股份有限公司广西销售分公司

【概述】 中国石油天然气股份有限公司广西销售分公司（以下简称公司），成立于2000年10月，2008年12月上划股份公司直接管理，主要负责中国石油在广西地区的成品油市场开发和销售工作。公司机关设有12个职能处室和7个直附属机构，下辖13个地市分公司和1个专业分公司，另有6个控股公司和1个参股公司。截至2013年底，拥有在营加油站451座，运营油库10座，总库容31.41万立方米，共有员工5357人，总资产规模71.35亿元，资产负债率28%。

【主要经营指标】 2013年，公司销售成品油272万吨，零售量213.07万吨，零占比78.33%；汽油纯枪销量69.04万吨；实现营业收入217.19亿元，市场占有率达到33.8%；IC卡发售总量突破百万大关，达到109万张，累计沉淀资金突破2.2亿元，同比增长30.5%；非油品全年实现销售收入6.69亿元，同比增长80%，实现利润3604.96万元，同比增长80%。

【市场营销】 2013年是公司推进“五年大发展”的第二年，也是承上启下的关键一年，公司坚持“固本强基、提质转型、又好又快”的工作思路，全面把握稳中求进，大力实施“油气并举、油非并重、陆水并进”三大战略，坚定不移地在发展中精管理、调结构、提质量、增效益，加快推进“5518”发展规划，全面建设国际水平的销售企业。

（1）坚定不移在发展中调结构。继续完善“三横两纵”营销体系，在深挖零售业务潜力的同时，加快发展直销业务，努力实现零售和直销业务均衡、协调、快速发展，不断提升终端销售能力，全年纯枪销量突破176.46万吨，直销量达到28.16万吨。

（2）坚定不移在发展中提质量。零售上，以提高单站日销量和汽柴比为核心，以打造万吨站和纯汽油站为重点，深入做好老站挖潜、新站提量和低销站创新管理工作。围绕“一站一策”，以不断提高单站日销量等核心指标，单站日销量达到14.08吨。持续深化卡营销，积极做好客户分级工作，提高单卡储值、消费、沉淀水平，稳步拓展终端客户，全年售卡109万张。直销上，以开发优质客户为主线，围绕“一户一策”，不断提高大型机构客户、忠诚客户比重，全年新增往来机构客户132家。强化小额配送工作，完善配套机制，不断扩大直销量和市场份额。

（3）坚定不移在发展中增效益。全面设计和建设成品油市场情报系统，强化市场分析，提前谋划资源调运和油品储备，锁定全年目标，突出量效并增，牢牢把握市场主动权。统筹协调配置计划和资源外采，实现一次物流与商流有机结合，创效主攻方向与油品结构需求有机结合，初步建立起集约高效的现代物流体系，资源掌控能力和运营管理能力明显增强，确保了油品库存合理、高效运行。充分抓住区域油品销售季节和价格变化有利时机，积极利用地付资源，优化二次配送，全力以赴做好淡储旺销工作。大力实施差异化营销策略，全面加强营销全过程的管理和控制，努力扩大销售规模和利润空间，增加经济效益。

【网络建设】 全年投资7.86亿元，新开发加油站28座，投用49座。一是以高效开发、存量挖潜、持续优化为目标，着力优化网络布局。高速公路、城市中心等优势站点开发比例达到72%。二是加大历史遗留问题站点攻关，河池巴南站、来宾新兴站等12座优质网点取得关键进展。三是大力推进合资合作，成功开发5对高速公路加油站，垦祥公司正式挂牌成立，桂祥公司正式注册。四是积极拓展加气业务，50个站取得广西壮族自治区规划，南宁五一加气站成功投运，加气业务实现历史性突破。

【加油站管理】 围绕效益效率，着眼于客户开发、现场作业和内部管理三个方面，大力推进"六诊断、八优化"全流程诊断，积极推广小站经营目标责任制、领导挂点帮扶机制等先进经验，落实"包、改、停、退"等313项治理措施，10座加油站关停退租，45座加油站实施合并管理、间歇营业。26座"双低站"成功摘帽，实现零售增量3.2万吨，降低运行费用323.7万元，"双低站"治理工作取得显著成果。

【非油品业务】 一是充分发挥中国石油资金、品牌和管理优势，坚持走集约化、高效化、特色化发展道路，科学制定顺应未来发展趋势的"大非油"营销策略。二是稳步推进非油品业务重组整合，建立健全以利润最大化为目标的非油品管理体制和运行机制。三是不断优化商品结构，在持续做好名牌烟酒、精细化工等高效产品的同时，加快促进汽车服务、餐饮、广告等高回报业务协调开展，扩大盈利空间。四是优化物流运行体系，南宁、柳州2座中央仓协调运行。五是创新经营模式，首座昆仑好客站外店顺利投用，开辟了新的效益增长点，树立了良好品牌形象。非油品业务全年实现销售收入6.69亿元，同比增长80%，实现利润3604.96万元，同比增长80%。

【安全环保】 一是深化HSE体系建设，深入开展安全警示教育培训，全员安全意识显著提升。2013年开展综合性安全大检查3次，专项检查5次，发现整改问题1383个，先后对273项隐患进行集中整治，顺利通过集团公司HSE内审。认真开展各类应急演练224次，突发事件处置能力不断提升。二是深入开展工程建设领域等专项整治，构建了安全平稳的发展环境。三是严格质量管控，抽检合格率100%，顺利通过质量体系再认证。四是强化损耗管理，损耗率控制在–0.17‰，同比降耗1525.56吨。

【企业管理】 以管理提升活动为主线，从管理的思路、方式、体制、机制出发，围绕目标、措施和效果，深化精细化管理，强化规范运作、专业管理、降本增效，持续增强公司发展的内生动力。重点围绕73项重点任务和48项管理提升目标，积极推行制度、流程、KPI三位一体评价体系，顺利通过集团公司内控工作外部审计。

（1）加强程序化运作。深入落实"业绩导向、顶层设计、程序至上、注重执行、量化评价、持续改进"的管理理念，以实现制度、流程、标准、表单、考核"五统一"为目标，本着"宜精不宜繁、宜用不宜空"的原则，全面梳理、整合、优化流程，强化流程再造和评估，编制完成公司业务流程图，固化成册，逐步建立流程统一、控制集中、界面清晰、简洁高效的流程体系。

（2）突出专业化管理。投资上，深化项目投资控制，严格项目立项、审批，不断提高投资回报率。财务上，完善大预算管理和对标体系。深化费用标准化建设，运用单站管理分析模型，深化对标管理，逐步由经营指标考核向业务运行管控延伸。强化成本控制和费用定额管理，五项费用较预算降低21.8%。加强税收政策研究，合理节约两金税费3581万元。内控上，完善了重大风险应对方案和防控措施，实施重大风险持续、动态监控，有效规避经营风险。

（3）深化信息化建设。加强加油站管理、二次物流等信息系统应用，拓展系统功能，系统集成性、共享性和协同性有效提高。全面推广自助加油，年底实现自助、半自助加油站达到82座。重点推广"一卡通"和地罐交接，所属油库全部升级"一卡通"项目，运营加油站全部实现地罐交接，进一步提高了库站信息技术应用水平。完善调度指挥中心职能，实施全区、各市、库站三级视频监控系统全天候、不间断跟踪巡检，进一步降低了油品损耗。

【党建工团】 突出政治保障优势，强化思想文化引领，不断深化“四好”班子、企业文化、职业道德和党风廉政建设。严格落实“三重一大”决策制度，积极推广“制度+科技”预防腐败新模式，确保权力在阳光下运行。扎实开展群众路线教育实践活动，“四风”问题得到有效治理，两级机关作风转变成效显著。坚持以弘扬大庆精神铁人精神为重点，加快实施库站“三个一”文化建设，深入开展“青年文明号”等“青字号”品牌活动和丰富多彩文体活动，不断提高员工收入和福利待遇，健全员工关爱体系，累计走访慰问员工376人次，发放慰问金21.7万元，为基层库站配发图书12.3万册，配备健身器材3000余套，切实将改革发展成果更多惠及广大员工。公司海诚加油站获得中华全国总工会“全国工人先锋号”荣誉称号。

（王喜伟　王　东）

中国石油天然气股份有限公司福建销售分公司

【概述】 中国石油天然气股份有限公司福建销售分公司（以下简称公司）主要负责中国石油在福建的成品油销售与网络建设工作。2008年12月5日，从原华南销售公司独立，恢复省公司建制，上划股份公司直接管理。公司设置12个职能处室、3个机关附属机构，下辖9个地市分公司和仓储分公司。截至2013年底，公司共有员工3800余人，加油站491座，油库9座（总库容38.05万立方米），资产总额59.73亿元。

【主要经营指标】 2013年，销售成品油量246万吨，同比增长8.2%；纯枪销量143万吨，同比增长9.5%；非油品业务收入1.2亿元，同比增长38.6%；非油品业务利润1633万元，同比增长32.7%；实现利润2616万元，同比增长27.1%。全年新投运加油站38座、加气站3座，其中建成加气站18座、投运11座，全年销售天然气3417万立方米，实现毛利1460万元。

【市场营销】 一是强化优势资源控制力，采取积极主动、大胆灵活的“先行半步”策略，超前谋划，多渠道汲取资源，平抑库存成本。二是低库存有效运行，突出调运节奏与市场动态、销售策略的有机联动，合理掌控超欠进度，用活用好从量从价、超量优惠政策。三是着力提升直销量，树立“终端为王”的理念，建立客户分级开发和维护制度，实行“一对一”客户促销专项审批，促销费与销量及价格挂钩，制定阶梯式吨油提成，形成量、效、费良性互动，坚持客户流向价格差异化、分地区销售差异化、分品种定价差异化，全年完成直销量37万吨，同比增长6.4万吨，增幅20.9%。四是统筹规划直销业务体系，重新梳理业务界面，划分业务范畴，2013年客户经理人均年销量超万吨，同比增长20.1%。

【零售经营】 一是汽油销量持续增长，抓住汽油消费旺季和出行高峰期，有计划开展分类促销活动，纯枪汽油销量同比增销14.4万吨，月销量突破7万吨。65座加油站增加销售97号汽油，月销量突破万吨，连续三年增幅超过50%。全年增加汽油销售毛利2亿元。二是小改少投，挖掘油站硬件潜能，改善经营条件，优化消费环境，增加服务功能，促进销量增长。根据提枪率合理增加汽油枪数量；为高标号汽油客户开辟专用车道；10座站增设自助售卡机，为办卡顾客提供便利服务；10座站调整为纯汽油站，提高汽油车辆进站率；24座站调整加油站进、出口，扩大车辆进站转弯半径，方便车辆出入；44座站优化卸油时间安排，避开加油高峰期；65座站设置站外指示牌和户外立式广告，引导顾客进站；78座站设立摩托车专用加油位。三是进一步发挥卡营销功能，以加油卡为平台，持续推进整合营销，组织策划形式多样、特色鲜明的促销活动，加油卡积分兑换比例持续升高，全年共计兑换积分价值185万元，同比增加12.4倍，通过积分激励，提高了进站率、回头率、加满率，汽油卡销比26.8%，同比提高6.2个百分点。四是非油品业务实现量效新增，不断优化商品结构，非油商品累计减少2446种单品，销售排名前100位的商品收入及利润指标同比提升近5个百分点。分步分类实施便利店承包，高效站数量大幅增加，百万元店达到29座，同比增加24座，其中两百万元店实现零的突破，净增6座。尝试拓展广告位整体打包出租、安装银联服务设备、利用油站闲置场地引进洗车、麦当劳快餐等新业务。五是全流程诊断与优化初见成效，推广典型优化方法，完成33座站的分析报告，诊断出352个典型问题。以漳州龙江路加油站为标杆，打造样板，通过诊断优化，运作效率明显提升。33座站单站日均纯枪销量19.6吨，增幅5.7%，其中汽油单站日均纯枪销量14.3吨，增幅11.3%。六是“双低站”治理全面深入。按照“迁、转、歇、并、关、退”六字方针，分类治理、一站一策，确定治理重点、时间进度，实行销项管理。34座低销站突破3000吨销售水平，消灭17座1000吨以下低销站，95座低效站扭亏为盈，并站管理低销站25座，间歇性营业58座。

【网络建设】 大力实施“4+1”网建策略，成功搭建高速公路、两岸合作、部队合作、大项目联动以及油气大销售“五个平台”。一是与地方政府的公共关系建设不断加强，厦门公交、龙地置业、中油路通等一批与地方国企合作项目稳步推进。二是积极推动两岸合作项目落地，完成中油海峡有限公司筹建工作。三是成功获得厦蓉高速龙岩至长汀段3对6座服务区项目，积极开展沈海线、莆永线及厦成线等高速公路加油加气业务，有效提升了在省内高速公路网市场的占有率。四是持续推进警企共建合作，全年共开发部队项目6座，新增规划网点10座。五是坚持油气并举、以气促油，获批成为油气大销售试点单位。努力争取加油加气站规划建设权和汽车加气业务经营权，打破福州、泉州两地汽车加气业务垄断局面。全面排查，初选42座站、分三批制定加油加气站建设规划。加强与新捷公司的合作，理顺关系，全面接收加气站运维管理。积极介入气源采购，降低采购成本，提高经营效益，确保稳定供应。

【综合管理】 一是强化预算管理和对标分析，加强资金管理和风险管控，支持型财务体系日趋完善。积极开展纳税筹划，2013年节约土地使用等税费180万元；深入研究“营改增”政策，合理降费78万元。二是严格执行“三控制一规范”，多措并举优化劳动用工。积极推进业务外包模式，不断创新用工管理机制，在销售企业推进工效挂钩和管理提升工作会上进行了典型发言。三是加大培训力度，建立完善加油站岗位培训体系，制作27个油站实操项目教学视频，丰富了加油站各岗位培训大纲和培训教材。有序推进加油站经理职业资格认证，96人取得初级职业资格。四是完成ERP等五大系统集成，突出数据自动流转，加强日常运维和未经系统控制三项指标监控，运行状态实时受控，信息化管理水平进一步提升。五是全面实行重大项目法律论证，风险防控能力增强。推行合同标准文本在线编辑和水印防伪功能，提高合同质量和审批效率。顺利通过年度内控测试，内控体系运行有效。股权企业管理制度和运行机制进一步优化。开展了集中物资采购、效能监察和专项审计工作，堵塞管理漏洞，防范管理风险。六是扎实推进HSE体系建设，强化培训教育，严格施工队伍和承包商管理，加强应急预案演练，加大隐患治理；严把质量关口，全年油品抽检合格率100%；利用数字库站监控系统，对地罐泄漏等异常现象实行两级监控，严控油品损耗，牢牢守住“三条红线”。提前制订置换方案，对车用柴油和国Ⅳ汽油进行升级置换，履行了社会责任。七是充分发挥中国石油驻闽企业协调组组长单位的职能作用，牢固树立“融入海西、壮大中油、创造卓越”发展理念，全力推动战略协议落实。南平矿泉水项目完成勘探第二阶段详查工作，寻找到新的优质水源地，合资项目可研已上报。长汀水保项目两年累计造林补植10382亩，提前完成造林任务。协调中国石油在闽投资项目的落地和实施，为西气东输三线建设、福清LNG接收站、昆仑能源龙岩城市燃气、渤海装备公司连江钢管、兰州石化长汀催化剂项目及时解决困难，推动了中国石油在闽事业的整体发展。

（朱　婧）

中国石油天然气股份有限公司大连销售分公司

【概述】 中国石油天然气股份有限公司大连销售分公司（以下简称公司）主要从事汽油、柴油、船用燃料油、润滑油、车用液化气等石油产品的销售业务，是大连地区成品油主供应商。

公司现有在营油库5座，库容11.65万立方米；加油站317座，油轮、油驳5艘，油码头2座；资产总额32亿元；员工总数3852人。所有库站均实现业务的信息化管理，库存和销售数据的实时采集、二次配送计划的自动优化、油库付油的自动化管理、配送全过程的定位监控、加油站主要销售环节的受控及可视化管理等。

公司下设市内配送分公司、油气零售分公司、开发区分公司、旅顺分公司、金州分公司、普兰店分公司、瓦房店分公司、庄河分公司、长海分公司、仓储分公司、润滑油分公司11个二级单位；授权管理大连中油船用燃料运销有限责任公司、大连石油杨树沟联营公司2个股权单位。

【经营业绩】 2013年完成销售总量183万吨，其中，成品油销售量166万吨，成品油零售量132万吨；实现销售收入142亿元，其中非油品业务收入1.67亿元；全年实现利润2.34亿元。

【业务管理】 在增销困难的形势下，公司牢固树立“没有效益的销量不要”的营销理念，明确“销售保价、零售保效、批发保量”的经营思路，更加注重优化结构，提升质量。实施“批零一体化”机制整合，着力加强零售和终端客户销售，突出深度营销，不搞竞价倾销，价格到位率达100.51%，零售比同比提高5个百分点。以罩棚整改提形象和“迎全运微笑服务在行动”为抓手，开展加油站硬环境及服务软环境综合治理，促使纯枪销量同比增加2%。在中心城区打造纯汽油站，提高有限空间利用率，高标号汽油销量同比增加12%。在加油站增加储值终端，大力发展卡业务，开展单位卡集中转卡工作，推广与通信、银行等大集团客户联合售卡，以卡为媒，锁定零售客户，发卡量同比提高81%。

【安全环保】 针对大连地区极度敏感的安全环保形势，公司牢固树立“没有安全就没有一切”的安全理念。按照“全覆盖、零容忍、严执法、重实效”的总要求，推进HSE体系建设，落实各级安全责任，强化风险防控。结合季节特点，先后落实春季“十查”、夏季“九防”、冬季“八防”安全生产工作方案。围绕制度执行，现场隐患，“三违”等不同重点，按照督查、自查、互查的方式，举一反三，集中开展3次“安全隐患排查，管理隐患整治”专项活动，累计查改各类问题438项，实施25座站油气回收改造，40座站隐患集中整改，有效提升本质安全环保水平。加强油品数量、质量源头治理和过程控制，送检和抽检合格率均达100%。有力确保企业安全平稳受控运行，公司2013年被评为大连市“安全环保先进单位”。

【精细化管理】 公司牢固树立“没有效益的项目不投”的投资理念，突出现有网络的精心优化，争取迁建、置换项目6个，获批车用LNG项目5个，有效盘活闲置资产，降低开发成本。充分修旧利废，精细优化整改项目125个。突出推进“双低站”治理，实行承包经营，通过治理实现47座站扭亏为盈。开展全流程诊断优化，合并管理54座，间歇营业185座，关停12座，加油站整体运行效率显著提升。提升标准开展星级评定，将非油品业绩、规范操作、客户投诉等纳入考评，降星及摘星49座，切实提高星级站“含金量”。完善工效挂钩考核，细化升（吨）油含量工资，真实体现多劳多得，薪酬激励更加有效。优化信息系统运行，加强信息通道、应用平台建设，促进系统融合、信息共享，为精细化管理提供了信息支撑。

【节能降耗】 公司牢固树立“降耗就是增利、省下的就是挣来的”理念，重开源、更重节支。加强“进、销、存”各环节损耗精细控制，实行损耗达标管理和超耗全额索赔制度，综合损耗率同比下降。扎实推进“三控制一规范”工作，深化测时写实，注重挖掘内部人员潜力，优化用工，人均劳效显著提升。积极协调争取优惠政策，2013年累计减免各种税费支出2000多万元。积极推行有偿租赁，累计出租闲置资产，大力推广节电、节水、节油等节能降耗措施，运行成本同比下降13%。严控非生产性支出，实现五项费用连续两年下降10%以上。

【队伍建设】 突出改进作风，制定并落实领导干部挂点承包、节日及双休日值班带班、走动式管理、全员促销、竞聘上岗、干部交流等一系列有效制度和办法，有效促使各级领导干部“围绕基层做文章、重心下移抓管理”。推行机关基层管理人员交叉任职、驻站指导，促进管理工作“从基层中来、再到基层中去”。实施一线经理人竞聘上岗和定标择聘制度，231人通过竞聘走上经理岗位。不断完善绩效考核和激励约束机制，强力推进督办工作，累计督办112项，大力实施专项审计和效能监察，2013年共开展审计项目6个，发现整改问题52项，治庸、治懒、治散工作力度持续加强。实施全员培训工作，分级搭建育人平台，共组织各类培训299期，培训1.2万人次。

（陈大丽）

中国石油天然气股份有限公司山西销售分公司

【概述】 中国石油天然气股份有限公司山西销售分公司（以下简称公司）负责中国石油在山西省的市场开发、成品油销售、非油品销售和网络建设工作。截至2013年底，公司机关设12个处室，3个附属机构；下辖11个地市分公司，1个控股公司，1个仓储分公司；在册员工约4600名，中共党员680名；实施运营油库12座，总库容32万立方米；投运加油站473座。

【主要经营指标】 2013年，实现油品销售总量218万吨，其中零售量172万吨；实现非油品业务收入1.47亿元，同比增长52%；实现非油品利润608万元；实现利润-23558.5万元；新立项加油站10座、加气站1座；投运加油站7座；治理停业站23座；完成投资2.6亿元；质量、计量和安全环保事故为零。

【资源组织】 2013年完成资源调运219万吨，完成率100%。其中，调入直炼资源187万吨，完成率92%；外采资源32万吨，完成率209%。全年二次配送累计完成配送量120万吨；二次配送计划执行率101%；吨油运费64.2元，同比降低1.1元。完成全省国Ⅲ柴油和国Ⅵ汽油升级置换工作。

【销售业务】 坚持以“线圈”建设开发客户，2013年累计新增客户3.2万个，客户总量达到10.2万个。祁县9站坚持以“线圈”建设摸排客户，以品牌质量吸引客户，以贴心服务留住客户。持续在全省范围内推进97号汽油布点和销售工作，全年新增97号汽油销售站点22座，累计销售97号汽油7.6万吨，同比增长39.5%；全省有287座加油站开展“周末到中国石油去加油”活动，汽油销售同比增长8.22%。构建直销体系网络，全省划分30个直销业务区域，设置30名专职客户经理，实现省内无盲点、全覆盖营销，直销量同比增长11%。通过开展积分回馈、客户分级管理、推动油卡非联合促销等措施，扩大售卡规模，提高售卡质量，全年售卡35万张，卡销比达到58%。开展“双低站”治理，209座年销量3000吨以下加油站实施了经营目标责任制，截至年底，日销量3吨以下站减少了12座，3吨以下站点平均日增销量0.3吨，平均用工减少2人，人均月度薪酬增加345元。优化运行方式，17座加油站合理实行间歇营业和合并管理；60座市区加油站实行“削高峰”管理；443座加油站推行单站核算制度。18座加油站开展“全流程诊断”，平均月增销量13.7吨。提升非油商品销售能力，培育300万元店8座、200万元店12座、100万元店20座，50万元店43座；加大新品引进和滞销品淘汰力度，提高核心商品比重，商品品类达到3100种。

【精细化管理】（1）网络建设方面。坚持高效开发和存量挖潜相结合，不断优化网络布局，努力提高资产质量，2013年处理遗留问题加油站60座；整改土地问题加油站48座。强化施工过程管理，加强全过程、全方位的项目监督，确保工程安全、质量和进度可控。长治油库克服雨季长、施工期短等困难，顺利完成全年施工进度目标。加大检维修管控力度，投入维修费用1100万元，完成检维修项目49批次；利用200万元专项维修资金对35座加油站罩棚檐面进行了包装。根据销售分公司3年油库隐患治理及达标改造计划，编制2014年整体改扩建计划和油气回收改造实施方案。(2) 安全数量、质量管理方面。持续推进HSE体系建设，迎接2次销售分公司体系审核。组织各类专项安全大检查4次和安全专项整治活动6次，组织周安全检查22次。加强应急管理，库站一线开展应急预案演练4300多次。推进安全生产标准化管理，2个二级公司机关、6座油库、416座加油站完成三级达标。狠抓数量管理，完成《加油站成品油公路配送地罐交接管理办法》修订工作，明确交接标准、流程与纠纷责任，地罐交接运行平稳。加大加油机流量计检测频次，全年共组织抽检25次，抽查加油枪304把(次)。严格油品质量监管，严格落实入库油品和进站油品质量过程监管，规范油品留样与检验，明确交接职责，进一步强化油品质量源头管理。组织油品质量全面自检6次，化验油样4563个，合格率98.8%；迎接销售分公司油品质量抽检3次，合格率100%。按照公司质量管理体系推进计划开展质量管理体系审核，通过第三方认证机构的年度认证。(3) 企业管理方面。围绕加油站管理系统、物资采购等业务新增内控流程16个、删除流程17个、修改流程39个。针对22项管理提升问题，制定改进措施81条。组织机关各处室及所属分公司共同开展风险识别，判断识别风险26个，风险影响因素107条，形成《山西销售分公司风险数据库》。全年审查合同400余份，实现合同审查率100%、合同签订率100%。坚持"预算适度从紧"的基本原则，科学测算量、利、费等各项指标；加强预算向生产经营费用引导。有效控制非生产性费用支出，五项管理费用同比降低597万元。深化资金平台应用，有效监控收支账户39个，动态监控收支资金380亿元。完成综合信息展示平台及调度指挥中心建设，建成液位仪应用及温补管理系统。加快推进档案信息化建设，2013年集团公司档案评价由C级晋升为A级。全年参加养老、医疗等五项基本保险的人数同比增长2.5%，参保率达到98%。积极推进职业技能鉴定工作，1984名基层员工通过职业技能资格认证，占一线用工总数的48%。

【精神文明建设】 按照中央和集团公司党组的总体安排，全面开展党的群众路线教育实践活动。按照党建"三同时"原则，改建基层党委6个，切实加强和改进党的建设。不断提升舆论引导能力，全年共编辑内刊8期，系统内媒体发表文章67篇；引入舆情监测软件系统，实现了网络舆情监测常态化及负面信息处置快速化。持续推进"关爱员工"行动，坚持"全员健康体检"和"全员生日慰问"，持续创建"标杆食堂"，坚持重大节日"送温暖"和重大灾害"献爱心"活动。积极开展"学雷锋精神，做有为青年"活动。李霞被人力资源社会保障部和国务院国资委联合授予"中央企业劳动模范"荣誉，太原分公司荣获"中国石油天然气集团公司青年志愿服务先进集体"称号。开展"我爱我家，我建我家，美丽我家，和谐大家"创建活动，侯马油库被集团公司授予"百个标杆"单位称号。

(常化平)

中国石油天然气股份有限公司天津销售分公司

【概述】 中国石油天然气股份有限公司天津销售分公司(以下简称公司)主要负责中国石油在天津市的成品油仓储与销售、油库和加油站管理、库站网络建设，同时兼营燃料油、天然气、润滑油及其他非油品销售业务。公司采用两级管理体制，设13个职能处室、7个分公司、8个股权企业(不含控、参股加油站)。公司有员工2855人，总资产30.47亿元，拥有油库6座，总库容36.44万立方米，投运加油站212

座，年销售能力超过 220 万吨。

【主要经营指标】 2013 年，销售油品 228.66 万吨，其中，零售量 110.34 万吨，纯枪销量 80.85 万吨，燃料油销量 7.94 万吨；实现非油品收入 11917.39 万元、利润 1022.51 万元；利润总额 -8488.31 万元，吨油营销成本 294.74 元；固定站新增立项 8 座、新开 5 座、新投 5 座，橇装加油设施新投 6 座，加气设施新投 1 座，质量、计量和安全环保事故为零。

【市场营销】 2013 年，直销体系建设基本完成，设立销售中心，搭建起天津公司统管批发、分控股公司负责直销和小额配送两级营销运作体系。销售中心开发维系大客户 30 多家，月均销售油品 7 万多吨。大港、武清、蓟县、宝坻客户服务中心陆续投运，19 名客户经理维护直销客户 270 多家，人均月销量达 340 吨，共销售油品 7.8 万吨。完善情报体系建设，坚持"日碰头"机制，研究市场变化和竞争对手情况，采取有效价格策略应对市场，直销创效能力进一步增强。大力实施低库存、低成本策略，合理平衡直炼、外采资源结构，降低了库存成本；拓展销售渠道，争取国储 -10 号柴油计划 4.13 万吨，率先完成降库目标。积极争取从质从价、从量从价和短管补贴等政策支持，减少非经营性效益损失。建立直炼资源品质数据库，组织优质柴油近百万吨，有效满足了市场需求。科学组织国Ⅳ汽油升级置换，协调接近国Ⅴ标准的高品质汽油资源，加油站自然置换率达到 95% 以上，间接创效 400 多万元。加强二次配送管理，增强入站保障能力，不断优化配送方案和调度管理，吨油运费下降 4.3 元，配送断档率控制在 0.4% 以内，公路运输综合差量率低于 1.5‰，同比降低 0.29 个千分点。

【零售管理】 以零售为中心、以客户为核心的经营理念日趋强化，业务处室紧密配合，采取库站设备保温、加剂增加流动性等措施，加油站冬季供应 0 号柴油，填补了市场空白，纯枪日销量一度突破 2200 吨，12 月纯枪销售 0 号柴油 2.26 万吨，有效支撑了纯枪上量创效。以汽油为重点的纯枪促销策略日益成熟，大力开展银企组合促销，配合积分加倍、赠送保险等增值服务，初步实现精准营销，在 81 座加油站推出"超级最红星期五"活动，单站日均销量提高了 1 吨。加强高销站现场管理，有针对性地采取自助加油、错时优惠、弹性排班等"削高峰"措施，提高了现场服务水平和加油效率。2013 年，纯枪汽油销量同比增加 2.8 万吨，增幅 9%，柴汽比优化到 1.17。有序推进"双低站"治理，探索实行"三核定、三放权、四承包、六统一"的承包经营管理模式，减少用工 140 人，低销站减少 14 座，"双低站"治理见到初步成效。突出非油核心商品，加大店销力度，培育百万元店 10 座，50 万元店 18 座，实现店销收入 9005 万元，毛利 1000 万元，毛利率 11.1%。

【精细化管理】 各业务单元围绕经营销售，积极发挥支撑保障作用，确保了公司安全平稳高效运行。安全形势平稳受控。以体系提升为主线，完成体系修订和"一岗双责"试点，顺利通过销售分公司审核和三星 9000 质量体系认证复审。加大隐患整改力度，投资 1184 万元，完成 3 座油库和 151 座加油站的隐患治理。加强油品质量管控，对油库、加油站、橇装站抽检覆盖率达到 100%。网建开发迎难奋进。加强计划管理，严控低效无效投资。紧盯高端项目，成功开发京沈高速牛道口加油站，实现了高速项目自主开发的新突破。经过多方协调，建成多年的简阳西、志成道加油站顺利投运，再增 2 座高销汽油站。工程管理严细规范。加强关键控制点和施工全过程管控，强化服务商考核，施工安全和工期得到保障，施工质量明显提升。严格设计变更、材料代用和现场签证管理，严控项目开支。加强造价审核，审减 1663 万元，审减率 23%。按时完成库站油气回收专项改造，自检全部合格。油库运行安全高效。开展油库专项隐患排查治理，组织突击抢险，封堵管线渗漏点 15 处，避免了环境污染和次生灾害发生。推行 6S 管理，油库现场管理更加规范，仓储公司荣获"中央企业先进集体"称号。财务管理科学规范。预算管理理念进一步树立，管控机制初步建立，积极推行费用定额管理，成本控制水平位居板块前列。摸清公司资产现状，制定清查和处置计划，有序清理负效股权项目。加强发票管理，防范涉税风险，协调税务减少经济损失，维护公司声誉。信息管理突出创新应用。完成加油站高清视频、语音对讲和油库管控一体化等 6 项信息系统建设。加强系统应用推广，实现加油站管理系统 100% 上线，液位仪自动读取率超过 95%，脱机加油现象控制在 0.1% 以下。连续两年获得集团公司先进表彰。风险防控细致严密。坚持合同审查百分百上线，重大项目合同提前研讨会商，严防法律风险。紧贴经营实际开展内控工作，顺利通过总部财务报告和内控评价测试。加强股权管理，超额完成股权投资收益目标。综合管理水平明显提升。在板块劳动竞赛中夺得 11 面流动红旗，油库管理、节能降耗工作始终位居前列。档案管理跻身集团公司 A 级行列，跃居参评企业第二名。严控程序，严格把关，物资、服务采购质优价廉。

（银世民）

中国石油天然气股份有限公司宁夏销售分公司

【概述】 中国石油天然气股份有限公司宁夏销售分公司（以下简称公司）主要承担中国石油在宁夏地区的成品油销售、市场开发等业务。截至 2013 年底，公司设 12 个机关处室，下辖 6 个地市分公司，4 个直属单位，员工总数 3270 人（其中，在岗合同化员工 1574 人，市场化用工 1696 人）；油库 5 座，总库容 17.2 万立方米；运营加油站 291 座。资产总额 26.1 亿元，净资产 13.5 亿元，资产负债率 48.4%。

【主要经营指标】 2013 年，公司销售成品油 194.2 万吨，同比增长 1%；零售量 178.2 万吨，同比降低 2%；纯枪销量达到 153.4 万吨，同比增长 3.5%，汽油纯枪销量同比增长 17.1%；非油品业务收入 3.14 亿元，同比增长 31.7%；利润 3 亿元，吨油利润 154 元，市场份额 85%。全年单站日销量达到 1.52 吨，培育万吨站 37 座。全年售卡 37.9 万张，卡销比达到 46.4%。

【油气业务】 2013 年，公司按照中国石油的总体部署，突出效率效益，强化营销组织，推进网络建设，深化精细管理，大力控本降费，在逆势中稳步推进经营管理各项工作，初步建成了“强优特精”国际水准销售企业。（1）强化市场研判，贴近市场变化制定营销策略。进一步完善三级市场采集分析机制，坚持营销工作例会制度和会商制度，及时分析市场形势和竞争态势，研究制定营销策略，解决存在问题，快速应对市场变化，有序有效组织市场营销，营销运作实现由资源供应型向市场导向型的转变。（2）强化客户开发，突出量效并举确定营销措施。积极推进直销业务体系建设，选聘专职客户经理 26 名，定责任区域、定开发重点、定目标销量、定期考核。严格执行直销价格报批制度，合理平衡量效关系，争取效益最大化，零售比率达到 92%，价格到位率达到 100.08%。推行客户分级管理，综合运用价格折让、免费配送、收取承兑汇票等办法，吸引和稳定直销客户，全年直销量达到 40.8 万吨。（3）强化纯枪销售，围绕量价互动开展市场竞争。根据不同市场特点和竞争对手，实行差异化营销，开展点对点竞争，有效遏制了竞争对手的低价倾销，力保市场份额的同时确保了销售效益。突出抓好纯枪销售，精心组织劳动竞赛，灵活开展油卡非互动促销，扎实开展优质服务活动，有力增强了加油站的竞争能力。（4）强化加油卡营销，围绕增值服务固化优质客户。通过完善售卡网点、加大宣传推介、促进战略合作、开展积分回馈、推动油卡非联合促销等措施，不断扩大售卡规模，提高售卡质量，全年售卡 37.9 万张，卡销比达到 46.4%。

【非油品业务】（1）提升商品管理能力。认真组织商品分析，加大新品引进和滞销品淘汰力度，提高核心商品比重，增强创效能力，商品品类达到 2300 余种，其中核心商品 269 种。以打造样板店、标准店为抓手，持续优化商品陈列，营造商业氛围，提高了便利店整体管理水平。目前已建成昆仑好客标准便利店 94 座，便利店商品销售收入达到 1.83 亿元，同比增长 31.7%；培育百万元站 71 座。（2）提升商品促销能力。完善促销模式，持续开展主要节假日统一促销和“装满后备箱”促销，实现了促销活动常态化。探索开展非油品站外店业务和品牌代理业务，不断拓宽销售渠道；探索与兄弟单位合作，逐步拓展宁夏特产销售市场。大力开展化肥、餐饮、住宿、汽车服务、租赁等业务，实现销售收入 1.14 亿元，同比增长 46.8%。（3）提升专业管理水平。创新非油品业务发展模式，探索与专业管理公司开展业务外包合作，有 3 座便利店委托由专业公司经营。开展库存商品专项治理，实行以销定结，优化铺货资金，避免库存积压。推行供应商分级管理模式，加大考核考评力度，及时清退不合格供应商。同时，加大商品直配进店力度，有效降低配送费用。公司非油品业务典型经验在油品销售精细化管理会议上作经验交流，获得肯定。

【油站管理】（1）优化运行方式。持续完善经营模式，152座站实行半自助加油，占运营站的52%；启动“双低站”治理，采取家庭成员组合和员工自由组合两种模式，对41座“双低站”实行目标责任制管理；对53座加油站合理实行间歇营业和合并管理；对85座高峰期明显的加油站，从画线引导、卡机连接、人枪匹配、机动排班等方面开展“削高峰”。全面推行单站核算制度，引导加油站更加关注运营效率和费用控制，盈利站达到260座，占总运营站的90%。（2）优化激励措施。持续推进加油站类别评定制度，对217座运营站进行类别评定，对站经理的类别和薪酬待遇进行相应调整。试点推进加油站经理人负责制，核定销量、费用和利润，进一步引导站经理关注市场、业绩和客户。结合全年目标任务，进一步完善绩效考核办法，加大奖金向基层倾斜力度，强化多销多得、多劳多得，有效调动基层员工扩销增效的积极性。（3）优化监管方式。完善加油站现场稽查和神秘顾客检测办法，增加稽查频次，强化考核力度，有力规范了现场管理和员工操作行为，提升了客户服务水平。

【网络建设】 2013年，公司完成投资2.38亿元，新建续建加油站14座、加气站6座，收购站3座，改扩建站5座，投运加油站13座、加气站2座。全年完成石嘴山油库的自动化改造，公司第二座油库实现油品配送“一卡通”。完善工程造价、工程招投标、工程签证等制度，刚性执行投资项目管理办法，杜绝无计划投资和超投资项目。以四级管控体系为基础，加强全过程、全方位的项目监督，确保工程安全、质量和进度可控运行。严把检维修投资计划，严格现场核实制度，积极推行修旧利废，全年完成检维修项目342项，修理费同比降低52%。

【安全环保】 扎实抓好特殊时期和关键环节的安全监管，先后组织各类专项安全检查7次，持续推进隐患排查和整改。狠抓HSE岗位培训，全年送教到基层74场，培训员工2035人次，有效强化了基层员工的安全意识和技能。先后迎接2次中国石油HSE体系审核，组织开展1次内部审核，进一步规范体系运行。认真开展“安全生产月”活动，突出事故警示教育和应急预案演练，重点推进安全生产标准化管理，全公司加油站通过宁夏回族自治区三级达标评审。大力推进施工现场HSE管理，切实将承包商队伍作为自己的队伍进行管理，不断提高施工现场安全管理水平。认真落实入库油品和进站油品质量过程监管，规范油品留样与检验，明确数量、质量交接职责，积极配合上级部门开展油品数量、质量抽检，定期组织开展自检，确保油品数量、质量合格。

【精细化管理】 进一步优化整合专业领域业务流程，推进风险评估和风险数据库建设，确保公司业务运营流程全覆盖、风险全控制。加大运维人员培训力度、系统运行监控力度和系统运维考核力度，信息系统考核成绩在销售分公司位居前列。在全面提高档案收集、整理、保管、鉴定、统计工作规范化和标准化的基础上，着力推进档案数字化工作，在集团公司档案评价中，评价等级由C级晋升为A级。认真落实集团公司工效挂钩的要求，在执行升油含量薪酬分配制度的基础上，加大利润指标的考核力度，充分发挥绩效考核的导向作用，有力提升创效水平。坚持以销定进和低库存运行，深入推进地罐交接，加大油品交接和铅封管理，加大运输损耗监管，公路运输和铁路运输损耗率分别降低至0.13%和0.04%。坚持以劳动效率分析指导各单位优化用工，严格控制用工编制，特别是两级机关和新开业站的用工编制，新开业站仍然以内部调剂为主，公司综合劳动效率在销售系统排名第一。紧抓重点环节和关键部位，对可控费用采取吨油与定额标准相结合的方式控制，对整体控制费用采取严格绩效考核的方式进行控制，全年吨油商流费323元，同比降低6.6%，五项费用同比降低26%。充分利用运输优惠政策，合理安排运输方式，全年吨油运费19元，同比降低3元。

（仇建雄　曹　媛）

中国石油天然气股份有限公司贵州销售分公司

【概述】 中国石油天然气股份有限公司贵州销售分公司（以下简称公司）负责中国石油在贵州省的成品油销售、市场开发工作。截至2013年底，公司设12个处室、3个直属机构，3个附属机构、9个市（地、州）分公司和1个专业分公司；有员工2760人，其中大专以上学历占31.7%；有油库2座（总库容3.4万立方米），在建油库1座（库容12万立方米）；投运加油站271座，在营业加油站246座，服务网点遍及全省高速公路、国道、省道和中心城市、重点集镇。

2013年，公司获得股份公司劳动竞赛流动红旗15面，荣获“贵州省百强企业”。

【主要经营指标】 销售油品161.16万吨，其中纯枪销量115.9万吨，同比分别增加18.68万吨和15.48万吨。开发加油站32座，投运17座。营业收入125亿元，利润7269万元。其中非油品收入1.23亿元，利润1258万元。

【市场营销】 推行购销存一体化运作，全年衔接资源计划167.3万吨，组织外采25.95万吨，有效确保公司经营的平稳运行，满足了不同时期涨库、降库经营目标要求。加强油品价格管理，全年价格到位率位居区外公司前列。推进直销体系建设，地市公司完成直销量同比增加6.48万吨。完善客户经理量效挂钩的激励机制，4名客户经理年销量突破万吨。编制成品油市场档案，建成覆盖全省的市场监测分析体系，及时监测分析市场和竞争对手营销策略变化，有效保证了营销策略的科学性和时效性，两次荣获销售分公司市场监测先进单位。

【加油站管理】 加大纯枪销量考核权重及吨油含量提成比例，员工积极性得到有效调动；重视老站挖潜，增量13.48万吨；紧盯新站达销，万吨站达到17座，同比增加3座；提升高标号汽油销售占比，全年汽油纯枪销量同比增幅23.2%。强化加油卡营销与服务，卡销比20.2%，同比增长5个百分点，售卡质量不断攀升。立足现场、深入优化，加油站运营效率不断提升，付油效率提高60%；实施“削高峰”措施，单站日销量同比增加2吨；优化交接班，平均锁枪时间缩短至1分钟；开展自助加油，人均劳效持续提升；试点推进全流程诊断与优化；推行小站目标责任管理，平均单站日销量、利润、员工收入提升，“双低站”数量、用工总量、可控费用降低。

【储运与油库】 全年配置资源兑现量同比增加，保障了资源的有效调入。科学制订资源平衡方案，探索油库周转极限，全年油库周转量同比提高7万吨，周转次数同比提高2.87次。按照“加油站需求多少，就配送多少”的原则，需求满足率和计划完成率保持98%以上。开展资源互供和跨省配送业务。持续优化公路配送，平均运距减少，降低运费1142万元。

【非油品业务】 围绕“坚持标准、扩大规模、建立体系、提高效益”的工作要求，成立非油品机构，强化管理职能、健全物流体系、优化品类结构，非油品业务实现新发展。加强中央仓关键环节管理，加大商品配送质量考核力度，全年到货及时率、准确率分别达到98%、99%。发挥集中采购优势，新增商品平均毛利。认真做好大宗团购业务销售，店外销售实现量效双增。从商品陈列、毛利率、优质服务等软件方面着手，加大优质店的培育，新增50万元便利店10座、100万元店达到16座、300万元店4座。成功承办2013年“中国石油昆仑好客商洽会”，促进交流与合作，展示了公司良好形象。

【网络建设】 梳理长、短停项目和部分存量项目，分门别类实行加快、缓建、谈判和销项处理。深化项目开发市场调研，科学论证项目收益率，实行投资回报承诺制度，储备一批优质项目。久长油库全速推进，预计2014年下半年将建成投用。严把工程质量关。明确工程管理权责，科学排列工期，明确节点责任，加快项目推进，全年新建站20座，达标改造7座，站级系统升级39座；安全隐患整改及检维修36座，排查罩棚网架安全隐患225座。

【精细化管理】 强化预算管理和对标分析，根据市场变化和生产经营情况，灵活安排月度预算，坚持季度经营活动分析，全年主要指标均衡、平稳、受控运行。先后妥善解决和处置铁强油库油品损失案等影响公司效益、阻碍公司发展的纠纷案件，收回欠款；梳理物资采购信息系统标准库，采购业务得到统一规范。合理控制资金规模和资金支付节奏，资金计划的执行率得到提升；优化资产负债结构，逐项清理无形资产，降低财务和经营费用2000多万元；理顺资本化利息计提方法，减少在建项目财务费用近千万元；强化投资项目合同履约管理，节约投资成本；主动协调税务部门，减少资金占用。建立油库绩效工资由固定标准改为与油库周转量挂钩，两次提高油站吨油含量工资提取标准，最大程度实现经营实效与考核兑现相匹配，最大限度发挥绩效工资的激励导向作用。实施小站目标责任管理，各项劳动效率指标在板块综合排名位居前列，优化用工效果显著。严格执行公文流转制度，严格落实办会程序，强化行车安全，全年无重大交通安全事故，无重大治安案件发生。

【数量、质量管理】 全年持续开展油品损耗专项治理活动，保持损耗治理高压态势，铁路超损现场复测率和索赔率均为100%；加油站全面推行系统盘点，零售损耗明显下降，汽油损耗同比下降56%。柴油零售损耗同比下降94%，专项治理活动取得显著成效。

【信息化建设】 信息化应用水平再上新台阶，全年新增上线加油站43座，上线率提高到99.25%。液位仪正常使用率上升，脱机加油所占比例下降，系统管控率提高8个百分点。新租赁油库管理系统4座，实现油库管理系统的全覆盖；新增高清视频监控库站58座；完成三级高清视频会议升级和公司新办公楼中心机房设计和搬迁工作。

【安全环保】 扎实推进HSE体系建设，深入落实有感领导、直线责任和属地管理，扎实开展体系审核，强化宣传教育和应急演练，加强承包商安全管理，加大隐患排查和治理，制订库站风险分类分级方案，积极应对凝冻、暴雨、山体滑坡等各种灾害，逐步建立有效的风险防控机制。发挥正面激励作用，收集各类事件信息189起。严把资源进出关口，全年检测油品3370批次，完成国Ⅲ柴油和国Ⅳ汽油的置换升级，质量监督抽查实现常态化。加强加油机核查、计量器具配备和管理，严格落实加油机定期自检和外部强检制度，公司计量检定站按期投入使用，同比节省检测费用50余万元。全年安全环保受控，无生产责任安全环保事故。

（岑义林）

中国石油天然气股份有限公司青海销售分公司

【概述】 中国石油天然气股份有限公司青海销售分公司（以下简称公司）是青海省内成品油流通领域的主要渠道，担负着保障全省汽油、柴油、煤油、润滑油等成品油稳定供应的责任。截至2013年底，公司资产总额28.42亿元，共有员工3040人，设12个职能处室，9个二级销售分公司，运营资产型加油站210座，直属油库4座，库容21万立方米。

【主要经营指标】 2013年，公司克服资源偏紧、运力不足、价格多变、竞争激烈等诸多不利因素，积极采取灵活有效的营销策略，完成销量173万吨，其中汽油、柴油销售163万吨，同比增幅6%；实现销售收入126亿元，实现利润5205万元，完成销售板块滚动预算计划，考核利润可达7680万元。市场份额72%，同比提高2个百分点。实现零售总量136万吨，同比增幅1.5%；纯枪销量105万吨，同比增幅6.4%；发售IC卡49万张，沉淀资金3298万元，卡销比30.6%。

【市场营销】 （1）科学营销，提升扩销增效能力。加大计划管理，强化业务运行，计划兑现逐步提高，二季度获销售公司营销类劳动竞赛第三名。细化客户类型，灵活价格策略，有效应对市场竞争，全年扩销增量9万吨。加大汽油促销，强化高标号汽油销售，优化97号汽油销售网络布局，加大宣传力度，在黄南、果洛、玉树地区实现了高标号汽油销售，填补了高标号汽油销售盲区，强化重点工程项目开发，梳理分解重点项目，加大监督落实，全年开发工程项目68项，占95项的72%，供油数量4万吨。（2）充分开展市场调研工作，层级建立客户档案，对客户需求进行动态分析，对开发潜在客户提供有力支持。（3）加强体系建设，提升市场应对能力。制定完善成品油直销客户经理建设实施意见和直销客户管理办法，全省选拔客户经理37名，实现销售30万吨。进一步明确直销与零售管理部门及职责。强化成品油情报系统建设，制定《中国石油青海销售市场监测管理办法》，强化382个监测点的业务运行，提高系统运行质量。

【非油品业务】（1）完善机构、高效运营。成立非油品业务管理中心，从理顺体制、加强领导，健全机构，明确职能，专业运作，完善管理等方面全面促进了非油品业务的高效发展。（2）夯实基础、优化流程。修订完善涉及便利店业务开发管理等8项制度，明确各岗位工作职责和执行标准。结合业务发展修订9个新增业务流程，确保各业务环节有效衔接和受控运行，提升了工作效率。（3）组织开展全省非油品业务综合检查。对公司非油品业务运营情况进行全面调查、通报和整改跟踪。丰富品类、优化店级，全面梳理供销关系，降低配送成本95万元。培育百万元级以上高效店15座，50万元级店23座，30万元级店38座，便利店店销额同比增长14%。（4）规范仓储、统一配送，优化岗位设置，明确工作职责，有效规避运营风险，库存周转次数达8.94次。确定16座样板店，采用试点先行、分层推进的办法强化样板店的示范引领作用。（5）依据单品销售排名，调整商品结构。加大非现场巡视力度，督促便利店在收货后12小时内保证商品上架。（6）强化培训，提升素质。开展全省加油站管理系统应用操作培训和非油品业务管理、现场营销、商品陈列等相关内容培训。组织培训246人次，提升业务素质。

2013年，非油品销售收入1.6亿元，同比增幅10%；非油品利润1402万元，同比增幅15.9%。获2013年青海省50强企业第五位。

【投资工程建设】 突破网络建设瓶颈，多渠道落实资金计划。全年落实投资计划3.5亿元，是近几年投资规模最大的一年。新开发加油站16座，为年度目标10座的160%；新投运加油站16座，完成销售分公司下达任务15座的107%。

【安全质量】 严守安全、质量、计量“三条红线”，安全环保形势总体受控运行。健全完善HSE管理体系，实现上报等级事故为零的目标。严格库站损溢管理，损耗同比下降0.8个百分点。公路运输损耗率在销售企业排名前列，数量、质量管理短板通过一年来上下的共同努力基本补齐。

【基础管理】 稳步推进以加油站“三核定”为重点的管理提升工作，“机关基层双向交流”的成功做法在销售分公司范围内推广。“双低站”治理工作成效显著，西宁分公司“双轮驱动、优化资源、迸发活力”的做法在销售板块9月测时写实会议纪要中推广。完成52座站点经营目标责任制管理，单站日销量同比增加0.73吨，减少用工112人。10座全流程诊断试点站成效明显。档案管理荣获集团公司A级单位。严格预算管理，降费增效成效显著。各地市公司在当地的地位、作用进一步显现。全年共获得降本增效、节能降耗、营销类等8面劳动竞赛流动红旗。

【企业管理】 关心员工生活、维护员工利益、营造和谐氛围，企业改革发展的成果惠及广大员工。职工的生产生活和办公条件有了一定的改善，果洛公司办公楼环境改造工程2014年上半年将全面投用；安居工程项目进展顺利，将有效解决1089户职工住房问题；投入上千万元对4个住宅小区进行环境改造；情系艰苦一线员工，发放高海拔地区职工补助；加强与政府部门的沟通联系，持续参与环青海湖国际公路自行车赛油品保障、“百企联百村”等社会公益活动，全面履行社会责任，不断融洽企地关系，巩固了和谐稳定大局。

【队伍建设】 持续开展形势任务教育，有效发挥党员干部的先锋模范作用和基层党组织的战斗堡垒作用。涌现出全国“石油石化行业传承铁人年度人物”尚丽群、“全国五一劳动奖章”获得者陶凤顺、“全国五一巾帼标兵”王青豫、“最美青海人”才仁吉藏、集团公司“百个标杆单位”五四加油站等一批先进典型。制定机关站运行方案，机关站试点全面铺开。组织三级培训290期7051人次；开展年度职业技能鉴定工作，完成3个工种509人的鉴定；举办第四届员工岗位技能竞赛，员工综合业务素质不断提高。稳步推进惩防体系建设，落实维稳责任。认真做好离退休管理服务工作。

（李　倩）

中国石油天然气股份有限公司江西销售分公司

【概述】 中国石油天然气股份有限公司江西销售分公司(以下简称公司)于2002年3月成立，并于2002年10月正式开始营运。主营成品油批发和零售业务。公司本部设12处1室1中心，在南昌、九江、新余、鹰潭、抚州、宜春、吉安、萍乡、上饶、景德镇、赣州11个地市设置了二级分销公司。截至2013年底，公司拥有员工1926人，共有油库7座(全资油库3座，租赁油库4座)，加油站301座，公司资产总额34.86亿元。

【主要经营指标】 2013年，销售成品油116万吨，同比增长13.6%，其中零售总量106.36万吨，纯枪销量57.41万吨。全年实现销售收入84.37亿元，其中，成品油销售收入83.81亿元，非油品业务收入5629万元。2013年，公司销售加油卡38.6万张，卡销比39.6%。全年投运加油站40座。

【市场营销】 2013年，面对复杂多变的市场形势，公司采取多样化营销手段和差异化营销策略。采取“每日一策”、“一户一策”的营销政策和思路，提高市场反应灵敏度；采取“吨油提成奖励”、“利润考核奖惩”的直销考核激励措施提升直销销量，2013年直销量55.1万吨，完成年度直销计划110%；将营销计划管理与精细化营销相结合，提高营销管理水平和创效能力；推进外采业务，降本增效；推进直销业务体系及客户管理体系建设，提升终端销量；加强基础管理，提高统计数据质量和分析水平。

零售工作坚持量效并重，狠抓纯枪销量上量，提升销售质量。抓住节假日有利时机，开展油品促销；精心培育吨级站，2013年培育万吨级加油站4座，7000吨级加油站7座，5000吨级加油站8座；激励开口营销，提高“加满率、进站率、回头率”；推进低销低效站治理。

【非油品业务】 拓展非油品业务，2013年公司共有210座加油站开展非油品业务，同比新增48座，占全部运营加油站的84.5%；重点抓好香烟、润滑油、包装饮料和酒类等大宗商品的销售工作；加强供应商管理，严格审核供应商资质，定期考核供应商服务质量，清退不合格供应商；与供应商开展联合促销和油卡非一体化促销；推进便利店样板站建设，2013年公司实现300万元级店1座，200万元级店3座，填补了200万元级及以上店的空白。

【网络建设】 2013年，集团公司投资政策进一步缩紧，公司网络发展的脚步有所放缓。重点盯住江西省“十二五”规划中152个城市中心站，尤其是南昌、九江、赣州等重点城市加油站的土地挂牌动向，实行土地挂牌周报制度，建立土地挂牌信息快速反应机制；与中国石化建立良性的竞争合作关系，降低投资成本；妥善解决遗留问题，2013年有效推进投资项目13个，清退16个；与上饶市政府签署60座加油加气站、10万立方米油库1座的战略发展框架协议。

积极推进天然气业务整合拓展。成立燃气办，负责开展天然气业务；按照中国石油部署，将转入的昆仑燃气萍乡分公司与萍乡销售分公司有机整合，同时接收新奥燃气合资公司管理权；与昆仑能源等单位合作，对接拓展加气业务，完成加气站选址立项31座，取得规划指标1座。

【安全环保和计量质量】 2013年，严守三条红线，深入落实安全生产责任，强化质量计量管理，逐级签订安全环保责任书，确保安全环保责任落实。落实安全监管防范工作，组织开展专项安全检查，2013年重点对7座油库和73座加油站进行了安全大检查；严格抽检油品，为加油站配备检测器具220套，加强油品质量监控，2013年全面执行国Ⅲ柴油标准；实施油品损溢量化考核，全年公司油品零售损耗率同比下降了0.2个千分点，实现盘盈油品730吨。2013年公司HSE管理体系始终受控运行，安全及环保事故为零，重大计量、质量事故为零。

【企业管理】 (1)精细化管理持续深化。编制实施《2013年江西销售公司重点工作督查表》和《2013年江西销售公司精细化管理重点工作督查表》，明确重点工作目标、要求和时间进度，在推行过程中实行月度督查，季度总结。

（2）财务管理规范有序。不断深化大预算考核体系，加大效益指标考核权重；每周开展经营预警，及时反馈公司经营中存在的问题；加强加油站资金软硬件管理，提高上门收款率，充分利用资金平台监控作用，实现资金运行全过程安全受控；组织开展培训、考核、考试等活动，提高财务人员业务水平。2013年集团公司财会职业技能竞赛中，公司获得销售板块第三名。

（3）人力资源管理全面优化。严格控制用工总量，在全年新投运40座站的基础上，用工总量却由应增加的574人减至167人，效率提升31%；公司职业技能站顺利通过国家人力资源和社会保障部质量管理体系认证，2013年共组织技能鉴定276人，178人鉴定合格，合格率为64.5%；对部分分公司组织机构进行调整，新余（萍乡）分公司拆分为新余分公司、萍乡分公司，上饶（景德镇）分公司拆分为上饶分公司、景德镇分公司；加强机关人员队伍作风建设，开展“一对一”结对帮扶活动。

（4）内控工作取得成效。编制公司风险管理报告，评估、确定价格波动、投资开发等8项重大风险，并明确风险预警和防控措施；组织5个测试小组开展覆盖全公司范围的内控测试工作；完善内控体系，2013年共新增、修改、删除业务流程73个，完成公司2014版内控手册修订。

（5）物资采购规范高效。2013年，公司深化集中采购机制、规范采购行为，贯彻落实集团公司两级集中采购政策，完成21个加油站工程建设项目招标，7个货物采购招标。规范招标管理，优化评标办法，控制采购成本；开展物资供应商、工程承包商考核评价；完善物资供应商、工程承包商管理办法。

【社会公益】 组织“情系灾区、同心共建”捐款活动，为芦山地震灾区捐款14万余元；向江西省残疾人康复中心捐赠文具、衣物等物资。

（孙光国）

中国石油天然气股份有限公司西藏销售分公司

【概述】 中国石油天然气股份有限公司西藏销售分公司（以下简称公司）总部设在西藏自治区拉萨市，主要从事西藏地区成品油及石油液化气、润滑油的批发、零售、运输、储存等业务。截至2013年底，公司下辖7个地区公司（拉萨、日喀则、山南、昌都、那曲、阿里、林芝）、1个专业经销公司（液化气经销公司）1个直属油库（七二五油库）和2个驻外机构（成都采调处、格尔木公司）。拥有成品油储存库8座，液化气储存库1座，加油站111座（万吨级加油站5座），员工总数1647人，其中，合同化用工1159人，市场化用工488人，藏族和其他少数民族1097人。

【主要经营指标】 2013年，成品油销售73.2万吨，完成板块预算的121.9%，同比增幅15.6%，市场份额达77%。零售成品油66万吨，同比增幅13.3%，零售比例90.3%，单站日销量10.5吨，同比增幅5.9%。纯枪销量完成板块预算的111.3%，同比增幅13. 2%。实现销售收入604133万元，同比增幅14.5%。发生商流费62606万元，同比降幅8.6%；吨油营销成本807.6元/吨，同比降幅21.9%。实现利润20716万元，同比增加7545万元，增幅57.3%；吨油利润280.9元/吨，同比增加74.6元/吨，增幅36.2%，位居板块前列。EVA（经济增加值）完成值9130万元，同比增幅207.51%。

【资源调运】 2013年，购进成品油73.7万吨，配置计划完成率105%，资源调运能力进一步增强。以增强盈利能力为目标，全区90号汽油实现了整体退市，高标号汽油比重86.3%。逐步建立与零售相互补充的营销体系，召开业务经理和大客户座谈会，初步建立了100人的客户经理队伍，直销24.57万吨。推进“双低站”治理，开展小站承包6座，实施并站管理8座，推行间歇营业45座，5000吨级站达28座，同比增幅 16.7%。坚持油卡非互动，日喀则、拉萨等公司加大实名卡推广力度，全区售卡 15 万张，沉淀资金 5500 万元，卡销比达 22.1%，同比增幅 35.83%。新增 50 万元店 3 座，功德林站非油品收入突破 300 万元，全区非油品收入 1128 万元，贡献利润 245 万元。

【网络建设】 2013 年，完成投资 2 亿元，拉萨铁路接卸油库实现投产试运营，成功开发拉萨白淀 1 号等 7 座加油站，新增投运 6 座加油站和 1 座橇装加油设施，改扩建日喀则汇丰等 6 座加油站，新增销量 2.7 万吨。实施加油站改造维修项目 32 个，完成拉萨当雄、昌都油库的生活区改造，进一步解决了加油站安全隐患、周转房维修及饮水难的问题。成立网络开发领导小组，召开全区网络开发工作会议，完善“十二五”后三年和“十三五”发展规划，加快推进拉萨、山南、林芝、阿里等地区网点布局，进一步增强项目拉动发展的共识和合力。加强项目全过程管控，建立制度，健全流程，推进表单化管理，实现质量、工期的平稳受控。

【精细化管理】 推进公司信息化建设，成立信息化领导小组，召开信息化工作会议，32 座加油站实现非油品单轨运行，6 座油库配送一卡通系统推广上线，5 座加油站安装高清视频监控设备，金马加油站试点实施车辆识别系统，加油站辅助管理软件加快组织开发，油品计量和损耗管理持续深化，电子公文、集中报销等实现移动办公，17 名专职系统管理员全方位开展运维，信息化水平又向前迈进了一大步。首次召开财务工作会议，出台授权管理办法，明确总会计师职责，促进企业管理向纵深推进。强化内控体系执行，归类分析 106 项问题并明确整改责任，审查、签订各类合同 236 份，加大审计和效能监察力度，风险管理水平持续增强。实施退职、兼岗、辅助业务外包及创新加油站管理方式等组合措施，用工总量同比减少 37 人，人均零售量同比提高 16.3%。

【安全维稳工作】 2013 年，层层落实安全环保工作责任，开展安全经验分享 60 场次，上报 120 项安全事件，安全教育培训 192 人次，923 名员工持证上岗，整改各类安全隐患 385 项，组织各类应急演练 85 场次，分级强化安全生产检查、巡查和抽查，安全环保管理能力、风险识别能力和操作技能水平不断增强，有力保障了正常的生产经营。积极参与“反自焚”专项斗争，严格执行西藏自治区 117 号政府令，完善经营管理和安全维稳长效机制工作方案，出台安全维稳事件事故责任追究办法，累计划拨维稳专项经费 181 万元，深入开展“反自焚、保稳定”主题教育，创造性地派驻安全维稳专员，集中全力突破实名 IC 卡的研制和推广，逐步打通两级机关应急信息沟通渠道，积极组织突发事件第一时间的应对处置，强化维稳措施落实的督导检查，加大违规违纪行为的问责力度，有力保证了中心工作的开展，切实为维护西藏社会稳定作出了贡献。

【财务管理】（1）注重销售质量，创效能力进一步增强。在营销上以客户为中心，以市场份额为抓手，创新经营模式，建立客户经理人制度，合理调配资源，积极开拓市场，加大网络开发力度，全年总投资计划 20952 万元，实际完成 19560 万元。2013 年购进成品油 73.71 万吨，同比增加 7.49 万吨，增幅 11.3%；销售成品油 73.18 万吨，同比增加 9.9 万吨，增幅 15.64%；完成纯枪销量 41.19 万吨，同比增加 4.81 万吨，增幅 13.22%；实现销售收入 604133 万元，同比增加 76053 万元，增幅 14.46%；实现商品流通费 62606 万元，同比下降 5884 万元，降幅 8.59%；实现吨油营销成本 807.61 元，同比降低 226.96 元 / 吨，降幅 21.94%；实现税前利润 20716 万元，同比增加 7545 万元，增幅 57.28%。实现账面吨油利润 280.9 元，同比增加 74.62 元 / 吨，增幅 36.17%。发生五项管理费用 2086 万元，比 2012 年同期的 1919 万元增加 167 万元。（2）注重资金管理，管控能力进一步加强。深化银企合作，创造互利共赢平台，实现加油站银行上门收款率达到 97.22%；与西藏自治区农业银行积极协调，重新签订银行上门收款服务协议，2013 年服务费降低到 50 万元。强化资金运作，利用西藏贷款利率较低的政策，为股份公司向当地银行申请 10 亿元贷款，每年为股份公司节约财务费用 1980 万元；规范资金计划上报和使用，实现两级机关资金计划上报及时率达到 100%，计划准确率达 90% 以上；压缩账户层级，在山南公司试点资金通存功能，取消站级专用存款账户，提升资金勾兑的准确率。开通银企直联业务，实现资金支付的室内化，通过以上措施，提升资金使用效率，全年资金安全无事故。（3）注重资产管理，增值能力进一步提升。强化固定资产管理，充分利用实物资产管理系统，将固定资产统一到区公司，统一立项，统一实施，统一采购，统一验收，统一入账，实现资产的全过程管理。2013 年共完成零星购置资金转资 134 万元，完成投资资金转资 5914 万元，完成安全生产费转资 486 万元，其他资金转资 9 万元。根据公司安排部署，深入推进公司土地管理，积极与西藏自治区、集团公司协调，确定所属土地权属性质，在全区开展土地性质变更，由划拨土地变更出让地和作价入股性质，地区公司积极响应，阿里公司、山南公司、林芝公司积极部署，全面推进土地变性工作，其他公司也稳步推进。积极清理低效无效资产，对昌都公司城郊、顺达、日喀则萨嘎等停用站资产进行清理，申请资产报废，对液化气库资产计提资产减值准备，对127万元应收款项计提坏账准备，减轻企业负担，进一步提升资产质量和增值创效能力。(4)注重预算管理，考核机制进一步健全。坚持预算分解，实行月度预算下达与月度预算考核相结合，通过科学预测、合理安排，使月度预算与实际业务联系更加紧凑，保障预算执行的准确性和可控性；财务线劳动竞赛将五项可控费用作为重要评比项目，同时纳入财务基础工作、吨油利润和吨油营销成本等指标，使之更加符合实际、更加科学。按照年度预算和战略计划相结合，年度预算和季度月度预算相结合、业务预算和财务预算相结合的原则，逐步完善预算考核机制，严格控制无预算的资金使用，实现预算全面管控，从体制机制和制度约束方面保障预算的执行力，为全面完成各项经营指标提供支持。(5)注重税收管理，筹划能力进一步提高。通过积极协调沟通，全面享受西部大开发优惠政策，企业所得税实行15%低税率，对增值税、所得税和营业税返还每年争取最大比例，落实了高新区增值税35%、营业税和所得税50%返还政策。针对以往年度增值税留底数额较大实际情况，通过测算并与西藏自治区国税局协调，增值税预缴比例由原来的2%降低为1%，预缴资金预计由8000万元降低为4000万元，减少资金占用成本，同时可增加税费返还基数，增加返还金额，为企业增加效益，通过节约企业所得税支出，争取税费返还和企业激励资金，预计可为公司带来效益2680万元。(6)推进信息化建设，管理能力进一步完善。在信息化领导小组的引领下，把握三个维度，即在时间维度上以缩小管理差距为目标，在空间维度上以实现智能管理为目标，在体制机制维度上以提升赢利能力和风险防控能力为目标，在拉萨公司试点共享中心建设，除人工成本、损耗、自用油业务外，将集中报销业务全部上收区公司，资金统一由区公司支付，凭证自动生成；积极推进信息系统的单轨运行，梳理非油品业务流程，解决历史遗留问题，实现非油品业务单轨运行；积极推进损耗管理，清理以往年度损溢油，实现月度盘点，月度处理，探索加强平均密度，确保数据的真实性。(7)规范招待费管理，执行力进一步强化。2013年，股份公司销售分公司下达业务招待费预算700万元，与2012年保持一致，公司账面反映业务招待费643.72万元，比2012年的680.29万元减少36.57万元，降幅5.38%，比预算进度节约56.28万元，降幅8.04%。通过持续采取预算控制、规范审批程序和明确接待标准限额等措施，有效控制了该项费用的发生。严格执行中央"八项规定"，集团公司"二十条规定"以及公司颁布的"四十五条"相关规定，广大党员领导干部积极带头落实，充分发挥勤俭节约、反对"四风"的优良作风，为业务招待费同比降低提供支撑。公司充分发挥预算职能，加强管控力度，严格预算外费用审批，2013年业务招待费预算外审批同比降低8万元，同时将五项可控费用纳入劳动竞赛，有效保障业务招待费控制在预算范围内。各单位严格按照年初下达预算执行，提升了预算的执行力度，保障业务招待费逐步降低。

【队伍建设】 以提高履职能力为关键，大力强化两级班子建设，完善学习教育、选人用人、述职述廉等制度，2013年举办两期干部思想政治理论培训班和1期党委书记培训班，集中组织二级单位经理、书记到云南学习交流，交任务，压担子，干部队伍的综合素质持续增强。以增强技术管理能力为重点，坚持教育培训和学历升级相结合，强化培训考试考核，累计培训785人次，4人通过中级会计师技术资格考试，13名中层领导干部学历实现了升级。同时，积极开展对口业务交流，四川销售派人进藏50余人次，开展指导交流32批次，有效支持了公司信息化和规范化的进步。以提高操作技能为基础，深入开展全员劳动竞赛，两次组织加油站4个工种和信息操作岗位技能竞赛，公司获得板块劳动竞赛流动红旗6面，功德林加油站、阿里狮泉河油库、拉萨林周县加油站、日喀则东郊加油站分别获"全国五一巾帼示范岗"和"全国安康杯竞赛优胜班组"称号。

【强基惠民活动】 认真履行社会责任，主动向区党委、政府汇报工作，代表集团公司向双湖撤区建县捐赠100万元，全力应对局部地区暴风雪、昌都左贡地震、林芝通麦大桥垮塌等突发情况下的市场保供，及时完成那曲比如县羊秀乡橇装加油设施安装，超前谋划阿里、墨脱等边远地区建站，分批实施加油站藏文包装，连续3年派出16个工作队扎实开展强基惠民活动。公司捐助资金600万元，为西藏自治区2万多名驻村干部购买人身和医疗保险；利用驻村工作队优势，将定点扶贫工作和强基惠民活动有机结合，对所属扶贫点投入扶贫资金109万元，新建4座人畜简易桥和13座安居房，向保吉乡政府捐赠一辆工作用车和10台办公电脑，充分体现了对当地经济的支持和农牧民群众的关心；公司及所属单位为15个驻村点村委会、村民捐赠各类物资、工作经费35万元，办公桌椅100余件，两年来投入各类资金共计800余万元，实实在在为农牧民群众办好事实事。公司结合中国石油“千万图书送基层、百万员工品书香”活动，为驻村捐赠图书3000余册，书架20个，建立15个农家书屋，极大地丰富了农牧民的文化生活；组织各村村干部、有知识的青年和致富带头人，开展参观考察活动，学习蔬菜大棚种植技术，解放思想、开阔视野。公司领导先后5次慰问驻村工作队，进乡村访农家，听民意问民生、办实事送关怀，累计为54名驻村工作队员送去慰问金、慰问物资、发放生活补贴、配备工作和生活设备、修缮房屋、新建发电房等共计投入550万元，改善工作队的生活和工作条件，解除驻村队员的后顾之忧，使他们能够扑下身、扎下根，安心工作。2013年公司被授予“自治区创先争优强基惠民活动优秀组织单位”称号。

（杨藏英）

中国石油天然气股份有限公司海南销售分公司

【概述】 中国石油天然气股份有限公司海南销售分公司（以下简称公司）主要承担中国石油在海南行政区域内的成品油销售及市场开发业务。公司现设12个职能处室、1个附属机构，辖属海口、三亚、琼海、儋州4个分公司及1家参股公司，拥有员工988人，运营加油站91座，自营及租赁油库各1座，总库容6万立方米。至2013年底，资产总额10.1亿元。

【市场营销】 坚持“效益优先”原则，积极应对油价频繁波动、岛内销售滞涨、批发价格倒挂等影响，调整工作重心，淡化总量，突出效益，强化终端销售，减少无效批发，优化资源运作，扩大外采比例，提高创效能力。积极发挥营销决策和价格领导小组作用，加强信息监测和市场预判，统筹调运、零售、批发一体化运作，优化销售结构和资源配置。发挥客户经理队伍作用，完善客户星级管理办法和优惠政策，开发优质客户，巩固市场份额。2013年，油品总销量50.9万吨，其中零售34.5万吨、增幅4.5%，纯枪销量31.1万吨、增幅12.6%，纯枪汽油销量14.1万吨、增幅23.6%，燃料油1.7万吨；销售收入38.4亿元，利润102.8万元，上缴税费2.3亿元。

【资源调运】 按照“西北为主、东北为辅、岛内串换、外采补充”思路及“低库存运行”原则，把握市场、需求、价格和季节变化，超前制订计划，平衡资源配置，加强运力组织，合理控制节奏，确保资源足量供给。扩大外采比例，扩展采购渠道，提高议价能力，降低采购成本，提升毛利空间。优化一、二次物流，加强承运商监管，严格控制损耗，提高运行效率。全年调运油品50.3万吨（外采油品8.5万吨），顺利完成国Ⅳ汽油、柴油置换工作，油库周转量36.5万吨，周转率9.5次，下海油综合差量率2.21‰，公路运输综合损耗率1.99‰，油库盘盈同比增101%，公路运费同比降3.4%。

【加油站管理】 突出零售业务效益核心地位，瞄准全年目标，细化分解任务，逐站对标分析，推行“八个提量”措施，促进纯枪销量特别是纯枪汽油销量增长。持续推进达标创星及升级改造，定期开展强基检查、专项整治及“微笑服务、创先争优”等劳动竞赛，加强神秘顾客和95504投诉电话监督，提升现场管理和服务水平。扎实开展测时写实、全流程诊断和“双低站”治理工作，提高运行效率，挖掘销售潜力，降低用工成本，单站平均日销量增加0.32吨。2013年，终端销售占比80.71%、同比提高13.16个百分点，纯枪销售占比63.13%、同比提高13.59个百分点，销售质量进一步改善。

【非油品业务】 以中央仓为枢纽，完善信息平台及配送体系，实现低库存运转，货品满足率及配送及时率达到90%以上。加强消费研究，把握市场终端需求，优化品类管理，指导店内订货陈列，提升核心商品品效。组织节假日等重点常态化促销，扩大整体收益。推进优质精品店建设，加快店面升级改造，挖掘销售潜力。公司累计打造双百万元站3座、百万元站8座、50万元站5座；2013年非油品收入2936万元、增幅25%，利润287万元、增幅21%，利润率9.8%，毛利率20.5%，吨油非油品收入同比增幅9%，人均非油品收入同比增幅15%。

【网络建设】 调整发展思路，注重投资质量与回报，重新论证调整“十二五”规划，终止高投入、低回报项目前期开发，砍掉低效、无效项目和一般性维修，暂缓推倒重建计划，集中资金和力量投运在建项目，严把项目设计、招投标、质量安全关。全年新开发油站6座，建成8座，投运3座，恢复运营3座，达标升级改造油站9座，东方化验中心建成投用，累计完成投资1.36亿元，投资计划完成率95%。

【安全环保】 推进体系建设，加强技能培训，逐级签订安全生产责任书，增强全员安全生产意识，落实有感领导、直线责任和属地管理责任。以接卸油、清罐、恶劣天气为重点，加强全员全过程监管，狠反“三违”行为，常态化查改隐患，定期开展应急演练，确保生产经营稳定受控。加强数量、质量管理，完善化验中心技术手段，定期开展计量器具检验和计量盘点，重点把好外采油品数量、质量关。全年历经十多次台风考验，实现安全生产、火灾爆炸、交通安全、环境污染、油品质量及油品计量责任事故“六个零”目标，获得“海南省安全生产责任考核先进单位”称号。

【精细管理】 扎实开展管理提升活动，推进内控体系建设，完善市场营销体制，理顺投资工程体制，健全绩效考核体系，加强对标分析工作，基础管理不断夯实。推行全面预算和费用定额管理，建立一级核算、两级稽核、三级对标体系、费用定额管理及资金跟踪模式，实行上门收款、集中报销，财务风险防控能力不断增强。深化测时写实活动，实施“削高峰”和优化交接班，推行场地画线、机动排班、错峰配送，配置卡机连接加油机、大流量柴油机，日均销量、交接班用时、锁枪时间等指标进一步优化。

（徐　玮）

中国石油天然气股份有限公司
大连海运分公司

【概述】 中国石油天然气股份有限公司大连海运分公司（以下简称公司）成立于1999年5月，是中国石油所属从事海上运输业务的专业化公司，主要负责中国石油成品油资源的水上运输组织工作。多年来，公司坚持走集约化管理、专业化经营之路，优化运输组织，深化安全环保，细化经营管理，强化队伍建设，保障能力持续提升，运输网络逐步拓展，管理水平不断提高，综合实力显著增强，逐步由单一代理型公司，发展成为集租船运输服务和自有船舶管理功能为一体的现代航运物流企业。

截至2013年底，公司本部设置8个职能部门，下辖3个办事处，管理全资子公司2个、参股合资公司1个，员工总量433人（含劳务用工331人），资产总额11.51亿元；自有（含光租）成品油轮15艘、24万载重吨，准入沿海及内河租船运力超过382艘、172万载重吨，运输配送网络覆盖下游16个省（区、市），航线遍布我国沿海、长江干支流等区域。通过优质、安全、快捷、高效的船舶运输服务，成功架起连接中国石油资源与市场的水上桥梁，保炼厂后路畅通、保市场资源供应、降水上运输成本“两保一降”作用有效发挥，为销售业务持续快速健康发展提供了强有力的水上物流保障。

【经营指标】 2013年，公司完成成品油运量2456万吨，同比增加194万吨；完成运输周转量200亿吨海里，同比增长8.16%；实现运输收入27.21亿元，同比增长1.65%；实现利润总额1.04亿元，超预算2600万元；实现股权投资收益606万元，超预算6万元；未发生较大及以上生产安全和环境污染责任事故。

【运行组织】 加强生产运行组织，运输优化取得新进展。克服下海资源紧缺，恶劣天气频发等不利因素，优化航线，细化调度，强化运行监控和作业衔接，水上运输实现了科学组织、整体优化、平稳运转，优先保证自有船舶运行效率，适度减少外贸大船使用数量，用好用活中小航租运力，稳步提高直达和定点运输比例，进一步加大与上下游单位的沟通协调力度，有效发挥办事处和代理公司现场疏港职能，下海油运输实现了科学组织、整体优化、平稳运转，全年运输计划兑现率103.14%，超计划3.14个百分点，年度运量水平再创历史新高。克服内河航道复杂、协调组织工作量大等诸多困难，全面承担并圆满完成了内河运输任务，全年内河运输完成2191个航次、运量321万吨。开展运输成本专题预测分析，适时调整航次租船价格，节省运输成本1900余万元，成本水平稳中有降。公司运输服务范围实现了由传统沿海向内河流域的全面拓展，掀开了中国石油内河运输集中、统一、规范、高效管理的新篇章，与销售业务相配套的水上物流网络持续完善。

【船舶管理】 自有船舶管理持续加强，运营管理水平得到新提升。完善自有船舶运行保障机制，深化落实《船舶等级管理考核办法》，提高考核标准，加大访船检查、随机抽查力度，建立船舶非生产性停泊逐级汇报和决策机制，持续改进单船单航次分析方法，深化推进船舶消耗定额管理，有效落实燃油管理精细化举措，切实规范船用物资采购和日常管理，严格控制船舶营运成本，自有船舶管理专业化水平持续提升。加强船舶安全管理，推进事故隐患排查治理，船舶本质安全水平进一步提升。强化船舶设备管理，推进2.8万吨船舶备件国产化，为部分船舶加装分油机、污水处理装置，基础设备管理得到了有效加强。稳步推进外贸运输业务拓展工作，台州公司外贸运输资质办理取得实质性进展。

【安全环保】 “三条红线”防控常抓不懈，安全环保工作迈上新台阶。深化质量安全体系建设，QHSE体系、SMS体系持续有效运行，体系监督指导作用有效发挥；保持自有船舶安全平稳运行；抓好租用船舶资质审核和勘验管理；辨识内河运输安全风险，组织内河船舶安全培训，规范内河运输安全监管；按计划开展应急演练，组织“安全生产月”、“打非治违”、“安全经验分享”等专项活动，安全基础工作有效夯实。启动、推进安全生产标准化建设，顺利取得交通运输部一级达标企业证书，成为继中远、中海等国内知名航运企业后第五家取得这一资质的企业；开展安全生产大检查活动，顺利通过来自国务院国资委、国家安监总局、集团公司等8次安全检查和体系审核，安全管控能力持续增强。配合销售板块开展船舶损耗跟踪计量，推进诚信船舶计量交接，2013年下海成品油综合损耗2.42‰，比预算降低0.08‰，同比下降0.26‰，为中国石油创效5500万元，损耗率创历史最好水平。

【企业管理】 夯实管理基础，进一步推进管理提升和精细化管理工作，39项专项提升和40项精细化重点工作按时限要求高效完成。顺利通过历时3个月的国家审计署全面经济责任审计，进一步增强了风险防控意识，促进了规范化管理水平的有效提升。规章制度建设、预算和对标管理、供应商和物资采购管理等专项工作取得重要进展，规范化、精细化管理理念持续深化。档案管理实现质的历史性跨越，成为集团公司唯一一家由评价E级直接跃升A级的单位。加大信息化建设力度，编制信息化需求分析报告，海运信息一体化建设项目稳步推进。研发自动排船软件，实现运输计划编排自动化控制，确保了船舶使用过程公开、公正、透明，信息化建设取得新进展。健全法律风险防控机制，规范业务流程设计，建立重大风险评估报告制度，内控体系扎实有效运行。全面深化预算管理，强化经营活动分析，发挥资金平台功能，加强成本费用控制，研究财税价格政策，营造良好经营环境，为顺利完成全年业绩指标奠定了坚实基础。

【队伍建设】 深化人事制度改革，健全干部选拔任用和监督机制完善选人用人机制，人才队伍建设稳步推进。严格按照公开、公正、竞争和择优的原则，科学制订方案，经过竞聘演讲、民主推荐、组织考察、任前公示、报备审核、党政班子联席会议研究等一系列程序，选拔任用中层正职1名。完善岗位动态管理、考核培训机制、船员管理等制度规定18项。推进人事管理标准化，编制岗位工作、规章制度流程图，推行更加突出效益、质量、成本的考核新模式。规范船员管理，搭建船员考试系统，严把船员职务晋升，船员归属感和进取意识进一步增强。积极与上级相关部门沟通，争取集团公司政策支持，薪酬水平逐步与航运企业接轨，员工收入实现了稳定、规范增长，薪酬激励作用更加明显，队伍士气进一步提升。完善员工关爱体系建设，搭建员工成长进步平台，开展扶贫帮困送温暖活动，和谐团队建设取得可喜成果。

（冯　雁）

中国石油天然气股份有限公司北京油气调控中心

【概述】 中国石油天然气股份有限公司北京油气调控中心（以下简称调控中心）是股份公司直属单位，主要职能是对中国石油所属的长输油气管道实施远程监控、操作运行、调度管理和抢维修协调，负责管网油气资源优化配置、工艺技术支持和节能降耗管理，归口管网自动化与通信业务专业化管理、系统资源规划建设、整合利用，并承担中国石油管道调度执业资格认证管理等业务。

调控中心现有职工 230 人，其中调度人员 154 人。截至 2013 年底，在调控中心集中调控运行的长输油气管道共计 60 条，管道总里程 4.9 万千米。天然气管网超过 3 万千米，年输气能力 1200 多亿立方米；原油管网超过 1 万千米，年输油能力约 1.3 亿吨；成品油管网约 7700 多千米，年输油能力近 4200 万吨。

【生产运营指标】 2013 年主要生产运营指标见表 1。

表 1　调控中心 2013 年主要生产运营指标

序号	项　目	年度计划指标	实际完成值	完成率（%）
1	原油管网输油量	8047 万吨	8165 万吨	101.47
2	天然气管网输气量	729 亿立方米	753.4 亿立方米	103.34
3	成品油管网输油量	1550 万吨	1593 万吨	102.77
4	节能	3 万吨标准煤	4.5 万吨标准煤	150.00
5	安全生产	零事故	全年无事故	100.00

【主要工作成效】 2013 年，调控中心发挥管网集中调控优势，深挖管网运行潜力，配合相关单位加强需求侧管控，实现了资源优化配置，保证天然气平稳供应。全年累计输送天然气 753.4 亿立方米，超额 3.3% 完成年度任务。积极推动液体管道现场适应性改造，提高输转能力，协调增输上量，化解市场波动大、区域资源不均衡、炼厂检修周期长、四川石化公司投产推迟等诸多困难，实现安全运行。全年管输原油 8165 万吨，成品油管输量 1593 万吨，超额完成年度计划。精心组织新建管道投产，及时协调处置出现的各类问题，保证西气东输二线“一干八支”圆满收官、兰郑长管道跨越长江全线贯通、“缅气北上”跨国能源通道成功联通，以及中贵线、兰成线等 20 余条、6000 多千米管道的顺利投产。

【科技创新】 数据采集与监视控制系统（SCADA 系统）国产化研发项目如期完成系统编码任务，研发工作取得突破性进展。开展天然气管网优化运行关键技术研究工作，统筹考虑资源、市场和管网特点，完善优化指标体系，制定实施西部管廊、长三角地区天然气管道输送优化方案，见到初步成效。开展小品种成品油输送技术研究，97 号汽油、-10 号柴油和 -35 号柴油成功进入管网输转，提升了管输效率，实现了增输增效。天然气管网控制逻辑及风险研究、原油管道通信中断保护研究等应用型课题按期完成，有效解决了一批生产实际问题。

【工程建设】 完成 SCADA 系统网络安全整改二期项目，实现网络安全管理由防到控的本质提升。持续完善 SCADA 系统功能，液体管道水击保护系统全面投用。完成 45 座天然气管道站场远控改造，远控压气站数量超过 30%。组织实施西气东输二线与中亚管道通信系统互联工程，首次实现光通信系统的跨国连接。光传输网络（OTN）波分系统加载集团公司信息数据业务范围扩增至6个区域，重庆、武汉、上海3个区域数据中心成功接入，进一步提高了光通信资源利用效率。推动管道工程遗留问题整改，实施柳园至敦煌、永清至廊坊、漠河至加格达奇等通信光缆建设，有效解决了影响系统安全运行的突出问题。

【节能降耗】 2013年，出台计量系统设计规范、管道能耗预测等方面的一批标准规范。推动现场计量器具更新完善，协调处理计量纠纷，实施转供量精细管理。在全年天然气、原油、成品油管道输量同比增加16.3%、3.5%、9.5%的情况下，损耗量同比下降3073万立方米、2.3万吨、0.3万吨。制定发布能耗基准值，完善能源管理平台，加大分析核查力度，有效遏制了实物耗能量快速增长势头，油气管网全年实现节能4.5万吨，超额完成目标任务。

【安全生产】 全面开展安全管控提升活动，动态开展风险识别，对查摆出的风险隐患逐项制定了防控措施，提高了风险管控能力。完善应急管理，制定落实"一河一案"、"一站一案"，加大实战演练与桌面推演，强化应急响应联动，开展全员安全教育与经验分享，提高险情化解和应急处置能力。

【企业管理】 修订完善调度业务程序文件，突出抓好非常规作业、异常操作和变更管理，关键环节实现有效管控。完善调度主控室、机房等重点要害部位管理，有效落实了属地管理责任。持续完善标准体系，全年制修订29项标准，其中有3项上升为集团公司标准。全年投资完成率96%，经费预算控制在95%以内。

（管志伟）

中国石油天然气股份有限公司
管道建设项目经理部

【概述】 中国石油天然气股份有限公司管道建设项目经理部（以下简称项目经理部）于2007年2月15日由股份公司批准成立，总部设在北京市。按照中国石油"建管分离"和统一组织领导、统一工作方法、统一工作标准、统一工作程序的要求，项目经理部代表中国石油对新建长输管道项目实施专业化集中统一运作与组织管理。

项目经理部采取多元化用人结构和职级分开使用干部的管理机制。目前拥有各类人员335名，其中合同化员工95名、借聘员工167名、市场化员工73名。共有教授级高级工程师7名，高级工程师91名，工程师132名；本科及以上学历202人，其中博士生4人，硕士研究生39人，本科学历159人。项目经理部仅用不到过去一个重大管道项目一半的人员，承担包括西气东输二线和西气东输三线、中缅油气管道和中俄原油管道国内段在内的大小45个建设项目，充分体现"少人、高效、专业化"的管理优势。

【重点项目建设】 项目经理部承担着中国四大能源战略通道中的3个通道和国家骨干管网的建设任务。截至2013年底，共完成管道建设总里程29600多千米，覆盖全国29个省（区、市），四大能源通道均已打通，基本建成连通海外、覆盖全国、横跨东西、纵贯南北的油气骨干管网布局，中国油气管道总里程达到10.6万千米，近10亿人口从中受益。

2013年，项目经理部统筹建设20个项目，累计完成管道焊接里程4333千米；组织建设76座站场、65条隧道和239座阀室。中缅天然气、西气东输三线西段等11个项目、25条管道实现投产或具备投产条件，西气东输二线东段高陵等6座压气站建成投产，投产项目数量和规模创历史水平。

中缅天然气管道干线如期建成。中缅天然气管道作为我国西南能源战略通道，对保障国家能源安全、推进地区经济发展具有重要意义。为破解云贵高原的世界级难题，超前布局，及早谋划，通过实施设计统一管理、超前征地外协、施工一次通过、隧道群"PMC+EPC"模式等管理举措，打通64座隧道、跨越8条大型河流，高标准完成怒江、澜沧江跨越，10月20日中缅天然气管道干线全线投产。至此，我国四大能源战略通道中的最后一条通道打通。中缅天然气管道首次实现在地震9度区、活动地震断裂带采用X70级大变形钢管穿越；首次在管道建设中创建“水土保持生态文明工程”。工程建设全过程零事故、零污染、零伤亡、零地灾伤害，实现工程建设与环境保护、生态文明多赢。

西气东输三线西段、中贵线等一批重点项目成功投产。西气东输三线是继西气东输二线之后又一条具有战略意义的能源新丝路，7月25日西气东输三线霍尔果斯—乌鲁木齐段投产，乌鲁木齐及整个北疆地区天然气供需矛盾得到缓解，12月12日乌鲁木齐—连木沁段天然气置换完成，西气东输三线与西气东输二线轮南支干线顺利连通。中贵线是联络中缅天然气和西气东输两大管网系统以及新疆、长庆和四川三大气区的重要通道，10月25日中贵线铜梁—贵阳段建成投产，对构建调度灵活的全国油气管网格局发挥重要的支撑作用。兰成原油管道作为连通西北和西南地区的第一条原油管道，穿越蜀道天险，克服大落差、暴雨洪涝灾害等不利影响，11月27日油头顺利抵达彭州末站，对完善西北能源走廊、优化西南地区产业布局和畅通原油后路具有重要意义。作为我国建设里程最长、口径最大的成品油管道，历经7年建设，随着11月1日阳逻—长沙干支线试运成功，兰郑长成品油管道全线收官，为构建“北油南调”、“西油东送”经济合理、调运灵活的成品油管网提供重要保障。独乌原油管道建成投产，我国西北原油进口通道实现扩容，对构建和完善西北能源走廊、保障国家能源安全具有重要意义，将为我国西北地区的经济发展提供更加有力的能源保障。山东管网淄博支线建成投产，将为淄博城市的绿色发展提供清洁能源保障。

西气东输三线东段、锦郑成品油管道等工程建设有序推进。西气东输三线东段2013年5月打火开焊，年内完成焊接399千米，49座隧道贯通；锦郑线加大外协力度，完成线路施工870千米；陕京四线、西气东输三线中段等项目初步设计有序开展，陕京四线外协工作全面启动，各项准备工作稳步推进。

【企业管理】 项目经理部认真总结过去几年来的经验教训，着力在夯基础、强体系、补欠账、抓管理上下工夫，扎实推进管理提升活动，各项工作不断向规范化、制度化、程序化迈进。

管理提升活动扎实开展。坚持“全员参与、业务主导、上下联动、全面提升”的总体思路，以补齐短板、突破瓶颈为重点，扎实推进管理提升活动。按照“总体规划、分步实施”原则，对7年来积累的大量基础数据进行归纳梳理，有序推进以综合计划平台为主线的信息化建设，陆续建立标准及文档库，西气东输三线中段、陕京四线等新建项目和西气东输二线等已建项目的地理信息平台上线运行。包含330多万条信息的投资造价数据库基本架构已搭建，涵盖255万道焊口、1000万吨干线管材信息的质量安全数据库已基本建成，保证工程管理数据的完整性、系统性，有助于提高管理效率和工作质量。新建项目地理信息推送平台已在初设招标工作中发挥成效，非现场踏勘前期数据采集的准确性大幅提高，为项目全生命周期合规性和本质安全提供可靠保障。

管理体系有序规范运转。按照统一、规范、简明、可操作的原则，针对以往体系文件存在的交叉、重复、缺失问题，编制完成包括2个手册、18个程序和85个支持文件的新版管理体系。通过组织现场内审和配合集团公司级审核，对70多个管理亮点进行总结梳理，对154项典型问题进行整改验证。采用区域培训、考核等方式强化体系宣贯，每季度开展体系运行评价，管理行为进一步规范，逐步养成“内部管理靠体系、外部管理靠合同”的良好习惯，推动各项管理工作协同高效。

项目收尾工作取得新进展。按照“投产零整改、合同零滞后、同步交工、同步结算”目标要求，狠抓竣工资料、工程结算和遗留问题整改工作。2013年完成57项专项验收，河西五市等7个项目通过档案专项验收；投入运行管道中线成果全部移交运行单位；西气东输三线西段、中缅天然气管道等新投产项目基本实现竣工资料同步移交目标；完成14个项目结算；组织漠大线等14个项目结算审计工作，审减资金624.07万元；完成16个项目预决算和8个项目决算审计。超前启动预转资、实物清点等工作，做到项目投产移交与转资同步。加大事后合同治理力度，合同滞后率控制在5%以内，同比降低14个百分点。加大遗留问题整改力度，全年完成问题整改1336项，整改完成率93.2%。

【项目群管理】 2013年，项目经理部积极创新管理理念、管理方法和管理手段，充分发挥专业化、集约化的管理优势，依法合规建设，项目群管控能力显著加强。

1. 科技创新引领管道建设发展新趋势

以“第三代大输量天然气管道工程关键技术研究”为龙头，有序开展管道建设科技创新工作。组织完成X90钢管首轮小批试制，同步开展焊接工艺评定研究，重新制定X90/100的技术研发路线，X90/100配套弯管和管件的材料热处理工艺已进入工业化试制；攻克大口径高钢级三通壁厚设计难题，成功应用于西气东输三线建设；完成输气管道提高强度设计系数工业化应用，形成一套成熟可靠的0.8系数技术成果并在西气东输三线西段一类地区成功应用，同比节约钢材1.26万吨，减少投资1亿元。开展中缅油气管道地质灾害防治及试压排水机理研究等课题，发挥科技创新驱动发展引领作用。"高钢级、大口径、高压力超长输气管道工程关键技术与应用"获集团公司科技进步特等奖。8月16日，西气东输二线高陵压气站4套20兆瓦电驱压缩机组投入商业运行，机组主要技术指标全部达到国际先进水平（此前全世界只有美国、英国、德国的大型企业能够设计制造和总成），我国天然气长输管道三大关键设备由此全部实现国产化，从此打破此类产品长期依赖进口的被动局面，带动我国民族工业和相关产业发展，仅西气东输二线、西气东输三线就可节约投资4.2亿元。X70大变形钢管全面实现国产化，填补国内空白，技术工艺达到国际先进水平。中缅油气管道共使用X70大变形钢管6万多吨，产生直接经济效益超过3000万元，管道本质安全得到有效保障，具有重大社会及经济效益。

2. 投资和成本控制更加科学严谨

坚持投资集中决策机制，实施月度投资管控跟踪，探索概算工程量清单模式，狠抓初步设计以外的变更，全年审定变更44.58亿元，审减率29%。对兰成、陕三等预超概算项目进行投资分析，为解决项目超概算问题做好准备。利用ERP信息化系统强化投资与预结算联动，执行过程超投资问题得到及时解决。强化工程保险管理，理赔及时率有所提高。深化预算管理，健全完善预算考核和评价机制，严格办公经费、服务外包、会议等费用标准化管理，强化预算刚性约束作用，管理成本同比下降8.21%。

3. 项目集约化管理持续推进

继续加强物资集中采购管理，严格物资监造流程，强化中转站验收，加强乙供物资过程管理，保证物资及时到场。优化剩余物资调剂手段，全年共消化利用剩余物资1.97亿万元。坚持依法合规，严格按程序开展外协工作。超前启动用地准备，西气东输三线西段、中缅天然气管道等重点项目建设用地得到有效保障；严格审查各类征地外协费用及补偿标准，进行深入对比分析，411份征地外协费用审减2.735亿元，审减率7.1%；持续推进用地报批及证件办理，取得用地批复土地5445亩，"三证"（建设规划许可证、土地使用证、建设工程规划许可证）办理1020个，完成工作量超过前五年总和。

4. 以招标管理专项提升带动管理水平整体提高

有序推进招标文件标准化和招标过程规范化，以陕京四线等新建项目初设咨询商招标为契机，细化管控目标和职责界面，强化设计成果的科学性、一致性和责任的可追溯，力求技术方案和整体投资方案最优，对潜在的投标人形成倒逼态势。充分利用地理信息平台系统，招标过程呈现提前介入、信息集成、方案主导、工作加深等特点。认真汲取初设咨询商合理化建议，深化对设计进度、技术方案的审查和校核，保证初设质量。重新编修EPC招标文件，突出过程管理，量化、细化重要管理要素，强化EPC承包商整体责任意识。首次组织航空测量公开招标，提前锁定飞机、激光雷达相机等设备，缩短航测周期，节约投资成本。

5. 压缩机、三穿（管道穿越河流、公路、铁路）等专业化管控瓶颈取得突破

积极推进压缩机标准化管理，在西气东输三线西段等新建压气站实行技术设计和主要安装方式的统一；与运行单位、机组厂家进行技术交流，编制完成压缩机厂房、过滤分离器优化设计等7项设计导则。有序推进三穿和隧道工程专项提升，对305条定向钻、255座隧道、6条盾构、28条大型河流顶管和13次大型跨越的建设管理经验教训进行系统总结和专项研究，陆续形成一系列管道建设工法。

【安全环保】 2013年，项目经理部坚持以"质量零缺陷、员工零伤害、环境零污染、投产零整改"为目标，认真汲取内外部事故教训，推行质量安全"零容忍"，深入开展无损检测和监理大整顿，加大隐患排查和治理力度，全年焊接质量一次合格率97.88%，防腐补口一次合格率99.71%，累计安全生产98.8个百万工时，未发生HSE重大事故，质量安全环保形势稳定向好。

安全大检查和专项整治增强风险防控能力。深入开展安全生产大检查和专项整治，推进飞行检查常态化，加大过程监督检查，对发现的117项问题进行整改闭合。对中贵、兰成等6个项目开展管道埋深和漏点检测专项抽检，发现处理481个防腐层破损点和271处管道浅埋问题，埋深不够、防腐层损伤等问题得到有效控制。强化事故事件管理，针对中贵线大落差试压排水爆管事故查问题、找原因、补措施，深刻

汲取事故教训。

无损检测和监理大整顿有效提高质量管理水平。针对焊缝开裂泄漏事故事件不断发生的现象，项目经理部及时组织开展无损检测大整顿活动，抽检3.3万道焊口，发现问题389项（次），受检项目、受检单位和受检范围实现全覆盖。加大问题整改闭合与“回头看”相结合，发现不执行焊接工艺、焊材错用等问题割口277道，对涉及的29个单位、25个责任人员进行通报、罚款并计入不良记录，形成质量管理高压态势。在无损检测大整顿活动收到成效的同时，下半年启动监理大整顿活动，通过理顺管理理念，监理、承包商对标准规范的重视程度得到提高；通过完善绩效考核，EPC及承包商的质量管理意识增强，现场管理者和作业者行为进一步规范。

以创建生态文明工程促进环水保水平持续提升。细化环水保监理职责，有效发挥专项监理作用。组织对西气东输三线东段、中缅等6个项目进行环水保专项检查，发现问题339项，现场问题得到有效整改。通过压缩作业带宽度，合理安排工序减少作业带裸露时间，中缅油气管道减少占地950公顷，减少土地扰动面积1735公顷。12月底，中缅油气管道水土保持生态文明工程建成，为中国成功探索出一套绿色管道建设理论、经验并在西气东输三线、锦郑项目推广，全面推行“一次性通过”，环水保措施得到很好落实。西气东输二线西段果子沟和赛里木湖段生态文明工程通过竣工验收；中缅油气管道、兰郑长成品油管道、独乌原油管道和日东原油管道水保设施通过国家和地方政府验收；中俄原油管道漠大线大兴安岭段生态修复工作全部完成，漠大线水土保持、职业病防护、安全设施通过国家验收。

（蒋万全）

中国石油天然气股份有限公司管道分公司（管道销售分公司）

【概况】 中国石油天然气股份有限公司管道分公司（以下简称公司）是中国石油驻河北省的下属公司。公司总部位于河北省廊坊市，管辖业务单位分布在全国14省（区、市）。公司党委隶属中共河北省委，受河北省委和中国石油天然气集团公司党组双重领导。公司设立于1999年，携带中国石油在海内外上市的管道核心业务（管道运营、管道运营业务服务、油气销售）从中国石油天然气管道局分离分立，与中国石油天然气管道局是同根同源的管道行业链条上的、不同具体专业的中国石油驻冀企业分支。公司所管辖的单位和管道储运设施和业务，始建于1970年的石油工业部大庆至铁岭原油运输管道，是中国油气管道运输行业创业里程起点，距今有44年历史。公司主营业务涉及原油、天然气、成品油管道运输，管道运输的原油和天然气销售，高压力、长距离、大口径油气管道运营核心业务服务，科研服务等。下辖输油输气、管道项目建设管理、管道科技研究中心、大功率压缩机组维修和检修、油气储运技术服务、矿区后勤服务等30多个处级生产经营单位，截至2013年底，用工总量12949人。

公司被集团公司授予“2013年度安全生产先进企业”，荣获中华全国总工会“全国模范职工之家”称号，所属林源输油站获中华全国总工会“全国工人先锋号”称号，所属漠河输油站获集团公司基层建设“百个标杆单位”称号。

【输油气业务】 2013年，公司管理运营在役油气管道13507千米。其中，原油管道6791千米，主要包括东北和华北地区的漠河—大庆、大庆—铁岭—大连、铁岭—抚顺、丹东—朝鲜、大连新港—大连石化、铁岭—秦皇岛—北京、任丘—北京、定边—呼和浩特、日照—东明，以及西北地区的马岭—惠安堡—中宁—银川管道、石空—兰州管道等；成品油管道3414千米，主要包括华北地区的大港—济南—枣庄管道，以及宝鸡—郑州—长沙管道；天然气管道3177千米，主要包括山东地区的濮阳—沧州、沧州—淄博、泰安—青岛、安平—枣庄管道以及东北地区的大连—沈阳、秦皇岛—沈阳、长岭—长春—吉化管道。公司年输送原油能力8850万吨，年输送成品油能力1785万吨，年输送天然气能力412亿立方米，拥有林源、铁岭等多处大型储油库区，储油能力540万立方米。

2013年，公司加强天然气市场开发工作，大力发展高端用户，不断优化市场结构。公司编制完成2014—2020年销售滚动规划方案。加强上游、下游之间的协作，在资源偏紧的形势下，完成辖区用户20年大合同签约量的修订工作，有效规避资源不足可能产生的法律风险。推进泰安—青岛—威海管道的青岛至威海管线、大连支线、抚顺石化支线的建设，促进平泰线、昌邑支线、淄博支线顺利投产。加大中国石化、中国海油外部天然气代输和串换力度，提高天然气保障能力和管输收益。

【工程建设】 2013年，共投产运行管道1300千米。漠大线安全适应性改造工程建成投产；完成小松岚站改造，消除小松岚至大连石化老管道的事故隐患；日照—东明原油管道工程、兰郑长成品油管道62号阀室—长沙段干线以及岳阳支线、长沙支线、湘潭支线、咸宁油库和山东天然气管网管道工程范镇分输站、淄博支线试运投产。营盘联络管道、兰郑长驻马店支线、日东线安全适应性改造、压缩机组维检修中心一期、成乐线彭州支线等6项工程机械完工具备投产条件。

【安全环保】 以风险控制为核心，大力实施管道完整性管理。完成了管道检测3300多千米，对1万多千米管道的高后果区进行了更新和风险评价。对管线环焊缝、螺旋焊缝、凹坑缺陷以及腐蚀缺陷进行修复，有效化解管体缺陷带来的险情。以查找生产现场风险隐患为重点，推进安全生产检查与体系内审有机结合，实行全覆盖审核，推动QHSE体系规范运行。

【科研项目成果】 公司4项科技成果获集团公司科技进步奖和技术发明奖，申请专利63项。深化国际交流合作，成功举办2013年国际管道会议，启动7个专项对接研究。积极参与国际标准制修订，承担美国国家腐蚀工程师协会（NACE）《管道外防腐层耐划伤测试方法》标准的编写工作，组织申报的国际标准《油气管道完整性管理》已列入国际标准化组织（ISO）工作项目。新制定《石油天然气工业管道输送系统管道延寿推荐作法》国家标准1项、《钢质油气管道凹陷评价方法》行业标准1项、集团公司企业标准15项、管道公司企业标准7项。“含蜡原油管道纳米降凝剂的制备和应用技术研究”成果继“螺旋焊缝缺陷检测与评价技术在完整性管理中的应用”成果荣获“2012年全球管道奖”后，再次摘得了美国机械工程协会（ASME）“2013年全球管道奖”。

【驻村帮扶工作】 按照中共河北省委组织部《关于选派省直部门干部驻村工作的通知》（冀组通字［2013］3号）的要求，公司选派1名局级干部带队，并配3名处级及科级干部组成驻村工作组，进驻河北省保定市阜平县耑路头村，开展为期1年的驻村帮扶工作。驻村工作受到中共河北省委、河北省人民政府表彰，被评为“全省开展加强基层建设年活动优秀驻村工作组”。

（滕　飞）

中国石油天然气股份有限公司西气东输管道分公司（西气东输销售分公司）

【概述】 中国石油天然气股份有限公司西气东输管道分公司（以下简称公司）是股份公司直属的地区公司，负责西气东输管道工程建设、生产运营管理和天然气市场开发与销售等业务。

公司目前运营管理3条干线管道（西气东输一线59号阀室—上海段、西气东输二线68号阀室—广州段、忠武线）、9条支干线（常州—长兴、定远—合肥、南京—芜湖、枣阳—十堰、平顶山—泰安支干线河南段、南昌—上海支干线、广州—深圳支干线、广州—南宁支干线、长宁线）、8条联络线（樟树—湘潭联络线、冀宁联络线苏北段、淮武联络线、西气东输二线中卫—靖边联络线、襄樊清管站至忠武线襄樊计量站联络线、黄陂联络压气站至淮武线联络线、嘉兴—甪直联络线、兰银线）、15条支线，管道总长10868千米；2座地下储气库（金坛、刘庄）、147座站场。管线途经14个省（区、市）和中国香港特别行政区，下游销售及分输用户达251家，供气范围覆盖西北东部、中原、华东、华中、华南地区，并向华北地区转供天然气，初步形成了塔里木、柴达木、长庆、川渝四大气区联网供气格局。

公司采用一级管理体制、扁平化的机构设置。公司在上海机关设14个职能部门和市场开发与销售部，3个机关附属单位；设16个所属单位，3个工程项目部，2个股权管理单位；管理2座国家石油天然气大流量计量站天然气流量分站（南京、广州）和国家能源天然气长输管道技术装备研发（试验）中心，共有员工约3700人。

【主要生产经营指标】 2013年，累计输送天然气459.09亿立方米，实现管输商品量372.02亿立方米，目标市场销售量351.73亿立方米；共开展102个工程建设项目；固定资产投资98.5亿元；全年实现管输收入210.56亿元，天然气销售收入578.12亿元。

【安全环保】 持续推进HSE体系建设，继续开展国际安全评级及短板改进工作，体系文件简洁性、规范性和可操作性进一步加强。开展季度质量检查、安全巡视联合审核和专项QHSE审核4次，发现问题的整改完成率达96%。全年开展安全联系点活动490余人次，公司各层面开展安全经验分享近5000次、组织事故事件学习1400余次。加大隐患治理力度，全年安排完成更新改造项目202项、大修理项目247项，下达资金2.54亿元。加强特殊作业安全管理与监督，全年顺利完成一级动火15次、二级动火378次。节能减排成效显著，全年实现节能量1.02万吨标准煤，节约价值量约1703万元。

【生产运行】 坚持生产运行精细化管理，有力确保了管道安全平稳高效运行。合理安排西气东输二线干线武穴站、南昌站、135号阀室等内漏阀门更换和抚州站、芙蓉站、川气东送互联工程动火连头作业，高效组织30家新增用户分输供气。按计划组织开展压缩机保养及维修、检修，压缩机组可靠性达到99.97%，其他设备总体完好率98%以上。优化生产组织模式，47个站场实现集中巡检；选取试点场站完善集中监视条件，逐步将站场工作重心由运行监视转移到设备设施的维修、维护。加强南京、武汉等抢修队伍建设，全年组织参加管道施工、动火连头等实战练兵31次，抢险复产能力得到提升。持续深化管道完整性管理，识别1550段高后果区，有针对性地完成“一区一案”（一个高后果区相应制订一个风险防控方案）制定。实施管道内检测2415千米、外检测1996千米，有力控制了被检测管道本体腐蚀风险。开展管道线路汛前汛后风险评估工作，及时治理高风险点段220项。

【工程建设】 克服项目多、合规性要求高、建设资源相对紧张、外部监管日趋严格等困难，突出项目前期工作，强化施工过程控制，确保项目建设有序推进。抚州分输压气站实现当年开工当年投产，泰兴—芙蓉管道工程、川气东送互联工程、南宁—柳州成品油管道工程完工，苍梧—贺州支线机械完工。按计划开工34个站场改扩建工程，完工28个，公司管道整体分输能力得到提高。金坛储气库全年造腔突破120万立方米，新增库容1.6亿立方米，刘庄储气库实现注气达容，淮安、云应储气库先导性试验取得阶段性成果，平顶山、衡阳储气库完成评价工作。金坛—溧阳管道工程获得核准，永清—泰州联络线、如东—海门—崇明岛管道工程等项目前期工作进展顺利。南宁—百色支线、贵港—玉林支线、广州计量检定分站等项目有序开展。西气东输三线东段控制性工程及试验段施工顺利进行，西气东输三线中段具备核准条件。

【天然气市场开发与销售】 在全年资源安排偏紧的情况下，加强统筹协调，平衡销售计划，优化供气方案，合理衔接产、运、销、储，最大限度地满足下游用户用气需求，实现了下游用户稳步增加及市场销售量稳定增长。充分发挥宁波、上海LNG对西气东输系统资源补充调剂作用，有效缓解了冬季天然气供需矛盾紧张局面。积极落实国家发改委和集团公司天然气价格改革政策，主动与各省物价部门衔接价格方案，有效保证了推价到位和及时结算到位。市场开发工作有序推进，在役管道新增项目市场开发不断延伸，全年对31个项目出具供气承诺函，与58家用户签订供气意向书，29家新增用户签订合同。新建管道市场开发不断拓展，完成西气东输三线市场调研报告和销售建议方案，完成永清—泰州联络线、如东—海门—崇明岛、金坛—溧阳管道项目《天然气购销意向书》的签订。

【科技创新】 新开展公司级项目10项，专业公司级项目3项，股份公司级项目1项。在集团公司2013年度科技奖励初评中，公司项目“西气东输管道干线阴极保护有效性调查及典型杂散干扰影响研究”获三等奖，公司参与项目“管道完整性管理系统研究与技术集成应用”获二等奖。公司“盐穴储气库注采气集输系统工艺优化研究”等8个项目研究成果分别获国家专利或计算机软件著作权。股份公司重大科技专项“油气管道关键设备国产化”立项实施，公司承担的“油气管道关键阀门研制与应用研究的调压装置”等3项专题已开题立项。

【经营管理】 扎实推进管理提升活动，围绕104个提升事项进行整改，在职责界面明晰、管理体系整合完善、规章制度固化等重点领域取得阶段性成果。全面构建规章制度管理体系，共涵盖18个业务领域、79个一级专业，包含1264项制度性文件。高度重视规划管理，完成公司2014—2020年业务发展总体规划和9个专项规划，以及12个省（区、市）天然气与管道业务一体化规划编制工作。加强预算管理，实施季度预算并增加预算调整与分析频次，落实各项管控措施，全面完成各项财务预算考核指标。持续完善公司营业税改增值税各项工作措施，推进财税优惠政策落实。建立股权管理制度体系架构、权限指引，实施对投资项目的设置、行权以及收益全过程管理。完善公司内控体系运行管理要求、评价标准，逐步建立以防范风险、规范业务、提高效率效益为目标的内控与风险管理体系。加强物资采办计划管理，统筹招标订货、生产、运输等环节安排，较好满足了工程建设和生产运行需要。

（李　伟）

中国石油天然气股份有限公司西部管道分公司（西部管道销售分公司）

【概述】 中国石油天然气股份有限公司西部管道分公司（以下简称公司）是专业从事长输油气管道建设、运营和油气销售的地区管道公司，主要负责运营管理甘肃、宁夏两省（区）交界以西的天然气管道和甘肃兰州以西的原油、成品油管道；负责区域内的油气储运项目建设；负责新疆、甘肃、青海等省（区）天然气市场开发与销售业务；负责所辖管道输送原油购销工作；同时受托管理鄯善和兰州原油商业储备库。截至2013年底，公司运营管理油气管道干（支）线61条，总里程1.5万千米，总库容712万立方米，天然气、原油、成品油出疆干线年输送能力分别为770亿立方米、2000万吨、1000万吨。公司机关设14个职能部门、5个直属单位、4个附属单位，下辖8个二级单位，用工总量3322人，资产总额1504亿元。

【主要经营指标】 全年输送原油1921.10万吨、成品油659.63万吨、天然气513.07亿立方米，同比分别增长10%、4.4%、16%；销售原油1817.4万吨、天然气96.79亿立方米，同比分别增长3.6%、13%；管输单位现金成本、投资计划完成率、输差损耗等考核指标全面完成。

【管道运营】 西气东输一线、西气东输二线西段实现满负荷安全平稳运行，西气东输二线西段输量增至279亿立方米、同比增长18%，有效缓解了国内天然气供应紧张局面。针对进口哈萨克斯坦来油欠计划、北疆稠油输送难度大的实际，通过加热加剂、优化运行等技术措施，实现原油管网安全清洁高效运行。鄯兰原油管道优化实施“四混”原油输送方案，全年输量增至855万吨，满足了油田上产需求。独山子–703管道启动航空煤油输送，乌兰成品油管道输送–35号柴油5.2万吨，开创了国内长输管道输送航空煤油、柴油的先例。

【工程建设】 强化过程控制，按计划完成工程投资330亿元。西气东输三线西段管道主体基本贯通，其中霍尔果斯—连木沁段成功投产运行，保证了中亚进口天然气的后路畅通。西气东输二线昌吉分输站适应性改造工程临时投用，向呼图壁储气库注气12亿立方米，提升了供气调峰能力。阿独原油管道二期、兰州商业储备库50万立方米储罐建成投用，化王成品油管道复线基本建成，进一步优化了西部地区储运设施布局。王家沟库区8个隐患治理项目前期设计全部完成，进入实施阶段。准东煤制气外输管道工程具备核准条件。伊霍输气管道顺利投产，成为国内第一条大口径煤制气专用管道。

【油气销售】 面对天然气供需矛盾突出的实际，严格按照“月计划、周平衡、日指定”要求，有序调整资源配置流向，合理压减工业用气规模，保障了乌鲁木齐等重点城市民生用气需求。及时转换市场策略，有序开发轮吐支干线等天然气管道沿线市场，储备工商业用户10家，高端用户结构逐步优化。天然气在政策内全部推价到位，涩宁兰天然气管道销售气38亿立方米。积极平衡管输原油资源，合理调整商业储备库存，保证了乌鲁木齐石化公司、兰州石化公司等下游炼厂的稳定供应，市场保供能力持续增强。

【安全环保】 完善QHSE一体化管理体系，发布实施管理标准218个、操作规程317个、工作标准563个。国际安全评级通过外部审核达到7级目标，资产完整性管理7级水平得到巩固。汲取国内管道重大事故教训，开展2次全方位、全覆盖的安全大检查，整改问题1458个，安全基础进一步加强。有序推进安全环保隐患治理计划，投入资金6.2亿元，根治安全环保隐患90项。创建国家安全生产标准化一级企业，5家分公司通过国家职业安全健康协会现场达标评审。

持续深化资产完整性管理，完成管道内外检测3357千米，本体缺陷修复196处，管道完整性管理覆盖率达到了100%。实施站场典型设备风险评价，完成压缩机维修保养77台（次）。健全完善“一河一案”53项，组织阀室再造、溢油回收等演练1250次，抢险复产能力进一步增强。霍尔果斯压缩机余热发电一期工程投入运行，累计发电3600万千瓦·时。西气东输二线、西气东输三线西段通过并网联合运行，节约燃气4400万立方米。全年实现节能1.39万吨标准煤。连续7年被新疆维吾尔自治区评为安全生产目标管理考核先进单位。

【科技进步】 重大科技专项研究取得重要进展，1422毫米X80钢管和管件单炉试制成功，达到小批量生产条件；2500千瓦输油泵顺利通过国家能源局产品鉴定，主要技术指标达到国际先进水平。“西部能源战略通道多品种原油安全高效输送技术”等2项科技成果通过新疆维吾尔自治区鉴定，“管输成品油质量控制关键技术”等8个项目完成研究和推广应用，为安全生产、管道建设提供技术支撑。基层员工立足岗位开展创新创效活动，取得技术革新成果13项，“输气管道内检测器速度控制旁通阀”等4项发明获得国家专利。应急信息管理平台等5套系统上线运行，信息系统业务覆盖率增至80%。

【人才开发】 实施人力资源开发与建设规划，22个作业区组织架构搭建完成，岗位价值评估和能力素质模型全面建立。组织C类和D类培训232期，送外培训488人次，技能鉴定892人次，广泛开展职业技能竞赛、职业资格取证等工作，员工队伍素质进一步增强。优化班子结构，加大公开竞聘力度，“四好”班子创建达标率升至88%。与中亚天然气管道公司达成承运中亚D线协议，第一批人员启动培训。

【管理提升】 实施管理提升方案，开展管理诊断下基层活动，完成275项提升措施，实现了132项管理提升目标。有效运行内控与法律风险管理体系，投资管控目标按计划完成。强化物资两级集中采购和仓储集中管控，通过推进集中采购、平库利库等措施，集中采购率达到95%。压缩机干气密封等配件通过国内维修，节约维修费用支出600万元。乌鲁木齐生产调度指挥中心投用，43座站场适应性改造顺利完成，北疆成品油管网实现集中调控，阿拉山口、古浪等22个作业区投入试运行，管道巡护、站场保安、生活后勤业务全部实现外包。

【合资合作】 在注册成立中石油西北联合管道公司的基础上，配合股份公司完成了西气东输三线西段以外所有在役管道的合资工作，公司管输业务全面纳入融资合作平台。研究合资公司运营模式，编制实施规章制度39项，合资运营管理更趋规范。西气东输三线联运输气8.2亿立方米，管道投产当年实现赢利。积极探索以合资形式建设准东煤制气管道，与新疆能源集团等单位正式签署合作框架协议，为掌控疆内煤制气资源奠定了基础。

【维稳防恐】 认真贯彻集团公司及新疆维吾尔自治区关于安保防恐和维护稳定的一系列决策部署，加固加强每个特殊时段、敏感节点管控，细化落实人防、物防、技防、信息防等保障措施，新疆鄯善“6·26”暴力恐怖袭击、第三届中国—亚欧博览会等特殊时段和敏感节点的维稳防恐任务圆满完成，队伍稳定和安全生产秩序始终受控，公司连续5年受到集团公司嘉勉。

【党群工作】 党建信息系统投入试运行，关于党建思想政治工作课题研究的18项优秀成果获得表彰。“国门文化、红柳品格、高原精神”和“责任、坚守、奉献”等文化理念提炼形成，新版企业文化手册和公司形象宣传片正式发布。惩防腐败体系建设有序推进，权力运行监督逐步加强。标准化站队建设经验被集团公司推广交流，霍尔果斯压气首站被命名为集团公司“基层建设百个标杆单位”。公司涌现出许春江、唐煌、张晓松等一批先进模范人物，红柳压气站王彪被中央宣传部确定为中国石油首批“最美一线工人”代表。公司工会荣获“新疆维吾尔自治区模范职工之家”，连续2年被授予“全国安康杯竞赛优胜单位”。

【定点扶贫】 公司从2008年起定点帮扶新疆阿克苏地区重点贫困县乌什县下属的阿克托海乡。2013年，成立由处级干部带队、以少数民族为主的扶贫工作组，常驻对口扶贫点，调研并形成《喀塔玉吉买村调研情况反映》等专题报告。在此基础上，投入扶贫资金210万元，为80户贫困户安装安居房石棉瓦，修建庭院围墙1183米、暖圈10个、门前涵管25个；为15户特别贫困村民新建农桥和灌溉水槽；为阿克托海乡4村、8村两个村扩建250平方米的村委会办公室，在改善村民生产生活环境、维护社会稳定、促进民族团结等方面作出积极努力和贡献。

（李金超）

中国石油天然气股份有限公司西南管道分公司（西南管道销售分公司）

【概述】 中国石油天然气股份有限公司西南管道分公司（以下简称公司）是股份公司直属管道运营分公司。公司下设10个机关处室、1个附属单位、2个直属单位和10个基层单位，用工总量2300名。2013年，公司承担川、渝、滇、黔、桂和管道沿线地区的油气骨干管网运营及天然气销售业务。承担中缅天然气管道、中贵天然气管道、兰成原油管道、西气东输二线广南支干线（广西段）及兰成渝、兰郑长（甘肃段）成品油管道等油气管道6485.3千米，其中，原油管道880千米，成品油管道1807千米，天然气管道3798.3千米。

【主要经营指标】 2013年累计输送成品油742万吨，完成计划的106.36%，比计划增加44.41万吨，同比增加61.41万吨，增幅9.02%。累计输送原油61万吨、天然气53亿立方米；完成收入137亿元，实现利润7.6亿元，全面完成集团公司下达的各项生产经营指标。公司销售天然气7183万立方米，转供西南油气田46.89亿立方米，储气库注气1.63亿立方米。全年实际完成投资1799714万元（不含中贵、云南成品油投资完成数），投资完成率为100.16%。

【生产运行】 2013年公司以“保安全、保投产、保运行”为目标，深入贯彻落实管道完整性管理理念，强化风险管理意识，落实新建管道数据入库与在役管道数据更新，开展地质灾害风险评估与内外检测，统筹优化维修抢修资源，加大管道保护力度，重点监护高后果区、高风险段的管道安全状况。4月8日中贵线南部—铜梁投产；8月1日中缅天然气管道瑞丽—禄丰段干线投产；10月20日广西贵港点火；10月23日中贵线贵阳—铜梁段投产；11月5日兰成原油管道投产。全年累计投产管道里程达3789.3千米。

截至2013年底，公司管理运营的主要油气长输管道约6485.3千米，同比增加3789.3千米，其中原油管道约880千米，同比增加880千米；天然气管道约3798.3千米，同比增加2909.3千米；成品油管道约1807千米。2013年主要输气管线运行情况和各成品油管道管输完成情况见表2、表3。

表 2　2013 年主要输气管线运行情况　　亿标准立方米

管线名称	年输气计划	实际输气量	比计划增减
中贵线	50	48.10	4.58
中缅线		4.10	
广南支干线		2.38	

表 3　2013 年各成品油管道管输完成情况

管道名称	年计划（万吨）	2013 年完成量（万吨）	比计划（万吨）	完成率（%）	2012 年完成量（万吨）	同比（万吨）
兰成渝	630	686	56	109	608	78
兰郑长甘肃段	68	56.41	-11.59	83	73	-16.59

【管道完整性】 建立健全管道完整性管理体系。2013 年底公司完整性管理覆盖率达 96.1%，高后果区识别率达 97.1%，高后果区风险响应率达 100%。8 月，正式启动中贵线（中卫—南充段）、兰成渝管线（兰州—成县段、成都—重庆段）共计 1727 千米管线的内检测工作。完成管道外检测 1459 千米以及油品管道穿越人口密集的高风险高后果区管段的外检测。根据检测和评价，已补强修复管体缺陷 338 个，换管 4 处，管道本体风险得到有效控制。

PIS 系统实现管道数据的集中管理存储和完整性管理业务流程的信息化。2013 年底，PIS 系统已经覆盖公司 7 个分公司、1 个管网公司、62 个基层站队、319 名用户，涵盖管道管理 9 个业务领域，41 个业务流程。

【管道保护】 根据管道沿线各省（区、市）的不同特点，因地制宜，积极协调地方政府、公安机关等部门齐抓共管，共建管道安保联防机制。

建立管道 GPS 巡检监控管理系统，有效提高管道巡护效率；有序开展管道线路阀室、隧道及跨越等关键部位的视频安防监控系统建设工作，加强液体管道泄漏监测系统建设工作，开展直升机空中巡线工作，强化管道保护的震慑力，提高管道保卫工作形象，提升应急工作能力。

截至 2013 年底，公司有维抢修队伍 12 支，维抢修人员达 457 人，维抢修设备近 530 余台（套），对公司在役管线形成可靠保驾能力。公司组织 3 次大型抢险演练，并督促各分公司开展三级演练 19 次。

【安全环保】 公司牢固树立“安全第一、环保优先、以人为本”的工作理念，以推进 QHSE 管理体系建设为主线，深入贯彻落实集团公司和专业公司的各项安排部署，狠抓制度建设，全面夯实安全环保工作基础，强化隐患治理和现场监督，细化各项安全生产保障措施的监督落实。

不断完善与改进体系，简化流程和结构，加强审核问题整改，广泛征集意见，优化结构，对体系文件的记录进行梳理，共删减、合并、补充记录 86 个。编制《管道投产风险手册》，编制发布公司总体防汛工作方案。有效开展体系审核，审核全面覆盖各级管理部门和基层站队，夯实安全环保基础。2013 年通过工程治理隐患 18 项，通过管理手段消除隐患 4 项。加强管道防汛及灾害风险管理。全年没有发生生产安全及环境污染和生态破坏事故。

【天然气市场开发与销售】 加强市场开发管理，规范出具意向书和承诺函，强化管线开口管理，推进市场开发有序开展，发展“直供”或“代输”两种销售模式，增强市场管控，完成辖区用户用气结构的核定和天然气价格调整工作，辖区投产用户用气价格全部推价到位。

投产下游用户 6 家，在广西，管道气向南宁、贵港 2 座城市供气，销售天然气 6142 万立方米；在贵州，管道气向贵阳、安顺 2 座城市供气，销售天然气 954 万立方米；在云南，管道气向玉溪、昆明 2 座城市供气，销售天然气 87 万立方米。

【工程建设】 强化过程管理，中缅天然气管道工程（国内段）完成投资 1687799 万元。工程包含 1 条干线和丽江、玉溪、都匀、河池、桂林、钦州、北海、防城港8条支线。中缅天然气管道干线起自云南省瑞丽市，经云南省、贵州省、广西壮族自治区，止于广西壮族自治区贵港市，管道干线全程1726.8千米，其中与中缅原油管道并行1101千米。管径1016毫米，设计压力10兆帕，设计年输量瑞丽—贵阳段100亿立方米、贵阳—贵港段130亿立方米。采用X80和X70级钢管。

干线设置17座工艺站场，其中瑞丽首站、芒市分输站、保山压气站、弥渡分输站、禄丰分输站与中缅原油管道站场合建；贵阳压气站与中卫—贵阳联络线贵阳分输站合建；贵港压气站与西气东输二线贵港分输站合建。

截至2013年底，桂林、河池、丽江、都匀已具备投产条件。钦州支线全长143.1千米，完成焊接99.63千米，回填82.89千米。防城港支线全长65.1千米，完成焊接44.45千米，回填30.2千米。

【合作与股权管理】 公司2012年4月10日由股份公司批准成立，受股份公司委托，管理广西中石油天然气管网有限公司（以下简称广西管网公司）、中石油贵州天然气管网有限公司（以下简称贵州管网公司）2个股权单位，开展楚雄—攀枝花—凉山成品油和天然气管道项目的可行性研究及前期专项评价工作。

广西管网公司于2011年7月在南宁注册，注册资本为4亿元（人民币），经营期限30年。其中，股份公司的出资金额占广西管网公司注册资本的51%、广西投资集团有限公司、瑞川新能（北京）投资有限公司的出资金额各占公司注册资本的24.5%。广西管网公司2013年购销气量5690.06万立方米，销售收入16785.7万元，购气成本14623.5万元，销售毛利2162.2万元，完成利润650万元。

贵州管网公司于2012年10月在贵阳市高新区注册，注册资本金3亿元，经营期限30年。股份公司的出资金额占贵州管网公司注册资本的60%、贵州燃气（集团）有限责任公司的出资金额占贵州管网公司注册资本的40%。

【资产管理】 截至2013年底，公司固定资产原值3346796万元，净值2948740万元。当年增加固定资产原值1734484万元，净值1713690万元；报废资产原值1766万元，净值90万元；计提折旧65570万元。2013年，公司因跨地区公司间资产划拨，增加固定资产原值1273768万元，其中广南支干线（广西段）由管道建设项目部划转过来，增加固定资产原值260287万元；中贵联络线（南部—贵阳段）由管道建设项目部划转过来，增加固定资产原值565080万元；兰成原油管道由管道建设项目部划转过来，增加固定资产原值448401万元。

（马少辉）

中国石油集团东南亚管道有限公司

【概述】 中国石油集团东南亚管道有限公司（以下简称公司）主要承担中国四大能源通道之一的中缅油气管道项目建设任务。

截至2013年底，公司机关设置职能处室13个；附属单位5个：调度中心、通讯中心、安保中心、仰光办事处（分公司）、内比都办公室（社会经济专员办公室）；下属二级单位5个：皎漂、曼德勒、木姐3个输油气管理处以及码头管理处、云南分公司。公司在册员工357人。

中缅油气管道工程天然气管道起点位于缅甸西海岸兰里岛，经若开邦、马圭省、曼德勒省和掸邦，从云南瑞丽进入中国。天然气管道长793千米，设计年输量120亿立方米，管径1016毫米，设计压力为10兆帕，钢管材质X70。中缅油气管道工程原油管道起点位于缅甸西海岸马德岛，经若开邦、马圭省、曼德勒省和掸邦，从云南瑞丽进入中国。原油管道长771千米（全线与天然气管道并行或同沟敷设），设计年输量一期1300万吨（二期2300万吨），管径813毫米，设计压力6—13.5兆帕，钢管材质X70。与原油管道配套的30万吨级原油码头，位于缅甸西海岸皎漂湾内的马德岛北岸线的东端，占用马德岛岸线长度为800米。中缅天然气管道项目，由4国6方即中国石油、大宇国际集团公司、印度石油海外公司、缅甸油气公司、韩国燃气公司、印度燃气公司共同合资建设。中缅原油管道项目，由中国石油和缅甸油气公司合资建设。中缅油气管道工程天然气管道于2013年

5月28日全面建成，于7月28日向中国通气。中缅油气管道工程原油管道按计划推进，主体线路、码头、航道、罐区及附属工程均已告捷，站场阀室总体进度分别完成75%和85%。

【工程建设】 2013年公司全力开展“大干150天，决胜‘5·30’”攻坚战。针对1A标段的严重滞后局面，及时果断采取工程量切割、乙供物资甲控管理、山区及海沟段专项协调等有效措施，加快施工进度，于5月28日提前实现了天然气管道全面建成的工作目标，同时完成曼德勒总部调控中心建设，实现7月28日与管道工程同步建成投用。

【QHSE工作】 2013年公司连续组织5次安全大检查活动和管道全线安全生产审核工作。有序开展了安全目视化管理、防雷防静电检测、消防检查验收、动火作业升级管理等专项工作，累计发现并整改施工、生产、危险作业等重点领域问题336项。

重视安全评估与风险控制，根据《安全生产现状分析评估报告》，针对梳理出的投产试运期七大风险制定防范措施。完成公司总体及专项应急预案编制，根据应急演练整体计划安排，组织总部机关和各管理处开展桌面演练18次、实战演习17次。

高度重视安保工作，完善安保防恐与应急响应措施，有效建立与沿线军警的联络机制。加强海陆交通安全监管，车辆行驶记录仪达到全覆盖，海上救生设施实现全配备，定期考核通报海陆交通安全监督情况，保证安全环保整体受控。

【生产调控】 2013年公司处于工程建设到生产运行的特殊过渡时期，公司及早制订投产方案，坚持召开投产准备周例会和投产前专题会议，不断细化完善投产技术方案；提前完成管道线路、阀室和站场试压、干燥、注氮及设备调试工作，积极开展投产前综合隐患检查整改和事故应急预案演练，确保投产一次成功。

科学运用SCADA等信息化调控手段，确保生产数据实时监控、准确无误；严格按照合同和技术规范要求，积极主动协调大宇国际集团公司、北京油气调控中心和中国石油国际事业有限公司，及时处理上游供气压力、下游输量等运行控制问题，进一步理顺调控机制。2013年圆满完成输气计划，切实造福缅甸人民。

（蔡丽君）

中石油昆仑燃气有限公司

【概述】 中石油昆仑燃气有限公司（以下简称公司）是经集团公司批准、国家工商管理总局核准，于2008年8月6日由中石油天然气管道燃气投资有限公司、中国华油集团公司燃气事业部、中油燃气有限责任公司重组整合成立，是中国石油全面从事城市燃气业务和液化石油气（液化石油气）销售的专业化公司，公司注册资本金60.6亿元。2008年底接收吉林石化公司、大庆油田公司的城市燃气业务。根据集团公司部署，先后接收35家炼化、油田等生产企业液化石油气销售业务，基本实现中国石油全部液化气商品资源的统销和买断销售。2012年4月，按照集团公司安排部署，公司与中石油昆仑天然气利用有限公司实施重组整合，接收中石油昆仑天然气利用有限公司除省级支线管网、深圳液化天然气接收站等业务以外全部项目和业务管理权。截至2013年底，公司机关设14个处室，用工总量2万多人。

公司主要业务范围包括城市燃气管网建设、城市燃气输配、天然气与液化石油气销售以及售后服务、压缩天然气（CNG）、天然气发电等。依托中国石油在天然气、液化石油气资源、资金、技术、人才和品牌等方面的多种优势，公司实施专业化管理、集约化经营，全力打造中石油昆仑燃气品牌，燃气业务已遍布全国近30个省（区、市），覆盖北京、哈尔滨、昆明、武汉、合肥、兰州等100多座城市。

【主要经营指标】 全年销售天然气和人工煤气85.8亿立方米，同比增长20.8%，销售液化石油气639万吨，实现营业收入534亿元，同比增长7.2%。

【天然气营销】 2013年，玉溪等城市燃气项目和银川、沈阳近海CNG母站等10个项目实现投产。甘肃分公司、河北分公司和华东分公司天然气销量均突破10亿立方米，山东分公司、湖北分公司天然气销量突破5亿立方米；22个单体项目天然气销量超过1亿立方米，兰州项目突破10亿立方米，哈尔滨、北京、昆明、临沂、芜湖、淮安楚州均超过3亿立方米。顺价推价工作积极推进，公司天然气销量中的95%完成顺价，26家公司还实现不同程度的推价。

【液化气营销】 实现对大连西太平洋石油化工有限公司液化气资源的包销，扩大系统外资源采购，哈萨克斯坦进口气量翻番，开辟广东沿海进口气新渠道，新增资源量30万吨。华北分公司、辽宁分公司和西北分公司销量保持在百万吨规模，华北分公司首次突破150万吨，推动东北、华北地区价格长时间高于或持平华东、华南。统筹策划，优化销售结构，推进资源循环利用，扩大原料气销售，实现终端销售285.6万吨，占总销量的45%，增效1.1亿元。强化物流组织，降低储运成本，5座二级库实现扭亏，三级站吨运行费下降96元，实现储运降本3000多万元。

【安全生产】 举办各级各类安全培训1540多次，各级领导干部定点联系382个库站，帮助解决1530个问题。初步形成以六级安全检查为主的专业、规范、常态化检查机制，集中开展2次公司级安全生产大检查，查出问题1002项，87%完成整改。投入资金4815万元，对33个项目隐患进行治理。编发管道燃气不明泄漏应急处置原则，开展液化石油气储罐泄漏Ⅱ级事故等各级各类应急演练1937次。加强设备管理，及时更换整改超限运行设备280台（套），保证设备运行安全。从工程、采购、客服等质量管理入手，明确具体要求，加强项目全生命周期质量控制。建立健全质量计量标准化基础信息，天然气综合购销差（损）率总体控制在2%以内，液化石油气储运库存损耗率控制在0.1%以内，完成全年控制目标。完成城市燃气能效指标测算，节约能耗848吨标准煤。

【科技创新与信息化建设】 成立科技信息委员会和科技信息处，整合部分科研、检测等技术力量，组建燃气技术研究院。召开首次科技信息工作会议，编制公司科技发展规划，提出科技创新路线图，明确37个科技创新领域和研究方向。梳理总结公司成立以来61项研究与技术成果，“城镇燃气居民户内安全供气技术研究”获“神华杯”中国职业安全健康协会科学技术三等奖，“财务共享服务管理模式与应用研究”获石油石化企业管理现代化创新优秀成果一等奖和中国企业联合会评选的国家级二等奖。参与城镇燃气、CNG、液化石油气领域4项国家与行业标准制修订，参与完成4项集团公司企业标准编制，编制昆仑燃气公司4项企业标准；完成“三化”（标准化、模块化、信息化）设计CDP文件45项，发布应用8项。公司形成标准化成果24项。推广应用35个信息系统，ERP等核心信息系统实施全面展开，形成14项信息化成果。建成373个网络节点，覆盖运营单位机关和重点库站，视频会议系统连接115家所属单位；生产指挥三级监控体系初步建立，覆盖90个库站，实现对关键运行参数和生产现场的实时监控。

【战略合作】 2013年，与湖南湘投控股集团有限公司合作的湖南省天然气有限公司正式成立，与华润燃气控股有限公司、国电电力股份有限公司和揭阳市人民政府签订合作框架协议。编制完成与各大燃气企业及山西省实力企业整体合作方案，与中国石化炼油销售有限公司开展液化石油气业务合作，共同维护市场秩序。

【重组整合】 中石油昆仑天然气利用有限公司省管网、车用压缩天然气（CNG）、辽宁区域等业务完成移交，21个项目移交中国石油有关单位。公司完成70个项目资本层面的整合，由公司增资25亿元进行收购，产权关系顺利交接，财务实现并表运行。

【经营管理】（1）体制机制优化。优化机构设置和业务组织管理，成立天然气营销处、科技信息处，撤销市场开发处，整合审计处和纪委监察处成立审计监察处（纪委办公室），将物资采购中心由机关附属机构调整为公司直属单位。全面梳理机关处室职责，推行简政放权，将机关负责的部分干部任免权、市场开发、管道燃气开户费、庭院管网建设、招投标5项权限下放区域公司。组建4个安全监督站和4个监督服务中心，初步形成“大监督”格局。推进区域整合，成立广西分公司筹备组，吉林分公司、常德分公司分别纳入所在区域公司管理，基本完成韶关地区2个项目公司资本整合。

（2）管理提升和“三基”工作。全面落实12项专项管理提升方案，对26个基层单位开展管理诊断，对118个库、站、营业厅进行达标验收，累计建成113个三星级以上标准化库站，其中五星级28个。全面启动基础管理体系建设，从职责、制度、流程、标准4个层面编写和梳理基础管理资料，形成制度、流程、标准工具书，搭建了基础管理信息平台。

（3）计划与投资管理。编制业务发展滚动规划，分解天然气发展规划目标，启动天然气与管道分公司投资项目库试点研究，建设投资优选排序筛选标准；

实行规划计划业务统一协调分类放权政策，优化投资结构，保障支线等重点项目投资，确保扩销增量投资和安全生产投入，下达投资计划23.7亿元。审核批复25个项目可行性研究、28个初步设计，审减节约投资5.4亿元。完成中石油昆仑天然气利用有限公司21个项目复评，完成城市燃气估价表编制。

（4）财务与资产管理。创新全面预算管理模式，组织预算前期现场调研，完成2014年度框架预算。提高资金对生产经营的支持力度，资金池年创效1.24亿元。开展城市燃气固定资产目录研究，盘活中石油昆仑天然气利用有限公司PE管生产装置，在甘肃分公司生产出合格管材。财务共享服务上线率达到68%，制证21万多笔，付款及时率和准确率达到100%。

（5）人事劳资管理。内部人才交流67人次，引进骨干人员15人次，举办第二届职业技能竞赛，哈尔滨中庆燃气有限责任公司曲润峰、吉林分公司江殿龙在全国燃气行业技能竞赛中分获燃气调压工、燃烧器具维修工铜牌，成为全国燃气行业技术能手。实施领导人员EMBA等高层次管理培训，培养125名内部培训师，初步建立300多人的技能鉴定考评员队伍。优化调整19家二级单位机构设置和人员编制，减少三级单位31家。推进工效挂钩，改年度考核为季度兑现，完善4类人员绩效考核办法和指标细则，启动全员绩效考核试点，激励约束作用逐步强化。

（6）资本运营和股权管理。实施股权合作及增资项目20个，对140家公司开展股权投资项目后评价，组织召开141家合资公司年度股东会、董事会和监事会，落实2012年到账股利分配3.37亿元，超额39%完成股利分配指标。选拔配备27名专职董监事，对91家合资公司开展经营和管控情况调研。

（7）内控及合同法律管理。评估查找天然气、液化石油气和工程项目管理业务层面21类33项重要风险，完成集团公司风险管理专项试点，累计169家单位纳入内控管理。严格市场准入，加强招标管理，落实竞争性选商，开展委托招标，推行公开招标，招标管理与操作严格分离。开展法律风险防控体系建设试点，推行重大经营决策法律论证，实现合同管理信息化。

（8）工程建设与物资采购管理。严把施工图设计质量关和重要设备物资进厂检验关，做实施工管控。强化现场监督，派驻专人到重点建设项目现场进行监督指导和服务，确保7项重点项目按期完工。适应物资采购工作新定位，制订10项物资管理战略规划专项方案，全面开展授权集中采购，完成采购4.86亿元，一、二级物资集中采购占93%，降低采购成本914万元。

（9）审计和监察工作。配合国家审计署、集团公司审计部完成离任经济责任审计、股权投资与内控风险管理审计等迎审工作，完成各类审计任务35项，审计资产金额12.7亿元，取得直接审计成果431万元，督促落实审计整改问题93项。开展党中央“八项规定”贯彻落实情况专项检查和成本控制效能监察，提出监察建议12条，进行各类现场监督29场次。

【党建和企业文化建设】（1）党的群众路线教育实践活动。按照党中央和集团公司党组的部署，公司党委以“讲责任、强管理、转作风、谋发展、创和谐”主题实践活动为先导，在两级班子中开展党的群众路线教育实践活动。

（2）领导班子和干部队伍建设。调整充实21个二级单位班子，打破体制壁垒和身份限制，调整交流处级干部97人次，将合资企业的优秀地方干部选拔到重要岗位任职。引入竞争机制，首次以公开竞聘方式对13个处级空缺岗位进行配备。扩大干部任用民主推荐力度，100%执行民主推荐程序。

（3）党组织建设和反腐倡廉建设。围绕建党92周年，开展重温入党誓词、回顾党史、领导干部讲党课、评先选优等活动。启动党内巡视工作，对2个单位班子进行了巡视。落实党风廉政建设责任制，逐级签订责任书2882份、承诺书3394份。组织领导干部和关键岗位员工参观监狱、法院庭审现场等575人次。根据群众信访举报与核查情况，对4名领导干部诫勉谈话，配合司法机关和相关纪检部门开展部分案件调查核实。

（4）思想政治工作与企业文化建设。编发4期《昆仑燃气》杂志，举办“图说昆仑燃气”展览，发布各类稿件1666篇，在《中国石油报》、石油网、新华网等媒体刊载宣传报道43篇。开办“昆仑讲坛”，举办“同心铸就昆仑梦”员工文艺作品汇演。工会慰问困难员工839人次，发放慰问金133.9万元。组织员工向芦山地震灾区捐款116.22万元。评选公司模范集体10个、劳动模范12人、道德模范和职业道德模范10人。哈尔滨中庆燃气有限责任公司连续5年荣获“全国安康杯竞赛优胜企业”称号，甘肃分公司荣获甘肃省“2013十大诚信企业”称号，云南分公司董事长、党委书记商博军和西北分公司总经理唐习锋分获“全国五一劳动奖章”和甘肃省“五一劳动奖章”。实施青年行动计划，开展“管理提升·青年先行”等活动，涌现出1个中央企业“青年文明号”、19个集团公司直属机关“青年文明号”，102个场站与岗位成为“青年安全生产示范岗”。

（邓　科）

中石油香港有限公司

【概述】 中石油香港有限公司（PetroChina Hong Kong Ltd.）（以下简称公司）系股份公司于2008年9月在中国香港特别行政区成立的全资子公司。同年10月，中石油香港有限公司在英属维尔京群岛注册成立全资控股一级子公司——中石油香港（BVI）有限公司。同年12月，中石油香港有限公司通过所属的BVI公司完成对集团公司所属太阳世界有限公司（Sun World Limited）100%股权的收购；通过太阳世界有限公司间接持有中国（香港）石油有限公司56.66%的股权，截至2011年12月，增资扩股至65.67%。

中国（香港）石油有限公司的前身是Paragon Holdings Limited，该公司在英属百慕大群岛注册、在中国香港特别行政区上市，股票代码为00135.HK）。中国石油天然气总公司（中国石油天然气集团公司的前身）通过全资子公司——太阳世界有限公司于1993年5月6日购买了Paragon Holdings Limited的43.07%股份，同年6月增持股份至52.54%。1994年10月27日，Paragon Holdings Limited更名为CNPC（Hong Kong）Limited，中文名称为中国（香港）石油有限公司。为更好地体现“低碳经济，绿色发展”的理念和更加宽广的业务发展内涵，2010年3月，中国（香港）石油有限公司正式更名为昆仑能源有限公司（Kunlun Energy Company Limited）。

2008年以前，昆仑能源有限公司以境内外油气田勘探开发业务为主；2009年开始战略转型，将国内天然气终端销售与综合利用作为新的业务发展方向，重点发展液化天然气（LNG）业务，大力实施“以气代油”战略。同时，昆仑能源有限公司定位于股份公司天然气业务发展的融资平台和投资主体，在稳步推进油气勘探生产业务的同时，重点从事天然气终端销售业务。目前业务涵盖油气田勘探与生产、天然气管道与LNG接收站、天然气销售3个业务板块。其中上游勘探与生产业务8个项目分布在中国大陆、哈萨克斯坦、阿曼、秘鲁、泰国及阿塞拜疆6个国家。天然气业务方面，通过全资、控股或参股天然气业务平台企业20家，公司天然气业务已遍布全国除港、澳、台外31个省、市、自治区。

昆仑能源有限公司的组织架构由董事会、董事会下设的专门委员会及管理层、总部机关（7个部门）组成。公司坚持管理创新，逐步构建了直接管理、委托管理和股权管理3种运营管理模式。目前，公司对华油天然气股份有限公司、新疆新捷股份有限公司、海南中油深南石油技术开发有限公司3家企业实施直接管理（昆仑能源投资（山东）有限公司参照直接管理模式进行管理）。对8家上游勘探开发企业和北京管道公司、江苏液化天然气有限公司和大连液化天然气有限公司、中油中泰公司4家天然气企业实施股权管理，对其余12家天然气企业分别委托油田企业实施委托管理。

【经营业绩】 2013年，公司实现销售收入340亿元，同比增加26%，实现利润总额110亿元，同比增加12%。其中，上游勘探开发实现权益产量1746万桶，实现销售收入43亿元，利润总额28亿元；销售天然气63亿立方米，同比增加125%，实现销售收入192亿元，利润总额13亿元；管输天然气254亿立方米，同比增加7%，实现销售收入94亿元，利润总额59亿元。截至2013年底，公司资产总额910亿元，资产负债率39%，公司市值792亿元，公司实力持续增强。

【融资平台】 公司以打造昆仑能源品牌、实现可持续筹融资功能为使命，获得资本市场的高度认同。2013年10月，公司在新加坡蝉联亚洲能源行业成长最快公司第二名的殊荣。在“2013年亚洲能源企业排行榜”中跻身第33名。

【LNG“以气代油”业务】 2013年公司LNG“以气代油”业务持续健康发展。在终端市场开发上，全年开发LNG车辆50416余辆，LNG船舶3艘；LNG“以气代油”终端销量达74万吨，同比增长270%。在LNG“以气代油”业务上，把握市场开发节奏，合理布局终端站点；多种举措，统筹推进公司“以气代油”业务的快速拓展。

【重点工程建设】 2013年公司的重点工程项目扎实推进，产能进一步提升。在LNG工厂建设上，黄冈LNG工厂于2013年10月25日完成中间交接，建成国内最大规模LNG生产装置，突破大型设备国外垄断的局面，是我国大型LNG工厂建设技术和装备的里程碑。泰安LNG工厂于2013年9月30日顺利竣工，10月26日完成中交，成为LNG装备国产化的引领者。乌海焦炉煤气综合利用项目二期顺利推进。海口LNG储配库项目主体工程已基本完工。

（魏　嘉）

【控股子公司——中石油北京天然气管道有限公司】 中石油北京天然气管道有限公司（以下简称北京管道公司）成立于1991年7月，注册资本117亿元，截至2013年底，资产总额277亿元，昆仑能源有限公司控股比例60%。北京管道公司主要负责陕京管道输配气系统的建设和运营管理，以及华北地区天然气管道的运营管理工作。陕京管道输配气系统干线包括陕京一线、陕京二线、陕京三线、永唐秦、唐山LNG外输管线、大唐煤制气北京段，在役总长3927千米，设计年管输能力474亿立方米，最大日输气量1.2亿立方米。大港、华北两个储气库群共计9座储气库，设计最大日调峰能力3400万立方米。2013年输气能力达到390亿立方米。2013年全年输送商品天然气252.08亿立方米（其中北京市99.16亿立方米），同比增长6.3%（北京市增长6亿立方米，增幅6.5%）；储气库注气22.84亿立方米，比2012年多注1.91亿立方米；利润和投资资本回报率达到绩效考核要求。各项管理费用控制在预算范围之内。质量安全环保形势总体稳定受控，实现节能3495吨标准煤，完成全年计划的116.5%。

2013年，北京管道公司持续推进管道本体、管道地质灾害与周边环境、防腐有效性、站场设备和储气库的完整性管理。完成年度地质灾害、第三方破坏风险及高后果区识别，消减高风险段1处，对73处中风险段、446处高后果区采取加密巡检、埋深整治等措施加强防控。全年机组总计运行超过14万小时，机组可用率96.8%以上，可靠率98.9%以上，为保障供气提供了可靠的物质基础。积极加快推进各项工程建设。2013年6月6日，陕京三线石家庄压气站投产；11月15日，唐山LNG外输管道工程建成投产；12月18日，大唐煤制天然气管道北京段工程建成投产。北京管道公司以HSE体系推进和国际安全评级达标为主线，以风险受控为核心，强化安全环保责任落实和执行力建设。投资控制力度得到加强，落实可行性研究及初步设计“三级审核”机制，从设计阶段加强源头控制和优化投资，严格规范变更手续，强化全过程控制，全年投资完成率95%以上。积极推进节能节水型企业创建工作，充分发挥3条管道大管径、高压力、联合运行的系统优势，优化运行方案，取得明显节能效果，输气综合动力费用成本由每千立方米26.6元下降到25.3元，降低4.9%。紧紧围绕安全生产中心任务开展技术创新，充分发挥技术团队创新能力，3项成果获得省部级奖励，获两项国家专利。

（郭　川　孙佳星）

【控股子公司——中石油江苏液化天然气有限公司】 昆仑能源有限公司控股中石油江苏液化天然气有限公司（以下简称江苏液化气公司）55%股份。江苏液化气公司主要负责江苏LNG项目一期生产运营、二期工程建设和深圳LNG项目的建设与管理，为长三角地区、粤港地区调峰供气。截至2013年底，江苏液化气公司共有员工188人，总资产55.85亿元，建设运营的江苏LNG项目是中国首座自主建设运营、世界上建设和运营难度最大的LNG项目，一期工程规模350万吨/年，年均供气48亿立方米，具备天然气管道外输和200万吨/年LNG槽车充装功能，于2011年5月24日投产运营；二期规模增至650万吨/年，年均供气87亿立方米；远期达到1000万吨/年，年均供气135亿立方米，项目前期工作顺利完成，4号储罐试桩工程按计划完成，长周期设备订货顺利开展。深圳LNG项目一期工程规划300万吨/年，前期工作完成90%以上。

2013年，江苏液化气公司安全接卸30船、303万吨LNG，较上年增加6船、68万吨，提高28.9%；外输天然气41.87亿立方米，较上年增加9.66亿立方米，提高30%，实现达产达效目标并创投产以来新高。截至2013年底，公司累计安全接卸71船、663万吨LNG，外输天然气90.5亿立方米，其中向西气东输一线管网输气85.1亿立方米，槽车外运5.4亿立方米。公司认真贯彻落实中国石油国产化战略，坚持以科技创新为先导，加大科技攻关力度，组织完成了国内第一个20万立方米LNG储罐建设研究并取得重大突破，SCV（浸没燃烧式气化器）、ORV（开架式气化器）等关键设备国产化取得重要阶段性成果。公司掌握了小型、大型LNG接收站的开车经验，先后为国内两个LNG接收站提供全过程开车服务，实现一次投产成功，成为国内首支能够承接LNG接收站投产服务的专业化团队。

（边海军）

【控股子公司——中石油大连液化天然气有限公司】 昆仑能源有限公司控股中石油大连液化天然气有限公司75%股份。中石油大连液化天然气有限公司主要负责开发、建设、经营大连LNG接收站项目。大连LNG接收站位于大连市保税区大孤山半岛鲇鱼湾海域，占地面积21.6公顷，建设规模为年接收能力600万吨，年供气能力为84亿立方米，骨架工程按照年接收1000万吨能力建设，最大年供气能力可达135亿立方米，是国内唯一具有装船转运功能的LNG接收站。大连LNG接收站的LNG资源主要来自卡塔尔、澳大利亚、伊朗等国家，通过大连至沈阳主干线与东北输气管网相连，为东北地区用户供气，同时兼顾北京、天津、河北等省、市，形成多气源、多用户供气格局。

2013年，大连LNG接卸LNG 186万吨，同比增加24%；气化外输天然气25.7亿立方米，同比增加32%；LNG装车、装船5.4万吨，同比增加377%；实现营业收入7.94亿元，利润总额3.06亿元，上缴税费9149万元，同比分别增加了36%、116%和58%，完成全年利润考核指标的204%；超额完成集团公司下达的各项绩效考核指标。

中石油大连液化天然气有限公司建立了“运维一体化、管理扁平化、服务社会化”的生产运行管理模式，自主开发了三维数字化生产管理系统，打造数字化的LNG接收站，生产管理实现了数字化和网络化，达到世界领先水平；优化生产运行，节能降耗取得显著成果，全年节省燃料气714万立方米，节能9345吨标准煤，节约生产成本1562万元。一期工程投资44亿元完成结算，相比集团公司批复概算节省19%，是国内投资最低的LNG项目，荣获国内LNG行业第一个石油优质工程金奖。二期工程已通过国家发改委核准全面启动，工程详细设计和长周期设备已经完成采购，计划于2015年建成投产。完成了《LNG接收站工程设计技术研究》，形成了自主知识产权，荣获集团公司优秀设计金奖，完成集团公司科技进步特等奖申报，并申报国家级科技成果。编制完成各类标准9项，获得2项国家实用新型专利和1项软件著作权。

（陈殿卫）

中国石油天然气股份有限公司
华北天然气销售分公司

【概述】 中国石油天然气股份有限公司华北天然气销售分公司（以下简称公司）成立于2004年12月28日，是股份公司按照国际惯例组建的首家分立于油气田生产、管道运输的天然气销售地区公司。主要负责陕京一线、陕京二线、陕京三线、永唐秦线等长输管道进入京津冀晋蒙陕（东部）六省（区、市）的进口气和国产气销售、推价、气款结算以及管道沿线市场开发工作。2009年12月起受托管理股份公司天然气销售结算中心日常工作。公司位于北京市，下设办公室（党委办公室）、人事处（党委组织部）、财务处、市场开发处、营销处、计量调运处6个机关处室，机关附属资金结算中心、客户信息中心，设有北京市、天津市、山西省、河北省销售代表处和永唐秦管道销售代表处，现有员工125人。截至2013年底，实现供气用户73家，累计销售天然气1087.89亿立方米、实现销售收入1288.89亿元、完成税前利润130.47亿元，年均增幅分别达到25.6%、33.8%和36.7%。连续9年实现了以确保北京市为重点的华北地区安全、平稳、有序供气任务。

【业绩指标】 2013年实现天然气销量199.92亿立方米、销售收入330.04亿元、税前利润32.8亿元，分别完成业绩目标的110.4%、136.67%和112.18%。应收账款周转天数4.17天，控制在预算指标5天内。党风廉政、稳定、安全等业绩合同规定的控制指标全部达标。

【运行调控】 针对2013年资源短缺、冬夏压减控销形势，先后组织用户召开需求计划衔接会、用气结构核实会、资源情况通报会，与用户座谈衔接，逐家核实增量、新项目投产进度，安排专人现场调研核实用户计划执行情况及存在问题，加强用气计划监控考核，4月开始用户用气全部回归计划。认真抓好19次场站运行改造和管道突发事件停输施工期间的气量运行管理，积极协调补充管存、用户同步检修、中国石化管道代输，有效避免了减停供气造成的不利影响。采取协商北京市延迟高井电厂投产，要求河北、山西省部分工业用户进入冬季停车检修和降负荷运行，组织13家用户采购中国海油LNG，协调用户冬季自采LNG以备不测等措施，平稳实现冬季少用气6.5亿立方米，确保冬季销量低于运行方案。

【市场开发】 结合资源配置，从细化区域市场调研入手，按时完成京、津、冀、晋、蒙五省（区、市）2014—2018年滚动发展规划。重点开展陕四线、港清三线、唐山LNG周边35个意向用户需求调查，基本把握了沿线市场用气规模。主动与燃气电厂项目对接，要求各燃气电厂自建尖峰锅炉或LNG储罐调峰，供气紧张时可通过关停一台机组开启尖峰锅炉保证供暖。在总部机关和专业公司大力支持下，经与中国石化相关单位多次磋商，4月10日以公司代储模式签订了《中原油田文96储气库天然气购销协议》，8月26日双方就合资建设文23储气库项目的合作形式组织机构、出资方式、股比、垫底气量、储气库建设等相关问题达成共识，正式完成合资建设中原油田文23储气库项目框架协议并报送规划计划部。牵头组织有关单位与克什克腾大唐煤制气项目组进行5轮谈判，就购销协议全部条款达成一致，12月10日股份公司与大唐国际公司在北京正式签署《煤制天然气购销协议》。

【企业管理】 扎实抓好HSE管理体系内审、隐患排查、风险研判和定量分析，全面复查、审查已投产和新投产用户资质。组织编制公司2013年度风险管理报告，按时完成内控手册修订，并顺利通过集团公司挂接验收。开展二次内控体系自测，重要业务流程和关键控制点覆盖率达标，存货专项测试通过集团公司内控项目组验收。抓好资金管理平台应用，开展计划到凭证一站式管理，全面加强预算、资产管理和费用、投资控制，持续健全公司季度预算与经营活动分析框架体系，严格控制以五项费用为核心的管理性支出，细化完善购气核算、薪酬核算等业务流程，着力推进买方付息银行承兑汇票保理业务实施，逾期款项清理取得明显成效。全面加强公司2004—2012年度7个类目档案的收集整理，建立健全公司档案工作8个处室的管理体系和网络，档案基础管理从D级单位跃升为B级单位。认真组织管理诊断下基层、专项管理提升、管理提升第二和第三阶段工作，管理提升活动取得明显实效。从有效提高员工的职业化素质着手，强化员工专业知识、岗位须知、工作技能培训，建立全员持证上岗考核管理制度和实施细则，推行全员业绩合同管理，细化量化岗位责任目标，实施薪酬与绩效挂钩，员工履职履责能力明显增强。

（马迎祥）

中国石油天然气集团公司哈萨克斯坦公司

【概述】 中国石油天然气集团公司哈萨克斯坦公司（以下简称公司）是负责在哈萨克斯坦油气投资业务的生产经营和管理实体，2008年11月，集团公司在哈萨克斯坦国境内既有油气合作项目的基础上，成立哈萨克斯坦公司，代表中国石油对在哈萨克斯坦投资项目进行协调、支持和统一管理。哈萨克斯坦是中国石油重要的海外油气合作区，从1997年收购阿克纠宾项目开始，油气合作业务已经拓展和延伸到勘探开发、管道运输、炼油和油品贸易等上中下游领域，形成较为完整的油气业务链，目前有PK、阿克纠宾、曼格什套、北布扎奇、ADM和KAM 6个油气投资项目，中哈管道、西北管道2个管道项目。2013年，通过不懈努力，中国石油成功收购世界巨型油田之一的卡莎甘项目8.33%的股权。截至2013年底，上游项目剩余可采储量超过4亿吨（不含卡莎甘项目），油气生产能力达到3000万吨油气当量，每年通过中哈管道向国内输油能力达到2000万吨，为保障国家能源安全、促进经济社会发展发挥着越来越大的作用。公司现有员工总数20341，其中，中方员工396人，当地员工19911人，外籍员工34人。

【主要生产经营指标】 2013年，公司生产原油2379万吨，原油和天然气分别比海外板块下达指标超产46万吨、9亿立方米；实现油气当量3051万吨，连续4年保持在3000万吨以上。新增原油可采储量857万吨、天然气可采储量44亿立方米。中哈原油管道向中国输送原油1184万吨，PK炼厂加工原油486.2万吨。

【降本增效和股权投资回收】 2013年，公司在原油产量递减、油价较预期下行、成本上升的不利条件下，努力控投资、降成本、增效益，审减、优化投资1.5亿美元，桶油成本在剔除不可控因素后为7.76美元，控制在海外板块下达指标范围内，全年实现利润总额和中方权益分红均超额完成年度计划，保持了海外板块中净利润和现金流贡献最大的地位。

其中，PK项目优化节约钻井投资，严格执行钻井预算AFE程序，节约钻井投资约2070万美元。阿克纠宾项目强化建设项目前期论证，优化设计方案、工艺流程与项目概算，全年审减投资1.5亿美元。曼格什套项目应用先进适用工艺技术，提高单井产量，强化招投标竞争机制，做好油气销售推价工作，增效3500多万美元。北布扎奇项目优化钻井数量，调减投资220万美元用于措施作业，增油效果明显。ADM项目根据原油产量与开采税率配比关系，及时申请调整了合同区块原油产量构成，合理降低开采税，提高了经济效益。中哈管道项目提前赎回3亿美元债券，通过低息贷款置换，平均每年节约财务费用2086万美元。

【企业管理】 按照集团公司管理提升的总体要求，公司突出强化管理基础工作，取得阶段性进展。一是结合哈萨克斯坦劳务签证政策收紧实际，探索两地办公工作机制，成立北京技术商务支持中心，并以此为平台尝试公司内部员工轮换机制；二是转变公司机关作风，逐步建立完善地区公司技术、税务、法律、公共关系、信息化等支持体系，做好对项目的支持与服务工作；三是完善团体绩效，班子副职、专职副总师以及员工个人的绩效考核管理工作；四是编制发布信息化顶层设计规划，初步完成数据中心与视频会议系统建设，并积极推进移动办公平台建设；五是按照下半年集团公司强调以效益为中心的重点部署，积极行动，着手建立与此相配套的工作机制，于12月颁布实施《工程建设项目、探井、开发井与措施作业经济评价指导意见》。

在2013年集团公司管理提升活动中，公司和所属各项目结合自身实际，积极探索和创新实践，加快总结和提升国际化管理经验，取得突出成绩。公司获“集团公司管理提升先进集体”称号，PK项目辛仲琳获“集团公司管理提升先进个人”称号，阿克纠宾项目、曼格什套项目获“海外板块管理提升先进集体”称号。曼格什套项目“境外中外等权合营大型石油公司的管理”获“海外板块管理提升十大成果奖”，PK项目“海外项目发挥资源整合优势，打造一体化管理平台”、阿克纠宾项目“矿费制下海外项目国际化管控体系创新和实践”、曼格什套项目“应用平衡计分卡工具推进管理提升”、中哈管道项目“管道完整性系统的实施与应用”等成果成为海外板块管理提升亮点。

【勘探和新项目开发】 2013年，公司不遗余力加大勘探工作力度，在滨里海中区块、南图尔盖等重点探区均获良好发现，全年新增原油可采储量857万吨、天然气44亿立方米。

PK项目在推动4个勘探合同成功实现延期的基础上，针对南图尔盖盆地勘探成熟度高、规模发现难的实际，加大隐蔽圈闭和基岩潜山圈闭的勘探力度，取得一系列重要成果。1057区块西-Tuzkol基本落实2P地质储量8000万吨，具备了100万吨产能建设基础；东-Tuzkol深层、951D-Doshan区块西部隆起区浅层勘探相继获得突破。2013年新增原油可采储量325吨、天然气33亿立方米，分别超额完成1.6%和10%。

阿克纠宾项目加大滨里海中区块重点有利区带的综合地质研究力度，南部隆起区甩开勘探获得突破，发现Taker含油构造；中区斜坡区多口评价井获工业油流，含油范围不断扩大；KMK盐下部署探井获高产油流，取得重大突破。2013年实现新增原油可采储量460万吨。

ADM项目重点突破阿雷斯西南斜坡勘探，2013

年新增原油可采储量72万吨、天然气11亿立方米。

KAM项目连续3年在开发区块中通过滚动扩边获取新增储量，对地区公司具有较好的示范意义，2013年实现新增3P地质储量232万吨。

曼格什套项目稳步推进里海勘探，完成M区块824平方千米三维地震资料处理与解释，初步确定第一口探井井位，完成B区块东北隆起区三维地震采集，积极推进热德拜作业区卫星油田勘探工作。

通过不懈努力，成功收购世界巨型油田之一的卡莎甘项目8.33%的股权，并由PK公司协助海外板块顺利实现交割；经过多轮艰苦谈判，与哈油公司就收购乌里赫套凝析气田50%股份完成协议草签；正式完成KMK公司50%+1股份交割，当年实现勘探突破和原油产量翻番。完善新项目评价机制，地区公司和项目公司各司其职，全年共收集初评新项目25个。

【开发生产】 2013年，公司所属各上游项目面对主力油田含水上升、递减加快、开发进入中后期等矛盾和困难，扎实推进“三大工程”，全年实现原油产量2379万吨，油气当量3051万吨。

PK项目继续推进勘探开发一体化，探区试采贡献原油产量54.6万吨，占PKKR总产量的17%，为PKKR公司连续保持300万吨生产规模发挥了重要作用；强化与政府的沟通协调，高效获取North Nuraly和South West Karabulak两个油田的开发许可，为超额完成原油产量计划奠定了基础；PK三个上游项目加强油田综合治理，强化储层精细研究和动态分析，通过扩大注水规模、调整注采结构、优化举升方式、缩短检泵周期、提高开井时率等措施，改善了老油田的开发效果，延缓了产量递减趋势，2013年生产原油820.88万吨。

阿克纠宾项目针对让纳若尔D南油田难动用储量，采用水平井＋分段压裂技术，投产7口水平井，初期平均日产103吨，是周边直井的5—8倍；肯基亚克盐下油田成功实施双分支水平井，初期日产220吨，比邻井平均日产提高了2.5倍；KMK项目库姆萨伊稠油实施水平井＋蒸汽吞吐开发技术，同比增产11.3万吨。阿克纠宾项目2013年生产原油630.37万吨。

曼格什套项目加快完善注采井网，着力优化注水结构，改善水驱效果和注水效率，确保了地层压力持续保持在原始地层压力的90%以上，老井自然递减率控制在6%以下；改善钻井作业组织，卡拉姆卡斯作业区直井建井周期同比缩短2天，热德拜作业区缩短5天；强化精细地质研究和动态分析，挖掘断层边缘、厚油层顶部、套损井区剩余油，大力推广应用水平井、侧钻井技术，平均单井日产是直井的3.6倍。2013年生产原油607.68万吨。

北布扎奇项目积极开展转注、分注及热水驱，注采系统进一步完善，实现年度注采平衡、纵向动用程度、注水效率“三个提高”和油田含水率上升速度、油田快速递减“两个减缓”。2013年生产原油200.02万吨。

ADM项目突出老区挖潜，加大致密油层改造力度，推动了阿雷斯油田快速上产，全年贡献原油16.26万吨；通过优化钻井组织，提高新井生产时率。2013年生产原油38.81万吨。

KAM项目精心组织钻井作业，连续多年提前完成全年钻井任务，大幅度提高了油井的生产时率。2013年生产原油81.28万吨。

【原油战略通道建设】 2013年，中哈管道项目克服在无人区施工社会依托差和冬季严寒、春季融雪、夏季多雨等恶劣自然环境以及劳务许可和哈萨克斯坦含量限制等困难，8号站、10号站通过哈萨克斯坦竣工验收，实现阿塔苏—阿拉山口2000万吨输油能力扩建目标。在管输费“一票制”谈判上，通过不懈努力，“一票制”管输费框架协议签订，操作层面协议基本达成一致，中哈管道全线2000万吨扩建具备了坚实的法律基础。在油源组织上，面对油源不足、合作困难、过境俄油受阻等诸多困难，最大限度地挖掘哈萨克斯坦油源潜力，全年实现向国内输油1184万吨，中哈管道自投产以来已累计向国内输油6361万吨；在管道运行方面，借助哈萨克斯坦立法机会强化巡线管理，中哈管道和西北管道打孔盗油现象得到实质性遏制，发生次数从2010年的67次减少到2013年的7次，管道运行安全、平稳、受控；西北管道公司顾全大局，正输与反输兼顾，2013年累计输油345万吨，并获得较好的经济效益，全部偿还了中国、哈萨克斯坦双方建设贷款，实现投资回收。

【海外炼化业务】 2013年，PK炼厂完成原油加工486.2万吨，再创历史新高，同时实现全年安全生产、产品销售和改造项目实施目标。全面完成HSE指标，全年按计划、分步骤整改一批安全隐患，集中精力解决LK-6Y装置消防泡沫管网系统老化难题，提升核心生产装置消防设施的安全可靠程度。原油加工克服产品结构上的缺陷和哈萨克斯坦政府、哈方股东的非市场化干预，制订应对产品堵罐的紧急处理预案，及时根据原油供应和产品销售形势调整生产方案和采取应急处理措施，顺利完成原油加工任务。10 月 4 日—11 月 7 日成功进行全厂联合大检修，实现安全检修和开停工一次成功，检修期间还完成相关的技术改造项目和一批与炼厂改造有关的对接项目。炼厂综合改造工作取得阶段性进展，柴油加氢装置完成大部分施工，异构化联合装置设计完成 60%，启动长周期设备采购和压缩机组技术交流工作，硫黄回收装置土建基础完成大部。

【安全环保】 2013 年，面对日益严峻的安全环保和安保形势，公司以强化 HSE 基础工作为重点，进一步完善 HSE 体系建设，推进检查、审核与监督的常态化，突出井控、长输管道和承包商管理等重点，实现上中下游生产安全平稳受控运行，获集团公司“安全生产模范企业”和“环境保护先进企业”称号。一是完善 HSE 体系建设。经过全面修订，正式颁布实施《长输管道突发事件专项应急预案》和《井喷突发事件专项应急预案》，控防应急能力得到强化；各项目公司结合本项目实际，分别颁布、施行、修订一系列程序文件、管理制度、体系文件、应急预案等，进一步完善和丰富公司 HSE 管理制度体系。二是强化 HSE 检查、审核与监督。开展了示范队评审、春季 HSE 检查、安全生产月活动、联合公司管理体系审核、集团公司安全生产大检查、冬防井控和炼厂改造专项检查，持续强化检查与监督，提高了 HSE 管理工作的执行力。三是 HSE 管理绩效进一步显现。突出井控管理，克孜洛尔达和阿克套油区井控检修中心正式投用，井控本质安全得以切实保障和有效提升；突出承包商管理，继续推行“红黄绿牌”考核机制，钻修井作业安全整体水平进一步提升。

【绿色发展】 面对哈萨克斯坦环境保护和天然气排放要求日趋严格、承包商队伍素质参差不齐的外部环境因素，以及油气田类型多、地层情况复杂，“三高”、“两浅”带来的井喷风险高、部分油田、炼厂生产工艺、设施老化等内部挑战，公司始终遵循“环保优先，安全第一，质量至上，以人为本”的理念，加大污染源综合治理，优先保证环保资金投入，不断完善环保体系建设、污染源治理等环境保护工作，取得“节能、减排、降费和增效”显著成效。

健全环保机构和工作体系，明确各级单位领导、部门领导、二级单位及车间站队领导的环保责任，全面实现环保工作的直线管理和职责落实；持续开展环保体系建立和审核工作，推进哈萨克斯坦地区环保工作体系化，各项目公司均完成了 ISO 14001 环保体系管理认证复审，环境管理体系有效运行。

积极开展环境评估和风险控制。加强大气、地下水、放射性等环境监测工作，在炼厂、油田、油库和管道运输等重点领域开展风险评估和隐患监控治理，防止油罐及管线溢油、燃烧爆炸、井喷等恶性环境事故。新建、改建、扩建项目严格按照法律法规的要求，将环境保护作为经济技术论证的重要内容，严格执行环境影响评价、设计方案优化措施，实行环保设施设备与主体工程同时施工、同时调试、同时验收，合格后才能投产。PK 项目根据环境因素及其影响，建立专门的环境保护数据库，共涉及隐患及整改措施 79 项，其中高风险 10 项，中风险 43 项，低风险 26 项。环境风险监控高效，整改措施实施到位。

加快环境保护工程项目建设。公司投入巨资在多个油田建设天然气综合利用工程，确保天然气和伴生气得到科学、合理、有效利用，不仅减少了天然气排放、火炬燃放，而且保障了油田产能建设，避免了巨额天然气罚款，最大限度地减少天然气燃放。目前，中国石油在天然气利用方面处于哈萨克斯坦领先地位。

自 2000 年起，阿克纠宾公司对让那诺尔第一油气处理厂进行了改造，并先后投资兴建了第二、第三、第四油气处理厂，让那诺尔第三油气处理厂也成为哈萨克斯坦第一个实现大规模伴生气回收利用的典范。随着南区气顶气集输、第三油气处理厂、新厂净化气精脱部分、让那若尔至 KC13 天然气管道、让那若尔至恩巴铁路的相继投用，天然气综合利用工程总体建成，阿克纠宾公司危险废物排放从 2009 年的 44129 吨降低至 2013 年 4150 吨，伴生气综合利用率从 1997 年 23% 提高到现在的 96.9%，天然气火炬燃放量比高峰年份减少 6—7 倍。

曼格什套项目推广清洁生产、推动生产设备的优化升级，淘汰落后的设备、工艺和技术。由于历史原因，矿区内遗留大量垃圾需要处理，中方和哈方接收后，投入巨资进行垃圾处理，2013 年计划处理垃圾总量 174918 吨。同时引进垃圾处理新工艺，使用 Steel Master 公司提供的药剂清洗的方法处理石油垃圾，分离出的石油可回收利用。所属卡拉姆卡斯油田还引进先进的生物降解法处理落地油污染土壤，取得良好效果，同时更换玻璃钢输油管线 50 千米，减少了因管线爆管和泄漏产生的污染物数量。

加强现场环保管理。2013 年，公司从强化钻修井作业监管入手，重视环境敏感目标管理，要求针对钻修井作业必须制订作业环保方案，环保措施不具体、不可行不允许开工。在施工过程中，油田环保监察人员现场跟踪监督。钻修井过程中，废弃钻井液和岩屑由专门的承包商拉运，集中进行无害化处理，实现无坑作业；井场垃圾由钻井公司负责处理，完井后井场地貌、植被按要求进行彻底恢复，保证环境不被破坏。PK 项目完成上下游及油库等温室气体清单及许可申请等工作，改进了钻井废液处理措施，对约 1 万吨污土及 100 吨低放射性废物进行回收处理。

【履行社会责任】 2013 年，公司继续坚持"互利共赢、共同发展、和谐发展"的合作理念，重视与资源国和谐合作关系建设，切实履行经济和社会责任，积极参与当地经济社会建设。

2013 年，公司充分利用国家领导人访问契机，在推动油气合作项目的同时，务实推进社会可持续发展项目，参与了中哈全面合作战略规划协议、舞蹈学校备忘录等谈判和后续推进工作，积极参与在哈萨克斯坦重要会展与论坛，努力提升中国石油的影响力和话语权。

认真执行赞助当地社会经济发展备忘录。截至 2013 年底，所属各项目累计上缴税费 320 多亿美元，公益事业支出超过 3 亿美元，提供就业岗位近 3 万个。营造了和谐共赢的外部发展环境，树立了良好的投资者形象。

资助当地人才培养和文教卫生事业。PK 项目设置的克孜勒奥尔达州奖学金项目每年选派 10—15 名当地应届高中毕业生到中国、哈萨克斯坦和其他国家的知名大学深造。自 2005 年至 2012 年底，受资助的学生共计 96 人，其中已经有 20 人毕业后返回 PK 公司工作，2013 年又有 13 名毕业生返回公司。北布扎奇项目和当地文化艺术和体育团体建立了良好的关系，2013 年资助相关事业 93 万元人民币，提升了项目公司和中国石油在当地社会的美誉度和影响力。

帮扶弱势群体。2013 年，各项目积极响应政府号召，把关心当地弱势群体当做公司义不容辞的责任，坚持向低收入家庭、退休老人和残疾儿童、第二次世界大战老兵送温暖、献爱心，积极唱响企地合家欢的主旋律。北布扎奇项目加大投入的力度，为生活困难、家庭条件不好的员工，老石油工人、军烈属提供必要的物质赞助和捐款，2013 年项目公司总投入资金达 34.4 万元人民币。PK 项目依托各种社会团体组织、基金以及法人单位，对包括贫困家庭、残疾人、孤儿、受阿富汗战争以及切尔诺贝利核电站事故伤害的家庭、贫困的离退休人员，残疾职工等提供基本生活用品，在新年、哈历春节（Nauryz）和国际儿童节给贫困家庭孩子准备礼品及演出，组织各种文体活动。

改善当地人民生活条件。公司始终把和谐社区建设放在重要位置，创造条件让社区民众分享企业的发展成果。2013 年，阿克纠宾项目公司持续向阿克纠宾州提供 300 多万美元，用于支持当地基础设施、教育、医疗保健等领域建设；继续以当地市场四分之一的价格向当地居民和企业供应天然气近 17 亿立方米，助力当地社会经济发展和民生改善。曼格什套项目公司出资 403.84 万元人民币，协助当地政府维修阿克套至卡拉姆卡斯油田 250 千米的道路，2013 年已全线维修完毕。维修后的道路全程可节省时间 1.5 小时，并改善了居民出行的条件，带动当地经济的发展。此外，曼格什套项目公司还为所在州政府赞助 151 万元人民币，用于当地基础设施建设。

（樊　玉　上官新松）

中国石油天然气股份有限公司伊拉克公司

【概述】 中国石油天然气股份有限公司伊拉克公司（以下简称公司）成立于 2009 年 12 月 23 日，是中国石油为加强伊拉克地区油气业务的组织管理，发挥整体优势，促进海外油气业务发展而成立的海外地区公司，下辖哈法亚、鲁迈拉、艾哈代布、西古尔纳 4 个项目部和公司机关 8 个部门，以及北京、巴格达、迪拜、伦敦 4 个办事处。截至 2013 年底，伊拉克公司有中方员工 304 人（不包括整建制对口支持人员），伊拉克当地员工 12458 人（包括参建单位当地雇员），国际雇员 1199 人。

经过 4 年的艰苦努力，哈法亚、鲁迈拉、艾哈代布三大项目实际进展均比合同要求提前实现第一阶段产量目标，2013 年原油生产踏上年产 4000 万吨步伐；三大项目全面步入投资快速回收阶段，中国石油在全球高端的中东国际油气市场，开拓一条快速建设、快速投产、快速回收的成功之路，积累了中国石油以主导者、作业者和合同者的不同身份运作和管理国际化合作项目的成功经验，树立了中国石油在伊拉克乃至国际石油市场的新形象。西古尔纳项目于 2013 年 11 月 28 日正式交割，为中国石油在伊拉克发展注入了新的活力。

【油气项目】

1. 艾哈代布项目

艾哈代布项目克服油田递减幅度大、注水工程滞后以及政府限产等不利因素，加快新井投产，加强堵水及酸化等措施，争取生产主动权。一方面通过加快新井投产进度，推进电泵井、转注井和老井优化等措施落实，弥补因新井投产滞后造成的产量缺失；另一方面，继续调整和优化中心处理站（CPF）处理系统工况参数，保持系统运行稳定。2013 年完成作业产量 704 万吨，超产 34 万吨；完成提油 395 万桶（中国石油份额）。

2. 哈法亚项目

哈法亚项目加强老管线的维护抢修组织，加大油井酸化等增产措施，保证油田生产的主动性；同时，通过投产新井、优化工作制度、调整老井生产层位，降低油田含水，克服了中心处理站一期（CPF1）水处理能力有限的瓶颈，保障了油田产量高位运行。2013 年完成作业产量 557 万吨，超产 97 万吨；实现提油 651 万桶。

3. 鲁迈拉项目

鲁迈拉项目在地面设施年久失修、注水工程严重滞后、油藏压力递减较快的严峻形势下，采取各种措施扭转产量被动的不利局面，努力稳产上产：一是加强设备维修改造，按期实施油田设施的大修改造计划，已完成 5 次关站维修以及 3 座处理列大修，提高地面设备设施的稳定性；二是深化油井投产施工前准备工作，优化井口连头施工流程，平均单井投产时间（POP）由上半年的 80 天缩短为下半年的 63 天，增加新井产量贡献；三是加强生产优化，精细化调整生产流程，通过高低压油井及处理列转换和单井参数调整等手段，充分挖掘生产潜力。2013 年完成作业产量 2828.3 万吨（中国石油份额）；完成提油 1394 万桶（中国石油份额）。

4. 西古尔纳 -1 项目

2013 年 11 月 28 日，中国石油、美国埃克森美孚石油公司、印度尼西亚国家石油公司（Pertamina）的三方代表，在阿联酋迪拜完成了伊拉克西古尔纳 -1（West Qurna 1）油田服务合同购股协议相关交割文件的签署。经过一年多的艰苦谈判和卓有成效的商务运作，中国石油正式成为该油田技术服务合同的伙伴之一。在获取西古尔纳 -1 油田技术服务合同 25% 的权益后，中国石油在伊拉克运营的上游项目已达 4 个。西古尔纳 -1 项目的获得，将为实现集团公司的“做大中东”战略增添新的动力。

【主要生产经营工作】 2013 年，伊拉克公司紧紧围绕中国石油“有质量、有效益、可持续”的总体战略部署，发挥优势，加强合作，克服困难，勇于担当，全面完成了年度各项生产经营目标。

1. 实现 HSE 良好纪录

在伊拉克恐怖袭击事件频发、业务量大幅增长、作业风险增高的情况下，伊拉克公司按照“三大一统一”体系建设要求，建立健全一体化的安全防恐和 HSE 管理体系。认真落实各项安保防恐措施，制定完善安全应急方案，进一步深化与当地警察、安保机构信息沟通制度，建立与政府、石油警察、伙伴公司和社区良好的合作关系。同时，注重 HSE 制度的宣贯落实，强化安全生产管理，推进对参建单位的 HSE 管理，重视油田环境保护和紧急医疗救助。持续保持良好的 HSE 和社会安全业绩，全员安全环保理念进一步增强，安全水平进一步提高。

2. 原油生产迈上 4000 万吨台阶

2013 年，伊拉克公司完成原油作业产量 4089 万吨，完成年度调整计划的 100.5%；新增原油可采储量 200 万吨以上，完成年度计划的 100%；全员劳动生产率实现 13.65 万吨 / 人，完成考核指标 8.82 万吨 / 人的 155%。

3. 产能建设取得突出成效

2013 年 4 月 14 日，哈法亚二期 1000 万吨产能建设正式启动，已完成大部分长周期设备材料及 EPC 合同的授标，不断加强施工组织管理，确保 2014 年 8 月底建成投产，同时正在积极筹划三期 3000 万吨产能建设部署。艾哈代布项目按照年度计划安排，完成年 600 万吨 EPCC 尾项工程、剔瓶颈工程和扩建工程，按计划推进站外系统建设，确保新井及时投产。鲁迈拉项目认真查找剩余油分布区，优选新井井位，加强增油措施作业，全年钻井47口，完成修井作业74口；加快油藏规模化注水工程的实施，积极推动新建水处理装置的建设，水源项目供水管线施工进度和工程质量得到大幅提升。

4. 经营管理水平不断提升

伊拉克公司充分利用同诸多国际石油公司同台竞技的有利机会，与国际石油公司进行对标分析，学习借鉴国际石油公司在商务公关、项目运作、HSE、物资采购和人才管理等方面的先进经验，查找并整改了13个关键薄弱环节、45项问题，总结提炼出艾哈代布项目实现多元化油气外输布局、哈法亚项目积极开展TSC合同下项目经营策划、鲁迈拉项目OMS管理系统创新应用等多个管理亮点，推进了公司整体管理水平的提升。充分利用经营、科技和HSSE工作委员会的平台，统一协调解决地区公司和各项目部的生产、经营、技术、安全、防恐及发展过程中的问题，努力推动管理水平上台阶。以完善制度、规范流程为主要内容的“三基”工作有效开展，经营、科技、HSSE管理及经营策略研究工作稳步推进，内控风险体系逐步建立，OA协同办公平台系统投入运行，党建、企业文化建设工作进一步加强。

5. 实现中国石油在伊拉克效益最大化

按照中国石油力争三年时间把中东建成海外重点油气合作区和工程技术服务的主阵地的要求，中国石油在伊拉克三大项目积极与中东工程技术服务协调小组沟通，主动向参建单位介绍伊拉克投资环境、国际招投规则、投标策略等，积极推进工程技术服务队伍进入伊拉克市场。各参建单位坚持把为集团公司投资业务提供及时、高效、优质的服务作为第一要务，全力以赴支持项目建设。2013年度，中国石油工程技术服务队伍在伊拉克获得工程合同额19.98亿美元，中国石油在伊拉克服务市场的规模不断扩大。截至2013年底，集团公司在伊拉克工程技术服务队伍已累计获得工程合同额超过62亿美元。

【队伍建设】

1. 加强班子建设

日常工作中，公司坚持把“政治素质好、经营业绩好、团结协作好、作风形象好”作为班子建设的目标和标准，加强和改进党的组织建设。2013年11月30日，伊拉克公司在迪拜组织召开2013年度党员领导干部民主生活会。本着交流思想、改进提高的原则，班子个人和班子成员之间认真开展了批评与自我批评。

2. 规范干部管理

公司坚持民主集中制，大力培养政治素质好、业务能力强、清正廉洁、求真务实的同志，将他们放到伊拉克项目生产第一线，注重提高集团公司挂职锻炼人员的工作能力和业务水平；全年先后任免正副处级中层干部12人次，中层干部的及时聘任和调整，调动干部职工投身伊拉克、干好大项目的积极性。

3. 加强职工队伍建设

2013年，公司如期筹备了中东第二期EMBA培训班，参加学习70余人；选聘、轮换60余人，选拔输送对口支持人员70多人次；按照“宏观指导、规范管理、综合协调、支持服务”的原则，统筹开展中国石油驻伊拉克队伍甲乙方人力资源协调工作，取得了积极的协调效果；通过与BP、TOTAL、EXXON MOBILE、SHELL、PETRONAS等国际公司合作，锻炼和培养了一大批熟悉国际商务、财务、法律、人力资源运作模式和规则的人才队伍。同时，吸引国际雇员达500多人，成为了实现中国石油在伊拉克可持续发展的人才支撑。

【企业文化】

1. 认真抓好宣传工作

2013年先后出版3期《伊拉克油气合作》杂志，编发26期《伊拉克简讯》、18期《伊拉克快讯》。先后在中国石油报上刊登了《中国石油中东油气合作区建设快马加鞭》、《“3H”开启梦想之旅——哈法亚项目管理透视》、《伊拉克公司联合提油成功》、《鲁迈拉原油产量逆势回升》、《首条海外绿色医疗救助通道奠基》、《中国石油培训伊拉克人才》、《艾哈代布项目LPG惠及140多万居民》等86篇稿件；同时，加大在伊拉克当地宣传力度，先后在《能源》杂志发表《China National Oil Company Honors Iraqi Worker》等多篇稿件，多次成为当地新闻媒体的正面报道对象，收到良好的宣传效果。

2. 积极开展文化娱乐活动

2013年，公司与参建单位一道，共同组织了元旦茶话会、春节联欢晚会、五一运动会、七一座谈会、国庆联谊会，活跃海外一线员工的业余文化生活。

【环境保护和社会公益】

1. 履行承诺，加强环境保护工作

艾哈代布项目从2009年项目启动至今，坚持实施世界领先的“废钻井液无害化处理”专利技术处理油田全部钻修井钻井液，废钻井液处理量从2009年的5000米^3/年，增加到目前的12万米^3/年，年资金投入千万美元。4 年多来，艾哈代布项目累计处理废钻井液近 50 万立方米，开创了伊拉克钻井史和环保史的先河，成为伊拉克石油部推广学习的典范。与此同时，艾哈代布项目提前投用液化石油气（LPG）装置，成为伊拉克第一个生产 LPG 的上游油气田开发项目；截至 2013 年底，LPG 项目安全运行一年多时间，已经惠及伊拉克当地 140 多万民众，对油区大环境建设产生重大而深远的意义。

哈法亚油田生产的伴生天然气，及时输送到当地卡哈拉电厂，使这家电厂成为伊拉克第一个利用伴生天然气发电的电厂，有效解决了当地燃料不足和电力紧张问题，对改善当地民众生活条件、减少环境污染和能源浪费发挥了积极的作用。

中国石油在伊拉克工程技术单位坚持“环保优先”的理念，深入推进安全环保和生产经营统筹协调发展。管道局承建的管线穿越河流后，都及时复原河道，切实保障伊拉克当地的生态环境。2013 年 8 月，在成功穿越阿拉伯河流之后，管道局专门购置了 1 万多尾鱼苗放入到阿拉伯河之中，对于生态保护、渔业发展起到积极的保护作用。

2. 构建和谐社区，贡献当地社会

近年来，中国石油在积极参与伊拉克战后重建的过程中，广泛开展了包括建设培训中心、援助修路、修建公用设施等各项公益活动，还专门资助了伊拉克体育公益项目。2013 年 9 月 25 日出资邀请伊拉克国家游泳队和跳水队一行 28 人抵达北京，在北京市木樨园体育运动技术学校进行 1 个月的集训。在为期 1 个月的集训中，中方为伊拉克国家游泳队和跳水队的运动员们提供与训练相关的各项服务，包括食宿、聘请中方教练等，还安排队员参观北京的历史文化名胜。通过扎实科学的训练，伊拉克国家游泳队和跳水队运动员们的进步明显，让教练和队员信心大增。中国驻伊拉克大使倪坚认为，这次体育交流活动不仅更加密切了中伊关系，而且使中国石油在海外树立起负责任、关注民生的形象。

中国石油积极参与伊拉克当地基础设施、文教卫生等社会公益项目建设，为油区村镇修路架桥，向油区小学捐赠文教物资，与国际石油和天然气行业标准和培训供应商签署培训协议等，为促进当地经济发展和社会进步、提高油区民众生活质量作出贡献。

艾哈代布项目在油田开发建设的同时，每年从油田运营经费中拨付 100 万美元作为社会公益项目建设资金，积极带动当地经济发展，帮助提高当地百姓的生活水平。艾哈代布项目与伊拉克高校联手，为巴格达科技大学提供生产实习基地；2013 年，艾哈代布项目先后为 Ahrar 县 6 所学校建造 12 间教室，为 Ahrar 县医护站建造了医生多功能室，为 Ahrar 县一所学校建造 BRC 围网，为 Ahrar 县男子初中建造一座阶梯教室，为 Ahrar 县男子高中建造一座多功能运动场，正在为 Ahrar 县斥资建设一个银行，上述公益项目总投资约 93.15 万美元。

哈法亚项目和鲁迈拉项目每年为当地各提供 500 万美元员工培训费，为伊拉克培养了一大批熟练掌握石油勘探、开发、生产和石油管道施工、地面工程建设的管理和技术人才。通过公益捐赠活动，中国石油赢得了当地政府的肯定，受到当地人的尊重。

3. 扩大当地人就业，培训提高业务技能

截至 2013 年底，中国石油为伊拉克当地社会创造 12458 个就业机会。其中：在艾哈代布、哈法亚和鲁迈拉等项目工作的当地雇员分别为 1949 人、3293 人和 5421 人，在库尔德、巴德拉等其他石油项目工作的当地雇员 1795 人。目前，中国石油在伊拉克的本土化率总体上达到 81%，员工本土化是中国石油践行回报伊拉克当地人民的承诺，是推进国际化、本土化进程中的一项重要举措。

2013 年 6 月 8 日，中国石油工程建设公司（CPECC）与伊拉克南方石油公司（SOC）共同举办第三期当地焊工培训班开学典礼。2013 年 6 月 10 日，CPECC 与巴士拉大学签署合作办学谅解备忘录。CPECC 计划在 4 年内，每年从巴士拉大学工程学院招收 40—50 名大学生，通过 4—5 年培养业务骨干，极力推进当地化进程。CPECC 每年在巴士拉大学捐赠 10 万美元设立“励志助学金”和“英才奖学金”，以帮助家境困难和学习优秀的学生顺利完成学业。

中国石油已启动巴士拉大学与中国石油大学（北京）在教育、科研、培训等方面的合作，旨在进一步提高伊拉克当地员工的业务技能，为当地石油工业培养更多优秀人才。

4. 评选表彰优秀雇员，激励当地员工

公司 2013 年 9 月 19 日开展第二届优秀雇员表彰活动，对 10 名杰出伊拉克员工、58 名优秀伊拉克员工颁发荣誉证书和物质奖励，还邀请杰出员工赴中国进行了参观访问。

（尚松峰　王正安）

中国石油天然气集团公司伊朗公司

【概述】 中国石油天然气集团公司伊朗公司（以下简称公司）成立于2009年12月23日。公司行政上由集团公司直接管理，业务上归口中国石油海外勘探开发公司管理，作为集团公司内部海外业务区域性管理机构，不进行工商注册。目前，公司在伊朗执行4个油气合作项目，分别是北阿扎德甘项目（简称北阿项目）、南阿扎德甘项目（简称南阿项目）、MIS项目、南帕斯11区项目（简称南帕斯项目）。截至2013年底，公司共设有10个职能部门，员工总数468人，其中中方员工127人，当地员工341人。

2013年，伊朗公司认真贯彻落实集团公司和海外板块相关工作要求，积极探索管理创新，求真务实，锐意进取，全面超额完成各项生产经营指标。成功确定北阿项目投资上限，多项瓶颈问题得到解决；北阿地面建设大幅提速，项目运行高效受控；北阿钻井周期、成本持续下降，“双控”工作成效显著；加强对地区局势的跟踪研究，制裁相关风险得到有效控制；进一步完善地区公司及项目公司的规章制度体系，管理科学化水平显著提升；探索建立适用于回购合同的内控体系，运营管理迈上新台阶；努力建设安全绿色企业，环保工作获得集团公司表彰。

2013年，伊朗公司完成投资6.86亿美元，其中，北阿扎德甘项目5.39亿美元，南帕斯11区项目93.7万美元，南阿扎德甘项目1.47亿美元。全年实现投资回收610万美元，其中，MIS项目回收20万美元，南阿项目回收590万美元。

【北阿扎德甘项目】 2013年，北阿项目以狠抓项目“设计、采购、工期、预算、回收”和HSE为工作重点，工程建设明显加速，全面完成海外板块下达的各项任务。截至2013年底，项目总体进度从2012年底的27.44%上升至60.94%，项目运行大幅提速。钻井工程年初计划16开18完，全年完成17开18完，开钻井数、完钻井数分别完成年度计划的106%和100%。土建工程完成油田建设所需的所有21个井场道路，完成年初计划的100%。2013年地面工程计划累计完成40%，全年完成43%，为年初计划的108%。其中：设计完成91.74%，为年初计划的102%；采办完成50.58%，为年初计划的108%；施工完成34.55%，为年初计划的93.4%，主要指标超额完成。

2013年是地面工程快速推进的一年，主要完成PID C01版的审批和90% CPF模型的审核；集输管廊带回填施工，集输管线已经分批到场；完成站内主要设备基础施工和房建主体；完成站内大罐主体施工；完成外输管线清雷；完成双燃料发电机FAT；完成压缩机、TEG和外输泵的招标，EPCC 2013年当年进度为34.48%，相对于2012年底8.52%进度显著提升。长线采办取得突破，电站综合进度60%，压缩机综合进度30%，TEG综合进度30%，外输泵综合进度43%。

继续深入优化生产经营各环节，实施一系列从设计到施工、从预算到招标，从决策到执行，涉及生产经营管理各个环节的减控措施，取得明显效果。2013年，北阿项目17口水平井（大斜度井）平均钻井周期为109.36天，平均单井非生产时间为8.21天，同比，平均单井钻井周期下降6.7天，非生产时间下降2.56天。2013年平均完井成本为882.41万美元，比计划的1100万美元节省19.78%；同比，生产井平均成本下降7.6%。

进一步建立和完善人力资源管理、合同和采办管理、计划和财务管理、后勤保障管理、钻完井作业管理等规章制度和程序；建立周会议制度（即作业协调会、管理委员会会议、招标委员会会议）；建立全新的人力资源管理信息系统，实现统一的信息化管理；建立健全合同、采办、清关、运输和库房的管理体系；全面启动实施BCR，建立并完善项目的计划管理程序，建立计划对各项工作的监督和跟踪体系，实现对投资的有效控制；完善联合账付款、报销、资产验收、合同验收、备用金管理等工作程序，形成流程清晰、服务高效的财务工作流程；完成包括经营计划、油气田开发建设、财务管理、采购管理、存货管理、合同管理6个模块的内控体系建设。面对与西方制裁有关的金融、财务类风险和合同执行风险，组织开展境外付款、汇率、个税、合同回收条款等问题的专题研究，加强商务、财税筹划，制定一系列相关措施，并推动实施。

坚持“有感领导、直线责任、属地管理”管理原则，HSE工作卓有成效。截至2013年底，北阿项目累计实现安全生产650万人工时无亡人事故，实现了全面提速下的安全生产。

【南阿扎德甘项目】 2013年，南阿项目认真贯彻落实海外板块和公司相关工作要求，各项工作取得良好成绩，全面完成海外板块下达的各项任务。一期产能建设完成总体进度6.87%，早期生产总体进度完成15.60%，达到稳步推进的工作目标。钻井工程开钻7口（2口直井、6口水平井）、完钻4口，全年完成9开5完，分别完成年度计划的113%和100%；钻井总进尺28200米，完成年度计划的13%；完成建设井场13个。根据板块下达的计划预算，为了统筹兼顾后几年工作计划，地面工程除了安排早产井的地面设施建设外，还兼顾考虑一期EPCC的招标准备工作。完成项目一期工程FEED研究及报批；完成早产第一阶段4口井的EPCC授标和详细设计，采购全部到货；完成早产第二阶段15口井管线连接招标前准备工作。

2013年，通过深化研究，加强谈判，南阿项目合同执行条件获得进一步改善。南阿的早产操作费用回收及一期部分回收（24%的一期总投资）已经双方签字认可；经过不断努力，伊方同意100口井和50%地面工程工作量通过快速采办实施，为提高采办效率，有效控制工期提供良好的条件。

面对严苛的内外部经营环境，积极组织开展境外付款、汇率、个税、合同回收条款等问题的专题研究，加强商务、财税筹划，制定一系列相关措施，并推动实施。在制裁困难情况下保证了资金通畅和资金安全。针对伊方设计审批过程缓慢，技术沟通的难度和深度大的特点，与伊方进行积极主动的沟通，共讨论意见4467条，最终全部达成一致；通过多次谈判，获准将电站电压等级由开发方案中的132千伏改成与伊朗市政供电一致的230千伏，有效规避了伊方承建电站工期滞后对项目建设带来的风险。

2013年，公司组织力量对南阿项目前期设计进行详细的梳理与复核，力争做到不漏项，不缺项，为项目成本控制、投资控制及进度控制夯实基础。在FEED审查过程中，对方案设计进行深入的细化和优化，并通过不懈的努力，获得伊方的批准，确保方案的经济合理性。仅流量控制、单井超压保护、回注系统材质、计量站放空4项较大的设计优化即减少投资估算约2.6亿美元，控制效果明显。

【MIS项目】 根据MIS地面工程的设计要求，完成地面工程尾项工作，主要包括凝液回注系统安装与调试、压缩机系统安装与调试、外输泵振动维修、计量系统U型管水标及建筑单体火气系统安装5部分内容。

积极配合油田操作方伊朗NISOC进行油田复产工作，主要包括协助NISOC进行站内工艺管道及设备维护、DCS&SSS系统维护，对管道腐蚀原因及修复措施进行专项研究分析，向NISOC提供相关的复产操作及维护指南。配合NISOC及其他相关部门于2013年3月5日启动MIS油田复产，生产持续72天，生产原油15.7万桶，累计生产原油783万桶。在生产期间积极协助伊朗方及公司其他部门进行生产管理工作，2013年5月15日接到油田操作方NISOC停产通知后进行油田停产。

项目移交后，项目公司与伊方签订技术服务合同（TSA）。两年来，地面工程TSA技术服务队伍受到伊朗方面好评，2013年6月TSA服务合同期满。

2013年，针对MIS油田地面设施现状编制MIS油田地面设施维护及油田全面复产方案，方案全面系统地阐述油田地面设施维护与油田全面投产的具体方案、措施，方案已经通过审核后提交伊方，并进行相关的技术及商务谈判工作。经过不懈努力，MIS项目投资回收方案于2013年5月获伊朗最高经济委员会批准。

（毛及欣）

中国石油天然气集团公司拉美公司

【概述】 中国石油天然气集团公司拉美公司（以下简称公司）是集团公司海外地区公司之一，主要负责中国石油在拉美地区的油气投资业务以及所属其他企业的统一管理与协调。公司行政上由集团公司管理，业务上由中国石油海外勘探开发公司归口管理。公司总部位于委内瑞拉首都加拉加斯。公司中方员工199人，外籍员工2700余人。截至2013年底，公司已经在委内瑞拉、秘鲁、厄瓜多尔、哥伦比亚和哥斯达黎加5个国家，经营管理7个油田开发项目、1个勘探区块、1个炼厂项目，是中国石油海外油气合作区中，开展油气合作历史最长、分布国家最多、跨度最大、合同模式最多、管理幅度最大的地区公司。

【主要生产经营指标】 2013年，公司全年生产原油1304万吨，提前47天完成生产任务，超产181万吨，同比增产131万吨。所属6个油气在产项目全部实现上产或稳产，创造了公司历史上的最好局面。创新实施“金融与能源一体化”战略，成功签署MPE3项目融资协议，推进解决了委内瑞拉项目分红等重大难题，继续保持产量和效益双增长。公司全年完成上缴现金贡献考核指标的157%，利润总额完成年度预算指标的142%。继2012年实现公司生产项目整体投资回收之后，2013年又实现了MPE3项目和陆湖项目投资回收。

【企业管理】 2013年，公司继续深化以“四权”为核心的非作业者项目股东管理，以强化和改善对资源国政府、国家石油公司、合资公司三方的合作关系为基础，以高层指导委员会、专业委员会以及合资公司工作委员会为沟通平台，以股东会和董事会为合资公司决策机制，以小股东审计为主要监督手段，规范合资公司和大股东的运营管理，有效维护了中方作为小股东的“知情权、话语权、监督权和分红权”，有效维护了中方权益，也提升了中方人员在合资公司的作用和地位。

按照集团公司统一部署，公司深入开展管理提升活动各项工作，各部门、各单位认真对照专业经济技术考核指标和自我诊断报告，紧密结合自身实际，针对突出问题和薄弱环节，制订方案、细化措施，专项提升、全面整改，各重点领域取得显著成效。公司持续开展经营策略研究，加强资源国法律法规和能源及税收政策的跟踪与应对策略研究。扎实抓好“双控”工作，强化投资过程管理，重点抓住钻井和地面工程两大投资项目，从源头上做好投资优化和科学控制，优化工程设计和施工方案。积极应对委内瑞拉本国货币大幅度贬值，实现了中方未分配利润未因汇率变动而受影响，也未因货币调整对合资公司当期利润产生汇率损失，维护了中方利益。

注重顶层设计，深化风险防控工作，努力建设以风险为导向、流程为载体、信息化控制为提升手段的内控管理体系。稳步推进风险评估与防控措施设计，积极开展业务流程梳理与优化。针对重要风险设计控制措施109项，同步梳理分析了公司制度48项，初步完成公司内控体系管理手册建设，风险防控能力显著提升。充分利用海外ERP系统，扩大系统控制程度。在海外板块的支持下，启动并推进统一信息平台和油田动静态管理数据库建设，有效提升公司信息化水平。

【20年创业成果】 2013年是中国石油在拉美地区开展油气合作20周年。20年来，公司克服复杂多变的经营环境、恶劣的治安形势和艰苦的作业条件等诸多困难，取得一系列重要成果。（1）油气产量持续增长，千万吨作业区稳步发展。原油年产量从1993年的4万吨跃升至2013年的1304万吨，20年累计生产原油超过1亿吨。（2）新项目开发获重大突破，资源基础稳固可靠。陆续在委内瑞拉、哥伦比亚、厄瓜多尔、秘鲁和巴西推动签署多个合作项目或协议，为公司战略目标的实现奠定坚实基础。（3）国际化经营管理水平不断提升，公司和项目的赢利能力持续增强，公司所属项目整体具有良好的经济效益和较高的投资回报。（4）创新形成三大特色配套技术系列，中方技术优势得到有效发挥。（5）加强复合型人

才培养，逐步建立了适应拉美地区实际的国际化专业团队。（6）强化 HSSE 管理，保持优异的安全环保业绩。（7）充分发挥集团公司综合一体化优势，实现了整体利益最大化。（8）持续加强党建和企业文化建设，继承发扬大庆精神铁人精神，有效提升企业软实力。（9）坚持“互利共赢、合作发展”理念，积极履行社会责任，为业务发展营造和谐的外部环境，树立了负责任的国际石油公司良好形象。

【勘探开发】

1. 委内瑞拉 MPE3 项目

2013 年，MPE3 项目加强新井钻井与快速投产工作，全年投产新井 43 口，新增产能 3 万桶 / 日，采取得力措施有效解决原油外输处理瓶颈问题，强化油田动态监管，挖潜提升油气集输处理能力，加大老井维护性措施工作量，有效抑制了老井递减幅度。全年生产原油 795 万吨，同比增产 123 万吨，提前 52 天完成年度任务，超产 115 万吨，超产量在所有海外项目中位居榜首，项目已经实现整体投资回收。

2. 委内瑞拉陆湖项目

陆湖项目包括湖上英特甘博油田和陆上卡拉高莱斯油田，均属于已开发 50 多年的边际油田。2013 年，项目通过加大湖上油田电泵作业实施力度、增加辅助气源等一系列措施，全年生产原油 40.69 万吨、天然气 1.09 亿立方米，分别完成计划的 113% 和 156%。项目已经实现整体投资回收。

3. 委内瑞拉苏马诺项目

苏马诺油田也是开发 50 多年的边际油田，已经进入开发中后期。2013 年，项目积极落实油田上产措施，加大地面设施设备维护，全年生产原油 29.2 万吨。

4. 委内瑞拉胡宁 4 项目

2013 年，胡宁 4 项目通过有效组织，提前完成三维地震采集 351.55 平方千米。全年完成评价井 9 口，水平井 8 开 4 完，累计井口试油产量 8620 吨，启动罐车拉油先导性试验并持续实施。完成地面工程基础设计。初步完成早期生产方案编制及优化，计划于 2015 年实现早期生产 3 万桶 / 日。

5. 厄瓜多尔安第斯项目

2013 年，厄瓜多尔安第斯项目优化油田老区新井井位部署和老井挖潜工作，有效减缓产量递减，创新运用特色水平井钻完井技术，实现新井快投快收，产量创历史新高，全年生产原油 268 万吨，超产 44 万吨，超产幅度在所有海外项目中名列前茅，并创造了特高含水油田连续 3 年保持稳产的佳绩。

6. 秘鲁 6/7 区项目

2013 年，秘鲁 6/7 区项目积极主动采取加大油井措施及长停井恢复工作力度，强化油井精细管理，全年生产原油 18.2 万吨、天然气 2908.6 万立方米，分别完成计划的 121% 和 242%，创近十年来的最高水平。

7. 秘鲁 1AB/8 区项目

2013 年，秘鲁 1AB/8 区项目强化油田现场生产管理，油井开井率达到近年来最高水平，充分挖掘油田生产潜力，油井措施作业取得近年来最好增产效果，全年生产原油 152.9 万吨，完成年度计划的 110.8%。

【炼化项目】 哥斯达黎加炼厂项目。2013 年，哥斯达黎加项目全力推进合资公司《融资协议》、《租赁协议》和《EPC 合同》相关工作。由于外部因素影响，项目暂处于停滞状态。

【新项目开发】 2013 年，公司进一步加强新项目开发工作，取得一系列重大成果和重要进展。6 月初，集团公司董事长周吉平在厄瓜多尔调研期间，与厄方签署了太平洋炼厂和上游石油区块开发一体化合作框架协议。中国石油将参股建设 1000 万吨规模的太平洋炼厂，并将获得年产油 650 万吨的 3 个油田合作开发权利。草签了规划年产油规模 700 万吨的厄瓜多尔 20 区块项目购股协议。在 9 月召开的中委高委会上，与 PDVSA 签署胡宁 10 区块整体合作框架协议，包括在产的 PETROCEDENO 项目，年产油规模可达到 2100 万吨。稳步推进的委西太平洋管线（年输油能力 5000 万吨）联合研究概念设计工作。积极会同海外板块推进秘鲁、巴西等国家的新项目开发工作。11 月，成功收购巴西石油在秘鲁的塔拉拉 10 区（100% 股权）和热带雨林 57 区（46.16% 股权）、58 区（100% 股权），可建成 500 万吨当量 / 年的产能，实现在秘鲁油气合作的新突破。12 月初，正式签署巴西 LIBRA 深海项目产品分成合同，标志着中国石油进入南美深海油气合作领域，该油田将建成年产油 7500 万吨以上的生产能力，中国石油持股 10%。这一系列新项目的签署，进一步夯实了拉美油气业务的资源基础。

【安全环保】 2013 年，委内瑞拉经历查韦斯总统病重、去世、总统重新大选等数次重大政治事件，公司密切关注政局变化，加强与中国驻委使馆、当地政府、专业机构的联系，多方面、多渠道获取信息，准确研判查韦斯去世和新一轮总统大选结果等重大事件，及时向上级报告形势分析及应对策略。强化危机意识，认真做好应急安全管理，制定并及时启动甲乙方整体应急预案及联动机制，采取有效应对措施并进行实战演练，加强中方办公场所及驻地、工地的安保管理，经受住重大特殊敏感时期的严峻挑战，保证中方员工人身和财产安全及生产生活的正常进行，有效提升重大风险预判、防范和处理能力。

公司继续坚持“安全第一，安全责任重于泰山”的观念，推进HSE体系建设，制定完善相关管理制度，强化安全环保与安保责任管理。认真组织安全大检查活动，做好隐患排查治理工作，确保整改措施、责任、资金、时限和预案“五到位”。积极组织开展中外方员工安全培训，深化员工职业健康安全监控和防治，提升了员工的健康保障水平。公司被评为“集团公司2013年安全生产模范先进企业”和“国际业务社会安全管理先进集体”。

【精神文明建设】 公司通过多种形式，深入学习宣传贯彻党的十八大和十八届三中全会精神。公司领导班子研究制定《落实“三重一大”决策制度的实施细则》，并严格执行“集体领导、民主集中、个别酝酿、会议决定”决策程序。

按照集团公司统一部署，扎实开展党的群众路线教育实践活动，通过问卷调查、与员工座谈、个别谈话等方式广泛征求群众意见和建议。在“查摆问题、开展批评”环节，深入查找“四风”方面的突出问题，深刻剖析存在问题的根源，明确努力方向和改进措施。公司领导班子和各项目均召开领导班子专题民主生活会，达到预期效果。在严控会议、精简文件、改进调研、严格职务消费、反对“四风”等方面都见到显著效果。完成公司教育实践活动整改落实方案和制度建设计划，力争把存在的问题整改落实到位，建立“为民务实清廉”的长效机制，确保教育实践活动取得实效。

公司党委坚持以人为本，切实解决员工的实际困难，积极推进MPE3项目中方公寓建设和MORICHAL前线板房建设，高质量完成ESAMID公寓护坡治理工程和EL PARQUE公寓安全护栏等工程。利用节假日因地制宜举办员工文体活动和中外员工共同参与的活动。开展扶贫帮困活动，对患病雇员及时开展紧急救助行动和捐款活动。继续发扬大庆精神、铁人精神，组织学习“大庆新铁人”李新民的感人事迹。启动“拉美记忆工程”，出版了《中国石油拉美油气业务大事记》，编纂完成拉美油气业务创业纪实。

公司继续推行“双序列”岗位管理体系，为员工职业发展提供通道。继续狠抓“双培”工作，加快复合型人才培养步伐，在强化外语培训和业务培训的基础上，加大MBA、EMBA学历培训和短期培训的力度，培训覆盖率达到52.4%。

2013年，公司坚持“互利共赢，共同发展”的国际合作理念，积极履行社会责任，投资资源国公益事业。公司及各项目全年用于社会公益的投入和捐赠约为3600万元人民币（合资公司口径），涉及公共设施建设、医疗卫生、教育事业、扶贫帮困、文化体育公益以及环境保护等多个领域。这些项目的实施完善了当地基础设施，改善了落后地区贫困人群的教育、卫生和生活环境，增进了油区与当地社区的和谐，促进了当地经济发展，为中国石油在拉美开展油气合作创造了和谐的外部环境。

（宋少宁）

中国石油天然气集团公司尼罗河公司

【概述】 中国石油苏丹项目始于1995年，当年9月26日苏丹6区项目开发协议签订。中国石油天然气集团公司尼罗河公司（以下简称公司）是在原中油国际（尼罗）公司的基础上，于2008年7月2日成立的，公司机关设在苏丹首都喀土穆。公司设有勘探部、开发生产部、人力资源部、经营计划部、财务资产部、法律事务部、HSE部、综合办公室、党群工作部、工程部、采办部、销售部、作业部、管道部、炼化部、公共关系部、协调组办公室、北京办公室等18个部室。截至2013年底，公司机关共有管理人员28人，公司所属各投资项目共有中方干部员工447人（含成建制借聘164人）。

南苏丹独立后，苏丹项目共有6个上游投资项目和3个下游投资项目。6个上游项目为苏丹124区项目、南苏丹1/2/4区项目、苏丹3/7区项目、南苏丹3/7区项目、苏丹6区项目、苏丹13区项目，共有合同区总面积14.96万平方千米，产油能力2100万吨；下游项目有苏丹炼油项目、苏丹化工项目、石化贸易公司，年炼油能力500万吨，聚丙烯年生产能力18000吨，编织袋年产2000万条；拥有3687千米输油管道。

【成功复产】 2011年7月9日南苏丹独立后，苏丹项目也随之被分割到苏丹和南苏丹。2012年1月，南苏丹政府强令南苏丹油田全面停产，致使千万吨级大油田停产长达15个月，在世界石油史上也极为罕见。南苏丹油田停产后，南苏丹、苏丹边界关闭，油田设施遭受严重破坏，主要运输通道被切断，生产生活物资难以及时供应。严峻的现实，决定千万吨级油田复产工作十分复杂和艰巨。

2013年3月底，公司收到复产令后仅1个月，即实现开井生产，并于当年6月22日实现了南苏丹油田第一船复产原油装船外运，复产工作取得成功。

南苏丹1/2/4区项目，根据其北部油田设施遭战乱损毁严重的实际，按照“先南后北、从易到难”的策略组织和实施复产工作，于4月13日率先实现南部油田复产。

南苏丹3/7区项目由于政府反复无常的停复产指令以及油田本身的“三高”原油性质，复产工作一直如履薄冰，尤其是苏丹政府下令停输南苏丹原油以及每次2周的延期，迫使南苏丹3/7区项目多次大面积开井、关井，卡、堵、凝管风险很大。充分的准备，科学的组织，最大程度加快了复产步伐，确保整个复产过程中未发生任何事故，自2013年4月30日全面开井复产后一直保持安全平稳运行。

苏丹1/2/4区项目和苏丹3/7区项目与南苏丹项目紧密配合，克服了苏丹、南苏丹政局动荡，边境关闭、通信不畅等重重困难，认真完成CPF、输油管道、泵站、码头等设备设施的排查、检修、维护和测试；针对苏丹政府不同意苏丹1/2/4区项目CPF接收南苏丹1/2/4区项目来油、不同意苏丹3/7区项目2号泵站启泵外输等问题，中方紧密团结合作伙伴，积极协调苏丹政府，成功化解危机，有效推进复产方案在苏丹境内的实施，最终实现苏丹、南苏丹上游项目的安全平稳复产。

【生产经营指标完成情况】 2013年，公司积极应对苏丹、南苏丹分立以来的各种挑战，奋勇拼搏，攻坚克难，公司上下按照“全力以赴保复产、不遗余力促上产、集中精力抓商务、精雕细刻提管理、重中之重保安全”的工作方针，历尽艰辛，顽强拼搏，经受住了重重困难甚至战火的考验，全面超额完成了2013年的各项生产经营任务，实现了二次创业的良好开局。

2013年，公司全年共生产原油1320万吨，完成年计划1233万吨的107%，超产87万吨；新增探明可采储量833万吨，完成年计划652万吨的128%，超额完成181万吨；加工原油377万吨，完成年计划370万吨的102%；生产聚丙烯1.71万吨，完成年计划1.5万吨的114%；生产编织袋763万条，完成年计划750万条的102%。

【安全环保】 面对苏丹、南苏丹日益严峻的安全形势，公司坚持不懈把HSSE作为“天字号”工程来抓，全面加强与北南政府沟通，密切跟踪和评估油田现场安全。2013年，公司高度重视防恐安全与生产安全，以实现本质安全为目标，落实安全生产责任制，进一步在健全生产安全与防恐安全管理机制上下工夫，加强安保信息收集、评估和预警工作，动态完善应急预案，不断提高应急协调反应能力。狠抓HSE管理体系运行和改进，坚持安全第一、预防为主，认真开展安全生产大检查，加强隐患治理，开展了一系列扎实的人防、技防、物防工作。

面对南苏丹“12·15”武装冲突，公司实现了中方人员安全有序撤离，南苏丹1/2/4区项目安全关井并冲洗管线，南3/7区苏丹主力油田仍保持平稳生产；面对苏丹1/2/4区项目集输管道被炸，48小时恢复正常生产；面对苏丹6区项目油田内部落冲突接连不断、政府军和反政府军多次重大军事冲突等恶性和突发事件，未发生一起人员伤亡事故；面对9月下旬喀土穆因苏丹政府取消成品油补贴发生社会骚乱，60多家加油站遭到打砸抢烧，中国石油加油站无一受损，公司的应急能力经受住考验。

受南苏丹油田停产以及苏丹项目油田现场安全原因的影响，喀土穆炼油厂原油供应极不稳定，原油组分也更趋复杂，同时苏丹政府财政紧张，造成资金不足，老厂维修得不到充分保障，而新厂长期低负荷运行。在这种复杂条件下，喀土穆炼油厂努力提升管理水平、创新和优化生产工艺，实现装置连续平稳运行，2013年共炼油377万吨。通过精心组织、按计划圆满完成了炼厂老厂和化工厂大检修工作，进一步促进了炼厂持续实现“安全、平稳、长周期、满负荷、优质高效”。截至2013年底，喀土穆炼油厂已连续安全平稳运行4978天。

【开发生产】 本着“有油快流”的开发方针，抓住快速恢复南苏丹油田产量、加快新区产能建设、充分发掘老油田潜力3个主要环节，各项目公司精细油藏管理，加强开发生产组织，积极开展高效实用新技术应用力度，大力推进“三大工程”建设，稳油控水工作取得显著成效，实现了原油生产的积极主动。2013年共完钻开发井105口，投产140口，油田平均含水控制为68%；生产原油1320万吨，超产87万吨。

南苏丹3/7区项目通过加快新井连井、优化扶躺井作业、加强地面设施维修、优化生产参数等方法，使油田产量快速恢复到高峰产量22万桶/日，接近复产前日产水平；同时，抓住四季度旱季的契机，加紧材料物资准备和动迁工作，做好当地政府钻前环保检查，于10月31成功开钻，标志着近21个月钻机停钻之后，南苏丹项目恢复钻井作业。

南苏丹1/2/4区项目北部油田供电、处理设施毁坏严重，项目公司解放思想，采用简易供电方案、整体外包合同模式，实现了北部油田提前半年复产。

苏丹1/2/4区项目抓住旱季有利时机，集中6部钻机开展Hamra油田产能建设，仅用150天快速建成Hamra油田百万吨产能；同时积极实施Heglig和Neem油田的开发调整方案，保障项目生产水平稳定在6万桶/日的水平。

苏丹6区项目继续在Jake油田实施天然气/氮气驱、优化气举采油方式，采油速度保持在5%的高速开采水平，实现了Jake油田连续3年高产稳产；6区“三气”的先进经验在其他项目的推广应用，也取得了良好的效果。

勘探方面，解放思想、大胆探索，加强精细研究和滚动勘探工作力度，获得多个新发现。4区Azraq R-2井钻遇油层149米，单个油气藏可采储量达到1378万桶；Hilba NW-1井获商业油流，该区稠油储量进一步扩大，累计达到2.5亿桶；2A区Garaad N-1井获高产油流，含油范围向西进一步扩大；6区Hadida油田周边新发现3个含油断块；Sufyan地区完成连片三维地震采集699平方千米，落实一批钻探目标。全年苏丹地区实现可采储量833万吨。

【商务问题】 伴随着苏丹、南苏丹的分立，双方政府摩擦时有发生，利益冲突不断加大。为了解决一系列商务问题，在集团公司和海外板块领导的支持下，公司想尽一切办法促成伙伴高层多次共同推动商务问题解决。在“三费”、管道所有权争议、政府欠款和超提油、区块延期等重大商务问题的谈判中增强了话语权，带领伙伴在不同层面与苏丹政府展开大量的谈判，传递企业经营压力，提高政府对重大商务问题的重视程度，取得一定的成效。

在苏丹商务工作方面，通过利用炼厂大检修的有利时机提取政府份额油、推动政府清偿2011年80万桶购油款、加大苏丹磅筹款力度等多种渠道和方式，有效遏制政府欠款的快速增长；推动苏丹税务总局出具苏丹3/7区项目2006—2010年共4年的完税证明，抵减海外板块国内所得税；在集团公司副总经理汪东进和苏丹财政部部长等的见证下，签署苏丹6区项目稠油欠款清偿的备忘录和稠油油价协议，为今后逐步减少政府欠款奠定了基础；苏丹4区、2A区和2B区块的延期谈判均取得积极进展。

在南苏丹商务工作方面，通过多次艰苦谈判，实现所有勘探区块5年的勘探延期；紧密团结Petronas，积极协调南苏丹石油矿产工业部、财政部和总统办公室，在南苏丹经济形势非常严峻的情况下，推动南苏丹政府偿还贷款；积极协调外方伙伴，推动Nilepet签订Cashcall还款协议，从法律角度保障中方的利益。

【企业管理】 深化管理提升，推进内涵发展，提高质量效益。坚持从实际出发，进一步以强“三基”为着力点，以短板消除和瓶颈突破为重点，持续开展以“对标”和“双控”为重点的管理提升活动，强化预算管理和成本控制，特别是加强经营策略顶层设计与研究，多措并举、开源节流、降本增效，进一步提升公司的风险防控能力。

推动对标成果在实际生产经营工作中的应用。通过加强设计优化，科学组织作业施工、加强合同管理、引入竞争等措施，从源头控制成本；同时通过靠实预算、严格执行预算管理制度、严格控制非生产性支出，有效地把钻井、地面工程建设投资和单位生产成本控制在“双控”目标范围以内。

进一步加强信息化工作，按照集团公司的要求，全面完成了公司“十二五”信息化规划基础设施及架构建设工作。

针对面临的严峻形势，公司积极开展经营策略和科技课题研究工作，取得丰硕成果。2013年获得中国石油勘探开发公司管理创新奖10项，其中一等奖2项、二等奖3项；获得科技进步成果奖5项，包括集团公司科技进步成果奖1项，中国石油勘探开发公司科技进步成果奖4项。

【党建和思想政治工作】 加强党建工作，制定下发《中国石油尼罗河公司关于改进工作作风、密切联系群众工作方案》，并在实际工作中坚决贯彻执行。深入开展党的群众路线教育实践活动，务实地开展了第一环节“学习教育、听取意见”和第二环节“查摆问题、开展批评”的各项活动，取得良好的效果。目前正扎实开展整改落实、整章建制阶段各项工作。进一步加强反腐倡廉工作，把做好节日防腐与日常防腐相结合，进一步巩固风清气正的良好氛围。致力于固本强基，基层党组织健全率和覆盖率继续保持了两个100%；持续开展入党积极分子培养、新党员发展工作，4人参加了直属党委举办的入党积极分子培训班，6人加入中国共产党。不断加强宣传思想政治工作，把关爱员工作为思想工作的有效形式，特别是针对南苏丹自然环境更加恶劣、社会依托极差、热带传染病流行导致70%以上员工患疟疾和伤寒的实际，努力克服困难改善员工的工作和生活条件，丰富员工业余文化生活。

（丁建国）

中石油阿姆河天然气勘探开发（北京）有限公司

【概述】 中石油阿姆河天然气勘探开发（北京）有限公司（以下简称公司）成立于2007年9月，主要执行中国石油和土库曼斯坦油气资源利用与管理署签订的产品分成协议，负责土库曼斯坦阿姆河右岸巴格德雷合同区块的天然气勘探、开发、加工和销售，并协调集团公司在土库曼斯坦新油气合作项目的开发等，担负从境外向中亚天然气管道和西气东输二线供气的重要任务。2011年12月，集团公司成立中油国际瓦坦石油天然气（阿富汗）有限公司，并交由阿姆河公司负责管理。截至2013年底，公司下设28个部室，中方员工326人，外方员工1958人。

【主要工作成果】 向祖国高质、高量、平稳供气，为“美丽中国、低碳经济”建设作出积极贡献，是公司围绕开展各方面工作的主线。2013年，公司继续坚持以“保质、保量、保稳”为原则，以气田和处理厂精细化管理为抓手，强化生产组织、气井配产、夜间作业等精细化管理；狠抓专项检查，消除事故隐患，夯实安全平稳供气基础；牢固树立中国石油在土库曼斯坦企业“一盘棋”思想，充分调动各方人力资源和精良装备，采取切实有效应对措施，有效克服劳务签证紧缩、商检清关滞后等为第一天然气处理厂检修扩能带来的严峻挑战，以及乌兹别克斯坦强采造成气田开发递减加快、巡检工作量增加等一系列新挑战，确保了安全生产、稳定供气。公司全年实际生产天然气原料气59.85亿立方米，完成57亿立方米计划的105.0%；外输商品天然气54.91亿立方米，完成52亿立方米计划的105.6%。截至2013年底，阿姆河项目日天然气生产量1980万立方米，商品气日输出量1820万立方米以上，同比提高12.35%。

【勘探开发】 勘探按照“抓大放小，突出重点，加强预探西部，强化东部预探区域，坚持中部滚动勘探开发”的思路，合同区勘探开发工作高效有序，储量、产能持续快速增长。2013年累计完成三维地震采集803.66平方千米；累计开钻探井、开发井21口，完钻井13口，钻井工程成功率100%。西部勘探获得新发现，加迪恩21井（Gad-21）完钻经测试获得高产油气流；发现落实加迪恩、北加迪恩较大含气面积；基什图凡、西基什图凡、北法拉勃也获高产工业气流，西部构造、气藏落实，为一厂80亿立方米奠定后备资源基础。东部勘探获得重大进展和新的发现，阿盖雷构造阿盖雷23井（Aga-23）3个主产气层试气均获高产工业气流，阿盖雷22井（Aga-22）也获高产气流；塔加拉构造经钻探试气获高产油气流，并有新发现；霍贾古尔卢克、东霍贾古尔卢克，通过3D地震勘探，构造面积和幅度大幅增加，召拉麦尔根构造重新得到落实，勘探潜力大。东部2000亿立方米勘探场面正在形成，为公司发展提供了后备资源。中部滚动勘探和产能建设成效显著，霍家姆巴兹构造带南霍家姆巴兹21井（SHojb-21）、霍克麦特古伊21井（Hok-21）均获得高产量天然气，完钻11口开发井均钻遇好气层，为第二天然气处理厂投产打下坚实基础。

【工程建设】 第二天然气处理厂建设有序推进。通过大力推行人员本土化，设备橇装化、钢结构及工艺管线预制化等有力举措，将中方人员签证需求压缩至三分之一，在极其困难的情况下保持了二期工程的有序推进。

截至2013年底，第二处理厂建设整体进度完成81.22%，其中A1标段进度完成75.5%，A2标段进度完成82.5%，B标段进度完成76.51%，C标段进度完成96.3%，长线设备采购完成100%。第二处理厂详细设计已完成；甲供设备全部到场，乙购设备材料全部运抵；设备基础、地下管道施工、砖混房建施工全部完成；钢结构主体完工；消防站、气防站、综合楼等已竣工并完成“三查四定”；静、动设备累计安装分别达325台、189台；工艺管道焊接完成35万达因。为2014年一季度投产二列、5月庆典、6月全部投产奠定坚实基础。

【安全管理】 安全质量常抓不懈，HSE业绩再创新高。全员牢固树立“遵守‘安全绿线’，守住‘安全底线’，不触‘安全红线’”的理念，强化各级安全责任，推进HSE管理体系运行，发布一批体系推行规章制度和作业许可管理制度；制订个人健康安全环保行动计划290份；在天然气生产系统开展各类培训3810人次；组织处理厂重大火灾救援、钻修井防喷防硫化氢泄漏等大型应急演练11次，各施工作业队伍开展各种应急演练130余次；加强第一处理厂停产检修、产能扩建、第二处理厂建设、道路交通安全等重点施工作业现场的安全监管，在天然气处理厂检修作业现场纠正不安全行为410多起，签发危险特殊作业票1140余份，查处各类交通违章132次，防止和杜绝了工业生产人身伤亡、井喷失控、火灾爆炸、环境污染、职业病伤害等事故发生。

【企业改革与管理】 公司管理不断提升。针对公司自查诊断的瓶颈问题，细化措施，明确节点，推进各项工作。加强对标管理，与集团公司和国际石油公司展开对标分析，项目主要关键指标均处于集团公司同类企业前茅。

以本土化、专业化和国际化为重点，完善承包商准入制度，强化人、才、物、安全及质量等关键合同条款，将承包商管理延伸到所有分包商；建立理顺跨部门预算使用和审批前确保项目规范高效运作的实用流程和办法，实现预算和AEF科学对应合理匹配；稳妥实施《HSE管理体系建设推进计划》，编制HSE管理手册和程序文件，形成标准化、制度化、系统化的HSE管理体系；制定《加强承包商和分包商管理十条规定》等系列制度。按照海外板块管理提升活动领导小组办公室的通知要求，将《阿姆河项目信息化建设的探索与实践》、《生产运行总承包管理方式的探索与应用》作为管理提升培育亮点呈报。

专门成立联合公司培训部，落实专职负责人员，明确工作职责。采取“师带徒”模式、签订《师徒协议》，公司内部举办培训班，委托当地谢津石油技校、河道技校培训，以及送往国外培训机构进行专业技术、操作技能、通用管理及语言等方面的在职或脱产培训，土库曼斯坦方操作工独立顶岗150人，185人取得初级操作工资格证；特殊工种取证268人。全公司已有213名土库曼斯坦方员工走上厂长助理、经理助理、副科长及高级工程师等管理与技术骨干岗位。

【生产建设保障】 为避免外电波动造成停电风险，优化运行方案，实施孤网运行，水电系统平稳运行，生产建设保障有力。自备电厂发电机组全年孤网运行303天，同比增加96天，合同区供电可靠率达到99.99%。有序推进电厂扩建工程等三大项目改造。完成合同区地表水厂建设、自备电厂燃机余热利用等两个方案。加强供水管理，B区全年供水60万立方米，同比增长200%，保障了第二天然气处理厂建设用水。

第一天然气处理厂检修如期完成，外输气量大幅提升。通过精心策划，周密组织，充分发挥地区协调组整体优势，整合在土库曼斯坦企业人力资源参与检修工作，安全高效优质完成检修任务，比计划提前3天恢复原料气生产。共完成检修项目964项，解决了脱硫装置闪蒸罐精馏柱压差偏高等一系列问题，为安全生产运行提供保障。

充分利用停产检修有利时机，积极推进扩能改造工作。完成脱硫脱碳装置区原料气预冷器安装，湿净化气管线、分子筛、再生气压缩机更换，DN550管线等关键项目改造。A区80亿立方米改建扩能工程初步设计已获海外板块审查通过，麦捷让气田集气站EPCC项目完成部分土建和电力线架设工作，累计完成总体进度53.1%，为实现扩能目标奠定基础。

签证办理取得重大实质性突破。协调组精心策划，周密组织，立志发挥“头拱地”精神，解决建设人员签证问题。加大与土库曼斯坦政府相关部门协调力度，将签证协调对象油气署、康采恩等业务部门扩大到土库曼斯坦外交部、移民局等政府部门，并与移民局建立周例会定期会晤机制，积极主动汇报项目建设进展、人员需求情况及需要解决的问题，取得移民局的大力支持，加快签证审批速度。

【公益事业】 积极开展社会公益活动，在资源国文化、教育、医疗及残疾人救助等方面先后投资300多万美元；投资约400万美元为合同区内米干村居民建设一座净化水处理厂；赞助15名土库曼斯坦留学生赴中国石油大学读本科学位，为土库曼斯坦培养石油天然气领域的专业人才。通过打造企业发展的软实力，树立负责任的大公司形象。

（李　震）

中石油中亚天然气管道有限公司

【概述】 中石油中亚天然气管道有限公司（以下简称公司）是集团公司直属企业，2007年9月在北京成立，主要负责中亚天然气管道的建设和运营管理。公司在哈萨克斯坦（以下简称哈国）、乌兹别克斯坦（以下简称乌国）设立中哈天然气管道公司、中乌天然气管道公司和哈国南线天然气管道公司3家合资公司，截至2013年底，共有中方员工412人。

2013年是A/B线经受满负荷运行考验，C线、哈南线及D线多项目建设同步实施，任务极为繁重，公司内外部经营环境复杂且极具挑战的一年。公司全员精诚团结，拼搏进取，攻坚克难，紧抓建设、运行两条主线，严控投资成本费用，注重质量效益，推进管理提升，各项生产经营指标全面完成。全年输气292.42亿立方米，管道累计安全运行1492天。全年实现管输收入17.58亿美元，合并利润7.95亿元人民币，公司经济效益随着项目管输量提升显著增加。HSE业绩优良，实现连续6年安全生产无事故。

【C线建设】 在乌国，积极协调承包商调整计划，提前进行阀室土建、清管站作业，加兹里至乌哈边境段按期完工；提前开展施工图设计审查，保障物资采办满足现场施工需要，实现土（土库曼斯坦）乌（乌兹别克斯坦）边境至加兹里段线路主体焊接完工且经工作委员会验收。重点把控哈国锡尔河、伊犁河穿越控制性工程施工，采用新工艺缩短工期，完成哈国段1301千米线路整体焊接任务；推动获得站场概算哈国国家鉴定委员会正式批复，提前组织2号、6号站承包商开展设计、采办工作，启动压缩机招投标工作。2013年C线累计运输钢管1624千米，完成焊接2278千米，建成计量站4座。

【哈（国）南线建设】 9月7日，中哈两国元首按动按钮，点燃火炬，实现线路工程按期投产，有力提升了中国石油海外整体形象。重点监控八大控制性工程，管道试运行提前拟定运行准备工作计划，解决商务法律问题，及时签署输气协议。10月29日，哈南线一期实现商业进气；12月27日开始向下游供气，缓解哈国南部地区供气紧张局面，减少哈国下载气量，有力支持国内冬季保供。

【D线前期】 明确D线路由方案，推动中（中国）乌（乌兹别克斯坦）、中（中国）塔（塔吉克斯坦）、中（中国）吉（吉尔吉斯斯坦）政府间协议顺利签署。开展顶层设计，在管道过境国境外设立投资公司，将投资主体与运作主体有效分离，规避风险，提高投资决策和项目执行效率。采用统一专项税，实现项目公司税赋水平总体较低可控。有序推进可研和初设前期工作，在充分论证基础上，确定以航测为主、人工补勘验证为辅的联合勘察方式，缩短可研周期2个月，节省成本1亿元人民币，可研报告于2013年底通过集团公司评审；加深塔吉克斯坦隧道建设可研深度并达到EPC招标要求，完成隧道EPC招标文件编制，为塔吉克斯坦隧道建设赢得主动。

【管道运行】 利用四国多方协调机制，积极协调气源气量，输气量同比增加51.87亿立方米，转供国内气量同比增加51.46亿立方米，超额完成全年290亿立方米输气任务。推动土库曼斯坦康采恩实现“乌气欠气土气还”，全力保证阿姆河公司多进气。协调各方推进下载气偿还工作，截至2013年底，累计实现还气12.85亿立方米，其中，土库曼斯坦气还气3亿立方米，乌兹别克斯坦还气9.85亿立方米。提前与哈方确定2013年冬季下载气量，实现下载点运行数据实时上传，有效监督控制哈国下载气过程，严格控制下载气量。

运行管控能力进一步提升。全年累计整治管道隐患519项，累计开展3480千米内检测作业和766千米管道完整性评价工作。完成协调中心建设，实现跨多国光缆互联互通。全年开展3次全线高负荷测试和现场能耗监测工作，实施管道优化运行。合资公司72小时维抢修能力基本建成，PPS2.0系统在合资公司全面推广使用。

【质量安全环保】 稳步推进业务管理体系建设与运行。完成2次全要素HSE管理体系内部审核，形成体系运行内审工作机制；完成公司社会安全管理体系建设，发布实施社会安全管理体系三级文件和专项应急预案；推行全员属地分配、HSE责任指标分解、个人行动计划制定“三全员”管理。持续规范HSE风险防控机制，及时识别、控制公司生产经营活动中各类中、高度风险，防恐复训送教上门在乌、哈两国顺利完成。中哈股东间HSE联合工作机制取得突破，股东间HSE联合监管形成合力。合资公司生产运行、社会安全等关键业务领域应急预案基本完整，应急资源陆续到位，计划内演练内容顺利实施，HSE风险防控的意识与应对突发事件能力稳步提高。2013年，公司连续第六年获得集团公司、海外勘探开发公司安全生产先进单位荣誉。

【经营管理】 通过投资、成本控制和优化管输费模型参数设置，实现了A/B线项目管输费率稳定。2013年，进口土气管输费较可研降低20%。通过实施全覆盖、全过程的预算管理，有效控制成本费用支出，其中单位现金输气成本较年度指标控减17%，中方账费用较年度指标控减12.4%，项目管理费用全面控制在批复预算范围内。严格按照公司合同包分解价格，把好设计方案、税收减免、资金成本等7道关口，实现年度工程建设投资控制目标。有效开展纳税筹划，3个合资公司先后就国家开发银行提供的贷款获得利息预扣税豁免政策，在还款期内可节省利息支出7亿美元以上；通过实施乌气替换土气作为自耗气措施，当年节省税费1900万美元；成功维持乌国C线项目建设物资进口关税减免政策，避免增加投资5000余万美元。落实哈国下载气所欠余款返还机制，累计收回2800万美元。公司综合财务状况稳健提升。

【管理提升】 推进战略研究，完成公司战略图和计分卡开发、设计，实现战略研究与经营管理有机结合。编制完成“中亚管道投资参考指标和工程量清单指导单价”，持续推动预算管理定额化，指导合资公司预算编制和中方费用控制。统筹建立乌、哈两国税务风险数据库，财务风险管控体系逐步完善。实现股东对合资公司考核，动态跟踪中方层面绩效合同关键指标完成情况，进行季度偏差分析，及时纠偏。推进信息化建设，建立统一信息平台，实现多系统单点登录、工作流有效协同、待办事项移动审批等功能。探索实施生产运行总承包模式，分别与西部管道公司和管道局投产运行公司明确采用生产运行总承包方式进行合作。

建立鼓励员工到海外项目一线工作的政策环境，充分利用集团公司政策，实现地区津贴和现场津贴向一线倾斜。组织开展全员外语学习达标活动，编写俄、哈、乌、塔、吉5种语言学习教材，成为集团公司第一次编写该类教材、第一家开展5种语言学习达标活动的单位，公司第一阶段外语达标率87.3%。明确海外项目领导人员岗位设置与职数，对中哈、中乌和哈南3个项目管理层进行充实调整；完成35名中层干部的聘任，进一步加强海外项目中层干部队伍力量。与中国石油大学（华东、北京）分别签订战略合作框架协议，明确在人才培养、科研合作等领域进行全方位合作，在青岛建立中亚油气合作培训中心，全年培训171人次。

建立生产协调例会议定事项每周督办、重点事项定期督办和年度重点工作季度督办制度；突出外事派遣的前瞻性和计划性，有效服务和保证公司员工派遣；推进档案数字化，确定合资公司归档范围，提前着手构建新项目档案管理工作框架；加强保密技防措施，增配密保设备，实现涉密关键岗位信息安全传输全覆盖。全年未发生失泄密事件。

【党建、企业文化建设】 党的群众路线教育实践活动和企业文化建设不断深入。公司党委坚持“灵活、简便、务实、安全、保密”原则，突出海外项目特点，认真抓好“学习教育、听取意见”、“查摆问题、开展批评”和“整改落实、建章立制”3个环节的工作，采用视频会议方式保证学习时间和工作落实，公司班子成员深入海外项目开展督导，力求群众教育实践活动收到实效；针对群众反映集中、突出的问题制订专项整治方案，针对个性化问题，组织下达20项解决整改与答复意见任务书，做到自选动作有特色。公司成为第十三督导组推荐的唯一一家在3个环节都向集团公司提交经验材料和典型事例的单位，教育实践活动开展扎实有效。

深入推进关爱员工活动，努力为员工办实事、办好事。关爱员工健康，关心海外员工家属。梳理员工个体和队伍整体健康状况，建立员工家属在京大病医疗救助通道。开展全员健步走竞赛活动，提高员工身体素质。组织海外员工家属参观霍尔果斯末站和乌兹别克斯坦项目；选择在海外员工家属相对集中的廊坊、乌鲁木齐、西安等地建立海外员工家属联系点，开展节日慰问；组织与海外项目和公司总部各部门签订廉政建设责任书，组织副处级以上干部填写《领导人员个人事项申报表》，全年未发生干部违法违纪事件。

（戴海林　杨　帆）

中国石油天然气集团公司中俄合作项目部

【概述】 中国石油天然气集团公司中俄合作项目部（以下简称项目部）为集团公司直属机构，成立于2007年9月，行政上由中国石油海外集团公司直接管理，业务上由中国石油海外勘探开发公司归口管理，主要承担集团公司中俄（中国—俄罗斯）合作项目的前期准备和项目执行工作，在集团公司海外发展规划中具有重要的战略地位。

项目部主要职责是：根据集团公司国际化发展战略和总体规划，组织编制中俄油气合作发展建议规划和年度生产、投资建议计划，经批准后组织实施；组织开展中俄油气合作项目前期的调研、评价、投标、谈判和签约等工作；组织实施中俄油气合作勘探开发项目、原油和天然气管道合作建设项目、天然气下游市场合作开发项目等；参与组织协调中俄石油上下游合作、长期贸易，以及国内队伍参与俄罗斯油气技术和工程技术服务等项目。

【业务发展】 2013年是全面推进对俄油气合作的关键一年，3月中俄达成新一轮原油贸易和金融合作协议，中俄原油管道复线建设即将全面启动；9月签订收购亚马尔LNG项目20%股份的协议；中俄东线天然气长期贸易谈判迎来新机遇；与俄油的上游、下游新项目合作也进入实质性谈判阶段，全方位油气合作的成功推进为深化中俄两国战略协作伙伴关系夯实了物质基础。

1. 成功推动中俄原油增供和管道复线建设

输油量1500万吨/年中俄原油管道一期工程已经于2011年初开始了商业运营，截至2013年底已累计输油4630万吨，通过中俄原油管道进口俄油已成为我国稳定和重要的资源保障战略渠道。

中俄原油管道的成功建成和稳定运营增强了扩大两国油气合作的信任和勇气，也全面加快了俄罗斯东西伯利亚和远东地区的油气资源开发进程，从而为扩大更大规模的战略合作创造了新的契机。2012年底两国政府领导达成每年对华东部增供1500万吨原油的合作意向，2013年新年伊始，项目部就全力投入到谈判中，在不到3个月时间内经过7轮艰苦谈判，完成了框架协议和政府间协议的谈判及签署，不仅实现东部原油增供的拟定目标，还与俄方新达成过境哈萨克斯坦向中国西部增供原油的附加交易。3月22日，在习近平主席首次访问俄罗斯期间，两国政府和企业签署原油增供一揽子合作框架协议。协议规定，俄方从2013年下半年开始通过中俄原油管道及其复线向中国东部最大增供1500万吨/年、通过中哈原油管道向中国西部炼厂增供700万—1000万吨/年，未来俄罗斯还通过海运向中俄天津炼厂供应原油910万吨/年，累计最大新增供油量可达3410万吨/年。

与俄罗斯达成增供原油协议具有重要的现实意义和深远的历史意义：一是大大丰富两国全面战略协作伙伴关系的内涵。自2009年中俄原油管道开始建设和运营以来，管道已成为扩大中俄两国油气合作的平台，它增强了两国深化合作的信心，增进了政治互信的经济基础，为中国总体外交作出不可磨灭的贡献。在中国周边海洋环境日趋恶劣的今天，建成并扩大中俄原油管道这条安全、稳定的陆上供应通道，无疑对维护中国正当的海洋权益和经济稳定增长具有特别重大的战略意义。二是有效改善我国能源供应格局，平抑中东、非洲和拉美的油气供应风险，提高石油稳定供给保障程度，有效实施了油气资源多元化战略。三是实现东北地区油气资源接替，及时缓解西部炼厂油源不足的矛盾，保证西部新建炼厂开工和在炼炼厂的稳定生产。

2. 成功收购亚马尔LNG项目

亚马尔LNG项目是俄北极地区第一个大型凝析气田开发和LNG一体化项目，已探明的天然气和凝析油地质储量分别为1.3万亿立方米和6018.4万吨，计划年产天然气280亿立方米（配套建成年产1650万吨的LNG制造厂）和凝析油100万吨。集团公司以上下游一体化、投资、市场与资源联动的方式，收购20%股份，购买不少于300万吨/年LNG产品，并带动寰球工程公司参与LNG厂建设，从中学习积累大型LNG项目建设运营的国际先进技术和经验。2013年4月签署《合作备忘录》，6月21日签署《购股框架协议》，9月5日在两国元首见证下签署《购股协议》，10月22日在两国总理见证下签署《LNG购销框架协议》。协议已相继获得两国政府的批准，于2014年元月14日顺利完成交割，从而既实现了对俄上游大规模投资的突破，也实现了大型常规LNG项目合作的新突破。

通过推进该项目实现了多重战略意图。一是进口亚马尔LNG气价处于2007年以后中国企业所签进口LNG合同价格的最低水平，尤其是接近“上封顶，下保底”的价格形成机制极大地保护了双方的利益，降低了国际油价大起大落带来的履约风险，也为中国公司后续LNG进口价格谈判树立了新的标杆。二是推动两国政府专门就该项目签订了政府间协议。使东道国给予项目的优惠财税政策和政府支持以政府间协议形式固化下来，为控制中方投资风险和利益保证提供了法律保障，这是中国石油在降低海外股权投资风险上有益的尝试。三是推动俄罗斯制定并通过了LNG出口自由化的法律，打破俄气公司对俄天然气出口的长期垄断地位，为合资公司自主出口LNG提供法律保障。也有利于促进中方正在与俄气公司开展的东线管道气合作，迫使俄气公司采取灵活和务实的合作态度。四是贯彻落实“国货国造、国船国运”原则，推动中国LNG船运公司首次获得拥有和管理世界领先的Arc-7冰级LNG运输船并通过北极航线运输的战略机遇，并为中国模块制造厂家争取到承揽大型LNG厂模块建造任务从而实现技术和产业升级的战略机遇。五是实现首次与俄罗斯有实力的私营企业合作，创造了新的股权合作模式，必将有力推动中俄民间外交的发展。

3. 中俄东线供气项目取得进展

大规模引进俄罗斯管道天然气是中国石油发展“天然气半壁江山”的战略决策，未来通过东西两条管道引进680亿米^3/年天然气可以大大增强中国石油的天然气保障能力和综合效益，自2012年下半年以来，项目部力推中俄东线管道天然气项目。2013年3月习近平主席访俄期间，集团公司与俄气公司签署《关于中俄东线天然气管道供气项目的备忘录》，备忘录确定了中俄东线供气项目的主要条款，包括：预计2018年从俄罗斯东部气田供气，供气规模380亿米^3/年，可研究将供气规模增加100亿—200亿米^3/年的可能性，购销期限为30年，入境点是中国黑河/俄罗斯布拉戈维申斯克，以及照付不议比例、补提气付款比例分配、日合同气量、定价原则、工作进度安排等。在3月签署的备忘录基础上，集团公司和俄气公司9月6日签署《东线天然气供应基本条款》。

【管理提升活动】 按照集团公司管理提升活动的安排，项目部2013年管理提升活动紧紧围绕诊断出的问题和年初确定的目标全面推进，积极开展各项管理提升活动，业务管理和综合管理水平均取得了很大提升。

（1）上游合作方面。《上游项目档案与数据库管理规程》基本编制完成，借助管理提升工作契机，在总结多年来对俄合作经验、分析合作实例基础上，配合海外板块完成《中俄油气合作策略研究报告》。（2）天然气合作方面。委托咨询机构PFC公司完成《俄欧天然气合作模式》研究报告，梳理西线天然气谈判的经验，保证了东线项目备忘录和亚马尔LNG购销框架协议的签署，天然气合作历史文档已整理完毕。（3）管道与HSE方面。中俄原油管道工程各项竣工专项验收工作按计划进行，11月下旬，穿越工程档案和竣工资料组织有关专家预验收；HSE管理体系稳定运行，按时开展安全生产检查，组织参加石油大厦应急演练活动，宣传安全生产政策法规，增强了员工的安全意识。（4）财务计划方面。搜集整理国家和集团公司涉及对外投资的相关政策并初步建立资料库，合作项目评价资料工具体系和合作项目评价资料体系已初步建立。（5）综合管理方面。一是制订培训计划，进行多次技术与管理知识讲座，并对项目部综合管理类规章制度和管理流程进行全面梳理，制作流程图，完成《项目部管理手册》的编辑和宣贯工作。二是组织提升项目部企业文化建设水平。以专题培训和现场学习相结合的方式系统学习中国石油企业文化，组织项目部格言征集评选活动，共征集到格言38条，组织项目部企业文化全员大讨论，提炼项目部企业文化，初步编成《项目部企业文化手册》。三是开展知识管理工作，以知识共享为出发点，收集部分培训材料数据，选购书籍和书柜，设立项目部“读书角”，为员工学习搭建新的平台。四是提升信息化建设水平。按照信息化工作要求，组织硬件设备更新和补充，“两机一屏”已经实施到位。发动全员参与对俄合作信息的收集，实现每期信息参考中都有项目部员工编译的材料。五是鼓励员工将工作成果加以提炼、升华，积极对外投稿，2013年共公开发表论文15篇。

（刘贵洲　吴　森　王占东）

中国石油集团西部钻探工程有限公司

【概述】 中国石油集团西部钻探工程有限公司（以下简称公司）是集团公司直属专业化石油工程技术服务公司。截至2013年底，公司下设15个机关处室、11个直附属单位和17个二级单位。员工总数2.2万人，拥有高级技术职务648人、高级技师98人，中级技术职务2405人，技师426人。公司现有资产总额193亿元，拥有各类工程技术服务设备和仪器1万台（套），其中钻机207台，年钻井能力420万米；修井机45部，年修井能力1220井次，压裂机组7套，14.2万水马力，年压裂酸化能力1900井次；测井及射孔成套装备84套，年测井能力8150井次、射孔能力3150井次；综合录井仪137台，年录井能力3400口；固井水泥车124台，年固井能力2880口；试油修井机21台、通井机17台，年试油能力300层。下设5个钻井公司，2个录井公司，井下公司、试油公司、测井公司，固井压裂公司、钻井工程技术研究院、定向井技术服务公司、塔里木勘探公司、苏里格气田项目经理部、三塘湖项目经理部和物资采购中心，有力支撑集团公司西部和中亚油气业务大发展。

【主要生产经营指标】 2013年，公司规模、效益实现“四连增”。全年共开钻2787口井，完井2781口，完成进尺453.2万米，同比增长27.9%，其中国内完成383.1万米，同比增长30.3%，国外完成70.1万米，同比增长16.4%；固井2807口/6124井次，同比增长30.1%；综合测井16610井次，同比增长58.1%；录井4976口/61429天，同比增长58%；试油完成260层，同比增长7%；井下大修作业完成122井次，同比减少6.9%；压裂酸化完成1767井次，同比增长32.1%；苏里格项目外输天然气6.6亿立方米，三塘湖项目生产商品原油2.3万吨。资产总额193.1亿元，负债总额132.8亿元，资产负债率68.8%。全年实现营业收入149.39亿元，同比增长13.3%，其中主营业务收入144.63亿元，同比增长14.3%。

【服务保障】 服务能力实现新突破。2013年，钻机月速、机械钻速同比分别提高4.6%和5.1%，实现连续5年平稳提速；事故复杂时率同比下降0.8个百分点，生产时率同比提高1.4个百分点；万米队伍数量达到180支、同比增加13.2%，其中40671队在吐哈油田实现单机单队进尺上6万米的历史性突破。重点围绕油田需求做好各项服务。（1）支持快速上产。连续3年坚持冬季作业和“三早一快”起步，主动配合油田夺油上产，公司攻上3个百万米时间节点分别提前5天、13天和26天。突出钻机月速、生产时效和钻机动用率，通过无缝生产和标杆打造，不断挖掘提速潜力。2013年，每万米动用钻机为4.87台·月，近5年累计降低21.2%。（2）支持提高单井产量。规模推广水平井、欠平衡和定向井，全年完成施工和技术服务1127井次，同比提高20.3%。大力发展储层改造业务，集中投资将压裂装备能力提高104%；积极担当塔里木“三超井”酸化压裂施工主力，全年“三超井”工作量同比增加208%，并创造水平井酸化压裂施工井深最深、连续作业时间最长等多项纪录。（3）支持重点工程推进。呼图壁储气库项目建设圆满完成，施工质量居国家在建6个储气库首位；塔里木库车山前、青海英东及东坪、吐哈鲁克沁和三塘湖等各重点区域全面实现集团公司提速目标，钻井周期大幅缩短，事故复杂显著下降。

【市场拓展】 市场合作拓出新路子。总包与合作规模迅速扩大，为生产经营提供有力支撑。玉门鸭K、昌吉致密油、新疆低效油田、哈萨克斯坦北布扎奇等一批总包项目成功实施，提速提效显著，促进甲乙方合作共赢；工程技术合作管理业务在青海、玉门、苏里格和海外等市场全面铺开，增加产值近5亿元，创造效益3000万元。国际化经营达到新水平。2013年，实现海外收入31.2亿元，5年平均增速18.3%；利润2.25亿元，同比增长50%；新签合同额5.3亿美元。队伍数、钻井进尺分别达到125支和70.1万米，近5年累计增长127%和169%；实现综合提速10.5%，在多个区域保持领先；员工本土化率达到86%，累计提高18个百分点。按照巩固基础、突出效益、发展高端的思路调整市场布局。（1）狠抓传统市场。将其作为生存发展基础，立足服务保障，全力发挥主力支撑作用。2013年，在新疆、吐哈、青海和玉门油田完成进尺325.8万米，同比增长30.7%；重组以来已经累计完成进尺 1402.1 万米，占公司总进尺的 74.2%。（2）狠抓效益市场。依靠管理提升实现增收增效。在塔里木，坚持落实规范、统一的管理模式，井控安全管理、钻井速度综合排名进入油田前三，事故复杂时率达到油田最低；完成进尺、收入同比分别增长 51.3% 和 17.6%，实现规模效益双增长。在海外，以示范区建设为中心促进管理提升。哈萨克斯坦市场量效齐增态势更加突出，进尺、收入同比分别增长 19.8% 和 28.2%，阿克套、阿克纠宾、克孜洛尔达 3 个项目规模均过亿美元；伊朗项目实现当年签合同、动迁、开钻和创效；俄罗斯项目实现零的突破。（3）狠抓总包合作。依托总包大力推进技术和管理创新，转变市场开发方式。在玉门鸭 K 区块，积极建立以项目管理为主要内容的甲乙方合作运行模式，全力推行综合一体化服务。在少动用 1 台钻机情况下，提前 66 天完成 13 万吨产能建设任务，平均工期较之前缩短 41.3%，单井产量提高 3 倍。在新疆低效油田一中区和三 3 区，以总包方式进行市场化运作，实现资源高效配置，降低油田开发成本，钻井周期整体较设计缩短 40% 以上。

【结构调整】　企业管理实现新提升。管理提升全面达到集团公司要求，制度、流程等基础管理更加扎实有效；用工总量进一步受控，在工作任务大幅增长情况下，较 2012 年底减少用工 415 人、降幅 2%，特别是二线、三线人员减少 973 人；经营管理更加精细，在国内外各市场、各项目全面建立单井单项工程核算与考核机制。积极优化业务、人员和管理结构，促进企业管理向更加注重质量效益转变。（1）优化业务结构。附加值较高的技术服务、油气风险作业等业务占总收入比例近 5 年提高 16 个百分点。其中，技术服务业务实现收入 38.5 亿元，同比提高 27.1%；固井、试油、定向服务等业务进一步向西部和中亚目标市场覆盖，测录井业务范围已延伸至油藏评价领域。（2）优化人员结构。严控总量，优先保障前景好有效益的业务用工，对一般效益业务收缩用工规模，对后勤及低效业务采取“只出不进”；特别是对录井清洗捞砂、钻井餐饮服务、测井库房保卫等非主营业务实行市场化运作，减少直接用工。公司用工总量近 5 年同口径累计减少 4452 人。同时大力推行后勤支持前线模式，建立二线、三线员工向一线岗位流动机制，将钻井液、锅炉等服务向后勤延伸，有效缓解一线人员不足问题。公司一线用工比例近 5 年提高 15 个百分点。（3）优化管理架构。公司近 5 年一直致力于构建集约化、专业化和一体化发展格局。累计撤并、整合 4 个二级单位，精简 39 个二级机关科室和三级机构；先后设立固井、定向井、科研和外经贸等业务的专业化单位，集中优势资源实现深化发展；实施物资“管采分离”，健全设备、井控及行政事务管理机构，促使运行更加高效顺畅。

【企业管理】　围绕考核激励、过程控制和精细管理 3 个要素，促进稳健经营。（1）坚持严考核硬兑现。严格落实工效挂钩，形成“四挂钩一关联”机制：业绩与干部任免挂钩，对连续 2 年完不成指标的单位调整班子；业绩与单位收益挂钩，实行超额分成兑现并逐年加大比例；业绩与项目级别挂钩，对经营达到一定规模的海外项目给予级别晋升；业绩与工资总额挂钩，对完不成利润的单位最高扣减工资总额 5%；班子与员工相关联，将各单位班子业绩与员工利益进行关联考核。近 5 年公司内部效益指标权重提高 20 个百分点、其中海外提高 40 个百分点，超额分成比例提高 25 个百分点。（2）加强过程管控。通过计划、分析、监察 3 条线，实现对生产经营全面掌控。强化全面预算管理，依靠定期经营形势分析和预警，及时调整提升；强化审计、纪检综合施策，将重心放在补短板和漏洞上，提高管控和风险防范能力。（3）持续精细管理。连续 5 年开展精细管理活动，形成以降本增效为核心、集中管控为关键、全员参与的节约模式。近 5 年公司各层面累计制定管控措施 450 项，完善制度 103 项，形成专项方案 41 个；每年消化成本刚性增长 5 亿元以上，每年节约物资采购资金 1.5 亿元，每年挖潜增效 4000 万元。

【科技创新】　坚持面向现场和市场，大力推进“新疆大庆”等 3 个科研专项，2013 年共开发新产品、新技术 40 项，推广新技术、新工艺 45 项。（1）在面向现场方面，着力攻坚瓶颈难题。致密油工厂化试验取得阶段性进展，通过落实井身结构、钻头钻具、钻井液、轨迹设计、生产工序“五优措施”，初步实现管理规范化、施工程序化和技术标准化，完成的 5 口井平均钻井周期同比缩短 50.5%，机械钻速同比提高 169.6%。（2）在面向市场方面，着力增强科技创效能力。自动垂直钻井系统实现产品定型，已具备 6 个工作面作业能力，在玉门鸭 K 区块多口井应用效果明显；自主研发的 SAGD 成对水平井技术在新疆风城区域应用 14 组井，提速、增产效果明显；猎鹰测井系统在新疆油田多口井应用取得成功，为规模推广及商品化生产奠定基础。（3）在加强支撑方面，着力健全科技创新体系。建立科技创新成效考核、科技基础管理、重大项目管理 3 项制度，进一步健全从科技立项、过程控制到问责评价的管理机制，实现目标、进度、责任“三落实”；设立国家级博士后科研工作站，形成“1246”科技创新平台。

【安全稳定】 将队伍、安全和稳定放在突出位置，努力筑牢企业发展根基。(1) 提素质。着眼于队伍建设的系统性和科学性，积极搭建骨干选拔、干部培养、专业职称评价、一线讲学评转和职业技能竞赛“五大体系”，通过职称晋级、评先选优、身份转换等激励手段，促进队伍整体素质全面提升。(2) 抓安全。深刻汲取事故教训，全员进行“六个反思”，狠掐事故根源；抓主线推进体系建设，基本建成国内外统一规范的管理机制；着力从风险和应急上加强管理，实行高风险作业升级，健全 8 个应急保障圈，有效提高安全作业能力。(3) 谋稳定。紧紧抓住责任落实、隐患排查、信访处置、网情监测、预警防范、矛盾化解“六个环节”，在集团公司重点时期和敏感阶段实现大局稳定；紧盯新疆严峻的安保形势，突出逐级防范和干部值班，保持各作业区域人员安全。

【和谐企业建设】 以开展教育实践活动为契机，一批员工关心的突出问题得到逐步解决。轮台前线生产点、青海花土沟生活服务站续建工程已竣工投运，青海水泥干混站项目开工建设，海外项目所在生活营区接入互联网。深入推进“送温暖”工程，修订公司困难群体帮扶救助、资金管理办法，新建特困家庭档案 223 户，2013 年累计慰问帮扶员工 1.5 万多人次，发放慰问金、救助金 727.34 万元。力所能及解决员工子女就业、教育问题。高校双选招聘时符合引进条件的职工子女优先签约，选拔职工子女参加高校回校培训和职业院校回校培训。涉及职工子女 250 多人。探索建立“讲学评转”机制、技能竞赛优秀选手身份转录机制，49 名员工通过技能竞赛转换身份。逐项落实《集团公司解决若干群体稳定问题政策底线》，为有偿解除劳动合同人员、提前退休人员、退岗家属、20 世纪 60 年代精简下放人员、职工遗属等五类群体约 13000 多人，共发放困难补助金、劳务费、工龄补贴和节日慰问金 798 万元，从源头上解决问题、构建和谐。通过多种方式，努力把企业发展创新成果惠及广大员工，并兼顾各类群体，最大限度地营造发展共谋、责任共担、成果共享的浓厚氛围。

（许　均）

中国石油集团长城钻探工程有限公司

【概述】 中国石油集团长城钻探工程有限公司（英文缩写 GWDC，以下简称公司）成立于 2008 年 2 月，是集团公司的直属专业化石油工程技术服务公司。公司用工总量 36967 人，拥有各类工程技术服务队伍 1400 多支。主营业务包括钻修井、测录试、井下作业、能源开发、高端装备制造为主的综合业务 5 个板块，业务领域涵盖地质勘探、钻井、测井、录井、井下作业等石油工程技术全产业链，并向油气田前期地质研究、勘探开发方案设计、稠油热采、天然气（煤层气、页岩气）开发、地热开发、油田生产管理等领域延伸，具备石油工程技术一体化总承包服务能力。国内市场主要包括辽河、长庆、大庆以及国际油公司国内反承包市场，海外业务分布在非洲、中亚、中东、美洲 4 个大区的 33 个国家，累计为 160 多个客户提供服务。重组以来，总收入以每年 10% 以上的速度增长。

【主要生产经营指标】 2013 年，公司完成钻井进尺 518 万米，同比增长 11.5%，井身质量合格率达到 100%；完成测井 13897 井次，录井 5429 井次，曲线合格率和油气显示发现率均达 100%；完成固井 5043 井次，油气层固井质量合格率 100%；井下作业 4314 井次，施工质量明显提升。苏里格合作开发完成天然气商品量 36 亿立方米，天然气商品率达到 96%。试油、测试、压裂、油田化学等业务实现较快发展。

公司全年实现收入 246.1 亿元，同比增长 9.5%。其中，国内市场收入 127.5 亿元，同比增长 3.4%；国际市场收入 118.6 亿元，同比增长 16.9%，全面完成集团公司下达的指标。实现 EVA 经济增加值 4.22 亿元；净资产收益率增长 2 个百分点；工程款回收额同比增长 10.3%。资产负债率降低 3 个百分点；贷款规模、利息支出同比分别下降20%和12.9%；五项费用同比降低14.8%。

【主营业务】（1）国内业务。辽河油区严密组织生产，有效保障需求，与油公司开展技术合作，在西部凹陷致密油勘探中获得新发现，服务能力和水平得到甲方充分肯定。东部地区海塔市场凭借水平井技术发挥引领作用，规模效益稳步增长。西部地区在激烈的市场竞争中，连续第五年实现规模效益双增长。代管民营队112支，创效6000万元。苏里格气田苏53区块通过内部挖潜新建产能10亿立方米，总产能达到20亿立方米，实现规模翻番；苏10、苏11区块实现20亿立方米产能稳产。3个区块建成产能已占苏里格气田总产能的18.5%，外输商品气量占5家合作方总外输量的43%，经济效益明显。2013年，国内反承包业务签订合同12.13亿元，产值增幅达到17.5%。

（2）国际业务。2013年，国际市场签约合同额首次突破20亿美元，达到21.9亿美元；新增各类技术服务队伍91支，海外队伍总数达到801支，员工当地化率82%。国际市场收入占工程技术收入比例54.6%，占总收入的比例48.2%。一批规模效益双优先项目展现较高运行水平。乍得项目中标1.37亿美元83口丛式井大包项目，继续保持中国石油市场独家服务地位，签约CARACAL 2.87亿美元钻修机项目，资源外包3台钻机。肯尼亚项目中标AFRICA OIL的1+3口石油探井项目，首次进入当地油气主流市场，特别是清洁能源开发取得重大进展，未来3年公司将代表集团公司在肯尼亚建设装机容量350兆瓦的井口电站，总投资35亿元以上，成为集团公司海外清洁能源开发的先行军。苏丹项目在积极复产的同时推动商务谈判，以较高价格中标3/7区修井机合同。伊朗项目中标NIOC中部油田5年期4.2亿美元综合服务合同，同时成功签订南阿扎德干甲方首个总包合同。委内瑞拉项目在PDVSA自购钻机逐步到位的情况下，续签钻机及固控、录井服务合同2.6亿美元。加拿大项目为油公司提供页岩油开发带资服务，区块面积90平方千米，获得全部作业权和80%的权益，首口井试油日产达到百吨以上。完钻的4口井控制含油面积32平方千米，控制石油地质储量1600万吨，为建设海外“苏里格”创造条件。印度尼西亚项目中标SPC和PASIR大包服务合同2614万美元，向18家分包商输出管理。尼日尔、厄瓜多尔、阿塞拜疆等项目业务扩展也取得显著成效。

壳牌合资公司签订加拿大、澳大利亚、壳牌四川等合同3.18亿美元，下一步还将引进壳牌在北美的全套压裂技术，使公司成为中国第一个掌握全套国际先进压裂工艺的企业。

【企业管理】 将管理提升活动引入企业发展的各个层面和生产经营的各个环节，制订12项专项提升方案，逐项研究落实。

（1）改革完善体制机制。创新区域项目管理模式，整合吉林、大庆、塔木察格地区业务组建吉林项目部，促进区域整体优势的发挥。同步实施井下业务重组，提高专业集中度，产值同比增长29%。

（2）深化人力资源管理。建立双向职业晋级体系，2013年晋级4468人；通过实行任务外包和清退劳务用工4082人，人工成本增幅同比降低17.4%；有针对性地引进国家“千人计划”顶级专家和急需专业高校毕业生，面向海外开展专项培训15000人次。

（3）优化生产组织。2013年，钻机动用率同比提高1.8个百分点，总包钻机生产时效突破90%，钻机月速度同比提高8.9%。

（4）规范物资管理。物资计划审批时间降至1.2个工作日，采购计划完成率同比提高5.2%，两级物资集中采购度达到98.5%，物资库存同比降低15.9%。

（5）强化装备保障能力。制定专业设备配套标准化规范，设备综合完好率97%，降低配套成本7000万元。

（6）加快信息化建设。4个管理信息平台建设取得新进展，OMS系统在测录试专业全面上线运行，实现基层减负；机关工作管理信息系统全面应用，提高机关工作效率、质量和透明度。

在此基础上，突出减少内耗，努力降本增效。强化投资管理，成立投资管理委员会全程管控，投资规模同比降低19.7%，投资回报率同比上升24%。加快资金筹措，利用短期低息贷款节约融资成本1.5亿元，争取集团公司注资20亿元，各类税费返还3.95亿元。严格资产管理，规范设备转资并及时摊销，有效杜绝潜亏；清理17.7亿元低效无效资产，提升公司资产质量。细化成本管理，油材料、折耗等营业成本控制在预算指标之内，非生产性支出同比下降4.1%。加强经营考核，上调额外资金占用费和工程款回收指标考核权重，引入固定资产投资回报考核指标，各单位创效观念明显增强。总体上，公司过度依赖投资拉动的局面得到缓解，资产质量、现金基础得到夯实，历史欠账得到有效弥补，为下步发展增添后劲。

【科技进步】 2013年，承担国家级课题8项，集团公司课题38项，获省部级科技进步奖9项，国家专利授权 136 项，首次获得孙越崎能源大奖。

（1）重大技术装备研发取得新突破。随钻方位电磁波电阻率测井仪研制成功，公司成为国际上第 4 家拥有该技术的企业。研制国内首支油基钻井液电成像测井仪，达到国际同类产品先进水平。丛式井组工厂化作业突破单井产量低、补充能量难、开发效益差三大难关，为工程技术进步提供革命性手段。“多分支水平井钻完井技术”通过集团公司鉴定，“工厂化钻井与储层改造技术助推非常规油气规模有效开发”入选集团公司十大科技进展。

（2）新技术现场试验及推广效果良好。AH1500 自动化钻机现场试验获得成功；CIFLog-GeoMatrix 测井处理解释系统应用 3100 口井，实现国内外测井解释处理完全统一；远程录井技术实现后方专家对现场的实时指导；连续油管酸化项目 2012 年启动，2013 年创产值 3935 万美元，净资产回报率 31.2%，成为公司新的效益增长点。

（3）新技术产业化步伐进一步加快。GW-LWD 随钻测井仪形成多规格系列化制造与服务能力，当年生产 13 套。GW-MLE 综合录井仪累计生产 18 套，创产值 3300 多万元。带压作业技术形成系列化工艺，2013 年应用 530 口井。压裂液连续混配技术形成体积压裂配套工艺，全面进入“万方液、千方砂”大规模施工新阶段。

【工程技术】（1）集团公司重点示范项目连创佳绩。苏 53 大组合平台工厂化作业创新“六化”管理模式，提前 50 天完成全部 13 口井的钻井、压裂、试气和投产任务。水平井平均机械钻速提高 6.2%，平均钻井周期、建井周期分别缩短 31.7%、31.3%，投产初期平均日产气 11.9 万立方米，最高 20.4 万立方米，创造当年部署井位、当年征地垫井场、当年完钻、当年压裂、当年试气、当年投产的良好业绩，受到集团公司高度评价。

（2）提速提效见到良好效果。将钻井提速作为一项系统工程，落实三级提速责任、建立区域提速模板、应用先进实用技术、强化生产组织管理“四管齐下”，国内平均机械钻速提高 7.39%；海外大包项目平均机械钻速提高 12.1%。青海昆北英东区块有效解决井漏问题，机械钻速提高 40%，32806 队实现当年 18 开 18 完；道达尔反承包项目用 3 部钻机完成 16 个平台 126 口井表层工厂化作业，机械钻速提高 18.6%；苏 53 区块利用小平台工厂化作业实现“井间提速”和“无缝隙生产”，机械钻速同比提高 20.5%，40002 队实现水平井 8 开 8 完；GW80 钻井队年进尺再上新台阶，达到 13.06 万米；乍得项目推广“四个一”提速模式，连续 5 年机械钻速年均提高 8%。在此基础上，公司培育水平井、定向井等专打队伍 124 支，有效提高钻速、减少井下复杂事故发生。

【质量安全环保】（1）严格落实安全环保责任制。强化有感领导、直线责任和属地管理，广泛应用“4+4”工作法等有效方法和工具，将员工安全信誉纳入个人档案，将 HSE 业绩与个人经济利益和职业生涯挂钩。

（2）进一步深化风险防控体系。落实“五大领域、六级风险防控”，做到责任、重点、任务全过程风险管控。

（3）事故事件管理更加科学完善。建立正激励机制，基层 HSE 事件上报数量同比提高 1.8 倍，上报数量、质量明显提高，反映 HSE 管理现状更加真实，LTIF、TRCF 分别达到集团公司平均数据的 5.4 倍和 19 倍。

（4）隐患治理取得实效。将 2013 年各类审核、检查发现的 1794 个问题录入信息系统，分析根本原因，全过程跟踪整改，实现重大隐患闭环管理。

（5）创新实施基层队区域巡视监督模式，实现钻修井基层单位每天监督检查覆盖。

（6）强化井控、应急、环保、交通、社会安全等专项管理。公司荣获集团公司环境保护先进企业，2013 年事故总数下降 25%，没有发生井喷失控事故和环保责任事件，千人重伤率、千台车人员死亡率同比年度工作指标分别降低 30%、37.5%，海外中方员工防恐培训率达到 100%。在南苏丹局势骤变之时，公司最先组织包机撤离人员，先后撤离中方员工 102 人（含第三方 22 人），得到集团公司领导高度评价。

（7）质量管理取得新成果。完成质量管理体系换版修订工作，发布实施 B 版质量管理体系文件，公司荣获中国质量协会颁发“全国质量管理小组活动优秀企业”称号。

（8）节能节水完成国家、北京市和集团公司下达指标。2013 年万元产值能耗 0.16 吨标准煤，同比下降 7.72%，实现措施节能量 4504 吨标准煤，措施节水量 1.3 万立方米，连续 5 年获得集团公司“节能节水型先进企业”称号。

【党建和思想政治工作】（1）党的群众路线教育实践活动高起点开局、高标准推进、高质量落实，突出“四个覆盖”的工作目标、“五种模式”的督导方式，抓住领导干部、机关、海外“三个重点难点”，“四风”问题得到有效整改落实。2013 年一类、二类会议同比减少 30%；各类公文同比减少 23%；会议费、业务招待费支出分别下降48.2%、24.6%，得到集团公司督导组高度评价。

（2）强化基层党组织建设，率先在党建工作领域引入“标准化工作流程”，创新“三会一课”分类落实工作方法，制订15个指导意见、6个SOP，建立全球党建信息平台，使基层党组织工作更加规范化、标准化。

（3）强化领导班子和干部队伍建设，坚持党委中心组学习制度，开设“中心组学习论坛”，配套相对完整的干部管理工作体系，各级领导干部忠诚事业、勇于担当的表率作用进一步发挥。

（4）深入开展“强作风、重执行、求实效、管理再提升”形势任务主题教育活动，推进“三进、三课、三化、三结合”的大庆精神铁人精神再学习、再教育模式，形成一套适合不同员工群体的学习教育体系。

（5）制订公司廉洁风险防控工作实施方案，建立廉洁风险数据库，深入开展专项整治活动，党员干部廉洁从业自觉性进一步提升。

（6）深化“安心工程”，搭建3个交流平台，创建10项子工程，切实为员工群众办实事、解难事。

（7）做实“三基”工作，制订指导意见，优化考核标准，创新考评模式，充分调动基层员工的积极性。公司12个典型案例、5个标杆单位、3个钻井队受到集团公司“千队示范工程”表彰。《规模化应用水平井技术》和《“安心工程”关爱员工》入选集团公司社会责任优秀实践案例。公司荣获中国企业文化研究会颁发“全国改革开放35周年企业文化竞争力优秀单位”称号，GW80队被评为集团公司基层建设“百个标杆”队。

（杨　金）

中国石油集团渤海钻探工程有限公司

【概述】 中国石油集团渤海钻探工程有限公司（以下简称公司）是集团公司直属专业化石油工程技术服务公司。截至2013年底，用工总量27627人，其中，合同化员工22154人，管理和技术人员11768人；研究生以上学历人员417人，大学学历人员6968人，大专学历人员7613人。

【主要工作业绩】 实现营业收入260亿元，是重组之初的3倍，同比增长13%；考核利润首次突破10亿元大关，达到10.4亿元，是重组之初的3倍，同比增长11%，超额完成集团公司下达的考核指标。职工收入整体又有新的增长。资产总额达到340亿元，是重组之初的3倍；净资产收益率4.48%，高于集团公司考核指标0.98个百分点；资产创收能力、增长能力、偿债能力、积累能力等指标均达到同类企业优秀水平；单队创收能力明显增强，创收超亿元的基层队达到18支。实现综合提速6%，完成钻井进尺761.6万米，同比增长6.4%；技术服务工作量2.77万井次，同比增长20%；水平井、欠平衡井、带压作业井和酸化压裂工作量创历史最好水平，同比分别提高34%、86%、138%和29%。顺利通过国家级企业技术中心认证，成为集团公司第五家分中心。创造并保持14项国内外技术指标；新鉴定科技利器6项，均达到国际先进水平；实现科技创收42亿元、增效8.1亿元。安全井控态势平稳，再获集团公司安全、环保和节能节水先进。积极参与矿区建设，努力促进油区和谐。开展党的群众路线教育实践活动，密切干群关系，整治“四风”问题，争先文化和“四特精神”深入人心，队伍呈现良好风貌，公司工会获中华全国总工会“十面红旗”称号。

【市场开发】（1）国内市场。创收230.4亿元，增长12.3%。强化服务保障，完善服务手段，关联交易市场占有率97%，创收74.1亿元，减少3.8%。强化市场营销，扩大创收规模，国内行业市场创收153.6亿元，增长21.8%，其中，长庆沿线市场创收65.6亿元，增长29.3%；新疆市场创收38.3亿元，增长18.7%。其他收入2.7亿元。

（2）国际市场。创收32.6亿元，增长18.8%。中标鲁克、米桑总包项目，实现国际总包零的突破；精心运作伊拉克哈法亚、鲁迈拉项目，有效解决伊朗回款问题，中东市场创收8. 8亿元，增长30.5%。扩大委内瑞拉技术服务市场，在受汇率影响少收4.8亿元的情况下，南美市场创收18.3亿元，增长14%。优化印度尼西亚市场，实现扭亏为盈，亚太市场创收4.2亿元，增长19.4%。

（3）业务转型。技术服务及井下业务快速发展，创收149.6亿元，增长17.4%，高于钻井9.4个百分点；深井复杂结构井创收能力大幅提升，单机、单位水马力和米进尺创收分别达到5896万元、1.1万元和2957元，分别增长5.6%、3.5%和5.8%；总包、分包领域不断扩大，分别创收188.3亿元和41.3亿元，增长14%和51.6%。

（4）油气合作。完成天然气产量15.9亿立方米，增长6%，盈利再次迈上亿元台阶；大港风险区块首战告捷，首口井日均产油21吨，区块累计交油1832吨。

【生产组织】（1）资源利用。推广“两个专打、542”等高效工法，优化资源部署，加强生产对接，钻机利用率88%、生产时效96.4%，分别提高1.5和0.23个百分点。

（2）事故复杂控制。制定应对措施，发挥专家远程决策系统作用，事故复杂时率1.95%。

（3）工程提速。深化竞赛，落实“抓两头带中间”举措，在深井复杂结构井大幅增加、平均井深2999米的情况下，深井复杂结构井提速10.8%，30支后进队进尺同比增加19.1万米。强化技术服务提速，其中水平井压裂周期缩短31%。

（4）施工纪录。创造218项提速纪录，其中，在克深2-1-14井，创库车山前四开井最快建井周期231天纪录；在中古5-H2井，创国内陆上最深水平井7810米纪录；在玉2-20井，创鲁克沁西区最短建井周期16天纪录；在滨深24-5-25井，创大港风险合作区最短钻井周期44天纪录；80007队、70551队、70592队进尺分列塔里木三大区块第一；50669队在苏里格实现水平井8开7完；40689队在华北进尺达到7.4万米；40617、40505队在大港进尺双双达到6.7万米；50666队在冀东进尺达到3.8万米。

【安全环保】（1）文化培育。开展领导干部访谈、安全文化“三进”等系列活动，以及“10·7”火灾、“12·23”井喷警示月活动，深化安全井控理念、保命条款宣贯，强化“四种文化”建设，增强全员安全意识。

（2）体系运行。顺利通过集团公司和中油HSE认证中心审核，出台《体系审核定级管理办法》，对各单位进行A、B、C定级、排名和奖惩。发布实施国际市场“1+N”体系，开展专项审核，整改问题620多个。完善政策措施，新出台管理制度14项、作业规程410项。

（3）井控管理。严格一级风险井监管，在187口井落实处级责任人。突出溢流管理，实行溢流定期分析制度，正确处置溢流41起。出台《钻井工程分包井控管理办法》等制度，开展3次检查评估，强化代管队伍监管。

（4）风险管控。实施安全井控大检查，查改问题683项；深化4个评估，补齐短板418个；强化隐患治理，投入2.5亿元治理隐患150余项；加强交通、消防、放射源、火工品、海外防恐等管理，杜绝了各类事故。

【科技进步】（1）科技研发。十大研发项目进展顺利，其中油基钻井液核心处理剂性能达到国外同类产品先进水平；选择性多级压裂及控制开采技术现场试验达到设计要求。获授权专利99项、软件版权7项；获省部级科技进步奖16项，其中，集团公司科技进步一等奖2项、石油石化工业联合会科技进步特等奖1项。取得集团公司工程技术重大专项1个课题和4个专题牵头研究资格，获上级拨款2.8亿元。

（2）技术应用。塔里木山前优快钻井技术，创13项国内、集团公司和塔里木区块纪录；冀东油田3号构造深井优快钻井技术，平均建井周期同比缩短67.3天，创9项冀东油田新指标；水平井钻井工艺技术，进尺增长33%，创15项集团公司和地区纪录。

（3）科技创业。加快科技成果转化，7个已获科技创业奖项目全年创产值6.6亿元。新培育科技创业项目7个，全年创产值4.6亿元。

（4）信息化建设。完成定向井远程监控项目建设，提升了大位移、水平井施工能力；在A12顶层设计框架下，启动深井复杂结构井远程作业支持系统先导性建设；完成信息门户整体改版、视频会议系统功能升级、可视化平台扩展等项目建设，增强了远程信息沟通和管理控制能力；10余项统建信息系统应用持续排名板块第一，连续5年荣获集团公司“信息化工作先进单位”称号。

【人力资源】（1）员工培训。出台集中达标培训管理办法，升级钻井实训基地功能，完善特色培训教材。组织对主要队种基层干部、安全井控监督及代管民营队骨干进行培训，共计5.3万人次；开展基层自我培训1.7万人次。高水平承办集团公司石油钻井工及井控班组技能竞赛，包揽团体冠军及钻井工个人全部金牌，荣获测井工职业技能大赛团体亚军。

（2）人才引进培养。引进博士、博士后31人，新增技术专家12人、技能专家10人、安全专家7

人、井控专家5人。出台《博士生管理办法》，强化青年技术人才培养，评选优秀青年技术人员50名、标兵20名。与石油高职院校联合举办石油工程技术试点专科班，为一线储备操作人才。

（3）人力资源结构优化。修订劳动用工管理办法、劳务工管理办法，压缩劳务工300人，清理关键岗位违规用工79人，调剂二、三线人员补充生产一线100人，队伍结构持续改善。

【管理提升】（1）管理提升活动。修订“16246”发展战略，增强了引领作用。强化“三基”工作，深化管理对标，实施12个专业路管理提升方案，开展“两揭四互”和管理诊断下基层活动，提升管理水平。强化管理现代化创新，获得省部级以上成果25项。

（2）激励政策。坚持分配向一线和艰苦岗位倾斜，修订领导人员绩效考核办法，调整创收创效工资兑现额度，设立清欠工资、生产经营专项奖励、外部艰苦地区浮动奖，实行工资总额和二、三线工资“双控模式”，调动全员积极性。

（3）结构调整。成立新青玉事业部、教育培训中心、社保中心，调整博士后工作站管理方式，推进井下单位和工程院扁平化管理，进一步提升运行水平和效率。

（4）成本管控。细化成本控制措施，制定《加强成本费用控制促进效益持续增长指导意见》；利用各类优惠政策，节约税费支出2.3亿元；通过物资集中采购节约资金3500万元；通过审计和效能监察，节支4512万元；通过推广“电代油”等项目，节约成本6250万元；通过严控五项费用，减少支出3372万元。

（5）基础管理。积极争取投资，保障重点项目，完成投资22.7亿元。顺利通过集团公司内控测试，例外事项历年最低，受到上级好评。加强质量、计量、标准化管理，现场标准配备率100%。加强合同与法律事务管理，提高依法依规经营水平。同时，维稳、外事、档案等工作也取得较好成绩。

（刘荣军　马　强）

中国石油集团川庆钻探工程有限公司

【概述】 中国石油集团川庆钻探工程有限公司（以下简称公司），总部位于四川省成都市，是集团公司直属工程技术服务企业，享有独立对外经济贸易和经济技术合作业务权。主营地震勘探、钻井工程、井下作业、测井射孔、录井、油气田地面建设、油气合作开发等业务，具有油气工程技术服务完整的业务链，是国内外业务一体化、跨地区、跨国经营的专业化公司。国内市场分布于四川、重庆、陕西、甘肃、宁夏、内蒙古、新疆7个省（区、市），主要服务于西南油气田、长庆油田、塔里木油田。海外市场主要集中在土库曼斯坦、巴基斯坦、厄瓜多尔等国家。截至2013年底，公司有机关处室17个，二级单位24个，从业人员41792人，主要设备13536台（套），资产总额461.51亿元。

2013年，面对重点工程多、保障要求高、市场变化快、安全压力大等困难挑战，公司认真落实“有质量、有效益、可持续”发展方针，全力以赴保油气、保安全、保稳定、保发展。全年完成钻井进尺743万米；实现营业收入434.48亿元，同比增长8%；实现利润10.13亿元，为集团公司下达指标的140.3%；实现经济增加值9.64亿元，较集团公司下达指标改善6.55亿元。

【提速提效】 钻井业务推行精细化组织、区域化保障、标准化模板，在深井水平井增多、井深增加的情况下，实现再提速5%，其中水平井、4000米以上深井速度同比分别提高8.9%和16.2%。井下业务强化装备队伍高效利用，保障重点区域、重点井的增产改造。测井、固井、录井、钻井液、钻前、运输等业务紧密衔接、及时到位，安全监督狠抓现场违章行为整治，有力保障钻井安全提速、综合提速。物探推行全过程技术支持，改进工艺和施工组织，有效支撑重点区块勘探发现。地面建设加强设计、施工、采购等环节紧密衔接，严格质量检测，确保一大批重点工程加快推进、顺利竣工。四川地区高石梯—磨溪区块快速打成一批超百万立方米高产井，300万立方米扩建工程提前一个月交付投产，有力保障提交储量和加快开发；长宁丛式井组7开7完，率先实现国内页岩气工厂化作业。长庆地区继续推进水平井规模化专打、工厂化压裂，为长庆油田上产5000万吨、全面建成中国第一大油田发挥主力军作用。新疆地区重点推进国内第一个油气产能建设总包项目，积极服务塔里木油田增储上产。海外地区土库曼斯坦南约洛坦100亿立方米项目投产一次成功，成为该区域唯一实现投产的国际承包商；中缅管道、中贵联络线等一批油气战略通道工程安全优质完成，川东北高含硫、壳牌页岩气、道达尔苏里格南等反承包项目有序推进，储气库建设完成阶段性任务。

【业务转型】 国际市场新签合同金额同比增长18.2%，国际业务实现收入103.5亿元，继续保持平稳发展态势；高附加值业务稳步增长，水平井、4000米以上深井进尺同比分别增长49.6%、63.4%；井下作业、压裂酸化工作量同比分别增长31.8%、33.5%。生产组织方式变革取得新突破，初步形成“集群化建井、批量化实施、流水线作业、一体化管理”的工厂化作业模式，长宁页岩气丛式井组平均钻井周期缩短50%，压裂作业效率提高近1倍。业务外包有序推进，国内钻井队生活后勤全面外包，川渝地区初步实现部分设备国内零配件直供和维修服务。

【科技发展】 2013年，公司大力开展技术攻关，全年获授权专利249项，其中发明专利78件；获省部级以上科技进步奖16项。瞄准国际前沿，加大高新技术研发，旋转导向钻井、粒子冲击钻井、二氧化碳干法加砂压裂等高端技术取得新突破，精细控压钻井、电磁波接力传输随钻测量系统、连续油管带底封环空分级压裂等特色技术进一步提升。物探GeoMountain® 软件系统认定为国家战略性创新产品，分段多级分簇射孔、套管滑套、稠化水清洁压裂液、PSK工具等产业化规模不断扩大。公司通过国家级高新技术企业资格认证，博士后科研工作站获得国家批准。加快生产方式信息化改造，建成井场数字化值班房，柴油机集中监控系统覆盖率达60%以上。

【对外油气合作】 2013年，公司在苏里格气田油气合作开发中，本着精细勘探、高效开发原则，紧紧围绕“保增长、保效益”要求，积极推动苏里格合作区块资源接替和天然气产量增长，努力提高钻探成功率，整体效益良好。新建产建井69口，其中水平井12口。完成新井投产99口，累计投产井728口，日井口产能596万立方米。继续实施市场化运作、社会化保障，强化老区增产稳产，新建产能4.47亿立方米，生产天然气20.02亿立方米，完成年计划18.3亿立方米产量任务的109.3%，天然气商品量19.15亿立方米。历年累计生产天然气101亿立方米。

【企业管理】 2013年，公司深入推进管理提升，突出精细规范增效益，进一步理顺各项管理。充分发挥预算激励和约束作用，有力促进各单位挖潜增效。强化资金、资产、债务、核算集中管理，推进成本管理标准化、信息化，严控非生产性支出。深入实施“三控制一规范”，有效控制用工总量。严格工效挂钩，季度考核兑现，优化工资总额分配，全年工资增量用于基层一线，进一步激发经营活力和生产积极性。加强投资全过程管理，严控投资规模，投资同比下降24%。进一步强化物资采购统一管理，加大集中采购力度，有效降低采购成本，保障生产建设需要。加强基础管理工作，发布公司级制度20项、企业标准251项，建立各专业基层管理标准化模板，管理体系进一步融合。严格工程质量、产品质量监管，扎实抓好质量体系运行，全面实现质量控制目标。继续推进内控与风险管理，严控合同、法律事务、海外业务等重点领域风险，扎实开展财务稽核、审计和效能监察，风险防控能力进一步提高。

【安全环保与节能管理】 2013年，公司坚持严抓严管保安全。认真开展“百日安全生产”、“安全生产月”、“节能宣传周”、“世界环境日”等活动，全员安全意识进一步提高。丰富完善HSE理念，发布新版HSE手册，严格落实“一岗双责”，促进管人、管事与管安全有机统一，认真开展体系审核，推动HSE体系有效运行。加强钻井、地面建设、交通、消防、承包商和环境等重点领域监管，继续推进行为安全和工艺设备安全，扎实开展安全生产大检查和回头看活动，实施钻井、工程建设业务专项整治，投入2.41亿元治理隐患185项，杜绝井喷等重大事故。加大违章查处力度，严格事故事件管理。强化安全监督员、审核员、基层干部HSE培训，开展“三标一规范”HSE示范队建设。调整应急管理职责，完善预案，开展各类应急演练6778次。扎实推进清洁生产，继续推广“电代油”、钻井液回收利用等技术，节能6786吨标准煤、节水5.78万立方米。全年各项HSE指标均控制在集团公司下达范围内。

【精神文明建设】 2013年，公司加强党建工作，深入开展基层党支部“六个一”创建活动，扎实开展基层党建“三分类三升级”活动，坚持“三会一课”、党员联系和服务群众等制度，党支部的凝聚力和战斗力进一步增强，1个基层党委获四川省国资委党委“先进基层党组织”称号。做好党员发展工作，全年发展党员322名。加强海外党员管理，认真落实《集团公司海外党建工作条例》。制订党员教育培训规划，发挥网上党校作用，培训党委组织员和党支部书记154人。建立公司领导班子成员及助理、副总师党建工作联系点，党建工作进一步规范化、制度化。总结、推广创先争优活动成效和经验，将集中性创先争优活动转为经常性创先争优。将“三基”工作与管理提升活动有机结合，开展基层管理标准化试点，形成《钻井队管理标准化手册》，在基层单位广泛开展管理标准化建设工作。抓好千队示范工程创建工作，长庆钻井总公司30693钻井队获集团公司基层建设“标杆单位”称号。加强人才队伍建设，新聘15名集团公司高级技术专家，引进博士后进站3人，签约高校毕业生353名，其中硕士、博士66名。持续实施员工素质提升工程，培训员工8.5万人次。

2013年，公司认真贯彻落实党的十八大和十八届三中全会精神，围绕公司改革发展大局，深入开展“形势、任务、目标、责任”主题教育活动，引导广大员工树立精品理念、明确目标责任、强化担当执行。大力培育和选树先进典型，涌现出“全国五一劳动奖章”获得者2人、“中央企业劳动模范”1人、省级“五一劳动奖章”获得者3人、“中国石油百佳爱心人物”2人、中央企业先进集体1个、省级工人先锋号8个。持续推进企业文化建设，油气井灭火抢险中心被集团公司确认为“企业精神教育基地”。坚持完善职代会制度，加强厂务公开和民主管理工作。积极做好社会保险和企业补充保险工作，切实保障员工利益。关心关爱员工，建设职工书屋35个，开展心理援助3966人次。扎实抓好特殊敏感时段稳定和社会安全高风险地区防恐等工作，大局保持稳定。积极履行企业责任，对口援助石渠县阿日扎乡，帮扶南充市、石渠县和北川县的困难家庭，组织员工为芦山地震灾区捐款。

（杨运杰）

中国石油集团东方地球物理勘探有限责任公司

【概述】 中国石油集团东方地球物理勘探有限责任公司（英文名称BGP，以下简称公司）是集团公司独资的地球物理专业化技术服务公司。主要从事国内外陆地、海上地震勘探及综合物化探采集、处理、解释以及有关勘探技术、软件开发、技术引进和装备研发、产品销售、信息技术等业务。

截至2013年底，公司机关职能处室14个，机关附属机构5个，公司直属机构5个，二级单位23个，合资公司1个。公司有合同化员工20242人，其中在岗19328人，中专及以上学历人员14530人，占合同化员工总数的71.8%；在岗管理、专业技术人员中，具有中级及以上职称人员6235人，占在岗管理、专业技术人员总数的51.5%。

【主要经营指标】 2013年，实现收入195.2亿元、考核利润7.64亿元，同比分别增长8.3%和12.1%，其中国内、国际主业分别实现收入79.1亿元和97.8亿元，同比分别增长8.1%和13.2%，实现企业增加值80.3亿元，上缴税费8.1亿元，公司销售收入全球行业第二、陆上第一的地位更加巩固。

全年落实市场272.8亿元，其中新签合同195.4亿元，同比分别增长7.3%和9%。国内落实市场78.6亿元，其中新签合同62.9亿元，完成年度预算的105%；区外市场、非常规能源市场新签合同分别达15.4亿元和5.5亿元，同比增长14.9%和17%。国际落实市场158亿元，其中新签合同102亿元，同比分别增长8.2%和19%；全年新增客户14个，新签超亿元项目同比增加38%，乍得、尼日尔成为新的超亿美元规模生产基地。

处理解释业务实现收入11.5亿元；信息业务实现收入17.2亿元，连续4年成为公司发展最快的成长性业务；装备制造业务、油藏业务、综合物化探业务稳步发展；井中地震、非常规勘探业务经营业绩不断提高；深海业务生产经营情况明显好转。

【地球物理勘探】 2013年，公司共投入地震队121支，投产282队次，完成二维地震勘探项目126个、工作量106314千米，完成三维地震勘探项目154个、工作量59983平方千米。公司投入VSP队8支，实施VSP测井178井次。综合物化探动用队伍21支，投产59队次。

完成二维地震资料处理项目118个，测线3082条，剖面长度111001千米，野外记录2412426炮；完成三维地震资料处理项目159个，一次覆盖面积113295平方千米，满覆盖面积81579平方千米，野外记录19092896炮。项目交付合格率100%，项目验收一次通过率100%。

完成地震资料解释及综合研究项目213个。完成二维地震解释433768千米，二维地震反演15244千米；完成三维地震解释满覆盖面积251769平方千米，三维地震反演86782平方千米；完成各种成果图件5748张。配合各油田新发现圈闭3516个，总面积63994平方千米，复查落实圈闭3670个，总面积62980平方千米；建议各类井位4031口，被采纳2361口。

在股份公司取得的24项油气勘探重要成果中，公司参与23项，参与率95.8%；海外油气勘探重大发现参与率100%。

【国内勘探】 2013年，国内地震勘探分别在塔里木、准噶尔、吐哈、柴达木、华北、鄂尔多斯、滇黔贵、渤海湾、南祁连、淮南、海南、集宁、山西临兴、河南登封、江西修武、重庆酉阳、陕西神府等盆地或地区开展工作。

国内勘探投入地震队57支，投产138队次，投入VSP队6支。完成二维地震勘探采集项目65个，测线646条，工作量20500千米，获生产记录516026张，完成小折射点2327个，微测井4649口；完成三维地震勘探采集项目73个，线束4742束，偏前满覆盖面积11219平方千米，获生产记录2461374张，完成小折射点1603个，微测井8831口。

综合物化探投产30队次，实施30个采集项目，工区分布在塔里木盆地、准噶尔盆地、酒泉盆地、柴达木盆地和河北、内蒙古、四川、山东、南海等省或地区。完成陆上常规重力38165千米、陆上常规磁力43585千米，三维重力829平方千米、三维磁力829平方千米，电法剖面4919千米，三维电法1400平方千米，地球化学勘探1272千米。工程勘探全年投产13队次，实施13个项目。

【国际勘探】 2013年，国际地震勘探项目主要分布在莫桑比克、埃塞俄比亚、肯尼亚、乌干达、马达加斯加、印度尼西亚、柬埔寨、巴布亚新几内亚、马来西亚、苏丹、爱尔兰、哈萨克斯坦、刚果布、委内瑞拉、厄瓜多尔、土库曼斯坦、尼日利亚、摩洛哥、贝宁、赤道几内亚、突尼斯、卡塔尔、喀麦隆、阿曼、沙特阿拉伯、伊朗、伊拉克、巴基斯坦、尼日尔、乍得、孟加拉31个国家和地区。

国际勘探投入地震队伍64支，投产144队次，投入VSP队2支。完成二维地震勘探采集项目61个，工作量85814千米，获生产记录3678793张；完成三维地震勘探采集项目81个，工作量48763平方千米，获生产记录15211352张。

综合物化探投产16队次，实施16个采集项目。工区分布在乍得、尼日尔、委内瑞拉、玻利维亚、阿曼、伊拉克、印度尼西亚、马达加斯加、爱尔兰等国家和海域。完成海洋重力44667千米、海洋磁力44210千米，陆上常规重力1348千米、陆上常规磁力422千米，电法剖面2924千米。

【科技创新】 2013年，投入科研经费5.5亿元，实施国家级项目3项、集团公司及公司项目97项，申请专利145项，发表国际论文68篇，获省部级以上奖励16项，其中国家科技进步二等奖1项、集团公司科技进步特等奖2项；“两宽一高”技术被评为中国石油十大科技进展；国家油气重大专项通过国家三部委阶段检查。

核心软件、装备利器打造成效突出。GeoEast功能持续完善，处理解释应用率分别达到67%和77%，成为公司基础处理解释平台；KLSeis Ⅱ开放式、高性能、跨系统平台研发成功；油藏地球物理软件完成应用前各项功能测试。G3i地震仪器在玛131井区项目完成6万道带道能力测试和生产，创造出1.23万炮国内最高日效；HAWK节点仪器先后在新疆、长庆等探区试验取得成功，性能达到国际先进水平；低频可控震源在哈萨克斯坦AMG项目首次采用“G3i地震仪器+低频可控震源+数字化地震队”一体化采集技术，完成全球陆上首块低频可控震源工业化采集项目。

物探配套技术研发应用取得重要进展。复杂山地、海洋地震勘探技术，油藏地球物理、综合物化探等技术研发应用成效显著，PAI技术品牌打造形成“升级版”，为集团公司增储上产提供保障。“两宽一高”、可控震源高效采集技术在国内、国际推广成效显著，成为拉动市场开发、实现勘探突破的利器。页岩气“甜点”预测和优选、微地震压裂监测等关键技术取得重大进展，推进非常规能源勘探市场的扩大。

推进信息化和工业化深度融合，运用信息化最新技术推动物探、软件、装备技术进步，完善物探生产管理平台、数字化地震队系统、数字化库房、GPS监控等物联网技术应用于设备物资、安全管理。

【人力资源管理】 持续开展“三控制一规范”工作，完成信息技术中心、国际勘探事业部“五定”工作，对辽河物探处地震仪器、矿区通信业务进行专业化整合；按照“一套人马、两块牌子”模式设立昌平数据中心、社会保险中心新疆分中心等机构。严格规范用工管理，盘活人力资源存量，推进低端业务外包，各类用工同比减少1227人。高度重视人才队伍建设，两级培训费用达5649万元，培训员工3.49万人次，举办高层次专业技术培训班31期；国际化人才培训成效显著，一期国际业务骨干圆满完成赴美EMBA培训，奔赴海外勘探一线；受集团公司委托在巴基斯坦建立首个海外人才培训中心。人才使用管理持续加强，充分发挥千人专家作用，在深度域速度建模、多波处理等领域取得新的突破；打造十大领域技术团队，抓好中青年科技创新基金项目实施，深化产学研、企业间合作创新，推进公司人才队伍建设，集团公司高级技术、管理、技能专家达到26名。

【生产经营管理】 2013年，完成固定资产投资17.1亿元，其中主营业务投资16.6亿元。按照“模拟市场运行、实现投入产出良性循环”的原则完善物探技术中心运营模式；推进新建小区物业市场化管理。实行工效挂钩政策，压缩非生产性支出，净资产收益率同比提高1.8%。推行内部资金有偿使用制度，强化汇率风险防控，提高资金运行效率，降低汇兑损失1.38亿元。

推行标准化项目管理，有效运行质量管理体系，资料采集现场剖面合格率和处理最终剖面合格率均达100%。国内、国际地震队年均产值同比分别提高6%和17%。加大设备内部调剂力度，公司地震仪器、可控震源利用率分别达到70%和75.4%；国际主要设备调剂达到147批次6.7亿元。推进数字化库房建设，国内完成物资配送13亿元，库存周转22.4次，无动态物资下降12.4%。自主创新装备采购率突破70%。

重视发展战略研究，不断完善战略举措，有力地支持公司决策。持续推进基础管理建设，加强经营风险管控，提高防范规避经营风险的能力。强化股权管理，完善参股企业法人治理结构。推进审计技术创新和成果转化，公司完成国内外重点领域、重点单位、重点项目审计26项，提出审计建议66条，发挥审计监督与服务职能。坚持依法治企，强化合规性培训，控制新增法律风险，依法处理历史形成的法律纠纷，维护公司利益。加强保密管理，员工保密意识不断增强。

【HSE管理】 2013年，完成集团公司下达的安全环保指标，连续4年获集团公司“安全生产先进企业”称号。强化直线责任和属地职责，推进审核定级常态化，针对重点领域、关键环节、要害部位、敏感时段推行升级管理，安全大检查做到全覆盖、零容忍、严执法、重实效，推进HSE管理体系有效运行。推行四级风险管理模式，抓好安全环保风险管控，全年识别隐患15万余条，公司投入1436万元对70个重大隐患进行治理，公司百万工时可记录事件率0.55，保持行业先进水平。扎实推进“123”安全培训工程，抓好安全文化建设工作站进站培训和班组长培训，推广“自主管理安全文化建设”课题成果，开展文明物探队、自主管理班组创建和“安全生产月”、“12·23”警示月活动，提升全员安全自主管理能力。加强应急管理，提升应急培训和演练的针对性、有效性，增强应对突发事件的能力。重视国际安保管理，提升队伍防恐管理水平和应急能力，连续19年保持“零死亡”。推行绿色勘探技术和节能减排措施，全年节能2208吨标准煤，节水1.28万立方米。

【和谐企业建设】 落实以职代会为基本形式的民主管理制度，保障职工群众的权益，发挥工会、共青团桥梁纽带作用，开展劳动竞赛、技术革新、青春建功等活动，举办丰富多彩的群众性文化活动。积极推进民生工程，确保利民惠民“八件实事”到位；推进地方政府为1.7万多名退休人员、5000多名参保“家属工”提高养老金待遇；完成驻疆单位职工及退休人员社保关系跨省整体转移；投入1805万元用于扶贫帮困送温暖活动，慰问救助2.63万人次。矿区物业服务、离退休管理、文化生活建设等工作不断加强，有效提升综合服务能力，职工群众满意度持续提高。认真落实维稳责任制，做好重点时段和集团公司特殊形势下的稳定工作，有效发挥“护城河”企业作用。履行社会责任，积极开展公益事业，进驻阜平县东王林口村扶贫帮困，公司外部发展环境更趋和谐。

（刘进军）

中国石油集团测井有限公司

【概述】 中国石油集团测井有限公司（以下简称公司）是集测井技术研发、测井仪器制造、测井资料处理解释和技术服务、新技术推广应用为主的专业化测井技术公司。公司现有员工5313人，其中大学以上学历人员2348名，博士研究生16人，硕士研究生331人；教授级高级工程师21人，高级工程师551人，工程师1490人；5人享受政府特殊津贴，16人被聘任为集团公司高级技术专家，2人被聘任为集团公司技能专家；高级技师22人、技师113人。公司有13个二级单位，分别是长庆、华北、吐哈、青海、塔里木、国际6个事业部，技术中心、装备与销售分公司、油气评价中心、随钻测井中心、生产测井中心、培训中心和基地服务部。公司有测井作业队伍354支，其中，成像测井队162支，生产测井与测试队72支，射孔作业队38支，随钻评价作业队45支，随钻测井作业队37支；有油气评价队伍80支，其中，解释评价队72支，数字岩心队8支。

公司研发制造的快速与成像测井成套装备EILog，已生产205套，在国内14个油田、国外12个国家销售和技术服务。EILog打破国外公司测井技术的垄断，替代进口，将中国的测井技术推进到国际先进水平，获得专利191项、商标注册8个、国家重点新产品9项、省部级科技进步奖18项、中国石油十大科技进展9项。

公司国内服务市场已覆盖到长庆、华北、吐哈、青海、玉门、塔里木、冀东、福山、浙江、吉林、延长、江苏等油田，以及大部分煤层气作业市场；海外服务市场已延伸到乌兹别克、伊朗、蒙古、孟加拉、缅甸、加拿大、中非、泰国、乍得、伊拉克；装备销售市场覆盖全国测井公司，并远销俄罗斯、伊朗、阿塞拜疆、伊拉克等。

【主要生产经营指标】 2013年，公司全面完成生产经营任务和目标。实现总产值40.5亿元，同比增长13.76%；实现收入31.67亿元，同比增长10.90%；净资产收益率5.29%，成本费用利润率6.56%，经济增加值2.70亿元。完成各类作业45792井次，其中水平井测井1234口，同比增长69.74%；解释油气层108891层，综合解释符合率94.21%；在8072口井中预测产能，预测准确率74.29%；安全生产形势持续稳定。

测井测控初步实现油气生产全过程技术服务。全年测探井1128口，解释符合率达到85.20%；测开发井8152口，解释符合率95.81%；固井质量测井9114井次，射孔10784井次（78126米），取心作业479井次，录井534口，生产测井12581井次。完成“三电两声一核磁”成像测井5782井次，同比增加26.99%；完成地层测试62井次，随钻测控38口，压裂测控39井次，注水测控1573井次。仪器一次下井成功率99.14%。在长庆油田，围绕水平井提速提效开展技术创新，完成水平井测井1070口（2215井次），同比增长83.70%，水平井测井、固井质量测井作业时间同比分别减少12%和14%。持续开展大斜度、低液量、高压、低渗透井产液剖面测井攻关，水平井生产测井成功率从10%提高到70.20%。在华北油田，改进核磁共振、微电阻率扫描成像及生产测井水平井传输工艺，解决复杂井特殊方法的施工难题。在吐哈油田，配套8支双系统作业队，在探井中利用一套设备即可完成EILog和5700系列所有测井项目。在青海油田，先后在花H8等5口井上录井的同时，应用随钻测井地质导向技术，油气层钻遇率达98%以上。在塔里木油田，针对油田超深井研发的175摄氏度/140兆帕EILog已投产应用3套，替代引进设备。推广3套煤层气版EILog，仪器下井从8次减少到2次。推广2套油砂版EILog，测井时间从10小时缩短到6小时。

成套装备初步实现油田技术全领域开发应用。“三电两声一核磁”成像测井系列6种仪器，以核磁共振测井仪完成4口开发井测试任务为标志，已经在生产中全面推广应用；声波成像测井实现径向50米、周向360度构造成像；快速测井仪器已经实现升级，15米一串测仪器推广应用27串；多参数地层水电阻率组合测井仪已进行标准井测井试验；过套管电阻率仪器在青海油田完成2口井试验；大直径脉冲中子全谱仪在华北、吐哈完成4口井现场试验；地层元素测井仪完成10口井测井，获集团公司2013年“十大科技进展”；随钻电磁波测井仪在吐哈油田玉平48井完成时间推移测井；随钻侧向测井仪在塔里木油田完成1口井投产试验；三参数地层评价随钻测井系统完成产品定型；发展和引进分层测压、水平井成像找水等13项生产测井新技术、4项注水测控新技术；推广应用精确定位定向射孔、多层分级点火射孔、水力泵送桥塞—射孔联作等6项射孔新技术；无缆式一串测、高温高压小直径微电阻率扫描成像、三维感应成像、三维声波成像、基本型地层模块测试器、随钻电阻率成像测井仪开展现场试验；“十二五”国家重大专项课题“油气测井重大技术与装备”通过国家科技部中期检查；“前沿技术与应用基础”项目4项课题通过集团公司中期检查；测井重点实验室、测井技术试验基地2个平台通过验收与运行评估；测井数字岩心技术研究与应用获集团公司2013年度科技进步一等奖；新增授权专利35项。

数据资源开始勘探开发一体化产能评价。完成北京、西安两地互备数据库的规划与部署；开发数据整理、数据检查、数据同步3个工具，方便用户实时和批量数据入库；完成2013年19890口井测井原始数据、成果数据的整理和入库；加快统一软件功能升级与完善，形成自然产能预测、致密油气压裂后产能预测和智能产能预测三大功能模块，已在长庆和华北油田推广应用；积极推进“勘探开发地层图像评价”系统开发，初步具备储量计算、产能预测和油气藏动态分析评价功能。在鄂尔多斯、柴达木、三塘湖、吐哈、渤海湾、塔里木、准噶尔7个地区23个区块开展29个项目，针对致密油气、煤层气、复杂砂岩油气、复杂岩性油气、页岩油气等积极开展基础方法研究，完成产能预测1000多井次，预测符合率达到80%。完成“致密气藏测井采集处理与评价技术研究”，解释符合率提高10%，老井复查480口井，提交测试层位114层。在长庆、华北、吐哈、青海等9个油田的8072口井中进行产能预测，划分I类储层21031层、II类储层24138层、III类储层36926层，试产6125层，符合4550层，产能预测准确率74.29%。利用测井资料进行岩石弹性分析、压裂产能分析、压裂方案优化，地层压裂前后的孔隙度、渗透率、饱和度、有效厚度、供液半径与油气产能的定量关系研究均取得重要进展，为全面开展压裂测控奠定基础。

安全环保工作把“环保优先、安全第一、质量至上、以人为本”理念融入生产经营全过程，突出体系运行、制度完善、责任落实、严格监管，注重“一岗双责”制、“双保险、真保险”措施在现场的落实，实现“四个确保，四个杜绝”的工作目标。进一步落实有感领导、直线责任、属地管理要求，进一步树立“一切事故都可防范”的安全理念，推广应用“两书一表”、目视化管理等新工具新方法，管理体系通过2013年度现场监督审核。针对现场作业、交通运输、放射源和火工品等主要风险和因素，明确公司、二级单位、项目部和作业班组4个层面防控责任、主要工具方法、运行控制重点。严格落实“全覆盖、零容忍、严执法、重实效”工作要求，全面组织开展安全生产大检查，监控车辆18535台次，及时纠正18起违章行为。从组织机构、HSE责任、管理制度、人员培训等方面整改问题339项，修订制度12项，完善工作程序8项。2013年，投入资金2510万元，对火工品库、放射源库进行改造，对井口工具、打捞设备、监控设施等方面的22个项目进行安全隐患治理。建立基层班组层面15项应急处置程序，开展实战演练，提高应急处置能力。建立计量检定、仪器刻度数据库，加强产品标准完善和产品检验，所有产品必须通过现场检验合格后才能交付，形成有效的质量标准制度体系。节能73吨标准煤、节水510吨，完成节能节水目标。

【企业管理】（1）生产技术管理。把水平井测井作为生产管理的主要任务，优化电缆测井，发展随钻测井，补充过钻头测井、存储式三参数测井，推广旁通出套管等水平井新工具、新工艺，保证长庆油田大规模水平井测井需求。开展随钻测控、压裂测控和注水测控新作业项目。根据油田生产变化，制定公司内部队伍和设备协调办法、仪器设备租赁试用管理办法等，跨区域协调作业队伍21支，提高高温小井眼、核磁、钻进式井壁取心等一批紧缺设备的利用效率。采用歇人不歇马、技术合作、业务外包等多种生产组织方式，实现整体效益最大化。编制发布5项技术规范。

（2）科研制造管理。按照“有质量、有效益、可持续”发展方针开发测井技术和装备，积极承担国家重大专项、863项目、集团公司科研项目和基础平台建设，抢占测井技术的制高点。加强国内外技术合作，与20个油田公司、科研院所、高校签订战略合作协议，通过国际合作研发的随钻成像取得成功、随钻电磁波电阻率投入现场应用。根据生产急需立项研发一批科研项目。积极推广应用新产品。

（3）解释评价管理和信息化建设。制定“解释评价与油气层产能预测工作管理办法”，规范解释评价和产能预测工作流程和考核机制。开展解释评价、产能预测技术研讨和培训。组织开发油气评价软件。进一步完善包括成套装备、测井测控、数据资源、安全环保业务和各种管理软件的测井网工作平台。进一步完善以 ERP 为核心的信息系统。

（4）市场开发和管理。大力开发以产能为中心的测井技术服务项目、以效益为中心的工程技术服务项目、以测井为中心的油田技术服务项目。在油田关联交易上，争取合理作业价格，增加新项目扩大新领域，实现更大的市场价值。在外部市场重视战略合作，积极推广服务优势和特色技术，依靠测井利器占领高端市场，形成了新的市场布局。

（5）计划经营管理。研究提出公司 2020 年经营目标，编制完成“十二五”后 2 年发展计划，按照市场化、国际化要求调整有关经营政策，完善以业绩为导向的运行机制。内部装备制造项目实行市场化机制，由供需双方签订协议，按协议下达制造计划，交付确认后正式下达投资计划。按照调整结构、补齐短板原则考虑整体投资计划，2013 年，下达投资计划 73890 万元。

（6）财务资产管理。按照“有预算、有合同、有验收、有发票”的要求严格落实财务管理制度。突出效益理念，进一步完善成本费用利润率、投资回报和成本预算定额等因素核定利润指标机制。强化预算全面管控，严格季度考核。加强资金管理，加大存货及实物资产管理控制，规范产权和资产处置，提高资产运营能力。完善内部结算价格和成本定额，积极推动测井计价标准，实现了增收增效。

（7）物资采购管理。制订“规范物资集中采购工作试行方案”，两级物资集中采购度达到 90.32%。2013 年，集中采购金额 10.84 亿元，采购资金节约率 5.17%。组织开展清库工作，原材料库存降低 22.68%。

（8）审计内控管理。审计生产经营资金 28.87 亿元、工程建设资金 8504.54 万元，审计资金覆盖率 58.08%，发现纠正问题金额 3366.78 万元，取得直接经济成果 729.92 万元。深化内控体系建设，建立公司、部门、单位三级内控体系架构，风险防控能力逐步提高。

（9）队伍建设管理。加强队伍协调，劳动生产率、队均产值同比分别增长 7%、6%。新组建成像队伍、随钻队伍、综合队伍等 35 支。规范后勤业务外包，实施部分业务向业务外包平稳过渡，确保依法用工和生产的平稳运行。进一步发挥公司各种实验设备、研发资源作用，组织有关人员岗位交流。按照产能预测对人才素质的要求，举办 3 期解释培训班和新分配大学生培训班。

（10）机关作风建设。着力转变工作作风，严格控制会议、精简文件简报、改进调查研究、加强工作督导。完善机关部门职责、岗位说明书、工作流程和工作标准。把公司年度重点工作任务分解到岗位、落实到标准、考核到个人。

（11）制度建设。修订公司招标管理办法、合同管理办法，实行项目、招标、制度三位一体的管理体制，引入项目矩阵管理，推行项目长负责制。加强对工程、物资和技术的招标采购。建立合同网络管理系统，加强合同运行监督，买卖类合同的事后合同率从 9.54% 降低到 4.44%，50 万元以上买卖类合同招标率从 79.66% 提高到 84.35%。

（12）生产经营考核。由注重收入和市场规模转变为注重收入和利润并突出增量的考核，加大利润与薪酬的挂钩比例，突出增量兑现，从经营考核的角度更加突出质量效益。采取季度和年度考核相结合，实时兑现激励。在测井服务上把效益核算到单井，在装备制造上把效益核算到单日。

（罗连涛）

中国石油集团海洋工程有限公司

【概述】 中国石油集团海洋工程有限公司（以下简称公司）业务范围涉及海洋石油钻完井、井下作业、试油试采工程；海上运输、基地码头保障服务；海洋工程设计、建造、安装、维护以及海洋石油相关业务研究、设计；油井水泥外加剂和防腐保温产品与技术服务、质量检验、油气工程质量监督、石油工程建设标准化管理等领域。拥有海洋石油工程承包一级、海洋石油工程设计甲级等资质，具备港口经营许可证、压力管道和压力容器等特种设备许可证，是国家高新技术企业。

截至2013年底，公司用工总量3546人，其中合同化员工2400人；硕士研究生以上学历203人，大学本科1174人；副高级以上职称272人，中级职称525人；集团公司级技术专家1人，公司级技术专家10人。公司共有7家所属单位，12个职能处室。公司拥有移动式钻井平台9座，海上模块钻机1套；移动式试采作业平台5座；各种船舶25艘。拥有大型海洋工程设计、建造、施工安装一体化综合配套技术，具备120米水深以内的海上业务综合技术服务保障能力。拥有中国石油海洋工程重点实验室，钻井工程重点实验室——固井技术研究室，石油管工程重点实验室——涂层材料与保温结构研究室。

【主要生产经营指标】 2013年，公司实现营业收入33.7亿元。全年开钻69口，进尺16.6万米，其中总包井开钻22口，进尺5.5万米；井下作业60井次，酸化压裂及防砂96层次，试油11层，试采服务527天。完成钢材加工量8500吨，敷设海管3.6千米。动用自有船舶23艘，5500航天。完成各类工程设计与技术服务项目33项；生产销售固井、防腐产品1.6万吨；承担各类科研项目50项，科研计划完成率100%。

【市场开发】 内部市场保障有力。组织渤海湾3个油田海上钻井、井下作业、船舶运输、海工设计施工等一体化服务，服务保障率保持100%。积极推进海峡管道项目，开展交流咨询、前期勘察、评估评价等工作，完成项目预可行性研究报告。成立海外海洋工程技术中心，配备专业技术人员，为里海、缅甸、卡塔尔等17个海上重点项目提供技术支持。发挥固井、防腐等技术优势，为长庆水平井、冀东南堡深井等重点工程提供固井技术服务88井次，承担西三线、云南成品油管道等集团公司重点项目共1700千米的驻场监造任务。

行业市场取得突破。实施中国石化海上一体化服务项目，有效补充了内部市场工作量不足。全年共有4座钻井平台、2座作业平台、7艘船舶和海工设计建造、海管敷设等业务进入中海油市场。站稳洛克、康菲等反承包市场，巩固中国地质调查局市场，完成北黄海第二口井钻井、试油、压裂施工。

国际市场成功扩大。波斯湾钻井项目平稳实施27个月，保持日费收获率100%。续签中油海9平台的服务合同，成功签订中油海10平台服务合同，组织设备改造和长距离拖航，顺利抵达波斯湾，实现国际市场的新拓展。开拓阿布扎比市场，完成阿布扎比分公司注册工作。推进海管供应和托管账户项目，积累了国际合作经验。发挥固井技术服务和产品优势，固井外加剂海外销售同比增长8.2%。

【生产运行】 2013年，实现多海域施工作业的顺畅运行，平台动用率达到72%。全年共有5座平台钻井进尺过万米，其中中油海8平台钻井进尺突破5万米。中油海33平台承钻的大港埕海41井二开单只钻头进尺2563米，创总包井311.2毫米钻头进尺最高纪录。不断增强酸化压裂、联作测试、复杂井大修、连续油管等特色技术优势，行业竞争力明显提升，在中国石化、中国海油等市场树立良好形象。中油海62平台实施胜利埕北6D-5井增产作业，日产原油提高近3倍，优质服务得到业主高度评价。充分利用基地设施，培养焊接、组对、涂装等技术人员，增强大型海上钢结构建造和海管铺设能力，获得海洋石油工程专业承包一级资质，跻身国内海工高端资质队伍行列。优质高效完成中海油锦州9-3大型导管架建造项目，施工一次报验合格率99.7%，一次探伤合格率99.2%。深化船舶维护和运营管理，提高动用率，长距离拖航和高精度就位等服务能力持续提升。成功组织长距离拖航11次，高精度就位26次，拖航就位技术位于同行业领先水平。注重设计能力建设，培养高端设计人才，首次承担工程设计EPC总包项目，初步具备万吨级导管架平台设计能力。完成中海油西江24-3B平台三维设计，实施垦利10-1井口平台详细设计，实现设计业务的新突破。

【科技创新】 公司加强科技研发与海上生产的有效衔接，建立完善科研与成果转化机制，科研成果转化率达到50%以上，技术支持与服务范围已覆盖26个国家的58个项目。加强重点实验室运行管理，提升原始创新能力与实验评价检测能力，着力破解关键技术难题，巩固海洋工程、固井、防腐与保温等4个专业在集团公司的技术领先地位。推进技术有形化，形成“西气东输二线香港支线海底管道工程关键技术研究与应用”重大科技成果。打造储气库固井技术、高含硫油气藏钻井技术和导管架厚板焊接制造技术等三大技术利器。强化科技攻关和技术推广，解决完井电测复杂、注水井打捞、弹性敷设等技术难题，保障了胜利海上一体化、北黄海钻完井和黄骅海管等项目的顺利实施。加强设备配套、工艺优化和材料研发，初步形成海上“千方液、百方砂”的储层改造能力。推进“三提”工作，推广应用海洋批钻井技术、水平井和大位移钻井技术，2013年平均机械钻速提高6.2%，事故复杂率降低 0.3 个百分点。在分子结构设计上开发新产品，形成自愈合水泥、大温差缓凝剂和储气库固井技术等一批高端技术产品，在伊拉克、委内瑞拉、哈萨克斯坦等海外项目上解决技术难题，彰显公司的技术实力。全年获得授权专利 19 项，其中发明专利 5 项。

【安全环保】 牢固树立“安全生产、环境保护是公司生命线”的理念，落实“三严”管理，加强过程控制，保持安全环保持续稳定的良好局面，被评为集团公司安全生产模范先进企业和环境保护先进企业。修订 QHSE 体系作业文件，组织内部审核和认证审核，开展英文版体系文件编译工作，满足海外项目需要。开展危害因素、环境因素识别及风险评价，识别公司级重大危害和重要环境因素 16 项，制定有效的防控措施。组织 HSE 管理学习交流和岗位安全教育，开展“12 · 23”事故警示活动，进一步增强了全员安全意识。层层签订 HSE 责任书，各级干部制订《个人 HSE 行动计划》。推广应用工作前安全分析、作业许可等 5 项安全工具，现场管控更加有效。以“强保促”活动为载体，完善《基层 HSE 建设标准》，开展现场考核，选树标准化示范队，提高基层管理水平。规范 HSE 监督管理，制定监督人员考核办法和聘任管理规定，实施问题隐患查报制度，防范现场作业风险。推进清洁生产，加强污染物管理，排放达标率 100%。推广柴油发电机组冷却系统改造、海水淡化等技术措施，完成集团公司下达的节能节水指标。加强重点项目风险评估、过程控制和应急管理，盯防关键环节，保障高含硫井钻井、中油海 10 平台长距离拖航和锦州 9-3 导管架建造等项目的作业安全。结合季节和项目特点，深入开展安全大检查，查隐患，控风险，发现各类问题 5700 多项并及时整改。完善井控管理体系，修订实施细则，推行隐患和问题整改跟踪，实施井控装备全寿命周期监控，组织应急演练，建立现场动态、过程控制、岗位执行三维立体管控模式，提升井控本质安全水平。

【装备与基地建造】 推进 400 英尺钻井平台建造项目，中油海 16 平台完成总体建造任务的 86%；中油海 17 平台签订建造合同，开展准备工作。组织中油海 5、中油海 7、中油海 10 平台设备改造，购置 2000 型橇装酸化压裂装置，完成化工厂检测实验室建设。青岛海工建造基地一期滑道和码头工程取得试运行批复，推进工程竣工验收工作。唐山生产支持基地完善配套设施，通过竣工验收，取得港口经营许可证。2013 年，完成投资 3.63 亿元，为年度计划的 95.5%。

【人才培养】 严格落实“三控制一规范”工作要求，完善专业化人才成长机制，强化岗位技能培训，队伍素质和作业能力明显提升。加快自有员工培养，一线关键岗位自有化率达到 90%。加大人力资源开发力度，新增项目人员全部由内部单位调剂选用。规范用工管理，推进劳务派遣用工向业务外包模式转移，有效控制用工总量。加强技术和技能专家队伍建设，完善动态管理考核激励办法，聘任公司技术专家 11 名。建立专业职务与薪酬待遇挂钩、岗位贡献与自我价值实现相融合的职业生涯发展模式，选聘首席设计师和资深工程师等高级专业技术人员，加强青年人才库管理，拓宽员工成长成才渠道。结合生产经营及业务拓展实际，开展岗位资质培训 1100 人次，近百人取得国际井控、国际焊接师等任职资格证书。深化岗位知识技能培训，开展岗位练兵、技能竞赛等活动，在集团公司和天津市职业技能竞赛中取得优异成绩。2013 年，组织各类培训 510 期，培训员工 1 万余人次。

【企业管理】 深入开展管理提升活动，查找短板，健全体系，提升精细化管理水平，有效防控经营风险，连续 5 年通过集团公司内控评价测试。注重管理提升与“三基”工作有机融合，从公司、专项业务、基层单位 3 个层面，开展对标分析，查找管理不足，提出 31 个专项提升目标，制定工作措施。认真研究专业化发展方向，编制完成公司“十二五”规划调整及“十三五”规划设想，明确公司发展方向、目标和措施，提升战略管理水平。围绕生产经营和重点项目，持续完善内控和风险管理体系，优化业务流程，加强过程监督。深入推进企业风险管理报告工作，针对 23 项公司层面风险，制订管理策略和解决方案。梳理在用法律法规 420 部，建立查询平台，严格法律审查，促进依法合规管理。规范物资采购管理，修订招标管理办法，细化审批程序，物资采购招标率达到 92%，集中采购度保持 100%。加强设备维护保养，设备完好率达到 98%。落实清仓利库措施，提高库存周转率。推进网络基础设施建设，实施 A7、A12、D17 等信息化项目，升级视频会议系统，提高管理效率。加强预算执行与过程分析，强化海外项目财务管理，保证资金安全。抓好降本增效工作，严格控制非生产性支出，五项费用同比降低 11%。

（李历欣）

中国石油天然气管道局

【概述】 中国石油天然气管道局（简称管道局）是集团公司的管道工程专业化公司，是以管道工程为核心、高端业务为重点、施工能力为基础，拥有从管道科研、勘察、咨询、设计、采办、施工、防腐、管件制造到检测、维抢修、通信电力、投产运行、信息技术服务完整的管道建设产业链及其核心技术的国有大型企业。

管道局具有化工石油工程施工总承包特级资质，工程设计综合甲级资质，管道工程勘察、咨询、设计、监理甲级资质，通信工程总承包一级资质，通过质量、健康、安全、环保标准体系认证。具备 EPC 总承包管理和 PMC 项目管理能力。

管道局现有员工 29478 人。其中拥有国家级设计大师、中国石油高级技术专家、管道局技术专家 59 名，职业项目经理和管理骨干 6321 名，中国石油技能专家、管道局技能专家近 1000 名以及建造师、造价师、监理师等专业人才 2609 名。有 16 个职能部室，7 个直属机构，34 个二级单位。

2013 年，管道局中标市场合同额 350 亿元，实现收入 323 亿元。

【工程建设】 2013 年，承建重点工程 44 项，完成管道安装 7000 千米，中缅、中哈二期、西三线西段 1 标段、中贵联络线 6 标段、伊拉克马季努恩外输管道等 24 个项目全部按期优质建成投产，任务总量、建设里程、投产数量创历史新高。EPC 总承包管理、咨询、设计、采办、施工管理、特种作业等高端业务快速发展；中国石油最大的敷管船 CPP601 号建成投用，LNG 设计施工技术全面掌握；线路施工标准化机组压减到 100 个。技术服务业务规模和市场领域快速扩大。

【市场开发】 “两个半壁江山”市场格局进一步巩固。国内、国际市场分别占到 54%、46%，系统内、系统外分别占到 55%、45%。专业公司自揽市场合同额达到 115 亿元，占到全局的 33%。国际业务进入 31 个国家和地区，中东地区成为国际业务的主战场。项目管理团队属地化比例大幅提高，中东、中亚、东南亚地区项目外籍管理人员比例超过 15%，其中伊拉克达到 23%、哈萨克斯坦达到 40%。承建的中俄原油管道黑龙江穿越工程、尼日尔阿贾德姆油田原油管道荣获国家优质工程奖，广西石化公司 1000 万吨炼油项目荣获 IPMA 国际卓越项目管理特大型项目金奖，克拉苏输气管道工程获评全国五星级管理现场。

【管理提升】 规范管理制度和管理流程的制修订工作；完善工程项目管理一级、二级流程和部分业务管理流程；主导修订国家石油建设安装工程长输管道、金属储罐、通信 3 个专业预算定额；总结基层实践经验，形成机组成本管理、现场施工 7S 管理等企业规范；推进全面风险管控体系建设，构建以业务链为主线的风险目录树，建立风险报告机制和专项领域重大风险预警机制；经营活动分析实现常态化，预警指导作用有效发挥。加大工效挂钩力度，突出效益在绩效考核与薪酬分配中的主导地位；严格投资管理，发挥导向作用，高端业务投资占到总投资的 70%；坚持科学理财，节约财务费用和税费 1.9 亿元，集中报销平台成功上线运行；强化合同管理，事后合同率降低 76%；加强审计管理，审计整改率达到 95%；聚焦重大投资、设备租赁、招投标、分包管理、合同管理等关键问题，开展效能监察和专项检查；创新设备集约管理。开展设计优化，实施国内项目“一本账”管理，项目成本得到有效管控；加强项目结算与关闭，资金回笼及时；规范分包与分包商管理，严格执行工程项目对外分包管理办法，确定首批 38 家战略分包商，清退 78 家不合格分包商。“两全”工作扎实开展，有感领导、属地管理、直线责任、安全观察与沟通等管理方法与工具广泛应用，质量管理“十项举措”有效落实；加大现场监督和问题整改力度，海外社会安全防恐体系有效运行；完成工程项目管理平台 3 期建设，与 P6 进度计划控制软件的融合应用荣获美国甲骨文公司 P6 最佳实践奖；局属单位 ERP 应用模式初步形成，业务管理协同平台新增 7 个功能模块，自建客户关系维护、设备远程监控、移动办公等信息系统，国内所有项目部与海外部分机构接入内网，实现多业务协同和信息共享。

【科技创新】 2013 年，管道局开展科研课题 165 项，完成新技术推广任务90项，申请专利85项。建立以失效弹坑模型、故障分析模型和温度场分析模型为核心的多条管道并行敷设间距设计方法及标准。研发山区配套施工装备，运管效率提高3倍以上；首次进行管道工程悬索跨越节段模型和全桥模型风洞试验；完成0.8设计系数试验段的计算校核并确定选择原则；液体聚氨酯自动喷涂补口成套装备及配套补口材料新工艺实现规模应用；提出OD1422毫米 ×80管道线路选线敷设、作业宽度、隧道内安装方式、防腐等技术要求，形成OD1422毫米 ×80线路工程设计施工技术规定。形成海底管道设计技术及海底管道保护设计技术，研制用于海底管沟开挖的高压水力冲射成沟装备，开发深海域管道应力监控系统软件。掌握LNG接收站焊接、储罐、工艺、自控设计及风险分析等关键技术；开发储气库地下、地上一体化计算模型及模拟软件，形成储气库压力系统节能设计导则；完成跨平台油气管道SCADA系统软件开发，满足数据实时采集与处理；研制出国内首台大口径高压力开孔机和28英寸三轴高清晰度管道漏磁腐蚀检测器。

【党建工作】 认真学习贯彻党的十八大和十八届三中全会精神，明确深化改革、转型发展的方向和重点。开展党的群众路线教育实践活动，五项费用开支明显下降。深化干部人事制度改革，促进干部队伍的知识化、年轻化，优化班子结构。试点推进员工职业生涯规划，优化4条人才成长通道岗位设置，促进优秀人才脱颖而出。加强领导人员监督，注重年度考核结果应用。加强反腐倡廉建设，启动廉洁风险防控工作。围绕重大活动、重点工程开展立体化宣传，开展“三帮扶一慰问”、“四提升”、劳动竞赛、“青年文明号”、“五小”发明创造等活动。履行社会责任，认真开展驻村帮扶、赈灾捐款、对口支援医疗巡诊等活动。

【民生工作】 全面总结管道局40年奋斗历程，凝练形成“管道报国、艰苦奋斗、开拓创新、实干兴业”的新时期企业精神。推进合同化和市场化员工一体化管理，员工医疗保险、住房公积金缴纳覆盖面不断扩大，轮休假制度逐步落实。廊坊基地一区、徐州基地北一区等老区改造项目竣工交付使用，铁岭八三馨园项目一期主体及二次结构完工，廊坊基地惠通家园公租房项目完成规划方案编制和手续办理，中牟基地老区改造二期项目正在办理报建手续，总医院综合医疗楼主体完工。关爱老同志，落实各项福利待遇，试点开展居家养老服务。

【举办第八届中国国际管道大会】 2013年9月12—14日，第八届中国国际管道大会在廊坊举办。此次大会主题为“合作·创新”，包括装备展览、高峰论坛、行业研讨3个板块。国内外300多家知名企业参加装备展览，展览面积24550平方米，比第七届增长18%。管道行业新产品、新技术、新材料得到集中的展现。管道行业500余人参加高峰论坛。围绕“世界能源新格局与产业规划”、“陆上石油管道建设技术与管理”、“非开挖技术”、“管道监测、检测技术及完整性管理”、“海洋管道技术”5个主题，嘉宾进行内容丰富及精彩的发言。参会人员针对管道行业热点问题、新技术等进行研讨。大会还引导大家参观世界先进装备、了解前沿技术，增进和扩大同行业的信息交流。

（杨　勇　李　岩）

中国石油工程建设公司

【概述】 2013年，中国石油工程建设公司（以下简称公司）按照集团公司整体部署和年初工作安排，把握稳中求进、稳健发展的基调，大力拓展经营空间，积极推进业务优化，全面提升管理水平和质量效益，不断强化服务保障能力和市场竞争力，各项业务都取得新进展、新成果。

截至2013年底，公司员工总数为16719人，其中大专以上学历9529人，占员工总人数的57%；中级以上职称人员5136人，占员工总人数的31%。国家一、二级建造师、IPMP、PMP等持证702人；集团公司优秀设计、勘察师23人。拥有主要工程机械8414台（套），一次吊装能力可达5000吨，各种工程预制、加工、实验和检测设备齐全，年加工制造能力可达18万吨。

2013年，新签合同额352亿元，实现营业收入214.7亿元。公司连续20年入选美国ENR（《工程新闻记录》）排名，2013 年国际承包商 250 强排名第 84 位。

【市场开发】 2013 年，共追踪项目 121 项，涉及金额 858.3 亿元。

全力开发五大区域市场，中标南苏丹 O&M、委内瑞拉苏马诺油田概念设计，取得高端业务新业绩。正式签约伊拉克哈法亚二期、乍得油田 2.1 期、中亚 C 线压气站、伊朗南阿早期投产、乌干达油田地质勘察等 56 个工程合同。签署土库曼斯坦 300 亿米^3/年天然气产能项目框架合同，扎实推进哈萨克斯坦 PK 炼厂改造项目，紧密跟踪墨西哥、新加坡、澳大利亚、阿尔及利亚、莫桑比克、肯尼亚等重点项目。

签订广东石化公司第一标段 EPC 合同，承揽神华集团新疆 MTO 等 33 个单装置 EPC 工程，170 个大中型设计、咨询、可行性研究项目，15 个 PC 项目。成功中标神华集团新疆煤炭综合利用项目，实现 PMC 煤化工和系统外市场双突破。

【工程项目】 2013 年，海外执行项目 32 项，国内执行 EPC 项目 12 项，设计 232 项，PMC 3 项，技术服务 297 项，施工制造 310 项。全年共获省部级以上奖项 47 项，尼日尔炼厂获得中国建设工程鲁班奖（境外工程），乍得炼厂获得国家优质工程奖，宁夏炼厂等 5 项工程荣获石油优质工程金奖。

1. *海外工程成功实施*

伊拉克艾哈代布、苏丹 JAKE、厄瓜多尔检维修等 7 项工程按期投产。伊拉克艾哈代布二期、哈法亚、乍得 Griffiths 等工程进入收尾阶段。乍得油田 2.1 期、伊拉克哈法亚二期、伊朗北阿、哈萨克斯坦三厂Ⅱ/Ⅲ期、PK 炼厂改造、中亚管道 C 线、土库曼斯坦气处理厂和气田等工程稳步推进。

2. *国内工程顺利推进*

广东石化项目详细设计全面启动，呼和浩特石化汽油质量升级等 9 个 EPC 项目成功投产，宁夏石化汽油加氢等 110 个核心装置设计项目实现交付。施工制造确保乌鲁木齐、哈尔滨、黄冈等 104 个项目顺利中交和投产。技术服务出色完成 177 个项目，持续扩大行业优势。PMC 西二线、黄冈 LNG 项目收尾试运，云南石化项目按计划推进。

【主营业务】

1. *设计方面*

持续推进业务整合，获得工程设计综合甲级资质，为开发国内新业务设计和大型 EPC 工程奠定基础。炼油设计，以千万吨级大型炼厂拿总设计为契机，不断提升大型炼油核心装置设计水平，并逐步将优势扩大到煤炼油等新领域。上游设计，以国际化理念和先进管理平台为依托，通过合资公司、VECO 联合团队等载体，提升自主设计能力，成功完成乌兹别克斯坦 CCS1 压气站，土库曼斯坦凝析油管线，伊拉克 SOC 管线，苏丹、南苏丹集输等详细设计任务。

2. *施工制造方面*

稳固集团公司炼建“主力军”地位，有序开拓中化、神华等系统外市场，不断拓展优势领域。以执行加拿大项目为契机，探索通过国际合作、设计制造一体化的新模式，拓展海外橇装业务，加速形成“拳头产品”。

3. *技术服务方面*

岩土工程发挥自有技术优势，站稳集团公司多个重大项目市场。安全评价、环境评价逐步向规模、效益、高端发展，承接兵器工业集团炼化一体化安全评价、缅甸炼油环评等大型系统外和海外项目。

4. *PMC 方面*

注重项目执行经验的积累和总结，业务遍布压气站、LNG、炼油、煤化工等领域，项目管理能力大幅提升，集团内行业优势地位逐步奠定。

【安全管理】 2013 年，累计实现 123 个百万人工时，3600 万千米行车里程，签订《安全环保责任书》12049 份，建立领导联系点 115 个，制订个人安全行动计划 1308 份。实行“一岗双责”，将 HSE 正式纳入岗位责任。持续深入开展 HSE 体系推进，对标杜邦，梳理完善制度标准 38 项，形成公司 HSE 制度体系。推行工作前安全分析等先进方法和工具，成立社会安全管理体系推进小组，提高安全风险防控能力。开展“安全生产月”、HSE 论文征集和“安康杯”知识竞赛等活动，营造浓厚的安全文化氛围。

【科技创新】 2013 年，开展科研 119 项，通过验收 40 项，申请专利 105 项，获得授权 31 项，技术秘密认定 31 项，省部级工法 15 项。公司获中国施工企业管理协会“科技创新先进企业”，“加氢反应器制造成套技术研发”等 2 项成果获科技创新一等奖。“广西石化 1000 万吨/年炼油工程总体优化与工程化设计技术”和“劣质重油供氢热裂化改质降黏技术开发与工业应用”获“集团公司科技进步一等奖”，“高压螺纹锁紧环换热器制造技术”等 2 项技术被评为集团公司“技术利器”。完成美孚烟气脱硫脱硝技术消化吸收、再创新，成功用于锦西、宁夏质量升级项目。集团公司重大专项“千万吨级大型炼厂成套技术研究开发与工业应用”取得 6 项理论新认识、10 个工艺包开发新成果。

【人才建设】 重点抓好两级中层管理人员和项目管理、设计、财务、合同法律、HSE等专门人才培养，总部引进各类人才260余人，组织培训1600余人次。全面开展外语达标活动，达标率提高近19个百分点。实施总部机关和海外项目中方员工岗位轮换计划。加强操作人员岗位培训，12名选手在全国和集团公司技能竞赛中取得佳绩，一建焊工王兴旺被授予“全国技术能手”，10人被授予“集团公司技术能手”。海外培训当地员工870人，属地化程度不断提高。

【基础管理】（1）以15项对标措施为基础，制订管理再提升专项方案，修订了公司“十二五”发展规划。（2）开展“管理提升基层行”、“全国质量月”和“节能宣传周”等活动，加强全过程质量管控。（3）加快推进标准化体系建设，编制标准35项，公司标准体系基本建立。完成总部148项规章制度、467项流程的制修订，公司制度流程体系进一步完善。（4）持续推广管理信息化建设，PMIS公司级应用全面上线，ERP在国内试点上线，移动办公系统成功上线，网络加速等系统正在开发应用。（5）继续完善法律合同范本，对工程分包和事后合同进行专项治理。编制海外风险管理报告，试点运行风险预警模型，保证海外业务安全稳健发展。（6）充分利用金融手段避险增效，完善两级集中采购。

（严　峰　陈　璐　陈晓慧）

中国石油集团工程设计有限责任公司

【概述】 中国石油集团工程设计有限责任公司（以下简称公司）是集团公司直属的、具有自主研发能力的、以上游业务为主的工程总承包商、项目管理咨询商和技术装备供应商。截至2013年底，公司资产总额149.9亿元，用工总量6179人，其中，教授级高级工程师23人，具有本科以上学历的人员3615名，具有各类注册执业资格的人员898名。

2013年，公司全面实施高端战略，积极推进“二次跨越”，全年实现经营收入183.7亿元、利润总额5.3亿元、税费6.4亿元，超额完成集团公司下达的各项指标。公司首次入选美国《工程新闻记录》（ENR）“国际承包商255强”。

【生产经营】（1）突出抓好市场开发，拉动公司可持续发展。坚持把市场开发作为生产经营头等重要的业务时刻摆在首位，着力调整市场结构，优化市场布局，加大市场开发强度，充分发挥市场开发对公司发展的强劲拉动作用，2013年新签合同额309.9亿元，同比增长13.8%，其中系统外新签合同额占比40.3%。

（2）EPC业务稳步推进，CPE“转型”已经实现。坚持把EPC作为公司主营业务全力培育，着力提升EPC管控能力，切实加强EPC市场开发，EPC业务新签合同额220.8亿元，实现经营收入137.4亿元，在合同总额和总收入中的占比连续3年超过70%，标志着CPE奋斗10多年的“转型”已经实现。

（3）加快发展海外业务，开启“二次跨越”新征程。成立公司国际部，编发“CPE海外业务3年发展计划纲要”，加强国际化人才培养，深化国际交流与合作，在服务保障集团公司海外业务发展的同时，积极推进海外布点，海外新签合同额首次破百亿，达到101.7亿元，海外收入41.8亿元，同比分别增长62.7%和23.3%。

（4）持续深化科技创新，巩固和提升CPE的技术优势。投入科研经费1.2亿元，开展科研项目39项、技术基础工作10项，350万吨/年天然气液化关键设备国产化研究基本完成，中东地区大规模快速上产油田地面工程关键技术研究取得阶段性成果；2013年申报国家专利73项，获专利授权47项，其中发明专利14项；获省部级以上科技进步奖8项，有16项科技成果被认定为集团公司技术秘密。标准化工作成绩突出，累计完成156项系列化成果，并率先在国内实现大型天然气处理厂模块化建厂，科技产业化实现经营收入12.4亿元。

（5）积极推行“监管分离”，安全管控能力持续提升。成立公司质量安全环保监督中心，配备专职安全监督工程师，积极推行监管分离，2013年开展巡回监督检查9轮，累计检查项目85项次，提出不符合项4806项，整改率96.9%；分（子）公司累计开展监督检查410余次，提出不符合项6300余项，整改率98.9%。全面开展习惯性违章行为治理活动，习惯性违章行为占比由年初的80.6%下降至35.1%。强化HSE培训，共举办8期安全培训班，培训510人次；在EPC项目现场开展培训9次，培训130人次。发布实施了新版质量和HSE管理体系，启动“工程建设项目现场标准化图集”编制和工程项目安全文化建设试点工作，顺利通过安全生产标准化达标一级评审；CPE安全管控能力持续提升，全员安全意识和执行力明显增强，全年未发生较大人身伤害及环境污染事故，被评为集团公司安全生产模范先进企业。

（6）EPC项目管理更加规范，物资采购工作成绩突出。加大“新版EPC项目管理体系”推广应用力度，大力推进POWER ON及集团公司项目管理信息系统建设；切实加强重点项目监督协调和资源配置，不断强化EPC项目风险防控、效能监察和过程审计，公司2013年运行项目3509个，重点项目全部按期实现建设目标，生产组织运行平稳。

充实公司物资采购部力量，编发“CPE采购工作3年发展计划”，推动采购和招标工作规范运作；全年完成采购金额61.5亿元，两级集中采购度达97%；完成招标项目544项、谈判项目1259项，为公司赢得了良好的经济效益。

【企业管理】（1）项目管理团队建设全面推进。坚持把项目管理团队建设作为CPE高端化的重要举措，举办EPC项目全过程管理及进度计划与控制管理等培训班，培训项目管理人员130多人；通过项目实践交流、内部转岗培训等，一批低端业务人力资源转向高端，形成总量约1800人的项目管理团队。

（2）CPE品牌价值持续提升。深入开展精品工程创建活动，2013年获省部级以上奖励76项，其中国家级奖励17项；主编和参编国家及行业标准23项，有4项被评为集团公司优秀标准，在省部级以上刊物发表论文285篇。加强设计质量抽查，推行质量问责制，全年累计问责495人次，CPE平均客户满意度96分。

（3）信息化建设不断深化。编发“CPE信息化建设3年计划”，全面启动项目管理信息系统推广改进工作，大力推进生产经营管理辅助决策信息系统建设，加大三维设计、数字化工厂等大型软件深化应用力度，共组织13期ASPEN/HYSYS系列软件深化应用和多期数据库开发等培训班。

（4）管理创新持续深入。对兴油项目管理公司和北京分公司实施业务整合，持续完善公司总部机构设置及职能分工；全面推行“三工并存，动态转换”，全年转换晋升合同化员工141人、市场化员工429人，降级淘汰115人。不断完善绩效考核体系，积极探索国际项目利润独立核算与员工收入分配相结合的激励机制。

（5）管理提升活动扎实开展。召开“CPE可持续发展把控能力评估会”，认真编制“CPE 3年滚动发展计划”，积极推进可持续发展。深入开展管理诊断下基层活动，持续深化制度建设，全年制（修）定制度434项、模板215项；切实加强财务管理、内控管理、投资管理、法律事务、保密管理、档案管理、设备管理、统计及协会管理，CPE多项管理成果获全国管理现代化成果奖。

【班子与队伍建设】（1）加强领导班子建设。强化党政主要领导干部选配、管理和监督，持续优化各级领导班子年龄结构、知识结构、学历结构，2013年调整副处级以上领导干部61人次。积极开展科级领导人员“一报告两评议”工作，试行干部提任“票决制”，增强干部选拔任用的民主化水平和透明度。

（2）推进队伍结构调整。通过改进劳动组织形式、调整岗位设置等措施，有序推进队伍结构调整，将行政管理、项目管理、专业技术、操作服务四支队伍比例调整为10 ∶ 27 ∶ 37 ∶ 26。提升应届大学毕业生招聘标准，扩大留学生招聘总量，研究生录用比例达到56%，招聘外籍大学生22人。

（3）加强国际化人才培养。着力构建国际化人才培训体系，加大国际化人才培养力度，启动员工外语达标活动，举办首期海外项目外籍员工来京培训班，选拔1人参加集团公司国际化千人培训、8人赴海外参加国际PMP培训，2013年组织各类培训近2300期，培训员工约5万人次。

【企业文化】（1）教育实践活动扎实开展。按照集团公司党组部署，坚持抓住重点环节，探实情、出实招、求实效，扎实推进党的群众路线教育实践活动，先后组织集中学习教育7场次，召开专题讨论会6场次、征集意见座谈会8场次、民主评议会10场次，达到转变作风、推动工作、提高满意度的目的。

（2）思想政治工作卓有成效。持续深化“四讲”主题教育活动，扎实推进“文化宣贯进基层”活动，营造浓厚的文化氛围和强大的文化势能；召开“CPE二次解放思想动员会”，引导干部员工树立与“二次跨越”相适应的思想意识；CPE被中国企业文化研究会评为“改革开放35周年企业文化竞争力优秀单位”。

（3）和谐企业建设深入推进。深入开展合理化建议活动，共征集合理化建议 127 条；持续推进送温暖工程，2013 年拨付困难帮扶款 98 万元、重点工程慰问金 111 万元，慰问困难家庭 85 户、困难员工 309 名，为一线员工配备文体用品 475 件（套）。离退休管理、民族团结、维护稳定、计划生育等工作稳步推进。

（曹海文）

中国寰球工程公司

【概述】 中国寰球工程公司（以下简称公司）是集团公司的全资子公司，是以技术为先导，以设计为龙头，集咨询、研发、设计、采购、施工管理、设备制造、开车指导等多功能于一体的，具有项目管理承包和工程总承包综合能力的国际工程公司，是智力密集、技术密集的科技型国有骨干企业。

公司现有员工 9875 人，高层次技术人才阵容强大，高级技术专家、专业带头人 234 人，高级技能专家 9 人，高级别国家注册执业资格人员 1542 人，教授级高级工程师 165 名，高级工程师 1103 名，在欧、美、日等国工程公司工作和培养两年以上的人员 120 多名，具有硕士（含双学士）和博士学位的人员 652 名，有丰富经验的高级项目管理人员 240 多名，国际化人才 960 人。

以北京总部为核心，形成华北、华东、华南、西北、西南、东北六大国内区域运营中心，以及亚太、中东、北美、南美、中亚五大海外运营中心，组建欧洲和新加坡海外采购中心，并与 TPIT 合作，成立合资采购公司，设立 20 多个海外办事处和海外子公司，呈现良好的业务发展态势和卓越的市场影响力。

公司拥有工程设计综合甲级资质，受理及授权专利总数累计达 278 项，荣获国家级和省部级优秀工程设计奖项 22 项。公司依靠技术创新，技术开发成果转让实现 5392 万元，超额完成年初制定目标，技术领先战略优势逐渐显现。

1999—2013 年，公司连续 15 年被美国《工程新闻记录》（ENR）评选为全球最大 225 家工程承包商和全球最大 200 家设计公司之一，2013 年度实现“全国工程勘察设计企业年营业收入前 100 名”和“工程总承包完成合同额”国内业界双排名第一，工程总承包完成合同额在全行业连续 3 年位居第一。

【生产经营指标】 2013 年，公司新签合同额逾 330 亿元，营业收入超 160 亿元，利润总额超 6 亿元，成本费用利润率 3.92%，实现经济增加值（EVA）3.5 亿元，净资产 40 亿元，比“十二五”初期增长 54%，主要效益指标达到几年来最高水平。在世界投资大幅下降的背景下，营业收入连续保持 150 亿元左右规模，连续 3 年在国内工程建设行业排名第一，利润额增长稳定，实现公司整体发展稳中有升。

【业务布局完善】 持续完善国内外市场布局，强化市场导向型管理架构，持续深化以八大部为主体，总部和二级单位一体化市场经营格局，实现市场信息 360 度全覆盖。建立投标报价竞争性分析机制，理顺报价整体反应系统。建立市场动态分析机制，定期召开经营例会，重大项目主管领导亲自抓，逐级落实经营责任。继续强化煤化工等业务，构建和强化与神华、中煤、中电投等战略客户的合作关系，与大唐国际、德希尼布、福陆等公司签署战略合作协议，在全球范围内开展多领域的技术与战略合作，提升高端市场竞争力。紧密跟踪中东、中亚、非洲地区项目，顺利进入乍得、蒙古等新市场。成功在美国、马来西亚、厄瓜多尔注册成立当地公司，强化新兴战略市场渗透能力。成立离岸工程与模块化业务项目部，为公司进军离岸业务奠定基础。首次采用卖方信贷 + 应收账款保理融资模式赢得项目，开创国内同行的先河，开发带资建设模式，提升海外项目获取能力。辽宁公司、新疆公司有效抢抓集团公司油品质量升级的机遇，市场认可度不断提升。上海公司、广东公司依托总部品牌优势，成功取得多个系统外项目，一体化市场格局初步形成。

【重点项目建设】 公司 16 项重点项目持续高效推进，优质完成全年生产任务。唐山 LNG 一期正式投产运营；泰安LNG全面竣工，实现大型天然气液化技术和装备国产化的全面应用；宁夏化肥项目顺利完成项目建设和科技创新双线工作的阶段性目标；高标准建成四川乙烯、辽阳EO/EG改造、抚顺催化汽油加氢、扬子石化环氧乙烷、兰卡H罐区等项目。六建公司马德岛油库、新疆公司独山子石化汽油加氢、新加坡公司大士公用工程管廊等一批二级单位总承包项目均实现高标准中交投产。

【市场开发】 在国内市场，成功签署云南炼油、神华煤化工项目群、广东揭阳POX等一批战略性总承包项目，国内大型煤化工市场取得领先。

海外市场方面，新签合同额接近年度总额的50%，其中系统外合同额占54%。在伊拉克、沙特阿拉伯、英国、加拿大、委内瑞拉、蒙古、土库曼斯坦等国家先后成功中标多个战略性高端项目。以六建公司、兰州公司、华北院、项目管理公司、辽宁公司为代表的二级单位，积极挺进海外市场，一体化市场运营成果显现。

【技术创新】 技术创新成果丰硕。技术开发成果转让实现5392万元，超额完成2013年初制定的目标，95项科研项目均顺利开展，2013年获得57项专利，累计受理授权专利数达到278项，荣获国家级和省部级优秀工程设计奖项22项。《寰球科技》凭借较高学术水平，获得ISSN国际标准刊号。成功举办2013中国能源液化天然气大会，成为行业发展风向标。获集团公司"2013年信息化先进单位"称号。辽宁公司凭借干气制乙苯、油品加氢精制技术优势，技术推广合同额逾2000万元；兰州公司依靠"卧式烷基化反应器"专利技术，实现营业收入7200万元，技术许可费实现1450万元，占据国内烷基化60%市场。

技术支撑不断攀升。完善顶层设计，制订"十二五"后两年及"十三五"科技创新发展规划。主动加强与集团公司休斯敦技术研究中心等7家国内外知名研究机构、著名高校以及国内外同行紧密合作，进一步扩大了技术合作的深度与广度。通过定期召开推进审核会及专题研讨会，组织研发项目有序开展，落实科技发展鼓励政策，加大对作出突出贡献的科技人员奖励力度，重点探索科技成果有形化和创新技术价值评估新机制等有效方法。启动合成气净化和丁腈橡胶成套技术的有形化工作，开展国内最大规模的27万立方米LNG储罐的开发设计和炼化装置大型化工业成套技术开发与工业应用及其他炼化科技研发项目。扎实推进重大科技专项研究，大型氮肥项目有序推进，大乙烯科技专项和LNG科技专项具备验收条件。兰州公司不断优化自主技术，形成技术转让推动企业发展的良好局面；华北院发挥矿山业务优势，为总部沙特磷矿选矿项目投标报价及后续项目执行提供重要支撑。

【管理提升】 坚持安、稳保效，安全环保平稳受控。坚持领导安全学习述职、安全承诺和安全检查等管理机制，突出抓好安全源头控制和过程监管，累计培训各类人员27263人次，HSSE投入达1.77亿元，实现安全生产工时8083万小时。安全环保工作总体受控，2013年未发生安全环保事故，获集团公司"安全生产先进单位"称号。

深入推进管理提升，整体管控能力持续增强。出台质量管理提升纲要及配套实施计划，完成三大程序性文件的升级修编。搭建覆盖全公司设计系统的信息沟通平台，有效促进设计标准、质量一体化进程；编制177项集团公司炼化工程建设标准大纲，完成集团公司和寰球公司炼油化工程建设标准体系表平台的发布和实施，推广实施"集中采购实施意见"和"供应商管理规定"等制度文件；完善财务预算滚动编制、收入定期预测、稽核协调整改和经营数据分析四大财务机制建设；编制完成公司海外业务风险管理报告，有效增强海外项目运行风险防控能力。狠抓"人才培养工程"，推出多层次、重实效的培训体系，国际化人才和高端人才培养迈上新水平。六建公司编制"一体化战略目标及实施推进表"，着力推进与总部一体化发展任务。项目管理公司（胜寰公司）全力推进资源整合和迁址办公，确保重组整合过程的顺利过渡。

【精神文明建设】 高端人才培养成效显著。行业设计大师、集团公司高级专家、教授级高级工程师新增人数同比增长10%，新录用国内外知名院校博士、硕士、留学生130人，同比增长15%，新增职业师80人，技术技能人才升级比例超过10%。全面落实"三级五类"培训计划，2013年参训人员达2万人次，培训学时共计近40万小时。完成驻外代表和EPC后备项目经理的公开选聘并开展专项培养，涌现出一批高素质、高水平的驻外代表和项目经理，选派31人参加集团公司或公司海外工作培训。参加外语达标测试1535人次，通过人数650人，同比增长92.4%和107.5%，全年培训现金投入1631万元。

大力践行"以人为本"，不断提升园区交通、餐饮、绿化条件，持续强化办公环境建设。积极落实集团公司工效挂钩部署，员工收入保持合理增长。创新矿区管理，继续推进员工宿舍改善、团购房、健康体检等工作，提高员工福利保障和身心健康水平。六建公司获"全国五一劳动奖状"、全国"安康杯"优胜单位；上海公司获"全国模范职工之家"称号，并5次蝉联"上海市文明单位"。

员工队伍长期稳定成效显著，维稳形势总体较好。通过深入学习贯彻落实党的十八大和十八届三中全会精神，认真开展党的群众路线教育实践活动，执行中央"八项规定"和集团公司"二十条要求"，建立长效机制，转风效果明显；持续推进各级"四好"班子建设和反腐倡廉建设，不断加强干部队伍建设；开展丰富多彩的群众性文体活动，成功组织公司成立60周年系列纪念活动。持续规范总部新办公园区和二级单位矿区服务水平，积极帮助员工解决住房及交通问题，开展困难群体帮扶，认真做好信访、维稳工作，积极履行社会责任，进一步巩固企业和谐稳定发展局面。

（刘　佳）

中国昆仑工程公司

【概述】 中国昆仑工程公司（以下简称公司）是集团公司的全资子公司，已走过61年的发展历程，是集咨询、研发、设计、采购、施工管理、开车指导和工程监理、工程总承包、项目管理承包、技术服务等多功能于一体的国际工程公司和国有科技型骨干企业，拥有4家二级单位，2家控股公司。

公司持有国家颁发众多甲级资质证书；通过ISO 9001质量体系、ISO 14001环境管理体系、OHSAS 18001职业健康安全管理体系和中国石油HSE管理体系认证；拥有国际先进的工程设计、项目管理及办公自动化等应用软件和数据库，建有先进的计算机网络平台和应用体系；享有国家授予的对外经营权。

公司长期致力于石油化工、纺织化纤、煤化工、环境工程、建筑工程等领域的建设、创新与发展。先后承担设计和建设完成各类大中型石油化工、化纤及其原料和民用建筑等工程数千项，国外经援、经贸工程百多项，遍布全国及26个国家、地区。获国家科技进步一等奖、二等奖，全国、省部级优秀勘察设计特等奖、金质奖、优秀奖、管理奖数百项。拥有雄厚的科研和技术实力，承担多项国家重大科技攻关任务，在大型连续缩聚聚酯（PET）、精对苯二甲酸（PTA）、顺丁橡胶、ABS、己烯－1、工业废水处理等领域拥有专有技术，获得国家授权专利67项，其中，PCT专利10项。主编和参编国家和行业标准69项，其中国家标准24项。

公司现有在职职工1971人，其中，工程技术人员1136人，国家设计大师2人，教授级高级工程师29人，高级工程师367人，享受政府津贴专家2人，特殊贡献的中青年专家1人，具有各种国家执业注册资格人员568人次。

公司被评为国庆60周年勘察设计行业"十佳工程承包企业"，获得"中央企业先进集体"，首批"AAA级信用企业"和北京市"高新技术企业"，连续10年被评为中央国家机关和首都文明单位，一直位居"国家勘察设计百强企业"名列，在国内外工程建设领域享有较高知名度与良好信誉。

【主要生产经营指标】 2013年，面对错综复杂的内外部经济环境，公司全年实现营业收入近42亿元，利润总额近9000万元，圆满完成集团公司下达的各项经营考核指标。

【工程建设】 2013年，面对国内外经济复苏持续乏力，企业生产经营成本持续上升等诸多不利因素，公司坚持有所为有所不为，大力加强市场开拓，强化生产运营和风险管控、持续夯实质量安全环保基础工作，继续稳步推进石油化工、合成材料、化纤纺织等传统工程建设市场，积极拓展环境工程市场，不断提升市场竞争能力。

在集团公司内部市场。全力保障集团公司炼化重点在建工程项目有序实施，确保大庆石化公司技改工程如期建成投产、四川石化公司顺利建成中交、广东石化公司按期开工建设。

在集团公司外部市场。确保江苏海伦、江苏虹港、新疆中泰等芳烃工程平稳推进；确保30多套聚合工程有序推进，其中13套聚酯生产线相继实现投料开车一次成功；确保江苏虹港、中煤平朔、辽阳石化公司等环保工程按期推进。

【企业管理】 2013年，公司以深入开展管理提升为契机，狠抓管理短板和瓶颈问题的重点突破，大力实施安全发展战略，推进各项管理体系融合，不断提高公司管理水平。

公司积极推进在人力资源、科技开发、项目管理、质量安全、降本增效、财务预算、内部控制、风险管控、信息化建设9个方面的管理提升，初步建立起持续改进的长效机制，在公司基础管理建设、降本增效等领域成绩显著。

在基础管理建设方面。通过完善质量管理体系建设，确保质量和安全环保管理全面受控。通过加大工程质量监督力度，强化工程建设质量全过程控制细节管理，确保"事故为零"目标得到贯彻落实。通过推进HSE管理体系建设和运行，持续推进管理关口前移，突出风险管控、监督检查、隐患排查治理和分包商管理，狠抓制度的执行落实，增强干部员工安全环保行为能力，强化外事及海外安全防恐风险管理，确保海外项目及人员安全，全年所承担国内外工程均无安全、环境、健康责任事故，再次实现"事故为零"目标。不断推进应急管理体系建设，完善应急预案和应急物资管理，扎实开展应急演练。

在降本增效方面。通过健全完善财务、内控管理体系，强化全面预算管理和采购管理，积极采取措施，严格成本控制、成本分析和成本考核，降本增效成果显著，各类费用同比压缩近400万元。

【科技创新】 2013年，公司继续加大投入提升科技研发能力，着力打造自有技术体系。承担集团公司开发项目8项，工建分公司统筹项目13项，核准项目9项。申报专利26项，其中发明专利5项。新增授权专利19项，其中发明专利1项。获省部级以上各类奖励18项，香港桑麻基金特等奖1项，并荣获"全国工程勘察设计优秀企业"称号。

2013年，公司在标准化和信息化建设上取得长足进步。主编参编国家标准5项，完善公司一体化规范标准体系，继续推广实施多种管理应用系统，不断提升管理效率和效益。

（鲍世庆　肖春宏）

中国石油集团东北炼化工程有限公司

【概述】 中国石油集团东北炼化工程有限公司（以下简称公司）成立于2007年6月，业务由工程建设分公司归口管理。公司注册资本金为11.72亿元，设有12个处室，4个直属机构，8个二级单位，主要从事工程建设、工程设计、项目管理以及监理、无损检测、装备制造等业务。截至2013年底，总资产53.85亿元，负债44.68亿元，所有者权益9.17亿元；共有员工12373人，其中合同化员工5355人，市场化员工3351人，劳务用工3667人。2013年实现收入50.4亿元，实现利润7998万元。

公司将所属8个单位划分为工程设计、工程建设、项目管理3个板块。

（1）工程设计板块。所属吉林设计院、锦州设计院、葫芦岛设计院和吉林石化工程设计公司，拥有200多项专利、专有技术，顺丁橡胶生产技术获得国家科技进步特等奖，合成氨3项催化剂的研究、年产11万吨乙烯装置设计等6项成果获国家科技进步奖，吉化污水处理厂工程等8项成果获国家优秀工程设计奖。所属吉林机械制造分公司拥有AR1、CR1级压力容器制造许可证、美国ASME压力容器"U"、"U2"和动力锅炉"S"钢印证，先后设计制造丙烯精馏塔、乙二醇反应器、环氧乙烷反应器、顺酐反应器等高温、高压设备。2013年，工程设计板块实现营业收入25亿元，利润1.4亿元。

（2）工程施工板块。所属吉林化建工程公司为化工石油工程施工总承包特级企业，参建项目中有5项获建筑工程鲁班奖，1项获国家优质工程奖，114项获得省部级优质工程奖。2007年以来，创造12项全国施工新纪录，7项工法被评为国家级工法，60项工法被评为省部级工法。2013年，工程施工板块实现营业收入31.5亿元，利润2900万元。

（3）项目管理板块。所属梦溪工程管理公司拥有监理行业最高的工程监理综合资质和设备监造甲级资质，员工超千人、主营收入超亿元、利润超千万；在四川、呼和浩特、庆阳、尼日尔等工程率先实践PMC、IPMT等项目管理模式。所属吉林亚新检测公司拥有无损检测工程专业承包一级、无损检测机构A级、建设工程质量检测甲级资质，先后参加12项乙烯工程和600余套装置的无损检测工作，先后承担中国石化天津百万吨乙烯、神华包头煤制烯烃等大型工程的第三方监检任务。2013年，项目管理板块实现营业收入2.7亿元，实现利润1900万元。

【市场开发】 2013年，新签合同额86亿元，同比增长20%。在巩固集团公司内部市场的基础上，积极开拓系统外能源企业和民营企业市场。国内市场方面，承揽华北石化多套装置的设计、EPC、PC和监理业务，云南石化罐区EPC，催化裂化等装置PC合同，拿到大连西太平洋重整、加氢装置、新疆独山子苯乙烯等多个工程。国际市场上，承揽马来西亚LNG模块预制项目、乌兹别克斯坦双聚工程、阿联酋炭黑延迟焦化项目、沙特拉比格炼油厂项目等7个项目，合同额9亿元。

【重点项目】 总承包的吉林石化公司ABS二期、四川石化公司MTBE、丁二烯等装置，锦西石化公司北蒸馏、MTBE装置，山东华懋公司丁烯氧化脱氢制丁二烯等装置均实现一次开车成功，产品质量和加工量达到设计值。承建的大庆石化公司聚乙烯装置、呼和浩特石化公司蒸馏装置等项目顺利开车，设计的锦州石化公司长输管道投入使用。中国首个煤化工污水零排放项目——大唐多伦煤化工新增污水处理站流程全线打通。阿尔及利亚炼油厂改扩建工程进入安装高峰期，阿联酋公用工程、博禄项目处于收尾阶段。监理的中缅管道工程、西三线管道、新疆页岩油工程高质量中交。云南石化项目已开工建设、华北石化项目进入开工准备阶段。顺利完成大庆、锦西、辽阳等企业的停产检修。机械清洗业务进一步扩展，2013年完成清洗储罐173座。公司承担的集团公司装备制造设计与生产管理系统，完成PDM子系统及MES子系统推广实施、上线运行。2013年，公司参建的阿尔及利亚天然气液化工程荣获鲁班奖（境外工程），庆阳石化公司炼油搬迁改造等3项工程获"国家优质工程奖"，10项工程获省部级优质工程奖。

【QHSE管理】 HSE理念不断深化，安全环保责任进一步落实。公司与8家单位负责人签订责任状。安排吉林化建11名班子成员进行安全述职。举办分包商HSE管理人员、专职安全管理干部培训班，提高分包商安全管理水平。开展安全生产大检查活动和储罐清洗、分包商管理、起重设备等专项检查，查出和整改问题112项。开展应急预案演练300次。完善质量体系建设，公司"现场管理星级评价的经验"获"中国石油和化工行业质量标杆"称号。参与技术标准的制修订，主编国家标准2项，行业标准4项，提升行业话语权。

【技术创新】 完成丁烯氧化脱氢制丁二烯成套技术开发，应用于山东华宇等4套装置。开发MTBE深度脱硫技术，满足国Ⅴ汽油对硫含量的要求。编制稀土异戊橡胶、油气及废气回收技术工艺包。完成国内首套具有自主知识产权的甲醇制丙烯（MTP）成套技术和丙烯腈工艺包，并通过集团公司工程建设分公司组织的专家验收，整体水平国际先进。煤化工污水零排放技术成功应用，填补国内空白。开发低温LNG储运罐车并通过型式试验，成为国内能够生产低温LNG储运罐车的企业之一。2013年，获得专利授权18件，公司专利数达到84件。获得中国施工企业管理协会技术创新成果二等奖2项，省部级工法12项。

【管理提升】 按照管理提升活动要求，以业主满意、效益提升为目标，制订整改方案，自上而下层层予以落实。推行全过程成本核算，实施精细管理，把"先算后干、边算边干"的工作方法融入到项目日常管理工作中，促进降本增效，提升项目盈利能力。加大应收账款清欠力度，2013年回收率同比提高10%。加强人才培养，举办培训班540期，培训7000人次。深化"名师带徒"活动，结成260对师徒对子。发挥技能专家工作室作用，培训员工24期、350多人次。亚新检测李斌在全国技能竞赛中取得个人总成绩银奖和"全国工程建设系统技术能手"称号。强化工效挂钩，由原来的按季度考核调整为按月考核。强化资质建设，建筑工程、排水工程设计资质由乙级晋升为甲级，综合甲级资质申请通过集团公司初审，上报住建部。

【党建、思想政治工作】 认真开展党的群众路线教育实践活动，紧紧围绕"照镜子、正衣冠、洗洗澡、治治病"的总要求，聚焦作风建设，集中"四风"方面突出问题，在整治文山会海、铺张浪费等群众反映强烈的问题上取得成效。加强廉政建设，举办警示教育培训班2期，提高党员干部廉洁自律意识。组织开展读书活动。制作播出视频新闻25期，对外宣传上稿400多篇。以"千队示范工程"为着力点，按照示范标准，加强7个示范单位建设。开展基层党建工作调研，针对5个方面问题，制定整改措施。积极开展送温暖活动，发放扶贫慰问金200多万元，金秋助学和“向一线员工送清凉”活动发放25万元。共青团系统开展“热爱祖国、奉献企业、孝敬父母、关爱他人”主题教育活动，提升团员青年综合素质，激发青年投身企业发展的热情。涌现出一批先进集体和模范人物。公司工会和吉林化建分别获得中华全国总工会授予的“全国模范职工之家”称号。吉林化建荣获“全国优秀施工企业”、“全国工程建设质量管理优秀企业”、“石油工业用户满意企业”。吉林设计院获“中央企业先进集体”荣誉，管道室被授予集团公司基层建设“标杆单位”。吉林梦溪工程管理有限公司获吉林省“五一劳动奖状”、葫芦岛设计院获辽宁省“五一劳动奖状”。吉林化建张刚班荣获“全国安康杯优胜班组”。郑秋林当选为中国工会十六大代表，靳艳被评为团中央百名“最美青工”，钟旭东被评为集团公司“百佳爱心人物”。

（王多伟）

中国石油技术开发公司

【概述】 中国石油技术开发公司（英文缩写CPTDC，以下简称公司）是集团公司的全资子公司，是集团公司海外项目物资装备供应主体，是集团公司从事石油装备出口业务的专业化公司，服务保障集团公司海外油气业务发展和带动装备制造产品出口。自1992年从事石油装备产品出口业务以来，已累计将产品出口到79个国家和地区，主要产品及服务涵盖石油石化领域上游、中游、下游八大类70多种，出口业绩连年在中央企业名列前茅，是中国最大的石油石化物资装备专业化国际贸易公司。围绕集团公司海外五大油气合作区建设，不断完善国际营销网络布局，在51个国家建立68个境外机构，覆盖1000万吨以上产油国的超过90%，形成稳定的规模市场，国际营销网络的比较优势已经转化为市场开发的竞争优势。

公司现有员工1364人，中方员工占46%，平均年龄35岁。中方员工629人中，中级以上职称人员占比50%以上，其中正、副高级职称94人；94%的业务人员具有大学本科以上学历；硕士、博士学历285人，占比45.3%。石油专业人员299人，占比48%；贸易及经济类专业人员222人，占比35%，各类语言专业人员108人，占比17%。外籍员工共735人，员工当地化率达到83%。中方业务岗位员工集团公司外语考试通过率95%，打造一支精通英、俄、法、西、葡、阿语等多语系的国际商务人才队伍。

公司总部机关设有11个职能处室；根据地区和专业，设有独联体分公司、亚非分公司、美欧分公司、中东分公司、石化分公司、管道分公司、中亚管道项目部、坦桑尼亚项目部、海洋工程分公司、物流分公司、钻探装备部、开发装备部和综合装备部等13个直属经营机构。

【主要生产经营指标】 “十二五”前3年累计实现签约额142亿美元，营业收入706亿元。

2013年，共实现签约额52.8亿美元，实现主营业务收入280亿元，均创历史新高，圆满完成集团公司下达的各项考核指标，连续4年被评为集团公司A类企业。

【集团公司海外项目物资供应保障】 公司紧跟集团公司海外业务发展的总战略、总规划，充分发挥主渠道、主力军和主人翁作用，2013年共为集团公司在19个国家的海外项目提供物资装备供应23.4亿美元，达到历史最高水平。

（1）提升重点项目的运作能力。充分发挥管线项目运作经验，加强与生产商和运输商的组织协调，认真组织完成中亚C线、乍得二期等长输管线的供管和堆场服务，开展中亚D线的资源调研、运输考察等前期工作。

（2）提升海外项目需求的快速响应能力。在哈萨克斯坦、苏丹、厄瓜多尔等国家开展产品的仓储寄售，及时满足海外项目生产的物资需求，全年为集团公司海外项目供应专用管18万吨，同比增长15%。

（3）提升海外油气生产的综合服务能力。积极为伊朗项目提供总包采购，为哈萨克斯坦、苏丹、尼日尔、乍得、伊拉克等国家提供电泵等产品的租赁服务，精心组织阿克纠宾三厂二期项目执行、压缩机维护、营房改造等服务。

（4）不断提升“门到门”服务能力。针对各项目实际，扎实做好前期调研、交流和现场踏勘，积极协调国际和当地运输、清关等资源，努力做好重点项目的物流运输服务。

【国际市场规模】 公司结合市场实际，大力加强传统市场、新兴市场和潜在市场的开发并取得成效，2013年，共实现外资市场签约额29.4亿美元。

（1）规模市场继续保持增长。签约额5000万美元以上的国家达到14个，同比增加3个，其中哈萨克斯坦、委内瑞拉、阿联酋等5个国家签约规模持续保持过亿美元，俄罗斯、阿曼、厄瓜多尔等国家实现规模突破。不断创新多种营销方式，积极推进主导产品出口倍增计划，钻探、开发和综合装备全年签约规模均达到5亿美元，有27种产品签约额超过1000万美元，装备制造产品出口同比增长35%。通过积极开展进转口实现签约额15亿美元。

（2）进一步拓展新产品、新市场和新客户。委内瑞拉油井作业设备、古巴轮胎实现首次签约，全年共与44个新客户实现签约额2.4亿美元，在乌干达、玻利维亚等新市场实现突破，产品已累计出口到79个国家和地区。

（3）进一步加强营销网络功能建设。哈萨克斯坦通过螺杆泵、电潜泵和特殊螺纹管等产品当地化集成组装、加工制造和特色服务，签约达到7200万美元。继续优化营销网络布局，加强中东、南美区域营销中心建设，新设西非营销中心。国际营销网络已发展到51个国家和地区的68个境外机构。

【技术营销与综合服务】 公司加强国内外的沟通协作，不断创新工作方法，努力发挥技术支持在国际市场开发中的保障和支撑作用。

（1）大力开展技术营销。通过召开技术、资源与市场对接座谈会，向中亚—俄罗斯、南美、中东和亚非等地区增派常驻技术人员，实现阿布扎比钻机、澳大利亚完井工具、哈萨克斯坦北特鲁瓦注水和油田增产、乍得钻井废弃物处理等项目的签约。

（2）进一步加强投标报价工作。实施投标报价的会商制度，设立询报价专岗，加强前期评审和交流，针对重点产品、重点项目提前制订技术和商务方案，进一步提高投标报价整体水平。

（3）加强产品资源体系建设。进一步深化与资源厂家的交流与战略合作，严格供应商的准入和复评，建立由700多家国内外供应商组成的资源体系。加强油套管、钻杆等国际产品资源的调研，编制《国际资源状况报告》。初步实施钻机等产品国际资源的分级管理，基本满足客户的差异化需求。

（4）加强市场开发的前期调研和技术准备。开展土库曼斯坦825复合管的前期资源考察和技术论证等工作，组织X80极地焊管科研、俄罗斯低温轨道式钻机攻关，进行哈萨克斯坦国产同步混输泵试验，为市场开发提供必要的技术支撑。

【项目运作】 公司进一步突出项目管理的组织领导和关键环节的控制，加强跨部门的协同配合，稳步推进项目实施。注重项目的全过程管理，在项目执行的各个环节寻找利润点，实施钻机等产品的集中采购，优化监造模式和重点项目的监理，在承运商选择、优化包装等方面做好“九个争取”，大幅降低项目采购、监造及运输费用。按照打造精品工程的要求，公司从各部门抽调精干人员充实到坦桑尼亚项目部，加强项目的组织领导，坚持项目三方联合办公机制，注重加强与各相关方的沟通协调，做好物流运输、堆场、公共外交等各项工作，已完成所有内陆钢管的发运，保障项目的有效执行。中亚C线项目克服工期短、任务重等困难，圆满完成项目执行。迪拜海洋钻井平台项目，通过强化驻厂监造、加强建造方管理、提前组织调试培训等措施，第二座平台交船仅一个月后就实现作业开钻，得到业主的高度评价。认真做好钻机现场安装和售后服务，2013年派出70多人次到境外工作，完成委内瑞拉、阿布扎比等5个国家18台（套）钻机的现场安装和售后服务。

【企业管理】（1）公司下发《关于加强经营分公司领导班子建设的意见》和《分公司领导班子工作制度和议事规则》，建立会议、沟通和决策制度，调整和充实部分分公司领导班子成员，分公司领导班子建设不断加强。

（2）设立分公司综合管理办公室，配备管理会计、法律事务、综合管理等专岗人员，明确岗位职责，开展专项工作培训，初步搭建公司二级管理架构。

（3）建立健全分公司内部管理体系，亚非地区梳理业务流程风险点，建立风险防范为主线的内部管理体制；石化分公司专门编制业务操作手册，进一步理顺和细化内部工作流程，各直属机构的管理能力和水平不断提升。

（4）推进海内外一体化管理，通过召开区域市场开发会议、加强海内外沟通交流和监督检查等形式，确保公司部署的有效落实。各境外机构认真贯彻公司各项要求，进一步强化市场信息管理和客户管理等方面的工作，加强对区域市场的战略研究，调整完善区域市场开发规划。伊朗分公司编制《伊朗陆地钻机市场分析及开发策略研究》等4项专题报告，市场开发有形化工作进一步推进。

【管理提升】 公司大力开展管理提升活动，不断推进管理的制度化、制度的流程化、流程的信息化。

（1）管理基础进一步夯实。开展制度和流程梳理，修订经营管理、财务管理等11项制度，优化和简化合同管理、出国审批等7项业务流程。定期做好国际市场信息、经营活动、产品质量、财税政策等专项分析，发布资源简报，管理的针对性和实效性不断提高。

（2）管理效率进一步提升。积极推进信息化建设，移动办公系统已上线试运行，电话会议系统已在坦桑尼亚、哈萨克等国家和地区正式应用。建立长输管线、钻机和海洋平台等标准化投标文件和标书生成系统，提高投标报价效率。进一步转变文风会风，大力压缩各类会议和文件，提高工作效率和质量。

（3）风险防控进一步加强。为加快库存周转和资金回笼，公司专门召开应收账款清欠会议，落实清欠责任和目标。健全外部法律资源体系，将法律咨询及合同审查贯穿项目调研、谈判和实施的全过程，开展3个境外机构和8个重大项目的内部控制审计。

（4）管理效益进一步提高。推进全面预算管理工作，严格控制预算执行。进一步提高资金使用效率和效益，不断拓展多元融资渠道，满足项目对资金的需求。强化投资项目的论证，加强投资和股权管理，全年回收股利5565万元。严控五项费用、非经营性费用的审批和支出，会议、接待和展览等管理费用大幅降低，全员勤俭节约意识进一步提升。

【班子建设和队伍建设】（1）加强领导班子建设，扎实开展党的群众路线教育实践活动，坚持党委中心组学习和两级民主生活会制度，认真贯彻落实“三重一大”议事规则，班子政治理论素养进一步提高，科学决策、民主决策、依法决策能力持续增强。

（2）加强干部选拔任用和交流。认真贯彻执行集团公司干部选拔任用制度和规定，按照民主推荐、全面考察和集体决策等程序，严格执行选人用人规定，开展3个处级岗位、部分助理级岗位和境外机构负责人岗位的公开竞聘，2013年共交流锻炼境外机构负责人及处以上干部20多人次，干部队伍建设得到加强。

（3）加强人才队伍能力素质建设，开展全员岗位能力素质模型搭建工作，为进一步明确各岗位职责和能力素质要求奠定基础。组织开展EPC、项目管理、投标报价和市场营销国际职业资格等11个专项培训，针对境外机构负责人、中层干部开展重点培训。持续推进两级培训体系建设，各部门强化员工岗位实践和锻炼，开展各类内部培训项目134个，同比增长12%，进一步提高员工队伍的专业素质和履职能力。

【安全和HSE工作】 按照集团公司安全环保工作的部署，公司以全面推进体系建设为主线，持续强化风险防控措施，完善应急保障工作，始终追求HSE的最佳表现。

（1）持续推进安全环保体系建设，大力推进有感领导、直线责任和属地管理责任的落实，安全环保责任书和全员HSE承诺书签订率达到100%。深入开展体系对标，修订完成《社会安全和HSE管理手册》及17项管理制度，文件的实用性和可操作性不断增强。

（2）不断提升风险管控能力，高度关注境外安全形势，持续加强突发事件预警和应急处置工作，成功应对委内瑞拉、埃及等国家的不稳局势，有序组织南苏丹人员的安全撤离。各境外机构严格落实公司各项管理要求，深入识别属地风险，主动健全切实可行的管理制度，社会安全、交通安全、项目现场HSE管理能力和监控力度不断加强。

（3）深入开展安全生产大检查活动，专门成立活动领导小组，周密制订检查方案。公司领导率队进行坦桑尼亚、哈萨克斯坦等8个国家13个机构的安全督查。各境外机构认真开展自查并及时做好整改，确保大检查活动取得实效。

（马　骁）

中国石油集团渤海石油装备制造有限公司

【概述】 中国石油集团渤海石油装备制造有限公司（以下简称公司）是集团公司所属全资子公司。2008年4月重组成立，注册在中国经济新的增长极——天津。截至2013年底，所属12家企业，用工总量12123人。公司厂区主要分布于天津滨海新区，河北沧州、承德，辽宁盘锦，江苏南京、扬州，甘肃兰州，新疆乌鲁木齐等地。渤海装备公司以油气输送装备、钻采装备、海工装备、炼化装备四大类产品为主营业务。现有渤海华宇、渤海巨龙、渤海能克、渤海中成、渤海卡瑞特、渤海司达、渤海飞雁七大知名品牌。公司有36种产品取得API认证，20种产品获“中国石油装备”背书品牌授权，19种产品荣获国家和行业名牌。产品行销至全国各大油气田、炼化项目、管道工程，以及亚、非、欧、美、澳等40多个国家和地区，在保障中国石油油气主营业务和国家重点工程项目中发挥重要作用。

【主要经营指标】 2013年，公司认真落实“优势打造年”总体部署，克服重点管道项目启动滞后造成的四季度部分停产等困难，实现营业收入141.05亿元，完成集团公司下达指标的108.5%；实现账面利润1.31亿元，完成集团公司下达指标的188%；实现经济增加值（EVA）3850万元，超额完成集团公司下达指标；上缴税费6.95亿元，同比增长53.33%，圆满地完成年度主要工作任务。

【市场营销】 落实“一把手”工程，总部搭台，基层唱戏，推进战略客户群和营销网络建设，与13家重点客户签订战略合作协议，战略伙伴达到32个，客户优势明显增强；成立西南、中东市场代表处，在哈萨克斯坦建成钻井工具技术服务中心，实现开发系统、钻探系统、管道系统客户高层拜访全覆盖；打组合拳，雪中送炭，对重点单位、关键市场开拓进行集中帮促，拿到23台钻修机、260万米镦锻抽油杆等诸多重要订单；打造10支公司级服务小分队，电泵一体化服务在中国石化西北局获得亿元大单，在中国石化、中国石油建立烟机备件服务储备库，成为中国海油烟机战略供应商。2013年服务增收5.25亿元，同比增长16.7%；大力开拓外部市场，实现外部收入53.76亿元，同比增长13.4%，占比38.1%；国际市场同比增长33.1%，占比25.4%。钻杆获5000多吨外部订单，注汽锅炉首次打入阿曼市场。

【科技质量】 坚持“上高端、着绿色、下海洋、进气装”的研发方向，投入5.14亿元，重点推进15项重大科技专项，其中6项已完成。15项产品被认定为集团公司自主创新产品，6项成果通过省部级鉴定，申报并获受理专利96项，其中发明专利26项。7项成果获省部级科技进步奖，其中煤层气钻井技术与装备、X70大变形焊管分获集团公司科技进步一、二等奖，焊管机组数字化技术获天津市科技进步三等奖；以“双十质量工程”为重点，实现主导产品质量检查全覆盖，奖励20条质量“金点子”，发布6项质量管理底线。螺旋、直缝、HFW钢管达标率分别达到99.4%、99.6%、95.1%，钻采、炼化产品一次交检合格率97.8%以上，海工产品报验一次合格率95.5%以上，创历史新高。集团公司32批次实物质量监督抽查合格率100%。1项QC成果获得国家优秀成果奖，2个班组被评为“全国质量信得过班组”；成功召开技术专家科技交流会，拿出近200万元对35个科技质量成果进行表彰奖励，重奖特等奖项目；着力加强信息化建设和应用，MES、PDM系统建成投用，被评为集团公司2013年信息化建设先进单位。

【产业发展】（1）推进专业化管控。成立输送装备部和钻采装备部，按业务板块抓好产业发展谋划、产品管理、生产运行，强化业务管控，提升产业综合实力。（2）推进名牌产品建设。深入开展产品竞争力分析，出台公司产品品牌建设实施方案，完成“七大品牌”国家注册受理，13项产品被评为中国石油化工设备行业名牌产品。（3）推进重点产业项目建设。投资3.06亿元，重点实施5个重点建设项目，其中泵缆、球阀、LNG、钢管研发实验平台项目当年建设、当年投用，福建钢管项目完成工作量的60%，退出风险巨大的宁波海工炼化项目。(4)推进钢管产业保供。2013年上半年，输送装备板块为国家重点项目供管47.5万吨、1763千米，完成计划的102.1%，创造月供管370千米的集团纪录。(5)推进“四个优化”。抓好对各单位工作的检查验收和持续深化，完成辽河重工、辽河热采的优化工作，共退出业务3项、产品6项，压缩机构17个、管理岗位200个。对石化设备厂进行重组整合，退出低端、低效业务，使巨龙钢管公司向输送管、件、阀、器全产业链方向发展。

【经营管理】 (1)抓考核。实施“6+3”KPI和资源贡献导向绩效考核体系，突出质量效益考核。(2)砍成本。用市场价格倒逼生产成本，优化生产资源配置，算好“三笔账”，开展“三房一地”精整利用，优化闲置厂房、库房、办公用房7.9万平方米、闲置土地2105亩，争取优惠贷款、国拨资金，推进融资租赁，降低固定成本，加强物资采购管理，打造局部成本竞争优势。两级物资集中采购度达99.2%，招标采购率达85.4%，物采资金节约率达5.61%。产品毛利率同比提高1.82个百分点，五项费用同比降低15.7%，其他非生产性支出同比降低17.1%。(3)降“三高”。高应收、高借贷得到遏制，分别比考核目标降了5.95%、7.17%。对高存货狠抓订单源头管控和原材料、在产品、产成品分类管控，争取上级支持，处理历史不良存货3.76亿元。(4)扭亏损。落实“十二字”方针，制订扭亏方案，出台市场支持、人员分流、低息贷款等帮扶政策，上下合力积极跑市场抓订单，解难题降成本，转观念创效益，使辽河热采、中成装备考核达标，分别同比减亏4058万元、3249万元。

【队伍建设】 (1)抓班子带队伍。开展大庆精神铁人精神再学习再教育，深入推进“四好”班子创建活动，按照“三诚”、“六力”的要求，强化教育培训、实践锻炼，狠抓作风建设、能力建设，增强惧者生存、慎者平安、敬畏法纪的意识，两级班子和干部队伍的凝聚力、战斗力显著提升。

(2)减冗员提素质。实施“减员提素”工程，盘活存量、清理劳务用工，进行内部调剂271人，净减少冗员513人。公司每周办一个培训班，每月一次专题讲座，形成了制度化、常态化，建立网络培训平台，共举办各级各类培训班1490班次、受训员工5.8万人次。

(3)重文化建体系。坚持“六统一”，突出特色，完善公司企业文化体系，修订企业文化手册、视觉形象手册，使“合、干、学”、“实、细、严、快、精”、“用人品创造产品打造精品”等理念深入人心、引领行动。公司在集团公司企业文化建设工作会议上做典型发言。

【企业建设】 坚持“双查、双考、四为主”，推进“一岗双责”，努力构建长效机制；投资8090万元，实施23项安全环保隐患治理；开展船台等专项应急演练，组织应急演练331次；实施各级监督检查5755次，发现并整改3146项问题；推进“5S+2S”现场管理，形成“班清、日整、周检、月评、季互看”的常态化机制；公司所属11家企业取得国家二级安全生产标准化证书，公司被推荐为集团公司安全生产先进企业；实施管理、工程、结构三大节能减排措施，万元工业产值综合能耗同比下降5.42%；把发展成果惠及员工，投入1700多万元，实施文体、卫生等7项民心工程，完善基础设施建设，居民满意度和幸福指数持续提升；帮扶困难家庭和职工1020人次，发放救助金214万元；认真做好特别重点阶段和公司内部重组调整期间的稳定工作，维护稳定局面，受到集团公司维稳通电嘉奖。

【党群工作】 紧密围绕“为民、务实、清廉”主题，聚焦作风建设，坚持高标准、重实效，突出重点，把握关键，扎实开展党的群众路线教育实践活动，有序推进各环节工作，将学习教育、整改落实贯穿始终，使教育实践活动取得实实在在的效果。出台压缩审批流程、精简会议等具体办法，压缩流程50%，精简会议2/3；解决一线员工就餐、粉尘隐患治理等涉及群众切身利益的问题；扎实开展党支部分类定级、晋位达标工作，广泛开展“六个一”党支部创建、“党员先锋工程”等活动，基层组织建设和党员队伍建设得到进一步增强；认真贯彻中央“八项规定”和集团公司党组“二十条要求”，严格执行民主集中制、“三重一大”决策等制度，突出廉洁文化和反腐倡廉教育，积极推进惩防体系建设，落实“一岗双责”，党风廉政建设不断加强。成立审计服务中心，构建大监督格局，强化效能监察和审计监督；围绕中心工作，开展“形势、目标、任务、责任”教育，加强对内对外宣传，统一思想，凝心聚力，为生产经营提供可靠保障；发挥群团组织作用，广泛开展“四比一创”劳动竞赛，加强基层建设和班组建设，华油制管二厂被评为集团公司基层建设标杆单位，113个班组通过公司“五型”班组达标验收，公司工会、公司团委分获集团公司“模范职工之家”、天津市“企业共青团先进单位”称号。

(王迪娜)

宝鸡石油机械有限责任公司

【概述】 宝鸡石油机械有限责任公司（以下简称公司）总部位于陕西省宝鸡市，是集团公司的全资子公司，是以陆地及海洋石油钻采装备、钢丝绳、牙轮及PDC复合钻头、井口井控设备、油田特种车辆、电气控制设备等为主导产品，集研发、制造、集成、服务为一体的石油装备企业。

公司的前身宝鸡石油机械厂，创建于1937年，1953年划转石油系统，2002年改制成立有限责任公司，2008年成为集团公司独资设立的一人有限责任公司。公司拥有咸阳宝石钢管钢绳有限公司、宝石机械成都装备制造分公司、宝鸡宝石特种车辆有限责任公司、西安宝美电气工业有限公司、北京宝石电气设备有限责任公司、巴西宝石石油设备有限责任公司、海洋石油装备分公司等分（子）公司。共有员工8107人，其中高级以上职称人员297人，博士、硕士192人，享受国务院政府特殊津贴专家2人，陕西省有突出贡献专家1人，集团公司高级技术专家4人、技能专家3人。现有主要生产设备2300余台（套），总占地面积250万平方米，建筑面积79.77万平方米，总资产128.85亿元，年销售收入80亿元以上。

【生产经营】 2013年，公司为用户生产钻机96台（套），同比增长6.66%；钻井泵及泵组678台（套），同比增长11.69%；钢管钢绳80203吨，同比增长14.91%；钻头9326只，同比增长19.11%。实现营业收入80.53亿元，实现考核利润1.39亿元。

【安全生产】 公司围绕打赢安全翻身仗，坚持有感领导、直线责任，从严从细从实抓安全管理，全员行动，共保安全。通过周工作例会、月度生产经营分析视频会强化安全教育，并通过组织“安全生产月”、“10·22”警示日、“12·23”警示月和“安全在我心中”演讲等活动，持续加强全员安全教育；修订完善安全绩效考核办法，加大安全指标在综合考核指标中所占比重，严格执行“一票否决”制度；对HSE管理体系文件进行修订换版，完善全员岗位安全职责和操作岗位安全技术操作规程；深入开展风险辨识，加强风险管控和隐患治理，一些基层单位还开展“安全生产自主管理班组”创建活动；实施安全生产目视化管理，公司本部、咸阳宝石顺利通过陕西省安全生产标准化二级企业达标评审；加强环保设施的运行管理，严控有毒有害气体排放，节能节水量均超额完成集团公司考核指标，顺利通过陕西省“十二五”节能目标责任评价现场考核；开展员工健康体检，改善员工作业环境，强化员工个体防护的硬件保障。公司2013年无重伤及以上安全事故发生，未发生职业病危害事件，未出现疑似患者。公司结合搬迁后的实际情况，进行新工艺、新设备、新材料培训1288人次。在集团公司“西部大庆”劳动竞赛活动中，销售公司荣获2012年度先进集体，钢结构厂马新平班荣获“铁人先锋号”。

【质量管理】 加大质量宣传教育力度，通过“质量月”活动、API Q1知识培训和“质量自主管理”试点等，强化员工对API标准的认识，促进全员质量管理认知度的提升和质量自主管理能力的增强；充分运用新设备、新工艺，加大计量工作力度，提升产品制造和检测质量；对内强化质量管理体系审核和日常监督检查，对外强化供应商资质管理，加强外协、外购产品质量检验，严格过程监控，加大关键停留点检验力度，规范质量记录文件及传递程序，改进质量业绩考核办法，突出体系不符合项考核。公司顺利通过API Q1体系认证、API系列规范换证和索具与钢丝绳产品CCS换证。

【市场开拓】 整合品牌管理体系，发挥品牌整体优势，除钢丝绳外，其他产品均逐步使用“宝石机械”商标；积极参加重要展会，扩大“BOMCO”商标在国际上的注册范围，在德国、叙利亚等11个国家取得证书，注册国家和地区增至31个。

发挥营销服务整体优势，扩大国内传统市场，在中国石油、中国石化新增订货同比增长77.88%；加强与中国石油技术开发公司合作，带动分（子）公司营销产品3.1亿元；签署的半潜式平台钻井设备包设计合同，使公司进入自主设计海洋钻机平台系统新阶段。

公司加强销售服务队伍和国内销售服务网点建

设，开展专业的产品维护和配件、备件保障服务，创收同比增长 29%；开展产品再制造服务，创收 1.43 亿元；开展产品租赁服务，拓宽市场领域，在民营市场新增订货同比增长 92%。

【技术创新】 国家油气钻井装备工程技术研究中心建设有序推进，3 个试验平台建设工作已全面展开，5 项关键技术完成 3 项，5 项工程化产品研发完成 3 项样机试制；成都技术研发中心建设项目竣工投用。

开发新产品 23 项，完成样机制造 18 项，有效扩展公司产品集群。其中，ZJ70DB 管柱自动化处理钻机等融入自动化、信息化、轻型化技术，锌铝合金钢丝试验初见成效；海洋套管泥线悬挂装置打破国外技术垄断，国内首台 2300 型压裂车总体性能达到国际先进水平，牙轮与金刚石复合钻头成为钻井提速利器，连续油管作业机已进入最后组装收尾阶段。

适应市场需要，积极推动产品技术升级换代。为用户量身定做的 8000 米钻机，开钻 1 年来刷新 2 项全国纪录；为某国外油砂矿量身研制的新型填包塑钢丝绳，适用于零下 30 摄氏度至零下 40 摄氏度的低温作业环境。服务一线生产，完成 8630M 材料及大型锻件等重大工艺技术攻关，实施钢丝品质提升、提速等试验，有效提高生产效率和产品质量。

坚持自主研发与联合研发并重，与有关高校联合开展 13 个高端项目研究，新引进技术及科研合作项目 4 项；提升自主创新能力，申报科研项目 26 项，获授权专利 79 件，其中发明专利 13 件；首次参与 ISO 标准制定，发布集团企业标准 1 项。5 项标准获集团公司“十一五”优秀标准奖，5000 米全拖挂钻机获集团公司科技进步三等奖。

【集团化管理】 按业务整合成立物资公司、销售公司和海洋石油装备分公司，按地域将咸阳钢结构分公司划入宝石机械咸阳宝石石油钢管钢绳有限责任公司，按《中华人民共和国公司法》规范合资企业法人治理结构，强化公司总部服务分（子）公司意识，加大调查研究和解决问题力度，从技术、市场、矿区服务等多个方面大力支持分（子）公司发展。

【业务管理】 制修订投资管理、预算管理等多项管理办法和制度，完善内控体系，健全风险监督、考核机制、法律服务与保障机制。

改进经营绩效考核办法，健全工效挂钩机制；开展“四保三压两控制”专项活动，非生产性支出得到有效控制；加强财务管理，节约利息支出 3594 万元；加强定额价格管理和劳动定额管理，完善外协招标价格体系，降低生产成本；加强项目建设管理和审计、效能监察工作，在项目建设投资和物资采购资金控制上见到实效。

积极开展对标管理，认真整改查找出的问题；认真开展“管理诊断下基层”活动，工作经验得到集团公司推广，被装备制造分公司推荐为集团公司管理提升先进单位。

【信息化建设】 实现电子公文系统、分（子）公司集中报销系统、财企直联系统和 PDM 项目二期工程的 50 多个子项目上线运行，积极推进档案、人事、审计、物资采购等信息化管理，持续完善 ERP 系统，充分运用视频会议系统提高工作效率，节约运行成本。

【矿区建设】 治理安全隐患，积极创建省级“安全社区”。加强硬件建设，本部 39 号高层住宅楼交付住户，东山 1 号、2 号高层住宅楼、老年活动中心建设顺利推进；宝石机械咸阳石油钢管钢绳有限责任公司团购房实现交付，宝石机械成都装备制造分公司广汉景苑小区物业管理逐步规范。加快养老服务体系建设，开展关爱独居老人、向 70 岁以上寿星赠送蛋糕，免费送医送药上门服务等活动。实现宝鸡本部员工“双休”，增加补充医疗保险定点医院。在新区修建停车场，解决集中停车问题；设立医疗服务站，送医送药到一线；做好绿化补栽，进一步美化新区环境；加强职工餐厅监督，引进清真食堂，满足少数民族员工就餐需要；创造条件，解决员工洗澡问题，实现新区供暖。

认真履行社会责任，切实做好扶贫帮困工作，发动全员向芦山地震灾区捐款 34.28 万元，成都宝石为灾区搭建板房 12070 平方米。

【党建工作】 严格执行中央“八项规定”和集团公司党组“二十条要求”，深入扎实地开展党的群众路线教育实践活动，查找的“四风”问题得到剖析和整改。

深化“四好”领导班子和“六个一”党组织建设，开展党员承诺践诺活动；认真执行“三清九明六注重”月度报表制度，创新形式开展“形势、目标、任务、责任”主题教育巡回宣讲活动，被评为“2013 年全国企业党建工作先进单位”。

持续推进学习型组织建设，开展“双十”全员读书活动；完善星级班组考评标准，推行班组“三明六要三抓好”月报表制度；开展星级机关创建活动，强化服务意识，总部机关各处室践行公开承诺并接受监督；全面加强工作督办，有效提升工作执行力。

公司工会组织开展“双创双无”等劳动竞赛活动，

发动员工技术创新，征集合理化建议500多条，采纳实施348条，创经济效益71.7万元，铸造厂清切班被授予“全国工人先锋号”；公司团委组织开展“尊师、学技、敬业”活动，发挥团员青年在生产经营中的生力军和突击队作用，深入开展“青年志愿者服务”活动，被集团公司评为“青年志愿服务先进集体”。

培养员工良好的职业道德，开展“宝石之歌大家唱”、“中国梦·宝石美”歌咏比赛、“团结协作、激情圆梦”员工拔河比赛等一系列凝智聚力的文体活动。弘扬家庭美德，评选表彰“倾心支持宝石发展的好工嫂（好丈夫）”与“和谐家庭”。组织开展“邻里互助”，为公司有质量、有效益、可持续发展凝聚正能量。

（杨亚青）

宝鸡石油钢管厂

【概述】 宝鸡石油钢管厂（简称宝鸡钢管）始建于1958年，是我国“一五”期间156个重点建设项目之一，也是我国第一个大口径螺旋埋弧焊管生产厂家。建厂50多年来，尤其是2002年成功改制以来，公司已发展成为中国规模最大、品种最全、市场占有率最高的专业化焊管企业，产品覆盖油气输送管、石油套管、连续油管、管材防腐、焊接材料和钢管辅料等多个领域。

宝鸡钢管总部位于陕西省宝鸡市，企业总资产111.61亿元，员工总数7972人；拥有宝鸡输送管公司、辽阳钢管厂、资阳钢管厂、克拉玛依公司、宝鸡专用管公司、西安专用管公司6个全资直属企业，拥有秦皇岛宝世顺公司、宝鸡住金公司、上海宝世威公司3个控股企业。经过“十一五”以来的快速发展，宝鸡钢管已基本完成国内产业布局，形成“四个出海通道，九个生产基地”。

宝鸡钢管综合产能180万吨，最大产能260万吨（其中油井管60万吨、连续油管2万吨）。建厂至今，已累计生产各类钢管超过1500万吨、30万千米，铺设管线200余条。在国内市场上，市场占有率始终保持第一；在国际市场上，产品已出口到印度、荷兰、俄罗斯、土库曼斯坦、哥伦比亚、委内瑞拉等近30个国家和地区。

宝鸡钢管先后两次荣获“全国五一劳动奖状”，同时也是首批“全国文明单位”、“全国绿化模范单位”和“全国模范职工之家”、“全国五四红旗团委”荣誉单位。

【主要生产经营指标】 2013年，实现钢管订货165.28万吨，同比下降7.9%；实现钢管产量162.87万吨，同比下降11.6%；实现钢管销量177.01万吨，同比增长11.1%；实现营业收入115.51亿元，完成集团公司下达指标的105%；实现利润2.28亿元，完成集团公司下达指标的265%。

【主要产品】 宝鸡钢管集科研、制管、防腐、辅料加工于一体，产品类型主要有钢管、管件、辅料和钢管防腐四大类，主要用于石油天然气长输管道工程建设和油气勘探开发。其中，输送管主要包括螺旋缝埋弧焊管、JCOE直缝埋弧焊管和ERW直缝焊管，最大管径1420毫米、钢级X42-X100。油井管主要包括API标准的ERW套管、SEW套管和油管、无缝套管和油管，钢级H40-Q125；非API标准的超高强度油套管、耐腐蚀油套管、高抗挤套管、特殊螺纹管以及膨胀套管等特殊性能产品。连续管主要包括作业管柱、连续速度管柱、连续管线管，可生产变壁厚连续管，外径25.4—88.9毫米，钢级CT70—CT100。管件产品主要有大口径弯管。辅料产品主要有焊丝、焊剂、钢管防腐涂料、管端保护器、螺纹保护器。钢管防腐主要有3PE、3PP外防腐以及双组分减阻型内涂层。

【科技创新】 宝鸡钢管是国家级创新型企业和国家火炬计划重点高新技术企业。2013年，立项国家级项目2项、省级项目（含集团公司级）2项、市级项目（含分公司级）3项；获重要科技奖项5项，其中“油气开发用新型连续管关键技术研究及产品开发”获国家科技进步三等奖，“超高强度油气输送管材关键技术”获集团公司科技进步特等奖。加大科技攻关力度，顺利完成X90埋弧焊管小批量试制；成功研发CT90变壁厚连续管、ϕ88.9毫米大口径连续管和SEW系列高抗挤油井管；正式启动2项国家“863”计划项目——双金属层状结构复合管材技术研究和深海高压油气输运高强厚壁管材关键技术研究。宝鸡钢管同时加快建设国家油气管材工程技术研究中心，已经顺利投用工程中心实验室，圆满完成“456”目标任务，取得阶段性成果。

【项目建设】 宝鸡钢管高度重视产品结构和产业结构调整，2013年着力推进西安石油专用管项目（二期），于2013年8月获得集团公司批准，与相关企业积极开展合资合作谈判，已完成方案设计、项目可行性研究等前期工作。着力推进海外建厂，在集团公司关心支持下，正式牵头负责哈萨克斯坦钢管制造项目，启动项目可行性研究、方案优化等工作。着力推进技术装备升级改造，高质量、高标准地完成宝鸡输送管公司三分厂西扩改造，在结构调整方面，又迈出坚实的步伐。

【生产运营】 宝鸡钢管全面统筹输送管、专用管生产和新产品试制，全力强化服务保障。2013年，生产钢管162.87万吨，其中上半年产量超过102万吨，连续6个月稳产15万吨以上，创历史同期最好水平。同时认真组织开展X80 ϕ1219毫米 ×22毫米螺旋焊管试制，为顺利参建西三线（中段）做好工艺技术装备等各方面的准备。2013年，为重大管线供管超过50万吨，油套管产量突破47万吨、连续管产量突破3000吨，有力地保障重大管线建设和油气田开发建设。

【安全管理】 宝鸡钢管全面落实“一岗双责、党政同责”，持续强化安全责任体系。深入推进HSE管理体系建设，构建“大证＋子证”的集团化管理模式。深入推进“平安工程”，以《HSE作业指导书》为重点，狠抓员工再培训，2013年培训员工近1.1万人次；推广目视化，新增目视化标牌1.05万块；着力提升本质安全水平，全年投入安全隐患治理资金8467万元，安排治理项目18项，全部顺利完成。

【企业管理】 宝鸡钢管重点实施15项专项提升方案。提升全面预算管理，逐步完善预算管理体系，加强对成本费用支出的过程控制。提升人力资源管理，进一步细化企业班子考核办法，出台领导干部退出领导岗位管理规定，实施劳务用工择优市场化转化。提升投资管理，推广项目管理手册，促使所属企业项目管理进一步规范化。提升管理信息化，不断深化ERP系统和MES系统应用，初步建成生产运营系统和PDM系统。提升质量体系建设，高度重视API换证，举办API Q1（第九版）专题培训，全公司160名质量管理员参加培训。

【党的建设】 2013年6月29日，召开中共宝鸡石油钢管有限责任公司第二次代表大会，深入学习宣传贯彻党的十八大、十八届三中全会精神，选举产生新一届委员会和纪律检查委员会，明确今后一个时期加强党的建设的总体思路和工作重点。与此同时，积极开展党的群众路线教育实践活动，作风建设取得新成效。加强干部队伍建设，加大力度实施青年干部交流，举办首期中层干部培训班。

【和谐矿区】 宝鸡钢管大力实施民生工程，2013年圆满完成宝鸡、西安两地新建高层住宅，1047户员工喜迁新居。同时开办社区老年大学，成功组织离退休员工“书画进京展”。关心青年员工成长，组织第三届“宝管情缘”集体婚礼。继续开展“送温暖”活动，发放帮扶资金151.95万元。继续做好维稳信访工作，严格遵照有关政策要求，妥善解决部分群体的合理诉求；企业始终保持大局稳定，2次受到集团公司嘉勉。

（康　莹）

中国石油集团济柴动力总厂

【概述】 中国石油集团济柴动力总厂（简称济柴）是集团公司下属唯一的动力装备研发制造企业，也是国内唯一涉足石油钻采领域的内燃机企业，始建于1920年，现已发展成为世界主流石油钻井动力装备制造商，是中国规模最大的非道路用中高速中大功率内燃机研发制造企业，也是中国唯一获得大功率内燃机金牌产品以及非道路用内燃机产品中国驰名商标的企业，连续多年入选“中国机械工业500强”。

济柴有控股公司1个（济南柴油机股份有限公司，控股60%），参股公司1个（济柴聊城机械有限公司，参股49%）。截至2013年底，用工总量3809人，总资产64.25亿元。

主要从事内燃机、压缩机、液力传动、燃气动力集成、动力电气控制等产品的研发、制造、销售与服务，有山东济南、四川成都、河北青县、湖北武汉4个生产基地。

济柴拥有32项国家及行业标准制定权。内燃机、天然气压缩机分别为山东省、四川省名牌产品。企业质量信誉为3A级，下属股份公司是国家4A级标准化良好行为企业，技术中心成为国家级企业技术中心。

【主要生产经营指标】 2013年，企业实现营业收入21.09亿元；主导产品实现内燃机及机组销售3266台（套），压缩机组销售65台（套），同比分别增长1.4%和16%。

【主要产品】（1）内燃机。拥有可适用于多燃料、应用于多领域的140、175、190、260、320五大缸径系列产品格局，功率覆盖200—9000千瓦；广泛应用于石油钻探、船舶动力、可燃气体利用、电站、机车、军备等领域，产品遍布全国油气田和32个省（区、市），出口到60多个国家和地区。

（2）压缩机。拥有5个系列100多个规格型号的往复活塞式压缩机系列产品，其中，整体式天然气压缩机荣获国家科技部等5部委联合授予的《国家重点新产品证书》。产品功率覆盖85—8000千瓦，可满足天然气产业上、中、下游，即天然气开发（增压采输、气举、轻烃回收等），管道集输（主干线、支线、储气库等），炼化企业（加氢压缩机、氮氢气压缩机、二氧化碳压缩机等）和气体钻井的需求，国内市场占有率在30%以上。

（3）液力传动装置。已形成多个产品系列，功率范围80—6000千瓦，充油调节离心涡轮变矩器等新型产品通过哈工大专家组技术评价，具有节能、高效、环保等优点。

（4）燃气动力集成装置。主导产品有300千瓦以下中高速燃气发电机组、燃料处理装置、热电综合利用装置等集成产品，功率覆盖5—400千瓦。其中多项产品填补国内动力装备的空白，在节能减排方面拥有广阔前景。

（5）动力电气控制装置。包括柴油发电、气体发电、风力发电机组的控制系统、监控仪表及自动控制设备，同时开展中低压配电设备的成套、西门子等各类电气元件的经销及服务等。

【市场营销】 2013年，面对复杂严峻的市场环境，济柴从强化市场开发和服务能力入手，整体策划布局，统建营销网络，已建成7个营销服务中心和周边22个服务站点、7个配件库；建立专业服务队伍，规范服务标准，实施“三全服务”，全年提供服务3000多人（次）；积极跑市场、抢订单、做服务，新兴市场开发取得较大进展。

（1）在陆用市场，大力实施“自主营销、自主服务”，稳固油田市场、拓展社会市场，强化目标市场跟踪和全过程服务，加大自主产品及石油外部市场销售力度，实现销售收入13.7亿元，自主营销收入9.6亿元，同比增加66%。

（2）在船用市场，深耕复垦船机市场，逐步恢复曾经失去的份额；持续开发新产品市场，成功签约首批6台9L32/40船用发动机，全年实现船机销售收入1.25亿元，同比增长77%。

（3）在海外市场，跟进集团公司海外业务，运作EPC总承包项目，2013年下半年成功中标哈萨克斯坦电站、安第斯电站等重点项目。

【科技质量】 2013年，企业以解决现场应用问题、加快新产品开发为突破口，全年共开展科研项目25项，40多种变型产品实现当年设计、当年投产；组织开展14项国家标准、行业标准制修订计划，承担的2项石油行业标准被全国石油钻采设备和工具标准化技术委员会评为优秀标准。加快190产品现场应用问题技术改进，使船机市场和以气代油业务取得新进展。加快新产品开发和国产化研发，优化现有产品配置，JC15T气体发动机完成样机装配；首台钻机用高性能发动机12V175样机完成磨合试验；16V26/32气体发动机完成性能开发试验；12V32/40天然气发动机研制正在进行压缩机驱动功能试验；6000千瓦储气库用压缩机即将开展现场试验，电控调速型液力耦合器完成研发并实现批量销售。各种推向市场的新产品当年创效2.3亿元。企业加强工艺管理，明确工艺职责，提高生产效率，促进工艺技术进步；健全各环节全过程的质量指标控制体系，实现从入口到出口的质量控制；投入300多万元完善关键部件的质量检测手段，消除内部质量隐患；加大责任追溯、质量索赔力度，2012年对外连锁赔偿200多万元。

【内部改革】 2013年，企业开展内部改革，推进结构调整，实现资源优化配置。在调整结构上，进行专业化整合，形成加工中心、热处理中心、装配中心、质检中心的格局；合并淘汰一些低端无效产品，开始标准产品型谱的建设工作。在优化管理上，改善管控模式，建立起“总厂（股份公司）—分厂—班组”的三级管理格局，基本实现管控、营销、研发、生产、采购、质量、财务的“七统一”；重塑业务流程和体系，完善目标、订单、财务核算、考核4个管理体系，建立起贯穿技术响应、生产支持、成本控制的“一单到底”的订单核算考核模式。在精简人员上，严控管理及辅管人员数量，机关处室由原来的196人精简到90人，直属机构和分厂管理人员由276人精简到112人；推进合同化、市场化员工向一线流动，转岗培训310人，使合同化、市场化员工一线操作人员所占比例由原来的12.5%增加至28%，2013年减少各类用工332人；完善不同岗位的系列发展通道，出台相应的管理办法和激励政策。

【成本控制】 2013年，企业强力推动“五压”工作。（1）在压成本方面。①研发降成本，降低产品过高配置，加快推进零部件国产化。②采购降成本，坚持集中采购、竞价采购，2013年降低采购成本2041万元。③管理降成本，全面推广“一单到底”核算模式，完善三级核算体系，开展材料消耗定额和工时定额的梳理制定工作，强化单机成本核算，控制制造环节成本。（2）在压库存方面，坚持优先利用库存机、呆滞件进行发货或整修整改，压缩代存件库存，加大清理问题存货力度，避免形成新的呆滞件。存货实现大幅下降，达到近8年来的最低水平。（3）在压费用方面，严格预算管理，在2013年初各项费用指标压减10%的基础上，继续调减15%；同时加强预算刚性控制，严控计划外支出，加大对费用支出的监管考核，2013年五项费用同比减少468万元，减幅9%。（4）在压应收账款方面，一是坚决执行应收账款管理办法、合同管理办法和销售订金制度；二是进行客户分级管理，严格赊销审批；三是注重老欠款催收，采取多种方式，共收回以前年度老欠款8.36亿元，无动态欠款达到近三年最低水平。（5）在压贷款方面，加强资金管理，合理统筹调配资金，减少新增经营性贷款和流动性贷款，进一步降低企业财务成本。

【基础管理】 为提升产品交付能力，建立以订单为核心的生产管理办法，严格按订单进行生产、采购、核算、考核，实施准时配送，使合同履约率保持在96%以上；合理调整工序，创新产品工艺，提高生产能力；统一库存管理，建立库存警戒线，以最小库存和在制品保障生产正常运行。为提升安全环保能力，持续推进HSE体系建设，制修订15项安全管理制度；推进安全生产标准化工作，实现企业二级达标；加强安全风险管控，投入专项资金治理了50项安全环保隐患；强化生产现场监管和承包商管理，确保生产作业安全；开展多次实战演练，锻炼应急处置能力。为提升党建能力，认真贯彻中央“八项规定”和集团公司“二十条要求”，制定实施企业“二十三条细则”；深入开展党的群众路线教育实践活动，完成3个环节任务，制订实施整改工作方案；完善党群工作量化考核，党组织凝聚力和战斗力继续提升；扎实推进惩防体系建设，落实党风廉政建设责任制，加大效能监察和专项检查力度，廉洁风险得到有效防控；加强班组标准化建设，首批10个达标班组被命名授牌，热处理分厂被评为集团公司基层建设“百个标杆单位”。为提升构建和谐稳定的能力，把企业改革发展成果惠及员工，提高员工收入水平，更换通勤班车，改善员工就餐质量；加强扶贫帮困力度，2013年发放慰问金、慰问品等共计146万元；全年走访看望离退休职工240多人，为退休职工办理困难救济金；组织开展合理化建议、读书征文、球类比赛等活动，为和谐企业建设作出贡献。

（陈伟雄）

中国石油天然气股份有限公司勘探开发研究院

【概述】 中国石油天然气股份有限公司勘探开发研究院（英文缩写RIPED，简称勘探院）是面向中国石油勘探开发业务的综合性研究机构。前身成立于1958年。50多年来，勘探院直接参与了中国陆上大多数大、中型油气田以及中国石油海外油气勘探的发现与开发建设，为中国石油工业发展发挥了重要作用；推动建立了完整配套的中国陆相石油地质与油气田开发理论技术体系，获得国家和省部级科技成果奖励700余项，为中国油气科技进步作出了重大贡献；培养造就了以16名院士为代表的一大批国内外知名专家，为中国石油优秀人才的培养和队伍建设作出突出贡献。

勘探院是集团公司国内外油气业务发展的战略决策参谋部、重大理论与技术研发中心、技术支持与服务中心和高层次科技人才培养中心（简称“一部三中心”）。

勘探院包括北京院区、廊坊分院、西北分院、杭州地质研究院，业务领域涉及国内与海外油气勘探、油气田开发及工程技术各个方面。截至2013年底，有员工3330人，其中集团公司高级技术专家70名、教授146名、高级工程师1022名，具有研究生以上学历1740人；建有提高石油采收率国家重点实验室、国家能源页岩气研发（实验）中心和国家二氧化碳驱油与埋存技术研发中心，以及16个集团公司重点实验室，拥有众多国内外高精尖仪器设备，科研条件优越；作为中国石油信息中心和勘探开发资料中心，勘探院的信息环境良好，信息化水平在集团公司名列前茅；建立了广泛的学术交流与合作关系，在国内外石油界和科技界具有良好的影响力。

【科研生产工作】 2013年，勘探院围绕支撑集团公司国内外上游业务健康发展的需要，以国家和公司重大专项攻关为重点，以重点实验室建设为依托，注重科研工作的原始创新性，突出科研成果的应用实效，圆满完成了各项科研任务，取得了一批具有创新性和实效性的成果。

1. 坚持服务生产，获得较好应用成效

加强风险勘探研究与目标优选，协助勘探与生产分公司实施风险勘探部署，全年获得8项重要发现和5项重要苗头；加大塔里木、四川、准噶尔、渤海湾盆地等重点探区的技术服务力度，取得了良好的应用成效；编制二次开发深部调驱方案和规范，在新疆六中东区开展了现场试验，取得显著效果；研发高含水油田开发优化一体化软件系统，实现规模化推广应用；开展中非裂谷系盆地基岩成藏条件研究，成果应用获得5个潜山新发现；开展哈法亚油田二期产能建设实施和整体开发方案优化研究，为产能建设提供有效技术支持。

2. 强化理论技术创新，取得重要新进展

围绕岩性地层油气藏与致密油气等勘探目标开展攻关研究，在次生岩性油气藏评价与纳米储层微观表征和分类评价方面取得创新性进展；开展古老海相碳酸盐岩油气成藏理论和应用技术研发，取得4个方面创新认识和6项关键技术；研发低孔隙、低渗透储层油气充注机理和含油气性定量评价技术，为深层油气和致密油气勘探评价提供依据；开展复杂井筒结构SAGD高温高压三维物理模拟，形成浅层超稠油高效开发关键技术；开展致密砂岩气提高采收率研究，初步建立主体技术；研发纳米智能化学驱油剂室内样品，搭建了表征平台；发布采油采气工程优化设计与决策支持系统V1.0软件，已入围公司技术利器有形化项目并扩大了应用规模；与国外石油公司合作，研发适用于高温高盐油藏的化学驱聚合物并取得初步应用成效。

3. 加强战略规划研究，进一步加强决策支持作用

开展中国石油第四次油气资源评价研究，集成了常规与非常规油气资源评价软件系统，研发了基于网络地理信息系统的数据库管理技术；初步建立海外油田开发潜力评价及规划决策支持系统，构建海外风险评价的量化指标体系；建立海外上游新项目综合评价方法，为成功获取海外项目提供了有效技术支持。

4. 加强重点实验室建设，不断提升自主研发能力

完成了重点实验室高峰建设期的主要任务，初步实现了对标志性设备功能的深度开发，新方法、新技术研究正在加快发展。提高石油采收率国家重点实验室成功研制出离子匹配水体系和系列甜菜碱表面活性剂产品，国家能源页岩气研发中心形成了页岩三维表征等系列核心技术，二氧化碳驱油与埋存技术研发中心形成了孔隙介质中二氧化碳/地层油体系的相态研究方法；16个公司重点实验室运行处于良好状态。

5. 加强信息化建设，提升科研管理水平

持续提高勘探院信息化应用水平，完成科研管理公共信息平台系统的升级优化，增强了功能，实现了科研项目的全生命周期管理。进一步加大集团公司信息化建设支持力度，实现了中国石油数据中心的安全稳定运行。

6. 加强标准化、文献和档案工作，进一步提高科研保障能力和影响力

组织完成162项国家与行业标准、164项集团公司标准的制修订工作，组织制定了一批双语版标准。《石油勘探与开发》影响因子在全国科技核心期刊排名第一并获得第三届中国出版政府奖期刊提名奖；被SCI数据库收录，成为世界顶级石油科技交流平台。推进档案管理规范化建设，年度科研成果归档率达到100%。

2013年，勘探院获得1项国家级科技奖励、15项集团公司级科技奖励，其中牵头完成的“碳酸盐岩油气藏转向酸压技术与工业化应用”获国家技术发明

奖二等奖；参与完成的“克拉苏深层大气区的发现与理论技术创新”获集团公司科技进步特等奖，牵头完成的“海外高效勘探配套理论技术与油气重大发现”、“非常规油气地质理论及应用”、“风城浅层超稠油开发关键技术研究与应用”、“致密气水平井高效开采技术研究与应用”获集团公司科技进步一等奖，“高含水油田扩大波及体积新技术”获集团公司技术发明一等奖。

【企业管理】 2013年，勘探院继续执行和完善各项管理措施，进一步提高工作效率和服务水平，为科研生产、工作生活提供有力的支持和保障，创造了良好的工作条件与环境。

1. 加强职能建设，提升管理水平

发挥参谋助手作用，加强综合组织协调，圆满完成各项日常行政管理和事务性服务工作，保证各项工作部署和重点工作的有序推进和贯彻落实；全面完成科研项目与成果管理，推进公共信息平台建设，强化自主创新管理和重点项目效能评估，确保取得有创新进展的成果；突出绩效导向作用，进一步完善关键绩效指标，开发应用网上考核系统，规范薪酬管理和市场化用工管理，正在酝酿形成激励机制；严格预算管理，压缩五项费用支出，深化科研模块研究，稳妥推进“营改增”工作，提高资金使用效率，规避财务风险；开展管理诊断基层调研活动，持续优化业务流程和补充完善规章制度，修订合同管理、物资采购等管理办法，推进规范化运作；加强对外窗口建设，完成国际石油技术大会等会议组织工作，推进中国石油与壳牌公司的合作项目，建立了中国石油—壳牌页岩油联合研发中心。

2. 加强安全环保工作，实现安全稳定发展

持续推进HSE管理体系建设，严格落实网格化安全监督与管理责任制，构建安全环保系统工程；深入开展隐患排查与治理工作，集中清理整顿住宅区地下室、安全死角和重点部位，强化消防能力建设，规范危险品和化学品管理，加大治安防控力度，杜绝安全环保事故发生；加强信访维稳工作，做好24小时值班值守和节假日在岗值班工作，完善零报告制度和应急处置预案。

3. 坚持以人为本，改善工作和生活环境

积极争取投资支持，合理安排计划，加快工作节奏，强化安全施工，高质量完成工作区部分区域绿化景观改造、信息楼顶层废弃空间再利用装修、主楼部分楼层装修改造等工程，以及工作区和生活区大门改造、院区出入电子信息系统建设等民生工程，积极做好办公用房调整分配和会议室管理工作。工作区和生活区面貌焕然一新，办公条件和生活条件得到显著改善。

对照满意度测评结果，有针对性地整改问题，提升物业服务的规范化水平；认真抓好大修项目施工，更新改造生活区电梯、消防系统等设施，提高小区管理的基础设施质量和水平；实行社区封闭管理，实现停车有序、交通畅通，提升了社区管理水平。

坚持节日慰问与日常关心相结合，开展扶贫帮困和送温暖活动，规范使用帮扶救助基金，建立党员关爱基金，切实解决广大群众的实际困难。做好老年关爱与养生保健工作，开展丰富的文体活动，筹建社区服务中心，把院党委对老同志的关心和对老年工作的支持落到了实处。

圆满完成《石油大院详细性控制规划调整方案》并通过了北京市审查，容积率、建筑高度和办公面积等指标明显改善，取得石油大院整体规划建设的关键性成果。

2013年，石油大院社区被评为“国际化安全社区”和“全国综合减灾示范社区”；各分院的矿区建设与服务水平大幅提升，成为当地“明星社区”。

（徐　斌）

中国石油天然气股份有限公司规划总院

【概述】 中国石油天然气股份有限公司规划总院（英文缩写CPPEI，简称规划总院）成立于1978年，是

中国石油直属的重要决策支持机构，是石油石化工程总体规划及建设项目前期研究中心、油气田开发地面建设技术支持服务中心和石油技术经济发展研究中心。在战略研究、规划可行性研究、咨询评估、技术经济研究、科技开发与设计论证等领域中，具有较强的技术实力。

根据决策支持需要，规划总院现有油气集输、油气储运、炼油、石油化工、技术经济、市场研究、环境工程、信息工程等20多个主体专业和辅助专业，员工近600人。大学本科以上学历人员占90%以上，硕士研究生以上近45%，已形成了一支层次高、结构合理、专业齐全配套的员工队伍。此外，为开展工作需要，与很多研究机构建立了较为稳固的合作关系，在规划总院长期工作的合作方员工300余人。

建院30多年来，规划总院认真贯彻落实中国石油的各项部署，用“世界眼光、战略思维”做好规划研究，有效地发挥了决策支持作用，各方面工作都取得显著成绩，已发展成为中国能源领域具有较高知名度的综合性咨询研究机构。

【生产业务工作】 2013年，全院运行项目1021项，取得了一批有影响的重要成果，为集团公司有质量、有效益、可持续发展提供了有力的决策支持。

1. 海外业务保持良好发展势头

2013年共承担各项海外技术支持任务223项，同比增长11%。工作区域涵盖5大合作区。业务范围在前期方案研究、工程后评价、初步设计及重大科技攻关等基础上，拓展了信息化业务，为中国石油海外业务的建设、投产、运行等各环节提供了技术支持和保障。

2. 战略规划研究水平进一步增强

国家能源战略研究方面，完成国家能源局委托的《国内外炼油产业现状及发展趋势研究》和《我国进口原油加工布局优化及发展战略研究》，完成工业和信息化部委托的《我国石化产业安全研究》，为国家炼油产业结构调整及制定相关政策提供依据。配合中俄谈判，完成了中俄东线供气研究和西线一体化研究。

集团公司战略规划研究方面，完成中国石油发展新型煤化工策略研究、炼油化工规划调整优化方案、国V汽柴油质量升级方案研究、炼化业务发展定位与结构调整和优化方案研究、东北和西部及华北地区炼化业务发展规划，为中国石油炼化业务发展战略制定和运行、优化等提供了支持。扩大交通运输领域天然气销量的策略研究等研究课题，提出了公司发展车、船用天然气业务的战略定位和相关建议。开展制订28个省2013—2017年天然气业务滚动规划，以及天然气与管道分公司2013—2017年三大管网、天然气销售、城市燃气、天然气发电、车用CNG业务等7个专项滚动规划。

技术经济研究方面，经济评价方法参数研究对天然气业务链评价方法进行了重大调整，普遍提高了内部收益率评价标准。承担了油气田产量、投资、成本优化研究和不同类型不同气田经济效益研究，开展了新价格体系下管输费结算模式研究、天然气价值评估方法研究、管输运费研究，为推进勘探开发业务实现规模效益发展和优化天然气产业链整体效益提供了技术支持。

后评价研究方面，在完成管道、销售、装备、节能、信息化、重大科技专项等传统业务后评价的基础上，2013年新增了油气田地面工程、建筑工程后评价。报告内容增加了投资、效益、运营指标等横向对比评价分析，提高了后评价结论的科学性。

成品油市场营销研究方面，成品油库存研究提出的管控指标已经成为集团公司规划计划部门日常管理的考核类依据；润滑油、沥青、燃料油市场研究更加超前，进一步确立了规划总院的权威地位。加油站零售策略研究，初步形成了加油站全流程诊断与优化指标和加油站零售降价促销效果评价指标。进一步完善天然气市场需求预测方法体系，全面开展天然气市场中长期需求预测和短期预测研究，建立了月度预测的数据库和预测模型，提出较为精确的预测结果。2013年下半年，成立“中国石油天然气与管道规划中心”，全力配合天然气与管道板块规划体系建设，天然气与管道业务规划工作得到进一步加强。

造价管理、咨询评估、设计审查继续发挥投资把关作用，为集团公司投资控制和工程的顺利实施作出了贡献。

3. 国内重大项目前期研究继续发挥重大决策支持作用

相继开展了西气东输三线、西气东输四线、西气东输五线、漠河—大连原油管道、中亚D线、中俄气东线等多条大型管道项目的预可研及可研，累计赴现场踏勘7万千米，向集团公司、咨询公司、国家发改委等高层领导汇报120余次。承担了“辽阳石化扭亏增效产业结构调整方案预可研”、“辽阳石化集中加工俄罗斯原油炼油及芳烃系统优化增效改造项目可研”、“乌兹别克斯坦天然气化工项目可研”、“福建乙烯项目预可研”等项目，开展了福建、广西LNG可研，为中国石油炼化和 LNG 业务开展提供了决策支持。

4. 科研业务稳步发展

承担了中国工程院委托的“中国油气管道发展战略研究”重大研究课题，取得高水平的阶段研究成果，得到院士们的高度评价。牵头和参加的“炼化能量系统优化技术升级与推广应用”、“油气田加热炉及热力系统提效技术研究与应用”、劣质重油二期、航空生物燃料、聚烯烃等重大科技专项，全部顺利通过开题论证并正式启动。继续参加低碳、煤层气、西气东输二线二期、海外油气、第三代大输量天然气管道等重大科技专项，按计划高水平完成研究任务，顺利通过中间检查或验收。继续牵头实施油气地面工程技术研究与应用、节能节水关键技术研究与推广等重大科技项目，圆满完成研究任务，得到专家好评。新承担了大型天然气管网优化技术研究及一批专业分公司的技术支持研究，进一步巩固了规划总院科技优势领域。

5. 信息研究继续做专做精做强

积极参与股份公司“十二五”信息化滚动规划及实施方案研究，大力推进天然气销售、管道生产管理 2.0、管道 ERP 扩展实施、炼化物料优化与排产 2.0、销售应用集成、管道应用集成、总部 ERP、生产经营综合展示平台建设等新建和提升项目的实施工作。积极完成客户关系管理系统、炼化物联网系统、加油站管理系统 2.0、物流管理系统 2.0 等统建项目的可行性研究，为下一步系统实施奠定了基础。持续推进人力资源管理、总部 MES、销售 ERP 等已建系统的深化应用。构建销售分公司信息化工作管理平台，中标东南亚管道、中亚管道等海外信息化建设项目，海外拓展和服务生产一线取得明显成效。

6. 基础工作建设成果显著

完成了天然气市场价格承受能力评价体系研究、海外项目投资水平测算及估算方法研究（非洲地区）、炼油加工方案快速比选工具开发研究等多项方法论建设；完成了规划总院知识库的搭建和部门试点，为下一步全面推广奠定基础。首次成功搭建信息技术应用创新实验室，可实现信息技术创新研发、可视化技术研究、模拟加油站、电磁兼容、高低温检测、应用软件检测、信息安全检测等功能，成为了规划总院自主创新能力的展示窗口。

7. 继续为总部、地区公司和地方政府提供满意的技术支持服务

为总部提供技术服务，2013 年共完成总部交办的临时任务 90 余项。为股份公司生产运行提供支持。《中国石油原油合理库存研究》编制完成了 2013 年的合理库存控制指标，对降本增效起到了重要的支持作用。强化信息系统运行维护管理，不断提高系统应对复杂多变问题的反应能力。全年按计划完成制卡 1954 万张。结合原油一体化优化研究，初步打通了炼化与销售环节生产优化模型，搭建了包含四大主营业务的财务测算模型，开展了 2014 年生产方案优化测算。成品油市场需求预测更加精准，在集团公司月度、季度和年度生产运行安排方面继续发挥指导作用。

贯彻集团公司发展意图和理念，为地区公司提供服务。完成了西气东输公司、西部管道公司、东南亚管道公司、辽阳石化公司、宁夏石化公司、抚顺石化公司、东北销售公司、浙江销售公司、浙江油田公司、煤层气公司、燃料油公司等单位的规划研究和重大项目预可研、可研、专题研究项目。扩大塔里木现场服务的深度和广度，对确保油田地面工程建设质量起到了技术把关作用。

为了寻找更多发展机会，坚持为地方政府提供服务。先后开展了沂水经济开发区庐山化工工业园产业发展总体规划、抚顺石化公司新城化工及精细化工园区总体规划、广东揭阳大南海国际石化综合工业园石化产业链规划等项目。

节能标准管理进一步细化。开展集团公司“十二五”节能专项投资项目实施效果评价和油气田、炼化、管道等领域 10 项节能评估文件的编制，完成节能节水统计报表体系完善和升级。协助上级开展 24 个大中型项目节能评估报告审查、18 项可研报告节能篇审查。长庆油田燕鸽湖基地、吉林油田矿区、西安航天推进研究院等热网改造设计项目投产顺利，运行费用明显下降。充分发挥石油工程建设、美国国际腐蚀工程师学会（NACE）等标准化机构和协会、学会的作用，加大标准的研究编制及管理力度，全年运行管理各类标准制修订项目 105 项，完成报批 48 项。

【改革管理】 强化管理提升，坚持科学发展，促进质量效率，管理水平不断提高。

1. 技术质量管理持续增强

合理制订规划总院管理体系运行计划，完成了 ISO 9000 和 ISO 20000 体系的持续改进、宣贯培训、内外审，组织开展了设计评审、“质量月”、质量信息分析等活动，确保两大体系适宜有效，2013 年全院技术成果优秀率实现 99.5%。组织完成了信息化建设与软件开发管理（CMMI）体系建设，顺利通过了评

估和认证，实现了信息化管理体系从前期、建设实施到运行维护的全过程覆盖。积极申报成果奖励和知识产权，获得院外奖励15项、知识产权18项，规划总院首次荣获国家能源局软科学研究优秀成果一等奖。完成了压力管道、工程设计等技术资质换证工作，确保了规划总院设计业务的开展。修订《规划总院因公出国管理办法》，全年派出出国团组42个、123人次。修订《规划总院地形图管理规定》和《项目简介》模板，为全院业务和管理提供了较好的档案图书服务，在集团公司档案评价工作中保持了A级水平。

2. 计划经营财务管理水平明显提高

发挥生产业务管理归口职能，生产运行管理井然有序。积极应对海外业务增加的局面，加强海外项目管理。制定《规划总院招标管理实施细则》，组织9批次27个项目的招标和竞争性谈判，全年累计招标金额4740万元，比招标估算金额节省1939万元。资金计划管理进一步规范，预算管理体现综合全面，集中报销平台上线按时完成。完成了2014版内控手册修订，开展信息化相关项目管理、日常报销及会计核算、法律事务和合同、股权业务管理等工作。

3. 人力资源开发取得实效

人才引进取得显著成效，招聘硕士、博士毕业生39人；首次在集团公司范围内公开招聘储运、炼化等专业技术骨干6人，成立海外规划研究所。全年共选派140余人次参加专业、岗位等方面的培训；组织内部培训160余次，累计培训2000余人次；选派9名青年员工赴油田、炼厂等现场实践锻炼；顺应海外业务发展需求，制定《规划总院外语水平提升方案》，在院内举办能力英语提升和模拟托福考前辅导培训班，全年有70余人通过英语模拟托福考试。增补推荐4人当选集团公司高级技术专家，申请并得到人事部批复设置26个院级专家岗位，推荐的6人全部通过集团公司教授级高级职称评审。

4. 综合管理进一步规范

完成了二里庄办公区办公室调整搬迁。完成了二里庄及沙河办公楼门禁系统安装改造等基建工程。开通了新的班车线路。完善食堂的硬件设施，保证食品安全。开通了二里庄办公区多部电话IP长话业务，规划总院通信方式实现了由移动通信替代传统固话。完成装备资产和办公家具配置与调配。深入推进管理提升活动，整体管控能力进一步增强。继续完善HSE管理体系，组织职工健康体检，完成日常医保报销，保密、文秘、物业、通信、单身公寓、绿化、计划生育、公务用车等管理进一步细化。重大活动组织及接待工作规范有序。狠抓安全工作制度落实，达到了全年安全无事故。

5. 老干部人性化服务水平进一步提高

制定详细的离退休老干部工资福利和活动费用预算，全面及时落实各项生活福利待遇。通过多种形式关注老同志精神生活和政治生活，保障和落实老党员的政治权益。完善活动中心建设，开展丰富多彩的文体活动。利用各种渠道密切关注老同志的身体和生活状况并及时落实帮扶。始终坚持提供亲情化、人性化的服务，保持和谐稳定。

（吴小卫）

中国石油天然气股份有限公司石油化工研究院

【概述】 中国石油天然气股份有限公司石油化工研究院（简称石化院）是根据集团公司党组和股份公司管理层的决定，于2006年6月在原股份公司炼油化工技术研究中心基础上组建的直属炼化科研机构。石化院下设兰州化工研究中心、大庆化工研究中心以及北京院部13个研究室，并对吉林、辽阳2个化工研究中心实行业务领导。

截至2013年底，石化院共有员工1179人，其中，集团公司高级技术专家30人，教授级高级工程师38人，硕士和博士学历428人。设有博士点1个，博士后科研工作站2个，硕士点5个。院内设有国家合成橡胶质量检验中心、中国石油化工专利信息平台、集团公司炼化专业标准委员会秘书处、股份公司化工清洁生产中心等多个国家和集团公司、股份公司技术机构，编辑出版《合成橡胶工业》和《石化技术与应用》2种国家核心期刊。截至2013年底，全院固定资产原值达到12.3亿元。已建成重质油加工、清洁燃料、合成树脂、原油评价4个重点实验室以及催化裂化、加氢、聚乙烯、聚丙烯、合成橡胶5个试验基地。

石化院主要从事炼油、石油化工工艺和催化剂研发，合成树脂和合成橡胶等新产品开发，炼化节能环保技术开发，炼化产品标准化和质量检测，炼化知识产权研究，炼化科技信息研究，炼化科技人才培训等工作。目前，石化院催化裂化催化剂等多项技术研发达到国内先进水平。

【发展规划】 石化院的发展目标是一流石化院、和谐石化院。发展定位是3个中心，即炼化业务决策支持与生产技术服务中心、炼化高新技术研发中心、炼化高层次科技人才培养中心。发展方向是4个紧密结合，即紧密结合集团公司炼化业务发展需要开展科研工作、紧密结合炼化企业生产经营实际开发新产品、紧密结合炼化企业生产经营需要做好技术服务、紧密结合集团公司和部门需求做好决策支持工作。安全环保理念：安全环保是研发首要条件、安全环保是石化院核心利益、安全环保工作具有最高优先权。

【技术研发】

1. 紧密结合集团公司炼化业务发展需要，集中力量，突出炼油系列催化剂和化工重点催化剂研发

（1）应用自主技术，圆满完成汽油质量升级任务。自主研发的催化汽油选择性脱硫/改性（DSO、GARDES）技术在12家企业的汽油加氢装置上应用并实现一次开车成功。装置运行结果表明，产品指标全部达到国Ⅳ汽油标准要求，部分装置优化后可以达到国Ⅴ标准要求，辛烷值损失、能耗等关键指标达到国际先进水平。轻汽油醚化技术在兰州石化公司、呼和浩特石化公司成功应用，提高了汽油辛烷值，同时获得较好的经济效益。

（2）柴油质量升级技术推广工作全面推进。自主研发的超低硫柴油加氢精制技术，在辽阳石化公司120万吨/年装置成功进行了国Ⅴ柴油生产工业试验，运行及标定结果表明，加氢柴油硫含量小于1.0微克/克，满足国Ⅴ柴油标准要求。

（3）渣油加氢技术开发取得重要进展。完成了加氢保护剂、脱残炭剂、脱金属剂、脱硫剂四大系列12个牌号催化剂全部研发、吨级放大及中试评价工作，完成了8个催化剂14个月长周期挂篮运行试验，通过了科技管理部验收。催化剂关键性能指标达到国际先进水平，具备工业试验条件。

（4）聚丙烯催化剂推广应用取得新进展。应用PSP-01催化剂在抚顺石化公司、大连石化公司等企业累计生产高性能均聚、共聚聚丙烯新产品4万余吨，在大连石化公司生产出的高速BOPP专用料T36FD，加工速度可提高到504米/分钟，达到国际先进水平。该项成果被评为2013年中国石油十大科技进展。

（5）聚乙烯催化剂技术推广应用试验获得成功。气相聚乙烯干粉催化剂PGE-201在大庆石化公司8万吨/年LLDPE装置累计运行270天，生产DFDA7042和DFDA9047等聚乙烯5.2万吨。与进口的M催化剂相比，催化剂活性提高62%，产品堆积密度提高20%，粒度分布更加均一。

（6）劣质重油加工技术推广应用取得新进展。完成了克拉玛依石化30万吨/年供氢体循环延迟焦化的工业标定，液收提高3个百分点、焦炭降低3个百分点。劣质重油加工新技术研究开发与工业应用（二期）重大科技专项正式立项启动。

（7）乙烯裂解馏分加氢系列催化剂推广应用取得新突破。完成抚顺石化公司、四川石化公司新建大乙烯装置催化剂的首装应用，在吉林石化公司70万吨/年乙烯装置和中国石化福建联合石化80万吨/年乙烯装置持续应用。在全球首个大型煤化工示范装置——中国神华包头60万吨/年煤制烯烃装置成功应用，新开拓独山子天利、江苏中泰等5个用户。

（8）催化裂化催化剂继续保持优势地位，催化剂研发及推广应用取得新成果。成功开发了LDC-200等6个新牌号的催化剂，并在哈尔滨石化公司、兰州石化公司等6家企业进行了成功应用。目前，石化院自主技术产品占中国石油催化裂化催化剂产品总量的比例达到91.3%，再创历史新高。

（9）天然气一段转化催化剂应用成功。PAN-01催化剂在大庆石化公司45万吨/年装置上成功应用，与同类催化剂Z111相比，转化气残余甲烷含量降低0.22个百分点，水碳比降低0.05，年节省蒸汽2.9万吨、燃气70万立方米，达到国内领先水平。

2. 按计划全力推进重大科技专项攻关

炼油催化剂、大乙烯、大化肥专项已具备验收条件；劣质重油（二期）、航空生物燃料及聚烯烃新产品开发与工业应用重大科技专项已立项并正式启动；国家级企业创新重大科技专项——“基于烯烃聚合的专用高端高分子材料关键技术开发及产业化”正式立项启动实施。另外，紧密结合集团公司和部门需求做

好决策支持工作。

3. 新产品开发取得新突破

紧密结合炼化业务调整，提高经济效益，开展化工新产品开发。加强与炼化企业、化工销售企业合作，加强与四川海大集团等下游终端用户的合作，充分发挥产、研、销、用、管“五位一体”机制优势，积极应对市场变化，全面完成了新产品开发目标，为炼化企业调结构、保增长、提效益提供了有力支撑。

（1）自主开发出IBC桶专用料、汽车油箱专用料等12个牌号合成树脂新产品，其中7个高附加值牌号已实现工业化生产，3个牌号合成橡胶新产品已具备工业转化条件。

（2）联合企业开发了医用料、ES复合丝等8个牌号专用料新产品，并实现工业化生产。

（3）稳定推广BOPP薄膜料等8个合成树脂、NBR3308等3个合成橡胶新产品。2013年累计生产新产品19.8万吨，L5D98、T36FD等新产品已成为企业调整产品结构、应对竞争压力、开拓巩固市场的高附加值产品。

【技术服务】 紧密结合炼化企业生产经营需要做好技术服务。为抚顺石化公司20万吨/年乳聚丁苯橡胶装置开展全流程技术服务，产品优级品率由38%提升至98%，企业减少损失数亿元。为大港石化公司、玉门炼化公司提供柴油加工优化方案，2家企业通过调整产品结构，经营状况明显改善，增效近千万元；完成了吉林石化公司等5家企业原油评价，为企业优化资源配置提供了技术方案。完成了兰州石化公司润滑油装置3种原料联评工作，提供试验数据1540余个，配合企业完成了装置改造方案。完成了兰州石化公司、大庆石化公司乙烯装置原料评价、裂解炉标定及优化，2家企业乙烯装置双烯收率分别提高了0.6个百分点和1.1个百分点。为抚顺石化公司、广西石化公司等7家企业开展合成树脂催化剂筛选评价、产品结构表征、生产工艺优化等技术服务，获企业好评。

【成果专利】 研发方面已形成“催化汽油选择性脱硫/改性（DSO、GARDES）成套技术”、“加氢裂化成套技术”、“高效聚丙烯催化剂（PSP-01）技术”等一系列重大成果，在催化裂化催化剂、汽柴油加氢催化剂、加氢裂化催化剂、高档润滑油基础油加氢异构催化剂、石蜡加氢催化剂、乙烯裂解产物催化剂、丁苯橡胶和丁腈橡胶等技术研发方面达到国内先进水平。截至2013年底，累计申请中国专利1482项、国外专利67项。2013年，获得集团公司技术发明一等奖1项、科技进步奖10项，获其他省部级科技奖励19项；申请专利296件（其中申请国外专利10件），认定技术秘密70项，制修订国家、行业和集团公司标准12项。

【科研基建】 高质量、高水平推进条件平台建设。完成了兰州中心科技综合楼I部的安全拆除。新院区土建施工、自施工采购安装等各项工作稳步推进，土建部分主体及二次结构基本完成。提高效率，缩短流程，充实科研装备，全院新增634台（套）试验仪器设备，有力保障了各项工作的顺利开展。平台建设再上新台阶。化工催化剂试验基地建成，并正式开展科研及试生产工作，整体装备水平达到国内领先。重点实验室、中试基地平稳运行，科研生产条件和员工工作环境持续改善。

【管理工作】 围绕5个方面16项管理提升目标，深入开展管理提升活动，全院基础管理更加规范，管理水平进一步提升。

（1）进一步梳理和完善业务流程，完善制度及标准规范。全年制修订《院部定置摆放与卫生管理规定》、《科研开发工作手册》和《HSE程序文件》等18项规章制度，促进各项管理工作的高效合规运行。

（2）全面加强合同管理，结合各类基础业务培训，细化明确了6大责任主体、20项合同内容审查职责，全员合同管理意识明显改观，全年未发生法律纠纷事件。

（3）夯实基础，强化全员培训，聘请国内外知名专家，组织完成30期院级视频讲座，全院2600余人次参加了培训，取得了良好效果，全面提高了科研管理水平。深入开展分析方法对标和质量监控体系建设，为油品质量升级工作提供有力保障；进一步规范催化裂化、合成树脂、合成橡胶中试及工业试验工作流程；突出抓好科研全过程管理中的门禁管理；LIMS系统在院兰州中心、大庆中心上线运行。

（4）严格执行“四有工作法”，在汽油质量升级、兰州中心科技综合楼I部拆除等重点工作中，形成了许多好的管理方法和程序文件。

（5）持续推进内控管理，制定风险评估标准，完成石化院首次全面风险识别工作。

（6）组织开展定置摆放与卫生管理，明确责任区域，落实责任单位、责任人，院部办公、实验室等场所规格化管理水平提高。

（姚士文）

中国石油集团经济技术研究院

【概述】 中国石油集团经济技术研究院（简称经研院）是集团公司直属科研机构，主要从事石油工业发展、石油经济、石油市场、海外投资环境、政策法规和石油科技等方面的趋势分析和策略研究，提供广泛的能源信息咨询服务。截至2013年底，下设18个二级单位。职工217人，其中，在岗局级领导5人，处级干部42人。专业技术与管理人员209人。集团公司专家2人，院专家16人；硕士、博士研究生122人，占58%。

【重点工作进展】 2013年是经研院不断深化定位和责任认识，全面推进智库建设的重要一年，主要取得了以下8个方面的工作进展。

1. 发展理念得到升华，智库建设开创新局面

全年共承担各类科研项目133项，其中，国家级项目9项，集团公司重大专项9项，集团公司级项目74项，科研工作总量首次超过2亿元。"国内外石油市场研究与应用"以及"中国石油国际化经营的知识产权风险分析及应用研究"、"中国石油的科技进步贡献率计算及应用研究"分获集团公司科技进步二等奖、三等奖。

2. 紧贴三个面向，与集团公司发展大局结合得更加密切

全力面向集团公司战略决策、生产经营和国际业务开展研究工作。作为唯一直属单位参加了集团公司领导工作周例会，针对深化改革、诉讼应对、美国页岩气、南苏丹局势等重大问题提出的对策建议获决策层采纳应用。为集团公司主要领导提供的《一周要情》以及关于企业形象修复、成品油资源外采、成品油产销运行机制优化等问题的报告受到有关部门一致好评。在公司生产经营协调会、生产运行分析会、各类专业会议上提出的许多建议也得到高度认可和采纳。以"中国石油海外发展战略研究中心"为纽带，深化和拓展了海外业务战略管理、经营计划、风险预警以及科技创新、新项目谈判、信息共享、企业文化等方面的研究；快速精准地获取了关于埃尼公司电厂投资的关键信息，为海外板块以低价成功收购莫桑比克项目提供了十分有力的决策支持；建设完成的"CNODC经营计划管理系统"成为提升海外统计分析和计划管理水平的重要工具。"成品油市场信息中心"对国际油价的预测，4个季度和11个月全部准确，国内成品油需求预测准确率超过97%，为集团公司科学组织生产经营、提高质量效益作出了重要贡献；开发投用的"成品油市场情报监测系统"显著提升了销售业务的市场反应速度。"天然气市场信息中心"针对国内天然气价格机制调整和管网体制改革提出的多项建议，得到国务院国资委监事会采纳并上报国务院；提供的俄罗斯管输费等信息在中俄天然气管道谈判中发挥了重要作用。"财税政策研究中心"关于石油特别收益金的研究报告上报有关部委，为争取国家财税政策支持作出了贡献；修订的标准石油合同为集团公司有效防范对外合作中的法律风险给予了有力支撑。

3. 突出科研工作重点，可持续发展基础有效筑牢

着力打造品牌产品，不断提高《国内外油气行业发展报告》的质量水平，行业影响力持续增强，主要成果被石化联合会报至有关部委和各省区；推出了自主、实用的《中石油经研院能源数据统计与展望》，力争将其塑造成《BP世界能源统计》一样的行业品牌；进一步完善《国外石油科技发展报告》，现已成为业内了解科技前沿的重要参考文献。注重提升产品层次，《中国石油文摘》和《石油天然气文摘》获集团公司优秀科技期刊三等奖，《自动垂直钻井》和《国Ⅳ清洁汽油生产技术》分获北京市科技声像作品"银河奖"二等奖、三等奖。集团公司委托经研院申报的"中国石油科技创新体系建设工程"荣获国家科技进步二等奖。承担了国家能源局近半数油气领域软课题研究，受到决策部门高度评价。着力完善工具手段，推进经研院信息化顶层设计，八大模型工具的开发和19个数据库的设计初见成效，OA和科研业务管理系统开始运行，市场营销创新实验室初步建成，并开展了基于大数据的全球能源信息系统的研究工作。集团公司已将经研院作为科研单位信息化建设的试点，纳入了统建项目。着力加强学科建设，在广泛调研学习、征求意见的基础上梳理出五大研究领域和

20个重点学科，为提高资源集中度、强化优势业务设定了基本框架。首次与炼化板块签订了合作协议，并开拓了人力资源、法律合同、管理提升、企业声誉等新的研究方向，进一步巩固了可持续发展基础。

4. 大力推动国内外交流合作，对外影响显著提升

联合IHS成功举办了首届国际油气发展研讨会，受到业界广泛关注，形成的多项共识获集团公司主要领导批示表扬，有效提升了经研院的话语权和影响力。组织召开了十大石油科技进展评选会、亚洲LNG市场论坛、东北亚天然气与管道论坛，中日、中韩成果交流会，测井、物探、钻井技术发展以及气价调整、国企改革、南苏丹局势研讨会等高层次会议。首次深度参与IPTC的筹备和总结工作，经研院2名研究人员在大会上作了专题报告。与埃克森美孚、壳牌、BP、TOTAL、IEA、PFC、费氏、埃森哲等公司以及多国政府部门和驻华使馆开展深入交流，积极参加CERAWeek、NOC论坛、非常规油气论坛等重要国际会议，启动了到海外五大合作区的调研。与中国石油大学、中国石油集团东方地球物理勘探有限责任公司、中国石油勘探开发研究院建立战略合作伙伴关系，深入西南、长庆、吉林等石油企业和海信、华为、奇瑞等大型民企调研学习，与中国石化经研院、中国海油能源经济院、国网能源院等同行开展经常性交流。全年接待来访团组51个、700多人次。经研院的外部发展空间得到有效拓展，行业影响力明显增强，集团公司经济技术信息的对外交流与合作中心的地位进一步彰显。

5. 强化基础管理，管控模式日益科学高效

完善制度和流程体系，制定或修订了“三重一大”、科研项目、科技奖励、绩效考核、人员交流、资金、采购、外事等方面的规章制度，优化了呈批件、临时咨询任务、合同、会议、办公用房等事项的审批流程。全面加强资金风险控制，严格执行“三控制一规范”要求，实现了靠制度、流程管人管事。狠抓执行力建设，全年共限时督办109项重要事项，明显提高了管理效率。明确决策层与执行层的权责界限，理顺了管理部门职责，坚持科学行政。更加尊重专业智慧，学科建设、成果评奖、信息化建设、油价预测等重点科研工作均召开科委会讨论研究。大力完善质量管理体系，顺利通过了集团公司评审。重视并加强了安全和保密工作，全年未发生一起事故。经研院入选集团公司筹备的管理提升活动经验交流会10家典型单位，管理成效得到集团公司认可。

6. 高度重视人才发展，全员素质不断提高

大力推动人才成名成家，1名专家获集团公司高级技术专家称号，4名专家获正高级职称。推进业务能力集成与人才梯队建设，依据重点学科梳理完善了近40个学科团队。优化拓展职务体系和职位晋升通道，拟订了双序列职等体系建设方案。改进院所两级培训模式，培训数量与质量均有明显提高。组织全员模拟托福考试，举办英语口语培训班和青年英语演讲比赛，增强了大家的国际交流能力。实施人员海外轮换，2名海外项目专家已来经研院参与重大问题研究，经研院多名研究骨干也赴海外锻炼。重视青年员工成长，完善新员工基层锻炼方式，继续用好青年成长基金，启动了校企联合培养研究生工作。充分借助外力外脑，充实由院士和行业权威组成的外部专家库，目前总数已达300余人。

7. 服务中心工作，经营公司优势进一步显现

各经营公司狠抓市场、质量和管理，均超额完成了年度考核指标，经营收入创历史新高，并且更加注重融入和服务经研院发展，综合一体化优势得到巩固。中油联公司在保证总部业务和海外业务均实现20%以上增长的同时，全力配合经研院信息化建设工作，取得重要进展。太科公司积极开拓业务增长点，提升服务水平，圆满完成了首届国际油气发展研讨会和中日成果交流会的会务工作。评估中心多项成果成为总部机关部门推广应用的科研方法，为经研院争得了荣誉。物业公司妥善清理拥有产权的住宅楼地下空间，全面化解法律纠纷，为保持经研院和谐稳定局面作出了积极贡献。

8. 转作风重实效，队伍凝聚力、战斗力持续增强

扎实深入开展党的群众路线教育实践活动，以问题整改开局亮相，以问题整改注入动力，以问题整改交出答卷，不断拧紧螺丝、上紧发条，会议、文件数量同比分别精简14%和11%，因公出国人数和“三公”经费分别减少30%和40.6%，有效遏制了“四风”现象，密切了干群关系。深入学习党的十八大和十八届三中全会精神，开展了中层干部培训班和“双十”读书活动。提拔、调整、交流了5名中层干部，各级领导班子更加讲党性、顾大局、促团结、守纪律。优化组织结构，在海外所试点设立研究室，并公开选聘了5名研究室负责人。加强警示教育，认真吸取违纪问题教训，进一步完善了廉洁风险防控长效机制。积极处理职代会提案，为办公楼加装一层窗户，有效增加了冬季室内温度。经研院领导多次带头走访慰问，切

实加大扶贫帮困送温暖力度，全面落实和改善离退休老同志的各项待遇。举办了老同志、女员工、博士和青年座谈会，组织召开了春节联欢会，开展植树造林、篮球比赛、健步走、健身班等形式多样的文体活动。多家下属单位和个人获集团公司荣誉称号，并重走了“红军路”，召开了先进模范事迹报告会，经研院团结拼搏、争创佳绩的文化氛围更加浓厚。

（刘　佳）

中国石油集团钻井工程技术研究院

【概述】 中国石油集团钻井工程技术研究院（简称钻井院）于2006年3月组建，2006年9月揭牌，是集团公司直属的科研机构，也是人力资源和社会保障部批准的博士后科研工作站，国家发改委授予的油气钻井技术国家工程实验室。2010年4月股份公司设立中国石油天然气股份有限公司钻井工程技术研究院，与钻井院合署办公。

钻井院下设6个职能部门、9个研究机构、1个机械制造厂、1个公司。截至2013年底，有员工1182人，直接从事科研工作人员547人，其中包括中国工程院院士1人，10名集团公司高级技术专家，31名教授级高级工程师。本科以上学历占60%，中级职称以上人员占43.3%。

【发展定位及特色技术】 钻井院发展定位是集团公司钻井技术参谋部，钻井高新技术研发中心，国内和海外钻井生产技术支持与服务中心，钻井高新技术产业化基地。

钻井院主要从事钻井共性、特色、关键、储备技术和钻井新装备、新工具、新仪器和软件的研发；开展钻井技术的集成、配套；为集团公司提供钻井工程技术决策和国内及海外钻井业务技术支持与服务；负责对地区公司钻井研究院所的业务指导和协助特色技术的研究。已经掌握和正在研发的有精细控压钻井技术、煤层气远距离穿针技术、连续管技术与装备、新型钻机研制、大温差水泥浆体系、钻井液新技术与新产品、近钻头地质导向钻井系统、电磁波随钻测量系统（EM-MWD）、膨胀管定位分支井技术、储气（油）库建设工程技术、PE筛管完井技术、钻井工程设计和工艺软件、膨胀式尾管悬挂技术、固井自膨胀封隔器、钻井装备与工具15项特色技术。钻井院在钻井技术研究和服务方面具有雄厚的实力和丰富的经验，先后承担国家科技攻关项目29项，省部级科技攻关项目260余项，获国家科技攻关成果奖7项，省、部级科技攻关成果42项，取得国家发明专利170余项，实用新型专利240项。

【科技攻关】 2013年，钻井院承担纵向科研课题110项，其中国家级课题19项。获得省部级以上科技奖励11项，其中特等奖1项；获得国家专利授权95件，其中发明专利14件；完成标准的制修订16项；申报集团公司自主创新产品6项，发布新产品1项；出版技术专著2部，发表各类科技论文143篇，其中在国际上发表17篇。全年在原有技术积累的基础上，6项关键技术取得重大突破。

（1）精细控压钻井装置研究与推广应用。研究形成了碳酸盐岩气侵预防溢、漏控制技术，适合碳酸盐岩精细控压钻井总体实施方案和针对塔中地区6种异常工况个性化工艺设计3项主要研究成果。在塔里木、华北、冀东及印度尼西亚地区成功开展现场工业化应用与服务7口井，有效解决了溢漏共存钻井难题，储层发现和保护效果明显。

（2）四单根立柱钻机研制与试验。针对塔里木山前地区钻井施工事故多发、周期长等难题，创新研制4单根立柱钻机，配备66米的超高井架，首次实现4单根立柱钻井施工。目前应用在塔里木库车山前大北305井，施工进度快于邻井。初步试验表明，7500米左右深井可节省起下钻时间约25天，经济效益显著。

（3）连续管钻井技术与装备的研制。解决了连续管钻机与修井机协同完成开窗侧钻的施工工艺、电缆注入装置的电缆动密封及螺旋排列送入机构等5项关键技术。完成2口井的现场试验，为连续管钻井技术的发展打下良好基础。

（4）油基钻井液研究与试验。成功研制并工业化生产全套油基钻井液处理剂，包括有机土、主辅乳化剂、润湿剂、提切剂、降滤失剂和纳米封堵剂等。形成密度范围0.9—2.5克/厘米^{3}的柴油基和白油基钻井液体系配方，在复杂深井和页岩气井中推广应用

14 口井，井壁稳定，钻井复杂与事故时率减少 80% 以上，平均钻井月速度提高 30% 以上。气制油合成基钻井液首次在海外项目进行技术服务，配合控压钻井技术成功实现勘探重大发现。

（5）高温大温差固井与储气库固井技术推广应用。解决低密度水泥浆温差超过 80℃下超缓凝、储气库固井质量难以保证、盐穴储气库固井质量差和复杂井眼条件下固井冲洗、顶替效率低等难题，形成高温大温差水泥浆体系，适合枯竭气藏储气库、页岩气、致密气固井的韧性膨胀水泥浆及配套固井技术，盐穴储气库固井工艺技术，与大温差水泥浆及韧性膨胀水泥浆配套的高效冲洗隔离液体系 4 套技术，累计应用 60 余井次。

（6）高速大容量井下信息传输技术研究。解决了包括滑环式旋转接头设计、同轴电缆传输的磁耦合技术、磁耦合旋转短节设计等 23 项关键技术。完成双绞线通信技术的室内功能实验和同轴电缆传输的现场试验，形成高速大容量井下信息传输技术与部分样机，开创我国在井下高速信息传输通道上的先河。

【参谋支持】 围绕集团公司重点工程和重大试验项目，发挥决策参谋和技术支持作用，凸显多项技术支持亮点。

（1）服务总部机关，发挥重要参谋支持作用。完成集团公司工程技术重大专项“重大工程关键技术装备研究与应用”顶层设计和立项论证工作并组织实施；配合科技管理部和专业板块完成股份公司深层重大专项的顶层设计，国家 863 项目“海洋油气勘探开发关键技术与发展建议”，工程技术板块统筹项目课题顶层设计，集团公司科技攻关项目“钻井新技术新方法”、“钻井新装备新工具”的顶层设计；开展无钻机自掩埋钻探器等跨越式项目的顶层设计。围绕集团公司水平井和欠平衡钻井等重点工程，参与总部钻井方案设计、论证与审查；开展 132 口重点井跟踪及钻井报表编制。开展石油设备监理 129 项、钻修井设备及配件的评估检测 273 台（套）、队伍资质审核等工作，其中钻机监理业务继续居国内同行之首。

（2）紧跟国内外重点地区，做好现场技术支持。根据四川安岳和华北致密油、吐哈及三塘湖致密油、新疆吉木萨尔致密油存在的井壁稳定性差、地层非均质性强，可钻性差、钻井速度慢等技术难点，通过深入现场调研、分析、方案设计和审查，室内研究与实验，关键工序派人驻井指导等具体工作，实现钻井提速提效目标，为加快这些油田的勘探开发进程提供有力的技术支撑。围绕现场工程技术需求，为新疆呼图壁和金坛储气库建设提供监理服务支持，为中东、中亚、非洲、亚太及美洲五大油气作业区 8 个国家 12 个海外项目提供现场技术支持。提供海外水平井钻完井、乍得潜山欠平衡钻完井、印度尼西亚控压钻井、阿克纠宾双分支井钻完井、加拿大油砂和委内瑞拉 MPE3 稠油钻完井及 MMG 项目膨胀管补贴等技术支持服务；面向中国石油勘探开发公司总部，做好钻井设计和钻井方案的编制与审查、钻井动态分析、钻井图册编制等工作，为海外安全高效、稀井高产钻井生产目标的实现提供有力支撑。

【产业发展】 依托科技优势，产业发展空间进一步拓展。

（1）传统产业持续保持稳步发展。通过加强顶部驱动钻井装置（以下简称顶驱）等传统产品的研发改进，研制出新型 70 顶驱、直驱式顶驱和船用小型勘探顶驱 3 种新型号；优化改进产品性能和质量。北石顶驱成功进入海洋移动式钻井平台市场，为中国海油天外天海上作业平台提供顶驱租赁业务；在壳牌公司第三套全球自动化钻机（SCADA 系统）中获得成功应用，得到壳牌公司的高度认可。近 40 台顶驱钻机配置了转速扭矩智能控制（软扭矩）技术的顶驱，在中国石化沙特项目和中国石油四川壳牌反承包项目中应用。基于顶驱的扭摆滑动钻进工艺技术控制系统顺利完成 2 口井的施工，取得较好效果；顶驱导向钻井滑动控制技术成功应用于四川壳牌反承包项目中，现场提速效果明显。顶驱下套管装置在四川绵阳应用，得到壳牌公司和川庆钻探公司的一致好评。防喷器控制装置应急关井系统在四川进行现场试验；小型化应急司钻台（气控）受到集团公司井控巡查组的高度评价和建议推广，目前已售出近百套；氮气备用系统已在一些国外钻探队伍中配备；无线遥控系统样机在西部钻探公司应用。

（2）新型产业项目迸发强劲动力。连续管作业机推广应用专项，全年投产作业机 24 台，新增订单 21 台，并首次进入中国海油、页岩气和塔里木市场。精细控压钻井技术服务与销售，全年新增制造装备 3 套，技术服务 7 口井，在国际市场上首次亮相。CGDS 近钻头地质导向钻井系统，与大庆钻探公司签订服务合同 30 口井；在浙江油田作业服务 2 口井，吉林油田完成 9 口井。顶驱下套管装置，生产各种规格装置 9 套，在国内外进行现场技术服务 7 口井，包括在四川壳牌公司页岩气项目以及加拿大阿尔伯塔省的成功应用，打破了国外垄断，抑制了国外产品服务价格。遇水自膨胀封隔器销售，在澳大利亚成功推广应用60套之后，又新签订500套销售合同。膨胀管技术推广应用，向西部钻探公司钻井院推广销售膨胀式尾管悬挂器22套；在哈萨克斯坦完成7口井的套损井补贴服务。

（3）积极拓展国外服务和销售市场。先后组织与MMG公司、SWMS（壳牌）公司、阿布扎比国家钻井公司、中油技术开发公司、中国石油勘探开发公司、长城钻探公司以及中国石化国际工程公司中东分公司等单位进行技术交流，为开拓海外市场打下良好的基础。启动钻井院迪拜分支机构建设，获得集团公司和国家商务部的同意批复，为钻井院开拓国际市场带来新的契机和活力。

【创新体系】 钻井院坚持把科技创新体系建设作为支撑发展的重点，在实验室、人才队伍和学术环境建设等方面取得重要进展。

（1）加强实验室管理，实验平台建设顺利通过验收。集团公司钻井工程重点实验室与钻井工程技术试验基地建设项目16个单位参加建设的15个分实验室、试验基地全面完成规定的建设任务和考核指标，技术创新能力、研发能力、成果应用能力显著增强和提高。

（2）加强队伍建设，探索多渠道人才发展保障机制。加强专家队伍建设，培养领军人才，新增补选聘9名集团公司高级技术专家，6名教授级高级工程师。引进各类专业技术和管理人才45人，充实科研队伍。加强人才培训，发挥塔里木项目部的作用，开展现场学习培训和技术支持。加强学科建设，发挥人才培养职能，通过博士后工作站接收高学历人才3人。加强校企合作，与中国石油大学（北京）签订共建北京工程师学院协议；安排30名联合培养的硕士、博士研究生进院研究和学习。

（3）加强内外部合作交流，活跃科研创新氛围。先后与川庆钻探公司、塔里木油田公司、吉林油田公司、中国石油技术开发公司和中国石油大学（北京）进行研讨交流，建立新的战略合作伙伴关系。组织参加国际性学术会议和交流活动；接待印度尼西亚BP-MIGAS代表团、阿布扎比国家石油公司代表团、MMG & PK代表团和挪威獾式钻探器公司代表团等来院考察交流。邀请行业知名专家和学者给员工做专题讲座；组织承办2013年国际油田化学新进展学术研讨会、石油学会钻井年会，组团参加第六届国际石油技术大会（IPTC）、API年会、第十三届中国国际石油石化技术装备展览会（CIPPE）和第二届中国（克拉玛依）国际石油天然气及石化技术装备展会。

【管理提升】 以管理提升为推动，加强制度建设，优化管理流程。加强科研项目管理、知识产权保护，拓展科研成果报奖渠道；加强实验（试验）方案与记录、分析管理，制定统一要求与规范模板；推进全面预算管理，集中报销信息平台全面上线运行，提高资金运营计划的准确性和工作效率；加强国家科研项目经费管理，防控财务风险；利用国家税收政策进行纳税筹划，实现管理增效。落实"三控制一规范"制度，完善全员绩效考核办法，加快"双序列"实施工作，规范劳动合同管理。

【安全稳定】 HSE安全环保体系和ISO 9000质量管理体系得到持续改进并正常运行。以HSE体系管理为重点，逐级签订安全生产责任书，加强安全应急预案建设和演练，坚持安全经验分享，对海外人员实行安全周报制度。开展不稳定因素排查，化解矛盾消除不稳定因素，保持稳定大局。全年继续实现了零火灾、零重大伤亡、零群体上访、零环境污染的工作目标。

（王洪艳）

中国石油集团安全环保技术研究院

【概述】 中国石油集团安全环保技术研究院（简称安全环保技术研究院）是集团公司直属科研机构，是中国石油安全环保战略决策的参谋部，是集团公司、股份公司安全环保技术研究中心、HSE信息中心、安全环保技术服务中心。主要承担安全环保政策法规、战略规划和标准规范研究，HSE管理体系研究，专项治理工程技术论证和重大项目安全环保技术评估，重大新建和并购项目HSE体系技术支持，应急技术研究，为应急管理和事故调查分析提供技术支持，基础、超前、共性和重大安全环保技术攻关、应用技术研究和新技术推广，HSE 信息管理、对外交流与服务，HSE 评价、审核、认证、咨询等技术服务。安全环保技术研究院共设 6 个机关职能部门、11 个研究所（中心）和 1 个分院。

2013 年是安全环保技术研究院发展进程中承上启下的一年。安全环保技术研究院充分发挥资质品牌优势、技术人才优势、市场开拓优势、研发集成优势，突出重点，做强主业，不断提升技术研究、技术支持、技术服务水平。全年共承担技术研究、技术支持和技术服务项目 782 项，实现总收入 3.55 亿元，同比增长 4%，上缴税费 1100 万元，全面完成各项生产经营指标，总体情况好于 2012 年。

【科研工作】

1. 科研成果显著增长

2013 年，超额完成与集团公司签订的各项科研绩效合同指标，全年累计获得国家部委、行业协会和集团公司科技成果奖励 20 余项，其中由安全环保技术研究院独立承担的“含油污泥资源化新技术及应用”荣获 2013 年度集团公司技术发明奖三等奖；由安全环保技术研究院牵头承担的“石油石化典型场站浅层地下水环境风险防控技术研究与示范”、“集团公司国际业务社会安全管理体系研究与应用”荣获 2013 年度集团公司科学技术进步奖二等奖，实现建院 6 年以来新的突破。2013 年累计申报专利 50 项（其中发明专利 24 项），有 20 项专利获得受理并公告，新型漏磁检测传感器聚磁装置等 17 项技术获得专利授权；油气钻采地面高压设备动态风险评估软件等 12 项软件获得著作权登记；高效石油污染降解酶制剂制备方法等 7 项科技成果通过集团公司技术秘密认定；发表学术论文 115 篇。

2. 科研项目按计划实施

（1）“安全环保关键技术研究与推广”重大科技项目全面完成各项研究任务，该项目主要包括“集团公司安全生产技术标准体系研究”、“原油储罐雷电静电着火防护及罐区安全综合技术研究”、“大型储油库突发事故应急技术研究”、“水域溢油应急处置关键技术研究”、“场地污染风险控制与修复技术研究”、“炼油化工企业污染减排潜力与路径研究”、“HAZOP（危险与可操作性）专家系统开发及在役装置 SIL 评估与应用研究”等 30 多个课（专）题，均已全面完成各项研究任务，取得多项创新成果。

（2）集团公司重大科技专项“中国石油低碳关键技术研究”按计划完成第一阶段的各项研究任务，进入总结验收阶段，11 项研究课题在节能与提效、减排与资源化、低碳发展战略与标准三大领域和勘探开发节能提效、炼油化工节能提效、管道及工程技术节能提效、减排与资源化利用、碳发展战略及标准规范研究 5 个方面已形成 10 个单项成果、36 项关键技术。

（3）针对制约石油石化企业污染防治及减排技术难题，安全环保技术研究院努力推进点源污染治理技术研究与现场试验工作。组织开展抚顺石化公司丙烯腈污水达标处理技术攻关及现场试验、大庆石化公司腈纶污水升级处理项目，经技术标定出水 COD、氨氮等各项技术指标均达到地方污水综合排放标准，运行成本符合经济指标。

3. 强化科研项目立项论证

围绕集团公司重大安全环保技术需求和集团公司世界水平的综合性能源公司建设目标，组织开展集团公司“安全环保—技术树”和技术发展蓝图研究与设计，为“十三五”科技项目顶层设计立项奠定了良好的基础。获得国家科技支撑课题“石化行业控制温室气体排放综合评价体系及共性评价方法研究”立项支持。集团公司“安全环保关键技术研究与推广”重大科技项目“十二五”后两年顶层设计和安全环保技术研究院牵头负责的 10 项重点课题通过集团公司审查并同意立项。在炼化板块的科研立项工作取得突破，“炼化企业 PM2.5 污染物分析与减排对策研究”、“炼化企业减排方案评估与减排现场核查”、“炼化企业危化品使用情况调查与规范化管理研究”等第一批 5 个技术支持项目已同意立项，其中 3 个课题已经通过开题论证。集团公司低碳重大科技专项二期滚动立项顶层设计工作进展顺利。受集团公司领导和大庆油田委托，安全环保技术研究院正着手开展“大庆油田油气开采环境保护顶层设计——大庆油田 4000 万吨持续稳产环境风险防控”项目前期调研。经过多轮评审，申报安保基金项目立项的 6 个重点课题得到集团公司安全环保与节能部的积极支持，按照集团公司要求正在进行优化设计，争取立项。连续 4 年获得集团公司人才引进项目立项。

【技术支持】

1. 完成多项政策法规标准制定工作

2013 年，安全环保技术研究院先后承担或参与《集团公司主要污染物总量减排考核办法》、《集团公司承包商安全监督管理办法》、《石油石化企业水环境风险等级评估方法》、《陆上石油天然气集输环境保护推荐作法》、《石油天然气开采钻井废物处置污染控制技术要求》、《清洁生产审核指南——石油天然气开采业（稠油开采）》、《管道建设项目环境保护管理程序》、《管道建设项目前置环境影响评价管理指南》、《销售企业安全生产合规性研究》、《油气田总体开发规划环境影响评价技术导则》等30余项政策法规标准的研究制定工作。

2. HSE信息化建设项目按计划推进

开展HSE信息系统（2.0）顶层设计和功能提升，完成集团公司环境风险数据库建设，污染源在线监控子系统、炼化隐患治理子系统已经上线应用，最终将全面建成集团公司HSE管理集中、统一的工作平台、共享平台和预警平台。开展应急管理系统建设，完成7家试点企业现场实施工作，形成7个专业板块推广模板，已在115家企业推广实施，基本建成集团公司应急指挥中心、监测预警中心、信息发布中心和应急协调的综合办公平台。

3. 完成集团公司环境监测体系建设并发挥作用

2013年，安全环保技术研究院完成集团公司环境监测总站、环境应急监测中心和污染源在线监控中心建设并发挥作用，初步实现监测、统计分析、考核监督一体化。对已经联网的71个废水排放口和72个废气排放口的在线监测设备日常运行情况进行跟踪、分析，以日报、周报、季报、半年报、年报的形式及时报送集团公司安全环保与节能部；先后组织四批30余人次开展集团公司污染源自动监控设施现场核查工作，核查范围覆盖与集团公司实现在线数据联网的35家企业共计71个废水排放口、101个废气监测点，编制《集团公司污染源在线监测系统现场核查报告》，对问题整改情况持续跟踪。

4. 集团公司事故调查中心应急支持作用得到发挥

2013年，安全环保技术研究院共参加20起生产安全事故现场调查工作（包括未亡人的升级管理事故），研究起草《集团公司生产安全事故调查规则》，明确事故调查组组成、派出和调查程序。以“水域溢油应急处置关键技术研究”等课题为基础，系统开展水域溢油应急战术方案和处置技术研究，为重大环境污染应急处置做好技术支撑。先后承担“炼化装置及罐区爆炸着火事故应急处置技术集成及应急方案研究”、“集团公司HSE风险防控模式研究”任务；参与制定和修订集团公司《生产安全风险防控管理办法》等4项制度；编制《集团公司“十一五”期间生产安全事故案例汇编》、《集团公司2012年生产安全事故案例汇编》并组织制作事故案例专题片，进行事故警示教育，推进资源共享。

5. 防雷防静电专项检查业务广泛开展

受集团公司委托，分别对10个销售企业、9个炼化企业、10个油气田企业、2个管道企业开展电气防雷防静电检查检测，提出整改意见3242项。对各油气田595座油罐开展防雷防静电检查检测，共发现22大类问题，专门针对外浮顶油罐安全隐患问题研究制定防雷防静电技术标准2项。对中缅管道全线站场、阀室进行静电检查检测。

6. 海外HSE技术支持和服务不断深入

（1）开展对外合作项目风险分析和监管对策研究；（2）开展海外项目社会安全脆弱性评价研究；（3）组织对东方物探公司、长城钻探公司、乍得公司3家试点单位和中国石油天然气管道局、川庆钻探公司、渤海钻探公司等21家非试点单位开展主体系宣贯和三级文件开发；（4）完成阿布扎比油田投标区块HSE技术文件编制；（5）联合中国石油勘探开发公司成立中国石油海外业务HSE技术支持中心，力争2014年上半年在院挂牌。

【技术服务】

1. HSE评价业务保持稳定增长

2013年共运行评价项目111项，其中建设项目环境影响评价32项，建设项目安全评价24项，建设项目职业病危害评价40项，建设项目节能评估10项，已完成65项。西气东输三线（中段）控制性工程等9项环境评价项目已获得批复；陕京四线输气管道等6项安全评价项目已获得备案批复；漠河—大庆原油管道工程等17项建设项目职业病危害评价项目已获得批复。同时，积极拓展节能评估业务，先后承担唐山LNG、西气东输五线等10余项节能评估项目。

2. HSE认证审核保持领先优势

2013年实现新增企业66家，签订193家企业认证合同。完成东南亚管道公司、抚顺石化公司等448家次认证审核任务，单月审核数超过80家，创历史新高；完成国际事业公司等7家直属单位HSE管理体系总部审核；完成西部钻探公司等22家企业应急预案现场审核；承办3期HSE管理体系管理者代表、6期HSE管理体系审核员、2期高级应急管理人员、4期应急预案审核员培训班，累计培训人员3100多人。

3. HAZOP分析业务保持技术领先

2013年累计承担四川石化公司等10家企业38

套生产装置的 HAZOP 分析业务，在确保做好现有 HAZOP 技术服务的同时，安全环保技术研究院已经着手开展保护层分析（LOPA）及安全完整性等级分析（SIL）技术研究工作，编制技术导则，推进 HAZOP 分析业务向深度延伸。

4. HSE 咨询业务实现新突破

集团公司与杜邦公司已进入第二期国际业务合作阶段，按照集团公司统一安排，安全环保技术研究院将在以后的 3 年时间与杜邦公司合作开展对 6 家炼化企业的 HSE 咨询业务，其中独立承担大庆石化公司、云南石化公司两家企业的 HSE 管理体系咨询任务，与杜邦公司合作承担另外 4 家企业的 HSE 管理体系咨询任务。

5. 安全生产标准化达标审核业务占领先机

2013 年上半年获得国家安全生产监督管理总局颁发的陆上石油安全生产标准化一级企业评审和海上石油安全生产标准化评审资质。安全环保技术研究院作为集团公司安全生产标准化评审工作的牵头单位，2013 年已先后承担长庆油田公司等企业所属 34 家单位的一级安全生产标准化达标审核工作。

6. HSE 新技术推广业务

先后承揽了冀东油田公司油泥处理工程和华北油田公司油泥处理工程。

【管理提升工作】 2013 年，管理提升进入攻坚阶段，安全环保技术研究院在认真贯彻落实集团公司各项工作部署的同时，加强组织实施，专项提升、自我诊断、全面整改取得良好的成效，各项业务管理水平有效提升，亮点频出。

HSE 重点实验室建设实现“标准化”运行。全面推进制度与体系文件的整合，对 128 项规章制度和 37 项 Q/HSE 体系程序文件进行系统梳理，有效解决制度与体系文件“两张皮”现象。全面完成集中报销启动上线工作。不断加大技术营销力度，推进 HSE 新技术推广工作。上半年对院属各单位全面开展管理诊断下基层活动，下半年对机关各处室开展突出重点，推进专项管理提升活动。通过持续提升管理，安全环保技术研究院整体管理水平取得显著提高，实现基层组织工作全面加强、员工职业素质和职业技能全面提升，科学决策水平和执行效率显著提高。

（徐 建 张译之）

中国石油集团石油管工程技术研究院

【概述】 中国石油集团石油管工程技术研究院（简称管研院，英文缩写 TGRI）是中国石油直属科研机构，也是国内石油行业在石油管工程技术领域唯一集科学研究、质量技术监督、工程技术服务为一体的综合性技术中心。

管研院承担着国家及中国石油重大科技专项、应用基础研究和技术开发等科研项目，研究方向包括石油管及石油装备用材料、输送管与管线力学、油井管与管柱力学、石油管安全与完整性、石油管腐蚀与防护等；承担着石油管标准化、螺纹计量及量值传递、制造许可评审和型式试验、质量监督检验等石油管质量技术监督工作；开展石油管及装备的设计验证、驻厂监造、失效分析及在役管道与容器的检测与安全评价等石油管工程技术服务工作。

管研院是国家石油管材质量监督检验中心挂靠单位，拥有国际、国家、石油行业授予的质量、计量、安全、标准等方面的权威资质和授权 22 项，包括国家石油管检测、校准认可实验室，国家特种设备（压力管道元件）行政许可鉴定评审机构，国家特种设备（钢管、管件、防腐蚀压力管道元件、压力管道专用材料）型式试验机构，国家石油天然气管道检测检验授权机构，石油工业专用螺纹量规计量站，国际标准化组织 ISO/TC67/SC2 并行秘书处单位等资质。管研院人员精干，设备精良。有中国工程院院士 1 人，国家及部省级专家 19 人，副高级及以上职称 78 人，博士和博士后研究生 41 人，硕士研究生以上学历人员占全院职工总数的 74%，拥有国内外先进的试验仪器设备 500 多台（套）。

【科技成果】 管研院全年申报专利 90 项（其中发明专利 69 项），获得专利授权 78 项（其中发明专利 17 项）；在核心刊物和国内外重要学术会议上发表论文 196 篇，制修订国家、行业和企业标准 43 项，获得省部级以上科技奖励15项。

1. 输送管与管线领域

通过集团公司重大科技专项“第三代超大输量天然气管道工程关键技术”攻关，制定了X90/X100、1422毫米X80钢管、弯管、管件的技术指标和技术条件，完成了板材、焊管的试制评价，为X90/X100、1422毫米X80试验段工程建设奠定了基础；提出对0.8设计系数管材关键性能指标要求，并指导产品试制，为西气东输三线建设300千米0.8设计系数试验段提供技术支持；优化大口径、高强度三通的设计方法，降低制造技术难度和成本。建立盐穴型地下储气库套管柱和注采管柱完整性评价方法，为西气东输金坛储气库完整性管理提供技术支撑。

2. 油井管与管柱领域

进一步完善基于应变的热采井套管柱设计方法及选材技术，完成对90SH稠油热采套管柱设计及选材指标体系，已进入工业产品试制阶段；完成铝合金钻杆开发、工艺优化及产品试制，形成2项铝合金钻杆设计及选用技术标准，在塔里木油田成功进行下井试验；提出“三超”（超深、超高温、超高压）气井油管选材及适用性评价方法，为塔里木油田油管的安全使用提供技术支持。

3. 腐蚀与防护领域

全面调查塔里木油田地面工程的腐蚀状况及原因，提出了系统的腐蚀治理方案，地面集输系统腐蚀防治初步成效。自主开发全尺寸腐蚀拉伸和冲刷腐蚀环路油套管实物试验系统，形成相应的试验测试方法，为“三超”油气井管柱的选材和适用性评价奠定了基础。

4. 非金属与复合材料领域

重点围绕集团公司课题“酸性气田地面集输用非金属管研究”和国家863课题“海洋深水非金属材料复合管研制”开展科研攻关工作，提出具有多层结构的抗硫非金属复合管的气体渗透模型，完成抗硫非金属管的产品设计和试制。

5. 炼化管领域

建立常减压装置换热器管束的腐蚀速率预测模型及选材指南，建立换热器管束的剩余强度评价方法，开发完整性评价软件，形成换热器管束的涡流检测技术。

【质量技术监督】 围绕建设国际一流实验室的目标，统一规划国家质检中心和实验室组织机构，结合新基地实验室使用，全面调整实验室布局，进一步健全实验室调度和运行管理体系，顺利通过“六合一”认证。开发大变形、旋转弯曲疲劳试验机等大型非标设备试验潜能，拓展试验能力，支持重点科研项目开展。

国家质检中心完成36家生产企业、8个类别、56个批次的产品监督抽查任务。完成型式试验58家，鉴定评审32家。组织检测能力、试验标准、特种设备制造许可、质量体系等培训28人次，申报能力验证21项，完成比对试验36个批次。

【重点实验室建设】 石油管工程重点实验室以优异成绩通过集团公司运行评估，实验室学术团队整体素质好，通过国际合作提升实验室水平。组织召开重点实验室理事会、学委会及重点实验室工作会议，对在研应用基础项目进行阶段检查和评估，对实验室建设等重点工作进行讨论和部署。收集筛选出优秀论文100余篇，优秀科技成果（获奖成果和专利）30余项，编辑出版重点实验室成果汇编（2012年）。重点实验室承担的两项应用基础研究课题“高强度管道失效控制的应用基础研究”和“油井管柱完整性技术研究”完成了任务书要求的各项研究内容，达到预期成果。陕西省石油管材及装备材料服役行为重点实验室建设申请通过专家论证并获得批复。

【标准化工作】 年度内共承担24项国家、行业、CNPC企业标准以及21项院级标准制修订工作，秘书处积极协调和落实，按计划完成45项标准制修订任务。4月成功承办“ISO/TC67/SC2第三十三届年会”，提升了并行秘书处的能力和水平，履行了并行秘书处和P成员国的责任和义务，促进标准化活动与国际接轨，扩大中国石油的国际影响力，提高中国国际标准化地位。4月成功承办管道与管材国际技术交流会，促进了中国管道输送技术、标准的进步。10月成功承办“ISO/TC67/SC5 WG1工作组会议”，对管研院提交的“高抗挤套管”和“酸性环境用钻杆”2项提案进行讨论。实质性参与国际标准制修订工作取得重要突破和进展。在“ISO/TC67/SC2第三十三届年会”上提交了6项管材和管道标准新工作项目提案，得到成员国代表的肯定。配合管道分公司提交的2项标准制修订项目提案通过成员国投票，列为SC2管道输送系统分技术委员会新的标准制定项目。

【工程技术服务】 加强工程技术服务，为重大管道工程和重点油气田勘探开发提供质量安全保障。承担监造及技术服务项目380余项，监造油气输送管174万吨、油套管29万吨、压力容器及非标设备2200余台。发现和解决产品质量问题170余项，保证产品制造过程中质量体系运行的有效性和产品质量的符合性，为西气东输三线东段等重大管道工程建设，以及长庆油田、塔里木油田等重点油气田勘探开发发挥了技术支持和质量保障作用。化工产品销售继续保持稳定增长，缓蚀剂在塔里木油田全面推广应用，螺纹脂成功入围集团公司润滑油产品集中采购合格供应商。参与完成中国石化黄岛输油管道爆燃事故、西气东输二线东段76号阀室爆管事故、西气东输二线湘潭支干线环焊缝开裂等10余项重大油气管道失效分析，以及塔里木克深套管断裂、华北储气库套管破裂等多项油井管失效分析，为石油行业的安全生产提供决策支持。

【对外合作与交流】 进一步深化对外交流与合作，实现合作共赢。国际合作方面，走访美国国民油井公司、应力工程公司、意大利CSM公司、英国TWI公司等十余家国际知名研究机构，组织召开国际管道及管材技术研讨会、“三超”气井油井管柱完整性技术研习会、海洋油气输送用柔性管技术研讨会等大型国际会议，就高钢级管线钢应用技术、“三超”油气井管柱完整性技术、非金属及复合材料管材应用关键技术等议题进行深入交流和探讨，同时，选派技术人员到国外研究机构交流和参加国际学术会议39人次，促进管研院的国际合作，提高科技人员的国际化水平，提升学术影响力。组织召开了院士、专家学术报告会，开拓了管研院技术人员视野，活跃了学术气氛。

国内合作方面，与渤海装备公司、长庆油田公司、塔里木油田公司、川庆钻探公司等10余家重点企业进行了广泛的技术交流，与管道局、宝石机械公司等企业签订了战略合作协议，在特殊螺纹油套管标准化、海洋用隔水管、高钢级石油管材研究开发等方面签订了合作研究合同，加强了产、学、研结合，发挥了管研院在石油管领域的技术引领作用。

【新基地建设】 6月底，管研院西安新基地建设工作全面完成。到7月底，所有科研设备、办公设施等全部搬迁到新基地；顺利完成70余台（套）大型设备的搬迁、安装和调试，并通过实验室“六合一”认证，及时恢复试验能力，网络信息化实现配套，新基地全面投入使用。

【管理工作】 结合管研院发展形势和干部队伍培养需要，举办中层干部培训班，进一步拓宽各级领导干部的知识面，提高抓管理、带队伍的能力，增强大局意识、责任意识和廉洁从业意识。

进一步规范干部绩效考核和动态管理。组织考核大会，听取中层干部述职述廉，从素质、能力、业绩3个方面7个要素对中层干部进行测评打分。首次利用计算机辅助系统，采用机读方式统计打分结果，提高考核结果的准确性和科学性。另外，首次将干部考核成绩在全院公布，帮助干部总结成绩、查找不足，不断营造积极向上的风气和竞争进取的氛围。

按照中央和集团公司提出的强化领导班子建设要求，大力推进干部交流，加大干部轮岗和年轻干部培养使用力度，进一步推进基层领导班子和干部队伍建设。对基本素质好、发展潜力大，任职经历单一的干部，结合干部自身特长，实施轮岗交流，对近年来工作成绩突出、考核优秀且任部门副职超过3年的干部提拔使用，并选派青年技术骨干到基层和条件艰苦的一线岗位历练。干部综合素质得到进一步提高，干部队伍建设和管理得到了加强。

【公司荣誉】 2013年，管研院及二级单位先后获得“全国工人先锋号”、“第二届全国优秀设备工程监理单位奖”等省部级以上集体和个人荣誉20余项。

（王　虹）

中国石油天然气集团公司咨询中心（中国石油集团工程咨询有限责任公司）

【概述】 中国石油天然气集团公司咨询中心（简称咨询中心）成立于1993年12月，是全国第一批取得甲级工程咨询资质证书单位，是国际咨询工程师联合会（FIDIC）会员和国家发改委委托投资咨询评估单位。咨询中心2006年10月又注册了中国石油集团工程咨询有限责任公司，目前为一个单位两块牌子，对内称咨询中心，对外称工程咨询公司

咨询中心负责对集团公司油气勘探开发发展规划、重大勘探部署和油气田开发方案进行调研、论证，提出咨询意见；对油气田地面工程和炼油化工工程的大中型项目进行评估论证；对石油天然气上下游重大发展战略、技术经济、工程技术等问题开展专题研究；受国家发改委和石油石化企业、国内外其他行业、单位委托进行咨询评估。

咨询中心设综合技术部、勘探部、开发部、炼化部、工程经济部以及专家委员会和石油天然气专业委员会。专家委员会由50多名专家组成，目前咨询中心拥有院士和老中青专家100多名；石油天然气专业委员会具有行业管理职能，受国家发改委和中国工程咨询协会授权，对全国35家石油石化咨询机构进行指导。

咨询工作认真贯彻落实集团公司的战略部署和“有质量、有效益、可持续”的发展方针，围绕中心，服务大局，不断深化战略研究，大力加强咨询评估。深入开展党的群众路线教育实践活动，持续推进学习型咨询中心建设，进一步加强综合管理，充分发挥智库参谋和决策服务作用，为集团公司建设世界水平综合性国际能源公司作出了积极贡献。

【专题研究】 2013年开展研究项目50项，比2012年略有增加，特别是对事关集团公司发展的具有前瞻性、战略性、全局性的重大课题和领导关心的重大问题进行深入研究，提出建设性的意见和建议，得到集团公司领导高度重视。对呈报集团公司领导的《辽河油田千万吨原油持续稳产重大科技专项成果显著》、《关于提升集团公司储层改造技术及服务能力的建议》、《新型煤化工的崛起对中国石油炼油化工业务的挑战与机遇》、《中缅油气管道安全优化运营与风险防控机制创新研究》等方面的意见和建议，集团公司主要领导均作出重要批示，并责成相关领导和部门认真研究，对条件成熟的建议，明确要求纳入工作计划安排落实。

完成的“中国石油储层改造能力和储层改造效果”、“全国重点含油气盆地勘探前景分析”、“川中石油勘探潜力和勘探方向”、“油气田开发低碳发展战略研究”、“中国石油炼化科技进一步加强对主营业务有效支撑和实现跨越式发展方案研究”、“我国经济可持续发展能源保障战略研究”、“昆仑燃气有限公司发展战略与管控模式研究”、“关于加快推进实施天然气市场营销战略的建议”等20多项研究课题，高质量地创新研究成果，为集团公司领导科学决策提供重要依据和决策支撑。

进行中的“中国石油油气勘探战略研究”、“中国石油油田开发战略研究”、“国家天然气商业储备建设管理与运营机制研究”等课题都取得了阶段性成果。

【评估咨询】 全年开展评估项目169项，比2012年略有下降，但前评估项目涉及投资总额刷新了历史最高纪录。2013年评估工作注重在投资项目源头上把好关口，在突出质量效益上狠下工夫，圆满地完成了各项评估任务，为集团公司提交了一大批高质量的有价值、有分量、有创新的评估报告，为集团公司科学决策、提高工程建设质量与效益、推动产业布局调整和油品质量升级、促进可持续发展发挥了重要作用。

完成“昆明—重庆—成都原油联络管道工程”、“台湾海峡天然气管道工程”、“加油站管理系统提升”、“大连石化长兴岛项目”、“庆阳石化炼油升级改造项目”、“安岳气田磨溪区块龙王庙组气藏开发潜力和初步开发方案”、“宝鸡石油钢管有限公司西安石油专用管合资建设项目”等130多个项目的评估报告。

【专家论坛】 成功举办2013年专家论坛暨咨询中心

成立20周年报告会并取得良好成效。集团公司党组书记、董事长周吉平参加会议并作了重要讲话。

论坛会上，18位院士、专家在深入调研、深入思考、精心准备的基础上，就中国石油勘探战略与重点领域、油气田开发可持续发展、提升中国石油下游发展竞争力等议题，从不同角度、不同侧面进行了专题发言，提出了很多前瞻性、战略性、全局性和有分量、有价值的意见和建议。会后及时整理了院士、专家提出的意见和建议，并以报告形式呈报集团公司。

【学习型咨询中心建设】 2013年持续不断地推进学习型咨询中心建设，有效促进了队伍能力和咨询质量的提高，取得明显成效。各部门按照培育一流的咨询队伍、打造一流的咨询团队、建设一流的咨询中心、提供一流咨询成果的目标要求，进一步制定有针对性的学习计划，精心组织落实，使“三位一体”的学习形式得到了逐步完善，形成了领导带头学、专家主动学、员工要求学的学习工作化、工作学习化的良好氛围。咨询中心和各部门积极组织并聘请院士、专家进行专题讲座或辅导报告，咨询中心2013年共编发42期《国际动态信息》，供专家员工学习参考。在专家论坛暨咨询中心成立20周年报告会上，有8位专业技术干部和专家报告在咨询工作实践和学习型咨询中心建设中的心得体会与取得的成绩，较好地发挥了典型示范作用，有效地促进了学习型咨询中心建设的深入开展。

【管理工作】 按照集团公司管理提升的要求，咨询中心进一步加强了专家管理、项目管理、财务管理、公文处理、保密工作、车辆安全等方面的管理工作，并取得了较好的成效。石油天然气专业委员会认真组织咨询单位资格认定工作，积极组织所属35家咨询机构对《国家发改委关于工程咨询业2010—2015年发展规划纲要》中期评估，并得到委托部门中国工程咨询协会的好评。

（吴云海）

中国石油天然气集团公司休斯敦技术研究中心

【概述】 中国石油天然气集团公司休斯敦技术研究中心（简称休斯敦中心）是中国石油第一个海外技术研究中心，在美国以CNPC USA Corporation为实体，按照美国法律实行国际化标准运作。休斯敦中心的定位是前沿技术、超前储备技术的引进创新基地，重点领域应用基础研究和关键技术的引进开发平台，研究模式、研究体系的引进创新平台，国际高端科技人才的引进培养平台，国际技术交流与合作的窗口与桥梁，国际一流石油技术研究中心。2013年，休斯敦中心积极进取、大胆创新，围绕发展定位，以中国石油技术发展战略为指引，以满足企业关键技术需求为核心，积极开展研发模式与管理制度创新，促进了中心快速健康发展；积极推进技术研发工作，取得重要研究成果，部分产品投入现场应用；加大人才引进力度，初步组建了一支高水平的技术及管理团队。截至2013年底，休斯敦中心拥有内外员工60人，其中专业技术人员43人，管理人员17人，专业研究人员中50%以上拥有博士学位，美国技术人员80%以上来自著名跨国公司。国家批复“千人计划”引进人才2人，集团公司批复首批授课技术专家6人。形成专业研究团队4个，在井下工具及入井流体研发、非常规复杂油气藏开发技术等专业领域已经形成了国际一流的技术研发实力。

【组织架构】 集团公司成立休斯敦技术研究中心管理委员会，集团公司董事长任主任，负责对发展规划、投资预算、人才引进、薪酬体系、业绩考核、科研计划、技术并购、重大技术成果国内产业集成等重大事项进行研究决策。在管理委员会基础上，设立休斯敦技术研究中心专家委员会，科技管理部总经理任主任，负责把握休斯敦中心科研方向。集团公司设立全资子公司——北京华美世纪国际技术有限公司，作为集团公司与CNPC USA Corporation之间的“防火墙”公司。在国内，休斯敦中心以北京华美世纪国际技术有限公司为实体，开展经营活动，承担法律责任。为满足工作需要，股份公司设立北京华美世纪技术研究分公司，与北京华美世纪国际技术有限公司实行一套机构、两块牌子、分账核算，休斯敦中心内设综合管理部、项目管理部、财务部3个管理机构，实行岗位管理。

【科研工作】 休斯敦中心应集团公司领导要求，利用休斯敦的信息、技术和人才优势，实现科技创新的跨越式发展。紧紧围绕集团公司发展战略重点和技术瓶颈问题，重点承担国内无法解决、没有条件解决的、国内急需的石油探勘开发技术研究项目，缩短与国际先进油气工程技术的差距。在起步阶段，从井下工具做起，重点开展致密油、致密气、页岩油、页岩气等非常规油气藏配套勘探开发技术的研发，为国内非常规油气资源开发提前进行技术储备。截至2013年底，休斯敦中心共承担中国石油重点技术研究项目14项，其中结题4项。2013年，设计制造出拥有自主知识产权、具有国际先进水平的井下及测井工具产品3项，包括第二代速钻复合桥塞、机械式重复开关滑套和随钻电阻率成像仪器，累计申请美国专利11项、国际专利3项。设计出具有国际领先水平的井下工具4项，分别为适用于塔里木深层的高效PDC钻头，适用于超深高温条件下以及新一代速钻桥塞，井底钻压、扭矩和弯矩传感器以及新一代压控式可重复开关滑套。掌握致密储层压裂软件物理模型与核心算法和高温高压低渗透裂缝气藏开发实验研究方法，长庆致密气、塔里木、新疆—吐哈等重大专项技术研究成果显著。充分发挥休斯敦中心平台以及窗口作用，与企业共同开展联合技术调研，瞄准国际前沿技术，全面掌握相关领域国际最新研究进展，协助企业确定重点技术攻关方案。与塔里木油田公司、西南油气田公司、吐哈油田公司、渤海钻探工程有限公司、安全环保技术研究院、中国石油集团测井有限公司、新疆油田公司、长庆油田公司、西部钻探工程公司、中国寰球工程公司等单位签署了战略合作协议，开展全面技术合作。

【企业管理】 2013年，休斯敦中心逐步建立和完善企业文化及管理制度。借鉴西方大石油公司科技研发模式，管理体系和管理制度与国际接轨，实行规范项目管理制度，建立完善的激励约束机制。建立注重业绩、平等务实的企业文化模式，不简单地照搬中国石油企业文化，中外员工，无论肤色、性别、种族、年龄、地域，一律平等。严格执行美国联邦及得克萨斯州法律，执行统一、规范的管理制度与激励政策，开展年度绩效考核，根据考核结果进行奖励兑现。员工积极主动、创造性地开展工作，体现个人价值，争取个人发展，赢得企业尊重。加强团队建设，开展丰富的文体活动，不断增强员工的文化认同感。建设办公管理系统，管理决策、费用报销均通过系统处理，加强财务管控和设备管理，促进规范管理，降低管控风险。建成视频会议系统，可以召开“休斯敦—北京—企事业单位”多点实时会议，已召开项目例会几十次，畅通项目沟通交流渠道。

【人才队伍建设】 人才引进按照按需引进、严控质量、公平公开的原则，加强研发团队的本土化建设，依据集团公司紧缺专业，瞄准美国高端人才市场，招聘高水平技术人才，形成高效管理及研发团队。通过项目合作，积极帮助企业培养人才，企业派驻专业技术人员及技术管理人员与休斯敦中心美国专家及技术管理人员一起开展工作。通过广泛技术交流和合作研究，企业专业技术人员能够很快掌握先进的科研理论和研究方法，开阔了视野，提升了能力。

（马文东　楚蕾蕾）

中油财务有限责任公司

【概述】 中油财务有限责任公司（以下简称公司）由集团公司和股份公司共同持股，经中国人民银行批准，在国家工商行政管理总局注册的非银行金融机构。公司是全国银行间债券市场、中国外汇交易中心会员，中国证监会认可的首批IPO询价对象。

公司成立于1995年12月，18年来公司始终坚持“依托集团，服务集团，奉献集团”的宗旨，充分发挥集团公司结算平台、筹融资平台、资金管理平台功能，降低筹融资成本，提高资金运作效率和效益，为中国石油产业的发展提供金融服务与支持。为配合集团公司“走出去”战略，公司于2008年3月在香港设立中国石油财务（香港）有限公司，并先后由中国石油财务（香港）有限公司在迪拜、新加坡分别设立境外子公司，为集团公司境外成员企业提供跨境金融服务。在集团公司和成员企业的支持帮助下，公司保持健康平稳的发展态势，结算量、资产、收入和利润连续多年位居国内同行业前列，是全国资产规模最大、业务品种最多、效益最好的财务公司之一。

公司现有股东2家，注册资本金54.41亿元人民币（含1.2亿美元）。公司最高权力机构是股东会，实行董事会领导下的总经理负责制。公司现有员工174人，其中，北京总部124人，本科以上人员占95%；分公司50人，本科以上人员占76%。公司总部设有财务部、营业部、信贷部、证券部、国际业务部、管理稽核部、信息发展部、人事劳资部、金融与会计研究所、总经理办公室（党群工作部）10个部门，在集团公司成员单位所在地分别设立大庆、沈阳、吉林、西安4家分公司和63家业务受理处。公司服务网络覆盖集团公司石油天然气勘探开发、炼油化工、管道运输、油气炼化产品销售、石油工程建设及技术服务等各个领域，为1400多家成员客户提供广泛的金融产品和服务。

【主要经营指标】 2013年，公司应对集团内外部复杂敏感形势，克服上半年存款下降、流动性紧张、收益下滑等不利影响，努力开拓市场，狠抓措施执行，全年主要经营指标实现较快增长，圆满完成年度工作计划及目标。

截至2013年底，公司总资产达到6492亿元，同比增加554亿元，增长9.3%，其中，自营资产3950亿元，同比增加641亿元，增长19.4%；委托资产2542亿元，同比减少87亿元。贷款损失准备充足率345.4%，不良贷款率保持为零，优于监管标准。公司全年实现营业收入154.1亿元，同比增加8.4亿元，增长5.8%。实现利润总额64.8亿元，同比增加3.8亿元，增长6.2%。全年为成员企业降息、免收手续费、节约汇兑成本等共计25亿元，封闭结算业务为集团公司节约周转性流动资金达到152亿元，产融结合支持主业发展成绩显著。

【结算业务】 2013年，公司全面推广总分联动账户支付结算、限额账户上线、财企直联全面上线，全年累计办理签约银行总分联动账户上线759家，限额账户上线319家，支付限额直联上线94家。协调实现工商银行跨行支付业务系统自动处理，建设银行账户资金日终自动归集。加大集团总部和股份吸纳存款工作力度，多渠道了解企业需求，拓展结算、存款和资金管理业务，努力提高存款集中度。

全年累计办理本外币结算业务365万笔，同比大幅增长65.9%，结算金额26.2万亿元，同比增长3.1%。

【信贷业务】 2013年，公司克服商储油以及集团公司长负贷款还款的不利局面，努力争取国储油和股份公司贷款合同226亿元，稳定信贷规模。积极加大信贷投放，全年为京唐LNG等20家客户办理新增贷款70亿元，为集团公司主业发展提供信贷支持。努力扩大中间业务，办理贴现业务37笔，保函业务151笔。进一步完善贷款定价机制，优化贷款审批制度和流程，提高信贷风险防范能力。

截至2013年底，公司人民币各类贷款余额3364亿元。其中，自营贷款1163亿元，同比增加157亿元，增长15.6%；受托贷款2201亿元，同比增加210亿元，增长10.5%。

【国际业务】 2013年，公司发挥境外融资平台功能，全面拓宽融资渠道，首次成功设立70亿美元欧洲中期票据计划，成功续发20亿美元债券，将美国商业票据发行额度增至40亿美元，提高银行授信额度达159亿美元，授信银行达到36家，为集团公司海外业务发展提供资金支持。参与集团海外项目，完成中亚、哈萨克斯坦等20个融资项目。发挥境外公司税收优势，为成员企业和公司节约融资税费4866万美元。努力拓宽信贷服务领域，推出境内外票据融资新业务，为企业提供发票融资4924万美元。

截至2013年底，公司外汇资产达到327亿美元，同比增加77亿美元，增长30.9%。其中，自营资产272亿美元，同比增加84亿美元，增长44.9%。全年累计发放外汇自营贷款189.20亿美元，开展美元/人民币交叉货币掉期23.50亿元人民币，办理外汇交易715.33亿美元。外汇业务全年为成员企业节约各项成本费用达10.59亿元人民币。

【证券业务】 2013年，公司为保支付周转和信贷资金需要，持续压缩证券投资规模，全年累计收回自营投资本金344亿元。在规模下降的前提下，积极调整投资结构，全年新增投资312亿元，适度增加基金、可转债、理财产品、定向资产管理计划等高收益率投资，实现价差收入1.9亿元，确保证券投资规模下降效益不减。截至2013年底，人民币自营证券投资余额633亿元，受托投资余额933万元。

【资金管理】 2013年，在资金压力加剧的情况下，公司加强计划管理，严格控制头寸资金规模并提高同业存款利率。同时，加强回购操作，全年证券回购交易累计16268亿元，在保障资金流动性的同时，有效盘活存量资金，间接降低人民币资金成本33基点。

【分支机构管理】 2013年，各分公司、子公司加大结算、吸存服务力度，优化资产结构，降低资金成本。全年4家分公司结算量达185万笔、结算金额6万亿元，同比分别增长83.4%和1.7%，占公司业务总量的50.8%和22.9%；全年吸收存款平均余额79.2亿元，资产平均规模121亿元，实现经营利润1.86亿元。香港子公司进一步增强服务意识，提升服务能力。海外平台功能进一步强化，年末资产总额309.8亿美元，同比增长32.9%，占公司整体外汇资产的94.6%。新加坡子公司充分发挥本地化优势，服务职能有效延伸。

【信息化建设】 2013年，公司开发完成中银、花旗和渣打3家银行外汇直联系统，直联银行已增至9家，外汇业务资产、负债等8个系统功能模块上线，基本实现自动化。完成司库结算子系统4次版本升级，升级改造受理处封闭结算系统。全面优化网银底层技术架构、操作界面、业务处理和安全性能，新增网银客户68家，新增网银用户228个，信息系统安全保障进一步加强。

【综合管理工作】 2013年，公司加强制度审查修订工作，新增公司层面重大制度15项，修订完善已有制度130余项，为理顺业务流程，提升公司管理水平奠定基础。报表统计、财务分析、费用报销和税收管理进一步规范化、科学化。战略研究、对标分析和市场跟踪的及时性、针对性有效增强。收发文、外事、档案和固定资产管理更加规范，督办工作效果明显提高，宣传教育得到加强，综合协调和服务保障职能有效提升。

【党建及企业文化】 2013年，公司扎实开展党的群众路线教育实践活动，积极落实中央“八项规定”和集团公司党组“二十条规定”要求，推进反腐倡廉建设，反“四风”常态化管理和长效机制初步形成。积极正面宣传公司发展成就，培育和谐进取的企业文化，加强员工队伍建设，通过大力选优树优，举办“我的责任”演讲比赛，开展心理健康讲座、健步走、趣味运动会等活动，参加集团公司直属机关青年英语演讲比赛，进一步提高员工综合素质，增强公司发展软实力。

（董　浩）

昆仑银行股份有限公司

【概述】 昆仑银行股份有限公司（简称昆仑银行）下设总行营业部及6家分行（克拉玛依分行、乌鲁木齐分行、大庆分行、吐哈分行、库尔勒分行、西安分行），同时控股乐山昆仑村镇银行和塔城昆仑村镇银行2家。截至2013年底，昆仑银行共有员工2197人，其中硕士及以上学历员工209人，本科学历员工1555人。

2013年，昆仑银行成功完成增资扩股，新引入两家投资人，募集19亿元资本金，在有效改善资本状况的同时，进一步优化股权结构。截至2013年底，昆仑银行总资产2464.53亿元，同比增长33.35%；各项存款余额1304.25亿元，各项贷款余额630.35亿元，同比分别增长24.42%和52.39%；全年实现利润总额30.62亿元，同比增长31.04%；资本利润率16.24%，同比提高1.99个百分点。监管指标提升转好，截至2013年底拨备覆盖率306.79%，同比提高174.50个百分点，不良贷款率1.03%，较2013年初下降0.77个百分点，不良贷款余额及不良贷款率实现“双降”。

【主要业务】

1. 公司金融业务

2013年，按照“有质量、有效益、可持续”的发展方针要求，公司业务以客户为中心，以市场为导向，以产融结合与特色发展为主线，丰富特色产品，利用产融信息平台，实现信息与资源共享，深化与核心客户的合作，有计划、有针对性地抓市场、调结构、保增长。落实监管要求，扎根当地，立足特色，服务中小微企业，服务地方经济。截至2013年底，昆仑银行对公客户数同比增加3641户，同比增长55%，其中中国石油产业链客户增加1700多户，同比增长50%。对公存款余额1108.16亿元，同比增长19.26%。法人客户贷款余额604.30亿元，同比增长50.93%，其中小微企业贷款余额33亿元，同比增长40%，中国石油产业链贸融贷款余额117.64亿元，同比增长81.6%。

2. 个人金融业务

2013年，个人金融业务依托渠道、服务与品牌的竞争优势，以个人投资理财、个人贷款、银行卡等业务为突破口，扩大中间业务收入；加强精细化管理与品牌宣传，加快个人储蓄存款增长；提升中高端客户服务水平，竞争个人高端客户市场；完善个人金融业务操作风险管理体系，实现个人金融业务又好又快发展。截至2013年底，个人储蓄存款余额176.83亿元，同比增长56.93%；个人贷款余额18.68亿元，同比增长100.11%；代理类中间业务收入1497.77万元，同比增长197.59%；增售银行卡29.3万张；银行卡类手续费收入1703.2万元，同比增长55.43%。

3. 金融市场业务

金融市场业务坚持“稳健经营、持续创新”的发展思路，以提高资产运作效益、实现盈利稳定增长为目标，适时调整投资与交易策略，多渠道拓展收入来源，加大资金运作力度。截至2013年底，金融市场业务资产规模1093.07亿元，同比增长12.49%；负债规模426.47亿元，同比增长21.24%，债券交割总量18443.94亿元，银行间市场排名第45名，城商行序列排名第15名。2013年，昆仑银行成功发行首款个人理财和对公集合式理财产品，全年累计发售理财产品45期，规模87亿元。

4. 国际业务

2013年，国际业务取得突破性进展，成功开发并上线运营新一代国际结算系统，强化客户服务理念，优质客户群进一步扩大，业绩持续增长。报告期内，昆仑银行国际业务本外币总资产、净利润、结售汇、信用证、保函、跨境人民币结算量等均大幅增加，产品优势逐步形成。

5. 分销渠道

渠道建设以客户为中心，稳步推进分支机构发展与建设，2013年新增支行8家，分支机构总数达到48家。投产远程银行、非现金自助终端业务，统一打造昆仑e+品牌，丰富电子银行服务渠道。大力加强金融服务网络建设，提升客户体验。截至2013年底，昆仑银行企业网银客户数量达到6503户，同比增长110%，个人网银客户数量达到23.21万户，同比增长70.7%；电话银行客户数量同比增长102.2%，全年交易量增长154.1%；手机银行客户数量同比增长178.1%，全年交易量增长390.5%；全年新增布放自助机具67台，累计布放自助机具526台；新增布放POS机具267台，累计布放POS机具1537台。

【信息科技】 2013年，积极推进信息科技基础设施建设，完成数据中心机房双路市电改造扩容和全行网络标准化改造，建设应用监控平台，开展信息安全专业评估，全面加强运行维护和风险防控，全年生产系统安全稳定运行，关键系统可用率保持在99.9%以上，信息科技风险防控能力显著增强。

【风险管理】 2013年，初步形成覆盖信用、市场、操作等主要风险类型和分支行各类业务的全面风险管理组织架构。控制重点领域信用风险，强化信贷业务合规管理，完善贷后管理机制，深化信贷风险监测与分析，加强潜在风险贷款和不良贷款清收处置，持续推动信用风险管理体系建设；正式投用市场风险数据集市，实现风险监控和报告的系统化和自动化；加强培育实质性风险控制能力，进一步稳固操作风险管理基础；改进流动性风险管理技术，完善流动性风险限额指标体系和流动性风险管理信息系统，实现现金流量监测与管理系统升级；完善内部资金转移定价机制，提高内部资金转移价格的灵活性和针对性。定期计量银行账户利率敏感性缺口，分析、评估账户利率风险，采取有效措施降低利率变动对盈利能力的潜在负面影响。

2013年底，拨备覆盖率306.79%，同比提高174.50个百分点。公司类不良贷款率1.41%，同比下降0.77个百分点。个人不良贷款率0.04%，同比下降0.05个百分点。

【资本管理】 资本管理以满足监管要求、不断提高资本的风险抵御能力及提升资本回报为目标，确立本行资本充足率管理要求，通过控制风险加权资产的过快增长、进一步增加资本金等手段确保管理目标的实现，使之符合外部监管和股东回报的要求，并保证银行的持续发展。截至2013年底，昆仑银行合并口径核心一级资本充足率、一级资本充足率和资本充足率分别为11.49%、11.49%和12.38%，均满足监管要求。

【人力资源管理】 2013年，围绕发展战略和经营目标，以创新管理机制、提高队伍竞争力为核心，调整组织结构，优化资源配置，提高基础管理能力。强化人才引进与培养，加强干部队伍建设，全方位多方式培养打造核心骨干人才队伍。全面落实“员工培育工程”，加大内部培养力度。积极培育“专业、合规、融合、尽责”为核心的企业文化，加强企业凝聚力。

【社会责任】 昆仑银行积极贯彻国家经济结构调整和转变发展方式战略，认真履行企业社会责任，在经济、社会和环境三个方面作出积极努力，促进区域经济协调发展。在优化信贷结构的同时，服务于以石油石化产业链小微企业为主要客户群的“小微”企业，支持“三农”建设，投身民生工程，减少服务收费，热心公益事业，不断提升综合服务水平，致力促进社会和谐发展。

（张建斌）

中油资产管理有限公司

【概述】 中油资产管理有限公司（以下简称公司）是集团公司直属全资子公司，专业从事投资和资产管理，是集团公司重要资本运营平台。2009年5月，公司重组并控股金港信托有限责任公司，金港信托名称变更为“昆仑信托有限责任公司”，注册资本30亿元人民币，成为集团公司金融板块重要组成部分。重组后，昆仑信托与中油资产实行合署办公。公司设办公室、党群工作部、人力资源部、财务托管部、发展研究部、信托业务部等16个部门；共有员工245人，其中硕士以上学历人员135人，本科学历人员102人，其他学历人员8人。

【主要经营指标】 截至2013年底，公司实现营业收入18亿元，同比增长38%；利润总额13.4亿元，同比增长17%；净利润10亿元，同比增长16%；信托规模达到1678亿元，同比增长480%。

【业务发展】 2013年，公司凝聚力量，科学发展，妥善应对各种挑战，有序推进各项工作。

（1）发展能力稳步提高。公司以效益为中心，积极推进业务发展，与中央企业、地方大型国企、实力较强的民营企业以及各类金融机构等优质交易对手深入合作，充分利用优势资源，研究设计特色产品。公司积极拓宽固有资金运用渠道，证券投资坚持稳健策略，以低风险品种为主要投资方向；积极开展股权投资和融资业务，投资参股中意资产管理有限责任公司；继续开展信托受益权转让回购业务，加速资金周转。固有业务全年实现收入4亿元，占公司收入的30%，资金收益率达10.9%。

（2）产融结合突显特色。①创新设计“信托+基金”模式，做大做强国联能源产业基金，通过信托成功引入银行、保险、民营、社会等各类资金363.5亿元，其中投资西气东输一、二、三线管道建设240亿元，投资未动用储量开发项目22.6亿元；②引入中信、光大、招商银行等外部资金，为中国石油“民生工程”提供保障，累计为大庆油田等14家矿区企业融资183.6亿元，建设住宅面积1276.6万平方米，惠及员工8.4万户；③储备油项目新增规模46亿元，累计提供资金106.2亿元；④装备制造项目累计融资31.1亿元，并顺利退出。公司利用信托平台助力主业的业务模式已经形成。

（3）业务创新实现突破。①发行国内第一只企业年金养老金产品——“海富通昆仑信托型养老金产品”，首创信托公司与公募基金联合设计发行标准化金融产品的新模式，产品规模已达100亿元；②经中国银监会批复，获得信贷资产证券化受托机构资格，为未来开展此类创新业务打下基础；③顺利完成投资山东信托的工作，双方将实现全方位业务互动、优势互补；④加强内部资金管理，提高资金的运作效率，减少资金的沉淀浪费。

（4）公司本部业务取得良好业绩。公司本部发挥资产管理与处置平台作用，完成275笔不良债权的清收处置，实现处置收入2349万元；受托处置19个项目的实物资产，实现服务费收入575万元；参与集团公司低效存量土地盘活经营工作取得进展，完成润滑油公司1项土地处置试点。

【内部控制与合规管理】 公司始终坚持“低风险偏好、零风险容忍”的经营理念，促进风险管理精细化。（1）根据执行情况，及时修订《交易对手参考标准》。（2）启动风险管理成熟度评价体系建设，全面风险管理体系日趋完善。（3）开展《内控手册》的自我测试和全面修订。（4）完善项目全过程管理体系，提高、细化尽职标准，落实管理责任，风险管理更加精细化。（5）加强项目合规审查和检查，提升法律支持服务力度。（6）全面修订公司规章制度126个，汇编成公司《制度手册》。（7）有效发挥稽核审计职能，开展关联交易等专项检查，落实征信和反洗钱措施。（8）加强声誉风险管理，制定《公司舆情监测报告处置管理办法》，主动、有效地防范声誉风险。

【基础管理】 在财务管理方面，加强预算执行分析、财务信息应用和经营活动分析，增强决策支持能力。

在队伍建设方面，加大优秀人才引进力度；制定《轮岗管理办法》，促进人力资源的合理配置；优化公司培训体系，2013 年完成培训项目 50 余个，开展专题培训 13 次，中层管理干部培训 5 次，累计培训 1000 余人次；完善绩效考核体系，突出薪酬与利润的联动，形成 1 套简便、实用、有效的薪酬激励机制。在信息化建设方面，昆仑瑞飞管理信息系统、新一代证券投资与估值系统、新一代外部门户网站、移动办公、高清视频会议系统等一批信息系统上线运行；开展 2 地 3 中心灾备系统信息安全风险评估，进行灾备恢复应急演练，信息安全保障体系更加完善。

（卫荣华）

昆仑金融租赁有限责任公司

【概述】 昆仑金融租赁有限责任公司（以下简称公司）是经中国银行业监督管理委员会批准，由集团公司出资控股的金融租赁公司。公司以产融结合为抓手，以服务油气主业为宗旨，致力于为客户提供优质的金融租赁服务。公司注册地点为重庆市，办公地点为北京、重庆、上海、深圳、大连 5 地。公司借助于中国石油的整体优势和注册地的区位优势，以能源行业和西部经济为重点，以客户需求为核心，通过提供卓越的融资租赁服务，促进融资租赁产业和社会经济的发展。同时，遵循坚持专业发展、坚持服务主业、坚持服务西部、坚持行业定位、坚持差异化发展、坚持风险可控的 6 项原则，以石油装备制造、海洋运输、西部区域市场、石油产业利益相关者 4 个方向作为未来重要的业务发展定位。2013 年，公司资产规模 501.25 亿元，同比增长 39%，租赁资产规模 462.86 亿元，同比增长 28%；营业收入 30.64 亿元，同比增加 8.84 亿元；实现利润总额 5.88 亿元，同比增加 1.35 亿元；实现税费 2.56 亿元，同比增加 0.96 亿元；不良资产率为 0。截至 2013 年底，公司共有员工 83 名。公司获得“中国融资租赁年会 2013 开拓奖”、“2013 年度支持重庆经济发展金融贡献突出单位”、“2013 年度重庆江北区服务业 30 强企业”等荣誉称号，公司工会获得集团公司直属工会财务管理一等奖。

【监管指标情况】 公司资本充足率 15.04%，核心资本充足率 14.09%，资产负债率 86%，各项监管指标控制有效。

【公司治理】 公司不断完善治理结构，公司股东会、董事会、监事会以及管理层和部门设置基本到位，权责划分清晰，独立董事配置合理，董事会下设关联交易委员会和审计委员会，“三会一层”按照《中华人民共和国公司法》和公司章程开展工作。公司选举产生新一届董事会和监事会；选举产生公司风险管理及关联交易控制委员会和审计委员会。本次董事会、监事会顺利实现换届，新到任的董事、监事专业水平较高，进一步加强公司治理水平，对公司今后 3 年实现科学稳健发展、打造核心竞争力具有重要意义。设立业务四部、业务五部和人力资源部；并根据对公司“三会”管理的治理要求和强化党委职能作用，综合管理部加挂董事会办公室和党委办公室牌子；调整充实发展规划部的管理职能。通过职能调整和机构完善，公司治理结构趋于完整，管理职能更加清晰。

【市场开发】 市场开发工作按照规模效益及控制风险的要求，慎重选择行业和客户，合理进行市场布局。内部市场开发凸显助力主业发展的作用，重点选择股东项目以及大型央企和能源领域的项目，开展长城钻探压裂车组项目和海洋工程钻井平台设备直租项目；国际业务立足集团内部市场和上下游产业链，组织海外业务专题研究，积极开展同业交流，通过对集团客户的市场营销，成功合作大港油建尼日尔项目，实现国际业务零的突破，并在外汇汇划、外币融资和涉外法规方面进行有益探索；在西南市场，与川渝地区多家商业银行建立常态化联系，新签合同 4 份；长三角区域市场以产品推介为抓手，根据业务指引和区域经济特点对该地区水务、轨道交通及高速公路等基础设施项目进行开发，2013 年签约 7 个项目 71.9 亿元，并实现放款 60 亿元，新成立的两个业务部门利用半年时间进行行业分类和市场摸底工作，五部在完成开办任务的同时还实现大连机床项目的首单业务储备。

【战略研究】 公司发展战略围绕产融背景结合实践进行研究，搭建完成“宏观—行业—项目”三位一体的常态化行业研究体系，定期编制《行业经营分析报告》和《宏观经济观察报告》，配合项目尽职调研、为项目评审提供参考依据先后提交水务、铸造、造纸等行业分析报告；组织汇编集团公司金融业务管控模式调研材料，开展经营性租赁在内部市场应用研究和新产品设计调研，回复监管部门需要的专题报告。2013年，累计完成规划、报告和简报等31份数10万字，为公司业务开展提供帮助，为经营决策提供参考依据，强化全员战略规划的工作意识。

【风险管理】 公司通过管理提升活动，修订和新制定《金融业务廉洁风险防范指引》、《洗钱和恐怖融资风险评估及客户分类管理暂行办法》以及《企业征信系统管理办法》等制度办法，风险管理制度更加完善；有效开展全面风险管理评估，进行信用风险、租赁物风险识别、风险管理成熟度评价、金融租赁公司监管评级自评等评价工作；建立和使用客户信用评级模型；开展项目风险滚动排查并建立风险预警简报机制，对重点项目进行侧重分析和风险警示，坚持风险管控前移；资产质量五级分类工作深入开展，及时完成每季度资产质量分类工作，租赁资产质量较好，关注类资产余额及占比均呈下降趋势。

【合规管理】 组织开展制度修订和制定，工作流程得到优化；规范统一合同版本修订，进行内部控制管理手册修订；开展2013年覆盖公司层面、业务层面、信息系统层面524项自我测试工作，组织开展法律、内控、合规的知识培训，参与新交易结构论证和跨境业务论证，落实监管要求开展案防排查。提高员工的内控意识，强化内部控制执行的有效性，保证新业务拓展法律依据充分，执行中合法合规。

【财务和资金工作】 紧密围绕财务核算和资金筹措开展，成效突出，2013年筹措资金540亿元，协调外部银行资金375亿元；持续推进外部银行授信工作，同业授信额度达到1276亿元，在两次“钱荒”和资金价格持续高企的情况下，积极研判形势，提前置换年末到期资金，节约成本达4800余万元；利用同业间拆借市场强化资金运作，拓展外币融资渠道筹措400万美元，并且推动第一笔租赁项目收益权转让，为降低平台项目总量提供创新的解决办法。协调配合国家审计署、集团公司巡视组、内控测试等检查工作，协调财政返还及落户奖励政策，协调人民银行信贷规模争取规模支持；细化资金头寸管理和提升预算管理，专项工作组织周密，日常工作开展扎实，应对有效。

【科学化管理】 开展公司业务与风险管理信息系统升级改造，第一阶段工作顺利完成并组织上线运行；档案管理工作迈上新的台阶，档案评级获得集团公司A级评定；风险管理工作制订客户信用评级方案，为量化客户信誉等级提供直观依据；综合办文、办会、办事、接待协调能力和水平继续提高，安全管理符合集团公司和银监局工作要求，物资采购工作流程清晰，操作合规；薪酬管理及激励机制符合实际需要，人事档案管理水平达到集团公司同行先进水平。

【队伍专业化建设】 2013年，公司持续加大人才引进的力度，聘用具有金融背景和工作经历的专业人才，从北京大学、南开大学等高校招收应届毕业生加盟公司发展，员工队伍得到充实。公司因地制宜地制订人才发展规划纲要，通过业务培训和同业交流等途径培养员工创新能力和职业素养。采取有效机制激励稳定骨干力量，健全完善公平公开、择优竞聘用人机制，激发和调动全员的积极性，始终倡导用石油文化底蕴传递公司关怀，为公司员工队伍专业化建设和增加经营效能提供有力保障。

（尹江虹）

中国石油天然气运输公司

【概述】 中国石油天然气运输公司（以下简称公司）成立于1953年，是集团公司直属的大型专业化运输物流企业。主要为新疆三大油田、四大炼厂等全国113家油田、炼化、销售、管道、燃气企业提供专业化运输、石油石化产品配送及其他综合配套服务。拥有国家一级道路货运企业、涉外运输、危险品运输、国际国内海陆空货运代理、进出口贸易、建筑安装、路桥施工、境外投资与对外承包工程等经营资质，通过国家质量管理与质量保证体系认证，位列“中国百强道路运输企业”前3强和“中国物流百强企业”

第四名，被评为国家5A级运输物流企业，是行业内实力最强、规模最大的公路运输物流企业。公司总部设在新疆维吾尔自治区乌鲁木齐市，在全国31个省（区、市）设有分公司，在全国地（市、县）级城市设立744个运输大队、配送中心（车队）、修理厂、物流中心和后勤服务等生产生活场点，在哈萨克斯坦、土库曼斯坦、尼日尔3个国家设有分公司和项目部。截至2013年底，机关设18个职能处室，下属61个生产经营和后勤服务单位。共有员工40774人，各种车辆设备23500台（其中，常规车辆22117台、沙漠车辆196台、施工机械345台、特种车辆842台）。资产总额153亿元。

【主要生产经营指标】 2013年，公司完成货运量1.2亿吨、货物周转量160.3亿吨·千米，同比分别提高6.6%、5.8%；实现经营收入303.1亿元，完成集团公司下达的7015万元净利润指标。

【主要业务】 公司主营业务包括油田运输（沙漠运输）、成品油配送（非油配送）、化工与燃气运输、航油运输、钢管运输、特种大件运输、国外与涉外运输、修理业务、物资贸易（国际货代、国际物流、进出口贸易）等；兼营业务包括放空天然气回收、钻井液回收利用、硫化氢检测防护、地面测试、钻具修理、重晶石粉加工、井场环保和道路施工，车辆设备的集中采购，进出口货物代理，钢结构和压力管道制作安装，机械加工制造，复合型材、玻璃钢、塑钢门窗，路桥建设、节水灌溉、驾驶培训等涉及基建工程、多种经营和油田服务的业务。

【主要经营业绩】 紧紧围绕集团公司油气主营业务，公司充分发挥专业化优势，全面做好“服务”和“保障”两篇文章。油田运输全面做好塔里木、新疆、吐哈、长庆等10个油田的运输服务，拉运原油977万吨、物资1006万吨，完成井迁1226口，同比提高16%。销售运输全力保障销售企业的成品油配送，开展中国石化、中国航油、武警部队等机构用户的油品配送，运输成品油7990万吨，同比提高9.7%。化工与燃气运输以管理公司模式整合社会运力，保障炼化企业互供料和石化产品后路畅通，满足昆仑燃气、昆仑能源的LNG、CNG、LPG运输需求，完成货运量701万吨，同比提高2.4%。特种运输与物流承担中缅管道、中亚C线、西气东输三线等10个油气管网建设项目的钢管运输，拉运钢管长度达3329千米、物资330万吨，承运西部管道、乌鲁木齐石化、特变电工等企业的大件设备456台（套），同比提高15%。国外和涉外业务巩固土库曼斯坦、哈萨克斯坦、尼日尔的综合运输服务市场，货物周转量和机具作业同比提高15%和6%。持续开展蒙古、巴基斯坦等国的原油、水泥等涉外物资运输。修理业务在保障内部车辆完好的前提下，积极承接外部修理市场，完成收入1.6亿元。物资贸易控制经营规模，在总收入中的比例同比下降17.5%，资金风险得到有效管控。

【企业管理】 持续开展“管理提升”活动，落实“基层基础建设年”实施方案，制定《基层单位（车队）标准化建设工作手册》，组织公司两级机关部门蹲点帮扶基层单位。开展基层基础管理调研，修订制度8项，优化流程437个。加强投资管理，组织40家单位，对60个投资项目开展后评价工作。强化财务基础工作，上线运行大司库体系决策支持与客户信用管理系统，推进财企直联系统建设，扩大集中报销系统上线范围。加强资金运作，降低了资金占用，减少财务费用3486.8万元。完善费用标准化制度，修订会议费、差旅费等费用管理办法。合理筹划税收，实现节税增效1.68亿元。落实“三控制一规范”的要求，规范两级机关科室设置、定员标准及配送中心管理岗位配备标准，撤销合并机关部门4个，重组整合二级单位5个，优化归并三级单位39个；试点推行工作任务外包，减少直接用工1000人；强化工效挂钩，建立工资总额使用与单位领导奖金挂钩、机关部门管理人员薪酬与企业效益季度联动机制，薪酬分配向创效单位和基层一线倾斜。严格落实运行管理规定，加强GPS和车载视频监控，强化车辆装、运、卸、计量、验收环节的监管。优化车型结构，平均车吨达21吨。编制车辆购置和附件配置标准，开展报废设备自查活动。制定质量计量管理办法，2013年油品综合损耗从3‰下降到2‰以下。坚持标准先行，出台标准化工作实施方案。ERP单车核算功能上线，开发GPS新功能23项，并承担集团公司车辆管理系统2.0项目建设。开展安全环保、财务资产、基建施工、人事劳资、物资采购等专项检查，对重点工程项目进行效能监察。

【培训管理】 实施公司培训计划，开展“冬训”和“培训月”活动，共举办处级干部、安全管理人员等集中培训23期、视频培训35期，送外培训159批次，累计培训处级干部603人次、管理及专业技术人员8224人次、技能操作人员31298人次，基层一线员工占受训总数的86.6%。组织岗位练兵和技能竞赛活动，开展岗位练兵5962场次、技能竞赛4361场次。采取“送教上门”的方式，培训鉴定驾驶员职业技能2342人。持续推进持证上岗工作，73人取得技师、高级技师任职资格。

【安全生产】 按照"一岗双责"要求，全员签订安全环保责任书，进行"三项禁令"承诺，完善管理层、操作层的工作职责和安全环保职责。将安全环保纳入单位业绩考核，给予8家单位降级处理。修订HSE专委会的职责、工作标准和管理办法，制订践行有感领导、属地管理的实施方案，发布实施C版体系文件。组织2次HSE体系内审，审核二级单位61家、机关科室544个、基层现场242个，发现并整改各类问题隐患4826个。开展全员风险写实，更新警示图和道路风险识别图，完善危害因素数据库，规范作业项目"两书一表"141项。推进现场目视化管理，规范员工着装和基层现场视觉标识，悬挂属地管理牌1017块。组织安全生产大检查和车辆安全附件等专项检查，检查车辆15248台次，查出并整改各类问题943项。开展应急预案专项审核，组织应急演练1673次。承办国家安监总局、新疆维吾尔自治区和集团公司联合举办的2013年重大危险化学品运输事故应急演练。试点推广节能环保新产品，购置清洁燃料车64台，改装双燃料车76台，超额完成600吨标准煤的节能目标。

【和谐企业建设】 新建、改造新疆内外生产生活基地、运输车队、配送中心、宿舍食堂等152项。建成9栋住宅楼，540户居民喜迁新居。安置职工子女、复转军人就业163人，再就业286人，解决夫妻两地分居66对。发放困难补助、节日慰问金4925万元，并为230人办理社会保险转移手续。

【公司荣誉】 2013年，公司获全国五一劳动奖状等集体荣誉55个、个人荣誉59个，继续保持了新疆维吾尔自治区"精神文明单位"称号。

【社会责任】 为四川芦山、甘肃岷县地震灾区运送油品9600吨，捐款150万元；按照新疆维吾尔自治区党委的安排，选派3名管理干部组成工作组，开展集中宣讲，培训农牧民，捐赠衣物和文化用品，并投入20万元为黑孜苇乡阿依布拉克村修建桥梁。

（王军强）

中国华油集团公司

【概述】 中国华油集团公司（以下简称公司）成立于1998年，经过15年的发展，通过重组整合，优化结构，现已初步形成酒店旅游、物业管理、海外服务、房地产服务、物流贸易和油气合作开发六项业务。成为中国石油唯一一家以酒店旅游和物业服务为主营业务的专业化服务公司。截至2013年底，公司机关下设12个部室，9个二级单位，89个三级单位。员工人数为15751人，其中合同化用工1252人，市场化用工人10058，劳务用工1439人，外籍用工3002人。

2013年，国内外宏观经济环境错综复杂，中央政策调整力度不断深入，市场形势发生重大变化。在这种形势下，公司广大干部员工认真贯彻集团公司决策部署，按照"稳拓荒 精耕耘"的工作思路，沉着应对、奋力拼搏，全力抓好生产经营，确保安全稳定大局。公司经营收入达到160.5亿元，同比增长3.5%，实现利润总额的5.51亿元，公司资产总额达到208亿元，同比增加23.9亿元，增长13.0%，圆满完成集团公司下达的任务指标，较好地延续和保持公司箭头向上的经营态势，为下一步发展创造有利条件。

【主要生产经营工作】 酒店旅游、物业管理和海外服务3项主营业务保持稳定向好的势头。阳光酒店集团，通过输出管理和资产处置，成功签约石家庄阳光酒店，稳妥拆迁处置北京神韵阳光温泉酒店。石油内部市场拓展成效明显，针对公务消费骤减的情况，各单体酒店采取积极措施应对。阳光物业公司成功晋升国家一级物业企业，并被评为"中国物业服务百强企业"。长沙石油大厦通过"全国物业管理示范大厦"项目评审。采用租赁方式，拓展通州、贵阳2个物业项目。广东、昆明2个炼厂物业服务项目也基本取得筹建区和未来厂区的经营资格。昆明石油大厦如期开业投运。2013年，物业就餐服务达到281万人次，同比增长23%。阳光国际公司紧跟中国石油海外发展谋篇布局，服务质量、范围得到进一步提升。成功中标南苏丹5区、1/2/4区、3/7区主营地的物业配餐服务合同，顺利接管阿克纠宾油气公司办公大楼，新增缅甸、厄瓜多尔、塔吉克斯坦等12个配餐项目，配餐收入、利润同比分别增长23%和63%。在乍得、南苏丹、尼日尔等地建成11个约130亩蔬菜种植和养殖基地，各类农产品年产超过720吨。乍得、迪拜中国石油办公基地投入使用，成功购置迪拜公寓楼，埃及阳光开罗酒店装修竣工试营业。圆满完成习近平主席访问哈萨克斯坦期间的接待服务任务。

华铭国际公司稳妥推进莫斯科中国贸易中心项目，完成一号、二号地块规划指标和建设方案审批，取得“土地使用证、土地规划许可证、工程规划许可证和工程施工许可证”中的三证，项目进展获历史性突破。在习近平主席访俄和圣彼得堡国际经济论坛期间，圆满完成集团公司领导团组的接待任务。

贸易、油田开发、房地产3项重要业务取得新成绩。华油实业公司积极应对不利形势，把准市场，有效防范经营风险，改变以往先购后销的贸易方式，以产品代理销售、生产原料委托采购模式运营，2013年销售各类贸易产品520万吨，在收支持平的情况下，利润翻了一番。积极开拓电子、化工等新业务，新项目收入达13亿元。华油房地产公司累计开发建设项目达到10个。涿州项目全部交付使用，兰州“阳光怡园”项目基本清盘。博鳌“阳光海岸”项目主体竣工，景观绿化完成90%。都江堰、广元项目规划方案相继获批，陕西销售、中油济柴住宅项目也基本在握。地产开发业务继续保持储备、在建、销售项目接替运行的有利形势。油气资源事业部在银川、大庆集中建产，累计钻井139口，新建产能7.9万吨，原油产量首次突破30万吨。各油区以油藏精细研究为基础，以动态分析为依据，狠抓注水开发、老井挖潜改造，有效提高油田开发水平。2013年，原油商品量近44万吨，同比增长6%；实现利润7.6亿元，有力保障华油集团整体经营效益的稳定。

【企业改革与管理】 2013年，企业管控更加规范有序。着眼于降本增效和提高运营效率，公司把管理提升的重点放在强化基础工作上。共制修订规章制度20项，改进内控手册流程98个、控制措施187条，制度体系更加完善。继续加强机构设置和岗位编制的控制力度，制定下发机构编制管理办法，规范审批权限和流程。财务预算管理日趋完善，实现ERP系统和FMIS7.0财务信息系统融合上线，全面推行财务集中报销平台应用；完善大司库系统，推动财企直联，企业资金集中度达到95%以上，进一步提高资金集中管理的效益和效率。统一各专业的基础预算报表，经营业绩考核指标更加切合企业实际。各二级单位对外签署合同全部实现网上审批，交易环节实现法律业务全程参与。商标注册及使用日益规范，公司合法权益得到切实保障。信息化建设迈出实质性步伐，所有二级单位和20家三级单位内网接入，视频会议系统实现总部和所有分会场同步转播。决策支持系统在酒店和油田管理领域率先试点，生产和经营数据实时展现，统计分析更加及时精准。银川分公司油田数字化建设工程已覆盖全部生产区域的95%，管理受控程度极大提高。

员工队伍素质稳步提升。始终把以人为本作为发展的核心理念，把提升公司的凝聚力、向心力作为构建和谐企业的重要目标。公司将市场化员工纳入职称评定范围，凝聚人心，提升市场化骨干员工的归属感。公司投入资金改善海外厨师、服务员的薪酬待遇，研究制定海外贡献奖励办法和员工参加各类竞赛奖励办法，首次对员工“五小”成果进行表彰，员工价值和权益得到更多认可和呵护，使企业发展的成果惠及一线员工。为了持续提高员工素质能力，公司举办酒店总经理、职业经理人等各类培训30余期；开展内部培训师资格取证培训和能力提升培训，内部培训师总量达到186人；举办第二届员工职业技能竞赛，272名选手在决赛舞台上崭露头角，为员工队伍的职业能力建设注入活力。坚持推进持证上岗，酒店物业单位695名员工取得初级、中级资质、39人通过高级工鉴定；油气资源事业部在长庆、大庆、塔里木等油区的38名采油工、16名集输工和18名驾驶员通过职业技能鉴定。截至2013年底，公司共3150名员工取得职业技能等级证书，操作服务人员取证率由2012年的24.7%提高到35%；阳光物业累计46名员工获得国家注册物业管理师资格；阳光国际完成两期共34名外籍厨师培训并对991名厨师、服务员进行分类分级。苏丹、哈萨克斯坦等单位有4个配餐项目本土化率达到100%，7个项目达到95%以上。

教育实践活动成效突出。按照中央、集团公司总体部署，围绕“四风”问题和近年发展中存在的薄弱环节，分别以物业、酒店、国际三大核心业务为教育实践活动3个环节的样板单位，通过标杆示范，全面提升活动的质量和效果。在听取意见环节，针对各单位提出的3931条意见建议，公司党委和各二级单位党委认真查摆问题，召开高质量的专题民主生活会，层层制订整改方案，修订完善相关制度，整改工作逐项展开落实。特别是在改进文风会风、精简检查评比、厉行勤俭节约等方面取得突出成效。会议数量同比下降12.9%，文件简报同比减少24.9%，业务招待费同比降低43.8%，活动所有环节都得到了集团公司第13督导组的充分认可和高度评价。公司党委围绕为民务实清廉，持续加强党建思想政治工作，不断丰富和活跃公司企业文化。先后组织开展“重温建党伟业 共创阳光梦想”系列活动和“书记讲党课”活动。近千人参加反腐倡廉测验答题。团委开展义务植树和爱心捐赠图书活动，举办首届“阳光梦”青年创意大赛。在教育实践活动中，将典型人物和事迹制作成学习宣传片，通过网络进行深入宣传学习，使广大党员干部的思想和行动进一步统一到公司党委要求和中心工作上来。

【安全生产】 2013年，公司把安全生产作为头等大事，以HSE体系建设为主线，以落实HSE责任制为重点，持续加大安全检查审核力度，扎实推进应急能力建设，狠抓新改扩建工程现场安全监督和承包商安全管理。强化责任、严格监管，共检查审核基层单位39家，形成安全检查审核报告45份。按照集团公司要求，在6月、12月统一组织开展2次覆盖全系统范围的专项安全生产大检查，领导班子成员亲自带队深入基层抽查。在国内洪涝、台风、地震期间，在南苏丹、埃及等地安全局势不断恶化的情况下，未发生任何安全生产亡人事故，确保安全形势平稳。

（陈云香）

华油北京服务总公司

【概述】 2013年，华油北京服务总公司（以下简称公司）牢牢把握稳中求进的总基调，着力“转作风、促服务、重党建、强管理、增效益”，整体规模实力、创效能力和可持续发展能力不断提升，综合性高端物业公司建设取得重大进展。公司设7个机关处室、12个下属单位、1个托管单位，现有员工1818人。2013年服务满意率达到99.03%。

【服务保障】（1）重点工程进展顺利，规模和质量实现新跨越。中国石油科技园A34钻井工程研究院已经入驻；A29数据中心完成消防验收；A16国际交流中心主体结构封顶，外立面封闭；A42石油化工研究院完成二次结构砌筑，市政工程收尾；A45北京石油机械厂和物业服务项目开工建设。A12、A34、A29、A42项目分别获得北京市建筑长城杯金奖、国家优质工程奖、结构长城杯金奖、数据中心专业设计奖等多个荣誉称号。科技园建设得到集团公司和北京市领导的高度评价。六铺炕危改项目取得积极进展。完成危改区域普测、现场踏勘和规划设计初步方案，为项目顺利实施奠定基础。小型工程高质量完成。完成六铺炕办公楼屋面防水更新、塑钢窗安装、中央空调系统冷却塔更新等9项工程，改善办公条件。完成城内平房院维修改造，民族园、牡丹园6部电梯更新，黑芝麻胡同“煤改电”等工程，消除安全隐患。

（2）着力打造精品服务，华服品牌影响力进一步提升。公司各单位深入开展“质量精品年”活动，践行“满意＋惊喜”服务，服务水平在高位运行。华服高新物业公司凭借高品质的服务、高水平的管理和高标准的要求，打造服务精品，取得物业服务企业二级资质，获北京市物业管理五星级示范项目、全国物业管理示范项目。华服鑫融物业公司进一步整合资源，成立六铺炕客服大厅，提高服务效率；金亚光大厦紧贴用户需求增加服务项目，获得业主好评。华服丰尚物业公司将客服部、工程部整合，优化服务流程，实施对标管理，提升服务层级，管家式服务有口皆碑。生活公司输出管理模式，陆续接管物资公司和勘探院2个餐饮服务项目，就餐单位增至58家，日就餐人数超过9000人。中油宾馆实施“提升、创新、品牌”战略，改造会议、供热系统，更新空调、电视等设施，入住率显著提高。房产处充分发挥专业管理特长，办理近亿元住房公积金和住房补贴无一差错，房产、人防工程管理工作始终走在中央国家机关前列。机关车队公务车辆全年行驶近200万千米，安全运行无万元以上事故累计突破1200万千米，连续5年获“北京市交通安全先进单位”称号。行政处精简组织机构，整合服务平台，优化服务流程，做精、做细、做实行政服务，获“爱国卫生先进单位”、“人口与计划生育先进单位”等多项荣誉称号。通信处完成伊朗、迪拜、休斯敦等海外项目通信系统建设，“三厦两地一网”安全平稳运行，电路畅通率、设备完好率、服务满意率均超99%。文印处勤勉敬业，高质量保障总部机关和专业公司文件印制，获“中央企业公文评选优秀公文奖”和“无差错奖”。幼儿园积极开展幼儿特色教育，努力打造幼教精品园、放心园，获第十届“星星火炬”中国青少年舞蹈比赛特等奖，加盟全国妇联“心系好儿童”组委会“健康小天使”艺术团。门诊部秉承“人才立医、服务兴医、特色强医”方针，积极推进“健康工程”，获“北京市全民健康生活方式行动示范单位”称号。退管中心坚持五必访，针对老同志需求优化各项服务，积极开展“六个一”活动，为退休职工搭建沟通与交流平台，确保离退休职工队伍和谐稳定。公司机关以党的群众路线教育实践活动为契机，切实转变作风，积极改进文风、会风，加强督查督办力度，服务水平和办事效率明显提高，出现务实清廉的新气象。

（3）努力提高经济效益，经营形势稳中向好。认真贯彻落实集团公司保增长、保效益要求，注重规模发展与质量效益有机统一，大力开展开源节流、降本增效，经营形势根本好转，经济效益稳步增长。华服高新物业公司办公物业费收取率达到100%。华服丰尚物业公司办公、住宅物业费收取率达到98.41%。华服鑫融物业公司按照“分类对待，重点突破”原则，加大收费力度，办公、住宅物业费收取率达到91%。生活公司以优质餐饮品牌开拓新市场，取得新效益。房产处盘活有效资产，超额完成任务。门诊部调整经营模式，开展特色诊疗，完成门诊量7.16万人次。幼儿园充分利用国家政策支持，积极争取教委和政府各项补贴750万元。通信处为节省高昂系统升级费用，自力更生完成相关网管系统部署，节约维修资金24万元。机关车队内强管理、外拓市场，年度节余经费130万元，同比增加102万元。中油宾馆着力开展“网络、会议、餐饮”营销策略，客房出租率同比增加4%，营业收入3900万元，实现扭亏为盈，净利润90万元。科隆公司继续巩固传统产品，牢牢抓住外部市场，实现营业收入3097万元，净利润76万元。

【基础管理】 2013年，公司着力加强制度建设、标准化建设，深入开展管理提升活动，规范化、精细化、科学化管理水平不断提高。（1）完善企业标准体系，实现管理规范化科学化。参照北京市住宅物业服务五级要求，组织3家物业公司和9家服务单位制定10类服务规范，实现服务标准全业务覆盖、管理标准全流程覆盖、工作标准全岗位覆盖。更新完善各项规章制度，制修订投资、招标、合同、采购等制度19项。编制完成《公司2013年风险管理报告》，制订公司风险管理推广计划，认真开展内控体系测试，体系运行健康有效。（2）深入开展对标管理，切实提升精细化管理水平。在制定企业标准的基础上，注重执行和落实，开展“两整两清”评比、管理诊断下基层和“服务示范窗口”创建等活动，依据标准逐项对标检查。积极推行全成本核算，集中报销信息平台上线运行，有效控制运行成本，提升财务管理水平。强化经济责任和管理效益审计，2013年开展审计项目31项，工程结算送审金额2322万元，审减150万元。合同管理和物资采购系统全面应用，实现投资控制关口前移。全年招标13项，中标金额6457.65万元，节约资金169万元。积极推进档案管理工作，馆藏档案数字化率达到72%，超额完成年度目标；档案评定等级由D级晋升为B级，档案管理水平整体迈上新台阶。进一步突出服务主业，做大、做强、做优物业板块，发挥资源规模优势，实施物业公司业务整合。2013年12月31日，华服高新、华服丰尚和华服鑫融3家物业公司整合为北京华服物业管理有限责任公司。实施内部整合，实行财务统一、人事统一、物资统一、运营统一，集纳有利资源，发挥区域优势。（3）不断强化安全基础，实现“三零”目标。强化责任落实。组织召开安全会议，对全年工作进行部署。组织制订并实施领导干部“个人安全行动计划”，积极推进“有感领导”，形成各级领导亲自抓安全，带头要安全的良好局面。实施设备设施专业化管理。出台专项管理办法，设立专职岗位人员，建立设备和操作人员管理台账，完善设备基础数据。组织开展“达标设备机房”评比活动，34个机房达标，达标率67%，5个机房获“标杆机房”称号。开展形式多样的安全监督检查。坚持自查与综合检查、常规与突击检查、全面与重点检查相结合，加大检查频次，扩大检查范围，细化检查内容，全年共下发HSE整改通知35份，对涉及交通、消防和设备设施等96个安全隐患进行限期整改，及时消除安全隐患。持续推进QHSE体系建设，着力加强应急管理。顺利通过质量监督审核和HSE再认证，取得QHSE认证书，体系运行持续有效。以“安全生产月”、“质量月”专题活动为载体，强化应急管理，开展各级各类应急演练26次，参演人数超过2000人次，提高有效防范和处理突发事件的能力。

【队伍建设】 认真开展“五定”工作，在严控组织机构、精简岗位编制、强化专业管理、公开选拔干部以及人事制度配套改革等方面进行大胆尝试。强化机构编制和领导职数直接控制，人工成本间接抑制；坚持选人用人标准，打破人才使用的身份界限；建立“能上能下”和“能高能低”的用人机制，疏通人才成长道路。充分论证、稳妥推进业务外包工作，用工管理不断规范。大力开展业务培训。举办领导力和执行力培训班，提升中层干部职业素养和执行力水平；坚持面向一线操作服务岗位，开设技师、高级技师和技能骨干讲坛，举办维修电工、楼宇智能控制和接待礼仪等系列培训。以考代训、以考促训，开展技能专家、骨干评选和首轮职业技能鉴定，有效推进职业化队伍建设，为企业发展奠定人才基础。

（韩淑静）

北京石油管理干部学院

【概述】 北京石油管理干部学院（简称学院）是集团公司高级培训中心，同时也是集团公司党校，主要职能是为集团公司及其下属企事业单位提供中高层管理干部培训服务。学院成立于1984年，占地92亩，建筑面积8.5万平方米。学员宿舍1063间，床位1497个，教室50个，座位2743个，具有1200人/日培训能力。

截至2013年底，学院资产总额为7.53亿元，其中固定资产为4.93亿元，合同化用工156人，市场化用工90人，劳务派遣用工200人。具有高级专业技术职务任职资格的有63人，其中教授级9人。

2013年，学院紧紧围绕全面提升培训质量这条主线，加强和改进教学工作，深化管理提升活动，扎实开展党的群众路线教育实践活动，有力推动学院培训教研工作、综合服务工作和党建思想政治工作的全面发展。

【培训工作】 2013年，累计举办培训班349个，同比增加55个，增长18.7%，培训学员16443.7标准人次（1标准人次为1人15天或1天15人），同比增加506.3标准人次，增长3.2%（表4）。党校圆满完成了集团公司第59期和第60期党校班的培训任务，协助完成了国务院国资委党校班等培训项目。远程培训全年在线学习达到75.6万人次，登录达到84.6万人次，自主录制了74门课程，首次为5家海外公司提供远程培训项目服务，培训员工553人次。

表4　2013年培训项目数据汇总表

序号	项目类别	培训班次	培训人数	标准人次	标准人次比例（%）
1	集团公司计划内A类项目	4	347	1870.2	11%
2	集团公司计划内B类项目	25	2583	4311.6	26%
3	集团公司计划外项目	30	3293	1382.3	8%
4	企业委托项目	144	7549	3689.9	23%
5	国务院国资委委托项目	14	1683	1747.5	11%
6	其他企事业委培项目	100	6637	3176.4	19%
7	会　议	32	1612	265.8	2%
总　计		349	23704	16443.7	100%

【教学科研工作】　通过实行教学体制机制改革，有效推动教学水平整体提升，专职教师授课质量测评优秀率为94.46%，同比提高15.16%；优良率为100%，同比提高1.5%。完成培训课程设计50多个，质量测评优秀率为100%，同比提高4%。班主任工作质量测评优秀率为95.6%，优良率为100%。首次中标鲁迈拉培训基金在华培训管理类项目，国际化培训迈出第一步。初步形成“国际化人才培训课程体系”和“领导力课程体系”，经过严格审查有338个教学专题进入教学名录，有100多名石油系统专家和300多名系统外专家进入学院兼职教师师资库。承担10项集团公司和企业科研课题，其中新立课题2项，有5项已经通过了结题验收，其中，人才所承担的集团公司“新形势下企业离退休服务管理模式及实现途径”课题荣获中共中央组织部老干部局2013年度老干部工作调研成果一等奖，学院承担的“中石油企业文化传播与践行研究”课题被评为集团公司优秀课题。公开发表论文30多篇，主编教科书1本，完成了托福辅导教材的编写。对学报编辑委员会进行了调整，《学报》、《中国石油财会》和《石油教育》办刊质量明显提高，影响力进一步扩大。

【管理提升活动】　按时完成管理提升活动第二阶段工作，结合实际制订并实施了第三阶段工作方案和推进计划。以加强基础管理规范化、制度化、体系化建设为重点，先后建立完善了45个制度、标准和流程，有效提升学院决策和管理科学化水平。扎实开展以基础安全管理为内容的管理诊断下基层工作、“安全生产月”和安全大检查活动，组织专题安全教育、专家咨询、安全知识宣传和应急演练，对消防器材、设施设备等进行全面检查、维护和更换，对所有教室设计安全平面疏散图，所有楼道张贴安全标识，强化安全目视化管理。

【班子和队伍建设】　修改完善《学院领导班子工作、会议制度》、《学院“三重一大”决策制度实施细则》等一系列规章制度，规范领导班子议事决策规则和程序，确保科学、民主、集体决策。认真组织领导干部述职述廉和个人事项报告等工作。按照程序公开选拔任用1名院长助理、4名处级干部和4名科级干部，对教学和后勤部门的部分干部进行交流调整，完成6名大学毕业生的转正定级工作。圆满完成集团公司北京考区2个考点、118个考场、2565名考生参加的职称考试组织工作，1人通过初级职称评审，2人通过中级职称评审，推荐1人参加集团公司高级职称评审，先后派出员工36人次参加集团公司和地方组织的专项业务培训。

【基础设施建设】　完成学院高清视频会议分会场建设项目，集团公司在学院召开现场会进行推广；改造新增300个网络教学座位；制订10个教室1350个座位的教学异地同步系统建设方案，先行完成3个教室的试点工作；完成联通和移动手机信号全覆盖工程；正式启动学院培训管理信息系统、院区信息发布系统、院区一卡通系统、虚拟化计算机教室建设等多项信息化建设项目。先后完成学员室外体育场的后期改造任务，部分采暖管线更换和排水管线改造任务，公寓C座园林文化广场绿化任务和公寓C座屋顶学院标识安装任务；启动公寓C座新增电梯工程施工，完成东门改造准备工作。

【宣传思想政治工作】　组织开展向“大庆新铁人”李新民学习活动。开展“管理提升、岗位创优，以优异的成绩迎接建院三十周年”主题活动和“双十”全员读书活动。对学院文化理念进行广泛征集提炼，形成《学院文化手册》和文化环境建设初步方案。制定《学院宣传工作制度》，改版学院门户网页，充分运用院网进行工作和典型宣传，凝聚学院发展正能量。调整充实工会委员会，开设工会独立账户，组织开展岗位练兵、强身健体及节日慰问活动。选配调整团总支委员，组织4次“共青团小课堂”授课活动，为青年成长成才创造条件。帮扶困难和生病员工38人次，列支帮扶资金10.15万元；员工和党校班学员积极向四川芦山地震灾区捐款献爱心，共捐赠善款74105元。

（褚林涛）

中国石油报社

【概述】《中国石油报》是经中共中央宣传部批准，集团公司主管、中国石油报社（以下简称报社）承办的集团公司党组机关报。报社于1986年3月18日组建，1987年1月7日创刊。《中国石油报》以百万石油职工为主要读者，面向集团公司内外公开发行，报道石油天然气勘探开发、炼油化工、管道运输、油气销售，并涵盖相关产业。报纸现为对开八版、周五刊彩色印刷。按照集团公司要求和主管部门委托，报社还承办《石油商报》、《汽车生活报》、《石油画报》、《石油政工研究》、《地火》、《新闻之友》等刊物和中国石油新闻中心网站，形成中国石油报系"四报十五刊两网"全媒体格局，年出版各类新闻产品1300多期，四报发行量近90万份，发稿7万多条6000多万字；石油新闻中心网站年访问量超过1.6亿次。中国石油报品位价值不断提升，影响力不断扩大，2013年获得"全国百强报刊"，并连续2年获得"金长城传媒奖"。报社还负责中国石油新闻工作者协会和中国石油作家协会的日常事务性工作。

中国石油报社的机构由2011年的30个整合到18个。现设有计划财务部等机关部门3个，新闻采访中心等主报编采部门8个、子报2个，生产经营后勤部门5个。同时，报社在全国设立了66个企业记者站和区域记者站，196名驻站记者；在伊拉克、苏丹等海外项目设立了7个海外记者站。全社现有员工将近400人，采编人员中本科及以上人员占86.01%。其中，博士1人、硕士45人、本科104人。

【报纸工作】 2013年，在党组坚强领导下，按照党组领导要求，我们全面履行职能，全力以赴办好《中国石油报》，圆满完成各项任务。

（1）加强舆论导向管理，创新舆论风险管控，服务中心工作能力进一步提高。坚持《把握舆论导向十二条》、《新闻导向四问》和时政新闻"按规定、按惯例、按效果"三原则，加强新闻策划，提高思想性、新闻性、可读性；发挥石油时评"旗帜"作用，搞好深度报道，用行业视角透视石油步伐，用社会语系解读石油脉动，用新闻引领企业发展。"石油记者基层万里行"活动中，记者深入基层一线、深入火热生活、深度报道石油，写出了《钻井总承包催生"鸭儿峡"现象》等优秀作品。"管理提升纵深行"报道全年97期，刊发相关稿件1200多篇、国内外典型管理案例50多个，《管理提升案例集萃》在集团公司工作会上深受好评。

建立健全舆论风险识别、控制和引导体系，"人防"、"技防"相结合。在集团公司新闻办指导下，与人民网、新浪网等有影响力网媒建立战略合作，网络新闻部三班倒24小时不间断监测，并将监测扩展到国外网站，做到网络监控全天候全覆盖，第一时间发现并处置。全年监测发现涉及中国石油的报道6.6万多篇，处置重要舆情近百起，协助国务院国资委和主流网络媒体发稿204篇，形成舆情报告近百万字。

（2）加快全媒体产业链建设，推进石油新闻宣传转型升级，传播能力显著加强。初步形成了涵盖石油手机报、手机网、官方微博、官方微信、数字传媒终端、新闻客户端软件（APP）、石油报（印刷版）和新闻中心网站"八位一体"的全媒体格局。在重大报道中，主报与新媒体有序衔接，即时互动。2013年，石油新闻中心网站外媒转载量同比增长超过100%，手机网日均访问量持续上升；数字传媒阅读终端发行近千台，集团总部和企业领导每天可通过数字传媒第一时间读到石油报数字版和石油资讯。引进多语种人才，积极构建全球化石油信息采集系统，组织翻译国际能源新闻83期。

《金秋周刊》充分发挥离退休工作平台作用，坚持"姓党、姓油、姓老"的办报特色，全年出版49期，每期发行量53.2万份，把党组关怀直接送进老同志家里。《石油商报》扎根石油，面向能源行业，以专业资讯的价值提升打造"影响能源的力量"，社会媒体转载率大幅提升。《汽车生活报》立足车，关注人，通过品牌活动进一步扩大影响；《中国石油画报》、《石油政工研究》、《新闻之友》、《地火》等期刊，创新表现形式，进一步增强了石油文化影响力。

（3）坚持开门办报、群众办报，推进本部与记者站业务一体化建设。切实践行"走转改"，建立了西部、大庆、陕西、上海和大连5个区域记者站，记者编辑共21人次长驻企业密集地区深入采访，观察深入一线、策划深入一线和历练培养深入一线，写出了《井场奔来“回头马”》等一批接地气的作品，读者反映“石油报越来越亲切了”。以石油报为主阵地做好集团公司教育实践活动宣传报道工作，累计52期，刊发稿件1700余篇，《教育实践活动特刊》被很多单位选为学习材料。

以“重点报道选题机制”为抓手，将提升报道品位价值的工作重心向采编组织环节前移，加快推进本部与记者站业务一体化建设。目前，企业重点报道选题在采编一体化沟通平台申报，年交流重要业务信息近万条。记者站申报三级以上选题623件，50%列入重点报道计划，213件刊发在《中国石油报》一版等重要位置。

（4）提升新闻宣传服务质量，报纸影响力进一步增强。加大报企融合发展力度，提供高水平新闻服务，为中国石油勘探开发公司、润滑油公司等10家单位编辑出版了《海外油气合作》、《昆仑星空》、《广西石化》等10余种报刊。

2013年6月，承办国务院国资委组织的“央企人·中国梦——最美一线工人故事会”活动，40多家中央主流媒体及中央企业媒体联盟单位参加，讲述“最美一线工人故事”。由集团公司主办、报社承办的“全国见义勇为英雄司机”评选已开展十年，累计7000万张选票先后评出547名英雄司机，影响力持续扩大。

2013年9月上旬，习近平主席访问中亚、俄罗斯，集团公司主要领导随行，《中国石油报》组织5期内容厚重的专题报道和1期《能源新丝路特刊》，及时报道高访团推动油气合作的情况。仅9月，报纸出版26期，先后报道中央领导出访等重大活动6次，集团公司领导重要新闻40多条。从8月底到11月，《中国石油报》发布重要新闻近百篇，未发生一例让外界误解误读；积极做好新闻推送和二次传播，社会媒体关于中国石油正面、积极的报道，95%以上内容都转载或全文引用《中国石油报》，增强了正面声音。

【经营工作】 2013年，管理提升工作全面超额完成集团公司规定的指标，受到集团公司领导的充分肯定。首次对固定资产进行全面盘点，实现闲置资产有效利用，解决审计的遗留问题。从2013年开始，与下属各个单位进行预算对接工作，在充分征求各单位意见的基础上，提高各单位对预算的接受程度，使预算可控性增强。

在国内主流媒体和都市报普遍出现大幅亏损情况下，报社加强新闻服务，提高服务质量，完成年初目标。

进一步优化发行结构，精准发行、有效发行，保障和服务关键读者，关注有影响力的人。每期发行给中央领导和国务院各部委685份，其中112份进中南海。对系统内的订阅空白点进行集中排查，统计整理《中国石油报》和《金秋周刊》集订分送资料49万余条，积极开展发行投递协调，发行到位率由85%提升至98%。

【企业管理】 坚持不换频道，持续推进全员量化管理，逐步形成以“三抓一树”（抓干部、抓作风、抓管理、树形象）和“诚信体系建设”为根基，以“岗位优化、全员述职上岗”为方法，以“一干六支”为主体的持续改善型管理体系。2013年完成物业管理中心、计划财务部、网络新闻部、记者通联部和新闻培训中心5个系统100人的“岗位优化、全员述职上岗”，提升管理水平。

继续加强学习型报社建设，举办了国际文化和新闻传播培训班、哲学研修班等培训，着力培养高素质、专业化的人才队伍。国际文化和新闻传播培训班随堂听课人员达120多人次。哲学研修班共举办15讲，邀请中央党校、北京大学等知名专家，结合三中全会精神等开展讲座。

2013年还先后举办了4期新闻业务骨干、石油媒体负责人及新闻单位负责人参加的培训班，总计382人次，提高了石油新闻宣传队伍的整体素质和服务集团公司中心工作的能力。

【业务研究】 2013年，进一步强化对具有针对性、倾向性、苗头性、代表性问题的系统分析研究，做好石油内参、石油资讯等工作，增强“智囊”作用。

报社牵头开展的《中国石油企业文化软实力建设》和《中国石油企业品牌形象建设及声誉管理研究》课题顺利推进。其中，《中国石油企业文化软实力建设》主报告达8万多字，研究涉及国内外16个知名企业管理案例，形成了800多页附件材料，积极服务中国石油战略发展。

报社积极探索大数据时代，突破传统思维模式、转变新闻生产和传播方式，加快数字化、国际化建设的步伐。数字化、国际化是《中国石油报》转型升级的两个翅膀，是石油企业实现跨越发展的重要保障。新的历史条件下，报社将推进传统媒体与新媒体融合发展，努力把《中国石油报》建成在亚太地区有影响力的能源传媒，为企业提供高质量的信息服务和强有力的智力支撑。

（柳海英）

石油工业出版社有限公司

【概述】 石油工业出版社有限公司（以下简称出版社）是集团公司主管的中央级专业出版社，2011 年 3 月由石油工业出版社转企改制建立，为集团公司全资子公司。出版社下设 5 个机关职能部门和 13 个业务部门，人员编制 240 人。2013 年，出版社坚持“姓油为油、开源节流，管理提升、稳中求进”方针，以质量和效益为中心，深入开展“管理提升年”活动，各项工作稳中有进、稳中有为，取得新的成绩。全年完成出版物品种 1608 种，出版码洋 4.7 亿元，全年实现总收入 2.86 亿元，其中，主营业务收入 2.4 亿元，实现利润 430 万元。资产总额达到 7.74 亿元，同比增长 16.7%。

【出版工作】 2013 年，出版社紧扣“姓油、为油”定位，积极转变发展方式，继续做大石油科技图书、做强石油教材、做优大众图书、做实数字出版，图书出版工作不断加强，编辑部门加强自主策划，组织重大出版专项和重点图书，图书出版规模保持稳定，重点石油科技图书、石油教材、社科图书、辞书工具书、数字图书、版权贸易 6 项出版工程取得新进展。

石油科技图书出版围绕重大出版专项和出版服务项目，加强组织策划，提升精品图书和大码洋图书在图书出版结构中比例，图书规模保持稳定增长，推出《水平井体积压裂改造技术系列丛书》、《中国石油勘探开发百科全书（精要版）》、《中国沉积学（第二版）》、《石油工程行为风险控制手册》、《钻井手册》等一批重点图书。

石油教材出版坚持“做强石油教材、突出质量效益”原则，以满足市场需求和提升服务质量为导向，着力打造长销书和畅销书。院校教材狠抓组稿环节，全年组织规划教材研讨会 18 次，研讨 49 个规划教材品种；培训教材对接企业培训，开发出版“岗位练兵”系列培训教材 22 种；鉴定类教材加强市场调研，撰写职业技能鉴定培训教材开发修订方案，为集团公司新一轮鉴定教材开发建言献策。

大众图书出版积极调整图书结构，通过外抓社会市场，巩固拓展英语板块、文学板块和员工励志板块，保持既有市场规模。大众文学类板块不断推陈出新，进一步拓展《阅读大中国》系列书的广度和深度；青少年教育板块以“弘扬主旋律，唱响中国梦”为牵引，推出《学生正能量阅读》等好书；通过内抓石油市场，做好党建、企业文化、石油经管、思想政治和法律等石油大众图书出版。

标准出版工作通过加强内部管理，强化岗位责任制，提高工作效率，使标准的出版品种和出版码洋持续稳定增长，出版周期基本控制在两个月内。年鉴出版工作加强顶层设计，完善运行机制，注重工作细节，坚持质量第一。期刊出版工作围绕石油石化热点难点问题，提升策划能力，推进期刊改版，作为国际通行期刊评价指标的影响因子逐年增大。版权贸易围绕重点图书和系列丛书引进开展工作，全年引进国外版权图书 36 种，输出版权图书 4 种；组织参加第四十二届英国伦敦书展、第六十五届德国法兰克福书展和澳大利亚墨尔本书展，取得重要成果。石油数字出版平台项目第一期平台搭建及数字图书资源准备工作完成，集团公司技术有形化手册出版工作进展顺利。

精品图书大量涌现，图书出版质量进一步提升。《超低渗透油藏勘探理论与技术》入选国家新闻出版广电总局第四届“三个一百”原创图书出版工程；《天然气工程（第三版）》和《石油炼制工程（第五版）》入选“十二五”国家重点图书出版规划；《石油工业概论（第二版）》等 16 种教材入选国家“十二五”高职规划教材；《液化天然气项目管理手册》等 8 种图书荣获 2013 年度全国石油石化企业管理现代化创新优秀著作一等奖、二等奖、三等奖；《油矿地质学（第四版）》等 4 种教材被评为北京市高等教育精品教材，《油气储运设施腐蚀与防护》被评为陕西省普通高校优秀教材一等奖。《石油石化生产作业典型“三违”行为辨识手册：油气田开发》荣获“2012—2013 年度全行业优秀畅销书”奖；《中国石油天然气集团公司年鉴》（2012 卷）荣获第七届全国年鉴编校质量检查评比特等奖；引进版图书《能源重塑世界》、《油藏地球物理方法与应用》，输出版图书《实用井控手册：现场井控装置隐患辨识及对策（图文本）》分获第十二届全国引进版、输出版优秀图书。

【经营工作】 2013年，出版社突出质量和效益，按照“做稳图书营销、做好创意经济”的工作思路，全面布局和协调经营工作，经营工作呈现稳步发展态势。图书营销工作把完善和加强发行渠道工作作为实现“做稳营销”第一要务。全年实现图书销售码洋8640万元，其中石油类图书及标准销售码洋4440万元，大众类图书销售码洋4200万元。出版社全年实现图书出版收入4759万元。展览展示坚持“走出去、走下去、走进去、走到位”，圆满完成第五届全国沉积学大会展览宣传、第十六届“渝洽会”中国石油展台、中哈高层访问天然气管道模型等集团公司大中型展览、会议服务项目25项，实现经营收入2887万元。彩色图文印刷积极推进海德堡印刷线建设、装订设备引进、纸库建设、按需出版印刷项目建设4项工程，全力保障《中国石油员工基本知识读本》（以下简称《员工读本》）等重大项目，高质量完成世界石油技术年会所有资料等一批重要出版项目的设计排版、印制加工等任务，实现经营收入4830万元。

出版社圆满完成第五届全国沉积学大会展览、专题片制作和图书宣传展示任务。彩色图文中心被北京印刷协会评为“北京市质量管理先进企业”，19种图书荣获北京市“2012年度印刷出版物优质产品奖”。

【组织建设】 转企改制后，为适应新的发展形势，出版社及时进行组织机构调整。2013年5月，将经营管理处更名为企业经营管理处，进一步明确计划财务处、企业经营管理处的职责划分。2013年12月，为切实做好石油教材出版工作，进一步落实“为石油工业服务，为广大石油职工服务”的办企宗旨，以原石油教材出版中心为基础，组建成立石油教材出版分社，主要职责是严格执行国家的出版方针、法规和出版社图书出版各项规定，负责编辑出版各类院校教材、培训教材、技能鉴定教材等出版物。石油教材出版分社下设院校教材编辑部、培训教材编辑部和鉴定教材编辑部。

【企业管理】 2013年是出版社的管理提升年，管理提升活动全面推进，管理工作持续加强。管理工作突出“业务引领、协同推进”，信息化建设得到加强，石油出版ERP项目不断完善，单书核算取得实质突破，办公自动化项目正式上线。制度建设体系进一步完善，图书出版管理、质量管理、合同管理、预算管理、招标管理、安全生产、后勤保障等基础管理工作进一步加强。在国家新闻出版广电总局图书质量抽查中，出版社送检图书编校质量合格率100%，企业管理工作取得实效。

（1）图书出版管理水平显著提升。各编辑部门加强图书出版计划性，月度申报和检查通报制度保证了出版项目符合率与完成率；借助ERP管理平台，单书核算取得实质性突破，6000多万元销售回款全部进入单书项目；期刊整合工作得到主管部门认可和支持，进入操作层次。

（2）精细化管理水平进一步提高。积极推进大司库建设，明确资金计划编制和报送方法；开展管理制度修订宣贯工作，强化和规范资产管理、合同管理和招标管理，开展财务基础工作培训；持续开展“开源节流、挖潜增效”活动，开好、用好增值税发票，全年降低税负成本70万元以上，全面启动和推广“集中报销”工作，规范会议费、业务招待费、差旅费、办公费等费用支出。

（3）预算与考核工作取得重要进展。定位于整体发展目标，科学分解成本和各项指标，预算管理工作积极主动；实行差异化考核，实行季度预考核、年底总考核，考核结果与部门效益直接挂钩，新的考核办法已经成型。

（4）信息化管理水平进一步加强。图书运行全流程纳入ERP系统审批与管理，图书出版实现数字化管理，图书编辑、出版、发行、财务、储运、办公决策等出版环节的业务办公实现全平台共享和实时数据查询，为图书出版和营销决策提供数据支持，为出版社全流程、一体化业务处理提供技术支持，提高了图书出版效率和管理水平。办公自动化系统成功上线，无纸化办公取得突破。

出版社被中国企业文化研究会评为“改革开放35周年企业文化竞争力优秀单位”。

【送书工程】《员工读本》印制配发是集团公司送书工程第二阶段的重点工作。面对150多万套丛书的印刷任务，出版社精选社会纸厂和印刷资源，严格考察社会纸厂和印厂资质、设备和实力，通过招投标，确定山东、江苏两家纸厂，北京、哈尔滨、大庆、乌鲁木齐、成都、西安6个地区印厂。出版社领导分赴各地区承印厂实地调研，抽检印装质量，查看印装流程。协调保障组和各地区工作组克服重重困难，按照《配发工作实施方案》，认真落实《配发资金预算》和《配发工作管理办法》，强化质量监控，与各企业单位密切协作，保证《员工读本》及时配送到指定单位。截至2013年4月底，155.53万套全部完工并配送到指定单位，为集团公司5月20日正式启动的“双十”全员读书活动提供了保障。

《中国石油企业文化辞典》（以下简称《企业文

化辞典》）是送书工程第三阶段的重要任务。编辑出版《企业文化辞典》丛书是集团公司企业文化建设的重要举措。出版社高度重视，积极协助集团公司思想政治工作部组建《企业文化辞典》专家组；增设《企业文化辞典》组稿工作组，抽调资深编辑作为工作组成员；先后9易其稿，形成6万余字的《企业文化辞典企业分册编撰手册》，为各单位提供编撰工作规范性依据。积极摸索“远程电话摸底、集中会议解答、QQ即时沟通”三位一体编撰工作推进模式，先后在北京、辽河油田、西北和西南地区召开编撰工作推进会，保证编撰出版工作顺利推进。

（李银涛）

中国石油审计服务中心

【概述】 中国石油审计服务中心（以下简称中心）组建于1990年，是集团公司从事企业内部审计工作的专业机构，正局级建制，业务上接受集团公司审计部领导。依照法律法规及集团公司有关制度规定，行使内部审计监督职能，向集团公司党组领导、管理层及有关部门通报审计情况，提出制定和完善相关政策的意见建议。

中心下设15个处级建制，其中审计处室9个：勘探与生产审计处、工程技术审计处、科研与事业审计处、管道与天然气审计处、基建与投资审计处、炼油与化工审计处、销售审计处、国际合作审计处、信息技术审计处。机关、后勤处室6个：办公室（党委办公室）、人事处、审理处、计划财务处、党群工作处、后勤服务中心。截至2013年底，在册人员167人，其中具有高级技术职称44人，中级技术职称75人，具有国际注册内部审计师、注册会计师、注册税务师、注册造价师等执业资格的51人，博士研究生2人，硕士研究生16人，本科学历115人，形成了专业结构基本合理、具有一定规模的内部审计专业队伍。

【审计工作】 2013年，中心完成各类审计项目76个，工作效率和揭示问题的层次有所提高，审计影响力有所增强。审计发现各类管理问题141项，撰写审计要情6份并上报集团公司，党组领导高度关注并做了重要批示。中心注重在审计实践中总结经验、摸索规律，11篇论文获评中国内审协会石油分会优秀审计论文；在各类期刊发表论文11篇，其中1篇获得“全国石油石化企业管理现代化创新奖”；完成了8个业务板块审计指南的编写和修订；《中国石油审计》办刊质量有所提高，加大了在中国石油官网的宣传力度。

1. 加强审计项目组织领导

主要领导直接听取项目汇报，提出指导性意见，强化问题定性，加大问题处理力度。分管领导深入一线带队，现场指导，及时调整审计思路和方法，促进了审计质量和效率的提高。审计组按时召开审前、审后业务分析会，会后向审计部汇报项目情况，及时分析总结，达到了提炼经验、弥补不足、以利再战的目的。

2. 尝试项目运行新模式

探索审计项目运行管理新方式，统筹考虑审计计划、处室专业定位和工作量平衡等因素，合理配置审计资源。“1+N”项目审计模式初步形成，以经济责任或管理效益审计为主，兼顾安全环保等多个专项项目，探索一次进点、协同审计、分别报告的组织方式，既提高了审计效率，又锻炼了审计队伍。基建项目实现了组织形式、审计方法的突破，通过购买服务的方式，取得了工程结算审计质量和服务的良好效果。

3. 提高现场审计管理水平

以审计组长为核心，加强与被审计单位沟通，发挥内部审计“一审、二帮、三促进”作用，客观务实挖掘分析问题产生根源。关注被审计单位生产工艺流程和内控风险点，有效把握审计查证的方向和深度。

4. 注重审计成果综合利用

梳理勘探与生产等8个业务板块历年审计发现的重大问题，揭示出10个方面的重大风险。各审计业务处室发挥专业优势，加强风险分析研究，向被审计单位和集团公司有关部门提出审计管理建议，促进审计成果及时利用和有效转化。建立审计业绩驱动机制，将重要审计成果作为项目质量考核的重要内容，发挥了引导审计查证方向的作用，激发了审计人员的工作积极性。

【管理与改革】 2013年，中心在队伍建设、管理提升等方面取得了新进展，为发挥审计监督“消除隐患、防范风险、服务发展”的功能起到了积极作用。

1. 加强审计队伍建设，充分发挥保障作用

（1）领导班子建设成果明显。按照集团公司“四好”班子的标准，推进思想、组织、作风、能力和廉政建设，健全科学民主决策机制。对处室班子实行动态管理，选贤任能，在关键、复杂的岗位上培养锻炼干部。各级干部认真履职尽责，敢于管理、善于管理的能力有了不同程度的提高。

（2）员工队伍结构不断优化。完善专业人才的评选程序和运行机制，制定处级干部聘任、调入人员选聘等制度办法。在民主推荐、组织考核的基础上，经领导班子集体研究决定，选拔聘任正处级干部3人、副处级干部7人、审计专家7人、业务带头人19人、高级主管12人、主管4人，竞聘过程体现了公开、公平、公正的原则，营造了良好的队伍成长环境。处室人员交流33人次，内外部引进专业人才10人，为中心发展带来了新活力。

（3）培训力度进一步加大。举办了集团公司审计处长及业务骨干培训班，着力打造审计系统学习型、服务型、创新型的审计团队。邀请集团公司和高等院校专家举办专题讲座20余场次，涵盖审计理论、实务案例、信息技术应用、公文撰写等内容，兼顾实用性、前瞻性和科学性，提升了审计人员的业务能力。

2. 提升管理力度，优化管控模式

（1）审计质量稳步提高，管理提升取得实效。中心定期召开季度业务分析会、项目质量讲评会，通过狠抓底稿和报告质量提升审计能力。中心按照集团公司管理提升工作部署，以审计质量为核心，岗位责任制为抓手，在项目组织等6个方面开展审计质量提升工作，以点带面促进管理工作水平全面提升。建立、修订审计项目质量考核办法、督办工作制度等规章制度、标准27项；配合审计部完成了审计法律法规库建设。

（2）狠抓管理基础工作。财务内控自查严格全面，查出5个方面的风险点，加强了备用金、资金和税金管理，严肃了财务纪律。中心职能机关着力服务能力、组织能力、配合能力建设，办文、办事、办会以及管理、服务、协调、督办、综合服务、车辆保障和退休管理工作全面提升。

（3）信息化应用能力持续增强。提高审计管理系统的应用水平，审计组实时上线，审计部、审计中心实时查询，及时掌握现场审计情况；审计人员借助信息技术等审计手段对海量数据进行分析研究，发现舞弊线索；实现合同管理的信息化，全部历史库存档案实现数字化，此项指标在全系统名列前茅。财务报销业务与集团公司集中报销接轨；制定并实施审计电子数据统一存储和对审计人员电脑定期清盘的制度，降低了电子数据泄密的可能性。

（吴　涛）

中国石油物资采购中心
（中国石油物资公司）

【概述】 中国石油物资采购中心（以下简称中心）前身为石油工业部物资供应管理局，先后经历中国石油天然气总公司物资公司、中国石油物资总公司、中国石油天然气总公司物资供应管理局、中国石油物资装备（集团）总公司等多个发展阶段。2008年1月，集团公司以中国石油物资装备（集团）总公司（装备制造业务除外）为基础，更名组建中国石油物资采购中心（中国石油物资公司）。2012年6月，集团公司招标中心成立，与中心一套人马、两块牌子。

中心作为集团公司直属的物资专业化公司，业务接受总部物资采购管理部的指导和管理。现主要承担中国石油物资集中采购任务，包括大宗物资、重要物资、长周期物资、安全物资、成套设备、大型工程项目所需物资的采购业务，急需物资的供应保障和战略储备物资的仓储管理；中国石油一类、二类的物资采购和工程、服务采购招标的组织实施工作。中心拥有

国内外贸易、国际国内招标、电子商务、运输保障商品检验、仓储物流等一体化物资采购服务功能，拥有甲级国际招标资质、甲级中央投资项目招标资质、乙级工程招标资质、进口付汇核销A类资质、海关AA类企业管理、危险化学品经营许可、辐射产品经营许可、电信与信息服务业务经营许可、石油专用管材检测实验室等多项专业资质和经营许可证书。

中心本部共设19个处室。下设中国石油物资沈阳公司、郑州公司、沧州公司、天津公司、上海公司和中油物采信息技术有限公司6家直属单位。截至2013年底，中心总资产131亿元，共有在职员工603人。

【主要生产经营指标】 2013年，实现物资采购额530亿元，完成集团公司考核指标的106%，采购成本降低率5.23%，完成集团公司考核指标的116%；国际国内招标授标额674亿元、同比增长70%。

【措施和成果】

1. 组织采购稳步实施，直接采购有序推进

以集中时间，集中地点，集中组织（以下简称“三集中”）为核心，大力推进管理小组工作重心转移，全面完成了各项授权采购任务，实现组织采购额340亿元。加强供需市场及采购策略研究，推进上、中、下游阀门整合，开展横向交流和对比学习，采购方案的科学性及对采购结果的可预见性进一步增强。延伸服务职能，主动配合业主单位编报采购计划，缩短了采购周期。发挥管理小组对招标的技术支撑作用，共有23个物资品种通过“三集中”模式进行了谈判、招标，采购金额96亿元，节约资金3.84亿元。

建立与管道项目重点客户的互访交流机制，针对性地制定改进措施，对重点工程项目的物资保障服务质量与水平进一步提升。积极应对装备国产化对引进业务带来的影响，加强进口集中采购，有效发挥一体化服务优势，进口代理签约额达20亿美元，创下历年新高。实施集团公司催化炼化装置烟气脱硫项目集中采购，价格实现了同行业最低。

2. 资质能力持续提升，招标业务迅速发展

坚持合法合规、规范操作，积极探索电子化招标，实现招标授标额674亿元，有效质疑为零。其中，机电产品国际招标4.28亿美元，工程与服务招标443亿元，国内货物招标205亿元。高水平完成2013年“三集中”采购的业务组织和后勤保障工作，组织实施22个项目的招标评审，累计授标额46亿元。“三集中”工作形成的标准化招标流程和文本，为集团公司在所属企业推广二级物资“三集中”采购提供有力的支持。工程与服务招标业务起步稳，入轨快，广泛开展市场调研，积极与各方沟通协调，圆满完成了广东石化公司、云南石化公司以及重点管道建设项目等各项招标工作。

取得中央投资项目招标代理甲级资质和工程招标代理乙级资质。编制《招标工作手册》，开展招标知识系列培训，持续完善业务流程与操作规范，招标工作基础进一步夯实。完成《评标方法选择和评标标准编制规范》、《评标专家管理规范》等多项制度标准的编制，为推进集团公司招标工作规范化发挥了主力军、排头兵作用。

3. 境外采购业务稳健起步，框架协议采购取得进展

深入相关企业开展专题调研，收集、汇总、分析近3年境外项目主要采购物资、在用供应商及所属企业现有采购管理制度等基础信息。完成总部管理物资目录的多轮意见征集与整理，起草并反复修改集团公司《境外项目物资供应商管理办法》和《境外项目总部管理物资采购管理规定》等配套制度。总部管理物资框架采购协议谈判签约工作进展顺利。与美国通用电气公司的全面战略合作协议、备品备件采购框架协议已经签字生效；西门子货物服务国际采购框架协议已完成谈判，正就协议内容向集团公司所属企业征求意见；中国石油—索拉透平机组售后服务长期战略协议已进入双方的法律审核程序；配合开展境外采购管理相关基础工作，组织与卡特彼勒公司进行对标交流，承办中国石油—西门子战略合作高层论坛，提升了与国际大公司的合作水平。

4. 仓储物流等业务有序推进，一体化服务能力进一步提升

以管道工程建设项目为重点，强化与中国铁路总公司的沟通协调，有力组织铁路运力保障，协调解决了中缅管线输送管南宁局发运受阻等问题。规范进出口物流运作，重新获得海关最高级别AA类企业管理资格。全年承运货物总额29亿元，运输设备4507套，港口通关524批次。

集中储备业务取得重大进展。积极推广东北区域集中储备的经验，就用户需求、资源保障以及库房选址等方面进行了深入调研，形成《中西部地区一般无缝钢管和中厚钢板集中储备方案》和《东北地区镀锌钢板集中储备方案》。郑州公司着力打造一流的标准化库房，其经验在西气东输基层队库广泛推广。中心全年实现仓储吞吐102万吨、增长21%，完成专用管检验299批次、8.26万吨。

加强物采系统上线支持，承担了大庆油田等13家单位现场支持任务。编制物采系统应用培训教程，培训采购用户1010人次，供应商用户1370余家。积极参与系统建设与运行维护工作，强化集中采购业务支持，实现网上交易额1360亿元、增长95%，年度交易额首次突破千亿元。按时完成679万条目录上载，物采系统有效的一级物资价格目录已达380万条。

【企业管理】 完成采购、招标、物流、境外采购和仓储基础设备设施5个专业规划草案编制。加强全过程质量管理和监督，质量管理体系持续改进。集团公司物资采购标准库建设取得阶段成果，标准梳理与初选如期完成，标准优选有序进行、进展顺利，标准库信息平台建设的前期工作已全面启动。强化隐患排查，推进受控管理，组织开展“我为安全献一计”和“12·23”安全警示月活动，挂牌明示119处风险点源，Q/HSE体系顺利通过了总部审核和第三方认证。突出风险控制与流程管理，对集团公司面临的重大风险进行分析评估，制订了相应的控制措施。强化资金集中管理，深化成本费用控制，五项费用降幅明显。落实工效挂钩要求，科学设置考评指标，深化全员绩效考核，推行工作效果网上测评，激励约束机制不断完善。改进领导班子考评方式，强化处级干部学习培训，推进干部交流和竞争上岗，公开选拔2名总经理助理。加强人才队伍建设，集中培训1500余人次，选拔一批工科硕士研究生充实到业务部门，全年有21人托福达标，9人通过了招标师考试。开展形势、目标、任务、责任教育，举办新闻宣传培训班，加大宣传力度，思想政治工作得到加强。加强制度集中管理，制订、修订各类制度35项。完成带宽升级、视频系统改造和门户改版，领导信箱系统、测评调查系统和客户满意度调查系统上线运行。搭建网上沟通平台，持续开展合理化建议活动。完成档案室沧州库房改造，档案数字化工作获集团公司肯定，并在驻京单位推广。

（邱苏果）

中国石油天然气集团公司广州培训中心

【概述】 中国石油天然气集团公司广州培训中心（简称广培）是集团公司直属重点培训基地，成立于1981年，原为石油工业部广州外语培训中心，1992年更名为石油大学（广州），2000年教育体制改革后改名为广州石油培训中心。主要负责中国石油中高层经营管理人员和专业技术人员培训，拥有教育培训、科学研究、国际交流、综合服务和形象窗口五大功能，具备年培训10000人次，可同期承办600人的规模和能力。截至2013年，设机构12个。合同化员工136人，中级、高级职称人数占82%，享受国务院政府特殊津贴专家1人；市场化及劳务员工83人。占地面积4.5万平方米，建筑面积4.53万平方米，藏书10万余册，中外期刊30多种；拥有个性化语言实验室5个、计算机网络实验室3个、学术报告厅5个、多媒体教室22个、核心机房1个。截至2013年底，固定资产1.74亿元。累计培训各类专业人员7.8万人次。

【培训业绩】 2013年，广培全面完成集团公司经营业绩考核目标，全年完成培训项目共126个，培训人数8316人。全年培训班次及人数情况分类统计见表5。

【培训研究】 巩固培育培训品牌，开展培训专业前沿性和应用性研究，提升课程体系的科学性和实用性。培训教学不断突破，国际业务教学部开展英语托福、英语托业、西班牙语专业建设教研活动，管理业务教学部依据中基层干部能力素质模型设计模块化教学内容，全方位提升学员的履职能力。扎实开展项目管理（PMP）教学研究，163人参加考试，取得了87.73%通过率的好成绩。大港油田公司赴尼日尔项目人员英语应用能力培训班参加集团公司考试中心考试，通过率93%；人事处长班加强教学创新，体现理论实践结合、讲座研讨并重、针对性前沿性兼顾特点，开展学习成果汇报，专题研究成果多，学员收获大。

表 5　2013 年培训情况统计

A 类项目		B 类项目		C 类项目		D 类项目		其他		合计	
班次	人数	班次	人数	班次	人数	班次	人数	班次	人数	班次	人数
2	96	38	3864	22	1330	56	2065	8	961	126	8316

2013 年，科研项目立项 4 项，其中，集团公司立项 1 项，广培结题验收 2 项；获中国石油教育学会科研成果一等奖、二等奖共 2 项。

【培训市场】 利用现有培训资质，扩大宣传力度，拓宽发展平台。制订《培训需求调研方案（样板文档）》，细化培训需求、调研要求和标准。加强与其他培训机构合作，与深圳市才聚管理咨询有限公司合作，在广培开设 PMP 考场，实现报名、培训、考试、继续教育全流程一站式服务。

【质量管理】 开展主题为“提升岗位工作质量，增强培训业务实力”的“质量月”活动，增强质量意识，掌握质量工具方法，加强培训质量管理体系建设，实现培训质量升级。强化培训质量监督，开展培训质量自检与互检工作。推进培训课堂巡视，改进培训测评，有效反馈意见，监控培训运行。全年组织 74 个培训班进行培训项目效果测评、座谈，测评得分均在优秀以上，其中包括项目总体、教师授课、项目组、后勤服务等，平均得分为 97.70 分。

【企业管理】 根据集团公司要求，严格执行“三重一大”决策制度。坚决贯彻落实民主集中制，充分发扬民主，广泛听取意见，做到广培重大事项、重要干部任免、重大项目投资及大额度资金使用集体讨论决定，实现民主决策。

推进管理提升第二阶段工作及开展管理诊断下基层活动，将管理诊断下基层活动和集团公司巡视组调研、效能监察、质量“管理月”活动紧密结合，召开管理提升研讨会，明确管理提升有关战略发展、运行机制、岗位职责及分配机制等重点任务，巩固管理提升成果，取得较好成效。

坚持“三控制一规范”，按照集团公司落实、推进、深化、强化的要求，严格机构、编制和用工总量，规范分配秩序。开展年度内控测试、整改监督及 2014 版手册修订，首次实行 2013 年度企业风险管理报告制度，编制风险评估程序与方法，提出风险应对措施和办法。加强制度建设，制定、修订《广州石油培训中心培训项目运作模式与流程》、《广州石油培训中心基建投资管理办法（试行）》等规章制度 6 项。

广培档案工作通过集团公司档案评价，等级为 A 级。广培组织史资料编纂工作启动。

【信息化工作】 广培高清视频会议室设备安装、调试与办公专网、核心机房升级改造已完成，广培集中报销信息平台顺利上线，信息化水平进一步提升，支撑和保障培训服务。

【安全生产】 积极推进 HSE 体系建设，建立安全环保长效机制，制定《广州石油培训中心安全事件管理实施细则》，修订《广州石油培训中心综合应急预案》，全面开展应急预案演练活动，提高员工安全防范意识及应急能力。落实安全生产责任制，一岗双责，强化直线责任和属地管理，安全责任目标纳入绩效考核。成立兼职安全员队伍，定期开展安全检查，实施整改。开展“安全生产月”活动，做好安全生产宣传教育。全年没有发生重大安全责任事故。

【国家安全生产应急救援培训演练基地】 国家安全生产应急救援培训演练基地建设顺利推进。在集团公司支持和指导下，调研国内安全生产和应急培训演练基地以及研究项目需求，编制、印发《国家应急救援培训演练基地建设任务分解表》，编制教学方案和建设方案，落实职责任务，完成阶段性建设目标。

【队伍建设】 2013 年员工参加社会和集团公司各类培训 42 人次，培训费用 18 万元。

【基础建设】 2013 年，广培完成投资 956 万元，主要有教学楼部分改造、培训课室改造、应急演练课室改造等工程。

【社会责任】 按照广东省委“规划到户，责任到人”扶贫要求，切实履行社会责任，九龙村三年扶贫顺利收官，广培荣获广东省委省政府授予的“广东省扶贫开发工作优秀单位”。按地方统一要求，广培部署安排并实施对口帮扶梅州市大埔县茶阳镇左弼村新一轮扶贫工作。参加“百万石油员工抗震救灾捐款行动”，共向雅安捐款 21805 元。

（田　园）

中国石油学会

【概述】 2013年，中国石油学会围绕创建全国示范性学会发展目标，在“社会信誉好、发展能力强、学术水平高、服务成效显著、内部管理规范”5个方面狠下工夫，按照“学术交流要出新成果、期刊要有新突破、科普咨询要有新特色、工作方式要有新举措、工作作风要树新形象”的“五新”要求，学会各项工作取得新成绩。编制印发《中国石油学会学术活动管理办法》，对学术活动的指导思想、规划与计划、质量与管理、重大活动的审批备案、基础建设、考查与奖励和发展方向等方面，作出较为实际的要求和规定，加强对分支机构、地方学会学术活动的管理和规范。制订“一大会、两大奖、三双活动”工作计划，组织开展“中国石油学会品牌学术活动优秀组织奖”评选活动，鼓励分支机构和地方学会创建学术活动品牌，打造精品学术活动，提升中国石油学会的学术影响力。采取联合办会方式，建立与国外学术组织的交流合作，拓展学会国际交往范围和渠道，提高学会国际学术交流能力。《石油学报》实现增刊2期，发表高水平论文31篇，及时反映国家重大科技专项和石油企业重点科技专项成果；全面完成英文版学术期刊《石油研究》创刊准备，组建新的编辑队伍和编委会，完成封面、版面设计和14篇创刊号论文的组稿审稿工作，刊号申请已得到中国科学技术协会通过并报国家新闻出版广电总局审批。《石油知识》向石油文化延伸，在可读性、趣味性上有了新突破。杂志社自创刊以来首次出版2期增刊，并积极与企业联合开办栏目，服务企业和科技工作者，提供科技论文的发表载体，取得较好的经济效益和社会效益。学会分支机构和地方学会主办的科技期刊为满足读者需求，也都在封面设计、栏目安排、内容编排、文章采录等方面做了改进，努力提高办刊质量水平，扩大出版发行渠道。石油经济专业委员会主办的《国际石油经济》、石油物探专业委员会的《石油地球物理勘探》、天然气专业委员会的《天然气工业》入选“中国国际影响力优秀学术期刊”。学会举办的“石油院士走基层、科技传播进厂矿”科普活动，是按照党的十八大提出的创新驱动发展战略要求，联合地方学会和油田企业开展科学知识传播活动的一种有益探索和尝试，也是学会申报中国科协“党建强会”、“十百千”项目的一个特色活动。与分支机构、地方学会共同开展的科学传播专家团队建设及科普教育基地调研工作，丰富学会科普工作内容与方式，加强学会科普队伍和能力建设。结合社会热点和公众焦点问题，学会各级组织积极应对，组织开展石油石化知识宣传普及和技术咨询服务，主动联系有关部门和单位，及时化解社会矛盾，全力保证石油石化企业的科研生产。学会为全面提升服务水平和自我发展能力，相继制定学术活动管理办法、科普工作5年规划及基层调研等工作制度，试行分支机构、地方学会年度考核细则，开展学会分支机构、地方学会的自查自评和优秀秘书长、期刊优秀论文的评选表彰，创办学会工作论坛活动，进行学会网站改版建设及分支机构地方学会网站的创建链接，开发推行学会网上办公系统。制定并坚持理事长、秘书长、秘书处工作例会制度，有效保证学会各项工作的正常运转。积极推行并逐渐形成参加活动报告制度，利用学会各级网站，宣传展示工作成果，交流学习工作经验。坚持开展基层调研，利用会议和活动机会，分别到天津、云南、黑龙江、新疆、吉林、陕西、四川、湖南、河北等地方学会和石油腐蚀与防护、石油测井、石油管材、石油储运、天然气等分支机构召开座谈会，倾听学会工作者和科技人员的意见建议，宣传中国石油学会的工作思路和工作要求，并对分支机构、地方学会落实2013年南京工作会议精神情况进行检查和督促，加强与基层学会的联系沟通和情况了解。学会秘书处坚持开展“学习在学会，每日阅读十分钟”读书活动，鼓励学会工作人员多读书、读好书，完善知识结构，增强工作能力，提升综合素质。

【学术交流活动】 2013年，中国石油学会及分支机构全年共组织召开各类重点学术会议50次，参加人数13901人次，交流学术论文4041篇，出版论文集21部。各地方学会共组织召开各类重点学术会议286次，参加人数32443人次，交流学术论文5766篇，出版论文集19部。

重点学术活动：（1）石油地质专业委员会、北京石油学会、中国石油勘探开发研究院与美国、澳大利亚等国外科研机构以及北京大学等国内高校联合举办“能源理论与技术创新国际学术会议”。10个国家的266位代表参加会议。会议围绕“深层与非常规油气”主题，以及深层碳酸盐岩、火山岩、砂砾岩油气成藏规律与资源潜力，源岩层系页岩油和气生排运聚机理、储层表征和资源预测，近源致密油和气储层表征、渗流机理与发展潜力，煤层气储层表征、聚集机理与“甜点”区预测，非常规油气勘探开发新技术、新进展，深层和非常规油气勘探开发成功实例分析等专题，交流报告34篇（其中外方10篇）。会议还为青年学者安排45个展板报告，并组织国内外专家代表参观中国石油天然气集团公司油气储层重点实验室。

（2）与世界石油大会中国国家委员会、国家科技部社会发展科技司联合召开“2013中国油气论坛”，针对塔里木盆地油气勘探开发中存在的难点和瓶颈问题，组织国内外院士专家进行专题研讨与交流，推动塔里木盆地的油气发展。

（3）举办“中国石油学会第八届青年学术年会”，为培养40周岁以下青年科技人才成长搭台服务，展现青年科技人员的学术才华。

（4）主办“中国石油石化节能减排技术交流大会”，发挥学会大平台优势，广泛交流和推广石油石化企事业单位的节能减排经验与技术，集中宣传展示取得的丰硕成果，有力推动了资源节约型和环境友好型石油石化企业的建设。

（5）举办“2013年油气钻井与井下工程前沿技术研讨会”，反映当前国内外同行业的前沿技术和最新成果，受到油田企业的欢迎和好评。

（6）组织召开“中国油气田地面工程技术交流大会”，推进油气田地面工程标准化设计、模块化建设、规模化采购和数字化管理工作，促进我国油气田地面工程技术的进步和管理水平的提升。

（7）与中国石油和化工设备工业协会等单位联合举办“2013中国（北京）国际石油石化技术展览会”，为石油石化生产企业、设计单位、承包商、经营者，搭建交流技术、采购设备、发掘新商机、建立有效贸易关系的理想平台。

（8）石油炼制分会与日本、韩国相关学术组织联合举办“中日韩炼油技术研讨会”；石油地质专业委员会与中国地质学会联合主办“第五届中国石油地质年会”；天然气专业委员会与中国石油西南油气田公司联合主办“全国天然气学术年会”。

（9）积极协调、组织安排SEG、ASME、Upstream、DMG等国外学术组织及单位的多名官员来华，与学会联系接洽，建立合作关系和联合举办国际学术活动，不断增强学会国际交流能力和国际学术地位。

（10）其他各分支机构、地方学会充分利用学科优势和区域行业优势，积极开展大量有针对性的国内外学术交流活动。例如，石油科技装备专业委员会与中国设备管理协会体制创新委员会联合举办的“中国石油石化设备管理与技术创新大会”，海洋石油分会的“中国近海复杂油气藏勘探开发技术交流会”，石油工程专业委员会的“全国钻井液完井液技术交流研讨会”，石油物探专业委员会的“物探技术研讨会”；石油测井专业委员会的“第十八届测井年会”，石油储运专业委员会的“中国国际石油天然气管道会议”，天津、山东、新疆、辽宁、河南等5省（自治区、直辖市）石油学会的“稠油开采技术研讨会”，辽宁、山东、天津、河北等4省、直辖市石油学会的“环渤海浅（滩）海油气勘探开发技术研讨会”，辽宁省石油石化学会与中国仪器仪表学会、辽宁省科协联合主办的“石油化工分析检测技术与测控技术交流会”，山东的“胜利西部探区勘探理论与技术研讨会”，湖南的“2013年学术年会暨石油化工产学研结合论坛”，新疆的“首届环境保护技术交流会”，浙江的“炼化企业油品质量升级和清洁生产技术研讨会”等。

【学术期刊编辑出版】 2013年，中国石油学会及分支机构主办的8种科技期刊，全年编辑出版213900册，发表论文1028篇。地方学会主办的7种科技期刊共编辑出版186500册，发表论文816篇。

（1）《石油学报》全年完成6期和2期增刊的出版发行工作，发表学术论文158篇，其中有93.7%属于国家和省部级基金项目成果。同时积极开展中国科协精品科技期刊提升项目的相关工作，严格实施“三审四校”和“双盲审稿”制度以及审稿专家库的建设与动态更新、优化编辑校对流程等措施，提高刊发稿件的学术及编辑质量。

（2）《石油学报（石油加工）》全年按时出版正刊6期，发表稿件167篇，其中获基金项目资助的研究论文140篇，占发表论文总篇数的83.8%，同比增加12篇，占比增加7.2%。同时改进纸质期刊的封面设计、栏目安排、英文目录图文摘要的编排等，改版效果良好。

（3）《石油知识》全年完成出版发行6期，并出版增刊2期。杂志社与中国石油天然气集团公司信息管理部紧密配合，在中国石油外网“石油百科”栏目上开通石油知识电子阅读版。

（4）中国石油学会各分支机构和地方学会非常重视期刊学术质量和水平的提升，石油经济专业委员会主办的《国际石油经济》、石油物探专业委员会的《石油地球物理勘探》、石油测井专业委员会的《测井技术》、石油管材专业委员会的《石油管工程》、天然气专业委员会的《天然气工业》、甘肃省石油学会的《岩性油气藏》、宁夏石油学会的《石油化工应用》，以及《新疆石油地质》、《青海石油》、《吉林石油工业》、《广东燃气》、《江西石油石化》等科技期刊，发表大量具有前瞻性、前沿性和专业性的文章。

【科普咨询工作】 2013年，中国石油学会及分支机构和地方学会共组织院士专家科普报告会15次，专题讲座61次，科普展览43次，科普活动受众人数12万多人次。

重点科普咨询工作：（1）在中国石油吉林油田公司举办“石油院士走基层、科技传播进厂矿”大型院士专家科普报告会，宣传中国石油石化工业科技发展的新技术、新成果，促进科学技术成果转化，为企业自主创新提升能力增添技术实力。

（2）中国石油学会科学普及教育委员会进行第八届换届，新一届委员会加强学会科普宣传教育的组织基础保障。

（3）组织开展分支机构、地方学会科普教育基地调查，初步掌握科普教育基地的名称、数量和分布情况，为学会加强科普能力建设做好基础研究。

（4）首次参加中国科协组织的科技场馆展品与技术设施展览，广泛宣传学会工作成效和石油石化相关知识。

（5）组织召开石油科普工作交流会，交流近几年来在促进企业科技创新、成果转化等科普宣传方面取得的成绩，并邀请科普专家对参会者进行培训。

（6）石油科技装备专业委员会利用自身技术优势，组织专家团队到石化企业进行技术咨询和专业指导；受山东枣庄市人民政府和枣庄装备行业协会的邀请，到地方企业就煤化工与石油化工装备技术进行宣传和服务。

（7）地方学会结合自身特点，利用地域优势，开展丰富多彩的科普活动。江西省石油学会积极组织开展科普宣传活动，利用科普化解江西九江PX项目建设困难。河北省石油学会到省内阜平县举办“送科技到革命老区”知识讲座，以实际行动履行社团组织的社会职责和义务。湖北省的“石油科技夏令营”，湖南省的知识管理系统、科技论坛，河南省的“专家讲坛”、科普大篷车，云南省的断陷湖盆现代沉积及综合地质考察，四川、吉林、广东、辽宁等省地方学会制作的科普画廊和宣传栏，湖南、山东、上海、天津、四川、江苏等地方学会的“科普日”、“科技周”、“宣传月”系列科普宣传活动等。

【人才培养举荐工作】 2013年，中国石油学会及各分支机构和地方学会表彰奖励科技工作者384人次，其中，女性科技工作者42人次，40岁以下科技工作者77人次；举办继续教育培训班53场次，参加培训人数6396人次。

（1）举办的“中国石油学会第八届青年学术年会”，把代表年龄由45周岁减为40周岁，积极培养40周岁以下青年科技人才成长成才。

（2）组织完成两院院士、中国女科学家奖、中国青年科技奖、光华工程奖、光华青年奖候选人的遴选推荐，学会推荐的中国石油大学（北京）高德利教授当选为中国科学院技术科学部院士（学会第八届理事会还有5名常务理事在2013年度两院院士增选中当选院士）。

（3）组织开展首批6个学科科学传播专家团队的评选组建，学会推荐的王德民院士、胡见义院士等6位专家被聘为中国科协第一批首席科学传播专家。

（4）石油物探专业委员会举办的首届“东方杯”全国大学生勘探地球物理大赛和物探新技术新方法高级培训班，石油管材专业委员会的无损检测、石油管螺纹检测技术人员等级评定培训，石油储运专业委员会的NACE阴极保护测试员资质取证培训，石油质量可靠性专业委员会的可靠性技术培训等分支机构开展的相关专业培训和专业技术人员的继续教育工作以及浙江的青年学术交流会、自然科学学术奖、先进个人表彰奖励，山东的中国石油大学（华东）在校优秀学生“山东石油学会奖学金”专项奖励，河南的油田青少年科技创新竞赛，内蒙古的地方青年科技奖评选推荐，湖南的石油化工优秀工程师评选表彰等地方学会举办的科技人才奖励和“讲比”活动，有力促进科技人才成长提高，推动优秀科技人才脱颖而出，加强学会科技人才队伍的建设。

【组织建设工作】（1）组织召开1次理事长办公会议、3次秘书长办公会议，并以通讯形式召开八届三次理事会议和八届二次、三次常务理事会议，审议并通过学会相关工作议案。

（2）重新修订学会秘书处管理制度，制定并推行《中国石油学会分支机构、地方学会年度考核细则（试行）》、学会工作例会和参加活动报告制度，编制完成《中国石油学会科普工作5年规划》、学术活动管理办法、基层调研制度，不断完善学会的制度建设。

（3）新组建石油通信专业委员会筹委会，正在协调组建医学、职业卫生与应急救援专业委员会和促进企业创新工作委员会的筹委会。

（4）石油物资管理工程、石油腐蚀与防护专业委员会、科学普及教育委员会等分支机构和陕西、河北、吉林、云南等地方学会完成换届选举，河北、陕西、江苏、辽宁、山东、新疆等地方学会发展会员近千名。

（5）完成学会网站、网上办公系统的改版和内容补充，新开设学会工作会议、学习贯彻党的十八大精神专题和读书活动、体会感受分享等专栏。建立中国科协政务工作信息报送平台。石油物资管理工程、石油工程专业委员会、陕西省石油学会完成网站建设并与中国石油学会网站实现链接，有效提高学会工作网络化与信息化水平。

（6）中国石油学会十分重视建家交友和党建强会工作。结合“中国科协会员日”主题活动，到湖南省石油学会考察石油科普教育基地和“科技人员之家”，了解科技创新和科普活动开展情况，并与企业科技人员座谈，倾听基层学会和科技工作者的呼声与建议，进一步增强服务基层、服务会员和广大科技工作者的自觉性和主动性。湖北、吉林、浙江、云南、河北、山东等地方学会也分别组织开展体育比赛、科技英语演讲、图书捐献、科技联谊等活动，丰富会员业余文化生活，努力提高学会的凝聚力和服务会员能力。学会党支部积极发挥战斗堡垒作用，认真开展读书活动、学习大庆精神基层实践活动和党的群众路线教育实践活动。广泛征求学会秘书处全体党员和干部职工、22个分支机构、28个地方学会、65名常务理事的意见建议，主动查找学会“四风”方面存在的突出问题，深入剖析问题根源，积极提出改进措施，明确努力方向，狠抓整改落实，建立健全学会各项规章制度，为实现学会创建目标打下良好基础。

（康　剑）

中国石油企业协会

【概述】 中国石油企业协会（简称石油企协）以促进企业转变发展方式为主线，严格执行国家有关行业协会加快和规范发展的政策法规，认真贯彻落实石油企协六届五次理事（常务理事）会议精神，结合国务院国资委组织开展的管理提升活动，认真开展石油企协自身进行的“管理创新·创新管理年”活动，按照李新华会长提出的把石油企协加快建成“行业响名、国内知名、国际有名”的优秀全国性社团组织的目标，开拓创新，规范运作，秩序服务，各项工作都取得好成绩。石油企协办事机构为办公室（秘书处、人事部、会员联络部）、咨询研究部、企业工作部（培训部）、财务部、《中国石油企业》杂志社。石油企业协会专职工作人员23人，其中，机关部室13人，《中国石油企业》杂志社10人；23人中，13人为中国石油天然气集团公司石油企业协会在册员工，另10人为社会招聘人员。

【组织建设及管理工作】（1）完善组织建设。2013年10月，石油企协成功地召开六届五次理事会议，会上新增中国石化西北油田分公司等3家单位为中国石油企业协会会员单位增补6人为石油企协理事，调整12家单位的理事或常务理事人选，取消4家单位的理事或常务理事资格。李新华会长在会上作了题为《进一步加强管理和管理创新 全面提高企业现代化管理水平》的重要讲话，专职副会长兼秘书长彭元正代表理事会作了题为《开拓创新 规范运作 秩序服务 全面推进“行业响名、国内知名、国际有名”的优秀社团组织建设》的工作报告。

（2）强化对标管理。2013年，石油企协认真抓好自身开展的“管理创新·创新管理年”活动，并根据国务院国资委、集团公司关于管理提升活动文件精神，结合石油企协的实际，制订石油企协管理提升活动方案，基本实现石油企协的对标管理。

（3）积极参加评估。石油企协认真贯彻落实国家民政部《全国性民间组织评估实施办法》有关评估达标的要求，成立由专职副会长兼秘书长彭元正同志负总责、办公室牵头协调、各部室全程参与的迎检领导小组，组织专门力量，制订详尽的《迎检工作实施方案》，整理编撰评估《申报材料》上、下两卷，共计20余万字，2013年10月底前正式报送国家民政部。同时石油企协利用评估认证这一机遇，建立和完善各项规章制度，使石油企协制度建设迈上一个全新的台阶。

（4）加强分会管理、财务管理和档案管理。2013年，石油企协加强对海洋石油分会、公路运输分会、法律工作分会的建设、联络、协调和管理工作，建立完善各分会的章程和组织机构。其中公路运输分会2013年召开成立20周年暨第八届会员代表大会；石油企协进一步加强财务管理，重新整理完善财务制度；2013年4月，集团公司办公厅（总裁办）批准将石油企协历年档案纳入机关管理。已按照要求将2012年档案顺利移交。同时，向各部室明确的档案归档人员发放档案管理手册、E6系统使用指南，并组织其到档案归档现场学习归档流程和注意事项。制定石油企协档案管理规范，促进石油企协档案工作持续提升。

（5）扎实开展教育实践活动。2013年7月，石油企协按照上级党组织的要求，认真围绕“五个紧紧抓住”和“五个看看”，紧密结合实际搞好教育实践活动。认真学习传达党中央和习近平总书记关于开展教育实践活动的文件和重要讲话及中国石油教育实践活动动员部署会议精神，并对石油企协教育实践活动领导小组提出的教育实践活动具体方案做了细致的部署和安排。石油企协全体党员在工作作风转变、群众工作能力提高、党群干群关系密切、全心全意为人民服务上取得初步成果。

【企业管理交流评价工作】 2013年，共收到全国石油石化会员企业申报的行业部级管理现代化创新优秀成果257项，评出获奖优秀成果172项，占申报总数66.92%。其中，一等奖29项，占申报总数的11.28%；二等奖50项，占申报总数的19.46%；三等奖93项，占申报总数的36.18%。收到全国石油石化会员企业申报的行业部级管理现代化创新优秀论文584篇，获奖论文380篇，占申报总数65.06%。其中，一等奖82篇，占申报总数的14.04%；二等奖123篇，占申报总数的21.06%；三等奖175篇，占申报总数的29.96%。收到全国石油石化会员企业申报的行业部级管理现代化创新优秀著作46部，获奖著作21部，占申报总数45.65%。其中，特别奖1部，占申报总数的2.17%；一等奖5部，占申报总数的10.87%；二等奖8部，占申报总数的17.39%；三等奖7部，占申报总数的15.22%。

石油企协对获奖项目及时进行发布交流、汇编出版，并利用中央报刊网站媒体集中宣传，以供各石油石化企业的管理工作者进一步借鉴和学习。

石油企协还进一步组织推荐行业部级管理现代化创新一等奖优秀成果参加国家级管理创新成果评审。2013年，我们推荐13项一等奖优秀成果参加新一届国家级管理创新成果评审。并组织清华、北大、社科院、国家干部学院等专家先后对集团公司财务资产部、中油国际（曼格什套）有限公司、华北油田、广东销售、长城钻探等单位申报的成果进行咨询指导。所推荐的13项成果中有8项获奖，其中一等奖1项，二等奖7项。获奖结果将在2014年3月召开的全国企业管理创新大会上公布。

【期刊编辑】 2013年，石油企协所属的中国石油企业杂志社及其会刊《中国石油企业》杂志、内参《决策信息报告》全年分别出刊24期，保质保量地完成任务。石油企协网站网站（www.zgsyqx.com）还进行扩容改版，已经成为同类社团组织的优秀网站。

【咨询与培训】（1）在管理课题研究和咨询方面。完成中国石油中亚天然气管道有限公司《中亚天然气管道绩效管理体系创新与实践》；完成中国石油海外勘探开发公司《大型石油企业跨国经营中的特色文化建设与管理》和《海外油气业务全面风险管理体系构建与实践》；完成中油国际曼格什套有限公司《以运用软实力融合要素资源为核心的大型石油公司跨国并购整合管理》；完成辽河油田《辽河油田重大项目生产运行管理模式的构建与实施》；完成集团公司法律部《油气生产建设项目水土保持补偿费征收使用管理办法研究》；开展长庆油田公司采油三厂《从理念到行动——长庆油田采油三厂激励机制探索与创新》的管理咨询项目；完成《中国油气产业发展分析与展望报告蓝皮书（2012—2013）》的撰写和出版工作。

（2）在管理培训方面。2013年，与集团公司安全环保与节能部、信息管理部、中国水利协会脱盐分会、德国德西玛化工与生物技术协会、国际会展中心等组织机构合作，先后于3月在南宁组织召开“全国石油石化企业安全生产应急救援管理研讨会”，5月在北京组织召开“全国石油石化行业节能环保成果及管理交流会”，同月在北京组织召开“全国石油石化和化工企业水处理与零排放新技术研讨会”，9月在西安组织召开“全国石油石化行业数字化企业培训研讨会”，6月组织会员企业参加第五届非常规油气大会。

【政府服务与行业服务】（1）增强服务政府的能量。承接并组织国土资源部储量司委托的《油气资源“三率”综合调查与评价》研究，参与并代表石油石化行业开展油气行业“三率”（即开采采收率、原油商品率、综合利用率）调查。由石油企协组织的中国石油、中国石化、中国海油等具有石油石化行业层面的专家组所撰写的研究大纲已获国土部储量司认可，并已形成《油气资源“三率”调查与评价报告编写提纲》，2013年9月底向国土资源部储量司进行汇报，最终国土资源部办公厅以国土资厅函〔2013〕1055号形式下发到各集团公司，要求各集团公司严格按照编写提纲和要求进行总结编写，为2014年上半年我们形成全国、全行业总报告提供基础资料；参与国土资源部矿产资源节约与综合利用专项资金与示范工程评审工作；2013年还在国土资源部主管部门的指导下，组织油田企业参与第二批矿产资源综合利用先进技术评选，推荐的6项技术中，大庆油田高含水期聚合物驱油开发技术、吉林油田CO_2驱油与埋存技术等5项技术被国土部评为先进适用技术进行推广应用并向社会发布。

（2）增强服务行业的功能。①2013年3月，石油企协在北京连续第3年向社会发布《中国油气产业发展分析与展望报告蓝皮书（2012—2013）》，对2012年、2013年中国油气产业发展进行分析与预测，国内几十家主流媒体进行报道，扩大石油石化企业和石油企协在社会上的影响。

②2013年6月，石油企协会同国际会展公司在北京联合召开世界“第五届非常规油气大会”。会议内容针对页岩气、煤层气、油砂等开采技术和相关政策12个专题进行研讨。马来西亚国家石油公司、俄罗斯天然气工业股份公司、台湾中油股份有限公司、泰国国家石油公司等30多个国家和地区的企业及企业家前来参加会议，并有十几个国家和企业的代表在会上发表论文和专业交流。

③石油企协根据中企联《关于开展2012—2013年全国优秀企业家评选活动的通知》要求，在征得集团公司人事部等有关部门和领导的考核确认后，推荐中国石油拉美公司总经理、中国石油驻拉美地区企业协调组组长叶先灯，中国石油克拉玛依石化公司总经理张有林两人参加优秀企业领导评选。同时，在2013年6月举办的全国企业文化年会上，石油企协组织推荐的中国石油辽河油田《以提升软实力为目标的油田企业法治文化建设》获得2012—2013年全国企业文化优秀成果并受到表彰，辽河油田总经理谢文彦在大会上做经验介绍。

④由中国石油企业协会、中国企业联合会、中国石油海外勘探开发公司联合组成的旨在调研海外公司以管理创新成果为主要内容的考察组，于2013年6月24日至7月5日在中国石油拉美公司的秘鲁、厄瓜多尔、委内瑞拉等国的项目进行实地现场调研。

2013年，石油企协还十分注重利用中央主流媒体为石油石化行业“发声”。《经济日报》、《环球时报》等媒体多次刊载石油企协分析在市场变化状态下石油石化企业生产经营走势和趋势前瞻的文章，扩大石油行业在中央媒体的话语权。

（张慧芳）

第十四篇

中国石油天然气集团公司大事纪要

中国石油天然气集团公司大事纪要

一　　月

1日　中国共产党优秀党员、忠诚的共产主义战士，新中国石油工业建设的优秀领导干部，原石油工业部党组副书记、副部长张文彬同志在北京逝世，享年94岁。在转战石油工业的36年中，他参与许多石油发展战略的重大决策，是克拉玛依、大庆、胜利、四川、大港和华北等油气田开发会战的主要领导者，是中国石油管道建设的主要开拓者，也是中国石油文化的重要奠基者。

4日　独山子—乌鲁木齐原油管道投入商业运行。该管道起点为阿拉山口—独山子原油管道独山子末站，终点为西部原油管道乌鲁木齐末站，线路全长229.6千米，设计年输量1000万吨。该管道的投运对构建和完善西北能源走廊、保障国家能源安全具有重要意义。

8日　集团公司主要领导在北京会见高盛集团副董事长埃文斯。双方就进一步深化合作交换意见。

同日　如东—海门—崇明天然气管道项目合作框架协议签约仪式在北京举行。该管道始于江苏如东县长沙镇洋口港开发区，止于上海市崇明县，全长约89.5千米，设计年输量24亿立方米。集团公司领导与上海市副市长艾宝俊举行会谈，并共同出席签约仪式。

同日　中国石油与民营企业合作的纽带——日东原油管道（日照至东明）投产运行。该管道起点为山东省日照市岚山港，终点是山东省西南部的东明石化集团，全长462千米，一期年输油量为1000万吨。

同日　长庆油田至呼和浩特原油管道投入商业运行。该管道起于陕西省定边县长庆油田油房庄生产运行储备库，止于呼和浩特石化，全长578千米。管道的投运不仅能够保障呼和浩特石化公司油源需求，还对拉动民族地区经济增长具有重要的意义。

9日　集团公司召开装备制造业务发展座谈会，提出到2015年，营业收入达到1000亿元、海外业务收入比重达到50%。集团公司副总经理李新华出席会议并讲话。

13日　在“中国传媒大会·2012年会”上，《中国石油报》获得“金长城传媒奖·2012中国十大报业传媒”。

14日　中国地质学会2012年度十大地质科技进展和十大地质找矿成果在北京揭晓。中国石油“高成熟老探区富油凹陷二次勘探理论方法与关键技术集成”入选十大地质科技进展。“柴达木盆地昆北断阶带探获亿吨级油田”和“塔里木盆地哈拉哈塘6500米超深碳酸盐层发现特大型油田”入选十大地质找矿成果。

18日　中国石油天然气集团公司与中国航空油料集团公司在北京签署2013年度航空煤油供应框架协议。集团公司主要领导同志与中国航油集团董事长、党委书记孙立，总经理、党委副书记朱永出席签约仪式，并就继续发挥各自优势，进一步深化合作、促进共同发展举行会谈。

同日　国家科学技术奖励大会在北京人民大会堂召开，中国石油5项成果获得国家科技奖。“水平井钻完井多段压裂增产关键技术及规模化工业应用”科技成果获国家科技进步一等奖。“变质岩内幕油气重大发现与高效开发技术”、“高档系列内燃机油复合剂研制及工业化应用”、“超高温钻井流体技术及工业化应用”和“大通量高效立体传质塔板技术及其在化工节能降耗中的应用”获国家科技进步二等奖。

21日　在第十九届国家级企业管理现代化创新成果评审结果中，中国石油有9项管理创新成果获奖，其中，一等奖2项，二等奖7项。获得国家级一等奖的2项创新成果分别是“践行‘走出去’战略的大型石油企业海外投资与运营管理”成果和“天然气长输管道复杂工程建设与运营管理”成果。

23日　由中国石油工程建设公司承建的中国石油海外重点项目——苏丹3/7区油田产能升级工程获得2012年度中国建设工程（境外工程）鲁班奖。

23—25日　中国石油天然气集团公司2013年工

作会议在河北廊坊召开（详见专稿）。

25—26 日　深入学习贯彻党的十八精神研讨会暨全国党建研究会五届三次理事会在北京召开。中国石油的《中国石油境外单位党建工作的实践与研究》调研报告，获得全国党建研究会 2012 年度调研课题优秀成果一等奖。

26—27 日　中国石油海外油气业务 2013 年工作会议在北京召开。会议强调，着力培育国际化经营新优势，努力实现国际业务新跨越，为集团公司全面建成综合性国际能源公司再作新贡献。集团公司副总经理汪东进出席会议并讲话。

28 日　中国石油销售公司 2013 年工作会议召开。会议提出，继续坚持以市场为导向，以客户为中心，以效益为目标，突出效率、效益、品牌，扩大营销规模，改善销售质量，降低成本费用，全面提升竞争和营利能力。

本月中旬　世界石油理事会中国国家委员会主任，原石油工业部部长、中国石油天然气总公司总经理、党组书记王涛用 3 年多时间撰写的近 40 万字的《征战死亡之海——塔里木石油会战》由中共党史出版社出版。

二　月

7 日　集团公司召开 2013 年反腐倡廉建设工作会议。会议强调，严明纪律，强化作风，坚定推进反腐倡廉建设取得新成效。

18 日　俄罗斯石油公司（Rosneft）总裁谢钦一行访问中国石油总部。集团公司主要领导与谢钦一行就上下游一体化合作和扩大原油贸易等有关问题进行交流。双方表示，将积极落实两国领导人达成的共识，从中俄战略互信的高水平出发，推动中俄油气合作迈上新台阶。

20 日　集团公司主要领导在北京会见来访的巴西国家石油公司首席执行官福斯特女士。双方就在巴西进行上游、下游、贸易和装备制造等领域的一体化合作进行交流。

同日　中国石油天然气股份有限公司与美国康菲石油公司在北京签署相关协议。根据协议，中国石油将获取位于西澳大利亚海上布劳斯（Browse）盆地波塞冬（Poseidon）项目 20% 权益，以及陆上凯宁（Canning）盆地页岩气项目 29% 权益。同时，双方将签署联合研究协议，研究位于四川盆地内江—大足区块非常规天然气资源。

21 日　集团公司 2013 年审计工作视频会议在北京召开。会议强调，进一步开拓创新、扎实工作，全面提升审计工作质量和水平，为全面建成综合性国际能源公司作出更大贡献。

同日　集团公司召开 2013 年信息化工作暨 ERP 应用集成项目启动会。会议强调，全面推进信息化从集中建设向集成应用新跨越，为建设综合性国际能源公司提供支撑。集团公司副总经理、信息化工作领导小组组长喻宝才出席会议并讲话。

25 日　俄罗斯联邦副总理、中俄能源合作委员会俄方主席德沃尔科维奇到中国石油总部访问，在集团公司总经理周吉平的陪同下参观北京油气调控中心。

同日　勘探开发研究院廊坊分院与东方地球物理勘探公司联合成立的攻关项目组，在国内首次成功研发井中微地震裂缝监测技术，项目攻关获得重大突破，打破了国外公司的技术垄断，改变了以往只能引进国外技术验证体积压裂的局面。

25—26 日　集团公司 2013 年安全环保节能工作会议在北京召开。会议强调，深入推进 HSE 体系建设，进一步建立和完善与综合性国际能源公司相适应的安全环保节能工作长效机制，加快向自主管理阶段迈进的建设步伐。集团公司副总经理沈殿成出席会议并讲话。

27 日　由中国石油牵头的国家“973”重大项目“中国南方海相页岩气高效开发的基础研究”在北京启动，将在页岩气高效开发的理论体系上填补国内研究空白，为页岩气高效开发提供理论指导。

27—28 日　集团公司矿区服务系统 2013 年工作会议在北京召开。会议强调，倾力做好矿区服务工作，倾情建设美丽石油石化矿区，为集团公司改革发展和员工群众幸福生活作出新贡献。集团公司副总经理李新华出席会议并讲话。

28 日　集团公司 2013 年工程技术工作会议召开。会议强调，要注重质量效益，大力开拓创新，加快培育以技术、品牌、质量、服务为核心的发展新优势，促进工程技术服务业务持续、有效、健康发展。

同日　由宝鸡石油钢管有限责任公司牵头完成的国家“863”计划重大专项主要研究内容——连续管制造关键技术，顺利通过陕西省科技厅组织的成果鉴定。这标志着中国已成为全球少数掌握连续管制造关键技术的国家。

本月　中共中央组织部追授孙波同志“全国优秀共产党员”称号，人力资源和社会保障部、国务院国资委决定追授孙波同志“中央企业劳动模范”称号，中华全国总工会决定追授孙波同志“全国五一劳动奖章”，号召全国各条战线的共产党员和广大干部向孙波同志学习。

三　月

1日　集团公司党组决定任命张培华同志为华南化工销售分公司党委书记，免去王志学同志的华南化工销售分公司党委书记职务；贾瑞民同志为黑龙江销售分公司党委书记，免去朱喜龙同志的黑龙江销售分公司党委书记；廖国勤同志为中石油燃料油有限责任公司党委书记，免去王立学同志的中石油燃料油有限责任公司党委书记职务；赵永起同志为中石油昆仑燃气有限公司党委书记，免去项平生同志的中石油昆仑燃气有限公司党委书记职务；于国文同志为安全环保技术研究院党委书记，免去覃国军同志的安全环保技术研究院党委书记职务。

同日　集团公司决定任命于国文为安全环保技术研究院院长，免去覃国军的安全环保技术研究院院长职务。

同日　股份公司决定任命柴守平为股份公司财务部总经理；朱喜龙为黑龙江销售分公司总经理，免去夏济连的黑龙江销售分公司总经理职务；王凌为润滑油分公司总经理，免去廖国勤的润滑油分公司总经理职务。推荐郝相民为大连西太平洋石油化工有限公司总经理人选，于国文不再担任大连西太平洋石油化工有限公司总经理职务。

同日　集团公司标准化委员会第六次会议召开，提出通过继续大力加强标准化工作，提升产品、服务和工程质量，提高劳动效率和资源利用效率，降低企业运营成本，“护航”企业持续健康发展。集团公司副总经理、标准化委员会主任委员喻宝才主持会议并讲话。

同日　国务院国资委、共青团中央联合授予伊拉克公司鲁迈拉项目中央企业系统2011—2012年度“全国青年文明号”称号。

同日　中国石油海外发展战略研究中心在北京成立，由中国石油海外勘探开发公司与经济技术研究院联合组建，旨在加强海外业务发展战略研究，推动海外业务规模、有效、可持续发展。

同日　由华北油田公司参与的“中低温地热发电关键技术研究与示范”科研项目列入国家“863”计划，这是中国石油首个列入国家“863”计划的地热科研项目，对于推进绿色、国际、可持续中石油建设具有重要意义。

1—12日　重庆市委书记孙政才、市长黄奇帆，吉林省委书记王儒林、省长巴音朝鲁，甘肃省委书记王三运、省长刘伟平，山西省委书记袁纯清、省长李小鹏，广西壮族自治区党委书记彭清华，黑龙江省省长王宪魁，辽宁省省长陈政高，湖南省省长徐守盛，辽宁省大连市、湖北省武汉市、福建省福州市、江苏省南通市、宁夏回族自治区中卫市、山东省滨州市和肥城市领导等，分别与集团公司领导会见。双方表示要不断深化合作，携手并进，共同为全面建成小康社会作出新的更大贡献。

6日　集团公司表彰中国石油“十大爱心模范”、“十大金花环卫班长”、“十大青年志愿服务标杆集体”。中国石油“宝石花”青年志愿服务总队、中国石油“宝石花”郭明义爱心服务总队也正式成立。

7日　以西南油气田公司为主要依托单位的我国唯一的国家能源高含硫气藏开发中心落户成都，旨在引领和推动国内高含硫气藏开采技术的发展，培养高含硫气藏开采行业领军人才。

12日　2011年度国家能源科技进步奖获奖项目公布，中国石油共有26项科技成果获奖，其中，一等奖4项，二等奖7项，三等奖15项。获得一等奖的4项成果分别是：“中国石油新一代测井软件CIFLog”、“高档内燃机油系列产品研制开发与应用”、“多组分多相复杂流动理论及其在油气井工程中的应用”和“特殊类型复杂油气藏压裂酸化改造关键技术及应用”。

13日　俄罗斯天然气工业股份公司总裁米勒一行访问中国石油总部。集团公司主要领导与米勒一行举行会谈。双方就推进中俄天然气东线和西线合作项目达成广泛共识，并就储气库建设、科技交流和人员培训等方面深化和扩大合作交换意见。

同日　集团公司主要领导与来访的意大利埃尼集团首席执行官斯卡罗尼一行在北京举行会谈，并签署两项合作协议。中国石油将收购埃尼集团全资子公司埃尼东非公司28.57%的股权，从而间接获得莫桑比克4区块项目20%的权益。双方还签订联合研究协议，共同对中国四川盆地荣昌北非常规资源开发进行研究。

同日　兰州至成都原油管道工程（兰成原油管道工程）全线贯通。兰成原油管道北起甘肃省兰州市西固区西部管道原油末站，途经甘肃、陕西、四川3省，西至四川省彭州末站。管道全长880千米，设计年输量1000万吨。工程建成投产后，对改善中国石化工业布局，促进西部大开发，带动地区经济和相关产业协调发展，以及新疆石油上产和中亚地区国际能源合作具有重要意义。

14日　股份公司董事会聘任于毅波为中国石油天然气股份有限公司财务总监，周明春辞去中国石油天然气股份有限公司财务总监职务。

16日　中央批准免去蒋洁敏的中国石油天然气集团公司董事长、党组书记职务。

18日　蒋洁敏先生因工作变动辞去股份公司董事长、董事职务。

19日　集团公司总经理周吉平在北京会见来访的苏丹石油部国务部长费萨尔·哈马德·阿卜杜拉·默哈默德。双方就油田复产和进一步加强合作等问题交换意见。

同日　第十三届中国国际石油石化技术装备展览会（CIPPE）在北京开幕。中国石油所属17个装备制造企业组团参展，共计展出500件实物展品，产品涉及钻井、采油、钢管等九大类200多个品种，充分展示了中国石油装备制造业务近年来最高端的技术和最新的研制成果。集团公司副总经理李新华出席开幕式，并逐一参观中国石油展区各企业展台。

同日　中国石油管道建设工作会议在北京召开。会议强调，要着力提升质量和进度管控水平，努力建设精品工程、放心工程、绿色工程，为加快实现集团公司“三个60%”和“两个倍增”目标作出新贡献。

21日　集团公司召开装备制造2013年工作会议。会议提出，要强化创新驱动，加快结构调整和转型升级，推动装备制造业务持续有效发展。集团公司副总经理李新华出席会议并讲话。

同日　中国石油天然气股份有限公司在香港召开2012年度业绩新闻发布会和分析师大会，22日在香港进行业绩路演。公司副总裁孙龙德、刘宏斌，财务总监于毅波，董事会秘书出席业绩发布和路演活动，向境内外媒体、基金经理和分析师回顾分析公司2012年业绩，介绍公司展望，回答有关提问。公司业绩发布后，副总裁孙龙德应邀参加瑞士信贷银行的投资会议，副总裁刘宏斌、财务总监于毅波和董事会秘书分别率3个路演组会见在香港公司重要股东和机构投资者。

25日　《中国石油报》2013年报纸工作视频会议召开。会议提出，以创建全国百强报刊为抓手，做强做优主流媒体，加快发展新媒体，构建国际化新闻信息传播体系，促进企业形象建设，为集团公司营造良好舆论环境提供有力的新闻文化支持。集团公司副总经理李新华出席会议并讲话。

26日　集团公司2013年法律工作视频会议在北京召开。会议强调，加大法律风险防控，推进依法治企进程。集团公司副总经理李新华出席会议并讲话。

同日　国家公布国内成品油价格形成新机制，成品油调价周期由22个工作日缩短至10个工作日；取消挂靠国际市场油种平均价格波动4%的调价幅度限制，并适当调整了国内成品油价格挂靠的国际市场原油品种。

26—28日　第六届国际石油技术大会（IPTC）在北京举行。本次大会以“挑战技术经济极限，满足全球能源需求”为主题，中国石油天然气集团公司总经理周吉平担任本届IPTC大会执行委员会联席主席并致辞。会上，国际石油技术大会（IPTC）最佳项目执行奖揭晓，中国石油推荐的苏里格大型致密砂岩气田高效开发成套技术及工业化应用项目被评为IPTC三大卓越执行项目之一。

27日　集团公司总经理周吉平在北京会见来访的厄瓜多尔不可再生自然资源部部长威尔逊·帕斯托一行。双方就上游区块合作开发及下游一体化等项目进行交流。

同日　集团公司总经理周吉平在北京会见来访的台湾中油股份有限公司董事长林圣忠一行。双方就进一步加强交流与合作交换意见，签署《尼日尔Agadem区块勘探许可联合作业协议》和《中东阿曼原油及西非低硫原油供应长约》。

同日　集团公司召开2013年定点扶贫与对口支援工作领导小组会议。会议强调，围绕“民生、产业、智力”三个品牌，突出重点，抓出实效，持续开创扶贫开发工作新局面。集团公司副总经理喻宝才主持会议并讲话。

28日　集团公司召开可控震源应用推进会。会议强调，进一步转变发展方式，大力推进可控震源应用，实现绿色物探，推进集团公司物探业务可持续发展。

同日　集团公司工程建设业务2013年工作视频会议召开。会议强调，以提升服务保障能力和国际竞争力为主线，突出发展高端业务，推动转型升级，实现管理提升，不断提高发展质量效益。集团公司副总经理喻宝才出席会议并讲话。

29日　集团公司人力资源管理提升暨“三控制一规范”工作推进视频会召开。会议强调，扎实推进人力资源管理专项提升和“三控制一规范”工作，合理控制用工规模，提升员工队伍整体素质，实现人力资源优势向发展优势的转化。集团公司总经理周吉平出席会议并讲话。

同日　集团公司召开2013年科技工作视频会议。会议要求，用科技创新引领主营业务快速发展。

29—30日　集团公司企业文化建设工作会议在北京召开。会议强调，弘扬大庆精神铁人精神，建设具有中国石油特色的企业文化，为全面建成世界水平综合性国际能源公司提供强大精神力量。集团公司副总经理李新华出席会议并讲话。

30日　中国石油党建思想政治工作研究会第八届一次理事会、中国石油大庆精神铁人精神研究会第二届一次理事会在北京召开。研究会聘请集团公司党组成员、副总经理李新华，老领导张轰、李克成、王福成为名誉会长。会议选举集团公司副总经济师关晓红为新一届研究会会长，选举产生新一届副会长、秘书长等，设立8个研究会专业分会。

本月　中国施工企业管理协会组织的2012年度“全国优秀施工企业”、“中国工程建设优秀职业经理人”、“全国工程建设优秀项目经理”评选发布表彰决定，大庆油田路桥工程公司等5个企业获2012年度“全国优秀施工企业”称号。来自中国石油的葛书义等10人获2012年度“中国工程建设优秀（高级）职业经理人”称号，刘增训和王庆荣获2012年度“中国工程建设优秀（中级）职业经理人”称号。陈骞等20人获评“全国工程建设优秀项目经理”。

四　　月

1日　由宝鸡石油机械有限责任公司自行研发生产、具有自主知识产权的国内首台重载大钩——900吨大钩，顺利通过各项功能试验及2倍载荷试验。900吨大钩主要用于深井钻机，填补了国内空白，彻底改变了中国石油钻采装备领域重载大钩依靠进口的局面。

2日　集团公司党组中心组学习传达国务院第一次廉政工作会议精神。会议强调，要认真落实中央要求，切实做好集团公司党风廉政建设工作，打造作风过硬的干部队伍，为实现全面建成世界水平综合性国际能源公司目标提供有力保证。集团公司总经理、党组成员周吉平主持会议并讲话。

同日　集团公司管理提升活动领导小组第三次会议召开。会议强调，深入推进管理提升，实现质量效益发展。集团公司副总经理、管理提升活动领导小组副组长喻宝才出席会议并讲话。

3日　集团公司总经理周吉平在北京会见雪佛龙公司副董事长克兰。双方就进一步深化合作交换意见。

同日　全国企业范围内首个数字图书馆在塔里木油田顺利投运。塔里木油田数字图书馆藏有4万余册中外电子图书和1790种期刊，拥有国家图书馆自主知识产权600场1200小时学术讲座、150余本维文电子图书和3万余幅甲骨拓片、年画和老照片等数字资源。

6日　在中国国家主席习近平和哈萨克斯坦总统纳扎尔巴耶夫的见证下，中国石油天然气集团公司总经理周吉平和哈萨克斯坦国家石油公司代表别尔利巴耶夫共同签署《中国石油天然气集团公司与哈萨克斯坦国家石油公司关于中哈原油管道扩建原则协议》。

同日　集团公司总经理周吉平在海南三亚拜会缅甸联邦共和国总统吴登盛，吴登盛总统赞扬中缅油气合作取得的成绩，中方承诺建设优质、安全、绿色、友谊的中缅管道。

同日　在墨西哥总统培尼亚见证下，中国石油天然气集团公司总经理周吉平与墨西哥国家石油公司总裁埃米利奥·洛索亚签署石油合作备忘录。

9日　中共中央政治局常委、国务院副总理张高丽考察中国石油乌鲁木齐石化公司（详见专稿）。

同日　中央企业企业文化工作座谈会在北京中国石油大厦举行。会议要求中央企业打造一流企业文化，创建世界一流企业。集团公司副总经理李新华出席座谈会并致辞。

同日　集团公司召开2013年第二次安全环保形势分析会。会议强调，认清当前安全环保面临的严峻形势，坚定不移地做好HSE审核、隐患治理、节能减排等工作，扎实推进，力求实效。集团公司副总经理沈殿成出席会议并讲话。

10日　股份公司决定，对中石油昆仑天然气利用有限公司实施重组。

11日　中央批准周吉平同志任中国石油天然气集团公司董事长、党组书记，免去其中国石油天然气集团公司总经理职务。

13 日　由渤海装备公司石油机械厂研制的橇装式 LNG（液化天然气）加注站，在昆仑华港燃气集团河北省文安市场投用。这是中国石油首个自主研制成功的 LNG 橇装装备，对中国石油加快燃气市场布局具有重要意义。

14 日　哈法亚油田项目二期工程启动。哈法亚项目二期建设主要包括 42 英寸 272 千米外输主干线、500 万吨原油处理中心、60 口钻井等关键工程。建成投产后，将实现产油 20 万桶 / 日能力。伊拉克政府总理马利基出席项目奠基仪式。

15 日　集团公司直属机关 2013 年党的工作视频会议在北京召开。会议强调，努力建设学习型、服务型、创新型党组织和总部机关，确保各级党组织始终成为推动科学发展和谐发展的坚强战斗堡垒，为全面建成世界水平综合性国际能源公司提供有力保障。集团公司总经理、直属党委书记周吉平出席会议并讲话。

同日　由国务院国资委举办的中央企业大司库管理现场交流会在北京中国石油大厦举行。来自 22 家中央企业的近百名资金管理专业人员参加，对中国石油大司库管理经验进行学习观摩交流。集团公司总会计师王国樑出席交流会。

同日　中国石油长庆油田公司、大庆油田电力集团宏伟热电厂等 10 个单位被授予“全国绿化模范单位”荣誉称号。青海油田公司党满仓、华北油田公司张友才等 8 名个人被授予“全国绿化奖章”。

16 日　集团公司在北京召开干部大会。中共中央组织部副部长王尔乘宣布中央关于集团公司主要领导调整的决定：周吉平同志任中国石油天然气集团公司董事长、党组书记，免去其中国石油天然气集团公司总经理职务。

17 日　集团公司董事长周吉平在北京会见 BP 集团首席执行官戴德立。双方就开展中国国内上下游互利合作、伊拉克鲁迈拉项目及其他合作事项交换意见。

19 日　集团公司党组书记、董事长周吉平主持召开新一届党组领导班子第一次会议。强调牢记国有企业责任使命，打造坚强有力领导班子，带头大兴学习之风，带头保持清正廉洁，带头转变工作作风，为干部群众树立榜样，自觉接受监督。

同日　集团公司党组决定任命于力同志为东北销售分公司党委书记，免去李绍双同志的东北销售分公司党委书记职务；刘德祥同志为陕西销售分公司党委书记，免去曹俊文同志的陕西销售分公司党委书记职务；王建国同志为重庆销售分公司党委书记，免去徐毅同志的重庆销售分公司党委书记职务。

同日　股份公司决定任命王珺为吉林销售分公司总经理，免去刘松林的吉林销售分公司总经理职务；刘华治为西藏销售分公司总经理，免去王珺的西藏销售分公司总经理职务；徐毅为湖南销售分公司总经理，免去徐国才的湖南销售分公司总经理职务。

20 日　四川省雅安市芦山县发生里氏 7.0 级地震。集团公司两次召开紧急会议全面部署抗震救灾工作，提出“山塌路断油不断气不断”，全力以赴保证灾区成品油和天然气供应。21 日，集团公司向所属企事业单位发出通知，号召启动百万石油员工抗震救灾捐款行动，累计捐款 8800.9 万元。

20—23 日　第十一届全国工程建设系统职业技能竞赛在山东东营举行。中国石油代表队焊工、无损检测员获竞赛团体总分第一名，冷作钣金工获团体总分第二名。在个人比赛中，中国石油代表队获得成年组焊工两金一银、无损检测员两银、冷作钣金工一银两铜，以及青工组焊工第一名的成绩。

22 日　由川庆钻探公司 70165 钻井队承钻的苏 5-15-17AH 井顺利完钻。该井设计井深 6660 米，完钻井深 6706 米，实际水平段长 3056 米，成为国内陆上第一口超长水平井，不仅填补了苏里格气田多项超长水平段施工技术空白，而且为国内陆上施工超 3000 米以上水平段水平井积累了经验。

25 日　股份公司董事会选举周吉平为中国石油天然气股份有限公司董事长。

同日　集团公司董事长周吉平在北京会见伊拉克石油部部长阿卜杜克里木 · 卢艾比。双方就中国石油在伊拉克石油合作交换意见。

同日　集团公司董事长周吉平在北京会见苏伊士环能集团执行副总裁道鉴明。双方就开展天然气价值链合作交换意见，并签署地下储气库合作协议。

25—27 日　集团公司董事长周吉平到大庆油田调研，强调进一步推动大庆精神铁人精神再学习再教育再深入活动在集团公司持续开展，为大庆油田保持原油稳产和实现更高目标、为集团公司全面建成世界水平的综合性国际能源公司凝心聚力。

28 日　“庆祝五一国际劳动节暨为全面建成小康社会建功立业推进大会”在北京人民大会堂召开。中国石油 30 名职工被授予“全国五一劳动奖章”，8 个单位被授予“全国五一劳动奖状”，21 个集体获得“全国工人先锋号”称号。

同日　2012中国经济女性年度人物揭榜典礼在北京举行。集团公司副总经济师关晓红、中国石油国际事业有限公司总裁王立华等10人获得“2012中国经济女性年度人物”称号。

30日　国务院决定任命周吉平为中国石油天然气集团公司董事长，免去其中国石油天然气集团公司总经理职务。

五　月

3日　运输公司北京华油物流公司关于管道绝缘接头带压堵漏技术的研发创新通过现场应用，是国内管道堵漏领域的重大技术突破，填补了国内管道绝缘接头泄漏治理技术的空白。

5日　管道公司建设的兰州至银川输气管道工程荣获2011—2012年度国家优质工程银质奖。兰银管道是西气东输和涩宁兰管道的联络线，是连接青海、塔里木和长庆三大气田的国家重点工程，线路全长478千米，2006年11月开工建设，2007年7月工程投产。

7日　集团公司团工委成立暨第七届十大杰出青年表彰会在北京举行。会议表彰大庆油田有限责任公司第六采油厂地质大队副大队长王朋等12名杰出青年，宣布成立中国共产主义青年团中国石油天然气集团公司工作委员会。

8日　集团公司召开生产经营情况通报视频会议，动员广大干部员工坚定信心，凝心聚力，坚决打赢“保增长、保效益”攻坚战，助力国有经济“保增长”和全国“稳增长”。集团公司董事长周吉平出席会议并讲话。

同日　集团公司发布2012年度社会责任报告，首次提出“做全球优秀企业公民”概念，突出中国石油正在向世界水平综合性国际能源公司转变。同期发布《中国石油在拉美》，首次系统披露1993年至2012年中国石油在拉美地区开展业务以来致力于实现可持续发展取得的业绩。

9日　第八届“中国石油北京杯”首都的士英雄暨第三届“魅力车队长”评选活动在北京正式启动。此次活动是由首都见义勇为基金会、中国石油北京销售公司和“汽车生活报”共同举办，旨在大力弘扬见义勇为精神和传承中华民族传统美德，更好地推动社会主义公民道德素质建设。

12日　中卫—贵阳天然气管线乌江跨越工程贯通，成为中国石油管道建设史上跨度最大的管道索跨工程。乌江跨越工程为中贵管线铜梁至贵阳段三大控制性工程之一，地处贵州省遵义县与息烽县交界处，为大跨度钢结构桥面桁架悬索桥，主跨长310米，总跨度480米，主塔高40米。

13日　集团公司党组召开扩大会议宣布中央决定。党中央、国务院决定，廖永远同志任中国石油天然气集团公司总经理；国务院国资委党委决定，廖永远同志任中国石油天然气集团公司董事。

15日　国家副主席李源潮考察中委石油合作项目（详见专稿）。

16日　集团公司领导在北京会见卡特彼勒集团总裁昂普力比。双方就进一步深化合作交换意见。

17日　集团公司董事长周吉平在成都看望慰问在芦山“4·20”地震抗震救灾中作出突出贡献的单位和员工，强调继续发扬大庆精神铁人精神和抗震救灾精神，为建设美丽四川作出新贡献。

20日　塔吉克斯坦共和国总统埃莫马利·拉赫蒙访问中国石油总部，与集团公司董事长周吉平就加强油气合作举行会谈。双方签署《中国石油天然气集团公司与塔吉克斯坦共和国能源和工业部进一步深化油气合作的框架协议》，全面加强在塔吉克斯坦共和国境内油气勘探和开发等领域的合作。

同日　集团公司“双十”全员读书活动启动视频会议在北京召开。“双十”全员读书活动，即“学习在石油·每日悦读十分钟”，确保全员3年通读《中国石油员工基本知识读本》十册丛书。会议号召百万石油员工爱读书、读好书、善读书，做知识型员工，推进学习型企业建设，提升软实力。集团公司副总经理李新华出席会议并讲话。

21日　西气东输管道公司江都—如东天然气管道泰兴至芙蓉段长江定向钻穿越一次回拖成功，创造了管径711毫米、长度3302米定向钻穿越世界新纪录。

22—24日　中国石油召开油品销售精细化管理会议，首次明确建成国际水准销售企业“时间表”，

注：2015年3月16日中央纪委监察部网站发布：中国石油天然气集团公司总经理廖永远涉嫌严重违纪违法，目前正接受组织调查。

强调进一步突出效率、效益和品牌，继续深化精细化管理，实现增销量、增效益和降成本，全面提升销售企业竞争和营利能力。

23日　中国石油天然气股份有限公司2012年度股东大会在北京召开，集团公司董事长，股份公司董事长、总裁周吉平担任大会主席并主持会议。会议听取并审议通过7项普通决议案和3项特别决议案。

同日　股份公司股东大会选举李庆毅先生为公司监事，范福春先生为公司独立监事。

同日　孙先锋先生因年龄原因辞去公司监事职务。

同日　中国石油"劣质重油加工新技术研究开发与工业应用"重大科技专项正式启动实施。此专项旨在开发具有自主知识产权、达到国际先进水平的劣质重油加工成套技术，抢占劣质重油加工新技术制高点，保持中国石油劣质重油加工技术的领先优势。

24日　集团公司召开重大风险事故升级管理视频会议。强调今后将对安全八大风险和五类需要实行升级管理的事故实行"零容忍"，全面提升安全风险管控能力，为集团公司全力打好保增长、保效益的攻坚战作出不懈努力。集团公司副总经理沈殿成出席会议并讲话。

26—29日　集团公司领导赴缅甸进行工作调研，强调要精心建设好中缅油气管道，全力做好天然气管道投产运营准备工作，确保一次投产成功，为造福中缅两国人民作出新的贡献。

28日　大连石化公司汽油质量升级项目的100万吨/年轻汽油醚化装置生产出合格产品，标志中国石油最大国Ⅴ汽油生产基地投产成功，具备年产400万吨国Ⅴ汽油的能力。

29日　集团公司董事长周吉平在北京会见俄罗斯国家石油公司总裁谢钦，双方就进一步深化合作交换意见。

同日　集团公司董事长周吉平主持召开总部机关加强作风建设工作协调领导小组会议，要求形成齐抓共管、常抓不懈、务求实效的机关作风建设工作格局，为企业发展营造良好环境，为全面建成世界水平综合性国际能源公司提供重要保障。

同日　2013年中国石油—西门子战略合作高层论坛在北京举行。本次论坛以"创新与可持续发展"为主题。100多名与会代表就此展开深入的交流和探讨。集团公司副总经理喻宝才出席论坛并发表主题演讲。论坛期间，广东石化公司、云南石化公司、济柴动力总厂及昆仑工程公司分别与西门子公司签订框架合作协议。

同日　中国石油所属四川销售公司、青海销售公司、西藏销售公司和新疆销售公司陆续启动定向招录西藏籍高校毕业生报名工作，4个企业为西藏籍毕业生提供66个岗位，这是中国石油2013年"就业援藏"工作的一项重要举措。

30日　由国务院国资委组织的中央企业郭明义爱心团队倾情西部地区捐资助学活动，在甘肃省武威市天祝县西大滩乡初级中学举行。中国石油郭明义爱心团队向西大滩乡初级中学捐款12万元。

本月中旬　大连石化原油评价水平总体风险获英国阿伯丁实验室绿色评级，达到国际水平。阿伯丁实验室是国际一流原油分析检测实验室，是国际原油评价数据首席提供者。

本月　"矿产资源节约与综合利用先进技术适用技术推广应用交流会"在北京召开。大庆油田喇嘛甸油田、新疆油田陆梁油田作业区、长庆油田姬塬油田和辽河油田锦州采油厂被国土资源部命名为"矿产资源节约与综合利用先进技术适用技术推广应用示范矿山"。

本月　王海班组发源地——抚顺石化分子筛车间团支部等单位被授予2012年度"全国五四红旗团支部"称号。

六　　月

1—9日　集团公司董事长周吉平赴哥斯达黎加和厄瓜多尔访问调研，强调要抓住机遇，开拓奋进，加快发展建设美洲油气合作区。

2日　中国石油大连石化公司发生储罐爆炸着火事故，造成4人死亡、4座罐体损毁，直接经济损失697万元。

3日　在中国国家主席习近平和哥斯达黎加总统钦奇利亚的见证下，中国石油天然气集团公司董事长周吉平与哥斯达黎加国家石油公司总裁赫拉何、中国国家开发银行董事长胡怀邦、哥斯达黎加国家银行总裁佛南多在哥斯达黎加首都圣何塞，签署《中国石油与哥斯达黎加国家石油公司莫因炼厂合资公司融资文件》。根据双方协议，中国石油与哥斯达黎加国家石油公司成立合资公司，对莫因炼厂进行升级改造和扩建，使年加工能力从120万吨提高到300万吨，并帮助培训相关技术和操作人员。

同日　集团公司发布2012年度环境保护公报。中国石油2012年度生产天然气935亿立方米，可替代2.3936亿吨煤炭，相当于减排二氧化硫449万吨，生产的车用汽油、柴油全部达到国Ⅲ及以上排放标准。

4日　集团公司领导在北京会见通用电气（GE）公司董事长兼首席执行官伊梅尔特。双方就进一步增进合作交换意见。

5日　集团公司领导在北京会见杜邦公司董事长兼首席执行官柯爱伦女士。双方就进一步深化合作交换意见。

同日　集团公司领导在北京会见澳大利亚西澳州州长巴奈特。双方就中国石油在西澳州油气领域合作交换意见。

6日　集团公司董事长周吉平在厄瓜多尔首都基多拜会厄瓜多尔副总统格拉斯，双方签署厄瓜多尔太平洋炼厂和上游石油区块开发一体化合作框架协议。根据协议，中国石油将参股建设太平洋炼厂，同时积极参与厄瓜多尔境内的上游资源勘探开发。

6—7日　中国石油基层建设经验交流暨“千队示范”新疆油田现场会召开。会议强调，要抓基层、打基础、强素质，全面提升基层建设水平，支撑集团公司战略发展。集团公司副总经理李新华出席会议并讲话。

6—14日　集团公司领导分别听取勘探与生产、炼油与化工、销售、天然气与管道、海外勘探开发5个专业分公司工作汇报，强调坚持质量效益发展，全力打好“保增长、保效益”攻坚战。

9日　集团公司召开安全生产视频会议。党组决定，全面启动安全生产大检查，并成立领导小组，集团公司董事长周吉平任组长，集团公司副总经理沈殿成任副组长，成立10个专业安全生产检查组，赴重点单位开展检查。集团公司董事长周吉平出席会议并讲话。

同日　集团公司授权集中采购“三集中”总结视频会议在北京召开。会议强调，积极推进二级物资“三集中”采购工作，全面提升集团公司两级集中采购管理水平，持续提高采购质量，降低采购成本。集团公司副总经理喻宝才出席会议并讲话。

10日　中缅油气管道（原油、天然气和成品油3条管道）完成桥隧焊接，中国首个3管跨越澜沧江大桥工程完工。澜沧江跨越工程是中缅油气管道工程中最艰险的控制性工程之一，也是中国首例在悬索桥跨越中采用3管同桥的跨越工程，堪称中国石油管道建设之最。

14日　第四届“低碳发展·绿色生活”公益影像展在北京王府井步行街开幕。来自中国石油的首次航空可持续生物燃料验证飞行、多哈气候大会“中国角”等多幅照片入选。开幕式上揭晓了“中国低碳榜样”评选结果，中国石油连续第三年成为“中国低碳榜样”企业获奖者。

18日　中国石油天然气集团公司与塔吉克斯坦能源工业部、道达尔公司（TOTAL）、克能石油公司（TETHYS）在塔吉克斯坦首都杜尚别共同签署塔吉克斯坦伯格达（BOKHTAR）区块项目油气合作交割协议。中国石油和道达尔公司分别拥有这个项目33.335%的权益，克能石油公司占权益的33.33%。

18—22日　第八届海峡两岸职工创新成果展在福建省福州市举行。华北油田公司“提高抽油机井系统效率技术”项目获得第八届海峡两岸职工创新成果展金奖，连续第三次获得此项荣誉。

19—21日　集团公司领导分别到中国石油技术开发公司和中国石油工程建设公司调研，强调发挥整体优势，抓好管理提升，勇拓高端市场。

20—22日　由《人民日报》、新华社、中央电视台、《光明日报》、《经济日报》等20多家中央媒体组成的采访团，分别赴北京、大庆等地深入采访“大庆新铁人”李新民不畏艰险征战海外为祖国献石油的先进事迹，传承石油魂，托起中国梦。

21日　中俄签署增供原油长期贸易合同（详见专稿）。

同日　集团公司举行参加中国共产主义青年团第十七次全国代表大会中国石油代表座谈会，要求广大团员青年为实现石油梦和中国梦而努力奋斗。集团公司副总经理李新华出席会议并讲话。

22日　“科学中国人（2012）年度人物”评选结果在北京揭晓。中国石油海外勘探开发公司乍得项目总经理窦立荣、长庆油田公司常务副总经理杨华、勘探开发研究院副院长兼总地质师邹才能3人当选“科学中国人（2012）年度人物”。

24日　集团公司党组决定任命李善春同志为大连石化分公司党委书记，免去马平凡同志的大连石化分公司党委书记职务。

26日　中国石油油气管道合资合作战略协议在北京签署，标志着国有资本对民间资本的开放迈出实质性步伐，开辟了民营资本参与战略性行业的新通道，推动了国内投资融资领域创新和金融体制改革。集团公司董事长周吉平出席签字仪式并讲话。

28日　集团公司董事长周吉平在北京中国石油大厦会见苏丹石油部长奥德·艾哈迈德·贾兹。双方就中苏合作进行交流。

30日　中国石油集团钻井工程技术研究院自主研发的“膨胀套管完井技术”在中国石化塔河油田TH12115CH井开窗侧钻作业中首次现场应用并获成功，创造了国产膨胀套管作业井深最深5965.86米、井斜最大63.1度两项国内纪录。

本月　国务院印发《关于核定并公布第七批全国重点文物保护单位的通知》，核定公布第七批全国重点文物保护单位1943个，“铁人第一口井井址”作为“近现代重要史迹及代表性建筑”之一名列其中。

七　月

1日　中国共产党优秀党员，忠诚的共产主义战士，原石油工业部党组副书记、副部长，黑龙江省人大常委会原副主任陈烈民同志在北京逝世，享年87岁。从1952年起，陈烈民随石油师转战西北，投身中国石油建设事业。其间，坚决贯彻党中央和国务院的方针政策与战略部署，使大庆油田原油产量持续稳产5000万吨，建成一批骨干企业，促进了地方经济发展，为大庆精神的形成和传承作出突出贡献。

3日　集团公司领导在北京会见卡塔尔天然气公司首席执行官阿尔·萨尼。双方就加强油气领域合作特别是LNG合作交换意见。

同日　集团公司领导在北京会见国际石油工程师学会（SPE）2013年度主席伊莫默一行。双方就深化科技交流合作交换意见。

4日　集团公司党的群众路线教育实践活动动员部署视频会议在北京召开。会议强调，确保教育实践活动取得实效，促进集团公司各项事业持续健康发展。集团公司党的群众路线教育实践活动领导小组组长、党组书记、董事长周吉平出席会议并讲话。

7日　新疆呼图壁储气库投产成功。作为中国石油目前规模最大、建设难度最大的储气库建设项目，呼图壁储气库是西气东输管网首个大型配套系统，也是西气东输二线首座大型储气库，总库容为107亿立方米，生产库容为45.1亿立方米。

8日　《财富》杂志公布2013年世界500强排行榜。中国石油天然气集团公司以年营业收入4086.3亿美元位居排行榜第五位，比2012年上升一位，创历史最好成绩。

8—14日　集团公司领导带领安全生产大检查第二组对驻新疆石油企业进行检查，深入一线开展党的群众路线教育实践活动调研，强调推进“新疆大庆”建设，助力新疆跨越发展。

10日　集团公司第五十九期党校及工商管理培训班在北京石油管理干部学院结业。集团公司董事长、党校校长周吉平出席毕业典礼并讲话，强调要努力建设坚强有力的各级领导班子，打造高素质的干部队伍，扎实开展好党的群众路线教育实践活动。

12日　集团公司董事长周吉平在北京中国石油大厦会见南苏丹石油和矿产部部长斯蒂芬·德修·道一行。双方就进一步巩固南苏丹原油复产成果和继续推进深入合作交换意见。

15日　辽河油田第一口自主设计并采用国产裸眼封隔器分段完井、分段压裂的水平井——赵古11井取得日产27吨工业油流。该井采用大排量、滑溜水+瓜尔胶压裂液组合工艺，完成9段12级分段压裂，填补了国内在此项技术领域的空白，施工规模和强度创国内压裂施工规模、级数之最。

16日　集团公司董事长周吉平在北京会见印度爱莎集团副董事长鲁雅。双方就开展油气领域合作交换意见。

18日　西气东输三线（西段）在宁夏中卫成功穿越黄河。西三线黄河盾构隧道工程2012年9月16日开工，隧道全长450米，贯通后可以铺设2条直径1219毫米、压力10兆帕的天然气管道。这是中国大口径管道首次盾构穿越黄河，也是目前能源管道中直径最大、海拔最高的盾构工程。

19日　国务院国资委党委任命刘宏斌、李华林、温青山同志为中国石油天然气集团公司党组成员；免去李新华、王国樑同志的中国石油天然气集团公司党组成员职务。

同日　国务院国资委任命刘宏斌、李华林为中国石油天然气集团公司副总经理；温青山为中国石油天然气集团公司总会计师；免去李新华的中国石油天然气集团公司副总经理职务；免去王国樑的中国石油天然气集团公司总会计师职务。

注：李华林、冉新权、王道富等涉嫌严重违纪，于2013年8月相继接受组织调查。

同日　集团公司2013年海外油气业务员工入职暨国际化千人培训工程骨干人才培训班动员大会在北京长沟举行，培养国际“精兵团”，托举海外“石油梦”。集团公司副总经理汪东进参加动员大会并讲话。

20日　集团公司决定任命段良伟为大连石油化工公司经理。

同日　股份公司决定任命段良伟为大连石化分公司总经理；王彬为大港石化分公司总经理，免去段良伟的大港石化分公司总经理职务。

21日　集团公司董事长周吉平到大连石油石化企业现场办公，强调要深刻吸取事故教训，坚决扭转安全环保被动局面，确保集团公司在大连地区的业务平稳健康发展和大局稳定。

22日　甘肃省定西市岷县和漳县交界发生6.6级地震，造成人员伤亡和房屋道路损毁，通信中断。地震发生后，中国石油在甘肃企业立即启动救灾抢险应急预案，加大油品保供力度，全力支援灾区抢险救灾。

23日　集团公司领导在北京会见赫世公司董事兼全球勘探生产总裁格雷格·希尔。双方就加强油气领域合作交换意见，签署三塘湖盆地马朗区块合作协议。

同日　中共中央组织部同意马富才同志退休。

同日　由渤海钻探钻井四公司70037队承钻的塔里木油田塔中区块中古5-H2井钻至井深7810米顺利完钻。该井垂深6306.11米，最大井斜89度，实钻水平段长1357.1米，井底水平位移1655.57米，刷新中国陆上水平井最深纪录。

24日　集团公司领导在北京会见来访的壳牌集团首席执行官傅赛一行。双方就国内外油气合作交换意见。

25日　由国务院国资委举办的中央企业、地方国资委负责人研讨班在宁夏银川举行，对获得第三任期特别奖的中央企业进行了表彰。中国石油天然气集团公司获得“业绩优秀企业奖”、“科技创新企业奖”和“节能减排优秀企业奖”3个奖项。

同日　中国石油与壳牌深水和FLNG（浮式液化天然气）专题技术研讨会在北京中国石油大厦举行。双方就深水和FLNG技术的发展进行研讨，旨在共同促进海洋油气开发。集团公司副总经理汪东进参加研讨会并致辞。

26—27日　集团公司领导赴宁夏石油企业，深入一线开展党的群众路线教育实践活动调研。强调要加快转变发展方式，持续提升企业发展质量和效益，坚决打赢“保增长、保效益”攻坚战。

27日　管道局穿越公司承建的西气东输江如天然气管道（江都—如东）三期长江定向钻穿越回拖成功，创造管径711毫米、长度3303米定向钻穿越世界纪录。

28日　国家发展和改革委员会副主任、国家能源局局长吴新雄到中国石油总部调研，强调齐心协力，共谋国家能源战略安全。集团公司董事长周吉平主持调研汇报。

同日　股份公司董事会聘任汪东进先生为公司总裁，周吉平先生不再兼任股份公司总裁职务。

同日　中缅天然气管道投产通气仪式在缅甸曼德勒举行。中缅天然气管道起于皎漂，途径4省邦，经南坎进入中国瑞丽，管径1016毫米，长度793千米，设计年输量120亿立方米。

29日　集团公司董事长周吉平在北京会见埃克森美孚公司高级副总裁艾博森一行，双方就加强合作进行会谈，签署鄂尔多斯盆地长东区块联合研究协议和有关海外项目合作协议。

同日　股份公司决定给予大连石化分公司总经理冷胜军行政撤职处分。

29—31日　中国石油天然气集团公司2013年领导干部会议在北京召开（详见专稿）。

31日　崖门水道主干管道定向钻穿越完成回拖，广东天然气管网二期工程珠海LNG输气管道西干线项目控制性工程完工。崖门水道主管长2695米，直径1016毫米，壁厚25毫米，该项工程创定向钻穿越管段最长和管径最大的世界纪录。

本月　由国家新闻出版广电总局组织的2013年“百强报刊”推荐评选结果揭晓，《中国石油报》获得全国“百强报纸”。

八　　月

1日　集团公司召开“营改增”工作部署视频会议。会议强调，以“营改增”工作为契机，全面提高集团公司财务管理水平和经营效益。

1—2日　集团公司海外油气业务2013年领导干部会议在北京召开。会议强调，全力确保海外高质量高效益可持续发展。集团公司副总经理、股份公司总裁汪东进出席会议并讲话。

3日　由中油测井公司华北事业部57154作业

队施工的中国首次超深、超长水平段核磁传输测井成功。该井深4953米，最大斜度81度，水平段长1300米。

6日　中国石油天然气集团公司和中国船舶工业集团公司在北京中国石油大厦签署战略合作协议。协议的签署，将进一步促进双方在运输船舶设计建造、海洋工程装备设计建造、油气产品贸易与运输、金融业务及以气代油方面的合作。集团公司董事长周吉平和中船集团董事长胡问鸣举行会谈并共同出席签约仪式。

7日　新铁人李新民同志先进事迹首场报告会在人民大会堂举行。报告会由中共中央宣传部、国务院国资委、中共黑龙江省委、中国石油天然气集团公司联合主办。集团公司董事长周吉平出席报告会。

同日　石油化工研究院自主开发的具有国际先进水平的催化汽油选择性加氢脱硫技术（简称DSO技术），在庆阳石化70万吨/年催化汽油加氢脱硫装置应用成功，汽油硫含量从108毫克/千克降到10毫克/千克以下，达到国V清洁汽油标准，标志着中国石油进入汽油质量全面升级阶段，实现国Ⅲ到国V的跨越。

8日　集团公司董事长、党组书记周吉平主持召开党组会议，集体学习党的十八大精神和习近平总书记近期一系列重要讲话，并就党组班子思想政治建设、党的群众路线教育实践活动等进行交流，强调打造坚强有力领导班子，扎实推进世界水平综合性国际能源公司建设。

同日　集团公司党组决定任命李正光、单昆基同志为集团公司党组巡视工作领导小组办公室主任；赵东同志为尼罗河公司党委书记；赵尔全同志为吉林销售分公司党委书记，免去于臣同志的吉林销售分公司党委书记职务；吴根柱同志为济柴动力总厂党委书记。

同日　集团公司决定任命王志刚为集团公司办公厅主任，免去李华民的集团公司办公厅主任职务；刘志华为集团公司人事部总经理，免去单昆基的集团公司人事部总经理；陆凌为集团公司财务资产部总经理，免去温青山的集团公司财务资产部总经理职务；赵东为尼罗河公司总经理；明确赵国、杨跃东、毕跃明、李伟4人职级为正局级。

同日　股份公司决定任命王志刚为股份公司总裁办公室主任，免去李华民的股份公司总裁办公室主任职务；刘志华为股份公司人事部总经理，免去单昆基的股份公司人事部总经理职务；田景惠为销售分公司总经理，免去刘宏斌的销售分公司总经理职务；明确赵益红、刘存柱、艾南、李天书、李京辉、张喜文、高静乐、张有林、默新社、杜吉洲、陈汇明、张栋杰12人职级为正局级。

8—9日　中国石油炼化企业安全环保工作会议在北京召开。会议强调，进一步强化底线思维和红线意识，坚决克服麻痹松懈思想，努力从根本上扭转安全生产被动局面。集团公司副总经理沈殿成出席会议并讲话。

9日　中国石油天然气集团公司与国家开发银行在北京签署战略合作协议。集团公司董事长周吉平和国家开发银行董事长胡怀邦就进一步深化合作举行会谈，并共同出席签约仪式。

13日　集团公司召开生产经营及运行协调情况汇报会。会议强调，认真贯彻落实领导干部会议精神，冷静分析当前面临的形势，加强经营管理，提升质量效益，全面完成今年各项生产经营任务。

14日　中共中央组织部同意陈耕同志退休。

同日　在2013年全国“安全生产月”活动总结交流会上，长庆油田公司获得全国“安全生产月”活动先进单位称号，成为中国石油唯一获奖企业。

同日　独山子石化公司1.5万吨/年稀土顺丁橡胶工业化连续生产成功，进入规模化生产，产品填补国内空白，达到国际同类产品先进水平。

16日　“中国梦·劳动美”铁人精神永传承报告会在北京人民大会堂举行。“大庆新铁人”大庆钻探公司伊拉克哈法亚项目部经理兼1205海外钻井队队长李新民、“高级采油技师”胜利油田分公司采油工人代旭升、“海洋石油测井领域的发明家”中海油服油田技术研究院机械首席工程师冯永仁、“市场经济博弈中的铁汉”陕西延长石油集团陕西兴化集团公司董事长陈团柱作为“加油中国·传承铁人”年度人物代表作先进事迹报告，唱响劳动光荣主旋律，汇聚产业报国正能量。

同日　西气东输二线高陵压气站压缩机组运行权交接仪式在陕西西安高陵举行，标志着中国首座国产20兆瓦级电驱压缩机站正式投入商业运行，开始工业性应用，主要指标达到国际先进水平，打破国外技术垄断。

16—20日　集团公司领导赴黑龙江地区石油石化企业调研，强调继承大庆精神铁人精神，不断提升科学发展水平。

19日　在国家主席习近平和肯尼亚总统肯雅塔的见证下，中国石油天然气集团公司董事长周吉平与肯尼亚能源与石油部长奇尔奇尔在人民大会堂共同签署《中国石油天然气集团公司与肯尼亚政府能源与石油部关于促进肯尼亚地热开发和发电的谅解备忘录》。

同日 中国石油重大科技专项塔里木油田勘探开发关键技术研究(一期)通过专家组验收。此重大科技专项在含盐前陆盆地和深层碳酸盐岩等三大领域勘探开发理论技术取得的创新性进展，形成九大系列15项关键技术，保持中国石油在这些领域的领先地位，为“新疆大庆”建设提供了强有力的科技支撑。

20日 集团公司董事长周吉平在北京会见塞拉尼斯公司董事长兼首席执行官罗慕科，双方共同签署合成燃料乙醇应用推广合作谅解备忘录。此次合作有助于改善油品质量，促进环境保护，提升经济效益。

21日 集团公司董事长周吉平在北京会见阿富汗总统国家安全顾问斯潘塔一行。双方就加强中国石油在阿富汗项目安保措施，确保中方人员安全，解决在阿富汗原油生产问题及进一步推动新项目合作等事宜进行会谈。

同日 经国家能源局批准，中国能源行业页岩气标准化技术委员会在北京成立，旨在研究建立页岩气全产业链标准体系，开展页岩气通用及基础标准研制等相关标准化工作。中国石油天然气股份有限公司副总裁孙龙德担任第一届页岩气标委会主任委员，页岩气标委会秘书处设在西南油气田公司天然气研究院。

22日 集团公司董事长周吉平到经济技术研究院调研，强调要围绕建设世界水平综合性国际能源公司的目标，突出重点，强化管理，以更多更好的科技创新成果，驱动集团公司有质量、有效益、可持续发展。

同日 股份公司在香港召开新闻发布会和投资分析师大会，公布公司2013年中期业绩，并于23日在香港进行了业绩路演。股份公司总裁汪东进，副总裁孙龙德、刘宏斌，财务总监于毅波参加业绩发布和路演活动。公司业绩发布后，副总裁孙龙德、财务总监于毅波和董事会高级助理秘书毛泽锋分别率3个路演组会见在香港重要股东和机构投资者。

23日 集团公司董事长周吉平在北京会见巴西石油公司总裁兼首席执行官格拉萨·福斯特一行。双方就巴西深海盐下油藏项目开展合作交换意见。

同日 中国石油天然气股份有限公司与台湾中油股份有限公司在北京签署关于尼日尔阿加德姆(Agadem)项目权益转让交割确认书，中国石油向台湾中油转让阿加德姆项目上游区块包括勘探、开发和油田至炼厂管道20%的合同权益。这是中国石油与台湾中油在海外上游项目合作中取得的重大突破，是海峡两岸在能源领域合作交流的重大进展。

同日 中国机械工业联合会和中国石油天然气集团公司在北京举行油气管道关键设备国产化联合研发启动会，中国石油管道公司、西气东输管道公司和西部管道公司分别与沈鼓集团等31个输油泵机组、阀门和快开盲板等制造企业签署研发协议。

同日 中国石油工程设计公司新疆油建公司申报的哈萨克斯坦希望油田产能建设（一期工程）——希望油田转油站及配套工程获得“全国优秀焊接工程一等奖”，中俄原油管道漠河—大庆段工程第10标段线路工程获得“全国优秀焊接工程奖”称号。

24日 集团公司党组成员集体赴西柏坡参观学习。参观结束后，集团公司党组书记周吉平主持召开党组学习座谈会，号召集团公司全体党员特别是领导干部，从自身做起，牢记“两个务必”，始终坚持党的群众路线，坚决反对和克服“四风”，为全面建成世界水平综合性国际能源公司开拓进取、团结奋斗。

26日 集团公司党组决定任命赵文智同志为勘探开发研究院党委书记，免去王道富同志的勘探开发研究院党委书记职务。

同日 集团公司决定任命刘宏斌为大庆石油管理局局长，免去王永春的大庆石油管理局局长职务；赵政璋为长庆石油勘探局局长，免去冉新权的长庆石油勘探局局长职务；免去李华林的中国石油天然气香港有限公司执行董事、总经理，昆仑能源有限公司董事会主席、董事职务。

注：王永春涉嫌严重违纪，于2013年8月接受组织调查。2014年6月30日中央纪委监察部网站发布：依据《中国共产党纪律处分条例》等有关规定，经中央纪委常委会议研究并报中共中央政治局会议审议，决定给予王永春开除党籍处分，待召开中央委员会全体会议时予以追认；由监察部报请国务院批准给予其行政开除处分；将其涉嫌犯罪问题及线索移送司法机关依法处理。2014年10月23日新华社发布：中国共产党第十八届中央委员会第四次全体会议审议并通过中共中央纪律检查委员会关于王永春严重违纪问题的审查报告，确认中央政治局之前作出的给予王永春开除党籍的处分。

同日　股份公司决定任命刘宏斌为大庆油田有限责任公司执行董事、总经理，免去王永春的大庆油田有限责任公司执行董事、总经理职务；赵政璋为长庆油田分公司总经理，免去冉新权的长庆油田分公司总经理职务；赵文智为勘探开发研究院院长，免去王道富的勘探开发研究院院长职务。

27日　董事会批准李华林辞去中国石油天然气股份有限公司副总裁、董事会秘书职务，冉新权辞去中国石油天然气股份有限公司董事、副总裁职务，王道富辞去中国石油天然气股份有限公司总地质师职务。

28日　国务院国资委党委免去王永春、李华林同志的中国石油天然气集团公司党组成员职务。

同日　国务院国资委免去王永春、李华林的中国石油天然气集团公司副总经理职务。

同日　股份公司董事会指定公司副总裁孙龙德先生代行董事会秘书职责。

同日　集团公司召开领导干部视频会议，传达中央有关精神和中央领导同志的重要指示，通报王永春、李华林、冉新权、王道富涉嫌严重违纪、接受组织调查的情况，通报集团公司党组会议情况和党组决定。会议强调，坚决贯彻中央精神，坚定不移地同以习近平同志为总书记的党中央保持高度一致，旗帜鲜明地反对腐败，深入推进反腐倡廉建设，全力打好“保增长、保效益”攻坚战。集团公司董事长周吉平作重要讲话。

29日　以“肩负使命、产业报国”为主题的中国能源装备自主创新报告会在北京召开。会议提出，加大技术创新力度，加快从生产型企业向生产服务型企业转变。集团公司分享西气东输工程推进能源装备国产化案例，受到与会者高度评价。

29—30日　集团公司2013年天然气与管道业务发展与管理座谈会在北京召开。会议强调，按照“六个继续坚持”，持续提升管理水平、注重质量效益，坚决打赢“保增长、保效益”攻坚战。

30日　集团公司董事长周吉平在北京会见俄罗斯国家石油公司总裁谢钦一行。双方就进一步加强能源战略合作进行交流。

31日　集团公司2013年财会职业技能竞赛在北京阳光会议中心闭幕，东方地球物理勘探公司荣获团体第一名，西南油气田公司张先洁获得个人第一名。此次竞赛历时3个月，是集团公司近年来规模最大、业务考察最全面的财务技能专项竞赛。

九　月

2日　集团公司召开总部机关主要负责人会议，传达中央有关精神和中央领导同志的重要指示，通报国务院国资委原主任蒋洁敏涉嫌严重违纪、正在接受组织调查的情况。会议强调，坚决拥护中央决定，坚决贯彻落实中央精神和国务院国资委党委要求，讲政治、讲大局、讲纪律，全力以赴做好各项工作。国务院国资委党委书记、副主任张毅出席会议并讲话。

3日　在中国国家主席习近平和土库曼斯坦总统别尔德穆哈梅多夫的共同见证下，中国石油天然气集团公司董事长周吉平与土库曼斯坦天然气康采恩总裁阿卜杜拉耶夫，在土库曼斯坦首都阿什哈巴德总统府签署《中国石油天然气集团公司与土库曼斯坦天然气康采恩关于土库曼斯坦加尔金内什气田300亿米^3/年商品气产能建设工程设计、采购、施工（EPC）交钥匙合同》和《中国石油天然气集团公司与土库曼斯坦天然气康采恩关于土库曼斯坦增供250亿米^3/年天然气的购销协议》。

同日　集团公司副总经理、股份公司总裁汪东进，在广西南宁拜会出席第十届中国—东盟博览会的缅甸总统吴登盛。双方就中缅油气管道建设等油气合作事宜进行交流。

4日　国家主席习近平出席中国石油承建的复兴气田南约洛坦100亿米^3/年产能建设项目竣工投产仪式（详见专稿）。

同日　集团公司在大庆召开驻黑龙江石油企业主要负责人座谈会，传达中央精神和国务院国资委党委要求，强调要统一思想，提高认识，全力以赴做好当前各项工作，保稳定、保发展、保安全，确保实现全年任务目标。

同日　由中国石油天然气集团公司主管、中国石油勘探开发研究院主办的《石油勘探与开发》期刊，成为中国能源类唯一同时被SCI(科学引文索引)、EI(工程索引)收录的学术期刊，也是全国同时被SCI、EI收录的33种学术期刊之一。

4—5日　国务院国资委党委书记、副主任张毅分别到大庆油田、长庆油田考察调研，传达中央领导同志的重要指示精神，强调坚决贯彻落实中央精神和国资委党委要求，进一步加强反腐倡廉建设、保持大局稳定，全力以赴做好当前各项工作。

5 日　在国家主席习近平和俄罗斯总统普京的见证下，中国石油天然气集团公司董事长周吉平与俄罗斯天然气工业股份公司总裁米勒在圣彼得堡签署《俄罗斯通过东线管道向中国供应天然气的框架协议》，与诺瓦泰克公司总裁米赫尔松签署《中国石油天然气集团公司与诺瓦泰克股份公司关于收购亚马尔液化天然气股份公司股份的股份收购协议》。

同日　集团公司在西安召开驻陕西石油企业负责人座谈会，传达中央精神和国务院国资委党委要求，强调要进一步统一思想，振奋精神，凝聚力量，扎实推进全年生产经营各项工作，确保高水平高质量如期建成“西部大庆”。

7 日　国家主席习近平出席中哈天然气管道二期第一阶段工程投产仪式（详见专稿）。

同日　500 万吨级炼化企业班组长及催化重整装置操作工职业技能竞赛在哈尔滨石化公司闭幕。哈尔滨石化公司、辽河石化公司、克拉玛依石化公司分获团体前三名。辽河石化公司、大港石化公司和克拉玛依石化公司获得优秀班组长单项奖。哈尔滨石化公司、长庆石化公司、青海油田公司格尔木炼油厂获得综合技能考核单项奖。哈尔滨石化公司和大港石化公司获得优秀组织奖。

8 日　中国石油天然气集团公司董事长周吉平拜会乌兹别克斯坦第一副总理阿济莫夫，中乌双方代表和 INDORAMA（新加坡）公司代表签署《关于中国石油天然气集团公司与乌兹别克斯坦国家油气公司、INDORAMA（新加坡）公司共同在乌兹别克斯坦石油姆巴列克天然气处理厂建设天然气化工厂的谅解备忘录》。周吉平还会见乌兹别克斯坦石油公司董事会主席费祖拉耶夫，双方签署《新丝绸之路石油天然气有限责任公司创建协议》和《新丝绸之路石油天然气有限责任公司章程》。

9 日　在中国国家主席习近平和乌兹别克斯坦总统卡里莫夫的共同见证下，两国政府代表签订《关于建设和运营中乌天然气管道的原则协议第二补充议定书》、《关于乌兹别克斯坦白松和苏尔汗区块油气地质勘探和开发可行性研究谅解备忘录》、《关于成立合资公司补充勘探和开发卡拉库里投资区块油气田的原则协议》。

10 日　国务委员王勇深入大港油田一线，考察集团公司开展安全生产大检查情况，强调确保队伍稳定、生产平稳、安全受控，全力以赴保质量、保安全、保效益，全面完成年初确定的各项生产经营任务，让党中央、国务院放心。

同日　集团公司领导在北京会见加拿大阿尔伯达省省长莱特福德女士。双方就进一步加强油气领域合作和增进科技交流与研究交换意见。

12 日　集团公司副总经理、股份公司总裁汪东进主持召开落实高访期间中俄中亚成果专题会。会议强调，全面落实合作成果，加快推进中亚油气合作示范区建设。

同日　亚太地区规模最大的管道专业会议——2013 中国国际管道大会在河北廊坊开幕。本届大会紧扣“合作 · 创新”主题，展示先进装备，研讨行业发展，深化合作交流，助推管道行业持续发展。集团公司副总经理喻宝才出席会议并讲话。

15 日　集团公司副总经理、股份公司总裁汪东进在北京会见来访的印度燃气公司董事长兼总经理特里巴蒂。双方表示在海外油气勘探开发和 LNG 贸易等方面加强合作。

16 日　集团公司第十九期中青年干部培训班在北京石油干部管理学院开班，旨在切实加强后备干部队伍建设和优秀中青年干部培养，全面提高中青年干部的理论素养、政治素质和领导管理能力。

17 日　集团公司党的群众路线教育实践活动领导小组召开会议，强调深入查摆“四风”问题，高质量高标准开展教育实践活动。集团公司党的群众路线教育实践活动领导小组组长、董事长、党组书记周吉平主持会议并讲话。

18 日　集团公司召开安全生产大检查总结视频会，传达中央领导同志关于加强安全生产和确保大局稳定一系列重要批示和指示精神，强调进一步增强责任意识，坚决杜绝重特大安全事故的发生，确保生产平稳、工作有序、队伍不乱、矿区和谐。集团公司董事长周吉平出席会议并讲话。

18 日　集团公司董事长周吉平在北京会见委内瑞拉石油和矿业部部长拉米雷斯一行。双方对已取得的合作成果给予充分肯定，就进一步扩大合作规模进行交流。

20 日　国际焊接技术大赛在德国埃森市闭幕。来自大庆油田公司的王天明、臧立欢、姚晨，分别获得氩弧焊第一名、电弧焊第二名、气焊第三名；中国石油第一建设公司的蒋浩浩与奥地利选手获得二氧化碳焊接并列第一名。

22 日　集团公司董事长周吉平在钓鱼台国宾馆拜会委内瑞拉玻利瓦尔共和国总统尼古拉斯 · 马杜罗 · 莫罗斯。双方就进一步深化油气领域的合作交换意见，签署《胡宁10整体区块联合开发框架协议》。

同日　国家能源局在北京召开大气污染防治能源措施落实会议，强调相关能源企业要确保首都大气污染防治重大能源保障项目顺利实施。中国石油与国家能源局签订《中国石油天然气集团公司首都大气污染防治重大能源保障项目任务书》。

22—23日　集团公司董事长、党组书记周吉平赴陕西石油石化企业，开展党的群众路线教育实践活动现场调研，强调扎实开展好教育实践活动，如期建成“西部大庆”，努力实现长庆油气区持续健康发展。

23日　集团公司领导在江苏淮安会见出席第八届台商论坛的中国国民党荣誉主席连战一行。双方就加强两岸能源合作交换意见。

同日　集团公司领导带队赴驻江苏石油企业，深入一线开展党的群众路线教育实践活动调研，强调要持续提升企业发展质量和效益，全力打好保增长、保效益攻坚战，确保实现全年任务目标。

同日　中国石油第一家油气田应急中心——新疆油田公司应急救援中心正式揭牌成立。

24日　集团公司第六十期党校及工商管理培训班在北京石油管理干部学院开学。集团公司董事长、党校校长周吉平出席开学典礼并讲话，强调大兴学习之风，静心凝神、埋头苦学，大力提高干部素质，为更好履行职责奠定基础。

同日　股份公司决定任命王彬为四川石化有限责任公司总经理，免去栗东生的四川石化有限责任公司总经理职务；杨健为大港石化分公司副总经理（主持行政全面工作），免去王彬的大港石化分公司总经理职务。

24—25日　集团公司董事长周吉平赴川渝地区石油石化企业调研，强调坚定不移贯彻中央精神，全力以赴保持大局稳定，毫不松懈抓好安全生产，积极稳健实现全年工作目标。

25日　国务院国资委召开关于违反中央八项规定精神典型问题通报视频会，通报国务院国资委和中央企业处理五起顶风违反中央八项规定精神的典型问题，对进一步贯彻落实中央八项规定精神进行部署。集团公司领导在中国石油分会场参加会议并讲话，强调敲响警钟，狠反“四风”，努力打造“阳光央企”。

同日　伊拉克国家游泳和跳水队一行28人抵达北京，将在中国进行为期1个月的集训。这项体育交流活动由中国石油资助，是中国石油为资源国开展的首个体育公益项目。

25—27日　集团公司领导分别到勘探开发研究院、经济技术研究院、石油化工研究院、安全环保技术研究院调研，强调科研单位要充分发挥科技创新驱动作用，为集团公司提升发展质量和效益作出新贡献。

26日　集团公司副总经理、股份公司总裁汪东进在北京会见来访的古巴外贸外资部长罗德里格·马尔米耶卡·迪亚兹。双方就推动中古上游油气项目合作及西恩富戈斯炼厂改扩建相关事宜进行交流。

27日　集团公司党组召开关于反对“四风”，加强反腐倡廉建设专题讨论会。会议强调，坚定不移推进反腐倡廉建设。集团公司党的群众路线教育实践活动领导小组组长、党组书记、董事长周吉平主持会议并讲话。

同日　集团公司副总经理、股份公司总裁汪东进在北京拜会阿富汗总统哈米德·卡尔扎伊，就进一步深化双方在油气领域的合作交换意见。

同日，新疆风城油田作业区2号稠油处理站采出液流进生产系统，标志着中国最大的稠油处理站正式投产。风城油田作业区管理着中国目前发现的最大整装稠油油藏。

29日　集团公司党组召开关于加强安全生产管理中的作风建设专题讨论会。会议强调，牢固树立安全第一理念，实现安全形势稳定好转。集团公司党组书记、董事长周吉平主持会议并讲话。

同日　高16米、重41吨的泵抽5008米深的齿轮齿条抽油机在塔里木油田投用。这台抽油机为78岁高龄的中国工程院院士顾心怿自主研发，是目前国内首创和世界最大的齿轮齿条式大型抽油机。

同日　管道局自主创新的热压三通设计方法破解国际压力容器行业难题，填补了国内外空白，对提升中国大口径和高钢级管线钢的管道工程建设水平意义重大。

30日　宝鸡石油钢管厂采用SEW（高频焊接热轧）工艺成功自主研发80钢级和110钢级、直径139.7毫米、壁厚9.17毫米两种高抗挤石油套管，标志着中国成为世界上少数掌握SEW高抗挤套管核心技术的国家之一。

本月　集团公司领导分别听取工程建设分公司和装备制造分公司工作汇报，强调要围绕油气主营业务，做专做特做强，进一步增强集团公司综合一体化优势。

本月　集团公司领导分别听取维稳信访工作办公室（综合治理办公室、保卫部）、矿区服务工作部、法律事务部、信息管理部的工作汇报，强调各部门要围绕集团公司主营业务和发展大局，进一步增强责任感使命感，为企业长远稳定健康发展作出新的更大贡献。

十　月

1 日　集团公司领导深入陕京三线良西段控制性工程南庄隧道施工现场和北京销售公司北苑加油站调研，强调关爱一线员工，保障能源供应，创造一流业绩。

2 日　在克罗地亚杜布罗夫尼克举行的第二十七届 IPMA 国际项目管理大会上，广西石化千万吨炼油项目获得 IPMA 国际卓越项目管理（特大型项目）最高奖——金奖。这是继神舟六号载人飞船项目、中海油惠州炼油项目之后，中国第三个获此殊荣的特大型项目。IPMA 颁发的特大型项目金奖是国际项目管理界的最高荣誉。

8—9 日　集团公司领导赴驻山东石油企业调研，强调要认真落实党组的一系列部署，全力完成今年各项生产经营任务。

9 日　在巴西里约国际管道会议上，管道公司自主研发的“含蜡原油纳米降凝剂制备与配套工艺应用技术研究”被授予“全球管道奖”。管道公司成为全球连续 2 年获得奖励的首家企业。

10 日　集团公司举行纪念铁人王进喜同志诞辰 90 周年弘扬大庆精神铁人精神座谈会。会议强调，一如既往地高举大庆精神铁人精神旗帜，矢志不渝地践行和弘扬大庆精神铁人精神，全心全意依靠职工群众办企业，凝聚起发展的强大力量，推动中国石油科学发展和谐发展。集团公司董事长周吉平出席座谈会并讲话。

12 日　宝鸡石油机械公司研制的中国首台 8000 米山前钻机承钻的第一口井——塔里木克深 2-1-14 井，在 17 英寸半井眼中，完井深度达到 5541 米；配套这个井眼的复合套管下入深度达到 5540.68 米，刷新 2 项全国钻井纪录。

15 日　集团公司 2013 年职业技能竞赛在锦州石化赛区闭幕。辽阳石化公司文德欣、锦州石化公司刘格、辽河石化公司周强、辽阳石化公司赵建新和锦州石化公司季伟 5 名选手摘得金牌，被授予“中国石油天然气集团公司技术能手”称号。

16 日　集团公司董事长周吉平在北京会见来访的俄罗斯鲁克石油公司总裁瓦吉特·阿列克佩罗夫一行。双方达成进一步加强、扩大双方之间合作的共识。

同日　第二十二届孙越崎科技教育奖颁奖大会在北京举行。中国石油集团长城钻探工程有限公司副总经理刘乃震、东北石油大学副校长宋考平等 4 人获得能源大奖，中国石油集团石油管工程技术研究院韩礼红等 20 人获得青年科技奖。

17 日　中共中央政治局常委、国务院副总理张高丽在钓鱼台国宾馆会见俄罗斯总统能源发展战略和生态安全委员会秘书长、俄罗斯石油公司总裁谢钦。双方重点讨论中俄石油合作有关重大项目落实问题。期间，集团公司董事长周吉平与谢钦签署扩大东西伯利亚上游项目合作谅解备忘录，开发东西伯利亚和远东有规模储量的油气田。

20 日　中缅天然气管道干线建成投产（详见专稿）。

20—21 日　以“在绿色和谐中改变发展方式”为主题的 2013 年中国矿业循环经济暨绿色矿山和谐矿区经验交流会在河南洛阳举行。大庆喇萨杏油田，新疆风城油田、呼图壁气田，玉门老君庙油田入选第三批国家级绿色矿山试点单位。

21 日　集团公司董事长周吉平在北京会见来访的俄罗斯天然气工业股份公司总裁米勒一行。双方就积极落实两国元首达成的共识，加快推进中俄天然气东线和西线合作项目进行会谈。

同日　巴西利布拉油田举行首轮产品分成合同招标，由巴西国家石油公司、荷兰壳牌、法国道达尔、中国石油天然气集团公司和中国海洋石油有限公司组成的投标联合体中标，中国石油拥有 10% 的权益，这是中国石油首次中标深海油田开发项目。

同日　由中国石油援建的青海冷湖中学生物园、地理园正式投用。冷湖中学生物园、地理园使用面积 200 平方米，共配置动植物标本 100 多种，山川、河流等各种模型 50 余件。

22 日　在国务院总理李克强与俄罗斯总理梅德韦杰夫的见证下，中国石油天然气集团公司董事长周吉平在北京人民大会堂分别与俄罗斯诺瓦泰克公司总裁米赫尔松签署亚马尔公司 LNG 购销框架协议，与俄罗斯石油公司总裁谢钦签署关于天津炼厂投产进度和供油主要条件的文件。

同日　中国工会十六大石油代表座谈会在北京中国石油大厦举行。会议强调，认真学习贯彻工会十六大精神，在建设世界水平综合性国际能源公司的伟大实践中凝聚广大职工的力量，坚持全心全意为职工群众服务，坚持全心全意依靠职工群众办企业。集团公司董事长周吉平出席会议并讲话。

同日　集团公司任命温青山为中国石油天然气香港有限公司执行董事、总经理。

同日　以“沉积学创新与能源”为主题的第五届全国沉积学大会在浙江杭州闭幕。大会颁发第一届中国沉积学成就奖，中国科学院孙枢院士和刘宝珺院士获此殊荣。30多年来，中国沉积学的创新研究，为世界沉积学发展作出了重大贡献，有力地指导了中国石油工业生产实践。

23日　集团公司工程建设业务发展研讨会在北京举行。会议强调，转变发展方式，优化调整业务结构，推动工程建设业务转型升级，实现有质量、有效益、可持续发展。

同日　集团公司副总经理、股份公司总裁汪东进在北京会见来访的俄罗斯天然气股份公司副总裁梅德韦杰夫一行。双方就尽快推进中俄东线天然气合作进行探讨。

25日　中贵联络线工程建成投产（详见专稿）。

同日　中国石油首套拥有完全自主知识产权的GARDES汽油加氢技术，在宁夏石化120万吨/年汽油加氢生产装置应用，汽油中的硫含量从80毫克/千克降到10毫克/千克，达到国Ⅴ汽油质量标准。至此，中国石油自主研发的国Ⅴ汽油质量升级主体技术成功投用，油品质量升级步伐进一步加快。

同日　中国首个自主设计、自主装备制造的LNG工厂——昆仑能源公司投资兴建的湖北500万米^3/日LNG工厂国产化示范工程建成中交。该工厂是中国迄今为止最大的LNG工厂，投产后每年可生产20亿立方米天然气当量的LNG产品，将成为覆盖华中乃至华南地区的LNG供应基地。

25—27日　集团公司领导赴驻广西石油石化企业调研，强调突出质量效益发展，确保完成全年目标任务。

26日　南疆天然气利民工程全线竣工投产。该管道由4条主线和19条支线构成，与先期给库尔勒和喀什供气的“气化南疆”管道对接，形成环塔里木盆地的天然气主干管网。每年近20亿立方米天然气将通过这条管道输送到南疆5地州42县（市），400多万名各族群众受益。

27日　在“2013年度创建全国优秀焊接工程活动成果表彰暨经验交流会”上，兰州石化建设公司承担的新疆吉木乃广汇3万立方米双壁单包容式LNG低温储罐焊接工程获得“全国优秀焊接工程”称号，这是中国工程建设焊接最高质量奖。

28日　集团公司董事长周吉平在北京会见来访的哈萨克斯坦国家石油天然气公司总裁门巴耶夫一行。双方就推动中哈油气合作重大项目实施，包括合资建设大口径管厂、石油装备厂和改造奇姆肯特炼厂等事项交换意见。

同日　集团公司召开天然气保供专题汇报会，强调提高认识、强化责任，加强天然气资源掌控和需求侧管理，全力做好天然气保供工作，推动天然气业务快速有效发展。

30日　中国石油与壳牌页岩油联合研发中心揭牌仪式在中国石油勘探开发研究院举行，开启了全球页岩油技术的联合研发。

31日　集团公司副总经理、股份公司总裁汪东进在北京会见来访的IHS公司首席执行官兼总裁斯科特·基。双方就加强在信息咨询服务方面的合作展开进一步交流。

本月　渤海钻探泥浆技术服务公司被国家人力资源和社会保障部、国务院国资委授予“中央企业先进集体”荣誉称号。中央企业先进集体每5年评选一次，主要表彰在经营管理方面业绩突出的企业，是中央企业的最高荣誉。

十一月

1日　集团公司召开违反中央和集团公司有关规定精神典型问题通报会，通报集团公司处理下属个别单位相关人员超标准购置公务用车、超标准享受待遇、公款旅游、大办升学宴收受礼金等九方面典型问题。会议强调，坚决遏制“四风”，打造“阳光央企”。集团公司董事长周吉平出席会议并讲话。

同日　集团公司党组任命赵永起同志为中石油香港有限公司临时党委书记。

同日　兰郑长成品油管道干线全线建成投产（详见专稿）。

4—5日　集团公司领导在江苏南京出席2013两岸企业家紫金山峰会，会见台湾中油股份有限公司董事长林圣忠一行，双方就加强合作有关事宜进行交流。与台湾三三企业交流会会长江丙坤就推进两岸能源合作交换意见。作题为《着眼未来，积极推进两岸能源合作》的主旨发言，提出两岸能源企业应抓住机遇，积极推动海峡天然气管道建设。

5—7 日　集团公司领导赴驻上海企业和辽河油区调研，强调发挥整体优势，实现质量效益发展。

6 日　集团公司董事长周吉平在北京会见来访的壳牌集团首席执行官傅赛和候任首席执行官范伯登一行。双方就进一步深化并拓展各领域合作等交换意见，表示将进一步提升合作的规模和质量，将四川非常规合作项目打造成应用先进适用技术和环境友好技术的示范项目。

11 日　中国石油海外卫星通信主站正式开通运行，标志着中国石油卫星通信网具备覆盖全球的能力，将为中国石油“走出去”战略提供强有力的通信保障。

同日　在由中华全国总工会、国家科技部、工业和信息化部、人力资源和社会保障部共同举办的第四届全国职工优秀技术创新成果大会上，长庆油田公司“程少春密封器”获得三等奖。

12 日　集团公司召开生产经营及运行协调会。会议强调，要全面贯彻落实党的十八届三中全会精神，以改革精神指导工作，以更大勇气推进生产经营协调发展。

同日　集团公司领导在北京会见 BP 集团执行董事、炼油与销售业务首席执行官康逸宁。双方就我国国内上下游及海外上游合作交换意见。

同日　中国石油首个致密气重大科技攻关专项——致密气藏开发重大工程技术研究在北京通过验收。这是中国石油在致密气领域设立的首个重大专项，填补了中国石油致密气开发工程技术标准规范体系的空白。

13 日　股份公司决定任命雍瑞生为广西石化分公司总经理，免去吴恩来的广西石化分公司总经理职务；张栋杰为华北石化分公司总经理，免去刘存柱的华北石化分公司总经理职务；刘至祥为庆阳石化分公司总经理，免去张栋杰的庆阳石化分公司总经理职务。免去雍瑞生的宁夏石化分公司总经理职务，由副总经理陈坚主持宁夏石化分公司行政全面工作。

同日　中国石油天然气股份有限公司附属中油勘探控股公司及中油勘探国际控股公司，与巴西国家石油公司国际（荷兰）公司及巴西国家石油公司国际（西班牙）公司签订收购协议，以约 26 亿美元收购巴西国家石油公司所属的巴西能源秘鲁公司全部股份。

15 日　集团公司党组书记、董事长周吉平主持召开党组扩大会议，专题研究集团公司 2014 年计划和预算工作。会议强调，深入贯彻落实党的十八届三中全会精神，进一步突出质量效益，积极推进改革创新，实现集团公司持续有效健康发展。

19 日　由中国石油集团石油管工程技术研究院牵头研制的国产高强度铝合金钻杆，在塔里木油田钻井现场的首次应用试验圆满成功。这标志着集团公司深井、超深井领域新型管材的研发取得重大进展，将有效改变目前国内同类产品长期依赖进口的局面。

21 日　集团公司领导赴华北油田公司和华北石化公司调研，强调认真贯彻党的十八届三中全会精神，扎实推进管理提升。

21—22 日　集团公司召开 2013 年财务工作视频会议。会议强调，科学理财、强化监督，为集团公司有质量、有效益、可持续发展作贡献。

22 日　中国石油和化学工业联合会科技奖励专项基金管理委员会在北京成立。该委员会是经国务院国资委批准、民政部登记成立的，是中国首个开展石油和化工行业科技奖励的公益性非营利性机构，由社会组织、企事业单位及个人定向捐赠，联合会自有资金设立，旨在通过奖励科技创新、表彰先进，促进行业科技进步，推进石油和化学工业科技水平的提升。

25—26 日　集团公司党组书记、董事长、党的群众路线教育实践活动领导小组组长周吉平主持召开党组党的群众路线教育实践活动专题民主生活会。周吉平代表集团公司党组班子做对照检查发言，深刻查摆党组在“四风”方面存在的主要问题，党组成员逐一做对照检查，认真开展批评和自我批评。中央第三十九督导组组长刘胜玉、副组长谢渡扬及全体成员到会督导。国有重点大型企业监事会主席季晓南，中央直属机关、国务院国资委、监事会 14 办事处有关负责同志参加会议。

26 日　集团公司董事长周吉平主持召开集团公司科技奖励委员会会议，强调要进一步加强科技创新，努力培育发展新优势，抢占未来发展制高点，推动集团公司发展实现质的飞跃。

27 日　集团公司召开安全生产紧急视频会议，传达中央领导同志重要指示和国家有关会议精神，通报“11 · 22”特别重大泄漏爆炸事故相关情况。会议强调，立即开展以油气管道为重点的生产安全和公共安全专项整治，全力抓好冬季安全生产，坚决杜绝重特大事故发生。集团公司董事长周吉平出席会议并讲话。

27—28 日　集团公司领导分别到钻井工程技术研究院和规划总院调研，强调要深入贯彻党的十八届三中全会精神，解放思想，深化改革，创新体制机制，转变发展方式，激发科研工作的内在动力，实现有质量、有效益、可持续发展。

28 日　集团公司副总经理、股份公司总裁汪东进在北京会见来访的苏丹财政和国民经济部部长阿里·马哈茂德·穆罕默德·阿卜杜拉苏勒。双方就加快实现苏丹、南苏丹边界开放和边境安全及双方在油气合作中的商务问题交换意见，并签署相关协议。

同日　股份公司董事会决定聘任吴恩来为中国石油天然气股份有限公司董事会秘书。

同日　在北京人民大会堂召开的全国设备工作先进表彰大会上，华北油田公司被授予“第九届全国设备管理优秀单位”称号。这是华北油田公司连续三次获得这一设备管理行业的国家级荣誉。

29 日　集团公司董事长周吉平主持召开党组扩大会议，听取规划计划部对炼油化工规划调整优化方案的汇报。会议强调，充分认识炼化业务在中国石油产业链中的重要作用和取得的显著进步，正确处理炼化业务发展中的 4 个关系，着力推动集团公司有质量、有效益、可持续发展。

同日　集团公司党组决定免去侯启军同志的天然气与管道分公司党委书记职务；任命阎智才同志为华北化工销售分公司党委书记，免去阎效山同志的华北化工销售分公司党委书记职务；陈长青同志为西南化工销售分公司党委书记，免去马生荣同志的西南化工销售分公司党委书记职务；王智利同志为西北销售分公司党委副书记（主持党委全面工作），免去王增岭同志的西北销售分公司党委书记职务；冀玉军同志为辽宁销售分公司党委书记，免去吴汉同志的辽宁销售分公司党委书记职务；杨宁海同志为河北销售分公司党委书记，免去冀玉军同志的河北销售分公司党委书记职务；刘杰同志为贵州销售分公司党委书记，免去李荡同志的贵州销售分公司党委书记职务；凌霄同志为西气东输管道分公司党委书记，免去秦刚同志的西气东输管道分公司党委书记职务；谢文虎同志为西部钻探工程有限公司党委书记，免去韩炜同志的西部钻探工程有限公司党委书记职务；张宝增同志为海洋工程有限公司党委书记，免去单祥国同志的海洋工程有限公司党委书记职务；张冠军同志为石油管工程技术研究院党委书记，免去饶永久同志的石油管工程技术研究院党委书记职务。

同日　集团公司任命侯启军为集团公司规划计划部总经理，免去吴枚的集团公司规划计划部总经理职务；柴守平为集团公司财务部总经理；陆凌为集团公司资金部总经理；刘戬为集团公司财税价格部总经理；贾忆民为集团公司资本运营部总经理，免去于毅波的集团公司资本运营部总经理职务；苏俊为集团公司生产经营管理部总经理；张亚成为集团公司离退休职工管理局（老干部局）局长，免去樊胜利的集团公司离退休职工管理局（老干部局）局长职务；张德有为吉林石油集团有限责任公司执行董事、总经理，免去苏俊的吉林石油集团有限责任公司执行董事、总经理职务；孙树祯为吉化集团公司经理，免去王光军的吉化集团公司经理职务；李光华为广州培训中心主任，免去王基鹏的广州培训中心主任职务。

同日　股份公司任命侯启军为股份公司规划计划部总经理，免去吴枚的股份公司规划计划部总经理职务；柴守平为股份公司财务部总经理；陆凌为股份公司资金部总经理；刘戬为股份公司财税价格部总经理；贾忆民为股份公司资本运营部总经理，免去于毅波的股份公司资本运营部总经理职务；苏俊为股份公司生产经营管理部总经理；张德有为吉林油田分公司总经理，免去苏俊的吉林油田分公司总经理职务；孙树祯为吉林石化分公司总经理，免去王光军的吉林石化分公司总经理；杨健为大港石化分公司总经理；刘杰为华北化工销售分公司总经理，免去杨天奎的华北化工销售分公司总经理职务；吴汉为辽宁销售分公司总经理，免去王学泠的辽宁销售分公司总经理职务；马生荣为河南销售分公司总经理，免去陈长青的河南销售分公司总经理职务；黄泽俊为北京油气调控中心主任，免去侯启军的北京油气调控中心主任职务；凌霄为西气东输管道分公司（西气东输销售分公司）总经理，免去黄泽俊的西气东输管道分公司（西气东输销售分公司）总经理；李文东为西部管道分公司（西部管道销售分公司）总经理，免去凌霄的西部管道分公司（西部管道销售分公司）总经理职务；王光军为物资采购中心（物资公司）主任（总经理），免去李遵义的物资采购中心（物资公司）主任（总经理）职务。推荐蒋尚军为昆仑银行股份公司董事长人选，王国樑不再担任昆仑银行股份公司董事长职务。

同日　集团公司决定，组建生产经营管理部，列集团公司总部部门序列。

同日　集团公司决定，对财务资产部、预算管理部两个部门进行整合，设立集团公司财务部、资金部、财税价格部。

同日　股份公司决定，组建生产经营管理部，列股份公司总部部门序列。

同日 股份公司决定，对财务部、预算管理部两个部门进行整合，设立股份公司财务部、资金部、财税价格部。

本月 国务院国资委授予大庆油田钻探工程公司伊拉克鲁迈拉项目部副经理李新民、辽阳石化公司电子商务部物资总库工人仲丛贵、黑龙江销售公司鹤岗分公司加油站职工郑亚波、青海油田公司格尔木炼油厂职工赵婷、新疆油田公司客运公司公交七大队驾驶员库尔曼别克·纳孜尔“中央企业道德模范”称号。

本月 第十三届全国职工职业道德建设评选揭晓，西部钻探国际钻井公司获得“全国职工职业道德建设标兵单位”称号。

本月 由国务院国资委主办的2013年中央企业财会职业技能大赛决赛在广西南宁举行。中国石油代表队获得团体二等奖，3位参赛选手个人综合成绩全部进入前10名，被国务院国资委授予“十大金牌岗位能手”称号。

十二月

3—5日 集团公司党组书记、董事长、党的群众路线教育实践活动领导小组组长周吉平赴长庆油田调研，并参加长庆油田公司领导班子专题民主生活会，强调如期建成“西部大庆”，以科学发展成果体现教育实践活动成效。

4日 2012—2013年度国家优质工程及突出贡献者评选揭晓，中国石油苏里格第四天然气处理厂、乍得恩贾梅纳炼厂等10个项目（其中3项为境外工程）获国家优质工程奖，38人被评为国家优质工程奖突出贡献者。

同日 国家能源局2012年度软科学研究优秀成果奖颁奖暨交流会在北京召开。中国—中亚天然气管道运营安全多边协调机制研究获得一等奖。

4—5日 油品销售地市公司工作会议在云南昆明召开。会议强调，坚持以效益为中心，以零售为核心，通过努力打造充满活力和竞争力的“升级版”地市销售公司，推动销售业务有质量、有效益、可持续发展。集团公司副总经理喻宝才出席会议并讲话。

5日 中国共产党的优秀党员、忠诚的共产主义战士，中国石油工业的杰出领导者，原石油工业部部长、党组书记唐克同志在北京逝世，享年96岁。新中国成立后，唐克同志被调往石油管理总局工作。他精心组织勘探队伍，加大对重要地区的勘探力度，并参与领导松辽石油会战。他统筹展开的“开气找油”会战，为建设胜利油田、四川油气田、大港油田、辽河油田奠定了坚实基础。担任石油工业部部长、党组书记期间，他带领部领导班子解放思想，集中利用外资，为中国石油工业的迅速发展注入了新的活力。

6日 集团公司董事长周吉平在北京会见来访的沙特阿拉伯王国朱拜勒和延布皇家委员会主席兼沙特基础工业公司董事长萨乌德亲王一行。双方就推动务实友好合作交换意见。

8—9日 2013年“专家论坛”暨中国石油咨询中心成立20周年报告会在北京举行。集团公司董事长周吉平出席会议，强调充分发挥智库作用，大力推进改革创新。

9日 集团公司副总经理、股份公司总裁汪东进在北京会见来访的斯伦贝谢公司首席执行官纪康博一行。双方就进一步加强国内外油气勘探开发、工程技术服务及技术管理人员交流等方面的战略合作进行会谈，并签署《全球战略合作框架协议》。

同日 集团公司党组任命孙晓岗同志为运输公司党委书记，免去刘志同志的运输公司党委书记职务；宗贻平同志为青海油田分公司党委书记，免去孙晓岗同志的青海油田分公司党委书记职务。

同日 集团公司任命孙晓岗为运输公司经理，免去刘志的运输公司经理职务。

同日 山东天然气管网淄博支线建成投产。该管线起自泰安—青岛干线淄博分输站，终点为淄博支线末站，全长99.8千米，设计年输气量24亿立方米。该管线的投产，将大幅减少污染物排放，改善空气质量，加快产业升级换代，促进沿线地区资源、经济、环境协调发展。

10日 集团公司召开生产经营及运行协调会，强调要加强形势研判，全力做好年底收官，尽早谋划和开展明年工作，争取生产经营主动权。

同日 集团公司领导在北京会见杜邦公司全球高级副总裁马修。双方就进一步加强在HSE管理和清洁技术等方面的合作交换意见。

同日 中国石油天然气股份有限公司与大唐国际发电股份有限公司，在北京签署大唐国际克什克腾旗煤制天然气项目《煤制天然气购销协议》。根据协议，煤制气项目将向北京市日供气400万立方米，可有效缓解北京市天然气供应紧张局面。

同日　中国石油唐山液化天然气（LNG）项目正式向外输管线供气，标志着唐山LNG项目一期工程正式投产，年气化外输能力为87亿立方米。唐山LNG项目创造了国内LNG项目建设周期最短、首船LNG接卸时间最短、设备问题最少、内漏阀门数量最少等多项纪录。

11日　正在缅甸访问的中共中央政治局委员、国务院副总理刘延东，在缅甸首都内比都听取中国石油集团东南亚管道公司关于中缅油气管道项目的汇报，要求确保管道安全，深化交流合作。

同日　集团公司领导在北京会见美国福陆能源化工电力集团总裁彼得·乌斯特维尔。双方就进一步优势互补、拓展合作、实现共赢交换意见。

12日　股份公司决定任命吴国干为油气储量评审办公室主任，免去陈永武的油气储量评审办公室主任职务。

同日　渤海钻探测井公司89型多级脉冲射孔器在TZ69井应用成功，创造国内多级脉冲最小枪型纪录，填补国内多级复合射孔技术空白，达到国际领先水平。

13—17日　集团公司领导赴川渝石油企业调研，并参加川庆钻探工程公司领导班子专题民主生活会，强调要改革创新、科学谋划，推进川渝石油企业有质量、有效益、可持续发展。

16日　集团公司董事长周吉平在北京会见英国前首相布莱尔、陶氏化学公司董事长利伟诚一行。双方就中国全面深化改革的深远影响、中国石油与陶氏化学加强交流提升合作水平等话题交换意见。

18日　集团公司党组书记、董事长周吉平主持召开党组扩大会议，传达学习中央经济工作会议和中央城镇化工作会议精神，强调要认真学习贯彻会议精神，把思想认识统一到中央的决策部署上来，按照“稳中求进、改革创新”的总要求，把改革创新贯穿于集团公司发展的各个领域各个环节，推进集团公司有质量、有效益、可持续发展。

20日　集团公司董事长周吉平在北京会见阿布扎比国家石油公司总裁阿卜杜拉·纳赛尔·苏威迪一行。双方就进一步加强油气勘探开发、工程技术服务、技术研发及人才教育培训与交流等方面的战略合作交换意见。

同日　集团公司任命吴恩来为中国石油天然气香港有限公司执行董事、总经理，免去温青山的中国石油天然气香港有限公司执行董事、总经理。

23日　集团公司召开“12·23”警示日活动视频会，深刻反思10年前罗家16H井井喷事故教训，做到警钟长鸣、警示高悬，认真吸取教训、举一反三、查找差距，以前所未有的力度全力抓好安全生产工作，坚决杜绝重特大事故的发生。集团公司董事长周吉平出席会议并讲话。

同日　集团公司所属单位主要领导培训班在北京石油管理干部学院开班。集团公司董事长周吉平讲授第一课，强调把握“中国特色”，瞄准“世界水平”，全面深化各项改革，着力夯实发展基础，努力打造中国石油发展的“升级版”。

24日　集团公司召开信息化工作会议。会议强调，加强专业化管理，推进共享服务，持续提高信息化建设能力，为集团公司建设世界水平综合性国际能源公司提供有力的信息化支撑。

27日　集团公司决定从2014年起调整优化绩效考核指标体系，突出质量效益，弱化规模速度，效益类指标权重从35%提高到70%，使绩效考核的“指挥棒”更有效地引导企业加快发展方式转变。

同日　中国石油共产党员及员工捐献善款购置的100辆“母亲健康快车”开进四川省雅安地区乡镇卫生院，解决灾区人民的应急医疗困难。

同日　东方地球物理勘探公司创造了每7.02秒放一炮，最高日效1.2316万炮的国内陆上物探日效纪录。

30日　国务院国资委党委任命刘跃珍同志为中国石油天然气集团公司党组成员，免去温青山同志的中国石油天然气集团公司党组成员职务。

同日　国务院国资委任命刘跃珍为中国石油天然气集团公司总会计师，免去温青山的中国石油天然气集团公司总会计师职务。

31日　集团公司董事长周吉平主持召开集团公司HSE委员会（安委会）会议。会议强调，进一步增强责任感、紧迫感，以更加坚定的态度、更加严密的措施、更加到位的管理，切实增强安全保障能力，促进集团公司安全环保长效机制的建立和巩固。

本年　大庆油田生产原油4000万吨，生产天然气34.4亿立方米，持续稳产11年。

本年　长庆油田生产原油2432万吨，生产天然气346.8亿立方米，油气当量产量达到5195万吨，成为我国陆上油气产量最高、上产速度最快的油气田。

本年　塔里木油田油气当量产量达到2366万吨，连续7年突破2000万吨。

本年　新疆油田生产原油1160万吨，生产天然气 30.5 亿立方米，连续 11 年原油产量超千万吨。

本年　辽河油田生产原油突破 1000 万吨，实现连续 28 年千万吨稳产。

本年　中国石油向国内供应天然气突破 1100 亿立方米，相当于替代标准煤 2.2 亿吨，减排二氧化碳 4.07 亿吨。

本年　中国石油累计建成国内外管道长度超过 1 万千米，投运超过 8000 千米，创历史最高水平。

本年　中国石油海外业务实现油气作业当量 1.23 亿吨，其中原油作业产量首次突破 1 亿吨；权益油气当量达 5920 万吨。

〔档案处（史志办公室）〕

第十五篇

统计数据

表1　中国石油天然气集团公司主要指标完成情况

指标名称	计量单位	2007年	2008年	2009年	2010年	2011年	2012年	2013年
一、主营业务收入								
工业总产值（现价）	亿元	10915	12908	10089	12766	16533	17146	11956
工业销售产值	亿元	10863	12788	10085	12737	16443	17080	16727
企业增加值	亿元	5720	5342	5622	7206	7560	8167	8141
二、油气产量								
原油	万吨	13762	13875	13745	14144	14927	15188	15981
其中：海外权益产量	万吨	2998	3050	3432	3603	4173	4155	4721
天然气	亿立方米	577.6	664.1	738.4	829.1	881.9	935.2	1038.9
其中：海外权益产量	亿立方米	35.1	46.6	55.1	103.8	125.7	136.6	150.5
三、主要炼油化工产品产量								
汽、煤、柴、润合计	万吨	7902	8098	8185	8793	9457	9822	9979
汽油	万吨	2484	2546	2582	2676	2889	3099	3297
煤油	万吨	322	360	364	366	368	478	606
柴油	万吨	4920	5016	5099	5591	6043	6061	5887
润滑油	万吨	176	177	140	161	157	184	189
乙烯	万吨	258.1	267.6	298.9	361.5	346.7	369.0	398.2
合成树脂及共聚物	万吨	425.4	439.6	475.7	565.2	581.2	621.7	666.1
合成橡胶	万吨	38.1	40.7	48.0	61.9	60.6	63.3	66.5
合成纤维	万吨	17.0	14.1	14.2	12.0	8.6	8.5	7.0
尿素	万吨	363.4	383.4	397.3	376.4	448.4	440.8	377.1
四、主要冶金产品产量								
石油焊接钢管	万吨	112.0	171.5	223.2	180.8	251.1	269.5	204.4
石油套管	万吨	11.1	8.6	13.4	15.7	40.9	54.5	70.1
钻井钢丝绳	万吨	4.6	4.8	4.8	5.1	5.7	5.9	6.5
五、主要机械产品产量								
钻机	套	116	141	86	99	108	110	108
抽油机	台	10303	13414	11702	13931	14981	14373	11527
抽油杆	万米	603.5	564.4	530.8	514.5	572.7	581.2	764.2
抽油泵	台	29840	23568	26234	33238	35753	35087	42038

表 2　中国石油天然气集团公司合并资产负债表　万元人民币

项　目	2011 年	2012 年	2013 年
流动资产			
货币资金	27841684	29369671	32237535
交易性金融资产	306412	232312	888341
应收票据和应收账款	10180968	13274601	15326031
预付款项	5197504	4820193	7840551
其他应收款	5553384	5778842	4853746
存货	31458998	36015069	36022084
其他流动资产	8182347	8681351	7007129
流动资产合计	88721297	98172039	104175417
非流动资产			
可供出售金融资产	4558819	7129757	8784518
持有至到期投资	13870062	12356327	12881140
长期股权投资	7178595	7937053	13960262
固定资产净额	61974111	72543636	76665583
在建工程	31925225	36947056	39538597
油气资产	69990796	79013231	86969734
无形资产	6045138	6970718	7692493
其他非流动资产（其他长期资产）	18523581	19872220	25068242
非流动资产合计	214066327	242769998	271560569
资产总计	302787624	340942037	375735986
流动负债			
短期借款	9216576	11012415	10361304
应付票据和应付账款	32790963	39437395	41501681
预收款项	7329816	7612813	8604312
应付职工薪酬	2316433	1904100	2004547
应交税费	13284221	9276824	8580427
其他应付款	9231583	9025567	9315182
其他流动负债	24109905	21465386	32792792
流动负债合计	98279497	99734500	113160245
非流动负债			
长期借款	2967192	2263317	1373029
预计负债	7338411	8896518	9953329
递延所得税负债	2531925	2725349	2020342
其他非流动负债	21602416	40911290	43674465
非流动负债合计	34439944	54796474	57021165
负债合计	132719441	154530974	170181410

续表

项　目	2011 年	2012 年	2013 年
所有者权益			
实收资本	37986346	39754032	43151404
资本公积	26185285	26536066	29480678
专项储备	3244296	3117859	2955930
盈余公积	84113988	94209306	103560297
一般风险准备	148042	239273	545265
未分配利润	1424118	1549838	2047840
外币报表折算差额	–1709643	–1782616	–2988314
归属于母公司所有者权益合计	151392432	163623758	178753100
少数股东权益	18675751	22787305	26801476
所有者权益合计	170068183	186411063	205554576
负债和所有者权益总计	302787624	340942037	375735986

表 3　中国石油天然气集团公司合并利润表　　万元人民币

项　目	2011 年	2012 年	2013 年
营业收入	238127823	268348030	275930341
主营业务收入	237659251	267856364	275372956
其他业务收入	468572	491666	557385
减：营业成本	171644617	202683702	210125446
主营业务成本	171281727	202262155	209626876
其他业务成本	362890	421547	498570
营业税金及附加	26867676	25797786	24972307
销售费用	6113991	6427762	7235051
管理费用	12092324	11626026	12255066
财务费用	1425120	1659213	2348444
资产减值损失	1335240	819550	1886633
其他	2646065	2573597	2718482
加：公允价值变动收益（损失以“–”号填列）	–6722	1746	–4474
投资收益（损失以“–”号填列）	2173558	1721424	1744633
营业利润（损失以“–”号填列）	18169626	18483564	16129071
加：营业外收入	1443413	1578033	4542292
减：营业外支出	1440635	1671587	1868614
利润总额（亏损总额以“–”号填列）	18172404	18390010	18802749
减：所得税费用	5119620	4472551	4721942
净利润	13052784	13917459	14080807
归属于母公司所有者的净利润	10549019	11480285	11377507
少数股东损益	2503765	2437174	2703300

表 4　中国石油天然气股份有限公司及其附属公司勘探与生产运营情况

项　目	单位	2013年	2012年	同比增减（%）
原油产量	百万桶	932.9	916.5	1.8
可销售天然气产量	十亿立方英尺	2801.9	2558.8	9.5
油气当量产量	百万桶	1400.0	1343.1	4.2
原油探明储量	百万桶	10820	11018	（1.8）
天然气探明储量	十亿立方英尺	69323	67581	2.6
探明已开发原油储量	百万桶	7220	7396	（2.4）
探明已开发天然气储量	十亿立方英尺	32813	31606	3.8

注：原油按 1 吨 =7.389 桶，天然气按 1 立方米 =35.315 立方英尺换算。

表 5　中国石油天然气股份有限公司及其附属公司炼油与化工生产情况

项　目	单位	2013年	2012年	同比增减（%）
原油加工量	百万桶	992.3	1012.5	（2.0）
汽、煤、柴油产量	千吨	90282	91016	（0.8）
其中：汽油	千吨	29294	28381	3.2
煤油	千吨	4112	3408	20.7
柴油	千吨	56876	59227	（4.0）
原油加工负荷率	%	87.3	90.1	（2.8）个百分点
轻油收率	%	77.6	77.9	（0.3）个百分点
石油产品综合商品收率	%	93.4	93.8	（0.4）个百分点
乙烯	千吨	3982	3690	7.9
合成树脂	千吨	6537	6089	7.4
合成纤维原料及聚合物	千吨	1218	1595	（23.6）
合成橡胶	千吨	665	633	5.1
尿素	千吨	3771	4408	（14.5）

注：原油按 1 吨 =7.389 桶换算。

表 6　中国石油天然气股份有限公司及其附属公司销售业务情况

项　目	单位	2013年	2012年	同比增减（%）
汽、煤、柴油销量	千吨	159133	153277	3.8
其中：汽油	千吨	52350	47407	10.4
煤油	千吨	13482	11355	18.7
柴油	千吨	93301	94515	（1.3）
零售市场份额	%	39.4	39.3	0.1个百分点
加油站数量	座	20272	19840	2.2
其中：资产型加油站	座	19710	19296	2.1
单站加油量	吨/日	10.96	11.12	（1.4）

表 7　中国石油天然气股份有限公司及其附属公司主要子公司、参股公司情况

公司名称	注册资本（百万元人民币）	持股比例 %	资产总额（百万元人民币）	负债总额（百万元人民币）	净资产总额（百万元人民币）	净利润（百万元人民币）
大庆油田有限责任公司[(1)]	47500	100.00	275318	78248	197070	57367
中油勘探开发有限公司	16100	50.00	154405	47455	106950	12655
中石油香港有限公司	75.92亿港币	100.00	92908	35272	57636	8061
中石油国际投资有限公司	31314	100.00	96755	72546	24209	（3805）
中国石油国际事业有限公司	14000	100.00	153204	119587	33617	2434
中石油西北联合管道有限责任公司	62500	52.00	63518	152	63366	882
大连西太平洋石油化工有限公司	2.58亿美元	28.44	11851	16109	（4258）	（828）
中国船舶燃料有限责任公司	1000	50.00	8035	5473	2562	73
中油财务有限责任公司	5441	49.00	649208	613930	35278	5237
Arrow Energy Holdings Pty Ltd.	2澳元	50.00	46331	18918	27413	（3910）
中石油管道联合有限公司[(2)]	40000	50.00	82984	2527	80457	4333
中石油专属财产保险股份有限公司[(3)]	5000	49.00	5068	69	4999	（1）

注：（1）大庆油田有限责任公司 2013 年营业收入 192613 百万元人民币，营业利润 77419 百万元人民币。

（2）关于中石油管道联合有限公司的详细情况，请参见本公司于 2013 年 6 月 14 日在上海证券交易所网站披露的对外投资公告（编号为临 2013-017）。

（3）关于中石油专属财产保险股份有限公司的详细情况，请参见本公司于 2012 年 1 月 4 日在上海证券交易所网站披露的临时董事会会议决议公告（编号为临 2012-001）。

表 8　中国石油天然气股份有限公司已评估探明储量和探明开发储量

项　目	原油（百万桶）	天然气（十亿立方英尺）	合计（油当量百万桶）
探明开发和未开发储量			
基准日2011年12月31日的储量	11128.2	66653.0	22237.0
对以前估计值的修正	（16.3）	（2730.5）	（471.2）
扩边和新发现	736.5	6217.5	1772.7
提高采收率	86.1	0	86.1
当年产量	（916.5）	（2558.8）	（1343.1）
基准日2012年12月31日的储量	11018.0	67581.2	22281.5
对以前估计值的修正	（124.0）	（6415.4）	（1193.1）
扩边和新发现	774.8	10958.7	2601.3
提高采收率	84.4	0	84.4
当年产量	（932.9）	（2801.9）	（1400.0）
基准日2013年12月31日的储量	10820.3	69322.6	22374.1

续表

项　目	原油（百万桶）	天然气（十亿立方英尺）	合计（油当量百万桶）
探明开发储量			
基准日为2011年12月31日	7458.3	32329.4	12846.5
其中：国内	7041.2	31913.1	12360.0
海外	417.1	416.3	486.5
基准日为2012年12月31日	7395.7	31606.5	12663.4
其中：国内	7016.4	31244.1	12223.7
海外	379.3	362.4	439.7
基准日为2013年12月31日	7219.6	32813.1	12688.5
其中：国内	6801.3	32123.2	12155.2
海外	418.3	689.9	533.3
探明未开发储量			
基准日为2011年12月31日	3669.9	34323.6	9390.5
其中：国内	3318.1	33595.3	8917.3
海外	351.8	728.3	473.2
基准日为2012年12月31日	3622.3	35974.8	9618.1
其中：国内	3202.6	35202.0	9069.6
海外	419.7	772.8	548.5
基准日为2013年12月31日	3600.7	36509.5	9685.6
其中：国内	3175.8	35961.3	9169.4
海外	424.9	548.2	516.2

表9　中国石油天然气股份有限公司2013年12月31日合并及公司资产负债表（一）

（除特别注明外，金额单位为百万元人民币）

资　产	2013年12月31日	2012年12月31日	2013年12月31日	2012年12月31日
	合并	合并	公司	公司
流动资产				
货币资金	57250	49953	27484	11574
应收票据	14360	9981	10973	7329
应收账款	64027	64450	4694	4198
预付款项	11445	11286	4397	4509
其他应收款	17802	14165	55676	48324
存货	227017	214117	173290	166074
其他流动资产	39052	32561	27724	23959

续表

资　产	2013年12月31日	2012年12月31日	2013年12月31日	2012年12月31日
	合并	合并	公司	公司
流动资产合计	430953	396513	304238	265967
非流动资产				
可供出售金融资产	1603	1756	1271	1253
长期股权投资	116289	79615	320849	265939
固定资产	559346	545479	422676	438504
油气资产	801083	733583	535733	492322
在建工程	282325	283059	154378	185884
工程物资	5762	7486	4218	5866
无形资产	62592	56426	49131	44159
商誉	7225	7582	119	119
长期待摊费用	26424	24351	22966	21464
递延所得税资产	11226	1443	9163	—
其他非流动资产	37176	31544	18908	19157
非流动资产合计	1911051	1772324	1539412	1474667
资产总计	2342004	2168837	1843650	1740634

表10　中国石油天然气股份有限公司2013年12月31日合并及公司资产负债表（二）

（除特别注明外，金额单位为百万元人民币）

负债及股东权益	2013年12月31日	2012年12月31日	2013年12月31日	2012年12月31日
	合并	合并	公司	公司
流动负债				
短期借款	110894	143409	126463	181974
应付票据	832	2265	8	—
应付账款	298075	278427	170431	155420
预收款项	46804	38131	29748	27099
应付职工薪酬	4836	4161	3403	3024
应交税费	69718	72045	46311	46380
其他应付款	27025	23642	20793	17397
一年内到期的非流动负债	81873	7838	55089	6626
其他流动负债	5432	4830	2628	1904
流动负债合计	645489	574748	454874	439824
非流动负债				
长期借款	211708	207540	169775	170536

续表

负债及股东权益	2013年12月31日	2012年12月31日	2013年12月31日	2012年12月31日
	合并	合并	公司	公司
应付债券	91154	86234	91000	86000
预计负债	94531	83928	61291	55676
递延所得税负债	15087	22209	—	4417
其他非流动负债	14127	13412	4773	4151
非流动负债合计	426607	413323	326839	320780
负债合计	1072096	988071	781713	760604
股东权益				
股本	183021	183021	183021	183021
资本公积	115676	115878	127839	128136
专项储备	8922	10054	6398	7080
盈余公积	175051	161623	163959	150523
未分配利润	664136	598686	580720	511270
外币报表折算差额	（13956）	（5115）	—	—
归属于母公司股东权益合计	1132850	1064147	1061937	980030
少数股东权益	137058	116619	—	—
股东权益合计	1269908	1180766	1061937	980030
负债及股东权益总计	2342004	2168837	1843650	1740634

表 11　中国石油天然气股份有限公司 2013 年度合并及公司利润表

（除特别注明外，金额单位为百万元人民币）

项　目	2013年度	2012年度	2013年度	2012年度
	合并	合并	公司	公司
营业收入	2258124	2195296	1362289	1337157
减：营业成本	（1701840）	（1634819）	（1004735）	（1000217）
营业税金及附加	（238663）	（246078）	（177578）	（181984）
销售费用	（60036）	（55032）	（44581）	（40848）
管理费用	（90564）	（83936）	（64887）	（61665）
财务费用	（21897）	（16824）	（22169）	（18038）
资产减值损失	（4182）	（1963）	（4036）	（1218）
加：投资收益	10769	8787	62672	69354
营业利润	151711	165431	106975	102541
加：营业外收入	38735	11578	42054	10175
减：营业外支出	（12430）	（10199）	（9443）	（8668）
利润总额	178016	166810	139586	104048
减：所得税费用	（35787）	（36192）	（5230）	（619）
净利润	142229	130618	134356	103429

续表

项　目	2013年度	2012年度	2013年度	2012年度
	合并	合并	公司	公司
归属于：				
母公司股东	129577	115323	134356	103429
少数股东	12652	15295	—	—
每股收益				
基本每股收益（元人民币）	0.71	0.63	0.73	0.57
稀释每股收益（元人民币）	0.71	0.63	0.73	0.57
其他综合（损失）/ 收益	（11605）	（42）	（308）	117
综合收益总额	130624	130576	134048	103546
归属于：				
母公司股东	120555	115337	134048	103546
少数股东	10069	15239	—	—

表 12　中国石油天然气股份有限公司 2013 年度合并及公司现金流量表

（除特别注明外，金额单位为百万元人民币）

项　目	2013年度	2012年度	2013年度	2012年度
	合并	合并	公司	公司
经营活动产生的现金流量				
销售商品、提供劳务收到的现金	2634463	2552815	1583349	1560613
收到的税费返还	9019	3966	8521	3585
收到其他与经营活动有关的现金	5720	7105	16088	17308
经营活动现金流入小计	2649202	2563886	1607958	1581506
购买商品、接受劳务支付的现金	（1764275）	（1704242）	（993503）	（1020730）
支付给职工以及为职工支付的现金	（115772）	（108031）	（85073）	（80518）
支付的各项税费	（400757）	（433420）	（272377）	（290401）
支付其他与经营活动有关的现金	（79869）	（78905）	（73142）	（95958）
经营活动现金流出小计	（2360673）	（2324598）	（1424095）	（1487607）
经营活动产生的现金流量净额	288529	239288	183863	93899
投资活动产生的现金流量				
收回投资收到的现金	1294	15392	25	11
取得投资收益所收到的现金	11702	8946	63720	69347
处置固定资产、油气资产、无形资产和其他长期资产收回的现金净额	38828	607	38868	235
投资活动现金流入小计	51824	24945	102613	69593
购建固定资产、油气资产、无形资产和其他长期资产支付的现金	（310223）	（330861）	（174030）	（227634）
投资支付的现金	（8111）	（26310）	（17418）	（31637）
投资活动现金流出小计	（318334）	（357171）	（191448）	（259271）
投资活动产生的现金流量净额	（266510）	（332226）	（88835）	（189678）

项　目	2013年度 合并	2012年度 合并	2013年度 公司	2012年度 公司
筹资活动产生的现金流量				
吸收投资收到的现金	14415	31366	—	—
其中：子公司吸收少数股东投资收到的现金	14415	31366	—	—
取得借款收到的现金	601218	575558	339937	397619
收到其他与筹资活动有关的现金	263	2417	155	307
筹资活动现金流入小计	615896	609341	340092	397926
偿还债务支付的现金	(546936)	(448931)	(341496)	(252910)
分配股利、利润或偿付利息支付的现金	(80263)	(84806)	(77472)	(76239)
其中：子公司支付给少数股东的股利、利润	(5404)	(7499)	—	—
子公司资本减少	(10)	(21)	—	—
支付其他与筹资活动有关的现金	(926)	(227)	(242)	(218)
筹资活动现金流出小计	(628135)	(533985)	(419210)	(329367)
筹资活动产生的现金流量净额	(12239)	75356	(79118)	68559
汇率变动对现金及现金等价物的影响	(1768)	(195)	—	—
现金及现金等价物净增加 /（减少）额	8012	(17777)	15910	(27220)
加：期初现金及现金等价物余额	43395	61172	11574	38794
期末现金及现金等价物余额	51407	43395	27484	11574

表 13　中国石油天然气股份有限公司 2013 年度合并股东权益变动表

（除特别注明外，金额单位为百万元人民币）

项　目	归属于母公司股东权益						少数股东权益	股东权益合计
	股本	资本公积	专项储备	盈余公积	未分配利润	外币报表折算差额		
2012年1月1日余额	183021	112878	9107	151280	551598	(4999)	79681	1082566
2012年度增减变动额								
综合收益总额	—	130	—	—	115323	(116)	15239	130576
专项储备—安全生产费								
本期提取	—	—	6496	—	—	—	88	6584
本期使用	—	—	(5549)	—	161	—	(62)	(5450)
利润分配								
提取盈余公积	—	—	—	10343	(10343)	—	—	—
对股东的分配	—	—	—	—	(58041)	—	(7303)	(65344)
其他权益变动								
收购子公司	—	(77)	—	—	—	—	686	609
与少数股东的权益性交易	—	320	—	—	—	—	(522)	(202)
少数股东资本投入	—	2279	—	—	—	—	29097	31376
子公司资本减少	—	—	—	—	—	—	(21)	(21)
处置子公司	—	—	—	—	—	—	(173)	(173)
其他	—	348	—	—	(12)	—	(91)	245

续表

项　目	归属于母公司股东权益						少数股东权益	股东权益合计
	股本	资本公积	专项储备	盈余公积	未分配利润	外币报表折算差额		
2012年12月31日余额	183021	115878	10054	161623	598686	（5115）	116619	1180766
2013年1月1日余额	183021	115878	10054	161623	598686	（5115）	116619	1180766
2013年度增减变动额								
综合收益总额	—	（181）	—	—	129577	（8841）	10069	130624
专项储备—安全生产费								
本期提取	—	—	6809	—	—	—	100	6909
本期使用	—	—	（7941）	—	2779	—	（57）	（5219）
利润分配								
提取盈余公积	—	—	—	13436	（13436）	—	—	—
对股东的分配	—	—	—	—	（53470）	—	（4147）	（57617）
其他权益变动								
收购子公司	—	—	—	—	—	—	117	117
与少数股东的权益性交易	—	—	—	—	—	—	（99）	（99）
少数股东资本投入	—	（20）	—	—	—	—	14435	14415
子公司资本减少	—	—	—	—	—	—	（10）	（10）
处置子公司	—	1	—	—	—	—	（117）	（116）
其他	—	（2）	—	（8）	—	—	148	138
2013年12月31日余额	183021	115676	8922	175051	664136	（13956）	137058	1269908

表 14　中国石油天然气股份有限公司 2013 年度公司股东权益变动表

（除特别注明外，金额单位为百万元人民币）

项　目	股本	资本公积	专项储备	盈余公积	未分配利润	股东权益合计
2012年1月1日余额	183021	128019	6474	140180	476103	933797
2012年度增减变动额						
综合收益总额	—	117	—	—	103429	103546
专项储备—安全生产费						
本期提取	—	—	5611	—	—	5611
本期使用	—	—	（5005）	—	122	（4883）
利润分配						
提取盈余公积	—	—	—	10343	（10343）	—
对股东的分配	—	—	—	—	（58041）	（58041）
2012年12月31日余额	183021	128136	7080	150523	511270	980030
2013年1月1日余额	183021	128136	7080	150523	511270	980030
2013年度增减变动额						
综合收益总额	—	（308）	—	—	134356	134048

续表

项　目	股本	资本公积	专项储备	盈余公积	未分配利润	股东权益合计
专项储备—安全生产费						
本期提取	—	—	5825	—	—	5825
本期使用	—	—	（6507）	—	1986	（4521）
利润分配						
提取盈余公积	—	—	—	13436	（13436）	—
对股东的分配	—	—	—	—	（53470）	（53470）
其他	—	11	—	—	14	25
2013年12月31日余额	183021	127839	6398	163959	580720	1061937

表 15　2013 年度中国石油天然气集团公司社会公益投入一览表

类　别	项目	投入金额（万元）	小计（万元）
扶贫帮困	定点扶贫新疆、河南、贵州、江西等 对口支援西藏、青海、重庆、福建等 其他地区扶贫	22744	22744
支持教育	援建学校	9222	25365
	助学金	4873	
	奖学金	175	
	科研开发	11095	
赈灾捐赠	为遭受洪涝、台风、地震等地区捐款	7487	7487
公益捐款	公共设施建设	13584	16340
	医疗卫生	1424	
	文化艺术	1026	
	体育事业	306	
环保公益	植树造林	5149	13153
	其他环境公益	8004	
总计			85089

第十六篇

附　　录

说 明

一、地理区域

北美：除特别说明以外，指美国、加拿大、墨西哥。

中南美：除北美洲以外的美洲其他国家和地区，也称拉丁美洲。

欧洲：除前苏联地区以外的所有欧洲国家。

前苏联地区：亚美尼亚、阿塞拜疆、白俄罗斯、爱沙尼亚、格鲁吉亚、哈萨克斯坦、吉尔吉斯斯坦、拉脱维亚、立陶宛、摩尔多瓦、俄罗斯、塔吉克斯坦、土库曼斯坦、乌克兰、乌兹别克斯坦，也称独联体。

欧洲和欧亚：欧洲和前苏联地区国家。

中东：阿拉伯半岛国家、伊朗、伊拉克、以色列、约旦、黎巴嫩和叙利亚。

非洲：所有非洲国家。

亚太地区：中东以外亚洲国家和地区，大洋洲国家和地区。

二、组织

经合组织(OECD)：美洲的加拿大、智利、墨西哥、美国；欧洲的奥地利、比利时、捷克共和国、丹麦、爱沙尼亚、芬兰、法国、德国、希腊、匈牙利、冰岛、爱尔兰、意大利、卢森堡、荷兰、挪威、波兰、葡萄牙、斯洛伐克、斯洛文尼亚、西班牙、瑞典、瑞士、土耳其、英国；亚洲和大洋洲的澳大利亚、以色列、日本、韩国、新西兰。

欧盟：奥地利、比利时、保加利亚、克罗地亚、塞浦路斯、捷克共和国、爱沙尼亚、丹麦、芬兰、法国、德国、希腊、匈牙利、爱尔兰共和国、意大利、拉脱维亚、立陶宛、卢森堡、马耳他、荷兰、波兰、罗马尼亚、斯洛文尼亚、葡萄牙、斯洛伐克、西班牙、瑞典、英国。

欧佩克(OPEC)：中东的伊朗、伊拉克、科威特、卡塔尔、沙特阿拉伯、阿联酋；非洲的阿尔及利亚、安哥拉、利比亚、尼日利亚；中南美的厄瓜多尔、委内瑞拉。

附　表

附表 1　2013 年世界各地区一次能源消费构成　　%

地区和组织	石油	天然气	煤炭	核能	水电	可再生能源	总计
北美	36.8	30.1	17.5	7.7	5.6	2.3	100.0
中南美	46.3	22.5	4.3	0.7	23.5	2.7	100.0
欧洲（不含前苏联）	35.1	23.2	17.4	10.8	7.5	6.0	100.0
前苏联	20.7	50.4	17.4	5.7	5.8	—	100.0
中东	49.0	49.1	1.1	—	0.7	—	100.0
非洲	41.9	27.2	23.4	0.8	6.3	0.4	100.0
亚太地区	27.5	11.2	52.3	1.5	6.0	1.5	100.0
世界	32.9	23.7	30.1	4.4	6.7	2.2	100.0
经合组织	37.2	26.1	19.3	8.1	5.8	3.5	100.0
非经合组织	29.5	21.9	38.3	1.6	7.5	1.2	100.0

资料来源:《BP 能源统计 2014》。

附表 2　2013 年世界主要国家和地区一次能源分类消费量　　亿吨油当量

国家、地区和组织	石油	天然气	煤炭	核能	水电	可再生能源	总计
中国	5.07	1.45	19.25	0.25	2.06	0.43	28.52
美国	8.31	6.71	4.56	1.88	0.62	0.59	22.66
俄罗斯	1.53	3.72	0.94	0.39	0.41	—	6.99
印度	1.75	0.46	3.24	0.08	0.30	0.12	5.95
日本	2.09	1.05	1.29	0.03	0.19	0.09	4.74
加拿大	1.03	0.93	0.20	0.23	0.89	0.04	3.33
德国	1.12	0.75	0.81	0.22	0.05	0.30	3.25
巴西	1.33	0.34	0.14	0.03	0.87	0.13	2.84
韩国	1.08	0.47	0.82	0.31	0.01	0.01	2.71
法国	0.80	0.39	0.12	0.96	0.15	0.06	2.48
1—10位合计	24.13	16.28	31.37	4.39	5.54	1.77	83.48
伊朗	0.93	1.46	0.01	0.01	0.03	—	2.44
沙特阿拉伯	1.35	0.93	—	—	—	—	2.28
英国	0.70	0.66	0.37	0.16	0.01	0.11	2.00
墨西哥	0.90	0.74	0.12	0.03	0.06	0.02	1.88
印度尼西亚	0.74	0.35	0.54	—	0.04	0.02	1.69
意大利	0.62	0.58	0.15	—	0.12	0.13	1.59

续表

国家、地区和组织	石油	天然气	煤炭	核能	水电	可再生能源	总计
西班牙	0.59	0.26	0.10	0.13	0.08	0.17	1.34
土耳其	0.33	0.41	0.33	—	0.13	0.02	1.23
南非	0.27	0.04	0.88	0.03	—	—	1.22
乌克兰	0.12	0.40	0.43	0.19	0.03	—	1.17
11—20位合计	6.55	5.82	2.93	0.54	0.51	0.48	16.83
澳大利亚	0.47	0.16	0.45	—	0.05	0.03	1.16
泰国	0.50	0.47	0.16	—	0.01	0.01	1.16
中国台湾	0.43	0.15	0.41	0.09	0.01	0.01	1.11
波兰	0.24	0.15	0.56	—	0.01	0.04	1.00
阿联酋	0.36	0.61	—	—	—	—	0.97
荷兰	0.41	0.33	0.08	0.01	0.03	0.03	0.87
埃及	0.36	0.46	0.01	—	0.03	—	0.87
阿根廷	0.29	0.43	0.01	0.01	0.09	0.01	0.85
委内瑞拉	0.36	0.27	—	—	0.19	—	0.83
马来西亚	0.31	0.31	0.17	—	0.02	—	0.81
21—30位合计	3.74	3.35	1.85	0.11	0.43	0.13	9.62
世界	41.85	30.20	38.27	5.63	8.56	2.79	127.30
经合组织	20.60	14.44	10.67	4.47	3.19	1.96	55.33
非经合组织	21.25	15.76	27.60	1.16	5.36	0.84	71.97

资料来源：《BP 能源统计 2014》。

附表 3　2013 年世界主要国家石油剩余探明可采储量　　亿吨

国家和组织	2012年	2013年	2013年/2012年变化	2013年占世界	储采比
委内瑞拉	464.5	465.8	0.3%	17.7%	>100
沙特阿拉伯	365.2	365.2	—	15.8%	63.2
加拿大	280.9	280.9	—	10.3%	>100
伊朗	215.7	215.7	—	9.3%	>100
伊拉克	202.4	202.4	—	8.9%	>100
科威特	139.8	139.8	—	6.0%	89.0
阿联酋	129.8	129.8	—	5.8%	73.5
俄罗斯	126.2	127.4	1.0%	5.5%	23.6
利比亚	63.1	63.1	—	2.9%	>100
美国	53.7	53.7	—	2.6%	12.1
1—10位合计	2041.3	2043.8	0.1%	84.8%	—
尼日利亚	50.1	50.1	—	2.2%	43.8
哈萨克斯坦	39.3	39.3	—	1.8%	46.0
卡塔尔	26.2	26.0	−0.7%	1.5%	34.4

续表

国家和组织	2012年	2013年	2013年/2012年变化	2013年占世界	储采比
中国	24.7	24.7	—	1.1%	11.9
巴西	22.3	22.7	1.8%	0.9%	20.2
安哥拉	17.1	17.1	—	0.8%	19.3
阿尔及利亚	15.4	15.4	—	0.7%	21.2
墨西哥	15.7	15.3	-3.0%	0.7%	10.6
厄瓜多尔	12.3	12.0	-2.3%	0.5%	42.6
挪威	10.7	10.0	-5.8%	0.5%	12.9
11—20位合计	233.8	232.6	-0.5%	10.6%	—
阿塞拜疆	9.6	9.6	—	0.4%	20.6
印度	7.6	7.6	-0.2%	0.3%	17.5
阿曼	7.5	7.5	—	0.3%	16.0
越南	5.9	5.9	—	0.3%	34.5
印度尼西亚	5.2	5.2	—	0.2%	11.6
埃及	5.6	5.2	-7.1%	0.2%	15.0
马来西亚	4.8	4.8	—	0.2%	15.3
南苏丹	4.7	4.7	—	0.2%	96.9
澳大利亚	4.4	4.4	0.9%	0.2%	26.1
英国	4.1	4.1	—	0.2%	9.6
21—30位合计	59.3	58.9	-0.7%	2.6%	—
世界	2381.1	2382.0	< 0.05%	100.0%	53.3
欧佩克	1701.8	1702.4	< 0.05%	71.9%	90.3
加拿大油砂	352.8	353.5	—	—	—
委内瑞拉重油	272.8	272.8	—	—	—

资料来源：《BP 能源统计 2014》。

附表 4　2013 年世界主要国家石油产量　　万吨

国家和组织	2012年	2013年	2013年/2012年变化	2013年占世界
沙特阿拉伯	54983.4	54234.0	-1.1%	13.1%
俄罗斯	52622.9	53143.4	1.3%	12.9%
美国	39412.9	44623.1	13.5%	10.8%
中国	20747.8	20812.9	0.6%	5.0%
加拿大	18258.6	19301.3	6.0%	4.7%
伊朗	17708.4	16608.2	-6.0%	4.0%
阿联酋	15470.5	16567.4	7.4%	4.0%
伊拉克	15249.8	15324.2	0.8%	3.7%
科威特	15371.8	15125.3	-1.3%	3.7%
墨西哥	14385.7	14184.6	-1.1%	3.4%
1—10位合计	264211.9	269924.2	2.1%	65.3%

续表

国家和组织	2012年	2013年	2013年/2012年变化	2013年占世界
委内瑞拉	13661.9	13508.9	-0.8%	3.3%
尼日利亚	11624.3	11125.9	-4.0%	2.7%
巴西	11218.7	10994.1	-1.7%	2.7%
安哥拉	8687.8	8736.1	0.8%	2.1%
卡塔尔	8334.6	8423.8	1.3%	2.0%
哈萨克斯坦	8117.6	8381.4	3.5%	2.0%
挪威	8724.7	8317.2	-4.4%	2.0%
阿尔及利亚	6721.2	6886.2	2.7%	1.7%
哥伦比亚	4986.3	5288.0	6.3%	1.3%
利比亚	7107.0	4645.5	-34.5%	1.1%
11—20位合计	89183.9	86307.0	-3.3%	20.9%
阿塞拜疆	4573.5	4617.1	1.2%	1.1%
阿曼	4500.0	4608.2	2.7%	1.1%
印度尼西亚	4462.4	4270.0	-4.0%	1.0%
印度	4203.0	4196.0	0.1%	1.0%
英国	4456.0	4062.4	-8.6%	1.0%
埃及	3472.6	3454.4	-0.3%	0.8%
阿根廷	3108.2	3053.4	-1.5%	0.7%
马来西亚	3031.6	2957.6	-2.2%	0.7%
厄瓜多尔	2709.7	2824.3	4.5%	0.7%
澳大利亚	2163.7	1794.9	-16.8%	0.4%
21—30位合计	36680.8	35838.3	-2.4%	8.7%
世界	411977.9	413291.9	0.6%	100.0%
欧佩克	177630.4	174009.7	-1.8%	42.1%

资料来源：《BP 能源统计 2014》。

附表 5　2013 年世界主要国家和地区石油消费量　　　　万吨

国家、地区和组织	2012年	2013年	2013年/2012年变化	2013年占世界
美国	81700.5	83102.8	2.0%	19.9%
中国	49009.3	50737.6	3.8%	12.1%
日本	21784.6	20891.8	-3.8%	5.0%
印度	17357.5	17524.7	1.2%	4.2%
俄罗斯	14890.2	15307.3	3.1%	3.7%
沙特阿拉伯	13125.3	13496.5	3.1%	3.2%
巴西	12584.7	13274.0	5.8%	3.2%
德国	11143.9	11208.2	0.9%	2.7%

续表

国家、地区和组织	2012年	2013年	2013年/2012年变化	2013年占世界
韩国	10877.3	10844.7	0.0%	2.6%
加拿大	10428.8	10349.1	-0.5%	2.5%
1—10位合计	242902.1	246736.9	1.6%	59.0%
伊朗	8954.4	9286.2	4.0%	2.2%
墨西哥	9229.3	8968.4	-2.6%	2.1%
法国	8101.1	8033.4	-0.6%	1.9%
印度尼西亚	7323.6	7382.5	1.1%	1.8%
英国	7096.7	6976.8	-1.4%	1.7%
新加坡	6539.2	6591.7	1.1%	1.6%
意大利	6422.8	6175.8	-3.6%	1.5%
西班牙	6417.2	5931.0	-7.3%	1.4%
泰国	4955.6	5041.4	2.0%	1.2%
澳大利亚	4729.3	4696.4	-0.4%	1.1%
11—20位合计	69769.3	69083.6	-1.0%	16.5%
中国台湾	4189.8	4339.4	3.9%	1.0%
荷兰	4370.5	4143.8	-4.9%	1.0%
委内瑞拉	3295.1	3622.0	10.2%	0.9%
埃及	3523.6	3566.2	1.5%	0.9%
阿联酋	3427.8	3561.3	4.2%	0.9%
土耳其	3142.9	3311.8	5.7%	0.8%
马来西亚	3066.5	3118.7	2.0%	0.7%
比利时	3035.4	3102.5	2.5%	0.7%
阿根廷	2846.4	2939.5	3.6%	0.7%
南非	2734.2	2722.9	-0.1%	0.7%
21—30位合计	33632.2	34428.0	2.4%	8.2%
世界	413894.7	418507.7	1.4%	100.0%
经合组织	207291.4	205994.1	-0.4%	49.2%
非经合组织	206603.3	212513.6	3.1%	50.8%

资料来源：《BP 能源统计 2014》。

附表 6　2013 年世界主要国家和地区炼油能力　　千桶 / 日

国家和地区	2012年	2013年	2013年/2012年变化	2013年占世界
美国	17824	17818	0.0%	18.8%
中国	11933	12598	5.6%	13.3%
俄罗斯	5785	6027	4.2%	6.3%
印度	4279	4319	0.9%	4.5%
日本	4254	4123	-3.1%	4.3%

续表

国家和地区	2012年	2013年	2013年/2012年变化	2013年占世界
韩国	2887	2887	—	3.0%
沙特阿拉伯	2122	2522	18.9%	2.7%
巴西	2000	2093	4.6%	2.2%
意大利	2200	2062	-6.3%	2.2%
德国	2097	2061	-1.7%	2.2%
1—10位合计	55380	56510	2.0%	59.5%
伊朗	1892	1970	4.1%	2.1%
加拿大	2063	1965	-4.7%	2.1%
墨西哥	1606	1606	—	1.7%
西班牙	1537	1537	—	1.6%
英国	1526	1526	—	1.6%
法国	1639	1520	-7.2%	1.6%
新加坡	1395	1395	—	1.5%
委内瑞拉	1303	1353	3.8%	1.4%
荷兰	1274	1274	—	1.3%
泰国	1260	1267	0.6%	1.3%
11—20位合计	15495	15413	-0.5%	16.2%
中国台湾	1197	1197	—	1.3%
伊拉克	1042	1129	8.3%	1.2%
印度尼西亚	1041	1072	3.0%	1.1%
科威特	936	936	—	1.0%
比利时	786	810	3.1%	0.9%
阿联酋	710	710	—	0.7%
阿根廷	645	663	2.8%	0.7%
澳大利亚	663	662	-0.2%	0.7%
土耳其	613	613	—	0.6%
希腊	498	498	—	0.5%
21—30位合计	8132	8291	2.0%	8.7%
世界	93529	94929	1.5%	100.0%

资料来源：《BP 能源统计 2014》。

附表 7 2013 年世界主要国家天然气剩余探明可采储量 万亿立方米

国 家	2012年	2013年	2013年/2012年变化	2013年占世界	储采比
伊朗	33.62	33.78	0.5%	18.2%	> 100.0
俄罗斯	31.04	31.25	0.7%	16.8%	51.7
卡塔尔	24.89	24.68	-0.8%	13.3%	> 100.0

续表

国　家	2012年	2013年	2013年/2012年变化	2013年占世界	储采比
土库曼斯坦	17.48	17.48	—	9.4%	>100.0
美国	8.72	9.34	7.1%	5.0%	13.6
沙特阿拉伯	8.23	8.23	—	4.4%	79.9
阿联酋	6.09	6.09	—	3.3%	>100.0
委内瑞拉	5.56	5.57	0.2%	3.0%	>100.0
尼日利亚	5.12	5.08	−0.8%	2.7%	>100.0
阿尔及利亚	4.50	4.50	—	2.4%	57.3
1—10位合计	145.26	146.01	0.5%	78.6%	—
澳大利亚	3.76	3.68	−2.2%	2.0%	85.8
伊拉克	3.59	3.59	—	1.9%	>100.0
中国	3.27	3.27	—	1.8%	28.0
印度尼西亚	2.93	2.93	—	1.6%	41.6
挪威	2.09	2.05	−2.0%	1.1%	18.8
加拿大	2.02	2.02	—	1.1%	13.1
埃及	2.04	1.85	−9.5%	1.0%	32.9
科威特	1.78	1.78	—	1.0%	>100.0
利比亚	1.55	1.55	—	0.8%	>100.0
哈萨克斯坦	1.53	1.53	—	0.8%	82.5
11—20位合计	24.56	24.24	−1.3%	13.1%	—
印度	1.33	1.35	1.8%	0.7%	40.2
马来西亚	1.07	1.09	1.8%	0.6%	15.8
乌兹别克斯坦	1.12	1.09	−3.2%	0.6%	19.7
阿曼	0.95	0.95	—	0.5%	30.7
阿塞拜疆	0.89	0.88	−1.3%	0.5%	54.3
荷兰	0.85	0.85	—	0.5%	12.4
巴基斯坦	0.64	0.64	—	0.3%	16.7
乌克兰	0.64	0.64	0.1%	0.3%	33.4
越南	0.62	0.62	—	0.3%	63.3
也门	0.48	0.48	—	0.3%	46.3
21—30位合计	8.60	8.59	−0.1%	4.6%	—
世界	185.31	185.70	0.2%	100.0%	54.80

资料来源：《BP 能源统计 2014》。

附表 8　2013 年世界主要国家天然气产量　　　　亿立方米

国　家	2012年	2013年	2013年/2012年变化	2013年占世界
美国	6812.4	6875.9	1.3%	20.5%
俄罗斯	5923.1	6047.5	2.4%	17.8%
伊朗	1656.3	1665.5	0.8%	4.9%
卡塔尔	1508.0	1585.1	5.4%	4.7%
加拿大	1560.5	1548.3	–0.5%	4.6%
中国	1071.5	1170.5	9.5%	3.4%
挪威	1147.3	1087.5	–5.0%	3.2%
沙特阿拉伯	993.3	1030.1	4.0%	3.0%
阿尔及利亚	815.0	786.0	–3.3%	2.3%
印度尼西亚	710.7	704.0	–0.7%	2.1%
1—10位合计	22198.1	22500.4	1.3%	66.5%
马来西亚	664.6	690.5	4.2%	2.0%
荷兰	638.5	686.8	7.9%	2.0%
土库曼斯坦	622.9	623.5	0.4%	1.8%
英国	596.8	571.3	–4.0%	1.7%
墨西哥	568.9	566.4	–0.2%	1.7%
埃及	608.8	560.7	–7.7%	1.6%
阿联酋	543.1	559.5	3.3%	1.6%
乌兹别克斯坦	569.2	552.0	–2.8%	1.6%
澳大利亚	433.6	428.5	–0.9%	1.3%
特立尼达和多巴哥	427.3	428.4	0.5%	1.3%
11—20位合计	5673.70	5667.60	–0.1%	16.7%
泰国	413.9	417.8	1.2%	1.2%
巴基斯坦	412.3	385.5	–6.2%	1.1%
尼日利亚	432.9	360.7	–16.4%	1.1%
阿根廷	377.3	355.3	–5.6%	1.0%
印度	403.5	336.8	–16.3%	1.0%
阿曼	300.2	309.3	3.3%	0.9%
委内瑞拉	294.8	284.5	–3.2%	0.8%
孟加拉	210.6	218.8	4.2%	0.6%
巴西	192.7	213.2	11.0%	0.6%
玻利维亚	182.8	208.5	14.4%	0.6%
21—30位合计	3221.0	3090.4	–4.2%	9.1%
世界	33641.0	33905.4	1.1%	100.0%

资料来源：《BP 能源统计 2014》。

附表 9　2013 年世界各地区天然气消费量　　亿立方米

地区和组织	2012年	2013年	2013年/2012年变化	2013年占世界
北美	9029.1	9234.6	2.7%	27.8%
中南美	1623.2	1686.4	4.2%	5.0%
欧洲	4941.6	4892.5	-1.0%	14.6%
前苏联	5883.9	5754.9	-1.9%	17.1%
中东	4128.8	4282.9	4.0%	12.8%
非洲	1229.7	1233.5	0.6%	3.7%
亚太地区	6271.3	6391.6	2.2%	19.0%
世界	33107.6	33476.3	1.4%	100.0%
经合组织	15739.4	15965.1	1.8%	47.8%
非经合组织	17368.2	17511.2	1.1%	52.2%

资料来源：《BP 能源统计 2014》。

附表 10　2013 年世界主要国家天然气消费量　　亿立方米

国家和组织	2012年	2013年	2013年/2012年变化	2013年占世界
美国	7230.3	7372.3	2.4%	22.2%
俄罗斯	4162.6	4134.8	-0.4%	12.3%
伊朗	1615.1	1621.8	0.7%	4.8%
中国	1463.0	1616.1	10.8%	4.8%
日本	1169.5	1168.7	0.2%	3.5%
加拿大	1002.8	1034.9	3.5%	3.1%
沙特阿拉伯	993.3	1030.1	4.0%	3.1%
德国	783.7	836.5	7.0%	2.5%
墨西哥	796.0	827.4	4.2%	2.5%
英国	737.2	731.1	-0.6%	2.2%
1—10位合计	19953.5	20373.6	2.1%	60.9%
阿联酋	655.7	683.1	4.5%	2.0%
意大利	686.7	642.3	-6.2%	1.9%
韩国	501.9	525.2	4.9%	1.6%
泰国	512.4	522.5	2.2%	1.6%
印度	587.6	514.5	-12.2%	1.5%
埃及	526.1	514.3	-2.0%	1.5%
阿根廷	473.2	480.1	1.7%	1.4%
土耳其	452.5	456.4	1.1%	1.4%
乌兹别克斯坦	468.7	452.0	-3.3%	1.3%
乌克兰	495.4	449.9	-8.9%	1.3%
11—20位合计	5360.3	5240.3	-2.3%	15.7%
法国	422.3	428.3	1.7%	1.3%

续表

国家和组织	2012年	2013年	2013年/2012年变化	2013年占世界
巴基斯坦	412.3	385.5	-6.2%	1.1%
印度尼西亚	358.1	384.2	7.6%	1.1%
巴西	316.5	376.3	19.2%	1.1%
荷兰	364.4	370.7	2.0%	1.1%
马来西亚	346.6	339.6	-1.8%	1.0%
阿尔及利亚	310.4	323.0	4.3%	1.0%
委内瑞拉	314.1	305.3	-2.5%	0.9%
西班牙	313.2	289.7	-7.2%	0.9%
卡塔尔	234.9	258.5	10.3%	0.8%
21—30位合计	3392.7	3461.1	2.0%	10.3%
世界	33107.6	33476.3	1.4%	100.0%
经合组织	15739.4	15965.1	1.8%	47.8%
非经合组织	17368.2	17511.2	1.1%	52.2%

资料来源：《BP 能源统计 2014》。

附表 11 2013 年世界主要国家和地区石油进出口量

万吨

国家和地区	原油进口量	油品进口量	总进口量	原油出口量	油品出口量	总出口量
美国	38436	9919	48355	558	15109	15667
加拿大	2761	1083	3844	13219	2973	16192
墨西哥	—	2886	2886	6034	588	6622
中南美	2505	7800	10306	15131	3210	18341
欧洲	46375	15902	62277	1893	9664	11558
前苏联	20	605	625	30012	14454	44466
中东	1076	4112	5188	85529	11612	97141
北非	269	1907	2177	8523	2417	10940
西非	—	1319	1319	21491	698	22190
东非和南非	1341	1997	3338	683	70	753
澳大拉西亚	2836	2220	5055	1153	653	1806
中国	28259	9557	37816	92	3126	3218
印度	19048	1286	20334	—	5913	5913
日本	17821	4549	22369	65	1476	1541
新加坡	4440	10167	14607	10	8093	8103
亚太其他	22642	14409	37051	3436	9663	13099
世界合计	187830	89719	277549	187830	89719	277549

资料来源：《BP 能源统计 2014》。

附表 12　2013 年世界主要国家和地区天然气进出口量　　亿立方米

国家和地区	管道气进口量	液化气进口量	总进口量	管道气出口量	液化气出口量	总出口量
美国	789.0	27.3	816.3	444.4	0.9	445.2
加拿大	258.0	10.5	268.5	788.7	—	788.7
墨西哥	186.4	78.0	264.4	—	—	—
北美	1233.4	115.8	1349.2	1233.1	0.9	1234.0
特立尼达和多巴哥	—	—	—	—	197.6	197.6
中南美其他	186.4	196.1	382.5	186.4	56.6	243.0
中南美洲	186.4	196.1	382.5	186.4	254.2	440.6
法国	305.0	87.4	392.4	11.2	6.3	17.5
德国	958.0	—	958.0	150.9	—	150.9
意大利	516.1	55.2	571.3	2.1	—	2.1
荷兰	215.1	7.8	223.0	532.0	1.9	533.9
挪威	—	—	—	1024.0	38.4	1062.4
西班牙	153.3	149.4	302.7	9.1	26.2	35.3
土耳其	381.6	60.5	442.1	6.3	—	6.3
英国	419.1	92.8	511.9	89.5	—	89.5
欧洲其他	1022.4	61.4	1083.8	119.2	16.4	135.6
欧洲	3970.6	514.6	4485.2	1944.3	89.2	2033.5
俄罗斯	277.6	—	277.6	2112.6	142.4	2255.0
乌克兰	269.0	—	269.0	—	—	—
前苏联其他	295.2	—	295.2	685.2	—	685.2
前苏联	841.8	—	841.8	2797.8	142.4	2940.2
卡塔尔	—	—	—	198.9	1056.2	1255.2
中东其他	251.1	45.3	296.3	94.1	285.4	379.4
中东	251.1	45.3	296.3	293.0	1341.6	1634.6
阿尔及利亚	—	—	—	280.1	149.3	429.4
非洲其他	64.4	—	64.4	86.2	316.3	402.5
非洲	64.4	—	64.4	366.3	465.6	832.0
中国	273.6	244.9	518.5	27.8	—	27.8
日本	—	1189.9	1189.9	—	—	—
印度尼西亚	—	—	—	88.7	224.1	312.8
韩国	—	542.3	542.3	—	—	—
亚太地区其他	285.0	404.3	689.3	168.6	735.2	903.8
亚太地区	558.6	2381.4	2940.0	285.0	959.3	1244.3
世界合计	7106.2	3253.3	10359.5	7106.2	3253.3	10359.5

资料来源：《BP 能源统计 2014》。

附表 13　2000 年及近 5 年世界主要国家地热发电装机容量　　兆瓦

国　家	2000年	2009年	2010年	2011年	2012年	2013年	2013年占世界
世界	8584	10851	11116	11036	11361	11709	100.0%
美国	2746	3207	3226	3236	3368	3442	29.4%
菲律宾	1931	1953	1966	1783	1848	1868	16.0%
印度尼西亚	590	1189	1193	1209	1339	1339	11.4%
意大利	785	843	883	883	875	876	7.5%
墨西哥	843	965	965	887	812	823	7.0%
新西兰	436	629	769	769	769	855	7.3%
冰岛	172	576	575	665	665	665	5.7%
日本	535	500	502	502	502	503	4.3%
哥斯达黎加	143	166	166	208	208	208	1.8%
萨尔瓦多	161	204	204	204	204	204	1.7%
肯尼亚	45	174	209	212	217	253	2.2%
尼加拉瓜	70	88	88	88	160	160	1.4%

资料来源:《BP 能源统计 2014》。

附表 14　2000 年及近 5 年世界主要国家太阳能发电装机容量　　兆瓦

国　家	2000年	2009年	2010年	2011年	2012年	2013年	2013年占世界
世界	1250	24265	41330	71218	102076	139637	100.0%
德国	76	10566	17554	25039	32643	35948	25.7%
意大利	19	1181	3502	12803	16139	17600	12.6%
中国	19	300	800	3300	7000	18300	13.1%
美国	0	1172	2022	3910	7271	12022	8.6%
日本	330	2627	3618	4914	6743	13643	9.8%
西班牙	0	3698	4110	4472	4685	4828	3.5%
法国	0	377	1194	2953	4019	4632	3.3%
比利时	0	636	1055	2057	2768	2983	2.1%
澳大利亚	29	188	571	1377	2407	3255	2.3%
捷克	0	462	1953	1959	2072	2160	1.5%
英国	2	26	70	976	1900	2892	2.1%
希腊	0	55	198	624	1536	2579	1.8%

资料来源:《BP 能源统计 2014》。

附表 15　2000 年及近 5 年世界主要国家风能发电装机容量　兆瓦

国　家	2000年	2009年	2010年	2011年	2012年	2013年	2013年占世界
世界	17934	160139	197718	238967	284491	319907	100.0%
中国	352	25853	44781	62412	75372	91460	28.6%
美国	2610	35159	40274	47084	60208	61292	19.2%
德国	6097	25703	27191	29071	31315	34316	10.7%
西班牙	2358	19160	19715	21160	22722	22898	7.2%
印度	1220	10926	13065	16179	18420	20226	6.3%
英国	425	4424	5378	6476	8889	10976	3.4%
意大利	424	4845	5793	6733	7998	8448	2.6%
法国	63	4775	5940	6770	7585	8120	2.5%
加拿大	139	3321	4011	5278	6214	7813	2.4%
葡萄牙	111	3474	3837	4214	4363	4557	1.4%
丹麦	2341	3408	3805	3927	4137	4747	1.5%
瑞典	265	1537	2141	2904	3750	4474	1.4%

资料来源:《BP 能源统计 2014》。

附表 16　2000 年及近 5 年世界主要国家生物燃料产量　万吨油当量

国　家	2000年	2009年	2010年	2011年	2012年	2013年	2013年占世界
世界	918	5195	5956	6068	6175	6535	100.0%
美国	300	2170	2557	2852	2727	2844	43.5%
巴西	523	1396	1557	1320	1355	1578	24.2%
德国	19	273	289	283	289	261	4.0%
阿根廷	0	105	166	222	228	188	2.9%
法国	32	231	227	186	207	194	3.0%
中国	—	112	144	160	173	168	2.6%
印度尼西亚	—	46	72	110	139	161	2.5%
泰国	—	62	66	72	99	125	1.9%
加拿大	11	72	75	88	100	101	1.5%
波兰	—	39	42	40	63	66	1.0%
西班牙	7	96	127	81	59	67	1.0%
比利时	—	47	54	61	48	66	1.0%

资料来源:《BP 能源统计 2014》。

附表 17　2013 年世界主要国家和地区二氧化碳排放量　　亿吨

国家、地区和组织	2012年	2013年	2013年/2012年变化	2013年占世界
中国	91.7	95.2	4.2%	27.1%
美国	57.8	59.3	2.9%	16.9%
印度	18.5	19.3	4.4%	5.5%
俄罗斯	17.3	17.1	−0.4%	4.9%
日本	14.1	14.0	−0.5%	4.0%
德国	8.2	8.4	2.4%	2.4%
韩国	7.6	7.7	1.3%	2.2%
沙特阿拉伯	6.1	6.3	3.4%	1.8%
伊朗	6.2	6.3	2.1%	1.8%
加拿大	6.1	6.2	0.8%	1.8%
1—10位合计	233.7	239.9	2.7%	68.4%
巴西	5.1	5.4	6.7%	1.5%
印度尼西亚	5.0	5.2	4.9%	1.5%
英国	5.3	5.1	−2.6%	1.5%
墨西哥	5.0	5.0	−0.7%	1.4%
南非	4.4	4.4	−0.1%	1.3%
法国	3.8	3.9	0.9%	1.1%
意大利	4.1	3.8	−5.6%	1.1%
澳大利亚	3.7	3.6	−2.9%	1.0%
波兰	3.3	3.3	1.0%	0.9%
中国台湾	3.3	3.3	1.6%	0.9%
11—20位合计	43.0	43.1	0.2%	12.3%
土耳其	3.3	3.3	−1.2%	0.9%
泰国	3.3	3.3	0.7%	0.9%
乌克兰	3.1	3.0	−3.3%	0.9%
西班牙	3.2	2.8	−11.8%	0.8%
阿联酋	2.4	2.5	4.3%	0.7%
荷兰	2.4	2.4	−1.8%	0.7%
马来西亚	2.3	2.3	2.2%	0.7%
新加坡	2.2	2.2	2.1%	0.6%
埃及	2.3	2.2	−0.2%	0.6%
哈萨克斯坦	2.1	2.1	1.5%	0.6%
21—30位合计	26.7	26.3	−1.5%	7.5%
世界	344.6	350.9	2.1%	100.0%
经合组织	138.8	139.4	0.7%	39.7%
非经合组织	205.8	211.5	3.1%	60.3%

资料来源:《BP 能源统计 2014》。

附表 18　2013 年《财富》世界 500 强中排名前 30 位的石油石化公司　　亿美元

排名		公司名称	营业收入	净利润	所属国
2013年	2012年				
2	1	荷兰皇家壳牌石油公司	4595.99	163.71	荷兰
3	4	中国石油化工集团公司	4572.01	89.32	中国
4	5	中国石油天然气集团公司	4320.08	185.05	中国
5	3	埃克森美孚	4076.66	325.80	美国
6	6	英国石油公司	3962.17	234.51	英国
11	10	道达尔公司	2278.83	112.05	法国
12	11	雪佛龙	2203.56	214.23	美国
17	21	俄罗斯天然气工业股份公司	1650.17	357.69	俄罗斯
18	15	意昂集团	1625.60	28.44	德国
19	16	菲利普斯公司	1611.75	37.26	美国
22	17	埃尼石油公司	1541.09	68.50	意大利
28	25	巴西国京石油公司	1414.62	110.94	巴西
30	27	瓦莱罗能源公司	1377.58	27.20	美国
36	36	墨西哥石油公司	1259.44	-133.03	墨西哥
41	38	委内瑞拉国家石油公司	1209.79	129.33	委内瑞拉
43	46	鲁克石油公司	1191.18	78.32	俄罗斯
44	37	苏伊士集团	1185.51	-123.32	法国
46	99	俄罗斯石油公司	1170.79	171.11	俄罗斯
51	44	JX控股公司	1110.14	10.69	日本
54	39	挪威国家石油公司	1084.59	67.89	挪威
64	57	SK集团	1021.22	2.58	韩国
69	75	马来西亚国家石油公司	1007.45	171.81	马来西亚
79	93	中国海洋石油总公司	959.72	77.01	中国
81	101	马拉松原油公司	939.91	21.12	美国
84	81	泰国国京石油有限公司	925.57	30.82	泰国
96	88	印度石油公司	813.24	11.72	印度
114	107	信实工业公司	733.32	37.20	印度
123	122	印尼国家石油公司	711.02	30.62	印度尼西亚
126	112	雷普索尔公司	691.49	2.59	西班牙
130	139	莱茵集团	682.27	-35.22	德国

注：排名按 2013 年公司营业收入计算。

资料来源:《财富》杂志 2014 年 7 月。

附表 19 2013 年《福布斯》全球企业 2000 强中综合排名前 30 位的石油天然气公司

亿美元

序号	2013年排名	公司名称	国家和地区	销售额	利润	资产	市值
1	6	埃克森美孚/Exxon Mobil	美国	3940	326	3468	4223
2	10	中国石油/PetroChina	中国大陆	3285	211	3869	2020
3	11	荷兰皇家壳牌集团/Royal Dutch Shell	荷兰	4514	164	3575	2341
4	17	英国石油/BP	英国	3792	236	3057	1488
5	18	雪佛龙/Chevron	美国	2118	214	2538	2272
6	21	俄罗斯天然气公司/Gazprom	俄罗斯	1646	390	3972	888
7	25	道达尔/Total	法国	2279	112	2391	1498
8	29	中国石化/Sinopec-China Petroleum	中国大陆	4453	109	2284	947
9	30	巴西石油股份有限公司/Petrobras	巴西	1412	109	3192	868
10	34	俄罗斯石油公司/Rosneft	俄罗斯	1426	128	2294	700
11	39	埃尼集团/Eni	意大利	1527	69	1866	909
12	44	必和必拓/BHP Billiton	澳大利亚	677	148	1510	1823
13	51	挪威国家石油公司/Statoil	挪威	1052	68	1460	892
14	76	康菲石油公司/ConocoPhillips	美国	556	92	1181	863
15	83	鲁克石油/LukOil	俄罗斯	1192	78	1094	477
16	108	中海油/CNOOC	中国香港	430	106	1027	672
17	117	斯伦贝谢/Schlumberger	美国	454	67	671	1280
18	128	哥伦比亚国家石油公司/Ecopetrol	哥伦比亚	377	70	685	836
19	135	信实工业/Reliance Industries	印度	728	38	672	509
20	149	森科能源公司/Suncor Energy	加拿大	384	38	737	515
21	151	西方石油/Occidental Petroleum	美国	244	59	709	750
22	165	杜克能源/Duke Energy	美国	246	27	1148	499

续表

序号	2013年排名	公司名称	国家和地区	销售额	利润	资产	市值
23	176	印度油气/Oil & Natural Gas	印度	296	45	538	464
24	179	瓦莱罗能源公司/Valero Energy	美国	1381	27	473	296
25	180	泰国国家石油公司/PTT PCL	泰国	925	31	548	267
26	198	苏尔古特油气公司/Surgutneftegas	俄罗斯	269	58	688	265
27	210	英国天然气/BG Group	英国	192	25	660	640
28	230	西班牙天然气菲诺莎	西班牙	331	19	619	284
29	246	赫斯/Hess	美国	222	51	428	273
30	230	西班牙天然气菲诺莎	西班牙	331	19	619	284

资料来源:《福布斯》杂志 2014 年 5 月。

附表 20　2013 年《IHS Energy 50》中市值排名前 50 的石油天然气公司

2013年排名	2012年排名	公司名称	所在国	公司主要业务	市值（亿美元）	2013年/2012年股价变化
1	1	埃克森美孚	美国	一体化	4421	17%
2	4	雪佛龙公司	美国	一体化	2402	16%
3	3	皇家荷兰壳牌公司	荷兰	一体化	2338	4%
4	2	中国石油股份	中国	一体化	2294	-12%
5	5	BP公司	英国	一体化	1507	17%
6	8	道达尔公司	法国	一体化	1459	19%
7	13	斯伦贝谢公司	美国	油田服务	1187	30%
8	9	俄罗斯天然气公司	俄罗斯	一体化	992	-12%
9	7	巴西国家石油公司	巴西	一体化	910	-24%
10	11	中国石化股份	中国	一体化	882	-14%
11	14	埃尼集团	意大利	一体化	876	0%
12	16	康菲石油公司	美国	勘探开发	866	21%
13	10	中海油有限公司	中国	一体化	830	-15%
14	12	俄罗斯石油公司	俄罗斯	一体化	802	-14%
15	6	哥伦比亚国家石油公司	哥伦比亚	一体化	788	-37%
16	15	挪威国家石油公司	挪威	一体化	772	-3%
17	17	美国西方石油公司	美国	勘探开发	767	24%
18	19	英国天然气公司	英国	一体化	733	30%
19		法国电力公司	法国	天然气/公用	655	90%
20	24	安特普莱斯公司	美国	中游/基建	619	30%
21	22	法国燃气苏伊士集团	法国	天然气/公用	569	14%
22	18	鲁克石油	俄罗斯	一体化	526	-7%
23	20	加拿大森科能源	加拿大	一体化	522	6%
24		杜克能源	美国	天然气/公用	487	8%
25	21	信实工业	印度	炼油销售	468	-7%
26	32	菲利普斯	美国	炼油销售	462	41%
27	33	EOG能源	美国	勘探/开发	458	40%

续表

2013年排名	2012年排名	公司名称	所在国	公司主要业务	市值（亿美元）	2013年/2012年股价变化
28	34	哈利伯顿公司	美国	油田服务	430	47%
29		意大利国家电力	意大利	天然气/公用	412	5%
30	25	印度石油天然气公司	印度	一体化	400	-4%
31	27	阿纳达科石油	美国	勘探/开发	399	7%
32		伊维尔德罗拉公司	西班牙	天然气/公用	399	19%
33	38	道明尼资源	美国	天然气/公用	375	24%
34	28	帝国石油	加拿大	一体化	375	3%
35	43	金德尔摩根公司	美国	中游/基建	373	2%
36	26	意昂集团	德国	天然气/公用	370	-1%
37	30	诺瓦泰克公司	俄罗斯	勘探/开发	368	7%
38	36	加拿大自然资源公司	加拿大	勘探/开发	367	16%
39		南方公司	美国	天然气/公用	362	-5%
40	29	加拿大管道公司	加拿大	中游/基建	362	0%
41	37	美国阿帕奇公司	美国	勘探/开发	343	10%
42	39	美国国民油井华高公司	美国	设备/工程	340	16%
43		恩德萨公司	西班牙	天然气/公用	340	41%
44	23	澳大利亚必和必拓	澳大利亚	采矿	331	-13%
45	47	雷普索尔	西班牙	一体化	329	25%
46	31	加拿大运输公司	加拿大	一体化	323	-4%
47	46	萨索尔公司	南非	一体化	318	13%
48	40	赫斯基能源	加拿大	一体化	312	5%
49	35	俄罗斯苏尔古特油气公司	俄罗斯	一体化	307	-3%
50	45	俄罗斯秋明-BP公司	俄罗斯	一体化	298	2%

资料来源：《IHS Energy 50》2014 年 1 月。

附表 21 2013 年世界最大 50 家石油公司综合排名（6 项指标）

综合排名	公司名称	石油储量		天然气储量		石油产量		天然气产量		炼油能力		油品销量	
		位次	亿吨	位次	亿立方米	位次	万吨	位次	亿立方米	位次	万吨	位次	万吨
1	沙特阿拉伯国家石油公司	2	356.4	5	80647	1	49940	4	1099	8	12010	7	14408
2	伊朗国家石油公司	3	215.1	1	336202	2	18400	2	1590	14	8405	11	11073
3	埃克森美孚	12	17.6	12	20980	9	10925	3	1265	1	26875	2	28169
4	中国石油天然气集团公司	8	32.9	10	30157	4	15250	7	929	3	22105	12	10685
5	委内瑞拉国家石油公司	1	407.9	6	55617	6	14525	16	458	6	14110	14	9955
6	英国石油公司	16	13.8	16	11413	11	10280	9	759	7	13405	3	25810
7	皇家荷兰壳牌公司	23	8.5	15	12117	16	8165	6	970	4	16800	1	28447
8	俄罗斯天然气公司	18	13.5	2	190922	24	4650	1	4832	18	6435	23	4645
9	雪佛龙公司	21	8.9	23	8267	14	8820	13	521	12	9765	9	12615
10	道达尔公司	26	7.8	22	8743	20	6100	10	604	11	10240	5	13884
11	科威特国家石油公司	5	139.1	13	18293	3	15725	35	180	23	5520	19	5388
12	墨西哥石油公司	13	15.6	33	3600	7	14385	17	438	13	9300	15	7793
13	巴西国家石油公司	15	15.0	35	3286	10	10630	24	291	9	11285	6	15312
14	阿尔及利亚国家石油公司	14	15.5	7	45052	17	7360	8	782	35	2280	27	3659
15	鲁克石油公司	11	18.3	24	6651	13	9250	34	197	15	7740	13	10352
16	俄罗斯石油公司	10	25.1	21	9920	8	12195	39	162	16	6635	20	5092
17	卡塔尔石油总公司	17	13.8	3	182970	15	8805	5	1015	48	1370	30	2696
18	阿布扎比国家石油公司	6	75.5	9	34353	12	10010	26	380	32	2450	38	1962
19	中国石化股份公司	35	3.9	47	1906	25	4495	37	168	2	26195	4	16188
20	马来西亚国家石油公司	34	4.4	18	10384	33	2575	11	574	38	2240	26	3714
21	意大利埃尼集团	33	4.6	25	5934	26	4410	19	423	27	3835	35	2231
22	伊拉克国家石油公司	4	205.5	8	35878	5	14710	91	8	26	4030	31	2687
23	尼日利亚国家石油公司	9	26.5	11	29376	18	6285	31	246	39	2225	59	534
24	埃及石油公司	41	2.9	19	10151	37	2310	27	271	28	3630	28	3395
25	挪威国家石油公司	38	3.3	29	4822	23	4830	14	517	42	1740	47	1373
26	俄罗斯苏尔古特油气公司	19	12.9	28	4984	19	6150	48	121	43	1730	39	1834

续表

综合排名	公司名称	石油储量		天然气储量		石油产量		天然气产量		炼油能力		油品销量	
		位次	亿吨	位次	亿立方米	位次	万吨	位次	亿立方米	位次	万吨	位次	万吨
27	俄罗斯秋明–BP公司	22	8.5	42	2482	27	4385	56	83	30	2620	44	1597
28	印度石油天然气总公司	29	5.1	32	4514	30	3060	25	281	54	1080	53	881
29	印度尼西亚国家石油公司	47	2.0	36	3265	54	985	41	158	24	5185	21	5078
30	利比亚国家石油公司	7	45.2	17	11362	22	5090	84	27	41	1840	54	776
31	康菲公司	27	7.4	26	5554	28	4355	18	436	–	–	–	–
32	中国海洋石油总公司	40	3.0	48	1700	21	5205	38	163	50	1200	49	1309
33	哈萨克斯坦国家石油公司	25	7.9	30	4816	39	2140	74	55	47	1560	50	1296
34	阿曼石油开发公司	36	3.8	31	4745	38	2255	33	229	–	–	–	–
35	阿塞拜疆国家石油公司	32	4.8	27	5097	57	830	66	69	40	1995	58	575
36	雷普索尔	68	0.6	53	1376	63	710	51	110	25	4990	24	3915
37	俄罗斯诺瓦泰克公司	56	1.3	14	17617	72	475	15	500	–	–	–	–
38	英国天然气公司	48	1.9	34	3450	55	865	23	299	–	–	–	–
39	乌兹别克斯坦国家石油公司	66	0.8	20	9929	77	325	12	564	53	1100	62	388
40	美国阿帕奇公司	46	2.0	44	2397	40	1980	32	235	–	–	–	–
41	美国戴文能源公司	49	1.9	40	2675	48	1275	28	263	–	–	–	–
42	哥伦比亚国家石油公司	50	1.9	66	818	29	3175	65	70	44	1675	42	1679
43	美国西方石油公司	39	3.2	50	1577	31	2760	46	132	–	–	–	–
44	美国安纳达克石油公司	51	1.6	45	2359	43	1580	29	256	–	–	–	–
45	加拿大森科能源公司	28	5.4	90	243	36	2505	83	30	35	2280	34	2400
46	澳大利亚必和必拓公司	59	1.2	39	2869	49	1235	30	246	–	–	–	–
47	切萨皮克公司	61	1.1	38	3096	64	670	21	317	–	–	–	–
48	加拿大自然资源公司	31	5.0	70	787	41	1945	47	122	–	–	–	–
49	奥地利OMV集团	64	0.8	68	792	60	810	58	82	37	2250	32	2651
50	泰国国家石油公司	79	0.4	57	1184	71	490	44	139	46	1575	29	2710

资料来源：美国《石油情报周刊》2013年11月18日。

附　图

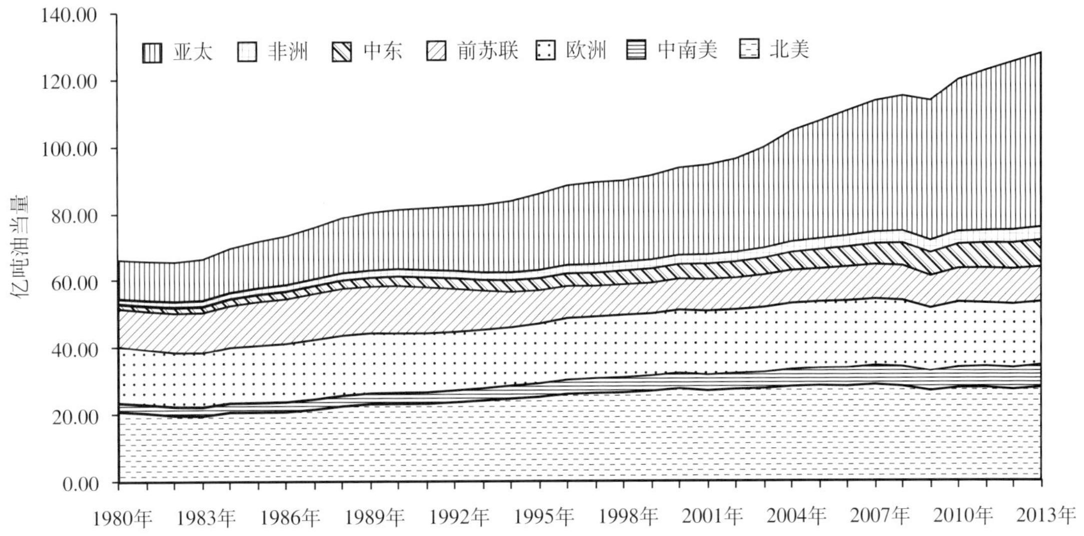

附图 1　1980—2013 年世界各地区一次能源消费量

（资料来源：《BP 能源统计 2014》）

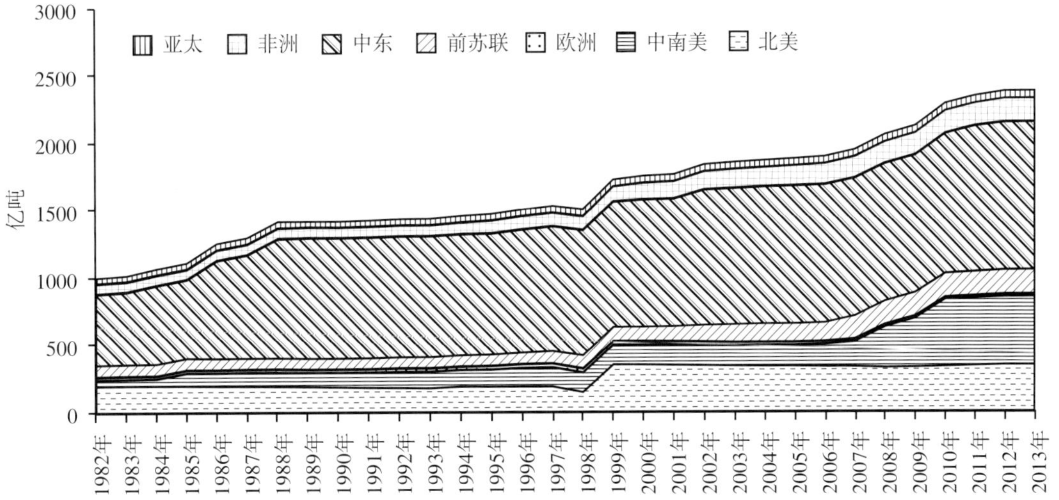

附图 2　1982—2013 年世界各地区石油剩余探明可采储量

（资料来源：《BP 能源统计 2014》）

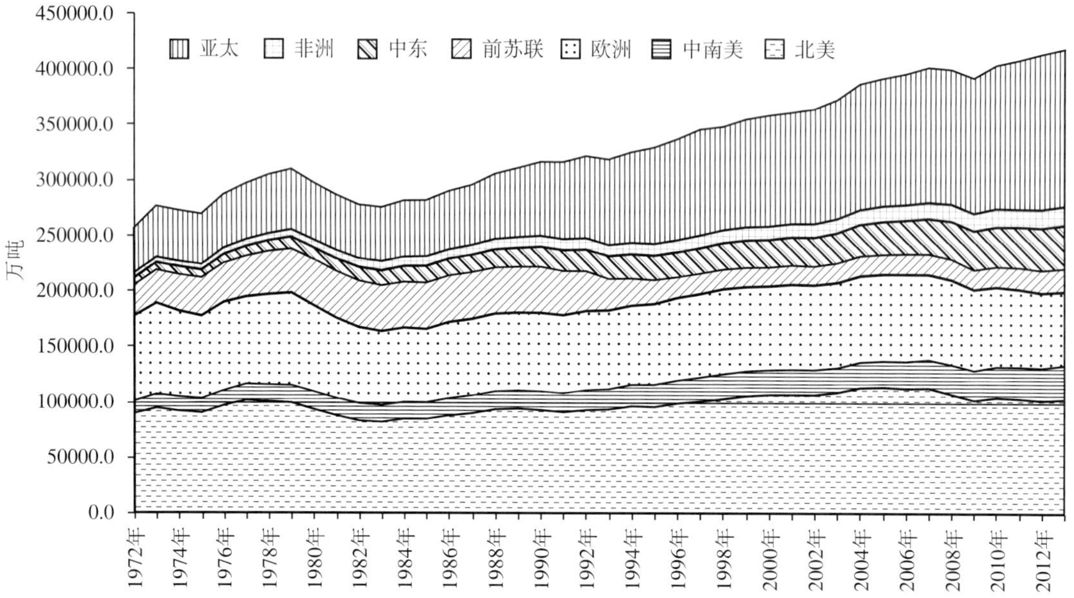

附图 3　1972—2013 年世界各地区石油消费量

（资料来源：《BP 能源统计 2014》）

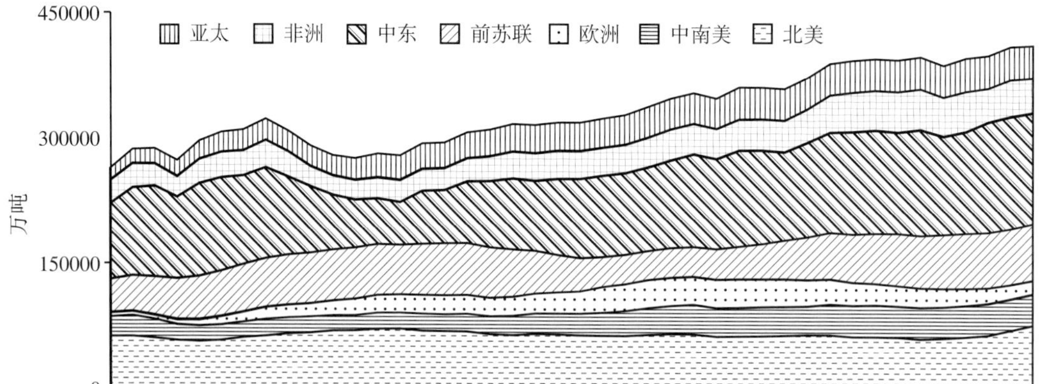

附图 4　1972—2013 年世界各地区石油产量

（资料来源：《BP 能源统计 2014》）

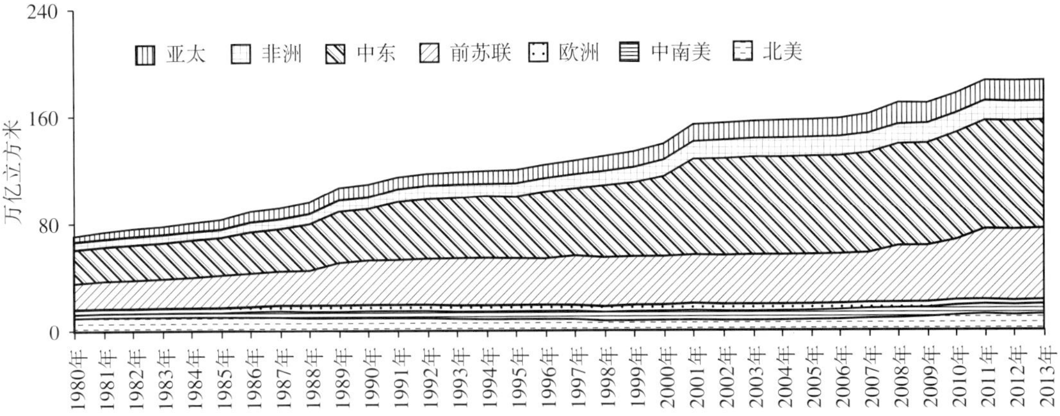

附图 5 1982—2013 年世界各地区天然气剩余探明可采储量

（资料来源：《BP 能源统计 2014》）

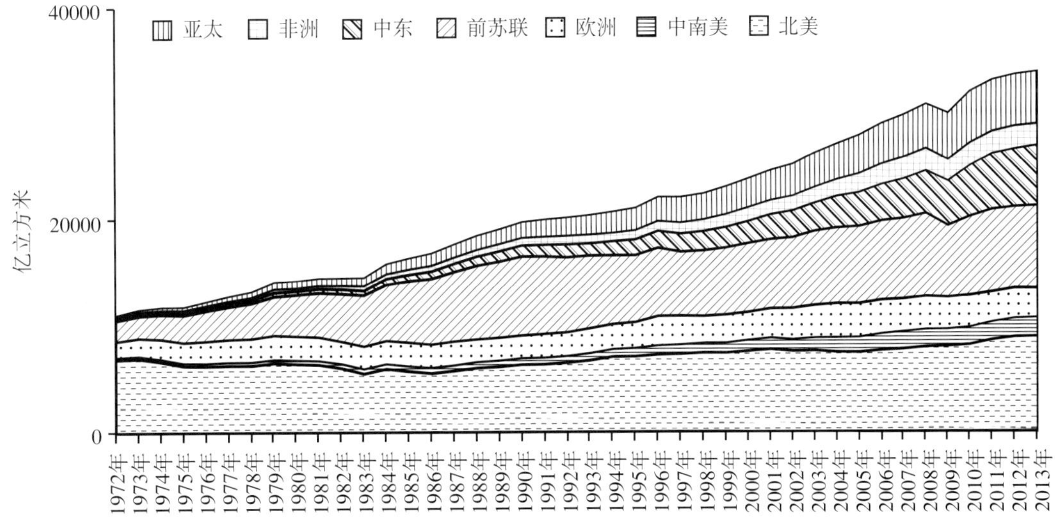

附图 6 1972—2013 年世界各地区天然气产量

（资料来源：《BP 能源统计 2014》）

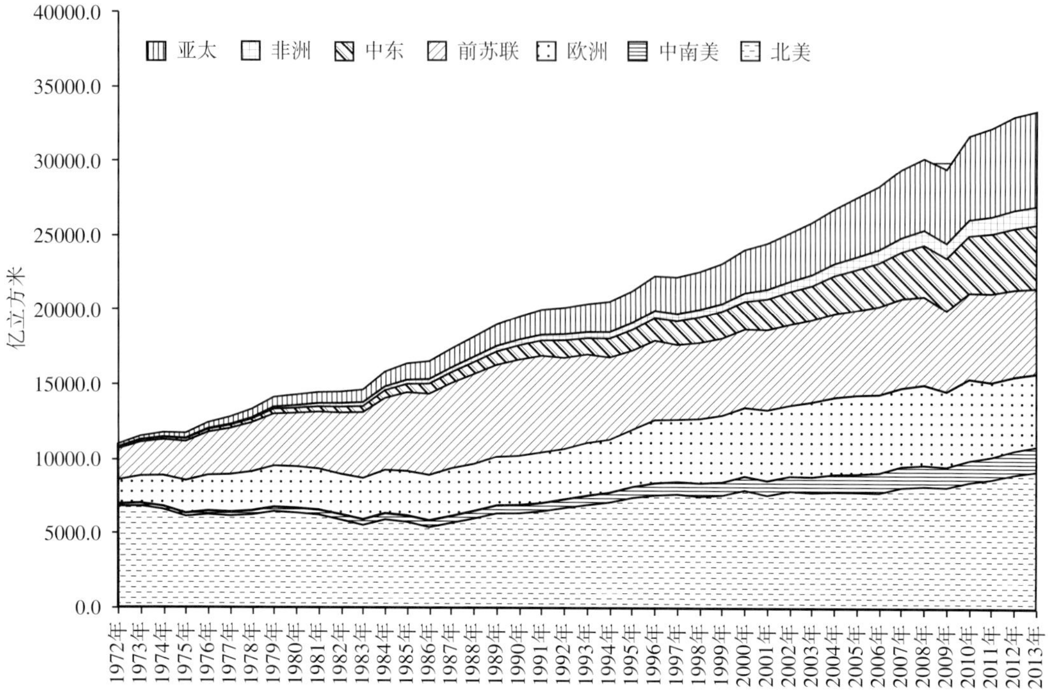

附图 7　1972—2013 年世界各地区天然气消费量

（资料来源：《BP 能源统计 2014》）

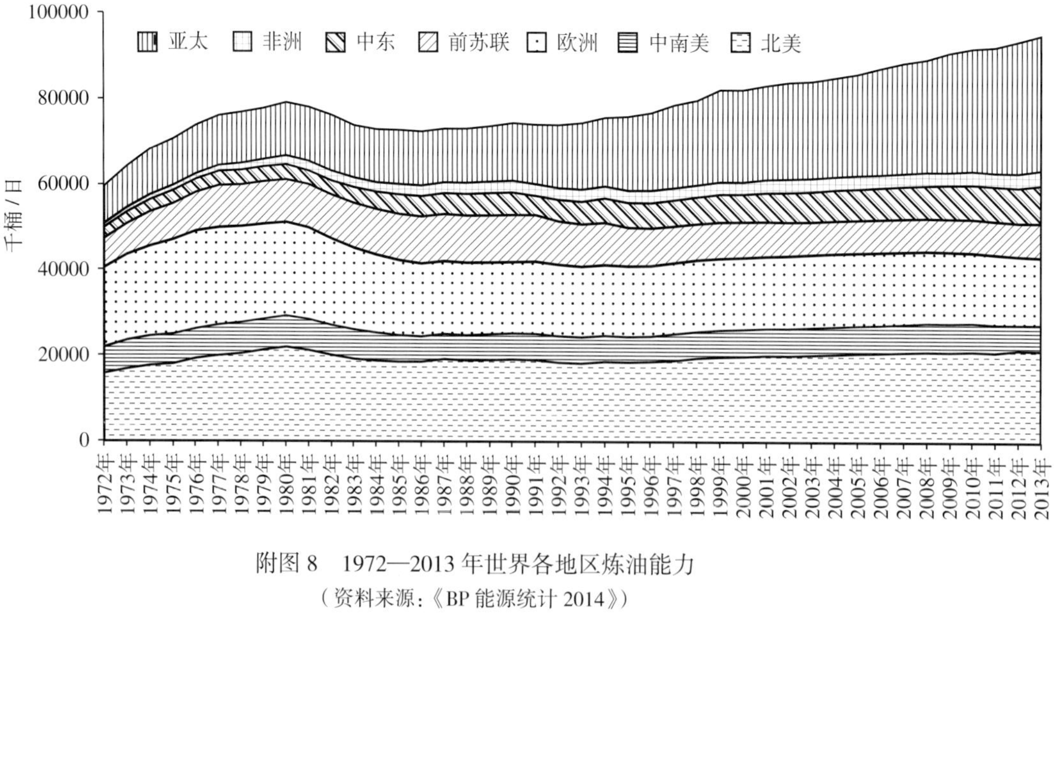

附图 8　1972—2013 年世界各地区炼油能力

（资料来源：《BP 能源统计 2014》）

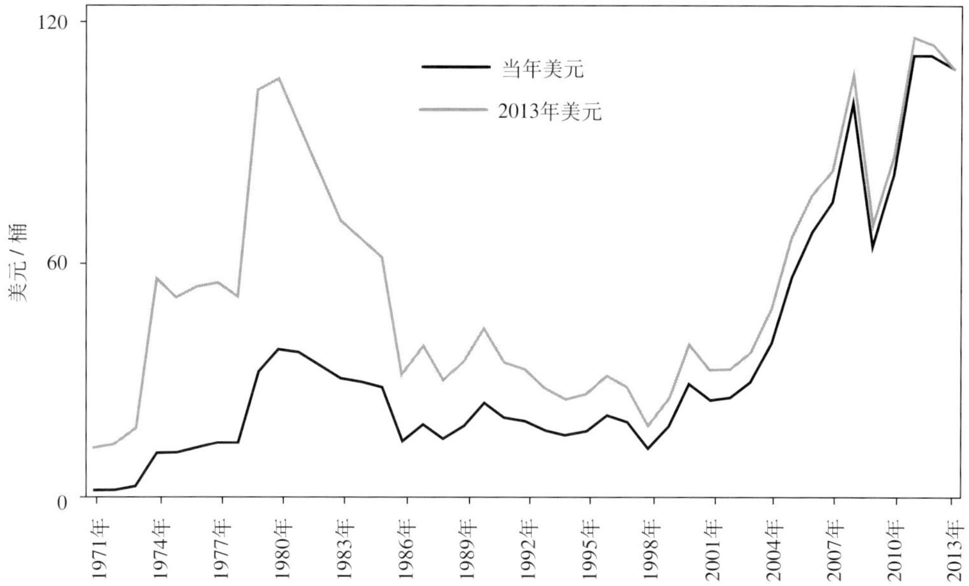

附图 9　1971—2013 年国际市场原油价格

（1971—1983 为阿拉伯轻油，1984—2013 为布伦特油；资料来源：《BP 能源统计 2013》等）

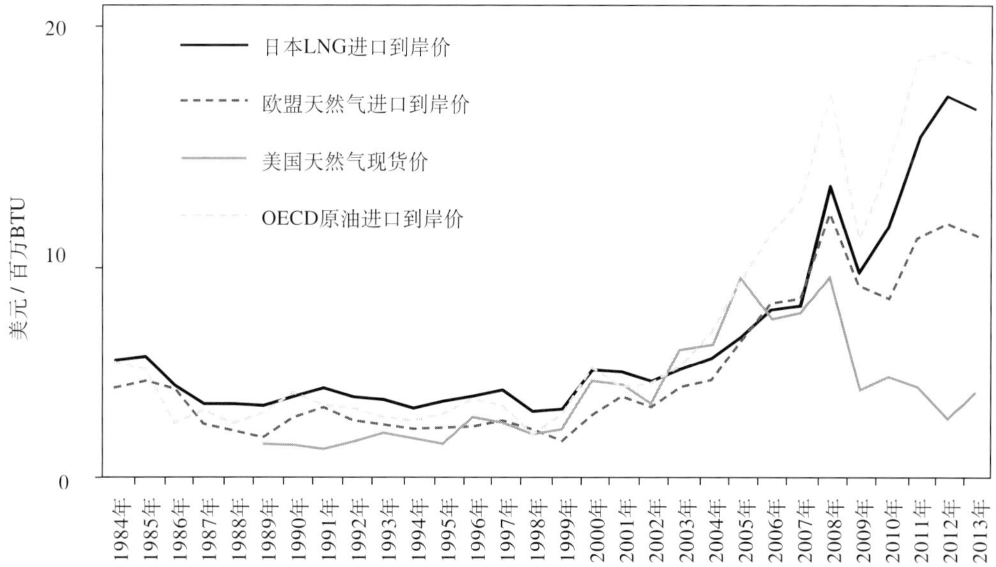

附图 10　1984—2013 年国际市场天然气价格

（资料来源：《BP 能源统计 2014》）

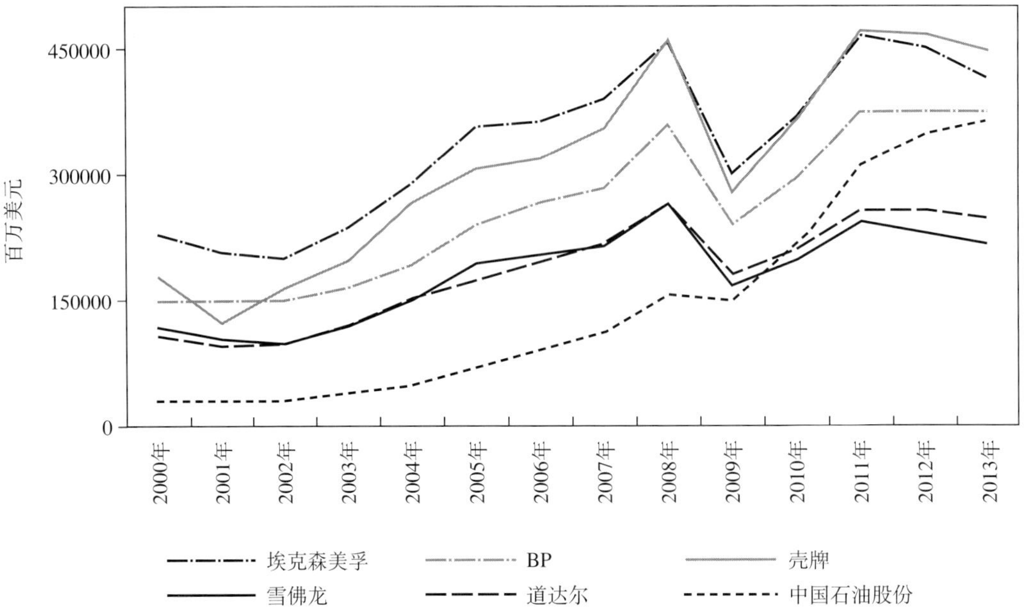

附图 11　2000—2013 年主要石油公司销售收入
（资料来源：各公司年报和财务经营报告）

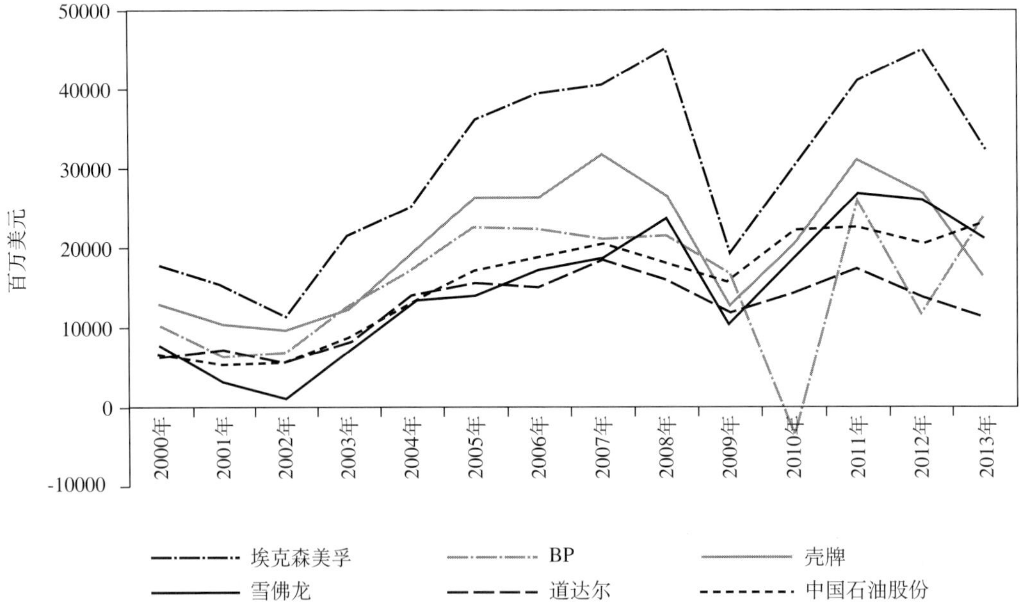

附图 12　2000—2013 年主要石油公司净利润
（资料来源：各公司年报和财务经营报告）

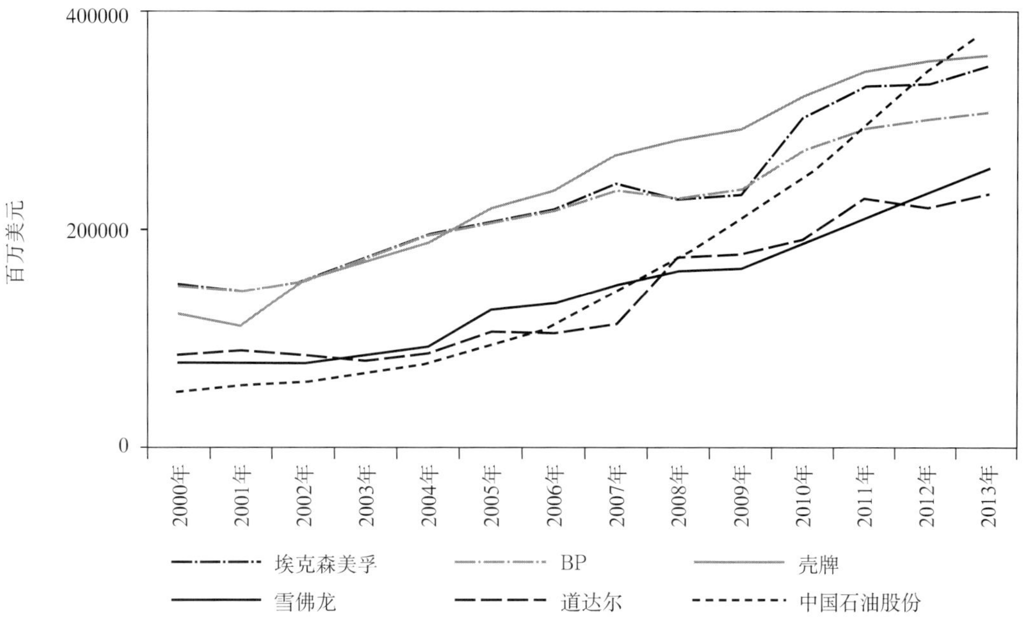

附图 13　2000—2013 年主要石油公司总资产

（资料来源：各公司年报和财务经营报告）

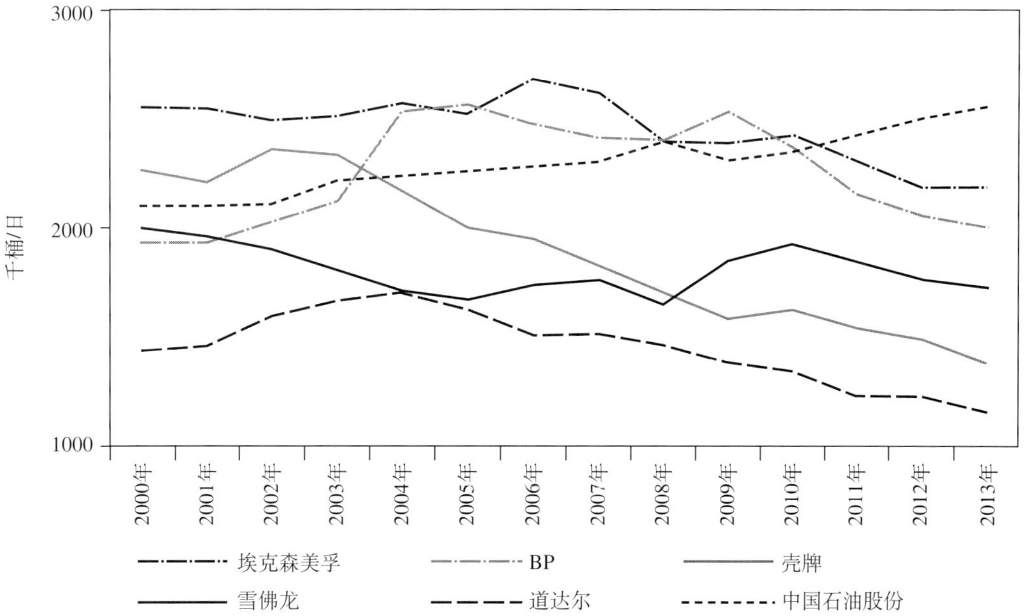

附图 14　2000—2013 年主要石油公司原油产量

（资料来源：各公司年报和财务经营报告）

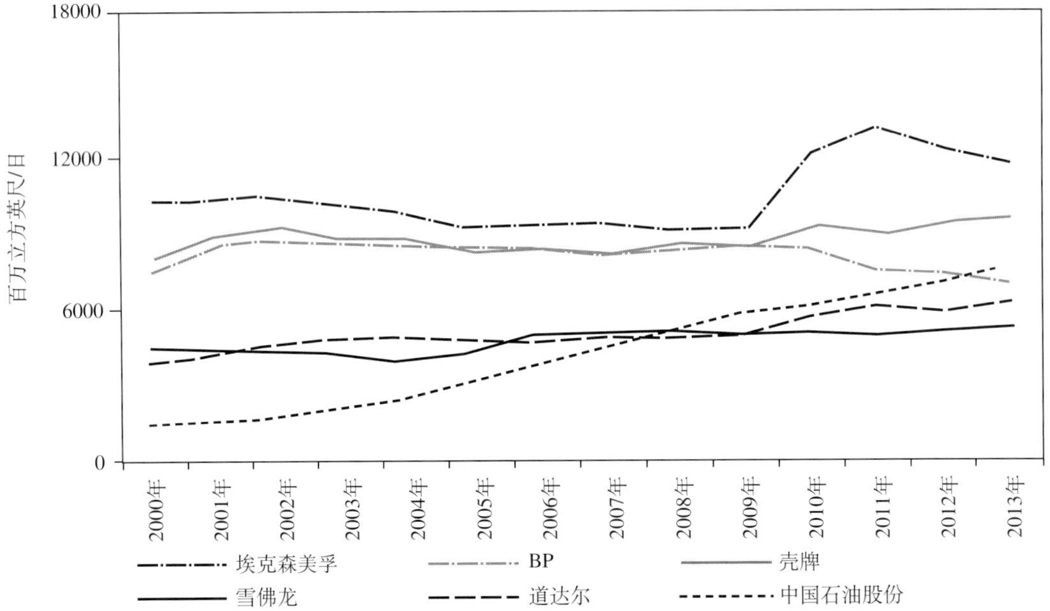

附图 15　2000—2013 年主要石油公司天然气产量

（资料来源：各公司年报和财务经营报告）

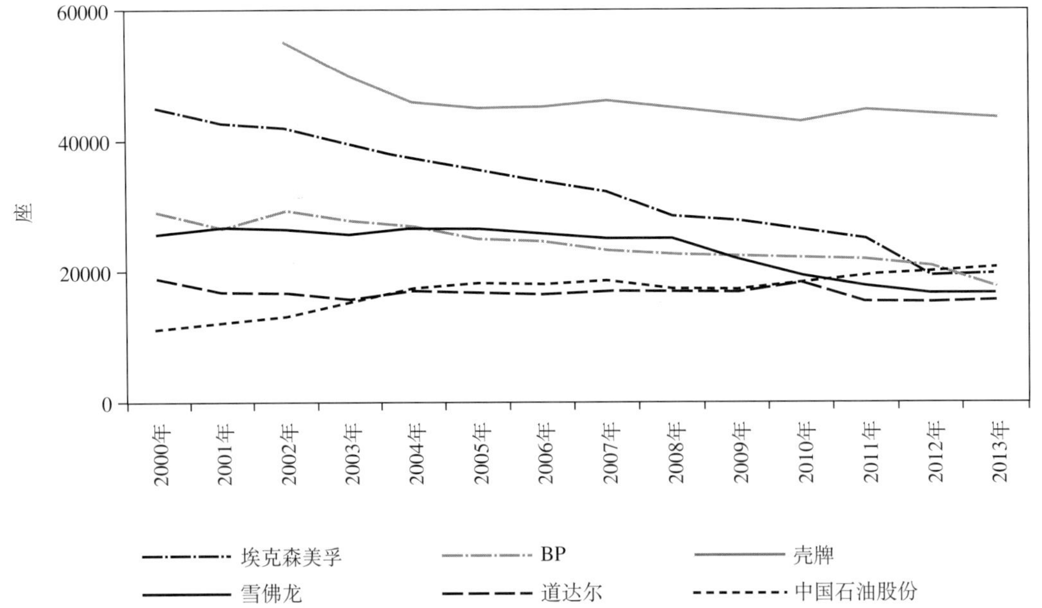

附图 16　2000—2013 年主要石油公司加油站数量

（资料来源：各公司年报和财务经营报告）

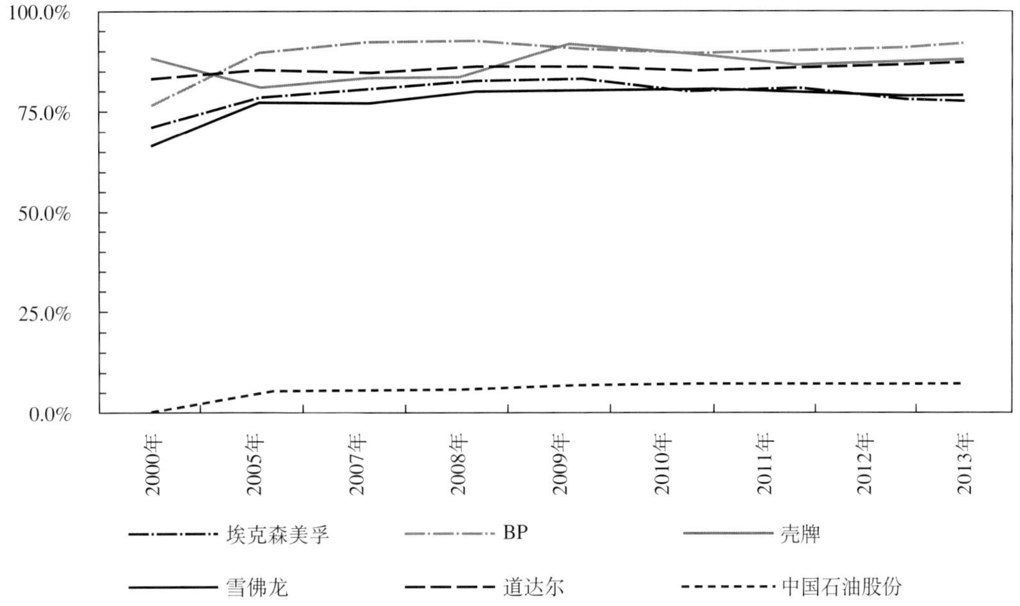

附图 17　2000—2013 年主要石油公司石油储量海外比例

（资料来源：各公司年报和财务经营报告）

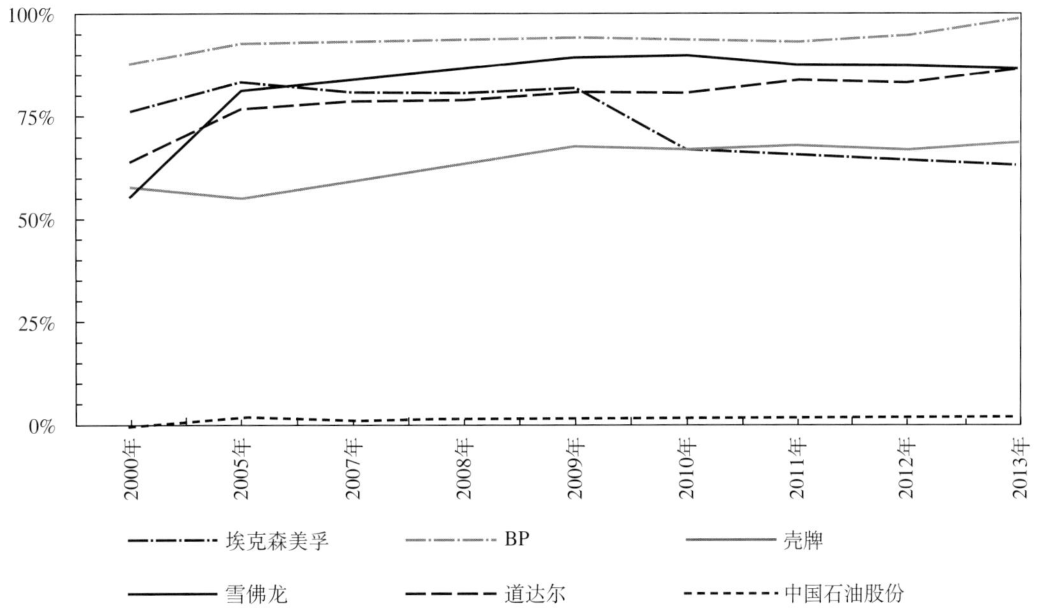

附图 18　2000—2013 年主要石油公司天然气储量海外比例

（资料来源：各公司年报和财务经营报告）

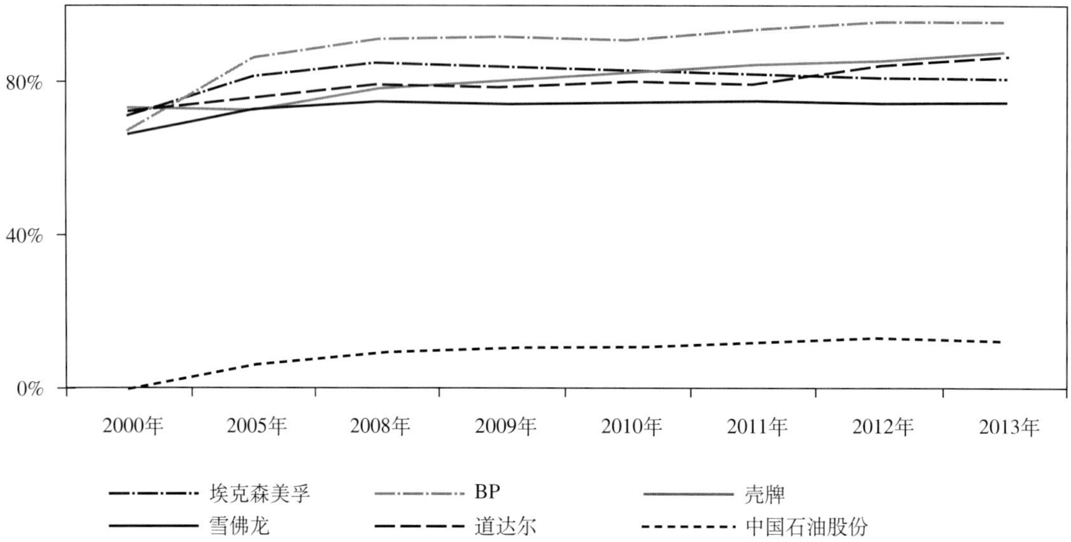

附图 19　2000—2013 年主要石油公司原油产量海外比例
（资料来源：各公司年报和财务经营报告）

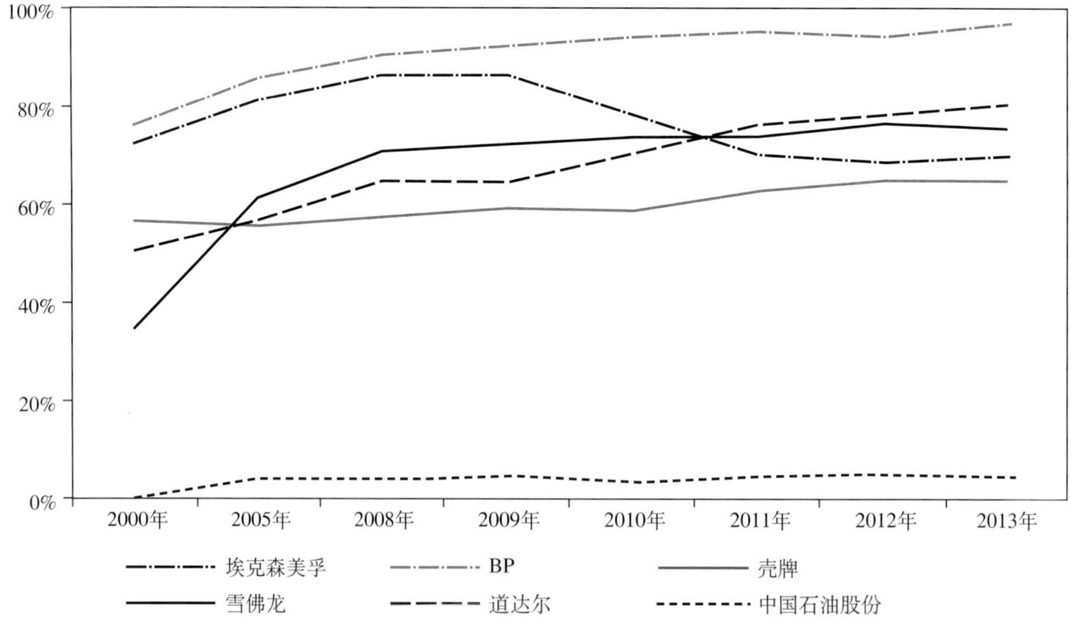

附图 20　2000—2013 年主要石油公司天然气产量海外比例
（资料来源：各公司年报和财务经营报告）

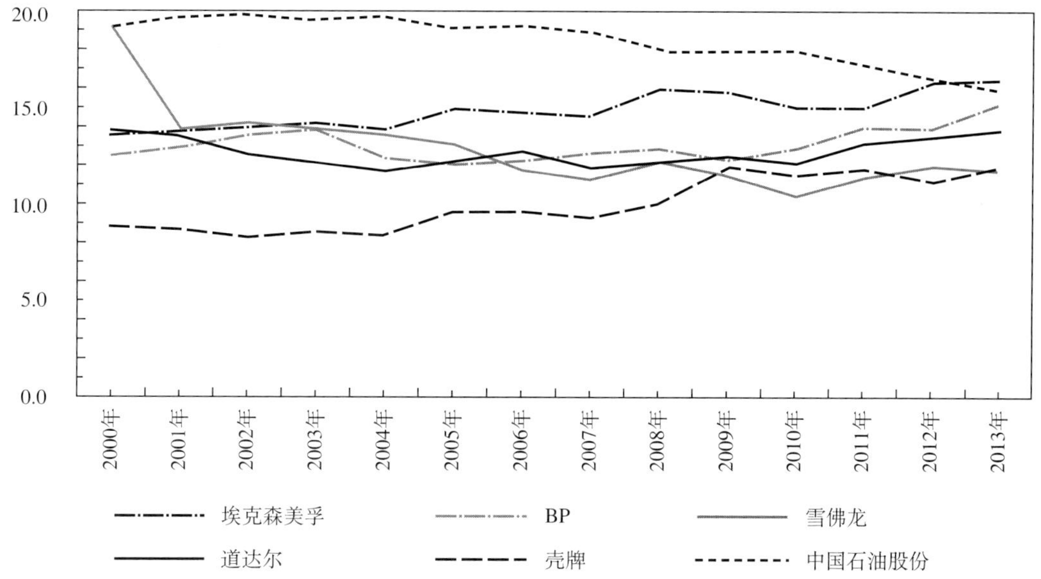

附图 21　2000—2013 年主要石油公司油气储采比
（资料来源：各公司年报和财务经营报告）

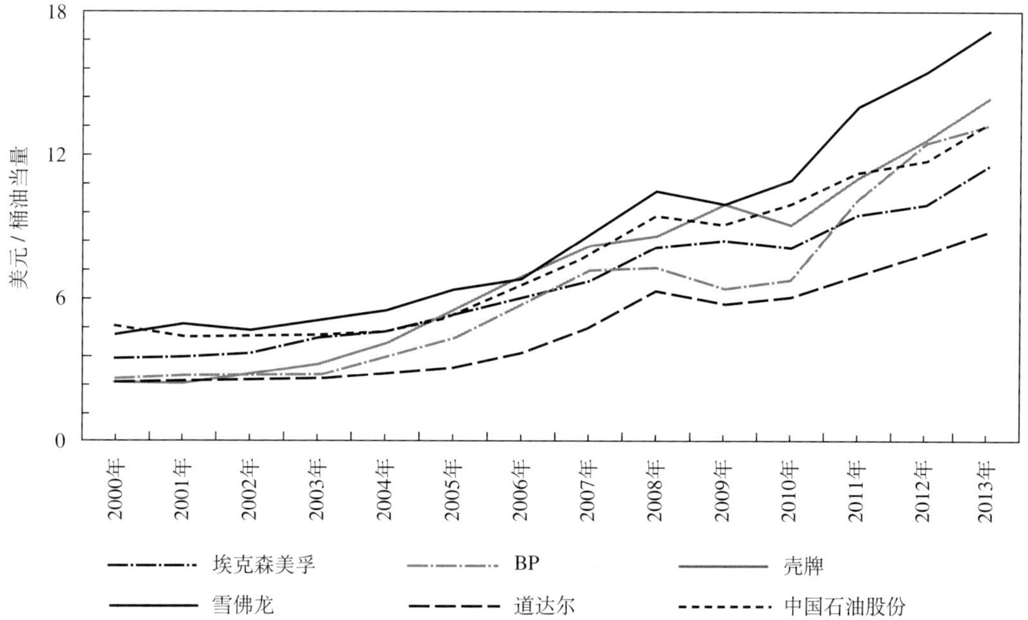

附图 22　2000—2013 年主要石油公司油气操作成本
（资料来源：各公司年报和财务经营报告）

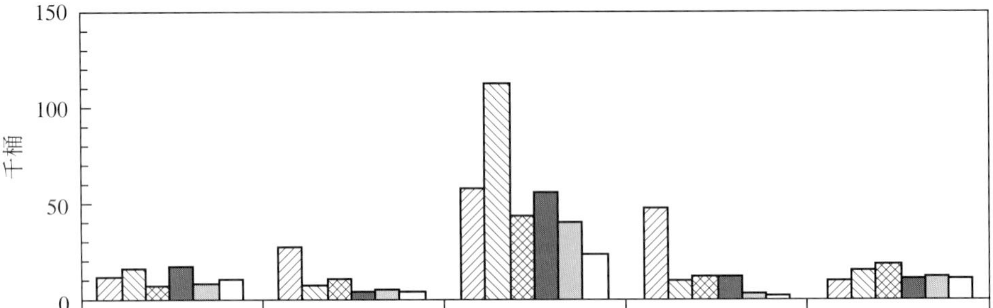

	埃克森美孚	BP	壳牌	雪佛龙	道达尔
	石油泄漏量(千桶)				
2005年	12.2	27.7	56.9	47.9	10.3
2009年	17.0	7.6	111.0	9.4	14.9
2010年	7.7	10.7	43.1	12.1	19.1
2011年	17.8	3.8	55.5	12.4	11.0
2012年	8.7	5.0	39.4	3.1	12.6
2013年	11.1	4.6	22.6	2.1	11.3

附图 23　2005—2013 年主要石油公司石油泄漏量

（资料来源：各公司企业社会责任报告）

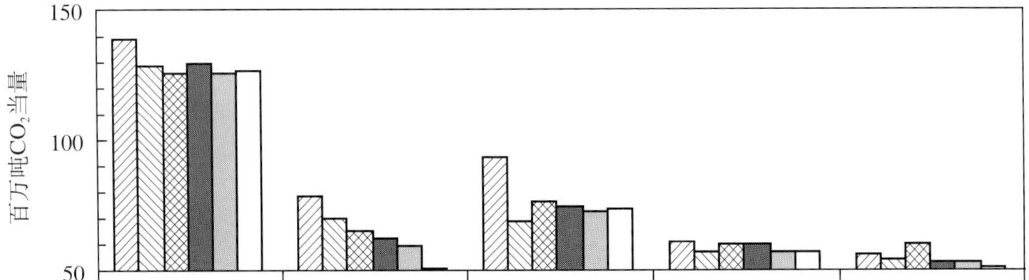

	埃克森美孚	BP	壳牌	雪佛龙	道达尔
	温室气体排放量（百万吨CO_2当量）				
2005年	138.0	78.0	93.0	60.0	56.0
2009年	128.0	70.0	69.0	57.0	54.0
2010年	125.0	64.9	76.0	59.0	59.0
2011年	129.0	61.8	74.0	59.8	53.0
2012年	125.0	59.8	72.0	56.3	53.0
2013年	126.0	49.2	73.0	57.0	51.0

附图 24　2005—2013 年主要石油公司温室气体排放量

（资料来源：各公司企业社会责任报告）

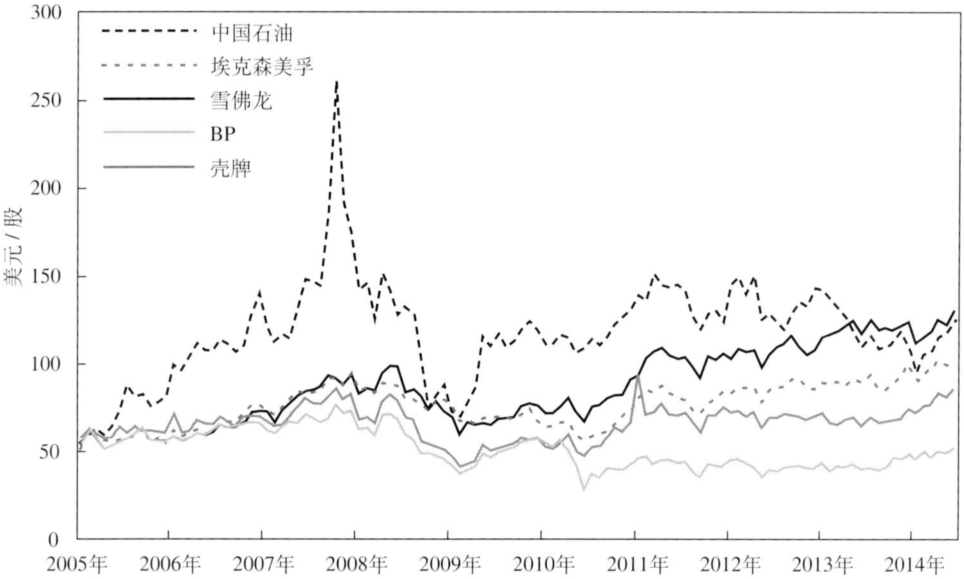

附图 25　2005—2014 年纽约证交所主要石油公司股价走势

注：2014 年为 1—6 月数据。

（资料来源：路透电讯）

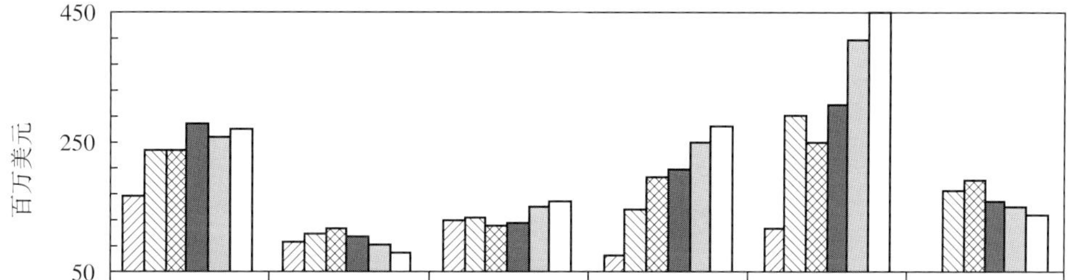

	埃克森美孚	BP	壳牌	雪佛龙	道达尔	中国石油集团
	百万美元					
2005年	168.0	95.5	127.0	73.1	114.5	0.0
2009年	235.0	106.8	132.0	144.0	291.9	175.3
2010年	237.1	115.2	121.0	197.0	247.0	191.3
2011年	278.4	103.7	125.0	209.0	305.0	156.0
2012年	255.6	90.6	149.0	250.0	406.0	148.7
2013年	269.5	78.8	159.0	275.0	474.1	138.4

附图 26　2005—2013 年主要石油公司公益性社会投入

注：公益性社会投入主要指慈善捐助，对非盈利性教育、健康和环境项目的资助，以及对作业社区发展的援助；道达尔数据指对非经合组织国家的投入；中国石油集团数据中含扶贫帮困、捐资助学、赈灾捐赠和环保支出。

（资料来源：各公司企业社会责任报告）

索　引

使用说明

一、本索引采用内容分析索引法编制。除大事纪要外，《年鉴》中有实质检索意义的内容均予以标引，以便检索使用。

二、索引基本上按汉语拼音音序排列，具体排列方法如下：以数字开头的，排在最前面；以英文字母开头的，列于其次；汉字标目则按首字的音序、音调依次排列，首字相同时，则以第二个字排序，并依此类推。

三、索引标目后的数字，表示检索内容所在的《年鉴》正文页码；数字后面的英文字母a、b，表示《年鉴》正文中的栏别，合在一起即指该页码及左右两个版面区域。《年鉴》中用表格、图片反映的内容，则在索引标目后面用括号注明“表”、“图”字，以区别于文字标目。

四、为反映索引款目间的隶属关系，对于二级标目，采取在上一级标目下缩两格的形式编排，之下再按汉语拼音音序、音调排列。

0—9

A—Z

A

B

C

D

E

F

G

H

J

K

L

M

N

P

Q

R

S

T

W

X

Y

Z

（王彦祥　毋　栋　编制）

编 后 记

本卷《年鉴》是《中国石油天然气工业年鉴》自1996年正式出版以来连续出版的第十九个卷本；也是更名为《中国石油天然气集团公司年鉴》后的第十六个卷本。

本卷《年鉴》基本沿用历年来业已形成的框架结构和装帧风格。在编辑过程中，重点追踪集团公司当年所发生的重大事件，体现年度历史进展特色；坚持统一性和灵活性相结合，充分反映集团公司年度工作特点，在保持整体篇目大体不变的情况下，本卷《年鉴》对部分栏目和条目相应进行了调整；为增强《年鉴》资料性及便于横向对比，本卷《年鉴》继续收录世界主要国家和各大石油公司有关石油石化相关数据图表，对《年鉴》内容的信息含量进行扩充。我们试图更加注重《年鉴》的工具性和实用性，同时尽量使版式设计规范严整，力求使文字叙述更为流畅。

《年鉴》的编辑出版工作始终得到集团公司党组和各级领导的高度重视，集团公司董事长、党组书记周吉平为本卷《年鉴》作序；集团公司机关和股份公司机关各部门、各专业分公司及各企事业单位的领导为本卷《年鉴》的出版提供各种形式的支持和帮助；各单位负责《年鉴》工作的联系人和撰稿人为本卷《年鉴》的出版付出了艰辛的劳动；集团公司办公厅（股份公司总裁办公室）的领导除了直接参与《年鉴》内容的审订和编写外，还做了大量的组织协调工作。此外，中国石油报社等单位为本卷《年鉴》出版提供辅助资料和照片；中国石油集团经济技术研究院为本卷《年鉴》提供《中国石油天然气集团公司2013年度报告》和《中国石油天然气集团公司2013年企业社会责任报告》资料以及世界主要国家和各大石油公司相关数据图表。在此，对这些单位和同志、对所有支持《年鉴》工作和为《年鉴》出版提供帮助的人们致以诚挚的谢意。

尽管在编辑过程中我们作出很大的努力，但限于工作经验和编辑水平等方面的原因，本卷《年鉴》难免存在疏漏和不足，恳请读者提出批评、意见和建议，以利于我们把这项工作做得更好。

《中国石油天然气集团公司年鉴》编辑部

2014 年 12 月

建行国际保理
货银互动 收款轻松
中国建设银行
China Construction Bank
FCI
产品种类：国际保理，直接出口保理，船舶保理，单保理，商票融资。
自由组合 一站服务
■ 资信调查 ■ 账款催收 ■ 坏账担保 ■ 账务管理 ■ 账款融资
客户服务热线：95533
网址：www.ccb.com

AutoTrak Curve + Talon 3D

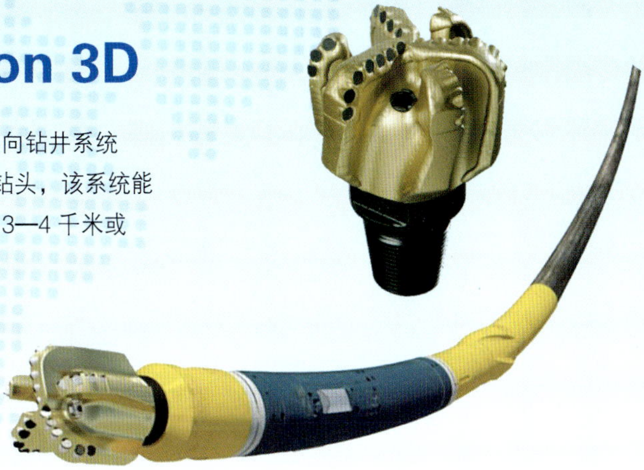

- 整体集成的高造斜率（15°/30 米）闭合控制旋转导向钻井系统
- 配合使用贝克休斯公司专为该系统开发的 Talon 3D 钻头，该系统能高效地完成一趟钻平滑地从造斜到钻完整个水平段（3—4 千米或更长）的任务
- 尤其适用于非常规油气开发水平井
- 至 2013 年 9 月底全球进尺超过 213 万米

OptiPort无限级固井滑套压裂技术

- 理论上可无限级地分层 / 分段压裂
- 更快、更便宜、更有效的多级压裂方案
- 适用于套 / 尾管固井完井或者生产套管 + 封隔器裸眼完井
- 降低压裂液的使用。上一层段的顶替就是下一层段的前置液
- 可以利用连续油管压力来检测实时井底压力，第一时间发现砂堵的可能性
- 一旦砂堵，可以利用井筒内的连续油管洗井，迅速解堵
- 可以使得压裂设计更具有先进性——更大的支撑剂、优化的压裂液体积、更高的砂比等
- 全通径，$4^{1}/_{2}$ 英寸 或 $5^{1}/_{2}$ 英寸
- 滑套开关工具也集成了喷砂射孔器，可作为防范措施，一旦无法压开地层，可以选择喷砂射孔

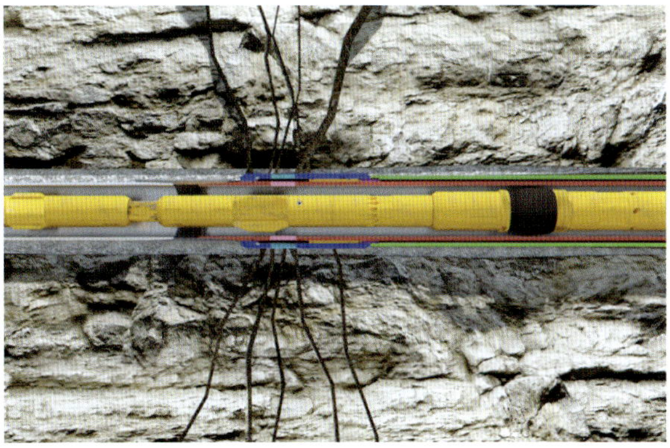

UMW is
Automotive
汽车
Equipment
设备
Manufacturing &
Engineering
制造业 & 工程
Oil & Gas
石油 & 天然气
We develop industries, manage partnerships and
facilitate growth on an international scale. We are...
我们发展工业，管理伙伴关系和促进国际规模的增长
UMW
umw.com.my
Beyond Boundaries

Phibro

A subsidiary of Occidental Petroleum Corporation

Phibro is an international commodities trading firm whose origins date back to 1901. Phibro's headquarters is located in Westport, Connecticut. Additional offices in London, Ireland and Singapore ensure that Phibro covers all major commodities markets and time zones. Phibro is a subsidiary of Occidental Petroleum Corporation.

Phibro是一家国际商贸公司，成立于1901年。其总部位于美国的康涅狄格西港。其附属公司的办事处设在伦敦、爱尔兰和新加坡，以确保Phibro的业务可以覆盖所有主要的商贸市场和时区。Phibro是Occidental Petroleum公司的子公司。

[Phibro office locations worldwide]

总部
Corporate Headquarters

500 Nyala Farm Road, Westport, CT 06880 USA
Tel: (1) 203 221 5800
Fax: (1) 203 221 6760

欧洲办公室
European Offices

6 Duke Street, St. James
London, SW1Y 6BN
United Kingdom
Tel: (44) 207 484 2500
Fax: (44) 207 839 8774

Unit 2, Block 5, Urban Flo,
North Main Street, Bandon,
Co Cork, Ireland
Tel: (44) 207 484 2550
Fax: (353) 23 88 54847

太平洋地区办公室
Pacific Rim Office

9 Temasek Boulevard, #43-01
Suntec Tower Two
Singapore 038989
Tel: (65) 6250 6088
Fax: (65) 6250 6124

Paradigm®

公司概况

帕拉代姆地球物理公司是世界上独立的、专门致力于全球石油和天然气行业软件的开发和部署的大型跨国软件技术公司。帕拉代姆地球物理公司软件解决方案支持石油、天然气勘探和开发过程中的每个阶段，包括地震处理和成像、解释和建模、储层描述和工程设计、钻井设计和钻探及数据管理。

帕拉代姆地球物理公司为构建油田和其他勘测点的地下模型的地质学家、地球物理学家和工程师提供广泛的生产力工具组合和科学先进的应用平台。

国际石油和天然气公司相信：帕拉代姆地球物理公司的解决方案适用于他们的日常工作，能够解决他们现今和未来的勘探生产中所面临的挑战。

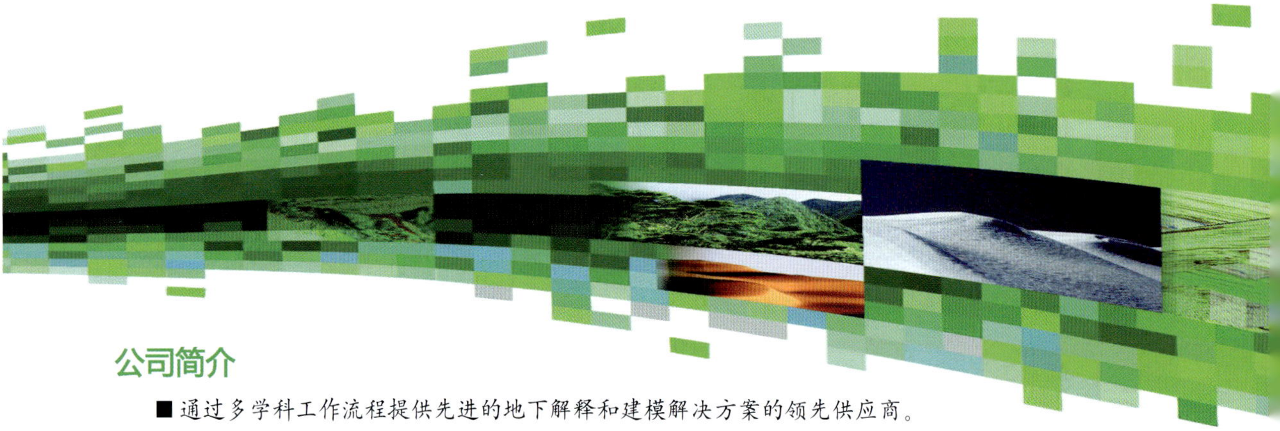

公司简介

- 通过多学科工作流程提供先进的地下解释和建模解决方案的领先供应商。
- 在能源行业有26年经验的技术领导者。
- 遍布全球的650多个客户包括大型、国有、独立的石油和天然气公司、勘探和生产服务公司。
- 在22个国家大约有700名员工在销售、用户支持和技术开发中心工作。
- 地球科学的行业教育、研发的积极支持者和赞助者。

解决方案

地震处理和成像——提供可靠的速度分析解决方案，通过地震成像架构整合解释和建模减少地质目标的不确定性。

判读和建模——模型共享的地质平台极大地提高了生产力和勘探的准确度，并通过提供自动化和交互式工具让用户来解释和准确建立复杂结构的模型，并以高效方式辨别地层特征。

储层描述——帮助用户将井眼数据转换为控制储层管理程序的方法，利用地球物理和岩石物理数据来定位和评估新的勘探项目并落实已探明油田的最大产能，优化烃类采收率。

储层工程设计——提供瞬时压力分析工具，将储层和生产数据分析与风险评估相结合，通过数据与储层模拟器链接，以获得成熟区块的高经济采收率。

钻井设计和钻井工程——提供高度整合的钻井设计和钻探工程技术的组合，旨在帮助提供钻井设计的准确度，降低钻探风险和优化井眼部署。

数据管理和交互操作性——Epos 数据管理和交互操作构架为用户提供了强大的、可扩展的勘探和开发数据管理的平台。

帕拉代姆地球物理公司中国区
北京市朝阳区新源南路6号京城大厦1803室
电话：+86-10-6465 4870/71/72/73　传真：+86-10-64654845
www.pdgm.com

KPMG

cutting through complexity

毕马威是一家全球性的专业服务机构，拥有超过100年的历史，覆盖155个国家和地区，致力于为客户提供审计、税务和咨询等专业服务，宗旨是通过全球性的专业服务网络，将知识转化为价值，使我们的客户及资本市场共同受益。

1992年，毕马威（中国）成为国内第一家中外合作会计师事务所，并于2012年在四大会计师事务所中首先获批改制为特殊普通合伙制会计师事务所。毕马威（中国）拥有逾1000名中国注册会计师，约900名中国香港特别行政区注册会计师，逾9000名员工，约400名合伙人及总监，在北京、成都、重庆、佛山、福州、广州、杭州、南京、青岛、上海、沈阳、深圳、天津、厦门、中国香港特别行政区和澳门共设有16家机构。
毕马威全球中国业务发展中心(GCP)成立于2010年9月，旨在帮助计划“走出去”的中国企业，以及计划进入或开拓中国市场的跨国公司。目前，我们在世界各地的主要投资地点有超过50个中国业务中心，这些中国业务中心帮助投资者更新扩展业务的计划，也协助中国企业对外投资；还可以协助整个投资周期的事项，包括市场进入策略、地点研究、投资控股架构、税务筹划与合规、供应链管理、并购咨询以及并购后整合。

2013年，毕马威有幸成为中国石油的审计师。我们将视中国石油为毕马威最尊贵的客户，我们承诺：提供优秀的服务团队；维持良好不间断的沟通，确保及时积极地回应中国石油的要求；分享信息、知识和经验，协助中国石油在全球业务发展进程中持续领先；提供全球一体化的无缝隙客户服务。我们将整合毕马威全球资源，协调各个国家和地区、各个专业领域的专家，为中国石油提供审计、资本市场再融资、税务咨询、并购和重组咨询以及内控和风险管理咨询等全方位的服务，并在海外并购、管理提升、风险合规和人员培训等方面协助中国石油全面提升核心竞争力。

我们期待与中国石油成为彼此信任的战略合作伙伴！

北京拓首工业炉股份有限公司

Beijing Pioneer Industrial Furnace Co.,Ltd

中化集团华星石化140万吨/年延迟焦化装置加热炉

神华煤直接液化项目煤液化减压装置加热炉

1 北京拓首公司成立于2001年，是中国石油化工领域较早的加热炉公司之一，累计完成数百套各类加工热炉案例。

2 公司拥有一支完整的加热炉设计团队，并由一批加工热炉领域的知名专家负责加热炉设计与施工管理，具有丰富的设计经验和工程管理经验。

3 公司于2012年与延长集团北京石油化工工程有限公司实现战略合作，成立北京拓首工业炉股份有限公司。

4 公司的业务涵盖石油化工管式加热炉的设计、制造、采购、安装、技术咨询、技术改造、工业标准制定及其他技术服务，主要产品有：

炼油加热炉　化工加热炉　煤化工加热炉　各类焚烧炉　节能环保设备

5 公司拥有大型加热炉及其配件的生产制造基地，具有装备齐全的机加工设备、焊接设备、热处理设备，完善且先进的检测和实验设备。

6 公司拥有加热炉等多项专利技术和专有技术，涉及新型高效炉型的设计，高性能的燃烧设备，余热回收系统等，并广泛得到应用

7 国内外先进企业技术合作

（1）引进比利时BY-CAST铸铁板式空气预热器产品，成功应用于石化装置、炼油厂、电厂的余热回收系统的新建和技术改造项目。

（2）英国LANEMARK燃烧器公司高性能、环保产品的引进和技术合作。

（3）国际先进的污泥焚烧工艺装置的设计、采购、制造、安装及技术服务。

延长集团712号、100号项目6万米^3/小时制氢装置蒸气转化炉和VCC加热炉

北京拓首工业炉股份有限公司
地址：北京市朝阳区奥运媒体村天居园7号楼11层
邮编：100107
电话：86-10-52243903
传真：86-10-52243904
网址：www.tsepc.cn

英国LANEMARK-HC顶烧式燃烧器

比利时BY-CAST铸铁板式空气预热器

一个客户 一个太平

中国太平保险集团为石油行业保驾护航

中国太平保险集团有限责任公司（简称中国太平）是中国保险业历史较悠久的民族保险品牌，1929 年创立于上海，也是唯一一家管理总部设在中国香港特别行政区的中管金融保险集团，经营区域涉及中国大陆、港澳、欧洲、大洋洲、东亚及东南亚等国家和地区，业务范围涵盖寿险、产险、养老保险、再保险、再保险经纪及保险代理、证券经纪、资产管理和非金融投资等领域。2014 年上半年，中国太平实现保费收入 691 亿元，截至 2014 年 6 月 30 日，集团总资产达 3038 亿元。

近年来，中国太平依托自身综合经营和专业化运作优势，为石油石化行业客户提供多元化的金融和保险产品综合服务。2012 年，中国太平与中国石油天然气集团公司签署战略合作协议，在企业年金、企业财产保险、双方所属保险公司的合作、员工福利和保险经纪五大领域积极开展合作。

中国太平旗下太平财产保险有限公司积极参与石油石化行业的财产、陆上工程建工、海上平台建造、物流运输等方面的承保及风险管理服务，先后承保了“中国石油四川石化炼化一体化工程”、“中国石油西气东输”等项目，在石油石化风险保障及管理领域积累了丰富经验。集团旗下太平养老保险股份有限公司成功中标中国石油企业年金投资管理人，获得中国石油商业保险业务准入资格，并为中国石油企业年金理事会提供受托和运营管理方面的专业咨询服务。中国石油企业年金理事会曾多次考察太平养老的年金管理系统，给予较高评价。

中国太平将秉持“用心经营、诚信服务”的理念，以更加优质的服务回馈社会和客户，打造世界金融服务的杰出中国品牌，为石油石化行业的发展贡献更大的力量。

中国太平与中国石油战略合作协议签约仪式

中国太平董事长王滨会见中国石油总会计师王国樑

装备中国 走向世界

天然气长输管线用压缩机

KSY 型输油管线泵

百万吨乙烯装置用离心压缩机

500 万米^3/日 LNG 压缩机

大型单级循环气压缩机

150 吨活塞力往复式压缩机

沈阳鼓风机集团股份有限公司（简称沈鼓集团）是中国重大技术装备领域的开拓者，是中国风机工业的领跑者。作为行业龙头企业，沈鼓集团肩负着增强民族装备制造业的崇高责任和神圣使命，为中国石油化工等领域创造了新纪录，包括被业界誉为国家超级工程的西气东输、百万吨乙烯、大型煤化工、大型 PTA、大型天然气液化、千万吨级炼油等工程的国内首台（套）心脏装备都诞生在沈鼓集团，仅离心压缩机累计提供 2800 余台（套），为国家及用户节省了大量资金，使国家重大技术装备不再受治于人，确保了中国装备与世界同步发展，保障国家经济安全，赢得“国家砝码”的美誉。

2014 年 5 月 17 日，第三届中国工业大奖表彰大会在北京人民大会堂举行，沈鼓集团凭借强大的科技创新能力和突出的国产化业绩，获取被誉为中国工业行业的奥斯卡——中国工业大奖，成为中国通用装备行业唯一获此殊荣的企业。

沈阳鼓风机集团股份有限公司
SHENYANG BLOWER WORKS GROUP CORPORATION

地址：沈阳经济技术开发区开发大路16号甲　电话：024-25801199　传真：024-25801562　网址：www.shengu.com.cn

海南海峰工程有限公司

海南海峰工程有限公司是一家集石油化工工程建设、港口与航道建设、能源产业开发、房地产开发于一体的大型综合性企业，是一家实力雄厚、作风过硬、业绩辉煌和信誉良好的建筑企业。

公司成立于 1993 年，注册资本 1.35 亿元，管理人员 245 人，其中高级技术职称 21 人，中级技术职称 80 人，一级注册建造师 4 人，二级注册建造师 24 人。

经过 20 多年的栉风沐雨，公司已发展成为管理规范、技术先进、门类齐全、实力超群、文化深厚的建筑企业。公司先后承担了广东惠州中海壳牌炼化项目、广西 1000 万吨 / 年炼化项目、海南洋浦天然气加工利用项目、广东珠海番禺惠州天然气开发项目等一批国家重点石化项目。

海南海峰公司全体员工秉承“塑精品，零事故，营造绿色工程，追求自我超越”的管理方针和“创优质，保工期，对工程负责，让客户满意”的服务态度，竭诚为建设单位和业主提供优质服务，愿与国内外同仁及各界朋友携手并肩，合作双赢，共创辉煌!

“诚信、求实、创新、高效”是公司的服务理念；“建设国家、服务社会、富强民众、共同发展”是公司的宗旨。海峰人始终把用户视为上帝，千方百计地为用户提供优质的产品、高效周到的服务。

海南洋浦 LNG 加工利用基地项目

①|②
 |③

① 南海石化 13.1 台地大小筒仓

② 南海石化标志性工程——5 个 10 万立方米原油储罐

③ 广西 1000 万吨 / 年炼化项目的常减压装置

地址：海南省海口市海甸岛五西路白沙门别墅D座　　电话：0898-66290085　　传真：0898-66291801

云南建工集团有限公司

云南建工集团有限公司是云南省国资委履行出资人职责的重要骨干企业之一，现已发展成为集工程总承包、房地产开发、城市建设投资开发、建筑工程施工、机电设备安装、商品混凝土生产、路桥市政工程施工、钢结构工程施工、水利水电工程施工、地基工程施工、建材与设备供销、建筑科研、勘察设计、石油化工、冶炼、建筑劳务于一体的多层次大型企业集团。

截至 2012 年底，公司累计获得建筑工程鲁班奖 20 项，国家优质工程银质奖 30 项，詹天佑土木工程大奖提名 1 项，全国用户满意工程 13 项，全国和省级以上科技进步奖 400 多项，获部省级优质工程奖 359 项。连续 3 年入选美国《工程新闻记录》(ENR) 杂志全球大型 225 家国际承包商之一，成为西部省级建工集团唯一入选的公司，连年被评为中国对外承包工程企业信用等级评价 AAA 级企业、2012 年中国对外承包工程行业社会责任绩效评价领先型企业，并成功获得海关总署 AA 类企业认证，国家质检总局审批的绿色通道企业。由云南建工安装股份有限公司承建的“艾萨炉”大型煤气柜工程项目获得国家优质工程奖、全国用户满意工程、云南省优质工程一等奖、有色金属工业部优质工程、“春城杯”优质工程特等奖奖项。公司先后在也门、南非、泰国、老挝、乌干达、伊拉克、马尔代夫、毛里求斯、赤道几内亚、柬埔寨、缅甸、沙特阿拉伯等国家承接各类工程，在国家重点项目中缅天然气与石油管道工程中，优质完成皎漂气首站建设，正在进行马德油首站、新康丹泵站施工。其中承建的老挝东昌酒店荣获老挝发展勋章，承建的老挝第 25 届东南亚运动会场馆获老挝劳动勋章，承建的援柬埔寨政府办公大楼获得柬埔寨国王亲自颁发的柬埔寨贡献勋章并荣获了中国建筑业协会评定的“2010—2011 年度境外鲁班奖”。“云南建工”品牌已经成为国内外建筑业界的知名品牌。

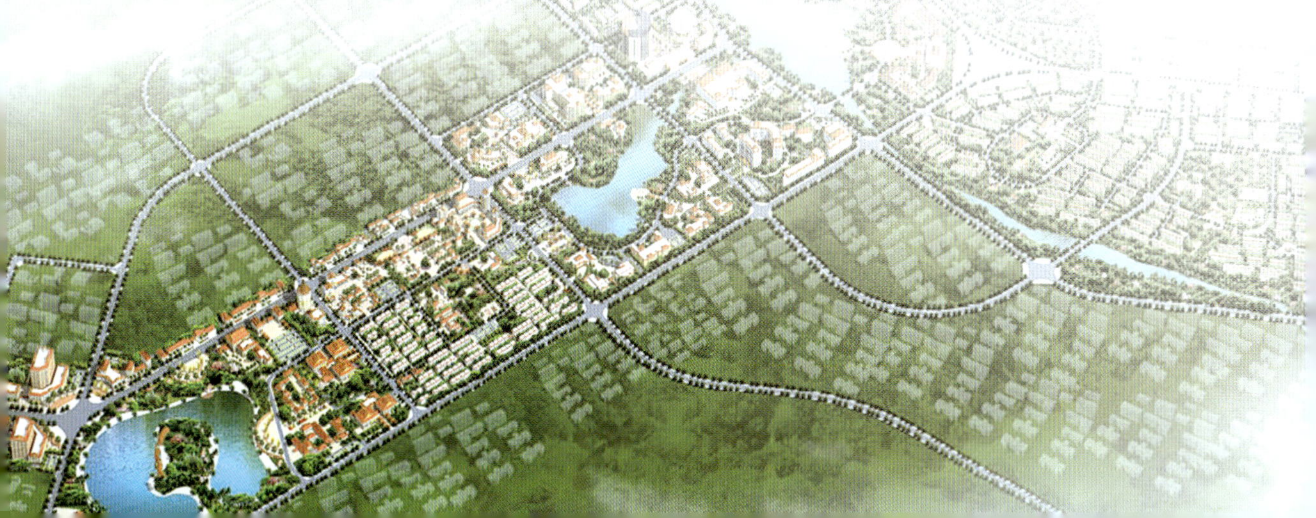

山西天然气有限公司

山西天然气有限公司是隶属于山西省国新能源集团公司、经山西省人民政府批准设立、授权经营山西省范围内国家天然气资源项目的国有专业化公司。公司以国家天然气资源为依托，从事省内天然气资源项目的开发和利用，负责全省长输管网的规划建设和经营管理，承担着全省各市和省级天然气干线沿途县（市、区）的天然气供给任务。

公司成立以来，充分发挥自身优势，认真贯彻山西省政府《关于加强全省天然气行业管理有关问题的通知》精神，对全省的天然气综合利用工作实行统一规划、统一建设、统一管理，本着“气源为基础，市场为导向，经济效益、社会效益和环境效益相统一”的原则，坚持机制创新、技术创新、管理创新、服务创新，确定了全省近期、中期、远期 3 个阶段天然气输气管道建设规划。

公司建成北起大同、南至运城、贯通全省南北的省级天然气管网 3000 余千米，年管输能力超过 200 亿立方米，实现国家气源在省内的联通，全省的天然气管网架构基本成型，为全省最终形成“五横三纵”的天然气管网布局奠定了基础。市场覆盖全省 11 市 97 县（市、区）1200 万人口、1500 个供气村镇，为 400 家工业用户、近 8000 家商业公福供气，累计向下游供气近 100 亿立方米，不仅满足全省城镇及工业用户的用气需求，而且推动玻璃制品、镁合金、陶瓷、钢铁、碳素、催化剂、铝型材、食品包装、塑料、装备制造、轮胎、电缆、医药、耐火材料、沸石、煤化工、石油压裂支撑剂、化肥、铸造等全省产业集群的发展。

按照“十二五”发展规划，到 2015 年全省燃气管网将覆盖全省 107 县（市、区），实现气源多元互补，管网纵横贯通，科学有效管理，全面加快实施的目标，省级天然气干线沿线主要城市将形成纵横交错的天然气环形管网架构。

进入“十二五”的战略机遇期，公司将在山西省委、省政府以及省国新能源集团的正确领导下，以科学发展观为统领，以气化全省为目标，努力做新能源的追求者，节能减排的推进者，低碳经济的探索者，突出实施资源、市场发展战略，增强自主创新能力和可持续发展能力，全力打造以长输管网建设运营为核心、以投资主体多元化为重点的大型专业燃气企业，为全省能源结构调整和产业结构优化升级、发展循环经济、实施蓝天碧水工程作出积极的贡献。

地址：山西省太原市高新技术开发区中心街6号　　邮编：030032
电话：0351-7991619　　传真：0351-7991621